Psychotherapie

Springer

Berlin
Heidelberg
New York
Barcelona
Budapest
Hong Kong
London
Mailand
Paris
Santa Clara
Singapur
Tokio

Chr. Reimer · J. Eckert
M. Hautzinger · E. Wilke

Psychotherapie

Ein Lehrbuch für Ärzte und Psychologen

Unter Mitarbeit von K. von Sydow und Ch. Schmeling-Kludas

Mit 30 Abbildungen und 7 Tabellen

Springer

Professor Dr. Christian Reimer
Justus-Liebig-Universität
Klinik für Psychosomatik
und Psychotherapie
Friedrichstraße 33
35385 Gießen

Professor Dr. Jochen Eckert
Universität Hamburg
Psychologisches Institut III
Von-Melle-Park 5
20146 Hamburg

Professor Dr. Martin Hautzinger
Universität Tübingen
Psychologisches Institut
Abteilung für
Klinische und Physiologische
Psychologie
Gartenstraße 29
72074 Tübingen

Dr. Eberhard Wilke
Curtius-Klinik
Fachklinik für Psychosomatik
und Psychotherapie
Neue Kampstraße 2
23701 Malente-Gremsmühlen

ISBN 3-540-60387-5 Springer Verlag Berlin Heidelberg New York

Die Deutsche Bibliothek – CIP-Einheitsaufnahme

Psychotherapie : ein Lehrbuch für Ärzte und Psychologen /
Chr. Reimer ... unter Mitarb. von K. von Sydow und Ch.
Schmeling-Kludas. – Berlin ; Heidelberg ; New York ;
Barcelona ; Budapest ; Hong Kong ; London ; Mailand ; Paris ;
Santa Clara ; Singapur ; Tokio : Springer, 1996
ISBN 3-540-60387-5
NE: Reimer, Christian

Produktion: PRODUserv Springer Produktions-Gesellschaft, Berlin
Herstellung: Christiane Messerschmidt, Leipzig
Satz: Fotosatz-Service Köhler OHG, Würzburg
Einbandgestaltung: design & production GmbH, Heidelberg
SPIN 10098699 26/3020 – 5 4 3 2 1 0 – Gedruckt auf säurefreiem Papier.

Vorwort oder: Viele Wege führen nach Rom...

Der sich weiter differenzierende Psychotherapie-„Markt“ und die berufspolitischen Entwicklungen im Bereich der Psychotherapie (u.a. Einführung der Gebietsbezeichnung „Psychotherapeutische Medizin“) haben dazu geführt, daß neue Psychotherapie-Lehrbücher bzw. Handbücher erschienen sind oder vorbereitet werden. Einige dieser Werke fühlen sich, gewichtet man ihre Inhalte, eher der Psychoanalyse und ihren Anwendungen verpflichtet, andere versuchen, das Fachwissen möglichst lexikalisch genau kurz und knapp von einer Vielzahl von Autoren darstellen zu lassen.

Die Idee zu unserem Buch stammt von einem der Autoren (Christian Reimer), der die Aufsplitterung und Abgrenzung innerhalb der einzelnen Psychotherapie-Schulen und -Verbände mit Skepsis beobachtet und den Wunsch hatte, ein Buch vorzulegen, von dem Therapeuten unterschiedlicher Weiterbildungsgänge profitieren könnten – ein Prinzip, das in analoger Weise in der Zeitschrift „Psychotherapeut“ verwirklicht ist.

Ein Vorteil einer solchen Darstellung könnte sein, daß die Leser nicht nur eine Darstellung ihrer Schulrichtung, sondern auch die der anderen wichtigen Psychotherapien finden. Dabei kam es uns darauf an, die von uns jeweils vertretene Methode in einem Hauptkapitel gleichrangig nebeneinanderzustellen und jede Bewertung bzw. Abwertung des anderen zu vermeiden. Wer die Kontroversen und Anwürfe zwischen Psychoanalytikern und Verhaltenstherapeuten erlebt hat, weiß, was gemeint ist.

Ein weiteres wichtiges Anliegen war uns, nicht das gesamte Wissen quasi lexikalisch abzubilden, sondern Schwerpunkte zu setzen, die so in anderen Lehrbüchern nicht vorhanden sind. Gemeint sind z.B. die Kapitel über Grenzen der Psychotherapie, über ethische Aspekte, über Psychotherapie und Psychopharmaka und über die Dimension des Körperlichen in der Psychotherapie, sowie psychotherapeutische Möglichkeiten der Hilfe bei somatischen Grunderkrankungen, am Beispiel der Begleitung von Schwerkranken.

Die jeweilige Theorie ist eher knapp gehalten, weil wir besonderen Wert auf die klinische bzw. ambulante Behandlungspraxis gelegt haben.

Zum Erfahrungshintergrund der Autoren dieses Buches ist zu sagen, daß alle vier über umfangreiche klinische Erfahrungen verfügen: drei der Autoren waren lange psychotherapeutisch in der Psychiatrie tätig (Eckert, Hautzinger und Reimer), einer in der inneren Medizin und in der klinischen Psychosomatik (Wilke). Alle haben daneben auch langjährige Erfahrungen in der ambulanten Arbeit mit unterschiedlichen Psychotherapiepatienten und in der Aus- und Weiterbildung von Psychotherapeuten.

Wir haben uns auch nicht gescheut, kurz zu beschreiben, aus welchen Gründen wir gerade Vertreter der jeweiligen „Schule“ geworden sind (Kap. 17: Wege zu einer psychotherapeutischen Identität). Je mehr Behandlungs- und Berufserfahrung jeder von uns hat, desto deutlicher wird uns, daß viele Wege nach Rom führen und alle Beteiligten, also Patienten und Therapeuten, den jeweils ihnen gemäßen finden müssen.

So möchten wir die Leser ermuntern, Kenntnisse auch in anderen als dem von ihnen primär gewählten Psychotherapieverfahren zu erwerben - auch um eine zu einseitige Fixierung auf ihre Methode kritisch zu überdenken. Daraus könnte resultieren - und das wäre unsere Hoffnung -, daß künftige Psychotherapeuten über mehr Wissen verfügen, z. B. im Hinblick auf differentielle Indikationen. Dieses könnte die nüchterne Beurteilung der Frage erleichtern, von welchem Therapieansatz ein Patient vermutlich am besten profitieren kann. Ein differenziertes Wissen über die anderen Psychotherapiemethoden sollte auch dazu führen, mehr Achtung vor den anders denkenden und praktizierenden Berufskollegen zu haben.

Beim Lesen wünschen wir Freude. Für Anregungen unserer Leser, für Resonanz sind wir dankbar.

Gießen - Hamburg - Mainz - Malente,
im Sommer 1996

Christian Reimer
Jochen Eckert
Martin Hautzinger
Eberhard Wilke

Inhaltsverzeichnis

Statt einer Einleitung: „Eine Geschichte, die zu Herzen geht..."

Das Sprechzimmer des Psychotherapeuten betritt Herr L., ein 48jähriger, sportlicher, gut gekleideter Mann. Er wirkt etwas hektisch und ängstlich in der Erwartung dessen, was auf ihn zukommen mag, dabei nicht ausschließlich als Hilfesuchender, sondern auch wie ein „Handlungsreisender", der etwas verkaufen will, allerdings ohne zu wissen, ob man es ihm abnehmen wird. Er ist Jurist. Sein Kardiologe, der ihn seit Jahren wegen eines schwer einzustellenden Hochdrucks behandelt, vermerkte auf dem Überweisungsschein: Therapierefraktärer Hochdruck – Konflikt? Am Telefon ergänzt er, sein Patient habe ihm beim letzten Besuch gesagt, daß er auch Ängste habe. Herr L. sei immer öfter – auch unangemeldet – in der Praxis erschienen, um sich den Blutdruck messen zu lassen, in der letzten Zeit 2mal täglich. Dieser Drang, seinen Blutdruck zu kontrollieren, habe keinen Aufschub geduldet. Dabei habe er stets den Arzt persönlich sehen wollen. Nach Mitteilung des Meßergebnisses sei er beruhigt wieder an seinen Arbeitsplatz zurückgekehrt, auch wenn der Meßwert unbefriedigend ausfiel. Der Versuch, durch Gabe von β-Blockern (zuletzt 3mal 40 mg Dociton) den Blutdruck einzustellen, sei gescheitert. Diagnostisch handle es sich um eine essentielle Hypertonie, somatische Ursachen seien in wiederholten Untersuchungen ausgeschlossen worden.

Die Überweisung zum Psychotherapeuten hatte den Patienten offensichtlich verunsichert. Dies zeigte sich darin, daß er im Erstgespräch bemerkte: „Mein Internist ist der Ansicht, daß ich lernen müsse, mich zu entspannen und den Streß am Arbeitsplatz abzubauen. Denken Sie aber bitte nicht, in meinem Leben sei etwas nicht in Ordnung!"

An dieser Stelle könnte ein Therapeut zum erstenmal intervenieren.

Was würden wir als Vertreter unterschiedlicher Schulen sagen können?

ECKERT (Gesprächspsychotherapie): „Haben Sie die Befürchtung, ich könnte alles daran setzen, Ihnen klarzumachen, daß Sie und Ihre Lebensführung daran Schuld haben, daß Sie sich nicht entspannen können und gegen den Streß an Ihrem Arbeitsplatz nicht immun sind?"

HAUTZINGER (Verhaltenstherapie): „Wie kommt denn Ihr Arzt auf diese Ideen?"

REIMER (Tiefenpsychologie): „Schauen Sie, ich weiß doch noch gar nichts über Ihr Leben. Vielleicht mögen Sie mir nachher etwas darüber erzählen?"

WILKE (Tiefenpsychologie): „Um dazu etwas sagen zu können, möchte ich Sie zunächst bitten, mir Ihre Beschwerden so genau wie möglich zu schildern – und zwar die körperlichen wie auch die seelischen."

Die reale Situation gestaltete sich so, daß der Therapeut, selbst Internist, um eine ausführliche Beschwerdeschilderung bat. Herr L. berichtete, er leide unter einer starken inneren Spannung mit Druckgefühl auf der Brust. Er spüre dann sein Herz schneller und schneller schlagen, es rase und schlage ihm bis zum Hals. Dies sei keine Einbildung, sondern der Arzt habe dann auch immer einen schnellen Puls und einen hohen Blutdruck gemessen. Auf die Frage, seit wann diese Beschwerden bestünden und in welchen Situationen sie auftreten, antwortet er: „Das kommt aus heiterem Himmel." Eigentlich sei er immer „robust und kerngesund" gewesen, habe stets viel Sport getrieben. In letzter Zeit habe er sich jedoch zunehmend geschont, weil er das Wiederauftreten dieser unangenehmen Beschwerden fürchte.

Der Therapeut fragt nun, ob er jemals Angst gehabt habe, daß sein Herz stehenbleiben könnte. Herr L.: „Ja, schon. Kann es denn sein, daß so etwas passiert?"

An dieser Stelle bietet sich eine weitere Intervention an, die wir – wie folgt – unterschiedlich vorgenommen haben:

ECKERT: „Nein, diese Vorstellung teile ich nicht. Aber Ihrer Frage entnehme ich, daß Sie es für sich für unangebracht halten, Ängste zu haben, deren reale Grundlage Sie nicht erkennen können. Ist das so?"

HAUTZINGER: „Eigentlich nein, doch dazu kommen wir gleich noch. Schildern Sie mir doch so einen Beschwerdenanfall einmal ganz genau. Vielleicht den letzten Vorfall dieser Art."

REIMER: „Nach allem, was wir bisher über mögliche körperliche Ursachen Ihrer Beschwerden wissen, ist das wohl eher unwahrscheinlich. Wichtiger erscheint mir Ihre Angst davor, daß Ihnen so etwas plötzlich passieren könnte."

WILKE: „Sicher nicht. Es spricht nichts dafür, daß Ihr Herz als Organ erkrankt ist und versagen könnte. Es könnte aber sein, daß Sie unter einer Angsterkrankung leiden, die sich körperlich äußert."

Im weiteren Verlauf dieses Erstgesprächs wird es möglich, die psychische Symptomatik und einige der biographischen Hintergründe ins Gespräch zu bringen. Dabei zeigt sich, daß schon vor Beginn der überwiegend auf das Herz zentrierten Symptomatik ein langjähriger Bluthochdruck mit Spitzen bis zu 210/110 mm Hg, aber auch Phasen eher hypotoner Werte bestanden, ohne daß faßbare somatische Ursachen für diese Regulationsstörung gefunden werden konnten. Der Therapeut versucht an dieser Stelle, die Lebenssituation des Patienten zum Zeitpunkt des ersten Auftretens der Angstsymptomatik näher zu explorieren (auslösende Situationen).

Wir würden das unterschiedlich, z. B. wie folgt, tun:

ECKERT: „In welcher Situation befanden Sie sich damals, als sie Ihre Beschwerden erstmals registrierten?"

HAUTZINGER: „Lassen Sie uns doch einmal genauer anschauen, was beim ersten Mal alles passiert ist. Wann war das? Wo war das? Wer war dabei? Gab es ein besonderes Ereignis? Wie lief das damals ab?"

REIMER: „Ich schlage Ihnen vor, daß wir uns einmal in Ruhe Gedanken darüber machen, wie Ihr Leben damals aussah, als der Bluthochdruck begann. Wie waren Sie damals mit Ihrem Leben zufrieden, was war schön und unkompliziert und was belastend?" (Hintergrund für dieses Vorgehen ist, nicht nur mögliche Problembereiche/Defizite anzusprechen, sondern dem Patienten auch zu unterstellen, daß es sicher gute, unproblematische Bereiche in seinem Leben gegeben habe. Diese „normale" Seite wird mitbenannt, um den Abwehrdruck des Patienten nicht zu verstärken.)

WILKE: „Versuchen Sie doch einmal, sich an den Zeitpunkt des ersten Auftretens dieser Beschwerden zu erinnern und vielleicht das Jahr, das diesem Moment vorausging, vor Ihrem inneren Auge ablaufen zu lassen und mir davon zu erzählen."

Therapeuten wissen, daß psychische bzw. psychosomatische Symptome oft Auslöser haben. Allerdings läßt sich eine solche auslösende Situation nicht immer explorieren. Die Herzangstneurose zeichnet sich dadurch aus, daß es dem Patienten oft sehr genau möglich ist, das erstmalige Auftreten des sympatikovasalen Anfalls nach Zeit und Stunde zu fixieren. Herr L. berichtete zur auslösenden Situation, daß der Hausarzt seiner schwer herzkranken Mutter ihm seinerzeit gesagt habe, daß er jederzeit mit ihrem Tod zu rechnen habe, nachdem sie zwei Herzinfarkte überstanden hatte! Kurz danach weitete sich die Angstsymptomatik, die der Patient bis dahin mehr im Zusammenhang mit einer beruflichen Dauerbelastung interpretierte, aus. Er spürte sein Herz intensiver und bekam Angst, daß es ihm „außer Kontrolle" geraten könne. Zu diesem Zeitpunkt entwickelte sich erstmals das beschriebene Herzrasen und die Vorstellung, das Herz könnte unter dieser extremen Belastung stehenbleiben oder gar „platzen". Im weiteren Verlauf des Gesprächs wurde das Ausmaß der Todesangst, unter der Herr L. leidet, deutlicher. Er berichtete stockend, daß ihn diese Anfälle oft mehrmals täglich überkämen und daß er dann „wie in Panik" seinen Kardiologen aufgesucht habe. Kurz vor dem Betreten der Praxis sei das Herzrasen meist wieder verschwunden, und er habe sich dann lediglich den Blutdruck messen lassen. Er wolle nicht als „eingebildeter Kranker“ gelten. Die Gegenwart des Kardiologen, der ihn seit Jahren kenne, habe ihn in einer eigenartigen Weise beruhigt, auch ohne daß viele Worte gewechselt wurden.

An dieser Stelle faßt der Therapeut die von Herrn L. beschriebenen Beschwerden zusammen und bittet ihn, ihn zu ergänzen, falls er etwas falsch verstanden habe.

Wir würden an dieser Stelle folgende Interventionen geben:

ECKERT: „Wenn ich Sie richtig verstehe, ist für Sie die Vorstellung, daß Sie sich Ihre Beschwerden nur einbilden, kaum zu ertragen. Noch schrecklicher scheint es für Sie zu sein, wenn Ihnen das jemand sagen würde.“

HAUTZINGER: „Sie sind kein eingebildeter Kranker. Sie leiden unter einer Angststörung. Wir nennen sie heute auch Panikstörung oder Herzangststörung. Dabei stehen genau die Beschwerden, die Sie mir geschildert haben, v. a. die Herzbeschwerden und die unbegründete Angst vor Herzversagen, die Todesangst, im Mittelpunkt. Vielleicht ist Ihnen an den Beispielen, die wir schon gemeinsam angeschaut haben, aufgefallen, daß zwar die Herzbeschwerden für sie unerwartet einsetzen, doch dann eine ganze Menge losgetreten wird. Sie nehmen die Herzschmerzen wahr, Sie erschrecken darüber, Sie haben gleich Vorstellungen an eine Katastrophe, nämlich Herzinfarkt, das Herz könnte platzen, den Tod. Das macht verständlicherweise nur noch mehr Angst. Sie regen sich noch mehr auf, Ihr Puls rast, Ihr Blutdruck steigt, Beklemmungen und andere körperliche Gefühle stellen sich ein. Dies alles führt dazu, daß Sie sich in Ihrer Angst nur bestätigt fühlen. Die Angst steigt, wird zur Panik, Sie verlieren den Kopf und suchen um ärztliche Hilfe nach. Dies alles geht inzwischen so rasend schnell und scheinbar spontan ab, daß Sie nur Ihre Beschwerden und Ihre Angst merken. Es ist wichtig, daß wir diesen Aufschaukelungsprozeß oder Teufelskreis noch viel genauer analysieren, bevor wir weiter in Richtung einer Lösung kommen. Vor allem auch genauer beobachten, was so alles diesem plötzlichen Anfall vorausgeht. Ich gebe Ihnen daher heute unser „Angsttagebuch“ mit, das Sie regelmäßig in der nächsten Woche dann ausfüllen, wenn die Beschwerden auftreten.“

REIMER: „Ich denke keineswegs, daß Sie ein eingebildeter Kranker sind! Sie leiden ja unter verschiedenen Ängsten, v. a. in bezug auf Ihr Herz, das ja als Sitz der Gefühle eines Menschen angesehen wird. Denken Sie nur an Vokabeln wie Herzeleid oder Herzschmerz, die ja im allgemeinen Sprachgebrauch immer auch als Ausdruck von Gefühlszuständen gebraucht werden. Gefühle bildet man sich ja auch nicht ein, sondern man hat sie, meist in Beziehung zwischen sich selbst und anderen wichtigen Menschen. Lassen Sie uns doch also schauen, was Ihnen in diesen Jahren ‚zu Herzen gegangen ist‘, wie man so sagt.“

WILKE: „Ich bin jetzt ziemlich sicher, daß Sie sich um die Funktion Ihres Herzens keine Sorgen zu machen brauchen. Ich überlege aber, was die Hintergründe Ihrer Angst sind, die Sie ja als seelische Bewegung nur wenig spüren. Zumindest haben Sie mir es bisher so dargestellt.“

Der Therapeut fragt Herrn L. jetzt weiter, wie seine derzeitige Lebenssituation sei und stellt insbesondere die Frage nach seinen wichtigsten zwischenmenschlichen Beziehungen. Herr L. antwortet darauf, er habe keinerlei finanzielle Sorgen!

Wir würden dazu z. B. folgende Kommentare abgeben:

ECKERT: „Kommt das Ihren Beziehungen zugute?“

HAUTZINGER: „Prima. Mich interessiert jedoch, zu welchen Menschen Sie Kontakt haben. Welche Menschen in Ihrer Umgebung sind Ihnen wichtig? Wie sieht die Beziehung zu diesen Menschen aus?“

REIMER: „Das freut mich, aber Geld allein macht nicht glücklich!“

WILKE: „Kann es sein, daß Ihnen Geld in besonderer Weise Sicherheit vermittelt?“

Herr L. nimmt den vom Therapeuten angebotenen Beziehungsaspekt auf, und es wird deutlich, daß er gleichzeitig Beziehungen zu drei Frauen unterhält. Diese sind seine Mutter, seine Frau und seine Freundin. Er lebt bei dieser Freundin, sieht seine getrennt lebende Ehefrau mit den gemeinsamen Kindern etwa einmal in der Woche und seine Mutter immer dann, wenn sie ihn telefonisch ruft. Die denkbare Komplexität dieses Beziehungsgeflechts und die damit verbundenen Konflikte werden von Herrn L. zunächst nicht angesprochen.

Die Zeit, die für dieses erste Gespräch vorgesehen war, ging zu Ende. Ein Therapeut könnte sich jetzt folgende Fragen stellen: Gebe ich diesem Patienten einen weiteren Termin? Was könnte ich ihm zum Schluß der Stunde noch sagen? Und: Zu welcher vorläufigen Diagnose könnte man kommen? Aus unserer Sicht würden wir diese Fragen wie folgt beantworten:

Zur ersten Frage:
Wir würden alle dem Patienten einen weiteren Termin anbieten.

Zur zweiten Frage:
Eckert: „Ich sehe, unsere Zeit ist um. Ich schlage Ihnen vor, daß wir uns ein weiteres Mal sehen. Sind Sie damit einverstanden?"

Hautzinger: „Wie schon angekündigt, möchte ich Sie bitten, hier dieses Angsttagebuch auszufüllen. Dabei geht es um eine genaue Verhaltens- und Erlebensbeobachtung in den Angst- und Herzanfällen. Nur so gelingt es uns gemeinsam, die Zusammenhänge und Faktoren herauszubekommen, die immer wieder zu Ihren heftigen Herzbeschwerden und Angstanfällen führen. Nächstes Mal werden wir gemeinsam Ihre Eintragungen durcharbeiten, um von dort aus dann weitere Schritte zu planen."

Reimer: „Ich finde gut, daß Sie mir zum Ende unserer ersten Stunde noch etwas aus Ihrem Privatleben berichten konnten. Dabei kann ich mir vorstellen, daß die unterschiedlichen Beziehungen zu diesen drei Frauen nicht nur unkompliziert sind. Ich schlage Ihnen vor, daß wir darüber beim nächsten Mal ausführlicher sprechen. Natürlich weiß ich auch noch nichts von Ihrer sonstigen Lebensgeschichte, Ihrem Elternhaus, der Art und Weise, wie sie sich entwickelt haben und aufgewachsen sind. Sie sehen: Wir haben noch viel vor uns!"

Wilke: „Ich kann mir jetzt gut vorstellen, daß es eine enge Beziehung zwischen Ihrer Lebenssituation und den Beschwerden gibt, von denen Sie mir erzählen. Ich schlage Ihnen vor, daß wir uns in einer Woche wiedertreffen, um weiter darüber zu reden."

Zur dritten Frage:
Wir stimmen in unserer ersten diagnostischen Einschätzung bezüglich der Symptomatik (Statusdiagnose) dahingehend überein, daß eine Angstneurose mit Somatisierung im Herzbereich (sog. Herzangstneurose) vorliegt (nach ICD-9). Unter Verwendung der ICD-10-Klassifikation bedarf die diagnostische Entscheidung zwischen einer somatoformen autonomen Funktionsstörung, kardiovaskuläres System (F 45.30) oder einer Panikstörung (F 41.0) weiterer Abklärung.

Darüber hinaus hat jede Therapieschule aufgrund ihrer unterschiedlichen Annahmen bezüglich Persönlichkeitsentwicklung, Entstehung und Aufrechterhaltung psychischer Störungen zusätzliche diagnostische Kriterien, auf die in den einzelnen Kapiteln eingegangen wird.

Wir haben dieses klinische Beispiel deshalb so dargestellt, weil wir in diesem Buch den Versuch unternehmen wollen, Psychotherapie aus der Sicht einiger etablierter Schulen darzustellen. Dabei denken wir, daß es für den Lernenden der Psychotherapie wertvoll sein könnte, sich nicht zu frühzeitig auf ein bestimmtes psychotherapeutisches Handeln und dessen schulenspezifischen Hintergrund festzulegen. Wir sehen zwei Gefahren: Eine besteht darin, aufgrund einer zu frühen Festlegung auf eine bestimmte psychotherapeutische Schule zu einer therapeutischen „Einäugigkeit" zu kommen. Die andere liegt darin, daß eine fehlende Ausbildung in einer Therapieschule zu einem unreflektierten Pragmatismus bzw. Eklektizismus führen kann.

Wir sind uns bewußt, daß jeder angehende Psychotherapeut vermutlich zunächst die Schule wählt, zu der er sich am meisten hingezogen fühlt – aus welchen Gründen auch immer. Es ist sicherlich sinnvoll, sich zunächst in einem Psychotherapieverfahren gründlich weiterzubilden. Darüber hinaus meinen wir aber, daß die therapeutische Identität, die hiermit erworben wird, die Freiheit lassen sollte, über den Tellerrand dieser Schule hinauszuschauen, um zu prüfen, ob nicht selektiv auch bestimmte therapeutische Prinzipien und Strategien anderer Schulen immer wieder in das eine Konzept assimiliert werden können. Wir wissen aus der Entwicklung unserer eigenen therapeutischen Identität ohnehin, daß keiner von uns starr an ursprünglich vermittelten Schulmeinungen und -regeln festhält, sondern daß Modifikationen, die sich aus Erfahrungen mit unseren Patienten, der Weiterentwicklung psychotherapeutischen Wissens und dem kontinuierlichen Austausch mit Kollegen ergeben, unumgänglich sind.

I
Psychotherapeutische Verfahren

Kapitel 1

Verbale und handlungsbezogene Psychotherapieverfahren 1

1.1 Tiefenpsychologisch orientierte Psychotherapie

1.1 Tiefenpsychologisch orientierte Psychotherapie

(C. Reimer)

1.1.1 Standort

Der Ausschluß der Psychoanalyse

Mancher Leser könnte in unserem Buch eine Darstellung der Psychoanalyse als eine Methode der Psychotherapie vermissen. Dies ist Absicht, und zwar aus mehreren Gründen. Zum einen gibt es sehr überzeugende, ausführliche Darstellungen der Theorie und Praxis der Psychoanalyse, die in erster Linie für werdende Psychoanalytiker von Interesse sein dürften. Ich nenne beispielhaft hier nur das zweibändige Werk von Thomä u. Kächele (1996, 2. Aufl.). Unser Buch richtet sich nicht primär an psychoanalytische Ausbildungskandidaten, es sei denn, daß diese sich über andere Psychotherapiemethoden informieren möchten.

Angesichts einer sehr stringenten und anstrengenden sowie identitätsweisenden psychoanalytischen Ausbildung wird dies eher selten der Fall sein.

Zum anderen wird man sich die Frage stellen dürfen, wie es mit der klassischen Psychoanalyse als psychotherapeutischer Behandlungsmethode wohl weitergehen wird. Hier ist gedämpfter Pessimismus angebracht, da nicht nur aus Sicht des Autors dieses Kapitels konstatiert werden muß, daß die Psychoanalyse an Bedeutung verloren hat und vermutlich auch weiter verlieren wird. Die Gründe hierfür sind vielfältig und bedürften einer gesonderten Darstellung. Hier sollen nur einige wenige genannt werden.

Der „Psychotherapie-Markt“ ist komplexer und differenzierter geworden, das Angebot bedeutend größer. Die einzelnen Verfahren, die hier miteinander konkurrieren, stehen unter Evaluations-(Erfolgsbeweis-)Druck. Die Vertreter der Psychoanalyse haben sich, von wenigen Ausnahmen (z. B. Wallerstein 1989) abgesehen, nie besonders um einen mit korrekter wissenschaftlicher Methodik durchgeführten Nachweis für die Wirksamkeit ihrer Therapie bemüht. „Man“ wußte ja ohnehin, daß die Psychoanalyse die beste Psychotherapiemethode darstellt, und aufgeklärte Patienten wußten das eben auch. Diese tief verwurzelte Überzeugung, die sich häufig auch in Einstellungen oder Bewertungen gegenüber anderen Therapieverfahren finden ließ, barg neben der Gefahr der Selbstüberschätzung leider auch etwas ausgesprochen Destruktives. Denn die sich abzeichnende Entwicklung innerhalb der Psychotherapieszene zeigt m. E., daß die Psychoanalyse zumindest in ihrer klassischen Anwendungsform vom Niedergang bedroht ist. So haben Praxisstudien gezeigt, daß aufwendig ausgebildete Psychoanalytiker ihre Standardmethode, die hochfrequente Psychoanalyse, in der Praxis nicht mehr überwiegend anwenden. Niederfrequentere Formen analytischer oder tiefenpsychologisch fundierter Psychotherapie scheinen zu dominieren. Wie weit dies Ausdruck der Weiterentwicklung von Psychoanalytikern nach Abschluß ihrer Ausbildung ist oder aber dokumentiert, daß sich geeignete Analysepatienten nicht mehr so leicht finden lassen, sei dahingestellt. Als Lehranalytiker, der mit Kandidaten vierstündig pro Woche arbeiten muß, kann ich nur feststellen, wie schwer es für viele Kandidaten inzwischen geworden ist, geeignete Patienten zu finden, die zu einer hochfrequenten Therapie bereit bzw. motivierbar sind. Denn nur diese werden als Ausbildungsfälle anerkannt. Die Suche nach geeigneten Analysepatienten gleicht gelegentlich der nach einer vom Aussterben bedrohten Spezies. Hat man endlich einen solchen Patienten „gefangen“, muß man nur noch Angst haben, daß er wieder „abspringt“. In einem solchen Milieu sollte sich keine psychotherapeutische und erst recht keine psychoanalytische Ausbildung abspielen. Hinzu kommt noch, daß in der psychoanalytischen Vollausbildung die Vermittlung anderer Therapieverfahren eine nur sehr randständige oder gar keine Rolle spielt. So werden die künftigen Psychoanalytiker fundiert nur auf die hochfrequente psychoanalytische Behandlung vorbereitet. Welche unserer vielen unterschiedlich gestörten Patienten sind mit dieser Methode als Methode der Wahl bestmöglich zu behandeln? Wird hier nicht zu einer Einäugigkeit erzogen, indem differentielle Indikationsfragestellungen vernachlässigt werden?

Viele unserer psychoanalytischen Kollegen verlieren über streckenweise ausufernde Frequenzdebatten den Blick dafür, daß die Psychotherapie sich weiterentwickelt. Die klassische Psychoanalyse als Behandlungsverfahren in der psychotherapeutischen Routineversorgung wird in absehbarer Zeit von anderen Psychotherapiemethoden weitgehend verdrängt sein. Eine Ahnung davon haben sicher manche Psychoanalytiker. Sie verschanzen sich dann aber um so mehr hinter den Regeln der Orthodoxie, anstatt sich zu öffnen, neue Anwendungsmöglichkeiten für psychoanalytisch orientierte Verfahren zu entwickeln und zu beforschen (Ausnahme: z. B. Meyer 1981) und sich so einen guten, sicheren Platz unter den evaluierten Psychotherapieverfahren zu sichern.

Der Lernwert dieses Kapitels

Dieses Kapitel wird keine systematische Darstellung sämtlicher Beiträge sein können, die von verschiedenen, überwiegend psychoanalytischen Autoren zum Thema der psychoanalytisch bzw. tiefenpsychologisch orientierten und fundierten Psychotherapie vorliegen. Auf die wichtigsten Beiträge werde ich aber hinweisen. Der Hauptlernwert des Kapitels sollte eher in der Vermittlung eines tiefenpsychologisch-psychotherapeutischen Basisverhaltens zu suchen sein. Das bedeutet: relativ wenig Theorie, wenig festgefügte „Schulmeinungen", viel Anwendungs- bzw. Praxisbezogenheit. Der Autor möchte den Lesern Mut machen, einen eigenen Weg zu finden, Veränderungen des einmal Gelernten zuzulassen, in diesem Sinn auch – reflektiert – zu experimentieren. Die „reine" Lehre gibt es nicht, wohl aber genügend Hinweise dafür, wie auf dem tragenden Boden theoretischer Konzepte praktisch gearbeitet werden kann, was zu beachten ist, welche Fehler und Fallstricke es geben kann, welche Verstrickungen zwischen Therapeut und Patient und vieles andere mehr.

In einigen Passagen werden auch Elemente anderer Therapierichtungen sichtbar werden, die in der tiefenpsychologisch orientierten Psychotherapie von Fall zu Fall hilfreich und sinnvoll eingesetzt werden können (z. B. Beratung, Suggestion, supportive Elemente, Verstärkung etc.).

> **!** Ein guter Psychotherapeut muß mehr kennen und wissen als nur seine Methode, und so wird er im Laufe seiner Entwicklung vermutlich dazu kommen, eklektisch zu arbeiten.

Auch dazu möchte ich den Leser ermutigen. Ein „guter" Therapeut muß von dem, was er tut, überzeugt sein und das, was er tut, reflektiert tun.

Der Erfahrungshintergrund des Autors

Die Darstellung dieses Kapitels ist nicht denkbar ohne meinen eigenen Erfahrungshintergrund: Ich habe mich nach einer frühen psychoanalytischen Ausbildung im Laufe der Jahre von der „reinen" Lehre weg – und hinbewegt zu Modifikationen der Anwendung. Dabei war und ist die Basis, auf der ich therapeutisch handle, die der Tiefenpsychologie.

Zu den Modifikationen bin ich durch eine 17jährige Tätigkeit in der klinischen Psychiatrie, die ein Jahr Neurologie einschloß, gekommen. Die Klientel in der Psychiatrie war in der Regel schwer gestört. Solche Patienten sehen die meisten psychotherapeutischen Kollegen in ihrer Praxis nicht. Die Konfrontation mit dieser Klientel hat mich anfänglich sehr getroffen, dann sehr nachdenklich gemacht, zu mehr Vorsicht im Umgang mit Kranken motiviert und v. a. zu immer wieder neuen Überlegungen stimuliert, was zum Wohle des Patienten zu tun oder auch zu unterlassen ist und letztlich: was machbar ist und was nicht. Dazu kamen besonders in den letzten Jahren auch ethische Gedanken bzw. Zweifel, inwieweit wir überhaupt berechtigt sind einzugreifen, wie weit dieses gehen darf usw. Verfolgt man die Unbedenklichkeit, mit der manche psychoanalytischen Kollegen nach einem Interview eine Analyseindikation stellen, ohne wichtige entwicklungspsychologische Details der Patienten zu kennen, und bedenkt man, wie folgenschwer eine jahrelange Analyse für einen Patienten sein kann, sind einige dieser Zweifel auch angebracht.

Einen wichtigen Erfahrungshintergrund stellte für mich auch die jahrelang durchgeführte Konsiltätigkeit in anderen medizinischen Kliniken dar. Nicht nur weil ich dadurch auch immer wieder einen guten Kontakt zur Organmedizin pflegen konnte, sondern auch, weil hier Patienten anzutreffen waren, die sich wohl auch nicht unter der klassischen Klientel von Psychotherapeuten finden lassen, obwohl sie psychotherapeutisch hilfsbedürftig sind. Ich nenne nur die Vielfalt von Patienten mit psychosomatischen Störungen, die z.T. unsägliche diagnostische Prozeduren über sich ergehen lassen mußten und das oft auch aus unbewußten, abwehrtaktischen Gründen wollten. Ferner Patienten in Krisensituationen, z.B. in suizidalen oder Krankheitsbewältigungskrisen nach Mitteilung einer gravierenden Diagnose oder angesichts bevorstehender schwerer Operationen. Dieser lange klinische Hintergrund hat meine Identität und mein Handeln als Psychotherapeut nachhaltig geformt.

Vieles in meiner Darstellung beruht auf dem Prinzip des „nil nocere". Ich werde also versuchen, ein Vorgehen zu beschreiben, das dem Patienten soviel Autonomie wie möglich beläßt und das Belastungen nicht provoziert, sondern eher begrenzt.

In meiner nunmehr jahrzehntelangen Berufstätigkeit habe ich kontinuierlich psychoanalytisch und tiefenpsychologisch fundiert mit Patienten und Kollegen therapeutisch und in Supervision gearbeitet, auch in Selbsterfahrungsgruppen mit werdenden Psychotherapeuten. Meinen Patienten und Kollegen, die Therapie, Beratung oder Supervision bei mir gesucht haben, habe ich viel zu verdanken. Auch sie haben mich zu der Offenheit und zu der Abneigung gegen jede Form von Dogmatismus geführt, die heute feste Bestandteile meiner psychotherapeutischen Identität sind.

1.1.2 Was ist tiefenpsychologisch orientierte Psychotherapie?

> Definition
>
> Die tiefenpsychologisch orientierte Psychotherapie arbeitet theoretisch mit den Erkenntnissen der Psychoanalyse und deren Weiterentwicklungen bzw. Modifizierungen im Hinblick auf die Persönlichkeitsentwicklung und deren Störungen. In der praktischen Umsetzung dieser Erkenntnisse folgt sie aber nicht oder teilweise nicht dem klassischen psychoanalytischen Therapieprozedere, sondern hat eigene Methoden entwickelt, die – im Vergleich mit der Psychoanalyse – Begrenzungen und Fokussierungen markieren.

Um welche Begrenzungen es hierbei geht, wird im Kommentar der Psychotherapierichtlinien für die kassenärztliche Abrechnung deutlich, in dem FABER u. HAARSTRICK (1996) wie folgt formulieren:

> Mit dem Begriff der tiefenpsychologisch fundierten Psychotherapie wird ein Verfahren bezeichnet, das die Grundannahmen der Neurosenlehre der Psychoanalyse wie Existenz und Wirkungsweise des Unbewußten und die Forschungsergebnisse der Psychoanalyse über intrapsychische und interpersonale Prozesse voraussetzt. Allerdings erfolgt die Anwendung dieser Kenntnisse durch eine konfliktzentrierte Vorgehensweise. Trotz der komplexen Bedingungen des Einzelfalles wird die Krankenbehandlung auf Teilziele beschränkt. Dabei ist das Verfahren auf die Einleitung eines psychoanalytischen Prozesses ausgerichtet unter Wahrung der Abstinenz und zurückhaltender Nutzung von Übertragungs- und Gegenübertragungsprozessen. Regressive Tendenzen sind in der Regel durch die Betonung der gegenwärtigen Situation steuerbar. Die Indikation des Verfahrens wird von dem Nachweis aktueller neurotischer Konflikte und deren Symptombildung bestimmt. Das psychotherapeutische Vorgehen ist auf die Bearbeitung dieser Konflikte beschränkt.
>
> In der Umkehrung: Nur wenn ein aktueller neurotischer Konflikt mit einer entsprechenden Symptomatik abgegrenzt werden kann, ist das Verfahren indiziert (S. 46).

Diese Definition klingt gut, kann aber für den Anfänger Verwirrung stiften: Wie soll und kann man eine Krankenbehandlung auf Teilziele beschränken? Was ist eine konfliktzentrierte Vorgehensweise? Geht man nicht in allen Formen von Psychotherapie so vor? Wie soll man regressive Tendenzen steuern, wie macht man das, Übertragungs- und Gegenübertragungsprozesse „zurückhaltend" zu nutzen? Diese und andere weiterführende Fragen sind berechtigt und führen dazu, die Begrenzungen im Sinne einiger allgemeiner

Regeln, die Setting und technische Aspekte im Rahmen der tiefenpsychologischen Psychotherapie betreffen, deutlicher zu benennen. Sie können als Orientierungsrahmen solcher Therapien dienen, werden aber nicht so sehr Aussagen darüber erlauben, welche behandlungstechnischen Probleme bei Einhaltungen dieser Begrenzungen bzw. Regeln auftreten können. Ich werde darauf gesondert eingehen.

Anmerkungen zum theoretischen Hintergrund

Die tiefenpsychologisch orientierte Psychotherapie hat ihren theoretischen Hintergrund weitgehend im Bereich der Psychoanalyse. Das bedeutet – verdichtet zusammengefaßt –, daß Krankheitsentstehung, -bewältigung und -verhalten weitgehend von unbewußten Faktoren gesteuert werden, die es in der tiefenpsychologischen Psychotherapie mittels bestimmter Methoden bzw. Techniken innerhalb der therapeutischen Beziehung (z. B. Übertragungsdeutungen, Analyse von Abwehrmechanismen, Wahrnehmung von und Arbeit mit Gegenübertragungsreaktionen) zu erschließen und zu verstehen gilt.

Auf die Besonderheiten der verschiedenen tiefenpsychologischen „Schulen", ihre Gemeinsamkeiten und Unterschiede soll hier nicht eingegangen werden. Näheres dazu u.a. bei Wyss 1991.

Dieser psychoanalytische „Boden" erfährt aber in der tiefenpsychologisch orientierten Psychotherapie Modifikationen:

> !
> - Bestimmte, aus der Psychoanalyse abgeleitete therapeutische Techniken werden nicht in vollem Umfang angewendet (Näheres dazu vgl. Abschn. 1.1.4).
> - Die Zeit, die für die Anwendung dieser Therapieform zur Verfügung steht, ist in der Regel im Vergleich zur psychoanalytischen Therapie deutlich kürzer.
> - Das klassische psychoanalytische Setting (Therapie mit dem liegenden Patienten) erfährt Modifikationen (Therapie mit dem gegenübersitzenden Patienten).

Die Vor- und möglichen Nachteile eines solchen Settings werden weiter unten, S. 28 f. beschrieben.

Modifikationen. Kürzere Psychotherapien auf psychoanalytischem Hintergrund gab es seit den Anfängen der Psychoanalyse. Freud selbst hat verschiedene Mitteilungen dazu gemacht. Von seinen Schülern war es dann v.a. Wilhelm Stekel, der sich auf Kurzbehandlungen konzentrierte und seine Methode 1938 beschrieb („Technik der analytischen Psychotherapie").

Eine erste systematische Darstellung eines verkürzten psychoanalytischen Behandlungsansatzes legten 1946 Alexander u. French vor. Mit ihrer Empfehlung zu mehr therapeutischer Flexibilität (z.B. weniger Förderung von Regression und Übertragung, evtl. geringere Stundenfrequenz, ggf. Unterbrechung in der Behandlung) lösten die Autoren damals unter ihren psychoanalytischen Kollegen eine heftige Kontroverse aus, da die Standardmethode idealisiert und als einzig sinnvolles Behandlungsinstrument angesehen wurde. Am bekanntesten wurde Alexanders Konzept der „corrective emotional experience", die er für die Therapie für bedeutsamer hielt als Deutungen. Mit diesen Überlegungen und dem wenige Jahre später erschienenen Buch von Frieda Fromm-Reichmann „Principles of Intensive Psychotherapy" (1950), das sich besonders mit der Therapie psychotischer Störungen auseinandersetzte, war eine – wenn auch häufig kontrovers bis polemisch geführte – Diskussion begonnen worden, die sich in den folgenden Jahrzehnten kontinuierlich fortführen ließ und zu neuen Entwicklungen und Konzepten führte. Beispielhaft genannt seien nur die Beiträge von Balint et al. (1972), Malan (1965), Mann (1978) und Sifneos (1979), die verschiedene Formen und Techniken von Kurztherapien auf psychoanalytischem Verständnishintergrund beschrieben.

> ! Die verschiedenen Ansätze und Modifikationen des ursprünglichen psychoanalytischen Therapiemodells führten dazu, daß es eine einheitliche Theorie zur tiefenpsychologischen Psychotherapie nicht gibt.

Hier sollen vielmehr einige Behandlungsansätze kurz skizziert werden, die aus der psychoanalytischen Theorie und Technik heraus entwickelt wurden.

Die dynamische Psychotherapie nach A. Dührssen (1988)

A. Dührssen beschreibt mit der von ihr entwickelten dynamischen Psychotherapie eine Form von tiefenpsychologischer Psychotherapie, in der ein strukturiertes Vorgehen des Therapeuten erfolgt (ähnlich strukturiert geht Dührssen in ihren Anleitungen zur tiefenpsychologischen Anamneseerhebung vor; s. S. 16 ff.).

Der Therapeut verständigt sich gemeinsam mit dem Patienten über einen zentralen Konflikt, der bevorzugt zu bearbeiten ist. Dieser Konflikt, der meist mit gestörten Erwartungen an das Selbst und an Objekte verbunden ist und zu Beziehungsstörungen führt, wird eher an der Beziehung zu Außenobjekten als innerhalb der therapeutischen Beziehung durchgearbeitet. Der Therapeut nimmt die Übertragungsphänomene des Patienten zwar wahr, spricht sie aber nur an, wenn sie sich in der Behandlung nachhaltig störend (z. B. als Widerstand) bemerkbar machen. Der Therapeut fördert eher eine milde, positive Übertragung und nimmt – v. a. bei schwerer gestörten Patienten – Hilfs-Ich-Funktionen wahr. Die gemeinsame Arbeit konzentriert er nicht bevorzugt auf die Konflikte und deren Entstehungsbedingungen, sondern auf die Folgen der Konflikte für den Patienten, also im Hinblick auf seine Beziehungs- und Arbeitsfähigkeit.

> ! In dieser Form von tiefenpsychologischer Psychotherapie wird also weniger an der Übertragungsbeziehung als an den aktuellen Konflikten des Patienten in signifikanten Außenbeziehungen gearbeitet.

Die psychoanalytisch-interaktionelle Einzeltherapie nach Heigl-Evers u. Heigl

Heigl-Evers et al. beschreiben (u. a. 1994) die psychoanalytisch-interaktionelle Einzeltherapie, die für die Behandlung von Patienten mit Entwicklungspathologien (z. B. mit Borderline-Störungen) konzipiert wurde. Diese Form tiefenpsychologischer Psychotherapie berücksichtigt in besonderer Weise die beeinträchtigte Ich-Organisation dieser Patienten, indem vom Therapeuten teilweise Hilfs-Ich-Funktionen übernommen werden. Darüber hinaus verhält sich der so arbeitende Therapeut „transparenter" als bei Patienten mit Konfliktpathologie, er gibt weniger Deutungen als vielmehr Interpretationen des Erlebens und der Gefühle des Patienten in wichtigen Beziehungen.

Die Autoren führen als Parameter das therapeutische Prinzip „Antwort" ein, womit gemeint ist, daß der Therapeut die Gefühle mitteilt, die der Patient in ihm aufgrund seiner Mitteilungen hervorruft. Diese Technik soll v. a. dann hilfreich eingesetzt werden, wenn es im Verlauf des therapeutischen Prozesses zu „Dialogbrüchen" kommt.

Darüber hinaus nutzt der Therapeut auch in dieser speziellen Form von tiefenpsychologischer Psychotherapie die üblichen Mittel von Konfrontation und Klarifizierung, dabei insbesondere die Affektklarifizierung, also die Aufforderung an den Patienten, seine Gefühle zu benennen.

Die analytische Psychotherapie nach Luborsky

Auch die analytische Psychotherapie nach Luborsky (1988) ist als tiefenpsychologisch fundierte Einzelpsychotherapie außerhalb des klassischen psychoanalytischen Settings anzusehen. Luborsky stellt die Konzepte des „zentralen Beziehungskonfliktes" und der „hilfreichen Beziehung" in den Mittelpunkt seiner Psychotherapie. Er beschreibt, wie die stützende, hilfreiche Beziehung zum Therapeuten einen ständigen Antrieb für Veränderung darstelle und betont damit in besonderer Weise die hervorragende Bedeutung der Herstellung einer guten Arbeitsbeziehung für den Verlauf einer Psychotherapie.

Mit der Fokussierung auf den zentralen Beziehungskonflikt meint Luborsky folgendes: Der Therapeut beginnt von Anfang an,

> Vorstellungen über die offensichtlichen und selbst über die „geheimen Bedeutungen" in den Beziehungsproblemen des Patienten zu entwickeln (S. 40).

Aus diesem allmählich wachsenden Wissen über die Beziehungsprobleme des Patienten formuliert er das zentrale Beziehungsproblem, auf dessen einzelne Aspekte sich die weitere Arbeit deutend fokussiert. Er bezeichnet die ständige Zentrierung auf einen solchen Fokus als „fokale Behandlungsführung". Der Prozeß der Fokussierung auf das zentrale Beziehungsthema setze sich während der gesamten Behandlung fort.

Die von LUBORSKY beschriebene Psychotherapie ist „analytischer" als die zuvor beschriebenen, und zwar in dem Sinne, daß Übertragungsaspekte stärker in die therapeutische Beziehung einbezogen und auch gedeutet werden.

Wer sich näher mit den hier nur kurz beschriebenen sowie auch anderen tiefenpsychologisch fundierten Psychotherapiekonzepten befassen möchte, dem sei das lesenswerte Buch von KÖNIG (1993) „Einzeltherapie außerhalb des klassischen Settings" empfohlen.

Verbindende Zielvorstellungen. So unterschiedlich die inhaltliche Ausrichtung und Fokussierung der einzelnen tiefenpsychologischen Psychotherapie-Konzepte auch sein mag, so lassen sich zumindest zwei gemeinsame Zielvorstellungen formulieren:

> !
> - Mit tiefenpsychologischer Psychotherapie soll eine (begrenzte) Einsicht in zugrunde liegende innere Konflikte erreicht werden. Dabei geht es überwiegend um Einsichtsmöglichkeiten in das jetzige aktuelle Leiden, auch wenn lebensgeschichtliche (genetische) Faktoren von Fall zu Fall zum Verständnis bzw. zur Förderung der Einsicht herangezogen werden.
>
> Die Förderung von Einsicht bezieht sich auf die Entwicklung der Beziehung zwischen Therapeut und Patient, deren jeweilige Dynamik und ihre Störungen.
>
> - Es soll eine Symptomminderung bzw. eine weitgehende Bearbeitung eines aktuellen Leidenszustandes im Sinne einer aktuellen neurotischen Konfliktsituation ermöglicht werden.

Unterschiedliche Methoden. Trotz des gemeinsamen tiefenpsychologischen Hintergrundes sind die Mittel und Methoden, die zur Erreichung dieser Zielvorstellungen vorgeschlagen werden, zumindest teilweise unterschiedlich. Einigkeit besteht darüber, daß durch das Behandlungssetting (in der Regel Gegenübersitzen) und durch den gegebenen Zeitrahmen bestimmte Prozesse, die sonst in der Psychoanalyse eine bedeutsame Rolle spielen, begrenzt werden. Hierbei handelt es sich überwiegend um die Übertragungsprozesse sowie um Regressionsphänomene (näheres dazu in Abschn. 1.1.4).

Die Zeitbegrenzung legt es auch nahe, bei der Durchführung einer tiefenpsychologischen Psychotherapie vorrangig einen Fokus zu bearbeiten, der zu Beginn mit dem Patienten im Sinne einer Zielvorstellung gemeinsam formuliert werden sollte. Die Vorstellungen über die fokale Bearbeitung von Konflikten sind unterschiedlich, ebenso auch die Hinweise zur Aktivität des Therapeuten und zur hilfreichen Einbeziehung von Elementen anderer Therapieschulen bzw. auch von psychologischer Beratung, supportiver Therapie und psychoedukativen Anteilen.

Der tiefenpsychologisch arbeitende Psychotherapeut hat es somit schwerer als ein Psychoanalytiker, eine theoretisch gut fundierte, eindeutige Anleitung für sein therapeutisches Vorgehen zu erhalten. Das beinhaltet aber die Chance, auf dem theoretischen Boden der Tiefenpsychologie einen eigenen, auch eklektischen Zugang zu Patienten zu finden, der nicht vom Dogmatismus einer „reinen" Lehre bestimmt wird.

1.1.3 Der Beginn des Therapeut-Patient-Kontakts

Kontaktaufnahme

> ! Die Art und Weise der Kontaktaufnahme des Patienten kann dem tiefenpsychologisch arbeitenden Psychotherapeuten bereits erste Hinweise über die Art der Störung, über Besonderheiten künftig zu erwartender Interaktionen und über die Prognose einer möglichen Behandlung geben.

Der Therapeut kann sich in diesem frühen Stadium von Kontakt einen ersten Eindruck davon verschaffen, wie z.B. Aktivität und Passivität, Eigen- und Fremdmotivation des Patienten verteilt sind. Die Regel wird es sein, daß der Patient sich selbst zum Erstkontakt anmeldet. Bei der Anmeldung ist zu beachten, wie der Patient sich ausdrückt bzw. vorstellt:

> !
> - Möchte er selbst einen Termin vereinbaren, sieht er die Notwendigkeit dazu?
> - Stellt er sich als „geschickt" dar, der auf Empfehlung anderer einen Termin sucht?
> - Deutet er bereits die Problematik an, die ihn zum Kontakt veranlaßt und wie tut er das?
> - Stellt sich die gemeinsame Suche eines Termins als schwierig heraus (vorausgesetzt, der Therapeut hat keine wesentlichen Terminschwierigkeiten), wird also die Terminabsprache bereits spontan vom Patienten ambivalent oder eher ablehnend/aufschiebend gehandhabt?

Es kann auch vorkommen, daß ein Patient zum Erstgespräch von anderen angemeldet wird, z.B. vom Partner, Familienangehörigen, anderen Helfern (z.B. dem Hausarzt). Hierzu sollte der Therapeut überlegen, wie er zu einer solchen Fremdvermittlung steht. Natürlich kann es schwer sein, dem hausärztlichen oder einem Klinikkollegen am Telefon einen konkreten Vorstellungstermin zu verweigern, weil man als Psychotherapeut damit gelegentlich auf Unverständnis stößt. Ich würde trotzdem dazu raten, auf einer persönlichen Verabredung seitens des Patienten zu bestehen, um einen ersten, vorsichtig zu wertenden Hinweis auf dessen Motivation zu erhalten. Ein Patient, der sich schon bei der Kontaktaufnahme so versorgen läßt, daß er nicht selbst aktiv werden muß, wird von einer eher konfrontierenden Therapie wie der tiefenpsychologisch orientierten vermutlich eher nicht profitieren.

Der potentielle Therapeut sollte auch bedenken, daß Terminvereinbarungen mit Dritten oft Ausdruck von deren Hilflosigkeit, Ohnmacht und/oder Ärger sind. Da meint dann z.B. ein Organmediziner, der lange erfolglos diagnostiziert hat, daß jetzt am Ende der Untersuchungskette doch wohl einmal der Psychotherapeut oder Psychosomatiker „draufschauen" sollte. Ob der Patient dieses auch selbst für sinnvoll erachtet, wird meist gar nicht geprüft. Der Therapeut würde dann eine Art psychischer Strafinstanz werden, die dem Patienten die Psychogenese seiner Beschwerden schon beweisen werde. Daß ein solches Prozedere der Kontaktaufnahme massive Abwehr provozieren muß, liegt auf der Hand.

Das Erstgespräch; tiefenpsychologische Anamneseerhebung

Wenn es zum Erstgespräch und eventuellen Folgegesprächen kommt, sollte der tiefenpsychologisch arbeitende Therapeut sich folgende Fragen stellen:

> !
> - Wie will ich vorgehen?
> - Was will ich wissen?
> - Wovon hängt es ab, ob ich dem Patienten eine Therapie bei mir anbiete oder nicht?

■ **Zum Vorgehen.** Es gibt auch im Rahmen der Tiefenpsychologie unterschiedliche Möglichkeiten, ein Erstgespräch zu führen bzw. ablaufen zu lassen:

Passiver Therapeut. Der Therapeut ist weitgehend passiv, wartet spontane Äußerungen seines Patienten ab und beobachtet, in welcher Art und Weise dieser das Gesprächsangebot aufgreift und nutzt. Ihm liegt also besonders an der Darstellung des Szenischen, in der der Patient sich selbst und seine Konflikte in Szene setzt.

Der Therapeut, der eine solche Haltung bevorzugt, erhofft sich überwiegend Mitteilungen über unbewußte Konflikte seines Patienten. Das mag dann besonders hilfreich sein, wenn an eine Indikation zu einer psychoanalytischen Behandlung gedacht wird bzw. der Therapeut primär ein solches Setting anbieten möchte.

Der zeitbegrenzter arbeitende tiefenpsychologische Psychotherapeut sollte bedenken, daß eine zu große Passivität des Interviewers die Angst vor der „ungewöhnlichen Gesprächssituation" (ARGELANDER 1970) noch verstärken und daß dies auch kontraproduktiv sein kann, wenn der Patient z. B. aus Angst vor eigener Aktivität, Öffnung, Schilderung seiner Symptome eher Abwehr mobilisiert.

Aktiver Therapeut. Ein ganz gegensätzliches Vorgehen wäre die aktive Exploration des Patienten, wie sie vielfach beim Umgang mit Patienten in der Psychiatrie praktiziert wird. Hier würde der Therapeut – meist nach einem ihm bekannten, sich bewährten Anamneseschema – gezielt Fragen stellen und szenische, interpersonelle Aspekte eher vernachlässigen oder gar nicht berücksichtigen. Für das Gespräch in einer zu erwägenden tiefenpsychologischen Psychotherapie wäre eine so ausschließlich gezielte Exploration sicher von Nachteil, weil sie den Patienten eher zur Passivität zwingt und eine Rollenverteilung inszeniert (einer fragt, der andere antwortet), die für psychotherapeutisches Handeln, das primär Beziehungsaspekte berücksichtigt, ungut ist.

? Gibt es einen Mittelweg zwischen zu starker Aktivität und zu starker Passivität des Therapeuten?

Als einen solchen Mittelweg könnte man eine tiefenpsychologische Anamneseerhebung bezeichnen, wie sie beispielhaft von DÜHRSSEN (1990) beschrieben worden ist. Das von der Autorin beschriebene inhaltliche Vorgehen läßt sich zusammengefaßt so darstellen:

Der von DÜHRSSEN beschriebene Mittelweg zwischen Aktivität und Passivität des Therapeuten entspricht auch weitgehend dem Vorgehen des Autors. Man könnte eine solche therapeutische Haltung in den Erstgesprächen als *semistrukturierend* beschreiben. Dies bedeutet, daß Fakten und Daten zielgerichtet erfragt und gesammelt werden und daß gleichzeitig der kommunikative Aspekt zwischen Therapeut und Patient beachtet wird. Man könnte die Haltung eines so vorgehenden Therapeuten auch als teilnehmende Beobachtung kennzeichnen, in der nicht nur auf die Sichtung der intrapsychischen Konflikte geachtet wird, sondern in der ständig nach einem für beide Seiten gangbaren und bedeutungsvollen Weg der Kommunikation gesucht wird.

Was will ich wissen? Bedenkt man die Funktionen, die Erstgespräche im Sinne einer tiefenpsychologisch orientierten biographischen Anamneseerhebung haben können (diagnostische, prognostische und therapeutische Funktionen), sind eine Fülle von Daten zu erheben, um ein möglichst differenziertes Bild von der Persönlichkeit des Patienten und seiner Störung zu erhalten.

Die wichtigsten Daten beziehen sich

!
- auf die jetzige aktuelle Symptomatik,
- auf die Persönlichkeitsentwicklung des Patienten und daraus ableitbare Störungen,
- auf andere wichtige Fakten.

Die biographische Anamnese unter tiefenpsychologischem Aspekt. (Nach DÜHRSSEN 1990)
- Erhalt von grundlegenden Informationen mittels eines durch Fragen strukturierten Interviews.
- Ziel ist, ein differenziertes Bild von der biographischen und aktuellen Lebenssituation und von den neurotischen Symptomen des Patienten im Sinne eines Gesamtbildes (der Gegenwartskonflikt und seine Vorgeschichte) zu erhalten.
- Diese Form der Anamneseerhebung hat eine vorwiegend diagnostische Funktion; darüber hinaus aber auch eine psychodynamische, hypothesenformulierende.
- Der Therapeut ist also relativ aktiv, indem er fragend strukturiert, beachtet aber aufmerksam nicht nur die Art der Antworten, sondern auch Verhalten, Emotion und Kommunikation, also interpersonelle Aspekte, die sich während des oder der Gespräche ergeben.

Aktuelle Symptomatik. Es empfiehlt sich, das Gespräch mit der Frage einzuleiten, was den Patienten veranlaßt hat, zum jetzigen Zeitpunkt ein Gespräch zu suchen. Die jetzige aktuelle Symptomatik ist meist relativ bewußt und kann daher in der Regel recht gut beschrieben werden. Zugleich entsteht im Gespräch darüber ein erster Kontakt zwischen den Beteiligten. Der Therapeut sollte sich Zeit dafür nehmen und dies als Chance begreifen, sich ausführlicher über die jetzigen Lebensumstände seines Patienten zu informieren:

?
- Welche Beziehungen/Bindungen hat der Patient und wie ist er mit ihnen zufrieden?
- Wie ist seine berufliche Situation und die Zufriedenheit damit?
- Wie sieht er sich selbst zum jetzigen Zeitpunkt? Mag er sich? Haßt er sich? Bedauert er sich etc?
- Wie sieht er seine Eigenbeteiligung an den geschilderten aktuellen Konflikten und Symptomen?
- Wie bilanziert er sein Leben zum gegenwärtigen Zeitpunkt? Ich gebe meist das Bild einer Waage vor, auf die der Patient das, was gut ist und was er kann (Ressourcen), gegen das abwägen soll, was ihn belastet und stört (Konflikte).

In diesem ersten Teil der Anamneseerhebung bzw. des Interviews geht es also darum, neben der Exploration der aktuellen Symptomatik zu erfahren, wie zufrieden bzw. unzufrieden der Patient mit sich und seinem Leben ist und ob und wie er seine Eigenbeteiligung an den gegenwärtigen Konflikten beschreiben und sehen kann. Schon dieser frühe Gesprächsteil hat damit nicht nur erste diagnostische, sondern auch prognostische Funktionen: Kann der Patient über sich reflektieren und sich selbst wenigstens ansatzweise auch kritisch sehen? Oder projiziert er alles Übel und Leiden auf andere, die Schuld sind an seinem Elend? Überwiegt die letztgenannte Haltung, wird ein solcher Patient von einem tiefenpsychologisch orientierten Vorgehen vermutlich eher nicht oder nur sehr begrenzt profitieren.

Persönlichkeitsentwicklung. In dem dann folgenden Teil des Gesprächs wird die weitere Lebensgeschichte des Patienten fragend exploriert. Folgende Bereiche sollten dabei berücksichtigt werden:

- Die Herkunftsfamilie des Patienten und die familiäre Situation um die Zeit seiner Geburt herum: Wie sah das „System Familie" um die Zeit der Geburt herum aus? Wer hat sich überwiegend um den Patienten gekümmert? Welche Berichte gibt es über die Umstände seiner Geburt, war er erwünscht oder unerwünscht etc?
- Die Entwicklung des Patienten bis zur Einschulung (der familiäre Kontext und mögliche Veränderungen; das familiäre „Klima"; Erziehungsideale und -stile; mögliche gravierende Erkrankungen des Patienten oder seiner Familienangehörigen; Entfernungen aus dem häuslichen Milieu (z.B. Krankenhausaufenthalte); andere mögliche Trennungen/Verluste und sonstige Traumata – evtl. früh aufgetretene Symptome (z.B. Ängste, Bettnässen) und die Reaktion der primären Bezugspersonen darauf; Erfahrungen mit Triebbereichen (Oralität, Aggression, Sexualität)).
- Die Entwicklung des Patienten bis zum Eintritt der Pubertät (weiterhin alle vorgenannten Punkte. Zusätzlich: Erfahrungen durch Erweiterung der Sozialkontakte, z.B. Schule: Erleben von Gemeinschaft, Verhältnis zu Lehrern, Arbeits- und Leistungsfähigkeit, Umgang mit Anforderungen und Normen; Weiterentwicklung der Erfahrung mit Triebbereichen, insbesondere Aufklärung, erste sexuelle Erfahrungen, Selbstakzeptanz innerhalb von Geschlecht und Rolle, Selbstbild; Sicht der wichtigsten Objektbeziehungen in diesem Zeitraum).
- Die Entwicklung des Patienten in der Adoleszenz bis zur Ablösung aus dem Elternhaus (alle vorgenannten Punkte – zusätzlich: Ausdifferenzierung und Weiterentwicklung von Objekterfahrungen/Beziehungen; Selbsterleben in „unruhiger Zeit"; Sexualität und sexuelle Präferenzen, Phantasien und Realerfahrungen; Vorstellungen über Beruf, Macht und Einfluß; Phantasien explorieren!).

- Die Weiterentwicklung des Patienten bis zum gegenwärtigen Zeitpunkt (alle vorgenannten Punkte – zusätzlich: Weiterentwicklung wichtiger Beziehungen/Bindungen; Entwicklung und eventuelle Veränderungen der gewählten Berufstätigkeit; Weiterentwicklung früher Symptome; Neuauftreten von Symptomen: auslösende Situationen, Erklärungsversuche seitens des Patienten; Weiterentwicklung von Lebenszufriedenheit bzw. -unzufriedenheit in Verbindung mit den ursprünglichen „idealen" Lebensplanungen).

Familienanamnese. Zu den anderen wichtigen Fakten, die erhoben werden sollten, gehört zunächst einmal die Familienanamnese; hierbei sollten insbesondere folgende Punkte erhoben werden:

- das Auftreten psychischer Erkrankungen,
- Suizide und Suizidversuche,
- typische überlieferte Familienkonflikte bzw. -konstellationen,
- neurotische Lebensstile und Symptome in der Familiengeschichte,
- Bindungs- und Trennungsverhalten (z.B. Tradition mit Scheidungen/Trennungen) sowie
- Machttraditionen und -konstellationen.

Wichtig sind ferner Fragen nach somatischen Vorerkrankungen des Patienten und mögliche Zusammenhänge mit der jetzigen Symptomatik: Gibt es einen organischen „Boden", gibt es psychosomatische Konstellationen etc?

In diesem Zusammenhang sollte auch nach Vorbehandlungen und Vorbehandlern gefragt werden: Wann und weshalb wurden diese aufgesucht? Worin bestand die Behandlung, wie war das Ergebnis, wie waren die Folgen?

Suchtanamnese. Der tiefenpsychologische Psychotherapeut sollte auch erfragen, welche Erfahrungen sein Patient evtl. mit suchterzeugenden Substanzen hat (Alkohol, Medikamente, Nikotin, andere Drogen). Dieser Bereich sollte ähnlich aktiv exploriert werden wie andere tabuisierte Themen (z.B. Gewalttaten, Sexualität). Eine latente oder manifeste Sucht kann für die Indikationsstellung zu einer aufdeckenden Psychotherapie einschränkende Konsequenzen haben, sie kann aber auch den therapeutischen Prozeß selbst erheblich belasten oder sogar destruieren. Ein Patient, der z.B. seine Angst medikamentös dämpft und dieses dem Therapeuten verschweigt, kann andere Themen fokussieren, um sich und den Therapeuten von der Bearbeitung seiner Angst abzulenken (s. auch Kap. 10 „Der psychotherapeutische Umgang mit süchtigen Patienten").

Die hier aufgeführte Sammlung möglicher Fragen und inhaltlicher Punkte erhebt keinen Anspruch auf Vollständigkeit, sondern soll lediglich einige Anhaltspunkte für das geben, was der tiefenpsychologische Psychotherapeut fragen sollte.

Diagnostik und Differentialdiagnostik

In jedem Fall wird der Therapeut am Ende der Anamnesephase über viele unterschiedliche Daten verfügen, die er gewichten und interpretieren muß, um zu einer vorläufigen Diagnose zu kommen und die Frage der Indikationsstellung zur Psychotherapie zu klären.

■ **Symptomdiagnose.** Ich würde empfehlen, zunächst eine Diagnose zu stellen, mit der die aktuelle Symptomatik des Patienten zutreffend zu kennzeichnen ist. Der guten Ordnung und anderer Sachzwänge halber sollte sich auch der tiefenpsychologische Psychotherapeut hierzu der internationalen Klassifikation psychischer Störungen in der jeweils gültigen Fassung bedienen, selbst wenn ihm eine neurosenpsychologisch-ätiologische Betrachtungsweise lieber wäre. Eine an dieser Klassifikation orientierte Diagnostik erwarten auch die Krankenkassen, und so wird kein Weg daran vorbeigehen, sich in disziplinierter Einarbeitung zu üben. Unabhängig davon steht es jedem Therapeuten frei, seine jeweils schulen- bzw. theoriespezifische Diagnose zu stellen.

Im Fall der tiefenpsychologischen Theorie wird er also zu prüfen haben, in welchem persönlichkeitsspezifischen bzw. neurosenstrukturellen Kontext er die von seinem Patienten beschriebene Problematik sieht und wie er diese letztlich diagnostisch bewerten und einordnen möchte. Jeder Therapeut muß auch hier seinen eigenen Stil finden, mit dem er die unterschiedlichen Befunde diagnostisch gewichtet und zusammenführt.

Basisdiagnose. Nach der Stellung einer aktuellen Symptomdiagnose (z.B. Angstneurose bzw. nach ICD-10: Generalisierte Angststörung, F 41.1) sollte der Therapeut überprüfen, ob er damit alle wesentlichen Störungsanteile seines Patienten zutreffend beschrieben hat oder ob er noch eine weitere Diagnose stellen kann, die mehr mit Aspekten der gestörten Persönlichkeit oder strukturellen Störungen zu tun haben könnte, also sozusagen eine Art „Basisdiagnose" (z.B. Borderline-Persönlichkeitsstörung bzw. nach ICD-10: Emotional instabile Persönlichkeitsstörung – Borderline-Typus, F 60.31).

Mehrfachdiagnosen. Zu prüfen ist auch, ob eine Zweit- oder Drittdiagnose exaktere Beschreibungen des Störungspotentials des Patienten ermöglicht, z.B. generalisierte Angststörung als Haupt- bzw. Symptomdiagnose und als Zweitdiagnose die Beschreibung einer stoffgebundenen Abhängigkeit (Sucht).

Differentialdiagnostische Aspekte

Jeder tiefenpsychologisch arbeitende Psychotherapeut tut gut daran, Wissen aus anderen medizinischen und psychologischen Bereichen (z.B. der Psychiatrie) zu berücksichtigen, wenn es um die Abwägung differentialdiagnostischer Aspekte geht.

Es kann vorkommen, daß eine Symptomatik, die zunächst wie eine klassische neurotische Störung aussieht, später eine andere Qualität bekommt, womit sich auch die Basisdiagnose verändert.

2 Beispiele

Während meiner psychiatrischen Tätigkeit behandelte ich einen 24jährigen jungen Mann einige Wochen stationär. Er war mit allen klassischen Anzeichen einer neurotischen Depression zu uns gekommen. Eine tiefergehende depressive Störung, etwa im Sinne einer endogenen Depression, war auszuschließen.

Ein halbes Jahr später mußte ich den Patienten wieder aufnehmen, diesmal mit einer floriden manischen Episode. Die ursprüngliche Diagnose (neurotische Depression) mußte angesichts dieses Verlaufs revidiert werden (bipolare affektive Störung, gegenwärtig manische Episode mit psychotischen Symptomen).

Ein 52jähriger Mann kam depressiv zur Aufnahme, klagte über Leistungsversagen, Erschöpfung und allgemeine Lebensunlust. Die eheliche Beziehung war ausgesprochen schwierig und frustrierend, und bei der Erhebung der Vorgeschichte fand sich eine Reihe von Merkmalen, die gut zur Diagnose einer neurotischen Depression paßten. Organische Voruntersuchungen inklusive CT blieben ohne Befund.

Zwei Jahre später sah ich den Patienten erneut, diesmal mit allen Anzeichen einer Alzheimer'schen Erkrankung. Die ursprüngliche, eher psychodynamische Diagnose wurde revidiert: Die Depressivität bei der Erstaufnahme wurde dann als „Vorposten-Syndrom" des klinisch noch nicht faßbaren hirnorganischen Abbaus verstanden. Unabhängig davon könnte der Patient durchaus früher eine neurotische Depression gehabt haben.

! Neurotisch anmutende Symptome können also Vorboten gravierender Erkrankungen (z.B. Psychose oder Hirnorganik) sein. Depressivität und relative Antriebslosigkeit können z.B. Ausdruck einer Schilddrüsenfunktionsstörung sein; Schlafstörungen müssen nicht nur Ausdruck massiver Lebenskonflikte sein, sondern können erste Manifestationen z.B. einer Psychose sein, noch bevor weitere charakteristische Symptome hinzutreten.

Dies ist natürlich, wie auch die Beispiele zeigen, meist nicht von vornherein abzuschätzen, sollte aber differentialdiagnostisch mitbedacht werden. Manchmal gibt die Familienanamnese (psychische Erkrankungen und Suizidalität) erste Hinweise. Auch Fremdreferate, wie sie in der Psychiatrie üblich sind (Angehörige), können manchmal wertvolle differentialdiagnostische Überlegungen anstoßen.

Vielleicht ist gerade für den Anfänger die Versuchung besonders groß, die Suche nach der Psychodynamik, nach relevanten lebensgeschichtlichen Faktoren, nach auslösenden Ereignissen derart engagiert zu betreiben, daß der Blick für andere Möglichkeiten (Psychopathologie, somatische Aspekte) verstellt ist. Eine gründliche klinische Ausbildung erleichtert die Erweiterung des diagnostischen Horizonts und die Hineinnahme differentialdiagnostischer Überlegungen in die primär psychodynamische Diagnostik.

Mögliche Schwierigkeiten bei der Anamneseerhebung

Eine tiefenpsychologische Anamneseerhebung wird in der Regel nicht „glatt" verlaufen, sondern ihre Tücken und Hürden haben können, die sich aus der Problematik des Patienten, der Entwicklung der Interaktion und manchmal auch aus Fehlern des Therapeuten ergeben können.

Ohne hier alle nur denkbaren Möglichkeiten aufzählen zu wollen, kann sich die Erstgesprächssituation z.B. dann schwierig gestalten, wenn der Patient Mühe hat, sich auszudrücken und seine Probleme zu benennen sowie Gefühle in der zunächst fremden „ungewöhnlichen Gesprächssituation" zuzulassen.

Verantwortlich dafür können Abwehrmechanismen oder auch eine schon zu Beginn eher negative Übertragungsfacette sein, wie sie sich z. B. im Schweigen oder Mißtrauen manifestieren kann. Der Therapeut könnte versuchen, diese Hürde zu erleichtern, indem er z.B. vorsichtig fragt, ob es sein könnte, daß die Fremdheit der Situation ihm (dem Patienten) Schwierigkeiten macht oder ob er vielleicht auch schlechte Erfahrungen damit gemacht hat, sich zu öffnen und als der zu zeigen, der er ist.

Auch unbewußter Leistungsdruck kann ein Motiv sein, die vermutete Leistungserwartung des Therapeuten zunächst nicht zu erfüllen oder Angst zu haben, den vermuteten Anforderungen nicht gerecht werden zu können.

Häufig sind es aber verschiedene Ängste und Schamgefühle, die die Anfangssituation bestimmen und den Gesprächsverlauf sowie den Erhalt von Informationen erschweren. Der Psychotherapeut sollte sich, bevor er vorschnell ungeduldig und ärgerlich wird und den Patienten anfängt abzulehnen, die inszenierte Grundsituation noch einmal vor Augen führen: Der Patient muß eingestehen, daß etwas mit ihm nicht stimmt, daß er Defizite hat usw. Der freundlich-zugewandte Therapeut wird u.U. gar nicht als solcher gesehen, sondern unbewußt eher als einer, dem man Nichtfunktionieren gestehen muß, der einen beschämen oder bestrafen wird, der sich vielleicht amüsiert über das, was man berichtet und es entsprechend bewertet. All die Patienten, die frühe grundlegende Erfahrungen mit Beschämung und mit Mißbrauch von Nähe und Vertrauen haben, werden in einer solchen Gesprächssituation auch entsprechende Ängste haben und dann eben nicht fließend berichten.

Die Interaktionen, die sich aus solchen Anfangsszenen entwickeln können, sind vielfältig. Hier sollen nur einige beispielhaft genannt werden (Erfahrungen des Autors aus Supervisionen):

2 Beispiele

Ein Therapeut berichtet latent verärgert über ein Erstgespräch mit einer 22jährigen Studentin, die wegen Lernschwierigkeiten und Prüfungsängsten zu ihm gekommen sei. Die junge Frau habe mit hochrotem Gesicht und wie verstockt dagesessen und gerade noch ihre Personalien angeben können. Danach habe er mit gezielten Fragen alles aus ihr „herauspressen" müssen. Ihre Antworten seien dann auch immer nur kurz und knapp gewesen. Er vermute, daß die Patientin Männer frustrieren und kastrieren müsse, vermutlich liege eine hysterische Problematik vor. Er würde die Patientin gern in eine Verhaltenstherapie vermitteln, da ihr ein gezieltes Trainingsprogramm sicher eher helfen werde als eine empathische, reflektierende, Beziehungsaspekte berücksichtigende Therapie.

Nun ist gegen Verhaltenstherapie in diesem Fall prinzipiell nichts einzuwenden. Aber hier waren Ärger und Ungeduld des Therapeuten diejenigen Faktoren, die die Anamneseerhebung letztlich verhindert hatten. Die Kränkung des Therapeuten, der erleben mußte, daß eine junge Frau sich ihm nicht spontan öffnet, war offensichtlich so massiv, daß er sie abschieben wollte. Sein problematischer Interventionsstil war ihm nicht bewußt, ein von mir vorsichtig initiiertes Gespräch darüber wurde von ihm abgewehrt.

Ein männlicher Interviewer berichtet über einen Patienten, den seine langjährige Freundin verlassen hatte. Kurz nachdem er das erzählt hatte, mußte der Patient heftig weinen und konnte sich kaum beruhigen. Der dadurch irritierte Interviewer versuchte nun, „den Patienten von seiner Depression wegzulotsen", indem er ihm gezielte anamnestische Fragen stellte, die mit dem, was der Patient gerade erlebt hatte und affektiv ausdrücken konnte, nicht das Geringste zu tun hatten. Hier wurde deutlich, wie wenig der Interviewer selbst einen weinenden, verzweifelten Mann ertragen konnte und daß er solche Anteile auch in sich abwehren mußte. Ich erlaubte mir den Hinweis, dieses Problem in seiner Eigenanalyse einmal anzusprechen.

Schwierigkeiten bei der Anamneseerhebung können sich auch dadurch ergeben, daß Therapeut und Patient kein gemeinsames Sprachniveau finden. Dies ist besonders dann ein gravierendes Hindernis, wenn der Therapeut sich nicht auf die Sprache seines Patienten einstellen kann, die ihm zu einfach, zu primitiv, zu direkt erscheinen kann.

Ein Patient kann auch intellektuell mit den Anforderungen, die ein tiefenpsychologisches Interview stellt, überfordert sein. Ein Therapeut kann dies u. U. falsch verstehen, z. B. als Ausdruck der Abwehr des Patienten. Intelligenz wird von tiefenpsychologischen Therapeuten meist vorausgesetzt, wenn ein Patient zu ihnen kommt. Eine diesbezügliche Fehleinschätzung kann zu Störungen in der Ermittlung von Daten und in der Interaktion führen.

Der Abschluß der Anamneseerhebung

Am Ende des Erstgesprächs und eventueller Folgegespräche empfiehlt es sich, gemeinsam mit dem Patienten ein Resümee zu ziehen:

?
- Was war in Erfahrung zu bringen, was konnte geklärt werden, was fehlt noch bzw. ist unklar geblieben?
- Wo sehen Therapeut und Patient den Hauptkonflikt, der in einer möglichen Therapie bevorzugt bearbeitet werden sollte?
- Wie haben die am Dialog beteiligten Partner sich miteinander gefühlt? Hat der Therapeut einen Zugang zum Patienten gefunden, hat er dessen Konflikte verstanden? Wie hat sich der Patient vom Therapeuten verstanden gefühlt? Welche Fragen hat der Patient noch? Welche Erwartungen hat er an den Interviewer?

Diese ausgewählten Fragen leiten zu dem über, was auf S. 16 erstmals aufgeführt wurde:

? Wovon hängt es ab, ob ich einem Patienten eine Therapie bei mir anbiete oder nicht?

Zum Problem von Indikation und Kontraindikation

Nach Schneider (1990) sind für den Prozeß der Indikationsstellung vier unterschiedliche Aspekte bedeutsam:

- der Patient,
- die Störung,
- die Therapieform und
- der Therapeut.

Wendet man diese eher allgemeinen Faktoren auf die Indikation zur tiefenpsychologisch orientierten Psychotherapie an, wäre folgendes zu überlegen:

Der Therapeut sollte im Hinblick auf die Indikation zu dieser Therapieform v. a. über die Art und Weise nachdenken, in der der Patient sich und die Beziehung zum Interviewer während der tiefenpsychologischen Anamnese erlebt hat. Hieraus können sich Hinweise darauf ergeben, ob und wie der Patient mit dem spezifischen Angebot einer eher reflektierenden Form von Gespräch wird umgehen können und ob sich ein Kontakt zwischen beiden angebahnt hat, der hoffen läßt, daß sich eine konstruktive, tragende Beziehung aufbauen läßt.

Die Prüfung der Motivation

Die Motivation des Patienten sollte sehr eingehend geprüft werden. Darauf wurde schon kurz im Abschn. 1.1.3 „Der Beginn des Therapeut-Patient-Kontakts" (S. 15 f.) hingewiesen. Diese Prüfung kann nicht nur darauf beschränkt werden, ob der Patient genügend Leidensdruck hat und ob er deswegen Psychotherapie wünscht, sondern sie sollte sich auch darauf beziehen zu klären, ob sich der Patient eine Psychotherapie beim Interviewer als erstrebenswert und hilfreich vorstellen kann – vorausgesetzt natürlich, daß der Interviewer ihm signalisiert hat, daß Therapie bei ihm möglich wäre.

Die Prüfung der Motivation ist aus mehreren Quellen möglich:

- aus dem Eindruck des Interviewers von der Art und Weise, in der sich der Patient ihm vorgestellt hat,
- aus eindeutigen diesbezüglichen spontanen Äußerungen des Patienten,
- aus Fragen beider Seiten, die gezielter auf Motivation abzielen.

Der Therapeut muß weiter überlegen, ob seiner Ansicht nach die Wahrscheinlichkeit, daß der Patient von der angebotenen tiefenpsychologischen Therapiemethode profitieren kann, eher groß ist. Hilfreich für solche Überlegungen sind z. B. folgende Fragen des Therapeuten an sich selbst:

?
- Wie schätze ich das Ausmaß der Reflexionsfähigkeit des Patienten ein?
- Verfügt er über die Fähigkeit, Konflikte und Emotionen zu verbalisieren, „einzubringen"; hat er gelernt, schwierige Lebensumstände und -situationen hinsichtlich ihrer Einflußvariablen zu hinterfragen und dabei auch selbstkritisch zu sein?
- Ist Sprache ein ihm geläufiges, vertrautes Mittel zum Transport von Emotionalität?
- Ist der Patient soweit beziehungsfähig, kann er soweit vertrauen, daß die therapeutische Beziehung (im Sinne der „hilfreichen Beziehung" nach Luborsky 1988) ein wesentlicher Wirkfaktor sein könnte?
- Paßt der Patient zu mir, passe ich zu ihm?
- Ist die Therapie, die ich anbieten kann, die meiner Meinung nach erfolgversprechendste für den Patienten, oder könnte es sein, daß eine andere Therapiemethode rascher und/oder wirksamer für den Patienten hilfreich sein könnte?

Die letzte Frage stellen sich schulengebundene Psychotherapeuten meist gar nicht, weil sie – ihrer Identität und ihren meist sehr persönlichen Vorstellungen der Wirksamkeit von Psychotherapie folgend – ihre eigene Therapierichtung für am meisten erfolgversprechend halten, wenn der Patient ihnen zusagt und sie selbst ihn gern behandeln würden. Dies kann ein gravierendes *ethisches Problem* sein: Der Therapeut stellt keine Überlegungen mehr darüber an, wie dem Patienten am wirkungsvollsten geholfen werden könnte. Er übersieht dabei auch die Ergebnisse von Therapieevaluationsstudien zur Wirksamkeit einzelner Psychotherapieverfahren bei bestimmten Störungen.

Beispiel

(Erfahrung des Autors aus einem Erstinterviewseminar)
Ein Ausbildungskandidat sieht eine junge Patientin mit einer schweren Angstneurose, die es ihr kaum noch möglich macht, das Haus zu verlassen. Ihren Arbeitsplatz hat sie aus diesem Grund bereits verloren. „Begeistert" von der Massivität und Schwere der Symptomatik, stellt der Interviewer nach einem Gespräch die Indikation zu einer langdauernden psychoanalytischen Behandlung und macht der Patientin ein entsprechendes Angebot.
Die Frage, ob Psychoanalyse hier primär wirksam sei oder ob nicht zunächst eine stationäre verhaltenstherapeutische Behandlung erfolgversprechender wäre, stellt sich dem Ausbildungskandidaten nicht.

Indikation und die Realität des Therapeuten
Die Indikation zur tiefenpsychologisch orientierten Psychotherapie hängt natürlich auch von vielen weiteren subjektiven Faktoren ab. Die Person des Psychotherapeuten stellt selbst ein solches „Faktorenbündel" dar.

■ **Die äußere und innere Realität des Therapeuten.** Der Therapeut sollte möglichst schon zu Beginn eines Erstgesprächs Klarheit darüber haben, ob er überhaupt einen Behandlungsplatz zur Verfügung stellen kann. Falls dies nicht der Fall ist und er das Interview nur macht, um Stundenlücken aufzufüllen oder besser zu verdienen, sollte er seinem Patienten fairerweise von vornherein die Mitteilung machen, daß nur Zeit für ein oder zwei beratende Gespräche, aber nicht für eine Psychotherapie vorhanden sei.

Es ist eine bei Psychotherapeuten verbreitete und ethisch sehr bedenkliche Vorgehensweise, Patienten am Ende eines oder mehrerer Erstgespräche zu eröffnen, daß man keinen Platz habe und sie dann an weitere Therapeuten zu verweisen, die nicht selten das Ganze noch einmal wiederholen. Eine Variante stellt noch die „tröstende" Aufnahme auf eine mehr oder weniger imaginäre Warteliste dar mit dem Hinweis, daß der Patient Bescheid erhalte, wenn ein Platz frei würde.

Ich habe viele Patienten erlebt, mit denen so verfahren wurde und die neben tiefer Enttäuschung Mißtrauen gegenüber Psychotherapie und Psychotherapeuten entwickelten und/oder deren Behandlungsmotivation dadurch stark beeinträchtigt wurde. Es soll hier nicht unterstellt werden, daß Therapeuten generell so verfahren, aber die Tendenz, Patienten nach Abschöpfung der Erstinterviewziffer in dieser Art und Weise abzuschieben, ist deutlich. Dies ist als unethisches Verhalten zu kennzeichnen.

Die Frage, ob ein Behandlungsplatz zur Verfügung steht oder nicht, ist aber nicht immer nur als Aspekt der äußeren Realität des Therapeuten zu sehen. Ein Behandlungsplatz wird oft auch während der Anamneseerhebung, also in der Kennenlernphase von Therapeut und Patient, geschaffen oder „gestrichen". Dies hängt eher mit der inneren Realität des Therapeuten zusammen, also mit Fragen von Sympathie, Antipathie, Empathie/Intuition und „Passung". Zu diesen Fragen lassen sich unterschiedliche Standpunkte einnehmen.

Beispiel

Einer meiner Kontrollanalytiker in meiner psychoanalytischen Ausbildung meinte, es sei ganz unwichtig, ob ein Patient seinem Therapeuten sympathisch sei. Man müsse seine Patienten nicht mögen. Entscheidend sei nur die Störung und deren psychoanalytische Behandelbarkeit. Die Behandlung eines zwangsneurotischen Patienten, den er mir gegen meine Bedenken hinsichtlich der Passung schickte, verlief quälend und blieb relativ erfolglos.

Es kann hier kein ausführlicher Exkurs zur Frage unternommen werden, welche Einflußvariablen für die Entstehung von Sympathie- bzw. Antipathiegefühlen gegenüber Patienten verantwortlich sind, obwohl dies eine sehr interessante Frage ist. Von mehreren Autoren wird aber darauf hingewiesen, daß Sympathie und Passung zwischen Therapeut und Patient sehr wohl einen wichtigen, positiven Einfluß auf den Therapieprozeß und dessen Ergebnis haben können (z. B. Kächele u. Kordy 1996).

Natürlich sollte ein Therapeut gründlich reflektieren, nach welchen Kriterien Sympathie- oder Antipathiegefühle gegenüber Patienten entstehen. Sind es ähnliche Kriterien, wie sie auch sonst in seinem Kontakt zu anderen Menschen bestehen oder gelten hier andere Maßstäbe? Wenn andere Maßstäbe gelten, muß sich der Therapeut fragen, ob und wofür er seinen Patienten braucht und welche internalisierte Hierarchie hinsichtlich der Beliebtheit vs. Unbeliebtheit von Patienten er hat (detaillierter wird diesem Problem in dem „Exkurs über sog. schwierige Patienten" in diesem Kapitel nachgegangen).

Diese selbstkritischen Fragen sind besonders dann angebracht, wenn im Therapeuten während oder nach dem Erstgespräch Gefühle von Abneigung und Ablehnung gegenüber dem Patienten auftauchen.

Die Aufklärungspflicht des Psychotherapeuten

Wenn eine Indikation zu einer tiefenpsychologisch orientierten Psychotherapie gestellt und ein Behandlungsplatz angeboten wird, sollte der Therapeut seiner Aufklärungspflicht gegenüber dem Patienten nachkommen. Diese bezieht sich auf folgende inhaltliche Punkte:

- Die Begründung der Indikation zur Psychotherapie.
- Die Begründung der vorgeschlagenen Methode. Hierzu gehört, daß der Therapeut die verschiedenen Zugangsmöglichkeiten zur Behandlung des Konflikts bzw. der Störung nennt und dem Patienten begründet, warum gerade die tiefenpsychologisch orientierte besonders erfolgversprechend erscheint.
- Die Begründung des inhaltlichen Vorgehens. Hierzu gehört, daß der Therapeut die Mittel und Methoden nennt und transparent macht, die für den therapeutischen Prozeß hilfreich eingesetzt werden können:
- Die Verbalisierung im Sinne der sprachlichen Mitteilung von Assoziation, Emotion, Erinnerung.
- Die weitgehende Fokussierung auf den gemeinsam formulierten Hauptkonflikt.
- Klärung, Konfrontation und Interpretation als Hilfsmittel zur Konfliktlösung.
- Die Mitteilung von Phantasien, Tagträumen, Träumen, soweit sie für den gegenwärtigen neurotischen Konflikt und seine Vorgeschichte wichtig erscheinen.
- Die Bedeutsamkeit der Beziehung zwischen Therapeut und Patient für den therapeutischen Prozeß und das mögliche Auftreten von Übertragungsreaktionen und Projektionen sowie anderer bedeutsamer Faktoren, wie z.B. Widerstand, Verdrängung usw. Diese Begriffe können dem Patienten mit einfachen, klaren Worten erklärt werden.
- Die Begründung der Abstinenz als ein therapeutischer Wirkfaktor. Der Patient soll wissen, daß eine persönliche Beziehung, wie er sie sonst aus seinem Leben kennt, aufgrund der spezifischen Konstellation bzw. Rolle der am Prozeß beteiligten Partner nicht entstehen wird und daß der Therapeut weder private Mitteilungen noch Wünsche gegenüber dem Patienten äußern wird. Der Patient wird so ahnen, daß er sich in einem geschützten Rahmen bewegen kann, in dem es ausschließlich um ihn selbst geht (Vermittlung von Schutz und Sicherheit).
- Die Begründung der zeitlich limitierenden Faktoren und der dadurch entstehenden Grenzen im Hinblick auf die geplante Therapie (Vermittlung von Klarheit).

Indikationskriterien

Analog dem Kap. 1.2 (Gesprächspsychotherapie) werden in der folgenden Tabelle die wichtigsten Indikationskriterien für eine tiefenpsychologisch orientierte Psychotherapie noch einmal zusammengefaßt:

Indikationskriterien für eine tiefenpsychologisch orientierte Psychotherapie

Eine tiefenpsychologisch orientierte Psychotherapie ist dann indiziert, wenn

1. die Störung eindeutig psychogen ist und ein aktuell wirksamer neurotischer Konflikt eruiert werden konnte;
2. der Patient die Fähigkeit hat, konflikthaft erlebtes Material zu verbalisieren und darüber – auch kritisch – zu reflektieren;
3. Bezüge zwischen dem aktuellen neurotischen Konflikt und der Lebensgeschichte des Patienten herstellbar sind;
4. zu erwarten ist, daß der Patient von den Mitteln und Methoden dieser Therapieform weder intellektuell noch emotional überfordert ist, sondern
5. mit einiger Wahrscheinlichkeit davon auszugehen ist, daß der Patient von dieser Therapieform optimaler profitieren kann als von anderen;
6. darüber hinaus Leidensdruck und Veränderungswünsche des Patienten so deutlich geworden sind, daß die Motivation zu dieser Therapie eindeutig ist und
7. aus den ersten Kontakten abgeleitet werden kann, daß der Patient mit dem Faktor „Beziehung“ hilfreich wird arbeiten können;
8. der Therapeut seinerseits eindeutig motiviert ist, mit dem Patienten diese Therapie zu beginnen („Passung“).

Überlegungen zu Kontraindikationen

Kontraindikationskriterien für eine tiefenpsychologisch orientierte Psychotherapie

Eine tiefenpsychologisch orientierte Psychotherapie ist kontraindiziert, wenn

1. die oben genannten Indikationskriterien nicht erfüllt sind; darüber hinaus
2. der Patient von einer anderen Psychotherapiemethode aller Voraussicht nach besser und evtl. auch schneller profitieren kann;
3. der Patient zwar von der tiefenpsychologischen Methode profitieren kann, die zeitlichen Grenzen aber nicht ausreichend sind, um seine Störung wirksam zu behandeln (in einem solchen Fall würde der Patient z.B. mit einer Psychoanalyse optimaler zu behandeln sein);
4. der Patient zwar vom tiefenpsychologischen Ansatz profitieren kann, aber ein anderes Setting erfolgversprechender wäre (z.B. tiefenpsychologische Gruppenpsychotherapie oder tiefenpsychologisch orientierte Familientherapie);
5. der Patient zwar prinzipiell vom tiefenpsychologischen Ansatz profitieren könnte, das Ausmaß der Chronifizierung seiner Störung aber einen erfolgreichen Behandlungsverlauf eher unwahrscheinlich macht.

! Generell ist abschließend zu sagen, daß – bei Berücksichtigung der einzelnen hier dargestellten Indikationskriterien – eine tiefenpsychologisch orientierte Psychotherapie für all jene Patienten indiziert ist, für die eine langjährige Psychoanalyse zu belastend wäre und die mit den inhaltlichen Anforderungen des analytischen Settings überfordert wären.

Mögliche Fehler bei der Indikationsstellung
Bei der Indikationsstellung zur tiefenpsychologisch orientierten Psychotherapie können dem Therapeuten Fehler unterlaufen. Im folgenden werden einige beispielhaft angeführt.

Falsche Einschätzung der Therapiemotivation des Patienten

Beispiel

Eine offensichtlich sehr stark unter Leidensdruck stehende Patientin kommt in einer Trennungssituation von ihrem Partner zum Erstgespräch. Der Therapeut, beeindruckt von ihrer Verzweiflung und deren Verbalisierung, schlägt am Ende des Interviews eine tiefenpsychologische Psychotherapie vor, nachdem er erfahren konnte, daß die Patientin seit ihrer Kindheit immer wieder Trennungstraumata ausgesetzt war. Er beginnt die Therapie rasch, ohne eine gemeinsame Zielformulierung bzw. die Beschreibung eines Hauptkonfliktes. Für sich selbst hatte er die Trennungsanamnese und die daraus resultierenden Belastungen der Patientin als Fokus formuliert.

Die Patientin ist in den ersten 3 Stunden der Therapie sichtlich erleichtert, den Therapeuten gefunden zu haben, kann aber sonst mit den Stunden wenig anfangen, indem sie kaum berichtet und reflektiert. Als der Freund Versöhnung signalisiert, gibt die Patientin die Therapie nach 5 Stunden abrupt auf. Der Therapeut ist verärgert und fühlt sich mißbraucht („Ich sollte hier wohl nur Lückenbüßer sein"). Es kann mit ihm in der Supervision besprochen werden, was seinerseits gefehlt hat, um zu einer exakten Indikationsstellung zu kommen. Im Fall dieser Patientin wäre zunächst eine Krisenintervention indiziert gewesen.

Falsche Einschätzung der Therapiemotivation des Therapeuten

Beispiel

Eine ungewöhnlich attraktive, langhaarige Studentin sucht einen Psychotherapeuten auf, der knapp 20 Jahre älter ist als sie. Im Erstinterview berichtet sie, daß es ihr schwer falle, Beziehungen zu Männern einzugehen, aus denen sich eine Bindung entwickeln könnte. In der Familiengeschichte der Patientin gibt es eine Tradition mit Männern, die ihre Frauen chronisch mit anderen

Frauen hintergehen. Die Patientin hat dieses Schicksal auch an ihrer Mutter erlebt, die – aggressiv gehemmt und narzißtisch gestört – schließlich in eine Sucht auswich.

Der Psychotherapeut gibt der Patientin zu verstehen, daß er glaube, daß sie sich aufgrund der Enttäuschung am Vater nicht an einen Mann binden bzw. auf einen Mann verlassen könne. Er schlage ihr vor, diesen Konflikt in einer tiefenpsychologisch orientierten Psychotherapie eingehender zu bearbeiten. Die Patientin stimmt zögernd zu und beginnt die Behandlung. Sehr bald danach versetzt sie immer häufiger ihren Therapeuten, indem sie Stunden ausfallen läßt oder deutlich zu spät kommt. Der Therapeut entwickelt eine massive negative Gegenübertragung, aus der er nicht mehr herausfindet. So beendet er die Therapie nach 18 Stunden, indem er der Patientin eine schriftliche Mitteilung macht, in der er ihr Agieren verantwortlich macht für das Scheitern.

Hier war im nachhinein zu klären, daß der Therapeut die begehrenswerte Patientin an sich binden wollte in der Annahme, daß er ihr eine andere, bessere Form von Vater- und Mann-Sein anbieten und daß sie über diesen Lern- und Identifikationsprozeß ihre Beziehungsproblematik überwinden könne. Es war deutlich, daß er eine positiv getönte, liebevolle, nicht enttäuschende, verläßliche, aber auch latent erotische Beziehung herstellen und pflegen wollte. Seine Motivation erlosch, als die Patientin ihm ihr Problem im Agieren vorstellte, sicher auch, um ihn und seine Enttäuschbarkeit zu testen. Diesen Test bestand er nicht.

Falsche Einschätzung der Prognose

BEISPIEL

Ein Jurist, angestellt bei einem Gericht, berichtet im Erstgespräch über Arbeitsstörungen. So wird er mit der Aktenbearbeitung nicht termingerecht fertig und hat deswegen bereits disziplinarische Konsequenzen angedroht bekommen.

Der Therapeut bemerkt in den Erstgesprächen den auf die Situation bezogenen Leidensdruck des Patienten und erfährt eine Lebensentwicklung, die ganz von einem preußisch-autoritären, streng-ordentlichen Elternhaus geprägt war. Von der tiefenpsychologischen Psychotherapie erhofft er sich eine Lockerung des Patienten und daß dieser in die Lage versetzt würde, seinen unbewußten Protest gegen den Vater, wie er sich in der beschriebenen Arbeitsstörung zeige, zu überwinden.

Im Lauf der ersten 25 Sitzungen bemerkt der Therapeut, daß der Patient nicht das „mitbringen" kann, was für die inhaltliche Arbeit in der tiefenpsychologisch orientierten Psychotherapie nötig ist (reflektieren, klären, Ausdruck von Erleben und Emotionalität usw.). Der Therapeut bemerkt enttäuscht, daß er die Prognose im Rahmen der Indikationsstellung falsch eingeschätzt hat, weil er die Ausgangsbedingungen des Patienten zu wenig exploriert hat.

Falsche Einschätzung der „Passung"

BEISPIEL

Eine Ausbildungskandidatin berichtet über die Therapie eines jungen Behördenangestellten. Dieser habe sie wegen Hemmungen gegenüber Frauen und einer daraus resultierenden Vereinsamung mit latenter Suizidalität aufgesucht. Sie habe in den Erstgesprächen einen sehr guten Kontakt zum Patienten bekommen und als ihr eigenes Ziel erkannt, diesen schüchternen „Knaben" zu einem selbstbewußteren, kontakt- und liebesfähigen Mann machen zu wollen.

Am Beginn der Therapie hätte eine idealisierende Übertragung so lange die therapeutische Szene beherrscht, bis der Patient ihr eine Neigung gestand: Er besuchte von Zeit zu Zeit das Studio einer Domina, um sich dort demütigen und auspeitschen zu lassen. Die Therapeutin verlor daraufhin in für sie erschreckendem Ausmaß alle Sympathiegefühle für den Patienten und mußte darauf achten, ihre Abscheu nicht allzu deutlich werden zu lassen. Sie hatte das Gefühl, daß der Patient nicht mehr zu ihr paßte und daß sie die Therapie wohl nicht zu einem guten

Ende bringen könnte. Es kam dann schließlich auch zum Abbruch.

Die Frage, warum bei der Therapeutin das Gefühl der Passung so abrupt verlorenging, als sie von einer spezifischen Sexualpräferenz ihres Patienten erfuhr, konnte in der Supervision wegen des damit verbundenen Selbsterfahrungsanteils nicht geklärt werden.

Falsche Einschätzung der Ressourcen des Patienten

Beispiel

Eine 36jährige Patientin schildert im Erstgespräch und bei der weiteren tiefenpsychologischen Anamneseerhebung ihren Ehekonflikt und ihr Leiden daran. Ein besonderes Problem scheint für sie zu sein, daß sie sich aus Angst, verlassen zu werden, nicht traut, eigene Wünsche in der Beziehung zu benennen und auch durchzusetzen. Die etwa gleichaltrige Therapeutin verspürt bei sich eine starke Motivation, der Patientin in einer Therapie zu ermöglichen, ihre Verlassenheitsangst so weit zu bearbeiten, daß Autonomiebestrebungen nicht mehr so bedrohlich sein müssen und daß damit auch die innere Unabhängigkeit vom Ehemann wachsen könnte.

Im Laufe der tiefenpsychologischen Psychotherapie bemerkt die Therapeutin erschrocken, daß die Abhängigkeitsproblematik der Patientin viel massiver ist, als sie geahnt hatte: Die Patientin möchte in symbiotischer Weise eins sein mit dem Ehemann und auch mit der Therapeutin und versucht, alles zu tun, was der Verwirklichung dieses Ziels dienlich erscheint. Beim Erleben von Scheitern und bei massiveren Enttäuschungen trinkt sie, wird depressiv und suizidal.

Eine entwicklungsfördernde, progressionsorientierte Psychotherapie ist mit dieser Patientin nicht möglich. Sie verfügt aufgrund ihrer frühen, tiefen Störung auch nicht über genügend Ressourcen, um von der angebotenen Therapieform profitieren zu können. Die Therapeutin wandelt die Therapie schließlich in eine eher weitmaschige supportive Psychotherapie um, mit der die Patientin besser zurechtkommt.

1.1.4 Der therapeutische Prozeß

Rahmenbedingungen

Zunächst zum Rahmen, in dem tiefenpsychologisch orientierte Psychotherapie stattfindet.

Die tiefenpsychologisch orientierte Psychotherapie und ihr Rahmen

Formale Rahmenbedingungen:

- räumlich: Therapie im Gegenübersitzen (Blickkontakt, optische Präsenz des Therapeuten);
- zeitlich: Begrenzung der Therapiezeit; variable Sitzungsfrequenz und -dauer.

Räumliche Rahmenbedingungen (Setting)

Die tiefenpsychologisch orientierte Psychotherapie findet regelhaft im Gegenübersitzen von Patient und Therapeut statt. Die Form dieses Kontaktes ist „normaler", dem Patienten aus anderen Beziehungen und Interaktionen vertraut und kann dadurch entängstigend wirken. Das Erwachsensein des Patienten wird eher gewürdigt, regressive, infantilisierende Tendenzen werden dadurch nicht verstärkt. Die genannten räumlichen Settingvariablen können vorteilhaft für die Therapie sein.

■ **Nachteile.** Als mögliche Nachteile dieses Settings werden immer wieder folgende Überlegungen angeführt: Der Therapeut zeigt zuviel von sich, u.a. unwillkürliche, kaum kontrollierbare mimische Reaktionen (z.B. Zustimmung, Ablehnung, Affekte), die vom Patienten wahrgenommen werden und ihn beeinflussen können, bevor der Therapeut darüber reflektieren und sprechen kann. Dies könne Widerstandsphänomene beim Patienten provozieren.

Ich würde beruhigend dazu sagen, daß man solche spontanen Reaktionen und eventuelle negative Reaktionen des Patienten darauf ja thematisieren kann und manchmal auch muß. Insgesamt entspricht aber auch die sog. Spontaneität des Therapeuten eher dem, was der Patient auch sonst aus seinen Objektbeziehungen kennt. Insofern ist der Therapeut echter als der Psychoanalytiker in seinem speziellen Setting.

Auch der gelegentlich zu hörenden Argumentation, der Patient verliere durch die optische Präsenz seines Therapeuten einen Teil seiner Freiheit, muß man kritisch entgegensetzen, daß der nicht sichtbare analytische Therapeut durch seine visuelle Abwesenheit nicht gerade freiheitsstimulierend auf den Patienten wirkt, weil das dadurch geschaffene Abhängigkeitspotential allein schon einengend wirken kann.

Zeitliche Rahmenbedingungen

Zum zeitlichen Rahmen der tiefenpsychologisch orientierten Psychotherapie ist zu sagen, daß von einer Zeitbegrenzung auszugehen ist. Auf die Implikationen der zeitlichen Begrenztheit komme ich bei der Erläuterung der inhaltlichen Rahmenbedingungen zurück.

> ! Eine tiefenpsychologisch fundierte Einzelpsychotherapie kann bis zu maximal 100 Stunden à 50 Minuten von den Krankenkassen auf Antrag finanziert werden.

Bezüglich der Sitzungsfrequenz und -dauer können Therapeut und Patient eine variable Vereinbarung treffen: Die einzelnen Stunden können 50 Minuten oder auch nur 25 Minuten dauern. Bei der Halbierung der Zeit ergeben sich maximal 200 finanzierte Sitzungen. Geht man davon aus, daß in der Regel etwa eine Sitzung pro Woche vereinbart wird und zieht man Urlaube, Feiertage und eventuelle andere Ausfallzeiten ab, so ergibt sich ein Behandlungszeitrahmen von etwa 2 bis 5 Jahren.

Wenngleich die tiefenpsychologisch orientierte Psychotherapie von manchen psychoanalytischen Kollegen gering geschätzt wird (nicht lange genug, nicht tief genug, „halt nur Kupfer und nicht Gold"), zeigt diese Zeitdimension doch, daß ein gutes Stück Zeit für therapeutische Arbeit zur Verfügung steht. Der tiefenpsychologisch arbeitende Psychotherapeut kann also erst einmal ruhig durchatmen: Er hat Raum und Zeit!

Wie dieser Raum innerhalb der vorgegebenen Zeit gefüllt werden und welche Begrenzungen man diskutieren könnte, zeigen die inhaltlichen Rahmenbedingungen:

Inhaltliche Rahmenbedingungen:

- Arbeitsbündnis und Rahmenbedingungen erklären,
- gemeinsame (!) Zielvorstellungen formulieren,
- evtl. Einbeziehung von Partnern/Angehörigen,
- Konzentration auf Bearbeitung aktuell wirksamer neurotischer Konflikte,
- modifizierter Umgang mit Abstinenz und Neutralität,
- modifizierter (begrenzender) Umgang mit Regression, Übertragung, Gegenübertragung sowie
- zum Teil eklektisches Vorgehen (Verwendung von Therapieelementen anderer Schulen, pädagogische Elemente).

Erklären der Rahmenbedingungen

Am Beginn der Therapie muß dem Patienten erklärt werden, daß der Zeitrahmen für die Behandlung begrenzt ist, zumindest was die Kassenfinanzierung angeht. Sollte der Patient ohne Not jenseits dieser Grenze selbst weiter finanzieren können, ist der zeitliche Rahmen dann nicht so strikt. Ich würde dazu raten, zunächst einmal die Kassenhöchstgrenze im Regelfall (100 Stunden) als feste Grenze zu markieren. Danach sollte mit dem Patienten diskutiert werden, wieviel Zeit die einzelnen Sitzungen umfassen können und wie diese zeitlich aufgeteilt werden können (z.B. eine Sitzung pro Woche). Ich schreibe nicht ohne Grund, daß dies gemeinsam mit dem Patienten überlegt werden sollte. Unser Patient ist ja kein abhängiger Befehlsempfänger, der die Segnungen der Therapie, widerspruchslos den Vorgaben des Therapeuten folgend, über sich ergehen lassen muß. Der Patient ist – hilfsbedürftiger – Partner, der an den Planungsaspekten der Therapie beteiligt werden muß. Die gemeinsam geplante Arbeit muß stimmig für ihn sein, von ihm mitgetragen werden, für gut und vorstellbar geheißen werden. Ich empfehle diesbezüglich größtmögliche Offenheit, da autoritäre Festlegungen bzw. Vorgaben Widerstände und Affekte provozieren, die die Arbeit unnötig behindern und stören können.

Arbeitsbündnis

Ebenfalls zu Beginn der Therapie sollte ein Arbeitsbündnis vom Therapeuten vorgeschlagen, begründet und mit dem Patienten diskutiert werden.

? Wie sollte ein solches Arbeitsbündnis aussehen, wie könnte man es formulieren?

Ich würde den Patienten darauf hinweisen, daß angesichts der relativen Zeitbegrenzung in der Therapie nicht alles besprochen bzw. geklärt werden könne, was jemals in seinem Leben problematisch gewesen ist, daß also eine umfassende Aufarbeitung seiner ganzen Lebensgeschichte und der Probleme, die daraus resultieren, nicht möglich sein werde.

! Es gehe vielmehr bevorzugt immer wieder um die Klärung der hauptsächlichen Schwierigkeiten in seinem jetzigen Leben.

Natürlich werde man gemeinsam immer wieder auch Aspekte seiner Lebensgeschichte bedenken müssen, um besser zu verstehen, warum die momentanen Konflikte bestünden bzw. um zu prüfen, ob die aktuelle Konfliktsituation frühere Wurzeln haben könnte, die die Bewältigung in der Gegenwart erschweren würden.

Zur Erklärung des Arbeitsbündnisses sollte dem Patienten auch dargestellt werden, wie bzw. mit welchen Mitteln und Methoden die gemeinsame Arbeit zu bewerkstelligen ist. Dabei geht es weniger um technische bzw. theoretische Erklärungen der Arbeitsweise des Therapeuten als um die Nennung von Hilfsmitteln, die der Patient bereitstellen kann.

Ich weise am Beginn auf folgende Punkte hin, die für die gemeinsame Arbeit notwendig sind:

- Mitteilung von Erinnerungen, die in irgendeinem noch zu klärenden Zusammenhang mit dem Hauptkonflikt stehen,
- Nachdenken über frühere ähnliche Konflikte und deren Bewältigung,
- Mitteilung aller im Rahmen der Therapie auftretenden Einfälle, Phantasien, Träume,
- Mitteilung über evtl. eintretende reale Veränderungen/Vorfälle im jetzigen Leben des Patienten (z.B. neue Bindungen, Trennungen),
- Versuch, Offenheit zu pflegen, auch wenn es schwerfällt (Schamkonflikte etc.); dies schließt auch Reaktionen gegenüber dem Therapeuten ein.

Der Therapeut sollte seinerseits einige Punkte nennen, die für ein funktionierendes, solides Arbeitsbündnis von Bedeutung sein können:

- Die Selbstverständlichkeit von Diskretion und Verschwiegenheit gegenüber Dritten.
- Die Rolle/Funktion, die er gegenüber seinem Patienten hat: ein hilfreiches Gegenüber zu sein im Hinblick auf die Lösung der momentanen aktuellen Konflikte und deren Quellen.
  Ich würde den Patienten auch darauf hinweisen, daß die therapeutische Beziehung, so persönlich und intim sie auch werden mag, kein Ersatz für eine zwischenmenschliche Beziehung sein kann, um der Gefahr eines „rent a friend“ vorzubeugen.
- Ich würde erklären, daß es im Lauf der Therapie zu Übertragungsreaktionen kommen kann, daß dies ein natürlicher Vorgang ist, der auch sonst im Leben draußen zwischen Menschen auftritt, und daß dies besonders dann angesprochen werden sollte, wenn Fortschritte in der Therapie dadurch nachdrücklich behindert würden.

? Wie kann man einem Patienten verständlich machen, was Übertragungsreaktionen sind?

Man könnte z.B. sagen:

Es kann sein, daß Sie im Lauf der Behandlung immer einmal wieder verschiedene Gefühle mir gegenüber bemerken oder auch Vermutungen darüber haben, was ich von

Ihnen denken oder meinen könnte, die Sie irritieren. Sie sollten das jeweils, wenn es Sie gerade bewegt, mit mir ansprechen, damit wir klären können, was daran mit mir zusammenhängen könnte und was vielleicht aus früheren Beziehungserfahrungen stammt, die durch die Beziehung zu mir wiederbelebt werden."

Ich halte eine solche Erklärungsmöglichkeit auch deshalb für hilfreich, weil das Sicheinlassen auf einen Fremden (den Therapeuten), zudem noch mit häufig schambesetzten Konflikten, soweit wie möglich entängstigend wirken sollte. Ich meine, daß es entängstigend wirken kann, wenn wir Übertragungsphänomene nicht im Dunkel großer Geheimnisse belassen, die ohnehin nur wir durchschauen, sondern wenn wir sie als quasi normalpsychologisches Phänomen zwischen Menschen kennzeichnen – und das sind sie im Prinzip ja auch.

Zu den Rahmenbedingungen, die anfangs geklärt werden müssen, gehören:

- eine Erläuterung kassentechnischer Probleme: Prozedere des Antrags- und Bewilligungsverfahrens, soweit der Patient daran beteiligt ist,
- Urlaubs- und Ausfallregelungen.

Hier muß natürlich jeder Therapeut seinen eigenen Stil finden, wie er es damit halten will. Jeder Therapeut sollte sich sehr genau überlegen, ob er seinen Patienten nicht die gleiche Freiheit zugestehen sollte, wie er sie sich nimmt, wenn er den Zeitpunkt seines Urlaubs festlegt. Von Patienten zu fordern, daß ihr Urlaub mit dem eigenen identisch sein sollte und Ausfallhonorare zu verlangen, wenn das nicht der Fall ist, ist unethisches Verhalten und verstärkt in unnötiger Weise die Abhängigkeit des Patienten vom Therapeuten.

Natürlich würden wir Patienten begründen, warum wir es für wichtig halten, daß vereinbarte Stunden auch eingehalten werden. Sollte dies einmal nicht der Fall sein, ist der Patient nicht mittels Selbstzahlung zu bestrafen oder zu disziplinieren. Es gibt wohl auch keine andere Berufssparte, die für nicht erbrachte bzw. nicht in Anspruch genommene Leistungen vollumfänglich liquidiert und meint, darauf auch einen Anspruch zu haben.

Man muß vielmehr, wenn einmal eine Stunde ausgefallen ist, darüber reden, warum der Patient nicht gekommen ist. In langjähriger psychotherapeutischer Tätigkeit habe ich nur selten erlebt, daß Stunden ausfielen. Wenn es doch vorkam, war es dem Patienten auch peinlich, so daß die Hintergründe thematisiert werden konnten. In den ersten Jahren nach Abschluß meiner psychoanalytischen Ausbildung habe ich selbst die rigide finanzielle Ausfallregelungs-Tortur, die mir als sinnvolles Vorgehen vermittelt worden war und die ich quasi als zum psychoanalytischen Prozeß gehörend internalisiert hatte, einige Male angewandt. Dabei habe ich zweimal erlebt, daß Patienten ausgefallene Stunden bereitwillig bezahlt haben. Damit war die „Sache" dann aber auch für sie erledigt! Ich konnte kaum noch die Hintergründe des Ausfalls thematisieren.

Ein kleiner Rat an die Kollegen. Im Umgang mit Patienten so wenig Rigidität wie möglich, kein autoritäres Verhalten, keine Ausnutzung oder Verstärkung von Abhängigkeit. All diese sog. „bewährten" Regelungen wie Honorierung bei Stundenausfall oder nichtidentischen Urlaubszeiten wiederholen in oft fataler Weise Zwänge und Abhängigkeiten aus krankmachenden Objektbeziehungserfahrungen, derentwegen die Patienten zu uns in Behandlung gekommen sind!

■ **Zielformulierung.** Nach der gemeinsamen Festlegung auf eine tiefenpsychologisch orientierte Psychotherapie und der Formulierung des Arbeitsbündnisses sollten vor dem eigentlichen Therapiebeginn Zielvorstellungen formuliert werden, und zwar von beiden Seiten. Dies ist deswegen bedeutsam, weil es sein kann, daß die Partner im Therapieprozeß sehr unterschiedliche Vorstellungen haben und sich daraus Störungen für den Prozeß selber ergeben. Es kann z. B. sein, daß Therapeut oder Patient sehr viel weitergehende Erwartungen an zu erreichende Ziele haben, als angesichts von Methode und Zeitbegrenzung realistisch sind.

Beispiel

Ein Patient kommt in die Therapie wegen einer akuten Beziehungsproblematik, in der ihm seine Partnerin mit Trennung gedroht hat. Er ist depressiv, unruhig, schlafgestört und möchte, daß der Therapeut ihm hilft, diese Beziehung zu retten. In den Erstgesprächen kann er darüber hinaus sehen, daß er schon öfter solche Beziehungskrisen erlebt hat, in denen er – ohnmächtig und passiv – von Trennung bedroht war und diese dann teilweise auch erleiden mußte. Der Patient konnte neben seinem akuten Ziel dann ein erweitertes Ziel formulieren, nämlich herauszufinden, warum er in Beziehungen immer wieder in der geschilderten Art und Weise Schiffbruch erleiden würde. Der Therapeut, der die Interviews bei mir supervidierte, wies mich darauf hin, daß das vom Patienten formulierte Ziel doch bloße Oberflächenkosmetik sei. Eigentlich müsse es doch um die narzißtisch-depressive Grundproblematik des Patienten gehen, die sich in seinem Beziehungsdesaster immer wieder ausdrücken würde. Ich wies den Therapeuten auf die Nichtübereinstimmung in der Formulierung des Therapiezieles hin und riet ihm angesichts der zeitbegrenzten Therapiemöglichkeit dazu, sich auf die vom Patienten formulierten Ziele einzustellen, zumal eine Bearbeitung der vermuteten Grundproblematik eher eine Indikation zu einer psychoanalytischen Behandlung gewesen wäre, die hier aus verschiedenen Gründen nicht möglich war.

Der Versuch, sich über die Ziele einer Therapie klarzuwerden und zu einigen, sollte auch unternommen werden, um mögliche Enttäuschungen auf beiden Seiten zu reduzieren, aber auch um Überforderungen durch überhöhte Erwartungen zu vermeiden oder zumindest gering zu halten.

In der tiefenpsychologisch orientierten Psychotherapie muß, wie anfangs schon angedeutet, das Hauptziel sein, den aktuellen Konflikt des Patienten und dessen neurotische Einflußgrößen so effizient wie möglich zu behandeln. Ich komme bei der Beschreibung des inhaltlichen Vorgehens in der tiefenpsychologisch orientierten Psychotherapie auf diesen Punkt noch einmal zurück (s. S. 33 ff.).

Einbeziehung von Partnern oder Angehörigen

Zu den inhaltlichen Rahmenbedingungen gehört auch die Klärung über die Möglichkeit der Einbeziehung Dritter (Partner, Familienangehörige) in die Therapie.

Zu diesem Punkt bestehen bei tiefenpsychologisch bzw. analytisch arbeitenden Psychotherapeuten meist bestimmte negative Einstellungen dahingehend, daß eine Einbeziehung von Angehörigen, in welcher Form und Dauer auch immer, die Therapie eher stören würde. Freud selbst hat vermutlich dazu beigetragen, als er in „Ratschläge für den Arzt bei der psychoanalytischen Behandlung" 1912 schrieb:

> Am dringendsten möchte ich davor warnen, um die Zustimmung und Unterstützung von Eltern oder Angehörigen zu werben, indem man ihnen ein – einführendes oder tiefergehendes – Werk unserer Literatur zu lesen gibt. Meist reicht ein wohlgemeinter Schritt hin, um die naturgemäße, irgendeinmal unvermeidliche Gegnerschaft der Angehörigen gegen die psychoanalytische Behandlung der Ihrigen vorzeitig losbrechen zu lassen, so daß es überhaupt nicht zum Beginn der Behandlung kommt... Was die Behandlung der „Angehörigen" betrifft, so gestehe ich meine völlige Ratlosigkeit ein und setze auf deren individuelle Behandlung überhaupt wenig Zutrauen (S. 386 f.).

Wenige Jahre später (1917) äußert sich Freud – diesmal deutlicher und strenger – erneut in dieser Sache:

> Die psychoanalytische Behandlung ist einem chirurgischen Eingriff gleichzusetzen und hat wie dieser den Anspruch, unter den für das Gelingen günstigsten Veranstaltungen vorgenommen zu werden. Sie wissen, welche Vorkehrungen der Chirurg dabei zu treffen pflegt: geeigneter Raum, gutes Licht, Assistenz, Ausschließung der Angehörigen usw. Nun fragen Sie sich selbst, wie viele dieser Operationen gut ausgehen würden, wenn sie im Beisein aller Familienmitglieder stattfinden müßten, die ihre Nasen in das Operationsfeld stecken und bei jedem Messerschnitt laut aufschreien würden. Bei den psychoanalytischen Behandlungen ist die Dazwischenkunft der Angehörigen geradezu eine Gefahr, und zwar eine solche, der man nicht zu begegnen weiß... Den Angehörigen des Patienten kann man durch keinerlei Aufklärung beikommen, man kann sie nicht dazu

bewegen, sich von der ganzen Angelegenheit fernzuhalten und man darf nie gemeinsame Sache mit ihnen machen... (S. 441).

Jeder erfahrene Therapeut weiß natürlich, daß und wie Angehörige stören können: Sie können gegenüber dem Therapeuten und der Therapie überhaupt agieren, indem sie den Patienten z.B. dazu zu überreden versuchen, möglichst bald aufzuhören oder ihm ungefragt Mutmaßungen über die angebliche Unwirksamkeit der Therapiemethode, mit der dieser gerade behandelt wird, unterbreiten. Sicher kann es da eine gewisse Malignität geben. Zu fragen wäre aber, ob nicht solche Interaktionen auch aus Angst entstehen.

■ **Mögliche Konflikte.** Es ist fast regelhaft so, daß die Psychotherapie eines Angehörigen von dem Partner oder auch von Familienangehörigen als Bedrohung erlebt wird. Der „Dritte im Bunde“ kann z.B. befürchten, daß er gegenüber dem Therapeuten oder von diesem selbst herabgesetzt, kritisiert, schlechtgemacht wird und daß Trennungsempfehlungen ausgesprochen werden, so daß die Beziehung durch Verlustangst bedroht wird. Er kann ferner Angst davor haben, daß eigene Intimitäten, wie z.B. Details aus der Lebensgeschichte, sexuelle Präferenzen, allgemeine Schwächen und Defizite dem Therapeuten mitgeteilt und von diesem in irgendeiner Weise bewertet werden. Hieraus können Schuld- und Schamgefühle resultieren mit der Konsequenz, daß sich u.U. eine feindselige, vorwurfsvolle Haltung des Dritten gegenüber der Therapie und dem Therapeuten bis hin zu einer Paranoisierung entwickelt. Zu bedenken ist auch, daß die Therapie des einen Partners die Beziehung häufig genug emotional erheblich labilisiert und debalanciert bis hin zu Trennungen. Hier können dann reaktiv auch Symptome entstehen, z.B. Depressivität und Suizidalität.

Ein besonderes Bedrohungsgefühl entwickeln Partner oder Familienangehörige mit symbiotischer Beziehungskonfiguration. Die Psychotherapie bedroht immer symbiotische Systeme. Die Gefahr des Auseinanderbrechens ist dann ja keineswegs imaginär, sondern real. Nicht selten können unsere Patienten ihre alten Symbiosebeziehungen deshalb verlassen, weil sie mittels der Therapie eine neue Form von Symbiose etablieren. Der Therapeut ist dann der neue idealisierte Symbiosepartner, der Einfühlung, Wärme und Geborgenheit vermittelt und damit den Part des besseren Anderen hat. Dies wird ängstigend und verletzend auf den Partner wirken.

■ **Vorgehen.** Diese hier nur angedeuteten Konflikte können versuchsweise entschärft werden. Ich halte es im Gegensatz zu vielen meiner psychoanalytischen Kollegen durchaus für angebracht, am Beginn einer Einzeltherapie auch den Partner oder für den Patienten wichtige Familienangehörige zum Gespräch einzuladen. Einmal, weil ich es sinnvoll finde, daß der „Dritte im Bunde“ den Therapeuten auch einmal leibhaftig gesehen und erlebt hat und sich imaginäre Ängste schon dadurch reduzieren lassen. Zum anderen aber auch, um gemeinsam zu überlegen, ob der Partner auch für sich Hilfe aufsuchen möchte oder ggf. parallel zur Einzeltherapie zumindest über eine gewisse Strecke eine begleitende Partnerberatung angezeigt sein könnte.

Dieses Vorgehen schlage ich auch immer den Weiterbildungsteilnehmern und -kandidaten vor, die bei mir ihre Selbsterfahrung machen. Nach anfänglich überraschtem Staunen und einer leichten bis mittelgradigen Verwirrung lehnen sie meist ab und äußern Ängste, daß ich sie in einem solchen Dreier- oder Familiengespräch quasi verraten könnte, indem ich mich auf die Seite der anderen stelle und sie anklagen würde. Wieder andere meinen, ein solches Vorgehen wäre doch ein klarer Verstoß gegen das Abstinenzgebot. Ich denke da anders. Die ethische Verantwortung des Psychotherapeuten erstreckt sich meines Erachtens eben nicht nur auf seinen einzelnen Patienten, sondern auch auf die signifikanten Beziehungen, die dieser sonst noch in seinem Leben hat, und hier meine ich, daß der Versuch der Entängstigung der Angehörigen unternommen werden sollte.

Der aktuell wirksame neurotische Konflikt

In der tiefenpsychologisch orientierten Psychotherapie ist es sinnvoll und wichtig, sich in der zur Verfügung stehenden Zeit auf aktuell wirksame neurotische Konflikte zu konzentrieren. Dazu stellen sich zwei Fragen:

?
- Was sind aktuell wirksame neurotische Konflikte?
- Wie kann man sich darauf konzentrieren?

Definition

Ein aktuell wirksamer neurotischer Konflikt manifestiert sich im Hier und Jetzt, also dem gegenwärtigen Leben eines Menschen, mit einer unterschiedlichen aktuellen Symptomatik, die wiederum verschiedene Auslöser haben kann. Dieser aktuelle Konflikt hat unbewußte Vorläufer, also eine neurotische Basis, die durch das aktuelle Erleben, die aktuellen traumatischen Erfahrungen, reaktiviert worden ist. Man könnte sagen: Eine alte Wunde ist neu getroffen worden und hat psychische oder auch psychosomatische Schmerzzustände erzeugt:
Der alte neurotische Konflikt manifestiert sich in einer aktuellen Symptomatik.

Aktuelle Symptomatik
Wie könnte die (unspezifische) aktuelle Symptomatik aussehen?

- Angstzustände/Panikattacken,
- Depressivität/Suizidalität/Todessehnsucht,
- Gefühle quälender Einsamkeit/Vereinsamung,
- Schlafstörungen,
- Unruhe/Agitiertheit,
- Krise des Selbst (z.B. massive Selbstzweifel, Selbstanklagen, Selbsthaß),
- Zustände massiver Aggression/Wut,
- diverse psychosomatische Symptome (z.B. Krankheitsbefürchtungen, Verdauungsstörungen, akut auftretende allergische Reaktionen, Schmerzzustände, Eßstörungen, Störungen der sexuellen Erlebnisfähigkeit).

Auslöser
Welche Auslöser finden sich häufig?

- Trennungs- und Verlusterlebnisse,
- akute Beziehungsbedrohungen (z. B. Untreue/Fremdgehen des Partners),
- plötzliche Bedrohung der sozialen Existenz (z. B. Kündigung des Arbeitsplatzes),
- plötzliche Bedrohung der persönlichen Grenzen und Integrität (z.B. Vergewaltigung und andere Gewalterfahrungen),
- Prüfungsängste/Prüfungsversagen,
- Kränkungserlebnisse, die nicht kompensiert bzw. verarbeitet werden können.

Mögliche Hintergründe
Welche typischen unbewußten Vorläufer/Hintergründe können aktuell wirksame neurotische Konflikte haben?

- Erfahrungen von Objektunsicherheit, Objektverlust bzw. Beziehungsbedrohung,
- Erfahrungen von Liebesverlust, Bestrafung,
- Erfahrungen von mangelnder Wärme, Sicherheit, Geborgenheit,
- Erfahrungen von Kränkungen, Mißachtung, Herabsetzungen, Beschämungen (Schamkonflikte) sowie
- Erfahrungen von Schuld, Beschuldigung, Anklage.

Ich möchte im folgenden einige Beispiele für aktuelle neurotische Konflikte und deren Hintergründe geben.

Beispiel 1

Es sucht mich eine 28jährige Frau auf, nachdem sich in einem Urlaub in einem warmen Land am Meer zunehmend Suizidphantasien bei ihr eingestellt hatten und sie befürchtete, sich dagegen irgendwann nicht mehr wehren zu können. Sie war nach dem Staatsexamen, das sie sehr gut hinter sich gebracht hatte, in diesen Urlaub gefahren – allein und mit der bewußten Hoffnung, ausspannen und in dem lebensfreundlichen und lebenslustigen Ambiente jenes Landes glücklich sein zu können. Die ersten Tage seien sehr schön gewesen; vor allem die beständige Wärme, die Sonne und das Meer hätten ihr gutgetan. Sie bemerkte bald, daß sie immer länger und zu jeder Tageszeit am Strand saß, aufs Meer schaute und besonders vom Flimmern der Sonne auf dem Meer fasziniert war. In solchen Situationen, in denen sie wie weggetreten gewesen sei, stellten sich zunehmend bestimmte Gefühlszustände und dann konsekutiv auch

Phantasien ein, die ihr Angst machten. Es kam nämlich etwas auf, das sie als „Weltschmerz" bezeichnete: Eine schmerzhafte Mischung aus einer tiefen Sehnsucht nach Wärme, Geborgenheit und Einssein mit dem Meer. In solchen Situationen entwickelte sie die Phantasie, sich in einem Schlauchboot unbemerkt von anderen auf das Meer treiben zu lassen, dort noch etwas Wein zu trinken und dann Schlaftabletten zu nehmen, so daß sie nie mehr aufwachen würde. Die Phantasie endete damit, daß sie dann irgendwann, selbst schon komatös geworden, in das Meer hineingezogen würde. Neben diesen Phantasien, die gleichermaßen tief beruhigend wie auch panischängstigend auf sie wirkten, fiel ihr immer wieder ein Märchen aus ihrer Kindheit ein: nämlich die „Kleine Seejungfrau", ein Märchen von Hans Christian Andersen. Hier geht es bekanntlich um die Geschichte der unerfüllbaren Liebessehnsucht einer Seejungfrau nach einem schönen Prinzen, der sich aber schließlich einer anderen Frau zuwendet, woraufhin sich die Seejungfrau sterbend in Meeresschaum auflöst.

Beim wiederholten Erinnern und Durchleben des Märchens stellte sich bei meiner Patientin eine abgrundtiefe Traurigkeit ein, meist gefolgt von den schon erwähnten Suizidphantasien. Das alles wurde so quälend, daß sie ihren Urlaub vorzeitig abbrechen mußte.

Im Lauf der Therapie betonte sie immer wieder, wie stolz sie darauf sei, allein zu sein und dies auch sein zu können, nicht auf andere Menschen angewiesen sein zu müssen. Einmal sagte sie mir wörtlich: „Lieber allein und unglücklich, als glücklich zu zweit" und: „Wenn ich allein bin, kann mich keiner verlassen". Ihre Beziehungen zu Männern waren dadurch charakterisiert, daß sie meist nach kurzer Zeit endeten. Bei genauerem Nachfragen stellte sich heraus, daß sie selbst die Beziehungen zu Zeiten, zu denen es eigentlich keine besonders schwerwiegenden Probleme gab, die das gerechtfertigt hätten, immer aktiv durch Trennung beendet hatte. Wie in einem Wiederholungszwang hetzte diese Frau von Beziehung zu Beziehung, inszenierte Trennungen und konnte in keiner dieser Partnerschaften Entspannung und Zufriedenheit erreichen.

Die wichtigsten biographischen Hintergründe. Sie war als einziges Kind ihrer Eltern von frühauf mit einer schlechten Ehe konfrontiert. Sie erinnerte viele Auseinandersetzungen der Eltern, die schließlich zur Scheidung führten, als sie 4 Jahre alt war. Der Vater, an dem sie sehr gehangen hatte, verließ die gemeinsame Wohnung, kam dann nie wieder und ließ auch nie mehr von sich hören. Die Mutter arbeitete bereits kurz nach der Geburt ganztags und hatte im Lauf der Jahre wechselnde Freundschaften. Später heiratete sie wieder. Die Patientin beschreibt die frühe Mutter als nicht verfügbar, herrisch und kühl und gibt ihr die Schuld an der Scheidung; sie habe den Vater mit ihrer Art regelrecht aus dem Haus getrieben.

In der Pubertät entwickelte sie dann Ideale großer Autonomie und Unabhängigkeit: Sich im Beruf soweit selbst versorgen zu können, daß sie niemals auf einen Menschen angewiesen sein müßte. Die schlimmste Vorstellung war für sie, krank zu sein – was sie übrigens nie war und wohl auch nicht sein konnte – und dann in Abhängigkeit anderen ausgeliefert zu sein. Sie wählte später einen Beruf, in dem medizinische Kenntnisse einen bestimmten Grad an Selbstbehandlung ermöglichen können.

Kurz nach Aufnahme der Therapie bei mir lernte sie einen gleichaltrigen Mann kennen, berichtete mir, verliebt zu sein und daß es sehr schön mit ihm sei, wirkte aber in den Stunden zunehmend depressiv, traurig, unglücklich. Als ich sie mit meinem Eindruck konfrontierte, meinte sie, daß das Schöne gestört und verlorengehen könnte. Sie denke dann: „Das hält ja sowieso nicht ewig!" Eine ihrer Grundphantasien ist, nicht alt zu werden, sie könne sich nicht als alternde Frau vorstellen. Vielmehr wolle sie in einer schönen Situation sterben, z. B. während einer schönen Urlaubsreise durch einen schnellen Flugzeugabsturz. Auf meine Frage, wie sie sich diesen Zustand denn vorstelle, mit welchen Gefühlsqualitäten er verbunden sei, schilderte sie Gefühle von Glück, Harmonie, Wärme, Geborgenheit und Liebe.

Grundproblematik. Die Grundproblematik der Patientin – Sehnsucht nach Glück einerseits und die tiefe Überzeugung, daß es das nie geben werde und daß man sich deswegen lieber früher als später verabschieden sollte andererseits – manifestierte sich auch in der Art und Weise, in der sie die Beziehung zu mir gestaltete. So schenkte sie mir einmal eine Holzfigur, die Darstellung einer Madonna mit Kind in einem Ausdruck von Frieden, Geborgenheit und Gehaltenwerden, um danach den verabredeten Therapiestunden ohne weitere Nachricht fernzubleiben. Bei Bearbeitung dieser Sequenz kam u.a. heraus, daß sie sich schämte, mir – einem Mann – ihre tiefe Sehnsucht gezeigt zu haben. Zugleich hatte sie befürchtet, ich könnte sie wegen dieses Wunsches verachten und ihr Geschenk der Beschäftigungstherapie der Klinik vermachen, sie also symbolisch abschieben.

Beispiel 2

Ein damals 21jähriger Student kommt zur stationären Aufnahme; die Einweisung geschieht auf eigene Veranlassung, weil er befürchtet, sich umbringen zu müssen. Diese Angst sowie eine deutliche depressive Verstimmung entwickelten sich, als seine Freundin ihm kurz zuvor bei einem Treffen für ihn völlig unvermittelt mitgeteilt hatte, daß sie die Beziehung abbrechen wolle.

Bei der Erhebung der Anamnese stellte sich folgendes heraus: Der Patient ist unehelich geboren worden, seine Mutter lebte mit ihm zusammen im Haus der Großeltern. Nach sechswöchiger Stillzeit nahm die Mutter eine volle Berufstätigkeit auf und der Junge wurde überwiegend von den Großeltern versorgt. Dementsprechend betrachtete er auch seine Großmutter als seine eigentliche Mutter. Als der Patient 1 Jahr alt war, kam er wegen eines Leistenbruchs für etwa 2 Wochen in ein Krankenhaus. Er weiß aus dieser Zeit vom Hörensagen, daß damals nur wenig Besuch gestattet war und daß seine Großeltern ihn nur einmal durch eine Glasscheibe sehen durften. Die Mutter berichtete ihm, daß er nach dem Krankenhausaufenthalt längere Zeit sehr ernst und zurückgezogen gewesen sei und viel geweint habe. Im Alter von 2 Jahren wurde er erneut wegen eines Leistenbruchs im Krankenhaus operiert und erlebte somit seine zweite Trennung aus dem gewohnten häuslichen Milieu. Ein Jahr später, im dritten Lebensjahr des Patienten, folgte die dritte Trennung, als seine Mutter auszog, um mit einem Mann zusammenzuleben. Unser Patient blieb bei seinen Großeltern und sah seine Mutter in den folgenden Jahren zwar öfters abends nach der Arbeit, aber insgesamt unregelmäßig. Als er 8 Jahre war, mußte er jedes Wochenende zu ihr und dem neuen Vater zu Besuch, was er als wenig erfreulich empfand, weil er die Großeltern sehr mochte und sich nicht aus der gewohnten Umgebung entfernen wollte. Ebenfalls im achten Lebensjahr verlangte dann die Mutter, daß er zu ihr zöge. Der Patient mußte sich von den geliebten Großeltern und von seinem Freundeskreis trennen. Diese Trennung sei ihm sehr schwergefallen. Er entwickelte in der Folgezeit Ängste, daß er nicht kontaktfähig sei und nicht zurechtkommen würde, ferner entwickelten sich Schulängste (er hatte Angst, in der Schule zu versagen) und über längere Zeit morgendliches Erbrechen. In der Pubertät war ihm seine Schüchternheit gegenüber Mädchen sehr lästig, und er hatte, insbesondere nach der ersten Trennung von seiner Freundin im Alter von 15 Jahren Angst, von Mädchen abgelehnt zu werden. Dieses Problem besteht bei ihm immer noch. Er begründete es mit fehlendem Selbstbewußtsein. Mit 18 Jahren lernte er seine zweite Freundin kennen. Dieses war auch seine erste sexuelle Beziehung. Sie trennte sich von ihm, als er 19 Jahre alt war. Darauf tauchten Suizidgedanken bei ihm auf, und kurz danach machte er seinen ersten Suizidversuch, zunächst mit Probierschnitten an beiden Unterarmen und später mit Tabletten. Er gab mir an, damals habe er sterben wollen und sich keine Rettung gewünscht. Schließlich lernte er dann seine letzte Freundin kennen, mit der er nach eigenem Gefühl eine sehr harmonische Beziehung ohne Komplikationen haben konnte, bis sie ihn, wie schon geschildert, plötzlich verließ. Während der Freundschaft mit seiner zweiten Freundin war er über sie in einen vorübergehenden Drogenabusus geraten. Er fühlte sich unter Drogen sehr entspannt, harmonisch und ohne jegliche Belastung. In der Trennungszeit von dieser Freundin tauchten ebenfalls Alkoholprobleme auf. In seinen Beziehungen zu Frauen hatte er mehrfach den Vorwurf bekommen, daß er zu anhänglich sei. In diesem Zusammenhang hatte ihm eine Freundin gesagt, sie sei nicht seine Mutter. Als sein größtes Problem betrachtete mein Patient einmal sein schlechtes Selbstgefühl und dann, wie er sagte: „Eine Frau zu finden, die zu einem hält und dableibt."

Beispiel

Ein 34jähriger Verwaltungsbeamter suchte meine Ambulanz wegen akut aufgetretener Angstattacken auf, gefolgt von Schlafstörungen und zuletzt auch Suizidgedanken. Im Erstgespräch wirkte er auf mich vorwiegend depressiv. Ich erfuhr, daß er bei einer anstehenden Beförderung übergangen worden war. Sein Vorgesetzter halte offensichtlich mehr von einem Kollegen, der statt seiner befördert worden sei, obwohl er noch nicht so lange in vergleichbarer Position und aus Sicht meines Patienten auch weniger qualifiziert sei.

Die Lebensgeschichte des Patienten ist überwiegend dadurch traumatisiert, daß der Vater seine beiden älteren Söhne vorgezogen und der Patient sich dadurch immer zurückgesetzt gefühlt hatte. Die Mutter hatte sich sehnlichst ein Mädchen gewünscht und war von der Tatsache, daß ihr drittes und letztes Kind wieder ein Junge war, zutiefst enttäuscht. Die daraus resultierende Ablehnung habe sie nicht verbergen können.

Ich fragte den Patienten der mut- und hoffnungslos auf mich wirkte, welche Inschrift er sich auf seinem Grabstein wünschen würde, wenn er einmal gestorben sei. Er sagte spontan: „Außer Spesen nichts gewesen!"

Wie kann man sich auf aktuell wirksame neurotische Konflikte konzentrieren?
Eine Konzentrierung auf den aktuellen Konflikt ist in der tiefenpsychologisch orientierten Psychotherapie nicht immer einfach, weil die Fülle des angebotenen Themenmaterials von Fall zu Fall durchaus auch vom aktuellen Konflikt ablenken kann. Dies kann dann Sinn machen, wenn z.B. lebensgeschichtliche Details auftauchen, die zum Verstehen des aktuellen Konflikts beitragen. Natürlich kann die Ablenkung auf zentrifugale Bereiche aber auch aus abwehrtaktischen Gründen erfolgen, was vom Therapeuten dann angesprochen werden muß.

Bei der gemeinsamen Zielformulierung am Beginn der Therapie ist es ja erstmalig möglich, den aktuellen Konflikt näher zu beschreiben und mit dem Patienten zu vereinbaren, daß man sich in der Therapie vorwiegend damit beschäftigen werde. Der Therapeut muß dann im Lauf der Therapie darauf achten, das angebotene Material immer wieder auch auf diesen Hauptkonflikt zu beziehen, sofern es möglich und sinnvoll ist.

■ **Der Hauptkonflikt verschiebt sich.** Es kann natürlich vorkommen, daß sich der Hauptkonflikt, auf den man sich konzentrieren möchte, unter der Behandlung verschiebt. Beispielhaft dafür nenne ich die Behandlung eines Studenten, dessen aktueller Konflikt in einer massiven Prüfungsangst angesichts eines bevorstehenden Examens bestand. Dieser Konfliktfokus verschob sich, als der Patient zusätzlich in eine Beziehungskrise mit seiner Freundin geriet. Wir haben dann eine vorübergehende Zielkorrektur vereinbart, indem wir in den folgenden 3 Stunden nur über diese aktuelle Beziehungsproblematik gesprochen haben, um dann wieder am Hauptkonflikt zu arbeiten. Der Beziehungskonflikt wurde als „Nebenkonflikt" benannt, der immer mal wieder angesehen werden könne, ohne die Arbeit am Hauptkonflikt zu behindern. Ich habe diese Regelung auch deswegen vorgeschlagen, weil mir deutlich wurde, daß der Patient in Versuchung war, die systematische Arbeit am aktuellen neurotischen Hauptkonflikt (Prüfungsangst) abzuwehren, obwohl er nicht mehr viel Zeit hatte. In der Übertragung zu mir war ich als Hochschullehrer in die Situation des Prüfers geraten, der ihn, den zu prüfenden Studenten, durchfallen lassen könnte. Ich habe ihm diese negative Übertragungskonstellation gesagt und dem ein positiveres Beziehungsbild im Sinne der hilfreichen Beziehung gegenübergesetzt, mit dem der Patient dann wieder besser arbeiten konnte (ich komme auf den Umgang mit Übertragungsvorgängen im Rahmen der tiefenpsychologisch orientierten Psychotherapie in diesem Kapitel noch zurück (s. S. 39 ff.)).

■ **Es treten neue Konflikte auf.** Natürlich kann es auch sein, daß während der Therapie im Leben des Patienten neue Konflikte/Ereignisse auftreten, die eine Konzentration auf die Bearbeitung des aktuell wirksamen neurotischen Konflikts verhindern oder zumindest erschweren. Als Beispiel nenne ich das Auftreten schwerer Krankheit und Verlusterlebnisse (z.B. Todesfälle oder Arbeitsplatzverlust). Hier kann es notwendig sein, die Bearbeitung des Hauptkonflikts vorübergehend zu verlassen und die neue Aktualität, z.B. im Sinne einer Krisenintervention, zu bearbeiten, um danach – wenn möglich – wieder zum Hauptkonflikt zurückzukehren.

■ **Abwehr des Patienten.** Das Haupthindernis bei der Bearbeitung aktuell wirksamer neurotischer Konflikte stellt aber die Abwehr des Patienten dar. Er leidet zwar unter seinem Aktualkonflikt und möchte dieses Leiden beenden. Andererseits fordert die tiefenpsychologische Arbeitsweise von ihm viel Einlassung auf Emotionen und Affekte und die konzentrierte Reflexion der im Zusammenhang mit dem jetzigen Konflikt stehenden lebensgeschichtlichen, häufig traumatischen Faktoren. Er muß also gegen seine eigene relative Erinnerungslosigkeit, d.h. Verdrängung, kämpfen, gegen „unsichtbare" Bindungen und Loyalitäten, gegen Schamgefühle und vieles andere mehr. Letztlich gilt aber auch in dieser Form der Therapie, daß man nur soweit kommt, wie die Komplexe und Widerstände des Patienten es gestatten (ähnliches gilt natürlich auch für die Komplexe und Widerstände des Therapeuten!). Technik und Empathie allein sind nicht genügend wirksam.

Der modifizierte Umgang mit Abstinenz und Neutralität

> ? Was bedeuten Abstinenz und Neutralität in der und für die Beziehung zwischen Therapeut und Patient?

■ **Abstinenz.** Vielleicht könnte man die Abstinenz als das Zölibat des Psychotherapeuten bezeichnen.

> ! Er verpflichtet diesen dazu, keine private Beziehung zu seinem Patienten aufzunehmen und sich in die Beziehung nicht als Privatperson einzubringen, die z.B. Wünsche an den Patienten hat, private Mitteilungen macht, gemeinsame Unternehmungen plant usw.

Hier kann es aber auch schon schwierig werden. Denn die Art der Beziehung, die wir in der analytischen und tiefenpsychologisch orientierten Psychotherapie konstellieren, verführt zur Privatheit, und zwar zunächst einmal dadurch, daß der Patient uns alle Aspekte seiner Privatheit anvertrauen soll und daß wir nicht nur mit unserem Wissen und Können, sondern auch mit uns als Person darauf antworten. Natürlich haben wir in unserer Reaktion als Person, als der, der wir sind, auf Grenzen zu achten. Aber viele unserer professionellen Antworten, Stellungnahmen sind notgedrungen von der Privatperson, die wir auch sind, nicht scharf zu trennen. Zudem bekommt unser Patient, wenn wir uns nicht in einem ganz sterilen Ambiente bewegen, viel „Privates" von uns mit, z.B. die Art, wie wir uns kleiden, wie wir unsere Praxisräume und besonders das Behandlungszimmer eingerichtet haben, welches Auto wir fahren usw.

■ **Neutralität.** Auch die Forderung nach Neutralität ist im Grunde allenfalls ein Ideal.

> Definition
> Neutralität meint die Unvoreingenommenheit des Therapeuten gegenüber seinem Patienten, die wertungsfreie, nicht moralisierende Annahme des dargebote-

nen Materials und den Verzicht auf die Verfolgung eigener Ziele bzw. Wertvorstellungen gegenüber dem Patienten.

Wie schwierig ein solches Ideal einzulösen und aufrechtzuerhalten ist, mögen folgende Überlegungen zeigen: Wenn ein Therapeut eine Abneigung gegen Homosexuelle hat, wie soll er sich dann einem Patienten mit homosexuellen Problemen gegenüber „neutral" verhalten? Oder: Wenn ein Therapeut eine lebensgeschichtlich traumatische Erfahrung mit religiöser Erziehung und deren Zwängen hat, wie kann er dann „neutral" einem Patienten folgen, der tief religiös ist und für den dieses eine äußerst wertvolle Bindung darstellt, die es nicht zu hinterfragen gilt? Über all diese möglichen Fragen und Konflikte im Zusammenhang mit Abstinenz und Neutralität wird auch während der psychoanalytischen Weiterbildung viel zu wenig und v.a. zu wenig offen gesprochen. Über den Weiterbildungskandidaten schweben die Begriffe quasi als Über-Ich-Keule oder als Damoklesschwert – also als hehre moralische Gebote/Verpflichtungen, die selbstverständlich einzuhalten sind. Wie man das macht, bleibt jedem selbst überlassen.

Abstinenz und Neutralität sind schöne Worte. Wo aber Menschen miteinander zu tun haben, sind diese Begriffe zumeist nicht „lupenrein" anwendbar. Im ursprünglichen Sinn meinte Abstinenz *Handlungs- und Wertneutralität.* Diese Art von Definition muß sich in einer Therapieform wandeln, die nicht nur (oder sogar eher weniger) Deutungen verwendet, sondern auch andere Techniken und Interventionsmöglichkeiten, wie z.B. Ermutigung, Stützung, Beratung, Anleitung, Begrenzung anwendet oder sogar – zumindest streckenweise – bevorzugt. Hier verläßt der Therapeut den „idealen", strengen Rahmen von Abstinenz und Neutralität, in dem seine Wertungen in die Therapie einfließen und in dem er aktiv wird. Ob dies eher hilfreich oder eher schädlich sein kann, bleibt der Wertung des Einzelfalles überlassen.

Ich möchte empfehlen, bei der eigenen Reflexion der Anwendung von Abstinenz und Neutralität einige Überlegungen anzustellen, aus denen heraus Regeln formuliert werden können.

Einige Regeln zum Umgang mit Abstinenz und Neutralität in der tiefenpsychologisch orientierten Psychotherapie

- Die Beziehung zum Patienten ist eine professionelle Beziehung, Privatkontakte stören die Therapie ebenso wie private Mitteilungen des Therapeuten.
- Der Therapeut verläßt streckenweise den strengen Rahmen der Neutralität, indem er berät, stützt etc.
- Der Therapeut kann aktiver als in der analytischen Psychotherapie sein – aber: Der Therapeut sollte seine Aktivität stets reflektieren, um dem Patienten kein falsches Selbst aufzuzwingen.
- Das aktivere Vorgehen des Therapeuten sollte niemals gegen Autonomiebestrebungen des Patienten gerichtet sein.
- Bei wertevermittelnden Interventionen sollte überprüft werden, ob die vermittelten Inhalte zum Wertesystem des Patienten passen.

Der tiefenpsychologisch orientiert (bzw. fundiert) arbeitende Psychotherapeut ist möglicherweise durch die Form der Therapie, die dem normalen Alltag sehr viel mehr entspricht als das Setting in der analytischen Therapie, auch eher entlastet. Trotzdem ist zu bedenken, daß die Normalität der therapeutischen Situation auch nur eine scheinbare ist, denn das Therapiearrangement beinhaltet die Installierung einer asymmetrischen Beziehung, in der Regeln und Grenzen beachtet werden müssen, um das System „Therapie" nicht zu destabilisieren.

Auf grobe Verletzungen von Abstinenz und Neutralität wird in Kap. 15 „Ethische Aspekte der Psychotherapie" eingegangen.

Der modifizierte Umgang mit Regression, Übertragung und Gegenübertragung

! Die Förderung regressiver Prozesse ist ebenso fester Bestandteil psychoanalytischer Therapien wie die Förderung der Entwicklung einer Übertragungsneurose und die Wahrnehmung und Nutzung eigener Gegenübertragungsreaktionen des Therapeuten für den therapeutischen Prozeß.

Die Regression dient dabei der Wiederbelebung infantiler Grunderfahrungen mit sich selbst und mit früheren Beziehungspersonen. In der Übertragungsbeziehung werden diese „materialisiert", wiederbelebt und deutend bearbeitet.

In der tiefenpsychologisch orientierten Psychotherapie ist aufgrund der Tatsache, daß weniger Zeit zur Verfügung steht und daß eine Konzentrierung auf den aktuellen neurotischen Konflikt erfolgt, daß also ein anderes Therapieziel als in der psychoanalytischen Behandlung verfolgt wird, ein modifizierendes Vorgehen angebracht. Ein solches modifizierendes Prozedere ist kaum differenziert beschrieben worden. Eine relative Übereinstimmung scheint darüber zu bestehen, daß regressive Phänomene eher nicht zu fördern sind und daß sich „bewußtseinsnähere, meistens positiv getönte Übertragungen, die der positiven Grundbeziehung zuzuordnen sind, ... konstellieren" (Ermann 1995, S. 267).

Ich möchte im folgenden meinen eigenen Standpunkt nennen und Empfehlungen zum Umgang mit den Phänomenen Regression, Übertragung und Gegenübertragung geben, die meinem Erfahrungshintergrund entsprechen. Der Leser sollte sie als Anregung verstehen, seinen eigenen Standpunkt dazu zu reflektieren.

■ **Vorgehensweise.** Ich stimme mit verschiedenen Autoren darin überein, regressives Verhalten in der tiefenpsychologisch orientierten Psychotherapie eher nicht zu fördern. Dieses läßt sich aber nicht nur mit den Argumenten „Zeit" und „Konfliktzentrierung" begründen. Wir haben ja mit dieser Therapiemethode eine Form des Settings gewählt, in dem wir ein Gegenüber mit Blickkontakt haben, nämlich den erwachsenen Patienten, so sehr gestört dieser im Einzelfall auch sein mag. Allein schon die Tatsache, daß sich hier zwei Erwachsene gegenübersitzen und stets die Möglichkeit zum Blickkontakt haben, begrenzt regressive Entwicklungen und fördert eher sekundärprozeßhaftes Erleben und Verhalten. Dies gilt natürlich auch für den Therapeuten, der in einer analytischen Behandlung sehr viel mehr regressive Phantasien entwickeln kann, wenn er seinem Patienten in dessen Regression folgt.

An diesem Punkt könnte für den Leser die Frage auftauchen, ob dieses „Weniger" (weniger Regression, weniger Übertragung, weniger Gegenübertragung) den Wert der tiefenpsychologisch orientierten Psychotherapie nicht mindere, ob nicht diese Therapieform einfach nur eine „beschnittene" Form von Psychoanalyse sei. Manche Kollegen, v.a. die mit der unerschütterlichen Überzeugung, daß Psychoanalyse fraglos die beste aller Therapiemethoden sei, werden das so sehen. Manche würden vielleicht auch argumentieren, daß man mit dieser Therapiemethode den Patienten etwas vorenthalte, nämlich die Möglichkeit zu tiefer Regression mit dem Gefühl von Zeitlosigkeit, die Möglichkeit zur vollen Entfaltung einer Übertragungsneurose, um alle Facetten der neurotischen Übertragung sehen und bearbeiten zu können, damit letztlich der „Profit" von der Therapie profunder und haltbarer sei.

Mag sein, daß dem manchmal so ist. Bei solchen Argumentationen wird aber leicht übersehen, daß der Patient auch in der Lage sein muß, diese tiefen psychodynamischen, interaktionellen Prozesse zuzulassen, mit ihnen arbeiten bzw. umgehen zu können, um davon zu profitieren. Hinzu kommt, daß diese tiefen therapeutischen Einlassungen für das reale Leben des Patienten draußen eine oft massive, emotionale Labilisierung bedeuten, und zwar sowohl im Selbst- als auch im Fremderleben. Dies ist nicht jedem zuträglich, und ein tiefenpsychologisch ausgebildeter Psychotherapeut tut meines Erachtens gut daran, sich vor Beginn, aber auch immer wieder im Verlauf der Therapie zu fragen, ob die Mittel und Methoden, mit denen gearbeitet wird, vom Patienten auch vertragen werden, ob er sie nutzen kann oder ob sie evtl. eher schaden. Daß Psychotherapie auch schaden kann, ist vielen Kollegen kaum bewußt. Sie können sich so etwas allenfalls bei Therapeuten anderer Schulen vorstellen. Ich würde behaupten, daß es eine gute Möglichkeit ist, Schäden zu begrenzen oder zu verhindern, wenn man Patienten ein gutes Stück Kontrolle läßt. Dies ist in der tiefenpsychologisch orientierten Psychotherapie der Fall.

? Modifizierter Umgang mit Übertragung und Gegenübertragung: Was ist darunter zu verstehen und wie kann man das praktisch umsetzen?

Zunächst soll noch einmal darauf hingewiesen werden, daß die Art des Settings (Gegenübersitzen, relativ geringe Stundenfrequenz) in der Regel die Übertragungsbereitschaft von Patienten begrenzt oder zumindest nicht wesentlich fördert. Allerdings muß bedacht werden, daß allein schon die Tatsache, einen Therapeuten für sich zu haben, nicht nur hoffnungsvolle Erwartungen, z.B. im Hinblick auf die Minderung des aktuellen Leidens wecken, sondern auch Übertragungsphänomene stimulieren kann. Wir sind ja für manche unserer Patienten der erste Mensch in ihrem Leben, der ihnen wirklich empathisch begegnet, der ihnen wert- und vorurteilsfrei zuhören kann (ich unterstelle einmal, daß das so ist, also den Idealfall) und sie nicht in eine Entwicklung (im Sinne eines falschen Selbst) drängt, die ihnen nicht gemäß ist. Insofern können durch die Tatsache, einen solchen Therapeuten im Sinne eines guten, beschützenden Objektes zu haben, z.B. Symbiosewünsche ausgelöst werden, die sich in entsprechenden Übertragungswünschen äußern: Der Therapeut soll nähren, wärmen, fraglose Sicherheit und Geborgenheit vermitteln, der Patient muß selber nichts dazu tun.

! Der modifizierende Umgang mit einem solchen Übertragungswunsch kann darin bestehen, daß der Therapeut averbal und verbal Grenzen setzt.

Die averbalen Grenzen ergeben sich aus dem Setting, die verbalen sollten so gesetzt werden, daß die Enttäuschung des Patienten nicht zu massiv wird.

Beispiel

Eine Patientin mit einem frühen Mangelsyndrom, also früher emotionaler Entbehrung bedingt durch Kriegsfolgen, entfaltet zu Beginn der Therapie eine hochpositive, stark idealisierende Übertragung zu ihrem Therapeuten. Dieser weiß aus Kenntnis ihrer Anamnese, daß sie sehnlichst einen Menschen sucht, der ihr all das zu geben vermag, was sie bisher vermißt hat, besonders Halt, Geborgenheit, Zärtlichkeit und Wärme. Diese „Grundbedürfnisse" können in der tiefenpsychologisch orientierten Psychotherapie nicht voll entfaltet werden, was aber u. U. auch gar nicht unbedingt notwendig ist. Die Entlastung in der Therapie besteht eher darin, die Äußerung von Bedürfnissen zuzulassen und nicht in deren Befriedigung. In der Arbeit an den aktuellen Konflikten kann der Therapeut der Patientin sicher wiederholt zeigen, wie sehr ihr momentanes erwachsenes Erleben und Verhalten von der Suche nach diesen Grundbedürfnissen geprägt ist und wie sehr sie darunter leidet, zuwenig zu bekommen. In der Regel läßt sich diese Thematik an den Problemen der jeweiligen aktuellen Partnerbeziehung gut darstellen und ansprechen. Man kann der Patientin aber auch immer wieder zeigen, daß man um ihre frühe Entbehrungssituation weiß, daß man in der Therapie all diese Bedürfnisse sicher nicht werde befriedigend nachholen können, daß es aber fraglos sei, daß man (Therapeut) ihr über eine gute Strecke Zeit hilfreich und unterstützend zur Verfügung stehen werde, damit sie mehr Lebenszufriedenheit entwickeln kann. Der Therapeut signalisiert damit, daß symbiotische Wünsche in ihrer ganzen Bandbreite unerfüllbar sind, daß er aber einen wichtigen Wunsch einlösen kann, nämlich ein konstantes, unterstützendes Objekt zu sein. Die Übertragungsbereitschaft dieser Patientin könnte sich dadurch reduzieren, so daß man wieder konkreter im Hier und Jetzt miteinander arbeiten kann.

Etwas unklarer ist in der Literatur, wie mit negativen Übertragungsanteilen modifizierend umzugehen ist. Allgemein wird empfohlen (z. B. Ermann 1995), feindselige Übertragungen dann anzusprechen, wenn sie sichtbar werden,

> „um durch das Verständnis des Therapeuten und die Erfahrung mit ihm als realer Person korrigiert zu werden"

(S. 268). Ich würde dem zustimmen, würde mir aber als Therapeut vor dem Versuch, den negativen Übertragungsaspekt zu korrigieren – der Korrekturwunsch unterstellt ja, daß die Feindseligkeit des Patienten für den weiteren Gang der Therapie hinderlich sei – ein paar Fragen stellen, wie z. B.:

> ? Ist die momentane Feindseligkeit/Negativität des Patienten wirklich ein Übertragungsaspekt?

Wenn ja: Ist es nicht vor einer Korrektur erst einmal sinnvoll, die Feindseligkeit anzunehmen, auszuhalten und mit dem Patienten Gründe dafür zu erkunden? Könnte es nicht auch sein, daß der Patient sich über mich geärgert hat, z. B. über eine mimische Reaktion, eine Verbalisation, ein zu dirigistisches Verhalten oder eine Mißachtung (z. B. Stundenausfall ohne plausible Begründung)?

> ! Nicht jede Feindseligkeit eines Patienten beruht auf Übertragungsreaktionen!

Der Patient kann auch sehr wohl eine latente Feindseligkeit seines Therapeuten, von diesem willkürlich (Sprache) oder unwillkürlich (Mimik/Gestik) geäußert, spüren und darauf selbst feindselig, mißtrauisch, ablehnend reagieren.

Beispiel

Eine Patientin erzählt zum wiederholten Mal, daß sie von ihrem Mann geschlagen und gedemütigt wird; einmal ist sie mit sichtbaren blauen Flecken in die Stunde gekommen. Sie beklagt sich über diesen Umgang ihres Mannes mit ihr und weint. Die Therapeutin ärgert sich, ebenfalls zum wiederholten Mal, über den Masochismus der Patientin und drückt diesen Ärger so aus, daß sie die Patientin auffordert, einmal nachdrücklich darüber nachzudenken, warum sie sich von diesem „Exemplar von Mann" (Mitteilung in der Supervision) nicht trenne. In diesem Zusammenhang verweist sie sie auf ein am Ort befindliches Frauenhaus. Die Patientin reagiert zunächst scheinbar erleichtert, erscheint dann aber in der nächsten Stunde mit ihrem Mann, der der Therapeutin lautstark Vorwürfe macht, wie sie dazu komme, seine Frau zur Trennung aufzufordern und die Ehe damit zu zerstören; schließlich liebe man sich doch ... Triumphierend verlassen beide die Stunde, die Therapeutin bleibt ohnmächtig-wütend zurück. Die Patientin bricht die Therapie ab.

Ich hatte darauf hingewiesen, daß es wichtig sein kann, die Feindseligkeit des Patienten anzunehmen und auszuhalten. In der tiefenpsychologisch orientierten Psychotherapie muß man darauf achten, daß man unter der Annahme einer grundsätzlich freundlich-wohlwollenden Haltung und der Förderung einer insgesamt eher positiven Übertragung nicht vergißt, daß es nicht wenige Patienten gibt, denen ein solches Wohlwollen unglaubhaft, unbehaglich ist, weil sie für eine solche Form positiver Beziehung keine genügend stabile innere Erfahrungsbasis haben. Zum anderen können gerade sog. negative Affekte wie Haß und Wut das Erleben einer positiveren Beziehung blockieren, so daß es zunächst notwendig und sinnvoll ist, an diesen Haßblockaden zu arbeiten. Dieses kann fokussiert erfolgen, indem man dem Patienten mitteilt, daß man den Eindruck habe (dies sollte begründet werden mit verbalem und averbalem Material aus den Sitzungen), daß Mißtrauen, Wut, vielleicht auch Haß in ihm für den Therapeuten spürbar seien, denen man gemeinsam nachgehen sollte, um die therapeutische Beziehung zu verbessern. Thematisch wird es dabei häufig um Enttäuschungen, Kränkungen, Demütigungen gehen, die ja auch in aktuellen neurotischen Konflikten sehr bedeutsam sind.

> ! Der tiefenpsychologisch orientiert arbeitende Psychotherapeut sollte also bei aller Konfliktzentrierung dafür Sorge tragen, daß solch Haßblockaden auch bearbeitet werden. Anders gesagt: Was hilft eine noch so positiv getönte Übertragungsbeziehung, wenn der Patient auf seinem Haß sitzenbleibt, weil der freundlich-wohlwollende Therapeut ihm nonverbal vermittelt, daß auch nur „freundliche" Themen in der Therapie angebracht sind?

Häufig ist es die Angst des Therapeuten selbst, Wut und Haß bei sich und bei Patienten in genügendem Umfang zuzulassen. Möglicherweise war dies bereits in seiner Lehrtherapie ebenso. Ich komme im Exkurs über sog. schwierige Patienten noch einmal darauf zurück.

Der modifizierte Umgang mit Gegenübertragung in der tiefenpsychologisch orientierten Psychotherapie

> Definition
>
> Gegenübertragung ist gekennzeichnet durch die kognitiven und emotionalen Reaktionen (Gedanken, Affekte, Phantasien, Handlungen) des Therapeuten auf die Übertragung des Patienten, also auf die spezifische Art seiner Kontaktaufnahme und Beziehungsgestaltung und im weitesten Sinne auch auf das So-Sein des Patienten.

Auch der Umgang mit Gegenübertragung bzw. Gegenübertragungsreaktionen sollte in der tiefenpsychologisch orientierten Psychotherapie modifiziert sein, und zwar überwiegend in dem Sinne, daß die Entwicklung und Bearbeitung der negativen und positiven Gegenübertragungsanteile im Vergleich zur psychoanalytischen Therapie begrenzt bleibt. Das heißt, daß der Therapeut die entsprechenden Übertragungsanteile zwar wahrnimmt, ihre Entwicklung aber nicht nachdrücklich anstößt, weil die Förderung einer vollen Übertragungsneurose den Rahmen einer tiefenpsychologisch orientierten Psychotherapie sprengen würde.

Trotzdem kann es in speziellen Situationen in der Therapie so sein, daß negative Gegenübertragungsreaktionen des Therapeuten mit seiner positiv wohlwollenden Grundhaltung so kollidieren, daß es dem Therapeuten schwerfällt, seinen Ärger, seine Ablehnung nicht zu zeigen.

Beispiele aus der Supervisionsarbeit:

> Ein Patient mit einer beträchtlichen Aggressionsproblematik, die sich bevorzugt im Umgang mit sog. Autoritäten (z. B. Vorgesetzten) äußerte, hatte aufgrund seines provokanten Verhaltens seinen Arbeitsplatz verloren und sich nun schon längere Zeit mehrfach beworben. Schließlich war er zu einem Vorstellungsgespräch eingeladen worden, in dessen Verlauf er den Personalchef des Unternehmens aus Gründen, die hier nicht darzustellen sind, attackiert hatte. Daraufhin schied er aus dem engeren Bewerberkreis aus, obwohl er offensichtlich für die ausgeschriebene Position bestens qualifiziert war. Seinem Therapeuten sagte er in der Stunde danach, mit solchen „Arschlöchern" wie jenem Personalchef könne und wolle er nicht zusammenarbeiten. Der Therapeut merkte zu diesem Zeitpunkt massiven Ärger auf den Patienten, den er nicht unterdrücken konnte, indem er ihm sagte, es sei erschreckend mit anzusehen, wie er sich immer wieder Zukunftsperspektiven zerstöre; wenn er das weiterhin tue, werde er ihm nicht weiterhelfen können.
>
> Der Patient ging dann nach kurzer Zeit der Verblüffung zur Attacke auf den Therapeuten über, indem er diesem vorwarf, ihm ein Unterstellungsverhältnis unter zweifelhafte Autoritäten zuzumuten; ob er denn wirklich der Meinung sei, daß man sich ducken und stillhalten müsse? Er (der Patient) hoffe sehr, daß er (der Therapeut) mutiger sei und sich mit Autoritäten offener und konfrontierender auseinandersetzen könne. Die Stunde ging beidseits latent wütend und gespannt zu Ende.
>
> Ich riet dem Therapeuten, der es in der Tat mit „Autoritäten" auch nicht ganz leicht hatte, dem Patienten auszudrücken, daß er den negativen Verlauf der Bewerbung bedauere und ihm anzubieten, gemeinsam zu schauen, ob nicht auch ein anderer Umgang

mit dem Personalchef vorstellbar gewesen wäre, was ihn denn letztlich an diesem so provoziert habe und was überhaupt zwischen ihm und Autoritäten auch lebensgeschichtlich abgelaufen sei.
Der Ärger über die autodestruktiven Anteile des provokanten Verhaltens führt zu nichts. Der Patient agiert offensichtlich unbewußtes Material, das sich an diesem aktuellen Beispiel zur fokussierten Sichtung anbietet.

Eine Therapeutin ärgert sich über ihre Patientin. Diese hatte sich, wie schon so oft in ihrem Leben, auch in einer neuen, nur kurz dauernden Freundschaft mit einem Mann ausnutzen und benutzen lassen, um schließlich fallengelassen zu werden, als auch finanziell von ihr nichts mehr zu holen war. In der Stunde, in der die Patientin von der kränkend verlaufenen Trennung berichtete, wies die Therapeutin sie mit vorwurfsvollem, ärgerlichem Affekt darauf hin, daß sie an diesem Verlauf ja eigentlich selbst schuld sei, da sie sich wieder einmal habe ausnutzen lassen. Die Patientin reagierte darauf depressiv und fing an zu weinen, was die Therapeutin noch wütender machte, wie sie in der Supervision berichtete. Nach jener Stunde nahm die Patientin 10 Schlaftabletten in parasuizidaler Absicht ein und mußte kurzfristig ärztlich behandelt werden. Die Therapeutin war verwirrt und schwankte emotional zwischen Ärger und Selbstvorwürfen.
In der Supervision wies ich sie auf ihre Ungeduld gegenüber dem Fortgang in der Therapie hin. Wir besprachen, daß die Patientin offensichtlich im Sinne eines Wiederholungszwangs abhängig-passive Partnerschaften sucht, in denen sie meint, für den anderen alles tun zu müssen, um geliebt zu werden, quasi bis zur Selbstaufgabe. In der der geschilderten Stunde folgenden Therapiesequenz war es dann der Patientin möglich, einem Vorschlag der Therapeutin folgend an einem Fokus zu arbeiten, der inhaltlich mit ihrer Rolle, ihrer Selbsteinschätzung als Frau zu tun hatte. Dabei ergab sich viel biographisch relevantes Material, u. a. eine unbewußte Identifizierung mit der Mutter der Patientin, die sich – abhängig und vom Vater immer wieder gedemütigt – depressiv durch eine lange Ehe gequält hatte, in der sie 4 Suizidversuche unternahm. Die Identifizierung mit diesem Schicksal als Frau war dann das Hauptthema. Die Situation zwischen der Therapeutin und der Patientin war entspannt.

■ **Gegenübertragungsreaktionen von Therapeuten.** Ich möchte einige Gegenübertragungsreaktionen von Therapeuten aufführen, die die gemeinsame Arbeit stören können. Es handelt sich bevorzugt um folgende Reaktionen:

- Ärger, z. B. über die Abwehr des Patienten, über – aus Sicht des Therapeuten – zu geringe Fortschritte in der Therapie, über masochistische Fixierungen des Patienten, über neurotische Wiederholungszwänge im jetzigen Leben des Patienten, über eine zu geringe Wertschätzung des Patienten gegenüber dem Therapeuten und der Therapie.
- Ablehnung/Zurückweisung, z. B. als Reaktion des Therapeuten auf seinen Ärger über den Patienten. Eventuell auch als Folge von Defiziten des Patienten, die anfangs vom Therapeuten nicht so gesehen wurden (z. B. eine stärkere Ich-Schwäche als ursprünglich vermutet, weniger Fähigkeit zur Mitarbeit in der therapeutischen Situation).
- Angst des Therapeuten, z. B. vor den symbiotischen, verschlingenden Wünschen des Patienten oder auch vor dessen Aggressivität/Destruktivität oder Sexualität.
- Depressivität/Hoffnungslosigkeit des Therapeuten, z. B. resultierend aus dem Gefühl, daß er dem Patienten nicht wirksam genug helfen kann oder daß dieser zu gestört ist, um mit Hilfe der Therapie ein einigermaßen befriedigendes Leben führen zu können.

Jede dieser hier genannten Gegenübertragungsreaktionen sollte vom Therapeuten gründlich reflektiert werden, ggf. auch in seiner Selbsterfahrung, da die Wahrscheinlichkeit groß ist, daß der Patient sie zumindest andeutungsweise bemerkt. Die beschriebenen Affekte bzw. Reaktionen vermitteln sich ja häufig auch durch den Blickkontakt, der Angst, Ablehnung oder auch Ärger vermitteln kann. Gerade die negativen Gegenübertragungsreaktionen bilden oft auch die Enttäuschung des Therapeuten ab, seine Unzufriedenheit mit dem Patienten, seine Ungehaltenheit. Der Patient entwickelt sich nicht so wie wir denken, daß er sich entwickeln könnte, wenn er die Therapie optimal für sich nutzen würde. Aber wer kann das schon?

Ich empfehle den ungeduldigen, unzufriedenen Therapeuten in der Supervision immer, für sich selbst noch einmal in Ruhe darüber nachzudenken, wie Veränderungen von ihnen im Prozeß ihrer Selbsterfahrung realisiert werden konnten. Die meisten erinnern sich dann verblüfft daran, daß sie es selbst sehr schwer damit haben oder hatten, all die schönen mentalen Erkenntnisse, die sie über sich gewonnen hatten, in veränderndes Handeln zu übersetzen. Diese Selbsterkenntnis kann eine liberalere, gewährendere und geduldigere Haltung gegenüber den eigenen Patienten ermöglichen.

Vor- und Nachteile des modifizierten Umgangs mit Regression, Übertragung und Gegenübertragung in der tiefenpsychologisch orientierten Psychotherapie

Mögliche Vorteile:

- Entängstigung des Patienten, der eher als erwachsenes Gegenüber akzeptiert wird.
- Die optische Verfügbarkeit des Therapeuten begrenzt Übertragungsphantasien; dadurch kann sich der Patient auch besser abgrenzen.
- Geringere Förderung von Abhängigkeit vom Therapeuten.
- Die Begrenzung der Übertragung labilisiert nicht, sondern stabilisiert eher; die sekundärprozeßhafte Organisation wird weniger tangiert.
- Keine so hohen Anforderungen an Angst- und Frustrationstoleranz beim Patienten.
- Insgesamt eher Abmilderung der Beziehungsasymmetrie.

Mögliche Nachteile:

- Eventuell Verlust an Spontaneität.
- Die Begrenzung des Übertragungsprozesses kann die Entstehung von Nebenübertragungen außerhalb der Therapie begünstigen.
- Kontrolle durch Blickkontakt (z. B. zur Abwehr schuld- und schambesetzter Themen).
- Strukturelle Änderungen können nur begrenzt erreicht werden.
- Insgesamt können Widerstands- und andere Abwehrphänomene stärker sein (ob dies immer nachteilig für das Ergebnis bzw. Ziel der Therapie sein muß, sei dahingestellt).

Kurze Zusammenfassung

Generell gilt in der tiefenpsychologisch orientierten Psychotherapie – im Vergleich zur analytischen Psychotherapie,

!

- daß der Patient mehr Kontrollmöglichkeiten hat,
- daß das Ausmaß regressiver Entwicklungsmöglichkeiten begrenzt ist,
- daß Übertragungsphänomene in geringerem Umfang oder gar nicht stimuliert werden.

Trotzdem wird sich in der Einzelsituation mit dem Patienten auch bei Beachtung dieser Prinzipien seitens des Therapeuten ein jeweils neues Spektrum entfalten. Das ist es ja gerade, was unseren Beruf, unsere Arbeit so spannend und abwechslungsreich macht: Kein Patient ist mit einem anderen identisch! Es kann also sein, daß ein Patient sehr viel „übertragungsbereiter" ist als ein anderer, während wieder ein anderer die Beziehung zu uns regressiver und symbiotischer gestaltet, so daß wir mehr begrenzen und „kontrollieren" müssen. Hierfür feste therapeutische Verhaltensnormen aufzustellen wäre wenig sinnvoll, um den Gestaltungsmöglichkeiten im Einzelfall genügend Raum zu lassen.

Trotzdem lassen sich einige Regeln nennen, die den Umgang mit den hier diskutierten Phänomenen erleichtern können und dem tiefenpsychologisch arbeitenden Psychotherapeuten eine Art Grundgerüst bieten können, das Raum für viel subjektive Ausgestaltung läßt.

Einige Regeln zum Umgang mit Regression, Übertragung und Gegenübertragung

Folgende Punkte lassen sich zusammenfassen:

- Unser Gegenüber ist ein erwachsener Patient und sollte es auch bleiben, so viele infantile Konflikte er im einzelnen auch haben mag, d. h. daß ihn diese Therapiemethode eher stabilisieren als labilisieren soll.
- Regressive Wünsche werden wahrgenommen und können punktuell bearbeitet werden, werden aber nicht gefördert.
- Von einer Übertragungsbereitschaft des Patienten ist auszugehen, so unterschiedlich ausgeprägt diese im Einzelfall auch sein mag. Übertragungsphänomene werden aber nicht gefördert/stimuliert, um die Konzentrierung auf die aktuellen neurotischen Konflikte im Hier und Jetzt nicht zu behindern.
- Wenn Übertragungsbereitschaften beim Patienten den therapeutischen Raum dominieren, können sie fokussiert und zeitlich begrenzt angesprochen werden, insbesondere dann, wenn sichtbar wird, daß negative Übertragungsreaktionen den therapeutischen Prozeß blockieren.
- Der Therapeut nimmt seine Gegenübertragungsreaktionen wahr und reflektiert sie vor sich selbst, ohne sie dem Patienten mitzuteilen.
- Der Therapeut sollte während der gesamten Therapie bedenken, daß mit den hier diskutierten drei Phänomenen der Regression, Übertragung und Gegenübertragung in einem umfassenden Sinn eigentlich nur in der Psychoanalyse gearbeitet werden kann und daß andere Vorgehensweisen hinzugezogen werden müssen, um den Therapieerfolg zu ermöglichen (eklektisches Vorgehen).

Eklektische Interventionsmöglichkeiten

In der nicht sehr umfangreichen Literatur über tiefenpsychologisch orientierte bzw. fundierte Psychotherapie werden immer verschiedene therapiewirksame Elemente genannt, die zur Anwendung kommen können. Neben den Modifizierungen im Umgang mit Regression, Übertragung und Gegenübertragung werden als Interventionsmöglichkeiten häufig genannt (z. B. Ermann 1995):

- Beratung,
- Entlastung,
- Ermutigung,
- Grenzsetzung sowie
- Stützung.

Diese verschiedenen Elemente entstammen z. T. den Prinzipien allgemeiner psychologischer Beratungen/Interventionen, z. T. repräsentieren sie Anleihen aus anderen Therapierichtungen wie z. B. der Verhaltenstherapie (VT).

Andere, „eklektische" Interventionsmöglichkeiten im Rahmen der tiefenpsychologisch orientierten Psychotherapie

- Elemente psychologischer Beratung,
- Elemente supportiver Therapie,
- Anleihen aus anderen Therapierichtungen, bevorzugt aus der VT (Ermutigung, Verstärkung, Belohnung, Nicht-Beachtung etc.),
- pädagogische Elemente sowie
- Krisenmanagementelemente.

Zur Indikation eklektischen Vorgehens

Zunächst einmal sollte sich der tiefenpsychologisch arbeitende Psychotherapeut fragen, ob er überhaupt mit zusätzlichen, nicht tiefenpsychologischen Ansätzen arbeiten möchte oder nicht und falls ja: wann und wie diese eingesetzt bzw. angewandt werden könnten. Er muß also reflektieren, in welchen Situationen der tiefenpsychologisch orientierten Psychotherapie er den Einsatz zusätzlicher Elemente als hilfreich und sinnvoll für den Patienten ansieht. Kolleginnen und Kollegen, die sich in Ausbildung in einer Therapie-Hauptmethode befinden, werden möglicherweise Abneigungen oder auch Skrupel haben, eine „Mixtur" überhaupt erst zu erwägen. Hier könnte an eine „Verunreinigung von Stilreinheit" gedacht werden. Es könnte sich aber auch die Ignoranz gegenüber den anderen „Schulen" daran bemerkbar machen, daß man erst gar nicht daran denkt, daß auch deren Interventionsmöglichkeiten manchmal hilfreich, geschweige denn – in bestimmten Situationen – evtl. sogar überlegen sein könnten.

Ich unterstelle dem Leser aber eine größere Toleranz sowie Grundkenntnisse der anderen Therapierichtungen, so daß Überlegungen zum streckenweisen oder aktuellen Einsatz nicht stilreiner Therapieelemente nicht angstmachend wirken müssen.

Statt nach Art eines Kochbuches aufzuzählen, in welchen Situationen welches zusätzliche Element wie hilfreich verwendet werden könnte, soll beispielhaft die Einbeziehung supportiver Elemente in die tiefenpsychologisch orientierte Psychotherapie beschrieben werden.

■ **Einbeziehen supportiver Elemente.** Supportive, also ich-stützende Interventionen sind immer dann angebracht, wenn ein Patient aus verschiedenen Gründen nicht kontinuierlich mit den angebotenen tiefenpsychologischen Mitteln und Methoden an seinen aktuellen Konflikten und deren Wurzeln weiterarbeiten kann.

Solche Gründe können z. B. sein:

- akute Krisen unterschiedlicher Art, Auslösung und Ausprägung,
- akute andere psychosoziale Probleme,
- Behandlungskrisen, Dekompensationen während der laufenden Therapie.

Während der Therapie kann es z. B. vorkommen, daß der Tod eines Elternteils oder die Trennung vom Lebenspartner den Patienten akut krisenhaft dekompensieren läßt, so daß vorübergehend Modifikationen des therapeutischen Vorgehens angebracht sind. In akuten Krisen ist es besonders bedeutsam, die die Krise begleitenden Gefühle fokussiert ausdrücken zu lassen (z. B. Trauer, Verzweiflung, aber auch Wut), auf Begleitsymptome der Krise zu achten (z. B. Schlafstörungen, Suizidalität) und ggf. auch eine psychopharmakologische Mitbehandlung zu erwägen (s. auch Kap. 13) „Psychotherapie und Psychopharmaka" in diesem Buch).

Der Psychotherapeut verläßt vorübergehend seine bewährten tiefenpsychologischen Arbeitsmethoden, um als Krisenmanager tätig zu werden. Wie er dies tun kann, wird ausführlicher in Kap. 12 „Krisen und Krisenintervention, Kurz- und Notfallpsychotherapie" beschrieben.

> ! Hier nur der Hinweis, daß Krisenmanagement bedeutet, daß die Fokussierung auf das Hier und Jetzt noch einmal eine Verdichtung erfährt, die durch die momentane Krise bestimmt ist. Ziel des Therapeuten muß es sein, mit stützenden und die Situation klarifizierenden Interventionen zu erreichen, daß der Patient eine allmähliche Stabilisierung im Sinne einer Distanzierung von den die Krise auslösenden Reizen und sie begleitenden Affekten erreicht.

Hierzu kann es hilfreich sein, vorübergehend an der Krise signifikant beteiligte Personen einzubeziehen, sofern diese dazu motiviert bzw. motivierbar sind und Patient und Therapeut eine solche Einbeziehung von Dritten als sinnvoll und hilfreich empfinden. Besonders hilfreich ist in der Regel die Einbeziehung solcher Dritter dann, wenn sie zum sozialen Netz („social support") des Patienten gehören und die supportive therapeutische Zielsetzung dadurch noch verstärken können.

Beispiel

Ein 45jähriger Lehrer sucht psychotherapeutische Behandlung, weil er in seinem Lehrerkollegium Probleme damit hat, akzeptiert und anerkannt zu werden. Auch gegen Hänseleien von Schülern kann er sich kaum wehren. Der ledige Mann lebt bei seiner 72jährigen Mutter, die Kriegerwitwe ist und nach dem frühen Verlust des Mannes den einzigen Sohn als Partnersubstitut benutzt hat.

In der tiefenpsychologisch orientierten Psychotherapie wird hauptsächlich an einem Konfliktfokus gearbeitet, der die aktuelle Selbstwertproblematik des Patienten und deren lebensgeschichtliche Hintergründe betrifft. Ein zusätzlicher Leidensdruck resultiert für den Patienten daraus, daß er viele sexuelle Wünsche hat, diese aber noch nie mit einer Frau realisieren konnte, weil er Kontaktangst hat. Die Problematik seiner Mutterbindung ist ihm andeutungsweise bewußt. Einerseits lähmt sie ihn, andererseits gewährt sie Sicherheit und Versorgung und schützt vor dem feindlichen Außenleben mit seinen vermeintlich gefährlichen Verlockungen.

Etwa um die 45. Therapiestunde herum verstirbt die Mutter plötzlich: Der Patient findet sie beim Nachhausekommen von der Schule in der gemeinsamen Wohnung tot vor. Er ruft mich panisch an und bittet um einen kurzfristigen Termin. Am Abend des gleichen Tages sehe ich den Patienten in einer akuten Dekompensation: Er weint fast ununterbrochen, ist depressiv, unruhig, äußert Suizidgedanken. Er habe niemanden mehr, der für ihn da sei. Ich benutze in den folgenden Tagen und Wochen in den vorübergehend engmaschiger anberaumten Sitzungen Elemente der supportiven Psychotherapie, indem ich auf den positiven Charakter unserer Beziehung verweise, auf deren Tragfähigkeit und auf die gesicherte Zeit weiterer Begleitung durch mich. Daneben fließen tröstende und beratende, eher lebenspraktische Elemente ein (Fragen der Regelung von Beerdigung, Erbschaft, eventueller Wohnungswechsel usw.). Vorübergehend verschreibe ich dem Patienten ein schlafanstoßendes Medikament. Nach etwa 3 Wochen ist die akute Krise des Patienten soweit gebessert, daß wir mit tiefenpsychologischen Mitteln weiterarbeiten und die supportiven Techniken verlassen können. Der Patient ist affektiv immer noch depressiv, kann aber mit mir seine aktuelle Situation reflektieren und bearbeiten, wobei ein neuer Fokus auftaucht und in den folgenden Wochen und Monaten bevorzugt thematisiert und bearbeitet wird: Die Geschichte seiner Abhängigkeit von seiner Mutter, seine Angst, diese zu verlassen und autonom zu leben und vor allem: sich zu trauen, die Frauen zu lieben, also seine Sehnsüchte in Handlungen umzusetzen. Dazu gehört die Bearbeitung seiner männlichen Identitätsprobleme (vaterloser Sohn) und der daraus resultierenden Selbstwertproblematik.

In den 50er Jahren wurde die Bezeichnung supportiv erstmals von amerikanischen Autoren verwendet, und zwar im Rahmen der Diskussion um Modifizierungen der psychoanalytischen Therapie. Im deutschsprachigen Raum haben besonders Freyberger u. Speidel (1976) über den Einsatz supportiver Psychotherapie berichtet und ihre Bedeutung für die Behandlung pychosomatisch Kranker betont. Indiziert ist diese Therapieform primär aber für eine andere Klientel als die, die für tiefenpsychologisch orientierte Psychotherapie in Frage kommt, so z.B. für Patienten mit chronischen und infausten Erkrankungen (z.B. Karzinom; s. auch Kap. 7: „Psychotherapeutischer Umgang mit körperlich Kranken") oder auch chronischen, kaum lösbaren Lebenskonstellationen bzw. Lebenskrisen. Ferner auch in Belastungssituationen bei eher undifferenzierten Menschen, die von anderen Therapieformen nicht profitieren können.

Hier soll nur auf Indikation und Vorgehen supportiver Behandlungselemente im Rahmen einer laufenden tiefenpsychologischen Psychotherapie eingegangen werden.

■ **Indikation.** Zur Indikation hatte ich schon Stellung genommen:

! In der Regel sind supportive Elemente bei allen krisenhaften Zuspitzungen unterschiedlicher Auslöser/Störungen zu verwenden, so z.B. bei

- akuten Konflikt- und Streßreaktionen,
- Neurosen (besonders chronifizierten Neurosen) und psychosomatischen Erkrankungen sowie
- bei Persönlichkeitsstörungen.

Eine Ausnahme stellen psychotische Dekompensationen dar, bei denen allenfalls supportiv gearbeitet werden kann. Primär sind hier aber psychiatrische bzw. psychopharmakologische Interventionen angebracht. An anderer Stelle wird darauf noch eingegangen (Abschn. 1.1.5 „Mögliche Komplikationen während der Therapie", und „Psychotherapie und Psychopharmaka", Kap. 13).

Der tiefenpsychologisch arbeitende Therapeut mit psychoanalytischem Hintergrund im Hinblick auf Theorie und Behandlungstechnik lernt in seiner Ausbildung nichts über supportive Psychotherapie. Da diese vom Therapeuten aber eine andere Haltung, eine andere Beziehungsform zum Patienten und auch ein anderes Vorgehen erfordert, will ich hier darauf beschreibend im Sinne eines Exkurses eingehen.

Exkurs: Was ist supportive Psychotherapie?

> **Definition**
>
> Supportive Psychotherapie ist eine Sammelbezeichnung für unterschiedliche Techniken und Vorgehensweisen, die zum Ziel haben, akute psychische Dekompensationen zu beheben bzw. zu mildern. Mit diesem Vorgehen werden nicht primär Einsicht und Erkenntnis gefördert bzw. Reifungsschritte initiiert.

Der supportiv arbeitende Psychotherapeut bietet dem Patienten Hilfe bei aktuellen Problemen und Konflikten an, indem er

- eine nicht überfordernde, positiv getönte Beziehungsform bevorzugt und
- Handlungsanweisungen und Hilfen zur Abreaktion (Katharsis) gibt.

Hier benutzt er Beziehungselemente, die *direktiver* sind als in der tiefenpsychologisch orientierten Psychotherapie sonst üblich. Solche Elemente sind z.B.: stützend/unterstützend, tragend, beratend, beistehend, tröstend, ermutigend, führend, suggestiv induzierte Anregungen zur Klärung von Konflikten gebend usw.

Mit einem solchen Vorgehen wird beabsichtigt, die akuten Symptome, Konflikte oder Dekompensationen abzumildern, bestenfalls zu beseitigen und die Abwehr zu stabilisieren, weil in Zuständen akuter Dekompensation eine kausale, konfliktbearbeitende Therapie häufig nicht möglich ist.

Ergänzend hierzu können Entspannungsübungen, z.B. im Sinne des autogenen Trainings, hilfreich sein; ebenso aber auch hypnotische Verfahren zur Entspannung, Ruhigstellung und Symptombekämpfung. Auch kurzfristige medikamentöse Hilfen können angezeigt sein.

Der tiefenpsychologisch arbeitende Psychotherapeut mag sich hiermit überfordert fühlen, denn der Spannungsbogen zwischen empathisch-deutender tiefenpsychologischer Arbeit und dem direktiven, sehr aktiven Vorgehen in der supportiven Psychotherapie ist groß. Trotzdem kann ein solcher Wechsel in der therapeutischen Haltung und Technik indiziert sein, wie ich an dem Beispiel belegt habe.

Zu bedenken ist auch, daß es unethisch und letztlich auch untherapeutisch und unverantwortlich sein kann, Patienten in akuten Krisen bzw. Zuständen von Dekompensation mit der gleichen Technik wie bisher weiterzubehandeln: Der Patient soll Leiden aushalten und durcharbeiten. Solche Devisen haben z.T. sadistische Züge.

Die Hemmung des tiefenpsychologisch arbeitenden Psychotherapeuten, vorübergehend eine andere Rolle gegenüber seinem Patienten einzunehmen, mag auch mit der Schwierigkeit zu tun haben, die gewohnte Abstinenz und Neutralität zu verlassen, indem man zum Berater wird und Funktionen ausübt (z.B. trösten, beruhigen, ermuntern), deren Anwendung sonst für eher obsolet gehalten wird.

Ich empfehle Therapeuten in Ausbildung immer, wenn sie mit Modifikationen ihres Therapieansatzes, z.B. anläßlich der akuten Krise eines Patienten, Schwierigkeiten haben, sich zu überlegen, wie sie selbst behandelt werden wollten, wenn sie in dieser oder einer ähnlichen Situation wären. Dabei stellt sich dann oft heraus, daß eine stützende, tröstende, aktivere Haltung durchaus als hilfreich und wünschenswert angesehen würde.

Der Einsatz supportiver Elemente in der tiefenpsychologisch orientierten Psychotherapie kann auch andere durchaus berechtigte Fragen nach sich ziehen, über die der Therapeut nachdenken muß:

?
- Greifen wir mit solchen Therapieelementen nicht zu sehr ein?
- Stülpen wir dem Patienten damit nicht unsere Meinungen, Wertungen, Lösungen über?
- Könnte dies nicht die Auflösung/Korrektur des falschen Selbst und die Entwicklung der Autonomie des Patienten stören?

Wie gesagt: Berechtigte Fragen, die im Einzelfall zu entscheiden und zu beantworten sind. Meine Wertehierarchie im Hinblick auf Patienten ist so, daß es ein vorrangiges Ziel ist, einen Patienten aus einer akuten, ihn äußerst bedrängenden Krise bzw. Dekompensation so rasch wie möglich herauszuführen. Dazu geeignete Mittel und Methoden sind zweitrangig. Pädagogische, suggestive Haltungen können hierbei hilfreich sind. Ich denke, daß der als Krisenmanager arbeitende Psychotherapeut eher pragmatisch-lebenspraktisch als puristisch denken und handeln sollte. Zudem besteht immer noch die Möglichkeit, den „Stilbruch" während der akuten Krise später mit dem Patienten anzusprechen, wenn dieser wieder im ruhigeren Fahrwasser seiner Grundproblematik ist. Sollte wirklich etwas an der in der Krise veränderten Haltung des Therapeuten gestört oder nachhaltig irritiert haben, wird der Patient dieses zeigen und der Therapeut wird es aufnehmen. Nach meiner Erfahrung sind Patienten vorrangig erleichtert, aus der Krise heraus zu sein. Manche sind auch froh, einen anderen hilfreichen Aspekt vom Therapeuten gesehen zu haben – eine Haltung nämlich, in der möglicherweise mehr von der Menschlichkeit und dem So-Sein, also der Person des Therapeuten selbst, sichtbar werden konnte.

1.1.5 Mögliche Komplikationen während der Therapie

In der Psychotherapie, so auch in der tiefenpsychologisch orientierten, können während der Behandlung verschiedene Komplikationen auftreten, die mit Problemen des therapeutischen Prozesses selbst bzw. mit Problemen der daran unmittelbar beteiligten Personen (Patient und Therapeut) zusammenhängen. Es können aber auch bestimmte Konstellationen außerhalb der dyadischen Beziehung komplizierend in die Therapie eingreifen. Ich gebe im folgenden eine Übersicht über die häufigsten Komplikationen.

Häufige Komplikationen während der tiefenpsychologisch orientierten Psychotherapie

- Entwicklung von akuten Krisen (mit oder ohne Suizidalität),
- akute psychosoziale Veränderungen des Patienten,
- akute psychosoziale Veränderungen des Therapeuten,
- Agieren des Patienten,
- Agieren von Angehörigen,
- Agieren des Therapeuten,
- Persistenz spezifischer Übertragungs-/Gegenübertragungsreaktionen,
- spezifische zwischenmenschliche Aspekte,
- Drohung mit Therapieabbruch,
- Therapieabbruch.

Auf die Möglichkeit, daß im Verlauf der Therapie akute Krisen entstehen können, hatte ich bei der Erwähnung eines eklektischen Vorgehens schon hingewiesen. Dieses Thema wird in den Kapiteln „Krisen und Krisenintervention, Kurzpsychotherapie" (Kap. 12) und „Der psychotherapeutische Umgang mit suizidalen Patienten" (Kap. 9) in diesem Buch näher ausgeführt.

Es sollen jetzt Komplikationen genannt werden, die zu Krisen in der Behandlung führen können und die durch die Behandlung selbst oder durch Einflußgrößen von außerhalb induziert werden.

Akute psychosoziale Veränderungen des Patienten. Diese können komplizierend für den Fortgang der Therapie sein, ebenso aber auch klärend, erleichternd sowie für den Therapieprozeß förderlich. Gemeint sind z.B. Scheidung/Trennung, Todesfälle, akute berufliche Probleme wie Verlust oder drohender Verlust des Arbeitsplatzes sowie plötzliche Bedrohung durch eigene Krankheit oder Erkrankungen signifikanter Bezugspersonen.

Akute psychosoziale Veränderungen des Therapeuten. Auch diese können Komplikationen hervorrufen. Zu denken ist beispielsweise an eine plötzliche Erkrankung des Therapeuten, die zum vorübergehenden Ausfall von Sitzungen oder auch zu längeren Unterbrechungen führen und für den Patienten einen Verlust an Halt und Sicherheit bedeuten kann. Besonders früh gestörte Patienten mit Unsicherheiten in der Objektkonstanz-Erfahrung und mit Ich-Schwächen können besonders empfindlich darauf reagieren. Der Therapeut sollte versuchen, für solche Patienten ein Krisenmanagement bei einem anderen Fachkollegen anzubieten oder zu verabreden.

Ein besonderes Problem kann entstehen, wenn sich der Therapeut dahingehend verändert, daß eine Fortführung der Therapie praktisch nicht mehr möglich ist, z.B. durch Fortzug. Der Patient sollte so früh wie möglich auf einen sich so abzeichnenden Abbruch der Therapie vorbereitet werden, um die affektive Reaktion darauf sowie weitere mögliche Verarbeitungsmodi noch gemeinsam bearbeiten zu können. Hier würde auch zu prüfen sein, ob eine Fortführung der Therapie bei einem anderen Therapeuten indiziert ist und gewünscht wird. Bei der Suche nach einem geeigneten Folgetherapeuten sollte der Patient aktiv unterstützt werden.

Auch der Therapeut kann natürlich in seinem Privatbereich den gleichen Entwicklungen unterworfen sein wie sein Patient. Auch er kann Trennungen und Scheidung erleben und seine affektive Betroffenheit nur schwer verbergen. Wenn der Patient unsere Depressivität, Unzufriedenheit, Gereiztheit bemerkt – das wird bei der Sensibilität vieler unserer Patienten häufiger der Fall sein –, kann auch dies komplizierend für den weiteren Therapieverlauf sein. Der Patient kann sich unbewußt gehindert fühlen, sich „rücksichtslos" zu äußern, er kann den Therapeuten beschützen und trösten, den Part des starken Anderen übernehmen, sich als Partnersubstitut anbieten wollen und damit also eine Rolle ausfüllen, die er häufig genug schon aus seiner frühen Vorgeschichte kennt. Es kann sein, daß der verletzte, einsame Therapeut dieses gut gebrauchen kann und daß man sich in einer solchen Kollusion stillschweigend entgegenkommt.

Mögliche Komplikationen während der Therapie durch Agieren

Agieren gilt als unfein, unseriös, einfach schlecht und ist damit ein weitgehend negativ besetzter Begriff. Sieht man von diesen Wertungen einmal ab, könnte Agieren so definiert werden:

> **Definition**
> Der agierende Patient hält sich in der Therapie nicht diszipliniert und stetig am Prozeß von Erinnern und Durcharbeiten auf, sondern er *handelt* statt dessen. Die Handlungen werden häufig von unbewußten, verdrängten Gefühlen geleitet und können den Charakter von Wiederholungen haben. Solche Handlungen bzw. Inszenierungen geschehen meist außerhalb der therapeutischen Situation im persönlichen Umfeld des Patienten.

> **?** Woran bemerkt der Therapeut, daß sein Patient agieren könnte?

Zum Beispiel daran, daß der Patient in seiner äußeren Realität neue Akzente setzt, z.B. einen neuen Arbeitsplatz sucht, eine alte Bindung auflöst, evtl. eine neue Bindung eingeht, ohne daß diese Aktionen in der Therapie genügend besprochen und reflektiert werden konnten. Der Therapeut kann das Gefühl haben, daß sein Patient etwas ausleben muß. Die damit im Zusammenhang stehenden Affekte können sehr stark sein, ausgesprochen vital wirken, wie man es von Abreaktionen ja auch kennt. Das

Handeln des Patienten kann quasi „blind" wirken, so daß beim Therapeuten der Eindruck entsteht, daß mit dem unüberlegten Handeln etwas anderes ausgedrückt, gelöst werden soll.

Der tiefenpsychologische Psychotherapeut kann, wie schon angedeutet, das Agieren seines Patienten als ärgerlich und wenig hilfreich für den weiteren Gang der Therapie erleben. Dies ist ihm möglicherweise in seiner Weiterbildung so vermittelt worden, und es ist ja auch unbestreitbar, daß Agieren hinderlich sein kann, wenn es vom Patienten über einen längeren Zeitraum dafür eingesetzt wird, sich der gemeinsamen erinnernden, konfliktklärenden Arbeit zu entziehen. Hier wäre es dann Aufgabe des Therapeuten, den Patienten mit diesem Eindruck zu konfrontieren und eine Suche nach dem Auslöser eines so verstandenen negativen Agierens vorzuschlagen. Es kann bestimmte Punkte in Behandlungen geben, die Agieren auslösen, wobei man Agieren auch als einen handlungsorientierten Abwehrmechanismus ansehen könnte.

? Unter welchen Bedingungen kann Agieren auftreten?

Agieren kann sich z.B. als „Alternative" an Punkten in der Behandlung anbieten, an denen sich der Patient durch die Erinnerungsarbeit und das Konfrontieren des Therapeuten überfordert fühlt, den Arbeitsrahmen – vorübergehend – verläßt und sich mit akzentuierten Handlungen zu schützen versucht. Der tiefenpsychologisch orientiert arbeitende Therapeut sollte bei seiner Arbeit stets bedenken, was er seinem Patienten zumuten kann, da diese Form von Arbeit emotional oft sehr belastend ist. Wenn Grenzen berührt oder überschritten werden, kann der Patient ins Agieren fliehen.

Ein weiterer Anlaß für Agieren kann durch den Veränderungsdruck gegeben werden, unter dem Therapien manchmal ablaufen. Dieser Druck kann primär vom Patienten selbst, aber auch vom Therapeuten ausgehen, dem der Patient dann etwas beweisen will: Er macht ja etwas, er handelt, und der Forderung des Therapeuten ist damit quasi Genüge getan, auch wenn dieses Handeln nicht oder zu wenig reflektiert wurde.

Beispiel

Eine unglücklich verheiratete Frau wird von ihrem Therapeuten immer wieder damit konfrontiert, daß sie in ihrem Leiden verharre; in diesem Zusammenhang benutzt er ihr gegenüber mehrmals das Wort „masochistisch". Er vermittelt ihr indirekt, daß sie so weiterleiden werde, wenn sie nichts ändere. Die Patientin geriet dadurch, wie ich später von ihr erfuhr, derart unter Druck, daß sie in einer „Nacht-und-Nebel-Aktion" die gemeinsame Wohnung verließ und mit ihrer Tochter bei den Eltern unterkam. Dem Therapeuten berichtete sie kurz danach stolz von diesem „Erfolg". Er lobte sie entsprechend und bezeichnete ihr Handeln als den entscheidenden Durchbruch in der Therapie. Wenig später wurde die Patientin schwer depressiv und mußte stationär behandelt werden.

Positive Aspekte von Agieren. Der tiefenpsychologisch arbeitende Therapeut sollte versuchen, die ausschließlich negative Bewertung agierenden Verhaltens aufzugeben, indem er sich auch mögliche positive Aspekte vor Augen hält.

! Agieren im Sinne von Handeln kann, auch wenn es nicht immer ausreichend reflektiert wurde, Ausdruck einer kreativen Lösungsmöglichkeit sein.

Ein altes Verhaltensmuster, eine alte Abhängigkeit kann spontan aufgegeben werden, eine bessere Veränderung kann hergestellt werden, ein alter Abwehrkonflikt kann u.U. dadurch gelöst werden. Zu bedenken ist auch, daß das Erleben, über die Fähigkeit zu veränderndem Handeln zu verfügen, für den Patienten sehr entlastend sein kann. Es kann ein Schritt nach vorn sein, mit dem alte Muster von Hilflosigkeits- und Ohnmachtserleben verlassen werden. Damit würde diesen häufig krankmachenden Prozessen Besetzung entzogen zugunsten einer autonomeren Neuorientierung. Ein solches „positives" Agieren läßt sich häufig bei Ablösungskrisen beobachten, z.B. in der Adoleszenz oder auch bei anderen Trennungserlebnissen. Natürlich gibt es gerade dabei aber auch viele Beispiele für negatives Agieren: Alles tun, um in der alten Abhängigkeit zu bleiben, weil man das Neue, sich selbst allein und in der autonomeren Position, fürchtet.

■ **Agieren von Angehörigen.** Auch Angehörige können natürlich agieren. Sie sind ja, wie ich schon ausgeführt habe, in einer besonders schwierigen Situation, wenn sie mit der Tatsache und den möglichen Folgen der Therapie konfrontiert werden. Die dadurch ausgelösten Ängste können z. B. so agiert werden, daß der Therapeut vor dem Patienten und vor anderen schlechtgemacht, als unqualifiziert bezeichnet wird. Als Agieren wäre auch die Handlung zu verstehen, die ein Ehemann mit der Weigerung, die Therapie seiner Frau weiter zu finanzieren, ausführte. Die Patientin hatte ihm berichtet, daß der Therapeut sich kritisierend über ihn geäußert habe. Erst später in der Therapie konnte sie sehen, daß sie selbst agiert und dafür ihren Mann vorgeschoben hatte. Sie war nämlich damals an einem Punkt in ihrer Therapie angelangt, an dem sie sich selbstkritisch hätte fragen müssen, warum sie in ein derartiges Abhängigkeitsverhältnis (nicht berufstätig, kein eigener Verdienst) von ihrem Mann überhaupt eingewilligt hatte.

> ? Wie kann mit dem Agieren von Angehörigen umgegangen werden?

Ich würde empfehlen, beim Umgang mit Agieren von Angehörigen zunächst immer mit dem Patienten zu überlegen, inwieweit dessen eigenes Verhalten und dessen Umgang mit der Therapie und dem Therapeuten Agieren ausgelöst haben könnte, z. B. durch die Art und Weise, wie von der Therapie und dem Therapeuten und dessen vermeintlichen Äußerungen gegenüber Dritten berichtet wird. Es kommt ja nicht selten vor, daß Patienten ihre Affekte gegenüber Dritten über den Therapeuten artikulieren lassen. Dann sind sie es nicht gewesen, die den Partner kritisiert haben, sondern der Therapeut, über den man sich dann, evtl. gemeinsam, empören kann.

Bei massivem Agieren eines Angehörigen kann der Therapeut aber auch daran denken, eine oder mehrere Sitzungen zu dritt vorzuschlagen, um den Versuch zu machen, das Agieren zu mildern oder bestenfalls aufzulösen. Allein schon der Vorschlag an den Dritten, einmal zum Therapeuten mitzukommen, kann Agieren nach meiner Erfahrung eindämmen. Solche Sitzungen zu dritt können schwierig sein. Ich empfehle, Schuldzuweisungen gerade gegenüber dem Dritten als dem offiziellen „Störfaktor" zu vermeiden. Vielmehr könnte sich der Therapeut ruhig und nüchtern ansehen, was den Angehörigen z. Z. derartig aufbringt. Dabei kommen dann gelegentlich Aktionen des Patienten heraus, die uns eher gegen diesen aufbringen können, wenn wir z. B. merken müssen, wie und in welchem Ausmaß unser Patient Feindseligkeit, die eigentlich uns gilt, über seinen Partner ausdrücken läßt, während er in den Sitzungen vielleicht eher motiviert arbeitend und konstruktiv um gemeinsame Lösungen bemüht erscheint.

■ **Agieren des Therapeuten.** Auch Therapeuten können agieren! Das gilt grundsätzlich auch für reflektierte, selbsterfahrene tiefenpsychologische Psychotherapeuten.

> ? Wie könnte das z. B. aussehen, woran könnte der Therapeut sein eigenes Agieren bemerken?

Es kann vorkommen, daß er vereinbarte Stunden „vergißt" oder doppelt vergibt, so daß dann zwei Patienten zum selben Termin erscheinen. Diese Art von Vergeßlichkeit kann damit zusammenhängen, daß der betroffene Patient im Therapeuten Ärger ausgelöst hat, der zu Gefühlen von Ablehnung und Wünschen nach Bestrafung, Abschiebung geführt haben kann. Ich komme im Kapitel „Exkurs über sog. schwierige Patienten" ausführlicher darauf zurück (s. S. 66 ff.), möchte aber schon hier darauf hinweisen, daß es eben besonders oft als schwierig erlebte Patienten sind, die ihren Therapeuten zum Agieren veranlassen können.

Agieren des Therapeuten liegt auch dann vor, wenn die therapeutische Arbeit durch

Handeln des Therapeuten gestört, manchmal auch zerstört wird. Gemeint sind damit vorrangig mißbräuchliche Kontakte des Therapeuten zum Patienten, wie sie sich beispielhaft im sexuellen Mißbrauch äußern können. Auch diesem Thema ist ein Sonderkapitel in diesem Buch gewidmet („Ethische Aspekte der Psychotherapie“, s. Kap. 15).

Auch die Drohung mit Abbruch der Therapie oder die vom Therapeuten selbst induzierte Beendigung der Therapie kann Aspekte des Agierens enthalten. Solche Beendigungs- bzw. Abbruchwünsche oder -aktionen können Ausdruck massiver Affekte des Therapeuten gegenüber seinem Patienten sein, die dazu führen, daß der Therapeut mit einem bestimmten Patienten nichts mehr zu tun haben will. So verständlich solche Affekte im Einzelfall auch sein mögen, wird sich der Therapeut, wenn er Wünsche bei sich bemerkt, den Patienten „rauszuschmeißen“, doch auch selbstkritisch einige Fragen stellen müssen, wie z. B.:

!
- Warum will ich den Patienten nicht mehr sehen?
- In welcher Übertragungs-/Gegenübertragungssituation befinde ich mich mit meinem Patienten?
- Könnte es sein, daß der Patient mich in seinem Verhalten an etwas Unangenehmes/Widerwärtiges aus meiner eigenen Lebensgeschichte erinnert?
- Könnte es sein, daß ich die Indikation zur tiefenpsychologisch orientierten Psychotherapie falsch gestellt habe, daß also mein Patient unter diesem Verfahren dekompensiert und viel weniger belastbar ist, als ich ursprünglich vermutet habe?

1.1.6 Die Beendigung der Therapie

Die Beendigung der Therapie kann zu den schwersten Übungen gehören, die Patient und Therapeut bewältigen müssen. Wenn die Therapie regulär verlaufen ist, also weder vom Patienten noch vom Therapeuten abgebrochen wurde, haben die am Prozeß beteiligten Personen eine mittelfristige Zeitstrecke gemeinsam zurückgelegt, in der Nähe und Annäherung, Vertrauen, Empathie und das Bemühen um Verstehen und Verändern wichtig waren. Die darüber entstandene Beziehung kann für beide Seiten wichtig und wertvoll geworden sein, so daß der Gedanke an Trennung schwerfällt.

? Wie erlebt der Patient das Therapieende?

Auf seiten des Patienten kann eine Schwierigkeit, das Therapieende zu akzeptieren, dadurch bedingt sein, daß der Therapeut ihm zur wichtigsten Person in seinem derzeitigen Leben geworden ist. Dies ist bei all den Patienten der Fall, die außerhalb der therapeutischen keine signifikante wichtige persönliche Beziehung mehr haben, so daß die bevorstehende Trennung vom Therapeuten Gefühle von Angst, Panik, Depressivität und Leere auslösen kann. Diese momentane Außenvereinsamung des Patienten könnte in der Abschlußphase vom Therapeuten besonders fokussiert werden.

Ebenso kann es sein, daß Patienten mit einer anamnestischen Trennungsängstlichkeit und -traumatisierung zum Ende der Therapie hin noch einmal eine Aktualisierung bzw. Reaktivierung dieses Traumas wiedererleben.

Auch für Patienten, die zu eher symbiotischer Beziehungsgestaltung in der Therapie neigten, kann das „drohende Ende“ angsterzeugend sein, weil sie nicht loslassen und nicht auf den Therapeuten als haltgebende und Geborgenheit vermittelnde Instanz verzichten können.

Obwohl dieses alles in der tiefenpsychologisch orientierten Psychotherapie soweit bearbeitet worden sein sollte, daß der Patient besser damit umgehen kann, ist dennoch in der Beendigungsphase einer solchen Psychotherapie damit zu rechnen, daß alte Konflikte oder Traumatisierungen noch einmal wiederbelebt werden, so daß der Therapeut, der nicht damit rechnet, den Eindruck haben kann, daß alle Arbeit fast umsonst gewesen ist, weil der Patient wieder so leidet wie zu Beginn.

Der tiefenpsychologische Psychotherapeut muß sich vergegenwärtigen, daß ruhige, eher freundliche Abschiede von Patienten erst dann möglich sind, wenn *Abschiedsaggression* und *Abschiedsschmerz* ausgedrückt und durchlebt werden konnten.

> ! Gerade trennungstraumatisierte Patienten sind lebensgeschichtlich mit diesen Themen und Gefühlen oft alleingelassen worden, so daß Ausdruck und Annehmen von Schmerz des Patienten noch einmal eine wichtige therapeutische und kathartische Funktion haben kann.

Wenn die Endphase einer tiefenpsychologisch orientierten Psychotherapie nur ruhig verläuft, muß der Therapeut sich und den Patienten fragen, woran das liegen könnte:

> ?
> - Versucht der Patient, Trauer und Wut über das Ende zu verleugnen?
> - Traut er sich nicht, seinen Therapeuten zum Ende hin mit diesen Gefühlen zu konfrontieren, weil er ein dankbarer Patient sein will, der seinen Therapeuten nicht enttäuschen möchte?
> - Möchte der Therapeut vielleicht selber ein ruhiges, freundliches Ende haben und nicht noch von latenten Vorwürfen des Patienten, von dessen Trauer und Panik belästigt werden?
> - Wäre eine nur positive gemeinsame Bilanz nicht für beide Seiten eine gute gemeinsame narzißtische Gratifikation?

Der Therapeut hat zu bedenken, daß die Fähigkeit zum Abschied beim Patienten, aber auch bei ihm selbst, vermindert bzw. gestört sein kann. Ein Hintergrund für solche Störungen kann das Schicksal der frühkindlichen Symbiose und der dann folgenden Separationsschritte sein. Patienten, die bereits in diesen frühen, sensiblen Phasen der Entwicklung von Selbst- und Objektrepräsentanzen bzw. von Symbiose, Separation und Individuation massiven Beeinträchtigungen ausgesetzt waren, entwickeln im späteren Leben u. a. eine enorme Trennungsängstlichkeit und haben dann natürlich gravierende Probleme damit, sich zu verabschieden und eine untraumatische Trennung zu vollziehen.

Auch Erfahrungen früher Ablehnung durch die Primärobjekte (z.B. die Problematik unerwünschter Kinder und daraus resultierender Affekte der Eltern) kann dazu führen, daß Abschied und Trennung nur schwer zu bewältigen sind.

Trennungs- und Verlusterfahrungen. Von weiteren vorstellbaren realen Gegebenheiten in der Kindheit, deren Folgen für die Fähigkeit zum Abschied im späteren Leben evident sind, soll hier nur das Erleben von *Trennungen und Trennungsdrohungen* herausgegriffen werden. Es ist das besondere Verdienst von Bowlby (1975, 1976, 1983), in jahrzehntelangen Forschungen bemerkenswerte Ergebnisse zum Problem der Herstellung und Lösung affektiver Bindungen vorgelegt zu haben. Seine drei entscheidenden Bücher über Bindung (1975), Trennung (1976) und Verlust (1983) sollten Pflichtlektüre für alle sein, die sich in engerem oder weiterem Sinne psychotherapeutisch mit Menschen beschäftigen.

Bowlby und seine Schüler belegen eindrucksvoll, daß frühe Trennungs- und Verlusterlebnisse bis in das Erwachsenenleben hinein virulent bleiben. Die Folgen sind hinsichtlich ihrer Phänomenologie aber sicher nicht einheitlich. Am verbreitetsten ist eine erhöhte Trennungsängstlichkeit, die häufig z.B. das Erleben von Glücklichsein, Sich-geborgen-Fühlen und Wohlbefinden in einer Partnerschaft massiv beeinträchtigen kann bis hin zu Übertragungsphänomenen, in denen der Partner antizipatorisch zu dem verletzenden Objekt gemacht wird, das eine Trennung wolle oder demnächst zufügen werde. Werden solche Ängste agiert, kann dann in der Tat im Sinne eines Wiederholungszwangs das eintreten, was befürchtet wird, daß nämlich der Partner (bzw. der Therapeut) mit dieser Projektion des bösen Anderen nicht leben kann und sich wirklich trennt.

Atmosphärische Trennungs- und Verlusterlebnisse. Häufiger als reale Trennungs- und Verlusterlebnisse sind vermutlich atmosphärische

Trennungs- und Verlusterlebnisse, die traumatischer wirken können als ein einmaliger Verlust. Erinnert sei nur an die Wirkung von langjährigen Konflikten zwischen Eltern, die viel streiten und sich dabei wechselseitig in Anwesenheit ihrer Kinder mit Trennung bzw. Scheidung drohen. Ein Kind mit einem solchen Erfahrungshintergrund wird mit der Prämisse in sein Erwachsenenleben hineingehen, daß Beziehungen ständig von Trennungen bedroht sind und daraus möglicherweise den Schluß ziehen, Beziehungen lieber erst gar nicht einzugehen.

All diese frühen Erfahrungen und Verunsicherungen können bei Patienten dazu führen, daß ihnen ein Abschied im Sinne einer definitiven Getrenntheit nicht oder nur sehr erschwert möglich ist. Die Fähigkeit zum Abschied würde darüber hinaus auch bedeuten, daß Patienten ihren Abschiedsschmerz ertragen können; dies setzt aber relative psychische Gesundheit und Stabilität voraus.

> ! Wenn man einen Abschied als verdichtete und kurzgefaßte Wiederholung des Separationsprozesses auffaßt, dann ist evident, daß sich in einem solchen Abschied auch alle möglichen Störungen wiederfinden lassen, die sich im Separationsprozeß ergeben haben. Ein Abschied ist aber letztlich erst möglich, wenn man sich aus den kindlichen Abhängigkeiten gelöst hat.

Der tiefenpsychologische Psychotherapeut, der in der Abschlußszene der Therapie diese frühen Störungsanteile seines Patienten noch einmal aktualisiert sieht, wird angesichts der Zeitbegrenzung keine Möglichkeit mehr haben, darauf detailliert einzugehen.

> ? Was kann der Therapeut tun?

Er kann auf dem Hintergrund seines Wissens um die Traumatisierung seines Patienten in diesem Bereich ein zusammenfassendes Verständnisangebot machen, indem er dem Patienten sagt, was seines Erachtens den Abschied so schwer macht. Er verknüpft also das aktuelle Abschiedserleben seines Patienten mit früheren Erlebnissen, soweit solche in der Therapie bekanntgeworden sind und ermöglicht damit dem Patienten zu verstehen, warum der Abschied, die Trennung für ihn so schwer wird.

■ **Unaufgelöste Übertragungen.** Ein weiterer dynamischer Hintergrund für Probleme bei der Beendigung einer tiefenpsychologischen Psychotherapie kann darin zu sehen sein, daß Übertragungen bzw. Übertragungsreste unaufgelöst sind und sich spezifische Übertragungskonstellationen gerade zum Ende hin deutlich abbilden.

Der Patient kann z.B. auf den Therapeuten übertragen – und damit einen Teil seiner früheren Separationsproblematik wiederholen –, daß er sich nicht lösen darf, weil der Therapeut dann böse ist, ihn fallen läßt, ihn mit Liebesentzug bestraft usw. Separation – so die unbewußte Angst des Patienten – sei also unerwünscht.

Eine andere Übertragungskonstellation kann darin bestehen, daß der Patient unbewußt meint, den Therapeuten nicht verlassen zu dürfen, weil dieser ihn brauche und ohne ihn nicht lebensfähig sei. An einer solchen Übertragungsmanifestation würde die alte Erfahrung des Patienten deutlich, von einem Elternteil als Partnersubstitut mißbraucht zu werden; übertragen würde auch die depressiv-abhängige Seite eines Primärobjektes. Der Patient würde dann die Entfernung vom Therapeuten schuldhaft erleben und diesem nicht glauben, daß er wirklich (also im Guten) gehen darf. Diese negativen Übertragungsreste müssen vom Therapeuten angesprochen werden, wenn ersichtlich ist, daß sie die Beendigungsphase nachhaltig störend beeinflussen.

> ? Wie erlebt der Therapeut das Therapieende?

Aber auch auf seiten des Therapeuten kann es Gründe geben, die Beendigung der Therapie nicht zu wünschen bzw. nicht zu fördern. In Supervisionen läßt sich immer wieder beobachten, welche Schwierigkeiten manche Therapeuten damit haben, ihren Patienten einen adäquaten Abschied zu ermöglichen. Nicht nur Patienten haben also Probleme mit Ablösung, sondern auch Therapeuten.

Aus der Supervision der Behandlungen von Patienten mit abnormen oder auch normalen Trauerprozessen, z. B. nach dem Tod des Lebenspartners, wird deutlich, wie schwer es für manche Kollegen sein kann, die Patienten durch die Phasen der Trauer zu begleiten. Statt dessen unternimmt man viel zu schnell Versuche, den Patienten zum „In-die-Zukunft-Schauen" zu verführen, vielleicht schon mit Gedanken an eine neue Partnerschaft, während der Patient noch voll in seiner Trauer und seinem Abschied steckt.

Mir scheint eine große Gefahr darin zu liegen, daß manche Therapeuten ihr Quantum an Glück und Zufriedenheit in überproportional großem Ausmaß aus dem Gebrauchtwerden durch Patienten beziehen. Dementsprechend nimmt der Aufwand für Hilfe einen unnatürlich großen Raum ein. Das Privatleben wird häufig chronisch unterdrückt oder an den Rand gedrängt. Die Literatur über „Doctors' Marriages" (u. a. Myers 1988) gibt ein beredtes Zeugnis davon. So verschieben sich die Wünsche an ein glückliches, erfülltes Leben auf die Berufsebene. Der Patient wird ihr Erfüllungsgehilfe. Wer also Patienten braucht und mißbraucht, um lebensfähig, zufrieden oder auch glücklich zu sein, wird es dann folgerichtig schwer damit haben, sie auch wieder gehen zu lassen. Damit wird der Abschied in ähnlicher Weise wieder erschwert, wie es schon in der Kindheit vieler Patienten der Fall war. Wir wissen aus verschiedenen Studien (s. Kap. 15: „Ethische Aspekte der Psychotherapie), daß Mißbrauchstendenzen von Therapeuten zu Zeiten begünstigt wurden, in denen sie selbst privates Unglück aushalten mußten, z. B. durch Trennungen oder Scheidungen. Hier besteht die Gefahr, daß man sich mittels des Patienten eine Art „Leben aus zweiter Hand" besorgt oder daß das passiert, was man „rent a friend" nennt.

Aus diesen Gründen können beim Therapeuten Wünsche nach Privatisierung der therapeutischen Beziehung nach der Beendigung der Therapie auftauchen.

Beispiel

So berechnete eine ältere Analytikerin über einen längeren Zeitraum die (Lehr)-analysestunden nicht mehr und sagte ihrer Analysandin, sie könne ja später im Alter für sie sorgen. Gleichzeitig versuchte sie, sie dazu zu veranlassen, ein in ihrer Wohnnähe befindliches Reihenhaus zu kaufen.

Aber auch abstinente, gut abgegrenzte Therapeuten können sich zum Ende der Therapie hin mit Wünschen ihrer Patienten nach Privatisierung der Beziehung konfrontiert sehen. Dies kann Ausdruck von Liebeswünschen sein, aber auch darauf hindeuten, daß die Trennungs- und Trauerarbeit umgangen werden soll. Ohne den Patienten durch Abweisung oder Ablehnung zu kränken, muß dieser Vermeidungscharakter offen ausgesprochen werden. Dies ist noch einmal auch eine Chance, dem Patienten deutlich zu machen, daß man ihn in dem für ihn offensichtlich so schwierigen Prozeß der Ablösung und Verabschiedung begleiten werde.

Das Ansprechen des Therapieendes

Die Zeitbegrenzung der vereinbarten tiefenpsychologischen Psychotherapie wird mit dem Patienten von Anfang an klar vereinbart, so daß er es weiß. Aber trotz dieses Wissens kann es im Verlauf des Therapieprozesses immer wieder dazu kommen, daß der Patient (manchmal auch der Therapeut) den zeitlichen Rahmen „vergißt". So kann es z. B. sein, daß die Qualität der therapeutischen Beziehung und die Vertiefung in die Problematik des Patienten das Ende noch so relativ weit erscheinen lassen, daß es aus dem Blick gerät.

Der zeitbegrenzt arbeitende Psychotherapeut sollte sich der Zeitgrenzen immer bewußt sein und das in der Therapie vom Patienten angebotene Material auch immer daraufhin prüfen, ob die Zeit reicht, vertieft darauf einzugehen. Vielmehr wird er selektieren müssen, was angesichts des Zeitrahmens realistisch bearbeitbar ist und was nicht. Die Konzentrierung auf den aktuell wirksamen neurotischen Konflikt kann hierbei hilfreich sein.

Die Begrenztheit muß während der gesamten Therapie immer wieder auch vom Therapeuten angesprochen werden, also nicht erst kurz vor der realen Beendigung. Dieses muß geschehen, um den Patienten rechtzeitig für die damit einhergehenden Probleme und Gefühle zu sensibilisieren.

> **!** Einen Abschied und damit die Lösung aus einer Abhängigkeit zu ermöglichen, ist eines der wichtigen Ziele der tiefenpsychologisch orientierten Psychotherapie: Der Patient muß gehen können und dürfen in der Gewißheit, daß sein Therapeut auch den Abschied als Bestandteil der Entwicklungsförderung ansieht.

Empfehlungen für die Beendigungsphase
Gegen Ende der Therapie empfiehlt es sich, gemeinsam mit dem Patienten ein Resümee im Sinne einer gemeinsamen Supervision der bisherigen Arbeit zu versuchen:

Resümee

- Wie wurde die Zeit der Therapie vom Patienten erlebt und wie vom Therapeuten? Wie hat sich die therapeutische Beziehung entwickelt, wie wurde sie erlebt, was war gut, was war schwierig und welche Gründe gibt es dafür?
- Wie hat sich die aktuelle neurotische Konfliktsituation im Verlauf der Therapie lösen lassen?
- Welche der anfänglichen gemeinsam formulierten Ziele sind erreicht worden, welche nicht?
- Sind die Erwartungen des Patienten an die Therapie in Erfüllung gegangen, gibt es Enttäuschungen?
- Welche Pläne und Wünsche hat der Patient im Hinblick auf die Zeit nach der Beendigung? Sind weitere therapeutische Hilfen dafür notwendig, wenn ja, welche?
- Ist der Abschied endgültig, oder kann es ein (professionelles) Wiedersehen, z.B. in Krisensituationen, geben?

Gerade zum letzten Punkt empfehle ich, dem Patienten nicht das Gefühl zu vermitteln, daß es grundsätzlich kein Wiedersehen geben könne. Der Therapeut muß nicht für seinen Patienten „gestorben" sein, nur weil das Ende der Therapie erreicht ist. Gerade wenn die therapeutische Beziehung als hilfreich erlebt wurde, kann es eine auch nach Abschluß der Behandlung stabilisierende Hilfe sein, dem Patienten ein Signal zu geben, daß er sich notfalls später wieder einmal an seinen Therapeuten wenden könne. Vielen Patienten wird schon diese Zusicherung reichen, ohne daß sie jemals davon Gebrauch machen würden. Es ist die symbolische Repräsentanz des im Prinzip erreichbaren guten Objekts, die hier hilfreich wirkt.

Einsicht und Veränderung?
Zum Ende der Therapie gehört auch eine abschließende gemeinsame kritische Würdigung, inwieweit in der Therapie erarbeitete Einsichten in Veränderungsschritte umgesetzt werden konnten. Eine Gefahr in tiefenpsychologischen Psychotherapien kann darin bestehen, daß Therapeut und Patient sich in Historisierungen verlieren.

Gemeint ist, daß die aktuellen Lebenskonflikte immer nur auf das lebensgeschichtliche Schicksal des Patienten zurückgeführt werden, so daß man am Ende zwar viel darüber weiß, warum ein Patient der geworden ist, der er ist, warum er diese und jene Defizite bzw. Symptome hat. Darüber wird aber immer wieder vergessen, daß Einsicht oder vermeintliche Einsicht allein wenig hilft und daß das Historisieren auch als Abwehr gegenüber der Notwendigkeit benutzt werden kann, aus Erkenntnissen Veränderungen werden zu lassen.

Diese Veränderungsschritte machen bekanntlich Patienten viel Angst, werden aber oft auch von Therapeuten zu wenig unterstützt. Veränderung kommt wesentlich mit Hilfe der gesunden Ressourcen des Patienten zustande, und die Ressourcenorientierung – also die Orientierung am Gesunden und an den positiven Fähigkeiten eines Patienten – gerät auch gerade den Therapeuten aus dem Blick, die in ihrer psychotraumatologischen Betrachtungsweise von Patientenproblemen verhaftet bleiben.

Wenn man tiefenpsychologische Psychotherapie als Entwicklungsförderung betrachtet (Fürstenau 1992), ist auch der tiefenpsychologisch arbeitende Psychotherapeut gut beraten, sich Entwicklung nicht nur von Einsichten in den lebensgeschichtlichen Kontext von Symptomatik zu erhoffen. Der Blick nach vorn in Gegenwart und Zukunft ist nicht nur am Ende der Therapie angezeigt. Konfliktlösungen, Relativierung von neurotischer Einengung, Verbesserung von Selbsterleben und Objektbeziehungen und die Erarbeitung realistischer Lebensziele sind zwar nicht zu trennen von der individuellen Vorgeschichte, aber auch im Hier und Jetzt des Lebens des Patienten zu sehen und auch prospektiv zu diskutieren; Kognitionen und Phantasien sind hilfreiche Methoden dazu.

Am Ende der Behandlung soll das gegenwärtige erwachsene Leben des Patienten ganz im Brennpunkt der gemeinsamen abschließenden Überlegungen stehen. Der Faktor „Lebenszufriedenheit" könnte thematischer Mittelpunkt dieser Überlegungen sein.

„Probetrennungen"

Gerade für Patienten mit Trennungsängstlichkeit bzw. -traumatisierung kann es hilfreich sein, die endgültige Beendigung der Therapie vorher in einigen Probeschritten erfahrbar zu machen, zu „üben". Der tiefenpsychologisch arbeitende Psychotherapeut ist ja nicht darauf festgelegt, die Therapie im gewohnten Zeitrahmen – z.B. eine Stunde pro Woche – zu Ende gehen zu lassen, sondern er kann sich auch gemeinsam mit seinem Patienten überlegen, wie die Trennung am besten für den Patienten gestaltet werden kann.

Zeitliche Rahmenbedingungen. Eine Möglichkeit besteht darin, zum Ende der Therapie hin die Abstände zwischen den Sitzungen zu vergrößern, also z.B. alle 2 Wochen eine Stunde oder in noch größeren Abständen. Vorteilhaft für den Patienten kann dabei sein, zu erleben, wie er die sukzessive Entwöhnung vom Therapeuten verträgt:

- Wie gestaltet sich sein Autonomie-Abhängigkeitserleben?
- Wie verträgt er die Entfernung vom Therapeuten?

Eine andere Möglichkeit wäre, die Beendigung der Therapie in Tranchen vorzunehmen. Der Therapeut kann z.B. vereinbaren, die letzten 4 bis 6 Sitzungen in noch größeren Zeitabschnitten stattfinden zu lassen, die man quasi als katamnestische Intervalle ansehen könnte. Der Patient hätte damit etwas mehr Zeit und Raum, sich an ein Leben weitgehend ohne Therapie zu gewöhnen.

Ich schlage meinen Patienten meist zwei Nachgespräche nach der offiziellen Beendigung in einem Zeitabstand von 6 und 12 Monaten vor, um noch einmal ein verdichtetes Resümee des Erreichten und der noch offenen Probleme ziehen zu können. Diese Aussicht auf die Nachgespräche erleichtert manchmal die Beendigung.

1.1.7
Eine für die vorgestellte Methode typische Kasuistik

Beim Nachdenken darüber, wie eine von mir durchgeführte tiefenpsychologische Psychotherapie in verdichteter Form am besten vorgestellt werden könnte, wurde mir immer wieder bewußt, daß es nachteilig sein könnte, wenn die Darstellung nur aus meiner subjektiven Sicht als Therapeut erfolgen würde. Ich fragte daher eine meiner Patientinnen, ob sie sich vorstellen könnte, den Verlauf ihrer inzwischen abgeschlossenen Behandlung aus ihrer Sicht zu beschreiben. Den Zweck der Unternehmung (Kasuistik für ein Psychotherapie-Lehrbuch) kannte sie. Sie stimmte zu und verfaßte einen Text, der im folgenden wortgetreu wiedergegeben wird. Dem subjektiven Erleben der Patientin füge ich mein subjektives Erleben der Therapie und meines therapeutischen Handelns an.

Beispiel

Die Vorgeschichte

Eine Frau verliebt sich im Alter von 59 Jahren während eines zweitägigen Kollegen-Treffens in einen Freund ihres Mannes. Ihre Neigung wird offensichtlich erwidert, ohne daß es zu einer Aussprache kommt. Unter der Trennung leidet sie sehr. Kurz darauf sieht sie eines Tages vor ihrem inneren Auge zwischen sich und dem Freund eine Gestalt stehen, die sie nicht erkennen kann. Sie deutet dieses innere Bild als ein Übertragungsphänomen. Es erfaßt sie eine ohnmächtige Wut – sie will endlich wissen: Was ist eigentlich mit mir los?

25 Jahre zuvor hatte sie nach einem körperlichen und seelischen Zusammenbruch auf eigenen Wunsch ein christlich geführtes Sanatorium aufgesucht. Dort begann sie bei einem Arzt, der sich bewußt als gläubiger Christ verstand, eine psychotherapeutische Behandlung. Sie verliebte sich augenblicklich in ihn. Dieses „Verliebtsein" erlebte sie als ein überaus qualvoll empfundenes Gefühl totaler Abhängigkeit, das für sie oft unerträglich war. Der Arzt legte Wert darauf, für seine Patienten zugleich Therapeut und Seelsorger sein zu wollen. Er vertrat die Auffassung, daß in einer psychotherapeutischen Behandlung der Glaube nicht angetastet bzw. hinterfragt werden sollte. Die Frau hatte kaum Kenntnisse psychotherapeutischer Behandlungsmethoden, aber sie stellte während der Behandlung fest, daß das Ausklammern des Glaubens, der ihr selbst viel bedeutete, für sie nicht hilfreich war. Er eröffnete ihr immer wieder Fluchtmöglichkeiten aus der Behandlung. Schließlich hatte sie Grund zu der Annahme, daß der Arzt für eine tiefenpsychologisch orientierte Behandlung nicht ausreichend qualifiziert war. Die Tragweite all dieser Umstände konnte sie nicht in vollem Umfang einschätzen, aber schließlich traten die Meinungsverschiedenheiten offen zutage, und sie brach die Behandlung ab.

Inhaltlich ging es in dieser Behandlung v. a. um die sexuellen Schwierigkeiten, die die Frau in ihrer Ehe hatte und um die Beziehung zu ihrem Vater, den sie sehr liebte, den sie aber auch sehr fürchtete.

Die Suche nach einem neuen Therapeuten blieb erfolglos. In den folgenden Jahren besserte sich ihr Zustand – trotz vieler Rückschläge. Sie lernte langsam, mit ihrer Krankheit zu leben. Sie lernte, die Ursachen für ihre Schwierigkeiten bei sich selbst zu suchen und nicht ihre Umgebung für alles verantwortlich zu machen. Die Hoffnung, „daß doch einmal alles gut werden würde", schöpfte sie immer wieder neu aus ihrem Glauben und aus der Beschäftigung mit der Tiefenpsychologie.

Einige Jahre vor der zu Beginn geschilderten Begegnung trat eine auffallende Besserung ihres Befindens ein. So übernahm sie in der Kirche eine Aufgabe, die ihren ganzen Einsatz forderte. Sie fand den Mut, Minderheitenpositionen zu vertreten und dabei auch Niederlagen einzustecken. Gleichzeitig mit der fortschreitenden Besserung vernahm sie immer deutlicher eine innere Stimme: „Das bist du doch gar nicht; das war doch einmal ganz anders gemeint." Ihr christlicher Glaube hatte ihr seit langem gezeigt, daß sie nicht so war, wie Gott sie gern haben wollte, und sie empfand diesen Zustand als ihre ganz persönliche Schuld. Aber sie hatte über die Jahre hinweg auch die Erfahrung gemacht, daß sie nicht die Kraft hatte, sich zu verändern, und so hatte sie gelernt, mit dieser Schuld zu leben.

Nun will sie endlich wissen, was mit ihr los ist! In der folgenden Zeit gerät sie in einen Zustand dramatischer Bewußtseinserweiterung: Sie hat das Gefühl, auf der Grenze zwischen Bewußtem und Unbewußtem zu leben. Gegenstände um sie herum und Ereignisse des Tages bekommen eine tiefere Bedeutung. Manchmal hat sie Angst, ganz das Bewußtsein zu verlieren.

Als erstes wird deutlich, daß ihre Schwierigkeiten aus einem sexuellen Übergriff herzurühren scheinen, bei dem wohl ihr Großvater eine entscheidende Rolle gespielt hat. An jedem zweiten oder dritten Tag tritt morgens im Erwachen der Name eines Schriftstellers, Malers, Komponisten in ihr Bewußtsein. Die Namen geben in verschlüsselter Form Hinweise auf anscheinend an dem Übergriff beteiligte Personen, wobei sie an ein Verwirrspiel glaubt. Die Namen enthalten auch Hinweise auf die näheren Umstände und auch darauf, wie der Mißbrauch erlebt wurde.

Die Frau versucht zunächst, sich mit dem, was ihr zunehmend bewußt wird, vor dem Hintergrund ihres Glaubens auseinanderzusetzen. Sie klammert sich an ihr Getauftsein, an Worte der Bibel, die ihr in ihrer Situation Mut und Trost zuzusprechen scheinen. Gleichzeitig verfügt sie inzwischen über genügend Kenntnisse aus der Psychotherapie, um eigentlich zu wissen, daß ihr Vorgehen schließlich zum Scheitern verurteilt sein muß. Aber nach den Erfahrungen während der ersten Behandlung fürchtet sie sich vor einer neuen Therapie. Nach einigen Monaten bemerkt sie auf einmal, daß die Texte der Bibel, die ihr bis dahin eine Hilfe waren, andere Inhalte bekommen - Inhalte, die mit dem vermuteten Mißbrauch zusammenhängen. Gleichzeitig geht es der Frau immer schlechter. Sie weiß, sie ist an die Grenzen ihrer eigenen Möglichkeiten gestoßen.

Die Therapie
Trotz vieler Bedenken entschloß ich mich nun, nach einem Therapeuten zu suchen. Meine Furcht, wieder an den „Falschen" zu geraten, war fast unüberwindlich. Um so glücklicher und dankbarer war ich, daß die Suche überraschend schnell Erfolg hatte.

Therapieziele. Drei Fragen wollte ich in der Therapie klären:

- Was geschah damals wirklich (Klärung der Mißbrauchsvermutung)?
- Was hat es mit meinem Glauben auf sich?
- Welche Beziehung besteht zwischen dem christlichen Glauben und der Tiefenpsychologie?

Im Verlauf der Therapie verstand ich immer besser, daß diese drei Fragen bisher unbewußt mein Dasein bestimmt hatten und daß sie in meiner Krankheit aufs Engste miteinander verknüpft waren. Vor allem ein Ziel hatte ich: Ich wollte lernen, Menschen wirklich lieben zu können; dazu gehörte für mich, von Menschen unabhängig zu werden, ja und nein sagen zu können.

Therapieverlauf. Nach dem ersten Gespräch mit dem Therapeuten waren meine Gefühle zwiespältig, ohne daß ich das hätte begründen können. Später wurde mir klar, daß diese Gefühle genau meine Situation widerspiegelten. Immer besser begriff ich, daß in diesem Gespräch der Grund gelegt wurde für die Beziehung, die mich durch das Inferno der folgenden Zeit trug. Vor allem hatte mich tief beeindruckt, daß meine Mißbrauchsvermutung, gegen die ich mich immer noch wehrte, vom Therapeuten ohne jede Nachfrage als wahr angenommen wurde. Ohne daß mir damals die Zusammenhänge klar waren, bestätigte die grundlegende Bedeutung dieses Gesprächs auch folgende Tatsache: Unmittelbar danach, als noch gar nicht feststand, ob der Therapeut die Behandlung überhaupt übernehmen würde, stellte ich mir die Frage: Wie sehe ich meine Beziehung zu dem Therapeuten? Die Antwort war: Da ist soviel Ruhe, soviel Klarheit, soviel Freiheit! Unmittelbar nach dieser Überlegung kam es zu einer heftigen, als äußerst bedrohlich erlebten Übertragungsempfindung, in der ich den Therapeuten wohl auf die Probe stellen wollte („Darf ich alles sagen?") und ihm signalisieren wollte, worauf er sich bei einer Übernahme der Behandlung einlassen würde. Das gipfelte in der Feststellung: „Ich werde Sie gnadenlos auseinandernehmen!"

Gesprächsatmosphäre. Die Gesprächsatmosphäre während der ersten Zeit der Therapie empfand ich als ganz unwirklich. Ich spann mich ein wie in einen Kokon - so beschrieb es der Therapeut. Ich nahm ihn kaum wahr; ich konnte ihn über eine sehr lange Zeit während der Gespräche nicht ansehen und konnte noch viel länger seinen Namen nicht aussprechen. Das hing wohl auch damit zusammen, daß ich sicher war, während der sexuellen Übergriffe mein Gesicht und meinen Namen verloren zu haben. Trotzdem hatte ich immer das Gefühl, daß ein guter Kontakt zwischen uns bestand. Ich spürte, er paßte auf, daß ich mich nicht zu sehr in den quälenden Ereignissen verlor, die jetzt zum erstenmal deutlicher in mir aufstiegen, und ich merkte, daß seine innere Haltung mir gegenüber es war, die es mir ermöglichte, von diesen Ereignissen zu sprechen. Er selbst sprach in dieser Phase nur wenig, aber manchmal hatte ich den Eindruck, daß heilende Kräfte von ihm zu mir übergingen. Er gab mir das Gefühl, ihm wichtig zu sein und mir viel zuzutrauen.

Das Wichtigste für mich war, daß er „da" war, und seine gleichbleibende, freundliche Zuwendung war der ruhende Pol im Chaos meiner Gefühle. In dieser ersten Zeit v. a. entstanden im Gegenüber zum Therapeuten in mir Botschaften und Bilder von großer Kraft und Schönheit. So bekam ich in einer solchen Botschaft meinen Namen zurück: Der Therapeut hatte ihn für mich aufgehoben. Sie begleiteten mich durch die Therapie. Ich erinnerte mich an sie, wenn ich im Grauen zu versinken drohte.

Diese Erfahrungen ließen mich an Schilderungen in der Bibel denken, aber ich merkte, daß die biblischen Texte für mich zerstört waren.

Therapeutenverhalten. Während der ganzen Therapie habe ich das Verhalten des Therapeuten mir gegenüber als zurückhaltend erlebt; er gab kaum je eine Deutung, ab und an stellte er eine weiterführende Frage oder warf eine kurze Bemerkung in den Strom meines Erzählens. Nie hatte ich im Gespräch das Gefühl, ihm unterlegen zu sein; eher bildete ich mir oft ein, es besser zu wissen als er. Das machte mich manchmal ängstlich und unsicher, aber er ließ mir dadurch Zeit, selbst das Richtige herauszufinden, und das stärkte mein Selbstbewußtsein.

Natürlich gab es auch regelrechte Gespräche über anstehende Probleme, aber die Erinnerung daran verblaßt, und sie blieben in ihrer Bedeutung für mich weit hinter der Erfahrung zurück, die ich so beschrieb: „Es geschieht soviel zwischen uns, wenn wir einander gegenübersitzen!"

Die für mich wichtigste Erfahrung war die immer gleichbleibende Gewißheit, vom Therapeuten ganz unabhängig zu sein. Dieses Gefühl persönlicher Unabhängigkeit stand in krassem Gegensatz zu der Erfahrung der ersten Behandlung. An diesem Kontrast lernte ich die Abhängigkeit als das Wesentliche meiner Krankheit zu begreifen. Die Empfindung, vom Therapeuten unabhängig zu sein, gab mir das Gefühl von Freiheit inmitten der Zwänge, in denen mich die Krankheit gefangen hielt, und sie war für mich das Zeichen, daß zwischen uns alles stimmte. Die Furcht, wieder in eine totale Abhängigkeit vom Therapeuten zu geraten, war einer der wesentlichen Gründe, die mich so lange zögern ließen, noch einmal eine Therapie aufzunehmen. Diesem Gefühl, einerseits vom Therapeuten unabhängig zu sein, entsprach andererseits mein völliges Angewiesensein auf sein Da-Sein. Es kam zum Ausdruck u. a. in der Vorstellung, daß der Therapeut mir in sich selbst ganz viel Raum gab, in dem ich mich behütet fühlen und in Ruhe wachsen konnte, oder in der Überzeugung, daß ich ihm zu Beginn der Therapie mein kleines Selbst anvertraut hatte.

Vorstellungsbilder. In den Nächten litt ich unter Angstzuständen. Ich fand bald eine Vorstellung, die mir diese Zustände erträglich werden ließen: Ich stellte mir vor, daß der Therapeut mich völlig mit seinem Körper zudeckte, wobei es mir v. a. darauf ankam, daß ich sein Gesicht ganz fest auf dem meinen liegen spürte. In dieser Vorstellung wurde ich ruhiger, und das häufige Weinen hörte auf.

Später wurde eine andere Vorstellung hilfreich: Ich lag bäuchlings wie ein kleines (im Lauf der Zeit immer größer werdendes) Kind auf dem ruhig ausgestreckten Körper des Therapeuten. In dieser Vorstellung kam ich nach schlaflosen Stunden zur Ruhe und konnte so fast immer gegen Morgen noch einmal einschlafen. In diesen frühen Morgenstunden träumte ich dann auch – wenn überhaupt, denn während der ganzen Therapie träumte ich, im Gegensatz zu der ersten Behandlung, wenig. Ich hatte eigentlich nur einen „großen" Traum. Sonst blieb es dabei. Im Erwachen wurde mir ein Name, ein Begriff bewußt, mit dessen Hilfe ich ein Stück weiter kam auf dem Weg des Begreifens, oder meine Gedanken kreisten um ein Thema aus dem letzten Gespräch, und über Stunden hinweg verdichteten sie sich zu einer neuen Botschaft.

Wichtige Erfahrungen. Eine weitere wichtige Erfahrung, die mit dem Gefühl persönlichen Unabhängigseins eng zusammenhängt, war für mich die Erkenntnis, vom Therapeuten in jeder Weise ganz und gar unangetastet zu bleiben. Dieses Bewußtsein ließ mich immer wieder zur Ruhe kommen. Es wurde zum Bollwerk gegen mein nicht enden wollendes Mißtrauen, vom Therapeuten in irgendeiner Weise für seine eigenen Bedürfnisse mißbraucht zu werden. Ich führe dieses Mißtrauen weniger auf die sexuellen Übergriffe zurück als vielmehr auf die Erfahrungen aus der ersten Behandlung („Trau nie mehr einem Menschen, auch keinem Therapeuten!").

Die Überwindung dieses Mißtrauens war aus meiner Sicht das Hauptproblem in der Therapie.

Für mich war die Beziehung zum Therapeuten gekennzeichnet durch das richtige Verhältnis von Nähe und Distanz, und beides brauchte ich so sehr.

Wohl auch um dieses Mißtrauen langsam abzubauen, dachte der Therapeut sich kleine Gesten aus, mit denen er mir Mut machte, die mich trösteten, mein Selbstvertrauen stärkten, oder mit denen er mir einfach sagte: „Ich bin da." Diese Gesten des Therapeuten waren für mich nicht selbstverständlich und entsprechen nicht meinem inneren, aus der therapeutischen Vorerfahrung herrührenden Bild von der Haltung eines Therapeuten. So bot er mir mehrmals in einem Sommer, der sehr heiß war, ein Glas mit kaltem Mineralwasser an, als er bemerkte, wie ich schwitzend in die Stunde kam. Oder er stellte die Kühlung eines Standventilators so ein, daß sie auch mich erreichte. Einige Male begleitete er mich bis zur Außentür des Hauses, in dem sein Büro war. Ein anderes Mal, als ich wieder leidend in der Vergangenheit verhaftet blieb, empfahl er mir, einmal über den Wochenmarkt zu gehen und die Buntheit und Angebote des Lebens zu schnuppern. Jede dieser Gesten verunsicherte mich zunächst etwas, zumal ich früh die Erfahrung gemacht hatte, daß liebevolle Gesten in furchtbare Dinge umschlagen können. Ich dachte aber darüber nach, was er mir jeweils damit sagen wollte. Ich weiß nicht, ob ich ihn immer verstanden habe, aber meist fand ich etwas zum Freuen heraus. Dabei wirkte er ganz natürlich und gar nicht „therapeutisch". In diesen Augenblicken wurde er für mich ganz wirklich.

Irgendwann begriff ich, daß der Therapeut mir sein Vertrauen schenkte. Das war für mich eine überwältigende Erkenntnis. Wie war das möglich, da „es mich eigentlich gar nicht gab"? Dieses Vertrauen war für mich etwas ganz Kostbares. Es gab mir einen neuen Wert als Person. Sicher war es ein Grundstein für meine neue Identität.

Nicht immer waren wir einer Meinung. Von Beginn der Therapie an war ich davon überzeugt, daß ich erst die genauen Umstände der sexuellen Übergriffe klären mußte, d.h. die Vergangenheit bewältigen, ehe ich den Blick nach vorne richten konnte.

Im Vorfeld der Therapie hatte ich folgenden Traum: Ich befinde mich in einem grenzenlosen Grau und gehe auf eine Mauer zu, über die ich nur knapp hinüberblicken kann. Dahinter sehe ich einen Streifen Licht und bunte Farben, kann aber keine Konturen erkennen. Kurz bevor ich die Mauer erreiche, sagt eine Stimme: Zurück!

Der Blick zurück bedeutete für mich ein nahezu ununterbrochenes Analysieren – bei Tag und Nacht. Wurde mein Nachdenken durch die Notwendigkeiten des täglichen Lebens unterbrochen, hatte ich hinterher Schuldgefühle. Nach einiger Zeit wurde mir klar, daß mein Verhalten zwanghaft war – ich war „wie besessen". So fand ich dann für meine Krankheit auch die Bezeichnung „Besessenheit". Ich merkte aber auch immer wieder, daß das Aufdecken der verdrängten Erlebnisse befreiend wirkte, und ich konnte und wollte deshalb das Forschen in der Vergangenheit nicht aufgeben. Das Bewußtsein für die Zwanghaftigkeit meines Verhaltens ging mir immer wieder verloren. Der Therapeut versuchte, mit fortschreitender Therapie meinen Blick auch in die Zukunft zu richten. Ich fühlte mich dadurch eingeengt. Ich weigerte mich nachdrücklich, Zukunftspläne zu machen; ich konnte es auch nicht – mir fiel einfach nichts ein. Für die Zukunft hatte ich nur einen einzigen Wunsch: Endlich zur Ruhe zu kommen. Ich war auch fest davon überzeugt, daß mir zur rechten Zeit schon das Richtige einfallen würde. Ich habe meine Weigerung, mich mit der Zukunft zu befassen, später so gedeutet, daß meine Krankheit keine Zukunft kannte – sie wollte meinen endgültigen Untergang.

Es kam vor, daß ich mich in einem für mich wichtigen Punkt vom Therapeuten unverstanden fühlte. Als ich zum erstenmal erwähnte, daß ich mir wie eine Dirne vorkäme, sagte er ganz spontan: „Das müssen Sie mir erklären!" Ich war wie vernichtet – er verstand mich nicht. Schließlich fing ich an, mich zu fragen, was mich an diesem Vorgang so belastete. Ich fand heraus, daß mein Problem nicht so sehr war, daß ich mich nicht verstanden fühlte, sondern daß ich den Therapeuten nicht verstand. In seiner Reaktion zeigte er mir, wie unsinnig es ist, daß eine Frau, die als Kind mißbraucht worden ist, sich deshalb als Dirne fühlt. Sein Nichtverstehen machte mir mein krankes Denken bewußt, und er gab mir damit meine Unschuld zurück.

Therapieende. In der Schlußphase der Therapie sprachen wir oft darüber, wann wohl der richtige Zeitpunkt sei, die Therapie zu beenden. Ich wußte, daß mir die Trennung vom Therapeuten schwerfallen würde. Zugleich litt ich darunter, daß sich die Therapie über den zunächst vorgesehenen Zeitraum hinaus hinzog. Ich hatte panische Angst davor, die Zeit des Therapeuten über das unbedingt notwendige Maß hinaus in Anspruch zu nehmen; das wäre aus meiner Sicht Mißbrauch gewesen, und mißbrauchen wollte ich ihn vor dem Hintergrund meiner eigenen Geschichte unter gar keinen Umständen. Es bestand also immer wieder die Gefahr, daß ich die Therapie vorzeitig abbrach. Der Therapeut sah beide Gefahren – die des Hinauszögerns und die des vorzeitigen Abbrechens – und beiden Gefahren mußte er begegnen. Anscheinend war zu dieser Zeit unser beider Wahrnehmung häufig gegenläufig. Ängstigend war für mich, daß ich während dieser Gespräche ab und an das Gefühl hatte, mich dem Therapeuten nicht mehr hinreichend verständlich machen zu können. Jedenfalls kämpften wir regelrecht miteinander – in wechselnden Rollen. Dabei ging es mir oft schlecht, aber es war tröstlich, daß wir diesen Konflikt immer wieder neu offen miteinander austragen konnten. Wir gaben beide nicht auf. Für mich war wichtig: Der Therapeut ließ mich nicht fallen! (Die Angst, fallengelassen zu werden, stammte aus der Mißbrauchserfahrung.) In diesen Auseinandersetzungen wuchs ich. Ich lernte, dem Therapeuten gegenüber meine eigene Meinung zu vertreten, was mir immer sehr schwergefallen war.

In dieser Zeit ordneten sich in mir die Mosaiksteinchen der ungezählten guten Erfahrungen aus der Therapie zu der Erkenntnis: Ich bin geliebt! Diese Gewißheit war der feste Grund, auf dem ich die ersten sicheren Schritte in die Zukunft tun konnte.

Kommentar des tiefenpsychologischen Psychotherapeuten (C.R.)

Die damals 59jährige Frau wurde mir von einem internistischen Kollegen überwiesen, der ihren Mann behandelte und den sie um Vermittlung eines psychoanalytischen Gesprächs gebeten hatte.

■ **Problembereiche.** In den ersten Gesprächen berichtete die Frau über verschiedene Problembereiche: Eine frühkindliche Sexualtraumatisierung innerhalb ihrer Primärfamilie, eine sexuelle Hingabestörung mit Anorgasmie und darüber hinaus generelle Sexualängste und das ausgeprägte Gefühl, nicht das Leben führen zu können, das ihr eigentlich entspreche. Ihr Lebensgefühl war von Angst- und Schuldgefühlen dominiert. Ihre Beziehungen zu anderen Menschen waren geprägt von Gefühlen qualvoller Abhängigkeit.

■ **Erstgespräche.** Schon in den beiden Erstgesprächen wurden Übertragungsaspekte deutlich: Die Frau berichtete mir, daß nach dem ersten Kontakt mit mir in ihr die Angst entstanden sei, daß sie mir einmal etwas „Schreckliches" würde vorwerfen müssen, z. B. Vergewaltigung. Das Schlimmste für sie wäre, jemals meine Kompetenz als Therapeut anzuzweifeln. Wenn sie mir das vorwerfen müsse, würde sie zugrunde gehen. Dabei hatte sie dann den Gedanken, mich in ihr eigenes Sterben mit hineinzunehmen, aber auch den Gedanken, mich zu töten.

In der dritten Stunde ging es um die Festlegung des Therapieziels. Wir einigten uns darauf, die frühkindliche Sexualtraumatisierung durch den Großvater und deren Folgen für ihr weiteres Leben bevorzugt zu bearbeiten.

Anfangsphase der Therapie. In der ersten Zeit der Therapie, etwa in den ersten 15 Stunden, saß die Patientin von mir abgewandt, sah mich niemals an, sprach mit leiser, aber deutlicher Stimme über ihre Vorgeschichte und darüber, was diese mit ihr gemacht hatte. Dies alles mit einer verdichteten, intensiven Emotionalität, die mir fast die Sprache verschlug. Es kam mir vor, als dürfte ich keinerlei Geräusche von mir geben, um sie nicht zu stören. So hörte ich lange still und aufmerksam zu und war immer wieder von den Fähigkeiten der Patientin überrascht, sich einzulassen, sich zu öffnen, analytisch zu denken und sich trotz vieler unangenehmer Begleitgefühle auf einen kontinuierlichen Prozeß von Selbsterfahrung einzustellen. Die lange zurückliegende therapeutische Vorerfahrung mag ihr dabei behilflich gewesen sein.

Diese erste Phase habe ich als symbiotische Phase verstanden und verständlich gemacht, in der sie einen Kokon um uns spann, aber auch mich und meine Haltung zu ihr erprobte. Ich sollte mich quasi nicht bewegen, nicht aktiv werden, ruhig sein, und ich habe mich darauf gut einstellen können. Im nachhinein denke ich, daß ein verfrühtes Sprechen oder Eingreifen von mir ihre alte Mißbrauchs- und Abhängigkeitsproblematik zur falschen Zeit reaktiviert hätte.

Übertragungskonstellationen. Ich hatte nie Mühe, dieser früh verletzten und gedemütigten Frau gegenüber eine konstant freundliche und wohlwollende Haltung und Emotionalität zu zeigen. Oft fühlte ich mich als Mutter/Vater zugleich, die/der begleiten, trösten, beruhigen, ermuntern soll, ohne aufdringlich zu sein und eigene Ansichten und Ziele durchzusetzen. Diese Zuwendungsart und -konstanz beantwortete sie mit einer überwiegend positiven Übertragung, die ich stillschweigend wahrnahm.

Natürlich mischten sich auch Widerstände und negative Übertragungsreaktionen immer wieder einmal ein. So bekam ich einmal das „häßliche, widerliche Gesicht" des Mißbrauchers, und sie konnte mir sagen, daß sie mich zu Beginn unsympathisch fand. Auch das habe ich so aufgenommen und kaum kommentiert, weil ich es angesichts der frühen Mißbrauchserfahrung selbstverständlich fand – und das sagte ich ihr auch –, daß auch ich in den Übertragungsfacetten zu „so einem Mann" werden müßte. Diese negativen Übertragungsanteile behinderten die Therapie aber nicht nachhaltig.

Schwieriger für mich war der zähe Widerstand zu handhaben, den sie allen von mir angestoßenen Gedanken und Überlegungen in bezug auf die Zukunft, auf ihre Lebensqualität entgegensetzte. Sie ließ sich darauf erst ganz zum Ende hin ein. Vielleicht war ich zu ungeduldig. Andererseits war ich in ihrer Übertragung in der Rolle des „Christophorus", die sie mir schon zu Anfang gegeben hatte, indem sie vermutete, ich hieße Christoph mit Vornamen, das bedeute Christophorus. Meine Rolle war es also, sie heil an das andere, rettende Ufer zu bringen. In dieser speziellen Rolle, die ja auch eine grundpsychotherapeutische ist, war es manchmal schwer für mich, ihre tiefe Verhaftung im Leiden, im Verletztsein zu akzeptieren. Sie hat ja selber sehr deutlich beschrieben, wie zwanghaft sie immer wieder analysieren mußte, was mir ihr geschehen und was ihr angetan worden war.

Ich denke im nachhinein, daß es auch ihr Masochismus in Verbindung mit sich häufig wiederholenden Selbstanklagen und Selbstentwertungen war, der mir manchmal zuviel war. Darüber gab es streckenweise auch eine Art Kampfstimmung zwischen uns, die sie teilweise lustvoll besetzen konnte: Wer siegt hier – du oder ich?

Therapieende. Erst in etwa den letzten 8 Stunden löste sich vieles auf. Die Kämpfe waren bestanden, sie war ruhiger, erleichtert und konnte mit mir erstmals über ihr Leben nach vorn sprechen. Ich habe ihr zum Schluß angeboten, in einem halben Jahr und in einem Jahr noch einmal zu einem Nachgespräch zu kommen, um gemeinsam zu sehen, wie ihr Leben weitergegangen sei.

Während der ca. 3jährigen Psychotherapie war die Patientin 78mal zu je 50minütigen Sitzungen bei mir. Beim Ende der Therapie war sie 63 Jahre alt.

Was war aus meiner Sicht in dieser Therapie besonders wirksam?
Wenn ich meine eigenen Reaktionen gegenüber der Patientin resümiere, dann habe ich überwiegend das Prinzip des „Holding" praktiziert – also jemand für sie zu sein, der konstant aufmerksam und grundsätzlich positiv zu ihr eingestellt war, der sie nicht fallen ließ und ihr vermitteln wollte, daß Nähe – bei gleichzeitigem Vorhandensein von eindeutiger Distanz – nicht mißbraucht wird, daß also letztendlich dieses Gleichgewicht aus konstanter Nähe und Distanz das war, was wesentlich förderlich für sie war. Auf diesem haltenden Boden waren dann auch Auseinandersetzungen und Meinungsverschiedenheiten zwischen uns möglich, in denen sie lernte, daß ich ihr „trotzdem" gewogen blieb und sie letztlich ihre Sicht der Dinge entwickeln und durchsetzen konnte.

Während der ganzen Therapiezeit fühlte ich mich der Patientin gegenüber, die ja real 11 Jahre älter war als ich, wie ein Vater zu seiner Tochter. Man mag dieses kritisieren oder auch für zu einseitig halten, aber es war so. Ich habe Mann-Frau-Aspekte auf erwachsener Ebene nicht besonders thematisiert, weil ich Erotik und Sexualität innerhalb unserer Beziehung angesichts ihrer Vorgeschichte für zu „gefährlich" hielt. Auch das kann man kritisieren, aber in einer zeitbegrenzten tiefenpsychologisch orientierten Psychotherapie müssen und können nicht alle wichtigen Themen gleichermaßen behandelt werden.

Der auch für die Patientin spürbarste Erfolg der Therapie bezog sich einmal auf ihr Selbst: Sie konnte sich größer und stärker fühlen, mochte sich mehr und dokumentierte zum Schluß der Therapie mit ihrem Kirchenaustritt die Lösung aus ihrer letzten, jahrzehntelangen Abhängigkeit.

Die Beziehung zu den „Objekten" am Beispiel ihrer Beziehung zu mir wandelte sich dahingehend, daß sie aufgrund ihres gewachsenen Maßes an Selbstakzeptanz auch mehr spüren konnte, daß sie für andere liebenswert sein könnte. Mein Wunsch für sie war – und das habe ich ihr zum Schluß hin auch gesagt –, daß sie draußen Liebe suchen und finden könnte, nachdem wir gemeinsam die Basis dafür ein wenig haben korrigieren können.

1.1.8
Exkurs über sogenannte schwierige Patienten

Im Rahmen des Kapitels „Tiefenpsychologisch orientierte Psychotherapie" ist es mir wichtig, einen Exkurs einzufügen, der sich auf sog. schwierige Patienten bezieht. Gerade Patienten, die so erlebt und von ihren Therapeuten entsprechend etikettiert werden, stellen häufig einen Belastungsfaktor in psychotherapeutischen Behandlungen dar, falls sie überhaupt zur Therapie angenommen werden.

Die folgenden Ausführungen entsprechen vielfältigen eigenen Erfahrungen, bevorzugt aus Supervisionen mit Kollegen, die in den Bereichen Psychiatrie, Psychoanalyse und Psychotherapie gearbeitet haben.

Unbestreitbar gibt es Patienten, die aufgrund ihrer spezifischen Störung oder eines besonders problematisch erscheinenden Verhaltens Schwierigkeiten in allen Ausprägungsgraden bereiten können. Borderline-Patienten oder Patienten mit Suchtproblemen werden gern als Beispiel dafür herangezogen. Der Psychotherapeut sollte aber der Gefahr entgehen, *alles* auf die Patienten und ihre Pathologie zu schieben, was in der Therapie nicht gut läuft. Natürlich ist es oft so, aber auch der Therapeut kann einiges zu Schwierigkeiten in der Behandlung beitragen, die nicht primär dem Patienten anzulasten sind.

Folgt man solchen Gedanken, könnte man einen schwierigen Patienten wie folgt definieren:

> **Definition**
> Was ist ein schwieriger Patient?
> Einer, der seinem Helfer Schwierigkeiten macht ...
> Was ist ein schwieriger Helfer?
> Einer, der seinem Patienten Schwierigkeiten macht ...

Zwei Beispiele

Ein junger Kollege am Anfang seiner psychiatrischen Weiterbildung berichtet, wie schwierig doch suizidale Patienten seien und wie schnell man mit ihnen an Grenzen stoße, an denen man dann nicht weiterkomme. Zur Illustration berichtet er ein Beispiel: In einem seiner Nachtdienste habe er auf der medizinischen Intensivstation eine etwa 50jährige Frau besuchen müssen, die nach einem Suizidversuch entgiftet worden und nun wach gewesen sei. Unvoreingenommen und gesprächsbereit sei er zu ihr gegangen, habe aber bereits nach etwa einer Minute kapitulieren und das Zimmer wieder verlassen müssen. Die Frage nach dem Gesprächsablauf brachte folgenden Dialog zutage:

Arzt: „Warum haben Sie das gemacht?"

Patientin: „Mein Mann hat mich verlassen."

Arzt: „Aber darum nimmt man sich doch nicht das Leben!"

Patientin: „Aber ich will nicht mehr!"

Nach diesem kurzen „Schlagabtausch" versandete das Gespräch, der Kollege wußte nicht mehr weiter, kontrollierte noch kurz den zentralvenösen Zugang und rief dann seinen Oberarzt.

Eine 36jährige Patientin mit einer Angstneurose und sekundärer Tranquilizerabhängigkeit brachte ihren Therapeuten dadurch zur Verzweiflung, daß sie sich nicht besserte. Viele und nach Angaben des Kollegen intensive Gespräche bewirkten nichts oder nur eine kurze Öffnung, die wenig später wieder zurückgenommen wurde. Die Patientin machte dem Kollegen heftige Vorwürfe, daß ja nichts besser werde; was er denn für ein Therapeut sei? Von einer Universitätsklinik habe sie sich mehr erwartet. Sie schaffte es auch, den Ehemann sowie den Hausarzt zu identischen Reaktionen gegenüber dem Behandler zu bringen. Unser Kollege verschob dann die Patientin an eine Assistenzärztin, nachdem eine von ihm propagierte rasche Entlassung wegen der „malignen Abwehr" der Patientin vom Stationsteam abgelehnt worden war.

Beide Beispiele zeigen das Spannungsfeld, in dem sich schwierige Interaktionen abspielen können. Solche Interaktionsprobleme begrenzen neben anderen Faktoren häufig die Entfaltung einer Therapie.

Ergebnisse einer Fragebogenuntersuchung

In einer schriftlichen Befragung unter 32 Assistenzärzten psychiatrischer und psychotherapeutisch-psychosomatischer Institutionen (Reimer 1991) ging es darum, erste Informationen über als schwierig erlebte Patienten zu erhalten.

Die erste Frage lautete: „Niemand (Masochisten ausgenommen) behandelt alle Patienten gleich gern. Mit welchen Patienten möchten Sie am liebsten nichts zu tun haben?"

Auf Platz 1 wurden süchtige Patienten angegeben, auf Platz 2 depressive, auf Platz 3 Patienten mit narzißtischer bzw. Borderline-Persönlichkeitsstörung. Im Fragebogen wurden häufig besondere Eigenschaften depressiver Patienten verzeichnet, die offensichtlich schwer erträglich sind, z.B. Depressive mit Somatisierungen, mit Anklammerungs- oder oral-kaptativen Tendenzen. Einer schrieb, er könne nicht mit älteren, klagsamen und entwertenden depressiven Frauen umgehen.

Eine weitere Frage lautete: „Welche drei diagnostischen Gruppen von Patienten lösen bei Ihnen am häufigsten Aggressionen aus?"

Dabei kam heraus, daß die Depressiven vor Patienten mit narzißtischer oder Borderline-Symptomatik bzw. Sucht führten.

Eine weitere Frage bezog sich auf Merkmale bzw. Verhaltensweisen der Patienten, die solche Gefühle auslösen.

■ **Provokation von Affekten durch Patientenmerkmale.** Bei den Süchtigen machte v. a. deren Anspruchshaltung, Egozentrik und Uneinsichtigkeit wütend – Haltungen, die bei den Therapeuten häufig zu Gefühlen von Aussichtslosigkeit und Hilflosigkeit führten. An den depressiven Patienten störte die Kollegen am meisten deren Anklammerungstendenz, die Aggressionsvermeidung sowie eine Verweigerungshaltung. Hiermit war vermutlich der zähe Widerstand gemeint, mit dem sich Depressive einer Besserung entgegenstellen können. Diese Merkmale führten bei den Helfern häufig zu Gefühlen von Ärger, Ohnmacht und Hilflosigkeit. Einer schrieb: „Ich kann tun, was ich will, es reicht sowieso nicht aus, um den Patienten zu bessern oder zufriedenzustellen." Ein anderer schrieb über seinen Ärger auf Depressive, diese Patienten würden „den Schnabel aufreißen und andere strampeln lassen"!

Ärgerliche Affekte verspürten die Kollegen bei Patienten mit Entwertungstendenzen und großspurigen narzißtischen Attitüden sowie bei unechtem Verhalten von Hysterikern. Diese Qualitäten führten bei den Therapeuten häufig zu Gefühlen von Wut und Ohnmacht und Wünschen nach Rache bzw. Bestrafung, also insgesamt zu mehr aggressiven Affekten als gegenüber den beiden anderen Patientengruppen. Diese Wut könnte überwiegend als Reaktion auf die Entwertungstendenzen mancher Patienten zu verstehen sein.

Emotionale Reaktionen der Therapeuten. Eine weitere Frage zielte auf innere Impulse bzw. Gefühlsqualitäten, an denen die befragten Kollegen ihre Affekte in der Regel bemerken. Diese Frage bezog sich generell auf als schwierig erlebte Patienten ohne weitere diagnostische Unterscheidung.

Als häufigste Affekte wurden Ärger und Wut sowie verschiedene Somatisierungen, oft muskuläre Verspannungen, genannt. Dann Wünsche nach Abschiebung, Strafe, Rache, Distanzierung und Rückzug sowie Ablehnung des Patienten und Gefühle von Hilflosigkeit, Ohnmacht und Langeweile. Einer schrieb, daß er seine Affekte am Auftauchen „mörderischer Wut" auf den Patienten bemerke. Ein anderer beschrieb seine Tendenz, bei gewissen Patienten Gesprächstermine zu verschieben oder verhindert zu sein.

Typologie schwieriger Patienten

Die Analyse der Supervisionserfahrungen des Autors hat dazu geführt, eine Typologie schwieriger Patienten zu entwerfen, so wie sie sich im Erleben ihrer Therapeuten wiederfinden läßt.

Typologie schwieriger Patienten – im Erleben der Therapeuten

- oral-fordernde Patienten (z. B. Depressive, Süchtige),
- Vorwurfs-Patienten mit starken Entwertungstendenzen,
- Patienten mit starker Regressionstendenz,
- chronifizierte Patienten mit starker Abwehr,
- schweigende Patienten,
- Patienten mit persistierender Idealisierungstendenz,
- Patienten mit suizidalen Tendenzen,
- Patienten mit ausgeprägter negativer therapeutischer Reaktion sowie
- Patienten mit narzißtischer oder Borderline-Persönlichkeitsstörung.

Oral-fordernde Patienten. Oral-fordernde Patienten wurden oben schon am Beispiel der affektiven Reaktionen gegenüber depressiven und süchtigen Patienten erwähnt. Die „Unbescheidenheit" solcher Patienten in Verbindung damit, daß der wechselseitige Prozeß des Gebens und Nehmens in der therapeutischen Beziehung durch die orale, habenwollende Fixierung extrem gestört ist, führt zu vielerlei Irritationen bei Therapeuten. Hier soll nur einer von mehreren denkbaren dynamischen Parametern erwähnt werden, nämlich die Unersättlichkeit bzw. die Gier, die so manchen fassungslos macht oder in Rage bringt. Die Gier hat sicher etwas sehr Provozierendes gerade für Angehörige von Berufen, die eher Beherrschung und geduldiges Zuwarten erfordern. Die Akzeptanz eines bestimmten Ausmaßes an Versagung und Frustration gehört zu den Grundvoraussetzungen der Arbeit im Psychobereich. Der gierige, oral-fordernde Patient macht Therapeuten möglicherweise deshalb so wütend, weil sie sich meist mit relativ wenigem zufriedengeben müssen und weil dieser Patiententyp ihnen bescheidene narzißtische Bestätigungen, die ja durch therapeutische Erfolge erzielt werden können, verweigert. Außerdem werden Haß und Destruktivität dieser Patienten, die durch frühe Frustration gefördert wurden, nur schwer ertragen.

Vorwurfspatienten. Die in der Tabelle dann aufgeführte Gruppe, die Vorwurfspatienten, werden i. allg. als besonders schwierig erlebt. Aus diesem Grund sollen hier einige Anmerkungen zur Dynamik der Vorwurfspathologie gemacht werden. BELAND (1990) beschreibt eine Gruppe von Patienten, die sich rein phänomenologisch durch ihre Neigung zu Vorwurf, Beschuldigung und Anklage bestimmen läßt. Für den Anfänger seien diese Patienten häufig eine enorme Belastung, weil die Struktur dieser neurotischen Erscheinung sehr unübersichtlich sei. Man könne im Kontakt mit solchen Patienten den Eindruck gewinnen, daß die Neigung zu intensivem Leiden und daraus geborenen Anklagen ein überaus zähes Leben habe. Ausgangspunkt für die anklagenden Angriffe der Vorwurfspatienten sei in jedem Falle eine Störung des narzißtischen Systems, eine intensive Unlust von der Art des Schuldgefühls oder ein quälendes Minderwertigkeitsgefühl. Die gewöhnlichste Abfuhr für narzißtische Spannungen sei dann die Projektion der Schuld, also der Sündenbock-Mechanismus. Dieser verführe zu Selbstgerechtigkeit und damit zu hartnäckigen Angriffsimpulsen, die durch Projektion des negativen Selbst auf den Gegner, also häufig auf den Therapeuten, realisiert würden.

Psychodynamik von Vorwurfspatienten. Die Vorwurfspatienten gehören nach Beland zu der Gruppe mit depressiv-masochistischer Struktur. Das masochistische Potential erschaffe jenen bewußten Leidenszustand, der den Beweis liefern könne für die Unschuld des Subjekts und den vermeintlichen Sadismus des Objekts. Dieses Objekt sei immer ein despotisches, erlebt im Ehepartner, einem Kind, dem Vorgesetzten, dem Therapeuten oder anonymen Objekten wie einer Behörde oder der ganzen Gesellschaft. Neurotische Vorwurfspatienten neigten leicht zu aggressiven Ausbrüchen, in denen sie ihren Haß auf das projizierte, verteufelte, despotische Objekt artikulieren. Der andere, dieses despotische Objekt, sei schuld am gesamten eigenen Elend. Damit werde das eigene Schuldgefühl projektiv abgewertet.

BELAND beschreibt eine Psychodynamik im Sinne einer masochistischen Reproduktion der ungerechten Situation in der Kindheit, also der ursprünglichen narzißtischen Niederlage und katastrophalen Ohnmacht des Kindes. Viele Vorwurfspatienten seien an ein bisher unüberwindliches depressives Trauma ihrer Kindheit fixiert, das in den meisten Fällen verdrängt wurde, fixiert an eine oder mehrere infantile Katastrophen von Machtlosigkeit in der Beziehung zu den primären Objekten. Vorwurfspatienten benutzten nun ihr masochistisches Potential, durch Reaktivierung des infantil erlittenen Unrechts, zugleich durch Rückgriff auf eine der infantilen Phasen der Objektspaltung, jene Machtfülle zurückzugewinnen, die ihnen mangelte, als sie das narzißtische Trauma erlebten. Sie sind unschuldig, also gut. Sie sind moralisch übermächtig, denn das despotische Objekt ist destruktiv.

Diese Übertragungsdynamik kann leicht zu einer Gegenübertragungsfalle werden, denn Therapeuten haben häufig große Mühe, diese sadistische Projektion von Patienten, mit der sie zum despotischen Objekt gemacht werden, anzunehmen. Wenn der Therapeut sich dagegen wehrt, kann er unbewußt durch seine Gegenübertragung wieder zu einem despotischen Objekt werden und sich so aus seinem eigenen Ärger und seiner Abwehr ein zweites Mal wie die ungerechten Eltern der Kindheit verhalten. In diesem Sinne kann dann die therapeutische Situation genauso traumatisch wirken wie die infantile.

Patienten mit starker Regressionstendenz. Auch Patienten mit starker Regressionstendenz werden häufig als besonders schwierig erlebt. Ohne Zweifel kann die Regression als eher primärprozeßhaft anmutender Abwehrmechanismus ein erhebliches Therapiehindernis sein, wenn sie persistiert. Andererseits haben manche Kollegen eine ganz erstaunliche Einstellung gegenüber regressiven Phänomenen: als ob diese nämlich ein grundsätzliches Übel darstellten, das damit auszutreiben sei, daß die Patienten gnadenlos durch Aktivierungsprogramme gehetzt werden und keinesfalls zur Ruhe kommen dürfen. Diese Beobachtung kann man besonders in Kliniken, also im Rahmen stationärer Psychotherapien, machen. Möglicherweise sind Regressionsphänomene generell für streßgewohnte Helfer eine enorme Provokation, etwa nach dem Motto: „Ich kann's mir nicht erlauben, warum dann der Patient?"

Chronifizierte Patienten. Chronifizierte Patienten haben häufig relativ enge Grenzen bezüglich ihrer therapeutischen Erreichbarkeit, besonders auch dann, wenn der oder die Erstbehandler, die ursprünglich aufgesucht wurden, enttäuschend waren. Diese Erstbehandler, meist Hausärzte, haben ja einen entscheidenden Einfluß auf das weitere therapeutische Prozedere. Die nicht organisch begründbare Symptomatik stößt leicht auf Ablehnung und führt zu Kränkungen der Patienten („Sie haben nichts!") und nicht selten zu iatrogenen Patientenkarrieren mit Chronifizierung der psychogenen Beschwerden und unangemessenen, wie z.B. süchtigen, Bewältigungsstilen.

Schweigende Patienten. Die nächste Gruppe bilden die schweigenden Patienten. Sie lösen in vielen Therapeuten unterschiedliche Gefühle aus; häufig sind es Aggressionen und Ungeduld. In Supervisionen ist gelegentlich immer wieder die Frage zu hören, wie das Schweigen von Patienten zu durchbrechen sei. Kollegen berichten dann in der Regel Interaktionsstile, die dadurch gekennzeichnet sind, daß ein Frage-Antwort-Spiel in Szene gesetzt wird, bei dem der Therapeut stetig eindringlich bis hartnäckig fragt und der Patient brav antworten soll. Die schweigenden Patienten geben in der Regel, wenn überhaupt, dann nur kurze Antworten, die immer neue Fragen nach sich ziehen usw. Die agressive, vorwurfsvolle Spannung von seiten des Arztes gegenüber den Patienten ist nicht selten der affektiv führende Tenor in solchen Gesprächen.

Psychodynamik des Schweigens. Bei ganz oder überwiegend schweigenden Patienten sollte sich der Therapeut einige der möglichen dynamischen Parameter, die zum Schweigen führen können, vor Augen halten:

- Schweigen aus Angst vor Beschämung.
- Schweigen als symbolischer Ausdruck des Wunsches nach Versorgtwerden, nach dem Zustand von Nähe, Wärme und Geborgenheit, den der Therapeut schaffen soll, sozusagen als den tragenden Boden, auf dem der Patient sich dann öffnen kann. Der Therapeut soll somit symbolisch mütterliche Funktionen erfüllen, eine „holding function" garantieren.
- Schweigen als Ausdruck von Aggressivität und Trotz. Der Patient kann den Therapeuten zu einer sadomasochistischen Kollusion verführen, in der beide sowohl sadistische als auch masochistische Aspekte wechselnd miteinander praktizieren. Häufig artet das in einen Machtkampf aus: Kann der Therapeut das Schweigen brechen oder kann der Patient den Therapeuten ohnmächtig machen, ihn auflaufen lassen?

Es gibt weitere Dynamiken im Schweigen von Patienten, die hier nur kurz erwähnt werden können: einen Zusammenhang zwischen Schweigen und Neid oder Angst oder Depression. Bei Schweigen aus Angst handelt es sich häufig um schwere Ängste von Patienten vor der Herstellung von Nähe bzw. dem Prozeß des Sichöffnens, aber auch um Ängste, enttäuscht und verletzt zu werden.

Umgangsmöglichkeiten mit schweigenden Patienten. Ich möchte empfehlen, beim Umgang mit Patienten, die häufig schweigen, mit Deutungen vorsichtig zu sein, die eine mögliche Aggressionsproblematik betreffen oder das Schweigen primär als Provokation benennen. Ein solches Vorgehen kann die Abwehr noch verstärken und Schuldgefühle mobilisieren, für die viele Patienten ohnehin anfällig sind. Ich habe mit einem weicheren, behutsamen Vorgehen bezüglich des Verstehens und Ansprechens von Schweigen bessere Erfahrungen gemacht, besonders im Hinblick auf die Thematisierung des Zusammenhangs von Schweigen und Schamangst.

■ **Patienten mit persistierender Idealisierungstendenz.** Patienten mit persistierender Idealisierungstendenz in bezug auf die Therapie oder den Therapeuten haben meist große Schwierigkeiten, ihre hinter der Idealisierung verborgenen Gefühle depressiver oder aggressiver Art zuzulassen und in die therapeutische Beziehung einzubringen, weil sie befürchten, damit nicht akzeptiert zu werden; natürlich aber auch, weil sie sich selbst nicht so haben wollen. Dieser Widerstand kann dann besonders gravierend sein, wenn der Therapeut selbst idealisiert werden möchte und man sich in einer solchen Kollusion stillschweigend entgegenkommt.

■ **Patienten mit suizidalen Tendenzen.** Patienten mit suizidalen Tendenzen sind bei Psychotherapeuten besonders unbeliebt. Dies ist u.a. an der Schwierigkeit zu bemerken, von der Klinik aus suizidale Patienten an Psychotherapeuten zu vermitteln (Näheres hierzu im Kap. 9: „Der psychotherapeutische Umgang mit suizidalen Patienten").

■ **Patienten mit ausgeprägter negativer therapeutischer Reaktion.** Als weitere Gruppe schwieriger Patienten gelten solche mit ausgeprägter negativer therapeutischer Reaktion. Es handelt sich dabei um eine besondere Reaktion von Patienten auf Lob oder geäußerte Zufriedenheit ihres Therapeuten, z.B. in bezug auf Fortschritte in der Behandlung. Solche Patienten reagieren darauf mit Unbehagen oder Verschlechterung ihres momentanen Befindens oder ihrer Symptomatik. Für diese Reaktion können sowohl unbewußte Schuldgefühle als auch masochistische Fixierungen verantwortlich sein. Außerdem kann Neid auf den Therapeuten ein starkes, unbewußtes Motiv der negativen therapeutischen Reaktion sein.

■ **Patienten mit narzißtischer oder Borderline-Persönlichkeitsstörung.** Auch Patienten mit narzißtischer oder Borderline-Persönlichkeitsstörung gelten als besonders schwierig. Die Eigentümlichkeiten dieser Patienten, besonders im Hinblick auf ihren problematischen Umgang mit Objekten, mögen das verständlich machen. Es kommen für Therapeuten gerade bei diesen Patienten eine Reihe von Eigenschaften zusammen, die schon für sich genommen unbeliebt sind, wenn man z.B. an süchtiges oder auch perverses Verhalten denkt oder aber auch an die Problematik instabiler Objektbeziehungen (vgl. auch Kasuistik in Kap. 8: „Psychotherapie in der Psychiatrie": Gesprächspsychotherapeutische Behandlung von Borderline-Persönlichkeitsstörungen).

Die hier beschriebene Typologie schwieriger Patienten erhebt keinen Anspruch auf Vollständigkeit, sondern soll letztlich den Psychotherapeuten dazu anregen, seine eigenen Erfahrungen mit solchen Patienten zu überdenken und v.a. zu reflektieren, nach welchen inneren Kriterien er Patienten für schwierig hält.

In der folgenden Kasuistik wird über eine Frau mit neurotischer Depression und ausgeprägten Regressionstendenzen berichtet, an der ein schwieriger, aber letztlich erfolgreicher stationärer Behandlungsversuch gezeigt werden kann (die Formulierung verdanke ich meinem ehemaligen Lübecker Kollegen H.J. Freyberger).

Beispiel

Anamnese. Die 24jährige ledige Arzthelferin kam als Verlegung aus dem städtischen Krankenhaus zur stationären Aufnahme, nachdem sie zuvor in suizidaler Absicht 240 verschiedene Tabletten in Kombination mit 1,5 Litern Wein eingenommen hatte. Die Patientin war von ihrer Schwester nach Aufbrechen der Wohnung bewußtlos aufgefunden worden und mußte längere Zeit intensivmedizinisch behandelt werden.

Anderthalb Jahre vor der jetzigen Klinikaufnahme waren erstmals Suizidgedanken in Zusammenhang mit dem Gefühl, eine Versagerin zu sein, aufgetreten.

Ein halbes Jahr später traten erneut akute Suizidgedanken auf, die wiederum zu einer Klinikaufnahme führten. Als Auslöser schilderte die Patientin ihren Konflikt bezüglich einer neuen Arbeitsstelle, die ihr angeboten worden war und mit der sie einerseits viele Hoffnungen verband, gleichzeitig aber auch die Angst, die in sie gesetzten Erwartungen und ihre eigenen Ansprüche nicht zu erfüllen. Während dieses stationären Aufenthaltes fiel die Patientin durch eine intensive passive Erwartungshaltung auf, zog sich zeitweilig völlig in sich zurück und beschrieb ihre Suizidgedanken erstmals als unverrück- und unveränderbar.

Zu dem jetzigen massiven Suizidversuch war es schließlich gekommen, als die Patientin einer multiplen Kränkungssituation ausgesetzt gewesen war, auf die hier nicht näher eingegangen werden kann. Vielmehr soll auf den Verlauf und die Entwicklung der Patientin während der stationären psychotherapeutischen Behandlung Bezug genommen werden.

Psychischer Befund. Zum Aufnahmezeitpunkt wirkte die Patientin matt und antriebslos und betonte, von sich selbst schwer enttäuscht zu sein, sich als Versagerin zu erleben, die nicht einmal den Suizid geschafft habe. Im Erstkontakt erschien sie leicht anrührbar, streckenweise vorwurfsvoll entwertend, wobei Selbst- und Fremdanklagen vermischt erschienen, dann wieder plötzlich und unsicher lächelnd, nicht ohne einen ironischen Unterton der Therapie gegenüber, mit einer erheblichen passiven Erwartungshaltung der Behandlung eine geringe Chance gebend.

Therapieverlauf. In den ersten Wochen der stationären Behandlung akzentuierte die Patientin diese ausgeprägte Erwartungshaltung. Sie zog sich über weite Strecken in ihr Zimmer zurück, lag dann nahezu bewegungslos auf dem Bett, grübelte über den mißlungenen Suizid und ihre Ausweglosigkeit.

Komplementäre Therapien wurden von ihr strikt abgelehnt. Die Gespräche gestalteten sich mühsam, teilweise quälend. Die Patientin nahm stets auf demselben Stuhl Platz und begrüßte den Therapeuten mit einem weichen, kraftlosen Händedruck. Sie saß den größten Teil der Zeit mit gesenktem Blick auf ihrem Stuhl, die Hände immer in derselben Position gefaltet, etwas abgewandt vom Untersucher, Blickkontakt über weite Strecken vermeidend. Die Gespräche verliefen schleppend. Die Patientin beantwortete unstrukturierte Fragen mit kurzen Antworten und langem Schweigen und zögerte anfänglich beinahe minutenlang, bevor sie auch konkretere Fragen beantwortete.

In der Gruppentherapie zeigte sich ein vergleichbares Bild. Auch hier nahm sie stets denselben Platz ein, saß mit gesenktem Kopf und gefalteten Händen da, etwas in sich zusammengesunken, verbalen und Blickkontakt zu den übrigen Gruppenmitgliedern vermeidend. Wenn sie angesprochen wurde, antwortete sie mit leiser, kaum hörbarer Stimme, dabei durchaus mit latent aggressivem Unterton, es ginge ihr so schlecht, daß sie in der Gruppe nicht angesprochen werden dürfe. Von Mitpatienten wurde dies zeitweise als aggressives Verhalten bewertet und thematisiert. In solchen Episoden kam sie dann stark aus sich heraus, blieb über Minuten am Gespräch beteiligt, kämpfte darum, daß es ihr schlecht ginge, schlechter als den anderen. In den Einzelgesprächen brachte sie diese Sequenzen im Sinne von „Ich bin nicht krank, sondern an allem schuld" ein, als massive Kränkungssituation, auf die sie mit Distanzierung von Therapeut und Mitpatienten reagieren wolle. Auf ihren eigenen Ärger angesprochen, reagierte sie in solchen Momenten staunend, manchmal vorsichtig lächelnd.

In den folgenden Wochen blieb die Patientin bei dieser Haltung, präsentierte sich in Gesprächen rententiv-abweisend, vorwurfsvoll und versah ihre fortbestehende Suizidalität immer wieder mit dem Hinweis, daß die stationäre Behandlung nichts an ihrem Beschwerdebild ändern werde.

Innerhalb des stationären Rahmens ergab sich eine zunehmende Spaltung zwischen Gruppenpsychotherapie und Einzelgesprächen einerseits und dem übrigen stationären Bezugsrahmen andererseits. Während sie sich zunehmend an allgemeinen stationären Aktivitäten, wie etwa der Werkgruppe, beteiligen konnte, dort auf das beteiligte Pflegepersonal und die Mitpatienten aktiv und durchaus auch durchsetzungsfähig wirkte, verweigerte sie diese Züge in Gruppentherapie und Einzelgesprächen.

Veränderungen während der Therapie. Kleine Entlastungen dieser schwierigen Gesprächsatmosphäre ergaben sich aus dem Beginn einer niedrig dosierten antidepressiven Behandlung, die von der Patientin als von den Ärzten ausgehende Akzeptanz ihrer Erkrankung wahrgenommen wurde. Sie war zuvor bei strikt überhöhten Selbstanforderungen und einem zeitweise als terroristisch imponierenden Über-Ich kaum in der Lage, sich als Kranke wahrzunehmen und interpretierte statt dessen ihre Antriebslosigkeit und die weiteren depressiven Phänomene als Versagen.

Eine zweite Entlastung ergab sich im Rahmen der detailliert vorgenommenen tiefenpsychologischen Anamnese genau an jenem Punkt, an dem deutlich wurde, daß sie sich als Kind stark an Sauberkeit und Ordnung fixierter Eltern erlebt, dem durch eine rigide Reinlichkeits- und Ordnungsdressur die Lebensgrundlage entzogen wurde. Der Vater stand dabei als ausgeprägt strenge bis rigide Figur, die Autonomiebestrebungen der Kinder begrenzend, im Vordergrund. Die Mutter wurde als schwach, abhängig und stark an die Ideale des Vaters gebunden geschildert.

Eine dritte Entlastung der Gesprächsatmosphäre ergab sich dadurch, daß die z. T. fehlenden Dialoge durch Hinzuziehung des chronologisch geführten Fotoalbums der Patientin entlastet wurden. Sie erlebte in diesem Zusammenhang, daß ihre biographische Erinnerung vergleichsweise objektiv abgebildet wurde und konnte zuvor stark schuldbesetzte, v. a. gegen den Vater gerichtete Impulse wiedererkennen und wiedererleben. Die beeindruckendsten Fotografien zeigten ein sauberes und ordentliches Elternhaus mit wohlgekleideten Töchtern und starren Eltern. In diesem Zusammenhang wurde deutlich, daß für die Patientin das Insichhineinsehen als gefährlich erlebt wurde und daß sie große Angst davor hatte, etwas Schreckliches zu entdecken, etwas wie einen bösen Kern, der die Eltern dazu gebracht habe, sie so strikt anzufassen. Sie selbst beschrieb dies als Mauer, die sie um sich herum gezogen habe und hinter die sie niemanden schauen lassen könne.

In der Gegenübertragung des behandelnden Kollegen spielten zu diesem Zeitpunkt, dem vielleicht wichtigsten im Gesamtverlauf, einesteils aggressiv-ärgerliche Impulse eine erhebliche Rolle, nämlich die Patientin mit Nachdruck öffnen zu wollen. Gleichzeitig hatte er die immer wieder auftretende Phantasie, daß die Patientin ein sexuell mißbrauchtes Kind sei. Bei vorsichtigem Thematisieren dieser Hypothese antwortete sie zwar mit nein, ließ aber die endgültige Beantwortung dieser Frage offen.

Die Patientin konnte selbst, auf die Bedeutung des Fotoalbums für die Therapie angesprochen, sagen, daß damit ein Thema feststände, nämlich daß sie nicht ständig etwas von sich geben müsse. Der Therapeut merkte zu diesem Zeitpunkt, daß seine drangvolle Erwartung an die Patientin, sich zu öffnen und etwas herzugeben, den frühen elterlichen Forderungen entsprach. Hergeben bedeutete daher symbolisch für die Patientin den Verlust von Selbst und Autonomie. Die Erkennung seiner Gegenübertragung führte zu einem wesentlich entspannteren Klima zwischen beiden.

Allerdings ergab sich eine deutliche und nachhaltige Befindlichkeitsbesserung erst, nachdem der Therapeut aus einem mehrwöchigen Urlaub zurückgekehrt war. Die Patientin hatte während dieses Urlaubs mit der vertretenden Ärztin ein weitgehend identisches Interaktionsmuster etabliert, in dem quälendes Schweigen, Vorwurfs- und Entwertungsimpulse, die indirekt vorgetragen wurden, vorherrschten. Vor dem Urlaub war die Absprache getroffen worden, daß der Erstbehandelnde die Therapie fortsetzen würde. Die Patientin konfrontierte ihn dann aber bei der Wiederaufnahme der Therapie damit, eine solche Intervention unterlassen und sie im luftleeren Raum stehengelassen zu haben. An diesem Punkt gelang es erstmals, mit der Patientin ihre Aggressionsproblematik deutlicher zu thematisieren und dabei den selbstdestruktiven Anteil des Erlebens herauszuarbeiten.

In dem Ausmaß, wie es in den folgenden Wochen gelang, unter Vermeidung jeder Schuldzuweisung diese selbstdestruktiven

Strukturanteile von ihr zu bearbeiten, etwa ihr fortgesetztes Schweigen im Rahmen der Gruppentherapie, ihre retentive Art, Einzelgespräche zu führen und sich damit um einen konstruktiven, eigene innere Erlebnisweisen verändernden Dialog zu bringen, veränderte sich das Zustandsbild zusehends. Die Patientin wurde konstruktiver, lebhafter und beteiligte sich auch an der Gruppentherapie mit ungewöhnlich persönlichen Beiträgen.

Problembereiche von Therapeuten

Im folgenden werden bestimmte Konstellationen aufgeführt, die in psychotherapeutischen Behandlungen durch Problembereiche von Therapeuten entstehen.

Dazu eine kurze Vorbemerkung: Ein Psychotherapeut sollte sich bewußt darüber sein, welche Macht er hat. Jedes Wort, jede Geste, jeder Wunsch in eine Richtung wird vom Patienten wahrgenommen und kann ihn in unterschiedlicher Weise beeinflussen und irritieren. Viele Patienten haben sich die empathischen Fähigkeiten bewahrt, die sie schon als Kinder viel zu früh gegenüber ihren problematischen Eltern aufbringen mußten, und von daher werden zumindest einige von ihnen in der Wiederholungs- und Übertragungssituation wieder versucht sein, aufzuspüren, was wir von ihnen wollen und sich danach richten. Die Gefahr dabei ist bekanntlich, daß sich ein falsches Selbst rekonstruiert. Die folgenden Problembereiche von Therapeuten können dann mitwirken, die therapeutische Beziehung zu belasten und zu stören.

Schwierige Behandlungssituationen durch Problembereiche von Therapeuten

- Symbiosewünsche,
- Nähe-Distanz-Probleme,
- unrealistische Veränderungswünsche,
- Probleme mit der zeitlichen Limitierung,
- Idealisierungswünsche („Der bessere Andere"),
- Probleme durch mangelnde Grenzziehung sowie
- Gegenübertragungskrisen bzw. Gegenübertragungshaß.

■ **Symbiosewünsche.** Symbiosewünsche von Therapeuten gegenüber Patienten lassen sich öfter beobachten. Es ist schon erstaunlich, was manche Therapeuten von zunächst ja fremden Patienten erwarten: eine rasche Öffnung, baldige Bereitschaft zur Herstellung von Nähe, vertrauensvollen Transport von möglichst vielen intimen Details aus der Lebensgeschichte und anderes mehr. Der Supervisor hat dann gelegentlich die undankbare Position, Kollegen auf ihre symbiotischen Bedürfnisse gegenüber manchen ihrer Patienten aufmerksam machen zu müssen. Er wird dann leicht als der unliebsame Dritte erlebt, sozusagen der Eindringling von außen, der die traute Harmonie stört und dann den Part des Bösen hat.

■ **Nähe-Distanz-Probleme.** Diese Symbiosewünsche könnte man als einen Aspekt von Nähe-Distanz-Problemen auffassen. Therapeuten, die Probleme mit Abgrenzung und Distanz haben, fördern damit Schwierigkeiten in der Therapie. Sicher kann zuviel Distanz ebenso schaden wie zuviel Nähe. Die Fähigkeit zu einer klaren Distanz ist aber eine der wichtigsten Voraussetzungen innerhalb der Therapeut-Patienten-Beziehung in der Psychotherapie – eine Distanz, aus der heraus ja und nein gesagt werden kann und die nichts mit Kühle zu tun hat, sondern mit klaren und eindeutigen Grenzen.

■ **Unrealistische Veränderungswünsche und zeitliche Limitierungsprobleme.** Die nächsten beiden aufgeführten Punkte haben einiges miteinander zu tun. Daß Psychotherapie und insbesondere stationäre Psychotherapie einen zeitlichen Rahmen im Sinne einer Begrenzung hat, ist manchen Therapeuten zwar rational klar, emotional verhalten sie sich aber oft so, als ob Zeit keine Rolle spielen würde. Konsequenzen dieser Vernachlässigung sind:

- Verzicht auf die Erstellung realistischer Ziele innerhalb der vorgegebenen Zeit,
- überhöhte Vorstellungen der Veränderungsmöglichkeiten von Patienten – Veränderung macht ja meist sehr viel Angst – und
- häufig auch mangelnde Berücksichtigung der Abwehrformation von Patienten.

Abwehr wird dann als ärgerlich erlebt, und man versucht, sie mit Tricks zu unterlaufen oder den Patienten sonstwie mehr oder weniger gewaltsam zu öffnen. Natürlich spielt hier die narzißtische Bedürftigkeit des Therapeuten auch eine entscheidende Rolle. Dieser Punkt scheint auch der Hintergrund von Idealisierungswünschen mancher Therapeuten zu sein.

■ **Idealisierungswünsche und Grenzverletzungen.** Mit erstaunlicher Zähigkeit vermitteln manche ihren Patienten, daß sie fraglos der beste Mensch seien, der diesem bisher begegnet sei. Solche Helfer spielen die Rolle des besseren Anderen, freuen sich, wenn Patienten sich in sie verlieben oder Gefühle von Abhängigkeit entwickeln, erwarten das geradezu und haben schnell Vorschläge für die Patienten parat, sich aus einer unglücklich erscheinenden realen Beziehung draußen doch lieber rasch zu lösen. Dies kann zu weiteren Grenzverletzungen bis hin zu Liebesverhältnissen führen, bei denen der Patient immer den kürzeren zieht. Mißbrauch von Abhängigkeit in Therapien ist bekanntlich kein seltenes Phänomen.

■ **Gegenübertragungskrisen.** Der letzte in der Übersicht aufgeführte Punkt betrifft die *Gegenübertragung*. Der Gegenübertragungshaß, wie er sich z. B. im Gefühl der Abneigung oder Ablehnung äußern kann, ist ein Haupthindernis bei der Behandlung schwieriger Patienten. Man kann dies besonders gut in Therapien mit Patienten beobachten, die ein beträchtliches Provokationspotential haben. Solche Patienten, die häufig ohnehin von den Möglichkeiten menschlicher Beziehungen zutiefst enttäuscht sind, starten oft schon am Beginn einer Behandlung einen – wie MALTSBERGER u. BUIE (1974) es genannt haben – „Übertragungsangriff", bestehend aus einem Wechselsystem von Provokation und Projektion. Auf den Therapeuten projiziert werden kann z. B. der Haß des Patienten über ein enttäuschendes bzw. kränkendes Objekt. Die Provokation kann die Form verbaler Beleidigungen, Entwertungen oder Verachtung der Person des Therapeuten annehmen, oder sie äußert sich mittelbar durch Stummheit oder Dauerwiederholungen oder hypochondrische Rezitationen von Beschwerden, um den Therapeuten zu Ärgerreaktionen zu bringen. Natürlich geschieht dies meist nicht auf einer bewußten Ebene.

Die Gefahr kann darin bestehen, daß der Therapeut entweder seinen Ärger verdrängt, seine Haßgefühle abwehrt und damit diese Gefühle in der Beziehung therapeutisch nicht mehr nutzbar gemacht werden können; oder sie aber agiert, indem er den Patienten seinerseits beschimpft und entwertet.

Viele schwierige Patienten scheinen eine Antenne dafür zu haben, daß manche ihrer Helfer narzißtische Probleme haben, und dementsprechend stellt der Narzißmus des Therapeuten oft ein besonderes Ziel des Übertragungsangriffs dar. Wenn die Selbstachtung eines Therapeuten z. B. von seinen Heilungserfolgen abhängt, wird der Patient wahrscheinlich an dieser Stelle angreifen. Dementsprechend können sich die ersten Angriffsziele des Patienten gegen die narzißtische Selbstüberschätzung des Therapeuten richten.

Diese Art von Attacken wird, wie sich auch im klinischen Alltag immer wieder beobachten läßt, Gegenübertragungswut provozieren.

> **!** Möglicherweise sind sich manche Therapeuten über zumindest einen dynamischen Hintergrund von provokantem Verhalten nicht ganz klar: Die Provokation hat besonders für manche narzißtisch labile Patienten den Charakter eines Tests, als wie stabil sich der potentielle Therapeut erweisen werde. Dieser Testcharakter provokanten Verhaltens wird häufig nicht bemerkt; der Therapeut nimmt dann die Provokation persönlich und scheidet damit als stabiles Übertragungsobjekt aus.

An den aufgeführten Problembereichen von Therapeuten ist manches sichtbar geworden, was mehr mit ihnen zu tun hat und dazu führen kann, daß sie bestimmte Patienten und deren Verhalten nicht mögen.

Abschließend soll eine kurze, sicher nicht vollständige Typologie schwieriger Therapeuten versucht und damit bestimmte Persönlichkeitszüge gekennzeichnet werden, die die Therapeut-Patienten-Beziehung belasten können.

Patienten, die mit solchen Therapeuten Probleme haben, werden im Gegenzug von diesen häufig als unkooperativ und schwierig empfunden und gehören damit ebenfalls zur Kategorie der ungeliebten Patienten.

Typologie schwieriger Therapeuten
- Der Autoritäre,
- der (latent) Sadomasochistische,
- der Narzißtische,
- der „Ideale",
- der Depressiv-Abhängige sowie
- der Überarbeitete, chronisch Überforderte.

■ **Der autoritäre Therapeut.** Dieser ordnet an, diagnostiziert und „verschreibt", ohne seinen Patienten als Partner zu begreifen, ihn entsprechend aufzuklären, zu informieren und im Prozeß von Diagnose und Therapie zu begleiten. Er allein weiß, was richtig ist und gemacht werden muß, und das reicht. Fragen des Patienten werden als lästig erlebt und abgetan. Dieser Helfer-Typ hat es aus seiner Sicht mit Untertanen zu tun, die seine Hilfe und Macht in Anspruch nehmen, dankbar sein und die therapeutische Kunst in schweigender Akzeptanz über sich ergehen lassen sollen. Auch manche Psychotherapeuten errichten ein ähnliches Machtgefälle zwischen sich und ihren Patienten.

■ **Der latent sadomasochistische Therapeut.** Er könnte eine Variante des autoritären sein. Er hat aus unbewußten Gründen einen Beruf gewählt, in dem der Umgang mit Leiden und Schmerzen alltäglich ist. So können, wie Theodor Reik es formuliert hat (1977), aus Leiden Freuden werden. Der Patient ist Opfer, der Therapeut Täter.

Psychodynamische Aspekte. Natürlich gibt es für solche Aspekte der Berufswahl sehr verschiedene Deutungsmöglichkeiten. Bemerkenswert sind die Erkenntnisse des amerikanischen Psychoanalytikers Robert Stoller (1979), die er aus den Analysen mit perversen Patienten gewonnen hat und die besagen, daß es beim Entstehen von Macht im Grunde v. a. um die Überwindung des Gefühls eigener Ohnmacht geht. Früh erlebte Ohnmacht und schwere Demütigungen in Abhängigkeitsbeziehungen rufen starke, unbewußte Rachewünsche hervor. Racheimpulse aus unterschiedlichen Quellen spielen eine bedeutende Rolle im Leben von Menschen, werden aber von Therapeuten nur selten exploriert. Dieses Tabu bezieht sich auch auf den gesamten Bereich von Gewalt.

In der Umsetzung von Rachebedürfnissen ist für das Verständnis der Satisfaktion entscheidend wichtig, daß sich das Täter-Opfer-Verhältnis umkehrt: Das ursprüngliche Opfer wird zum Täter, zum Rächer, zum Sieger, befreit sich aus der kindlichen, erstickenden Ohnmacht und triumphiert damit über die erlittene Demütigung und die Person, die diese Demütigung zugefügt hat. Das ursprüngliche Trauma wird also in der sadistischen Aktion in einen Triumph umgewandelt. Diese unbewußte Feindschaft und Feindseligkeit kann ein führendes Motiv für einen sadistischen Umgang mit Patienten sein. Natürlich ist es auch klar, daß in der Wahl eines Berufes wie dem des Therapeuten, der mit sehr viel Macht ausgestattet ist, dieser Triumph gesucht und gelebt werden kann.

■ **Der narzißtische Therapeut.** Er ist grandios, er verschreibt sich fortlaufend selbst, erwartet verstärkt Bestätigung und Anerkennung von seinen Patienten und ist besonders leicht kränkbar, wenn diese ihm versagt werden.

■ **Der „ideale" Therapeut.** Eine Variante des narzißtischen Therapeutentyps könnte man den „idealen" Therapeuten nennen. Damit ist nicht nur der Wunsch des Therapeuten gemeint, idealisiert und geliebt zu werden, sondern auch ein Aspekt seines Selbstkonzeptes, der ihn meinen läßt, daß er alles richtig macht, daß er sich dem jeweiligen Patienten optimal zuwendet und daß er wie ein Magier das Heilungsrepertoire beherrscht. Patienten, die auf ein so strukturiertes Beziehungsangebot nicht eingehen können, sind unbeliebt, werden mit Warnungen versehen, was ihnen alles passieren werde, wenn sie den bestgemeinten Ratschlägen ihres „idealen" Therapeuten nicht folgen.

■ **Der depressiv-abhängige Therapeut.** Er ist ein sehr gefährdeter Helfer. Seine Bedürftigkeit wird sich dem Patienten mitteilen, z.B. dadurch, daß dieser sich unbewußt aufgerufen fühlt, diesen Therapeuten nicht zu verlassen, ihm treu zu bleiben, ihm kleine Freuden zu machen usw. So spürt der Patient also, daß der Therapeut sich an ihn klammert und ihn braucht, um zu überleben.

Die Hintergründe dafür sind vielfältig. Hier soll nur einer erwähnt werden, der in der Tabelle zuletzt aufgeführt ist.

■ **Überarbeitung und chronische Überforderung als Auslöser für Depressivität und Abhängigkeit.** Manche Therapeuten akzeptieren für sich Arbeitsstile und -zeiten, die sie bei anderen für schädlich und gesundheitsgefährdend halten würden. Es scheint ein Teil Befriedigung daraus zu resultieren, was man sich alles zumuten und was man alles aushalten kann. Welche Folgen das aber für die eigene Gesundheit und natürlich auch für das Privatleben hat, wird zu selten reflektiert. Für diese Flucht vor sich selbst in die Arbeit scheint sich der Beruf des Therapeuten besonders anzubieten (u.a. REIMER 1994).

Mit diesem Exkurs wurde die Absicht verfolgt, die Leser zum Nachdenken darüber anzuregen, welche inneren Kriterien sie dafür haben, bestimmte Patienten als schwierig zu bezeichnen und zu erleben. Vermutlich hat jeder Therapeut eine Art innerer Hierarchie, die darüber bestimmt, welche Patienten gemocht werden und welche nicht. Es lohnt sich, sich dessen bewußt zu werden.

1.1.9 Katathym-imaginative Psychotherapie – eine spezielle Form tiefenpsychologisch fundierter Psychotherapie

E. WILKE

Einleitung

Nachdem im vorangegangenen Kapitel die Grundzüge tiefenpsychologisch fundierter Psychotherapie erörtert worden sind, soll mit der folgenden Darstellung der Katathym-imaginativen Psychotherapie (KiP) ein spezielles tiefenpsychologisch fundiertes Therapieverfahren in Theorie und Praxis vorgestellt werden. Es handelt sich um eine psychodynamische Therapie, in der imaginative Prozesse eine zentrale Rolle spielen. Die Katathym-imaginative Psychotherapie ist v.a. aus der Psychoanalyse hervorgegangen und beachtet die zentralen Parameter tiefenpsychologisch fundierter Therapie, z.B. die Phänomene von Übertragung, Gegenübertragung und Widerstand. Für den Umgang mit Imaginationen (Tagträumen) stellt das Verfahren eine Vielzahl lehr- und lernbarer therapeutischer Interventionen zur Verfügung. Die KiP wurde zunächst als „Katathymes Bilderleben" bekannt. Heute bezeichnen wir den spezifischen imaginativen Prozeß innerhalb des therapeutischen Gesamtgeschehens als „Katathymes Bilderleben (KB)."

Definition

> Die Bezeichnung „Katathym-imaginative Psychotherapie" steht umfassend für den gesamten therapeutischen Vorgang, in dem die Imaginationen als induzierte und vom Therapeuten begleitete Tagträume eingebettet sind in das bekannte Setting tiefenpsychologisch fundierter Therapie.

Am Anfang der Entwicklung der Psychoanalyse standen Träume und auch Tagträume ganz in ihrem Mittelpunkt. Sie wurden als Königsweg, als „via regia" zum Unbewußten verstanden. Während sie bei den Jungianern weiterhin von großer Bedeutung sind, rückten sie in der Psychoanalyse Freudscher Prägung etwas in den Hintergrund. Statt dessen wurde die Übertragungsneurose in ihren verschiedenen Manifestationen von Übertragung, Gegenübertragung und Widerstand zum zentralen Feld von Beobachtung und therapeutischer Intervention. In der KiP rücken Traum und Tagtraum wieder stärker in den Vordergrund, ohne daß die therapeutischen Möglichkeiten und Auswirkungen von Übertragung und Gegenübertragung vernachlässigt werden. Im Verlauf einer Psychotherapie ist es nicht möglich und auch nicht zweckmäßig zu versuchen, allen Phänomenen, die sich zwischen dem Patienten und seinem Therapeuten entwickeln, gleichzeitig nachzuspüren und sie zum Thema des therapeutischen Dialogs zu machen. Vieles sollte wahrgenommen, manches besprochen werden, doch die zentrale Bühne des therapeutischen Prozesses kann durchaus aus wenigen, aber sorgfältig ausgewählten Brettern bestehen.

Der Therapeut kommt nicht umhin, einen breiten Strom von Informationen, von verbalen und averbalen Signalen aufzunehmen, aber er handelt sinnvoll, wenn er seine Aufmerksamkeit fokussiert und eine bestimmte Arbeitsebene definiert. So richtet ein Verhaltenstherapeut seine Aufmerksamkeit auf die Ebene des manifesten Verhaltens, was nicht ausschließt, daß er dabei im Verlauf der Therapie auch tiefere Schichten der Persönlichkeit berührt. Ein KB-Therapeut hilft dem Patienten, eine innere Bühne zu errichten, auf der ausschnitthaft - aber beispielhaft - innere Prozesse in symbolischer Form wieder aufgeführt werden können und – wenn es zu einer guten Entwicklung kommt – Veränderungen erfahren. Diese Prozesse können sich dramatisch entwickeln. Einer meiner Patienten sprach von „allen meinen Kindheitstheatern, die ich aus dem Dunkel hervorgeholt habe."

Bildhaft gesprochen ist es so, als trüge man eine Lichtquelle durch einen dunklen Raum, die ausschnitthaft Strukturen an den Wänden und in den freien Räumen sichtbar werden läßt. Träume und Tagträume können Licht auf verkrustete Stellen werfen, hinter denen sich alte Wunden verbergen. Die Wahrnehmung der Beziehung zwischen Patient und Therapeut im Hier und Jetzt unterstützt dabei das Erinnern und Wiederholen traumatischer Begegnungen. Die Intensität der Lichtquelle ist nicht konstant. Sie kann zum – auch blendenden – Scheinwerfer werden, wenn zuvor unbewußte Konflikte plötzlich wieder scharfe Konturen gewinnen, sie kann zu verglimmen und erlöschen drohen, wenn die Beziehung zwischen Patient und Therapeut resignative Züge bekommt, weil möglicherweise die Motivation zur gemeinsamen Arbeit schwindet.

Beispiel

Einer meiner Patienten sprach von einer „prähistorischen Höhle", durch die er sein Licht trug. Als Therapeut hatte ich es gegen widrige Winde zu schützen. An den Wänden erschienen Malereien, Figuren und Skulpturen, auf dem Boden Hindernisse, die es zu übersteigen galt. In einer der letzten Stunden seiner Therapie griff er das Motiv der Höhle als Metapher für die Behandlung in folgender Form auf: „Manche dieser Bilder, die ich an den Wänden der Höhle entziffern konnte, schienen mir schon ewig lange eingeritzt. Ich wußte nichts von ihrer Existenz, hatte eher eine dumpfe Ahnung. Ich habe mir das alles mit Ihrer Hilfe noch einmal ansehen können. Manche der Bilder waren mir eigenartig vertraut, sie haben mir gutgetan und mich nicht geängstigt. Andere waren schrecklich, und ich war froh, daß Sie bei mir waren. Bei anderen wieder meinte ich, sie seien gar nicht von mir. Ich sah und fühlte sie wie Fremdkörper, Eindringlinge. Manchmal war ich verzagt, wollte mich einfach hinsetzen, nicht weitergehen, sogar zurückgehen zum Eingang. Dann habe ich mich erinnert, wie schlecht es mir da draußen gegangen ist, bevor die Therapie begann. Das hat mir Mut gemacht weiterzugehen. Obwohl die Höhle vielfach in sich verschlungen war, wurde es schließlich ein langer – jahrelanger – halbrunder Fries an der Wand, der zum Eingang zurückführte. Ich bin dort anders herausgekommen, als ich hineinging, und bin sehr froh, daß ich das Innere der Höhle kennengelernt habe. Ich bin froh, daß Sie auf das Licht aufgepaßt haben, denn das hat mir Sicherheit gegeben und das Gehen erleichtert, auch daß ich nicht nur schauen konnte, sondern auch fühlen und mich selbst fühlen."

Soweit der (gekürzte) Bericht eines depressiven Patienten nach einer Katathym-imaginativen Psychotherapie. Es ist bezeichnend, daß er seine Erzählung so bildhaft verfaßt, denn er hatte sich v.a. mit Hilfe seiner inneren Bilder aus einer depressiv-ängstlich gefärbten emotionalen Erstarrung zu lösen gelernt, zu fühlen gewagt und begonnen, darüber sprechen. Die Höhle ist nicht nur – wie hier – Sinnbild einer Psychotherapie, sie ist in der KiP auch ein Motiv, das in bestimmten Situationen vom Therapeuten vorgegeben wird (s. unten).

Imagination und Vorstellung

Alle Menschen – wenn auch in unterschiedlichem Maße – besitzen die schöpferische Fähigkeit, Phantasien, Träume und Tagträume zu entwickeln. Diesen Vorstellungen, die wir, wenn sie eine gewisse Tiefe erlangen, Imaginationen nennen, kann eine erstaunliche psychische Kraft innewohnen, die sich konstruktiv oder auch destruktiv äußern kann. Innere Vorstellungen bestimmen unser Fühlen und Handeln in hohem Maße, wobei uns das nicht immer in vollem Umfang bewußt ist. Viele von uns sehen sich lieber als rational handelnde Wesen. Handeln erzeugt wiederum Vorstellungen, so daß die Beziehung zwischen Vorstellung und Handlung nicht linear, sondern zirkulär zu verstehen ist. Vorstellungen können bildhaft, plastisch und scheinbar real werden, und auch Denkvorgänge, die wir gern „abstrakt" nennen, sind von Vorstellungen begleitet. Mathematiker verbinden mit bestimmten Ziffern und Zahlen oft Farbtönungen, Hell-Dunkel-Schattierungen oder andere Vorstellungen, die ihnen helfen, im Abstrakten die Anschauung nicht aus den Augen zu verlieren. Sie dient zur inneren Orientierung. Die Fähigkeit zu abstraktem Denken ist ohne Vorstellungskraft nicht denkbar. Am augenfälligsten ist die innere Dynamik und „ansteckende" Kraft von Vorstellungen, wenn sie von kreativen Menschen in Kunstwerke verwandelt werden, die beim Betrachter eines Bildes oder beim Hörer einer Symphonie korrespondierende innere Bilder und Emotionen anregen. Miteinander korrespondierende Vorstellungen (Gedanken, Ideen, religiöse und andere Überzeugungen) können zur Grundlage kollektiver Freisetzung von Energien im konstruktiven wie auch im destruktiven Sinne sein. Es können Pyramiden oder Kathedralen entstehen, es werden aber auch Kreuzzüge begonnen und vernichtende Kriege entfacht.

Der finale Aspekt der Phantasie

Im imaginativen Raum eröffnen sich Freiheiten des Wahrnehmens, Fühlens und Handelns. Imaginationen stehen – obgleich aus dem Moment und der Intuition heraus geboren – in enger Verbindung mit der Vergangenheit. Zugleich sind sie gegenwärtige Zukunftsvorstellungen. Wir sprechen vom finalen Aspekt der Phantasie. Darüber hinaus stehen Imaginationen zugleich in Verbindung mit unserer Innenwelt wie auch mit unserer Außenwelt. So sind sie vom Innen und Außen, vom Gestern und Heute determiniert und weisen aus der Gegenwart in die Zukunft.

Unsere Fähigkeit zu imaginieren versetzt uns in die Lage, innere Bilder zu entwickeln von etwas, das noch nicht präsent ist. Ein Architekt entwirft zunächst ein inneres Bild des geplanten Bauwerks, bevor er ans Zeichenbrett geht. Der Komponist hat eine Melodie „im Ohr", bevor er sich ans Instrument begibt oder zum Papier greift. Wir beobachten kreative Kreisprozesse oder Spiralen. Die Vorstellungskraft verwandelt sich in Kunstwerke oder auch in gedankliche Konstrukte, diese wiederum regen unsere Phantasie an, am Werk oder Gedanken weiterzuarbeiten. Der imaginative Prozeß entfaltet sich in der Gegenwart, er ist verwurzelt in der Vergangenheit und weist zugleich in die Zukunft. Mag er auch kontemplativ erscheinen, so enthält er stets einen Handlungsimpuls, den Impuls, sich zu materialisieren und darüber hinaus sich zu verändern.

■ **Bewertung von Phantasien und Imaginationen.** Phantasien und Imaginationen unterliegen in bezug auf ihre therapeutische Relevanz unterschiedlichen Bewertungen. Einerseits spüren wir unsere Abhängigkeit von unserer Vorstellungskraft, wenn wir etwas herstellen oder eine Aufgabe lösen sollen. Andererseits fürchten wir, die Kraft der Phantasie könnte uns an den Gesetzen der Realität vorbei in Scheinwelten „ver"-führen, wo wir uns die Dinge ausschließlich nach unseren Vorstellungen formen und letztlich an der Unvereinbarkeit mit der Realität scheitern müssen. Ein allein in der Vorstellung konzipierter Flugapparat kann eben auch abstürzen, wenn er die Gesetze der Aerodynamik nicht berücksichtigt. Es ist kein Zufall, daß große Erfinder immer beides in sich vereinigen konnten, nämlich eine freie wagemutige Vorstellungskraft und darüber hinaus eine profunde Kenntnis der naturwissenschaftlichen Gesetze. Vorstellungen können uns einerseits helfen, unsere Welt zu begreifen, mögliche Entwicklungen zu antizipieren und letztlich sinnvoll zu handeln, sie können aber auch den Blick für Realitäten verstellen. So schwingt beim Wort „Vorstellung" auch immer das Irreale mit, der drohende Verlust des Realitätsbezuges.

Historische Entwicklung der Katathym-imaginativen Psychotherapie

Das „katathyme Bilderleben (KB)" wurde in seinen Grundzügen erstmals 1954 von H. LEUNER publiziert. Im „experimentellen katathymen Bilderleben" wurde versucht, die Bedeutung tiefenpsychologischer Symbolik im Experiment zu bestätigen bzw. differenzierter darzustellen. Dabei zeigte sich, daß sich in den katathymen Imaginationen nicht nur psychodynamische Prozesse bildhaft manifestierten, sondern daß das Verfahren auch therapeutische Wirkungen hatte, die u.a. in zahlreichen Wandlungsphänomenen sichtbar wurden. Es wurde deutlich, daß sich in den Imaginationen unbewußte Konflikte symbolhaft abbildeten. Die aus der Psychoanalyse bekannten Übertragungs-, Gegenübertragungs- und Widerstandsphänomene schienen einerseits in die Symbolisierung einbezogen, andererseits drückten sie sich außerhalb der imaginativen Phase im Gespräch und in den Interaktionen zwischen dem Patienten und seinem Therapeuten aus.

Vorläufer der Katathym-imaginativen Psychotherapie

Das Verfahren der Katathym-imaginativen Psychotherapie hat zahlreiche Vorläufer (Literatur bei LEUNER 1994 und WILKE u. LEUNER 1990). Das Phänomen der frei im Patienten aufsteigenden inneren Bilder ist vielfach beschrieben worden. FREUD und BREUER beschrieben Tagträume der Hysterie (Anna O.). FREUD wandte die Methode der induzierten Imagination zur Förderung unbewußten Materials zunächst selbst an; später wandte er sich der freien Assoziation zu. SILBERER beschrieb plastische Imaginationen an der Schwelle zwischen Wachen und Schlafen. E. KRETSCHMER sah diese imaginativen Phänomene in ähnlicher Weise und nannte sie „Bildstreifendenken", um auf ihren selbsttätigen Ablauf hinzuweisen. C.G. JUNG fand seine Methode der aktiven Imagination, HAPPICH u. HEISS sprachen vom „Bildbewußtsein" der Patienten. DÉSOILLE beschrieb 1945 ein Verfahren des gelenkten Tagtraumes („rêve éveillé dirigé"). Sein Vorgehen zeigt eine gewisse Analogie zur KiP, das zugrundeliegende Konzept ist jedoch an der Pawlovschen Lehre orientiert und ausgesprochen suggestiv.

Begriffsbestimmung

Der Begriff „katathym" geht auf MEIER zurück. „Kata" bedeutet im griechischen „gemäß", „thymos" bezeichnet die Seele bzw. die Emotionalität.

Definition

Der Begriff „katathym" kommt bereits in der Odyssee vor und wird dort übersetzt mit „von Herzen kommend." Der Begriff weist darauf hin, daß es sich um emotionale bzw. vom Affekt gesteuerte Bild- und Erlebnisinhalte handelt.

Da die bildhaften Projektionen der innerseelischen Abläufe oft einen sehr dramatischen Charakter haben, wird in den angelsächsischen Ländern sowie in Holland und Schweden der Begriff „Symboldrama" als Synonym bevorzugt. Im anglo-amerikanischen Sprachraum ist die Bezeichnung „guided affective imagery" gebräuchlich. LEUNER, der seit 1948 versuchte, hypnagoge Imaginationen klinisch anzuwenden, nannte sie in Anlehnung an MEIER katathyme Bilder. Sein Verdienst liegt darin, daß er die Imaginationen in einen dialogischen Prozeß zwischen dem Patienten und seinem Therapeuten einbettete und daß sein Verfahren insofern über die „autistischen Imaginationen" der aktiven Imagination bei C.G. JUNG, der Oberstufe des autogenen Trainings und anderer Vorläufer hinausweist. Darüber hinaus entwickelte er zusammen mit seinen Mitarbeitern das Katathyme Bilderleben zu einem System gestaffelter Methoden und Regieprinzipien weiter. Heute gilt die Katathym-imaginative Psychotherapie als das gegenwärtig am besten organisierte und systematisierte Verfahren der imaginativen Psychotherapie (SINGER 1978).

Das Grundkonzept der Katathym-imaginativen Psychotherapie

Das theoretische Konzept des Verfahrens wurzelt in der Tradition der Psychonanalyse. Es geht von der Existenz unbewußter Motivationen und Abwehrvorgänge aus und nutzt die strukturgebende Funktion der Symbolbildung. Das Verfahren beruht auf dem psychologischen Prinzip der *Projektion*. Seine diagnostische Relevanz im Sinne des „experimentellen katathymen Bilderlebens" wurde systematisch untersucht. So stellte sich z.B. heraus, daß die Höhe eines imaginierten Bergs mit dem Anspruchsniveau bzw. der Leistungsbereitschaft eines Probanden korrelierte. Die KiP benötigt zur Anregung der Projektion keine materielle Vorlage. Psychischen Impulsen wohnt ein Drang inne, sich darzustellen. Die „optische Phantasie" an sich reicht aus, um unbewußte Konflikte im Tagtraum darzustellen. Dabei werden überwiegend psychische Funktionen aktiviert, die dem Primärprozeß im Sinne Freuds entsprechen.

> ! Unabhängig davon, ob Imaginationen spontan entstehen oder vom Therapeuten induziert werden, spiegeln sich in ihnen unbewußte Konflikte wider und äußern sich in Form tiefenpsychologisch verständlicher Traumsymbole. Es bestehen dabei enge Beziehungen zwischen den imaginierten Symbolen, den Emotionen und Verhaltensmustern im Traum.

Schon FREUD wies darauf hin, daß der Tagtraum ähnlichen Gesetzmäßigkeiten unterliegt wie der Nachttraum.

Der therapeutische Prozeß in der Katathym-imaginativen Psychotherapie

Im Verlauf einer KiP imaginiert der Patient auf Anregung seines Therapeuten. Er begibt sich in den Zustand einer kontrollierten Regression. Die Kontrolle geschieht in Form des dialogischen Miteinander, denn der Imaginierende berichtet die Inhalte seines Traums und die begleitenden Affekte simultan mit dem Entstehen seines inneren Traums dem Therapeuten. Besonders hierdurch unterscheidet sich das Verfahren von anderen imaginativen Techniken. Durch diesen Bericht über das symbolhafte innere Geschehen in statu nascendi ist der Therapeut in ganz besonderer Weise am inneren Prozeß des Imaginierenden beteiligt. Dabei entwickeln sich Übertragungs- und Gegenübertragungsphänomene analog zur tiefenpsychologisch fundierten Therapie. Diese können sich sowohl innerhalb der symbolischen Abläufe mit abbilden als auch außerhalb des eigentlichen Imaginationsprozesses manifestieren. Die Analyse dieser Übertragungs- und Gegenübertragungsbeziehungen spielt in der Katathym-imaginativen Psychotherapie keine so zentrale Rolle wie im analytischen Setting. Der Therapeut muß die Übertragungssituation zwar wahrnehmen und für sich verstehen, sie ist aber nicht ständiger Gegenstand der Bearbeitung und der Deutung. Das innere Drama des Patienten bildet sich überwiegend auf dem Projektionsschirm seiner Imaginationen ab, der ihm selbst und – über die Erzählung – auch dem Therapeuten sichtbar wird (s. Abb. 1.1).

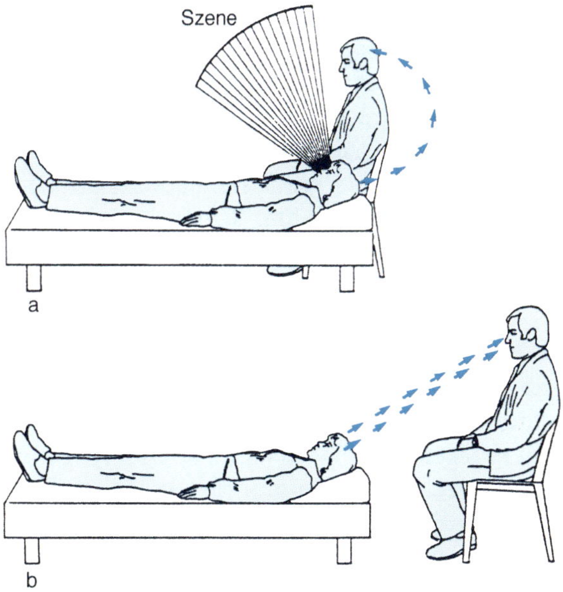

Abb. 1.1. Schematische Darstellung des therapeutischen Prozesses in der KiP im Vergleich zum Setting der Psychoanalyse. (Aus H. LEUNER 1994, S. 417)

In der KiP wird der überwiegende Anteil der projektiven Dynamik in der Szene der Tagtraumimagination manifest. Die Übertragungsgefühle, die sich unabhängig von diesen Projektionen dem Therapeuten direkt zuwenden, sind in der Regel schwächer ausgeprägt als in der Psychonanalyse. Hier richtet sich aufgrund des Settings und des Mangels an anderen Projektionsebenen die gesamte Dynamik als Übertragungsgefühl auf den Therapeuten. Vor- und Nachteile beider Settings sind an anderer Stelle dieses Beitrags beschrieben.

■ **Vorgehen zu Beginn der Therapie.** In der Initialphase einer Therapie hat es sich bewährt, dem Patienten bestimmte Motive vorzuschlagen.

> ! Dieses Vorgehen geht von der Hypothese aus, daß das psychische System in seinem affektiv-emotionalen Bereich auf die Anregung eines Vorstellungsmotivs hin Antworten auf unbewußte Konfliktkonstellationen gibt.

So kann die Aufforderung, in der Imagination einen Berg zu besteigen, den Konfliktbereich der Leistungsbereitschaft bzw. der Leistungsverweigerung anregen. Die verschiedenen Motive, die unten genauer dargestellt werden, sind thematisch geordnete „Kristallisationskerne“ zur Anregung katathymer Szenen, in denen ein Patient unbewußte Konflikte und deren Abwehr darstellen kann. Neben diesen Motiven verfügt das Verfahren über ein System spezifischer Interventionstechniken und Regieprinzipien. Aus didaktischen Gründen wird eine Gliederung in Grund-, Mittel- und Oberstufe vorgenommen.

■ **Assoziatives Vorgehen im Verlauf der Therapie.** In der Praxis der KiP wird – besonders in den fortgeschrittenen Phasen einer Therapie – überwiegend mit dem assoziativen Vorgehen gearbeitet. Im Gegensatz zur strukturgebenden Motivvorgabe der Grundstufentechnik wird hierbei der Vorschlag eines Motivs allenfalls noch als Ausgangspunkt einer Imagination genutzt. Der imaginierende Patient folgt ganz seinen inneren Impulsen und bildhaften Einfällen und wird dabei vom Therapeuten in angemessenem Abstand begleitet. Hierbei kann mehr Angst freigesetzt werden (auch für den Therapeuten) als beim haltgebenden Vorgehen auf der Grundstufe, jedoch bietet das assoziative Vorgehen freiere Entfaltungsmöglichkeiten. Es stellt eine „freie Assoziation in Bildern“ dar und steht hiermit dem analytischen Vorgehen näher als die Grundstufentechnik.

Praktisches Vorgehen in der Katatyhm-imaginativen Psychotherapie

Diagnostisches Vorgehen

Vor der ersten imaginativen Übung liegt die Erhebung der tiefenpsychologischen Anamnese. Sie dient der diagnostischen Klärung und der Indikationsstellung. Es wird ein erster Eindruck von der Ich-Stärke und inneren Behandlungsmotivation des Patienten gewonnen (s. Kap. 1.1: „Tiefenpsychologisch orientierte Psychotherapie“). Die Dauer der imaginativen Phase (KB-Sitzung) liegt zwischen 15 und 30 Minuten im Rahmen einer normalen Behandlungsdauer von 50 Minuten. Ein Vorgespräch dient der Klärung der momentanen Konfliktlage, ein Nachgespräch bezieht sich zunächst auf die Inhalte des Tagtraums, dann auf mögliche Assoziationen. Bei einer Stundenfrequenz von 1 bis 3 Sitzungen pro Woche wird im Rahmen einer Katathym-imaginativen Psychotherapie maximal in jeder zweiten Sitzung „gebildert“, minimal in jeder vierten. Manche sehr tiefgehende und emotional aufwühlende katathyme Imaginationen können auch längere verbale Nachbearbeitungsphasen erfordern.

Einleitung des Tagtraums

Zur Einleitung einer Imagination im Rahmen einer KiP bedarf es nur einer angedeuteten Entspannungsvorgabe. Wir bitten den Patienten, der in einem bequemen Sessel sitzt, sich zu entspannen, ruhig zu atmen, sich ein Motiv, z. B. eine Wiese, vorzustellen und über alles zu berichten, was in seiner Vorstellung entsteht. Dabei ist es wichtig, den Begriff „Vorstellen“ zu gebrauchen, auch wenn der Patient selbst bald von „Sehen“ spricht. Wir fügen hinzu: „Wenn sich in Ihrer Vorstellung spontan etwas anderes entwickelt, dann ist es auch gut, dann erzählen Sie mir davon. Alles, was jetzt in Ihrer Vorstellung entsteht, ist wichtig." Jeder Patient, der sich erstmals mit dieser Aufforderung konfrontiert sieht, kommt unter eine gewisse Spannung. Der Therapeut versucht, diese möglichst gering zu halten, indem er z. B. dem Prozeß einen spielerisch-experimentellen Beiklang gibt. Imaginationen entfalten sich am leichtesten aus einer Haltung des „passiven Wollens" heraus. Bei manchen Patienten sind die Vorstellungen zunächst blaß, grau und unscharf. Mit zunehmender ruhiger Konzentration und innerer Versenkung entwickelt sich dann eine deutliche, farbige und dreidimensionale Wahrnehmung. Nach einiger Übung wird das Bild autonom erlebt, als eigene innere Welt, in der man sich frei bewegen und auch handeln kann. Auch Patienten, die vor ihrer ersten imaginativen Erfahrung meinen, „vorstellen" könne man sich ja so mancherlei, und dadurch die innere Relevanz des imaginativen Prozesses in Frage stellen, werden bald von seiner Eigendynamik ergriffen.

Wenn der Patient zu imaginieren begonnen hat, bitten wir ihn, alle Wahrnehmungsqualitäten wie Sehen, Fühlen, Riechen und Hören zu aktivieren und auch seine Gefühle mitzuteilen. Die Aufforderung zur ersten Imagination innerhalb einer KiP sollte zu einem Zeitpunkt gegeben werden, in dem die Übertragungsbeziehung überwiegend positiv getönt ist. Um ein „positives imaginatives Initialerlebnis" zu haben, sollte sich der Patient vom Therapeuten angenommen fühlen und ihn als positiven Begleiter erleben können. Die klinische Erfahrung zeigt, daß Imaginationen, die zu einem Zeitpunkt überwiegend negativ getönter Übertragung angeregt werden, oft genau diese Übertragungsbeziehung widerspiegeln und ausgestalten. Auch diese Situation läßt sich in deutender Weise therapeutisch nutzen, doch versuchen wir zunächst, eine anaklitische, positiv gefärbte Übertragungsbeziehung zu fördern, um angenehm erlebte Regressionen zu ermöglichen. Die meisten Patienten sind später um so konfliktbereiter, je haltgebender sie ihren Therapeuten zu Beginn der Behandlung erlebt haben.

■ **Verlauf der katathymen Imagination.** Die Imagination kann im Sitzen oder auch liegend auf der Couch erfolgen. Der Therapeut sitzt dann in Kopfhöhe neben dem liegenden Patienten und schaut in dieselbe Richtung. Er bittet ihn, seine inneren Bilder möglichst genau zu beschreiben, auf seine Körperwahrnehmung zu achten und über die begleitenden Gefühle zu sprechen. Bald kommt es zu einem sich selbst verstärkenden Kreisprozeß von immer deutlicher werdenden Imaginationen in der Regression und einer sich vertiefenden psychophysischen Entspannung. Die kontrollierte Regression wird durch den simultanen Bericht des Patienten und durch behutsames Nachfragen und Anregen des Therapeuten gewährleistet. Die anaklitische Übertragung stabilisiert sich im Verlauf der Imagination. Der Therapeut hat einerseits die Aufgabe, den Bezug zur Realität aufrechtzuerhalten, andererseits den Patienten in seine innere Welt zu begleiten.

Im Verlauf einer katathymen Imagination entwickeln sich vor dem „inneren Auge" des Patienten Bilder, die zunehmend den Charakter von Wahrnehmungen haben und die von den entsprechenden Affekten begleitet sind. Wir sprechen von einer „quasi realen" Wahrnehmung. Der Patient ist einerseits mit seinen erlebenden Ich-Anteilen in diesen Prozeß involviert, andererseits gewährleisten seine beobachtenden Ich-Anteile, daß er sich stets der Tatsache bewußt ist, daß er imaginiert. Er kann bald soweit in die in ihm entstehende Welt eintauchen, daß er sich in ihr als Handelnder erlebt und die Funktionen der Realitätskontrolle weitgehend an den Therapeuten delegiert. Dies geschieht natürlich umso intensiver und fruchtbarer, je stabiler die therapeutische Beziehung im Verlauf der Behandlung geworden ist.

Beispiel

Die 18 Jahre alte Christine leidet an Magersucht. Nachdem ich in den ersten Behandlungsstunden einen recht guten Kontakt zu ihr finden konnte, fordere ich sie in der 7. Stunde auf, eine Wiese zu imaginieren. Im folgenden ist der Dialog mit minimalen Änderungen so wiedergegeben, wie er sich – festgehalten auf einem Tonbandprotokoll – entwickelte.

Christine: „Also die Wiese, die ist ganz bunt. Da sind Blumen drauf. Und ganz viele verschiedene Arten von Gräsern. Die Gräser sind alle etwas gelblich, so wie reifes Getreide. Ich sehe die Wiese, als ob ich ein Hase wäre und ganz klein bin. Die Gräser überragen mich. Es ist sehr warm."

Therapeut: „Wie ist es so, sich klein zu fühlen, und das Gras ist groß?"

Christine: „Ich fühle mich wohl, wie in einer Höhle irgendwie. Der Boden unter mir ist fest und warm."

Christine erlebt eine angenehme Regression, die von mir gefördert wird. Ich versuche, eine intensive visuelle und taktile Wahrnehmung der Szene anzuregen, indem ich sie auffordere, genau hinzuschauen und Gräser und Boden zu berühren.

Christine: „Die Spitzen der Gräser bewegen sich leicht, als ob da Wind wäre, aber ich spüre den Wind gar nicht, und es duftet nach gemähtem Gras."

Therapeut: „Wie geht es Ihnen ?"

Christine: „Ich fühle mich sehr wohl da. Es ist ganz still, man hört nur das Zirpen von den Grillen."

Therapeut: „Richten Sie Ihre Aufmerksamkeit doch auch einmal auf sich selbst. Wie ist Ihre Gestalt, wie alt sind Sie?"

Christine: „Ich fühle mich eigentlich – eigentlich fühle ich mich...".

Therapeut: „Nehmen Sie sich Zeit."

Es vergeht eine längere Zeit der inneren und zunächst sprachlosen Wahrnehmung.

Christine: „Ich fühle mich – wie – ich kann nicht sagen, als ob ich, daß ich mich wie ein Kind fühle oder wie ein Erwachsener oder so, aber ich fühle mich, als ob ich von der Wiese umschlossen werde – wie als ob ich in einer Wiege liegen würde – aber ich fühle mich trotzdem frei – weil ich das Gefühl habe, ich kann aufstehen und weggehen. Ich habe das Gefühl, als ob ich größer werden könnte, wenn ich wollte."

Kommentar: Christine hält sich in stockender Verbalisierung die Möglichkeit offen, im „regressiven Zustand der Wiege" zu verharren oder doch größer zu werden und sich ihrer Realität als 18jährige zu nähern. Sie genießt das Wiegen der Gräser und ihr eigenes Gewiegt-Werden und hat zugleich die Vorstellung, Alter und Größe frei wählen zu können. In dieser Phantasie hat sich der anorektische Zwiespalt bildhaft verdichtet.

Christine: „Ich fühle die Gräser an meiner Haut – das fühlt sich angenehm an. Sie sind sehr hart, es ist ganz angenehm und ich fühle mich davon irgendwie gehalten."

Kommentar: Das Gefühl des Gehaltenseins kann sowohl durch frühe Erfahrungen determiniert sein, wie auch mit der aktuellen therapeutischen Situation zusammenhängen. Ich fordere zur Betrachtung der Gräser auf, die ja ganz früh schon gelb wie reifes Getreide anmuteten.

Christine: „Die Gräser haben Ähren, die schwer nach unten hängen, einige sind abgeschnitten, so als ob sie gemäht worden wären."

Kommentar: Es geht um die Fruchtbarkeit und um die Ernte. Die Gräser haben Ähren, die schwer nach unten hängen. Im Nachgespräch meint Christine, hierin habe sie die Fruchtbarkeit der sie umgebenden Welt dargestellt, und an der habe sie seit Beginn ihrer Magersucht nicht mehr teilhaben mögen. Ich fordere sie zur weiteren intensiven Wahrnehmung der Szene auf.

Christine: „Jetzt bewegen sich die Gräser auch mehr als vorher, jetzt streichen sie mit ihren Spitzen richtig über meine Haut."

Kommentar: Die Berührung bedeutet Stimulation. Ich dachte dabei an mögliche taktile Erfahrungen mit der Mutter oder anderen frühen Bezugspersonen. Aber: Beobachtung und Fühlen bleiben eigenartig eingeschränkt.

Christine: „Aber ich spüre die Luft nicht, nur die Bewegung der Gräser."

Therapeut: „Was ist denn, wenn ich Sie jetzt einmal auffordere, den Kopf zu heben und zu schauen, ob Sie über die Spitzen hinweg schauen können?"

Christine: „Ich habe das Gefühl, daß ich mich nicht aufrichten kann, sondern daß ich aufgerichtet bin."

Kommentar: Hier handelt es sich um eine zentrale Aussage der Anorexie: „Ich habe das Gefühl, daß ich mich nicht aufrichten kann, sondern daß ich aufgerichtet bin." Die Patientin hat das Gefühl, von außen gesteuert zu werden.

Christine: „Nur – wenn ich wollte, könnte ich größer werden als die Gräser, könnte wachsen, aber nicht mich aufrichten."

Kommentar: Die Patientin macht einen Unterschied zwischen „wachsen, größer werden" und „sich aufrichten" als aktivem Vorgang.

Therapeut: „Versuchen Sie einmal zu spüren, was Sie möchten, was Ihr Wunsch ist in diesem Moment, in dem Sie ihn erleben."

Christine: „Es ist so schön behaglich in der Wiese, ich bin neugierig, wie es hinter der Wiese aussieht..., aber ich möchte danach auch wieder klein sein können."

Es folgt dann eine lange Pause des Nachdenkens. Die Patientin hat hier einen zentralen Aspekt ihres Konflikts imaginativ dargestellt und erlebt. Ich versuche, ihr Fühlen dahingehend anzuregen, daß sie spüren möge, ob sie eher bleiben oder den Weg nach vorn wagen möchte.

Christine: „Es ist mehr das Gefühl, daß es dort sehr eng ist auf der Wiese und die Gräser sehr eng beieinanderstehen und mir nicht viel Platz lassen. Und der Druck von den Gräsern, der ist stärker geworden."

Es folgt wieder eine längere Sprechpause, in der aber an den mimischen Reaktionen zu erkennen ist, daß es heftig in der Patientin arbeitet. Die Gräser bekommen eine neue Dimension, die der Einengung. Ähnlich wie im realen Erleben mit der Mutter wird das, was früher notwendige und angenehme Stimulation war, jetzt zu einer Behinderung.

Christine: „Ich habe das Gefühl, als ob die Wiese mich auch nicht mehr in sich haben möchte."

Kommentar: In diesem Moment erlebt Christine ein phantasiertes Ausgestoßensein, das, wie sich später herausstellt, zwei gegenläufige Impulse auslöst. Einmal einen heftigen Impuls, wieder unter den Rock der Mutter zu flüchten, zum anderen aber einen trotzigen Impuls früher Verselbständigung und narzißtischer Selbstüberhöhung. Meine Anregung, einen Blick über die Spitzen der Gräser zu wagen, stößt eine progressive Entwicklung an. Zugleich verbindet sich der eigene Wunsch nach Trennung projektiv mit der Wahrnehmung, von der Wiese ausgestoßen („geboren") zu werden, wobei die Wiese u.a. – wie sich im Nachgespräch zeigt – die Mutter repräsentiert; möglicherweise aber auch jenen Teil des Therapeuten, der zur Progression auffordert. Weggehen bedeutet schuldig werden, denn wer geht, macht sich selbst schuldig. Weggeschickt werden beläßt die Schuld beim anderen. Auch hier wird schlagartig eine typische anorektische Dynamik deutlich, in der Trennung und Eigenständigkeit unangemessen heftige Schuldgefühle auslösen. Christine wählt von sich aus zunächst den Weg einer vorübergehenden narzißtischen Selbstüberhöhung in einer Flugphantasie.

Christine: „Auf einmal sehe ich die Wiese von ganz weit oben, ich fühle mich, als ob ich über ihr fliegen würde."

Therapeut: „Was können Sie sehen?"
Christine: „Ich sehe die Blüten, und das wirkt fast so, als wenn sie mich angucken würden und mir hinterhergucken würden, weil ich mich über die Wiese weg bewege."

Therapeut: „Die Blüten schauen Sie an?"
Christine: „Ja."
Therapeut: „Was denken denn die Blüten, daß Sie jetzt plötzlich darüber schweben, wo Sie doch vorher noch in der Wiese waren?"
Christine: „Es ist vorwurfsvoll, wie sie mich anblicken, sie sind voller Vorwurf."

Kommentar: Die Patientin hat den Auszug geprobt und erlebt in der Imagination den vorwurfsvollen Blick der Mutter und ihren eigenen Zwiespalt diesem Vorwurf gegenüber.

Christine: „Ich habe Angst vor dem Vorwurf und denke, daß ich sie (die Mutter) nicht wiedersehen möchte."

Kommentar: Trennung bedeutet Vorwurf, doch dieser wird nicht kommuniziert. Es kommt zu einer Flucht, die einerseits eine Scheinlösung in die narzißtische Phantasie des Fliegens hinein darstellt, andererseits aber auch einen Keim zu wirklicher Selbständigkeit enthält.

Im weiteren Verlauf der Sitzung übt Christine weitere progressive Handlungen, die z. T. von ängstlichen, z. T. aber auch angenehmen Gefühlen begleitet sind.

Erläuterungen. Diese Schilderung soll dazu dienen, dem Leser einige imaginative Vorgänge plastisch sichtbar zu machen, die zuvor theoretisch dargestellt wurden. Sie beleuchtet zugleich einige zentrale Konflikte einer 18jährigen Magersuchtpatientin, nämlich innere Prozesse, die wir als pathognomonisch für die spezifische Entwicklungshemmung bei dieser Krankheit ansehen: So z.B. die Regression, die Flucht ins brüchige Größenselbst im imaginierten Flug und weitere wichtige innere Prozesse. Wir können annehmen, daß eine solch prägnante Darstellung der psychodynamischen Szene nicht ohne therapeutische Rückwirkung bleibt, denn die Imagination wirkt auf das erlebende Selbst der Patientin zurück. Die Gegenwart des miterlebenden und sich um ein Verständnis bemühenden Therapeuten ist von großer Bedeutung. Dabei geht es in dieser Erlebnisphase noch nicht so sehr um die Deutung, sondern zunächst stehen die Tagtraumbilder für sich selbst. Sie erfahren eine erste Kodierung, indem sie ausgesprochen, formuliert und in sprachlicher Form auf einer differenzierteren Stufe erneut symbolisiert werden. Über die Bedeutung der Bilder wurde in dieser ersten Phase der Therapie mit der Patientin noch nicht gesprochen. Der Erlebnisraum der Imagination bleibt geschützt und zunächst in sich geschlossen, der Verständnisraum wird in Nachgesprächen und weiteren Assoziationen später geöffnet.

Die Grundstufe der Katathym-imaginativen Psychotherapie

Leuner und seine Mitarbeiter haben auf dem Hintergrund jahrelanger klinischer Beobachtungen einige wiederholbare Bildmotive entwickelt, die klinisch erprobt und geeignet sind, symbolhafte Projektionen in wichtigen menschlichen Konfliktbereichen anzuregen. Dabei müssen die individuellen Bedeutungsinhalte der Bildsymbole auf den jeweiligen Patienten bezogen werden und können nicht im Sinne einer kollektiv gültigen allgemeinen Symbollehre übersetzt werden. Die im Folgenden beschriebenen Motive haben sich gut bewährt, einen ersten Überblick über die innere symbolische Welt eines Patienten zu bekommen. Sie dienen darüber hinaus auch der Orientierung des Therapeuten und strukturieren dadurch den therapeutischen Prozeß. Mit dem Vorschlag eines Motivs wird ein bestimmtes Erlebnisfeld thematisiert. Leuner spricht sich dafür aus, die Tagtraum-Projektionen im Rahmen eines sinnvollen Ordnungsgefüges zu strukturieren, und er benutzt das Bild einer Landkarte, die ein Besucher eines fremden Kontinents zur Hand nimmt, um sich an dessen Geographie zu orientieren.

Die Strukturierung durch Vorgabe von Motiven ist besonders zu Beginn für Therapeuten und Patienten hilfreich, später beim assoziativen Vorgehen kann auf die Vorgabe von Motiven verzichtet werden. Die Grundstufenmotive stammen mit Ausnahme des „Hauses" aus der Natur. Ein Teil der Motive ist breit angelegt, z. B. das Wiesenmotiv. Andere sind enger gefaßt und fordern zur Darstellung umschriebener Problembereiche auf.

Zum Problem der Motivvorgabe

Die Tatsache, daß im Verlauf einer KiP Motive vorgeschlagen werden, hat bei Therapeuten, die mit dem Verfahren wenig vertraut sind, zu der Vermutung geführt, es handle sich um ein direktives Verfahren mit einem starken suggestiven Element. Dies ist nicht der Fall. Die Suggestibilität des Patienten ist zwar durch die Entspannung, die sich im Verlauf der Imagination ausbildet, erhöht, aber die Begleitung durch den Therapeuten ist non-direktiv. Dieser ist sich in hohem Maße der Suggestibilität seines Patienten bewußt und umso behutsamer mit seinen Interventionen.

Die Motivvorgabe erleichtert fast allen Patienten den Einstieg in ihre imaginative Welt, darüber hinaus erleichtert sie dem Therapeuten die diagnostische Orientierung. Entscheidender als die Motivvorgabe ist die Frage, ob es dem Therapeuten gelingt, sein Verhalten freizuhalten von direktiven Elementen, und zwar auf der Grundlage von Vorannahmen über die Struktur und die Konflikte der Patienten. Jede Therapie enthält suggestive Elemente, auch die Psychoanalyse, die ja in ihrer historischen Entwicklung immer wieder versucht hat, den Einfluß der Suggestion möglichst gering zu halten. In der KiP ist dieses Problem Gegenstand ständiger Beobachtung und Einschätzung anhand von Tonbandprotokollen oder auch Videoaufzeichnungen. Entwicklungsanstöße jedoch in Form von Handlungsanregungen, Aufforderungen zum Probehandeln oder Antworten auf naheliegende Fragen gibt der Therapeut durchaus, doch er überläßt es dem Patienten soweit wie möglich, seinen eigenen Traum zu entwickeln und in ihm eigene Wege zu finden. Ausnahmen im Sinne eingrenzender Fürsorge gibt es bei suizidalen und bei Ich-strukturell gestörten Patienten (s. unten). Die Motive stellen lediglich Kristallisationskerne dar, die später frei und gemäß den kreativen Entfaltungsmöglichkeiten des Patienten ausgestaltet werden.

Fünf Motive der Grundstufe

- Das Motiv der Wiese, welches sich hervorragend eignet, eine Therapie mit der Katathym-imaginativen Psychotherapie zu beginnen. Die Wiese stellt eine Bühne für das Auftauchen von Symbolgestalten dar und kann selbst zum Symbol von Ursprung und Neuanfang werden.
- Das Motiv des Baches, bei dem der Patient aufgefordert wird, einen Bach entweder stromaufwärts bis zur Quelle oder stromabwärts bis zur Mündung zu verfolgen.
- Das Motiv des Berges, der zu betrachten und dann zu besteigen ist, um von seinem Gipfel aus einen Rundblick zu tun.
- Das Motiv eines Hauses, das zunächst von außen, später auch von innen besichtigt und erforscht wird.
- Das Motiv des Waldrandes mit einem Blick in das Dunkle des Waldes von der Wiese aus.

Zusätzlich zu diesen Grundstufenmotiven wird in der Anfangsphase einer KiP oft noch das Motiv einer Blume vorgeschlagen.

Der „Blumentest"

Auf Krapf geht die Anregung zurück, die Imaginationsfähigkeit eines Patienten durch die Vorgabe einer Blume zu prüfen. Der Patient wird aufgefordert, sich eine Blume vorzustellen und zu berichten, was vor seinem inneren Auge entsteht. Der Therapeut begleitet die Imagination und bittet um eine detaillierte Beschreibung der inneren Vorstellungen und der begleitenden Gefühle. Es ist selten, daß die Imagination der Blume nicht gelingt.

Stärker als bei der Imagination einer Wiese stellen sich in der Blumenimagination Selbstrepräsentanzen dar. Magersüchtige imaginieren oft zwei gänzlich verschiedene Blumen, entweder kurz hintereinander oder auch parallel. Ein unscheinbares Gänseblümchen steht häufig neben einer mächtigen und eindrucksvollen Blume, z. B. einer Orchidee. Diese beiden imaginativ symbolisierten Selbstrepräsentanzen können unverbunden nebeneinander stehen. Die Gestalt der imaginierten Blume kann auch alternieren zwischen einer kräftigen, widerstandsfähigen Blume und einer fragilen und schutzbedürftigen.

Beispiel

Im Tagtraum einer 17jährigen Patientin mit einer schweren Magersucht schwebt eine blaue Blume über einer Landschaft mit einem kleinen See, einer angrenzenden Stadt und einem im Hintergrund hoch aufragenden Berg. Die Patientin ahnt, daß die Blume etwas mit ihr selbst zu tun hat. Als sie das Bild später malt, empfindet sie sie als „Selbstdarstellung." „Ich bin ziemlich kopflastig und völlig losgelöst von der Welt und ziemlich allein."

Das Wiesenmotiv

Die Vorgabe dieses Motivs ist für die meisten Patienten zu Beginn einer KiP hilfreich. Es dient als Kristallisationskern für die initiale Tagtraumszene, die sich dann gemäß der inneren Dynamik des Patienten und abhängig von der therapeutischen Begleitung gestaltet und ausdifferenziert. Die Anregung eines Motivs bedeutet Strukturierung, aber auch Entlastung insofern, als aus der Fülle des möglichen imaginativen Materials ein bestimmtes Segment in besonderer Weise angesprochen wird. Das Wiesenmotiv steht fast immer am Beginn einer Katathym-imaginativen Psychotherapie. Es stellt eine geeignete Bühne für kreative Selbstentfaltung dar, zugleich eine Bühne, auf der Symbolgestalten (Objekte) auftreten und miteinander kommunizieren können. Düsternis oder Helligkeit einer landschaftlichen Szenerie geben Hinweise auf die aktuelle Gestimmtheit des Patienten. Fast immer steht die Atmosphäre der Landschaft in einer engen Beziehung zur mehr oder weniger bewußten Stimmungslage des Patienten. Anfänglich sonnenüberflutete Landschaften können sich plötzlich verdüstern, was nicht selten einen Hinweis auf verdrängte depressive Affekte darstellt. Umgekehrt können in der unbewegt grau-düsteren Imagination eines Depressiven durchsonnte und erwärmte Bereiche auftauchen, die auch der Patient als Hinweis darauf versteht, daß in ihm außer der Depression „auch noch etwas anderes" ist. Insofern steht die imaginierte Wiese immer in einer Beziehung zum Himmel, zur umgebenden Landschaft und zum Wetter.

■ **Symbolik der Wiese.** Bei aller Vorsicht, die gegenüber generalisierten Symboldeutungen angebracht ist, läßt sich doch festhalten, daß sich in der Symbolik der Wiese zumeist eine mütterlich-oral getönte Welt darstellt. Wenn der Protagonist auf seiner imaginierten Wiese Kühen begegnet, so handelt es sich meistens um mütterliche Repräsentanzen. Der Therapeut fragt nach der Beschaffenheit des Grases. Die Wiese kann fruchtbar sein, sie kann auch karg und öde sein. Wichtig ist die Wahrnehmung der Begrenzung der Wiese. Bei narzißtischen, unsicheren Jugendlichen ist sie oft unendlich weit und unbegrenzt, sie kann aber auch eingeengt sein und Verlassenheit und Trostlosigkeit ausstrahlen. Die Wiese lädt stärker als andere Motive zur Regression ein. Oft kommt es zu spontanen Altersregressionen, und die Wiese entwickelt sich zu einer Kindheitsszene mit den entsprechenden Erinnerungen. Wenn der Therapeut spürt, daß sich ein kindliches Erleben entwickelt, kann er dies durch eine vorsichtige Frage nach dem Alter fördern. Wichtig ist auch die möglichst genaue Wahrnehmung der begleitenden Gefühle. Die Wiese kann zu einem Schutzraum für Patienten werden, die sich durch körperliche oder seelische Krankheit bedroht fühlen.

Beispiel

Ein Patient mit ausgeprägter Colitis ulcerosa erlebt sich als Kind auf einer bergenden und schützenden Wiese, die mehr und mehr die Züge einer Paradieswiese gewinnt, auf der nichts Böses Platz hat. Die Wiese wird zu einem „Wiesenteller", der ihn schützt und wie ein bergendes Gefäß aufnimmt. Vom Rand dieses Tellers aus kann er eine feindliche und unzugängliche Außenwelt betrachten. Wiese und Teller bilden schützende Höhlen, bergende Gefäße. Sie sind wie haltende Hände. Entsprechend seiner Phantasie von der Paradieswiese gibt es reichlich zu essen, er braucht nichts zu tun, nur einfach da zu sein.

Das wiederholte Imaginieren solch bergender, primärprozeßhafter, narzißtisch getönter Phantasien ging zeitlich einher mit einem Rückgang der Entzündungsparameter und der Entzündungszeichen am Darm. Es kam zu einer narzißtischen Restitution – zumindest im Tagtraum – und zugleich zu einer körperlichen Restitution. Der Preis dafür war in dieser Anfangsphase der Therapie, daß das Böse und Konflikthafte nach außen verlagert wurde, es hatte – zumindest für einige Zeit – auf der Paradieswiese des Patienten nichts zu suchen.

Man kann diesen Vorgang natürlich unter dem Gesichtspunkt der Abwehr betrachten und ihn – zumindest im Nachgespräch – hinterfragen, etwa folgendermaßen: „Was muß denn da draußen bleiben?" Wir haben im Laufe der Entwicklung der KiP gelernt, dies nicht zu früh zu tun, auch wenn es sich dem analytisch Geschulten aufdrängt. Ich habe die heilende Wirkung des wiederholten Imaginierens schützender und bergender Szenerien bei psychosomatisch Kranken schon früh beschrieben (Wilke u. Leuner 1990). Auch bei psychoneurotisch Kranken ist ein ähnliches Vorgehen als „ressourcenorientierte Therapie" weit verbreitet. Wir haben gelernt, daß sich Patienten, die sich in dieser Weise zunächst ihrer Kraft und ihres Schutzes versichern, später Konflikte besser bestehen und auch von sich aus angehen.

Bachmotiv

Nicht selten taucht spontan ein Bach während der Imagination des Wiesenmotivs auf. Wir lassen den Patienten zunächst alle Einzelheiten der Stelle des Baches beschreiben, an der er auf ihn trifft. Der Bach kann ein kleines Rinnsal sein, kann viel oder wenig Wasser führen. Symbolisch ist er oft Ausdruck der fließenden seelisch-emotionalen Entwicklung, ihrer Kraft, Konstanz oder Impulsivität. Die seelische Entwicklung kann sich fließend ungehindert entwickeln, sie kann auch gehemmt (gestaut) sein. Sie kann versickern und an anderer Stelle wieder auftauchen. Wasser ist ein belebendes und erfrischendes Element, Fruchtbarkeit ist ohne Wasser nicht denkbar.

■ **Symbolik des Baches.** Wenn der Patient jene Stelle, an der er den Bach erstmals wahrgenommen hat, detailliert beschrieben hat, fragen wir ihn, ob er den Bachlauf lieber nach oben hin zur Quelle verfolgen möchte, oder ob er es vorzieht, mit dem strömenden Wasser in Richtung Meer zu ziehen. Wählt der Patient den Weg zur Quelle, bedeutet dies oft, daß er sich in seine Kindheit zurückbegibt und nach seinen Ursprüngen sucht. Dies bleibt ihm natürlich zunächst unbewußt. Die Quelle symbolisiert die spendende mütterliche Welt. Wir schlagen dem Patienten vor, aus der Quelle zu trinken, mit dem Wasser in Berührung zu treten, evtl. sogar darin zu baden. Die innige Berührung mit dem Wasser hat besonders auf psychosomatisch gestörte Patienten eine oft erstaunlich entspannende und symptomberuhigende Wirkung.

Wird der Bach in Richtung Fluß und Mündung ins Meer verfolgt, tauchen oft Verhinderungsmotive auf, die auf Konflikte hinweisen.

Bergmotiv

Das Bergmotiv kann in zweierlei Weise vorgeschlagen werden. Zum einen kann der Imaginierende aufgefordert werden, zunächst aus der Ferne einen Berg zu betrachten und ihn genau zu beschreiben. Die zweite Einstellung beinhaltet den Aufstieg auf den Berg bis zum Gipfel. Der Patient wird angeregt, den Berg bzw. den Aufstieg genau zu beschreiben, seine Gestalt zu erfassen und auch emotional auf sich wirken zu lassen. Hier wird im Sinne der Gestaltpsychologie auf Konnotationen wie männlich-weiblich, einladend-abstoßend, beängstigend-beruhigend geachtet. Dies gilt auch für die anderen Motive, besonders das Hausmotiv.

Symbolik des Berges. Die Höhe des Berges korreliert oft mit dem Anspruchsniveau unserer Patienten. Ein ausgesprochen narzißtisch strukturierter Patient imaginierte stets Berge, die eisbedeckt in allerhöchste Höhen ragten. Ähnlich strukturierte Patienten können auch kleine unscheinbare Hügel imaginieren. Das weist darauf hin, daß sie angesichts ihrer hochgespannten Ideale resigniert haben und den eigenen, für sie nicht erfüllbaren Leistungsanspruch in eine passive Bequemlichkeitshaltung umgewandelt haben. Die Art des Aufstiegs sowie die Höhe des Berges und auch das, was der Patient beim Rundblick über sein katathymes Panorama vom Gipfel aus wahrnimmt, werden von seiner unbewußten Konfliktdynamik gestaltet. Der Weg zum Gipfel und die Art, wie der Patient ihn bewältigt, geben Aufschlüsse über Leistungsbereitschaft, innere Ansprüche und Möglichkeiten der Bewältigung. Berggipfel sind in der Regel weit entfernt von menschlichen Behausungen, und so bedeutet der Weg zum Gipfel auch eine Entfernung aus der Geborgenheit menschlicher Nähe. Depressive Menschen imaginieren entweder sehr hohe Berge, deren Gipfel weit entfernt sind und bei denen sie schon zu Beginn der Bergbesteigung resignieren, oder sie imaginieren das Gegenteil, kleine Hügel, die sehr leicht zu erklimmen und keine eigentlichen Berge sind. Patienten mit ausgeprägten histrionischen Strukturanteilen empfinden die Bergbesteigung oft als ausgesprochen lustvoll und mühelos, sie überspringen weite Strecken und stehen plötzlich auf dem Gipfel, ohne – realitätsbezogen – die Mühsal zu spüren.

Hausmotiv

Wir bitten den Patienten, sich ein Haus vorzustellen. Dabei vermeiden wir jede weitere Vorgabe. Das Haus wird zunächst von außen beschrieben und später von innen erforscht.

Symbolik des Hauses. Das Haus wird oft als eine Darstellung der eigenen Person verstanden, seine imaginative Ausgestaltung drückt metaphorisch Vorstellungen von sich selbst aus. Personen tauchen selten oder erst bei wiederholter Imagination auf. Allerdings finden sich oft Objekte, die an Personen und Kindheitsszenen erinnern. Bei manchen Patienten drücken sich in unterschiedlichen Perspektiven des Hauses verschiedene innere Repräsentanzen aus. Hinter einer prächtigen Fassade kann sich ein baufälliges Hinterhaus verbergen. Beim Eintreten in das Haus entsteht zuweilen eine Scheu, die Privatsphäre zu verletzen. Es ist wichtig, das Gefühl des Patienten beim Herunterdrücken der Türklinke oder beim Überschreiten der Schwelle zu erfragen und es ihm so zu verdeutlichen. Besonders „ertragreiche" Sphären des Hauses sind die Küche, die Speisekammer oder der Kühlschrank, die Besichtigung der Vorräte in den Kellern, die Besichtigung des Schlafzimmers, der Wohnräume und schließlich des Speichers. In Kellern und Speichern finden sich Truhen und alte Schränke, die Erinnerungsstücke aus der Kindheit enthalten können.

Beispiel

Eine 62jährige Frau leidet unter sich lang hinziehenden depressiven Verstimmungen. Im KB erlebt sie sich auf dem Speicher ihres elterlichen Anwesens in Ostpreußen, nachdem sie zuvor das Haus und auch den Garten durchstreift hatte.

Sie hatte mir schon vorher berichtet, daß die Eltern ihren Hof, auf dem die Familie seit Generationen gewohnt hatte, zusammen mit dem ganzen Dorf 1944 Hals über Kopf verlassen mußten. Man habe damals das Haus noch wie für ein Fest hergerichtet, bevor die Familie mit dem Notwendigsten und einigen Pferden losgezogen sei. „Meine Eltern hatten wohl die Vorstellung, daß da Barbaren kommen würden, und sie wollten ihnen unsere gewachsene Kultiviertheit entgegensetzen." Die Patientin hatte immer mit einer gewissen idealisierenden Verklärung von diesen Tagen gesprochen, sie stand insofern in der Tradition der Familie. Diese Stimmung wandelte sich plötzlich, als sie in der Imagination auf dem Speicher Briefe fand. Einerseits waren da Feldpostbriefe des Vaters, liebevoll und etwas pathetisch verfaßt, wie es dem Zeitgeist entsprach. „Vater war sich seiner Liebe zur Mutter immer ganz gewiß, auch der gegenseitigen Treue." Andererseits fand sie dann in derselben Truhe Briefe eines anderen Mannes, den die Mutter 1943 kennengelernt hatte und den sie ebenfalls geliebt hat. Die Mutter hatte ihre Tochter erst nach dem Tod des Vaters ins Vertrauen gezogen. Die Depression der Patientin trat erstmals im Alter von 52 Jahren auf, als sie sich selbst in einer Ambivalenzsituation zwischen zwei Männern befand. Die Beziehung zwischen dem Schicksal der Mutter und dem eigenen war der Patientin bis zum Zeitpunkt dieser Imagination nicht bewußt.

Folianten, Fotoalben und alte Briefe können mancherlei Schlüssel enthalten, um biographische Parallelen über die Generationen hinweg wahrzunehmen. Sie enthalten Kostbares im positiven wie negativen Sinn.

Das Hausmotiv kann mehrfach imaginiert werden, da es verschiedene Lebens- und Konfliktbereiche symbolisiert und Material für viele Therapiestunden enthält. Das wiederholte Aufsuchen des Hauses macht Wandlungsmöglichkeiten deutlich. In der Regel wird im Verlauf einer Therapie das imaginierte Haus mehr und mehr zum „eigenen Haus." Das Hausmotiv kann eine starke selbstkonfrontative Kraft entfalten und ist dann mit Zurückhaltung therapeutisch zu begleiten. Stärker als bei anderen Motiven spüren Patienten, daß das innere Bild „ihres" Hauses auf sie selbst zurückweist, daß es Rückschlüsse darüber gibt, wie es in ihnen aussieht.

Waldrandmotiv

Wir schlagen dem Patienten vor, er möge sich am Rand einer schon bekannten Wiese einen Waldrand vorstellen. Kann er sich auf diesen Vorschlag einlassen, bitten wir ihn, sich dem Waldrand zu nähern und dabei genau zu beobachten, aber einige Meter vor dem Waldrand zu verharren. Er möge das Dunkel des Waldinneren beobachten und abwarten, was geschieht. Insbesondere möge er auf Tiere oder Menschen achten, die nach einiger Zeit aus dem Dunkel hervortreten können. Das Motiv des Waldrandes stellt eine Bühne dar, auf der sich Symbolgestalten, die aus dem Wald hervortreten, relativ frei entwickeln können. Der Wald gilt allgemein als ein Symbol des Unbewußten. Man denke an Märchen, in denen der Wald mit den verschiedensten Gestalten von guten Feen und Dämonen belebt ist. Der Waldrand stellt einen Grenzbereich zwischen der Kulturlandschaft der Wiese und der ursprünglichen Natur in Form des Waldes dar.

Symbolik in der Katathym-imaginativen Psychotherapie

Die Symbolik des Tagtraumes kann analog zu der des Nachttraumes betrachtet werden. Wir versuchen, Symbole und Symbolgestalten sowohl auf der Objektstufe als auch auf der Subjektstufe zu verstehen.

Beispiel

Ein 19jähriger Mann leidet unter einer schweren Bulimie in Verbindung mit Selbstwertkrisen. Er imaginiert beim Blumenbild einen Strauß duftender Rosen. „Eine Rose in der Mitte ist unwirklich schön, ich möchte sie berühren, sie zieht mich sehr an. Zugleich habe ich ein beklommenes Gefühl und mag mich nicht trauen."

Er umkreist die duftenden Blumen aus sicherem Abstand, wird dabei zunächst unruhig, dann traurig.

Nach Einfällen befragt, fiel dem Patienten rasch ein Mädchen ein, das er mit 15 Jahren heftig begehrt, aber nie angesprochen hatte. „Dann wäre ich noch röter geworden als die Rose jetzt in meinem Bild." Weitere Assoziationen führten zur Mutter eines Freundes, und der Patient bemerkte: „Irgendwie war die Rose in der Mitte doch schon etwas älter, so richtig aufgeblüht und deutlich von den anderen, die sie umgaben, zu unterscheiden."

! Auf der Objektstufe verstehen wir Symbole als Ausdrucksmöglichkeiten der Beziehungserfahrungen mit frühen und aktuellen Objekten.

Symboldeutungen auf der Subjektstufe
Die Deutung eines Symbols auf der Subjektstufe geht auf C. G. JUNG zurück. Ich habe den Patienten unmittelbar nach seinem Traum nicht gefragt, was denn diese Rose vielleicht mit ihm selbst zu tun haben könne, wohl weil ich spürte, daß ich ihm mit dieser Frage zu einem so frühen Zeitpunkt der Therapie zu nahe kommen würde. Später stellte sich heraus, daß dieser junge Mann in seiner Geschlechtsidentität noch nicht festgelegt war, wie wir dies bei männlichen Bulimiepatienten nicht selten sehen. Er verspürte heftige libidinöse Regungen zu Frauen wie Männern verschiedener Altersstufen. Die gleichgeschlechtlichen Wünsche waren stark tabuisiert und wurden seiner Wahrnehmung nur langsam zugänglich. Es dauerte Wochen, bis er darüber sprechen konnte. Etwa 2 Monate nach dem initialen „Blumen-KB“ fragte ich ihn, ob er sich an die Blume erinnere, und er meinte spontan, sie habe sicherlich viel mit ihm zu tun; besonders seiner Selbstverliebtheit, seiner Grandiosität und Unberührbarkeit, die er zunehmend als Einsamkeit spüre. Er brachte dann erneut das Bild mit, das er nach dem ersten KB gemalt hatte, und wir besprachen es unter diesem ergänzenden Aspekt. Deutungen auf der Objektstufe und der Subjektstufe ergänzen sich wechselseitig.

Symbolische Darstellung von Familieninteraktionen
Symbole repräsentieren oft frühe Liebesobjekte. Die initialen Landschaftsbilder in einer KiP spiegeln die gelingende oder problematische Internalisierung früher Objekte. Tauchen auf einer imaginierten Wiese Kühe auf, so handelt es sich in der Regel um mütterliche Imagines. Tauchen Bäume auf (was nicht selten der Fall ist), so kann es sich um väterliche, großväterliche oder auch mütterliche Imagines handeln. Die wichtigsten Bezugspersonen in der Kindheit und wichtige Menschen späterer Begegnungen tauchen in der Anfangsphase einer KiP selten in realer Gestalt auf. Sie sind zumeist in Landschaften und deren Details repräsentiert. Gefühle, die Begegnungen begleitet haben, schlagen sich in Stimmungen und atmosphärischen Schwankungen nieder. Deshalb kann die Frage des Therapeuten nach dem Wetter heftige Affekte auslösen, worüber der Anfänger immer wieder erstaunt ist. Die Landschaftsmotive geben die Möglichkeit, Objektrepräsentanzen zunächst symbolisch verkleidet darzustellen, dann langsam zu konkretisieren und zu verdichten. Gruppen von Bäumen können manchmal als Repräsentanzen der Familienkonstellation verstanden werden. Bei der Vorgabe von drei Bäumen – im Sinne eines projektiven Tests – taucht oft das Kind zwischen dem Elternpaar auf. Läßt man eine Gruppe von Bäumen imaginieren, stellen sich manchmal Familienszenen dar. Dem Patienten wird dabei die symbolische Bedeutung zumeist erst im Nachgespräch deutlich. Ähnliche Möglichkeiten der symbolischen Darstellung von Familieninteraktionen bietet das Motiv der Tierfamilie. Der Verlauf ist hierbei meistens sehr viel dynamischer, da Tiere im Gegensatz zu Bäumen nicht nur statische Gestalten darstellen, sondern handeln können. Auch wenn die entstehenden Symbole bestimmte Objekte oder auch Gruppen von Objekten repräsentieren, ist es doch therapeutisch wenig fruchtbar, eine interpretierende Zuordnung vorzunehmen. Der Therapeut sollte seine Kenntnisse der Symbolik zwar für die Hypothesenbildung nutzen, er sollte aber dem Patienten keine Vermutungen mitteilen.

> **!** Symbole sind stets mehrfach determiniert.

■ **Polarität von Symbolen.** Insofern stellt eine Symboldeutung zwangsläufig eine unbillige Verkürzung des therapeutischen Prozesses dar; noch deutlicher gesagt, die Spannung, die das Symbol selbst enthält, die zum weiteren Nachdenken und Fühlen anregt und die letztlich den Antrieb für eine weitere Suche darstellt, wird durch eine solche Deutung neutralisiert. Symbole haben mehrere dynamische Quellen, die durchaus gleichzeitig in ein- und demselben Traum auftauchen können. Darüber hinaus sind sie in ihrem Bedeutungsgehalt polar angeordnet. Eine typische Polarität besteht zwischen der mütterlich-weiblichen Welt und der entsprechenden väterlich-männlichen Welt. Auch gute und böse Aspekte eines Symbols sind polar angeordnet, besonders eindrucksvoll z. B. bei der Schlange. Symboldeutungen sind auch deshalb therapeutisch wenig fruchtbar und schädlich, weil sich im Verlauf einer Behandlung die Symbolgehalte, die wichtigen Personen zugeordnet werden, verschieben können. Die böse Mutter einer frühen Therapiephase kann zur guten Mutter einer späteren werden. Das Ziel einer gelingenden Therapie sind sinnvolle Kompromißbildungen, ohne daß das Erleben der Polarität dadurch neutralisiert wird.

Zum Verständnis von Symbolrepräsentanzen. (Nach Leuner 1994)

- Alle KB-Inhalte haben Symbolcharakter, auch die landschaftlichen. Sie können neben anderen als Repräsentanzen früher Liebesobjekte (Introjekte) aufgefaßt werden.
- Der Therapeut kann bei seinen anfänglichen Versuchen in einer Therapie den Bedeutungsgehalt der KB-Inhalte (Symbole) zunächst nur arbeitshypothetisch und lediglich auf kollektiver Basis zuordnen. Erst später kann er dann aufgrund der subtilen Kenntnis der Anamnese und weiterer, aus der Therapie gewonnener Daten ein zunehmend dichtes Netz der individuellen Bedeutungsstrukturen gewinnen und die Zuordnung schrittweise vornehmen.
- Die daraus gewonnenen neuen, sich verfeinernden Hypothesen zur Deutung teilt er seinen Patienten in der Regel jedoch erst spät als Angebote mit.
- Der individuelle Bedeutungsgehalt eines Symbols sollte vielmehr durch den Patienten selbst entschlüsselt werden, indem er angeleitet wird, z. B. die Gestaltqualitäten eines Motivs näher zu erfassen und dazu Einfälle zu bringen.
- Unabhängig davon kommt es gelegentlich auch zu einer Selbstinterpretation des Symbols.
- Die Relation zwischen Symbol und unbewußtem emotionalen Bedeutungsgehalt kann zunächst nur aus der „Hier-und-Jetzt-Situation" verstanden werden.
- Eine eindeutige Zuordnung von Symbol und Liebesobjekt widerspricht der Eigenart des Symbols, und zwar weil
- die symbolische Repräsentanz stets mehrfach determiniert ist und zunächst häufig Deckfiguren ins Bewußtsein treten;
- das das Objekt repräsentierende Symbol polare Bedeutungen im Sinne der Beziehung zum „guten" und „bösen" Objekt einschließt;
- die Objektbeziehungen in verschiedenen Entwicklungsphasen des Kindes unterschiedlich gewesen sein können;
- in den zu formulierenden Gestaltqualitäten, z. B. eines landschaftlichen Motivs zwar einerseits eine reale genetische Beziehung zur Darstellung kommen kann, die andererseits aber als regressive Symbolrepräsentanz auch eine Verdichtung des emotionalen Klimas der Beziehung zu Introjekten darstellt.
- Für die Therapie zählt allein der subjektive Erlebnisgehalt der gegenwärtigen Behandlungssituation, der Gegenstand der therapeutischen Arbeit im KB ist.

Zum therapeutischen Umgang mit den Symbolen

Richtunggebend für den therapeutischen Prozeß ist allein die subjektive Bedeutung des imaginierten Symbols, sie kann sich in einem der Imagination folgenden Assoziationsvorgang weiter konkretisieren. Unmittelbare Deutungen von Symbolen durch den Therapeuten können den therapeutischen Prozeß nachhaltig stören. Die individuelle Bedeutung „seines" Symbols kann nur vom Patienten selbst entschlüsselt werden. Die seinem Bewußtsein zunächst verborgenen Bedeutungen lösen weitere Imaginationen aus, die sich dann im Verlauf schrittweise ändern.

Symbolbildungen sind nicht nur das Resultat innerpsychischer Auseinandersetzung mit frühen Introjekten. Sie sind auch durch die momentane Situation des Patienten in der Therapie determiniert; insofern stellen sie auch eine Botschaft an den Therapeuten dar, die den Beziehungsaspekt zu ihm einschließt. Natürlich bildet der Therapeut eigene Hypothesen zu den symbolischen Botschaften des Patienten, und es ist gut, wenn er dessen Erkenntnisprozeß ein wenig voraus ist. Wenn er aber seine Gedanken zur Symbolik zu früh äußert, kann dies zur Abwehr im Sinne von Rationalisierung und Intellektualisierung und zu einer Verarmung bzw. Stockung im Erkenntnisprozeß führen.

> ! Die emotionale Rückwirkung des projizierten Symbols auf das erlebende Selbst des Patienten ist zumeist wirkungsvoller als eine Deutung, die höher organisierte, kognitive Bereiche anspricht.

Zur tiefenpsychologischen Symbolik

In der Tiefenpsychologie gilt nach wie vor der Satz: „Nur was verdrängt ist, wird symbolisch dargestellt; nur was verdrängt ist, bedarf der symbolischen Darstellung." Die betroffene Person weiß nicht, wann sie es mit einem „Symbol" zu tun hat, denn der Impuls stammt vom Unbewußten. Freud betrachtete die Symbolik des Traums u.a. als unser archaisches Erbe. Er sah dieses Erbe als erste Quelle von Symbolbildungen. C.G. Jung richtete sein Augenmerk zusätzlich auf die kollektive Symbolik und sprach vom „kollektiven Unbewußten." In der Praxis der Therapie orientieren wir uns eher an einer zweiten Quelle der Symbolik, die in der individuellen Entwicklung des Menschen mit seinen mannigfachen Einflüssen wurzelt. Das Wesen eines Symbols liegt in der Zwei- oder Mehrdeutigkeit, es entsteht aus einem Verdichtungsprozeß, einem „Zusammenwerfen" (Symballein) einzelner Elemente. Es ist weniger begrifflich denn anschaulich, enthält aber auch bewußte Determinanten. Es drückt in anschaulicher Weise etwas Verborgenes aus und verdeutlicht innere Zusammenhänge in assoziativer Weise. Das bildhafte Symbol ist ein Vorläufer der Sprache. Ebenso wie diese ist es Produkt eines Erkenntnisvorgangs und eine Leistung des Ich (Lorenzer 1970).

Lorenzer betont stärker als seine analytischen Vorläufer den Beziehungscharakter des Symbols. Eine wichtige Antinomie in der Betrachtung der Traumsymbole liegt im kollektiven Aspekt bis hin zu den Archetypen einerseits und im individuellen Aspekt andererseits. Für den tiefenpsychologisch arbeitenden Psychotherapeuten ist es hilfreich, Mythen und Märchen zu kennen. Doch ist es wichtiger, hinter die individuelle Mythologie bzw. Märchenwelt des einzelnen Patienten zu schauen, seine private Welt zu erforschen. Die intime Kenntnis fernöstlicher Mythologie ist einer adäquaten tiefenpsychologischen Behandlung in unserem Kulturkreis nicht immer dienlich und kann auf unfruchtbare Seitenwege und Irrwege führen. Ein frühzeitiges Intellektualisieren kann die Folge sein; der Prozeß der inneren Auseinandersetzung, der durch immer neu auftauchende Symbole genährt und in Gang gehalten wird, kann in intellektuellen Erörterungen versanden. Der Erkenntnisprozeß in einer solchen Therapie ist nicht linear, sondern kreisförmig in immer anderen Zirkeln. Man spricht von einer Erkenntnisspirale, in die immer wieder neue symbolische Darstellungen mit ihren Transformationen einfließen und an deren Ende letztlich eine Gewißheit steht, die – bezogen auf die Therapie – befreiend wirken kann. Die Kunst des Therapeuten besteht darin, diesen Erkenntnisprozeß möglichst lange offen zu halten, um ihm viel Material zufließen lassen zu können, und um zu vermeiden, daß es durch vorzeitige Deutungen zu Fehlschlüssen kommt.

■ **Reaktionen von Patienten.** Unsere Patienten erwarten Rückmeldungen, wenn sie uns ihren „inneren Raum" sichtbar gemacht haben. Sie drängen uns allzu gern in die Expertenrolle dessen, „der Träume lesen kann." Es gilt, der Versuchung zu widerstehen, auf diese mehr oder weniger offen geäußerten Wünsche einzugehen. Im Gegenteil, die therapeutische Kunst besteht darin, das Fragezeichen, das am Ende einer jeden Traumsequenz steht, zu formulieren, und den Patienten zu ermutigen weiterzusuchen. Dieser wird dies umso leichter tun, je mehr er wahrnimmt, daß sich auch der Therapeut das Fragezeichen zu eigen macht und bereit ist, ihn bei dieser Suche zu begleiten.

Die Symbole katathymer Bilder interpretieren sich oft selbst. Besonders wenn sie in gleicher oder etwas veränderter Form erneut auftauchen, sind sie oft unmittelbar verständlich, so wie die beschriebene Blume.

> ! Darüber hinaus wirkt das imaginierte Symbol zurück auf das erlebende Selbst.

Die Patienten sind häufig emotional ausgesprochen berührt von dem, was sich in ihnen bildhaft entwickelt. Sie erleben es partiell als Ich-fremd, spüren aber zugleich, daß es aus ihnen selbst heraus entsteht. Manchmal versenken sie sich meditativ in den entstehenden Prozeß, manchmal versuchen sie ihm handelnd zu entkommen. Der Imaginierende ist zwangsläufig mit dem imaginierten Objekt identifiziert, da es aus ihm selbst heraus entsteht, doch versuchen wir als Therapeuten, solche Prozesse, die der Meditation ähneln, zu begrenzen. Vielmehr achten wir darauf, daß das erlebende Selbst und das beobachtende Selbst des Patienten für ihn getrennt bleiben.

Drei ausgewählte therapeutische Interventionsstile

■ **Anforderungen an den Therapeuten.** Wie in jeder tiefenpsychologisch fundierten Psychotherapie orientiert sich das Therapeutenverhalten in der KiP am Ziel, dem Patienten Einsichten zu vermitteln in unbewußte, konflikthafte Objektbeziehungen, deren Entstehungsgeschichte und ihre Auswirkungen auf das Selbstbild und auf die narzißtische Regulation. Diese Einsicht ist nicht als ein rein kognitiver Prozeß zu verstehen, sondern sie enthält die emotionalen Dimensionen von Wiedererleben und auch Neuerleben. Im günstigen Fall stehen am Ende erweiterte Handlungsmöglichkeiten. Der Therapeut wird den Tagtraum je nach seinem Ausbildungsstand unterschiedlich begleiten. Die KiP ist in Grundstufe, Mittelstufe und Oberstufe gegliedert, wobei die therapeutischen Möglichkeiten mit fortschreitender Ausbildung breiter werden. Es erfordert Lernen, Erfahrung und konstante Supervision, bis ein Therapeut die ganze Spannweite zwischen assoziativem Vorgehen einerseits und der Symbolkonfrontation andererseits beherrscht. Grundvoraussetzung ist ein hohes Maß von empathischen Fähigkeiten, die im Laufe der Ausbildung weiter geschult werden. Darüber hinaus erfordern schnelle Bildwechsel Flexibilität und die Fähigkeit, sich auf rasch wechselnde Szenerien einzustellen, ohne von ihnen überschwemmt zu werden. Die KiP stimmt in zwei Grundannahmen mit der Gesprächstherapie überein (s. Kap. 1.2):

> !
> - Bei den Patienten steigert sich die Fähigkeit zur Selbstexploration, wenn in der therapeutischen Beziehung die dafür geeigneten Bedingungen gegeben sind.
> - Diese Bedingungen können seitens des Therapeuten durch ein Beziehungsangebot gefördert werden, das als empathisches Verstehen beschrieben werden kann, welches seinerseits mit bedingungsfreier Wertschätzung des Patienten verbunden ist und seine Basis in einer weitgehenden Zugänglichkeit des eigenen Erlebens hat.

Diese Grundannahmen führen in der KiP auf der Ebene des therapeutischen Verhaltens auf seiten des Therapeuten zu einem Verhalten, das u. a. gekennzeichnet ist durch:

- Zugewandtheit,
- spontanen Ausdruck,
- engagierte Aktivität,
- Eingehen auf das Erleben des Patienten,
- Respekt vor dessen individueller Eigenart und
- Nondirektivität.

Auch hier finden sich Ähnlichkeiten mit der Beschreibung gesprächspsychotherapeutischen Therapeutenverhaltens.

Dennoch ergeben sich zwischen Gesprächspsychotherapie und KiP bedeutsame Unterschiede im therapeutischen Prozeß: Wenn zwei das gleiche tun, dann ist es noch nicht dasselbe, und zwar u.a. deshalb, weil unterschiedliche Ziele ins Auge gefaßt werden. In der KiP dient dieses angestrebte Beziehungsangebot als eine Voraussetzung für ein günstiges Klima zwischen Patient und Therapeut, das kreative Imaginationen ermöglichen bzw. fördern soll.

Im Folgenden sollen einige der therapeutischen Techniken, die spezifisch für die Katathym-imaginative Psychotherapie sind, näher erläutert werden (s. Tabelle 1.1). Die Stufeneinteilung relativiert sich beim erfahrenen Therapeuten. Das Imaginieren von Grundstufenmotiven kann durchaus mit der Technik des assoziativen Vorgehens begleitet werden und Symbolkonfrontationen können auch bei Grundstufenmotiven sinnvoll sein. Das beschriebene „Gerüst“ ist also nicht als Schema zu verstehen, nach dem in jedem Fall vorzugehen ist, sondern als Orientierungshilfe.

Tabelle 1.1. Die Instrumente der Interventionen in der Katathym-imaginativen Psychotherapie. (Aus Leuner 1994).

	Standardmotive	Struktur	Therapeutische Techniken	Regieprinzipien
Grundstufe	1. Wiese	br.	I. Übendes Vorgehen	a. Versöhnen
	2. Bachlauf	m.	II. Entfaltung kreativer Imaginationen	b. Nähren
	3. Berg	br.		
	4. Haus	m.	Malen imaginativer Inhalte	
	5. Waldrand	br.		
Mittelstufe	6. Beziehungsperson	n.	III. Assoziatives Vorgehen	c. Schrittmacher
	7. Sexualität (Rosenbusch)	n.	IV: Nachttraum	d. Symbolkonfrontation
	(Mitgenommenwerden, Kutsche, Auto)	n.	V. Fokussierung akuter Konflikte VI. Inspektion des Körperinneren	
			VII. Befriedigung archaischer Bedürfnisse	
	8. Aggressivität (Löwe)		VIII. Durcharbeiten	
	9. Ich-Ideal	n.	IX. Übertragungsanalyse	
Oberstufe	10a. Höhle	br.	X. Kombination mit konventioneller Psychoanalyse	e. Erschöpfen und Mindern
	10b. Sumpfloch	n.		f. Magische Flüssigkeiten
	11. Vulkan			
	12. Foliant			
musikalisches KB (mKB)	(Fokussierung 1.–8. möglich)		III. Assoziatives Vorgehen	
KB in Gruppen (GKB)	(Fokussierung 1.–8. möglich)		Typ 1: Individuelle Phantasien Typ 2: Gruppenphantasien	Feedbacktechniken

br. breit; *m.* mittelbreit; *n.* eng.

Drei wichtige therapeutische Vorgehensweisen sind:

- das übende Vorgehen,
- die Symbolkonfrontation und
- das assoziative Vorgehen.

1. Übendes Vorgehen

Der Therapeut begleitet den Patienten einfühlsam auf seinem Weg durch die imaginierte Landschaft. Er bittet ihn, sich umzusehen und die Szenerie so detailliert wie möglich zu beschreiben. Besonders in Details nämlich erschließen und entwickeln sich Facetten, die überraschend sind und in denen sich unbewußtes, konflikthaftes Material verbirgt. Der Therapeut begleitet verständnisvoll, fragt nach, wenn er das Gefühl hat, daß der Patient nicht erzählt, was er bildhaft erlebt. Der verbale Bericht stört keineswegs den imaginativen Prozeß; im Gegenteil, im Verlauf der Beschreibung konkretisiert sich mit seiner Hilfe das Bild. Der Sekundärprozeß des Sprechens dient dazu, die Inhalte der primärprozeßhaften Imagination an den Therapeuten weiterzugeben, um ihn daran teilhaben zu lassen.

Ziel des übenden Vorgehens. Das übende Vorgehen hat zum Ziel, den Patienten in möglichst engen Kontakt mit seinen inneren Bildern zu bringen, ohne dabei den Fluß oder die Richtung dieser Bilder direktiv zu beeinflussen. Richtung und Geschwindigkeiten bestimmt der Patient selbst. Tauchen Verhinderungsmotive wie Zäune oder Gräben auf, so weist dies auf Abwehrvorgänge oder Widerstände hin. An diesen Stellen ist die genaue Betrachtung und Beschreibung besonders wichtig. Es geht weniger darum, die Abwehr mit Kraft zu überwinden, z.B. über den Graben oder den Zaun hinwegzukommen, sondern zunächst vielmehr darum, das auftauchende Hindernis in allen Dimensionen zu erfassen und zu erspüren, bevor der Weg weiterführt. Ein solches Vorgehen fördert die innere Auseinandersetzung mit konflikthaften Situationen. Der Therapeut nimmt dabei eine protektive Haltung ein, d.h. er unterstützt und hilft, schlägt vor, wägt ab, ohne dabei in eine direktive Position zu verfallen. Er nimmt die affektiven Reaktionen des Patienten wahr und versucht, sie nicht zu stark werden zu lassen. So kann er ein Bild beenden, in dem Hindernisse unüberwindbar werden, und bespricht dann mit seinem Patienten im Gegenübersitzen die Schlußszene, in der sich der z.Z. nicht überwindbare Konflikt verdichtet hat. Wenn der Therapeut eine belastende Imagination so beendet, wird er seiner protektiven Rolle gerecht. Der Konflikt wird nicht geleugnet, und im Nachgespräch kann neue Kraft entstehen, ihn auf eine andere Weise und immer wieder neu anzugehen.

Dabei kommt es manchmal zu spontanen Veränderungen der Bilder, sowohl in ihrem symbolischen, wie auch in ihrem affektiven Ausdruck. Auch das Verhalten in der imaginierten Szene kann sich wandeln. Wandlungsphänomene entwickeln sich in der Regel aus konflikthaften Passagen eines Tagtraumes. In Wandlungsphänomenen symbolisieren sich häufig Lösungsversuche, gelegentlich auch Abwehrversuche.

Therapeutische Wirksamkeit. Therapeutisch wirksam ist beim übenden Vorgehen die Rückwirkung der imaginierten Szene auf das erlebende Selbst in Gegenwart des miterlebenden Therapeuten. Dessen engagiertes Mitgehen fördert die Entfaltung kreativer Imaginationen, über die Patienten oft selbst erstaunt sind. Dieses Gefühl, innerlich lebendig zu sein und dabei einen Begleiter zu haben, schöpferisch zu sein und dies mitteilen zu können, ist ein wichtiger basaler Wirkfaktor des Verfahrens. Verglichen mit einer reinen Gesprächssituation, fällt es auch Therapeuten oft leichter, sich innerlich intensiv ihren Patienten zuzuwenden, wenn diese imaginieren und dabei ihre Kreativität entfalten. Einen Patienten im Verlauf eines schöpferischen Prozesses zu begleiten, macht es leichter, seine Konflikte mitzufühlen. Dies kann entscheidend dafür sein, ob es gelingt, sich einem depressiven Patienten innerlich zuwenden zu können. Depressive Patienten rufen ja bei vielen Therapeuten Abwehr hervor, weil die depressive Dynamik immer auch die depressiven Strukturanteile im Therapeuten zum Mitschwingen bringt. Wenn kreative und schöpferische Elemente bei diesen Patienten auftauchen, wird die Abwehr geringer und überwindbar. Bei hysterisch strukturierten Patienten kann die Kreativität auch verführen und das kritische Auge trüben (s.Abschn. „Indikationen und Kontraindikationen“).

Der Therapeut als Begleiter. Der beschriebene Führungsstil bewährt sich v. a. zu Beginn einer Therapie. Er hilft, den Patienten mit seiner ihm bis dahin in dieser Form unbekannten inneren Bilderwelt vertraut zu machen, ohne dabei zu früh mit stark ängstigenden Konflikten konfrontiert zu sein. Der Therapeut läßt ihn bei seinen Ressourcen verweilen, die in Form bergender und wohltuender Szenerien auftauchen. Er gewinnt dadurch einen Überblick über die Ich-Stärke des Patienten und die Stabilität seiner Ressourcen. Eine typische Intervention in dieser Phase ist: „Schauen Sie sich die sonnige und angenehme Wiese ruhig ausführlich an, und versuchen Sie, die Stimmung in sich aufzunehmen." Der Therapeut betont dadurch seine protektive Funktion und macht es dem Patienten leicht, mit ihm und der neuen Situation vertraut zu werden. In dieser ersten Zeit, die drei bis fünf KB-Sitzungen umfaßt, entsteht eine Vertrautheit, die die dann folgende, unausweichliche und auch erwünschte Konfrontation ermöglicht und fruchtbar werden läßt.

2. Symbolkonfrontation

Wenn die therapeutische Beziehung eine gewisse Festigkeit gewonnen hat, kommt es früher oder später zum Auftauchen ängstigender Gestalten. Die Begegnung mit feindseligen Symbolgestalten, die damit verbundene Erfahrung und Entwicklungsmöglichkeit kann vom Therapeuten gefördert werden, wenn er die Technik der Symbolkonfrontation beherrscht.

Beispiel

Ein 22jähriger Student leidet unter depressiven Symptomen, die sich in Verbindung mit Versagenszuständen im Studium gehäuft haben, es haben sich Versagensängste und negative Zukunftsvorstellungen entwickelt. Der Patient entstammt einer sehr leistungsbewußten Familie, wobei der Vater nach außen hin Leistungsträger ist, der Anspruch aber im wesentlichen von der Mutter ausgeht („Vater kann auch fürchterlich faul sein, wenn er einmal die Gelegenheit dazu hat, aber Mutter sorgt meistens dafür, daß daraus nichts wird").

Beim Motiv des Waldrandes fordere ich den Patienten auf, in das Dunkel des Waldes hineinzuschauen und wachsam zuzuwarten. Nach einiger Zeit tritt aus dem Dunkel ein Bär hervor. Er ist groß, schwarz, ohne Mimik („wie Bären so sind") und schaut meinen Patienten unverwandt an. Der steht ungeschützt auf der Wiese, nicht weit vom Waldrand entfernt. Ich fordere ihn auf, die Augen des Bären zu fixieren, dessen Blick nicht auszuweichen und zu versuchen, über die Kraft seiner Augen mit ihm in Kontakt zu kommen. Der Patient zeigt eine ausgeprägte vegetative Reaktion, er hat augenscheinlich große Angst, und es fällt ihm schwer, diese zu verbalisieren. Ich bitte ihn, den Bären unverwandt anzuschauen, er könne dadurch zumindest Zeit gewinnen. Der Blick des Bären ist für meinen Patienten schwer zu interpretieren, seine Wahrnehmung schwankt zwischen „haßerfüllt und bedrohlich" und „im Grunde ganz freundlich". Es entsteht eine Patt-Situation, der Bär verharrt am Waldrand, trotzdem steigt die Angst meines Patienten, er könne sich aufmachen, wenige Schritte tun und ihn vernichten („Bären haben doch keine mimische Muskulatur. Man weiß gar nicht, woran man bei ihnen ist. Ich fühle mich sehr unsicher"). Ich fordere den Patienten auf, einen Rollentausch zu versuchen und frage ihn, wie sich der Bär wohl fühlen mag. „Er ist hungrig." „Gibt es am Waldrand vielleicht etwas, was er fressen könnte?" Nach einiger Zeit beginnt der Bär das frische Laub von den Zweigen zu reißen, der Patient wagt dabei zum ersten Mal, nach den Tatzen zu schauen, die voller Krallen und sehr bedrohlich sind. „Bären sind ja auch Pflanzenfresser und nicht nur Fleischfresser." Der Angstpegel meines Patienten sinkt, als er bemerkt, daß der Bär sich mehr und mehr mit der Nahrung rechts und links beschäftigt, wobei er das junge Gehölz am Waldrand ziemlich zurichtet. Er trollt sich schließlich und verschwindet wieder im Dunkel des Waldes.

Im Nachgespräch fielen dem Patienten zahlreiche angsterregende Gestalten der früheren und jüngeren Vergangenheit ein. Er konnte nicht sagen, ob es sich bei dem Bären um ein männliches oder weibliches Tier gehandelt hatte. Er hatte sogar die Idee, daß in dem Bären auch Anteile seiner eigenen Person symbolisiert gewesen sein könnten und bemerkte: „Irgendwie habe ich mich angesichts dieses Bären auch kraftvoll gefühlt, wie ich ihm standgehalten habe."

Besonders beim Motiv des Waldrandes treten oft spontan Tiere oder Gestalten aus dem Dunkel des Waldes hervor, die wichtige Personen und die Beziehung zu ihnen repräsentieren. Im beschriebenen Beispiel kommt noch der Aspekt der Selbstrepräsentanz hinzu. Der Therapeut kann nun die Begegnung fördern, indem er zu einer genauen Betrachtung und Beschreibung auffordert. Der Patient möge standhalten, sich nicht zurücknehmen, all seine Kraft auf die Wahrnehmung der Begegnung legen. Er möge die Augen betrachten, die Mimik und das Verhalten. Dieses Vorgehen setzt starke Affekte frei, die unter dem Schutz des Therapeuten, v.a. aber unter den besonderen Bedingungen der symbolhaften Darstellung ertragen werden können.

> ! Die Symbolisierung an sich stellt einen Schutz dar.

Die Elternimagines, die u.a. als gefräßiges Tier auftauchen, sind nicht der reale Vater und die reale Mutter, obwohl die entsprechenden Affekte korrespondieren. Wichtig ist das Wahrnehmen und Standhalten. Bei ausgesprochenem Vermeidungsverhalten kann der Therapeut den Patienten auch auffordern, auf das ängstigende Objekt zuzugehen, wodurch der Affekt stärker wird. Das genaue Anschauen und Fixieren mit dem Blick kann eine magische Dimension gewinnen („mit dem Blick bannen").

Der Therapeut hält an diesen Stellen des Tagtraums den Patienten dazu an, seine intakten Ich-Funktionen, insbesondere die Wahrnehmung, einzusetzen und trägt somit dazu bei, sich der Intaktheit dieser Wahrnehmungsfähigkeit zu versichern.

> ! Solche Prozesse tragen – wenn sie immer wieder ablaufen – zur Festigung der Ich-Struktur bei, sie dienen der Ich-Stärkung.

Viele solcher Schritte wirken strukturbildend.

Es kann sinnvoll sein, eine feindselige Symbolgestalt nach einer konfrontativen Phase zu beschwichtigen, indem man z.B. für Futter sorgt, wenn sie augenscheinlich hungrig ist. Leuner (1994) nennt dies die Technik des Nährens und Anreicherns. Letztlich geht es auch bei der Symbolkonfrontation darum, eine Integration negativ besetzter Introjekte zu erreichen.

3. Assoziatives Vorgehen

Symbolkonfrontation und assoziatives Vorgehen stehen sich polar gegenüber. Sie umfassen die ganze Spannweite der therapeutischen Möglichkeiten. Bei der Symbolkonfrontation ist der Therapeut aktiv, er fordert zur imaginativen Handlung auf, zum Standhalten, um unter dem Schutz der Symbolisierung negative Affekte fühlbar werden zu lassen. Beim assoziativen Vorgehen beschränkt er sich auf die Rolle des aufmerksamen Begleiters, der allenfalls subtile Anstöße gibt, sich ansonsten zurückhält und den Patienten dem freien Fluß seiner assoziativen Bilderketten überläßt.

Das assoziative Vorgehen wird von den meisten Therapeuten immer dann bevorzugt, wenn Patienten in der Lage sind, imaginativ zu assoziieren. In Analogie zu den Gedankenassoziationen Freuds entwickeln sich in der KiP Reihen von Bildern, die in mehr oder weniger lockerer, assoziativer Beziehung zueinander stehen. Sie kreisen um zentrale Konflikte, nähern sich ihnen spiralförmig, bis sich die Konflikte schließlich weitgehend selbst entschlüsseln. Deutungen des Therapeuten bleiben hierbei – wenn sie überhaupt eingesetzt werden – aufs Nachgespräch beschränkt. Triebfeder dieser assoziativen Prozesse ist der uns allen innewohnende Drang zur Darstellung und Selbstdarstellung. Insofern ähnelt die KB-Bühne der psychodramatischen, dem Szenokasten, dem Maleratelier oder der Komponierwerkstatt. Die symbolische Einkleidung in die katathymen Bilder verhindert ein zu frühes Bewußtwerden von Konflikten mit der Gefahr der Mobilisierung von Abwehrprozessen und verkürzender Rationalisierungen. Sie bietet Raum für emotionale Prozesse, ohne die kein bleibender innerer Wandel möglich ist.

■ **Therapeutenverhalten.** Der KB-Therapeut vertraut beim assoziativen Vorgehen darauf, daß der Patient selbst seinen Weg findet. Zugleich ist es seine Aufgabe – ähnlich wie in der Psychoanalyse –, Abwehr und Widerstände zu erkennen. So muß er sich die Frage stellen: „Was läßt der Patient systematisch aus?" In der KiP werden nicht lockere Gedankenassoziationen („vom Hundertsten ins Tausendste") angestoßen, sondern Handlungs- und Erlebnisabläufe in Szene gesetzt. Falls sich an diese imaginativen Handlungsketten Gedankenassoziationen zwanglos anschließen, können auch diese den therapeutischen Prozeß fördern, doch sind rational-kognitive Überlegungen dem Nachgespräch vorbehalten. Der Erlebnisraum der katathymen Bilder sollte vom Verständnisraum getrennt bleiben.

Ein assoziatives Vorgehen ist nur möglich, wenn der Patient bereit und in der Lage ist, seine optische Phantasie frei zu entfalten. Oft gelingt dies erst nach einiger Zeit der übenden Technik, die dazu beiträgt, daß sich der Patient in seiner inneren Bilderwelt sicherer fühlt.

■ **Regressionen.** Während eines assoziativen Verlaufs beobachten wir oft Altersregressionen. Der Patient fühlt sich dann jünger, kleiner oder beides. Er kann in konflikthafte, ängstigende Kindheitsszenen regredieren. Dann geht es darum, die entsprechenden negativen Affekte zu durchleben und zu durchleiden. Vorübergehend ist dann ein aktiveres Therapeutenverhalten indiziert.

Der Patient kann auch in konfliktfreie oder konfliktarme Bereiche regredieren. Diesen Vorgang nennen wir in Anlehnung an Alexander (1955/1956): „Regression vor den Konflikt bzw. vor das psychische Trauma". Es kann fruchtbar sein, in konfliktarmen Bereichen zu verweilen und ein intensives Erleben von Sicherheit, Geborgenheit und Wohlgefühl zuzulassen und zu verstärken. Ein solches Vorgehen im Sinne einer ressourcenorientierten Therapie ist besonders bei Ich-strukturell und psychosomatisch gestörten Patienten von großer Bedeutung.

Symbolische Assoziationen interpretieren sich weitgehend selbst. Wenn allerdings allzu weite assoziative Umwege zu Abwehrmanövern werden, bedarf es der Intervention des Therapeuten. Eine zunächst unausgesprochene, nur „für sich selbst" formulierte Deutung kann den Stil der Begleitung beinflussen, ihn skeptischer, fragender sein lassen an Stellen, die durch Abwehr und Widerstand geprägt sind. Steht ein Patient kurz vor der Einsicht in einen Konflikt, empfiehlt sich eine Deutung im Nachgespräch.

Das Durcharbeiten im therapeutischen Prozeß

Die Imaginationen sind oft von starker Emotionalität begleitet. Im Nachgespräch können diese Affekte weiter emotional angereichert werden. Diesem Zweck dient auch das Malen der Imaginationen oder z.B. die gestalterische Umsetzung in Ton oder andere Materialien. In der Durcharbeitung wird eine Brücke geschlagen zwischen dem Erlebnisraum der Bilder und dem mehr kognitiven Verarbeitungsraum des Gesprächs. Das Durcharbeiten wird gefördert durch das niederfrequente Behandlungssetting.

Die innere Auseinandersetzung mit emotional aufrührenden Inhalten braucht Zeit, ebenso der Transfer der affektiven und kognitiven „Einsichten" in das reale äußere Leben und Erleben. Im Sinne eines zirkulären Prozesses kommt es zu immer neuen Rückkopplungen, da der Patient seine Durcharbeitungsschritte in die nächste Therapiestunde mitbringt.

Die Rolle des Therapeuten in der Katathym-imaginativen Psychotherapie

Leuner (1994) hat die Rolle des KiP-Therapeuten in ein Bild gefaßt: Der Patient steigt wie ein Taucher ins Meer, der Therapeut als eine Art Expeditionsleiter fördert diese Unternehmung und steht mit dem Taucher über ein Telefon und ein Seil in Verbindung. Beide können miteinander besprechen, wie der Meeresboden am besten zu erforschen sei. Der Taucher kann um Hilfe bitten, er kann signalisieren, daß er die Expedition beenden möchte. Der Expeditionsleiter überläßt es dem Taucher so weit wie möglich, seinen eigenen Weg zu finden. Zugleich regelt er alle Beziehungen zur Außenwelt, damit sich der Taucher umso intensiver seiner Aufgabe widmen kann. Der Taucher ist in der Wahl seiner Routen und der Mittel weitgehend selbständig.

Es besteht eine gewisse emotionale Abhängigkeit des Patienten von seinem Therapeuten, bedingt durch die kontrollierte Ich-Regression und verstärkt durch die Einengung des Bewußtseins und den inneren Versenkungszustand. Die Tatsache, daß der Therapeut Teile der Realitätskontrolle übernimmt, ermöglicht es dem Patienten, sich intensiv seiner Innenwelt zuzuwenden. Dies fördert die Plastizität und den freien Fluß der Bilder. Der Therapeut nimmt dabei gleichsam die Oberfläche eines bewegten Gewässers wahr, dessen eigentliche Verwirbelungen in der Tiefe stattfinden und die im verbalen Bericht nur indirekt und abgeschwächt sichtbar werden. Bei der Erforschung seiner inneren Welt soll der Patient Richtungen und Geschwindigkeiten selbst bestimmen. Er kann allerdings den Therapeuten fragen, sich rückversichern, denn es besteht eine ständige verbale Kommunikation.

■ **Therapeutisches Setting.** LEUNER betrachtet das Miteinander von Patient und Therapeut als eine Peer-Gruppierung und versteht es als ein Miteinander von Gleichberechtigten. Das drückt sich auch in der Sitzordnung aus. Im psychoanalytischen Setting sitzt der Therapeut in einiger Entfernung hinter dem Kopfende des Patienten, er kann von ihm nicht gesehen werden. Im Setting der KiP sitzt der Therapeut am Kopfende der Couch neben seinem Patienten. Das Nebeneinander der räumlichen Anordnung signalisiert das Miteinander. Beide schauen auf den gleichen imaginierten „Projektionsschirm". Auf diesen übertragen sich angstvolle Erinnerungen, freudige Erwartungen und überraschende Entdeckungen, die der Patient dem Therapeuten im Zuge ihrer Entstehung mitteilt. Das ganze Geschehen wird zu einem kreativen Prozeß, der überwiegend vom Patienten induziert wird, aber auch den Therapeuten mit erfaßt. Dieser kann an einer intensiven Selbstexploration teilnehmen, wobei er selbstverständlich auch zum Übertragungsobjekt wird. Der Patient bringt abgelehnte Selbst- und Objektimagines im Therapeuten unter. Im Sinne Bions stellt er sich als „Container", als Behältnis zur Verfügung und trägt wesentlich zur emotionalen Entlastung bei. Der ständige verbale Bericht begrenzt und kontrolliert die Regression. Er verhindert, daß die regressive, infantil-anaklitische Gefühlsbeziehung das ganze Ich des Patienten in Anspruch nimmt. Das Setting fördert so eine klar definierte therapeutische Ich-Spaltung in ein erlebendes und ein beobachtendes Ich.

Der „Projektionsschirm", auf dem die Imaginationen des Patienten für beide zugleich sichtbar werden – wenn auch mit einem gewissen zeitlichen Versatz –, stellt die zentrale Bühne des therapeutischen Prozesses dar. Der Therapeut muß sich stets zwei Fragen stellen:

- Wo tauche ich als Therapeut im symbolisch verschlüsselten Tagtraum des Patienten selber auf?
- Wie hat sich die derzeitige Übertragung im Bild manifestiert, und wo bieten sich Ansatzpunkte für Interventionen auf der Übertragungsebene?

Weiter muß er sich darüber im klaren sein, welche Gegenübertragungsgefühle angesichts des Gesamtgeschehens in ihm entstehen und wie diese wiederum seine Haltung und seine Interventionen beeinflussen.

Übertragung

Der Therapeut macht sich in einer KiP keineswegs weniger Gedanken über die Übertragungssituation als in der analytischen Situation, aber er verbalisiert sie weniger und macht sie nicht zum zentralen Gegenstand seiner Interventionen im Sinne von Übertragungsdeutungen. Diese sind in einer KiP selten und nur dann sinnvoll, wenn es um die Bearbeitung negativer, den imaginativen Fluß behindernder Übertragungsphänomene geht. Die Strukturierung der Grundstufe mit Hervorhebung stützender und supportiver Motive und Interaktionen begrenzt die Ausbildung und Intensität einer Übertragungsneurose.

Natürlich entwickelt sich auch in einer KiP ein Übertragungsgeschehen, da sich der Therapeut abstinent verhält, nichts von sich selbst erzählt und selten Ratschläge gibt. Wenn der Therapeut z.B. durch seine äußere Erscheinung oder bestimmte Verhaltensweisen negative Übertragungsgefühle provoziert, kann hierdurch eine starke Behinderung entstehen, frei zu imaginieren. Besonders bei Ich-strukturell gestörten Patienten ist es ratsam, in solchen Situationen zunächst die negative Übertragung deutend zu klären. Das folgende Beispiel illustriert die Hemmung, die entstehen kann, wenn negative Übertragungsgefühle die Beziehung bestimmen:

Beispiel

Ich behandelte einen 19jährigen Patienten mit schwerer florider Colitis ulcerosa. Nach mehreren eingehenden anamnestischen Gesprächen hatte ich das Gefühl, eine positiv getönte Beziehung zu ihm zu haben und mit dem Imaginieren beginnen zu können. Bei der Morgenvisite forderte ich ihn auf, seinen Stuhl zur Ansicht aufzubewahren, da er berichtet hatte, nach wie vor erhebliche Schleim- und Blutbeimengungen zu beobachten. Er hatte dann dieses „Geschenk" für mich auch vorbereitet, ich hatte jedoch am späten Vormittag versäumt, es mir anzusehen und mit ihm darüber zu sprechen. Der Versuch, am Nachmittag dieses Tages eine erste Imagination anzuregen, mißlang gründlich. Der Patient imaginierte sich auf einer einsamen schwedischen Schäre aus grauem Granit, fern von jedem bewohnten Land. Er fror und hatte Leibschmerzen. Mir wurde das Ausmaß der Kränkung deutlich, die darin lag, daß ich das „Geschenk" nicht begutachtet hatte. Erst nachdem ich mit ihm im Zusammenhang mit dem imaginierten Bild darüber sprechen konnte, brach es aus ihm heraus, daß er überall zu wenig Beachtung finde, sich schwer verständlich machen könne und auch zu Hause immer „das fünfte Rad am Wagen" gewesen zu sein. Nach diesem klärenden Gespräch waren später angenehme Szenerien in der Imagination möglich. Typisch für das Krankheitsbild der Colitis ulcerosa ist die große Kränkbarkeit bzw. minimale Frustrationstoleranz.

Man muß im Einzelfall entscheiden, ob die Besprechung negativer Übertragungsgefühle besser im Nachgespräch erfolgt oder ob es gelingt, sie auch in der Imagination zu bearbeiten. Zweckmäßig ist oft eine Kombination beider Vorgehensweisen. In den Bildern tauchen Szenen auf, die die negative Übertragung beleuchten (das Frieren in Einsamkeit auf der Schäre als Symbol für die momentane Befindlichkeit im Krankenzimmer), und diese imaginativen Elemente lassen sich recht gut im Nachgespräch aufgreifen und daraufhin untersuchen, wieviel von dem Unbehagen der Realbeziehung entstammt (ich hatte ja in der Tat versäumt, die Stuhlvisite nachzuholen) und wieviel „im engeren Sinn übertragungsbedingt" ist, d.h. zurückzuführen auf frühere Mangelsituationen und deren Wiederholung in der Phantasie im Hier und Jetzt.

In der KiP versuchen wir, negative Übertragungsmomente zu begrenzen, indem wir sie in der erwähnten Weise früh bearbeiten. Optimal ist eine positiv getönte Übertragung, die aber nicht zu einer starken Idealisierung anwachsen darf, da sonst die Gefahr besteht, daß sich in der KiP „nur Gutes inszeniert", während das Böse sich außerhalb der Therapie ereignet. Begrenzend für die Übertragungsentwicklung ist auch die Tatsache, daß in einer KiP zwei Kommunikationsebenen etabliert werden, die Ebene der Imagination als Erlebnisebene und die Ebene der Reflexion als Ebene der kognitiven Verarbeitung. Die beiden Ebenen folgen in strukturiertem Wechsel aufeinander. Gegen Ende einer KiP sollte auch immer die Beziehung zum Therapeuten ausführlich besprochen werden, denn dies stellt einen wichtigen Schritt dar, sich voneinander zu lösen und die Therapie zum Abschluß zu bringen. Zuvor kann eine stille, positiv getönte Elternübertragung auf den Therapeuten über weite Strecken uninterpretiert als Hintergrund der Entwicklung dienen (Kottje-Birnbacher 1992).

Gegenübertragung

Die unbewußte emotionale Beziehung des Therapeuten seinem Patienten gegenüber kann ein Spiegelbild zu den Übertragungsgefühlen des Patienten sein. Ihr volles Ausmaß wird oft erst in Supervisionssitzungen deutlich. Da sich an ihrer umfassenden und subtilen Wahrnehmung das Gelingen oder Scheitern einer Therapie entscheiden kann, sind ständige Supervisionen auch fortgeschrittener Therapeuten fester Bestandteil der KiP. Die Supervision wird unterstützt durch Tonband- und ggf. Videoaufzeichnungen. Dies ist besonders wichtig, da sich die KB-Szene rasch und dramatisch entwickeln kann und immer die Gefahr besteht, daß zum „Lesen und Wahrnehmen zwischen den Zeilen" wenig Raum bleibt. Es geht in der Supervision darum, besonders dort genau hinzuschauen und wahrzunehmen, wo beim Therapeuten ein Drang entsteht, den Tagtraum weiterlaufen zu lassen, ihn nicht weiter zu reflektieren und die eigene Rolle nicht in den Fokus der Aufmerksamkeit zu rücken. Gegenübertragungsgefühle können diskret sein und lange unerkannt bleiben. Die KiP hat ein bestimmtes Vorgehen entwickelt, um die Sensibilität für subtile Gegenübertragungswiderstände zu fördern.

Der Therapeut kann zum Patienten und zu dessen Tagträumen selbst imaginieren. Wir nennen dies den Gegenübertragungstagtraum des Therapeuten. In solchen Gegenübertragungstagträumen können sich die unbewußten Anteile des Gegenübertragungsgeschehens bildhaft konkretisieren, z.B. negative Gefühle, die bei der mehr oder weniger bewußten Reflexion über den therapeutischen Prozeß dem Therapeuten nicht zugänglich sind.

Beispiel

Ein Therapeut berichtet in der Supervision von einer 42jährigen Patientin mit multiplen Ängsten, die er zu Beginn recht gut habe annehmen können. Er habe die Therapie mit ihr als fruchtbar erlebt und sei nach den Stunden recht zufrieden gewesen. Auch die Patientin habe ihm versichert, daß ihr die Therapie gut tue und daß sie mit ihren Symptomen besser zurecht käme, auch wenn sie außerhalb der Therapiestunden noch sehr quälend seien. Nach einem Tagtraum der Patientin sei dieses Gefühl „gekippt". Er habe sich plötzlich von ihr bedrängt gefühlt, inkompetent und ratlos, irgendwie seiner therapeutischen Fähigkeiten beraubt. Die Patientin habe einen Bachlauf gebildert und selbst den Weg bachabwärts zum Fluß und zur Mündung des Flusses gewählt. Da sie unter einer tiefgreifenden Hingabestörung litt, habe er sich gefreut, als sie sich in einem Boot wiederfand und sich voller Vertrauen mit der Strömung treiben ließ. Das Boot habe seinen Weg wie von selbst gefunden, sie habe sich sicher gefühlt, freundliche Ufer seien vorbeigezogen. Sie habe dann vor dem Bug des Kahns eine Sandbank gesehen, auf die sie zutrieb. Trotz seiner Interventionen, zu versuchen, diese Sandbank zu umschiffen, sei sie „fast trotzig" auf sie zugesteuert, und der Kahn sei steckengeblieben. Sie habe selbst überhaupt keine Anstrengungen unternommen, ihn wieder flott zu machen, sondern sei vorwurfsvoll lamentierend dort geblieben. Die Kommunikation sei nach dem Tagtraum schwierig gewesen, die Patientin voller Vorwurf, er habe sie dorthin „verführt" und dann verlassen. Er selbst habe die Situation genau andersherum erlebt. Ihm sei beim Nachdenken über die Stunde nichts Produktives eingefallen, die Stunde danach sei kühl und wenig fruchtbar verlaufen.

Beim Gegenübertragungstagtraum in der Gruppe fiel dem Therapeuten eine Freundin ein, die er als Student kennengelernt hatte. Sie habe zwar eine völlig andere Physiognomie als die Patientin gehabt, habe ihn aber in ähnlicher Weise „auflaufen" lassen, als er versucht habe, sich ihr zu nähern. Damals habe er ein ähnliches Gefühl der Ohnmacht und Hilflosigkeit empfunden. Es sei eigentlich nur eine recht kurze Episode gewesen. Kompetent und handlungsfähig zu sein, sei für ihn wichtig, und das Gefühl von Ohnmacht könne er nur schwer ertragen.

Nachdem dem Therapeuten die Verknüpfung mit seiner eigenen Biographie bewußt wurde, lockerten sich seine Widerstände gegen die Patientin, die therapeutische Arbeit wurde wieder fruchtbarer – wenn auch zeitweilig eine gewisse Reserve blieb. Das Beispiel zeigt, daß Gegenübertragungswiderstände nicht immer in der Kindheit eines Therapeuten wurzeln müssen, sondern daß auch spätere unbearbeitete Ereignisse psychodynamisch relevant sein können.

■ **Anforderungen an den Therapeuten.** Die Wahrnehmung der Reaktion des Therapeuten auf den Patienten kann als diagnostisches Signal der bestehenden und noch unbewußten Übertragung des Patienten benutzt werden. Besondere Aufmerksamkeit ist geboten, wenn sich Schläfrigkeit breit macht oder wenn diffuses psychisches oder körperliches Unbehagen aufkommt. Da der Therapeut und sein Patient über die gleichzeitige Wahrnehmung der Imagination auf dem Projektionsschirm des KB emotional eng aneinander „gekoppelt" sind, können Gegenübertragungsgefühle sich rasch entwickeln und intensiv werden. Wenn sich Patienten im Bild mehr oder weniger offen anklammern, kann er entweder relativ kühl und distanziert reagieren, es kann aber auch zu einer „empathischen Verklammerung" kommen in der Weise, daß der Therapeut Schwierigkeiten hat, sich den Nähewünschen zu entziehen und eine kognitive Position einzunehmen.

KB-Therapien sind anregend und belebend für den Therapeuten, da er an einem kreativen Prozeß teilnimmt. Sie sind auch anstrengend, weil der Therapeut zwei Positionen gleichzeitig einnehmen muß. Er muß einerseits versuchen, den Traum dicht und empathisch zu begleiten, ihn zu fördern und dem Patienten zu signalisieren, daß er die emotionalen Schwingungen nachvollzieht. Andererseits muß er auch seine kognitiven Funktionen aktivieren, über Symbole nachdenken und die auftauchenden Phänomene in Beziehung zur ihm bekannten Biographie des Patienten setzen. Da beide Positionen gleichzeitig nicht zu realisieren sind, muß er versuchen, in mehr oder weniger schnellem Wechsel zwischen beiden Positionen hin- und herzuwechseln. In affektiv stark angereicherten Szenen wird er versuchen, den Affekt zwar wahrzunehmen, sich ihm aber nicht zu lange auszusetzen und die kognitive Position des Verstehens nicht zu vernachlässigen. In anderen Szenen, in denen der Patient wenig Emotionen signalisiert, wird er um so stärker seine eigenen empathischen Kräfte mobilisieren. Auf Tonbandprotokollen achten wir z.B. auf die Färbung der Stimme und auf die Unmittelbarkeit bzw. Hastigkeit der Reaktion und Intervention. Auf Videographien achten wird darüber hinaus auf mimische Reaktionen, auf den motorischen Ausdruck allgemein und auf evtl. erkennbare vegetative Reaktionen beim Therapeuten.

Erweiterung des Repertoires

Mittel- und Oberstufe der Katathym-imaginativen Psychotherapie

Ich habe schon darauf hingewiesen, daß die Einteilung der KiP in drei Stufen vorwiegend aus didaktischen Gründen vorgenommen wird. Wegen der gebotenen Kürze der Darstellung fasse ich hier die Mittel- und Oberstufe zusammen. Die Einteilung bedeutet also nicht, daß „schwierige" Patienten besser mit Mitteln der Oberstufe behandelt werden. Im Gegenteil, gerade bei ihnen beobachten wir gute Erfolge mit dem bis hierher beschriebenen Vorgehen. Auch die Studien zur Evaluation des Verfahrens sowie ein Großteil der Kasuistiken (Literatur bei LEUNER 1994) berufen sich auf Grundstufentherapien.

In der Entwicklung des Verfahrens über mehr als 40 Jahre sind immer wieder neue Motive erprobt worden, einige haben überdauert. Manche sind in den Köpfen der Therapeuten geboren, viele sind von Patienten spontan in bestimmten Situationen eingeführt worden. Einige dieser Motive und zusätzliche technische Möglichkeiten sind in der Tabelle 1.1 aufgeführt. Andere sind dort nicht vermerkt, auch wenn sie häufig benutzt werden, so z.B. das Motiv des Weges und das Motiv des Baumes. Die Bedeutung der Motivvorgabe darf nicht überschätzt werden. In fortgeschrittenen Therapiephasen ist es ebensogut möglich, kein Motiv vorzugeben, sondern den Patienten lediglich aufzufordern, sich das vorzustellen, was im Moment innerlich andrängt. So können sich auch Stimmungen in bildhafte Szenen verwandeln. Erwähnt sei die Möglichkeit, einen Nachttraum oder einige seiner Elemente als Eingangsmotiv für eine katathyme Imagination zu benutzen. Es gelingt oft, die innere Thematik des Nachttraums wiederzubeleben, neue Versionen zu entwickeln und im dialogischen Miteinander einen Abschluß zu finden. Bewährt hat sich hierbei das assoziative Vorgehen.

Manche Therapiestunden beginnen damit, daß der Patient einen aktuell andrängenden Konflikt mit in die Stunde bringt. Im Hin und Her der Argumente entsteht nach einiger Zeit dann das Gefühl, das Gespräch über diesen Konflikt habe sich irgendwie „erschöpft". Dies ist ein guter Moment, den Patienten zu bitten, sich den Konflikt einmal bildhaft zu vergegenwärtigen. Im günstigen Fall wird dadurch ein kreativer Prozeß angeregt, in dem neue Lösungsmöglichkeiten sichtbar werden. Ein Beispiel hierfür findet sich im Abschn. „KiP in der Paar- und Familientherapie".

Manchmal treten in den Imaginationen spontan Symbolgestalten auf, die die Führung durch das katathyme Panorama übernehmen. Leuner nennt sie den inneren Führer und Ratgeber („Schrittmacher").

Ich erinnere mich an einen Patienten, in dessen Bildern stets ein schwarzer Hund dabei war, der ihm den Weg wies. Manchmal war er weit voraus, manchmal trottete er nebenher. Der Patient wußte lange Zeit nicht, ob der Hund ihn in eine positive oder negative Richtung führte. Der Therapeut sollte sich beim Auftauchen einer solchen Symbolgestalt stets fragen, in welchem Umfang er selbst als gutes oder böses Introjekt in dieser Gestalt verkörpert ist.

■ **Motiv zur Darstellung von Aggressivität.** Ergänzend seien noch einige Motive genannt, die geeignet sind, bestimmte Konfliktfelder zu fokussieren. Eine orale Thematik entfaltet sich beim Motiv der Quelle oder der Küche in einem Haus. Aufschluß über die Einstellung zur Aggressivität gibt das Bildern eines Löwen. Der Löwe kann faul da liegen, satt und schläfrig, solange er nicht herausgefordert wird. Er kann angreifen und töten, wenn es notwendig ist, seine Belange zu verteidigen oder Futter zu besorgen. Besonders bei aggressiv gehemmten Menschen erscheint der Löwe oft müde, schläfrig und satt. Nicht selten verkommt er zum Plüschtier, läßt sich streicheln und reagiert wie eine Stubenkatze. Auch bei zwangsneurotischen Patienten sind aggressive Impulse oft enorm abgewehrt, was sich in ähnlichen Bildabläufen manifestiert. Das Löwenmotiv ist auch diagnostisch interessant. Es zeigt dem Patienten, wie er in der Imagination mit einer potentiell gefährlichen Symbolgestalt umgeht und ermöglicht ihm Rückschlüsse zum Umgang mit eigenen aggressiven Anteilen. Die Nachgespräche nach Löwenimaginationen sind oft von Nachdenklichkeit geprägt.

■ **Motiv zur Darstellung von Identitätskonflikten.** Ein Motiv, das die Darstellung von Identitätskonflikten fördert, ist das Ich-Ideal. Die Motivvorgabe erfolgt in zwei Schritten. Zunächst wird der Patient gebeten, sich möglichst spontan einen gleichgeschlechtlichen Vornamen einfallen zu lassen. Hat er diesen gefunden und ausgesprochen, bitten wir ihn, sich zu diesem Namen eine Gestalt vorzustellen. Diese kann sich zu einer Idealfigur entwickeln, in der narzißtisch idealisierende Selbstvorstellungen ihren Niederschlag finden. Überdauernde Identifizierungen mit den Eltern können sichtbar werden. Es kann sich aber auch ein „alter ego" entwickeln. Auch bei diesem Motiv ist das Nachgespräch wichtig, da Wünsche, eigentlich „anders zu sein", oft verborgen sind. Sehr anrührend kann sich die Konfrontation mit dem imaginierten alter ego oder mit der imaginierten Idealgestalt entwickeln.

Drei Dimensionen der Katathym-imaginativen Psychotherapie

Im Verlauf der Entwicklung des Verfahrens haben sich drei Dimensionen herausgeschält, die sinnvollerweise voneinander unterschieden werden.

Die drei Dimensionen der KiP

- die Dimension der imaginativen Konfliktdarstellung und Bearbeitung,
- die Dimension der Befriedigung archaischer Bedürfnisse in der Imagination und
- die Entfaltung von Kreativität und die kreative Problemlösung in der Imagination.

1. Darstellung und Bearbeitung zentraler Konflikte in der Imagination

Es ist immer wieder erstaunlich, wie zielgerichtet und direkt Patienten im Verlauf ihrer Imaginationen in Berührung mit unbewußten Konflikten kommen, sie regredieren in den zentralen Konflikt, und es bietet sich eine gute Möglichkeit, das konflikthafte Material darzustellen und imaginativ zu bearbeiten. Die Konflikte lassen sich beobachten, stellen sich symbolisch dar, sie werden sichtbar sowohl für den Therapeuten als auch für den Patienten. Ihre schrittweise Auflösung führt zu verschiedenen Wandlungsphänomenen. Im Verlauf einer gelingenden Therapie verlieren sich die Krankheitssymptome.

2. Befriedigung archaischer Bedürfnisse

Es fanden sich in der Praxis der KiP immer wieder Verläufe, in denen die Patienten augenscheinlich vor den Konflikt bzw. in konfliktfreie oder konfliktarme Bereiche regredierten. Es entstanden Szenerien des Wohlbehagens, der unbedrohten narzißtischen Größe, der Beruhigung und des inneren Ausgleichs. Diese Phänomene ausschließlich als Abwehrmanöver zu verstehen, wurde der Klinik nicht gerecht, da solche angenehm und wohltuend empfundenen Regressionen oft mit erstaunlichen klinischen Besserungen einhergingen, sowohl bei psychoneurotisch wie auch bei psychosomatisch Erkrankten. Oft tauchten im Kontext solcher bergenden Szenerien auch Wassermotive auf: Quellen, Bäche, an denen die Patienten sich erfrischen konnten, in denen sie badeten und sich entspannten. Diese imaginativen Abläufe gingen mit einer tiefen psychophysischen Entspannung einher, verbunden mit dem Gefühl des Einsseins mit der Umgebung. Altersregressionen waren häufig, die Patienten fühlten sich jünger.

Regression im Dienste des Ich. Unter therapeutischen Gesichtspunkten verstehen wir solche Verläufe als Regressionen im Dienste des Ich. Es waren therapeutische Regressionen mit der Möglichkeit eines Neubeginns. Die Patienten fanden sich auf einer positiv erlebten oralen, noch häufiger narzißtischen Ebene wieder. Beobachtungen an schwerkranken Colitispatienten (Wilke 1978) zeigten, daß in der Synopsis von psychischer Entwicklung im katathymen Bild und körperlichem Verlauf die körperliche Entlastung und beginnende Heilung zeitlich mit der angenehm erlebten Regression zusammenfiel. Die Wirkung trat um so zuverlässiger auf, je vertrauensvoller sich der Umgang zwischen Patient und Therapeut von der ersten Begegnung an gestaltete. Wir begannen dann, diesen Patienten vorzuschlagen, sich eine Situation vorzustellen, in der sie sich ausgesprochen wohl fühlen konnten bzw. sich geschützt fühlten. Wir vermuteten, daß sich durch wiederholtes Imaginieren konfliktfreier, überwiegend guter und bedürfnisbefriedigender katathymer Bilder innerhalb einer anaklitischen Übertragung zum Therapeuten Entwicklungsdefizite kompensieren bzw. korrigieren lassen. Die therapeutische Haltung war akzeptierend und mütterlich getönt im Sinne der anaklitischen Beziehung (Spitz 1956/1957).

Beispiel

Eine junge Kolitispatientin erlebte beim Wiesenmotiv das Gras weich und bergend. Sie ging über die Wiese und kam in Bereiche, in denen der Boden weich wurde „wie Ackerfurchen". Der Himmel verdüsterte sich, es begann zu regnen. Sie suchte Schutz in einer Ackerfurche, die plötzlich groß war und sie selbst ganz klein, ohne daß sie dabei geängstigt war. Im Gegenteil, sie spürte die Erde zwischen ihren Fingern, warm und weich. Der Boden gab schließlich nach, sie sank in die Erde hinein, bis sie sich über ihr schloß. Sie gelangte in eine kleine Erdhöhle, in der ihr warm und wohlig war. Sie verblieb dort stumm über eine längere Zeit, ohne das Bedürfnis zu haben, mehr davon zu berichten. Auf vorsichtiges Nachfragen meinerseits sah sie dann über sich eine Öffnung, einen blauen Himmel und schließlich eine übersonnte Landschaft.

Es ging der Patientin nach diesem KB ausgesprochen gut, sie war entängstigt, selbstbewußter und haderte weniger mit ihrem Körper, der sie schmerzte und der ihr nicht gehorchte. Die Patientin hatte symbolhaft Kontakt zu einem Primärobjekt, hier besser mit BALINT (1970) „Primärsubstanz" genannt, nämlich der Erde aufgenommen. Eine so geartete Befriedigung regressiver Bedürfnisse gewinnt oft archaische Dimensionen. Es handelt sich zumeist um Erlebnisse mit dem Wasser, der Erde oder mit der Luft.

3. Entfaltung von Kreativität und kreative Problemlösung

! Mit Hilfe katathymer Bilder lassen sich kreative Prozesse fördern. Der imaginative Prozeß ist in sich kreativ. Dieser Aspekt des Verfahrens weist über die Krankenbehandlung hinaus in Bereiche der Persönlichkeitsförderung und Entwicklung.

Es liegen zahlreiche Protokolle katathymer Bilder von Menschen vor, die glaubten, ihre Kreativität verloren zu haben, von Künstlern, Architekten und auch Managern. Sie beklagten einen Mangel an Einfällen mit dem Gefühl, es könne ihnen nun auch in Zukunft nichts mehr einfallen, verbunden mit der Wahrnehmung innerer Leere, des abgebrochenen Kontakts nach innen und außen und gelegentlich auch von depressiven Verstimmungen bei der Vorstellung, aus diesem „Tief" nicht wieder herauszukommen. Dieser Zustand ist nicht gleichzusetzen mit einer klinischen Depression, auch wenn er einige ihrer Elemente enthält. Er stellt keine Krankheit dar. In den Imaginationen dieser Menschen zeigen sich manchmal noch deutlicher als bei Patienten zwei Blickwinkel:

- Der Blick auf die Dysfunktion. Es stellen sich hemmende Momente dar. In den Bildern symbolisiert sich die Ursache der Versagensgefühle;
- der Blick auf funktionsfähige Bereiche der Person. Er eröffnet die Möglichkeit, sich auf innere Stärken zu besinnen, sich erneut auszuprobieren und Handlungskompetenz zurückzugewinnen.

In der therapeutischen Praxis werden sinnvollerweise beide Aspekte betrachtet und bearbeitet.

Kreativität setzt einerseits Wissen und Erfahrung voraus, anderseits die Lust und den Mut, sich in bislang unbekannte Bereiche vorzuwagen. Dazu muß ein Mensch sich zugleich frei und geborgen fühlen in seiner Umgebung. Kreativität setzt Kommunikation voraus, sowohl mit den Menschen draußen wie auch mit der eigenen Binnenwelt. Kreative Verläufe sind oft phasenhaft. Das Bewußtsein, ein ungelöstes Problem mit sich herumzutragen, stimuliert einerseits den kreativen Prozeß, andererseits auch das Gefühl des Versagens, wenn dieser Prozeß nicht einsetzt. In einer frühen Phase sind innere Spannungen und Mißstimmungen häufig. Man spricht von der „Inkubationsphase." In dieser Zeit herrschen regressive Prozesse im Sinne einer „Regression im Dienste des Ich" vor. Eine zu frühe Entladung von diesen Mißstimmungen, z.B. in Form eines „brain storming", kann diesen Prozeß auch verarmen lassen.

Im günstigen Fall kommt es nach der Inkubationsphase zu einer Progression, zu spontanen Einfällen, oft verbunden mit dem Gefühl der Beglückung, der Befreiung und des starken emotionalen Engagements. In einer weiteren Phase geht es darum, das freigewordene innere Material zu sichten und zu strukturieren. Je nach Struktur eines Menschen entscheidet sich in dieser letzten Phase oft, ob ein kreativer Prozeß Spuren hinterläßt und zu Handlungskonsequenzen führt.

Katathymen Bildabläufen sind diese Phasen immanent, so daß im Verlauf einer KiP zwischen dem Patienten und seinem Therapeuten oft ein Gefühl des „Neu-Erschaffens“ entsteht. Es ist ein ständiges Hin und Her zwischen Regression und Progression, wobei die Freiheitsgrade im Verlauf einer Therapie größer werden. Kreativität ist gebunden an die Möglichkeit, probezuhandeln und zu experimentieren. Ein symboldramatischer Prozeß ist voller Handlungen und voller Möglichkeiten, die Konsequenzen dieser Handlungen imaginativ zu spüren, sie zu variieren und immer neue Wege zu versuchen.

Am Beginn einer solchen KB-Sitzung steht ein ausführliches Gespräch über das zu lösende Problem, wobei der Therapeut darauf besteht, daß das Problem möglichst präzise formuliert wird, genauso wie er später darauf besteht, die Details der Imaginationen zu beschreiben. Im Zustand der inneren Versenkung und Regression nimmt der Einfallsreichtum zu, die innere Einengung wird weniger bedrückend. Gelegentlich wird allerdings deutlich, daß die kreative Entfaltung gehemmt wird, weil angstbesetzte Erlebnisse, Befürchtungen und Introjekte mit Macht abgewehrt bleiben müssen. In einem solchen Fall ist die Analyse dieser hemmenden Momente vorrangig. Hilfreich ist dabei, daß inneren Spannungen ein Drang zu eigen ist, sich zu symbolisieren.

Erweiterung des Anwendungsbereichs

Katathym-imaginative Psychotherapie in der Gruppe

Das Verfahren wird seit vielen Jahren auch im Gruppensetting angewandt. Eine Gruppe von 6–8 Personen entwickelt dabei eine gemeinsame katathyme Phantasie. Das Motiv wird in der Gruppe nicht vom Therapeuten vorgegeben, sondern in einem Vorgespräch und manchmal langem Einigungsprozeß von der Gruppe selbst ausgewählt. Die Teilnehmer der Gruppe legen sich dann sternförmig auf den Boden, so daß die Köpfe dicht beisammen sind und die verbale Kommunikation leichtfällt. Jeder Gruppenteilnehmer erzählt von dem, was ihm zum gemeinsam ausgesuchten Motiv einfällt, und es kommt eine gemeinsame Gruppenphantasie im Sinne einer Kompromißbildung zwischen den Impulsen und dem Abwehren aller Gruppenteilnehmer zustande. Der Gruppenleiter interveniert nicht, sondern teilt seine Beobachtungen im Nachgespräch mit. Sehr rasch werden die gruppendynamischen Positionen im Verlauf einer solchen Gruppenphantasie deutlich. Die imaginierten Phantasien sind Ausdruck der latenten Gruppenphantasie, die sich im Nachgespräch weiter konkretisiert. Häufig gewählte Ausgangssituationen sind: die gemeinsame Bootsfahrt, die gemeinsame Besteigung eines Berges, ein Besuch im Theater oder auf dem Marktplatz. Nach der Themenfindung, deren Modalitäten schon sehr von der momentanen Gruppendynamik geprägt sind, folgt die gemeinsame Phantasie von etwa 30 Minuten. Danach setzt sich die Gruppe hin, um die Imaginationen nachzubesprechen. Dies ist eine Klärungsphase, in der die Teilnehmer noch einmal ausführlich mitteilen, wie sie sich selbst und die anderen Teilnehmer der Gruppe erlebt haben. Nach einer Pause setzt sich die Gruppe erneut in einen Kreis, um das imaginative Material weiter durchzuarbeiten.

Der Vorteil dieses Settings liegt in der klaren und strukturierten Trennung von Erlebnisraum und Reflexionsraum. Das Wissen darum, daß die imaginativen Erlebnisse ausführlich und gründlich nachbesprochen werden, ermöglicht es den Gruppenteilnehmern, während der Gruppenphantasie tief zu regredieren und auch Wagnisse einzugehen, die in einem anderen Gruppensetting manchmal ausbleiben. Es bedarf einer gewissen Ich-Stärke, um an einer solchen Gruppe teilzunehmen.

Inzwischen liegen Erfahrungen mit dem Gruppen-KB aus Kliniken vor, in denen auch schwerer gestörte Patienten mit dieser Technik behandelt werden. Manchmal ist es dann nötig, daß der Therapeut unmittelbar in das imaginative Geschehen der Gruppe eingreift, um den einzelnen Patienten zu stützen. Das geschieht in der Form, daß deren Phantasien strukturiert und verdichtet werden, wodurch es zu einer Verschiebung der narzißtischen Balance in der Gruppe kommt. In der Nachgesprächsphase liegen die Schwerpunkte auf der Bearbeitung der Defizite und der Wahrnehmungsverzerrungen, die Abwehrhaltungen deutlich machen.

Katathym-imaginative Psychotherapie in der Paar- und Familientherapie
Gestörte Beziehungen in Familie und Partnerschaft spielen in der Genese und Unterhaltung von Krankheiten eine zentrale Rolle. Nicht nur bei Kindern und Jugendlichen ist es deshalb notwendig, ggf. auch auf das Paar- und Familiensystem zu schauen und – wenn möglich – Einfluß zu nehmen. Längere Einzeltherapien unter Aussparung des Partners oder der Familie können zur Entfremdung und Vereinsamung führen. Wird die Familie in sinnvoller Weise in den therapeutischen Prozeß einbezogen, kann es zu wesentlichen Besserungen beim sog. Indexpatienten in relativ kurzer Zeit kommen.

■ **Katathym-imaginative Psychotherapie bei Paaren.** In gemeinsamen katathymen Imaginationen eines Paares oder einer Familie werden nicht nur die bewußten Interaktionsformen, sondern auch die verdeckten und latenten Bestrebungen, Ängste und Handlungsimpulse rasch evident. KOTTJE-BIRNBACHER (1992) formuliert ein „progressiv orientiertes psychoanalytisch-systemisches Konzept". Sie schaut auf die Toleranzgrenzen beider Partner, versucht die Selbstverantwortlichkeit zu fördern und regt gemeinsame Aktionen an.

BEISPIEL

Während der Behandlung einer 32jährigen Frau mit einem depressiven Syndrom wird deutlich, daß ein wesentlicher Teil der Konfliktdynamik in der Beziehung zum Partner wurzelt. Er ist bereit, zu mehreren Paargesprächen zu kommen. Im Gespräch zu dritt wird deutlich, daß von beiden Partnern verbale und nonverbale Signale oft mißverstanden werden. Und zwar sowohl wenn es sich um die Äußerung von Nähewünschen als auch von Distanzierungswünschen handelt.

Ich erkläre beiden kurz das Setting der imaginativen Paartherapie. In der Einzeltherapie mit der Patientin hatte ich bisher keine Imaginationen angeregt, so daß sie keinen „Vorsprung" hatte. Ich bat beide, ihre Sessel nebeneinander zu stellen, sie parallel auszurichten, es sich bequem zu machen und die Augen zu schließen. Als Motiv bot ich an, sich einen See vorzustellen, auf den ein Weg zuführt, der sich kurz vor dem See gabelt und der um den ganzen See herumführt. An der Gabelung möge sich das Paar trennen, der eine links herum, der andere rechts herum gehen, bis sie wieder aufeinander träfen. Die beiden gingen sehr langsam auf die Gabelung zu, und es fiel ihnen schwer, sich zu trennen. Der Mann sah dann einen sehr großen See, an dessen gegenüberliegendem Ufer seine Frau kaum mehr zu sehen war. Er schritt munter aus und hatte seinen großen See schon fast umrundet, als ihm die Frau entgegenkam. Sie war sehr langsam gegangen und hatte den See auch viel kleiner erlebt als der Mann, so daß die beiden ein sehr unterschiedliches Wegstück zurückgelegt hatten, als sie sich trafen. Nach dieser gemeinsamen Imagination waren sie nachdenklich über das unterschiedliche Erleben, hörten sich auch das Tonband noch einmal an mit den sehr unterschiedlich erlebten Rückmeldungen über ihre Befindlichkeit. Das vorbewußte Erleben auf der Imaginationsebene, in dem sich stärker unbewußte Strebungen abbildeten, unterschied sich deutlich vom bewußten Erleben im Nachgespräch. Die gemeinsame Imagination war ein erster Schritt, den Partner auch in seinen hintergründigen Motivationen und Ängsten besser zu verstehen.

Das beschriebene Motiv enthält eine gemeinsame Wegstrecke, dann eine mehr oder weniger erzwungene Trennung, eine sukzessive Distanzierung, vorgegeben durch die Gestalt des Sees, einen Moment maximaler Entfernung voneinander und daran anschließend eine ebenso sukzessive und am Schluß schneller werdende Phase der Wiederannäherung. Ein solcher Bildablauf ist hervorragend geeignet, die zentralen Themen von Trennung und Wiederannäherung abzubilden und zu einem gemeinsamen Erlebnis werden zu lassen. Ein solches Paar-KB ist fast immer Ausgangspunkt langer häuslicher Diskussionen. Der erwähnten Patientin ging es nach sechs Wochen klinischer Behandlung sehr viel besser. Sie äußerte den Wunsch, zusammen mit ihrem Ehemann noch weiter kommen zu dürfen, und wir hatten drei weitere Paar-KBs im Abstand von jeweils drei Monaten, die für beide sehr wichtig waren.

Katathym-imaginative Psychotherapie bei Familien. Das Setting läßt sich auch auf Familien übertragen, auch wenn die Bereitschaft von vielleicht vier bis fünf anwesenden Familienmitgliedern, sich auf ein regressives Erleben einzulassen, primär geringer ist als bei Paaren. Wenn ein gemeinsames Bild möglich ist, zeigen sich oft schlaglichtartig Geschwisterrivalitäten, oder es wird deutlich, daß es um Konflikte zwischen Vater und Mutter geht, die ein Kind als Symptomträger stellvertretend „trägt".

Beispiel

Ich erinnere mich an ein Familien-KB im Rahmen der Therapie eines 15jährigen magersüchtigen Mädchens, an dem sogar die Großmutter teilnahm. Es war ein Drei-Generationen-Tagtraum. Die Patientin war der „Sonnenschein" ihrer Familie gewesen, bis die Erkrankung einsetzte. Sie hatte sich zuvor kaum aggressiv abgrenzen können und – wenn überhaupt – nur unter Inkaufnahme von Schuldgefühlen. Ich schlug eine gemeinsame Fahrradfahrt im KB vor. Zunächst versuchte die Familie, eng zusammenzubleiben, dann entfernte sich der Vater von der Mutter und fuhr voraus. Meine Patientin war unentschlossen, fuhr zwischen beiden hin und her und hatte Angst, einen von beiden aus dem Auge zu verlieren. Der Großmutter ging das alles zu schnell, sie fuhr weit hinterher. Die Familie, die vorher so eng beieinander gewesen war, drohte sich aus den Augen zu verlieren. Ich war sehr erleichtert, als die Patientin von sich aus vorschlug, man möge doch einmal rasten. Diesem Vorschlag schlossen sich alle an, und es wurde ein Picknick ausgebreitet. Die Fahrräder standen etwas abseits, und die Patientin machte sich an ihnen zu schaffen. Sie ließ die Luft aus allen Reifen, zunächst etwas schuldbewußt, dann zunehmend lustvoll. Sie hatte mit dieser symbolischen Handlung die Familie gezwungen, „einmal anzuhalten", ein Prozeß, den sie zuvor mit ihrer Krankheit schon vorweggenommen hatte.

Die Imagination war Ausgangspunkt von insgesamt fünf Familiengesprächen, die einen wesentlichen Parameter in der Behandlung der Patientin darstellten. Auch hier war die Trennung von Erlebnisraum und Verarbeitungsraum ein wesentlicher strukturierender und entängstigender Faktor. Die Familie konnte regressiv in ihre innere Welt eintauchen und anschließend die dort gemachten Erfahrungen reflektieren.

Katathym-imaginative Psychotherapie in der Behandlung psychosomatischer Erkrankungen

> ! Ein Indikationsschwerpunkt der KiP liegt in der Behandlung psychosomatischer und psychovegetativer Störungen.

Diese Erkrankungen sind in diesem Buch an anderer Stelle ausführlich beschrieben. Die Patienten sind mit einem primär konfliktzentrierten Behandlungssetting zumeist überfordert. Sie verarbeiten Deutungen – auch zutreffende – als Kränkungen und reagieren mit somatischen Verschlimmerungen. Sie sind intensiv mit ihren Körpersymptomen beschäftigt und vermeiden, psychische Konflikte bewußt zu erleben. Sie symbolisieren überwiegend im Sinne der körperlichen Symptombildung. Die Möglichkeit, Konflikte bewußt zu erleben, über sie zu sprechen und frei zu assoziieren, ist eingeschränkt. Psychischer Leidensdruck – Triebfeder jeder tiefenpsychologisch fundierten Therapie – ist überwiegend sekundär als Folge von Schmerzen oder in Form reaktiver Depressivität wahrnehmbar. Die notwendige Abstinenz des Therapeuten wird als mangelnde Zuwendung erlebt, Therapieabbrüche sind bei nicht modifiziertem Vorgehen häufig. Behandlungsmethoden, die sich der Deutung als wichtigstem therapeutischen Mittel bedienen, erfordern beim Patienten ein autonomes Ich und setzen Reflexionsfähigkeit voraus.

> ! Nach Fürstenau (1979) ist eine Therapie dann erfolgversprechend, wenn es gelingt, neue Beziehungserfahrungen anzuregen und neue Einstellungen und Haltungen einzuüben.

Dazu gehört auch das Bearbeiten früher Erlebnisse durch Erinnerung im Kontext neuer emotionaler Erfahrungen in der therapeutischen Beziehung. Das Symptom sei nicht nur als Widerstand zu verstehen, sondern auch als Angebot des Patienten an seinen Therapeuten im Sinne eines Kommunikationsangebotes.

Eine besondere Form der Regression. Die KiP hat eine Zwischenstellung zwischen den supportiven und den konfliktaufdeckenden Verfahren. Bei Patienten mit psychosomatischen Erkrankungen machten verschiedene Behandler unabhängig voneinander die überraschende Beobachtung, daß die Patienten hartnäckig in konfliktfreien, symbiotischen und narzißtisch getönten Phantasien verharrten. Wir haben dies als den Versuch unserer Patienten verstanden, auf konfliktarme Lebensphasen *vor* dem für sie schmerzhaften Konflikt zu regredieren. Dabei war erstaunlich, daß viele Patienten, die zunächst verbal schwer zugänglich waren, in ihren Imaginationen eine für die Therapeuten unerwartete Erlebnis- und Ausdrucksfähigkeit entwickelten. Darüber hinaus war eindrucksvoll, daß die körperliche Entlastung mit der angenehm erlebten Regression zeitlich zusammenfiel. Während der regressiven Prozesse oder bald danach ließen die Symptome nach. Wir entwickelten Motive, die den oral-regressiven Einstellungen der Patienten entgegenkamen und ihnen eine bildhafte Ausgestaltung ermöglichten, so z.B. das Ausruhen auf einer sonnigen Wiese, das Trinken des Wassers aus einer Quelle, das Baden in einem Bach. Da sich dabei anhaltende klinische Besserungen ergaben, bildeten wir die Hypothese, daß sich durch längeres Imaginieren konfliktfreier, überwiegend guter und bedürfnisbefriedigender katathymer Bilder innerhalb einer anaklitischen Übertragung zum Therapeuten ein Entwicklungsdefizit kompensieren läßt. Der Therapeut ist dabei zunächst in seiner protektiven Funktion gefordert.

BEISPIEL

Eine Asthmapatientin erlebte sich auf einem schönen Wiesenstück, auf dem sie sich zunächst wohl fühlte. Bei weiterer Betrachtung begann die Wiese jedoch an den Rändern abzubröckeln und wurde winzig. Sie lag schließlich auf der Spitze eines Hügels inmitten einer unwirklichen Landschaft. Von den Seiten näherten sich bedrohliche Gestalten. Ich hätte die Patientin nun – im Sinne der Symbolkonfrontation – mit diesen Gestalten konfrontieren können, mit ihren Gesichtern und Augen. Ich wählte jedoch in dieser frühen Phase der Therapie – auch wegen der noch bestehenden starken körperlichen Symptomatik – einen anderen Weg und fragte sie, ob es ihr möglich sei, sich in irgendeiner Weise gegen diese Gestalten zu schützen. In der Tat wuchsen dann rund um die Wiese Palisaden hervor, die zu einer Barriere aus oben angespitzten Hölzern wurden, die die Gestalten nicht überwinden konnten. Sie fühlte sich geschützt, nahm hinter dem Zaun allerlei Lärm wahr, hatte aber Zeit zur Konzentration und zum Kräftesammeln. Im Nachgespräch fiel ihr die Krankenhaussituation mit den vielen Besuchern ein. Später wurde auch deutlich, daß sie sich überhaupt nur schwer vor böswilligen oder gutwilligen Eindringlingen schützen konnte.

In der folgenden Übersicht ist der phasenhafte Verlauf einer KiP dargestellt.

Schematisierter Verlauf einer KiP bei psychosomatisch Erkrankten. (Aus WILKE u. LEUNER 1990)

1. Phase

Narzißtische Regression im Rahmen einer anaklitischen Übertragung. Ich-Stärkung durch symbiotisches Erleben

Phänomene im KB:

- Verschmelzungsphantasien
- Omnipotenzphantasien
- Badeszenen

Therapeutenverhalten:	• Protektive Interventionen • Prinzip des Nährens und Versöhnens • Stützende averbale Signale • Stimme (!), Konstanz, Rhythmus
Somatische Reaktionen:	• Abklingen der Symptome • Beginn reparativer Vorgänge

2. Phase
Mobilisierung von Ambivalenzkonflikten auf der Symbolebene

Phänomene im KB:	• Symbole der Verhinderung • Aggression und Destruktion
Therapeutenverhalten:	• Erste konfrontierende Interventionen
Somatische Reaktion:	• Oftmals Wiederaufflackern der Symptome

3. Phase
- Wiederholtes symbolhaftes Durcharbeiten der pathogenen Konflikte
- Einüben von Lösungsmöglichkeiten

Wir verstehen die initiale Regressionsneigung als Versuch der Patienten, *vor* einen für ihre Entwicklung bedeutsamen infantilen Konflikt zu regredieren. Sie setzt eine protektive therapeutische Haltung voraus, die die anaklitische Übertragung fördert. Typische Manifestationen sind Verschmelzungsphantasien wie das Gefühl des Einsseins mit der Erde, Omnipotenzphantasien und Badeszenen.

So erlebt sich ein Kolitispatient in einem schützenden Teller liegend geborgen in einer kleinen Wiese. Eine junge Patientin imaginiert sich immer wieder auf einer Wolldecke liegend in einer geschützten Laube, in der sie vor den Nachstellungen der Mutter sicher ist (s. Abschn. „Befriedigung archaischer Bedürfnisse"). Wir sehen in solchen Imaginationen weniger den Aspekt der Konfliktabwehr als vielmehr Versuche, symbolhaft Kontakt zu guten Primärobjekten bzw. Primärsubstanzen (Balint 1970) aufzunehmen. Solche psychischen Regressionen führen zu tiefer psychophysischer Entspannung. Die Atmung wird regelmäßig, die Patienten fühlen sich wohl. In dieser vertieften Entspannung werden die Imaginationen klarer und auch emotional reicher. Es beginnt ein sich selbst verstärkender Kreisprozeß mit deutlicher werdenden Bildern, die auch in ihrem Affektgehalt erinnert werden und über die Therapiestunde hinaus weiterwirken. Sie sind in dieser Form nur in Gegenwart des Therapeuten erlebbar, und wir verstehen sie als Handlungs- und Erlebnisvollzüge autonomer Natur in Gegenwart der Mutter (Sachsse u. Wilke 1987). Die Imaginationen können auch die Funktion eines „tröstenden Raumes" bekommen, in den die Patienten sich zurückziehen können, wenn die Realität zu belastend wird.

Beispiel

Eine 23jährige Kolitispatientin zog sich in der KiP immer wieder in eine Berghütte zurück, in der sie keiner finden konnte und die auch vom Tal aus nicht sichtbar war. Sie hatte dort reichlich zu essen, eine warme Quelle, in der sie baden konnte, und eine kühle Quelle, aus der sie trinken konnte. Ein wärmendes Kaminfeuer schützte sie vor Kälte.

Progression. Wir haben am Beispiel von Kolitispatienten nachweisen können (Wilke 1978), daß die körperliche Restitution zunächst von der Fähigkeit abhängt, in den katathymen Bildern zu der beschriebenen Ich-Stärkung und psychophysischen Relaxation im symbiotisch-regressiven Erleben zu gelangen. Ein langfristig günstiger Verlauf hängt allerdings davon ab, ob es gelingt, eine Reifung aus der therapeutischen Symbiose heraus zu vollziehen. In der Regel klingen die regressiven Bedürfnisse nach einiger Zeit von selbst ab. Ein Prüfstein in der Therapie psychosomatisch Kranker steht an der Stelle, wo Separations- und Individuationsprozesse einsetzen, die mit einer angstauslösenden progressiven Dynamik verbunden sind. Wenn in dieser zweiten Phase auf der Symbolebene Ambivalenzkonflikte mobilisiert werden, kommt es in den katathymen Bildern zu Symbolen der Verhinderung, auch der Aggression und Destruktion. Der Therapeut sollte den progressiven Impulsen seiner Patienten an dieser Stelle keine ungerechtfertigte Skepsis entgegensetzen, sondern ihn bei Wagnissen zu angemessenen Zeitpunkten unterstützen. In diesen ersten progressiven Momenten kann es zu einer zeitweiligen Überlastung des Selbst kommen, und es ist gut, wenn die Patienten auf – gleichsam eingeübte – regressive Bilder zurückgreifen können, die sie abrufen und deren Imagination und Erleben eine unmittelbar spannungsmindernde Funktion haben. Sie stellen entlastende, eingeübte dynamische Reaktionsmuster dar. Der Therapeut greift konfrontierende und selbstkonfrontierende Strebungen auf, begleitet sie und versucht zugleich einzuschätzen, ob die Ich-Stärke und auch die somatische Situation des Patienten geeignet sind, diese inneren Prozesse fruchtbar werden zu lassen. Es entwickelt sich ein eigenartiger fluktuierender Rhythmus zwischen regressiv-symbiotischen und progressiv-konfliktzentrierten Einstellungen. Im symbiotischen Erleben bereitet sich der Patient auf die anschließende Konfliktbearbeitung vor. Eine ständige „Bemutterung" oder eine ausschließlich passiv-stützende Behandlung hindert den Patienten an einer Weiterentwicklung, insofern ist das beschriebene Vorgehen auch nicht als überwiegend supportiv zu verstehen.

> **!** Die Aufforderung zu einer Imagination ist immer auch die Aufforderung zu einer Entwicklung, d. h. Progression.

Umgang mit aggressiven Impulsen. Viele psychosomatisch Erkrankte sind zu offener Aggression nur eingeschränkt fähig, da sie Verlustängste und Angst vor Liebesentzug haben. Sie neigen, ähnlich wie depressiv Erkrankte, zur Wendung der Aggression nach innen, gegen das Selbst und ihren Körper. Andererseits ist jede psychische Entwicklung zwangsläufig mit aggressiver Abgrenzung von primären Objekten verbunden. Die KiP bietet Möglichkeiten für die Entwicklung der Fähigkeit zur aggressiven Auseinandersetzung. Es ist möglich, sich auf der Bildebene unter dem Schutz des Therapeuten und des Symbols probeweise aggressiv zu äußern. Aggressive Impulse werden an imaginierten Objekten spürbar, der Therapeut bleibt dabei zunächst in der Rolle eines schützenden Begleiters. Das hohe unterdrückte aggressive Potential wird teilweise erfahren, ohne daß die Aggression den bis dahin „guten" Therapeuten unmittelbar treffen muß. Wenn nämlich ein Patient im Verlauf einer negativen Übertragungsentwicklung spürt, daß er seinen Therapeuten zu hassen beginnt, löst dies Angst aus und ist häufig mit der Phantasie verbunden, das gute und bislang schützende Objekt anzugreifen und womöglich zu vernichten. Die imaginierte aggressive Auseinandersetzung mit einem bösen Objekt unter dem Schutz des Therapeuten stellt einen wichtigen Zwischenschritt im Verlauf der Behandlung aggressionsgehemmter oder real autoaggressiv agierender Patienten dar. Die unmittelbare aggressive Auseinandersetzung mit dem Therapeuten sollte nicht vermieden werden, aber sie kann später erfolgen, wenn der Patient erfahren hat, daß Aggression nicht zwangsläufig mit dem Verlust des geliebten Objekts verbunden ist.

Symptom und Symbol. Körperliche Symptome haben ein Doppelgesicht, sie unterliegen unterschiedlichen Beurteilungen:

> **!**
> - Einerseits sind sie Ausdruck der Überforderung psychischer Regulationsmöglichkeiten. Chronifizierte Symptombildungen stellen pathologische Fixierungen dar, sie drücken mehr oder weniger unbewußte, ungelöste Konflikte aus und bedeuten so Widerstand gegen Einsicht und psychische Reifung.

- Andererseits sind sie auch Ich-Leistungen, die ein neues Gleichgewicht auf einem niedrigeren Entwicklungsniveau ermöglichen. Symptome dienen so einer vorläufigen psychischen Sicherung des Selbst und verhindern möglicherweise Schlimmeres, z.B. eine psychotische Dekompensation. Dabei drängen sie zugleich auf Wandlung.

Vor allem der letzte Aspekt läßt sich therapeutisch nutzen, wenn das Symptom mit dem imaginierten Symbol in eine Beziehung tritt.

! Ziel einer Psychotherapie körperlich Kranker ist nicht nur die Symptombeseitigung, sondern auch ein vertieftes und differenziertes Symptomverständnis.

In Abb. 1.2 ist der Zusammenhang zwischen Symbol, Symptom und Konflikt in der Imagination schematisch dargestellt.

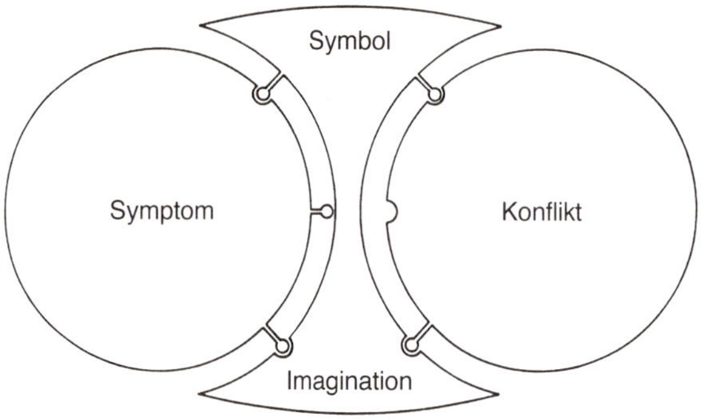

Abb. 1.2. Symbolbildung in der KiP als Brücke und Klammer zwischen Symptom und Konflikt. (Aus WILKE u. LEUNER 1990)

BEISPIEL

Ein 44jähriger Patient mit chronischer Polyarthritis und vielfachen, schmerzhaften Bewegungseinschränkungen imaginierte eine Wüste und in ihr eine Mauer, die fest gefügt vor ihm stand. Er spürte eine große und anwachsende Spannung im Gestein, die bei längerer Betrachtung auf den Beobachter überging und auch den Therapeuten erfaßte und die der Patient mit seinen chronischen Schmerzen in Verbindung brachte. „Der Mauer tut es wahrscheinlich genauso weh, wie mir immer." „Auf der Mauer scheint ein ungeheurer Druck zu liegen, es scheint eine Staumauer zu sein, hinter der ein See liegt."

Ich forderte ihn auf, sich dem Steinwall zu nähern, der hoch vor ihm aufragte. Durch die Mauerritzen sickerte Wasser, bei deren Berührung der Patient Traurigkeit spürte. Er begann – erstmals seit langer Zeit – zu weinen.

„Ich hätte nicht gedacht, daß durch diese dicken Steine etwas hindurchdringen kann; ich habe Angst, daß die Mauer dem Druck nicht standhält." Ich forderte ihn auf, sich seitwärts auf einer Anhöhe in Sicherheit zu bringen. Die Mauer begann zu bröckeln, wie in Zeitlupe einzustürzen, und der See entleerte sich in das Wüstental, durch das der Patient gegangen war. Er begann hemmungslos zu weinen und entspannte sich dann. Er stieg hinunter zu den Steintrümmern und begann sie zu untersuchen. Später kehrte er immer wieder an diesen Ort zurück; über die Trümmer der Mauer gelangte er in einen verwilderten Garten, in dem er Kindheitsszenen erinnerte.

Dieser Tagtraum zeigt exemplarisch eine Einheit von Symptom (schmerzhafte Bewegungseinschränkung) und Symbol (Staumauer, die starkem Druck standhalten muß und es schließlich nicht mehr kann). Als der Patient in die Klinik kam, war er nicht mehr in der Lage, den auf ihm lastenden familiären und beruflichen Druck auszuhalten. Der Patient hatte über Jahre in einer Immobilität verharrt, die verbunden war mit sehr intensiven inneren Spannungszuständen, denen er keinen Ausdruck geben konnte. Dies war symbolisch erstmals in diesem Tagtraum möglich, wonach er sich deutlich entlastet fühlte.

Imaginative Prozesse in der KiP als Übersetzungshilfe vom körperlichen zum sprachlichen Ausdruck. In der Imagination der Staumauer wird einerseits die Beziehung zum Symptom deutlich, andererseits auch der unbewußte Konflikt symbolisch dargestellt und in Sprache gefaßt. Die Erlebnisse und Entwicklungen im Verlauf einer Imagination sind allerdings nur teilweise sprachlich erfaßbar. Wenn ein Patient von seinem Traum berichtet, beschreibt er nur die Oberfläche eines vielschichtigen, weit in den präverbalen Bereich hinabreichenden Erlebnisprozesses. Sein Therapeut ist auf nicht-verbale Äußerungen wie die Körpersprache angewiesen, auf seine Mimik, Stimmfärbung und Zeichen vegetativer Schwankungen. Sofern er darin geschult ist und die Wahrnehmung der Körperempfindungen bei sich selbst zuläßt, wird er – besonders in Sprechpausen – selbst jenes Körpergefühl, jene Stimmung wahrnehmen, die beim Patienten latent vorhanden ist bzw. abgewehrt wird. Gerade bei tief regressiven, narzißtischen Phantasien gelangt die Sprache an ihre Grenzen, wenn es um die Übermittlung des komplexen imaginativen Erlebnisses geht. Die Patienten schweigen oft lange und beginnen – erst später – stockend zu berichten. Die Sprache kann auch zerfallen und die Syntax sich verändern. Die Beobachtung der Stimme kann wichtiger werden als der Inhalt des Gesprochenen. Eine Art von „Privatsprache" – wie jene zwischen Mutter und Kind – kann entstehen.

Wandlungen allerdings treten in jenem Moment auf, in dem die erlebte Szene durch den sprachlichen Ausdruck „zu einer Form gerinnt". Dann verliert sie für einen Augenblick an Bewegung und gewinnt eine neue Gestalt, die wiederum auf den weiteren Fluß des Erlebens zurückwirkt.

Wir sind der Ansicht, daß die Integration von Körpererleben und entsprechender Imagination in die bewußte Wahrnehmung eines Patienten letztlich der Sprache bedarf. Deshalb ist die Unterscheidung zwischen „Imaginationstherapien" und „verbalen Therapien" nicht zweckmäßig. Mit der Aufforderung zum Imaginieren stoßen wir zugleich einen inneren Dialog beim Patienten an, in dessen Verlauf verbalkognitive Strukturen aktiviert werden. Sie bereiten die Übersetzung der Imagination in Sprache vor. Die Ebene der Imagination und der Symbole, auf der der therapeutische Prozeß in einer KiP schwerpunktartig lokalisiert ist, erfaßt einerseits vorsprachliche Bereiche. Andererseits wird er sprachlich vermittelt, und zwar nicht als nachträglicher Bericht über ein imaginatives Erlebnis, sondern im Sinne eines dialogischen Miteinander, das den Ablauf dieses Erlebnisses anregt, begleitet, eingrenzt und beendet. Oft läßt es sich in einer KiP beobachten, wie eine imaginative Szene sich zu einem Wort verdichtet, Gestalt gewinnt und damit dauerhaft wird. Erleben und Beschreiben des Erlebten sind in einer KiP sich gegenseitig fördernde Elemente einer Entwicklungsspirale, in die Erinnerungen und Wünsche einfließen können. Die verbale Kodierung einer Szene ist ein wichtiger Entwicklungsschritt, der das Ereignis formuliert und so in eine vorläufige Form bringt.

■ **Das Motiv der Inspektion des Körperinneren.** Symptome signalisieren ein konfliktbedingtes Spannungsgefälle, sie sind Vorläufer notwendiger Wandlungen.

> ! Bei genauer Betrachtung der Symptomatik eines Kranken zeigt sich oft, daß die Reaktion seines Körpers eben das ausdrückt, was in der Kommunikation zwischen dem Patienten und seinem Therapeuten noch nicht gesagt werden kann. Die Sprache des Körpers setzt da ein, wo ein angemessener verbaler Ausdruck noch nicht möglich ist.

Manchmal gelingt es, die Sprache des Körpers unmittelbar im Kontext der bestehenden Gesprächs- und Übertragungssituation zu verstehen. So kann z. B. ein Asthmaanfall den Gesprächsfaden zerreißen, wenn die emotionale Spannung im Gespräch so stark anwächst, daß der Patient nicht mehr in der Lage ist, sie zu ertragen, ohne zu somatisieren.

Der Versuch, körperliche Symptome in der Imagination darzustellen und so eine innere Verbindung mit den Konflikten zu ermöglichen, hat zum Motiv der „Inspektion des Körperinneren" geführt. Der Patient wird aufgefordert, sich ähnlich wie Gulliver zu verkleinern, durch den Mund in den Leib oder durch das Ohr in den Kopf zu gelangen und eine Entdeckungsreise durch den Körper zu beginnen. Manchmal gelingt es, unbewußte innere Zusammenhänge zwischen Symptom und Konflikt imaginativ darzustellen und dem Erleben des Patienten zu öffnen. Regelhaft spiegeln sich in der imaginierten Begegnung mit erkrankten Organen pathogene Objektbeziehungen wider. Während dieser Bildabläufe werden starke Affekte freigesetzt, und wir können vermuten, daß diese bis dahin in der Somatisierung gebunden waren.

Das Vorgehen ist konfrontativ und kann nur angewandt werden, wenn vorher eine stabile Arbeitsbeziehung hergestellt worden ist. Die Kranken können sich unvermittelt mit ihrem körperlichen Beschädigtsein konfrontiert sehen. Sie erblicken ihre narzißtische Wunde.

Beispiel

Eine 25jährige Kolitispatientin begab sich durch Mund und Magen in ihren Darm und begann ihn zu untersuchen. Sie kam an eine feuerrot gestrichene Tür, vor der sich unverdaute Speisen stauten. „Hier beginnt die Krankheit, und sie entscheidet, wer da hinein und hindurch darf. Ich werde nicht angenommen und habe keine Möglichkeit, hineinzugehen und etwas zu bewirken." Sie stand lange vor der verschlossenen Tür, sah keine Möglichkeit hineinzukommen. Das Innere ihrer Krankheit blieb ihr verborgen. Im Nachgespräch meinte sie: „Die Krankheit macht eh mit mir, was sie will."

Später gelang es ihr dann, von außen an den kranken Bezirk heranzukommen. Sie sah ihn gerötet und kräftig pulsierend „wie ein gehetztes Herz". Es gelang ihr, ihn genauer zu betrachten, und sie sah das Netz der Blutadern und der Nerven, die schmerzhaft waren und überreizt. Sie umhüllte dann, ohne daß ich sie dazu aufgefordert hatte, den kranken Bezirk mit Blattwerk und „Heilerde" und wurde dadurch vertrauter mit dem zuvor fremden und von ihr abgelehnten Teil ihres Körpers. „Es ist, wie wenn ich jemanden pflege, der mich bis dahin bedrohte und der mir fremd war."

! In dieser Sequenz wurde symbolhaft ein Schritt vollzogen, der in der Therapie psychosomatisch Kranker von großer Bedeutung ist: nämlich das Annehmen der eigenen Krankheit und ihrer Auswirkungen als zu sich selbst gehörend.

Die imaginative Inspektion des Körperinneren kann Aufschluß darüber geben, ob dieser Schritt vollzogen ist oder ob der Kranke noch überwiegend im Kampf mit sich selbst gefangen ist. Nach dieser Therapiephase war es der Patientin möglich, auch die zentralen interpersonellen Konflikte, nämlich die Auseinandersetzung mit Vater und Freund, aufzugreifen.

Manchmal stimmen die imaginativen Vorstellungen des Körperinneren mit der anatomisch-pathologischen Wirklichkeit in erschreckender Weise überein, wie das folgende Beispiel zeigt.

Beispiel

Eine 46jährige Patientin mit Morbus Crohn erlebte bei der Inspektion des Körperinneren ein felsiges Gebirge im Unterleib, das brüchig war und sich unvermittelt in Blut und Kot auflöste. Dieser imaginative Vorgang setzte sehr schnell ein und verlief rasch, so daß ich ihn kaum steuern konnte und beendete, als bei der Patientin Zeichen starker Erregung auftraten. Eine spätere Röntgenuntersuchung zeigte multiple enterale Fisteln und Abszedierungen, die zum Zeitpunkt der Imagination nicht bekannt waren. Als ich ihr diese schwerwiegenden Befunde der Computertomographie mitteilte und über die dann notwendige Operation sprach, hatte sie die Phantasie, daß „der Darm ja erst durch die Imagination wirklich krank geworden ist".

Erst später konnte diese projektive Verarbeitung mit ihr besprochen und von ihr verstanden werden.

Ich möchte hier nicht die Vorstellung vermitteln, als könne die Imagination bildgebende technische Verfahren ersetzen, doch ist es in Einzelfällen immer wieder eindrucksvoll, wie die Vorstellungen der Patienten von ihrem Inneren mit den technischen Befunden übereinstimmen. Die Patienten haben manchmal die Vorstellung, daß die Imagination bestimmter Organe Spuren hinterläßt, im positiven wie im negativen Sinne.

Das Verfahren der „Inspektion des Körperinneren" ermöglicht manchmal das unmittelbare Wiedererleben pathogener Konflikte.

BEISPIEL

Ein 49jähriger Patient mit Asthma bronchiale imaginierte in einem fortgeschrittenen Therapiestadium seine Lunge. Er gelangte als Däumling durch Nase und Atemwege in eine dunkle Höhle, die sich bei genauer Betrachtung zu einer großen Halle weitete und zu einem Kirchenschiff wurde. „Mein Brustkorb ist von innen jetzt wie eine Kathedrale." Es war dort kalt, er verspürte einen eisigen Luftzug, seine Atmung wurde schwer. Schließlich lag er als frierender Winzling auf kaltem Stein und schaute in die Gewölbe hoch. Ich hielt ihn an, auf Einzelheiten zu achten. Er sah zwei Frauenbrüste im Gewölbe, die vielversprechend und rosig waren, „aber sie verweigern sich und geben keine Milch".

In diesem Moment verschwand die Atembeklemmung und machte einer tiefen Traurigkeit Platz. Der Patient begann zu schluchzen und konnte sich erst nach Minuten wieder fassen.

Im Nachgespräch berichtete er, es sei eine Marienkirche gewesen, und er habe sowohl Maria wie auch seine Mutter in einer Gestalt erlebt. Seine Mutter sei eine depressiv-frömmelnde Frau gewesen, die ihm wenig emotionale Wärme haben geben können. Der Vater sei Pfarrer und habe sich sehr der Gemeinde gewidmet. Er habe früh die Bedürftigkeit der Mutter wahrgenommen und versucht, ihr die ihr fehlende eigene Mutter zu ersetzen (Parentifizierung).

Nach der Imagination war der Patient fast frei von Atemstörungen, machte aber eine längere depressive Phase durch. Ich sah dies als therapeutischen Fortschritt. Die Imagination der Marienkirche im Inneren des Brustkorbs war eine wichtige Station im Verlauf der Therapie dieses Mannes.

Das Vorgehen ist recht konfrontativ, narzißtische Kränkungen sind unausweichlich. Es kann aber hilfreich sein beim Versuch, den Patienten anzuleiten, „seinen Körper zu bewohnen", ihn sinnlich und taktil zu erfahren. Es kann auch gelingen, im Verlauf von Imaginationen Schmerzen eine bildhafte Gestalt zu verleihen.

Die Erhellung des Zusammenhangs zwischen Symptom, Symbol und Erleben ist in der KiP von zentraler Bedeutung. Deshalb hierzu ein weiteres Beispiel:

BEISPIEL

Eine 19jährige Magersuchtpatientin findet bei der Introspektion des Körperinneren in ihrem Magen einen glatten Stein. „Er ist unsäglich kalt und muß der Magenwand, auf der er aufliegt, sehr weh tun." Im Nachgespräch kann sie zum ersten Mal von der atmosphärischen Kälte ihres Elternhauses erzählen. Bis dahin hatte sie ihre Familie idealisiert und um jeden Preis verteidigt. Das unmittelbare Spüren der Kälte und der Unberührbarkeit dieser Kälte, die sich nunmehr in der Mitte ihres Körpers befand, öffnete den Weg für eine weitere Entwicklung. Sowohl der Vater wie auch die Mutter hatten Zuwendung überwiegend als orale Versorgung begriffen, hinter der sich eine emotionale Kälte verbarg, die sich bildhaft im Magen zu einem unverdaulichen glatten Stein verdichtete. Es ist bezeichnend für die Eßstörung dieser Patientin, daß die symbolhafte Verdichtung von Kälte im Magen vollzogen wurde und nicht – wie z.B. bei Patienten mit einer Trennungsthematik – vorzugsweise im Herzen. In weiteren Tagträumen entwickelte die Patientin die Phantasie, daß ganz im Inneren des kalten Steines – für sie noch unzugänglich – eine Wärme sein müsse. Sie versuchte, in einem weiteren Tagtraum, den Stein mit ihren Händen von außen zu wärmen, um eine Verbindung zu der Wärme in seinem Inneren herzustellen. „Die Ruhe macht den Stein wärmer, ich kann ihn jetzt in die Hand nehmen." Im Verlauf konnte sie sich immer mehr mit diesem Stein identifizieren, die Wandlungen an ihm wurden Ausgangspunkt zu einer positiven Veränderung. Die Phänomenologie ihres unbewußten Prozesses wurde als katathymes Bild sichtbar, und zwar nicht nur für die Patientin, sondern auch für den Therapeuten. Das wahrgenommene Bild bedeutete einen Zuwachs an Verständigungsmöglichkeiten und eine ständige Aufforderung zur weiteren Auseinandersetzung. So gelang es dieser Kranken, ihren Gedanken und Gefühlen eine sinnliche Gestalt zu verleihen.

Besondere Wirkfaktoren der Katathym-imaginativen Psychotherapie

Aus der Vielzahl der therapeutischen Wirkfaktoren der KiP sollen hier nochmals einige herausgehoben werden, die für die Behandlung psychosomatisch Erkrankter besonders bedeutsam erscheinen.

■ **Vegetative Entspannung.** Der Zustand vegetativer Entspannung, der sich während der Imagination einstellt, ist in sich selbst therapeutisch wirksam und führt zu einer oralen bzw. narzißtischen Regression im symbiotischen Erleben. Sie ist eingebunden in die anaklitische Übertragung und hat eine supportive, Ich-stützende Bedeutung. In der imaginierten Begegnung mit der Natur wird das Erleben mit dem Therapeuten ausgedehnt auf Vorstellungen von der umgebenden Welt. Früher erfahrene symbiotisch getönte Erlebnisse in der Natur werden wiederbelebt. Die psycho-vegetative Entspannung entlastet von körperlichen Beschwerden, und es entsteht Raum für die Wahrnehmung von Affekten statt der Wahrnehmung von Schmerzen und Körpersymptomen.

■ **Förderung der Phantasietätigkeit.** Von besonderer Bedeutung bei der Behandlung psychosomatisch Kranker ist die Förderung der Phantasietätigkeit. Man hat psychosomatisch Erkrankten früher unterstellt, nur eingeschränkten Zugang zu ihrer Phantasie zu haben. Wenn sich dies auch nicht in vollem Umfang bestätigt hat, begegnen wir doch immer wieder psychosomatisch Erkrankten, die in ständiger Körperklage verharren, zu denen sich nur schwer ein emotionaler Kontakt herstellen läßt und die in uns selbst ein Gefühl von Ohnmacht und Leere hervorrufen. Diesen Patienten eröffnen sich in der KiP Erlebnisbereiche, in denen sie zuvor behindert schienen. Sie erleben ihre Kreativität, Phantasie, Emotionalität und Affektivität und werden angeregt, ihr Erleben zu verbalisieren.

Ullmann (1988, S.8) weist darauf hin, daß in der KiP ein intermediärer Spielraum zur Verfügung gestellt wird, in dem sich „offenbar auch bei psychosomatisch erkrankten Patienten Phantasie erwecken, entfalten und trainieren läßt. Im Schutz eines fördernden Milieus, das aktive Interventionen gestattet, reifen Ich-Funktionen heran, zu denen die wichtige Fähigkeit zum Probehandeln in der Phantasie gehört". Hinzu kommt die Möglichkeit der narzißtischen Restitution im Tagtraum.

> **Definition**
>
> Lorenzer (1970) hat den Begriff des szenischen Verstehens geprägt.
>
> Er meint damit Evidenzerlebnisse, die an konkrete Interaktionsmuster geknüpft sind.

Wichtig ist hierbei, daß auch beim Therapeuten Neugier auf die Entwicklung seines Patienten entsteht. Neugier hat immer etwas mit Emotionalität zu tun, und Gefühle bleiben in der Interaktion mit diesen Patienten in üblichen Gesprächssituationen oft lange verborgen. Manche Patienten klammern sich symbiotisch an, sind dabei aber emotional weit entfernt. Es entsteht ein Gefühl von Langeweile, und in dieser Situation ist natürlich ein Verfahren, das die Motivation und Neugier fördert, besonders wertvoll. In den Imaginationen werden auch manche Patienten lebendig und emotional erreichbar, die vorher blaß und gefühlsarm erschienen. Sie spüren die intensivere Anteilnahme des Therapeuten und fühlen sich hierdurch ermutigt, den Weg der imaginativen Introspektion weiter zu verfolgen. Optimal ist eine Atmosphäre der gemeinsamen Suche. Dann entsteht ein innerer Raum, in dem Symbole neu entstehen und in dem die Beziehung zwischen Therapeut und Patient lebendig werden kann. Für den mit Tagträumen vertrauten Therapeuten fallen Standortbestimmungen relativ leicht. Im Bild wird der Zusammenhang zwischen Symptomen, Symbolen und Erleben auf der Realebene erkennbar. Die Phänomenologie der unbewußten Prozesse wird in Form des katathymen Bildes sichtbar, Gedanken und Gefühle werden zu sinnlichen Gestalten.

■ **Autonomiezuwachs.** Das Probehandeln in der Phantasie führt zu einem Zuwachs an Autonomie. Probehandlungen im Setting der KiP sind Handlungsvollzüge, sie sind Quelle vieler neuer Erfahrungen, ängstigender und auch befreiender. Der Tagtraum stellt eine Ich-Leistung dar, die der Strukturbildung dient, da er die Fähigkeit fördert, zwischen Selbst- und Objektrepräsentanzen zu differenzieren.

> ! Der Patient erlebt sich in seinem Tagtraum als handelndes Objekt, dies fördert das Bewußtsein eigener Identität.

■ **Zugewinn an Kontrolle.** Psychosomatisch Kranke fühlen sich oft ihren Symptomen, Körpersensationen und auch inneren Vorstellungen ausgeliefert. Im Setting der KiP gewinnt ein Patient im Beisein des Therapeuten Kontrolle über seine Vorstellungsbilder. Diese Kontrolle über sein inneres Erleben ist in der dialogischen Situation der KiP besser gewährleistet als bei imaginativen Techniken, bei denen der Patient allein imaginiert und später berichtet. Auch Verhaltenstherapeuten haben die Bedeutung der Selbstkontrolle über das eigene imaginative Erleben betont. Das mentale Einüben von Verhaltensalternativen trägt dazu bei, Krankheiten und die mit ihnen einhergehenden Einschränkungen besser zu bewältigen. Dies gilt besonders für körperlich chronisch Kranke mit sekundären psychischen Einschränkungen.

Katathym-imaginative Psychotherapie in der Behandlung Ich-struktureller Störungen

Aus dem bisher gesagten geht hervor, daß eine gewisse Stabilität und Differenziertheit der Ich-Struktur Voraussetzungen dafür sind, den imaginativen Raum der Patienten zu öffnen und für die Therapie fruchtbar werden zu lassen.

> ! Bei stärker ausgeprägten Ich-strukturellen Störungen kommt das Verfahren ähnlich wie andere tiefenpsychologisch fundierte Verfahren an Grenzen, selbst wenn Modifikationen vorgenommen werden. Die Grenzen sind individuell zu definieren.

Sie sind auch keineswegs nur abhängig von der Persönlichkeit des Patienten, seiner Ich-Stärke und von der Ausprägung seiner Störung, sondern ebenso abhängig von der Person und den Fähigkeiten des Therapeuten. Sie sind also eine Funktion der Beziehung. Diese Grenzen können früh erreicht sein, wenn das Vertrauen noch nicht ausgeprägt und die Fähigkeit zu wohltuender Regression gering ist. In diesem Fall ist die Kommunikation störbar, und es fällt schwer, eine positive Übertragung zu etablieren. Es wurde schon gesagt und sei hier wiederholt, daß ein therapeutisch wirksames Imaginieren dauerhaft nicht möglich ist, wenn eine ausgeprägt negative Übertragung zum Therapeuten besteht und sich auch deutend nicht bearbeiten läßt. Gelingt dies allerdings, ist die entlastende Wirkung beeindruckend und der therapeutische Fortschritt rasch. Patienten mit schweren Ich-strukturellen Störungen neigen zu abrupt einsetzenden negativen Übertragungsreaktionen, deren Bearbeitung vorrangig ist. Auch übermäßige Idealisierungen sind typisch für die Arbeit mit Ich-strukturell gestörten Patienten. Fast immer geht diese Idealisierung mit einer Entwertung der Außenwelt einher, es kommt zu einer pathologischen Spaltung, die sich in einer nicht ausreichend reflektierten KiP stabilisieren kann, wenn sie nicht bearbeitet wird. Wenn in den Bildern ausschließlich lustvolle Befriedigungen in einer süchtig gefärbten Intensität gesucht werden, kann sich die Realitätsflucht im Verlauf einer Therapie durchaus verfestigen.

Wir haben gute Erfahrungen damit gemacht, Imaginationen mit diesen Patienten relativ stark zu strukturieren und diese immer wieder anzuhalten, schützende und bergende Räume aufzusuchen und imaginativ auszugestalten. Dies gelingt nicht immer. Wenn intensive, frei flottierende Ängste entstehen, die sich auch im Nachgespräch nicht strukturieren oder an bestimmte Szenen binden lassen, ist die Regression in die Imagination nicht mehr indiziert. Es können sich symbolhaft Fragmentierungen, Organverluste, autoaggressive Handlungen darstellen. An dieser Grenze versagt die Selbstregulation der Patienten, die in der Regel dafür sorgt, daß vom Unbewußten nur soviel in das Bewußtsein oder Traumbewußtsein freigegeben wird, wie in einer bestimmten therapeutischen Situation getragen und bearbeitet werden kann. Es ist in solchen Grenzsituationen darauf zu achten, ob die Fähigkeit des Ich zu Selbstbeobachtung und somit zur therapeutischen Ich-Spaltung ausreicht.

Die KiP ist geeignet, das Identitätsgefühl zu fördern, Emotionalität zu entwickeln und sich der sinnlichen Wahrnehmung von Innen- und Außenwelt zuzuwenden. Voraussetzung hierfür ist jedoch, daß ein Patient seine Ich-Grenzen einigermaßen zuverlässig wahrnehmen kann, daß er spürt, wo er selbst aufhört und wo die Außenwelt beginnt. Bei unzureichend stabilen Ich-Grenzen erzeugt die Aufforderung zum Bildern überwiegend Angst, oder es kommt zu selbstdestruktiven Szenen. Der Therapeut darf sich nicht zu lange zum Zuschauer einer selbstdestruktiven Szene machen, denn seine Botschaft, dem Kranken Schutz zu geben, ihm einen heilenden Entwicklungsraum zur Verfügung zu stellen, verliert dadurch an Glaubwürdigkeit. Darüber hinaus wissen wir, daß dramatische Szenen mit archaischen Inhalten und starken Affekten keineswegs bedeuten, daß eine Therapie besonders wirksam ist. Kathartische Heilungen sind die seltene Ausnahme, oft verstärken sich danach die Abwehrmechanismen.

Letztlich entscheidend für Erfolg oder Mißerfolg einer Therapie ist die Frage, ob es gelingt, Konflikte schrittweise aufzuarbeiten, und ob es gelingt, lange zerbrochene oder verbotene Erlebniszusammenhänge neu zu schöpfen und wiederherzustellen.

Indikationen und Kontraindikationen

Die KiP hat einen relativ breiten Anwendungsbereich.

> ! Indikationen sind alle Formen von Psychoneurosen und Charakterneurosen, wobei das Verfahren auch bei Patienten angewandt werden kann, die mit klassischen tiefenpsychologischen Verfahren schwer erreichbar sind.

So z.B. Patienten mit fest gefügten Abwehrstrukturen, Patienten, die emotional schwer erreichbar sind, und auch einfach strukturierte Patienten, die primär wenig introspektiv erscheinen. Es ist erstaunlich, wie lebendig sich bei manchen Patienten die innere imaginative Welt gestaltet, denen man bei weniger genauem Hinsehen wenig Kreativität und Entwicklungsmöglichkeiten zugetraut hätte. Auch Patienten mit eingeschränkter verbaler Intelligenz, also jenen, denen es schwerfällt, ihre emotionalen Befindlichkeiten zu verbalisieren, weil sie es vielleicht auch wenig geübt haben, kann sich mit dem Verfahren ein Raum eröffnen, in dem sehr viel mehr möglich ist, als zuvor wahrscheinlich schien.

Ein anderer Indikationsschwerpunkt für KiP liegt bei jenen Patienten, die ihr Leiden unter einer rationalisierenden Abwehr lange verbergen, die sozusagen das Wissen um ihre Neurose wie in einem Bauchladen vor sich hertragen, argumentieren statt zu sprechen, oft sehr therapieerfahren sind, aber in diesen Therapien eher gelernt haben, sich zu verbergen, als sich zu öffnen. Auch solche Patienten können von ihren inneren Bildern sehr ergriffen werden und finden mit ihrer Hilfe einen fruchtbareren Weg.

Oft ist die KiP die Methode der Wahl für Kriseninterventionen oder wenn eine Kurztherapie geplant ist.

Spezielle Erfahrungen mit günstigen Ergebnissen liegen für folgende Indikationen vor.

Indikationsbereiche der Katathym-imaginativen Psychotherapie

- Kriseninterventionen,
- Kurztherapien,
- Langzeittherapien bei Charakterneurosen
- Zwangsneurosen,
- Borderline-Persönlichkeitsstörungen,
- psychogene Organstörungen,
- Herzneurosen,
- Anorexia nervosa, Bulimie,
- Colitis ulcerosa, Morbus Crohn,
- psychogene Genitalstörungen bei Mann und Frau sowie
- in Paartherapie und Familientherapie.

Ein weiterer Indikationsschwerpunkt liegt in der Behandlung von Kindern und Jugendlichen, und zwar besonders für jene Altersgruppe, die zur Spieltherapie nicht mehr motivierbar, aber andererseits noch nicht in der Lage ist, in einer überwiegend verbalen Therapie ausreichend mitzuarbeiten. Kindern und Jugendlichen sind die inneren Bilder noch wesentlich näher als Erwachsenen, sie finden einen raschen Zugang zu ihrer inneren Bilderwelt. Literatur hierzu findet sich bei LEUNER et al. (1990^3).

Gefahren und Kontraindikationen

Weil das Verfahren rasche Regressionen fördert und rasch „viel bewegt", liegt eine Gefahr in unkritischen Anwendungen. Das Verfahren „funktioniert" recht leicht und wird trotz Warnungen von Anfängern angewandt, die sich dann in einer „Zauberlehrlingssituation" wiederfinden. Bei schwer Ich-strukturell gestörten Patienten, bei denen das Ausmaß der Störung in der Anamnese nicht genügend gesehen worden ist, können Konflikte aktualisiert werden, die den Charakter einer existentiellen Bedrohung annehmen. Eine brüchige Ich-Abwehr kann durch Anwendung des Verfahrens so geschwächt werden, daß das Ich durch die andrängenden Impulse überschwemmt zu werden droht. Dies ist v.a. die Gefahr bei extrem depressiven Zuständen, bei extrem histrionisch strukturierten Persönlichkeiten und Borderline-Syndromen. Weitere Kontraindikationen seien tabellarisch aufgeführt:

Kontraindikationsbereich der KiP

- deutliche Intelligenzminderung,
- akute und chronische Psychosen,
- schwere soziale Anpassungsstörungen,
- schwere affektive Störungen auf dem Boden einer zerebral-organisch bedingten Enthemmung sowie
- fehlende Motivation zur Psychotherapie.

Ausbildung

Die Aus- und Weiterbildung in der KiP dauert mindestens vier Jahre und wird berufsbegleitend vorgenommen. Zur Ausbildung zugelassen sind ausschließlich Ärzte und Diplom-Psychologen sowie Therapeuten für Kinder und Jugendliche und Laienpsychoanalytiker mit Institutsausbildung. Im Curriculum werden allgemeine tiefenpsychologische Grundlagen vermittelt, daneben steht die spezifische Weiterbildung in KiP. Sie umfaßt eine Selbsterfahrung im Einzel- und im Gruppensetting und die praktische Krankenbehandlung unter Supervision. Das Curriculum endet mit einem Therapeutenkolloquium, in welchem anhand eines Behandlungsfalles dargestellt werden muß, daß das Verfahren in allen Aspekten beherrscht wird. Die KiP ist als tiefenpsychologisch fundiertes Verfahren anerkannt. Sie kann in der kassenärztlichen Versorgung „im Rahmen eines übergreifenden tiefenpsychologisch fundierten Psychotherapiekonzeptes" durchgeführt werden, wenn dem Patienten aufgrund seiner Struktur und der Art seiner Störung der Zugang zu nicht-rationalen, innerseelischen Vorgängen erschwert ist. In Abb.1.3 ist der Ablauf der Aus- und Weiterbildung dargestellt.

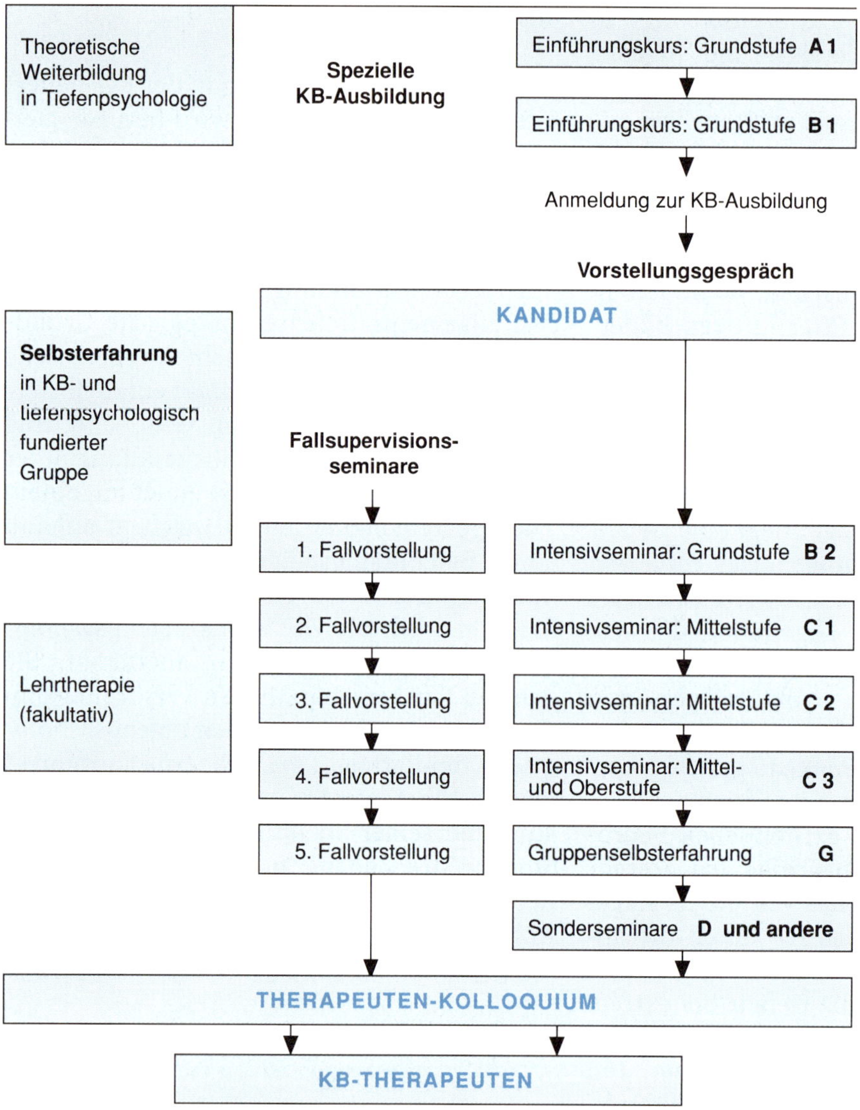

Abb. 1.3. Ausbildungscurriculum der Arbeitsgemeinschaft für Katathymes Bilderleben und imaginative Verfahren in der Psychotherapie (AGKB)

Literatur zu 1.1.1–1.1.8

Alexander F, French T (1946) Psychoanalytic Therapy. Ronald, New York

Argelander H (1970) Das Erstinterview in der Psychotherapie. Wissenschaftliche Buchgesellschaft, Darmstadt

Balint M, Ornstein PO, Balint E (1972) Fokaltherapie. Suhrkamp, Frankfurt a. M.

Beland H (1990) Technische Probleme bei projektiver Abwehr narzißtischer Spannungen („Vorwurfspatienten"). Psychoanal Theor Prax 5:38–56

Bowlby J (1975) Bindung – Eine Analyse der Mutter-Kind Beziehung. Kindler, München

Bowlby J (1976) Trennung – Psychische Schäden als Folge der Trennung von Mutter und Kind. Kindler, München

Bowlby J (1983) Verlust, Trauer und Depression. Fischer, Frankfurt a. M.

Dührssen A (1990) Die biographische Anamnese unter tiefenpsychologischem Aspekt, 3. Aufl. Vandenhoeck & Ruprecht, Göttingen

Dührssen A (1988) Dynamische Psychotherapie. Springer, Berlin Heidelberg New York

Ermann M (1995) Psychotherapeutische und psychosomatische Medizin. Kohlhammer, Stuttgart
Faber FR, Haarstrick R (1996) Kommentar Psychotherapierichtlinien, 4. Aufl. Jungjohann, Neckarsulm Stuttgart
Freud S (1912) Ratschläge für den Arzt bei der psychonanalytischen Behandlung. Imago Publ Co, London 143, GW Bd 8 : 375 – 387
Freud S (1917) Vorlesungen zur Einführung in die Psychoanalyse. Imago Publ Co, London 1940, GW Bd 11 : 466 – 482
Freyberger H, Speidel H (1976) Die supportive Psychotherapie in der klinischen Medizin. Voraussetzungen, Anzeigebereiche, Technik, Ergebnisse. Biblioteca Psychiat 152 : 141 – 169
Fromm-Reichmann F (1950) Principles of Intensive Psychotherapy. University of Chicago Press, Chicago
Fürstenau P (1992) Entwicklungsförderung durch Therapie – Grundlagen psychoanalytisch-systemischer Psychotherapie. Pfeiffer, München
Heigl-Evers A, Heigl F, Ott J (Hrsg) (1994) Lehrbuch der Psychotherapie, 2. Aufl. G. Fischer, Stuttgart Jena
Hoffmann SO (1983) Die niederfrequente psychoanalytische Langzeittherapie: Konzeption, Technik und Versuch einer Abgrenzung gegenüber dem klassischen Verfahren. In: Hoffmann SO (Hrsg) Deutung und Beziehung – Kritische Beiträge zur Behandlungskonzeption und Technik in der Psychoanalyse. Fischer, Frankfurt a. M. S 183 – 193
Kächele H, Kordy H (1996) Indikation als Entscheidungsprozeß. In: Uexküll Th v (Hrsg) Psychosomatische Medizin, 5. Aufl. Urban & Schwarzenberg, München Wien Baltimore, S 352 – 362
König K (1993) Einzeltherapie außerhalb des klassischen Settings. Vandenhoeck & Ruprecht, Göttingen
Luborsky L (1988) Einführung in die analytische Psychotherapie. Springer, Berlin Heidelberg New York London Paris Tokyo
Malan DH (1965) Psychoanalytische Kurztherapie. Eine kritische Untersuchung. Klett, Stuttgart
Maltsberger JT, Buie DH (1974) Countertransference hate in the treatment of suicidal patients. Arch Gen Psychiat 30 : 625 – 633
Mann J (1978) Psychotherapie in 12 Stunden. Zeitbegrenzung als therapeutisches Instrument. Walter, Olten
Meyer AE (Ed) (1981) The Hamburg Short Psychotherapy Comparison Experiment. Psychother Psychosom 35 : 81 – 207
Myers MF (1988) Doctors' Marriages – A look at the problems and their solutions. Plenum Medical Book, New York London
Reik Th (1977) Aus Leiden Freuden. Hoffmann & Campe, Hamburg
Reimer C (1991) Schwierige Patienten und ihre Therapeuten. Prax Psychother Psychosom 36 : 173 – 181
Reimer C (1994) Lebensqualität von Psychotherapeuten. Psychotherapeut 39 : 73 – 78
Schneider W (Hrsg) (1990) Indikationen zur Psychotherapie. Beltz, Weinheim Basel
Sifneos PE (1979) Short-term Dynamic Psychotherapy: Evaluation and Technique. Plenum, New York
Stekel W (1938) Technik der analytischen Psychotherapie. Huber, Bern
Stoller RJ (1979) Perversion – Die erotische Form von Haß. Rowohlt, Reinbek bei Hamburg
Thomä H, Kächele H (1996) Lehrbuch der psychoanalytischen Therapie, 2. Aufl. 2 Bde. Springer, Berlin Heidelberg New York Tokyo
Wallerstein RS (1989) The Psychotherapy Research Project (PRP) of the Menninger Foundation: An Overview. J Consult Clin Psychol 57 : 195 – 205

Weiterführende Literatur

Heigl-Evers A, Heigl F, Ott J (1994) Lehrbuch der Psychotherapie, 2. Aufl. Fischer, Stuttgart Jena (In diesem Lehrbuch ist insbesondere die analytische Psychotherapie ausführlich dargestellt)
Strotzka H (1982) Psychotherapie und Tiefenpsychologie – Ein Kurzlehrbuch. Springer, Wien New York (Eine übersichtliche, kurzgehaltene, einführende Darstellung der Tiefenpsychologie und Psychotherapie)
Wyss D (1991) Die tiefenpsychologischen Schulen von den Anfängen bis zur Gegenwart – Entwicklung, Probleme, Krisen, 6. Aufl. Vandenhoeck & Ruprecht, Göttingen (Guter theoretischer Überblick über die Entwicklung der tiefenpsychologischen Schulen; zur Vertiefung der Theorie besonders geeignet)

Literatur zu 1.1.9

Alexander F (1955/1956) Zwei Formen der Regression und ihre Bedeutung für die Therapie. Psyche 9 : 668 – 683
Balint M (1970) Therapeutische Aspekte der Regression. Die Theorie der Grundstörung. Klett, Stuttgart
Freud S (1900) Traumdeutung GW II/III, Imago, London 1955[3]
Fürstenau P (1979) Die beiden Dimensionen des psychoanalytischen Umgangs mit strukturell Ich-gestörten Patienten. Klett-Cotta, Stuttgart

Jung CG (1916) Die Beziehungen zwischen dem Ich und dem Unbewußten. Walter, Olten-Freiburg

Kottje-Birnbacher L (1992) Strukturierende Faktoren des Katathymen Bilderlebens. Prax Psychother Psychosom 37:164–173

Leuner H (1954) Kontrolle der Symbolinterpretation im experimentellen Verfahren. Z Psychother Med Psychol 4:201

Leuner H (1955) Experimentelles katathymes Bilderleben als ein klinisches Verfahren der Psychotherapie: Grundlegungen und Methode. Z Psychother Med Psychol 5:185–202

Lorenzer A (1970) Sprachzerstörung und Rekonstruktion. Suhrkamp, Frankfurt a. M.

Sachsse U, Wilke E (1987) Die Anwendung des Katathymen Bilderlebens bei psychosomatischen Erkrankungen. Theoretische Überlegungen zu Erfahrungen in der Praxis. Prax Psychother Psychosom 32:46–54

Singer JL (1978) Phantasie und Tagtraum: imaginative Methoden in der Psychotherapie. Pfeiffer, München

Spitz RA (1956/1957) Übertragung und Gegenübertragung. Psyche 10:63

Ullmann H (1988) Übergangsphänomene und restitutive Phantasiebildung im Katathymen Bilderleben. Prax Psychother Psychosom 33:249–257

Wilke E (1978) Katathymes Bilderleben (KB) in der Behandlung der Colitis ulcerosa. Schriftenreihe der AGKB, Band 2, Eigenverlag Göttingen

Weiterführende Literatur

Leuner H (1994) Lehrbuch der Katathym-imaginativen Psychotherapie, 3. Aufl. Huber, Bern (Das umfassende Lehrbuch zur KiP)

Leuner H (1988) Katathymes Bilderleben, Grundstufe, Einführung in die Psychotherapie mit der Tagtraumtechnik, 4. Aufl. Thieme, Stuttgart (Eine seminaristische Einführung in die Psychotherapie mit der Tagtraumtechnik)

Leuner H, Klessmann E, Horn G (1990) Katathymes Bilderleben mit Kindern und Jugendlichen, 3. Aufl. Reinhardt, München

Leuner H, Hennig H, Fikentscher E (1993) Katathymes Bilderleben in der therapeutischen Praxis. Schattauer, Stuttgart

Wilke E, Leuner H (Hrsg) (1990) Das Katathyme Bilderleben in der Psychosomatischen Medizin. Huber, Bern (Ein praxisnahes Lehrbuch zur Behandlung psychosomatisch Erkrankter)

1.2 Gesprächspsychotherapie

Vorbemerkung
In diesem Kapitel wird das von dem amerikanischen Psychologen Carl R. ROGERS (1902–1987) begründete psychotherapeutische Verfahren dargestellt, für das sich in Deutschland der nicht sehr glückliche, weil seine Besonderheit nicht kennzeichnende Name „Gesprächspsychotherapie" eingebürgert hat.

Auch die von ROGERS ursprünglich gewählten Bezeichnungen „non-directive therapy" und „client-centered therapy" verdeutlichen die von ihm intendierte Unterscheidung und Abgrenzung von psychoanalytischer Psychotherapie und Verhaltenstherapie nur unzureichend. ROGERS entwickelte in den 40er Jahren sein psychotherapeutisches Konzept (ROGERS 1942, 1951) in deutlicher Abgrenzung von den damaligen theoretischen Hauptströmungen in der klinischen Psychologie und Psychotherapie, von der Psychoanalyse und dem Behaviorismus, v. a. in folgenden grundlegenden Aspekten:

- Ein an der Existenzphilosophie orientiertes philosophisches Menschenbild.
- Die Phänomenologie als Erkenntnismethode.
- Die Wahrung des Prinzips der „Sparsamkeit" bei den theoretischen Postulaten.
- Der Verzicht auf die Annahme spezifischer biologisch determinierter Vorgänge (Triebtheorie) als Hauptfaktoren in der psychischen Entwicklung von Menschen.
- Die Aufgabe des psychoanalytischen Strukturmodells, stattdessen Postulat eines im Prinzip offenen psychischen Systems: des Selbst bzw. Selbstkonzepts.
- Primat der dem Menschen innewohnenden Entwicklungstendenz („Aktualisierungstendenz" und „Selbstaktualisierungstendenz") gegenüber (von außen systematisch) angeleiteten Lernprozessen.

Diese Annahmen bilden die Grundlage für ein Verständnis von Psychotherapie und für psychotherapeutisches Handeln, das sich sehr wesentlich vom Verständnis und vom therapeutischen Vorgehen anderer therapeutischer Verfahren unterscheidet und zu einer entsprechend spezifischen Therapeut-Patient-Beziehung und -Interaktion führt.

Das bedeutet jedoch nicht, daß es keine Übereinstimmungen zwischen Gesprächspsychotherapie und den anderen psychotherapeutischen Verfahren gibt. Diese sind am deutlichsten in den Zielen der psychotherapeutischen Behandlung gegeben. Nur der Weg, den die Gesprächspsychotherapie zur Erreichung dieser Ziele einschlägt, ist ein unverwechselbar anderer als der, den Psychoanalyse, tiefenpsychologisch orientierte bzw. fundierte Psychotherapie und Verhaltenstherapie beschreiten. Die nachfolgende Darstellung der Gesprächspsychotherapie soll auch verdeutlichen, daß dieser Weg weder für alle Patienten noch für alle Psychotherapeuten gleich gut begehbar ist. Diesen Umstand herauszustellen ist u. a. deshalb wichtig, weil in der Gesprächspsychotherapie der „Weg" den Vorzug vor dem „Ziel" hat. Der Weg der Gesprächspsychotherapie ist dadurch gekennzeichnet, daß im Fokus des therapeutischen Wahrnehmens und Handelns das Erleben des Patienten und seine Bewertung dieses Erlebens stehen, d.h. die Wahrnehmung ist primär weder konflikt- noch primär symptomzentriert.

Das Kapitel konzentriert sich auf die Darstellung der Grundlagen der Gesprächspsychotherapie und des gesprächspsychotherapeutischen Handelns. Allgemeinere Gesetzmäßigkeiten des psychotherapeutischen Prozesses und allgemeinere, d.h. nicht schulenspezifische Prinzipien des psychotherapeutischen Handelns werden in diesem Kapitel nicht behandelt. Sie finden sich in den Darstellungen der anderen Verfahren und in den speziellen Kapiteln, z.B. Kap. 9 Psychotherapeutischer Umgang mit suizidalen Patienten" oder Kap. 12 „Krisen und Krisenintervention, Kurzpsychotherapie".

Einige auch für Gesprächspsychotherapien wichtige Aspekte der Psychotherapie werden im Kap. 1.1 „Tiefenpsychologisch orientierte Psychotherapie" behandelt und deshalb im vorliegenden Kapitel nicht erneut aufgegriffen. Das betrifft v. a. folgenden Themen:

- Krisen in der Therapie, die eine (zeitweilige) Modifikation des therapeutischen Vorgehens erforderlich machen (s. Abschn. „Eklektische Interventionsmöglichkeiten"),
- die Möglichkeiten der Einbeziehung Dritter in eine Einzeltherapie und
- Beendigung der Therapie.

Der Autor dieses Kapitels geht davon aus, daß die Entscheidung für eine Ausbildung in einem bestimmten Therapieverfahren nicht zufällig erfolgt bzw. erfolgen sollte. Therapeuten brauchen eine therapeutische Identität, und die ist umso eher gewährleistet, je mehr ihre eigenen persönlichen Überzeugungen und Werthaltungen mit dem philosophischen Menschenbild, das einem Therapieverfahren zugrunde liegt, übereinstimmen. Im Allgemeinen Modell der Psychotherapie (s. Kap. 5.2) wird dieser Umstand als notwendige „Passung zwischen Behandlungsmodell und Therapeut" bezeichnet. Ein wesentlicher Bestandteil eines Behandlungsmodells ist die Art und Weise, wie die therapeutische Beziehung gestaltet wird. Sollte der Leser nach der Lektüre dieses Kapitels eine erste Entscheidung darüber treffen können, ob das gesprächspsychotherapeutische Beziehungsangebot eines ist, das ihm eher „fremd" oder eher „nahe" ist, dann ist ein wesentliches Lernziel dieses Kapitels erreicht.

1.2.1 Theoretische Grundannahmen des klientenzentrierten Konzepts und der Gesprächspsychotherapie

In der konkreten Umsetzung der Behandlungsregeln eines psychotherapeutischen Verfahrens kommen die ihm zugrunde liegenden theoretischen Annahmen, v.a. grundlegende Überzeugungen über das Wesen und Sein des Menschen zum Tragen, die den therapeutischen Kontakt und das Therapieergebnis maßgeblich mitgestalten.

BEISPIEL

Ein Patient mit einer Borderline-Persönlichkeitsstörung berichtet seinem Therapeuten von seiner Wut und deren pathologischem Ausmaß: „Ich habe Angst davor. Entweder werde ich verrückt oder ich bringe sie (die Partnerin) um." Der Therapeut, der diese Wut (z.B. sensu KERNBERG 1978) auffaßt als Ausdruck einer ungewöhnlich intensiven und deshalb nicht phasenadäquat bewältigten prägenitalen Aggression, wird darauf anders reagieren als ein Therapeut, der diese Wut als Reaktion auf einen psychischen Schmerz versteht, die ihre Brisanz dadurch erhält, daß Wütendsein für einen Borderlinepatienten eine Bedrohung der psychischen Existenz bedeutet, weil Wütendsein gleichbedeutend mit Bösesein ist. Der eine Therapeut wird die Angst des Patienten für realistisch halten, der andere Therapeut die Angst als ein Signal auffassen, das sich bei Erfahrungen einstellt, die nicht mit dem Selbstkonzept eines Menschen zu vereinbaren sind (vgl. ECKERT 1994).

Die Therapietheorie und damit die Praxis des Therapeuten sind also mehr oder weniger eng verknüpft mit den jeweiligen Annahmen über die Natur des Menschen, dem sog. Menschenbild, und mit den jeweiligen Theorien über die Entwicklung des Menschen, die Persönlichkeit und deren Struktur und den Annahmen über die Entstehung von psychischen Störungen bzw. Krankheiten.

Da ein auf die therapeutische Praxis zugeschnittenes Lehrbuch die Grundannahmen nur im Abriß darstellen kann und im übrigen auf die entsprechende Literatur verweisen muß, ist auf folgenden Zusammenhang zwischen Theorie und Praxis hinzuweisen:

> ! Fundiertes therapeutisches Handeln setzt eine gründliche Kenntnis dieser Grundannahmen voraus, und es gibt viele Belege dafür, daß therapeutisches Handeln erst dann hilfreich ist, wenn sich der Psychotherapeut mit den Grundannahmen seiner Methode identifizieren kann (vgl. ECKERT u. BIERMANN-RATJEN 1990).

Im folgenden wird der Begriff „klientenzentriertes Konzept" als Oberbegriff gebraucht, der das Menschenbild und die grundlegenden Theorien mit einschließt, und von „Gesprächspsychotherapie" gesprochen, wenn das therapeutische Verfahren gemeint ist.

Der philosophische Hintergrund

Das klientenzentrierte Konzept wird dem sog. humanistischen Ansatz zugeordnet. Die verschiedenen Therapieverfahren und psychologischen Strömungen, die sich unter diesem Begriff versammeln, verstanden sich selbst als die „Dritte Kraft“ neben der Psychoanalyse und dem Behaviorismus (vgl. KRIZ 1985).

> ! CARL ROGERS, der Begründer der Gesprächspsychotherapie, vertritt eine phänomenologisch-existentielle Grundposition. Er bezieht sich ausdrücklich auf den amerikanischen Philosophen und Pädagogen JOHN DEWEY, auf den dänischen Theologen und Existenzphilosophen SØREN KIERKEGAARD und den jüdischen Religionsphilosophen MARTIN BUBER.

ROGERS (1983b, S. 21) sieht sich z. B. in Übereinstimmung mit Bubers Ausführungen zum taoistischen Prinzip des „wu-wei“:

In das Leben der Dinge eingreifen bedeutet, ihnen wie sich selbst Schaden zuzufügen... Der vollendete Mensch greift nicht in das Leben der Wesen ein, er erlegt sich ihnen nicht auf, sondern er „verhilft allen Dingen zu ihrer Freiheit“ (LAOTSE).

ROGERS' phänomenologische Position wird u. a. deutlich in den beiden ersten von neunzehn Thesen seines ersten Entwurfs zu einer Theorie der Persönlichkeit (ROGERS 1973a/1951):

- Jedes Individuum existiert in einer ständig sich ändernden Welt der Erfahrung, deren Mittelpunkt es ist (S. 418).
- Der Organismus reagiert auf das Feld, wie es erfahren und wahrgenommen wird. Dieses Wahrnehmungsfeld ist für das Individuum „Realität“ (S. 419).

Im Hinblick auf den therapeutischen Prozeß verdeutlicht ROGERS seine phänomenologische Position mit folgendem Zitat:

Wir können Psychotherapie vom phänomenologischen Standpunkt aus definieren als: die Vermittlung von Erfahrung, durch die das Individuum befähigt wird, angemessenere Differenzierungen des phänomenalen Selbst und seiner Beziehung zur äußeren Wirklichkeit vorzunehmen. Wenn solche Differenzierungen vorgenommen werden können, dann erledigt das Bedürfnis des Individuums nach Erhaltung und Erhöhung des phänomenalen Selbst alles übrige (SNYGG u. COMBS, zit. nach ROGERS 1973a, S. 143).

Die wissenschaftliche Position CARL ROGERS'

Die phänomenologische Position legt eigentlich einen idiographischen Forschungsansatz nahe, der der Einzigartigkeit des Individuums Rechnung trägt. Tatsächlich vertrat ROGERS die Auffassung, daß es erforderlich sei, Psychotherapie mit den klassischen empirisch-experimentellen Methoden zu erforschen, d.h. er wendete den nomothetischen Ansatz an. Er ließ bereits um 1940 Tonaufzeichnungen von Therapiegesprächen machen, nicht nur zu Ausbildungszwecken, sondern auch, um mit Hilfe von empirisch-statistischen Prozeduren Gesetzmäßigkeiten zu entdecken. Eindrucksvolle Beipiele dieser Arbeit finden sich in seinem Buch „Die klient-bezogene Gesprächstherapie“ (1973a). ROGERS ist einer der Begründer der empirischen Psychotherapieforschung.

Die wichtigsten Grundannahmen zur Entwicklung der Person

Das klientenzentrierte Konzept ist sparsam mit seinen Grundannahmen, und die auf diesen Annahmen aufbauende Entwicklungs- und Störungstheorie ist vergleichsweise wenig elaboriert. Das wird ihm manchmal zum Vorwurf gemacht: die theoretische Basis sei zu dürftig und zu simpel. Auf der anderen Seite ist darauf hinzuweisen, daß unter wissenschaftstheoretischen Gesichtspunkten die Güte einer Theorie u. a. daran gemessen wird, mit wie wenigen Axiomen sie auskommt.

- **Entwicklungsaxiom: Aktualisierungstendenz**

Im theoretischen System des klientenzentrierten Konzepts wird ein einziges Entwicklungsprinzip (vgl. HÖGER 1993) als Axiom vorausgesetzt: die Aktualisierungstendenz.

Die Aktualisierungstendenz

ist die dem Organismus als Ganzem innewohnende Tendenz, alle seine Möglichkeiten in einer Art und Weise zu entwickeln, daß sie den Organismus als Ganzen erhalten und fördern (Rogers 1959, S. 196).

- **Strukturaxiom: Organismus als Bewertungsinstanz**

Der Organismus als Ganzes bewertet jede seiner Erfahrungen im Hinblick darauf, ob sie der Erhaltung und Förderung des Organismus als Ganzem dienlich ist oder nicht. Jede Erfahrung enthält also eine Bewertung ihrer selbst. Dieses Axiom findet sich heute unter dem Stichwort „Selbstorganisation von Organismen" in den modernen Naturwissenschaften und der Biologie wieder. Es wird davon ausgegangen, daß Organismen ein „autopoietisches System" bilden, d.h.

... ein System, das zirkulär die Komponenten produziert, aus denen es besteht, das sich also über die Herstellung seiner Bestandteile selbst herstellt und erhält (Roth 1987, zit. nach Höger 1993, S. 21).

Ein autopoietisches System zeichnet sich u.a. dadurch aus, daß es durch äußere Ereignisse zwar modulierbar, nicht jedoch steuerbar ist. Verschiedene Autoren haben herausgearbeitet, daß diese Gesetzmäßigkeiten auch sehr gut in Einklang zu bringen sind mit Rogers' (1957) Ausführungen über die notwendigen und hinreichenden Bedingungen für Veränderungen durch Psychotherapie (z.B. Kriz 1989, Höger 1993).

- **Entwicklungsaxiom: Selbstaktualisierungstendenz**

Zum Entwicklungsbestreben des Organismus als Ganzem, zur Aktualisierungstendenz also, gehört es, Teile seines Erlebens zu symbolisieren, d.h. ihrer gewahr zu werden, sich ihrer bewußt zu werden, sich selbst zu erfahren und aus einem Teil des Erfahrens des eigenen Seins und Handelns Selbsterfahrungen zu machen. Dieser Teil der Aktualisierungstendenz ist die Selbstaktualisierungstendenz (Rogers 1959, S. 196).

- **Definition: Erfahrungen**

Erfahrungen im Sinne des klientenzentrierten Konzepts sind die Teile des Erlebens des Organismus als Ganzem, die in einem gegebenen Moment bewußt werden könnten. Erfahrung ist ein psychologischer Begriff. Der Prozeß, in dem Erfahrung bewußt wird, ist der Symbolisierungsprozeß (Rogers 1959, S. 198). Gewahrwerden, Symbolisierung und Bewußtwerden sind Synonyme.

- **Definition: Symbolisierungsprozeß**

Der Symbolisierungsprozeß ist ein Prozeß, in dem Körperempfindungen, Vorstellungen, Gefühle, Gedanken und Worte auftreten, die aufeinander bezogen sind, sich gegenseitig Ausdruck und vor allem Sinn verleihen. Der erfolgreiche Abschluß eines Symbolisierungsprozesses, der Abschluß der Entwicklung des „felt sense", geht mit einer deutlichen, auch körperlich spürbaren Entspannung einher.

Erfahrung wird also bewußt in Körperempfindungen, Vorstellungen, Gefühlen, Gedanken und Worten, und vollständig bewußte Erfahrung ist auch „sinnvolle" Erfahrung („felt sense" heißt auch „gefühlter Sinn"; vgl. Gendlin 1978, 1981).

Mehr oder weniger bewußte Erfahrung ist mehr oder weniger vollständig symbolisierte Erfahrung, das heißt auch: mehr oder weniger abgewehrte Erfahrung. Es wird immer nur ein Teil der Erfahrungen des Organismus als Ganzem symbolisiert. Erfahrungen, die der Erhaltung und Förderung des Organismus als Ganzem dienen, werden dabei unterschieden von Erfahrungen der Bedrohung und Hemmung.

- **Entwicklungsaxiom: Selbsterfahrungen und Selbstkonzept**

Aus Erfahrungen können der Selbstaktualisierungstendenz (s. oben) entsprechend Erfahrungen der Art „Ich bin einer, der ...", also Selbsterfahrungen werden. Zum Beispiel kann aus der bewußten Erfahrung: „Ich sehe eine Blume" die Selbsterfahrung werden: „Ich erlebe, daß ich eine Blume sehe".

Aus den Selbsterfahrungen bildet sich eine Struktur, das Selbstkonzept (identisch mit: Selbst, Selbstbild, Selbststruktur).

Das Selbstkonzept entwickelt sich in Interaktionen mit der Umwelt – genauer: aus dem sich selbst in der Interaktion mit der Umwelt Erfahren – v.a. in Interaktionen mit anderen Menschen zu einem wahrnehmbaren Objekt im eigenen Erfahrungsfeld (ROGERS 1959, S. 200).

Die Reformulierung und Weiterentwicklung der Selbsttheorie von ROGERS, v.a. durch BIERMANN-RATJEN (1993, vgl. auch BIERMANN-RATJEN et al. 1995, S. 78–100) und SWILDENS (1993) erfolgt unter Berücksichtigung der Ergebnisse der neueren Entwicklungsforschung (z.B. STERN 1992). Dabei wird die Rolle betont, die die Interaktionen und der Affekt bei der psychischen Entwicklung spielen. Es wird angenommen, daß sich das Selbstgefühl in Interaktionen entwickelt, die in der Form von Episoden gespeichert und mit zunehmender Erfahrung generalisiert werden:

> Selbst, Objekt, die Art der Interaktion und die Situation werden zusammen mit den beteiligten Affekten zu Bestandteilen der Erinnerung. Diese Erinnerungen können um jedes ihrer Elemente jeweils neu gruppiert und mit anderen Erinnerungen zusammengeschlossen werden (BOHLEBER 1992, S. 362).

- **Strukturaxiom: Selbstbehauptungstendenz**

Die Aktualisierungstendenz drückt sich auch in dem Bestreben aus, den Teil der Erfahrung des Organismus als Ganzem, der im Selbst symbolisiert ist, aufrechtzuerhalten. Das heißt, der Organismus als Ganzer bewertet Erfahrungen auch im Hinblick darauf, ob sie der Aufrechterhaltung des Selbstkonzepts dienlich sind.

Dieser Bewertungsprozeß kann zu einer Spaltung in der Aktualisierungstendenz (ROGERS u. WOOD 1987, S. 142) führen: Das Bestreben, das Selbstbild zu entwickeln, kann kollidieren mit dem Bestreben, das Selbstkonzept aufrechtzuerhalten: mit der Selbstbehauptungstendenz.

Selbstaktualisierungstendenz und Selbstbehauptungstendenz sind Teile der Aktualisierungstendenz.

- **Strukturaxiom: Abwehr**

Die Abwehr ist Ausdruck der Selbstbehauptungstendenz. Erfahrungen, die der Aufrechterhaltung des Selbstkonzepts nicht dienlich sind, werden abgewehrt. Wenn sie dem Bewußtsein nicht vollständig vorenthalten werden – das ist eine Form der Abwehr –, dann werden sie in einer Art und Weise symbolisiert, in der sie nicht als Selbsterfahrungen identifiziert, verstanden oder akzeptiert werden.

- **Entwicklungsaxiom: „Need for positive regard" (Bedürfnis nach Anerkennung)**

Im theoretischen System des klientenzentrierten Konzepts wird nur ein übergeordnetes Bedürfnis angenommen: „need for positive regard". Seine Befriedigung ist eine wesentliche Voraussetzung für eine gesunde psychische Entwicklung. Die Nichtbefriedigung dieses Bedürfnisses kann bei Babies die Konsequenz haben, daß sie sterben (SPITZ 1945). Seine Bedeutung für die gesunde psychische Entwicklung des Menschen spiegelt sich auch in der Bindungstheorie (BOWLBY 1975) und den Ergebnissen der empirischen Forschung wider, die im Zusammenhang mit dieser Theorie erfolgt ist. „Need for positive regard" bedeutet: im eigenen Erleben gesehen werden wollen, beachtet werden wollen, verstanden werden wollen, als lebenswertes und liebenswertes, nicht mit anderen zu verwechselndes, mit sich selbst identisches Individuum.

- **Entwicklungsaxiom: Bedürfnis nach Anerkennung und Selbstkonzeptentwicklung**

Erfahrungen, die mit dem Bedürfnis nach „positive regard" verbunden sind, können nur dann Selbsterfahrungen werden und in das Selbstkonzept integriert werden, wenn sie von einem kongruenten wichtigen Anderen empathisch verstanden und unbedingt wertgeschätzt werden.

In dieser Annahme spiegeln sich wesentliche Aspekte des anzustrebenden gesprächspsychotherapeutischen Beziehungsangebots: Kongruenz, unbedingte Wertschätzung bzw. Bedingungsfreie Anerkennung und Empathie.

- **Definition: Inkongruenz**

Inkongruenz ist ein Zustand, in dem eine Erfahrung bzw. bestimmte, sich wiederholende Erfahrungen gegensätzlich bewertet werden: die gesamtorganismische Bewertung, daß diese Erfahrung der Erhaltung und Förderung des Organismus als Ganzem einschließlich des Selbstkonzepts dienlich ist, stimmt nicht überein mit der Bewertung dieser Erfahrung hinsichtlich ihrer Dienlichkeit für das Selbst. Es kollidieren also Selbstaktualisierungstendenz und Selbstbehauptungstendenz (vgl. das Strukturaxiom: Selbstbehauptungstendenz).

1.2.2 Theorie und Praxis des Erstinterviews

Ziele eines Erstinterviews

Ein Erstinterview – manchmal auch Indikationsgespräch genannt – dient vorrangig der Klärung folgender Fragen:

?
- Ist für einen bestimmten Patienten Psychotherapie die Behandlung der Wahl, d.h. ist eine Psychotherapie indiziert (Diagnostik und Indikation)?
- Ist eine Gesprächspsychotherapie indiziert und mit welchen Erfolgsaussichten (Prognose)?
- Sollte eine Gesprächspsychotherapie indiziert sein, welches ist dann das angemessene Setting: Einzeltherapie, Gruppe, Paartherapie? Sollte die Therapie ambulant oder stationär durchgeführt werden?
- Welcher zeitliche Rahmen ist angemessen? Genügt eine limitierte Kurzzeittherapie, oder sollte von einem üblichen Zeitaufwand für eine Gesprächspsychotherapie ausgegangen werden, z.B. 70 Sitzungen verteilt auf zwei Jahre für eine Einzelbehandlung?
- Ist zwar eine Psychotherapie indiziert, nicht jedoch eine Gesprächspsychotherapie: Welches andere Therapieverfahren scheint für diesen Patienten geeignet zu sein (differentielle Indikation)?
- Ist eine Psychotherapie nicht indiziert: Welche anderen Formen von Hilfe sind für diesen Patienten denkbar?

Diese Fragen sind immer auch diagnostische. Ein Erstinterview dient somit stets zwei Zielen, nämlich den Feststellungen:

?
- Welche psychische Störung weist ein Patient auf?
- Ist Psychotherapie eine für diesen Patienten erfolgversprechende Behandlung?

Bevor auf die Fragen im einzelnen eingegangen wird, soll auf die Beschränkungen hingewiesen werden, denen Indikationsentscheidungen unterliegen. Sie gelten nicht nur für Indikationsstellungen im Rahmen von Gesprächspsychotherapie, sondern auch bezüglich der meisten anderen psychotherapeutischen Verfahren.

Indikationsbeschränkungen

Die für eine Indikationsstellung zu beantwortenden Fragen sind sehr viel präziser als die Antworten, die wir in der Regel darauf nach einem Erstinterview geben können. Das liegt v.a. daran, daß das Wissen, das wir benötigten, um diese Fragen genau und valide beantworten zu können, nicht vorliegt oder nicht ausreichend gesichert ist.

Die Regeln, die bei der Beantwortung der Fragen zur Anwendung kommen, sind eine Mischung aus klinischer Erfahrung, theoretischen Überlegungen und empirischem Wissen.

Auch wenn für einen Patienten eine „ideale" Indikation gefunden werden kann, z.B. eine ambulante gesprächspsychotherapeutische Gruppentherapie, dann ist damit ja noch nicht sichergestellt, daß so ein Gruppenplatz in absehbarer Zeit bei einem Psychotherapeuten verfügbar ist, ob der Patient mit dieser Empfehlung mit dem Therapeuten, der einen solchen Platz frei hat, zurechtkommt und ob er in die konkrete Gruppe, in die er aufgenommen werden soll, „hineinpaßt". Mit anderen Worten:

> **!** Die sog. Rahmenbedingungen, v.a. die Verfügbarkeit von bestimmten Therapieplätzen, spielen in der Realität bei der konkreten Indikationsempfehlung letztlich eine große Rolle, und eine konkrete Indikationsempfehlung unterscheidet sich häufig erheblich von der Idealindikation.

In der Praxis beschränkt sich die Indikationsstellung meistens auf die Beantwortung der Frage: Ist eine Psychotherapie indiziert oder nicht? Das heißt, daß in der Praxis die Indikationsfrage auf die Frage der Nicht- oder Kontraindikation beschränkt bleibt.

> **Definition** Unter Nichtindikation wird in diesem Zusammenhang verstanden: Eine Psychotherapie wird an dem Problem bzw. der Symptomatik des Patienten nichts ändern und ihm auch insgesamt nichts nützen, und unter Kontraindikation wird verstanden: Eine Psychotherapie könnte dem Patienten auch schaden.

Die Schäden, die durch eine Psychotherapie hervorgerufen oder ausgelöst werden können, sind v.a.:

- Suizidalität, die in einem Suizid mündet,
- eine psychotische Dekompensation, die irreversibel ist oder
- Handlungen, die durch die Therapie induziert werden und tragende soziale Gefüge zerstören.

Die Reduktion der Indikationsfrage auf eine positive bzw. negative Indikationsstellung klammert im Falle der positiven Entscheidung die Frage nach der Prognose aus. Die Beantwortung dieser Frage überlassen Psychotherapeuten – mit guten Gründen – dem tatsächlichen Verlauf der Therapie. Bei kassenfinanzierten Psychotherapien wagen Therapeuten gezwungenermaßen eine Prognose bereits nach dem Ablauf von drei bis fünf probatorischen Sitzungen, häufig jedoch sind sie auch zu diesem Zeitpunkt mit der Prognose des Gesamtverlaufs und des zu erwartenden Therapieergebnisses für den konkreten Patienten zurückhaltend. Größere Sicherheit bezüglich der Prognose haben sie aber oft zu dem Zeitpunkt gewonnen, an dem sie einen Verlängerungsantrag für ihren Patienten stellen und begründen müssen.

Die manchmal – in der Vergangenheit häufig von Gesprächspsychotherapeuten – aufgeworfene Frage, ob denn eine Indikationsstellung, inklusive der damit einhergehenden diagnostischen Überlegungen angesichts der großen Unsicherheit, mit der Indikationsentscheidungen und v.a. prognostische Aussagen belastet sind, überhaupt sinnvoll sei, ist mit einem klaren Ja zu beantworten.

Die Notwendigkeit einer Indikationsstellung ergibt sich schon aus den oben genannten Gründen, die eine Psychotherapie kontraindiziert sein lassen. Aber auch eine Therapie, die zwar nicht schadet, aber auch nicht hilft, kann sich schädlich auswirken. Sie kann bei einem Patienten zu der ihn zusätzlich belastenden Erfahrung führen: Ich bin ein unbehandelbarer psychisch kranker Mensch.

Eine Indikationsstellung sollte immer im Dienste des Wohles des Patienten stehen. Das klingt zwar wie eine Selbstverständlichkeit, die sie aber in der Praxis nicht immer ist. Therapeuten neigen manchmal durchaus dazu, sich solche Patienten auszuwählen, die ihren eigenen inneren Bedürfnissen entsprechen und sind dann weniger daran orientiert, was dem Patienten gut täte.

Weitere Probleme dieser Art sind im Kap. 15 unter dem Gesichtspunkt der Ethik in der Psychotherapie ausgeführt.

Diagnose, Diagnostik und Indikationsstellung

Wann ist eine Psychotherapie indiziert?

> **!** Allgemein gilt: Eine Psychotherapie im engeren Sinne ist dann angezeigt, wenn die Störung des Patienten (auch) einen psychischen Ursprung hat und eine psy-

! chotherapeutische Behandlung mit einer gewissen Wahrscheinlichkeit dazu beitragen kann, eine positive Veränderung der Störung selbst oder der damit zusammenhängenden Befindlichkeit (Leiden) zu bewirken. Psychotherapie bzw. psychotherapeutisch orientiertes Handeln ist auch dann angezeigt, wenn die psychischen Beschwerden eine Reaktion auf eine organische Erkrankung (vgl. Kap. 7) oder ein belastendes Ereignis (vgl. Kap. 12) darstellen.

Zu beantworten sind also bei diesem ersten Schritt drei Fragen:

?
- Welche Kriterien sprechen für eine positive Indikationsstellung?
- Welche Bedingungen schränken diese Kriterien ein, d. h. wann ist eine Psychotherapie nicht indiziert?
- Welche Kriterien lassen eine Psychotherapie kontraindiziert erscheinen, weil eine Verschlechterung zu erwarten ist bzw. der Patient durch die Psychotherapie Schaden nehmen könnte?

■ **Welche diagnostischen Kriterien sprechen für eine positive Indikationsstellung?** Ob eine psychische Störung vorliegt, kann in einem ersten Schritt durch die Erhebung einer formalen Diagnose gemäß ICD-9 bzw. ICD-10 oder DSM-III-R bzw. DSM-IV festgestellt werden. Die Diagnosen bzw. Störungen, die als psychotherapieindikativ angesehen werden, wurden in die sog. Psychotherapierichtlinien aufgenommen.

Es handelt sich dabei um folgende Störungen:

Anwendungsbereiche für Psychotherapie

in den Richtlinien des Bundesausschusses der Ärzte und Krankenkassen über die Durchführung der Psychotherapie (Psychotherapierichtlinien in der Neufassung vom 3. Juli 1987, in der geänderten Fassung vom 4. Mai 1990)[a]

Auszug aus Abschnitt D:

1. Psychoneurotische Störungen (z. B. Angstneurosen, Phobien, neurotische Depressionen, Konversionsneurosen).
2. Vegetativ-funktionelle Störungen und psychosomatische Störungen mit gesicherter psychischer Ätiologie.
3. Im Rahmen der medizinischen Rehabilitation kann Psychotherapie angewendet werden, wenn psychodynamische Faktoren wesentlich Anteil an einer seelischen Behinderung oder an deren Auswirkung haben und mit ihrer Hilfe eine Eingliederung in Arbeit, Beruf und/oder Gesellschaft möglichst auf Dauer erreicht werden kann. Indikationen hierfür können nur sein:

3.1 Abhängigkeit von Alkohol, Drogen oder Medikamenten nach vorangegangener Entgiftungsbehandlung.

3.2 Seelische Behinderung aufgrund frühkindlicher emotionaler Mangelzustände, in Ausnahmefällen seelische Behinderungen, die im Zusammenhang mit frühkindlichen körperlichen Schädigungen und/oder Mißbildungen stehen.

3.3 Seelische Behinderung als Folge schwerer chronischer Krankheitsverläufe, sofern sie noch einen Ansatz für die Anwendung von Psychotherapie bietet.

3.4 Seelische Behinderung aufgrund extremer Situationen, die eine schwere Beeinträchtigung der Persönlichkeit zur Folge hatten.

3.5 Seelische Behinderungen als Folge psychotischer Erkrankungen, die einen Ansatz für spezifische psychotherapeutische Interventionen erkennen lassen.

[a] Aus Faber u. Haarstrick 1991, S. 141.

Die Diagnose allein sagt nur wenig über den zu erwartenden Behandlungserfolg aus. Patienten mit ein und derselben Diagnose können mit ein und demselben psychotherapeutischen Verfahren sehr wohl sehr erfolgreich als auch erfolglos behandelt werden oder gar Schaden nehmen.

Dennoch zeigen gruppenstatistische Untersuchungen, daß die Erfolgsquote von gesprächspsychotherapeutischen Behandlungen bei unselegierten Patientenstichproben sehr wohl in Abhängigkeit von der Art der Störung variiert.

> ! Werden alle um eine Gesprächspsychotherapie nachsuchenden Patienten ohne jede weitere Selektion, jedoch unter Ausschluß der kontraindizierten, behandelt, so profitieren ca. $^2/_3$ von ihnen von der psychotherapeutischen Behandlung. Bei Abhängigkeitserkrankungen, z.B. Alkoholismus, liegt diese Erfolgsquote mit ca. $^1/_3$ deutlich niedriger.

Innerhalb der klassischen Neurosen haben z.B. Patienten mit den Diagnosen depressive Neurose, Phobie und Angstneurose bessere Erfolgschancen als Patienten mit anderen Formen neurotischer Erkrankung, z.B. mit einer Zwangsneurose. Patienten mit Persönlichkeitsstörungen haben im Mittel einen geringeren Behandlungserfolg als Patienten mit psychoneurotischen Störungen. Ein gewisser Ausgleich kann durch die Therapiedauer erreicht werden: Patienten mit einer Persönlichkeitsstörung brauchen längere Therapiezeiten als die mit einer neurotischen Erkrankung.

> ! Um es zu wiederholen: Diese gruppenstatistischen Erkenntnisse über den Zusammenhang zwischen der Art der Störung und dem Therapieerfolg bzw. dem erforderlichen Therapieumfang geben keine ausreichende Basis für eine Indikationsstellung im Individualfall ab.

■ **Wann ist eine Psychotherapie trotz des Vorliegens einer psychotherapieindikativen Störung nicht indiziert?** In einem zweiten Schritt ist die Frage zu untersuchen, ob eine Psychotherapie auch tatsächlich eine Veränderung verspricht. Das wird z.B. wenig wahrscheinlich sein bei einem Patienten, der wiederholt als neurotisch depressiv diagnostiziert worden ist und bei dem sich im Verlauf des Erstinterviews herausstellt, daß er bereits vier Therapien ohne Erfolg abgeschlossen bzw. abgebrochen hat, und die Exploration seiner Lebenssituation deutlich macht, daß er allein lebt und außer den erwähnten Therapiekontakten keine weiteren Sozialkontakte hat, worin er kein Problem sieht.

> ! Allgemeiner formuliert: Eine Psychotherapie ist trotz des Vorliegens einer psychotherapieindikativen Störung in der Regel dann nicht indiziert, wenn die Therapie anderen Zielen dienen soll als der Auseinandersetzung mit der eigenen Person mit dem Ziel, sich selbst zu verändern.

■ **Welche Kriterien lassen eine Psychotherapie als kontraindiziert erscheinen, weil eine Verschlechterung zu erwarten ist bzw. der Patient durch die Psychotherapie Schaden nehmen könnte?** Die letzte Frage, die vor einer positiven Indikationsstellung zu klären ist, ist die nach Hinweisen für eine Kontraindikation.

Beispiel

Ein Beispiel dafür ist eine 38jährige, als depressiv diagnostizierte Patientin, die seit ihrem 18. Lebensjahr mit einem querschnittsgelähmten und an den Rollstuhl gefesselten Mann verheiratet ist. Aus der Vorgeschichte der Patientin ist zu erfahren, daß die Mutter der Patientin mit dieser zusammen einen sog. erweiterten Suizidversuch unternommen hat. Die Patientin war 3 Jahre alt, als die Mutter mit ihr zusammen von einer Brücke in die Elbe gesprungen ist. Die Mutter ist dabei ertrunken. Der Patientin, die die Ehe als ihren wesentlichen Lebensinhalt schildert, wird im Erstgespräch im Ansatz bewußt, daß die Wahl des gehunfähigen Partners einen Zusammenhang mit dem Suizid ihrer Mutter haben könnte. Sie verständigt sich mit dem Erstinterviewer darüber, daß eine Psychotherapie, in der solche Zusammenhänge zwangsläufig Thema werden, möglicherweise nicht die richtige Behandlung für sie sei. Sie wolle auf keinen Fall ihre Ehe aufs Spiel setzen. Da die nicht zu übersehende Depression der Patientin von einer Reihe von somatischen Symptomen begleitet war, riet der Erstinterviewer ihr zunächst zu einer herkömmlichen „Kur", d.h. zur Behandlung in einer primär auf die Behandlung von somatischen Beschwerden ausgerichteten Kurklinik. Das Angebot des Erstinterviewers, ihn nach dieser Kur erneut aufzusuchen, um die Frage einer Psychotherapie erneut zu behandeln, wurde von der Patientin nicht wahrgenommen.

Eine Kontraindikation wird häufig auch bei sog. frühen Störungen gestellt werden müssen, d.h. bei Patienten, deren Störung sich auf eine sog. Ich-Instabilität bzw. ein instabiles Selbstkonzept zurückführen läßt.

BEISPIEL

Ein Beispiel dafür ist ein 19jähriger junger Mann, der von seinen Eltern aus den „Klauen einer Sekte befreit" worden ist und dem nach Meinung der Eltern eine Psychotherapie bei der Aufarbeitung der dort angerichteten Schäden helfen soll. Im Erstinterview wird aber rasch deutlich, daß die vielfältigen psychischen Störungen des jungen Mannes nicht als Reaktion auf die Mitgliedschaft in dieser Sekte zu verstehen sind – während der Mitgliedschaft war er fast symptomfrei gewesen –, sondern als Ausdruck einer Ich-Schwäche. Der Erstinterviewer empfiehlt statt einer Psychotherapie den Besuch einer sog. Tagesstätte, einer psychosozialen Einrichtung für psychisch Kranke, die eine feste Struktur für die Gestaltung des Tagesablaufs bereitstellt und die Möglichkeit bietet, die Fähigkeiten zu erwerben, die man braucht, um ein eigenständiges Leben, unabhängig von der konkreten Versorgung durch die Eltern, zu führen.

! Generell gilt: Eine Psychotherapie ist dann kontraindiziert, wenn durch die Psychotherapie und die in ihr zu erwartenden Prozesse der Patient letztlich überfordert sein wird und dadurch Schaden nehmen wird.

Wann ist eine Gesprächspsychotherapie indiziert und mit welchen Erfolgsaussichten?

Die Indikation für ein spezifisches psychotherapeutisches Verfahren muß die spezifischen psychischen Prozesse berücksichtigen, die das Verfahren bewirkt bzw. bewirken will, in denen sich seine Wirksamkeit entfaltet.

Als Beispiel dafür sei hier die verhaltenstherapeutische Technik der systematischen Desensibilisierung genannt. Wenn diese Technik der Angstbehandlung eingesetzt werden soll, ist im Rahmen der Indikationsstellung sicherzustellen, daß der Patient auch in der Lage ist, sich die angstauslösenden Situationen vorzustellen.

Die Indikationsregeln für eine Gesprächspsychotherapie lauten unter Berücksichtigung der spezifisch gesprächspsychotherapeutischen Prozeßfaktoren:

Indikationskriterien für eine Gesprächspsychotherapie. (Aus BIERMANN-RATJEN et al. 1995, S. 155)

Eine Gesprächspsychotherapie als Heilbehandlung ist dann indiziert, wenn

1. die Störung eine psychische ist, und zwar eine Inkongruenz zur Grundlage hat,
2. ein Selbstkonzept und ein gewisses Ausmaß von Beziehungsfähigkeit zu sich selbst beim Klienten gegeben sind,
3. der Klient seine Inkongruenz zumindest im Ansatz als solche wahrnimmt und diese Wahrnehmung mit einem Wunsch nach Veränderung verbunden ist,
4. der Klient das gesprächspsychotherapeutische Beziehungsangebot zumindest in Ansätzen wahrnehmen und annehmen kann und
5. in der Aufhebung der Inkongruenz im Erleben des Klienten wenigstens ein erster Schritt zur Behebung einer psychischen Störung bzw. zur Lösung seiner Probleme gesehen werden kann, und sei es auch nur die Klärung des Problems.

Gegenüber den bisherigen allgemeinen Ausführungen zur Indikationsstellung ergeben sich im Hinblick auf eine Indikation für eine Gesprächspsychotherapie folgende Präzisierungen:

- Bei der psychischen Störung (Kriterium 1) wird es sich in der Regel um eine psychotherapieindikative Störung (s. „Anwendungsbereiche für Psychotherapie“, S. 132) handeln. Sie muß Inkongruenz im Sinne des klientenzentrierten Störungskonzepts zur Grundlage haben (vgl. S. 127 „Die wichtigsten Grundannahmen zur Entwicklung der Person“).
- Kriterium 2 ist ein Kriterium für eine Kontraindikation aufgrund eines zu instabilen Selbstkonzepts.
- Kriterium 3 drückt im Rahmen des klientenzentrierten Störungskonzepts so etwas wie das Vorhandensein einer Krankheitseinsicht und eine ausreichende Motivation für eine Veränderung (Leidensdruck) aus.
- Kriterium 4 soll sicherstellen, daß der spezifische gesprächspsychotherapeutische Prozeß, ausgehend vom gesprächspsychotherapeutischen Beziehungsangebot, vom Patienten nicht nur wahr-, sondern auch angenommen werden kann.
- Kriterium 5 soll sicherstellen, daß die Kriterien für eine Nicht-Indikation nicht erfüllt sind.

Können die Kriterien 1–3 und 5 als erfüllt angesehen werden, ist Kriterium 4 das für eine Indikationsstellung wichtigste. Ob es vorliegt, kann sowohl während eines Erstgesprächs als auch in probatorischen Gesprächen vor der endgültigen Vereinbarung einer Behandlung überprüft werden (s. unten). Der Erstinterviewer beobachtet dabei, wie der Patient auf das gesprächspsychotherapeutische Beziehungsangebot reagiert. Fühlt er sich dadurch für den Erstinterviewer sichtbar und spürbar emotional und kognitiv angesprochen, ist das ein starker positiver Indikator, der als „Ansprechbarkeit für das therapeutische Beziehungsangebot“ bezeichnet wird.

Dieses Merkmal des Patienten korreliert mit dem späteren Therapieerfolg und ist somit auch ein prognostischer Faktor.

Prädiktoren für den Therapieerfolg. Ein weiteres prognostisches Merkmal des Patienten ist seine „Selbstexploration“. Sowohl die „Ansprechbarkeit“ als auch die Selbstexploration sind operational definiert, d.h. die Definitionen liegen in einer Form vor, die auch die Einschätzung des Ausprägungsgrades des Kriteriums zulassen. Die Ansprechbarkeit kann im Rahmen von probatorischen Sitzungen mit einem kurzen Fragebogen erfaßt werden (Bielefelder Klientenerfahrungsbogen BIKEB, s. S. 142), die Selbstexploration kann vom Therapeuten bzw. Erstinterviewer auf einer Skala (s. S. 140) eingeschätzt werden.

Die Suche nach weiteren substantiellen Prädiktoren, die auch einer empirischen Überprüfung standgehalten hätten, war bisher vergeblich. Dieses Dilemma teilt die Gesprächspsychotherapie mit den anderen Therapieverfahren.

Die sorgfältigen Überblicksarbeiten von Garfield (1994) für die Einzelpsychotherapie und von Piper (1994) für die Gruppenpsychotherapie zeigen, daß es kein einzelnes, vor der Behandlung erhebbares Merkmal des Patienten gibt, das eine substantielle und sichere Prognose des Therapieerfolgs zuläßt. Das gilt für Persönlichkeitsmerkmale, z.B. Neurotizismus, für soziodemographische Merkmale, wie Alter, Geschlecht, sozialer Status und beruflicher Status, Schulbildung und Familienstand. Für einige Merkmale werden immer wieder einmal positive Zusammenhänge mit dem Therapieergebnis gefunden, z.B. beim Lebensalter und der Intelligenz, aber ihr Einfluß auf den Therapieerfolg ist als eher gering einzuschätzen. Erfolgversprechender scheinen Prädiktoren zu sein, die eine inhaltliche Beziehung zum Therapieprozeß und seinen Anforderungen an den Patienten haben. Als Beispiel sei hierfür genannt die „Psychologische Begabung“ („Psychological Mindedness“, McCallum u. Piper 1996) oder Art und Ausmaß der interpersonalen Probleme, gemessen mit einem Fragebogen, dem Inventar zur Erfassung interpersonaler Probleme IIP (Horowitz et al. 1994).

Zur Prognose des Erfolgs gesprächspsychotherapeutischer Behandlungen hat Zielke (1979) eine Skala entwickelt, die „Kieler Änderungssensitive Symptomliste“ (KASSL).

Erfolgversprechender, aber zugleich für die Praxis meist zu unökonomisch, da zu zeitaufwendig, sind Prädiktionsmaße, die aus der direkten bzw. indirekten (z. B. vom Video) Beobachtung des Interaktionsverhaltens des Patienten gewonnen werden. Im Bereich der Gesprächspsychotherapie gehören außer der „Selbstexploration des Patienten" auch Maße wie die „Intensität der Auseinandersetzung mit sich selbst" (s. BIERMANN-RATJEN et al. 1995, S. 75) dazu.

> ! Zusammenfassend läßt sich festhalten: Eine Gesprächspsychotherapie ist dann indiziert, wenn die fünf oben genannten Kriterien als erfüllt angesehen werden können, und die Prognose bezüglich des Therapieerfolgs ist um so günstiger, je ansprechbarer der Patient für das gesprächspsychotherapeutische Beziehungsangebot ist, d.h. wenn er darauf mit erhöhter Selbstexploration bzw. verstärkter Selbstauseinandersetzung reagiert.

Welches ist das angemessene therapeutische Setting?
Das Prinzip der Ansprechbarkeit für das jeweilige therapeutische Angebot sollte auch auf die Wahl des Settings angewendet werden.

Einem Patienten sollte das Setting empfohlen werden, in dem seine Symptome und inadäquaten Verhaltensweisen bzw. die dahinterliegenden Probleme und Konflikte am ehesten einer therapeutischen Bearbeitung zugänglich werden.

So ist z. B. ein Patient mit Konkurrenzproblemen, z. B. in der Form von Angst vor offener Auseinandersetzung im beruflichen und privaten Bereich, aber auch in der Form von chronischer unterschwelliger Aggression, sicherlich in einer Gruppentherapie besser aufgehoben als in einer Einzeltherapie. Eine Paartherapie wäre unter diesem Gesichtspunkt dann indiziert, wenn sich die Störung des Patienten v. a. in der konkreten Partnerschaft manifestiert bzw. durch diese ausgelöst wird. Aber auch für dieses Indikationsprinzip gilt, daß der Patient – und im Falle der Paartherapie auch sein Partner/seine Partnerin – diese Auffassung teilt und mit einer Hoffnung auf Hilfe verbindet.

Welcher ist der angemessene zeitliche Rahmen für eine Gesprächspsychotherapie?
In der Regel wird kein Stundenkontingent für eine Gesprächspsychotherapie vereinbart. Die übliche Behandlungsfrequenz beträgt eine Sitzung von 50 min Dauer pro Woche.

Im Idealfall stimmen Patient und Therapeut darin überein, wann die Behandlung mit einem guten bzw. ausreichenden Ergebnis beendet werden kann. Gesprächspsychotherapie umfaßt unter diesen Bedingungen im Mittel knapp 70 Sitzungen, verteilt auf einen Zeitraum von etwa zwei Jahren.

Die Behandlungsfrequenz wird von vielen Gesprächspsychotherapeuten und ihren Patienten variabel gehandhabt. Häufig kommt es gegen Ende der Behandlung zu einer „Streckung" der Frequenz, z. B. sehen sich Patient und Therapeut nur noch bei „Bedarf" oder in größeren zeitlichen Abständen. Mit der Streckung „probt" der Patient die Zeit nach der Trennung vom Therapeuten.

Der für eine Behandlung erforderliche zeitliche Rahmen ist offenbar auch von der Art der Störung abhängig. Borderline-Patienten z. B. brauchen deutlich mehr therapeutische Sitzungen als z. B. Patienten mit einer sog. posttraumatischen Belastungsreaktion (vgl. BIERMANN-RATJEN et al. 1995, S. 166).

Unter bestimmten Bedingungen haben sich für bestimmte Patienten auch zeitlich limitierte Behandlungen bewährt. So hat der Autor gute Erfahrungen mit der Behandlung von Patienten mit einer Borderline-Persönlichkeitsstörung in geschlossenen Therapiegruppen gemacht, die bei einer Frequenz von zwei Sitzungen pro Woche nach einem Jahr abgeschlossen wurden. Die Trennungsprobleme dieser Patienten waren in diesem Setting, das vorher vereinbart worden war, deutlich geringer als sonst oft zu beobachten ist.

Überlegungen zur differentiellen Indikation
In den Fällen, bei denen zwar eine Psychotherapie, nicht jedoch eine Gesprächspsychotherapie indiziert ist, stellt sich die Frage, welches andere psychotherapeutische Verfahren in Frage käme.

Das Wissen über empirisch gesicherte Kriterien, die eine differentielle Indikationsstellung zulassen, ist noch immer als eher dürftig zu bezeichnen.

Grawe et al. (1994, S. 695) können aus ihrer umfangreichen Metaanalyse keine durch mehrere Studien gesicherten Indikatoren für eine differentielle Therapieindikation entnehmen. Sie weisen jedoch daraufhin, daß die verschiedenen Therapieverfahren und Therapiesettings nachweislich unterschiedliche „Wirkprofile" haben. Diese können eine Orientierungshilfe bei der differentiellen Therapieindikation darstellen. So hat man durch Vergleichsuntersuchungen herausgefunden, was ein Therapieverfahren bzw. -setting im Vergleich zu anderen im Mittel „besser" oder gezielter leistet. Beispielsweise bewirken Gruppen- und Paartherapien mehr Veränderungen im zwischenmenschlichen Bereich als Einzeltherapie, und eine kognitiv-behaviorale Verhaltenstherapie (nach Beck, vgl. Kap. 1.3) bewirkt im Vergleich zu einer interpersonalen Therapie (nach Klerman et al. 1984) bei Depressionen stärkere Veränderungen „dysfunktionaler Gedanken". Gesprächspsychotherapie scheint mehr als andere Therapieverfahren geeignet zu sein, die sog. internalen Kontrollüberzeugungen von Patienten anzuheben, d. h. gesprächspsychotherapeutisch behandelte Patienten gewinnen zunehmend die Überzeugung, daß ihre Probleme nicht vorwiegend eine Reaktion auf äußere Schwierigkeiten sind, sondern daß auch sie selbst dazu beitragen und damit auch die Möglichkeit, daran etwas zu verändern, wächst.

Es gibt bisher aber keine gesicherten Erkenntnisse über Patientenmerkmale, die eine prognostisch günstige und eindeutige Zuweisung zu einem bestimmten Therapieverfahren ermöglichen würden.

Ein guter Therapieverlauf setzt eine gute „Passung" zwischen dem Therapeuten, seiner Persönlichkeit und dem von ihm praktizierten Therapieverfahren auf der einen und dem Patienten, seiner Persönlichkeit und seiner Störung auf der anderen Seite voraus.

Ein Teil dieser Passung besteht darin, daß der Patient auf die spezifischen Therapieprozeßfaktoren bzw. Wirkfaktoren eines Verfahrens und des gewählten Settings so anspricht, daß diese zum Tragen kommen und ihre Wirksamkeit entfalten können.

Ein Beispiel dafür ist die Bereitschaft des Patienten, auf den tiefenpsychologisch orientierten Therapeuten mit Übertragungsgefühlen zu reagieren und diese in einer für ihn emotional und kognitiv bedeutsamen Weise zum Gegenstand der therapeutischen Reflexion machen zu können.

Ein anderes Beispiel sind die therapeutisch wirksamen Prozesse bei den sog. Reizkonfrontationsverfahren zur Behandlung von Ängsten und Phobien im Rahmen einer verhaltenstherapeutisch orientierten Behandlung. Therapeutisch wirksam ist das Erleben der Angst in der angstauslösenden Situation bis zu dem Punkt, an dem die Angst nachläßt, ohne daß die Situation verlassen wird. Diese sehr effiziente Methode der Angstbehandlung setzt aber voraus, daß die Patienten dieses Verfahren als plausibel ansehen und bereit und in der Lage sind, sich dem Therapeuten und seinem Können anzuvertrauen.

Mit dem letztgenannten Beispiel ist auch der zweite wichtige Aspekt der therapeutisch notwendigen Passung angesprochen: Grundlage jeder Form von therapeutischem Handeln ist die „therapeutische Beziehung" zwischen Patient und Therapeut. Diese Beziehung wird unterschiedlich bezeichnet, z. B. als „therapeutische Allianz", „tragfähiges Arbeitsbündnis" oder „therapeutisches Bündnis". Sie kann nicht verfahrens-, sondern nur personenspezifisch sein. Das rechtfertigt eine gängige Praxis bei der Indikationsstellung: Häufig wird einem Patienten nicht ein spezifisches Therapieverfahren empfohlen, sondern ein bestimmter Psychotherapeut, von dem man zu wissen glaubt, daß er mit diesem Patienten die therapeutische Beziehung wird haben können.

Wann ist eine Gesprächspsychotherapie nicht indiziert bzw. kontraindiziert?

Psychische Hilfe kann nicht nur durch systematische Psychotherapie geleistet werden, und manchmal kann Psychotherapie auch eher schaden als nützen.

Alle erfahrenen Indikationssteller kennen die Erfahrung, daß bereits ein oder zwei Erstinterviews, die ja immer auch den Charakter eines psychotherapeutischen Gesprächs haben, bei einem Patienten so umfangreiche

Veränderungen auslösen, daß sich eine weitere Psychotherapie erübrigt.

Die Gründe für eine Nicht- bzw. Kontraindikation wurden bereits aufgeführt.

Gesprächspsychotherapeuten tun sich z.B. im Vergleich zu Psychoanalytikern eher schwer, zu befinden, daß eine Gesprächspsychotherapie nicht indiziert ist. Das hat sowohl rationale als auch irrationale Gründe:

- Einer der irrationalen Gründe ist der, daß manche Gesprächstherapeuten Skrupel entwickeln, einen Patienten mit einem dezidierten Therapiebegehren abzuweisen, obwohl absehbar ist, daß eine Gesprächspsychotherapie mit großer Sicherheit nicht helfen wird. Sie rationalisieren ihre Entscheidung damit, daß sie ihr Verhalten als „klientenzentriert" bezeichnen, obwohl sie sich nur dem drängenden Wunsch eines Patienten gefügt haben.
- Die mehr rationalen Gründe dafür, die Schwelle für eine Kontraindikation sehr hoch zu legen, liegen im Verfahren selbst. Die im Vergleich zu anderen Verfahren eher geringen „Anforderungen" an die Voraussetzungen, die ein Patient für eine Gesprächspsychotherapie mitzubringen hat, eröffnen nachweislich, bezogen auf die Art und Schwere der Störung, ein sehr breites Indikationsspektrum.

In einigen psychiatrienahen Berufsfeldern, z.B. sozialpsychiatrischen Nachsorgeeinrichtungen, behandeln Gesprächspsychotherapeuten Patienten, deren Störung im Sinne der Psychotherapierichtlinien definiert werden kann als „seelische Behinderung als Folge psychotischer Erkrankung, die einen Ansatz für spezifische psychotherapeutische Interventionen erkennen lassen."

Es erhebt sich die Frage, ob solche Behandlungen noch mit dem Namen Psychotherapie korrekt bezeichnet sind oder ob die Bezeichnung „psychotherapeutische Begleitung" nicht angemessener wäre.

Die Feststellung, ob es sich bei solchen Behandlungen um eine Psychotherapie oder um eine andere Form von psychologischer Hilfe handelt, hängt schlicht davon ab, welche Definition von Psychotherapie zugrunde gelegt wird.

Im Falle einer Nicht- bzw. Kontraindikation sollte der Erstinterviewer eine Antwort auf die Frage finden: Welche andere Form von Hilfe wird dem Patienten gerecht?

Dazu wird er mit dem Patienten zu klären haben, welche Veränderungen mit welchen Zielen er sich wünscht. Häufig wird sich dabei herausstellen, daß es um die Überwindung von Verhaltensdefiziten geht.

Beispiel

> Der 35jährige, wiederholt stationär psychiatrisch behandelte Patient fühlt sich von der Mutter abhängig. Er möchte zwar von seiner Mutter weg in eine eigene Wohnung ziehen, sieht sich aber dazu nicht imstande, weil er glaubt, den Aufgaben einer eigenen Haushaltsführung nicht gewachsen zu sein. Diesem Patienten werden sicherlich sozialtherapeutische Maßnahmen mehr helfen als eine ausschließlich psychotherapeutische Bearbeitung seiner Abhängigkeitsproblematik. Eine solche Behandlungsempfehlung schließt natürlich nicht aus, daß der Patient dann, wenn er den ersten Schritt getan hat, von zu Hause ausgezogen ist und erlebt, daß er sich doch selbst versorgen kann, auch eine Psychotherapie macht.

Auch die Behandlung, die anstelle einer Psychotherapie empfohlen wird, muß in Abstimmung sowohl mit den Zielen als auch mit den Möglichkeiten des Patienten erfolgen. Auch wenn das Ziel, wie im genannten Beispiel, eine von der Mutter unabhängige Lebensführung ist, kann der Vorschlag, in eine betreute Einrichtung, z.B. in ein sozialpsychiatrisches Übergangswohnheim, zu ziehen, den Patienten überfordern, wenn ihn tatsächlich die konkrete Trennung von der Mutter überfordert. Möglicherweise wäre in diesem Fall ein Tagesstättenbesuch als erster Schritt die angemessenere Behandlungsempfehlung.

Praxis des Erstinterviews

Ziel eines gesprächspsychotherapeutischen Erstinterviews ist es, den Patienten soweit zu verstehen, daß die oben genannten Fragen in Hinblick auf eine Indikationsstellung mit hinreichender Sicherheit beantwortet werden können.

In der Regel ist das nach einem 1 bis $1^1/_2$-stündigen Gespräch möglich. Manchmal ist es nötig, in einzelnen Fällen auch dringend geboten, einen zweiten und auch dritten Interviewtermin mit dem Patienten zu vereinbaren.

Gestaltung des Erstkontaktes

Wie bei jeder zwischenmenschlichen Begegnung ist auch bei einem Erstinterview der erste Moment der Begegnung von großer Bedeutung für den weiteren Verlauf.

Als Erstinterviewer – und in dieser Funktion wird der Leser jetzt direkt angesprochen – sollten Sie in einer Verfassung sein, die es Ihnen ermöglicht, sich voll und ganz auf den Patienten einzustellen bzw. einzulassen.

Konkret: Sie sollten den Patienten nicht in Ihr Untersuchungszimmer bitten, um dann Platz zu nehmen und noch ein Telefonat zu führen oder erst noch irgendwelche schriftlichen Aufzeichnungen zu beenden.

Alles was Sie tun, löst beim Patienten auf dem Hintergrund seiner mitgebrachten Erfahrungen bestimmte Vorstellungen, Phantasien und Bewertungen, auch Gefühle, z. B. Befürchtungen, aus.

Daher gibt es letztlich keine andere Regel für die Gestaltung eines Erstinterviews außer der, daß Sie von Anfang an versuchen, zu erfassen, mit welchen Erwartungen und Befürchtungen der Patient den Untersuchungsraum betritt und wie er auf Sie reagiert. Die Frage, ob Sie als männlicher Therapeut z. B. einer Patientin aus dem Mantel helfen oder nicht, ist keine, denn die Entscheidung darüber trifft zunächst die Patientin.

Das schließt nicht aus, daß dann, wenn Sie diese Patientin in Behandlung genommen haben, es später einmal Thema wird, daß die Patientin es haßt, wenn man ihr in den Mantel hilft.

> ! Diese Vorgehensweise bei der Gestaltung eines Erstinterviews läßt sich auch als Regel formulieren: Der Erstinterviewer gibt von sich aus so wenig Struktur wie möglich vor. Braucht ein Patient Struktur, wird er das schon signalisieren, z. B. indem er erwartungsvoll schweigt und auf Nachfrage erklärt, daß er erwarte, befragt zu werden.

Die Regel der möglichst geringen Strukturierung der Situation sollte auch für die Gestaltung des Untersuchungszimmers gelten: Ausgefallene Bilder, Wandteppiche oder Vitrinen mit dem Sammelgut des Therapeuten haben schon manchen Patienten in Verwirrung oder in Rage versetzt. Der Patient soll sich mit sich befassen und Sie ihn nicht mit Ihrem möglicherweise besonderen Geschmack oder der Art Ihrer (Sammel-)Leidenschaften beschäftigen.

Das Prinzip der möglichst sparsamen Strukturierung sollte auch für die Gestaltung der Gesprächsführung gelten: Wenn Interviewer und Patient an einem Tisch im rechten Winkel zueinander sitzen, dann ermöglicht diese Sitzposition dem Patienten, daß er jederzeit die Möglichkeit hat, Blickkontakt zum Therapeuten bzw. Interviewer aktiv herzustellen, ihn aber auch zu unterlassen, ohne die Augen niederschlagen oder wegschauen zu müssen. Diese Empfehlung gilt jedoch nur, wenn sich auch der Interviewer mit dieser Sitzanordnung wohlfühlt. Es gibt Erstinterviewer, die sich in der Vis-á-vis-Position sehr viel wohler fühlen, ohne damit Augenkontaktzwang auf den Patienten auszuüben.

Entsprechend offen bzw. zurückhaltend sollte die verbale Begrüßung ausfallen. In der Regel genügt – bei gegebener innerer Zuwendungs- und Aufnahmebereitschaft – ein aufmunterndes „Ja", um dem Patienten zu signalisieren, daß man bereit ist, ihm zuzuhören, sich ihm zuzuwenden. Mehr als die Frage an den Patienten: „Was führt Sie zu mir?" ist selten nötig, um dem Patienten das Wort zu übergeben.

Formulierungen, wie „Welches Problem führt Sie zu mir?" oder „Womit kann ich Ihnen helfen?" enthalten durch nichts gerechtfertigte Annahmen des Therapeuten bezüglich des Patienten. Antworten von Patienten auf solche Begrüßungsformeln von Therapeuten verdeutlichen das: „Ich komme nicht, weil ich ein Problem habe, sondern eine Depression" bzw. „Ich glaube, mir ist nicht zu helfen, ich habe schon alles versucht". Die Patienten, die diese Antworten geben, reagieren sehr „üblich": Sie stellen sich von Beginn an darauf ein, was der Therapeut von ihnen erwartet bzw. rechnen mit seinen Bewertungen.

Zur Zurückhaltung in der Strukturierung der Situation gehört auch, daß Sie sowenig wie möglich explorativ vorgehen. Viele Patienten liefern Ihnen „von sich aus" alle für eine Indikationsentscheidung notwendigen Informationen. Zu überprüfen ist ggf., ob eine Finanzierung der Behandlung durch eine Krankenkasse erfolgen soll und ob Sie alle für eine Antragstellung erforderlichen Informationen haben:

1. Angaben zur Person des Patienten
2. Frühere Behandlungen
3. Anlaß des Behandlungswunsches aus der Sicht des Patienten (geklagte Beschwerden)
4. Überweisungskontext
5. Befunde
5.1 Medizinische Befunde
5.2 Psychischer Befund
5.3 Diagnose nach ICD 10 (bzw. DSM-III-R)
6. Anamnese
6.1 Vorgeschichte/Lebensgeschichte
6.2 Aktuelle Situation
7. Überlegungen zur Genese der Krankheit und zur auslösenden Situation
8. Indikation
9. Planung der Behandlung: formal und inhaltlich
10. Prognose

■ **Vorgehensweise.** Eine zu empfehlende Vorgehensweise ist eine klare Zweiteilung des Interviews in einen Informationsteil und einen Probetherapieteil. Bei diesem Vorgehen ist der Informationsteil häufig „anzuhängen", d.h. die noch fehlenden Informationen werden „nachexploriert". Allerdings sollte auch dabei dem Patienten deutlich signalisiert werden, daß Sie jetzt noch Informationen von ihm wünschen, die Ihren Interessen dienen, z.B.: „Ich möchte, bevor wir das Gespräch beenden, von Ihnen noch einige Auskünfte haben, um...".

Bei diesem Vorgehen läßt sich zugleich beobachten, wieweit der Patient in der Lage ist, von der Ebene des therapeutischen Kontaktes zurückzugehen auf die Ebene des eher sachlichen Kontaktes. Daraus ergeben sich u.U. wichtige Hinweise auf die Stabilität seines Selbstkonzeptes.

Auf die Schwierigkeiten, die manche Gesprächspsychotherapeuten mit diesem Vorgehen haben, kann hier nur hingewiesen werden.

Wichtig ist allerdings noch die Anmerkung, daß es einigen Patienten, z.B. denen, die Wünsche nach einer Strukturierung der Situation durch den Interviewer signalisieren, entgegenkommt, wenn mit dem „Informationsteil" begonnen wird.

Der Probetherapieteil ist nichts anderes als der gesprächspsychotherapeutische Umgang mit den von dem Patienten vorgetragenen Inhalten. Auch diesen Teil sollten Sie für den Patienten klar erkennbar abschließen.

Wie und zu welchem Zeitpunkt die Auswertung des Erstinterviews vorgenommen wird, hängt wesentlich von der Erfahrung des Interviewers ab, aber auch von der Person des Patienten und seiner Störung. Sehr erfahrene Interviewer können sich häufig bereits während des Interviews ein Urteil bilden und die für eine Indikationsstellung relevanten Fragen beantworten.

Ein bereits erwähntes Kriterium ist die Einschätzung der Selbstexploration des Patienten. Dazu kann die im folgenden dargestellte Skala benutzt werden.

Skala zur Einschätzung des Ausmaßes der „Selbstexploration" des Klienten. (Nach TAUSCH et al. 1969)

Stufe 1:
Der Klient sagt nichts über sich selbst, weder über sein Verhalten noch über sein inneres Erleben. Er spricht ausschließlich über Tatbestände, die unabhängig von seiner Person sind.

Stufe 2:
Der Klient berichtet nichts über sich selbst, weder über sein Verhalten noch über sein Erleben. Er erzählt jedoch von Personen und/oder Sachen, die zu ihm in einer Beziehung stehen (z.B. von seinen Eltern, seinem Auto).

Stufe 3:
Der Klient berichtet von äußeren Vorgängen und auch von seinem eigenen Verhalten, jedoch ohne von seinen spezifisch persönlichen inneren Erlebnissen zu sprechen, die dazu in Beziehung stehen.

Stufe 4:
Der Klient berichtet von äußeren Vorgängen und auch von seinem eigenen Verhalten, jedoch ohne von spezifisch persönlichen inneren Erlebnissen zu sprechen, die im Zusammenhang damit stehen. Man kann jedoch annehmen, daß das Berichtete für ihn mit Gefühlen verbunden oder für ihn von ziemlicher Bedeutung ist.

Stufe 5:
Der Klient berichtet über sein eigenes Verhalten oder äußere Vorgänge und über die spezifisch persönlichen inneren Erlebnisse, die dazu in Beziehung stehen. Der überwiegende Teil der Aussage besteht in der Schilderung seines Verhaltens oder äußerer Ereignisse; seine spezifisch persönlichen inneren Erlebnisse werden nur kurz erwähnt.

Stufe 6:
Der Klient berichtet über sein eigenes Verhalten oder äußere Vorgänge und über die spezifisch persönlichen inneren Erlebnisse, die dazu in Beziehung stehen. Der Inhalt der Aussage besteht überwiegend aus der Schilderung seiner inneren Erlebnisse.

Stufe 7:
Der Klient berichtet überwiegend von seinen spezifisch persönlichen inneren Erlebnissen. Zusätzlich ist ein Ansatz zu erkennen, seine inneren Erlebnisse weiter zu klären: etwa sie in neuen Zusammenhängen zu sehen, sich zu fragen, woher gewisse Einstellungen kommen, Widersprüche zu entdecken u.ä.

Stufe 8:
Der Klient schildert ausführlich seine spezifisch persönlichen inneren Erlebnisse. Das Suchen nach neuen Aspekten und Zusammenhängen in seinem inneren Erleben kommt deutlich zum Ausdruck.

Stufe 9:
Der Klient schildert ausführlich seine spezifisch persönlichen inneren Erlebnisse. Es wird deutlich, daß er neue Aspekte und Zusammenhänge in seinem inneren Erleben findet.

Zeigt ein Patient ein Selbstexplorationsverhalten, das auf Stufe 5 oder höher einzuschätzen ist, ist das ein prognostisch gutes Zeichen für eine Gesprächspsychotherapie. Diese Feststellung schließt jedoch nicht aus, daß auch Patienten mit geringerer Selbstexploration in der Erstinterviewsituation langfristig in einen zunehmend selbstempathischen Prozeß eintreten können. Wichtiger als das absolute Ausmaß an Selbstexploration scheint ein deutliches Ansteigen der Selbstexploration im Probetherapieteil des Erstinterviews zu sein.

Manchmal ist es gut, v.a. wenn die eigenen Reaktionen auf den Patienten unklar oder aber diffus ablehnend waren, ein zweites Interview anzuberaumen, um diese Unklarheiten außerhalb der Interviewsituation zu überdenken und im zweiten Gespräch erneut zu überprüfen. Das Überdenken könnte anhand folgender Fragen passieren:

?
- Womit hat der Patient meine Abweichung von der unbedingten Anerkennung ausgelöst?
- Worüber hat der Patient nicht gesprochen, obwohl es im Zusammenhang mit dem vorgetragenen Problem nahegelegen hätte, es zur Sprache zu bringen?

Beispiel

Eine Patientin berichtete von dem Ausbruch einer schweren Depression vor 2 Jahren im Zusammenhang mit der Nachricht, daß ihr Vater mit einem vermuteten Herzinfarkt ins Krankenhaus eingeliefert wird. Der Interviewer stellt bei dem Bericht über diese Patientin in einer Fallsupervision fest, daß er nicht weiß, ob der Vater heute noch lebt oder nicht.

■ **Therapieempfehlung.** Ist der Erstinterviewer allein oder mit Hilfe einer bei Erstinterviews sehr zu empfehlenden Fallsupervision zu einer Indikationsstellung gekommen, sollte er diese in einer für den Patienten verständlichen Sprache als Empfehlung mitteilen. Dabei empfiehlt es sich, eine therapeutische Haltung einzunehmen, d.h. darauf zu achten, wie der Patient auf die Empfehlung reagiert, ob sich Ängste, Widerstände, Enttäuschung usw. einstellen. Sie sollten als Erstinterviewer diese Reaktion aufgreifen, und zwar nicht mit dem Ziel, diese Gefühle um jeden Preis auszuräumen. Es hilft dem Patienten nicht, ihn in eine Therapie zu nehmen oder zu überweisen, die er eigentlich nicht will. Eine wichtige Feststellung ist, ob das, was Sie dem Patienten empfehlen, bei diesem so etwas wie „Hoffnung" auslöst.

Zu einer Therapieempfehlung gehört in der Regel auch die Aufklärung des Patienten über wichtige Therapieprinzipien der empfohlenen Behandlung sowie Informationen über einen „üblichen" Therapieverlauf, z. B. „Psychotherapie berührt zwangsläufig schmerzliche Bereiche, es wird Ihnen mit großer Wahrscheinlichkeit nicht von Beginn der Psychotherapie an kontinuierlich besser gehen." Darüber hinaus sollte der Patient über den denkbaren zeitlichen Umfang der empfohlenen Therapie informiert werden. Hierbei sind am häufigsten Diskrepanzen zwischen den Erwartungen des Patienten und der therapeutischen Realität zu beobachten. In der Regel gehen Patienten von sehr viel kürzeren Behandlungszeiten aus, als die meisten Therapieverfahren tatsächlich aufwenden.

Zur Aufklärung des Patienten im Rahmen einer Therapieempfehlung gehören auch Informationen über die Finanzierung der Behandlung. Auf jeden Fall sollte vor Behandlungsaufnahme die Finanzierung klar geregelt sein.

Auch eine Kontraindikation ist dem Patienten genau zu begründen. Hier „kneifen" manche Psychotherapeuten gern, obwohl Patienten das meistens merken. Sie berichten z. B., daß der Therapeut, bei dem sie vorher zum Erstgespräch waren, nun plötzlich doch keinen Therapieplatz mehr frei hat oder erklärt habe, nicht der richtige Therapeut für diese Probleme zu sein. Die Patienten machen meistens sehr deutlich, daß sie solche Gründe als vorgeschoben erkennen. Therapeuten, die sich so verhalten, vergessen offenbar ein wichtiges Prinzip psychotherapeutischer Arbeit: Psychotherapie ist immer auch Suche nach der „Wahrheit", selbst wenn diese schmerzlich sein sollte. Dieses Prinzip gilt auch für Erstinterviewer im Erstinterview.

Für den Fall, daß Sie den Patienten selbst behandeln möchten, werden Sie üblicherweise mit ihm probatorische Sitzungen mit dem Ziel vereinbaren, danach mit ihm gemeinsam eine endgültige Entscheidung darüber zu treffen, ob sie in eine reguläre längere Behandlung eintreten oder nicht. Als Entscheidungshilfe können Sie den oben erwähnten und nachfolgend abgebildeten Fragebogen (Höger u. Eckert 1995) einsetzen, der es erlaubt, die „Ansprechbarkeit" des Patienten abzuschätzen.

Bielefelder Klientenerfahrungsbogen (BIKEB)

Version: 7/94

Klient/in: . . . . Therapeut/in: . . . .

Insgesamt . . . . . . tes psychotherapeutisches Gespräch am . . . .

Bitte beantworten Sie möglichst spontan die folgenden Fragen zum heutigen psychotherapeutischen Gespräch:

	stimmt überhaupt nicht					stimmt genau
1. So wie das Gespräch heute verlief, hat es mich nicht befriedigt.	0	1	2	3	4	5
2. Heute fühlte ich mich bei meinem Therapeuten/meiner Therapeutin gut aufgehoben.	0	1	2	3	4	5
3. Mit der Art, wie mein Therapeut/meine Therapeutin mit mir heute umging, kam ich gut zurecht.	0	1	2	3	4	5

	stimmt überhaupt nicht					stimmt genau
4. Durch das heutige Gespräch bin ich innerlich irgendwie ruhiger geworden.	0	1	2	3	4	5
5. Die Art, wie sich mein Therapeut/meine Therapeutin heute mir gegenüber verhielt, war für mich hilfreich und nützlich.	0	1	2	3	4	5
6. Das heutige Gespräch hat mich körperlich ziemlich erschöpft.	0	1	2	3	4	5
7. Durch das heutige Gespräch bin ich zu einer anderen Sicht meiner Probleme gekommen.	0	1	2	3	4	5
8. Es fiel mir heute leicht, mich selbst, meine Probleme und mein Erleben ins Auge zu fassen.	0	1	2	3	4	5
9. In diesem Gespräch habe ich mehr innere Sicherheit gewonnen.	0	1	2	3	4	5
10. Unser Gespräch hat mich körperlich frischer und gelöster gemacht.	0	1	2	3	4	5
11. Heute hatte ich in der Stunde das Gefühl, innerlich blockiert zu sein.	0	1	2	3	4	5
12. Nach dieser Stunde fühle ich mich körperlich erholt und entspannt.	0	1	2	3	4	5
13. Ich finde, daß mein Therapeut/meine Therapeutin heute zu wenig berücksichtigt hat, was ich wirklich brauche.	0	1	2	3	4	5
14. Ich fühle mich jetzt innerlich nervöser und unruhiger als vor der Stunde.	0	1	2	3	4	5
15. Ich sehe nach dieser Stunde dem kommenden Tag zuversichtlicher entgegen.	0	1	2	3	4	5
16. Im heutigen Gespräch sind mir neue Zusammenhänge in meinem Verhalten und Erleben deutlich geworden.	0	1	2	3	4	5
17. Es fiel mir heute schwer, meine Empfindungen und Gedanken in Worte zu fassen.	0	1	2	3	4	5
18. Nach dieser Stunde habe ich mehr Hoffnung, meine Probleme selbst bewältigen zu können.	0	1	2	3	4	5
19. Nach diesem Gespräch fühle ich mich körperlich müde und kaputt.	0	1	2	3	4	5
20. In der heutigen Stunde hatte ich das Gefühl, mich nur im Kreis zu bewegen.	0	1	2	3	4	5
21. Es fiel mir heute leicht, über alles zu sprechen, was mich bewegte.	0	1	2	3	4	5
22. Ich fühle mich nach dieser Stunde innerlich ausgeglichener als vorher.	0	1	2	3	4	5
23. Heute sind wir irgendwie weitergekommen.	0	1	2	3	4	5
24. Ich habe durch dieses Gespräch mehr Vertrauen zu mir selbst gewonnen.	0	1	2	3	4	5
25. Durch die heutige Stunde bin ich innerlich ziemlich aufgewühlt.	0	1	2	3	4	5

Die Ansprechbarkeit des Patienten für das gesprächspsychotherapeutische Beziehungsangebot läßt sich in der Praxis folgendermaßen erfassen: Der Patient füllt nach jeder Stunde den Bogen aus, und der Therapeut schätzt seinerseits nach jeder Stunde ein, wie sein Patient die einzelnen Fragen beantworten wird. Prognostisch günstige Zeichen sind folgende:

- Der Patient schätzt sein Erleben in der Sitzung (z.B. Item 1) eher positiv ein.
- Es gibt keine nennenswerten Differenzen zwischen den Einschätzungen des Patienten und denen des Therapeuten. Ein prognostisch ungünstiges Zeichen wäre es, wenn Sie als Therapeut das Erleben des Patienten durchgängig sehr viel positiver einschätzen als der Patient selbst es tut.
- Die Einschätzungen des Patienten der einzelnen Items sind nicht nach jeder Stunde die gleichen, sondern variieren in Abhängigkeit vom tatsächlichen Verlauf der jeweiligen Sitzung.

Entnehmen Sie den Einschätzungen des Patienten eine eher prognostisch ungünstige Reaktion, ist das in jedem Fall Anlaß, die Indikationsstellung zu überdenken und zu versuchen, die Ursachen zu ergründen. In der Regel empfiehlt es sich, in diese Überlegungen den Patienten in geeigneter Form einzubeziehen, z.B. indem Sie seine Erwartungen an eine Psychotherapie erneut zum Thema machen.

1.2.3 Theorie und Praxis des therapeutischen Prozesses

Das gesprächspsychotherapeutische Handeln ist gekennzeichnet durch das Bemühen des Therapeuten um die Realisierung des gesprächspsychotherapeutischen Beziehungsangebotes.

Das Beziehungsangebot ist sowohl Behandlungstechnik als auch Bestandteil der therapeutischen Beziehung im Sinne des Allgemeinen Modells von Psychotherapie, das Orlinsky u. Howard entworfen haben (s. Kap. 5.2).

Die therapeutische Beziehung

Betrachten wir zunächst das gesprächspsychotherapeutische Beziehungsangebot unter dem Aspekt der therapeutischen Beziehung im Sinne des Allgemeinen Modells von Psychotherapie, dann stellt sich das schematisch wie folgt dar (s. Abb. 1.4):

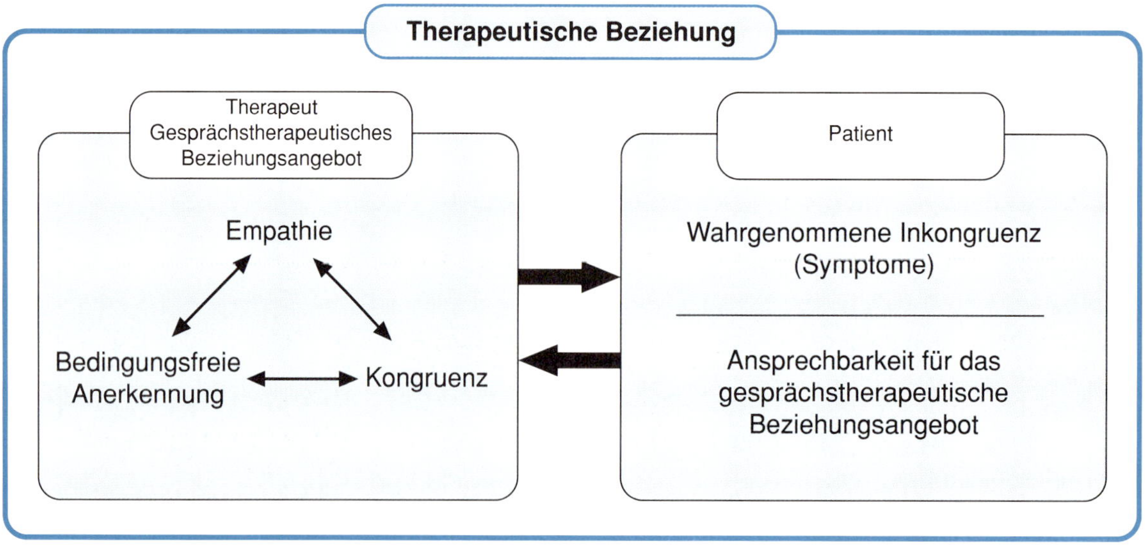

Abb. 1.4. Die therapeutische Beziehung in der Gesprächspsychotherapie

Der Gesprächspsychotherapeut bemüht sich im therapeutischen Kontakt mit einem Patienten um eine Beziehung, die im wesentlichen durch drei Aspekte gekennzeichnet ist:

- Empathie,
- Bedingungsfreie Anerkennung und
- Kongruenz.

Auf seiten des durch eine Gesprächspsychotherapie behandelbaren Patienten muß eine Inkongruenz vorliegen, die sich z.B. als neurotische Störung manifestiert, d.h. in Ängsten, neurotischen Symptomen, Erlebens- und Verhaltensweisen (vgl. Abschn. „Diagnose, Diagnostik und Indikationsstellung", S. 131). Diese Anzeichen von Inkongruenz müssen vom Patienten als solche wahrgenommen werden, und er muß das gesprächspsychotherapeutische Beziehungsangebot zumindest in Ansätzen wahr- und annehmen können (d.h. Ansprechbarkeit für das gesprächspsychotherapeutische Beziehungsangebot).

Im folgenden werden zunächst die im Schema benannten Komponenten der therapeutischen Beziehung definiert und genauer beschrieben.

Der Beitrag des Therapeuten zur therapeutischen Beziehung: das gesprächspsychotherapeutische Beziehungsangebot

Bevor das gesprächspsychotherapeutische Beziehungsangebot als Teil der Behandlungstechnik dargestellt werden kann, sind seine einzelnen Aspekte genauer zu definieren.

Der Beziehungsaspekt Empathie

Definition

Der Therapeut erlebt empathisches Verstehen des Inneren Bezugsrahmens des Patienten und ist bestrebt, diese Erfahrung dem Patienten gegenüber zum Ausdruck zu bringen.

Diese Definition macht deutlich, daß Empathie bzw. aktiver: empathisches Verstehen ein auch Gefühle umfassender Vorgang im Therapeuten ist, der drei Bedingungen erfüllt:

- Das empathische Verstehen richtet sich auf den „Inneren Bezugsrahmen" (s. unten) des Patienten.
- Die Wahrnehmung des Inneren Bezugsrahmens des Patienten hat die Qualität einer inneren Erfahrung des Therapeuten. Damit ist ein (Nach-)Vollziehen psychischer Akte gemeint, ein unmittelbares reflektiertes Miterleben des Erlebens des anderen.
- Das auf diesem Wege empathisch Verstandene wird dem Patienten gegenüber zum Ausdruck gebracht (s. unten).

Phänomenologisch ist Empathie die Erfahrung, unmittelbar der Gefühlslage eines Anderen teilhaftig zu werden und sie dadurch zu verstehen. Trotz dieser Teilhabe bleibt dieses Gefühl aber anschaulich dem Anderen zugehörig (Bischof-Köhler 1989, S. 26).

Ist letzteres nicht gegeben, dann liegt meist eine „Gefühlsansteckung" vor bzw. eine „Identifikation" (Rogers 1959, S. 210) mit dem anderen, nicht jedoch Empathie, z.B. wenn ein Therapeut angesichts seines aus einem Gefühl der Hoffnungslosigkeit heraus stumm weinenden Patienten nur noch Mitleid empfindet.

Empathisches Verstehen ist auch nicht – wie es umgangssprachlich häufig geschieht – gleichzusetzen mit einem Verständnishaben im Sinne von „das kenne ich auch" oder „das kann ich gut nachvollziehen", bei dem immer auch eine Bewertung in der Form einer Billigung zum Ausdruck gebracht wird.

Der Beziehungsaspekt „bedingungsfreie Anerkennung". Dieser Aspekt des gesprächspsychotherapeutischen Beziehungsangebotes ist der wohl am häufigsten mißverstandene Begriff der klientenzentrierten Therapietheorie.

In Anlehnung an Biermann-Ratjen (1993) nennen wir ihn Bedingungsfreie Anerkennung, obwohl es eine Reihe anderer Bezeichnungen gibt, z.B. unbedingte Wertschätzung, bedingungsfreie positive Beachtung, bedingungsloses Akzeptieren, positive Zuwendung u.a.

Einen Teilaspekt der Bedingungsfreien Anerkennung, die positive Beachtung („positive regard"), definiert Rogers (1987, S. 34) wie folgt:

Wenn ich bei einem anderen Selbsterfahrung wahrnehme und diese zu einer positiven Veränderung meines Erlebnisfeldes führt, dann erlebe ich dem anderen gegenüber positive Beachtung. Der Begriff positive Beachtung schließt allgemein in seine Definition Haltungen wie Wärme, Liebe, Respekt, Sympathie und Anerkennung mit ein.

Definition

Zu beachten ist, daß positive Beachtung definiert ist als eine Erfahrung im unmittelbaren Kontakt mit einem Patienten. Unter therapietechnischen Gesichtspunkten handelt sich also um ein Therapieprozeßmerkmal und nicht um eine überdauernde Haltung bzw. Einstellung dem Patienten gegenüber, die seine ganze Person und sein gesamtes Handeln einschließt.

Erlebt der Gesprächspsychotherapeut im konkreten therapeutischen Kontakt etwas anderes als positive Beachtung, dann ist das auch keine Verletzung der gesprächspsychotherapeutischen Therapieregeln, sondern ein Ereignis, das für ihn handlungsleitend wird (s. unten).

Abweichungen von der positiven Beachtung im definierten Sinne liegen häufig dann vor, wenn die positive Beachtung vom Therapeuten – meist unbewußt – an bestimmte Bedingungen geknüpft ist, z. B. kann die positive Beachtung des Therapeuten für die Erfahrungen und das Erleben seines Patienten daran geknüpft sein, daß der Patient vermittelt, daß er die Therapie bzw. die Person des Therapeuten als für sich hilfreich erlebt.

! In diesem Zusammenhang ist es wichtig zu wissen, daß die klientenzentrierte Entwicklungstheorie (Rogers 1959, 1987) von der Annahme ausgeht, daß Menschen nur ein allen anderen Bedürfnissen übergeordnetes Bedürfnis haben, nämlich das nach „unconditional positive regard" (nicht an Bedingungen geknüpfte positive Beachtung), und daß die Entwicklung des Selbst (das Selbstkonzept) eines Menschen in hohem Maße davon mitbestimmt wird, an welche Bedingungen die Beachtung von Erfahrungen geknüpft wird.

Vor dem Hintergrund dieser Annahme wird dieser Aspekt des gesprächspsychotherapeutischen Beziehungsangebotes als „Bedingungsfreie Anerkennung" bezeichnet.

Die Bedeutung der Bedingungsfreien Anerkennung für den therapeutischen Kontakt beschreibt Rogers wie folgt:

Wenn Selbsterfahrungen eines anderen durch mich in der Art und Weise wahrgenommen werden, daß keine dieser Selbsterfahrungen danach unterschieden werden, ob sie meiner positiven Beachtung mehr oder weniger wert sind, dann erlebe ich bedingungslose positive Beachtung (d. h. Bedingungsfreie Anerkennung) für diese Person (Rogers 1987, S. 34).

Wenn es dem Therapeuten gelingt, diese Bedingungsfreie Anerkennung für die Selbsterfahrungen seines Patienten aufzubringen bzw. wenn diese sich bei ihm einstellt, dann wird es auch dem Patienten leichter möglich sein, sich seinen inneren Erfahrungen unterschiedslos zuzuwenden, auch solchen, vor denen er sich fürchtet oder deren er sich schämt.

Ob, in welchem Umfang und wann das einem Patienten möglich ist, hängt natürlich auch davon ab, wie eingeschränkt die Selbstanerkennungsmöglichkeiten des Patienten sind, mit denen er in die Behandlung eintritt.

■ **Der Beziehungsaspekt „Kongruenz des Therapeuten".** Dieser Aspekt des gesprächspsychotherapeutischen Beziehungsangebotes hat zwei Seiten: Zum einen kennzeichnet er die Beziehung des Therapeuten zu sich selbst und zum anderen gestaltet er die Beziehung des Therapeuten zum Patienten.

Die Beziehung des Therapeuten zu sich selbst wird im Allgemeinen Therapiemodell von Orlinsky u. Howard (vgl. Kap. 5.2) nicht als integrierter Teil der therapeutischen Beziehung aufgefaßt, sondern unter der Bezeichnung „Selbstbezogenheit des Therapeuten" ("Therapist's Self-Relatedness") als eigenes Element des therapeutischen Prozesses dargestellt, allerdings mit Bezug zur therapeutischen Beziehung.

Betrachten wir zunächst den Aspekt Kongruenz phänomenologisch im Hinblick auf die therapeutische Beziehung. Ein kongruenter Therapeut wird von seinem Patienten u.a. als „echt", authentisch, unverfälscht erlebt und beschrieben.

Die Bezeichnung „Echtheit" zur Kennzeichnung von Kongruenz findet sich auch in der Literatur und hatte offenbar zur Folge, daß „Echtheit des Therapeuten" von vielen als moralischer Imperativ mißverstanden wurde, z.B. in der Form, daß dem Patienten alles mitzuteilen sei, was einem als Therapeut durch den Kopf geht, v.a., wenn es sich um Abweichungen von der Bedingungsfreien Anerkennung handelt.

Beispiel

Eine in diesem Zusammenhang typische Frage eines belesenen Ausbildungskandidaten war z.B. folgende: Muß ich meinem Patienten nicht sagen, daß ich es kaum aushalte, daß er immer erst gegen Ende der Stunde mit den wichtigen Sachen ankommt, und ich ihm mit schlechtem Gewissen mitteilen muß, daß leider die Zeit um ist?

Die Mitteilung eines Therapeuten an seinen Patienten, daß dieser es schafft, ihm schlechte Gefühle und auch noch ein schlechtes Gewissen zu machen, ist erstens therapeutisch sinnlos, wenn nicht gar schädlich, weil es die Therapeut-Patient-Beziehung auf den Kopf stellt, und hat zweitens nichts mit dem Konzept der Kongruenz zu tun. Letzteres wollen wir genauer darstellen.

! Die Schwierigkeiten mit diesem Aspekt des gesprächspsychotherapeutischen Beziehungsangebotes resultieren offensichtlich daraus, daß die therapeutisch wichtige Bedingung nicht die Kongruenz ist, sondern ein möglichst geringes Ausmaß an Inkongruenz. Kongruenz ist Nicht-Inkongruenz.

Nach der klientenzentrierten Theorie liegt dann Inkongruenz vor, wenn bestimmte Erfahrungen, die der Organismus macht, nicht oder nicht vollständig oder nur verfälscht bzw. verzerrt im Bewußtsein (Selbst) repräsentiert werden. Es handelt sich also um eine Inkongruenz zwischen der gesamten Erfahrung und der im Selbsterleben repräsentierten.

Im folgenden wird zwischen einer *reaktiven Inkongruenz* und einer *primären Inkongruenz* unterschieden.[1]

Definition

Reaktive Inkongruenz stellt sich als Reaktion des Therapeuten auf eine spezifische Situation mit dem Patienten ein und ist in der Regel zeitlich begrenzt, d.h. aufhebbar.

Reaktive Inkongruenz des Therapeuten bedeutet, daß er nicht genau weiß, welche Erfahrungen, d.h. innere Regungen, Gefühle, Erwartungen usw. sein Patient bei ihm auslöst. Er weiß dann auch nicht genau, was diese Reaktionen für ihn selbst bedeuten, wie er sie einordnen kann. Er registriert jedoch das Auftreten von Inkongruenz, meistens in der Form, daß er eine Abweichung von seiner Bedingungsfreien Anerkennung wahrnimmt (s. unten).

Die Beschreibung von Kongruenz als Nicht-Inkongruenz verdeutlicht, daß die „Echtheit" des Therapeuten nicht Ausdruck eines bestimmten bewußt einsetzbaren Verhaltens ist, sondern Ausdruck bzw. Entsprechung des Fehlens von primärer oder reaktiver Inkongruenz.

Der zweite Aspekt von Kongruenz im Sinne der klientenzentrierten Theorie ist weitgehend identisch mit der Prozeßkomponente „Selbstbezogenheit" („Self-Relatedness") im Allgemeinen Psychotherapiemodell. In diesem Modell wird Kongruenz mit den Begriffen

[1] Diese Unterscheidung hat denselben Grundgedanken wie die Unterscheidung zwischen primärer und sekundärer Inkongruenz beim Patienten, die Swildens (1993) trifft. Der Begriff „reaktive" Inkongruenz wird jedoch dem der „sekundären" vorgezogen, um zu verdeutlichen, daß sie das Resultat einer Abwehrreaktion des Therapeuten im therapeutischen Kontakt ist.

„psychologische Offenheit" und „Zentriertheit" im Gegensatz zu „Abwehr" und „Selbstentfremdung" (s. Kap. 5.2) gekennzeichnet.

ROGERS beschreibt eine kongruente Person als einen Menschen, der „imstande ist, akzeptierend auf das zu achten, was in ihm selbst vor sich geht, und je besser er es fertig bringt, ohne Furcht das zu sein, was die Vielschichtigkeit seiner Gefühle ausmacht, um so größer ist seine Übereinstimmung mit sich selbst" (ROGERS 1983 a, S. 213).

Ihr Gegenpol ist die primäre Inkongruenz.

> **Definition**
> Diese Form der Inkongruenz wird als erworben betrachtet, zeitlich überdauernd und als die Grundlage von unterschiedlichen psychischen Störungen angesehen. Primäre Inkongruenz kennzeichnet den Status eines Patienten.

Der Status eines Gesprächspsychotherapeuten sollte durch weitgehende Kongruenz gekennzeichnet sein.

■ **Die Zusammenhänge zwischen den drei Aspekten des gesprächspsychotherapeutischen Beziehungsangebotes.** Daß die beschriebenen drei Merkmale des gesprächspsychotherapeutischen Beziehungsangebotes sich gegenseitig beeinflussen, wurde schon bei ihrer isolierten Darstellung deutlich. Diese Zusammenhänge sollen im folgenden genauer betrachtet werden:

Das Verstehen des Therapeuten im psychotherapeutischen Prozeß ist nur dann ein empathisches Verstehen, wenn er kongruent und seine Bedingungsfreie Anerkennung nicht nachhaltig beeinträchtigt ist.

> **!** Abweichungen von der Bedingungsfreien Anerkennung des Therapeuten beeinflussen seine Kongruenz und Empathie.

Bei der Definition der Bedingungsfreien Anerkennung wurde hervorgehoben, daß diese abhängig ist von den Wertvorstellungen des Therapeuten.

Abweichungen von der Bedingungsfreien Anerkennung stellen sich z. B. dann ein, wenn ein Therapeut das, was sein Patient über sich sagt, lächerlich, unmännlich bzw. nicht weiblich oder übertrieben findet.

> **BEISPIEL**
> Ein Therapeut bewundert seinen Patienten dafür, wie tapfer dieser seine Suizidimpulse bekämpft, so daß er sich keine Sorgen um den Patienten machen muß.
>
> Wird beispielsweise dem Therapeuten nicht bewußt, daß er seinen Patienten dafür bewundert, daß dieser seine Suizidimpulse so tapfer bekämpft, so kann das zu einer reaktiven Inkongruenz führen: Der Therapeut als Privatperson schätzt Menschen, die versuchen, andere Menschen nicht mit ihren Sorgen in Atem zu halten, die eigenverantwortlich handeln. Die unreflektierte Übertragung dieser Einstellung auf die Therapiesituation hat zur Folge, daß er seinen Patienten zwar anerkennen kann, allerdings nicht bedingungsfrei, und es droht, daß er „übersieht", wieviel Anstrengung der Patient dafür aufwendet, und daß der Patient vielleicht das Problem hat, seine Schwächen nicht mit anderen teilen zu dürfen, und sei es nur in der Form einer Mitteilung von Schwäche, und in diesem Problem verstanden, aber nicht bewundert werden will.

Dieser Therapeut reagiert also auf die Erfahrungen des Patienten mit seinen eigenen, an Wertvorstellungen gebundenen Gefühlen. Seine Reaktion stellt eine Abweichung von der Bedingungsfreien Anerkennung dar, die unter bestimmten Umständen auch zu einer reaktiven Inkongruenz in der therapeutischen Beziehung führen kann.

Eine reaktive Inkongruenz stellt sich dann ein, wenn sich der Therapeut seiner Abweichung von der Bedingungsfreien Anerkennung momentan nicht bewußt wird und somit auch nicht der dahinterliegenden Bewertungen.

Sind Abweichungen von der Bedingungsfreien Anerkennung nicht Ausdruck einer primären Inkongruenz, dann sind sie dem Therapeuten sowohl in der Therapiesituation als auch außerhalb der Therapiesituation, z. B. in der Supervision, als erfahrbares Gefühl zugänglich, das auch im Hinblick auf seine Herkunft und Bedeutung reflektiert werden kann.

In einem solchen Fall kann sich der Therapeut seiner eigenen Bewertungsprozesse bewußt werden mit der Folge, daß sich die reaktive Inkongruenz auflöst und sich Bedingungsfreie Anerkennung und Empathie wieder einstellen.

> ! Die Bedingungsfreie Anerkennung ist sozusagen die Alarmanlage der therapeutischen Beziehung.

> ? • Wie verhält sich nun ein Gesprächspsychotherapeut, wenn diese Alarmanlage angesprungen ist?

In der Therapiesituation wendet sich der Therapeut kurzzeitig sich selbst zu. Er exploriert sich gleichsam selbst, wenn auch stumm. Um seine eigenen Gefühle zu verstehen, wird er an sich die Frage richten: Womit hat denn der Patient diese Gefühle in mir ausgelöst, auf was an seinen Äußerungen reagiere ich denn so oder so? Im Idealfall wird er darüber nicht nur sich selbst, sondern auch den Patienten besser verstehen.

Beispiel

Ein Beispiel: Ein Patient spricht seit geraumer Zeit über seine Leistungsprobleme. Der Therapeut spürt seine Abweichung von der Bedingungsfreien Anerkennung daran, daß er zunehmend ungeduldig wird und dem Patienten furchtbar gern Ratschläge zur Rationalisierung seines Arbeitsverhaltens machen möchte. Als er sich mit diesem Umstand befaßt, entdeckt er, daß ihn auch noch unerklärliche Hungergefühle quälen. Er überträgt dann diese eigene Reaktion auf die Situation des Patienten. Die erneute Betrachtung der Äußerungen des Patienten läßt den Therapeuten jetzt plötzlich verstehen, daß dieser zwar von Leistungsproblemen spricht, mit diesem Sprechen aber v.a. dem Empfinden Ausdruck gibt, daß er auch bei größter Anstrengung und Leistung nicht die Aufmerksamkeit und Anerkennung bekommt, die er sich so dringend wünscht.

> ! Empathie ist abhängig von der Bedingungsfreien Anerkennung und umgekehrt.

Es ist evident, daß sich Bedingungsfreie Anerkennung des Therapeuten nur dann einstellt, wenn er die Erfahrungen und das Erleben des Patienten wirklich empathisch verstanden hat. Umgekehrt wird das empathische Verstehen zumindest unvollständig bleiben, wenn der Therapeut v.a. Abweichungen von der Bedingungsfreien Anerkennung erlebt.

> ! Primäre Inkongruenz des Therapeuten beeinträchtigt sowohl seine Empathie als auch seine Bedingungsfreie Anerkennung.

Primäre Inkongruenz ist im Gegensatz zur reaktiven Inkongruenz definitionsgemäß einer Selbstreflexion nicht unmittelbar zugänglich, sondern wird erst in einem therapeutischen Dialog sichtbar und veränderbar. Primäre Inkongruenz kennzeichnet den Status eines Patienten. Da primäre Inkongruenz sowohl die Möglichkeiten des empathischen Verstehens als auch die Bedingungsfreie Anerkennung eines anderen erheblich einschränken kann, ergibt sich daraus die generelle Forderung, daß ein Psychotherapeut möglichst frei von primärer Inkongruenz sein soll.

Diese Forderung schlägt sich in den Ausbildungsgängen für Gesprächspsychotherapeuten in der Form nieder, daß sich die Ausbildungskandidaten einer eigenen Therapie und anderen Formen der Selbsterfahrung unterziehen müssen.

Zusammenfassend läßt sich festhalten:

> ! Während die Bedingungsfreie Anerkennung des Therapeuten v.a. durch das Auftauchen von eigenen Wertvorstellungen in der Reaktion auf die Erfahrungen des Patienten und deren Bewertung gefährdet ist, ist vollständiges empathisches Verstehen nur möglich, wenn keine Abweichungen von der Bedingungsfreien Anerkennung vorliegen und der Therapeut auch hinreichend kongruent ist.

Der Beitrag des Patienten zur therapeutischen Beziehung

Damit ein therapeutisches Arbeitsbündnis zustande kommen kann, müssen auf seiten des Patienten zwei Bedingungen erfüllt sein:

- das Vorliegen einer Inkongruenz,
- eine gewisse Ansprechbarkeit für das gesprächspsychotherapeutische Beziehungsangebot.

Inkongruenz und Beziehungsfähigkeit des Patienten. Die Forderung, sich darüber Klarheit zu verschaffen, daß die Probleme und Symptome eines Patienten Ausdruck von Inkongruenz sind, soll zunächst einmal nur gewährleisten, daß nicht übersehen wird, daß sie nicht organischen Ursprungs sind, sondern Ausdruck eines psychischen, vom Patienten nicht willentlich beeinflußbaren Zustandes (vgl. Abschn. „Diagnose, Diagnostik und Indikationsstellung", S. 131). Aus einer Inkongruenz zwischen Selbst und Erfahrung resultieren sehr unterschiedliche Störungsformen, v. a. solche, die nach herkömmlicher Klassifikation als Neurosen und Persönlichkeitsstörungen bezeichnet werden. Die „objektive" Feststellung eines Diagnostikers oder Psychotherapeuten, daß die Beschwerden des Patienten Ausdruck einer Inkongruenz sind, genügt allein nicht:

> ! Für das Entstehen eines Arbeitsbündnisses ist es erforderlich, daß auch der Patient die Inkongruenz als solche im Ansatz wahrnimmt.

Als ein Beispiel dafür, daß Patienten ihre Beschwerden nicht als Inkongruenz wahrnehmen, kann Herr L. dienen, der Patient mit dem Bluthochdruck, der in der Einleitung zu diesem Buch vorgestellt wird. Herr L. nimmt gegenüber dem Psychotherapeuten zu seinen Beschwerden wie folgt Stellung: „Mein Internist ist der Ansicht, daß ich lernen müsse, mich zu entspannen und den Streß am Arbeitsplatz abzubauen. Denken Sie aber bitte nicht, in meinem Leben sei etwas nicht in Ordnung!" In dieser Aussage fehlt jeder Hinweis darauf, daß der Patient seine Beschwerden, die ihn ja bis zu 2mal täglich den Arzt aufsuchen lassen, als Ausdruck einer Inkongruenz wahrnimmt. Er erwähnt sein Leiden nicht einmal, sondern nur die Anweisung seines Internisten, daß er an seiner Lebensführung etwas zu ändern habe. Sollte der Patient in dieser Position verharren, ist ein psychotherapeutisches Arbeitsbündnis nicht denkbar.

Allgemeiner ausgedrückt: Im Falle des Vorliegens eines umschriebenen und auch für andere sichtbaren Symptoms, z. B. eines Bluthochdrucks oder eines Waschzwangs, sollte der Patient das Symptom als etwas nicht zu seinem Selbst Passendes erleben und beurteilen, d. h. als Ich-dyston, und nicht als Ich-synton. Wird z. B. der Bluthochdruck ausschließlich auf die zu hohe Arbeitsbelastung zurückgeführt oder der Waschzwang als eine hygienische Notwendigkeit begründet, wird ein therapeutisches Arbeitsbündnis kaum zustande kommen.

Im Falle des Vorliegens weniger eng umschriebener und auch für andere weniger sichtbarer Symptome, z. B. einer lang hingezogenen Verstimmung, die von Minderwertigkeits- und Schuldgefühlen begleitet wird, sollte der Patient zumindest im Ansatz spüren, daß er mit einem Erleben befaßt ist, daß er als nicht mit seinem Selbst vereinbar ansieht.

Ansprechbarkeit des Patienten für das gesprächspsychotherapeutische Beziehungsangebot. Die zweite Bedingung für das Zustandekommen einer therapeutischen Beziehung auf seiten des Patienten liegt in seiner „Ansprechbarkeit für das therapeutische Beziehungsangebot" (Eckert et al. 1979).

> **Definition**
> Ein therapeutisches Beziehungsangebot ist definiert durch die Summe der spezifischen Therapieprozeßmerkmale, die von der jeweiligen Therapiemethode als wichtig für das Zustandekommen von psychotherapeutisch wünschenswerten Veränderungen erachtet werden.

Die verschiedenen Therapieprozeßmerkmale erhalten ihre spezifische Bedeutung und ihr Gewicht durch die jeweils dahinter stehenden Theorien über die Entstehung, Aufrechterhaltung und Veränderung psychischer Störungen. Auch das jeweilige therapeutische Setting (Einzel-, Gruppen-, Paar- oder Familientherapie; liegend bzw. sitzend; hoch- bzw. niederfrequente Sitzungsfolgen usw.) ist Teil des therapeutischen Beziehungsangebotes.

Die Ansprechbarkeit des Patienten ist dann gegeben, wenn er das therapeutische Beziehungsangebot

> in einer Weise wahr- und annehmen kann, daß er sich emotional angesprochen fühlt und in der Reaktion darauf eine emotionale und/oder kognitive Veränderung bei sich registriert (Eckert u. Biermann-Ratjen 1990, S. 283).

Mit hoher Wahrscheinlichkeit werden Patienten, die panische Angst davor haben, verstanden zu werden, oder ausgeprägte Wünsche nach konkreter Anleitung und Führung durch den Therapeuten haben, auf das gesprächspsychotherapeutische Beziehungsangebot nicht gut ansprechen.

Ob die Bedingung „Ansprechbarkeit für das therapeutische Beziehungsangebot" in ausreichendem Maße erfüllt ist, entscheidet sich in der Regel in den ersten 3 bis 5 Therapiesitzungen (Probetherapie, s. Abschn. „Praxis des Erstinterviews", S. 138).

Wechselseitige Zusammenhänge zwischen dem Beziehungsangebot des Gesprächspsychotherapeuten und dem des Patienten

Bei der Darstellung der wechselseitigen Abhängigkeit der drei Aspekte des gesprächspsychotherapeutischen Beziehungsangebotes wurde bereits darauf hingewiesen, daß im Kontakt mit einem Patienten v.a. die Bedingungsfreie Anerkennung des Therapeuten für das Erleben und die Erfahrungen seines Patienten Anfechtungen ausgesetzt ist, z.B. durch die Entwicklung von Ablehnung oder Bewunderung des Patienten. Es wurde ebenfalls dargelegt, daß Abweichungen von der Bedingungsfreien Anerkennung eine reaktive Inkongruenz bewirken können mit der Folge, daß der Therapeut seinen Patienten nicht mehr vollständig, wenn nicht gar falsch versteht.

Eine reaktive Inkongruenz des Therapeuten im unmittelbaren Kontakt mit dem Patienten stellt sich mit hoher Wahrscheinlichkeit dann ein, wenn zwei Bedingungen gleichzeitig gegeben sind:

- Der Patient spricht Konflikte und Gefühle an, die auch für den Therapeuten problematisch waren oder sind, und
- der Patient gestaltet mit solchen Konflikten oder Gefühlen die Beziehung zum Therapeuten.

Beispiel

Ist der Therapeut ein älterer Bruder und der Patient ein jüngeres Geschwisterkind, dann stößt der Therapeut mit Sicherheit auf eigene Erfahrungen, wenn der Patient von seinem Haß auf die älteren Geschwister spricht. Die Gefahr, daß sich der Therapeut diesen Gefühlen seines Patienten nicht anerkennend und empathisch zuwenden kann, wird z.B. dann besonders groß, wenn der Patient vom Therapeuten unausgesprochen erwartet, daß dieser seinen Haß auf alle älteren Geschwister teilt oder sich das Gegenteil wünscht, nämlich für diese Gefühle vom Therapeuten verurteilt und verdammt zu werden.

Wie erklärt sich die Wirksamkeit des gesprächspsychotherapeutischen Beziehungsangebotes?

Das gesprächspsychotherapeutische Beziehungsangebot, charakterisiert durch die Aspekte Empathie, Bedingungfreie Anerkennung und Kongruenz, entfaltet seine Wirksamkeit nicht direkt im Sinne einer linear-kausalen Einwirkung.

Von einer solchen linear-kausalen Wirkung wurde in der Vergangenheit lange Zeit ausgegangen. Es galt als durch empirische Forschung belegte Lehrmeinung, daß ein Gesprächspsychotherapeut um so erfolgreicher ist, je mehr er die „drei Therapeutenvariablen ‚Einfühlendes Verständnis' (Empathie), ‚Echtheit' (Kongruenz) und ‚Wertschätzung/Wärme' (Bedingungsfreie Anerkennung) verwirklicht". Diese Lehrmeinung zerlegte die therapeutische Beziehung in voneinander unabhängige Variablen und betrachtete den Therapeuten als unabhängig vom Patienten und auf diesen mit Hilfe der „Therapeutenvariablen" einwirkend.

Dieses aus der klassischen Physik stammende einseitige Ursache-Wirkungsdenken bedeutete nicht nur eine Vergewaltigung der Therapietheorie von C. Rogers, sondern es wurde auch dem Geschehen Psychotherapie in keiner Weise gerecht.

Heute erklärt man sich die Wirksamkeit von Gesprächspsychotherapie mit den Wirksamkeitsannahmen, die auch in der modernen Physik und Biologie, z.B. bei sog. autopoietischen Systemen, zur Erklärung von Veränderungsvorgängen herangezogen werden (Kriz 1989, Höger 1993).

> ! Danach kann das gesprächspsychotherapeutische Beziehungsangebot als eine Bedingung – und so ist es ja von Rogers ursprünglich formuliert worden – aufgefaßt werden, die einem Patienten Weiterentwicklung ermöglicht, diese aber nicht verursacht. Ob und wieviel und welche Veränderungen dabei passieren, entscheidet sich im Patienten. Im günstigsten Fall stößt der Gesprächspsychotherapeut Entwicklungsprozesse an, in keinem Fall steuert er sie direkt und zielgerichtet.

Der im Patienten anzustoßende Prozeß soll zu einer Aufhebung bzw. Minderung der Inkongruenz zwischen Selbst und Erfahrung führen. Das Bewußtwerden von Erfahrungen geschieht im Symbolisierungsprozeß, ein Vorgang, der auch zur Erklärung der Wirksamkeit der katathym-imaginativen Psychotherapieverfahren (vgl. Kap. 1.1.9) herangezogen wird. Im Zuge dieses Prozesses werden mehr oder weniger vollständig symbolisierte Erfahrungen, d.h. auch mehr oder weniger bewußte Erfahrungen, der Selbstreflexion zugänglich. Die bisher mehr oder weniger symbolisierten Erfahrungen können nach der klientenzentrierten Theorie nur dann ins Selbst integriert, d.h. als Selbsterfahrungen anerkannt werden (vgl. Biermann-Ratjen 1993), wenn beide an diesem Prozeß beteiligten Personen, Therapeut und Patient, diesen Erfahrungen mit Bedingungsfreier Anerkennung begegnen, wobei sich die Bedingungsfreie Anerkennung des Therapeuten häufig früher als die des Patienten einstellt und auch einstellen sollte, um diesen Prozeß im Patienten zu ermöglichen.

Das „therapeutische Handeln" in der Gesprächspsychotherapie

Im folgenden wird das gesprächspsychotherapeutische Handeln unter dem Gesichtspunkt der „therapeutischen Maßnahmen" („Therapeutic Realisation") im Sinne des Allgemeinen Psychotherapiemodells (vgl. Kap. 5.2) betrachtet. Abweichend von den Annahmen dieses Modells geht die klientenzentrierte Therapietheorie von einer sehr viel stärkeren Verzahnung der therapeutischen Beziehung mit dem therapeutischen Handeln aus (s. Abb. 1.5).

Wie bereits ausgeführt (s. Abschn. „Der Beitrag des Therapeuten zur therapeutischen Beziehung"), besteht ein wesentlicher Teil des gesprächspsychotherapeutischen Handelns in der Etablierung und Aufrechterhaltung des gesprächspsychotherapeutischen Beziehungsangebotes. Auf der Handlungsebene bedeutet das, daß der Gesprächspsychotherapeut seine Aufmerksamkeit immer wieder darauf richtet, ob sein Erleben Abweichungen von der Bedingungsfreien Anerkennung aufweist.

Die auf die Förderung des psychotherapeutischen Prozesses auf seiten des Patienten bezogenen Prinzipien therapeutischen Handelns sind im folgenden aufgeführt:

Prinzipien therapeutischen Handelns

- Nichtdirektivität,
- empathisches Zuhören,
- spezifische Zentrierung der Aufmerksamkeit und
- Verbalisierung der Erfahrungen des Patienten.

Diese Prinzipien haben das Ziel, den therapeutischen Prozeß zu fördern. Es handelt sich um allgemeine Prinzipien, die unabhängig von der spezifischen Ausformung der Inkongruenz bzw. der Störung eines Patienten Gültigkeit haben. Auf störungsspezifisches Handeln wird später eingegangen.

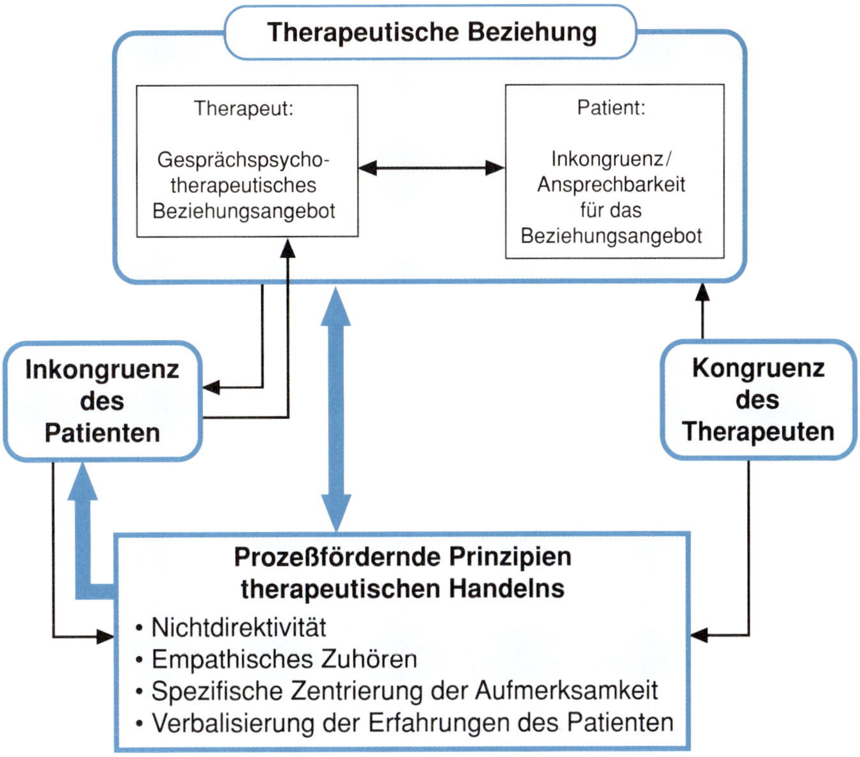

Abb. 1.5. Elemente und Funktionen des Behandlungsmodells in der Gesprächspsychotherapie

Nichtdirektivität

Kennzeichen für die Gestaltung des therapeutischen Kontaktes und der Gesprächsführung ist die Nichtdirektivität.

Sie hat ihre Hauptwurzeln in dem der klientenzentrierten Theorie zugrundeliegenden Menschenbild. Dieses Menschenbild ist gekennzeichnet durch ein hohes Ausmaß an Vertrauen in die eigenen Entwicklungsmöglichkeiten von Menschen unter bestimmten Bedingungen. Diese Bedingungen sind in der Therapiesituation gegeben, wenn sich zwischen Therapeut und Patient eine Beziehung einstellt, die aus der Sicht des Therapeuten durch die drei Aspekte des gesprächspsychotherapeutischen Beziehungsangebotes gekennzeichnet ist. Das Beziehungsangebot des Gesprächspsychotherapeuten ermöglicht dem Patienten seelische Entwicklung, bahnt sie aber nicht im Sinne einer kausalen Einwirkung.

■ **Merkmale der Nichtdirektivität.** Nichtdirektivität bedeutet im therapeutischen Kontakt konkret: Der Therapeut hört v.a. aufmerksam zu, stellt selten Fragen, schlägt keine Übungen, z.B. Rollenspiele, vor und gibt keine Hausaufgaben auf.

Ein weiteres Merkmal der Nichtdirektivität besteht darin, daß der Gesprächspsychotherapeut in der Regel keine Themen vorgibt: Er arbeitet mit dem „Material“, das der Patient spontan einbringt.

Das kann das Erleben jetzt im Moment sein, der Bericht über das, was in der vergangenen Woche passiert ist oder vor einem Jahr oder im Traum oder in der frühen Kindheit. Es können Klagen über andere Menschen sein oder über die Auswirkungen von Symptomen.

Abweichungen von der Nichtdirektivität bezüglich der Thematik, die in der Therapiestunde besprochen wird, gibt es natürlich. Sie dienen aber jeweils dazu, Abweichungen von der Bedingungsfreien Anerkennung aufzuheben.

Beispiel

Es kann durchaus sein, daß ein Gesprächspsychotherapeut eine Sitzung mit der Feststellung eröffnet, daß ihm aufgefallen sei, daß der Patient nie seinen Ehepartner erwähne, und daß er, der Therapeut, das nicht verstehe. Solche, vom Therapeuten ausgehende Thematisierungen, sind häufig das Produkt einer Supervision der Therapie. In der Supervision, meist aber schon im konkreten therapeutischen Kontakt, passiert es dem Therapeuten, daß er merkt, wie ihm der Umstand, daß der Patient nicht über seinen Ehepartner spricht, wiederholt durch den Kopf schießt, er sich das aber nicht erklären kann. In jedem Fall zieht das wiederholte Auftauchen von Themen, über die der Patient nicht spricht, eine Abweichung von der Bedingungsfreien Anerkennung des Therapeuten nach sich und sei es nur in der Form einer Minderung der Aufmerksamkeit für das momentane Erleben des Patienten.

Das direkte Ansprechen des vermiedenen Themas ist einer der denkbaren Wege zur Wiederherstellung der Bedingungsfreien Anerkennung. Die Art des Ansprechens unterliegt allerdings wiederum der Regel der Nichtdirektivität. Wenn z.B. der Patient, begleitet von heftigen Gefühlen, es ablehnt, darüber zu sprechen, dann wird der Gesprächspsychotherapeut sich den Gründen für diese Ablehnung empathisch zuwenden, aber nicht darauf bestehen, daß nun das vermiedene Thema zur Sprache kommt.

Die Nichtdirektivität des Gesprächspsychotherapeuten zeigt sich auch in einer Enthaltsamkeit bezüglich eigener Stellungnahmen emotionaler oder intellektueller Art: In der Regel belehrt er nicht, tröstet nicht, redet nicht über eigene Erfahrungen.

Nichtdirektivität im hier gemeinten Sinne bedeutet nicht, daß der Therapeut wirklich passiv ist. Allein durch die Zentrierung der Aufmerksamkeit auf das Erleben des Patienten (s. unten) gibt der Gesprächspsychotherapeut zwar nicht das Thema vor, wohl aber den Rahmen, in den der Patient seine Themen bringen soll.

Schwierigkeiten in der Ausübung der Nichtdirektivität. Aus Ausbildungssituationen wissen wir, daß die Regel der Nichtdirektivität vielen Ausbildungskandidaten Schwierigkeiten bereitet. Besonders ärztliche Ausbildungskandidaten geraten aufgrund ihrer beruflichen Sozialisation leicht in eine explorierende Gesprächsführung; anderen Kandidaten fehlt es an dem Vertrauen, daß der Patient seinen Weg allein suchen und finden kann. Sie greifen rasch z.B. zum Mittel der Konfrontation oder bieten Deutungen in Form theoretischer Überlegungen an. Wieder andere verwechseln Nichtdirektivität mit Passivität. Sie beschränken sich auf eine Wiedergabe des vom Patienten Gesagten und denken, sie „spiegeln“ damit dem Patienten den emotionalen Anteil seiner Darlegungen. Dieses Mißverständnis, das häufig aber auch Ausdruck von Ängstlichkeit ist, ist altbekannt und hat den Begründer der Gesprächspsychotherapie, Carl Rogers, bereits 1951 dazu veranlaßt, sein Verfahren von „Non-directive Therapy“ in „Client-centered Therapy“ umzubenennen.

Aber auch Patienten haben es – besonders am Anfang der Behandlung – mit der Nichtdirektivität des Gesprächspsychotherapeuten oft nicht leicht: Sie erwarten oder wünschen sich Ratschläge, möchten Lösungswege aufgezeigt bekommen usw. Diesen Erwartungen und Wünschen begegnet der Gesprächspsychotherapeut wie allen anderen Aspekten des Erlebens des Patienten: Er wendet sich ihnen bedingungsfrei-anerkennend und empathisch zu.

Empathisches Zuhören

Eng verbunden mit dem Verhaltensmerkmal der Nichtdirektivität ist das empathische Zuhören.

Definition

Um das Erleben des anderen wirklich verstehen zu können, muß man dem anderen zunächst einmal zuhören, und zwar so, daß man das, was der andere gesagt hat, vollständig und korrekt wiedergeben kann.

Wie schwierig das ist, wird in Ausbildungssituationen deutlich, in denen Übungen zum Zuhören durchgeführt werden. Eine dieser

Übungen besteht darin, daß sich ein Teilnehmer einem anderen maximal 15 Minuten lang persönlich vorstellt, d.h. er spricht über das, was ihn als Person charakterisiert. Der zuhörende Teilnehmer soll während dieser Selbstdarstellung nichts anderes tun als zuzuhören und später das, was er aufgenommen hat, in der Gruppe den anderen Teilnehmern wiedergeben. Es passiert gar nicht so selten, daß die auf diese Weise vorgestellten Teilnehmer feststellen müssen, daß sie sich in dem Bericht des anderen kaum wiederfinden.

> ! Zuhören kann nur stattfinden, wenn man dem anderen Raum zur Selbstdarstellung einräumt, sich mit eigenen Einfällen und Stellungnahmen zurückhält, sich auf das konzentriert, was der andere über sich sagt. Zuhören im therapeutischen Sinne bedeutet auch, das, was der andere sagt und wie er es sagt, auf sich wirken zu lassen, sich der Gefühle bewußt zu werden, die das Gesagte in einem selbst auslöst, ohne dabei den anderen aus dem Auge zu verlieren, d.h. empathisches Zuhören bedeutet, mit dem anderen im emotionalen Kontakt zu bleiben. Empathisches Zuhören ist eine unabdingbare Voraussetzung für empathisches Verstehen.

Zuhören ist offensichtlich aber nicht nur eine Handlung, die den Therapeuten in die Lage versetzt, den anderen empathisch zu verstehen, sondern Zuhören scheint sich auch unmittelbar auszuwirken. Das ist wohl nirgendwo plastischer beschrieben als in dem Kinderbuch „Momo" von Michael Ende:

Was die kleine Momo konnte wie kein anderer, das war: Zuhören.

Das ist doch nichts Besonderes, wird nun vielleicht mancher (Leser) sagen, zuhören kann doch jeder.

Aber das ist ein Irrtum. Wirklich zuhören können nur ganz wenige Menschen. Und so wie Momo sich aufs Zuhören verstand, war es ganz und gar einmalig.

Momo konnte so zuhören, daß dummen Leuten plötzlich gescheite Gedanken kamen. Nicht etwa, weil sie etwas sagte oder fragte, was den anderen auf solche Gedanken brachte, nein, sie saß nur da und hörte einfach zu, mit aller Aufmerksamkeit und aller Anteilnahme. Dabei schaute sie den anderen mit ihren großen, dunklen Augen an, und der Betreffende fühlte, wie in ihm auf einmal Gedanken auftauchten, von denen er nie geahnt hatte, daß sie in ihm steckten.

Sie konnte so zuhören, daß ratlose oder unentschlossene Leute auf einmal ganz genau wußten, was sie wollten. Oder daß Schüchterne sich plötzlich frei und mutig fühlten. Oder daß Unglückliche und Bedrückte zuversichtlich und froh wurden. Und wenn jemand meinte, sein Leben sei ganz verfehlt und bedeutungslos und er selbst nur irgendeiner unter Millionen, einer, auf den es überhaupt nicht ankommt und der ebenso schnell ersetzt werden kann wie ein kaputter Topf – und er ging hin und erzählte alles das der kleinen Momo, dann wurde ihm, noch während er redete, auf geheimnisvolle Weise klar, daß er sich gründlich irrte, daß es ihn genauso, wie er war, unter allen Menschen nur ein einziges Mal gab und daß er deshalb auf seine besondere Weise für die Welt wichtig war.

So konnte Momo zuhören! (Ende 1973, S. 14).

Unter psychologischen Gesichtspunkten betrachtet, ist Zuhören mit dem Ziel, den anderen in seinem Erleben wirklich zu verstehen, Ausdruck positiver Beachtung und Wertschätzung, d.h. Ausdruck von Bedingungsfreier Anerkennung.

Zentrierung der Aufmerksamkeit

Das therapeutische Handeln des Gesprächspsychotherapeuten ist in hohem Maße durch seine spezifische Zentrierung der Aufmerksamkeit bestimmt.

Im Mittelpunkt der Aufmerksamkeit des Gesprächspsychotherapeuten stehen

- das eigene Selbsterleben und
- das Selbsterleben des Patienten.

Aufmerksamkeit für das eigene Selbsterleben. Die Aufmerksamkeit für das eigene Selbsterleben und ihre Bedeutung für den therapeutischen Prozeß wurden bereits im Zusammenhang mit dem gesprächspsychotherapeutischen Beziehungsangebot behandelt. Deshalb soll an dieser Stelle dieser Aspekt der Aufmerksamkeitszentrierung nur in der Form eines Regelsatzes wiederholt werden:

> ! Der Gesprächspsychotherapeut behält im therapeutischen Kontakt mit seinem Patienten immer auch sein eigenes Erleben im Auge und achtet dabei v. a. auf Abweichungen von der Bedingungsfreien Anerkennung des Patienten in seinem Selbsterleben.

■ **Aufmerksamkeit für das Selbsterleben des Patienten.** Im Mittelpunkt der Zentrierung der Aufmerksamkeit auf den Patienten steht dessen im Hier und Jetzt gegebenes Selbsterleben.

Bei dem Versuch, das therapeutisch relevante Selbsterleben konzeptuell, definitorisch und operational zu erfassen, wurden drei Wege beschritten, die als drei sich ergänzende Aspekte des Selbsterlebens aufzufassen sind:

Selbsterleben

- Das sprachlich geäußerte Selbsterleben: Selbstexploration,
- das implizit bewertete Selbsterleben: Innerer Bezugsrahmen und
- die gefühlte Bedeutung des Selbsterlebens: Experiencing.

■ **Selbstexploration des Patienten.** In Abhängigkeit vom Ausmaß der Inkongruenz unterscheiden sich Patienten im Hinblick auf die Qualität und die Quantität ihres Selbsterlebens.

> Definition: Das vom Patienten sprachlich geäußerte Selbsterleben wird als Selbstexploration bezeichnet.

Im Zusammenhang mit wissenschaftlichen Untersuchungen des gesprächspsychotherapeutischen Prozesses wurde eine operationale Definition der Selbstexploration in Form einer Skala entwickelt, die bereits im Abschn. „Praxis des Erstinterviews“ vorgestellt wurde, s. S. 140.

Die Skala kann als eine Handlungsanleitung für den Gesprächspsychotherapeuten verstanden werden: Sein therapeutisches Handeln hat das Ziel, im Patienten einen Prozeß zu fördern, der diesen zunehmend selbstexplorativ im Sinne dieser Skala werden läßt.

Die Aufmerksamkeit des Gesprächspsychotherapeuten richtet sich auf die Veränderungen der Selbstexploration. Dabei achtet er v. a. auf die Ereignisse oder Bedingungen, die den Prozeß der Selbstexploration stören oder stocken lassen:

- Sind es bestimmte Themen? (Beispielsweise das Thema Sexualität).
- Sind es bestimmte affektive Bereiche des Erlebens? (Beispielsweise das Erleben von Wut und Feindseligkeit).
- Sind es die therapeutischen Interventionen selbst? (Beispielsweise lösen Äußerungen des Therapeuten – und seien sie noch so empathisch – bei manchen Patienten einen regelrechten Aufmerksamkeitsshift aus: Immer dann, wenn der Therapeut etwas sagt, müssen sie ihre gesamte Aufmerksamkeit auf das vom Therapeuten Gesagte richten und verlieren sich selbst dabei aus dem Auge).

Stockungen im Selbstexplorationsprozeß oder gar ein deutlicher Rückgang der Selbstexploration sind für den Therapeuten der Anlaß dafür, sich dem Inneren Bezugsrahmen des Patienten zuzuwenden.

Der Innere Bezugsrahmen des Patienten

> Definition: Der Innere Bezugsrahmen kann definiert werden als die Standorte, die ein Mensch gegenüber seinen Erfahrungen einnimmt sowie die damit verbundene Bewertung dieser Erfahrungen.

Selbsterleben umfaßt immer mehr als nur eine isolierte Erfahrung (z. B. eine Kognition und/oder Gefühl). Eine Erfahrung im Sinne einer Kognition, z. B. „Ich scheitere an dieser Aufgabe“, wird in der Regel sowohl andere Kognitionen auslösen, z. B. „Ich habe mich wieder einmal übernommen“, als auch Gefühle, z. B. traurige Niedergeschlagenheit: „Ich kann nicht mehr“, als auch affektive Bewertungen, z. B. „Mir ist das peinlich“.

Definition

Unter dem Inneren Bezugsrahmen kann also die Gesamtheit aller Affekte, Kognitionen und Bewertungen verstanden werden, die im Zusammenhang mit einer unmittelbaren Erfahrung von einem Patienten erfahren werden.

Für die Aufmerksamkeitszentrierung des Therapeuten bedeutet das, daß sich die Empathie in der Regel nicht auf eine bestimmte isolierte Erfahrung richtet, sondern gleichzeitig auch auf den Inneren Bezugsrahmen, in dem sie stattfindet.

Die Bedeutung des Inneren Bezugsrahmens für das therapeutische Handeln soll an folgendem Beispiel verdeutlicht werden:

Beispiel

Beispiel für Therapeutenäußerungen mit und ohne Berücksichtigung des Inneren Bezugsrahmens:

Patient: „...und letzte Woche, ich, ich ... (druckst herum), da hielt ich es im vollen Kino nicht aus, ich mußte es fluchtartig verlassen."

Therapeutenäußerung ohne Einbeziehung des Inneren Bezugrahmens:

„Sie spürten plötzlich soviel Angst, daß Sie weglaufen mußten."

Therapeutenäußerung mit Einbeziehung des Inneren Bezugrahmens:

„Schämen Sie sich (mir gegenüber), daß Sie soviel Angst bekommen haben und weglaufen mußten?"

■ **Experiencing.** Experiencing stellt einen weiteren Zugang zum therapeutisch bedeutsamen Selbsterleben von Patienten dar.

Der Begriff geht auf Gendlin (1978) zurück. Gendlin fand in systematischen Beobachtungen heraus, daß ein spezifischer Prozeß abläuft, wenn eine Person aufgefordert wird, ihre Aufmerksamkeit auf ihr gegebenes Erleben zu fokussieren und sich selbstexplorativ allen Aspekten zu widmen, die im Zusammenhang mit diesem Fokussieren auf das eigene Erleben auftauchen. Das Spezifische an diesem sog. Focusing-Prozeß besteht darin, daß in ihm Gefühle auftauchen, die sich von sog. reinen Emotionen wie Freude, Angst usw. insofern unterscheiden, als sie sinngebend bebildert sind. Gendlin nannte sie daher „gefühlte Bedeutungen" („felt sense").

Definition

Mit Experiencing wird der Prozeß bezeichnet, bei dem sich in einer Person „gefühlte Bedeutungen" entwickeln.

Unter theoretischen Gesichtspunkten betrachtet ist der Prozeß der inneren Bedeutungsentwicklung von Erleben der Symbolisierungsprozeß, d.h. der Bewußtwerdensprozeß. In ihm tauchen unterschiedliche Formen des Selbsterlebens auf: Körperempfindungen, Vorstellungen, Gedanken, Gefühle und Worte. Diese sind aufeinander bezogen und geben einander Sinn und Bedeutung.

Gendlin (1978) hat Interventionsregeln entwickelt, die diesen Prozeß systematisch fördern, das „Focusing". Die Bedeutsamkeit des Experiencing-Konzepts liegt u.a. darin, daß mit seiner Hilfe ein Weg aufgezeigt wurde, wie Symbolisierungsprozesse ziemlich unmittelbar angestoßen werden können. Klinische Erfahrungen haben gezeigt, daß auf diesem Weg in Körperempfindungen symbolisierte Erfahrung auch anderen Symbolisierungen zugeführt werden kann. Das kommt vielen psychosomatisch Erkrankten zugute, deren Selbsterleben häufig überwiegend aus Körperempfindungen besteht, deren z.B. gefühlsmäßige Bedeutung dem bewußten Erleben verschlossen ist.

!

Im Hinblick auf die Aufmerksamkeitszentrierung läßt sich dem Experiencing-Konzept entnehmen, daß der Gesprächspsychotherapeut darauf achten sollte, welche anderen Formen der Symbolisierung sich bei einem Patienten im Zusammenhang mit seinem in einer bestimmten Form symbolisierten Erleben einstellen.

Am ehesten läßt sich dieser andere Zugang zum Selbsterleben eines Patienten in einem „üblichen" gesprächspsychotherapeutischen

Kontakt dann beobachten, wenn der Patient, der gerade noch ganz sachlich über eine Vorstellung gesprochen hat, von einem heftigen Gefühl überrascht wird, z. B. plötzlich weinen muß.

Verbalisierung der Erfahrungen des Patienten durch den Therapeuten

Der Gesprächspsychotherapeut bringt die Erfahrungen des Patienten, die er auf dem Wege der Einfühlung verstanden hat, in einer Form verbal zum Ausdruck, daß der Patient wahrnehmen kann, daß ihn der Therapeut in seinem Erleben empathisch verstanden hat und dabei nichts anderes fühlt als Bedingungsfreie Anerkennung des Patienten. Das Ziel der Verbalisierung der Erfahrungen ist, daß der Patient seine Erfahrung seinerseits wahr- und annehmen kann.

> Definition
>
> Erfahrungen sind in der klientenzentrierten Theorie definiert als die Teile des Erlebens des Organismus als Ganzem, die in einem gegebenen Moment bewußt werden könnten. Diese Erfahrungen teilen sich in unterschiedlichen Modalitäten des Erlebens mit: in Körpergefühlen, Vorstellungen und Gedanken, Gefühlen und Worten.

Die Verbalisierungen des Gesprächspsychotherapeuten beinhalten überwiegend Gefühle bzw. den emotionalen Anteil der vom Patienten berichteten Erfahrungen.

■ **Theoretischer Hintergrund.** Das hat folgenden theoretischen Hintergrund: Die klientenzentrierte Theorie unterscheidet zwischen Affekt und Gefühl. Diese Unterscheidung findet sich in den anderen Therapiemodellen, die in diesem Buch vorgestellt werden, nicht oder in einer anderen Form.

> Definition
>
> Unter einem Affekt wird eine heftige und in ihrer Qualität und Bedeutung zweifelsfreie emotionale Erfahrung verstanden, eine Gefühlswallung, z. B. traurig sein.
>
> Ein Gefühl (Emotion) ist eine affektiv gefärbte, als bedeutungsvoll erlebte Erfahrung, die auch kognitive Anteile hat, z. B. Depression.

Die Bedeutung eines Gefühls ist – im Unterschied zum Affekt – häufig nicht eindeutig, und Gefühle sind durch den Umstand gekennzeichnet, daß sie mit Bewertungen verknüpft sind bzw. diese auslösen, z. B. auf der Dimension Lust-Unlust oder gut-böse. Das Entstehen von psychischen Störungen wird ätiologisch betrachtet als in engem Zusammenhang mit dem Schicksal der Affekte im Verlauf der menschlichen (frühkindlichen) Entwicklung stehend (vgl. BIERMANN-RATJEN 1993). Über das Schicksal der Affekte und die Bewertung der mit diesen Affekten verknüpften Erfahrungen (Handlungen, Kognitionen, Körperzustände) entscheiden die Reaktionen der in der Kindheit wichtigen Bezugspersonen, in der Regel also die Reaktionen von Mutter und Vater. Die Affekte des Kindes und die damit verknüpften Erfahrungen können nicht bzw. richtig oder falsch wahrgenommen und bewertet im Sinne von anerkannt bzw. nicht anerkannt werden. Die emotionalen und kognitiven Reaktionen der Eltern auf das affektive Erleben ihres Kindes tragen nach der klientenzentrierten Entwicklungstheorie (vgl. BIERMANN-RATJEN et al. 1995, S. 78–108) entscheidend dazu bei, welche Erfahrungen des Kindes Selbsterfahrungen werden können und welche nicht und wie dann diese Selbsterfahrungen von dem Kind selbst bewertet werden. Von den Eltern nicht anerkannte oder falsch verstandene affektive Erfahrungen können nicht oder nur unvollständig Bestandteile des Selbst eines Menschen werden, und ihr Wiederauftauchen bewirkt eine Inkongruenz zwischen Selbst und Erfahrung. Daher stehen Gefühle im Sinne von bewerteten affektiven Erfahrungen im Mittelpunkt des Selbsterlebens von Patienten und damit auch im Mittelpunkt der Verbalisierungen des Gesprächspsychotherapeuten.

Daher lautet eine Grundregel für das gesprächspsychotherapeutische Handeln:

> !
>
> Benenne bei der Verbalisierung der vom Patienten vermittelten Erfahrungen immer auch die dazu gehörenden Gefühle.

■ **Schwierigkeiten in der Ausübung der Verbalisierung.** Diese Regel klingt einfach. Ihre Befolgung ist es aber erfahrungsgemäß überhaupt nicht. In Ausbildungssituationen ist immer wieder festzustellen, daß angehende Therapeuten große Mühe haben, selbst ein vom Patienten eindeutig geäußertes Gefühl als ein solches zu benennen.

Beispiel

Patient:	„Ich weiß nicht warum, aber ich muß nur an meinen Vater denken, und schon bin ich wütend!"
Therapeut 1:	„Schon der Gedanke an Ihren Vater frustriert Sie."
Therapeut 2:	„Irgendwie macht es Sie ein Stück weit ärgerlich, wenn Sie an Ihren Vater denken?"
Therapeut 3:	„Ist das ein alter Konflikt, den Sie da mit Ihrem Vater haben?"

Alle drei Therapeutenäußerungen widersprechen der oben genannten Regel: Therapeut 1 ersetzt das vom Patienten ausgedrückte Gefühl durch einen psychologischen Begriff („frustriert"), Therapeut 2 verharmlost das vom Patienten ausgedrückte Gefühl, und Therapeut 3 geht überhaupt nicht auf das Erleben des Patienten ein, sondern fragt nach den Ursachen bzw. der Vertrautheit mit dem Gefühl.

Manche Ausbildungskandidaten scheuen sich, ein vom Patienten bereits klar benanntes Gefühl in ihrer Verbalisierung zu wiederholen. Sie halten das für sinnloses „Spiegeln" und vergessen, daß die Verbalisierung der Erfahrungen des Patienten nicht das Gefühl des Patienten benennen soll, sondern dem Umstand Ausdruck geben, daß der Therapeut empathisch versteht und unbedingt wertschätzt.

Die Benennung eines vom Patienten ausgedrückten Gefühls im Sinne einer Wiederholung durch den Therapeuten ist aus verschiedenen Gründen meistens psychotherapeutisch sinnvoll und bedeutsam: Übliche Reaktionen auf eine Gefühlsäußerung in außertherapeutischen Situationen sind z. B.:

- Das Gegenüber spricht über eigene Erfahrungen („Das kenne ich bei meinem älteren Bruder").
- Das Gegenüber sucht nach einer „Lösung", d. h. nach Wegen, das Gefühl „abzuschaffen" („Versuch doch einfach, deinen Vater zu vergessen!").

Das schlichte Wiederholen eines Gefühls durch den Therapeuten drückt zumindest seine Anerkennung des Erlebens des Patienten aus.

Für viele Patienten erhält das von ihnen geäußerte Gefühl eine andere Qualität, wenn der Therapeut es auch benennt. Eine in dieser Hinsicht extreme Reaktion kennt man von Patienten mit instabilem Selbstkonzept. Sie erleben manchmal – und äußern es auch – daß ihnen das Gefühl als ihr Gefühl „verloren" geht, wenn es der Therapeut benennt („Jetzt, wo Sie mir sagen, daß ich Wut verspüre, bin ich gar nicht mehr sicher, ob das stimmt"). Häufiger liegt der Effekt des Wiederholens eines Gefühls darin, daß der Patient sich mit diesem Gefühl weiter und vertiefend befaßt. Es bleibt Thema des Patienten.

Interventionsregeln in der Gesprächspsychotherapie

Im folgenden wird vor dem Hintergrund der bisherigen Darlegungen das gesprächspsychotherapeutische Beziehungsangebot auf der Handlungsebene betrachtet. Auf dieser Ebene lassen sich Regeln für die sprachlichen Interventionen (Therapeutenäußerungen) formulieren. Da bei dieser Betrachtungsweise der Beziehungsaspekt in den Hintergrund tritt, werden bei den folgenden Ausführungen zwei Bedingungen als gegeben vorausgesetzt:

- Die Interventionen sind getragen von Bedingungsfreier Anerkennung für das, worauf sich die Interventionen beziehen, und
- die Interventionen beziehen sich auf bzw. beinhalten den Ausdruck von etwas empathisch Verstandenem.

Interventionsregeln im Falle hoher Selbstexploration des Patienten

Weist der Patient eine hinreichend hohe Selbstexploration (etwa ab Stufe 6, s. Abschn. „Praxis des Erstinterviews" S. 141) auf, dann lautet die

Interventionsregel für den Gesprächspsychotherapeuten:

> **!** Sprich das im Hier und Jetzt unmittelbar gegebene gefühlsmäßige Erleben des Patienten möglichst genau und vollständig an.

Beispiel

Ein Beispiel aus einer 2. Therapiesitzung, in der die Patientin darüber spricht, welche Probleme sie in ihrem Beruf als Kauffrau hat:

Patientin: „Wenn ich jetzt bei dem Beispiel bleiben soll, dann würde ich sagen: Irgend ein abgebrühter Kaufmann, dem es an die Nieren geht, wenn ihm ein paar tausend Mark fehlen, der soll sich ruhig ein bißchen gequält fühlen, also das würde mich eventuell sogar noch freuen, wenn es nur das ist, was ihn zu quälen vermag."

Therapeut: „Das klingt sehr bitter."

Patientin: „Ja, das stimmt, da haben Sie recht. Das ist mir im Moment auch gerade bewußt geworden. Ich mein' einfach aus Verbitterung darüber, daß man also jahrelang beobachtet hat, wie viele Menschen es eigentlich gibt, die sich um nichts anderes kümmern als um Geld (...)."

Diese Patientin ist offenbar bei ihrer Schilderung von Gefühlen bestimmt, die sie nicht direkt wahrnimmt und auch nicht benennt. Der Therapeut greift dieses Erleben vorsichtig („Das klingt") auf. Die Reaktion der Patientin verdeutlicht, daß er ihr Erleben korrekt wahrgenommen hat.

Schwierigkeiten in der Anwendung der Interventionsregel. Anfänger machen manchmal den Fehler, daß sie den Prozeß der Selbstexploration dadurch stören, daß sie jedes Erleben des Patienten, das sie verstanden haben, verbalisieren.

Kriterium dafür, wann und wie häufig der Therapeut gemäß obiger Regel interveniert, ist der Selbstexplorationsprozeß. Zu intervenieren ist auf diesem Niveau nur dann, wenn dieser Prozeß ins Stocken gerät oder der Therapeut spürt, daß sich der Patient mit seiner Selbstexploration „an den Therapeuten wendet", ihn unausgesprochen fragt: Verstehst Du mich? Folgst Du mir noch? Im oben angeführten Beispiel spricht die Patientin zwar über ein Erleben von sich („Das würde mich evtl. sogar noch freuen"), aber es ist offensichtlich nicht das eigentliche Erleben, was sie bestimmt.

Die Anwendung der oben genannten Interventionsregel setzt voraus, daß der Patient spürbar mit einem unmittelbaren Erleben befaßt ist und dieses auch noch sprachlich zum Ausdruck bringt.

Die übliche therapeutische Realität sieht jedoch anders aus: In aller Regel sprechen Patienten „über" ihr Erleben, d. h. sie äußern sich über Erleben, das *nicht* im Moment in ihnen passiert. Der Idealfall, in dem ein Patient zu seinem Therapeuten sagt: „Jetzt, wo ich merke, wie sehr mich mein Vater kleingehalten hat, spüre ich die kalte Wut in mir aufsteigen" und dabei abwechselnd blaß und rot wird, ist ein eher seltenes Ereignis. Sehr viel häufiger sind selbstexplorative Äußerungen wie folgende:

„... ich merke erst immer hinterher, wie sehr mich etwas verletzt hat, und dann ärgere ich mich über mich".

Schaut man sich die letzte Äußerung genauer an, dann spricht der Patient:

- über ein Gefühl der Verletzung, das er in der Situation, in der sie ihm widerfährt, gar nicht erkennt,
- über ein Gefühl des Ärgers auf die eigene Person, wobei er sich auf vergangene Erfahrungen beruft, und
- er sagt verbal nichts darüber, wie er sich im Hier und Jetzt damit fühlt.

Diese Form der Selbstexploration ist häufig und typisch für den unteren und mittleren Bereich der Selbstexplorationsskala (s. Abschn. „Praxis des Erstinterviews").

Interventionsregeln im Falle mittlerer und geringer Selbstexploration

Die Interventionsregel „Sprich das im Hier und Jetzt unmittelbar gegebene gefühlsmäßige Erleben des Patienten möglichst genau und vollständig an!" ist auch dann zu beachten, wenn sich die Äußerungen des Patienten nicht unmittelbar auf sein Selbsterleben beziehen. Häufig ist das im Hier und Jetzt gegebene gefühlsmäßige Erleben ein Erleben, das den Patienten veranlaßt, „über" Erleben zu sprechen und es nicht direkt zu benennen.

In diesen Fällen wird der Therapeut zunächst versuchen, empathisch zu erfassen, von welchem Erleben der Patient bestimmt ist.

Bezogen auf das obige Beispiel wird der Therapeut sich folgende Fragen stellen:

?
- Was fühlt der Patient jetzt, wenn er mir davon berichtet, daß er sich darüber ärgert, daß er nicht merkt, wenn er sich verletzt fühlt?
- Spürt er seinen Ärger jetzt, im Moment?
- Spürt er die Verletzung?
- Erzählt er mir das mit dem unausgesprochenen Wunsch, daß ich in einer bestimmten Art und Weise reagiere, vielleicht in dem Sinne: das geht vielen Menschen so, das braucht sie nicht zu ärgern oder zu beunruhigen?

In den Fällen, in denen der Patient nicht über unmittelbares Erleben spricht, lautet die Interventionsregel also:

! Sprich das gefühlsmäßige Erleben des Patienten an, das ihn im Hier und Jetzt am stärksten zu bestimmen scheint.

Das Befolgen dieser Interventionsregel ist v. a. deshalb nicht einfach, weil der Patient selbst dieses Erleben nicht verbalisiert, meist wohl deshalb, weil es nicht im Zentrum seines Bewußtseins steht. Der Weg für den Gesprächspsychotherapeuten, das den Patienten jetzt bestimmende Erleben zu erkennen – und es dann auch zu verstehen –, liegt in einer Verlagerung seiner Aufmerksamkeitszentrierung weg von den verbalen Äußerungen des Patienten hin

- zu seinem eigenen Erleben,
- zu dem Inneren Bezugsrahmen des Patienten.

Diese Verlagerung der Aufmerksamkeitszentrierung kann zu unterschiedlichen Erkenntnissen und zu unterschiedlichen Interventionen führen. Das soll am Beispiel der bereits bekannten Äußerung des Patienten, der sein Verletztsein in der Situation nicht erkennt, dargestellt werden. Dieser Patient sagte: „... ich merke erst immer hinterher, wie sehr mich etwas verletzt hat, und dann ärgere ich mich über mich."

Vorgehen bei der Aufmerksamkeitszentrierung auf das eigene Erleben. Der Therapeut wendet sich erstens zunächst sich selbst mit der Frage zu:

? Erlebe bzw. spüre ich ein klares Gefühl meines Patienten?

Dabei könnte er an der Stimme und anderem Ausdrucksverhalten des Patienten merken, daß dieser gereizt und ärgerlich ist.

Beispiel

Der Therapeut könnte dann beispielsweise sagen:

„Wie ärgerlich Sie das macht, spüren Sie aber jetzt, wenn Sie darüber berichten."

Der Therapeut wendet sich als nächstes seinem Erleben mit der Frage zu:

? Erlebe ich Abweichungen von der Bedingungsfreien Anerkennung?

Er könnte bemerken, daß er sich während der Darstellung des Patienten bereits mehrmals darüber den Kopf zerbrochen hat, was denn den Patienten so verletzt, und dabei feststellen, daß der Patient selbst darüber bisher noch kein einziges Wort verloren hat.

Beispiel

Der Therapeut könnte dann z. B. sagen:

„Sehe ich das richtig: Macht es Sie so ärgerlich, daß Sie auf Ihr Verletztwerden spontan nicht richtig reagieren, daß die Frage, was Sie verletzt, gar keine Rolle spielt?"[2]

Dieser Intervention liegt die Annahme zugrunde, daß Abweichungen von der Bedingungsfreien Anerkennung Hinweise auf eine emotionale Reaktion des Therapeuten auf ein Erleben des Patienten sind, das dieser zwar momentan seinem Bewußtsein fernhält, das jedoch bewußtseinsnah ist und sich dem Therapeuten bei dessen Bemühen um Einfühlung vermittelt.

Der Weg zum empathischen Verstehen unter Bezug auf die Abweichungen von der Bedingungsfreien Anerkennung erfordert psychotherapeutische Erfahrung und ist Anfängern nicht zu empfehlen. Dieser Weg ist nur begehbar, wenn gewährleistet ist, daß die Abweichung von der Bedingungsfreien Anerkennung nicht das Produkt einer primären Inkongruenz des Therapeuten ist.

Vorgehen bei der Aufmerksamkeitszentrierung auf den Inneren Bezugsrahmen des Patienten. Bei der Zentrierung der Aufmerksamkeit auf den Inneren Bezugsrahmen lassen sich drei Bereiche unterscheiden, die den Hintergrund für das Erleben des Patienten bilden können, das ihn bestimmt, das er aber nicht direkt verbal zum Ausdruck bringt:

- das Selbstkonzept,
- die internalisierten Wertvorstellungen und
- die Beziehung zum Therapeuten.

[2] Dieser Hinweis des Therapeuten ist für Patienten auch unter dem Gesichtspunkt wichtig, daß viele Patienten ihr Erleben ausschließlich bewertend betrachten: Sind meine Gefühle angemessen-unangemessen, sind sie egoistisch, böse oder übertrieben, habe ich sie zum richtigen Zeitpunkt usw. Der Umstand, daß Gefühle immer Reaktionen auf Ereignisse sind, d.h. meistens Reaktionen auf Erfahrungen mit anderen Menschen oder auf Gedanken an Erfahrungen mit anderen Menschen, spielt dann keine Rolle mehr.

Das Selbstkonzept bestimmt den Inneren Bezugsrahmen. Der Therapeut zentriert seine Aufmerksamkeit auf die Frage:

? In welcher Beziehung steht das Erleben, über das der Patient spricht, zu seinem Selbstkonzept? Erlebt der Patient die Erfahrungen, über die er berichtet, als mit seinem Selbst kongruent?

Dabei könnte der Therapeut wahrnehmen, daß der Patient über eine ihm vertraute Erfahrung spricht, gegen die er sich wehrt.

Beispiel

Er könnte daher beispielsweise sagen: „Daß Sie Verletzungen immer erst hinterher spüren, kennen Sie offenbar ganz gut, dennoch werden sie darüber ärgerlich, so als paßte das nicht zu Ihnen?"

Die Erfahrungen, die eine Inkongruenz bewirken, haben sehr unterschiedliche Erlebensqualitäten; sie sind v. a. daraufhin zu betrachten, ob sie

- dem Patienten vertraut oder neu sind,
- ihn lähmen oder aktivieren,
- erlebnisfern oder -nah sind,
- als eigene Erfahrungen erlebt werden oder als z.B. erzwungenes Mitfühlen,
- beim Patienten Widerstand mobilisieren, sich überhaupt damit zu befassen, z.B. Angst, daß durch ein Sichbefassen mit einem Erleben anderes Erleben ausgelöst wird, das er nicht erträgt oder kontrollieren kann (z.B. „Ich will die Enttäuschung nicht spüren, denn dann falle ich in ein schwarzes Loch" oder „Ich fürchte mich vor meiner Wut, ich denke, die ist so groß, daß ich Amok laufen werde").

Die Wertvorstellungen bestimmen den Inneren Bezugsrahmen. Bei der Zentrierung der Aufmerksamkeit des Therapeuten auf die Wertvorstellungen, die der Patient mit seinem Erleben verknüpft, wird sich der Gesprächspsychotherapeut die Fragen stellen:

!
- Wie bewertet der Patient sein Erleben?
- Kann er es nicht vollständig als sein Erleben zulassen, weil er es auf der Grundlage internalisierter Wertvorstellung ablehnt?

Wenn das der Fall ist, dann könnte, bezogen auf unser Beispiel, eine denkbare Therapeutenäußerung sein:

Beispiel

„Verstehe ich Sie richtig: Sie beurteilen sich als feige, wenn Sie in der Situation auf eine Verletzung nicht reagieren?"

Eine solche Intervention, wenn sie empathisch ist, setzt natürlich mehr Kenntnisse über die Person des Patienten voraus, als sie der kurzen Beispielsäußerung zu entnehmen ist.

■ **Die Beziehung zum Therapeuten bildet den Inneren Bezugsrahmen.** Ergibt die Aufmerksamkeitszentrierung auf den Inneren Bezugsrahmen, daß der Patient mit seiner Beziehung zum Therapeuten befaßt ist, dann könnte sich der Therapeut z.B. die Fragen stellen:

?
- Fühle ich mich, wenn auch unausgesprochen, vom Patienten angesprochen?
- Versucht er unausgesprochen meinen Erwartungen zu entsprechen oder Befürchtungen vor meinen Bewertungen zu begegnen?

Versteht der Therapeut unsere Beispielsäußerung als eine solche unausgesprochene Bezugnahme, könnte er z.B. sagen:

Beispiel

„Ich habe den Eindruck, Sie gehen davon aus, daß ich von Ihnen erwarte, daß Sie auf Verletzungen prompt und adäquat reagieren. Ist das so?"

Besonders dann, wenn das Selbsterleben des Patienten „unvollständig" ist und der Therapeut andere Wege zum empathischen Verstehen sucht und begeht als über die direkt verbalisierten Äußerungen des Patienten, sollte er sich vergewissern, daß er dem, was er anspricht, auch mit Bedingungsfreier Anerkennung begegnen kann.

Weiterhin ist es in diesen Fällen besonders wichtig, das Prinzip der Nichtdirektivität zu beachten. Auf der Handlungsebene zeigt sich die Befolgung dieses Prinzips darin, daß der Gesprächspsychotherapeut seine Äußerungen nicht als Feststellungen trifft, sondern eher als Fragen.

Weist der Patient eine solche Therapeutenäußerung zurück, dann kann das verschiedene Gründe haben: Der Therapeut hat den Patienten nicht oder nur teilweise richtig verstanden, oder der Therapeut hat den Patienten richtig verstanden, aber der Patient kann es nicht annehmen, was auch verschiedene Gründe haben kann. In keinem dieser Fälle wird der Gesprächspsychotherapeut darauf beharren, „recht zu haben", sondern wird seine Aufmerksamkeit darauf richten, was das für das Selbsterleben des Patienten bedeutet, sich nicht bzw. falsch verstanden zu fühlen, und er wird das auch zum Ausdruck bringen.

Weist unser Beispielpatient die obige Intervention des Therapeuten mit den Worten zurück:

Beispiel

„Nein, wie kommen Sie denn bloß darauf? Ich ärgere mich über mich selbst!",

dann ist eine denkbare Reaktion eines Gesprächspsychotherapeuten folgende:

Beispiel

„Überrascht es Sie, daß ich eine solche Verbindung sehe?"

Eine solche Therapeutenreaktion basiert sicherlich nicht allein auf dem Wort „bloß" in der Patientenäußerung, sondern auch auf dem übrigen Ausdrucksverhalten des Patienten.

Auch in den Fällen, in denen der Patient signalisiert, daß er sich nicht oder falsch verstanden fühlt, bleibt die Leitlinie für das therapeutische Handeln der Inhalt und die Richtung der Bewegung der Selbstexploration. Das wird im folgenden Abschnitt nochmals genauer dargestellt werden.

Zusammenfassung

Die sprachlichen Interventionen des Gesprächspsychotherapeuten beziehen sich also auf folgende Bereiche:

- Auf das im Hier und Jetzt tatsächlich gegebene und stattfindende Erleben des Patienten;
- auf die Bedeutung des Erlebens für das Selbstkonzept des Patienten;
- auf die Wertvorstellungen, die der Patient mit diesem Erleben verbindet;
- auf die Bedeutung, die das Erleben für die therapeutische Beziehung hat.

Die Regulierung der Intervention erfolgt unter Beachtung der Bedingungsfreien Anerkennung.

Die sich daraus ergebene Interventionsregel lautet:

> ! Sprich das im Hier und Jetzt tatsächlich gegebene und stattfindende Erleben des Patienten möglichst vollständig an, sofern du es empathisch verstanden hast und bedingungsfrei anerkennst.

Die Praxis der Gesprächspsychotherapie lehrt, daß sich einer der verschiedenen Bereiche „wie von selbst" in den Vordergrund drängt. „Übersieht" der Therapeut einmal einen Bereich, dann kann er sicher sein, daß der Patient schon Mittel und Wege findet, zu signalisieren, daß er sich noch nicht „vollständig" verstanden fühlt.

Veränderungen im Selbsterleben und in der Selbstexploration des Patienten als Indikatoren für die Angemessenheit der Theraupeutenäußerungen

Ob die Mitteilung dessen, was der Therapeut verstanden hat, an den Patienten gelungen ist, und ob der Therapeut wirklich verstanden hat, zeigt sich auf der verbalen Ebene beim Patienten weniger in dessen Zustimmung oder Ablehnung als in der Zunahme oder Abnahme seines Selbsterlebens und seiner Selbstexploration.

Nimmt das Selbsterleben und die Selbstexploration eines Patienten nicht ab, sondern gar zu, z.B. an Unmittelbarkeit und Intensität, dann war die Intervention nicht falsch. Sie muß deswegen allerdings auch nicht richtig im Sinne eines völlig korrekten Verstehens gewesen sein.

Betrachten wir als Beispiel eine Therapeutenäußerung wie die folgende: „Es fällt Ihnen offenbar schwer, sich loben zu lassen."

Diese Äußerung mag den Kern des Problems des Patienten nur streifen. Wenn sich der Patient in der Reaktion darauf weiter exploriert, z.B. zu verstehen gibt, ein Lob rufe in ihm stets Verpflichtungsgefühle hervor, dann war das Verstehen des Therapeuten zwar nicht ganz korrekt, aber auch nicht falsch, weil es den Selbstexplorationsprozeß nicht gehemmt, sondern gefördert hat.

Nimmt die Selbstexploration aber ab, spricht der Patient in der Reaktion auf die Therapeutenäußerung „Es fällt Ihnen schwer, sich loben zu lassen" z.B. darüber, daß das seine Mutter noch viel weniger könne und man deshalb von ihr auch nichts geschenkt bekäme, dann bedeutet das nicht unbedingt, daß der Therapeut falsch verstanden hat, aber er hat den Patienten aus dem unmittelbaren Kontakt mit seinem Selbsterleben herausgeholt, vielleicht dadurch, daß er übersehen oder nicht angesprochen hat, daß dem Patienten das, was ihn im Moment bestimmt, nicht bewußt werden darf, nicht zu seinem Selbstkonzept paßt usw. In diesem Fall hat der Therapeut mit seiner Intervention offenbar nicht den richtigen Bereich angesprochen.

Möglicherweise war die Intervention aber auch einfach falsch: Der Patient hat eine ganz andere Einstellung zu dem, was er im Moment erlebt, als der Therapeut angenommen hat.

Der Therapeut hat also vielleicht den Inneren Bezugsrahmen des Patienten nicht richtig gesehen oder einen Schluß von seinem eigenen Erleben auf das des Patienten gezogen.

In einem solchen Fall sollte der Therapeut zumindest diesen Umstand schlicht benennen,

z. B.: „Offenbar habe ich Sie jetzt falsch verstanden – ich wollte Sie nicht in Frage stellen."

In einem weiteren Schritt könnte er versuchen, das momentane Erleben zu erfassen und zu verbalisieren, das dadurch ausgelöst wird, daß der Patient falsch verstanden worden ist. Beispielsweise könnte der Therapeut empathisch erfassen und zum Ausdruck bringen: „Offenbar habe ich Sie jetzt gerade falsch verstanden – und das macht Sie sauer auf mich?".

Störungsspezifisches Handeln

Die Gesprächspsychotherapie ist kein symptomzentriertes Verfahren: Sie strebt eine Behebung der psychischen Störung eines Menschen durch eine Veränderung des Selbstkonzepts an (vgl. Therapieziele: Abschn. 1.2.5).

In den bisherigen Ausführungen wurden die Bedingungen dargestellt, die theoretisch erfüllt sein müssen, damit eine Änderung des Selbstkonzepts möglich und wahrscheinlich wird. Diese Bedingungen, darunter fallen auch die gerade behandelten Prinzipien gesprächspsychotherapeutischen Handelns, sind auf einer Abstraktionsstufe formuliert, auf der das spezifische Verhalten eines bestimmten Patienten mit einer spezifischen Störung explizit noch keine Rolle spielt. Dieser Zusammenhang wird deutlich, wenn man die von Höger (1989) vorgeschlagene Taxonomie der klientenzentrierten Therapietheorie betrachtet. Diese Taxonomie unterscheidet vier Abstraktionsebenen, die hierarchisch angeordnet sind:

Die vier Abstraktionsebenen der klientenzentrierten Therapietheorie. (Nach Höger 1989, S. 199)

I. Die Ebene der „therapeutischen Beziehung" allgemein, im Unterschied zu anderen Beziehungsformen (Mutter-Kind, Rechtsanwalt-Klient usw.).

II. Die Ebene zusammenfassender Merkmale, wie sie in der klientenzentrierten therapeutischen Beziehung beispielsweise durch die Merkmale „Bedingungsfreie Anerkennung", „empathisches Verstehen" und „Kongruenz" für das Beziehungsangebot des Psychotherapeuten gegeben sind.

III. Die Ebene einer zusammenfassenden Klassifikation von einzelnen Verhaltensformen, wie z. B. „Selbstexploration des Klienten", „Verbalisierung der Erfahrungen des Klienten durch den Therapeuten" oder die Regeln bezüglich der Zentrierung der Aufmerksamkeit des Therapeuten usw.

IV. Die Ebene der konkreten Verhaltensweisen von Therapeut und Klient in einem bestimmten beobachteten bzw. dokumentierten therapeutischen Gespräch.

Störungsspezifische Handlungsregeln. Für die Beziehungen dieser verschiedenen Ebenen untereinander gelten im Sinne einer Taxonomie bestimmte Gesetzmäßigkeiten, deren wichtigste folgende ist:

! Die Postulate einer Ebene dürfen nicht im Widerspruch zu den Postulaten der nächsthöheren Ebene stehen.

Die von Rogers (1957, 1959, 1987) formulierte Therapietheorie ist überwiegend auf der Ebene II angesiedelt. Die in den vorangegangenen Abschnitten gemachten Ausführungen über das therapeutische Handeln und die Interventionsregeln in der Gesprächspsychotherapie sind auf der Ebene III angesiedelt, die dabei angeführten Beispiele von Therapeutenäußerungen auf Ebene IV.

Theoretische Postulate, die Gesetzmäßigkeiten beinhalten, die sich auf spezifisches Handeln in Abhängigkeit von der Störung des Patienten beziehen, sind ebenfalls auf der Ebene III anzusiedeln. Solche Gesetzmäßigkeiten, die auch handlungsleitend sein müßten, gibt es bisher kaum. Das ist weniger ein Versäumnis der Theoretiker und Forscher als vielmehr Ausdruck der komplizierten Natur der menschlichen Psyche. Dieser Umstand läßt sich leicht am folgenden Beispiel verdeutlichen.

Beispiel

Eine störungsspezifische Handlungsregel auf der Ebene III könnte lauten: Ein Patient, dessen Störung in einer Depression besteht, ist damit zu konfrontieren, daß er bei seinen Handlungsentwürfen von vornherein davon ausgeht, daß sie scheitern werden.

Therapeutische Interventionen im Sinne dieses Postulats können zwar für die meisten depressiven Patienten sinnvoll, d.h. therapeutisch wirksam sein, dennoch in einem bestimmten Moment völlig unangebracht, z.B. weil ein entsprechender Hinweis des Therapeuten den Patienten resignierend verstummen läßt („Ich wußte doch, daß ich alles falsch mache").

Störungsspezifische Handlungsregeln auf der Ebene III müssen eng an die Bedingung geknüpft werden, daß sie die Postulate der Ebene II nicht verletzen dürfen. Es bleibt also der von Bedingungsfreier Anerkennung getragenen Empathie des Therapeuten überlassen, zu erkennen, wann (zu welchem Zeitpunkt) und wie (z.B. konfrontierend, in Form einer Frage, mit Hilfe einer Metapher oder schlicht durch die Verbalisierung der emotionalen Erfahrung des Patienten) er dem Patienten das, was er von ihm und seiner Erfahrung verstanden hat, mitteilt. Die Kriterien zur Beantwortung der Frage, ob dieses Handeln richtig war, sind auf der Ebene III formuliert: Bleibt der Patient in einem selbstempathischen Prozeß oder vertieft sich dieser, dann waren Zeitpunkt und Art der Intervention wahrscheinlich angemessen.

Theoretisch fruchtbarer wäre es also, systematischer als bisher in der klientenzentrierten Therapietheorie erfolgt, störungsspezifische Postulate auf der Ebene III zu formulieren. Diese störungsspezifischen Postulate sollten v.a. die Zentrierung der Aufmerksamkeit des Therapeuten steuern. Das soll am Beispiel einer Borderline-Persönlichkeitsstörung gezeigt werden: Ein wesentliches Strukturmerkmal dieser Störung ist ihre Form der Abwehr (im psychoanalytischen Sinn). Sie ist gekennzeichnet durch den Abwehrmechanismus der Spaltung und den aus dieser resultierenden Abwehrformen, wie Idealisierung und Entwertung, Projektion usw. Das theoretische Postulat bezüglich der Aufmerksamkeitszentrierung des Gesprächstherapeuten bei der Behandlung eines Patienten mit einer Borderline-Persönlichkeitsstörung lautet: „Achte darauf, ob die vom Patienten berichteten Erfahrungen Resultat seiner spaltenden Abwehr sind." Dieses Postulat ist zum einen eine Hilfe beim Verstehen von scheinbar unvereinbaren Erfahrungen des Patienten. Zum anderen könnte dieses Postulat mit einer Handlungsregel (Ebene III) verbunden werden: In den Fällen, in denen die vom Patienten berichteten Erfahrungen seiner Tendenz zum Spalten Ausdruck geben, ist das in der therapeutischen Intervention in geeigneter Form zum Ausdruck zu bringen.

Beispiel

Ein Patient mit einer Borderline-Persönlichkeitsstörung hat sich verliebt und ist eine Beziehung eingegangen. Er ist glücklich und schildert seine neue Freundin als in jeder Hinsicht ideal. Der Therapeut versteht die Schilderungen der Freundin als Ausdruck des Verliebtseins. Nur wenige Sitzungen darauf berichtet der Patient voller Haß und Verachtung über seine Freundin. Der Therapeut hat zunächst Mühe zu registrieren, daß sein Patient über dieselbe Person spricht, die er wenige Stunden zuvor in den rosigsten Farben geschildert hatte. Als er das verstanden hat und ihm klar wird, daß der Patient von seiner Freundin erstmals enttäuscht ist, erkennt er auch die störungsspezifische Verarbeitung der Enttäuschungserfahrung: Auf der Grundlage seiner Tendenz zur Spaltung kann der Patient nicht wahrnehmen, daß er auch enttäuscht ist, denn das könnte ja z.B. bedeuten, daß er so gierig ist, etwas zu fordern, was der andere nicht geben kann. So „rettet" er sein Selbstkonzept durch eine totale Entwertung der Freundin. Sie ist die Böse.

Das Erkennen dieses Zusammenhangs auf der Grundlage seines störungsspezifischen Wissens hilft dem Therapeuten zunächst, seine Bedingungsfreie Anerkennung zu „retten"; denn die drohte in Ärger aus Unverständnis umzuschlagen: War er doch froh gewesen – und auch ein wenig stolz –, daß sein Patient, möglicherweise als ein Resultat der Therapie, eine Beziehung einzugehen in der Lage war, die ihm offensichtlich gut tat. Er bringt dann sein Verständnis unter Beachtung der oben genannten Regel auf der Ebene III wie folgt zum Ausdruck: „Sie sind so enttäuscht, daß Sie das, was Sie an Ihrer Freundin schätzen und lieben, völlig aus dem Auge verloren haben."

Mit der systematischen Aufarbeitung des störungsspezifischen Wissens im Rahmen einer klientenzentrierten Störungstheorie wurde erst in den letzten Jahren begonnen (ECKERT et al. 1993). Anwendungsbeispiele finden sich in den Büchern „Prozeßorientierte Gesprächspsychotherapie. Einführung in eine differentielle Anwendung des klientenzentrierten Ansatzes bei der Behandlung psychischer Erkrankungen" des holländischen Psychiaters HANS SWILDENS (1991); „Empathie und Interaktion. Methodik und Praxis der Gesprächspsychotherapie" des deutschen Psychiaters JOBST FINKE (1994) sowie in dem Buch mit störungsbezogenen Falldarstellungen: „Praxis der Gesprächspsychotherapie", hrsg. von ECKERT et al. (1996, in Vorbereitung).

Abschließend sei vermerkt, daß eine lege artis durchgeführte Gesprächspsychotherapie schon immer auch eine störungsspezifische war: Die unterschiedlichen Formen psychischer Störungen korrespondieren mit unterschiedlichen Selbstkonzepten, d.h. sie unterscheiden sich bezüglich der Erfahrungen, die nicht, nicht vollständig oder nur verzerrt gemacht werden, d.h. abgewehrt werden, mit der Folge, daß Therapiethemen und Therapieprozeß stets in Abhängigkeit von der Art der Störungen variieren.

Ein Beispiel für gesprächstherapeutisches Handeln in der Praxis

ROGERS' Gespräch mit der Klientin Gloria

Im folgenden finden Sie ein Beispiel für gesprächspsychotherapeutisches Handeln in der Praxis. Bei dem Beispiel, das bereits an anderer Stelle veröffentlicht worden ist (BIERMANN-RATJEN et al. 1995), handelt es sich um die gekürzte Fassung des bekannten Interviews (ein Erstgespräch), das Rogers mit der Klientin Gloria geführt hat. Dieses Interview wurde deshalb so bekannt, weil die Klientin Gloria auch von dem Begründer der Gestalttherapie, FRITZ PERLS, und dem Begründer der Rational-Emotiven Therapie, ALBERT ELLIS, interviewt worden ist, und es darüber einen Film gibt (SHOSTROM 1965). Das Gespräch wurde ausgewählt, weil der Therapeut der Begründer der klientenzentrierten Psychotherapie, CARL ROGERS, ist, und es sich um ein in sich abgeschlossenes Gespräch handelt, an dem sich die Prinzipien gesprächspsychotherapeutischen Handelns gut verdeutlichen lassen. Bei der Auswahl wurde in Kauf genommen, daß die „Störung" der Patientin bzw. Klientin keine tiefgreifende zu sein scheint.

Die Äußerungen des Therapeuten in diesem Gespräch werden in dreifacher Hinsicht aufgeschlüsselt und interpretiert:

?
- Welche emotionalen Erlebnisinhalte nimmt der Therapeut vermutlich wahr?
- Welche Überlegungen macht er sich vermutlich bezüglich des Inneren Bezugsrahmens der Klientin?
- Wonach richtet er sich vermutlich bei seiner Entscheidung darüber, was er von dem, was er wahrgenommen und verstanden hat, auch anspricht?

BEISPIEL

Therapie-Protokoll	**Kommentar**
T = Therapeut P = Patientin	I = Emotionaler Erlebnisinhalt, den der Therapeut wahrnimmt B = Überlegungen des Therapeuten zum Inneren Bezugsrahmen E = Entscheidung darüber, was der Therapeut anspricht

T: Ich würde gern von Ihnen erfahren, was Sie beschäftigt.

P: Gut, ich bin jetzt, ich bin jetzt nervös, aber es beruhigt mich, daß Sie mit leiser Stimme sprechen, und ich nicht das Gefühl haben muß, daß Sie so streng mit mir sein werden – aber …

T: Ich höre, daß Ihre Stimme zittert, so…

I: Sie fürchtet sich davor, daß ich streng mit ihr sein könnte.

B: Diese Furcht bestimmt sie jetzt unmittelbar – man hört es an ihrer Stimme.

E: Ich spreche das unmittelbar vorhandene Erleben an der Stelle an, an der es sich am deutlichsten ausdrückt.

P: Gut. Das, worüber ich v. a. mit Ihnen reden möchte, ist, ich habe mich gerade scheiden lassen, und ich war vorher in einer Therapie, und ich war beruhigt, als ich ging, und plötzlich ist nun das größte Problem, wie ich mit meinem Leben als Alleinstehende fertig werden kann.
Und eine der Angelegenheiten, die mich am meisten aus der Ruhe bringen, ist die Angelegenheit mit Männern, Männer bei mir im Hause zu haben, und was das für die Kinder bedeutet.
Das Belastendste, ich möchte – die Angelegenheit, die mir immer wieder durch den Kopf geht –, was ich Ihnen erzählen möchte ist, daß ich eine Tochter habe, 9 Jahre alt, die vor kurzem, das ist mein Eindruck, eine Menge emotionaler Probleme hatte.
Ich wünschte, ich könnte aufhören zu zittern.
Und ich bin wirklich gewissenhaft („bewußt") mit Sachen, die ihr etwas ausmachen. Ich möchte sie nicht aus der Fassung bringen, ich möchte sie nicht erschrecken. Ich wünsche ihr so sehr, daß sie mich akzeptiert. Und wir sind wirklich offen miteinander, v. a., wenn es um Sex geht.
Und vor ein paar Tagen hat sie ein Mädchen gesehen, das unverheiratet, aber schwanger war, und dann hat sie mich darüber ausgefragt, wie Mädchen schwanger werden können, wenn sie unverheiratet sind.
Und das Gespräch war gut, und ich habe mich dabei überhaupt nicht unwohl gefühlt, bis sie mich gefragt hat, ob ich schon einmal mit einem Mann geschlafen habe, seit ich Papi verlassen habe, und ich sie angelogen habe.

I: Sie spricht jetzt zwar über etwas, was sie selbst belastet, spricht aber mehr über die Gefühle ihrer Tochter. Ihr eigenes Problem scheint zu sein, daß sie ihre Beziehung zu ihrer Tochter damit gefährden könnte, wie sie mit ihren eigenen Problemen umgeht.

B: Sie traut sich nicht zu, dieses Problem selbst zu lösen, sieht es auch als ein Problem außerhalb ihres eigenen Erlebens an, als etwas objektiv Gegebenes. Deshalb fragt sie mich.

E: Ich denke, von den Gefühlen, die sie jetzt geäußert hat, ist ihre Sorge um das Verhältnis zu ihrer Tochter das Wichtigste und Deutlichste.

Und seither muß ich immer wieder daran denken, ich fühle mich so schuldig, weil ich sie angelogen habe, denn ich lüge nie, und ich möchte, daß sie Vertrauen zu mir hat.
Und ich möchte fast eine Antwort von Ihnen haben. Ich möchte, daß Sie mir sagen, ob ich ihr etwas antun würde, wenn ich ihr die Wahrheit sagen würde, oder was.

T: Und es ist diese Sorge um sie und die Tatsache, daß Sie wirklich nicht, daß dieses offene Verhältnis, das zwischen Ihnen beiden bestand, daß es Ihnen so vorkommt, als sei das nun dahin.

P: Ja, ich habe das Gefühl, daß ich bezüglich dieser Sache auf der Hut sein muß, denn ich kann mich erinnern, als ich ein kleines Mädchen war und zum erstenmal mitbekam, daß meine Eltern miteinander schliefen. Ich fand das schmutzig und schrecklich, und ich mochte meine Mutter eine zeitlang nicht mehr. Und ich möchte Pamela weder belügen und – ich weiß nicht.

T: Ich wünschte mir wirklich, ich könnte Ihnen die Frage beantworten, was Sie ihr erzählen sollen.

I: Sie besteht darauf, von mir einen Rat zu bekommen. Sie denkt, sie hat das nicht hinreichend begründet, denn was sie sonst noch sagt, ist eine Begründung dafür, wie nötig dieser Rat ist.

B: Dieser Wunsch an mich ist das, was ihr Erleben vorrangig bestimmt. Was sie sonst erlebt, erscheint ihr nicht problematisch. Sie erwähnt da eher unhinterfragte Tatsachen.

E: Ich muß ihr zeigen, daß ich verstehe, daß sie ihren Wunsch wiederholt hat und daß ich ihn akzeptiere.

P: Ich habe befürchtet, daß Sie das sagen würden.

T: Weil Sie wirklich eine Antwort haben möchten.

I: Ich habe die Patientin richtig verstanden.

B: Sie meint also wirklich, diesen Rat zu benötigen.

E: Das will ich ansprechen und Verständnis für die Enttäuschung zeigen, nicht aber die Enttäuschung selbst ansprechen; denn um die Enttäuschung geht es jetzt weniger als darum, daß sie die Dringlichkeit ihres Wunsches wiederholt.

P: Ich möchte vor allen Dingen wissen, ob ich ihr etwas antäte, wenn ich vollständig offen und ehrlich mit ihr wäre, oder ob es ihr etwas antäte, daß ich gelogen habe.
Ich habe das Gefühl, daß es sie stark beunruhigen wird, daß ich sie belogen habe.

T: Sie haben das Gefühl, sie wird Verdacht schöpfen oder sie wird wissen, daß etwas nicht in Ordnung ist.

I: Die Patientin hat Angst um das Vertrauen ihrer Tochter.

B: Eigentlich ist ihr klar, daß sie es am ehesten durch Unehrlichkeit gefährden könnte.

E: Ich werde ihr das anbieten.

P: Ich habe das Gefühl, daß sie mir mit der Zeit mißtrauen wird, ja. Und ich habe dann auch gedacht, was wird passieren, wenn sie ein bißchen älter wird und selbst in heikle Situationen gerät? Sie wird mir das wahrscheinlich nicht mitteilen mögen, weil sie denkt, ich bin so gut und lieb. Und darüberhinaus fürchte ich, sie könnte denken, daß ich eigentlich ein Teufel bin. Und ich möchte so schrecklich gern, daß sie mich akzeptiert. Und ich weiß nicht, wieviel eine Neunjährige verkraften kann.
T: Beide Möglichkeiten beunruhigen Sie sehr: daß sie denken könnte, Sie sind so gut oder besser als Sie wirklich sind.

I: Sie fühlt sich verstanden, wiederholt aber den anderen Aspekt ihrer Unsicherheit.
B: Offenbar fürchtet sie vor allem um das Bild, das das Kind von ihr hat.
Geht es vielleicht um ihr eigenes Selbstbild?
E: Ich spreche ihren wiederholten Wunsch an und ihre Unsicherheit in der Beurteilung, die sie erfahren könnte.

P: Ja!
T: Oder daß sie denken könnte, daß Sie schlechter sind, als Sie wirklich sind.
P: Nicht schlechter als ich bin. Ich weiß nicht, ob sie mich so, wie ich bin, akzeptieren kann. Ich denke, ich entwerfe da das Bild von mir, daß ich ganz lieb und mütterlich bin. Ich schäme mich auch ein bißchen meiner Unoffenheit.
T: Ich verstehe, das geht ein bißchen tiefer. Wenn sie Sie wirklich kennen würde, könnte sie Sie akzeptieren?

I: Sie hat tatsächlich eine Selbstwertproblematik und schämt sich dieser.
B: Sie äußert das aber so, als sei ihr das nur ein Problem in der Beziehung zu ihrer Tochter.
E: Ich zeige ihr, daß ich diese tiefsitzende Selbstwertproblematik verstanden habe, respektiere aber auch, daß sie das momentan nur in der Beziehung zur Tochter erlebt.

P: Genau das weiß ich nicht. Ich möchte nicht, daß sie sich von mir abwendet. Ich weiß nicht einmal, welche Gefühle ich in dieser Sache habe, denn es gibt Zeiten, da fühle ich mich so schuldig, wenn ich einen Mann da habe … Und dennoch weiß ich auch, ich habe diese Bedürfnisse.
T: Und so ist es ziemlich deutlich: Das ist nicht nur ein Problem in der Beziehung zwischen Ihnen und Ihrer Tochter, das ist auch ein Problem in Ihnen selbst.

I: Sie wiederholt ihre Selbstwertproblematik in ihrer Beziehung zu Männern. Sie spricht von Schuldgefühlen, betont aber, wie sehr sie dabei von ihrer Beziehung zu ihrem Kind bestimmt ist.
B: Warum erwähnt sie ihre Bedürfnisse? Sind ihr die auch unabhängig von den Kindern ein Problem?
E: Ich versuche, ihr diese Vermutung nahezubringen.

P: Ja, und ich mag nicht diese … – Ich würde mich gern wohlfühlen mit allem, was ich tue. Wenn ich mich entschließe, Pamela nicht die Wahrheit zu sagen, dann möchte ich mich damit wohlfühlen, daß sie mit der Wahrheit nicht fertig würde, und ich fühle mich nicht wohl. Ich möchte ehrlich sein, und trotzdem fühle ich, es gibt da einige Gebiete, die nicht einmal ich akzeptiere.

I: Sie ist auf der Suche nach Möglichkeiten, sich vollständiger akzeptieren zu können.
B: Natürlich kann sie sich nicht vorstellen, daß ihr Kind etwas akzeptiert, was nicht einmal sie selbst akzeptieren kann. Sie spürt wieder, daß es ihr Unbehagen bereitet, daß sie sich nicht akzeptieren kann, und die daraus resultierende Erwartung, durch andere auch nicht akzeptiert zu werden.

T: Und wenn Sie das bei sich selbst nicht akzeptieren können, wie soll es dann möglich sein, daß Sie sich damit wohlfühlen, wenn Sie ihr davon erzählen?

E: Ich werde ihr die Zwangsläufigkeit ihrer Angst, sich dem Kind mitzuteilen, verdeutlichen.

P: Richtig, ganz richtig. Nun kapiere ich, was Sie sagen. Ja, dann, dann möchte ich daran arbeiten, mich akzeptieren zu können. Ich möchte daran arbeiten, es in Ordnung zu finden. Das ergibt einen Sinn. Das wird ganz natürlich sein, und ich werde mir keine Gedanken um Pamela machen müssen.
Aber wenn mir etwas so falsch vorkommt und ich habe den Impuls, es zu tun, wie kann ich das akzeptieren?

T: Was Sie möchten ist, daß Sie sich akzeptieren können, wenn Sie etwas tun, das Sie falsch finden. Ist das richtig?

P: Richtig.

T: Das klingt wie eine schwere Aufgabe.

I: Die Patientin spürt, daß sie große Schwierigkeiten hat, sich selbst zu akzeptieren.

B: Sie hält das „Sich-selbst-Akzeptieren“ für eine Leistung, die sie erbringen muß.

E: Ich werde auf den Gedanken eingehen, der ihr Selbstakzeptierung als eine Leistung erscheinen läßt.

P: Es kommt mir so vor, als wollten Sie sagen: „Also warum denken Sie, daß es falsch ist?“ Und ich habe da auch gemischte Gefühle. In der Therapie würde ich sagen: „Also schau mal, ich weiß, es ist natürlich. Frauen empfinden so – klar, wir reden nicht viel darüber in der Öffentlichkeit, aber alle Frauen empfinden so, und es ist sehr natürlich.“
Ich hatte in den letzten 11 Jahren sexuelle Erlebnisse, und ich möchte sie natürlich weiterhin haben, aber ich denke dennoch, es ist falsch, wenn du nicht ehrlich verliebt bist in einen Mann, und mein Körper scheint dem nicht zuzustimmen. Und ich weiß nicht, wie ich das akzeptieren soll?

T: Das klingt mir wie ein „Sich-im-Kreise-Drehen“, nicht wahr? Sie haben den Eindruck, daß ich oder Therapeuten im allgemeinen oder andere Leute sagen: „Es ist in Ordnung, es ist natürlich genug, mach nur“, und ich vermute, daß sich Ihr Körper dieser Betrachtungsweise anschließt. Aber irgendwas in Ihnen sagt: „Aber ich mag das nicht; nicht, wenn es nicht wirklich in Ordnung ist.“

I: Sie empfindet ihre eigenen Bewertungsprozesse als fragwürdig.

B: Sie denkt, sich selbst akzeptieren bedeutet, sich selbst so bewerten, wie man von anderen bewertet wird, meint also, ihre eigenen Bewertungsprozesse in den Hintergrund stellen zu müssen.

E: Ich werde ihr die Spannung zwischen ihren eigenen Bewertungsprozessen und den Meinungen anderer deutlich machen.

P: Richtig! (Lange Pause) Ich fühle mich, hoffnungslos. Ich meine, so fühle ich mich, und ich fühle – nun gut, was nun? T: Sie spüren: Das ist der Konflikt. Und er ist einfach unlösbar, darum ist es hoffnungslos, und Sie sehen mich an, und ich scheine Ihnen nicht zu helfen.	I und B: Die Patientin spürt nun unmittelbar Hoffnungslosigkeit und Wut mir gegenüber. Sie spürt, was es für sie bedeutet, kein Vertrauen in die eigenen Bewertungsprozesse zu haben. E: Ich werde ansprechen, daß sie mir ihre Hoffnungslosigkeit zeigt und daß sich ihre Wut gegen mich richtet.
P: Richtig. Ich weiß ja, daß Sie nicht für mich antworten können, und ich muß es selbst herausfinden, aber ich möchte, daß Sie mich führen oder mir zeigen, wo ich anfangen kann, oder . . . damit es nicht so hoffnungslos aussieht. Ich weiß, ich kann mit dem Konflikt weiterleben, und ich weiß, daß sich die Dinge letztendlich klären werden, aber ich möchte mich mit meinem Lebensstil wohler fühlen – und ich fühle mich nicht wohl! T: Das eine möchte ich Ihnen sagen: Was würden Sie mich denn gerne sagen hören?	I: Sie richtet ihren Unmut gegen ihre eigene vermeintliche Unfähigkeit, sich wohlzufühlen. B: Sie versucht, sich zu bekämpfen, wo sie doch eigentlich befreit werden müßte oder ihre Aufmerksamkeit auf ihre eigenen Möglichkeiten, sich zu befreien, richten sollte. E: Ich werde versuchen, ihr zu zeigen, daß sie viel besser funktioniert als sie denkt.
P: Ich wünschte, Sie würden sagen, daß ich ehrlich sein soll und es wagen soll, herauszufinden, ob Pamela mich akzeptiert. Und ich habe den Eindruck, daß, wenn ich es mit Pamela wagen würde, vor allen anderen, daß ich dann sagen könnte: „Dieses kleine Kind kann mich akzeptieren, ich bin in Wirklichkeit gar nicht so schlecht!“ Wenn sie wirklich weiß, was für ein Teufel ich bin, und mich dennoch liebt und akzeptiert, dann wird mir das wahrscheinlich helfen, mich selbst mehr zu akzeptieren – als wenn es in Wirklichkeit nicht so schlimm wäre. Ich möchte, daß Sie sagen: „Geh und sei ehrlich“, aber ich mag die Verantwortung nicht übernehmen, sie aus der Fassung zu bringen. An dem Punkt möchte ich die Verantwortung nicht übernehmen. T: Sie wissen sehr gut, was Sie in dieser Beziehung tun möchten. Sie möchten Sie selbst sein, und Sie möchten sie wissen lassen, daß Sie nicht so perfekt sind, Dinge tun, die Sie vielleicht selbst nicht gutheißen, und daß Sie sich selbst zu einem gewissen Grad nicht gutheißen, daß sie Sie aber irgendwo als diese nicht perfekte Person liebt und akzeptiert.	I: Die Patientin spürt, daß sie den Wunsch hat, in ihrer Fehlerhaftigkeit akzeptiert zu werden. B: Diesen Wunsch akzeptiert sie nicht. E: Ich werde ihr zeigen, daß ich den Wunsch akzeptieren kann.

P: Ja, so wie ich denke, wenn meine Mutter offener mit mir gewesen wäre, dann würde ich in Sachen Sexualität nicht so eng denken. Wenn ich hätte denken können, daß sie auch, nicht wahr, ganz schön sexy und gierig und teuflisch sein konnte, wenn ich sie nicht dermaßen als eine liebe Mutter hätte ansehen müssen, gesehen hätte, daß sie auch anders sein konnte. Aber sie hat darüber nichts gesprochen. Vielleicht habe ich deshalb mein Bild. Ich weiß nicht, aber ich möchte, daß Pamela mich als eine vollständige Frau wahrnimmt und mich dennoch akzeptiert.
T: Das klingt ganz und gar nicht unentschieden.
P: Tut es nicht? Was meinen Sie damit?
T: Ich meine, daß Sie gerade da gesessen haben und mir genau erzählt haben, was sie in der Beziehung zu Pamela gern täten.

I: Ihr wird immer klarer, daß sie als ganze Person akzeptiert werden möchte.
B: Sie überlegt, wie es dazu gekommen ist, daß sie ihre eigenen Bewertungsprozesse in Frage stellt.
E: Ich werde die neu gewonnene Sicherheit in der Selbstbewertung ansprechen.

P: Täte – aber ich möchte das Risiko nicht eingehen, bis mir eine Autorität sagt, daß ...
T: Ich denke, ich spüre sehr scharf, daß es unglaublich riskant ist, zu leben – Sie würden Ihrer Beziehung zu Ihrer Tochter eine Chance geben, und Sie würden dem wahrheitsgetreuen Bild Ihrer Tochter von ihrer Mutter eine Chance geben.

I: Die Patientin fühlt sich nicht vollständig verstanden.
B: Vielleicht ist ihr die eigene Klarheit nicht deutlich genug – vielleicht verboten?
E: Ich werde sie ihr noch einmal vor Augen führen.

P: Aber dann ist da noch ein Konflikt, weil ich wirklich nicht sicher weiß, was ich tun soll. Die Sache mit dem Lügen, ja, aber ich bin nicht sicher, was ich tun will, wenn ich gegen mich selbst angehe. Wenn ich z.B. einen Mann mit nach Hause bringe. Ich weiß nicht genau, ob ich das will. Wenn ich mich anschließend schuldig gefühlt habe, muß ich es nicht wirklich gewollt haben.
T: Mich interessiert, daß Sie sagen – ich weiß nicht genau, welche Worte Sie benutzt haben – aber Sie mögen sich dann nicht und können es nicht gutheißen, wenn Sie etwas gegen sich selbst tun.

I: Die Patientin kommt auf ein anderes Problem zurück. Sie sucht nach einem untrüglichen Indiz dafür, wann sie in Übereinstimmung mit sich selbst handelt und wann nicht.
B: Sie spürt, daß Schuldgefühle eine Stellungnahme zum eigenen Erleben bedeuten.
E: Dieses Phänomen des Stellungnehmens spreche ich an.

Die Patientin führt im folgenden aus, daß sie sehr wohl die Situation der totalen Übereinstimmung mit sich selbst kennt und sich darin sehr wohl fühlt. Wegen des Wohlgefühls und der Seltenheit dieser Situation nennt sie sie „utopisch".

T: Ich spüre, daß Sie sich in diesen utopischen Momenten wirklich in einer gewissen Art als ein Ganzes fühlen. Sie fühlen sich wie aus einem Guß.

P: Ja, es schnürt mir etwas die Kehle zu, wenn Sie das sagen, weil ich das Gefühl nicht so oft habe, wie ich es gern hätte. Ich mag dieses ganze Gefühl. Es ist mir sehr kostbar.
T: Ich denke, keiner von uns hat es so oft, wie er es gern hätte, aber ich verstehe das wirklich.
Das geht Ihnen richtig nahe, nicht wahr?

I: Sie spürt jetzt, daß ich sie genau verstanden habe. Das macht ihr ein ähnliches Wohlgefühl.
B: Sie ist jetzt ganz bestimmt von dem, was sie im Moment spürt.
E: Ich will ihr sagen, daß ich auch das verstehe.

P: Ja, und wissen Sie, was ich noch gerade denke? Ich – so was Dummes! – plötzlich, als ich mit Ihnen redete, dachte ich: „O, wie gut kann ich mit Ihnen sprechen", und ich möchte, daß Sie mit mir einverstanden sind, und ich empfinde Hochachtung vor Ihnen, aber was mir fehlt ist, daß mein Vater niemals mit mir so sprechen könnte, wie Sie es tun. Ich meine, ich würde gern sagen: „O, Sie hätte ich gern zum Vater!" Aber ich weiß nicht einmal, warum mir das eingefallen ist.
T: Mir kommen Sie wie eine recht nette Tochter vor. Aber Sie vermissen das wirklich, daß Sie mit Ihrem eigenen Vater offen sein können.

I: Jetzt, wo sie einen bestimmten angestrebten Gefühlszustand erlebt, fällt ihr ein, wann und wo sie ihn vergeblich gesucht hat.
B: Ihr wird ein Stück ihrer Geschichte der Entstehung ihres Selbstkonzepts deutlich.
E: Ich will ihr sagen, in welcher Form sie das heute erlebt.

P: Ja, ich könnte nicht offen sein, aber ich möchte es ihm nicht zum Vorwurf machen. Ich denke, ich bin offener, als er es mir erlauben würde. Er würde mir niemals zuhören wie Sie und nicht ablehnend sein und erniedrigend. Ich habe kürzlich darüber nachgedacht. Warum muß ich immer so perfekt sein. Ich weiß, warum. Er wollte immer, daß ich perfekt bin. Ich mußte immer besser sein und, ja, ich vermisse das.
T: Sie haben mit aller Kraft versucht, das Mädchen zu sein, das Sie für ihn sein sollten.
P: Obwohl ich gleichzeitig rebelliert habe.
T: Das ist richtig.

I: Die Patientin spürt, daß sie nicht perfektionistisch ist, sondern es vermißt, daß sie nicht so fehlerhaft sein darf, wie sie ist.
B: Sie spürt das „falsche" Selbst, daß ihr Selbstkonzept das Erleben des Wunsches nach Angenommenwerden in der eigenen Unvollkommenheit unterbindet.
E: Ich werde die Anstrengung, die das Unterdrücken solcher Wünsche mit sich bringt, ansprechen.

P: So wie ich mich fast hämisch gefreut habe, als ich ihm kürzlich einen Brief geschrieben habe, in dem ich ihm mitgeteilt habe,

I: Sie spürt nun auch die Wut gegen den ihr Erleben einschränkenden Vater und den Genuß, wenn sie sich dafür rächt.

daß ich eine Kellnerin bin. Ich denke, er findet das nicht in Ordnung, daß ich nachts ausgehe, und ich habe ihm mit hämischer Freude etwas zurückgezahlt, etwa so, daß ich ihn damit frage: „Na, wie findest Du mich?" Und dennoch: in Wirklichkeit möchte ich, daß er mich akzeptiert und liebt. Ich meine, er liebt mich.

T: Sie haben ihm also eine Ohrfeige gegeben, indem Sie gesagt haben: „So bin ich, sieh an!"

B: Sie hat den Wunsch, vollständig akzeptiert zu werden, aber nicht vollständig aufgegeben.

E: Ich will ihr ihren Wunsch, der sich in ihrer Wut äußert, verdeutlichen.

P: Ja. „Du hast mich erzogen – wie findest Du das Ergebnis?" Aber wissen Sie, was ich denke, was ich von ihm hören möchte? „Ich weiß, das warst Du, immer, mein Schatz, und ich liebe Dich wirklich."

T: Es macht Ihnen viel aus, daß Sie denken müssen, es gibt kaum eine Chance, daß er das sagen wird.

I: Sie spürt den Wunsch und zugleich die Trauer, daß er vom Vater nicht erfüllt werden wird.

B: Ich verstehe ihre Unsicherheit in ihren Selbstbewertungsprozessen jetzt besser.

E: Ich werde das konkret aufgreifen, was sie jetzt fühlt.

P: Nein, das wird er nicht. Er hört nicht hin. Ich bin vor ungefähr zwei Jahren nach Hause zurückgegangen, ich wollte ihn wirklich wissen lassen, daß ich ihn liebe, obwohl ich mich vor ihm gefürchtet habe. Aber er hört mich nicht. Er sagt einfach nur weiter Sachen wie: „Schatz, Du weißt, ich liebe Dich. Du weißt, daß ich Dich immer geliebt habe". Er hört nicht hin.

T: Er hat Sie nie richtig kennengelernt und geliebt, und das ist es, was, irgendwie, die Tränen in Ihnen auslöst.

I: Sie geht der Enttäuschung durch ihren Vater weiter nach.

B: Die Enttäuschung liegt darin, daß er sich für sie als Person nicht interessiert hat, d.h. sie auf dem schweren Weg der Entwicklung ihres Selbstkonzeptes nicht begleitet hat durch wirkliches Verstehen und wirkliches Akzeptieren dessen, was er verstanden hat.

E: Ich will ihr auch diese Quelle ihrer Verzweiflung offenlegen.

P: Ich weiß nicht, was es ist. Wissen Sie, wenn ich darüber rede, das ist schwer zu fassen. Ich sitze einfach eine Minute lang ganz still da, es fühlt sich an wie eine riesengroße Verletzung hier innen. Stattdessen fühle ich mich betrogen.

T: Es ist viel leichter, es schwer zu fassen zu finden, denn dann müssen Sie nicht diesen großen Klumpen Ihrer Verletzung spüren.

I: Sie spürt die Angst, sich der eigentlichen Quelle ihrer Verletzung zu nähern. Das Gefühl der Verletzung und der Wut bleibt flüchtig.

B: Es sind also besonders diese beiden Gefühle, die sie nicht als zu ihrem Selbstkonzept passend zu erleben gelernt hat.

E: Ich werde ihr zeigen, daß ich verstehe, wie schwer sie es mit diesen beiden Empfindungen hat.

1.2.4 Typische Probleme bei der Behandlungsdurchführung

Die Supervision als Bestandteil eines gesprächspsychotherapeutischen Behandlungsplans

Die typischen Probleme bei der Durchführung einer Gesprächspsychotherapie sollen in Form der Fragen behandelt werden, die Gesprächspsychotherapeuten häufig in der Supervision vortragen, d.h. die Anlässe zu einer Supervision sind.

Für Gesprächspsychotherapeuten ist die Supervision Bestandteil der Behandlung. Die im Fachverband für Gesprächspsychotherapie („Gesellschaft für wissenschaftliche Gesprächspsychotherapie, GwG") organisierten Gesprächspsychotherapeuten haben sich verpflichtet, solange sie als Gesprächspsychotherapeuten tätig sind, einer regionalen Arbeitsgruppe anzugehören. Diese Gruppen dürfen maximal acht Mitglieder haben. Meistens hat eine solche Gruppe einen von der GwG anerkannten Ausbilder als Leiter bzw. Supervisor; daneben gibt es aber auch sog. kollegiale Supervisionsgruppen. Die übliche Frequenz für die Supervision ist eine 1 1/2 bis 2stündige Supervisionssitzung im Abstand von zwei Wochen. Pro Sitzung werden meistens zwei bis vier Patienten vorgestellt bzw. wiedervorgestellt. In welcher Form diese Vorstellung geschieht, ist nicht vorgeschrieben. Der Therapeut kann über seinen Patienten und den Behandlungsverlauf berichten oder eine Tonband- bzw. Videoaufzeichnung zeigen oder beides.

Die Aufzeichnung der Therapiegespräche hat in der Gesprächspsychotherapie eine Tradition, die auf den Begründer der Gesprächspsychotherapie, Carl Rogers, zurückgeht. Rogers ließ bereits in den 40er Jahren Tonbandaufnahmen zum Zwecke der Forschung und Ausbildung machen.

> ! In der Ausbildung zum Gesprächspsychotherapeuten im Rahmen der Richtlinien der GwG sind Tonbandaufnahmen Pflicht: Zur Dokumentation der fünf erfolgreich behandelten Patienten, die zum Abschluß einer Ausbildung vorgelegt werden muß, gehören auch mindestens jeweils drei Tonbänder von drei vollständigen Therapiesitzungen: Eine Aufnahme aus der Phase des Therapiebeginns, eine aus der mittleren Phase der Therapie und eine der letzten Sitzungen der gesamten Gesprächspsychotherapie.

Sowohl in diagnostischer Hinsicht als auch im Hinblick auf die Beurteilung der Therapeut-Patient-Interaktion erweist es sich immer wieder als außerordentlich aufschlußreich, von jedem Patienten, der in der Supervision vorgestellt wird, zumindest einmal einen kurzen Bandausschnitt – häufig genügen drei bis sechs Minuten – zu hören. Diagnostisch aufschlußreich ist es v.a., wenn die Vorstellungen, die sich die Supervisionsgruppenteilnehmer von den Patienten durch die Schilderungen des Therapeuten gemacht haben, mit dem Eindruck, den sie durch das Anhören des Tonbandes bekommen, in keiner Weise übereinzustimmen scheinen.

> **Beispiel**
>
> „Der redet ja wie ein alter depressiver Mann, der mit dem Leben abgeschlossen hat. Den habe ich mir sehr viel aufbegehrender vorgestellt. Der ist doch erst 25 Jahre alt!"
>
> Oder: „Der nimmt das, was du sagst, überhaupt nicht auf, obwohl du ihn ja offenbar richtig verstehst. Der widerspricht dir ja fortwährend, und zwar indirekt. Dein Problem ist offenbar nicht, wie du meinst, daß du ihn nicht verstehst, sondern, daß er von dir nicht verstanden werden will."

Diagnostisch hilfreich ist auch die Gruppe mit ihren unterschiedlichen Reaktionen auf das Supervisionsmaterial (s. unten).

Die Regel einer „lebenslangen" Supervision hat sich außerordentlich bewährt. Auch bei sehr erfahrenen Therapeuten ergeben sich bei bestimmten Patienten immer wieder einmal solche „Stockungen" im Therapieprozeß, die Supervisionsbedarf entstehen lassen.

Einige typische Anlässe für Supervision im Rahmen von Gesprächspsychotherapien sollen im folgenden dargestellt werden.

Fünf typische Anlässe für Supervision

„Ich verstehe den Patienten nicht!"
Einer der häufigsten Anlässe für den Wunsch nach Supervision ist eine Phase in der Therapie, in der der Therapeut das Gefühl entwickelt, seinen Patienten nicht mehr oder nicht ausreichend zu verstehen.

Der Therapeut merkt das daran, daß er im Kontakt mit dem Patienten etwas anderes fühlt als Bedingungsfreie Anerkennung, und am Verhalten des Patienten z.B. daran, daß dieser immer wieder bestimmte problematische Situationen wiederholt.

Beispiel

Eine Patientin, die ursprünglich wegen einer Eßstörung die Behandlung aufgenommen hatte, hat sich zum wiederholten Male in einen Mann verliebt, auch erscheint es völlig ausgeschlossen, daß dieser die Liebe der Patientin in Form einer realen Beziehung zur Patientin erwidern wird. Dieses Mal ist es der Chorleiter der Patientin. Die Therapeutin berichtet, daß sie keine Mühe habe, die Gefühle, die ihre Patientin in Zusammenhang mit ihrem Verliebtsein erlebe, zu verstehen. Auch die Aussichtslosigkeit ihrer Verliebtheit sei zur Sprache gekommen. Dennoch spricht die Patientin seit Stunden über nichts anderes als über dieses Thema. Sie, die Therapeutin, merke, daß sie kaum noch zuhören könne. Es erinnere sie an den Anfang der Therapie, als ihre Patientin – ebenfalls hoffnungslos – in ihren Musiklehrer verliebt gewesen sei. Dieses Thema habe sich damals dadurch erledigt, daß dieser Musiklehrer in eine andere Stadt gezogen sei.

Die Therapeutin stellt der Supervisionsgruppe weiterhin dar, daß sie auch schon daran gedacht habe, daß ihre Patientin etwas versuche, was ihr bei ihrem Vater nie gelungen sei, nämlich ihn für sich zu interessieren. Der Vater habe sich ihr nie „gezeigt", sich stets hinter der Mutter versteckt. Sie habe diese Überlegung auch gegenüber der Patientin – „zugegebenermaßen sehr vorsichtig" – geäußert, sei aber damit nur auf glaubhaftes Unverständnis gestoßen.

Den Schlüssel zum Verständnis liefern die Mitglieder der Supervisionsgruppe, die sich, scheinbar losgelöst von dem vorgestellten Fall, plötzlich über ihre ersten sexuellen Phantasien, meist bezogen auf ihre Lehrer, ältere Mitschüler usw. austauschen.

Die Reaktion der Gruppe ist in der Theorie der Gesprächspsychotherapie der Spiegel, in dem sich das, was nicht verstanden worden und nicht mit Bedingungsfreier Anerkennung aufgenommen worden ist, bricht. Im konkreten Fall befaßte sich die Gruppe mit den ersten vergeblichen Versuchen, in sexuellen Gefühlen und Wünschen wahrgenommen und anerkannt zu werden.

Die Übertragung dieser Erfahrungen auf die Situation der Patientin mit ihrer Therapeutin sprach der Supervisor durch die Frage an: „Bist Du schon einmal auf die Idee gekommen, mit deiner Patientin über Sexualität zu sprechen?" Die Therapeutin reagierte darauf sehr emotional. Ihr Gesicht rötete sich und sie sagte: „Nein, noch nie. Wenn ich an sie denke, sehe ich immer nur ein kleines Schulmädchen mit weißem Kragen vor mir." Die Therapeutin nahm sich nach dieser Sitzung vor, das Thema Sexualität mit ihrer Klientin bei der nächstbesten Gelegenheit zur Sprache zu bringen. In der nächsten Supervisionssitzung berichtet sie, daß das überhaupt nicht nötig gewesen sei. Die Klientin habe praktisch die Stunde mit dem Satz begonnen: „Heute möchte ich mit Ihnen über ein Thema reden, das ich noch nie angesprochen habe, ich meine das Thema Sexualität."

■ **Erläuterungen.** Dieses Beispiel steht für die Erfahrung, daß Stockungen im Therapieprozeß fast immer auch etwas mit der Inkongruenz des Therapeuten zu tun haben. Als die Therapeutin im oben genannten Beispiel innerlich bereit war, auch die sexuellen Gefühle ihrer Klientin wahrzunehmen, konnte die Klientin sie von selbst zum Thema machen.

> ! Nichtverstehen von Therapeuten hat also fast immer etwas mit der Inkongruenz des Therapeuten zu tun.

Die Therapeutin im obigen Beispiel erinnerte sich nun auch daran, daß sie in dem Alter, in dem sie ihre Klientin innerlich wähnte – die Klientin war zwar 28 Jahre alt, die Therapeutin erlebte sie aber wie eine 11jährige – von ihrer Mutter in einer Art aufgeklärt worden sei, die sie als zutiefst beschämend erlebt hatte.

Eine andere Ursache für das Nicht-Verstehen von Gesprächspsychotherapeuten ist darin zu suchen, daß viele Gesprächstherapeuten ihre Bedeutung für den Patienten unterschätzen.

Beispielsweise klagt ein Patient nach jeder Therapiesitzung, die der Therapeut selbst mit einem guten Gefühl beendet hatte und bei der er auch den Eindruck hatte, daß der Patient sich gut verstanden gefühlt habe, in der darauffolgenden Stunde, daß er sich beim letzten Mal überhaupt nicht verstanden gefühlt habe. Ihm sei es danach ganz dreckig gegangen, die Symptome hätten sich wieder verstärkt usw. Gesprächspsychotherapeuten reagieren in solchen Situationen häufig mit erhöhten Anstrengungen, den Patienten in dieser Stunde nicht wieder falsch zu verstehen. In der Regel geht diese Reaktion aber am Problem vorbei: Zu verstehen ist, daß sich der Patient immer dann, wenn er sich gut verstanden gefühlt hat, gegen dieses Gefühl wehren muß. Er wehrt sich gegen die Erfahrung, daß ihm sein Therapeut unendlich guttut, z.B. weil er Angst hat, abhängig zu werden.

Der Gesprächspsychotherapeut hat also in diesem Fall zu verstehen und zu akzeptieren, welche enorme Bedeutung er für den Patienten besitzt und wieviel Angst das dem Patienten macht.

„Ich werde aus der Rolle geworfen!"

Ein weiterer häufiger Anlaß für den Wunsch nach Supervision ist, daß ein Therapeut registriert, daß er alles Mögliche für den Patienten tut – und das auch zur Zufriedenheit des Patienten – aber nicht mehr in der Rolle eines Gesprächspsychotherapeuten, sondern z. B. in der eines Begleiters, der eine akute Krise nach der anderen gemeinsam mit seinem Patienten durchsteht. Einmal droht die Ehefrau des Patienten mit Trennung, dann wird ihm in seiner Firma ein versprochener Aufstieg verwehrt, dann muß sich der Patient um den Sohn seines Bruders kümmern, der Schulprobleme hat und damit bei seinem Vater auf Unverständnis stößt.

Es passiert nicht selten, daß es Gesprächspsychotherapeuten erst in der Supervision deutlich wird, daß sie schon geraume Zeit nicht mehr als Psychotherapeuten, sondern als eine Art Lebensberater bzw. Lebensgefährte tätig sind.

> ? Die für den Psychotherapeuten zu klärenden Fragen sind ähnlich wie die Fragen bei der Abweichung von der Bedingungsfreien Anerkennung: Wie ist der Patient in diesem Verhalten zu verstehen, und was trage ich als Therapeut dazu bei?

Die Gründe für das geschilderte Verhalten des Patienten können sehr unterschiedliche sein: Der Patient kann z. B. fürchten, daß der Therapeut die Therapie beenden möchte, er „legt also nach" und vermeidet eine bewußte Reflexion seiner Angst, verlassen zu werden. Der Therapeut erinnert sich, daß die „Katastrophensitzungen" nach einer Therapiesitzung begonnen hatten, in der der Patient erstmals über seine Mutter gesprochen hatte. Er erinnert sich auch noch, daß er sich selbst nach dieser Stunde „flau im Magen" gefühlt hatte und von einem Gefühl einer hilflosen Lähmung ergriffen worden war. Rückblickend wird ihm auch verständlich, warum er sich – ohne es zu merken – seinerseits so bereitwillig in die Rolle des erfolgreichen Ratgebers und Helfers hat bringen lassen.

„Mein Patient klagt, daß die Therapie nichts nützt"

In der Supervision klagt natürlich häufig zunächst der Therapeut, daß sein Patient unzufrieden mit der Therapie bzw. mit dem bisherigen Ergebnis der Therapie ist.

Manchmal ist das schon der Schlüssel zum Verstehen des Anteils an der Stockung der Therapie, den der Therapeut beiträgt. Er kann z. B. wesentlichen Erfahrungen des Patienten nicht mit Bedingungsfreier Anerkennung begegnen, und der Patient antwortet ihm im Rahmen seiner Möglichkeiten.

> ? Eine wichtige Frage in diesem Zusammenhang ist, was denn für die Fortsetzung der Behandlung bzw. gegen die Beendigung der Behandlung spricht.

Der Patient kann z. B. den Wunsch haben, die Behandlung zu beenden, fürchtet aber, den Therapeuten damit zu kränken und dafür „durch das Leben" bestraft zu werden.

Manche Gesprächspsychotherapeuten reagieren auf solche Klagen von Patienten mit der Überlegung, ob sie nicht andere Methoden zusätzlich einsetzen sollten, um so dem Klienten mehr „gerecht" zu werden. Den Wunsch nach einem Methodenwechsel bzw. der Einführung zusätzlicher Methoden, z. B. von Entspannungsübungen oder Rollenspielen, verspüren Gesprächspsychotherapeuten, die sich auch in anderen Verfahren haben ausbilden lassen, v. a. offenbar dann, wenn der Patient deutlich macht, daß die Therapie selbst zu einer Belastung geworden ist, was er z. B. in der Form spürt, daß er schon auf dem Weg zum Therapeuten vermehrt Angst hat.

Der Autor vertritt, wie auch viele andere Gesprächspsychotherapeuten-Kollegen, bezüglich solcher Überlegungen folgenden Standpunkt:

> ! Ein Methodenwechsel bzw. die Einführung anderer, nicht primär gesprächspsychotherapeutischer Elemente therapeutischen Handelns sollte erst dann ins Auge gefaßt werden, wenn der Therapeut das, was der Patient beklagt, wirklich und vollständig verstanden hat.

■ **Erläuterungen.** Die Entwicklung neuer Symptome im Verlauf einer Therapie oder die Klagen über den geringen Nutzen der Therapie haben häufig Gründe, die vom Patienten nicht direkt zum Ausdruck gebracht werden können. Sie können bedeuten, daß es ein Problem in der Beziehung zwischen Patient und Therapeut gibt, das beiden nicht bewußt ist. Der Patient z.B. glaubt zu spüren, daß sich der Therapeut ihn wegwünscht; oder er spürt, wie sehr der Therapeut darauf angewiesen ist, ein erfolgreicher Therapeut zu sein, und daß er entsprechende Erwartungen an seinen Patienten hat.

Überlegungen, „effektivere" Methoden einzusetzen, können aber auch ausgesprochen fehlindiziert sein. Patienten mit Selbstpathologie, die keinen Zugang zu ihren wirklichen Affekten haben, sind z.B. oft durch das Bemühen des Gesprächspsychotherapeuten, ihr emotionales Erleben empathisch zu erfassen, deutlich überfordert. Sie können z.B. eine Angst davor entwickeln, ihre innere Leere zu spüren. Diese Angst ist ihnen aber als ein erlebtes und erfahrbares Gefühl zugänglich, ihr Auftauchen hat für sie häufig auch etwas Entlastendes. In solchen Fällen, die gar nicht so selten sind, wäre es ein therapeutischer Kunstfehler, dem Patienten eine direkte Methode zur Angstbeseitigung anzubieten, z. B. weil die Angst einen Schutz vor einem Zusammenbruch des Selbstkonzepts bietet.

Beispiel

Ein Patient leidet seit mehr als einem Jahrzehnt unter der (Zwangs-)Vorstellung, er habe aus Rache für eine Zurückweisung im betrunkenen Zustand seiner damaligen Freundin die Radmuttern an ihrem Fahrrad locker gedreht mit der Folge, daß diese Freundin so gestürzt sei, daß sie seitdem dauerhaft an einen Rollstuhl gefesselt ist. Er hat diese Vorstellung nie überprüft und kann sie auch nicht mehr überprüfen, weil diese Freundin inzwischen unbekannt verzogen ist. Nach diesem Ereignis hat der Patient im Laufe der Zeit Vorstellungen ähnlicher Art entwickelt, v. a. die, daß sich die Radmuttern seines Autos durch ein bestimmtes Lenkmanöver gelöst hätten. Er kann und will diese Vorstellung jedoch nicht überprüfen, weil er aus Erfahrung weiß, daß es ihm dann, wenn sich seine Vorstellung als unbegründet erweist – wovon er ausgeht –, sehr viel schlechter geht als mit dieser quälenden Vorstellung. Der Patient unternimmt viele Versuche, einen (psychoanalytischen) Therapeuten zu finden. Meistens gehen diese Versuche nicht über ein erstes Vorgespräch hinaus. Er wird abgelehnt oder lehnt seinerseits den Therapeuten oder die Therapeutin ab. Er sucht dann einen Verhaltenstherapeuten auf, der viel Erfahrung in der Behandlung von Zwangsstörungen hat. Auch dieser Therapeut sagt dem Patienten, daß seine Zwänge nicht verhaltenstherapeutisch behandelbar seien. Dennoch bringt der Patient diesen Therapeuten dazu, nach diesem Erstgespräch zum Auto des Patienten zu gehen und den Sitz der Radmuttern zu überprüfen. Das Ergebnis dieser Überprüfung war das gefürchtete: Die Radmuttern saßen fest. Auch die Reaktion des Patienten war die gefürchtete: Es stellte sich die angstvolle Vorstellung ein, verrückt zu sein, er wurde massiv depressiv, v.a. antriebsarm, und es traten neue Symptome auf, wie z.B. das Gefühl, körperlich zu schrumpfen. Es brauchte Wochen, bis der Patient dieses Tief einigermaßen überwunden hatte. Die Vorstellung, daß die Radmuttern des Autos lose sind, ist wieder aufgetaucht.

„Ich habe keine Probleme, aber vielleicht übersehe ich etwas?"

Für Gesprächspsychotherapeuten ist, wie bereits erwähnt, auf Grund ihrer Ausbildung die Dokumentation und Supervision ihrer Behandlungen integraler Bestandteil ihrer therapeutischen Tätigkeit. Das mag ein Grund dafür sein, daß sie auch Therapieverläufe supervidieren lassen, bei denen sich für sie keine offensichtlichen Probleme eingestellt haben. Manchmal nehmen sie für eine Supervision auch zum Anlaß, daß sie bei sich eine „positive" Abweichung von der Bedingungsfreien Anerkennung registrieren: Sie stellen z.B. fest, daß sie begeistert von ihrem Patienten sind, darüber, wie intensiv er die Therapie nutzt, welche bemerkenswerten Fortschritte er macht usw.

? In diesen Fällen konzentriert sich die Supervision auf die Frage: Für wen strengt sich der Patient so an? Tut er es auch für seinen Therapeuten?

Ein Problem von Gesprächspsychotherapeuten kann auch ihr eigenes Engagement für einen Patienten sein. Doch dieses Problem ist ein eher seltener Anlaß für eine Supervision. Zum einen merken die Therapeuten es häufig nicht, zum anderen halten sie es nicht für supervisionsrelevant. Dennoch bedeutet es eine Abweichung von dem angestrebten gesprächspsychotherapeutischen Beziehungsangebot, wenn der Therapeut gleichsam die Arbeit des Patienten übernimmt, z.B. indem er die mit bestimmten Erfahrungen verbundenen Gefühle für den Patienten in Worte faßt. Der Therapeut verhindert damit u.U., daß der Patient die Erfahrung macht, wie ängstlich er vermeidet, seine eigenen Gefühle klar zu spüren und sie auch noch verbal gegenüber einem anderen Menschen zu benennen.

? Auch in diesem Fall wird sich der Gesprächspsychotherapeut die Frage stellen müssen: Was am Verhalten des Patienten läßt mich so reagieren?

„Warum kann ich die Behandlung nicht abschließen?"

Im Idealfall beenden Therapeut und Patient die Behandlung im gegenseitigen Einvernehmen. Beide sind mit dem Erreichten zufrieden, sie legen einen Termin fest, wann die letzte Sitzung sein soll, und sie machen die bevorstehende Trennung und deren Bedeutung für den Patienten zum Thema der letzten Sitzungen.

Tatsächlich ist jedoch die Beendigung einer Gesprächspsychotherapie in der Regel problematisch und häufig Supervisionsanlaß. Wie schwierig „reguläre" Therapiebeendigungen sind, läßt sich daran ablesen, daß etwa die Hälfte der Gesprächspsychotherapien in der Form beendet werden, daß die Behandlungsdichte „ausgedünnt" wird, d.h. gegen Ende der Behandlung kommt der Patient nicht mehr einmal wöchentlich, sondern z.B. nur noch einmal im Monat oder „bei Bedarf".

Als besonders problematisch erleben es Therapeuten, wenn sie selbst die Behandlung beenden möchten, der Patient das jedoch nicht will.

Beispiel

Eine Therapeutin hatte mit einer in Gesprächspsychotherapieausbildung befindlichen Kollegin eine sog. Eigentherapie (das ist eine Lehrtherapie im Rahmen der Ausbildung) vereinbart. Nach etwa 20 Sitzungen stellte es sich für die Therapeutin immer klarer heraus, daß die Kollegin unter einer klinisch relevanten Störung leidet. Sie bespricht diesen Umstand in der Supervision. Die Supervisionsgruppe ist sich mit der Therapeutin darin einig, der Kollegin eine heilkundliche Psychotherapie zu empfehlen. Die Therapeutin klärt in dieser Supervisionssitzung für sich auch, daß sie diese Behandlung nicht übernehmen will bzw. kann. Zum einen befürchtet sie, durch das eigentliche Problem ihrer nun zur Patientin gewordenen Kollegin überfordert zu werden, zum anderen hatte sie wiederholt feststellen müssen, daß es ihr größte Mühe macht, die Patientin und ihre Probleme zu akzeptieren.

In der darauf folgenden Supervisionssitzung berichtet die Therapeutin vom Verlauf des nächsten Gespräches mit ihrer „Patientin". Diese habe den Vorschlag, sich einer „richtigen" Therapie zu unterziehen, nicht nur zustimmend zur Kenntnis genommen, sondern auch erzählt, daß sie daran bereits selbst gedacht habe. Die Patientin habe dann aber sofort den Wunsch geäußert, diese Therapie auch bei ihr zu machen, also bleiben zu dürfen. Ihr, der Therapeutin, sei es unmöglich gewesen, der Patienten diesen Wunsch gänzlich abzuschlagen. Sie sei einen Kompromiß eingegangen und habe mit der Patientin zunächst 10 weitere Sitzungen vereinbart. Nach dieser Sitzung habe sie gemerkt, wie ihre Gefühle zwischen Ärger und Schuldgefühlen geschwankt hätten. Eigentlich wisse sie ja, daß eine Therapie, in der die bedingungsfreie Anerkennung zunehmend ausbleibt, zum Scheitern verurteilt ist, andererseits wäre sie sich schäbig vorgekommen, den Wunsch der Patientin auf Weiterbehandlung total zurückzuweisen.

Aus den Grundannahmen des klientenzentrierten Konzepts zum Werden und Sein von Menschen ergibt sich, daß Menschen eine Beziehung, in der sie nicht anerkannt werden, auf Dauer nicht aufrechterhalten wollen. Tun sie es dennoch, dann geschieht das aus Gründen, die sie selbst nicht ausreichend verstehen, die es also zu verstehen und zu akzeptieren gilt. Gelingt das, wird einer Trennung nichts mehr im Wege stehen. Daher wurde der Therapeutin im oben genannten Beispiel empfohlen, zu verstehen zu versuchen, was die Patientin an eine Therapeutin bindet, die sie eigentlich wegschicken will.

Beispiel

Die Patientin in unserem Beispiel lieferte den Schlüssel für dieses Verstehen bereits in der nächsten Therapiestunde. Sie erzählte der Therapeutin von einer kurzen enttäuschenden Beziehung zu einem Mann, der sie in ihrem Wunsch nach einer intimen Beziehung unmißverständlich abgewiesen hatte. Sie habe diese Abweisung hingenommen und versucht, die Beziehung „auf eine andere Ebene" zu bringen, indem sie sich mit diesem Mann zu gemeinsamen Yogaübungen verabredete. Bereits nach der ersten gemeinsamen Übung sei ihr klar geworden, daß dieser Mann für sie als Partner überhaupt nicht in Frage komme, und sie habe sich von ihm getrennt. Die Parallelen dieser Geschichte mit der Situation, die die Patientin mit ihrer Therapeutin hat, waren unübersehbar, und die Therapeutin konnte die Botschaft ihrer Patientin nicht nur verstehen, sondern auch akzeptieren: Ich ertrage es nicht, weggeschickt zu werden, ich muß selbst erkennen, daß ich hier nicht gut aufgehoben bin. Offenbar reichte dieses akzeptierende Verstehen aus, denn die Patientin beendete die Therapie vor den verabredeten 10 Stunden, ohne daß dieses Problem direkt Thema wurde.

Zusammenfassung

Einige typische Probleme von Gesprächspsychotherapeuten bei der Behandlungsdurchführung wurden in Form von Fragen an die Supervision vorgestellt. Bei ihrer Beantwortung richtet sich die Aufmerksamkeit sukzessiv auf folgende Fragen:

- Wie ist der Patient zu verstehen?

- Wie ist die Reaktion des Therapeuten zu verstehen?
- Liegt in der Reaktion des Therapeuten der Schlüssel zum Verstehen des Patienten, bzw. läßt sich aus der Art der Beziehung, die sich zwischen beiden etabliert hat, entnehmen, welche Erfahrungen vermieden werden?

1.2.5 Ziele einer Gesprächspsychotherapie

Eigentlich wäre es logischer, die Ziele einer Gesprächspsychotherapie nicht nach, sondern vor der Darstellung der Behandlungsprinzipien und der Behandlungspraxis darzustellen. Davon wurde aus zwei Gründen abgesehen: Zum einen ergeben sich Zieldefinitionen auch aus dem Behandlungsprozeß, und zum anderen ermöglicht es die Behandlung der Therapieziele an dieser Stelle, die bisherigen Ausführungen zu den Therapiezielen zusammenzufassen.

Die Ziele einer Gesprächspsychotherapie lassen sich auf verschiedenen Ebenen definieren.

Zielebenen

Aus dem Störungsmodell abgeleitetes Therapieziel

Das Ziel einer Gesprächspsychotherapie läßt sich auf dem Hintergrund der klientenzentrierten Störungstheorie in einem Satz zusammenfassen:

> ! Ziel einer Gesprächspsychotherapie ist die Reduktion von Inkongruenz im Erleben.

Die klientenzentrierte Theorie über die Entwicklung des Selbstkonzeptes macht die Annahme, daß inkongruentes Erleben dann entsteht, wenn bestimmte Erfahrungen von einem sich entwickelnden Selbst bzw. Selbstkonzept nicht oder nicht vollständig gemacht werden können oder dürfen.

Aus der klientenzentrierten Persönlichkeitstheorie abgeleitetes Therapieziel

Inkongruentes Erleben kann sich auf dem Hintergrund der oben genannten Annahme nur unter der Bedingung dauerhaft zu kongruentem entwickeln, wenn damit eine Veränderung des Selbstkonzeptes einhergeht.

> ! Ziel einer Gesprächspsychotherapie ist also auch: Veränderung des Selbstkonzeptes.

Das Selbstkonzept kann sich gemäß der Annahmen der klientenzentrierten Therapietheorie ändern unter der Bedingung wertschätzender Empathie eines anderen Menschen für das konkrete Erleben des einen Menschen.

Aus dem Therapieprozeß abgeleitetes Therapieziel

Die Erreichung dieses Ziels setzt einen bestimmten Prozeß voraus, den in Gang zu setzen und zu fördern das erste wichtige Ziel eines gesprächspsychotherapeutischen Kontaktes ist: Aktualisierung des Erlebens des Patienten im Hier und Jetzt oder anders ausgedrückt:

> ! Förderung (korrekter) Wahrnehmung des Erlebens („experiencing“) und der Selbstexploration des Patienten.

Dabei läßt sich ein Fern- und ein Nahziel unterscheiden.

> **Definition**
> Als Fernziel kann man definieren: Eine Gesprächspsychotherapie ist idealerweise dann beendet, wenn der Patient zu sich die Beziehung aufnehmen kann, die der Therapeut ihm anbietet: wenn er kongruent sein kann, d.h. ohne Bedingungen an sich zu stellen, sich sein ganzes Erleben bewußt machen kann.

Diese „fully functioning person“ ist sicher als ein Idealziel zu betrachten, das, wenn überhaupt, selten erreicht wird und das Ende einer längeren Behandlung darstellt.

Betrachtet man das Ziel einer jeden Therapiestunde als Nahziel, dann fällt die Zielsetzung bescheidener und zugleich für den Therapeuten handlungsleitender aus: Im konkreten therapeutischen Kontakt hat der Gesprächspsychotherapeut nur das einzige Ziel, den psychotherapeutischen Prozeß zu fördern. Oder noch technischer ausgedrückt: Der Gesprächspsychotherapeut hat das Ziel, die Selbstexploration eines Klienten zu fördern bzw., wenn sie im ausreichenden Maße vorliegt, nicht zu stören.

Eine weithin anerkannte und vielzitierte Definition von Psychotherapie stammt von STROTZKA:

> Psychotherapie ist ein bewußter und geplanter interaktioneller Prozeß zur Beeinflussung von Verhaltensstörungen und Leidenszuständen, die in einem Konsensus (möglichst zwischen Patient, Therapeut und Bezugsgruppe) für behandlungsbedürftig gehalten werden, mit psychologischen Mitteln (durch Kommunikation) meist verbal aber auch averbal, in Richtung auf ein definiertes, nach Möglichkeit gemeinsam erarbeitetes Ziel (Symptomminimalisierung und/oder Strukturänderung der Persönlichkeit) mittels lehrbarer Techniken auf der Basis einer Theorie des normalen und pathologischen Verhaltens (STROTZKA 1975, S. 4).

Dieser Definition können sich Gesprächspsychotherapeuten insofern anschließen, als sie alle wesentlichen Elemente enthält, die die Gesprächspsychotherapie kennzeichnen.

Von den in dieser Definition genannten Zielen einer Psychotherapie, nämlich „Symptomminimalisierung und/oder Strukturänderung der Persönlichkeit", benennt die Gesprächspsychotherapie theoretisch nur die Änderung des Selbstkonzepts als „Strukturänderung".

Von Symptomminderung ist nicht die Rede, wenn das Ziel einer Gesprächspsychotherapie der Abbau von inkongruentem Erleben sein soll. Die Bedeutung dieser Zielsetzung läßt sich nicht immer leicht vermitteln, nicht nur Kostenträgern, sondern auch Patienten. Es wird sich kaum ein Patient finden, der sich mit dem Wunsch nach einer „Strukturänderung" an einen Therapeuten wendet. Patienten wollen ihre Ängste loswerden, von ihren Zwangshandlungen befreit werden, sich in Kontakten nicht mehr so minderwertig fühlen usw.

Bei der durch Gesprächspsychotherapie angestrebten Veränderung der Struktur, d.h. des Selbstkonzepts, handelt es sich nicht um eine Veränderung der Persönlichkeitsstruktur im umfassenden Sinne, sondern um eine Veränderung der Prozesse, die die Wahrnehmung und das Erleben steuern. Diese führt zu einer Aufhebung bzw. Verminderung von Inkongruenz mit dem Effekt, daß auch die Symptomatik zurückgeht bzw. aufgehoben wird. Die Veränderung der Symptomatik durch Gesprächspsychotherapie belegen empirische Forschungsergebnisse (s. unten), die zeigen, daß Gesprächspsychotherapie die Symptomatik, z.B. eine Phobie, in wünschenswerter Weise reduziert. Dabei ist Gesprächspsychotherapie, wie vergleichende Therapiestudien zeigen, im Mittel genauso erfolgreich wie Therapieverfahren, deren vorrangiges Therapieziel die Symptomminimalisierung ist.

Die Variation der Therapieziele in Abhängigkeit von der Art der Störung

Die oben zitierte Definition von Psychotherapie sieht einen Konsens zwischen Patient, Therapeut und Bezugsgruppe bezüglich der Therapieziele vor.

Die bisher benannten Ziele einer Gesprächspsychotherapie sind theoretischer formuliert und damit ungeeignet als Grundlage für den geforderten Konsens mit dem Patienten. Sie bewegen sich auf einem Abstraktionsniveau, das FREUDS berühmter Definition des Zieles einer psychoanalytischen Kur entspricht:

> Absicht ist ja, das Ich zu stärken, es vom Über-Ich unabhängiger zu machen, sein Wahrnehmungsfeld zu erweitern und seine Organisation auszubauen, so daß es sich neue Stücke des Es aneignen kann. Wo Es war, soll Ich werden (FREUD 1933, S. 86).

Die Festlegung der Therapieziele für und mit dem Patienten ist eine der Aufgaben bei der Indikationsstellung (s. dort). Die Therapieziele variieren natürlich in Abhängigkeit von der jeweiligen Störung des Patienten. In der Regel wird jedoch eine Veränderung der Symptomatik oder des problematischen Verhaltens, die den Patienten veranlaßten, um eine Psychotherapie nachzusuchen, wesentlicher Teil der Therapiezieldefinition sein.

Die Festlegung von Therapiezielen ist im Individualfall häufig nicht einfach, v.a. dann, wenn die Störung des Patienten als schwer zu kennzeichnen ist, d.h. viele Bereiche der Persönlichkeit umfaßt.

Beispiel

Beispielsweise einigte sich eine Patientin mit einer Borderline-Persönlichkeitsstörung mit ihrem Therapeuten auf folgendes Therapieziel: „Ich möchte eine richtige Beziehung eingehen können." Die Therapieziele hätten aufgrund der akuten Psychopathologie der Patientin zum Zeitpunkt der Behandlungsaufnahme auch lauten können:

- Ich will nicht mehr so depressiv sein;
- ich möchte keine Angst mehr vor meinen Suizidgedanken haben;
- ich möchte mein promiskuitives Verhalten aufgeben können;
- ich will nicht mehr so ausrasten, daß ich meinen Bruder mit dem Messer bedrohe;
- ich möchte die Angst verlieren, verrückt zu werden oder es zu sein;
- ich möchte mich nicht mehr jeden Abend betrinken müssen und auch keine Drogen mehr nehmen usw.

Bei der Anwendung eines nicht symptomzentrierten Therapieverfahrens ist es nicht selten so, daß sich die eingangs formulierten Therapieziele im Behandlungsverlauf ändern. Wichtig ist nur, daß Therapeut und Patient das registrieren und sich erneut darüber abstimmen.

Beispiel

Eine durch einen bewaffneten Raubüberfall in ihrem Ferienhaus traumatisierte Patientin kam mit dem Ziel in die Behandlung, dieses Haus wieder nutzen zu können, ohne „jede Nacht vor Angst zu sterben". Als dieses Ziel erreicht war, setzte sie die Therapie mit anderen Inhalten und anderen Zielen fort.

Abschließend soll noch ein Fall vorgestellt werden, der deutlich macht, wie notwendig es ist, zu einem wirklichen Konsens mit dem Patienten bezüglich der Therapieziele zu kommen, und daß ein unter Zeitdruck geführtes Erstinterview – wie im folgenden Beispiel – in jedem Fall zu vermeiden ist.

Beispiel

Die Patientin, Ehefrau eines niedergelassenen Nervenarztes, wurde von einer Kriminalbeamtin zur Beratung und evtl. Behandlung an eine Psychiatrische Poliklinik überwiesen. Die etwa 55jährige Frau war zum wiederholten Male bei einem Ladendiebstahl erwischt worden. Der Interviewer stellte zu seiner Verwunderung fest, daß der Ehemann von den vorangegangenen Ladendiebstählen und den jeweiligen Verhören durch Polizei und Staatsanwaltschaft keine Kenntnis hatte. Die Patientin hatte es verschwiegen. Die Patientin wirkte auf den Interviewer klug, lebenserfahren – sie hatte zwei fast erwachsene Kinder – und realitätsorientiert. Zum Zeitpunkt des Interviews wurde an der Einrichtung, an die die Patientin überwiesen worden war, begonnen, mit zeitlich limitierten Psychotherapien mit begrenzten Therapiezielen zu experimentieren. Der Interviewer, der bei diesem Interview zeitlich unter Druck stand, konnte sich vor diesem Hintergrund eine auf 15 Stunden begrenzte Gesprächspsychotherapie mit dieser Patientin gut vorstellen mit dem konkreten Ziel, daß die Patientin mit ihrem Mann offen über ihre Schwierigkeiten spricht.

Als die Patientin drei Jahre später die Behandlung beendete, war ein Jahr zuvor ihr Mann verstorben, die Praxis verkauft und auch das letzte Kind in eine eigene Wohnung gezogen. In den drei Jahren war es zu keinem weiteren Ladendiebstahl mehr gekommen, und die Patientin fürchtete auch keinen „Rückfall" mehr. Allerdings hat sie ihrem Mann bis zu seinem Tode nie von diesem Problem erzählt. Sie begründete das im nachhinein damit, daß es „nichts gebracht" hätte, und außerdem hätte sie sich ihrem Mann gegenüber „zu Tode geschämt".

Sieht man von der langen Dauer der Behandlung ab, so hat es sich letztlich doch um eine Art „negative" Fokaltherapie gehandelt: Die sicherlich sehr problematische Beziehung zum Ehemann ist nie wirklich Thema der Therapie geworden.

Therapieziele, die sich aus der Therapiemethode ergeben
Abschließend soll noch ein anderes Modell der Wirksamkeit von Psychotherapie als das den bisherigen Ausführungen zugrundegelegte vorgestellt werden. Bei den bisherigen Ausführungen über die Begründbarkeit von Therapiezielen wurde davon ausgegangen, daß jede psychische Erkrankung eine eigene spezifische Genese hat, die sog. ätiologische Fundierung einer Störung, und daß das therapeutische Handeln sowie die therapeutischen Ziele aus dieser Genese abzuleiten sind. Dieses Denken hat in der somatischen Medizin eine lange und gute Tradition: Wenn der Virus, der die Krankheit verursacht, identifiziert ist, kann auch das spezifische Gegenmittel gefunden werden.

Dieses kausale Modell von Ursache und Wirkung der klassischen Naturwissenschaften ist aber offenbar nur bedingt auf psychische Prozesse übertragbar (vgl. z.B. Kriz 1989, Höger 1993). Es gibt inzwischen eine Reihe von empirischen Befunden, die darauf hinweisen, daß der Therapeut und die von ihm praktizierte Therapiemethode das Therapieergebnis nicht unerheblich mitbestimmen (Eckert u. Biermann-Ratjen 1990). Die verschiedenen Therapieverfahren definieren auf dem Hintergrund ihrer unterschiedlichen theoretischen Grundannahmen über die Entstehung und Veränderung von psychischen Störungen unterschiedliche therapeutische Beziehungsangebote. Erfolgreich behandelte Patienten nehmen das jeweilige Beziehungsangebot als für sich stimmig wahr, und sie übernehmen damit zugleich die „Theorie" ihres Therapeuten, d.h. sein Krankheits- bzw. Entwicklungsmodell.

Gesprächspsychotherapeutisch behandelte Patienten z.B. beurteilen ihren Therapieerfolg nach anderen Kriterien als verhaltenstherapeutisch behandelte, obwohl sich im durchschnittlichen Therapieergebnis – gemessen z.B. an der Reduktion der Leitsymptomatik – keine wesentlichen Unterschiede ergeben. Konkret: Verhaltenstherapeutisch behandelte Phobiker beurteilen den Erfolg ihrer Therapie im Gegensatz zu gesprächspsychotherapeutisch behandelten nach dem Ausmaß des Rückgangs ihrer phobischen Symptomatik; gesprächspsychotherapeutisch behandelte Patienten bemessen ihren Therapieerfolg an der Zunahme ihre Beziehungsfähigkeit, während vergleichbare Patienten, die psychoanalytisch behandelt wurden, ihren Therapieerfolg an der Zunahme ihrer inneren und äußeren Autonomie festmachen usw.

! Allgemeiner ausgedrückt bedeutet das: Die Therapieergebnisse der verschiedenen Psychotherapieverfahren unterscheiden sich offensichtlich nicht so sehr in quantitativer, wohl aber in qualitativer Hinsicht.

Für die Therapiezielüberlegungen bedeutet das: Es ist im Rahmen der Indikationsstellung zu prüfen, ob die von einem Therapieverfahren mehr oder weniger explizit theoretisch vorgegebenen Therapieziele – und der zu ihrer Erreichung angestrebte Therapieprozeß – mit den Therapiezielen eines Patienten und dessen Vorstellungen, wie diese zu erreichen sind, zu vereinbaren sind.

Therapieziele und Ethik

Die Ausführungen über die Ziele einer Gesprächspsychotherapie sollen mit einem Hinweis auf ethische Implikationen bei der Festlegung von Therapiezielen abgeschlossen werden. Ethische Fragen im Zusammenhang mit dem vom Patienten angestrebten Behandlungsziel sind eher selten. Der von Psychologiestudenten immer wieder einmal beschworene ehemalige KZ-Wächter oder DDR-Mauerschütze, der um eine Psychotherapie nachsucht, ist eine Fiktion. Moralisch belastete Menschen suchen in den seltensten Fällen Hilfe bei einem Psychotherapeuten. Wenn sie es tun, dann präsentieren sie erfahrungsgemäß ihr Problem in einer Form, die den Therapeuten nicht in moralisch-ethische Konflikte stürzt.

Häufiger ist der Fall, daß im Laufe einer Behandlung Probleme auftauchen, die ethische Fragen tangieren. Beispielsweise, wenn eine Klientin während einer Behandlung ungewollt schwanger wird, sich mit dem Gedanken an eine Abtreibung trägt und sich an den Therapeuten mit der mehr oder weniger unausgesprochenen Bitte wendet, ihr die moralischen Bedenken zu nehmen, eine Gewissensentlastung vorzunehmen.

Ob ein Gesprächspsychotherapeut mit diesem Anliegen therapeutisch umgeht oder aufgrund seiner eigenen ethisch-moralischen Einstellung aus der Therapeutenrolle geht, sollte er davon abhängig machen, ob er sich diesem Problem seiner Patientin mit Bedingungsfreier Anerkennung zuwenden kann oder nicht. Kann er es nicht, sollte er das seiner Patientin mitteilen und auch seine Gründe dafür nennen. Ob die Behandlung fortgesetzt werden kann oder nicht, müssen beide Beteiligten dann entscheiden. Eine allgemein gültige Regel gibt es dafür nicht.

Weitere Fragen der Ethik in der Psychotherapie werden in Kap. 15 dargestellt.

1.2.6 Ergebnisse von Gesprächspsychotherapien

Überblick über die Wirksamkeit von Gesprächspsychotherapie

Werden alle um Therapie nachsuchenden Patienten, für die eine Psychotherapie indiziert ist, ohne Abschätzung der Prognose für eine Gesprächspsychotherapie, gesprächspsychotherapeutisch behandelt, so schließen $^2/_3$ von ihnen mit einem zufriedenstellenden bis guten Therapieergebnis die Behandlung ab. Diese Erfolgsquote unterscheidet sich nicht von der anderer Therapieverfahren. Die Erfolgsquote kann erhöht werden, wenn eine sorgfältige Indikation für eine Gesprächspsychotherapie gestellt wird. Sie variiert aber auch dann

- in Abhängigkeit von der Art der Störung und
- dem Ausmaß an Chronifiziertheit sowie
- vermutlich in Abhängigkeit von der Erfahrung des Therapeuten.

Weiterhin nimmt die Dauer einer Gesprächspsychotherapie Einfluß auf das Therapieergebnis. Schwerer gestörte Patienten brauchen in der Regel längere Therapien, um ausreichend von der Behandlung zu profitieren.

Von Bedeutung für die realistische Einschätzung des Erfolgs von Gesprächspsychotherapien ist die Tatsache, daß Gesprächspsychotherapien, wie vermutlich auch andere nicht symptomzentrierte Verfahren, eine Langzeitwirkung entfalten. Die Ergebnisse von Langzeitkatamnesen (1–3 Jahre) zeigen, daß der unmittelbar bei Beendigung der Therapie erzielte mittlere „Therapiegewinn" zum Zeitpunkt der Katamnese nicht nur erhalten geblieben ist, sondern daß weitere positive Veränderungen eingetreten sind.

Die Bestimmung einer Erfolgsquote und ihre Aussagekraft ist natürlich auch davon abhängig, wie „Erfolg einer Psychotherapie" definiert und wie er gemessen wird.

Bevor darauf eingegangen wird, soll ein klinischer Eindruck bezüglich der Mißerfolge von Gesprächspsychotherapien, der von vielen Kollegen geteilt wird, wiedergegeben werden. Der Eindruck basiert auf jahrzehntelangen Beobachtungen an einer Psychiatrischen Universitätsklinik und Poliklinik: Die Mißerfolge von Gesprächspsychotherapien bei Patienten, die für eine Gesprächspsychotherapie indiziert waren, scheinen ausschließlich darin zu bestehen, daß sie nicht ausreichend geholfen, nichts genützt haben. Es ist in dem langen Beobachtungszeitraum praktisch nie vorgekommen, daß ein solcher Patient psychiatrische Hilfe in Anspruch nehmen mußte, weil sich während der Gesprächspsychotherapie seine Symptomatik in diesem Sinn verschlechtert hatte. Hingegen kam es häufiger vor, daß sich ein Patient mit dem Wunsch nach Psychotherapie an die Poliklinik wandte und berichtete, früher schon einmal eine „Gesprächstherapie gemacht zu haben", aber an die Behandlung und deren Wirkung nur wenige Erinnerungen hatte. Patienten, die wegen einer durch eine Psychotherapie ausgelösten Psychose oder massiver Suizidalität oder anderen im Zusammenhang mit der Psychotherapie aufgetretenen einschneidenden psychischen Beeinträchtigungen psychiatrische Hilfe in Anspruch nehmen mußten, kamen nicht aus klassischen Gesprächspsychotherapien. Allerdings gab es immer wieder einmal Patienten, die an einem sog. „Marathon Encounter" – das ist eine im Rahmen des klientenzentrierten Konzepts entwickelte Form von Selbsterfahrung in Gruppen, die nicht zur Krankenbehandlung gedacht ist – teilgenommen hatten und um Rat nachsuchten. Sie waren meist verunsichert bezüglich ihrer psychischen Stabilität, oder sie fühlten sich plötzlich behandlungsbedürftig und wollten das abklären lassen.

Aus diesen Beobachtungen läßt sich der Schluß ziehen, daß klassische Gesprächspsychotherapie offenbar ein Verfahren ist, dessen therapeutische Mißerfolge vor allem in „Nichtwirksamkeit" bestehen.

Messung des Therapieerfolgs

Es ist heute üblich, zumindest in der Therapieforschung, zur Bestimmung des Therapieerfolgs sowohl das Urteil des Patienten als auch das des Therapeuten zu berücksichtigen. Neben der Erhebung von globalen Urteilen wie „verschlechtert – unverändert – etwas gebessert – deutlich gebessert" werden in der Regel die Veränderungen mit

- Persönlichkeitsfragebögen (z. B. Gießen-Test; Freiburger Persönlichkeits Inventar, FPI),
- Symptomlisten, symptomzentrierten Fragebögen (z. B. Depressionsskalen) oder auch
- Einschätzungen des psychosozialen Funktionsniveaus (z. B. GAF-Skala aus dem DSM-III-R) gemessen.

Das Ausmaß der Veränderungen wird durch die Bestimmung der Differenz der Vorher-Nachher-(Prä-Post-)Messungen oder durch direkte Einschätzungen des Ausmaßes der Veränderungen festgestellt.

Eine wichtige Forderung, der auch zunehmend nachgekommen wird, besteht darin, daß die Erfolgsmessung auch die durch ein Therapieverfahren intendierten Veränderungen erfassen sollte.

Einsatz standardisierter Meßverfahren

Beipielsweise könnte bei der Feststellung des Therapieerfolgs einer Gesprächspsychotherapie bei der Behandlung eines Patienten mit der ICD-10-Diagnose „Dysthymia" (F 34.1) wie folgt verfahren werden: Zur Erfassung der Depression aus der Sicht des Patienten wird ein standardisierter Depressionsfragebogen eingesetzt, z. B. die Depressivitätsskala von v. Zerssen (CIPS 1986); weitere klinische Symptome werden mit dem symptomorientierten Fragebogen „SCL- 90-R" (Franke 1995) erhoben und Art und Ausmaß der interpersonalen Probleme mit dem „Inventar zur Erfassung Interpersonaler Probleme" (IIP, Horowitz et al. 1994). Zur Erfassung gesprächspsychotherapie-spezifischer Veränderungen kann der Fragebogen „FRBS" von Cartwright (Höger 1995) eingesetzt werden. An Hand dieses Fragebogens läßt sich z. B. feststellen, ob der Patient am Ende der Behandlung im Vergleich zum Behandlungsbeginn z. B. „offener für seine Erfahrungen in Beziehungen" geworden ist.

Die Erfahrungen aus der therapeutischen Praxis sprechen sehr für einen routinemäßigen Einsatz von standardisierten Meßverfahren. Viele Gesprächspsychotherapeuten kontrollieren ihre Behandlung mit dem Einsatz von Fragebögen, auch wenn sie als niedergelassene Psychotherapeuten in freier Praxis arbeiten. Sie schätzen den Informationsgewinn, den die Fragebogendiagnostik bei Behandlungsbeginn mit sich bringt, und die Möglichkeit, das eigene Urteil über die durch die Therapie erreichten Veränderungen am Ende der Behandlung mit den Einschätzungen des Patienten auf den Fragebögen zu vergleichen. Eine systematische Nutzung der Fragebogendiagnostik zu Behandlungsbeginn ist auch zeitökonomisch: Die Angaben des Patienten im SCL-90-R ersparten z.B. eine gezielte Exploration nach dem Vorliegen von psychosomatischen Begleitsymptomen, die in einem konfliktzentrierten Erstinterview häufig spontan nicht zur Sprache kommen, obwohl sie auch einen wesentlichen Teil der Belastung darstellen können, der ein Patient ausgesetzt ist.

Wissenschaftliche Belege der Wirksamkeit von Gesprächspsychotherapie

Die ersten wissenschaftlichen Nachweise der Wirksamkeit von Gesprächspsychotherapie wurden bereits in den 50er Jahren erbracht, z. B. durch Rogers u. Dymond (1954) in dem

Buch „Psychotherapy and Personality Change". Heute ist die Zahl der Studien zur Effizienz von (Gesprächs-)Psychotherapie so weit angewachsen, daß eigens eine Methodik, die sog. Meta-Analyse, entwickelt wurde, um die Vielzahl der Ergebnisse zusammenfassend bewerten zu können. Eine der umfangreichsten dieser Meta-Analysen haben Grawe et al. (1994) vorgelegt. Dort heißt es zur Wirksamkeit von Gesprächspsychotherapie:

> Vergleicht man die Ergebnistabellen für die Prä-Post-Vergleiche und die Kontrollgruppen-Vergleiche mit den analogen Tabellen zu den meisten anderen Therapieformen, dann muß man der Gesprächspsychotherapie eine sehr überzeugend nachgewiesene Wirksamkeit bescheinigen. Die Ergebnisse sind bemerkenswert, wenn man an das Spektrum an Störungen denkt, auf die Gesprächspsychotherapie angewandt wurde, und an die relativ kurze Therapiedauer, in der die Effekte erreicht wurden (Grawe et al. 1994, S. 134).

Ergebnisse aus Meta-Analysen

Die von den Autoren lobend hervorgehobene kurze Therapiedauer resultiert daraus, daß die in diese Meta-Analyse einbezogenen Gesprächspsychotherapien meist nur 20 Sitzungen oder weniger umfaßten. Gesprächspsychotherapien dauern in der Praxis aber deutlich länger, im Durchschnitt knapp 70 Sitzungen (Eckert 1995), so daß die oben zitierte Feststellung zur Wirksamkeit von Gesprächspsychotherapie nur eine Aussage über die Wirksamkeit von Gesprächspsychotherapien sein kann, die 20 Sitzungen oder weniger umfassen. Ähnlichen Einschränkungen unterliegen die Resultate dieser Studie bezüglich des Vergleichs der Wirksamkeit von Gesprächspsychotherapie mit anderen Therapieverfahren: Grawe et al. glauben aufgrund ihrer Ergebnisse eine leichte Überlegenheit der Wirksamkeit von Gesprächspsychotherapie im Vergleich mit psychoanalytischen Therapien und eine geringere Wirksamkeit im Vergleich mit kognitiv-behavioralen Verfahren feststellen zu können, aber auch in den Untersuchungen, auf die sich diese Beurteilung stützt, war die Dauer der in die Untersuchungen einbezogenen Gesprächspsychotherapien nicht repräsentativ für das Verfahren.

Neben der klassischen Gesprächspsychotherapie wurden in den letzten Jahren im Rahmen des klientenzentrierten Konzepts Behandlungstechniken entwickelt, die den Symbolisierungsprozeß gezielter fördern, z.B. das „Focusing" (Gendlin 1981) oder die „Process-experiential therapy" (Greenberg et al. 1995). Eine neuere Meta-Analyse bescheinigt diesen Verfahren eine größere Wirksamkeit als den kognitiv-behavioralen Verfahren (Greenberg et al. 1994).

Die Ausführungen zur Wirksamkeit von Gesprächspsychotherapie, v.a. die zuletzt dargestellten widersprüchlichen Befunde zu ihrer Wirksamkeit im Vergleich mit anderen Verfahren, sollen mit einer persönlichen Einschätzung abgeschlossen werden. Es ist zu vermuten, daß die frühe Feststellung von Luborsky et al. (1985), daß es beim Vergleich der durchschnittlichen Wirksamkeit von verschiedenen Therapieverfahren keine Sieger und keine Besiegte gibt, sondern daß das Urteil des Vogels Dodo aus „Alice im Wunderland" anzuwenden ist: „Alle haben gewonnen, und jeder bekommt einen Preis!", Gültigkeit behalten wird. Wenn ein Patient auf ein Therapieverfahren wirklich gut „anspricht", d.h. vor allem, wenn sich ziemlich bald eine gute und tragfähige therapeutische Beziehung etabliert, dann wird der Patient von der Behandlung auch profitieren. Die Unterschiede in den Ergebnissen verschiedener Therapieverfahren werden sich zunehmend klarer als qualitative und nicht als quantitative herausstellen. Die Problempatienten sind die, die die Behandlung frühzeitig abbrechen, die sog. „drop-outs", und die, die dem Drittel angehören, das in den Erfolgsstatistiken von einer Psychotherapie nicht profitiert. Für sie ist zu klären, ob sie in einem anderen Therapieverfahren oder bei einem anderen Therapeuten nicht auch hätten mit Erfolg behandelt werden können. Auf diese wichtige Frage ist uns die empirische Forschung noch eine überzeugende Antwort schuldig.

1.2.7 Eine persönliche Schlußbemerkung

Ein Lehrbuch soll sich durch eine didaktisch gute Darstellung des Lehrstoffes, und wenn es sich um ein wissenschaftliches Lehrbuch handelt, auch durch eine nüchterne Darstellung der wissenschaftlichen Theorien und Befunde auszeichnen. Beim ersten Lesen dieses Beitrags im Zusammenhang – der Beitrag ist in zeitlich auseinanderliegenden Etappen verfaßt worden – wurde dem Autor deutlich, daß in seinem Bemühen um wissenschaftliche Korrektheit eine andere Seite von Psychotherapie ziemlich untergegangen ist:

Psychotherapie ist immer etwas Einmaliges, nicht Wiederholbares. Psychotherapie ist die Begegnung von zwei Menschen, die sich so nicht wiederholen wird und auch keine Wiederholung früherer Begegnungen darstellt.

Psychotherapie verläuft nicht nur in „geordneten Bahnen", sondern es gibt auch überraschende Wendungen, sowohl zum Guten als auch zum Schlechten.

Psychotherapie bedeutet für den Therapeuten nicht nur anstrengende (therapeutische) Arbeit, sie kann auch persönlich sehr bereichernd sein. Psychotherapie kann sowohl dem Therapeuten als auch dem Patienten Spaß machen und beglückende Gefühle auslösen, aber auch Angst und Depression.

Psychotherapieren heißt nicht nur, den dritten – neben dem Erziehen und dem Regieren – jener „drei unmöglichen Berufe, in denen man des ungenügenden Erfolges von vornherein sicher sein kann" (Freud 1937, S. 94) auszuüben, Gesprächspsychotherapeut sein heißt auch, zu erleben, wie das Vertrauen in die Entwicklungsmöglichkeiten von Menschen diesen hilft, an sich selbst zu erleben, daß Menschen nicht erfolgreich verändert werden wollen, sondern in ihren Erfahrungen verstanden und akzeptiert „anerkannt" werden wollen und sich selbst anerkennen möchten.

Literatur

Biermann-Ratjen E-M (1993) Das Modell der psychischen Entwicklung im Rahmen des klientenzentrierten Konzepts. In: Eckert J, Höger D, Linster H (Hrsg) Die Entwicklung der Person und ihre Störung, Bd 1: GwG-Verlag, Köln, S 77

Biermann-Ratjen E-M, Eckert J, Schwartz H-J (1995) Gesprächspsychotherapie. Verändern durch Verstehen, 7. Aufl. Kohlhammer, Stuttgart Berlin Köln

Bischof-Köhler D (1989) Spiegelbild und Empathie. Die Anfänge der sozialen Kognition. Huber, Bern Stuttgart Toronto

Bohleber W (1992) Identität und Selbst. Die Bedeutung der neueren Entwicklungsforschung für die psychoanalytische Theorie des Selbst. Psyche 46: 336–365

Bowlby J (1975) Bindung. Eine Analyse der Mutter-Kind-Beziehung. Kindler, München

CIPS (Collegium Internationale Psychiatriae Scalarum) (1986) (Hrsg) Internationale Skalen für Psychiatrie, 3. Aufl. Beltz, Weinheim

Eckert J (1994) Die Auswirkung trieb- und selbsttheoretischer Auffassungen der Aggression auf die Psychotherapie von Patienten mit einer Borderline-Störung. In: Teusch L, Finke J, Gaspar M (Hrsg) Gesprächspsychotherapie bei schweren psychiatrischen Störungen. Asanger, Heidelberg, S 42

Eckert J (1995) Wie effektiv ist Gesprächspsychotherapie wirklich? Über die Bedeutung des Faktors Zeit in der Gesprächspsychotherapie. In: Eckert J (Hrsg) Forschung zur klientenzentrierten Psychotherapie. Aktuelle Ansätze und Ergebnisse. GwG-Verlag, Köln, S 185

Eckert J, Biermann-Ratjen E-M (1990) Ein heimlicher Wirkfaktor: Die „Theorie" des Therapeuten. In: Tschuschke V, Czogalik D (Hrsg) Psychotherapie – Welche Effekte verändern? Springer, Berlin Heidelberg New York Tokyo, S 272

Eckert J, Bolz W, Pfuhlmann K (1979) Überprüfung der Vorhersagbarkeit von psychotherapeutischen Effekten auf Grund der „Ansprechbarkeit" des Klienten bei Gesprächspsychotherapie und psychodynamischer Kurztherapie. Z Klin Psychol 8:169–180

Eckert J, Höger D, Linster H (1993) (Hrsg) Die Entwicklung der Person und ihre Störung. Entwurf einer ätiologisch fundierten Krankheitslehre im Rahmen des klientenzentrierten Konzepts, Bd 1 GwG-Verlag, Köln

Eckert J, Höger D, Linster H (1996) (Hrsg) Praxis der Gesprächspsychotherapie. Störungsbezogene Falldarstellungen. Kohlhammer, Stuttgart Berlin Köln

Ende M (1973) Momo. Thienemann, Stuttgart

Faber FR, Haarstrick R (1991) Kommentar Psychotherapie-Richtlinien, 2. neubearb Aufl. Jungjohann, Neckarsulm

Finke J (1994) Empathie und Interaktion. Methodik und Praxis der Gesprächspsychotherapie. G. Thieme, Stuttgart

Franke GH (1995) SCL-90-R. Symptom-Checkliste von Derogatis. Hogrefe, Göttingen

Freud S (1933) Neue Folge der Vorlesungen zur Psychoanalyse, GW, Bd XV: Fischer, Frankfurt

Freud S (1937) Die endliche und unendliche Analyse, GW, Bd XVI: Fischer, Frankfurt

Garfield SL (1994) Research on client variables. In: Bergin AE, Garfield SL (eds) Handbook of Psychotherapy and Behavior Change, 4th ed. Wiley, New York Chichester Brisbane Toronto Singapore, p 190

Gendlin G (1981) Focusing. Technik der Selbsthilfe bei der Lösung persönlicher Probleme. Otto Müller, Salzburg

Gendlin G (1978) Eine Theorie der Persönlichkeitsveränderung. In: Bommert H, Dahlhoff H-D (Hrsg) Das Selbsterleben (Experiencing) in der Psychotherapie. Urban & Schwarzenberg, München, S 1

Grawe K, Donati R, Bernauer F (1994) Psychotherapie im Wandel. Von der Konfession zur Profession. Hogrefe, Göttingen Bern Toronto Seattle

Greenberg L, Elliott R, Lietaer G (1994) Research on Experiential Psychotherapies. In: Bergin AE, Garfield SL (eds) Handbook of Psychotherapy and Behavior Change, 4th ed. Wiley, New York Chichester Brisbane Toronto Singapore, p 509

Greenberg L, Rice LN, Elliott R (1995) Process-experiential Psychotherapy: Facilitating emotional change (in press). Guilford, New York

Höger D (1989) Klientenzentrierte Psychotherapie – Ein Breitbandkonzept mit Zukunft. In: Sachse R, Howe J (Hrsg) Zur Zukunft der klientenzentrierten Psychotherapie. Asanger, Heidelberg, S 197

Höger D (1993) Organismus, Aktualisierungstendenz, Beziehung – die zentralen Grundbegriffe der klientenzentrierten Gesprächspsychotherapie. In: Eckert J, Höger D, Linster H (Hrsg) Die Entwicklung der Person und ihre Störung, Bd. 1, Entwurf einer ätiologisch fundierten Krankheitslehre im Rahmen des klientenzentrierten Konzepts. GwG-Verlag, Köln, S 17

Höger D (1995) Deutsche Adaption und erste Validierung des „Feelings, Reactions and Beliefs Survey“ (FBRS) von Desmond S. Cartwright. Ein Beitrag zur konzeptorientierten Erfassung von Effekten der Klientenzentrierten Gesprächspsychotherapie. In: Eckert J (Hrsg) Forschung zur Klientenzentrierten Psychotherapie. Aktuelle Ansätze und Ergebnisse. GwG-Verlag, Köln

Höger D, Eckert J (1995) Bielefelder Klientenerfahrungsbogen (BIKEB). In: Biermann-Ratjen E-M, Eckert J, Schwartz H-J, Gesprächspsychotherapie. Verändern durch Verstehen. Kohlhammer, Stuttgart Berlin Köln, S 201

Horowitz LM, Strauß B, Kordy H (1994) Das Inventar zur Erfassung interpersonaler Probleme – Deutsche Version. Beltz-Test, Weinheim

Kernberg OF (1978) Borderline-Störungen und pathologischer Narzißmus. Suhrkamp, Frankfurt

Klerman GL, Weissman MM, Rounsaville BJ, Chevron ES (1984) Interpersonal psychotherapy of depression. Basic Books, New York

Kriz J (1985) Grundkonzepte der Psychotherapie. Urban & Schwarzenberg, München Wien Baltimore

Kriz J (1989) Entwurf einer systemischen Theorie klientenzentrierter Psychotherapie. In: Sachse R, Howe J (Hrsg) Zur Zukunft der klientenzentrierten Psychotherapie. Asanger, Heidelberg, S 168

Luborsky L, McLellan AT, Woody GE, O'Brien CP, Auerbach A (1985) Therapists success and its determinants. Arch Gen Psychiatry 42: 602–611

McCallum M, Piper WE (1996) Psychological Mindedness Assessment Procedure. In: Strauß B, Eckert J, Tschuschke V (Hrsg) Methoden der empirischen Gruppentherapieforschung. Ein Handbuch. Westdeutscher Verlag, Opladen, S 87

Piper WE (1994) Client Variables. In: Fuhriman A, Burlingame GM (eds) Handbook of Group Psychotherapy. An Empirical and Clinical Synthesis. Wiley, New York Chichester Brisbane Toronto Singapore, p 83

Rogers CR (1951) Client-centered therapy. Houghton Mifflin, Boston

Rogers CR (1957) The necessary and sufficient conditions of the therapeutic personality change. J Consul Psychol 21: 95–103

Rogers CR (1959) A theory of therapy, personality and interpersonal relationships as developed in client-centered framework. In: Koch S (ed) Psychology: A study of a science, Vol. III. McGraw Hill, New York, p 184

Rogers CR (1973a) Die klient-bezogene Gesprächstherapie (Originalausg. 1951). Kindler, München (1983: Die klientzentrierte Gesprächspsychotherapie. Fischer, Reihe Geist und Psyche, Frankfurt)

Rogers CR (1973b) Entwicklung der Persönlichkeit (Originalausg. 1961). Klett, Stuttgart

Rogers CR (1983a) Therapeut und Klient. Grundlagen der Gesprächspsychotherapie. Fischer, Reihe Geist und Psyche, Frankfurt

Rogers CR (1983b) Entwicklung und gegenwärtiger Stand meiner Ansichten über zwischenmenschliche Beziehungen. In: Gesellschaft für wissenschaftliche Gesprächspsychotherapie (Hrsg) Die klientenzentrierte Gesprächspsychotherapie. Fischer, Reihe Geist und Psyche, Frankfurt

Rogers CR (1987) Eine Theorie der Psychotherapie, der Persönlichkeit und der zwischenmenschlichen Beziehungen. Entwickelt im Rahmen des klientenzentrierten Ansatzes. GwG-Verlag, Köln

Rogers CR, Dymond RF (1954) Psychotherapy and personality change. Co-ordinated research studies in the client-centered approach. The University of Chicago Press, Chicago

Rogers CR, Wood JK (1987) Klientenzentrierte Theorie. In: Rogers CR Therapeut und Klient. Grundlagen der Gesprächspsychotherapie. Fischer, Reihe Geist und Psyche, S 131

Roth G (1987) Autopoiese und Kognition: Die Theorie H.R. Maturanas und die Notwendigkeit ihrer Weiterentwicklung. In: Schiepek G (Hrsg) Systeme erkennen Systeme. Individuelle und methodische Bedingungen systematischer Diagnostik. Psychologie Verlags Union, München, S 50

Shostrom E (ed) (1965) Three approaches to psychotherapy. A therapeutic interview with Gloria with explanatory comments. Psychological Films

Spitz RA (1945) Hospitalism. Psychoanal Study Child 1 : 53–74

Strotzka H (1975) Was ist Psychotherapie? In: Strotzka H (Hrsg) Psychotherapie: Grundlagen, Verfahren, Indikationen. Urban & Schwarzenberg, München

Stern DN (1992) Die Lebenserfahrung des Säuglings, 2. Aufl. Klett-Cotta, Stuttgart

Swildens H (1991) Prozeßorientierte Gesprächspsychotherapie. Einführung in eine differentielle Anwendung des klientenzentrierten Ansatzes bei der Behandlung psychischer Erkrankungen. GwG-Verlag, Köln

Swildens H (1993) Die psychogenen Erkrankungen. In: Eckert J, Höger D, Linster H (Hrsg) Die Entwicklung der Person und ihre Störung, Bd. 1, Entwurf einer ätiologisch fundierten Krankheitslehre im Rahmen des klientenzentrierten Konzepts. GwG-Verlag, Köln, S 89

Tausch R, Eppel H, Fittkau B, Minsel W-R (1969) Variablen und Zusammenhänge in der Gesprächspsychotherapie. Z Psychol 176 : 93–102

Zielke M (1979) Indikation zur Gesprächspsychotherapie. Kohlhammer, Stuttgart

Weiterführende Literatur

Rogers CR (1973b) Entwicklung der Persönlichkeit. Klett, Stuttgart
(Der Originaltitel dieses 1961 veröffentlichten Buches trifft den Inhalt genauer: „On Becoming a Person. A Therapist's View of Psychotherapy". Das Buch enthält eine Sammlung von Aufsätzen, die Rogers in den Jahren 1951 bis 1961 verfaßt hat. Er greift sehr unterschiedliche Themen auf: Was macht eine Beziehung zu einer hilfreichen? Welche Prozesse spielen bei der Persönlichkeitsentwicklung eine Rolle? Was macht eine Person aus? Welche Lernprozesse spielen in der Psychotherapie eine Rolle? Bei der Beantwortung dieser Fragen bedient sich Rogers immer wieder seiner Erfahrung als Psychotherapeut: Welche Erfahrungen habe ich als Psychotherapeut in der Beziehung zu Patienten gemacht?)

Rogers CR (1983) Die klientenzentrierte Gesprächspsychotherapie. Fischer, Frankfurt
(Dieses Buch erschien 1951 unter dem Titel „Client-Centered Therapy". Der Verlag der deutschen Übersetzung erfolgte zunächst durch Kindler (1973a), seit 1983 wird das Buch von Fischer in der Reihe „Geist und Psyche" (Bd. 42175) verlegt. Es stellt die Weiterentwicklung des 10 Jahre zuvor dargestellten nichtdirektiven Ansatzes („Counseling and Psychotherapy") vor und gibt umfassend Auskunft über den damaligen Stand der Theorie der klientenzentrierten Psychotherapie (Teil I) sowie Anwendungsbeispiele aus den Bereichen Kinder- bzw. Spieltherapie, Gruppentherapie, Organisationspsychologie und Erziehung (Teil II).)

Biermann-Ratjen EM, Eckert J, Schwartz H-J (1995) Gesprächspsychotherapie, Verändern durch Verstehen, 7. Aufl. Kohlhammer, Stuttgart Berlin Köln
(Das Buch erschien erstmals 1979 und wurde für die 7. Auflage, 1995, gründlich überarbeitet. Das Buch beschreibt den Beitrag, den das klientenzentrierte Konzept zum Verstehen von Psychotherapie leistet, und es überträgt dieses Verständnis auf die Praxis der Gesprächspsychotherapie. Dabei werden Unterschiede zu und Gemeinsamkeiten mit der psychoanalytischen Therapie und der Verhaltenstherapie herausgestellt.)

1.3 Verhaltenstherapie und kognitive Therapie

M. Hautzinger

1.3.1 Typische verhaltenstherapeutische Fallbeispiele

Beispiel

Die 21jährige Frau G. meldete sich bei mir auf Anraten ihres behandelnden, mit den Eltern der Patientin (beide Ärzte) bekannten Psychiaters. Sie leide seit nunmehr über zwei Jahren an heftigen, unerklärbaren Angstzuständen, die in den letzten zehn Monaten mindestens einmal täglich auftreten. In allen möglichen, völlig unvorhersehbaren Situationen habe sie diese Beschwerden. Plötzlich fange ihr Puls an zu rasen (angeblich bis zu 200 Pulsschläge pro Minute), sie erschrecke darüber, es werde ihr dann übel, sie zittere, bekomme Angst, achte auf ihr Herz, müsse dann schneller atmen, Beklemmung und Brustschmerzen stellen sich ein, sie fühle sich schließlich wie in einem Gefängnis, renne aufgeregt herum, voll von Befürchtungen („gleich kollabiere ihr Herz", „...die Aorta platze"). Meist fange sie dann an zu weinen. Da dies so unkalkulierbar auftrete, vermeide sie unter Menschen zu gehen, habe ihr Studium aufgegeben. Doch selbst zu Hause in ihrem Zimmer treten diese Ängste auf. Sie befürchte, daß alles immer noch schlimmer werde, so wie in den letzten Monaten. Sie lebe in ständiger Angst vor diesen Angstanfällen. Inzwischen habe sie über 10 kg an Gewicht verloren, schlafe schlecht, könne überhaupt nur noch bei Licht schlafen, habe oft Weinkrämpfe, sei völlig verzweifelt, und es drängten sich Suizidideen auf. Sie fühle sich ständig wie „unter Strom". Am meisten störe sie, daß sie durch diese Angstzustände von anderen, insbesondere ihren Eltern, so abhängig sei. Ohne Begleitung oder Anwesenheit anderer, vertrauter Menschen halte sie es nicht mehr aus. Die verordneten Medikamente (ein Benzodiazepinpräparat) bringen zwar Erleichterung, doch im Grunde bleibe die Angst.

Diagnostisch liegt eine Panikstörung mit Agoraphobie vor. Ferner werden die Kriterien einer depressiven Episode (Major Depression) und einer histrionischen Persönlichkeit erfüllt.

Beispiel

Die 29jährige Patientin K. kommt mit der Diagnose eines „nervösen Magens" ohne organischen Befund. Wiederholte organmedizinische und psychotherapeutische Behandlungen hatten bislang zu keinem Erfolg geführt. Sie klagt über ständige Magenbeschwerden, Übelkeit, Gefühl sich übergeben zu müssen, Angst vor Erbrechen (v.a. in der Öffentlichkeit), Anspannung, Unruhe und zunehmende Lebensunzufriedenheit. Die Beschwerden bestehen seit 12 Jahren, während der letzten 6 Jahre konstant. Die Patientin ist schlank, doch normalgewichtig, liebt es zu essen, kocht gerne, ist sozial aktiv, beruflich sehr engagiert, leistungsfähig und liebt ihren Beruf. Zu dem befürchteten Erbrechen in der Öffentlichkeit ist es niemals gekommen. Sehr wohl kommt es dazu, daß die Übelkeit sich so steigert, daß sie auf die Toilette gehen muß, um sich dort zu übergeben. Sie vermeidet alle sozialen Situationen, in denen Essen dazugehören könnte (wie z.B. Kantine, Arbeitsbesprechungen mit anschließendem gemeinsamen Essen, Einladungen, Kino- oder Theaterbesuche mit Bekannten, Familienfeiern usw.). Die Magenbeschwerden treten auch in öffentlichen Verkehrsmitteln, bei Mitfahrten im Auto, bei Spaziergängen mit Bekannten auf. Wenn sie Leute zu sich einlädt und dort gemeinsam gegessen wird, sind die Beschwerden deutlich geringer, oft sogar gar nicht vorhanden. Einige enge Freunde wissen von ihrer Problematik, ansonsten verberge sie die Beschwerden. Sie lebt allein, seitdem vor über einem Jahr eine 5jährige Beziehung zu Ende ging. Die Eltern sind seit 20 Jahren geschieden. Die Mutter und auch die Schwester werden als kränklich, jammernd, ständig beim Arzt und in Therapie geschildert. Der Kontakt zur Herkunftsfamilie ist auf seltene Telefonate beschränkt.

Diagnostisch liegt eine sozialphobische Störung und damit überlappend eine somatoforme Funktionsstörung (oberer Gastrointestinaltrakt) vor.

Beispiel

Der 38jährige, in seinem Fach erfolgreiche Universitätsprofessor Herr P. wird mir von einem tiefenpsychologisch arbeitenden Kollegen, Chefarzt einer Klinik für Psychosomatik, überwiesen. Die Beschwerden des Patienten sind die einer klassischen Zwangsstörung. Es dominieren seit dem 18. Lebensjahr verschiedene Zwangsbefürchtungen und über die Jahre wechselnde Zwangshandlungen. Die Zwangsbefürchtungen richten sich v. a. darauf, andere umgestoßen und verletzt haben zu können, einen Schaden anzurichten, Fehler übersehen zu haben, sich unmoralisch verhalten und andere beschimpft zu haben. Er befürchtet ferner, daß in der Folge dieser Verfehlungen er zur Rechenschaft gezogen wird und dann seine Position, sein Einkommen, die Achtung der anderen verliert. Die Handlungen resultieren aus diesen Befürchtungen, indem z.B. der Patient kaum an Treppen vorbei kommt, ohne zigmal nachzukontrollieren, ob er nicht doch jemanden aus Versehen hinunter gestoßen habe. Er fährt nicht mehr Auto, da das Risiko, irgendwo anzustoßen, zu groß ist bzw. das ständige Zurückfahren und Nachschauen unerträglich wurde. Ferner sind Menschenmengen, Fahrten mit öffentlichen Verkehrsmitteln, Briefe schreiben, Manuskripte fertigstellen, Prüfungen bzw. schriftliche Arbeiten beurteilen nur mit großem Aufwand und wiederholten Kontrollen zu bewerkstelligen. Ganz besonders schlimm ist es, eine Stelle betreten haben zu können, die wie ein Kreuz aussieht. So kann er einen Weg, einen Flur oder eine Strecke nicht mehr normal entlanglaufen, bei denen z.B. die Kanten und Linien von Platten oder Holzleisten bzw. Teppichmuster sich überkreuzen. Es ist für ihn unerträglich, auf „das Kreuz" getreten zu sein, dann hätte er sich versündigt und unmoralisch verhalten. Entsprechend eigenartig sieht sein Verhalten auf derartigen Strecken aus, sofern er das Entlanggehen nicht vermeiden kann. Der Patient leidet darunter, daß er diese Befürchtungen und Kontrollhandlungen hat und nicht abstellen kann, da er die Unsinnigkeit und Irrationalität seines Denkens und Tuns sieht. Mit den Befürchtungen einher gehen zahlreiche körperliche Symptome, insbesondere ein Schwindelgefühl, Lähmungsgefühl, Muskelschmerzen. Wiederholte Therapieversuche (psychopharmakologischer und psychotherapeutischer Art) sind fehlgeschlagen.

Im Überweisungsbericht des tiefenpsychologischen Kollegen werden die Beschwerden (v. a. bezogen auf die vom Patienten berichteten Schwindelgefühle) als „einen sehr konsequenten Körperausdruck seines sozialen Aufstiegs“ interpretiert. Eine durchaus zutreffende Metapher für die kognitiven, sozialen und handlungsbezogenen Konflikte des Patienten.

Diagnostisch haben wir es mit einer Zwangsstörung zu tun, bei der Zwangsgedanken und Zwangshandlungen gemischt auftreten.

1.3.2
Was ist Verhaltenstherapie bzw. kognitive Therapie?

Definition

Die kognitive Therapie und die Verhaltenstherapie sind Psychotherapien, die v. a. die Erkenntnisse aus der allgemeinen, der experimentellen und der Sozialpsychologie sowie relevanter Nachbardisziplinen (wie Biologie, Physiologie, Neurophysiologie, Neuroendokrinologie, Soziologie usw.) zur Anwendung bringen und dort entwickelte Theorien zur Begründung einer psychischen Störung und deren Behandlung heranziehen.

Sie will menschliches Leiden und die Einschränkung menschlicher Handlungsfähigkeit beheben bzw. vermindern. Die Behandlung umfaßt die Veränderungen des Handelns, des Denkens, des Empfindens, des Fühlens, der Umwelt, der sozialen Interaktionen, doch auch körperlicher Vorgänge und biologischer Abläufe. Das hauptsächliche Ziel ist die Ausbildung und Förderung von Fertigkeiten (im allgemeinsten Sinn), wodurch eine verbesserte Selbstkontrolle ermöglicht wird. Die kognitiven Therapien und Verhaltenstherapien legen Wert auf

- eine systematische Evaluation ihrer Methoden,
- die Überprüfung der Wirksamkeit von Behandlungen und damit die Klärung der Fragen zur Indikation,
- die Erfolgserwartung,
- die Erfolgsmöglichkeit und die
- Grenzen einer so definierten Psychotherapie.

Genau genommen gibt es „die“ Verhaltenstherapie oder „die“ kognitive Therapie nicht. Vielmehr werden unter diesen Begriffen vielfältige Behandlungsmethoden und Herangehensweisen zusammengefaßt, die sich den im vorherigen Abschnitt genannten Prinzipien verpflichtet fühlen und versuchen, diese Aspekte in der klinischen Praxis umzusetzen.

Wenn ich im folgenden verkürzt meist von Verhaltenstherapie spreche, dann ist damit jedoch immer die heute selbstverständliche Erweiterung dieser Psychotherapie um die kognitive Dimension und kognitive Therapieverfahren gemeint. Aus meiner Sicht ist „kognitive Therapie“ keine eigenständige Psychotherapie, sondern repräsentiert eine sinnvolle und notwendige Weiterentwicklung der Verhaltenstherapie.

1.3.3
Entwicklung der Verhaltenstherapie

Für die Entwicklung bzw. Entstehung der Verhaltenstherapie als psychologischer Ansatz läßt sich kein genauer Zeitpunkt angeben. Dies hängt damit zusammen, daß eine genaue Gegenstandsbestimmung und Grenzziehung für Verhaltenstherapie zwar immer wieder versucht wurde, daß eine entsprechende Einigung jedoch nie stattfand, angesichts der Heterogenität (oder in gewissem Sinne der Offenheit) der Modelle, Methoden und der störungsspezifischen Behandlungsausrichtung vielleicht auch nicht stattfinden kann. Am häufigsten werden die 50er Jahre als Entstehungsepoche genannt. Damals tauchte der Begriff Verhaltenstherapie (genauer „Behavior Modification“) erstmalig auf, wurde jedoch unabhängig voneinander von mehreren Autoren zeitgleich vorgeschlagen (Wolpe, Eysenck, Skinner, Lindsley, Meyer). Vielfach wird auf verhaltenstherapeutische Ansätze hingewiesen, wie sie sowohl in praktischer Hinsicht (Dunlap, M.C. Jones) als auch in methodologisch-theoretischer Hinsicht (Watson, Pawlow, Bechterew) schon zwischen 1920 und 1930 auftauchten. Es handelt sich dabei um einzelne, verstreute Ansätze, die sich zwar durchaus in eine „moderne" Verhaltenstherapie einordnen ließen, eine einheitliche Entwicklung ergab sich daraus jedoch noch nicht. Ebenso verstreut sind Ansätze vor und um die Jahrhundertwende (beispielsweise Prince, Donley, Williams), die als bedeutsam für die Grundlegung der Verhaltenstherapie angesehen werden können. In gewisser Weise läßt sich die Tradition der Verhaltenstherapie auch auf einzelne Bestrebungen im Mittelalter und in der Antike zurückführen. Hingewiesen wird dabei häufiger auf das Beispiel des Redners Demosthenes, der durch kontinuierliche Übung seiner Aussprache einen Sprachfehler selbst korrigieren konnte und zu einem berühmten Redner wurde.

Seit Mitte der 50er Jahre kann man von einer kontinuierlichen Entwicklung der Verhaltenstherapie sprechen. Die Wurzeln der Verhaltenstherapie sind in England (Eysenck, Shapiro, H.G. Jones), in Südafrika (Wolpe, A. Lazarus) sowie in den Vereinigten Staaten (Lindsley, Skinner, Mowrer, Dollard, Miller) zu finden. Es lassen sich zwar eine Reihe von Namen anführen, die für die Entwicklung der Verhaltenstherapie bedeutsam waren, dennoch gibt es keine eindeutige Gründerfigur. Dieser Umstand und die Tatsache, daß wichtige Grundlagen und Methoden der Verhaltenstherapie an mehreren Orten unabhängig voneinander entwickelt wurden, weisen darauf hin, daß die Zeit für das Aufkommen der Verhaltenstherapie gewissermaßen reif geworden war. Man kann von der Verhaltenstherapie als einer „sozialen Bewegung" (Krasner) sprechen. Dabei darf man nicht aus dem Auge verlieren, daß diese Bewegung zwar eine Reihe wichtiger Gemeinsamkeiten aufweist, die sich allerdings nicht eindeutig festlegen lassen. Es handelt sich bei diesen Gemeinsamkeiten wohl eher um „Familienähnlichkeiten", d.h. um eine Art „roten Faden", der sich durch die Bewegung zieht (Reinecker, 1994).

> **! Zusammenfassung**
>
> Verhaltenstherapie weist einen engen Bezug zur Grundlagenforschung in der Psychologie auf. Dieser Bezug zur Psychologie und ihren Nachbardisziplinen wird zur Beschreibung, Erklärung und Veränderung menschlichen Verhaltens herangezogen. Verhaltenstherapie strebt eine systematische Evaluation des therapeutischen Handelns an. Eine Veränderung von Bedingungen eines Problems sollte zur Verbesserung von Selbstkontrolle und Eigensteuerung des Patienten führen. Verhaltenstherapie ist eine um die kognitiven Behandlungskonzepte erweiterte, moderne Form der Psychotherapie, deren intensive Entwicklung in den 50er Jahren begann.

1.3.4 Wissenschaft oder Technologie?

Wenn man Verhaltenstherapie als wissenschaftliches System betrachtet, so sind zumindest drei Ebenen zu unterscheiden: (Perrez 1982; Westmeyer 1979):

- Theoretische Ebene: Hier findet man eine große Anzahl von Aussagen (Hypothesen und Gesetze) über einen bestimmten Gegenstandsbereich vor. Diese Aussagen müssen bestimmte Kriterien der Wissenschaftlichkeit erfüllen (wie empirischer Gehalt, Objektivität, Widerspruchsfreiheit, Konsistenz usw.). Ein Beispiel wäre, daß in der Grundlagenforschung zu den kognitiven Prozessen bei unipolaren Depressionen Aussagen zu verschiedenen Ebenen der Reizaufnahme, Informationsübermittlung, Gedächtnisaktivierung, schematagebundener Verarbeitung verschiedener Informationen, physiologischen bzw. kortikalen Prozessen getroffen und experimentell überprüft werden (vgl. Teasdale u. Barnard

1993; Hautzinger 1991, 1996). Die Aussagen auf dieser theoretischen Ebene enthalten idealisierte Bedingungen und bieten so ein Modell für, aber keine Beschreibung der Realität, versuchen allerdings, den Kriterien der Wissenschaftlichkeit näherzukommen.

- Technologische Ebene: Technologische Aussagen sind nichts anderes als Ziel-Mittel-Relationen. Die technologischen Regeln geben Anweisungen darüber, wie bestimmte Ziele zu erreichen sind. Technologische Aussagen sind nicht als wahr oder falsch (wie die theoretischen Aussagen) zu bezeichnen, sondern sie gelten als mehr oder weniger effektiv zur Erreichung eines bestimmten Zieles (Bunge 1967). In dem Lehrbuch von Linden u. Hautzinger (1996) sind zahlreiche Techniken und Behandlungselemente beschrieben, wie ein bestimmtes Ziel bei definierten Störungsbildern erreicht werden kann.
- Die Handlungsebene: Hier handelt es sich um Beschreibungen, z. B. anhand von Beobachtungen oder Aufzeichnungen derjenigen Tätigkeiten, die in der Interaktion zwischen Therapeut und einem bestimmten Patienten realisiert werden. Diese stattfindenden Handlungen orientieren sich idealerweise an theoretischen und technologischen Aussagen, sind aber mit diesen nicht zu verwechseln. Beispiele dafür sind die zahlreich verfügbaren Therapiemanuale und Behandlungsmaterialien (z. B. die seit 1983 erscheinende Buchreihe „Materialien für die psychosoziale Praxis", hrsg. von Hautzinger u. Petermann bei der Psychologie Verlags Union).

> ? Es stellt sich die Frage: Reicht es für die Durchführung von Verhaltenstherapie aus, sich auf technologische Aussagen (also Aussagen über die Effektivität von Handlungen) zu beziehen, oder müssen zusätzliche theoretische Aussagen (d. h. Aussagen, die einem Wahrheitskriterium nachzukommen versuchen) als Grundlage der Verhaltenstherapie herangezogen werden?

London (1972) spricht vom „Ende der Ideologie in der Verhaltensmodifikation" und meint, die Inanspruchnahme der experimentellen und theoretischen Grundlagen von z. B. Lerntheorien für die Verhaltenstherapie sei eine reine Prestigebehauptung gewesen. Er folgert daher, daß Verhaltenstherapie eher als Handwerk denn als Wissenschaft zu sehen ist. Einen explizit technologischen Ansatz vertraten Lazarus (1971, 1976) oder früher schon Skinner (1950). Für Lazarus kommt es für das praktische Handeln v. a. darauf an, effektive Verfahren zu entwickeln, ohne daß damit ein theoretischer Erkenntnisanspruch vertreten werden kann.

Gegenüber dieser technologischen Haltung wurde von verschiedenen Theoretikern (Eysenck 1964, 1971; Eysenck u. Beech 1971; Franks 1984; Franks u. Wilson 1973; Wolpe 1969, 1976 a, b; Yates 1975, 1980) immer wieder festgehalten, daß eine rein technologische Fundierung der Verhaltenstherapie völlig unzureichend sei. Wenn Verhaltenstherapie weiterhin den Anspruch auf Wissenschaftlichkeit aufrechterhält, so muß sie sich nicht nur um das Wie eines bestimmten Vorgangs kümmern, sondern es ist ihre Aufgabe, auch das Warum des betreffenden Prozesses aufzuklären. Antworten auf Warum-Fragen können nur durch Erklärungen gegeben werden, in denen theoretische Aussagen enthalten sind (Hempel 1977).

Illustriert wird dieser Streit in einem „Märchen", das Kitchener (1977) in Anspielung auf Skinner („Fred") erzählte:

Es lebte einmal im Lande Psi ein sehr berühmter Bäcker, Fred mit Namen. Fred, der Bäcker, galt weit und breit als der beste Bäcker. Sein Geschick beim Backen war unvergleichlich, denn er konnte einen Laib in jeder Größe und Form herstellen, langes und dünnes Stangenbrot, runde Kaisersemmeln, halbmondförmige Croissants, Zöpfe usw. Sein berühmtes Motto war: Man gebe mir den ungekneteten Teig, und mit der Zeit kann ich jede gewünschte Art von Brotlaib herstellen. Fred nannte diesen Prozeß „shaping".

Freilich gab es auch Grenzen für das, was Fred tun konnte: Er konnte z. B. kein Vollkornbrot aus weißem Mehl herstellen. Aber das war nur ein kleiner Makel bei einem im übrigen untadeligen Charakter. Und obwohl Fred die Bedeutung der Mehlsorte, von der man ausgeht, mehrfach zugestand, ging das Gerücht, daß er sich sogar darum bemühte, Möglichkeiten zu finden, diese Beschränkung zu überwinden. Mit der Zeit vielleicht, so dachten Freds Bewunderer, wird er in der Lage sein, Vollkornbrot aus weißem Mehl herzustellen und Roggen in Parmesankäse zu verwandeln. Freds Ruf bei den Einwohnern von Psi führte bald dazu, daß er einen Lehrauftrag an der örtlichen Handelsschule erhielt, und er sammelte binnen kurzem eine Schar treuer Anhänger um sich, die auf Freds Methoden schwörten.

Nun gab es an dieser Handelsschule eine andere Gruppe von Personen, denen Freds oberflächliche Einstellung zum Bäckereigewerbe mißfiel. Diese Personen glaubten, daß es wichtiger sei, das „Warum" bei der Brotherstellung zu kennen als das „Wie". Sie waren an etwas interessiert, das sie den zugrundeliegenden Prozeß nannten. Um die Herstellung von Brot wirklich zu verstehen, brauche man, so behaupteten sie, eine Theorie des Brotbackens. Obwohl ein wichtiger erster Schritt darin bestehe, herauszufinden, welche Zusammenstellungen von Mehl, Salz, Zucker und Hefe zu welchen Brotsorten führen, müßte der Gärprozeß selbst erklärt werden. Und zu diesem Zweck sei eine Theorie der Hefe erforderlich. Diese Leute sprachen deshalb von „Gärstoffen" oder „Treibmitteln", die das Aufgehen des Teiges bewirkten.

Fred jedoch fand dieses ganze Gerede langweilig und überflüssig. Wenn du weißt, so sagte Fred, welche Brotsorte aus einer bestimmten Zusammenstellung von Mehl, Salz, Wasser und Hefe entsteht, und wenn du weißt, wie verschiedene Brotsorten hergestellt werden, was willst du dann noch mehr? Es steckt kein Geheimnis in der Hefe, behauptete Fred. Hefe wurde – er nannte das operational – definiert als alles, was bewirkt, daß das Brot aufgeht. Außerdem hieße über Treibmittel oder Gärstoffe zu spekulieren, den Bereich beobachtbarer Tatsachen zu verlassen und in einen Bereich geheimnisvoller und geisterhafter Kräfte einzudringen. In jedem Fall sei ein derartiges Gerede unnütz und zeitraubend und lenke nur von der wichtigen Aufgabe, neue Brotsorten zu entdecken, ab. Kurz gesagt, Fred behauptete, eine Theorie der Brotherstellung sei unnötig (Kitchener 1977).

Vom heutigen Standpunkt aus ist zu dieser Kontroverse (s. dazu Westmeyer u. Hoffmann 1977) zu sagen, daß ein Verzicht auf eine theoretische Fundierung auch eine Verarmung der Verhaltenstherapie darstellen würde. Eine reine Orientierung an Effektivitätswerten, wie dies für technologische Regeln charakteristisch ist, kann im Bereich der psychologischen Forschung in die Irre führen. Für die (Weiter-) Entwicklung von Methoden und Techniken ist eine theoretische Position notwendig.

> **Zusammenfassung**
>
> Unter einem technologischen Standpunkt in der Verhaltenstherapie versteht man die Auffassung, daß für die Fundierung unseres praktischen Handelns ein Bezug zu technologischen Modellen (kennzeichnend: Effektivitätswerte) ausreichend ist. Ein wissenschaftlicher Standpunkt hingegen betont, daß ein Bezug zu theoretischen Aussagen unverzichtbar ist, weil nur in Theorien (vorläufige) Antworten auf Warum-Fragen geliefert werden können.

1.3.5 Theoretische Grundlagen der Verhaltenstherapie

Die früher vertretene rein lerntheoretische Fundierung der Verhaltenstherapie (z. B. Eysenck u. Rachman 1967) muß heute eindeutig als zu eng angesehen werden. Dennoch gilt, daß die verschiedenen Lerntheorien weiterhin eine wichtige Säule der Verhaltenstherapie darstellen. Daneben sind eine Reihe anderer psychologischer Ansätze aus den Bereichen der Motivations- und Kognitions-, Sozial-, Entwicklungs- und Persönlichkeitspsychologie zu berücksichtigen. Ferner tut man als Verhaltenstherapeut gut daran, über die Grenzen der Psychologie hinauszublicken. Eine angemessene Betrachtung menschlicher Probleme erfordert eine multidisziplinäre Sichtweise. Dazu gehören Beiträge aus

- der Medizin,
- der Psychophysiologie,
- der Biologie,
- der Biochemie und
- den anderen Sozialwissenschaften.

Bei der folgenden Darstellung habe ich mich auf Kanfer u. Phillips (1975) und Reinecker (1990, 1994) gestützt. Diese Bücher sind zum vertiefenden Studium empfohlen.

Lerntheoretische Grundlagen

Einen Kernbereich für die psychologische Orientierung der Verhaltenstherapie bilden seit jeher die Lerntheorien. Erwerb und Veränderung von Verhalten (im weitesten Sinne des Wortes, gleichgültig ob normales oder pathologisches Verhalten) ist ohne Lernen nicht vorstellbar. Entsprechend lassen sich Veränderungen und Erweiterungen von Handlungsweisen eines Menschen als Lernprozeß verstehen und darstellen.

Thorndikes Lerntheorie

Den Ausgangspunkt der Überlegungen von Thorndike (1932) bildeten unterschiedliche Lernexperimente mit Tieren und Menschen. In einem von ihm entworfenen Problemkäfig beobachtete er das Verhalten systematisch unter variierenden Bedingungen, um so Aufschluß über die Fähigkeit zu lernen zu erhalten. Zu diesem Zweck wurden die Tiere hungrig in einen kleinen Käfig gesperrt. Sie konnten sich selbst aus der Situation befreien, indem sie eine vorher festgelegte Reaktion zeigten (z.B. Drücken eines Hebels, Ziehen an einer Schlinge, Sich-Lecken oder ähnliches). Mit dieser und ähnlichen Versuchsanordnungen ließen sich verschiedene Merkmale einzelner Reaktionen beobachten und registrieren (z.B. die Zeit bis zur Lösung des Problems).

> ! Für Thorndike besteht Lernen in der Bildung von Assoziationen (Verknüpfungen) zwischen Situationen (S) und Reaktionen (R).

Verschiedene Merkmale solcher Verknüpfungen lassen sich in Problemsituationen beobachten, registrieren und analysieren. Assoziationen

- folgen dem Gesetz des Effekts, indem S-R-Verbindungen durch befriedigende Nachwirkungen gestärkt und durch unangenehme Nachwirkungen geschwächt werden;
- sie bilden sich leichter zwischen zusammengehörigen Verbindungen, was durch evolutionär bedingte Selektionsprozesse bedingt ist;
- sie führen zu Erwartungen über Effekte (Nachwirkungen) von Reaktionen.

Außerdem nehmen motivationale Faktoren Einfluß auf die Bildung von Verknüpfungen.

Die Fähigkeit eines Organismus, unterschiedliche Assoziationen zu bilden (also zu lernen), befreit ihn aus vorhandenen biologisch-evolutionären Zwängen (also festgelegten Reaktionen). Diese Flexibilität des Menschen und auch die Tatsache, daß Assoziationen u.U. auch durch „Vorstellungen" gebildet werden können, macht nach Thorndike die besondere Stellung in der Evolution aus.

Pawlows klassisches Konditionieren (respondentes Lernen)

Ähnlich wie Thorndike interessierte sich der Physiologe Pawlow auch für die Bildung von sog. Assoziationen. Während Thorndike versuchte, Auswirkungen der Assoziation von S-R-Verbindungen und der damit verbundenen Effekte (Nachwirkungen) zu analysieren, ging es Pawlow um die Fähigkeit zur Assoziationsbildung bei verschiedenen Reizpaaren (zwischen unkonditioniertem Stimulus und konditioniertem Stimulus).

> ! Dabei soll erforscht werden, in welcher Weise ein bestimmter neutraler Reiz (CS) durch Kopplung mit einem unbedingten Reiz (UCS) selbst Auslöserfunktionen für eine Reaktion (CR, konditionierte Reaktion) übernehmen kann.

Das Prinzip des klassischen Konditionierens (vgl. Pawlow 1927) beruht auf dem Modell der sog. Stimulussubstitution:

> ! Durch eine mehrfache (zufällige) Kopplung eines vorher für den Organismus neutralen Reizes mit einem unkonditionierten Stimulus gewinnt der neutrale Reiz eine bedingte Auslöserfunktion für die ursprüngliche unkonditionierte Reaktion.

Dies läßt sich an folgender Abbildung verdeutlichen (s. Abb. 1.6):

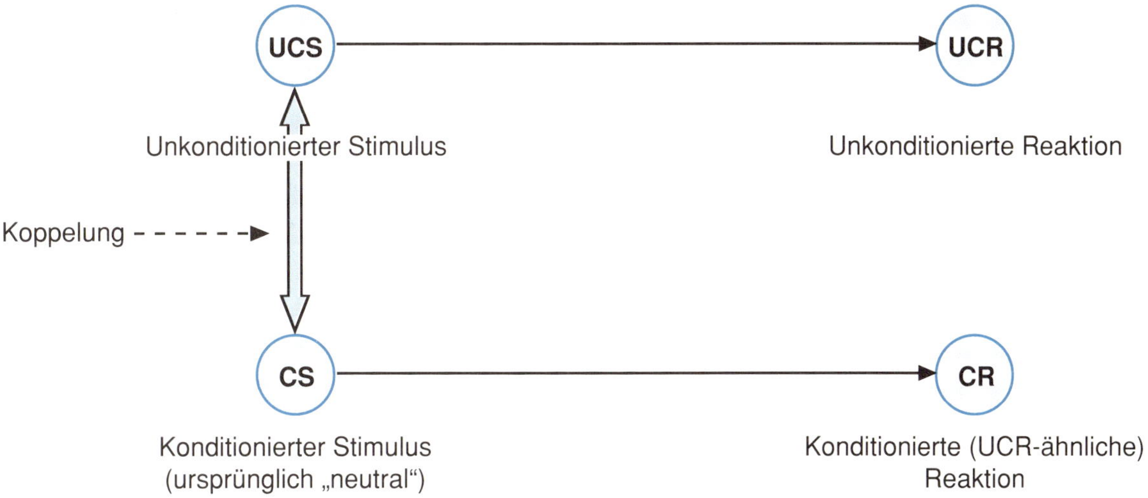

Abb. 1.6. Das Modell der Stimulussubstitution

Die zum Verständnis dieses Lernens notwendigen Grundbegriffe sind folgendermaßen definiert:

> **Definition**
>
> UCS: Ein für den Organismus unbedingter (biologisch determinierter) Reiz, der eine damit fest gekoppelte Reaktion (UCR) in jedem Falle hervorruft.
>
> Beispiel: Eine drastische Änderung der Umweltsituation (etwa ein lautes Geräusch) löst eine Orientierungsreaktion (z.B. Zusammenzucken des Organismus) aus.
>
> UCR: Eine unbedingte Reaktion des Organismus auf einen unbedingten Reiz. Im obigen Beispiel wäre das Zusammenzucken des Organismus oder eine spezielle Richtung der Aufmerksamkeit als unbedingte Reaktion anzusehen.
>
> CS: Ein Stimulus, der zunächst hinsichtlich der Auslösung der unbedingten Reaktion (UCR) insofern neutral ist, als seine alleinige Darbietung die UCR üblicherweise nicht auslöst.
>
> CR: Die konditionierte Reaktion ist der unbedingten Reaktion (UCR) ähnlich; sie kann nach (mehrfacher) Kopplung von CS und UCS durch die Darbietung des CS (konditionierter Stimulus) allein ausgelöst werden.

Der grundlegende Mechanismus des klassischen Konditionierens wurde von Guthrie (1959) auch als „Kontiguitätsprinzip“ bezeichnet:

> **Definition**
>
> Durch Assoziation, durch eine mehrfache zeitliche und räumliche Kopplung (d.h. Kontiguität) erwirbt der vorher neutrale Reiz Auslöser- bzw. Signalfunktion für eine Veränderung des Verhaltens.

Kortikale Erregung und Hemmung. Die Theorie konditionierter Reaktionen von Pawlow (1927) beruht auf Annahmen über die Interaktion kortikaler Erregung und Hemmung: Ein externer Reiz führt zu einer Erregung im kortikalen System; wenn gleichzeitig ein zweiter Stimulus (CS) dargeboten wird, so führt dies zu einer Erregung in einem anderen Bereich. Die mehrmalige gleichzeitige Erregung führt zu einer Bahnung und Überschneidung (Interaktion) im Sinne einer Verbindung auf neuraler Ebene. In der Folge ist bereits einer der beiden Reize (CS) in der Lage, die betreffende Erregung und die damit verbundene Reaktion (CR) auszulösen. Für die Bildung von bedingten Reaktionen lassen sich drei Gruppen von Variablen anführen:

- Der somatische Zustand des Organismus,
- die zeitliche Beziehung zwischen UCS und CS und
- Merkmale der Reize selbst.

■ **Konditionierung höherer Ordnung.** Nach Ansicht von Pawlow läßt sich auch das komplexe Verhalten höherer Organismen als Kette von bedingten und unbedingten Reaktionen auf Reize der inneren und äußeren Umgebung analysieren. Besonders kennzeichnend für den Menschen ist das Phänomen der Konditionierung höherer Ordnung und die damit verbundene Ausbildung eines „zweiten Signalsystems". Darunter ist folgendes zu verstehen: Wenn eine klassische Konditionierung stattgefunden hat, so kann nach der stabilen Assoziation von CS und UCS der ursprüngliche CS die Funktion eines UCS für einen neuen CS übernehmen. Dieser neue CS ist beim Menschen häufig die Sprache. Der Sachverhalt läßt sich in folgendem Schema (s. Abb. 1.7) verdeutlichen.

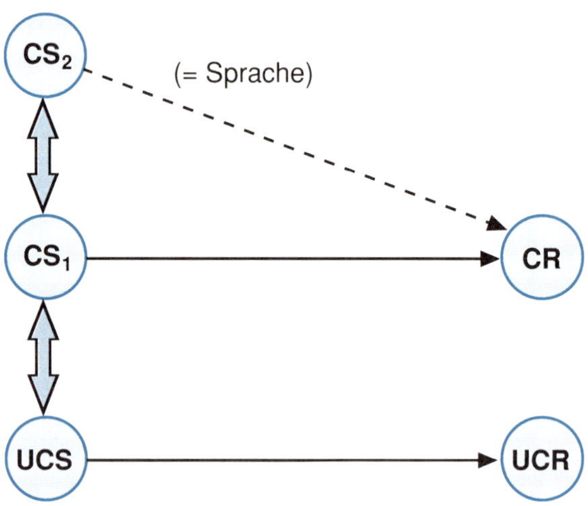

Abb. 1.7. Konditionierung höherer Ordnung

Bei der Konditionierung höherer Ordnung hat somit die Sprache (CS 2) die Funktion eines Hinweisreizes auf eine komplexe Verknüpfung (CS 1 – UCS) übernommen.

Beispiel

Bereits das Wort „Spinne" löst bei einem Phobiker eine konditionierte Reaktion aus, er braucht das Tier gar nicht zu sehen (das bedeutet Konfrontation mit dem CS 1), geschweige denn durch es verletzt zu werden (d.h. Konfrontation mit dem UCS).

Pawlow betrachtete die Fähigkeit zur Bildung dieses „zweiten Signalsystems" und den komplexen Umgang mit der Sprache als charakteristisch für menschliches Lernen.

■ **Relevanz des klassischen Konditionierens.** Die Bedeutung des klassischen Konditionierens läßt sich anhand einer Reihe von Merkmalen psychischer Störungen zeigen. Bei vielen phobischen (Angst-)Störungen, substanzbedingten Abhängigkeiten (z.B. Suchtdruck, „craving") sowie bei psychophysiologischen Störungen (z.B. Asthma, Migräne, gastrointestinale Beschwerden) lassen sich nach genauer Analyse in der Umwelt des Patienten Situationen finden, die als ursprünglich „neutrale" Reize im Laufe eines problematischen Lernprozesses Auslöserfunktion für bestimmte Komponenten der Problematik gewonnen haben.

Basler et al. (1979) führten einige Untersuchungen durch, in denen ein Asthmaanfall nicht nur durch Allergene, sondern durch zuvor neutrale Reize ausgelöst werden konnte. Die Patienten atmeten über ein Glasmundstück die Allergene ein, die als unkonditionierte Reize den Anfall auslösten. Nach einigen Kopplungen des CS (Glasmundstück) mit dem UCS (Allergene) konnte der Anfall bereits durch das Glasmundstück alleine ausgelöst werden, das nicht einmal mit dem Allergenbehälter verbunden war. In anderen Fällen reagierten Patienten mit asthmatischen Anfällen auf Reize, bei denen die Bedingungen der Konditionierung im nachhinein nicht mehr rekonstruiert werden konnten (z.B. Reaktionen auf Goldfische, auf das Bild eines springenden Pferdes, Geruch eines Parfüms usw.).

Ähnliche Kopplungen auf der Basis des respondenten Lernens lassen sich bei Krebspatienten beobachten, die sich einer Chemotherapie unterziehen und darauf mit heftigen körperlichen Beschwerden reagieren. Nach kurzer Zeit reicht das Betreten des Gebäudes, Gerüche, der Anblick der Medikamente oder die Farbe, die die Medikamente aufweisen, aus, um körperliche Reaktionen, wie Übelkeit, hervorzurufen, was in der Behandlung zu großen Komplikationen führen kann. Andere Nachweise für Prozesse des klassischen Konditionierens gibt es auch auf hormoneller Ebene, etwa für die Konditionierung der Insulinsekretion oder für die Adrenalinausschüttung (Stanton u. Levine 1988). Die Autoren gehen davon aus, daß auch das endokrine System bestimmten Lernmechanismen – im Prinzip dem klassischen Konditionieren durch die Bildung von Assoziation – unterliegt. Ader (1988) wies solche Mechanismen auch für die Placebowirkung von Drogen oder Medikamenten nach, die sich ebenfalls im Sinne des klassischen Konditionierens verstehen lassen.

Voraussetzungen dafür, daß respondente Lernprozesse stattfinden könnten, sind:

- Bereitschaft des lernenden Organismus,
- die zeitliche Relation von CS und UCS und
- Merkmale der Reize in dem Sinne, daß offensichtlich nicht jeder beliebige neutrale Reiz zu einem bedingten Reiz gemacht werden kann.

Schon Thorndike sprach von der „Zusammengehörigkeit“ von Reizen. Insbesondere Reize, die schon starke Orientierungsreaktionen auslösen oder biologisch primär bedeutsam sind, kommen als CS kaum in Betracht. Die Relevanz des klassischen Konditionierens wird an folgendem Beispiel deutlich.

Beispiel

Die Patientin H. konnte nur noch in Begleitung ihres Freundes und „mit Verpackung“ die Wohnung verlassen. Sie befürchtete selbst mit Verpackung, daß ihre Blase überlaufen und sie in aller Öffentlichkeit in die Hosen machen könnte. Die Verpackung bestand aus einer Windelhose, die ihr ein Urologe vor zwei Jahren zu tragen empfohlen hatte, damit sie dadurch mehr Schutz und Sicherheit vor dem befürchteten Mißgeschick, in aller Öffentlichkeit in die Hose zu machen, erlangen sollte.

Begonnen hatte alles vor fünf Jahren auf einer Studienreise nach Israel gemeinsam mit ihrer Mutter. Die Tage dieser Reise waren mit einem dicht gepackten Besichtigungs- und Rundreiseprogramm gefüllt. An einem dieser Tage war die Patientin mit der ganzen Reisegesellschaft gleich morgens nach dem Frühstück in den Bus gestiegen, um dann mehrere Besichtigungspunkte anzufahren und abends in einem anderen Hotel zu landen. Während einer der Fahrten zwischen zwei Besichtigungsaufenthalten bemerkte die Patientin, daß sie dringend auf die Toilette mußte. Sie hatte morgens nach dem Frühstück und zwischenzeitlich keine Zeit gehabt, die Toilette aufzusuchen und auch nicht weiter daran gedacht. Auf der unebenen Wüstenpiste im wackeligen Bus stellte sich nun ein heftiger Blasendruck ein. Der Bus hatte keine Toilette, der nächste vorgesehene Halt war noch über eine Stunde entfernt. Der Drang, Wasser lassen zu müssen, wurde immer stärker. Die Patientin versuchte zunächst sich abzulenken und die Zeit irgendwie auszuhalten. Die ruckelige Fahrt erlaubte dies jedoch nicht. Die Mutter, die neben ihr saß, bekam mit, daß die Patientin immer unruhiger und zappeliger wurde und machte ihr darüber Vorwürfe, was zusätzlich die Patientin belastete, zumal zu ihrer Mutter sowieso ein gespanntes Verhältnis bestand. Schließlich entschloß sich die Patientin, trotz all der Drohungen seitens der Mutter und der Peinlichkeit des Anliegens, den Reiseleiter zu bitten, den Bus zu stoppen, damit sie pinkeln gehen könnte. Dazu mußte sie fast den gesamten Bus durchqueren. Der Reiseleiter lehnte zunächst mit dem Hinweis ab, daß sie doch wohl erwachsen genug sei, das auszuhalten. Er wolle keine Zeit verlieren und halte nicht an. Unter der zunehmenden Beachtung der Mitreisenden mußte die Patientin noch immer mit der vollen Blase zurück an ihren Platz. Sie bemühte sich erneut, den immer stärker werdenden Blasendruck und die beginnende Angst, gleich in die Hosen und auf den Sitz zu pinkeln, auszuhalten. Nach weiteren fast unerträglichen 20 Minuten quälte sie sich erneut nach vorne, um diesmal heftigst darauf zu bestehen, den Bus anzuhalten. Dies geschah dann auch. Sie konnte unter den Augen aller Mitreisenden hinter einem nahe gelegenen Busch verschwinden, um ihre Notdurft zu verrichten. Ab diesem Zeitpunkt und für die restliche Reisezeit löste jede bevorstehende Busfahrt einen Blasendruck aus, so daß sie den Reisebus nicht mehr bestieg, ohne vorher auf der Toilette gewesen zu sein.

Die volle Blase (UCS) löste reflektorisch und zunehmend mehr den Blasendruck und alle damit verbundenen sensorischen, affektiven und muskulären Reaktionen (UCR) aus. Im Extremfall könnte es in der Tat zu einer reflektorischen Entleerung der übervollen Blase kommen. Das Erlebnis des UCS trat im Reisebus, unter vielen Leuten, ohne unmittelbare Verfügbarkeit einer Toilette auf, so daß diese Reize zu CS werden und bereits in der unmittelbaren Folgezeit ähnliche bzw. identische körperliche und affektive Reaktionen (CR) auslösen.

> **Zusammenfassung**
>
> Das Prinzip des respondenten Lernens nach PAWLOW besteht in einer Assoziation zwischen Reizen durch das lernende Individuum. Nach einem mehrfachen gemeinsamen Auftreten eines UCS (unkonditionierter Reiz) mit einem neutralen Reiz (CS) lernt der Organismus, daß dieser neutrale Reiz als Hinweis auf den UCS dient. In der Folge ist bereits der vorher neutrale Reiz (nunmehr CS, konditionierter Reiz) in der Lage, die entsprechende Reaktion (nunmehr CR, konditionierte Reaktion) hervorzurufen. Das Prinzip der klassischen Konditionierung kann zur Beschreibung und Erklärung einer ganzen Reihe von Lernprozessen herangezogen werden.

SKINNERS operantes Lernen

SKINNER begann seine außerordentlich einflußreiche Arbeit Ende der 20er Jahre v. a. unter dem Einfluß der Arbeiten PAWLOWS. Dazu kamen Einflüsse aus dem Bereich der vergleichenden Verhaltensforschung (DARWIN). Im Mittelpunkt seiner Untersuchungen stand das beobachtbare Verhalten. In einer ganzen Reihe von gut kontrollierten Experimenten versuchte er, diesen Grundbegriff zu operationalisieren. Dazu gehörte eine genaue Beschreibung beobachtbarer Prozesse, ihre Frequenz, Intensität und Oszillation.

> Die wichtigste Methode zur Erforschung des Verhaltens besteht nach SKINNER in der exakten und kontinuierlichen Beobachtung einzelner Merkmale des Verhaltens in kontrollierten Untersuchungssituationen.

Zum Zwecke dieser Beobachtung von Tieren konstruierte er eine Versuchsanordnung, die auch nach ihm benannt wurde („Skinner-Box").

Zentrales Anliegen bei SKINNER ist die funktionale Analyse des Verhaltens. Die funktionale Analyse beabsichtigt eine möglichst exakte Beobachtung und Beschreibung eines speziellen Verhaltensausschnittes. Dieses Merkmal des Verhaltens eines Organismus wird dabei üblicherweise über lange Zeiträume hinweg beobachtet und (z.B. hinsichtlich der Auftretenshäufigkeit) registriert. Bei seinen eigenen Untersuchungen in Anlehnung an PAWLOWS Versuchsanordnung machte SKINNER (1935, 1938) die Beobachtung, daß viele Reaktionen zwar von einem Reiz ausgelöst werden, daß sich daneben aber auch Reaktionen finden, für die kein entsprechender auslösender Reiz beobachtet werden kann.

> Solche Reaktionen bezeichnet SKINNER als operant, sie werden vom Organismus ohne ersichtliche Auslöser produziert und besitzen eine Wirkung auf einen Ausschnitt der Umgebung.
>
> Für die von PAWLOW beschriebene Form der klassischen Konditionierung verwendete SKINNER den Begriff „Konditionierung vom Typ S". Kennzeichnend für diese Form ist das Prinzip der Assoziation von Stimuli („Stimulussubstitution"): Ein neutraler Reiz (CS) übernimmt nach der Assoziation mit einem unbedingten Reiz (UCS) Auslöserfunktion für eine Reaktion (CR). Von diesem ersten Lerntypus unterschied SKINNER (1937) die operante Konditionierung („Konditionierung vom Typ R"). Kennzeichnend dafür ist die funktionale Beziehung zwischen einem vom Organismus gezeigten Verhalten, der Reaktion (R), und einem auf diese Reaktion folgenden Reiz (S):

$$\ldots s - R1 - S1 - R2 \ldots$$

Dabei bedeuten:

s: einen Auslöserreiz, der zwar angenommen werden muß, wegen seiner Unbeobachtbarkeit jedoch unwichtig bleibt;

R1: ein gezeigtes Verhalten („operante Reaktion"), die bereits im Repertoire des Organismus war (z.B.: Drücken auf einen Hebel, Picken auf eine Scheibe usw.).

S1: Veränderungen der Umwelt; ein Reiz, der auf die Reaktion R1 folgt (z.B. Verstärkung durch Futter). Da als Verhaltenskonsequenz verstanden, wird dies gerne auch als K abgekürzt.

R2: Reaktion auf die Umweltveränderung (beispielsweise Fressen des Futters, Speichelfluß, emotionale Reaktionen usw.).

Zum Verständnis des operantes Lernens sind folgende Grundbegriffe wichtig:

> **Definition**
>
> Unter einem Verstärker versteht man einen verhaltenskontingenten Stimulus (oben als S1 oder auch K abgekürzt), der die zukünftige Auftrittswahrscheinlichkeit der ihm vorausgehenden Reaktionsklasse erhöht.
>
> Unter Verstärkung versteht man den Prozeß der Darbietung bzw. Entfernung eines Reizes nach dem Auftreten einer speziellen Reaktion.
>
> Unter Kontingenz versteht man die Tatsache, daß einem bestimmten Verhalten eine bestimmte Konsequenz folgt, ohne daß dies eine notwendige Folge des Verhaltens ist.

Die verschiedenen Möglichkeiten der Darbietung bzw. Entfernung von Reizen als Konsequenz auf ein Verhalten und die damit zusammenhängenden Prozesse sind in Abb. 1.8 aufgeführt:

		Darbietung	Entfernung
Verstärker:	Positiver (= angenehmer) Stimulus K+	K+ positive Verstärkung Folge: R↑	~~K~~+ indirekte Bestrafung/ Löschung Folge: R↓
	Aversiver (= unangenehmer) Stimulus K–	K– direkte Bestrafung Folge: R↓	~~K~~– negative Verstärkung Folge: R↑

Abb. 1.8. Beziehungen zwischen Reaktionen (Verhalten) und nachfolgenden Konsequenzen (R↑ Erhöhung, R↓ Senkung der Auftrittswahrscheinlichkeit von Verhalten derselben operanten Klasse)

Die daraus hervorgegangene Verhaltensgleichung (Kanfer u. Phillips 1975) berücksichtigt die Zusammenhänge in folgender Form:

Verhaltensgleichung. (Nach Kanfer u. Phillips 1975)

S——————O——————R——————KV——————K

Stimulus — Organismusvariable — Reaktion — Kontingenzverhältnis — Konsequenzen

Dabei kann S als diskriminativer Reiz Hinweis sein für ein Verhalten, das zu positiven Konsequenzen oder zu negativen Konsequenzen führt. Die Verhaltenskonsequenzen K können die Qualität einer positiven Verstärkung (K+), einer negativen Verstärkung ($\not{K}$–), einer direkten Bestrafung (K–) oder einer indirekten Bestrafung, Verstärkerverlust ($\not{K}$+) annehmen.

■ **Kontingenzverhältnisse oder Verstärkerpläne.** Skinner kam eher zufällig auf die Idee der partiellen Verstärkung: Als seine Futterpillen für eine kontinuierliche Verstärkung von Ratten nicht mehr ausreichten, verstärkte er die Tiere intermittierend.

> **Definition**
> Unter intermittierender Verstärkung ist zu verstehen, daß nicht mehr jede Reaktion, sondern nur mehr eine ganz bestimmte Quote (daher: Quotenplan) bzw. nach einem bestimmten Zeitintervall (daher: Intervallplan) der Reaktionen verstärkt wurde.

Sowohl die Quote als auch das Intervall können fixiert (beispielsweise jede 50. Reaktion wird verstärkt bzw. eine Verstärkung erfolgt erst nach 30 Sekunden auf eine Reaktion) oder variabel sein (z. B. Verstärkung erfolgt durchschnittlich für jede 50. Reaktion oder nach durchschnittlich 30 Sekunden). Neben den verschiedenen Kombinationsmöglichkeiten von fixierten vs. variablen Quoten- bzw. Intervallplänen ergaben sich eine Reihe von sog. gemischten Verstärkerplänen. Je nach Verstärkungsraten ergeben sich unterschiedlich rasche bzw. stabile Verhaltensraten.

> **!**
> Einer der wichtigsten Befunde dazu ist die Tatsache, daß intermittierend verstärktes Verhalten besonders stabil, d. h. löschungsresistent ist.

■ **Anwendung auf psychopathologische Störungen.** Im Rahmen ihrer Überlegungen zu psychopathologischen Störungen haben insbesondere Ullmann u. Krasner (1969) die Bedeutung sozialer Verstärkungsmechanismen herausgestellt. In Theorien unterschiedlicher Ausrichtung wird als ein ätiologischer Faktor für „neurotische Störungen" (z. B. Ängste, Zwänge, somatoforme Störungen) und psychosomatische Erkrankungen (z. B. chronische Schmerzzustände, Eßstörungen) immer wieder die Bedeutung sozialer Verstärkung für Genese und Aufrechterhaltung eines Problems angeführt. Für die Therapie von schwer gestörten Patienten, etwa bei hospitalisierten Schizophrenen, autistischen Kindern etc. stellen operante Verfahren ein unschätzbares Hilfsmittel dar. Die operanten Methoden erbrachten für Personen, die jahrzehntelang bloß „verwahrt" worden waren, bei angemessener Anwendung eine deutliche Verbesserung ihrer Situation. Ayllon u. Azrin (1968) haben durch die Anwendung operanter Prinzipien ein für langzeithospitalisierte Patienten motivierendes Lernmilieu geschaffen, das einen wichtigen Schritt zur Wiederherstellung der Unabhängigkeit, Selbstbestimmung und Menschenwürde bildet. Weitere ermutigende Ansätze in dieser Richtung stammen von Paul u. Lentz (1977).

> **!**
> Aus heutiger Sicht kann man festhalten, daß operante, verhaltenstherapeutische Strategien bei der Behandlung schizophrener Patienten zusammen mit den medikamentösen Möglichkeiten und der Familientherapie als die drei Säulen bei der Behandlung der Schizophrenie gelten (vgl. dazu Kap. 8; Hahlweg u. Goldstein 1987; Watzl u. Cohen 1992).

■ **Anwendung auf körperliche Störungen.** Die von Skinner (1938) vorgenommene Trennung in zwei Lernprinzipien wurde auch auf unterschiedliche Reaktionsbereiche angewendet (Hilgard u. Marquis 1940). Demnach galt die Skelettmuskulatur (quergestreifte Muskeln) als der Bereich, in dem operante Konditionierung seine Bedeutung besitzt, während innere Organe, Blutgefäße, die Herztätigkeit, die Ausschüttung von Hormonen und dergleichen als durch klassisches Konditionieren gesteuert angesehen wurden. Diese Trennung wurde von Miller Ende der 60er Jahre grundsätzlich in Frage gestellt. Miller (1969) wies nach, daß sich durch operantes Konditionieren auch Reaktionen beeinflussen lassen, die im Bereich des vegetativen Nervensystems liegen. Diese Entdeckung aus der Grundlagenforschung führte zur Auffassung, daß sich damit praktisch alle Verhaltensstörungen autonomer Natur durch operantes Lernen beeinflussen lassen müßten. Im Rahmen des Biofeedback (Bischoff 1995) lassen sich in der Tat einige beeindruckende therapeutische Effekte nachweisen, doch sind damit längst nicht alle Störungen behandelbar. Forschungen im Bereich der Verhaltensmedizin (s. Kap. 6; Wahl u. Hautzinger 1989; Miltner et al. 1986) können zeigen, daß bei vielen körperlichen Störungen operante Mechanismen für die Genese, den Verlauf, die Aufrechterhaltung und auch für die Therapie eine bedeutende Rolle spielen.

Bei der Betrachtung menschlichen Verhaltens lassen sich kaum Fälle finden, in denen eines der beiden Lernprinzipien zur Beschreibung und Erklärung ausreichend wäre. Selbst im einfachsten Fall der klassischen Konditionierung ist der Prozeß nicht mit der konditionierten Reaktion beendet, sondern auf diese Reaktion folgen bestimmte Konsequenzen, die für die weitere Auftretenswahrscheinlichkeit relevant sein können. Beim operanten Konditionieren wird zwar lediglich die Konsequenz eines Verhaltens als relevant für den weiteren Verlauf erachtet, doch erfolgt ein Verhalten immer unter bestimmten Reizbedingungen, die bedeutsamen Hinweischarakter erwerben bzw. bereits besitzen können.

Um die Eigenständigkeit des klassischen bzw. operanten Konditionierens gibt es eine lange Kontroverse. Das einzig haltbare Kriterium zur Unterscheidung der beiden Lernprozesse scheint der zeitliche Aspekt zu sein (vgl. Hearst 1975).

! Von klassischer Konditionierung spricht man dann, wenn die unabhängigen Variablen (auslösende Stimuli) *vor* dem Auftreten der jeweiligen Reaktion zu identifizieren sind; operante Konditionierung liegt hingegen dann vor, wenn die unabhängigen Variablen (verstärkende Stimuli) *nach* der jeweiligen Reaktion auftreten (s. Abb. 1.9).

! **Zusammenfassung**

Beim operanten Konditionieren wird die zukünftige Auftrittswahrscheinlichkeit von Reaktionen derselben operanten Klasse durch Ereignisse bestimmt, die der Reaktion kontingent nachfolgen. Der Organismus lernt somit einen Zusammenhang zwischen einer Reaktion (R) und einer dazugehörigen (d.h. kontingenten) Situa-

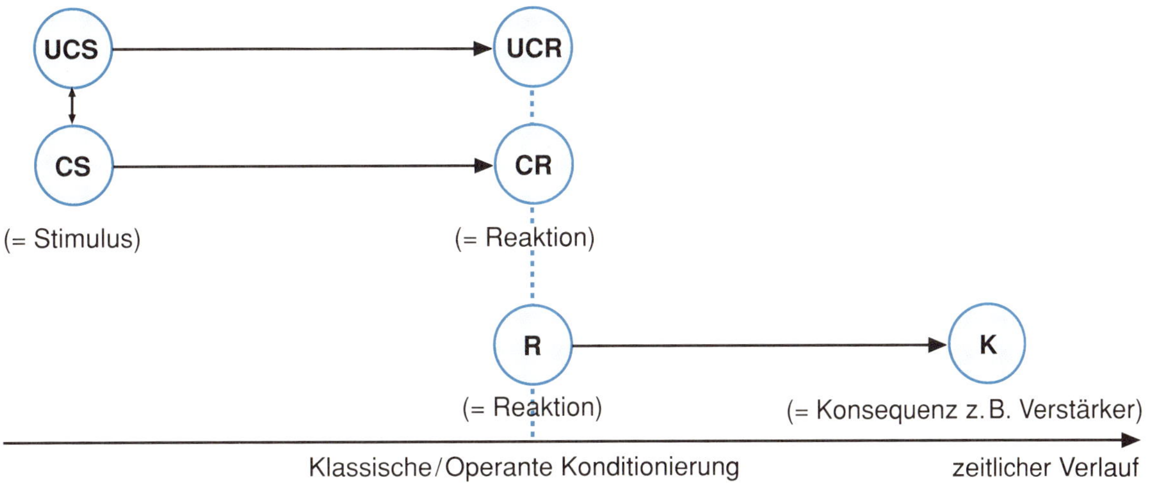

Abb. 1.9. Unterschied zwischen klassischer und operanter Konditionierung

tion (K). Die funktionale Analyse des Verhaltens erfordert eine exakte Beobachtung und Registrierung von Merkmalen des Verhaltens (Häufigkeit, Topologie und Intensität der Reaktion). Diese Merkmale können mit Umweltereignissen (Verstärker, die nach bestimmten Plänen erfolgen) in Beziehung gesetzt werden. Die meisten Verhaltensweisen werden durch sog. irreguläre Verstärkerpläne kontrolliert.

Zwei-Faktoren-Theorie des Lernens

Mowrer (1960) formulierte die sog. Zwei-Faktoren-Theorie des Lernens, die auch schon als „Zwei-Stufen-Theorie der Angst und Vermeidung" (Butollo 1979) bezeichnet wurde. Danach hat man sich die Entstehung von Angst- und Vermeidungsreaktionen folgendermaßen vorzustellen:

Ein unbedingter aversiver Reiz (Situation) löst eine unkonditionierte aversive Reaktion aus (UCR). Diese Reaktion kann als Folge einer klassischen Konditionierung auch von einem bedingten Reiz (CS) ausgelöst werden. Diese erste Stufe (Angst als Reaktion) bildet die Voraussetzung für die Ausbildung von Furcht- bzw. Vermeidungsreaktionen.

Nach Hull (1943) besitzen Reaktionen des Organismus auch interne Stimuluseigenschaften, d.h. die konditionierte emotionale Reaktion wird zum Auslöser für unterschiedliche Reaktionen. Verhaltensweisen, die in der Lage sind, die unangenehme Situation zu beenden (Flucht) oder sie gar zu umgehen (Vermeidung), werden negativ verstärkt. Hier wirken die Prinzipien des operanten Konditionierens.

Die Zwei-Faktoren-Theorie ist schematisch in Abb. 1.10 dargestellt.

In der Verhaltenstherapie diente das Zwei-Faktoren-Modell von Mowrer lange Zeit als die Erklärung für die Entstehung und Aufrechterhaltung von Angst- und Vermeidungsreaktionen (z.B. Ängste, Phobien, Zwangshandlungen). Die Stabilität des Vermeidungsverhaltens (Beispiel: Prüfungsangst) wird dadurch erklärt, daß die Vermeidungsreaktion jeweils

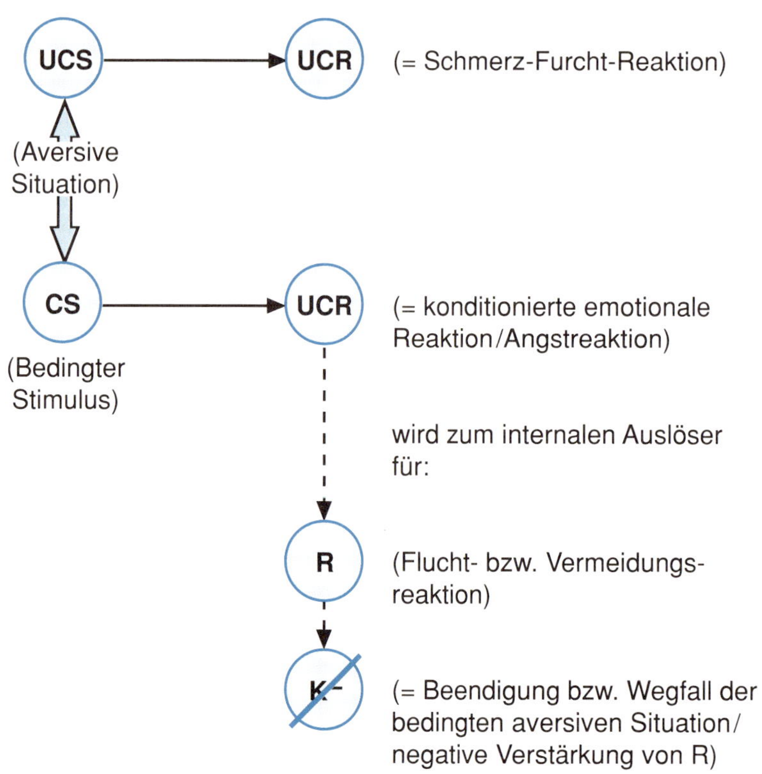

Abb. 1.10. Entstehung von Angst- und Vermeidungsreaktionen

negativ verstärkt (und dadurch gefestigt) wird, eine konkrete Prüfung der Realität (etwa durch Konfrontation mit dem CS) als Voraussetzung zur Löschung, findet nicht mehr statt.

Beispiel

(Fortsetzung Patientin H., Blasenstörung, S. 201): Die Entstehungsgeschichte der Problematik der Patientin H. läßt sich gut durch das zweistufige Lernmodell verstehen. Wie bereits dargestellt setzte die ganze Entwicklung mit einer recht traumatischen Erfahrung und nachfolgender Konditionierung ein (1. Stufe). In der Folgezeit ging H. stets „vorbeugend" auf die Toilette, vermied zunehmend öffentliche Verkehrsmittel, stieg bei beginnendem Blasendruck rasch aus dem Bus aus oder verließ den Einkaufsladen. Dieses Vermeidungs- und Fluchtverhalten führte zu Gefühlen der Angstreduktion, Entlastung und Sicherheit (2. Stufe).

! **Zusammenfassung**

Die strenge Trennung in zwei unterschiedliche Konditionierungs- bzw. Lernprozesse kann heute nicht mehr aufrechterhalten werden. Rein pragmatisch gesehen ist im klassischen Konditionieren die zeitliche Abfolge S–R entscheidend, während beim instrumentellen Konditionieren die zeitliche Abfolge R–S (oder K, da der Verstärker nach der Reaktion dargeboten wird) für das Lernen ausschlaggebend ist. Lernen muß als komplexer und heterogener Prozeß angesehen werden, der jeweils mehrere Ebenen umfassen kann.

Sekundäre Verstärkung

Definition

Unter sekundärer Verstärkung versteht man die Tatsache, daß Stimuli, die zeitlich und räumlich mit primären Verstärkern verknüpft sind, selbst die Eigenschaft primärer Verstärker übernehmen.

Mit primären Verstärkern sind üblicherweise eine ganze Reihe von „neutralen" Stimuli verknüpft, so daß die Trennung in primäre und sekundäre Verstärkung nicht immer einfach ist.

Definition

Primäre Verstärker sind Stimuli, die Grundbedürfnisse des Menschen, wie Hunger, Durst, Zärtlichkeit usw. befriedigen.

Die Wirksamkeit sekundärer Verstärkung hängt im hohen Maße von der Anzahl der Lerndurchgänge ab, in denen eine Kopplung der primären mit der sekundären Verstärkung stattfinden konnte. Ein weiterer Aspekt besteht darin, daß ein Reiz nur dann sekundäre Verstärkungseigenschaften entwickelt, wenn er in einer bestimmten zeitlichen Relation mit dem primären Verstärker dargeboten wird.

Sekundäre Verstärkung besitzt im Alltag größte Bedeutung, weil sehr viele Verhaltensweisen nicht durch primäre, sondern durch sekundäre Verstärkung motiviert und aufrechterhalten werden. Vermutlich besteht eine wichtige Funktion sekundärer Verstärkung darin, Zeiträume ohne primäre Verstärkung zu überbrücken.

Die Relevanz sekundärer Verstärkung für die Praxis der Verhaltenstherapie, insbesondere für die Veränderung langjähriger Muster und Gewohnheiten, ist hoch. Ein Beispiel dafür bieten Überlegungen zur Bedeutung sekundärer Verstärkung bei der Einnahme von Drogen, wobei sowohl Aspekte des klassischen als auch des instrumentellen Konditionierens eine bedeutende Rolle spielen (Tiffany 1990). Zum Konsum von Drogen gehören Rituale, die über die Kopplung mit dem Drogeneffekt (positive bzw. negative Verstärkung) als sekundäre Stimuli aufgefaßt werden können. Neben der pharmakologischen Wirkung verschiedener Drogen spielen solche situationalen Aspekte eine wichtige Rolle, da sie für die Auslösung von Verlangen und Rückfällen entscheidend sind.

Generalisierung

Definition

Sobald ein Organismus gelernt hat, auf eine bestimmte Situation mit einer speziellen Verhaltensweise zu reagieren, wird er dieselbe Verhaltensweise auch zeigen, wenn ihm eine Situation dargeboten wird, die mit der ersten nicht identisch ist, sondern nur gewisse Ähnlichkeiten aufweist.

Dieser Prozeß, der ohne zusätzliches Training abläuft, wird als Stimulusgeneralisierung bezeichnet. Mit der Anzahl von Trainingsdurchgängen bzw. wiederholten Erfahrungen zeigt sich auch eine Zunahme der Stimulusgeneralisierung. Wenn durch eine Situation bestimmtes Verhalten ausgelöst wird, so zeigen sich unter diesen Reizbedingungen nicht identische, sondern lediglich ähnliche Reaktionen. Dies bezeichnet man als Reaktionsgeneralisierung. Das Konzept der Generalisierung läßt sich in vielen klinischen Fällen zur Erklärung phobischer Reaktionen heranziehen (Rachman u. Bergold 1976).

Beispiel

(Fortsetzung):

An der schon bekannten agoraphoben Patientin H. kann dies verdeutlicht werden. War die bereits erwähnte Patientin zunächst in vollen öffentlichen Verkehrsmitteln, insbesondere Bussen, gehandicapt, so hatte sich in den letzten drei Jahren dies auf alle Arten von Verkehrsmitteln, einschließlich dem Auto, auf Geschäfte, Restaurants, Theater, Kinos, Vortragssäle, Marktplätze, unbekannte Orte, fremde Wohnungen, ja selbst die eigene Wohnung (wenn Besuch da war) ausgeweitet. Neben der Stimulusgeneralisierung, mit deren Hilfe man die Vermeidung gefürchteter Situationen erklären kann, lassen sich bei Frau H. auch Reaktionsgeneralisierungen finden: Die ursprünglich eng auf die Blase und die Blasenentleerung eingegrenzte Angst weitete sich im Laufe der Zeit auch auf den Darm (Stuhldruck) und die Darmentleerung (Angst, darüber die Kontrolle zu verlieren) aus.

Diskriminationslernen

Definition

Den zur Generalisierung komplementären Prozeß bezeichnet man als Diskrimination. Man versteht darunter die Fähigkeit des Organismus, bereits auf leicht unterschiedliche Situationen auch unterschiedlich zu reagieren.

Diskrimination vergrößert die Flexibilität des Organismus, indem sie der Generalisierung Grenzen setzt und zu einer großen Verhaltensvariabilität beiträgt.

Das Prinzip der Diskrimination besteht darin, daß generalisierte Reaktionen durch Nichtverstärkung gelöscht bzw. richtige Reaktionen durch kontingente Verstärkung ausgeformt werden. Diskrimination läßt sich somit als eine Kombination zweier grundlegender Lernprozesse verstehen: Richtige Reaktionen werden verstärkt, wodurch die zukünftige Auftretenswahrscheinlichkeit von Reaktionen derselben Klasse erhöht wird (Erhöhung einer Erregungstendenz). Reaktionen außerhalb eines bestimmten Spektrums werden gelöscht (d.h. nicht verstärkt, womit sich eine Tendenz zur Hemmung dieser Reaktionen ausbildet).

Beispiel

(Fortsetzung):

Frau H. hatte über die Zeit gelernt, an vertrauten, vorher durch den Freund bzw. durch sie selbst kontrollierten Orten (z.B. Wohnungen, Kneipen) weniger Angst und z.T. keinen Blasendruck zu erleben. Entscheidend war, daß an diesen Orten mehrere Toiletten verfügbar waren, die Patientin freie Sicht auf den Zugang zu den Toiletten hatte oder die Leute, in deren Wohnung sie sich aufhielt, über ihr Leiden informiert waren und, bevor sie zur Toilette gingen, Frau H. fragten, ob sie nicht vorher zur Toilette gehen müßte. Mit dem Freund hatte sie für diese Gelegenheiten eine Art „Zeichensystem" ausgearbeitet, das dem Freund erlaubte, der Patientin zu signalisieren, er wolle gleich zur Toilette, so daß sie vorher noch gehen konnte oder ihm signalisieren konnte, sie müsse nicht. Kam in einer entsprechenden Situation überraschend ein unbekannter Besucher hinzu oder die Sicht auf den Toilettenzugang wurde versperrt, dann stellten sich die Angst und der Blasendruck sofort ein.

Löschung

> **Definition** Löschung ist derjenige Prozeß, bei dem die alleinige Darbietung des CS ohne den unkonditionierten Stimulus (UCS) bzw. bei dem eine Reaktion ohne positiven Verstärker (K+) zu einer allmählichen Abnahme der entsprechenden Reaktion führt.

Bei der Löschung ist zu beachten, daß es sich üblicherweise um einen Prozeß handelt, der sehr langsam vor sich geht.

Bei der Betrachtung der Befunde zum Prozeß der Löschung darf man sagen, daß Löschung nicht als einheitliches Phänomen anzusehen ist. Zu viele Variablen im Verstärkungs- und Löschungsvorgang beeinflussen das Lernen, um von einem einheitlichen Verlauf sprechen zu können. Diese Erkenntnis schlägt sich z.T. auch in den unterschiedlichen Lerntheorien nieder, die verschiedene Aspekte des Löschungsprozesses zum Gegenstand haben und erklären können. Eine einheitliche Theorie der Löschung ist nicht in Sicht. Hinzu kommt, daß Modelle der Löschung von Vermeidungsverhalten im experimentellen Bereich (z.B. mit Tieren) sich nicht direkt auf den klinischen Bereich übertragen lassen.

■ **Löschung als therapeutische Technik.** Wenn man sich bei der Löschung (d.h. der Therapie) von Angst- und Zwangsreaktionen beim Menschen auf ein Konditionierungsmodell bezieht, muß man die Annahme treffen, daß bei der Entstehung einer entsprechenden Störung eine Konditionierung stattgefunden hat. Diese Annahme ist nicht immer prüf- und begründbar, notwendig oder sinnvoll. MARKS (1978) schlägt als alternatives (an den aktuellen Bedingungen ansetzendes) „klinisches Modell“ eine wodurch auch immer zustandegekommene Kopplung von ES (evozierenden Stimuli) und ER (evozierten Reaktionen) vor: Eine ganze Reihe von Situationen im Leben des Patienten können als auslösende Bedingungen (ES) für komplexe (z.B.) Angstreaktionen (ER) angesehen und identifiziert werden. Für die Therapie, d.h. die Einleitung von Löschung, ist es ausreichend, mit dem Patienten für die gefürchteten Situationen Bewältigungsreaktionen zu erarbeiten und konkrete Erfahrungen darin machen zu lassen, daß die Situationen nicht gefährlich sind und daher weder Vermeidungs- noch Fluchtverhalten nötig ist.

Löschung von Vermeidungsverhalten spielt insbesondere bei der Behandlung von Zwangsstörungen eine ausschlaggebende Rolle (REINECKER 1991).

> **!** Zwangsrituale verhaltensmäßiger oder gedanklicher Art können als aktive Vermeidungsrituale angesehen werden, die dem Patienten in einer Situation extremer Unsicherheit zumindest kurzfristig zu einer Reduktion der mit der Unsicherheit verbundenen Emotionen (Angst, Unruhe) verhelfen.

SALKOVSKIS et al. (1989) bezeichnen dies sehr zutreffend als „Neutralisieren“. Im Sinne des klassischen Konditionierens werden spezielle Merkmale des Vermeidungsverhaltens selbst wieder zu Sicherheitssignalen, die gewissermaßen als abergläubisches Verhalten keiner weiteren Prüfung mehr unterzogen werden. Löschung findet so nicht statt.

> **!** Gerade deshalb spielen Therapieverfahren der Konfrontation und Reaktionsverhinderung bei einer Behandlung von Zwängen zur Herbeiführung der Entkopplung (Löschung ritualisierter Abläufe) eine wichtige Rolle.

Habituation

> **Definition** Unter Habituation versteht man eine Abnahme einer Reaktionsbereitschaft auf einen mehrfach dargebotenen Reiz.

PAWLOW hatte beobachtet, daß seine Versuchshunde auf neue Situationen und Reize mit erhöhter Aufmerksamkeit und Hinwendung reagierten. Er bezeichnete dies als „Orientierungsreaktion“. Diese Orientierungsreaktion ermöglicht es dem Organismus, eine Situation sehr rasch zu erfassen und ebenso rasch darauf zu reagieren. Mit der wiederholten Darbietung ist der Reiz für das Individuum nicht mehr „neu“, so daß mit einer verminderten Orientierung reagiert wird.

Der Prozeß der Habituation ist von der Ermüdung einerseits und von der Löschung andererseits abzugrenzen: Von Ermüdung spricht man dann, wenn sich nach dem häufigen Ausführen eines Verhaltens ein Nachlassen an Spannung und Reaktionsstärke zeigt (z. B. Abnahme des Muskeltonus nach einer anstrengenden Tätigkeit; Abnahme der Konzentrationsleistung nach der Lektüre eines Textes usw.) Charakteristisch für die Ermüdung ist die Abnahme von Leistung im zeitlichen Verlauf.

Für die Löschung von Verhalten wird vorausgesetzt, daß dieses Verhalten durch Verstärkung (respondent oder operant) im Repertoire des Organismus vorhanden war. Löschung folgt dem Weglassen der Verstärkung und besteht in einer Abnahme der Reaktionshäufigkeit. Bei der Habituation wird im Kontrast zur Ermüdung bei einer Reaktion relativ wenig Anstrengung oder Energie aufgewendet.

> ! Habituation besteht also nicht in einer Abnahme der Leistung, sondern in einer Veränderung der Reaktionsbereitschaft auf einen bestimmten Reiz.

Im Unterschied zur Löschung wird weder eine Verstärkung des Verhaltens, noch eine bestimmte Reaktionsrate vorausgesetzt (Beispiel: Orientierungsreaktion). Habituation wird manchmal auf sensorische Adaption zurückgeführt, es lassen sich aber auch zentralnervöse physiologische Prozesse als Grundlage anführen.

> ! **Zusammenfassung**
>
> Verhalten kann durch Reize ausgelöst bzw. aufrechterhalten werden, die ihre Verstärkereigenschaften erst durch eine Kopplung mit einem primären Verstärker gewonnen haben. Diese Reize bezeichnet man als sekundäre Verstärker, den Prozeß als sekundäre Verstärkung.
>
> Generalisierung und Diskrimination bilden zwei komplementäre Prozesse. Generalisierung sichert dabei, daß Organismen lernen, auf ähnliche Situationen mit ähnlichem Verhalten zu reagieren. Diskrimination grenzt den Grad der Allgemeinheit des Reaktionsrepertoires ein, indem auf spezifische Merkmale einer Situation unterschiedlich reagiert wird.
>
> Löschung beinhaltet die kontinuierliche Abnahme einer Reaktionsrate als Folge der Nichtverstärkung.
>
> Habituation besteht im Nachlassen der Reaktionsbereitschaft eines Organismus auf einen mehrfach dargebotenen Reiz.

Vorbereitetes Lernen („Preparedness“)

> Definition
>
> Die Theorie der „Preparedness“ geht davon aus, daß Lernen in Abhängigkeit eines dafür vorbereiteten Organismus stattfindet.

Seligman (1971) beobachtete, daß bei der Entstehung von Ängsten bestimmte Assoziationen offenbar leichter gebildet und langsamer gelöscht werden als andere: Menschen entwickeln phobische Reaktionen auf bestimmte Reize hin sehr schnell (z. B. Plätze, enge Räume, Dunkelheit usw.), während andere Reize kaum zum Inhalt phobischer Reaktionen werden, obwohl sie im Prinzip ähnlich gefährlich sind (z. B. Steckdosen, Röntgenapparate usw.).

Die Theorie macht nun folgende Annahmen:

- Gewisse Verknüpfungen zwischen Stimuli werden leichter gelernt als andere (dies betrifft auch interozeptive Reize);
- in Situationen, die eine biologisch-evolutionäre Bedeutung besitzen, entwickelt der Organismus sehr schnell stabile Vermeidungsreaktionen.

In einer Übersicht über die Angstinhalte von 69 schweren Phobikern zeigte sich, daß sich diese in 66 Fällen auf Gegenstände von eindeutig evolutionärer Bedeutung bezogen (DeSilva et al.

1977). Die Angstinhalte bezogen sich auf Situationen, die für den sog. prätechnologischen Menschen von großer Bedeutung für das Überleben waren. Dieser evolutionäre Gesichtspunkt macht verständlich, warum Menschen vor Situationen Phobien entwickeln, die im 20. Jahrhundert objektiv weniger gefährlich sind (beispielsweise Schlangen) als andere (z. B. elektrische Geräte).

Soziale Lerntheorien

Soziale Lerntheorien stellen eine Reihe von Entwicklungen dar, die mit Autoren wie BANDURA (1969, 1986), MISCHEL (1973, 1986) und ROTTER (1954) verbunden sind. Sucht man nach Gemeinsamkeiten dieser Ansätze, so sind dies die Betonung sozialer, kognitiver und Persönlichkeitsfaktoren als bedeutsame Variablen beim Erlernen und Verlernen von Handlungs- und Erlebensmustern.

Wichtige Faktoren einer sozial-kognitiven Lerntheorie

- Aktive Konstruktion: Bei der Analyse menschlichen Verhaltens muß in Rechnung gestellt werden, daß die Umgebung (als Stimulus) von Menschen aktiv wahrgenommen und organisiert wird.
- Informationsverarbeitung: Selbst in einfachen Lernversuchen werden Informationen wahrgenommen, gespeichert, transformiert und zu sinnvollen Einheiten zusammengesetzt.
- Bildung von Erwartungen: Dabei ist zu unterscheiden zwischen Erwartungen hinsichtlich Situationen, hinsichtlich eigener Handlungen und hinsichtlich des Handlungsausgangs.
- Subjektive Bewertungen: Abhängig von der biologischen Ausstattung, der Lerngeschichte und dem momentanen Zustand (Hunger, Durst, Ermüdung etc.) werden Situationen von Individuen unterschiedlich wahrgenommen.
- Selbstregulation und planvolles Handeln: Unter der Fähigkeit zur Selbstregulation versteht man die Tatsache, daß Menschen in der Lage sind, das eigene Verhalten – vor dem Hintergrund biologischer und situationaler Variablen – bis zu einem gewissen Grade selbst zu steuern (KANFER 1970, 1977; KANFER et al. 1996). Diesen Prozeß der Selbstkontrolle kann man zumindest in die Elemente der Selbstbeobachtung, der Selbstbewertung und der Selbstverstärkung (s. Abb. 1.11) unterteilen.
- Interaktion zwischen Verhalten und Situation: Situationen sind Auslöser von Verhalten, spezielle Merkmale von Situationen werden als diskriminative Hinweisreize benutzt, und schließlich sind es situative Stimuli, die als Verstärker bzw. aversive Reize die zukünftige Auftrittshäufigkeit des Verhaltens determinieren.
- Interaktion von Verhalten und Persönlichkeit: Differentielle Reaktionen verschiedener Personen in der gleichen Situation werden durch die unterschiedliche Lerngeschichte erklärt. Im Laufe dieser Lerngeschichte werden auch bestimmte Muster der Wahrnehmung, der Situationsverarbeitung und der Fähigkeit zur Ausübung bestimmter Reaktionen erworben. Eine Person besitzt nicht nur die Fähigkeit, in jeder Situation neu zu reagieren, sondern es bilden sich auch individu-

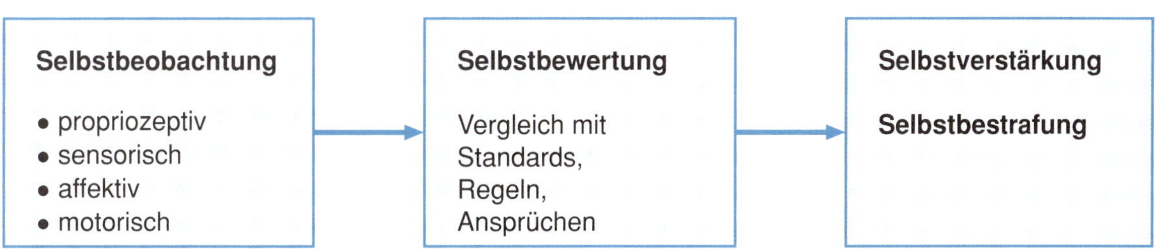

Abb. 1.11. Der Prozeß der Selbstkontrolle

elle Kompetenzen und Handlungsbereitschaften heraus. Unterschiedliches Verhalten von Personen in der gleichen Situation kann demzufolge als eine Interaktion zwischen Charakteristika der spezifischen Situation mit individuellen Kompetenzen begriffen werden. LAZARUS (1981) verwendet dafür den Begriff der Transaktion. In einem interaktionistischen Modell werden sowohl die Situationsspezifität von Verhalten und die Fähigkeiten zur Ausformung bestimmter Kompetenzen als auch gewisse, möglicherweise biologisch verankerte Charakteristika berücksichtigt.

BEISPIEL

(Fortsetzung):

Um das Beispiel der Patientin H. wieder aufzugreifen, läßt sich dort in der Persönlichkeit der Patientin eine seit der Kindheit bestehende Überängstlichkeit, vegetative Labilität und dysthyme Neigung anamnestisch und testpsychologisch erheben. Inwieweit dies sozialisationsbedingt erworben (Ablehnungen und Spannung mit der Mutter, Isolation, Trennungserfahrungen, Verlust des Vaters) oder biologisch verankert ist, läßt sich nicht entscheiden, dürfte jedoch den sozial-kognitiven und persönlichkeitspsychologischen Hintergrund für das Lernen aufgrund der traumatischen Erfahrung in dem Reisebus, die daraus sich ergebende Stimulusgeneralisierung, die heftige körperliche und affektive Reaktion, die rasch einsetzende Vermeidung und so die Verhinderung von Löschungserfahrungen abgeben.

! **Zusammenfassung**

Neuere Lerntheorien sehen folgende Faktoren bzw. Konstrukte als bedeutsam an:

- „Preparedness" (für biologisch, evolutionär bedeutsame Situationen),
- Persönlichkeitsmerkmale,
- soziale und kognitive Faktoren,
- die Fähigkeit zur aktiven Informationsverarbeitung,
- Erwartungsbildung und
- Selbstkontrolle.

Diese beeinflussen die Geschwindigkeit der Bildung von Assoziationen.

Stellvertretendes Lernen (Modellernen)

Bandura hat mit Recht darauf hingewiesen, wenn Lernen alleine nach den Prinzipien des klassischen und operanten Konditionierens ablaufen würde, würde z.B. der Erwerb des Führerscheins zum Fahren eines Autos viele Jahre in Anspruch nehmen. Es sind folglich andere Formen des Lernens möglich. So weiß jeder, daß viele Verhaltensabläufe gleich als komplexe Handlung bei anderen Personen abgeschaut und in das eigene Repertoire übernommen werden.

Das Modellernen spielt in der Verhaltenstherapie eine wichtige Rolle. Grundlagen dieses Ansatzes bilden größtenteils kognitive Prozesse und Konstrukte.

Definition

Unter Modellernen soll hier die Tatsache verstanden werden, daß eine Person ihr eigenes Verhalten aufgrund der Beobachtung des Verhaltens einer anderen Person (dem Modell) in Richtung dieses beobachteten Verhaltens ändert.

Dabei eignet man sich aufgrund der Beobachtung neues Verhalten an. Ebenso kann die Ausführung bereits im Repertoire vorhandener Reaktionen durch Modelle erleichtert oder gehemmt werden.

■ **Prozesse beim Modellernen.** Im Rahmen sozial-kognitiver Lerntheorien (HILGARD u. BOWER 1975; BANDURA 1977) werden folgende fünf Prozesse als wichtig für das stellvertretende Lernen angesehen:

Wichtige Prozesse beim Modellernen

- Aufmerksamkeitsprozesse: Damit Modelllernen stattfinden kann, muß der Beobachter das Modell bzw. relevante Merkmale seines Verhaltens wahrnehmen;

- Behaltensprozesse: Entscheidend ist die Fähigkeit des Beobachters, Merkmale des Modellverhaltens wahrzunehmen und über einen gewissen Zeitraum hinweg zu speichern. Für Prozesse des Behaltens wird insbesondere die Unterscheidung zwischen Erwerb („learning“) und Verhaltensausdruck („performance“) bedeutsam. Obwohl meist nur über den Verhaltensausdruck Rückschlüsse auf das Behalten einer Beobachtung möglich sind, kann Lernen auch ohne Verhaltensausdruck stattgefunden haben;
- Symbolische Kodierungsprozesse: Die vom Beobachter wahrgenommene Information wird in symbolischer Form gespeichert. In dieser Form sind auch Transformationen (u.a. auch im Sinne der Generalisierung) der wahrgenommenen Inhalte sehr leicht möglich;
- Motorische Reproduktionsprozesse: Darunter versteht man die Fähigkeit des Individuums, entsprechende Verhaltensweisen des Modells auch motorisch umzusetzen. Sind diese Prozesse im Repertoire des Beobachters nicht vorhanden, so kann das Modellverhalten kaum nachgeahmt werden (Beispiel: Fähigkeit zum Sprechen als Voraussetzung, Aussagen einer Modellperson nachzuahmen);
- Motivationale Prozesse: Motivationale Bedingungen spielen beim Lernen immer eine wichtige Rolle. Schon bei der Beobachtung des Modellverhaltens erfolgt eine Selektion entsprechend motivationaler Bedingungen.

Modellernen muß insgesamt als komplexer Prozeß angesehen werden, an dessen Zustandekommen unterschiedliche Komponenten beteiligt sind. Zur Erklärung dieses Prozesses werden demzufolge auch unterschiedliche Theorien herangezogen; ähnlich wie bei anderen Prozessen des Lernens (etwa Löschung) müssen verschiedene Mechanismen zugelassen werden, um den am Modellernen beteiligten Prozessen gerecht zu werden.

! **Zusammenfassung**

Während die Bedeutung des Modellernens für verschiedene therapeutische Prozesse außer Frage steht, ist die theoretische Einordnung des Ansatzes nicht einfach. Dies drückt sich u. a. in den heterogenen theoretischen Perspektiven aus, die für das Modellernen geltend gemacht werden. Am ehesten läßt sich Modellernen bei den kognitiven Ansätzen einordnen, weil man bei den theoretischen Grundlagen auf eine Reihe von Prozessen zurückgreift, die man wohl dem kognitiven Bereich zuordnet: Aufmerksamkeits-, Behaltens-, Kodierungs-, Transformations-, Reproduktions- und Motivationsprozesse.

Kognitive Lernmodelle

Kognitive Lernmodelle haben eine ähnlich lange Tradition wie die sog. Konditionierungstheorien. Nach Tolman (1932) lernen Organismen nicht S–R-Verbindungen (bzw. R–K-Verbindungen), sondern sie bilden Erwartungen über Zusammenhänge von Umweltbedingungen mit ihrem eigenen Verhalten. Dabei sind Prozesse der selektiven Wahrnehmung, der Filterung von Erfahrungen, von spezifischen Gedächtnis- und Informationsverarbeitungsmechanismen beteiligt. Diese inneren Vorgänge werden unter den Sammelbegriff der Kognitionen zusammengefaßt. Wimmer u. Perner (1979) verstehen unter Kognition „...alle Vorgänge, welche Information transformieren, reduzieren, ausarbeiten, abspeichern, abrufen, weiterverwenden“. Psychische Aktivitäten wie Wahrnehmen, Vorstellen, Erinnern, Denken, Problemlösen und Handeln werden folglich als mögliche Schritte unter den Vorgang der Informationsverarbeitung gefaßt.

Es müssen ferner zumindest folgende kognitiven Prozesse bzw. Strukturen angenommen werden (Pribram 1986; Neisser 1976):

- die Herausbildung von Gedächtnisstruktur,
- die Fähigkeit zur Bildung von Regeln,
- die Fähigkeit zu Transformationen,
- die Fähigkeit zur Bildung von automatisierten Steuerungs- und Handlungsprogrammen.

Wichtige kognitive, steuernde Komponenten sind:

- Präferenzen zwischen erwarteten Ergebnissen eines Verhaltens (ein angenehmer Zustand wird einem unangenehmen vorgezogen);
- Erwartungen über Folgen eines Verhaltens in einer bestimmten Situation (aufgrund früherer Erfahrungen);
- als ein zentraler kognitiver Faktor für die Veränderung von Verhalten wird die „self-efficacy“ angesehen.

Nach dieser Theorie der Selbstwirksamkeit (Bandura 1977) bilden Personen zwei Typen von Erwartungen:

- Angesichts einer Situation bildet eine Person eine Erwartung darüber, ob und inwiefern sie in der Lage sein wird, mit einem schwierigen Problem umzugehen (Selbsteffizienzerwartung);
- wird ein bestimmtes Verhalten gezeigt, so bildet die Person Erwartungen darüber, welche Effekte dieses Verhalten haben wird (Verhaltenseffektivitätserwartung).

Dies ist schematisch in Abb. 1.12 verdeutlicht.

Bandura (1977) ging davon aus, daß die Erwartung der Selbstwirksamkeit für eine mögliche Verhaltensänderung von großer Bedeutung ist: Die Erwartung, daß man in einer (problematischen) Situation überhaupt in der Lage ist, effizientes Verhalten zu zeigen, bildet einen wichtigen kognitiven und motivationalen Mediator für Verhalten. Ist ein Patient der Auffassung, er könne zur Lösung eines Problems nichts beitragen und sein Verhalten habe keine entsprechenden Effekte, so ist es zunächst Aufgabe des Therapeuten, diese kognitive Variable zu beeinflussen. Häufig wird dazu auf Beispiele anderer Patienten zurückgegriffen, die eine Veränderbarkeit der ausweglos scheinenden Situation belegen können. Durch Veränderungen konkreter Verhaltensweisen kann sich der Patient selbst vor Augen führen, indem Teilelemente herausgelöst, kleine Schritte angegangen und aufbauend weitere Schritte mental und dann real bearbeitet werden, daß erfahren werden kann, daß Situationen durch eigenes Verhalten in erwünschter Weise beeinflußt werden können. Die kognitive Komponente der Selbsteffizienz spielt in allen Stadien des therapeutischen Prozesses eine entscheidende Rolle; Bandura (1977) meinte sogar, daß die Selbsteffizienz einen der besten Prädikatoren für eine tatsächliche Verhaltensänderung darstellt.

> ! **Zusammenfassung**
>
> Kognitive Theorien greifen zur Erklärung von Lern- und Veränderungsprozessen auf nicht direkt beobachtbare Konstrukte und Variablen zurück. Lernen läßt sich als die Bildung von Erwartungsmustern über Situationen bzw. Reaktionen auffassen. Kognitive Prozesse der Wahrnehmung, der Bildung von Regeln und der Schaffung sinnvoller Assoziationen, ferner Prozesse des Gedächtnisses, der Bildung von Symbolen, der Fähigkeit zum Aufstellen von Regeln und Mechanismen kognitiver Transformationen spielen dabei eine wichtige Rolle.

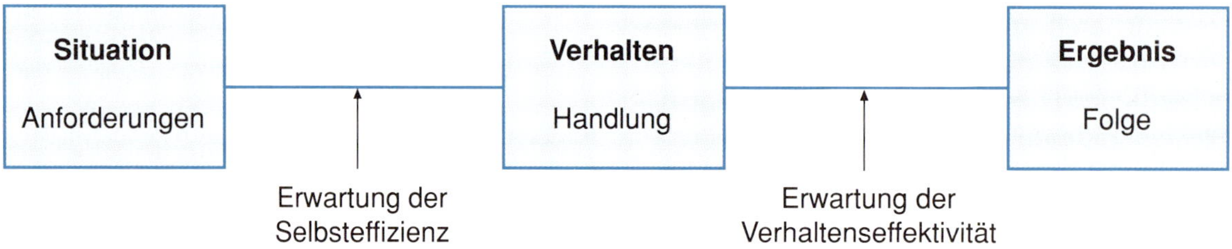

Abb. 1.12. Die Theorie der Selbstwirksamkeit

Attributionstheorien

> **Definition**
> Unter Attribution versteht man ganz allgemein die Zuschreibung von Gründen, Ursachen und Erklärungen zu bestimmten Ereignissen.

Aus diesen Zuschreibungen ergeben sich mehr oder weniger deutliche Konsequenzen für das Verhalten. Beispielsweise kann eine Person die Ursache ihrer sozialen Ängste auf verschiedene Bedingungen zurückführen. Einmal könnte sie externe Faktoren dafür verantwortlich machen, etwa die Schwierigkeiten, in sozialen Situationen zu bestehen, oder die Aggressivität der Sozialpartner. Zum anderen könnte sie auf interne (stabile oder variable) Faktoren attribuieren, etwa die Tatsache, daß sie aufgrund von Erziehung und Veranlagung eben ein ängstlicher Mensch ist. In welcher Weise eine Person eigene Schwierigkeiten erklärt, hat Folgen für das Verhalten, nämlich Vermeidung, sozialer Rückzug, Aufsuchen einer ärztlichen oder psychologischen Therapie oder gar Resignation. Von der Ursachenzuschreibung hängt es ab, wie motivational, emotional und vegetativ beeinträchtigt man ist („Kausalattribution"), doch auch welche Veränderungsmöglichkeiten man sieht („Kontrollattribution").

■ **Internale und externale Attribution.** Als Ausgangspunkt fast aller Attributionstheorien dürfen die Forschungsarbeiten von Heider (1958) angesehen werden. Heider unterstellte der Person ein Bedürfnis (Motivation), grundlegende Merkmale der Welt zu erfassen. Diese Erfassung wichtiger Strukturen der Welt (z.B. auch eigenes und fremdes Verhalten) stellt eine wichtige Voraussetzung für rationales und zielgerichtetes Handeln dar: Als „naive" Beobachter nehmen wir eine Analyse von Situationen und eine Zuschreibung von Ursachen (Attributionen) vor. Die Ursachenerklärung für Handlungen und Ereignisse ist für die Person ausgesprochen wichtig: Handlungen und Ereignisse können

- durch den Zustand der Welt und
- durch die Fähigkeiten der Person beeinflußt sein.

Je nach dem Ergebnis der Analyse erfolgt eine Attribution von Verantwortlichkeit: Die Person fühlt sich selbst für Handlungen verantwortlich, deren Ursachen sie in den eigenen Fähigkeiten oder Anstrengungen sieht (internale Attribution). Sie lehnt aber eine Verantwortung für Handlungen ab, als deren Ursachen weitgehend Umweltfaktoren angesehen werden (externale Attribution). Die Zuschreibung von Verantwortlichkeit für eine Handlung erfolgt also auf einem Kontinuum: Abhängig davon, ob man die Ursachen für beeinflußbar (kontrollierbar) hält oder nicht, wird Verantwortung für eine Handlung akzeptiert oder abgelehnt.

An diesem Punkt haben Jones u. Nisbett (1971) eine wichtige Differenzierung eingeführt: Sie unterscheiden zwischen Attributionen, die vom Handelnden selbst bzw. vom Beobachter einer Handlung getroffen werden und können zeigen, daß der Handelnde die Ursachen für sein Verhalten eher auf situationale Einflüsse zurückführt, während Beobachter derselben Handlung eher dispositionelle Faktoren verantwortlich machen. In bezug auf unsere eigenen Handlungen, v.a. bei Mißerfolgen und ungünstigem Ausgang, sind wir typischerweise Situationisten, während wir bei der Beobachtung anderer Personen eher Dispositionisten sind.

Im klinischen Bereich treffen wir häufig auf Personen, die Attributionsfehler machen. Die Fehler bestehen darin, daß nicht vorhandene oder mangelnde Informationen über soziale Ereignisse oder über andere Personen durch eigene Erfahrungen und Vorstellungen ergänzt und so verzerrt werden.

■ **Das Kovarianzprinzip nach Kelley.** Für das Zustandekommen von Attributionen liefert Kelley (1967) mit dem Kovarianzprinzip einen wichtigen theoretischen Beitrag.

> **Definition**
> Nach diesem Prinzip prüft eine attribuierende Person die Kovarianz eines Effektes mit vorausgehenden Ereignissen.

Diese Kovarianz wird von der Person unter dem Blickwinkel von vier Faktoren analysiert:

Das Kovarianzprinzip

- Ein bestimmtes Ereignis wird dann als Ursache eines bestimmten Effektes angesehen, wenn „Distinktheit“ (Deutlichkeit) besteht. Diese Deutlichkeit eines Zusammenhangs ist üblicherweise nicht vollständig (oder konsistent) gegeben, so daß zur Beurteilung weitere Faktoren herangezogen werden müssen.
- Ein zweiter Faktor für die Sicherheit einer Attribution ist die „Konsistenz über die Zeit“. Dafür muß es mehrere Fälle des Zusammentreffens von Effekten und Ereignissen in einem bestimmten Zeitraum geben.
- Der dritte Faktor beinhaltet „Konsistenz über Personen“ hinweg. Führt Handeln mehrerer Menschen bei einem bestimmten Ereignis zu ähnlichen (Verhaltens-) Effekten, dann ist diese Konsistenz gegeben.
- Als vierten Faktor führt KELLEY die Konsistenz über verschiedene Modalitäten an. Damit ist die Übereinstimmung von Effekten und Ereignissen in verschiedenen spezifischen Merkmalen gemeint.

■ **Attribution im Rahmen der Emotionspsychologie.** Innerhalb der Emotionspsychologie steht die Bedeutung von Attributionen seit längerer Zeit im Mittelpunkt des Interesses. In der klassischen Emotionstheorie von SCHACHTER u. SINGER (1962) werden zwei Faktoren für das Zustandekonmmen von Emotionen angenommen:

- Eine unspezifische physiologische Erregung und
- eine Kognition (Ursachenzuschreibung) über die Quelle dieser Erregung.

Für das Zustandekommen einer spezifischen Emotion spielen Attributionen insofern eine entscheidende Rolle, als die Erregung unspezifisch für die Emotion ist. Erst die kognitive Interpretation (Attribution) führt zur inhaltlichen Festlegung und Ausgestaltung der Emotion (Trauer, Freude, Angst usw.)

■ **Attribution und das Konzept der „erlernten Hilflosigkeit“.** Als wissenschaftlich sehr fruchtbar hat sich die attributionstheoretische Interpretation der Befunde zur „erlernten Hilflosigkeit“ herausgestellt (ABRAMSON et al. 1978).

Definition

Danach lernen Organismen in entsprechenden Situationen, daß ihre Handlungen keinerlei Einfluß auf die Umwelt nehmen.

Nichtkontrolle liegt dann vor, wenn eine Reihe von unangenehmen Ereignissen eintritt, unabhängig davon, welche und wie viele Versuche zu einer Vermeidung bzw. Bewältigung unternommen werden. Die Person wird nach Erklärungen für diese Erfahrung suchen. Solange sich die Attributionen auf die Unbewältigbarkeit der Versuchssituation selbst beziehen, kann man sie als durchaus zutreffend ansehen. Als problematisch stellt sich allerdings die Generalisierung dieser Attribution heraus. In diesem Zustand besteht die feste Überzeugung und Erwartung, daß auch andere Situationen nicht beeinflußbar sind und daß man in Zukunft nichts zur Veränderung einer Situation unternehmen kann.

Diese generalisierte Erwartung der Hilflosigkeit zeigt sich auf mehreren Ebenen (ABRAMSON et al. 1978; SELIGMAN 1975):

- Auf der motivationalen Ebene zeigt sich eine Verzögerung des Beginns von Handlungen;
- das kognitive Defizit besteht in einer veränderten Fähigkeit zur unvoreingenommenen Wahrnehmung und Analyse neuer Situationen, die u. U. durchaus veränderbar sind (neue Situationen werden vielmehr unter der Perspektive der Hilflosigkeitssituationen wahrgenommen und bewertet);
- auf der emotionalen Ebene zeigt sich ein Vorherrschen gedrückter, deprimierter Stimmung.

! Zusammenfassung

Unter Attribution versteht man die Suche nach und die Zuschreibung von Ursachen zu bestimmten Ereignissen. In der Forschung unterscheidet man den Prozeß des Zustandekommens von Attributionen und die möglichen Auswirkungen von Attributionen. Außerdem unterscheidet man zwischen Kausalattributionen (Ursachenzuschreibung) und Kontrollattributionen (Veränderbarkeit von Ereignissen). Besondere Bedeutung besitzen Attributionen im Rahmen von Emotionstheorien. Die Attributionen von Ursache und Kontrolle sind kognitive Komponenten von Emotionen. Für die Entstehung und Veränderung psychischer Probleme (wie z.B. depressive Störungen) besitzen Attributionen, Attributionsfehler bzw. -muster große Relevanz.

1.3.6 Verhaltenstherapie als Problemlöseprozeß

Verhaltenstherapeuten nehmen häufig auf das „Metamodell" des Problemlösens (D'Zurilla u. Goldfried 1971; Dörner 1976) Bezug. Demnach ist das Therapiegeschehen zumindest durch drei Komponeten zu kennzeichnen:

- Ein Ausgangszustand, der vom Patienten mehr oder weniger präzise beschrieben werden kann und der als problematisch und belastend erlebt wird;
- ein Zielzustand, der vom Patienten zunächst eher als Abwesenheit der Beschwerden charakterisiert wird, doch gemeinsam präzisiert werden muß und durch die Interventionen in überschaubarer Zeit erreichbar sein sollte;
- eine Therapie sollte Mittel (Methoden) zur Verfügung stellen, die eine Überführung der Probleme des Patienten in einen erwünschten Zielzustand erlauben.

Anforderungsprofil einer erfolgreichen Verhaltenstherapie

- ein kooperatives Arbeitsbündnis zwischen Patient und Therapeut;
- eine Verständigung über konkrete Ziele und die Orientierung des Arbeitens an diesen Vorgaben;
- strukturiertes Heran- und Vorgehen zur Problemanalyse und -lösung;
- einen aktiven, einfühlsamen, verständlichen, didaktisch geschickten, konkreten und um Lösung bemühten Therapeuten;
- Offenheit und Transparenz bezüglich der Erklärung der Problemlage (der psychischen Störung), des geplanten und des tatsächlichen Vorgehens;
- Anerkennung, Verstärkung, Rückmeldungen, Rückversicherungen, an die Lage des Patienten angepaßte Vorgehensweise;
- flexible, auf den jeweiligen Patienten angepaßte Anwendung von Methoden, Techniken, Materialien und Programmen;
- Erfolgsbeurteilung durch den Vergleich mit dem Ausgangszustand und den festgelegten Zielen.

Ein Prozeßmodell für die Verhaltenstherapie

Das von Kanfer (Kanfer u. Grimm 1977) entwickelte Prozeßmodell (s. Abb. 1.13) unterscheidet verschiedene Stufen der Veränderung durch und der Entwicklung während einer Verhaltenstherapie. Die Stufen sind allerdings nicht scharf voneinander abzugrenzen und durchlässig. Wenn in einem Stadium Schwierigkeiten auftauchen, so legt das Modell nahe, einen Schritt zu einer der vorherigen Stufen zurückzugehen. Die spezifischen verhaltenstherapeutischen Methoden und Techniken kommen üblicherweise erst relativ spät zum Einsatz, obwohl diese Methoden im Problemlöseprozeß natürlich eine ganz wichtige Rolle spielen.

Der therapeutische Prozeß

■ **Ausgangsbedingungen und Aufbau einer therapeutischen Beziehung.** Das Ziel der Eingangsphase besteht in einer Klärung der Erwartung der Patienten. Bereits im Erstkontakt sollte klar werden, daß die Patienten selbst aktiv werden und Verantwortung übernehmen müssen. Im Laufe dieser ersten Phase sollte ein Arbeits-

Bezeichnung der Phase	Wichtige Ziele
1 Eingangsphase: Schaffung günstiger Ausgangsbedingungen	• Rollenstrukturierung • Bildung einer kooperativen Arbeitsbeziehung (= „therapeutische Allianz") • Beginn der problembezogenen Informationssammlung („Screening" von Eingangsbeschwerden und -erwartungen; erste Überlegungen zu therapeutischen Ansatzpunkten) • Optimale Gestaltung der „äußeren" Therapiesituation
2 Aufbau von „Änderungsmotivation" und vorläufige Auswahl von Änderungsbereichen	• Nutzung von „inhärenten" Motivationsbedingungen des Selbstmanagement-Konzepts • Reduktion von Demoralisierung und Resignation • Einsatz spezieller Motivierungsstrategien • Erste Ansätze einer „Ziel- und Werterklärung" • (Vorläufige) sachliche und motivationsabhängige Auswahl von Änderungsbereichen
3 Verhaltensanalyse und funktionales Bedingungsmodell	• Situative Verhaltensanalyse (von der Makro- zur Mikro-Ebene) • Kontextuelle Verhaltensanalyse (von der Mikro- zur Makro-Ebene) • Erstellung eines (vorläufigen) funktionalen Bedingungsmodells
4 Vereinbaren therapeutischer Ziele	• Klären von Therapiezielen • Gemeinsame Zielanalyse • Konsens über therapeutische Zielperspektiven
5 Planung, Auswahl und Durchführung spezieller Methoden	• Planung spezieller Maßnahmen (auf Basis der Informationen aus den Phasen 1 bis 4) • Entscheidung über spezielle Interventionen • Durchführung der Maßnahmen
6 Evaluation therapeutischer Fortschritte	• Kontinuierliche therapiebegleitende Diagnostik • Prä-/Post-Evaluation • „Zielabhängige" Evaluation des Einzelfalls
7 Endphase: Erfolgsoptimierung und Abschluß der Therapie	• Stabilisierung und Transfer therapeutischer Fortschritte • Arbeit an restlichen therapeutischen Ansatzpunkten bzw. Bearbeiten neuer therapeutischer Ziele • Erlernen von „Selbstmanagement" als Prozeß • Beendigen/Ausblenden der Kontakte • Abschluß-„Feedback" • Vorbereitung von „Follow-Up" bzw. von Katamnesen
„Follow-Up"/ Katamnese	

Abb. 1.13. Siebenstufiges Prozeßmodell der Verhaltenstherapie. (Nach Kanfer u. Grimm 1977; Kanfer et al. 1996)

bündnis geschaffen werden, wobei die Therapeuten die Rolle der professionellen Helfer übernehmen. Die Motivierung der Patienten erfolgt in dieser Phase u.a. durch Rollenspiele, durch Sammlung vom Informationen über die Problematik (auch Hausaufgaben) und durch aktive Beteiligung an der Analyse und eventuellen Veränderungen erster Probleme.

> ! Wesentlich für diese Phase ist die Herstellung einer guten Beziehung und Interaktion.

Nach dieser ersten Phase sollten die Patienten in dem Therapeuten eine Person sehen, mit der die Bearbeitung der persönlichen Probleme gelingen kann.

■ **Motivation und Vereinbarung einer Veränderung.** In dieser Phase sollte die aktive Bereitschaft zu einer Veränderung abgeklärt werden. Eine solche Veränderung besteht zumeist nicht nur in einer Beendigung des bislang (unangenehmen) Zustandes, sondern auch in einer Vorbereitung auf eine neue, wünschenswerte Lebenssituation. Hinweise auf mögliche Veränderungen von Teilbereichen des Verhaltens sollten das Vertrauen in eine Änderbarkeit der Probleme schaffen. Es sollte z.B. an kleinen Beispielen erfahren werden, daß die Patienten selbst zu einer Veränderung beitragen und eigene Fähigkeiten einsetzen können. Diese positiven Perspektiven einer Therapie sollten sich nicht auf verbale Zusicherungen beschränken, sondern in ersten zielgerichteten Schritten deutlich werden.

Verhaltensanalyse

> ! In der Verhaltensanalyse oder Problemanalyse ist das Problem auf verschiedenen Ebenen präzise zu beschreiben, außerdem sollten die Ziele der Therapie herausgearbeitet werden und eine Therapieplanung mit ersten therapeutischen Ansatzpunkten erarbeitet werden.

Für die konkrete Durchführung dieser „funktionalen Diagnostik" (Verhaltensanalyse) gibt es inzwischen eine Reihe von Schemata, auf die man zurückgreifen kann (Schulte 1974; Bartling et al. 1994; Hautzinger 1996).

■ **Vereinbarung von Behandlungsinhalten.** Hier sollte zur weiteren Motivierung der Patienten die Aufgliederung therapeutischer Endziele in einzelne Teilschritte erfolgen. Dabei sollten auch Kriterien für die Erreichung bzw. Nichterreichung der jeweiligen Ziele festgelegt werden. Wenn diese Vereinbarung über die Behandlungsinhalte erfolgt ist, sollte auf die Phase der konkreten Intervention übergegangen werden, damit erste Veränderungen in Richtung auf das therapeutische Ziel stattfinden.

■ **Durchführung der Behandlung.** In der Interventionsphase kommen spezifische verhaltenstherapeutische Methoden und Techniken zur Anwendung. Therapeuten haben die Aufgabe, die gewählte Methode korrekt durchzuführen. Auch dafür gibt es heute zahlreiche Standardwerke und Methodensammlungen (z.B. Linden u. Hautzinger 1996). Probleme bei der Durchführung oder eine Stagnation im Fortschritt machen es manchmal notwendig, auf einzelne Inhalte aus früheren Phasen zurückzugreifen oder Adaptationen der Methoden vorzunehmen. Diese Anfangsphase der Therapie verlangt von Patienten häufig Mühe und Anstrengung. Therapeuten sollten daher ermutigen, unterstützen und verstärken. Mit dem Fortschreiten der Behandlung sollte diese Unterstützung und Beteiligung wieder ausgeblendet werden. Schwierigkeiten tauchen außerdem oft bei der Übertragung der neuen Erkenntnisse und der neu gelernten Verhaltensweisen in die natürliche Lebenssituation der Patienten auf.

■ **Registrieren und Bewerten der Fortschritte.** Ein Registrieren der Fortschritte ist sowohl für die Steuerung innerhalb der Therapie als auch für die Evaluation (Zielerreichung) notwendig. Aufzeichnungen sollten idealerweise Hinweise darauf geben, welche Interventionen zu welchen Veränderungen geführt haben. Dabei sind externe Veränderungen in der Lebenssituation ebenso zu berücksichtigen (z.B. kritische Lebensereignisse) wie die Veränderungen, die durch das neue Verhalten des Patienten eingetreten sein können (z.B. Veränderungen in der Partnerschaft). Die Evaluation gibt auch Hinweise auf Fehler, die im Verlauf der Interventionen vorgekommen sein können. In einem solchen Fall muß zu einer entsprechenden, früher liegenden Stufe des therapeutischen Prozesses zurückgegangen werden.

Generalisierung, Stabilisierung und Beendigung der Therapie. Unter der Perspektive des Problemlösens sollten Patienten nach einer gewissen Zeit der angeleiteten Intervention die gelernten Fertigkeiten selbständig anwenden können und so zur selbstgesteuerten Lösung weiterer bzw. neuer Probleme in der Lage sein. Die Generalisierung des therapeutischen Fortschrittes (in zeitlicher und räumlicher Hinsicht) sollte sorgfältig geplant werden. Bereits während der Therapiephase sollte die Generalisierung geplant werden. Die frühe Einbeziehung und Aktivität der Patienten, die vermehrte Selbstkontrolle und die Verlagerung der Intervention in die Lebenswelt der Patienten tragen dazu bei, daß bei Beendigung der Therapie für die Patienten kein Bruch eintritt. Eine Verminderung der Sitzungsfrequenz trägt außerdem zu einer vergrößerten Selbstkontrolle des Patienten bei. Nach Therapieabschluß sollte die Nachkontrolle nicht vernachlässigt werden.

1.3.7 Verhaltensdiagnostik und funktionale Problemanalyse

Die von einem Patienten geschilderten Beschwerden sind üblicherweise in der Alltagssprache formuliert.

> ! Die Aufgabe der funktionalen Problemanalyse besteht darin, diese Beschwerden präzise zu erfassen, sie in psychologischer Sprache zu beschreiben und die aufrechterhaltenden Bedingungen der Probleme zu identifizieren. Die funktionale Problemanalyse will eine Erklärung für ein bestimmtes Problem durch eine möglichst präzise Identifikation der auslösenden bzw. aufrechterhaltenden Bedingungen („Ursachen") finden. Verhaltenstherapie besteht dann darin, diese funktionalen oder verantwortlichen Bedingungen zu verändern.

Verhaltensdiagnostik und Verhaltenstherapie werden häufig als kontinuierlicher Prozeß des Aufstellens und Prüfens von Hypothesen bezeichnet (Schmelzer 1986). Bei diesem Prozeß des Formulierens von Hypothesen läßt sich der Verhaltenstherapeut von theoretischen Ansätzen aus der Psychologie, insbesondere den Lerntheorien und den kognitiven Theorien, leiten.

Das Ergebnis einer funktionalen Problemanalyse bildet ein sog. hypothetisches Bedingungsmodell. Dieses Modell enthält vorläufige, d.h. mehr oder weniger gut gestützte Annahmen über den Zusammenhang eines Problemverhaltens mit vorausgehenden oder nachfolgenden Bedingungen. Die im hypothetischen Bedingungsmodell angeführten Faktoren bilden für den Verhaltenstherapeuten mögliche Ursachen eines Problems, die im Laufe einer Intervention zu verändern sind.

Die Verhaltensgleichung nach Kanfer u. Saslow

Die funktionale Problemanalyse orientiert sich meist an der von Kanfer u. Saslow (1969) vorgeschlagenen Verhaltensgleichung. Das in Frage kommende Verhalten (V) wird von situativen (S) oder biologischen (O) Determinanten (sog. vorausgehenden Bedingungen) hervorgerufen, denen bestimmte Konsequenzen (K, KV) folgen. Diese fünf Variablen werden heute meist um eine sechste erweitert: E, worunter Erwartungen, Einstellungen, Pläne, Normen und Regeln, also Kognition verstanden wird. Im folgenden werden die Variablen erläutert.

> Definition
> **S:**
> Detaillierte und verhaltensrelevante Situationsmerkmale.

S kann Verhalten fördern oder hervorrufen, aber auch hemmen und verhindern (S^D, diskriminativer Reiz). S kann eine konditionierte, gelernte Qualität haben (CS) oder unkonditional, reflektorisch, biologisch determiniert sein (UCS). Es werden physikalische und soziale Merkmale unterschieden.

> **Definition**
> E: Verhaltens- und erlebensrelevante Erwartungen, Einstellungen, Attribuierungen, Pläne und Normen.

Diese internalen, kognitiven Aspekte können sich auf die Situation, das eigene Verhalten, die Verhaltenskonsequenzen und andere Personen in der Zukunft, der Vergangenheit und der Gegenwart beziehen. Diese Bewertungen verbergen sich häufig hinter Sätzen, die absolute Aussagen oder „Sollte"-Forderungen enthalten. E-Variablen lassen sich häufig nicht sofort analysieren, sondern werden erst im Lauf der Therapie sichtbar, d.h. Therapeuten können hinsichtlich der E-Variablen nur vorläufige Hypothesen formulieren und diese erst später weiter evaluieren.

> **Definition**
> O: Biologische Determinanten des Organismus, die durch ihre Besonderheit oder Abweichung symptom- und verhaltensbedeutsam sind.

> **Definition**
> V: Motorische (verbale, nonverbale), emotionale, kognitive (Gedanken, Bilder, Träume) und physiologische Verhaltensmerkmale (sog. Modalitäten), die analysiert werden.

Erforderlich ist eine Beschreibung hinsichtlich konkreter, quantitativer und qualitativer Merkmale (Auftretenshäufigkeiten, Stärke, Dauer, genannte Modalitäten), bezogen auf S, E und O sowie K und KV.

> **Definition**
> K, KV: Regelmäßige, stabile, planmäßige Muster (KV) und aktuellere, verhaltensbezogenere Qualität der Konsequenzen (K) eines Verhaltens (V).

KV beschreibt die Kontingenzverhältnisse oder den Verstärkerplan (z.B. Auftreten von K nach jedem dritten Verhalten (V) usw.). K ist für die Qualität, Stabilität, Quantität in der Vergangenheit und der Gegenwart von V bestimmend.

Zu unterscheiden sind bei K:

- der Zeitpunkt des Eintretens (kurz- oder langfristig),
- die Qualität (K+: positive Verstärkung, K– Bestrafung, $K\not{-}$: negative Verstärkung, $K\not{-}$: Verstärkerentzug) und
- der Entstehungsort (extern bzw. intern).

Verhaltensdiagnostik

> **Definition**
> Verhaltensdiagnostik besteht in einer präzisen Beschreibung des Problems einer Person und in der Erfassung der Bedingungen, die für die Entstehung und Aufrechterhaltung der Beschwerden verantwortlich sind (Schulte 1986).

Für die Erfassung des Problems hat sich eine Differenzierung in mehreren Ebenen durchgesetzt:

> **Ebenen der Verhaltensdiagnostik**
> - Subjektiv-kognitive Ebene: Darunter versteht man das subjektive Erleben, die Selbstberichte (z.B. über Interviews oder Fragebögen), die verbalen Äußerungen von Beschwerden und Gedanken (Kognitionen).
> - Motorische oder Verhaltensebene: Damit sind alle jene prinzipiell beobachtbaren Verhaltensweisen einer Person gemeint, in denen sich das Problem zeigt. Auch das nichtverbale Ausdrucksverhalten wird üblicherweise der Verhaltensebene zugeordnet. Verhaltensbeobachtungen unter realen Bedingungen (in der Familie, in der Schulklasse, bei einem Partnergespräch usw.) sind die hierfür typischen Methoden.
> - Physiologische, vegetative Ebene: Die Mehrzahl psychischer Störungen haben auch physiologische und andere vegetative Begleiterscheinungen.

Bedingungsanalyse, Zielbestimmungen, Therapieplanung

Die von Kanfer u. Saslow (1969, 1974) vorgeschlagenen Schritte einer Problemanalyse sind auch heute noch maßgeblich. Die Erhebung von Informationen zu folgenden drei Fragekomplexen ist Voraussetzung für die Durchführung von Verhaltenstherapie:

Stadien der Problemanalyse

- Bedingungsanalyse: Unter welchen Bedingungen wurde das Verhalten erworben und welche Faktoren halten es momentan aufrecht?
- Zielanalyse: Welche spezifischen Verhaltensmuster bedürfen einer Veränderung in ihrer Auftrittshäufigkeit, ihrer Intensität, ihrer Dauer oder hinsichtlich der Bedingungen, unter denen sie auftreten?
- Therapieplanung: Welches sind geeignete praktische Methoden, um die angestrebten Veränderungen bei einer Person zu erzielen?

Zur Beantwortung dieser grundlegenden Fragen ist die Erhebung folgender Aspekte wichtig:

- Präzise Beschreibung des Problems;
- Erfassung und Beschreibung situationaler Bedingungen des Verhaltens;
- Erfassung von Einstellungen, Regeln und Normen bezüglich des Problemverhaltens;
- bisheriger Umgang mit dem Problem und Grad der Beeinträchtigung;
- Verhalten der Umgebung bezüglich des Problemverhaltens;
- Genese und Entwicklung des Problems;
- Erstellung eines hypothetischen Bedingungsmodells für das Problem;
- Analyse der sozialen Rahmenbedingungen;
- Klärung motivationaler Aspekte;
- persönliche Ziele der Behandlung.

Ferner gehört dazu die Vermittlung eines plausiblen Ätiologie- und Therapiemodells, die Betonung der Notwendigkeit therapiebegleitender Diagnostik, der Enderhebung und weiterer Nachuntersuchungen.

Beschreibung der Probleme

Die Beschreibung dessen, was als Problem aufzufassen ist, hat auf mehreren Ebenen zu erfolgen:

- der motorischen oder Verhaltensebene,
- der kognitiven Ebene,
- der emotionalen Ebene,
- der vegetativ-physiologischen Ebene sowie
- der interaktionellen Ebene.

Anfangs sind diese Beschreibungen vorläufiger Art, werden jedoch im Laufe einer Intervention präzisiert und detailliert und sind eine unabdingbare Voraussetzung für eine verhaltenstherapeutische Intervention. Die präzise Beschreibung einzelner Problemverhalten erfordert eine gewisse willkürliche Segmentierung des Verhaltensablaufs und der geschilderten Beschwerden.

Beispiel

Die von der Patientin G. beschriebenen Angstanfälle (als zentraler Problembereich) zeigten sich auf der emotionalen Ebene als starke Angst, Getriebensein, Panik, Niedergeschlagenheit und Weinen; auf der körperlichen Ebene äußerte sich die Angt in Pulsrasen, Atemnot, Hyperventilation, Druck auf der Brust, Übelkeit und Schwindel; auf der kognitiven Ebene berichtete sie von katastrophisierenden Befürchtungen bezüglich eines möglichen Herzversagens, Hilflosigkeit, Befürchtungen weiterer, schlimmerer Attacken; auf der Verhaltensebene ist sie unruhig, rennt hin und her, schmeißt schon mal Zeug durch die Gegend, sucht nach Ablenkung, dann nach Hilfe bei den Eltern oder bei Tabletten, oder sie schaltet den Notarzt ein.

Erfassung auslösender Bedingungen des Verhaltens

Die funktionale Analyse betont die situationale Abhängigkeit menschlichen Verhaltens. Die Kenntnis der Auslöser (bedingende Faktoren, Situation) eines Verhaltens liefert wichtige Hinweise für das Verständnis (Erklärung) eines Problems. Auslösende Bedingungen sind auf mehreren Ebenen zu erfassen:

- soziale Bedingungen (Anwesenheit bzw. Abwesenheit und Verhalten anderer Personen);
- kognitive Prozesse (z.B. Erwartungen, Befürchtungen, Attributionen, Schlußfolgerungen),
- vegetativ-physiologische Prozesse (Körpersensationen),
- eigenes Verhalten und auch
- physikalische, räumliche, örtliche Faktoren.

> ! Von besonderer Bedeutung sind diejenigen Bedingungen, die als Auslöser (UCS bzw. CS im Sinne des klassischen Konditionierens) bzw. als diskriminative Reize (S^D im Sinne des operanten Konditionierens) für ein Problemverhalten wirken.

Beispiel

Auslöser für die blockierenden Kontrollzwänge des Patienten P. sind viele Menschen (in der Stadt, auf der Straße, im Flur, vor einem Hörsaal), Treppenhäuser, an Leuten vorbeigehen oder -fahren, radfahren, Auto fahren, Haus oder Büro verlassen, Reden halten, Prüfungen, Klausuren und Hausarbeiten beurteilen (Noten), Texte verfassen und redigieren.

Bisheriger Umgang mit dem Problem

Hierbei sollte erfaßt werden, wie ein Patient mit seinen Problemen bislang umgegangen ist. Dazu gehören sowohl eigene gelungene oder mißlungene Bewältigungsversuche (Selbstkontrollversuche) als auch Versuche von anderen Personen zur Bewältigung der Probleme (Angehörige, Bekannte, bisherige professionelle oder nichtprofessionelle Hilfestellungen).

Genese und Entwicklung des Problems

In der Mehrzahl der Fälle und aus grundsätzlichen Gründen läßt sich die Entstehung einer Störung nicht mehr einwandfrei nachverfolgen. Die Genese meist komplexer Problematiken ist nur retrospektiv erfaßbar und damit (meist unbeabsichtigten) Verfälschungsmöglichkeiten ausgesetzt (z. B. durch Speichervorgänge im Gedächtnis oder durch das momentane Befinden bzw. die momentane Problematik). Dennoch ist diese retrospektive Erhebung (über eine gründliche Exploration) der Genese von Problemen wichtig. Meist ist die ausführliche Schilderung der Entwicklung von Störungen für die Patienten wichtig und Voraussetzung für den Aufbau einer tragfähigen Beziehung. Ferner liefert sie Information über die Dauer einer Störung und gibt so dem Patienten und dem Therapeuten Hinweise über die Verankerung im Lebenskontext des Patienten.

Da das ursprüngliche Problem sich im Laufe der Zeit stark verändert haben kann, sind Hinweise über Schwankungen und Veränderungen der Probleme für die Therapie wichtig. Bei der Exploration der Genese von Problemen sollten auch organismische Variablen (stabile oder schwankende) bedacht und erfaßt werden.

Hypothetisches Bedingungsmodell

Die bisher zusammengetragenen Informationen über die verschiedenen Probleme, deren Bedingungen und die Entwicklungseinflüsse bilden auf dem theoretischen Hintergrundwissen des Therapeuten den Rahmen für Hypothesen über die Entstehung und Aufrechterhaltung der Störung. Verhaltenstherapie läßt sich selbst bis zu einem gewissen Grad als Prozeß des Aufstellens und Prüfens von Hypothesen bezeichnen. Das Bedingungsmodell ist immer hypothetisch und muß der Revision zugänglich sein. Dazu muß es explizit gemacht werden. Dies ist auch die Voraussetzung für die Transparenz des therapeutischen Handelns und eine Optimierung des praktischen Vorgehens.

Das hypothetische Bedingungsmodell wird gerne in Form von Schaubildern zur Demonstration des funktionalen Gefüges, als einprägsame Veranschaulichung und zur Ableitung der Interventionen dargestellt (s. Abb. 1.14).

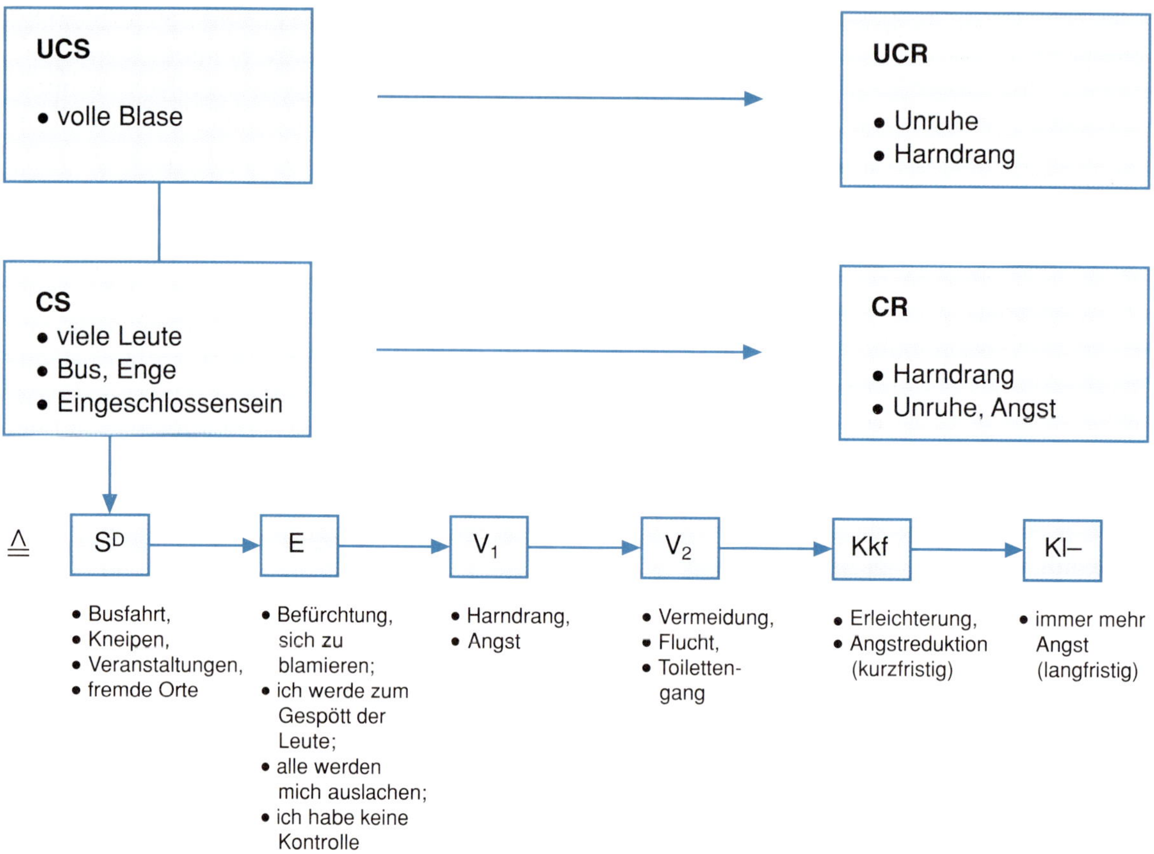

Abb. 1.14. Hypothetisches Bedingungsmodell: Fr. H

Beispiel

(Fortsetzung):

In Abb. 1.14 ist für die schon mehrfach erwähnte Frau H. das hypothetische Bedingungsmodell dargestellt. Wie schon weiter oben betont, läßt sich die Entwicklung der Angststörung bei Frau H. gut mittels der Zwei-Faktoren-Theorie des Lernens verstehen. Ursprünglich lag ein klassischer Konditionierungsprozeß vor (UCS = volle Blase; UCR = Blasendruck, Harndrang, Schmerzen, Entleerung; CS = viele Menschen, enger Bus; CR = Blasendruck, Harndrang, Unruhe), der auf derselben Reise durch ein zweites, wenige Tage später stattfindendes Ereignis (Betriebsstörung in einer Seilbahn, was dazu führte, daß die Reisegruppe mit der Patientin für wenige Minuten in der Gondel festsaß) verstärkt wurde. Enge Räume und viele Leute wurden so zu einem diskriminativen Reiz für Harndrang, Blasendruck, Bedürfnis nach Entleerung. Seit dem ersten Vorfall im Reisebus wurde dies regelmäßig und prophylaktisch durch raschen Toilettengang bzw. Vermeidung oder Flucht aus der ängstigenden Situation beantwortet. Dies führte zur Symptomreduktion und Erleichterung (negative Verstärkung). Reizgeneralisierung führte dazu, daß heute die unterschiedlichsten Orte (Geschäfte, Kneipen, Parties, Seminare, Veranstaltungen, Konzerte, Kino) bzw. der erschwerte Zugang zu Toiletten störungsauslösend geworden waren.

Die Herausbildung dieser Zusammenhänge wurde vermutlich einerseits dadurch erleichtert, daß die Reise in Begleitung der Mutter stattfand, zu der die Patientin ein ausgesprochen gespanntes Verhältnis hatte, doch sich regelmäßig zwang, etwas für die inzwischen verwitwete Mutter tun und eine „gute“ Tochter sein zu müssen. Zum anderen beschrieb sich die Patientin schon von Kind an als unsicher, ängstlich und selbstzweiflerisch. Auch dafür gab es Gründe aus der Sozialisation durch die ablehnende, viel und heftig kritisierende, distanzierte Mutter und durch die Erfahrungen der Isolation (extrem abgelegener Lebensraum, kleiner Ort), des Außenseitertums (zur weiterführenden Schule mußte die Patientin fast eine Stunde mit dem Bus in die Stadt fahren, was sie als einzige ihres Jahrgangs aus dem Ort ab dem 11. Lebensjahr an tat) bzw. des Ausgegrenztwerdens in der weiterführenden Schule („Dorftrottel"). Trotz guter Leistungen begleiteten sie seitens der Eltern, die der weiterführenden Schule zwiespältig gegenüber standen, über all die Jahre Zweifel, Abwertungen der Leistungen und ihrer Person und Mißerfolgsorientierung.

Auf der Einstellungsebene konnten sich so ein negativ getöntes Selbstbild, Unsicherheit, ängstliche Grundhaltung und Selbstzweifel herausbilden, die bei der Entstehung der Probleme entscheidend mitwirkten.

Zielbestimmungen

Die Ziele einer therapeutischen Intervention ergeben sich aus der Problemanalyse, aber auch aus normativen Gesichtspunkten (kulturellen, gesellschaftlichen und individuellen Werten und Normen). Verhaltenstherapeuten legen großen Wert darauf, daß die Ziele einer Intervention explizit, d.h. offen und klar und konkret formuliert werden. Nur so kann zwischen Therapeut und Patient ein Konsens erzielt und die Entscheidung über eine Intervention erreicht werden.

Im Rahmen der Zielbestimmung sollten auch soziale Bedingungen des Problemverhaltens herangezogen werden. Hierbei ist es wichtig zu erfassen, welches Verhalten von den Bezugsgruppen besonders hoch gewertet und geschätzt wird, das dann mit den persönlichen Zielen in Kollision stehen kann.

Die Analyse sozialer Bedingungen berücksichtigt auch ökonomische Bedingungen, die eine Problemlage und die Interventionen beeinflussen. Die Analyse sozialer Rahmenbedingungen sollte auch klären, ob und welche Person aus der Umgebung des Patienten in die Therapie (als Kotherapeut) mit einbezogen werden soll bzw. kann. Da viele Probleme nicht nur Nachteile für einen Patienten haben, sollte auch erfaßt werden, unter welchen multiplen und konflikthaften Kontingenzen ein Problemverhalten steht (Bartling et al. 1994; Caspar 1987).

Klärung motivationaler Aspekte

Zur Klärung der Motivation von Patienten ist es günstig zu erfassen, welche Erwartungen Patienten mit der Erreichung von Zielen verbinden. Besonderer Wert sollte darauf gelegt werden, ob die Zielerreichung auch mit positiven Verstärkern verbunden ist. Zur Erhöhung und Aufrechterhaltung der Motivation während des Therapieprozesses sollten die Veränderungen rückgemeldet und betont werden. Damit sollte auch die Bereitschaft gefördert werden, zumindest kurzfristig die unangenehmen Aspekte in Kauf zu nehmen, die mit einer Veränderung immer verbunden sind.

Therapieplanung

Nach zumindest vorläufiger Verhaltensanalyse (hypothetisches Bedingungsmodell) und erfolgter Zielbestimmung besteht die Aufgabe des Therapeuten darin, gemeinsam mit den Patienten die Schritte vom Problemzustand zum Zielzustand zu entwickeln. Dabei wird gerne die „strategische Planung" (die Veränderungsprinzipien werden bestimmt: z.B. graduelles oder massiertes Vorgehen bei der Angstbehandlung) von der „taktischen Planung" (konkrete Ausgestaltung der therapeutischen Maßnahmen: z.B. persönliche Hierarchisierung von Angstreizen) unterschieden. Ein Patient muß zunächst den generellen Therapievorstellungen und anzuwendenden Prinzipien zustimmen, bevor eine Planung, Absprache und Umsetzung hinsichtlich des konkreten Vorgehens erfolgen kann.

Bereits bei der Therapieplanung erfolgt die Planung und Festlegung der Verfahren, die zur Erfassung möglicher Veränderungen eingesetzt werden. Zu dieser erfolgs- bzw. therapiebegleitenden Diagnostik gehören sehr individuelle Aufzeichnungs- und Beobachtungsprotokolle ebenso wie bewährte und verbreitete Tests bzw. Fragebögen.

> **!** **Zusammenfassung**
> Die Therapieplanung verlangt eine Abstimmung von Änderungsmethoden auf Ziele und Bedürfnisse des Patienten. Diesem wird durch Transparenz des Vorgehens und durch das Prinzip des Selbstmanagements Rechnung getragen. Zur Kontrolle des Therapieverlaufs werden therapiebegleitende Diagnostik und Verfahren zur Veränderungsmessung angewendet.

1.3.8 Verhaltenstherapeutische Methoden und Techniken

Bereits bei der Therapieplanung werden Kenntnisse und Wissen über Methoden verlangt, die zur Problemlösung und Zielerreichung eingesetzt werden können. Als Elemente dieses Veränderungswissens lassen sich kognitive und verhaltenstherapeutische Methoden und Vorgehensweisen identifizieren, die (natürlich auch) trainiert und zur Behandlungsdurchführung beherrscht werden müssen. Aus der großen Zahl praktischer Kenntnisse und Fertigkeiten von Verhaltenstherapeuten (vgl. LINDEN u. HAUTZINGER 1996) sollen im folgenden Abschnitt einige wichtige und häufig eingesetzte Methoden und Behandlungsstrategien dargestellt werden.

Systematische Desensibilisierung

> **Definition**
> Das Prinzip der systematischen Desensibilisierung besteht darin, Bedingungen zu schaffen, unter denen ein Patient mit Angststörungen seine massiven Angstreaktionen und das damit verbundene Vermeidungsverhalten schrittweise überwinden kann.

Patienten werden dabei langsam an die angstauslösenden Situationen herangeführt.

Die drei notwendigen und hinreichenden therapeutischen Maßnahmen (WOLPE 1958) sind:

- Entspannungstraining,
- Erstellung einer oder mehrerer individueller Angsthierachien,
- Darbietung der hierarchisierten Angstreize unter Entspannung, zunächst in der Vorstellung (in sensu), später dann auch in der Realität (in vivo).

Zur Vorbereitung der eigentlichen Therapie ist eine detaillierte Verhaltensanalyse, insbesondere der angstauslösenden Stimuli erforderlich (WOLPE 1958). Auch FLORIN und TUNNER (1975) weisen darauf hin, daß zu Beginn der Therapie eine sorgsame Instruktion zu stehen hat, damit die Patienten Vertrauen in die Therapie gewinnen. Nur so kann ausreichende Motivation geschaffen werden, um die notwendige Mitarbeit zu sichern.

Entspannungstraining
Die Notwendigkeit zum Entspannungstraining als einer angstantagonistischen Reaktion ergibt sich aus WOLPES (1958) theoretischen Grundannahmen: Wenn es möglich ist, bei einem Individuum eine Reaktion hervorzurufen, die antagonistisch zur Angstreaktion ist und die gleichzeitig mit angstauslösenden Stimuli auftritt, dann wird es zu einer teilweisen oder völligen Unterdrückung der Angstreaktion kommen, und die Verknüpfung zwischen den angstauslösenden Stimuli und den Angstreaktionen wird abgeschwächt.

WOLPE hat für die systematische Desensibilisierung auf die „Progressive Muskelrelaxation" von Jacobson zurückgegriffen. Der Vorteil von Entspannung als angstantagonistischem Verfahren besteht gegenüber anderen Möglichkeiten darin, daß sie ausgesprochen vielseitig eingesetzt werden kann (z.B. auch als eigenständige Methode bei Stressreaktionen oder Schmerzzuständen).

> ! Das Ziel des Entspannungstrainings besteht im Erlernen der Kontrolle über einzelne Muskelgruppen (beginnend mit den Händen und den Armen, es folgen die Schultern, der Kopfbereich, die Brust, der Bauch, der Rücken, das Gesäß und die Beine) durch die Erfahrung von Anspannung und Entspannung.

Mit fortschreitendem Training entfällt die Anspannung, da Patienten zunehmend unmittelbar Entspannung herstellen können. Nach dem Entspannungstraining sollten die Patienten in der Lage sein, auf die entsprechende Instruktion hin mit allgemeiner körperlicher Entspannung zu reagieren. Wichtig ist, daß die Patienten die Übungen zur Entspannung auch zwischen den Sitzungen durchführen, um einen raschen und günstigen Lernerfolg sicherzustellen.

Erstellung einer Angsthierarchie

Zur Erstellung individueller Angsthierarchien werden die Daten

- aus der Exploration,
- aus verschiedenen Angstfragebögen sowie
- aus Verhaltensbeobachtungen und Situationstests herangezogen.

Dabei werden die Angstbereiche, die man in der Verhaltensanalyse möglicherweise nur grob erhoben hatte, so genau aufgeschlüsselt, daß sich eine oder mehrere Angsthierarchien ergeben. Die einzelnen Reizbedingungen werden dabei nach qualitativen und quantitativen Merkmalen beurteilt. Die spezifischen Situationen werden gemeinsam von Patient und Therapeut beurteilt, so daß sie entlang eines Kontinuums von der schwierigsten bis zur leichtesten Situation angeordnet sind.

> ! Die Abstufungen werden so vorgenommen, daß die problematischste Situation mit der Zahl 100 versehen wird, diejenige, bei der keine Angst empfunden wird, bekommt die Zahl 0. Die Abstände zwischen den einzelnen Items sollten nicht zu groß und etwa gleich sein. Die Items sollten ferner konkret gehalten werden. Wichtig ist, daß die einzelnen Szenen lebhaft vorstellbar sind. Ferner sollten die Stimuli Bedeutung für das Alltagsleben der Patienten besitzen.

Durchführung der Desensibilisierung

Damit die eigentliche Desensibilisierung gelingen kann, ist es notwendig, daß sich die Patienten die einzelnen Szenen der Hierarchie vorstellen können und die Entspannung beherrschen. Manche Personen haben damit gewisse Schwierigkeiten, so daß über Vorstellungsübungen erst die Voraussetzungen geschaffen werden müssen (z.B. über Vorstellungen neutraler oder sehr angenehmer Situationen; Vorstellen von Bewegungen wie Schütteln eines Apfelbaumes, Heben eines schweren Steines). Günstig ist es, die Therapie in einem gegen Geräusche und Störungen abgeschirmten Raum stattfinden zu lassen. Die Patienten sollten in einem bequemen Stuhl Platz nehmen (Entspannungsstuhl). Zwischen Patient und Therapeut wird auch ein Zeichen vereinbart, wenn die Darbietung einer Szene der Hierarchie trotz Entspannung zu Angst führt (meist: Heben eines Fingers).

Vor jeder Sitzung erhalten die Patienten einen kurzen Überblick über die bevorstehende Aufgabe, zumeist wird in Stichworten noch einmal das Prinzip der systematischen Desensibilisierung erläutert. In der Therapie beginnt man mit der untersten, d.h. leichtesten Hierarchiestufe und bietet eine dieser Stufe zugeordnete Szene verbal dar. Wenn trotz der vorherigen Entspannung bei der Vorstellung Angst auftritt, so wird die Vorstellung abgebrochen und zur Entspannung übergeleitet, um dann wieder mit demselben Item zu beginnen. Die einzelnen Szenen der Angsthierarchie werden mehrmals durchgearbeitet, bis jede Situation angstfrei erlebt wird. Nach 3 oder 4maliger angstfreier Darbietung einer Szene geht man zu den Szenen der nächsten Hierarchiestufe über, bis schließlich auch die höchste Stufe in dieser Weise bewältigt wird.

Ist der Therapieprozeß der In-sensu-Bearbeitung bei einem mittleren Hierarchiebereich an Angstreizen angekommen und gelingt die

Vorstellung der Angstszenen ohne aufkeimende Angst, dann sollte zu In-vivo-Übungen übergegangen werden. Dazu wird wiederum bei den Szenen der untersten Hierarchiestufe begonnen, und die Patienten werden zu weitgehend selbständigen realen, doch weiterhin gestuften Konfrontationen mit den dort beschriebenen Situationen ermuntert.

■ **Probleme bei der Durchführung.** Schwierigkeiten mit dem Verfahren der systematischen Desensibilisierung (in sensu oder in vivo) können an jedem Punkt der Durchführung auftreten (Florin u. Tunner 1975). Ein häufiges Beispiel ist, daß es oft nicht möglich ist, alle Items einer Hierarchie zu spezifizieren, da für „schwierige" Situationen aufgrund des langen Vermeidungsverhaltens die erforderliche Differenzierungsfähigkeit nicht mehr vorliegt. Es ist dann sinnvoll, die Fertigstellung der Hierarchie aufzuschieben und mit den unteren Hierarchiestufen zu beginnen. Mit fortschreitender Bewältigung der Angst nimmt erfahrungsgemäß auch die Differenzierungsfähigkeit in schwierigen Bereichen wieder zu, und die Spezifizierung der Situationen auf den höheren Hierarchiestufen kann so gelingen.

■ **Wirkfaktoren der systematischen Desensibilisierung.** In seinen Schriften hatte Wolpe (1958) immer wieder darauf hingewiesen, daß die Wirkung der systematischen Desensibilisierung auf der Theorie der reziproken Hemmung beruht (die Erfahrung angstfreier Vorstellung schwächt die erworbene Reiz-Angst-Verbindung). Aus diesem Grunde betrachtete er auch Abweichungen von dem beschriebenen Vorgehen als problematisch. Es wurden jedoch von verschiedener Seite Zweifel an diesen Überlegungen vorgebracht. Zum Verständnis der (vielfach belegten) Wirkung der systematischen Desensibilisierung wurden andere Theorien vorgeschlagen:

- Gegenkonditionierung meint die Eliminierung einer Stimulus-Response-Verbindung durch die Kopplung einer alternativen Reaktion an den Stimulus, wobei die neue Reaktion größere Stärke als die ursprüngliche Reaktion besitzt (Gegenkonditionierung als Prozeß).
- Habituation bezeichnet die zeitweilige und umkehrbare Verminderung einer Reaktion als Folge einer wiederholten Darbietung eines Stimulus.
- Löschung als die längerfristige und dauerhafte Verminderung einer Reaktion durch ihre mehrfache Auslösung unter Bedingungen der Nichtkontingenz (Präsentation des CS ohne gelegentliche Kopplung an den UCS).

Das Vorgehen wurde mehrfach verändert, ohne dadurch Einbußen in der Wirksamkeit hinnehmen zu müssen (s. Florin u. Tunner 1975). Besonders einflußreich war der Vorschlag, die trainierte Entspannung als Bewältigungsstrategie aufkommender Angst einzusetzen. Signalisiert ein Patient während der Bearbeitung einer Hierarchiestufe Angst, dann wird er zunächst angehalten, mittels der Entspannung zu versuchen, Kontrolle über die aufkommende Erregung und leichte Angst zu gewinnen. Erst wenn dies nicht gelingt, soll um therapeutische Hilfe bei der Angstüberwindung durch Entspannung nachgesucht werden (s. dazu den nächsten Abschnitt zur „Angstbewältigung").

Angstbewältigungstraining

Unter bestimmten Bedingungen erweist sich die systematische Desensibilisierung als nur schwer anwendbar, v.a. wenn wegen diffuser Ängste die Konstruktion einer Hierarchie nicht möglich ist oder wenn der Patient Schwierigkeiten hat, sich die Situationen plastisch vorzustellen. Diese Einschränkung und der relativ große Zeitaufwand für die Durchführung einer systematischen Desensibilisierung waren der Anlaß, Alternativen und Varianten zu entwickeln, die unter der Bezeichnung „Angstbewältigungstraining" zusammengefaßt werden können.

> **Definition**
> Das Prinzip dieser Verfahren besteht darin, daß Patienten lernen, aufkommende Angst durch Entspannung zu kontrollieren und zu reduzieren.

Zwei Schritte sind erforderlich:

- die Provokation von (leichter) Angst und
- die aktive Bewältigung der aufkommenden Angst durch Entspannung.

Beim Angstbewältigungstraining ist nicht eine inhaltlich definierte Situation, sondern die eigene Angstreaktion der Anlaß, Entspannung einzusetzen. Patienten lernen so, Anzeichen zunehmender Spannung und Erregung zu registrieren und frühzeitig zu bewältigen. Von daher ist die Erarbeitung von Angsthierarchien zu bestimmten Themenbereichen nicht erforderlich. Eine gewisse Abstufung der Angstreize ist jedoch hilfreich, damit anfangs Patienten nicht mit zu starker Erregung (Angst) konfrontiert werden.

> ! In jedem Fall kommt es darauf an, daß Patienten aufkommende Angst möglichst frühzeitig registrieren. Sobald Anzeichen von Angst oder Erregung verspürt werden, sollen die Patienten sich entspannen, um damit die Erregung zu reduzieren. Während also weiterhin die kritische Szene vorgestellt wird, versuchen die Patienten mittels Entspannung die aufsteigende Angst zu bewältigen.

■ **Durchführung.** Der Ablauf eines Angstbewältigungstrainings erfolgt in vier Stufen:

- Zunächst erlernen die Patienten das Verfahren der progressiven Muskelentspannung. Dabei soll gleichzeitig schon die Wahrnehmung von Muskelspannungen als Anzeichen aufkommender Angst und Erregung sensibilisiert werden.
- Zum zweiten ist die Instruktion wichtig, bei dem ersten Anzeichen von Erregung Entspannung einzusetzen, um so Kontrolle über die Angst zu gewinnen.
- Während der Therapiesitzungen wird die Bewältigung der Angst durch Entspannung trainiert.
- Schließlich ist die Anwendung des gelernten Vorgehens in der Alltagsrealität entscheidend.

In den Therapiesitzungen werden die Erfolge und Mißerfolge besprochen und ggf. das Vorgehen korrigiert.

Der Anleitung kommt hier eine wichtige Bedeutung zu. Dem Patienten muß erklärt werden, daß er seiner Angst nicht hilflos gegenüberstehen muß, sondern daß es möglich ist, die Angst zu kontrollieren, und daß Entspannung ein wirksames Mittel ist, um Angst zu kontrollieren und zu reduzieren und daß daher Entspannung zu lernen ist. Weiterhin ist wichtig, daß der Patient selbst diese Kontrolle ausüben wird und der Therapeut ihm dabei nur helfen werde, daß Patienten schrittweise eine immer effektivere Kontrolle über die Ängste und Beunruhigungen erlangen werden.

> ! **Zusammenfassung**
>
> Die systematische Desensibilisierung ist ein effektives Verfahren zur Behandlung von Ängsten. Es umfaßt folgende Stufen:
>
> - Entspannungstraining,
> - Erstellen einer Angsthierarchie,
> - Vorstellung der Angstsituation während der Entspannung.
>
> Nach neueren Theorien lernen die Patienten durch die systematische Desensibilisierung, die Angstsituation und ihre eigene Verhaltenskompetenz neu einzuschätzen. Dieser Lernprozeß wird durch Entspannung und gestufte Darbietung der Angstreize gefördert.
>
> Das Angstbewältigungstraining ist eine Weiterentwicklung und Alternative zur systematischen Desensibilisierung und gilt als ein Selbstkontrollverfahren, das gut im Alltag in allen belastenden Situationen eingesetzt werden kann.

Exposition und Reizkonfrontation

> Definition
>
> Die Begriffe „Exposition" oder „Reizkonfrontation" beschreiben therapeutische Verfahren, bei denen Patienten mit verschiedenen Angststörungen den aversiven Reizen, der gefürchteten Situation bzw. den gefürchteten Objekten direkt ausgesetzt werden. Bei dem Verfahren, das auch

Definition

„flooding" (Reizüberflutung) genannt wird, werden die Patienten mit den Stimuli in der Realität (in vivo) direkt und in höchster Intensität konfrontiert.

Als Habituationstraining wird ein konfrontatives Verfahren bezeichnet, bei dem Patienten direkt, doch in abgestufter Weise (im Sinne einer Annäherungshierarchie) mit den angstauslösenden Stimuli konfrontiert werden.

In gewisser Weise stellen die systematische Desensibilisierung und das Angstbewältigungstraining auch konfrontative Verfahren dar, doch erfolgt die Konfrontation sehr vorsichtig und dosiert, zunächst in der Vorstellung und unter Anwendung von Entspannung. Erst später im Therapieprozeß erfolgt die In-vivo-Konfrontation. Bei dem hier als Exposition bezeichneten Verfahren werden Konfrontationen direkt und rasch in höchster Intensität, ohne Einsatz von Entspannung oder anderen Bewältigungsverfahren durchgeführt.

Graduiertes Vorgehen in vivo

! Dieses Verfahren ist durch die besonders lange Konfrontation mit angstauslösenden Reizen in der Realität gekennzeichnet.

Die lange Reizkonfrontation begründet sich durch das graduierte Vorgehen. Gleich in der ersten Konfrontationsitzung wird eine stark angstauslösende Situation ausgewählt und allmählich angegangen. Die Patienten suchen gemeinsam mit dem Therapeuten in der Realität schrittweise diese besonders bedrohliche Situation auf. Jede Situation selbst ist ebenfalls in abgestufte Sequenzen zerlegt, die bewältigt werden müssen. Die Sequenzen werden so gewählt, daß sie nicht zu komplex sind und daß sie keine zu hohe Angststeigerung erzeugen.

! Die Sitzungen enden immer erst mit der Bewältigung der gesamten, wenn auch graduiert angegangenen angstauslösenden Situation und nicht nach einer bestimmten Zeit.

Um dieses vorher definierte Ziel zu erreichen, kann sich eine Sitzung manchmal über mehrere Stunden erstrecken.

Zur Vorbereitung ist es erforderlich, gemeinsam mit den Patienten eine stark angsthervorrufende und konkret herstellbare Situation zu bestimmen. Diese Situation wird in Sequenzen aneinandergereihter Teilschritte zur Annäherung und zur Bewältigung zergliedert. Die einzelnen Stufen ergeben sich aus dem inhaltlichen bzw. zeitlichen Zusammenhang zur Zielsituation. Ist das zu erreichende Ziel beispielsweise der Aufenthalt in einer Fußgängerzone in der Innenstadt mit vielen Menschen, so könnten die Teilschritte den Fußweg dorthin, mit zunehmenden Menschenmengen, immer größere räumliche Annäherung, doch auch die zeitliche Annäherung (in den Morgenstunden mit wenig Betrieb bis zum Nachmittag mit viel Betrieb oder zu verkaufsoffenen Samstagen) sein. Ausgewählt werden solche Angstsituationen, die in engem Zusammenhang zum Alltag des Patienten stehen. Da das Vorgehen bei der Reizkonfrontation häufig mit einem gewissen Aufsehen verbunden ist, sollte der Patient entscheiden, ob dieses Verfahren in seinem unmittelbaren Lebensbereich durchgeführt werden soll oder ob andere äquivalente Situationen aufgesucht werden.

! In jedem Fall muß sich der Therapeut vorher mit den aufzusuchenden Situationen vertraut machen und sie selbst angstfrei bewältigen.

Beispiel

(Fortsetzung):

Die Patientin H. willigte ein, ihr massives Vermeidungsverhalten und die Ängste vor Kontrollverlust über ihre Blase konfrontativ, doch graduiert anzugehen.

Der erste Schritt der Konfrontation bestand darin „die Verpackung" als eine ärztlich verordnete Form von Vermeidung wegzulassen und damit ihre Wohnung zu verlassen, mit dem Rad zur Therapie zu fahren, dort sich mit dem Therapeuten zu unterhalten. Weitere Schritte waren dann, in einen Supermarkt zu gehen (mit wenig Betrieb, später dann mit viel Betrieb), einkaufen zu gehen (zunächst nur wenige Dinge, dann mit einer langen Liste), ihr Büro aufzusuchen, dort zu bleiben, zu telefonieren, mit Kollegen und Kolleginnen zu reden, Seminare zu besuchen, Bus zu fahren, in ein Kino zu gehen (zunächst nachmittags bei wenig Betrieb, später dann in ein vollbesetztes Kino), in ein Café zu gehen (zunächst bei wenig Betrieb, dann mit viel Betrieb), in eine bekannte, dann in eine unbekannte Kneipe zu gehen, ein Konzert zu besuchen und dort am Rand, dann in der Mitte einer Reihe zu sitzen usw.

Diese Übungen erfolgten zunächst in Begleitung durch den Therapeuten, ab dem zweiten Tag dann zunehmend alleine. Dabei wurden die Übungen zunächst abgestimmt und zwischendurch wiederholt kurz telefonisch besprochen. Die Übungsdauer erstreckte sich zwischen 6 und 8 Stunden täglich über mehrere Tage. Dazu hatte sich die Patientin die gesamte Woche frei genommen.

Eine typische Schwierigkeit bei konfrontativen Übungen ist die Tendenz von Patienten, sich doch heimlichen, z. T. gar nicht bewußten Ablenkungen und damit Vermeidungen zu bedienen. Bei Frau H. gehörte bei den anfänglichen begleiteten Übungen dazu ein ständiger Redeschwall. Dabei redete sie weniger über ihre Empfindungen und Ängste, vielmehr stellte sie Fragen an den Therapeuten und dessen Erfahrungen mit ähnlichen Übungen. Es war wiederholt nötig, sie zu unterbrechen, auf ihre Ängste und das Zulassen von Angst hinzuweisen.

Eine andere Schwierigkeit war, den Lebenspartner der Patientin einzubeziehen und ihn zu neuem, nicht länger schonendem, damit die Vermeidung unterstützendem Verhalten zu bringen. Dies erforderte bereits während der Vorbereitung mehrere gemeinsame Sitzungen, in denen die Patientin ihrem Freund erklären mußte, wozu die Konfrontationsübungen gut sind, was da passieren wird und wie es zu Neulernen kommt. Es wurde ein gemeinsamer Vertrag (s. dazu den Abschn. „Operante Methoden“) geschlossen, der festlegte, wie sich der Lebenspartner ab sofort z. B. bezüglich des Toilettenverhaltens, bei Kneipenbesuchen, bei Einladungen, bei Einkäufen usw. verhalten sollte.

Massiertes Vorgehen in vivo

> **Definition**
> Hierbei werden die Patienten in der Expositionssitzung unmittelbar mit den Situationen konfrontiert, die als äußerst angstintensiv eingeschätzt wurden.

Angestrebt wird, daß es zu einem starken Angstanstieg kommt. Im weiteren Verlauf sinkt dann die Angst ab (es findet Habituation statt), ohne daß es zu Flucht oder Vermeidung kommen darf. Je nach Problemlage und organisatorischen Möglichkeiten werden in einer Sitzung eine oder mehrere stark angstauslösende Situationen aufgesucht.

> **!** Im Unterschied zum graduierten Vorgehen findet also keine allmähliche Annäherung an angstauslösende Reize statt.

Leidet ein Patient unter Ängsten vor verschiedenen Situationen, so werden für einen Expositionstag so viele angstauslösende Situationen wie möglich eingeplant. Entsprechend lange kann daher die einzelne „Behandlungssitzung“ sein (bis zu 8 Stunden). Bei der Planung ist immer darauf zu achten, daß eine Gefährdung von Patient, Therapeut sowie anderen Personen ausgeschlossen werden kann (z. B. bei Übungen, die Autofahren auf öffentlichen Straßen erfordern, sind besondere Vorkehrungen zu treffen, wie Benützung eines Fahrschulautos). Zur Vorbereitung ist ferner wichtig, daß den Patienten völlig klar ist, wozu diese Übungen dienen, welche Bedeutung sie für die Überwindung der Ängste haben, weshalb Flucht und Vermeidung nicht zugelassen werden können, weshalb Übungen ohne heftigen Angstanstieg therapeutisch nicht hilfreich sind. Diese Informationen sind wichtig, und eine gute (kognitive) Vorbereitung der Patienten entscheidet über den Erfolg der Expositionstherapie. Vor Übungsbeginn ist ferner wichtig festzulegen, wie die Angst gemessen wird (z. B. auf einer subjektiven Angstskala von 0 bis 100), damit der Angstanstieg und -abfall in den Situationen direkt und fortwährend erhoben werden kann.

Unmittelbar vor Durchführung der Exposition besprechen Patient und Therapeut noch einmal den Trainingsablauf, um dann in der Regel gemeinsam sofort die erste am stärksten angstauslösende Situation aufzusuchen. Zum Beispiel besteigen sie gleich einen hohen Turm, fahren in einem Hochhaus sofort in das oberste Stockwerk, suchen im Kaufhaus sofort die Abteilung auf, in der die meisten Menschen sind, setzen sich im Kino auf die mittleren Plätze, stellen sich im Supermarkt in die längste Schlange an der Kasse, essen in einem feinen, gut besuchten Restaurant die am meisten gefürchtete Speise (z.B. Suppe), besteigen gleich ein Flugzeug oder den Zug usw.

> ! Eine vorher stark ängstigende, vermiedene Situation gilt als bewältigt, wenn die Angst völlig oder auf ein sehr unbedeutendes Maß abgefallen ist, ohne daß die Situation verlassen wurde. Eine beliebte Regel ist, daß dann der ideale Zeitpunkt für die Beendigung der Expositionsübung ist, wenn es den Patienten gleichgültig ist, ob die Konfrontation noch fortgeführt wird oder nicht (wenn sie also in dem vollen Kaufhaus problemlos noch eine weitere Stunde bleiben könnten).

Unmittelbar nach Bewältigung einer Angstsituation wird die nächste stark ängstigende Situation aufgesucht und dort die Exposition in derselben Weise durchgeführt.

> ! **Zusammenfassung**
>
> Verfahren der Reizkonfrontation haben sich bei der Behandlung von Angststörungen sehr bewährt. Bei der Konfrontation mit Angstreizen wird die Erfahrung ermöglicht, daß die angstauslösenden Situationen ertragbar sind, da die befürchteten unangenehmen Folgen ausbleiben. Den Expositionsverfahren ist gemeinsam, daß sich die Patienten bis zum Rückgang der Angst in der zuvor angstauslösenden Situation aufhalten. Flucht- und Vermeidungsverhalten wird dabei grundsätzlich nicht zugelassen. Die Konfrontation findet in der Regel unmittelbar in der Realität (in vivo) massiert oder graduiert statt.

Operante Methoden

Die Verfahren des operanten Konditionierens bilden die Grundlage für eine Reihe von therapeutischen Methoden, die für die Praxis der Verhaltenstherapie große Bedeutung gewonnen haben.

Methoden zum Aufbau von Verhalten

Unter diesen Gesichtspunkt fallen alle Methoden, die zur Ausformung von Verhalten, zur Stärkung und zur Aufrechterhaltung (Stabilisierung) von Verhalten beitragen sollen.

Es gibt eine Reihe von Verhaltensproblemen, bei denen ein erwünschtes Zielverhalten im Repertoire des Individuums nicht vorhanden ist (Beispiele: selbstsicheres Verhalten in sozialen Situationen, selbständiges Verhalten bei hospitalisierten Patienten, Hygieneverhalten bei geistig Behinderten). Um solches Verhalten aus den vorhandenen Fertigkeiten der betreffenden Person aufzubauen, kann man auf die folgenden Strategien zurückgreifen:

Methoden zum Aufbau von Verhalten

- Unter „shaping" versteht man den schrittweisen Aufbau von komplexen Verhaltensmustern, die im Repertoire eines Individuums nicht vorhanden sind, aus Bestandteilen dieses Zielverhaltens. Beim „shaping" wird das Zielverhalten in einzelne Schritte aufgeschlüsselt, dann werden Kriterien für die erste Annäherung festgelegt. Zum Erlernen wird eine Situation ausgewählt, in der die Wahrscheinlichkeit für erste Annäherungen a priori hoch ist. Einfachste Annäherungen werden differenziell verstärkt (z.B. ein Kind soll lernen, sich selbständig anzuziehen: das Anschauen der Kleidung oder das Interesse daran wird als erster Schritt verstärkt). Damit „shaping" gelingt, ist es erforderlich, das Zielverhalten, den Weg dorthin und die wirksamen Verstärker sehr genau festzulegen. Dabei können eine ganze Reihe von Schwierigkeiten auftreten, die den Erfolg dieser Intervention untergraben. Insbesondere ist es wichtig, das Kriterium für die Fälligkeit eines Verstärkers exakt und konkret zu definieren. Es darf erst dann verändert werden, wenn das damit erreichte Verhalten problemlos gezeigt wird.

- Beim „chaining" versucht man sich die Tatsache zunutze zu machen, daß menschliches Verhalten als „verkettet" aufgefaßt werden kann. Ein bestimmtes Teilverhalten hat u.a. die Funktion (diskriminativer Hinweisreiz) für das nächste Teilverhalten usw. Dies kann therapeutisch genützt werden, indem eine komplexe, so noch nicht im Repertoire vorhandene Handlung dadurch aufgebaut wird, daß beim letzten Glied dieser Verhaltenskette von der Zielperson verlangt wird, diese selbständig zu zeigen, um die vorher festgelegte positive Verstärkung zu erlangen. Dieser selbständig zu erbringende Verhaltensanteil wird zunehmend erweitert (quasi rückwärts aufgebaut), bis z.B. ein verbaler Hinweisreiz („Zieh dich bitte an") ausreicht, die komplexe Handlung des selbständigen Anziehens zu starten. Für das „chaining" ist es erforderlich, ein komplexes Verhalten in kleine Einheiten (Ketten) aufzugliedern. Es muß dann durch Verhaltensdiagnostik bestimmt werden, welche Teile der Handlungskette im Repertoire bereits vorhanden sind und welche evtl. erst durch „shaping" aufgebaut werden müssen. Beim „chaining" macht man von dem Prinzip Gebrauch, daß wir beim Erlernen einer komplexen Handlung üblicherweise nicht für den Beginn, sondern erst für den Abschluß verstärkt werden.
- Die Strategien „fading" und „prompting" tragen speziell dazu bei, daß das Zielverhalten unter die Kontrolle der relevanten Stimuli gelangt. Gerade im sozialen Bereich gibt es eine Reihe von auslösenden Reizen differenzieller Natur, auf die hin ganz spezielle Reaktionen gesetzt werden sollten. Unter „prompting" versteht man verbale oder verhaltensbezogene Hilfestellungen, die die Aufmerksamkeit des Lernenden auf das gewünschte Verhalten lenken sollen (Beispiele: Vormachen des erwünschten Verhaltens; eindeutige Instruktionen; auf Objekt oder Körperteil usw. hinzeigen und ähnliches).

  Mittels „fading" werden die Hilfsstimuli graduell ausgeblendet. Dadurch soll die lernende Person soweit gebracht werden, nur mehr auf die in minimaler Ausprägung vorhandenen Reize zu reagieren, die auch in der natürlichen Umgebung vorhanden sind.
- Die „positive Verstärkung" ist das wohl gängigste und wichtigste Hilfsmittel, um die Auftrittshäufigkeit erwünschten Verhaltens zu erhöhen. Es ist dabei wichtig, darauf hinzuweisen, daß der Begriff der Verstärkung nicht mit dem der Belohnung gleichgesetzt werden darf. Die Wirksamkeit eines Verstärkers läßt sich im Prinzip nur empirisch bestimmen (d.h. aus der Fähigkeit eines Reizes, die Auftretenswahrscheinlichkeit einer Reaktion zu erhöhen). Dennoch lassen sich primäre (z.B. Trinken, Essen), materielle, soziale und Tätigkeitsverstärker unterscheiden. Generalisierte Verstärker (z.B. Geld, „token", Punkte) sind nur durch die Kopplung an materielle, Tätigkeits- oder soziale Verstärker aufbaubar, dann jedoch therapeutisch von großem Nutzen (s. weiter unten).

  Bei der Anwendung der positiven Verstärkung sollten folgende Hinweise beachtet werden: Zunächst müssen die relevanten Verstärker identifiziert werden; das zu verstärkende Zielverhalten ist genau zu definieren; Verstärkung sollte kontingent und sofort verabreicht werden; bei dem Einsatz von „token" als Verstärker ist entscheidend, daß die Umtauschbedingungen (bestimmte Anzahl von „token" gegen z.B. Fernsehzeit oder Autobenutzung) eindeutig festgelegt sind; nach kontinuierlicher Verstärkung in der Anfangsphase sollte (zur Stabilisierung des Verhaltens) auf intermittierende Verstärkung übergegangen werden: Verstärker sollten flexibel und nach Möglichkeit zusammen mit sozialer Verstärkung verwendet werden.

Als Verstärker können auch Verhaltensweisen des Individuums eingesetzt werden, die eine höhere natürliche Auftretensrate haben (z. B. Duschen, Fernsehen usw. als Verstärker für die Erledigung einer Aufgabe).

- Für jedes Verhalten gibt es bestimmte Stimulusbedingungen, unter denen die Wahrscheinlichkeit seines Auftretens erhöht ist. Tritt ein Verhalten zu selten auf, so liegt es nahe, für das Verhalten günstigere Stimulusbedingungen zu schaffen. Typische Beispiele für den Nutzen von „Stimuluskontrolle" bilden konsumatorische Verhaltensweisen (Essen, Rauchen, Trinken), aber auch Arbeitsprobleme (z. B. Konzentration usw.). Bei der Therapie von Eßstörungen (z. B. Übergewicht) wird davon ausgegangen, daß das Essen nicht unter adäquater Stimuluskontrolle steht, sondern daß an verschiedensten Orten, zu verschiedensten Zeiten usw. (also beliebigen Stimuli) gegessen wird. Ziel der Stimuluskontrolle ist es dann, eine Reihe von diskriminativen Hinweisreizen einzuführen (z. B. bestimmter Platz, bestimmte Zeit, bestimmter Ort usw.), unter denen erwünschtes Verhalten hoch wahrscheinlich auftritt, während bei anderen Reizen das Zielverhalten (z. B. Essen) nicht auftreten soll.

Wenn in der Therapie operante Ansätze verwendet wurden, so sollte gegen Ende der Therapie zu intermittierender Verstärkung übergegangen werden.

> ! Verhaltensweisen, die durch intermittierende Verstärkung aufgebaut wurden, erweisen sich als besonders löschungsresistent.

Die Umstrukturierung der sozialen Umgebung stellt häufig selbst einen wichtigen therapeutischen Schritt dar, der nicht zuletzt als Stimuluskontrolle verstehbar, doch auch durch Veränderung von Rahmenbedingungen durch gezieltes Elterntraining, Partner- und Familientherapie erreichbar ist.

Methoden zum Abbau von Verhalten

Störende Verhaltensweisen (z. B. sozial unerwünschtes, aggressives, delinquentes Verhalten), die oft unter ungünstigen positiven Kontingenzen stehen, bedürfen der Reduktion bzw. der Elimination durch operante Verfahren, die Verhalten unterdrücken bzw. abbauen.

Methoden zum Abbau von Verhalten

- Unter „Bestrafung" versteht man die kontingente Anwendung eines aversiven Reizes (z. B. elektrischer Schlag) auf ein bestimmtes Verhalten. Die Anwendung von Bestrafungsverfahren sollte generell nur unter eingehender Berücksichtigung ethischer Überlegungen erfolgen. Körperliche Methoden (z. B. Schlagen) sind ungeeignet, weil damit die so bestrafende Person zu einem aversiven Reiz und vermieden wird. Im therapeutischen Rahmen findet eine direkte Bestrafung (Anwendung von aversiven Reizen) daher kaum Anwendung. Häufigere „Bestrafungsverfahren" sind dic im folgenden aufgeführten.
- „Löschung" bedeutet die Reduktion der zukünftigen Auftrittshäufigkeit von Verhalten einer operanten Klasse durch die Entfernung der positiven Verstärker, die dieses Verhalten aufrechterhalten. Dem zu löschenden Verhalten sollten in Zukunft lediglich „neutrale" Konsequenzen folgen. Durch das Ausbleiben von Verstärkung (also Löschung) findet keineswegs eine sofortige Unterdrückung oder Eliminierung des Problemverhaltens statt, zumeist steigt das Verhalten in seiner Häufigkeit zunächst sogar noch an, bevor das störende Verhalten abnimmt. Therapeuten und Patienten (bzw. die Bezugspersonen) sollten darauf vorbereitet werden, daß die Löschungskurve eine Funktion der vorangegangenen Verstärkungsgeschichte ist.

- Unter „Verstärkerverlust („response cost") versteht man ein operantes Bestrafungsverfahren, bei dem bereits erhaltene generalisierte Verstärker (z.B. „token", Geld) für unangemessenes Verhalten entzogen werden. Verstärkerentzugsverfahren haben nicht die unerwünschten Nebeneffekte direkter Bestrafung, was ihren Einsatz im therapeutischen und im pädagogischen Bereich wohl weniger problematisch gestaltet. Zur Durchführung von „response cost" müssen einige Voraussetzungen und Hinweise berücksichtigt werden: Zum ersten muß ein positiver (generalisierter) Verstärker vorhanden sein, damit dieser auch entzogen werden kann. Patienten müssen ihrerseits wieder Gelegenheit haben, durch angemessenes Verhalten Verstärker zu erwerben. Response-cost-Verfahren sollten so angelegt sein, daß es weitgehend natürlichen Bedingungen entspricht. Der Verlust von Verstärkern sollte sofort nach dem unerwünschten Verhalten erfolgen.
- Beim Verfahren des „time out" (Auszeit) wird eine Reduktion des Problemverhaltens dadurch erreicht, daß man alle potentiellen Verstärker des Verhaltens unerreichbar macht. Das Time-out-Verfahren ist gegenüber dem Verfahren des „response cost" insbesondere dann angezeigt, wenn es nicht möglich ist, die dem Problemverhalten folgenden Verstärker zu identifizieren. Ein Unterschied zum Response-cost-Verfahren besteht allerdings darin, daß dort die relevanten Verstärker für ein Verhalten bereits im Besitz des Individuums waren, während hier verhindert wird, daß die Person für unangemessenes Verhalten überhaupt Verstärker erhält. „Time out" besteht meist darin, daß der Patient sofort nach einem Problemverhalten aus der Situation entfernt und in eine neutrale Umgebung gebracht wird; damit soll verhindert werden, daß die sog. natürlichen Kontingenzen das Problemverhalten verstärken.

Beispiel

Eine chronisch schizophrene, langjährig hospitalisierte Patientin stahl bei jeder Gelegenheit Essen vom Teller der Mitpatienten. Alle Versuche (Medikamente, gutes Zureden, Beschimpfungen, Androhungen) hatten bislang keinen Erfolg gebracht, dieses störende Verhalten zu unterbinden. Das dann erfolgreich eingesetzte verhaltenstherapeutische Verfahren bestand darin, daß die Patientin an einen eigenen Tisch im Speisesaal gesetzt wurde und dort ihr Essen bekam (Stimuluskontrolle). Der Patientin wurde mitgeteilt, daß jedesmal, wenn sie vom Essen der anderen Patienten etwas zu nehmen versuche, sie sofort den Speisesaal verlassen müsse. Diese Entfernung (Auszeit) erfolgte für die jeweilige Mahlzeit, so daß die Patientin ihr Essen auch nicht fertig essen durfte. Sie erhielt erst wieder bei der nächsten Mahlzeit, wie alle Patienten ihre Portion. Innerhalb von fünf Tagen war das störende Verhalten völlig verschwunden. Als es nach vier Wochen einmal wieder auftrat, erfolgte sofort wieder „time out". Eine Nachkontrolle nach über einem Jahr zeigte, daß Nahrungsmittelstehlen kein Problem mehr darstellte und der Einsatz von „time out" nicht wieder erforderlich war.

Kontingenzmanagement

Definition

Kontingenzmanagement bezeichnet die systematische Darbietung bzw. Entfernung positiver bzw. aversiver Stimuli.

Eine spezielle Variante des Kontingenzmanagements bildet der Einsatz von Münzverstärkungssystemen („token economy"), eine andere ist unter dem Begriff Verhaltensverträge („contracting") weit verbreitet.

Münzverstärkung („token economy"):

Definition

Unter einem „token" versteht man ein Objekt mit Tauschwert, z.B. Geld; in der Sprache des operanten Konditionierens formuliert sind „token" generalisierte konditionierte Verstärker.

Gegenüber primären Verstärkern besitzen sie den Vorteil, kontingent einsetzbar zu sein, außerdem besteht kaum die Gefahr einer Sättigung (d.h. die Wirkung ist relativ unabhängig vom motivationalen Zustand). Die Einführung von Münzsystemen erfolgte zunächst in relativ abgeschlossenen Institutionen (z.B. psychiatrischen Kliniken), in denen die Aufgabe einer Motivierung der langzeithospitalisierten Patienten für bestimmte Aktivitäten bestand.

Für die Durchführung eines Münzverstärkungsprogramms legten Ayllon u. Azrin (1968) folgende Schritte fest:

- Auswahl und Präzisierung des gewünschten Zielverhaltens;
- Bestimmung von Art und Anzahl der Münzen, bezogen auf die spezifischen Formen oder Ausprägungen des Zielverhaltens;
- Registrieren des gewünschten Zielverhaltens;
- Regeln für den Eintausch der Münzen gegen primäre Verstärker (z.B. Festlegen des zeitlichen Abstands zwischen dem Erwerb der Münzen und dem Eintausch).

Steht ein Patient noch auf einem sehr niedrigen Verhaltensniveau, ist es günstig, ihn jede Münze unmittelbar eintauschen zu lassen. Später kann die Verstärkung über den Erwerb mehrerer Münzen, d.h. mit zeitlicher Verzögerung, zugänglich gemacht werden. Patienten lernen für eine spätere Verstärkung zu sparen und auf die unmittelbare Befriedigung ihrer Bedürfnisse zu verzichten.

■ **Verhaltensverträge.** Verträge („contingency contracting") zwischen Therapeuten und Patienten bilden eine andere Form des Kontingenzmanagements.

> **Definition**
> Hier werden die relevanten Bedingungen der Intervention in einer Vereinbarung klar festgelegt (Problemverhaltensweisen, Ziele, Aufgaben des Therapeuten, Aufgaben des Patienten).

Verträge über die Aufstellung und Einhaltung bestimmter Bedingungen wurden für verschiedene Problembereiche entwickelt und erprobt (etwa für Partnerprobleme, delinquentes Verhalten, Alkoholismus, Gewichtskontrolle).

> **!**
> Kontingenzverträge beinhalten im Prinzip lediglich eine genaue Spezifikation des Zielverhaltens sowie eine Festlegung der Verstärker, die dafür (oft selbständig) verabreicht werden sollen.

Modellernen

Ansätze des Modellernens spielen in einer Reihe verhaltenstherapeutischer Methoden eine wichtige Rolle.

> **Definition**
> Modellernen basiert auf der Beobachtung, daß sich der Mensch komplexe Verhaltensweisen durch Nachahmung sehr zeitökonomisch aneignen kann.

Beim Vorgang des Modellernens sind zu unterscheiden:

- Beobachter erwerben neue Verhaltensweisen, die im Repertoire bisher nicht vorhanden waren.
- Durch das Verhalten des Modells werden vorhandene Verhaltensweisen gestärkt oder abgeschwächt. Beobachtung negativer Verhaltenskonsequenzen führt zur Hemmung, Beobachtung positiver Konsequenzen zur Enthemmung des entsprechenden Verhaltens.
- Das Modellverhalten besitzt Hinweisfunktion (diskriminativer Reiz), wodurch das Auftreten schon vorher gelernter Verhaltensweisen erleichtert bzw. gezeigt wird.

■ **Anwendungsbereiche.** Konsequenzen für die Behandlung lassen sich an verschiedenen Beispielen aufzeigen: Durch die Beobachtung von Modellen lassen sich ganze Verhaltensmuster (z.B. prosoziales Verhalten, aggressives Verhalten) erlernen. Auch verschiedene Elemente des Selbstsicherheits- und sozialen Kompetenztrainings (s. weiter unten) sind ohne Modelle und Modelllernen nicht vermittelbar. Eine Reihe von Untersuchungen konnten zeigen, daß emotionales Verhalten stellvertretend über die Darbietung emotionalen Verhaltens von Modellen gelernt werden kann. Obwohl viele emotionale

Reaktionen mittels klassischer Konditionierung auf direktem Wege erworben werden, wären ohne Modellernen bestimmte Abneigungen, Ängste, Vorlieben gegenüber Situationen nicht zu erklären, mit denen man bisher noch keinerlei Kontakte hatte (z.B. Flugangst, Schlangenangst). In der Therapie von Phobien kann man sich das Prinzip des Modellernens explizit zunutze machen und angstfrei agierende Personen einbeziehen. Diese stellvertretende Löschung von emotionalen Reaktionen kann dadurch erreicht werden, daß man Personen beobachtet, die als Modelle Annäherungsverhalten an furchtauslösende Objekte demonstrieren.

In zahlreichen Untersuchungen erwies sich die therapeutische Anwendung des Modellernens bei der Behandlung von Ängsten als sehr effektiv (RACHMAN 1976). Modellernen im Sinne der Vermittlung neuer Strategien im Umgang mit unangenehmen Situationen wurde u.a. auch bei der Therapie von Zwangsverhalten erfolgreich eingesetzt (vgl. RACHMAN u. HODGSON 1980; EMMELKAMP 1982, MARKS 1987). Mit dem Verfahren des Modellernens konnte sozial zurückgezogenen Patienten aus der Unterschicht die Fähigkeit zu sozialer Interaktion vermittelt werden (GOLDSTEIN 1973). Ferner wurden autistische und geistig behinderte Kinder durch Modellernen in den Grundfunktionen des Sprechens trainiert. Hospitalisierte psychotische Patienten wurden durch Modelldarbietungen dazu angeleitet, wie sie sich in einer Reihe von neuen sozialen Situationen verhalten könnten, denen sie vermutlich bei ihrer Rückkehr in den Alltag begegnen werden (PAUL u. LENTZ 1977).

Selbstsicherheitstraining und Rollenspiele

Soziale Fertigkeiten bilden die wesentlichen Elemente unseres Zusammenlebens.

> **Definition**
> Unter sozialen Fertigkeiten (Selbstsicherheit) versteht man verbale, motorische und mimisch-gestische Fähigkeiten (Verhaltensweisen), die auf die soziale Umwelt gerichtet sind und von dieser im Sinne sozialer Verstärkung aufrechterhalten werden (ULLRICH DE MUYNCK u. FORSTER 1974).

Das Selbstsicherheits- und Kompetenztraining ist ein Beispiel für ein komplexes verhaltenstherapeutisches Vorgehen, bei dem eine Reihe von unterschiedlichen Techniken zum Einsatz kommen. Dabei geht es um den Abbau der sozialen Angst und um den Aufbau angemessener sozialer Fertigkeiten.

■ **„Expressive training" nach SALTER.** SALTER (1949) entwickelte für den Abbau von sozialer Angst und den Aufbau von Selbstsicherheit ein „expressive training", das folgende Verhaltensregeln beinhaltet:

- Explizites Äußern von erlebten Emotionen, speziell im Bereich sozialer Beziehungen;
- explizite mimische und gestische Darstellung erlebter Gefühle;
- widersprechen und angreifen, wobei erlebte Differenzen im interpersonalen Bezug explizit zum Ausdruck gebracht werden;
- gezielter Gebrauch des Pronomens „Ich";
- Zustimmung und Lob durch andere soll angenommen werden, dazu gehört auch Selbstlob und Anerkennung eigener Leistungen;
- Fähigkeit zur Improvisation und Flexibilität, was einen aktiven und spontanen Handlungsvollzug erfordert.

> **!**
> Sozial kompetente Personen haben die Fähigkeit „nein" zu sagen, Bitten, Wünsche und Forderungen zu äußern, positive und negative Gefühle zu äußern sowie Gespräche anzuknüpfen, sie fortzuführen und zu beenden.

■ **Das Assertiveness-Training nach ULLRICH u. ULLRICH DE MUYNCK.** Bei der Begriffsbestimmung für selbstsicheres (assertives) Verhalten lassen sich folgende gemeinsame Elemente anführen:

- Selbstsicheres Verhalten ist interpersonales Verhalten, das in einer offenen, ehrlichen und direkten Äußerung von Gedanken und Gefühlen besteht;
- Selbstsicheres Verhalten ist sozial angemessenes Verhalten;
- Selbstsicheres Verhalten berücksichtigt sowohl die eigenen Bedürfnisse als auch die Gefühle und das Befinden anderer Personen.

Bei Selbstsicherheit lassen sich verschiedene Bereiche unterscheiden:

- die subjektive Einstellung zu sich selbst,
- der Aspekt der sozialen Fertigkeiten und die Fähigkeit, diese auch adäquat einzusetzen, und
- die Komponente der sozialen Angst und Hemmungen (Ullrich u. Ullrich de Muynck 1976).

Folgende Techniken sind für das Selbstsicherheitstraining bedeutsam:

Techniken zum Aufbau von Selbstsicherheit

- Ermutigung zur Selbstbehauptung durch verbale Instruktion und Information;
- Verhaltensübungen und Rollenspiele (nach Schwierigkeit hierarchisiert);
- soziale Verstärkung, um neue Verhaltenselemente zu stärken;
- Prinzip der sukzessiven Annäherung an das Zielverhalten;
- Selbstsicherheit umfaßt auch ein Training in adäquater Wahrnehmung eigener und fremder Empfindungen, Reaktionen, also sozialer Sensibilität.

Der Einsatz von Videoaufnahmen, um über wiederholte Rückmeldungen und Verstärkung das sozial kompetente Verhalten auszuformen, stellt ein entscheidendes therapeutisches Hilfsmittel dar.

Das Assertiveness-Training-Programm (von Ullrich u. Ullrich de Muynck 1976) besteht aus 127 sozialen Situationen, die in Rollenspielen eingeübt und anschließend unter realen Bedingungen umgesetzt werden sollen. Die Übungen umfassen vier Hauptkategorien sozialer Kompetenz:

- Stellen von Forderungen,
- Nein sagen und kritisieren,
- Herstellen von Kontakten sowie
- sich öffentlicher Beachtung aussetzen und Fehler erlauben.

■ **Verhaltenstrainingsprogramm nach Feldhege u. Krauthan.** Das Ziel des von Feldhege u. Krauthan (1979) entwickelten Verhaltenstrainingsprogramms besteht im Aufbau effizienter Verhaltensstrategien im Sozialbereich. Dem Teilnehmer soll ferner eine eigenständige Kontrolle über die wichtigsten internen und externen Stimulus- und Verstärkerbedingungen ermöglicht werden. Ansatzpunkte dieses Selbstsicherheitstrainings bilden folgende vier Verhaltensbereiche:

- die Verbesserung der Beziehung zu Partnern, Freunden und Bekannten,
- das Aufnehmen und Aufrechterhalten von Kontakten zu fremden Personen,
- das Durchsetzen von berechtigten Ansprüchen und Forderungen sowie
- die Bewältigung von Belastungssituationen.

Der Rückgriff auf diese standardisierten Programme ist nicht in jedem Fall unbedingt erforderlich. Wesentlich ist, daß therapeutisch an den individuell problematischen sozialen Situationen und Bedingungen angeknüpft wird und dazu Übungsszenen entwickelt werden. Diese werden dann gestuft, möglichst unter Verwendung von Videoaufzeichnungen (Feedback), durchgearbeitet.

! **Zusammenfassung**

Selbstsicherheits- und Kompetenztrainings sind komplexe verhaltenstherapeutische Vorgehensweisen, bei denen eine Reihe von unterschiedlichen, meist operanten Techniken zum Einsatz kommen. Dabei geht es um den Abbau der sozialen Angst und um den Aufbau angemessener sozialer Fertigkeiten. Rollenspiele und Verhaltensübungen, meist unter Verwendung von Videoaufzeichnungen, stellen die wesentlichsten therapeutischen Methoden dabei dar.

Problemlösetraining

Definition

Probleme lassen sich definieren als eine Situation, auf die Personen reagieren müssen, um effektiv funktionieren zu können, für die jedoch unmittelbar keine Reaktionsalternative zur Verfügung steht (D'Zurilla u. Goldfried 1971). Pro-

Definition

blemlösen wird von verschiedenen Autoren definiert als ein kognitiver und Verhaltensprozeß, durch den eine Reihe effektiver Handlungsmöglichkeiten für die problematische Situation erarbeitet und die Entscheidung für eine dieser Alternativen gefördert wird.

Der Problemlösungsprozeß ist daher eine „Meta"-Strategie, die bei der Bewältigung neuer, komplexer, überraschender Situationen hilfreich ist und als Fertigkeit Patienten verfügbar sein sollte. Problemlösen wird in vielen psychotherapeutisch orientierten Kliniken als Gruppentherapie Patienten mit den unterschiedlichsten Störungen als eine wichtige Strategie zur Überwindung ihrer Schwierigkeiten angeboten.

Im einzelnen unterscheiden D'Zurilla u. Goldfried die folgenden fünf Grundprozesse beim Problemlösen:

Grundprozesse beim Problemlösen

- Generelle Orientierung,
- Definition und Formulierung des Problems,
- Erarbeitung von Alternativen,
- Entscheidung zwischen Alterativen,
- Überprüfung der Veränderungen, des Ergebnisses.

Diese fünf Stufen werden beim Problemlösetraining mit Patienten trainiert.

Generelle Orientierung. „Akzeptiere, daß Probleme alltäglich und meistens lösbar sind; lerne, Probleme frühzeitig zu erkennen, reagiere bei Problemen nicht unüberlegt!"

Generelle Orientierung meint eine erste, vorbereitende, strukturierende Phase. Hier soll eine bestimmte Einstellung zu Problemen und Schwierigkeiten vermittelt werden. Probleme sind im alltäglichen Leben etwas ganz Normales. Die meisten Probleme lassen sich lösen. Wichtig dafür ist jedoch, problematische Situationen möglichst rasch zu erkennen und sie nicht zu übergehen. Oft fällt es Patienten schwer, Probleme zu erkennen. Sie werden heruntergespielt, vermieden oder in einer komplexen Anhäufung von Schwierigkeiten nicht richtig identifiziert.

! Ein wesentlicher Schritt der Therapie ist daher, daß Patienten lernen, Probleme überhaupt wahrzunehmen und zu strukturieren.

Formulierung des Problems. „Beschreibe die Ausgangssituation; spezifiziere die Ziele; analysiere die Diskrepanz zwischen Ausgang und Ziel; strukturiere das Problem!"

Hierbei geht es darum, herauszuarbeiten, worin das Problem eigentlich liegt. Diese Phase der Definition und Formulierung des Problems ist besonders wichtig.

! Oft reicht es, für die Lösung eines Problems dieses genau zu definieren und den Kern herauszuarbeiten.

Erarbeitung von Alternativen. „Sammle möglichst viele überhaupt nur denkbare potentielle Lösungswege – ohne Bewertung!"

Die genaue Analyse des Problems und der Versuch, das Problem aus möglichst unterschiedlichen Perspektiven zu betrachten, führen zu Lösungsmöglichkeiten, die so noch nicht gesehen wurden. Alle denkbaren Lösungswege sollen in dieser Phase ohne jegliche Bewertung gesammelt werden. Gesucht sind zunächst alle nur denkbaren Handlungsstrategien. Die Entscheidung und Umsetzung in konkrete Maßnahmen erfolgt später. Bei diesem „brainstorming" sind folgende Grundregeln hilfreich:

- Jegliche Kritik und Bewertung der Ideen ist verboten, frühzeitige Kritik würde möglicherweise kreative, aber noch vage Lösungsansätze verhindern und außerdem vom Prozeß ablenken;
- „verrückte" Ideen sind erwünscht. Je ungewöhnlicher eine Idee, desto besser. Es ist später möglich, Lösungswege abzuschwächen und zu vereinfachen;
- Quantität ist entscheidend und erwünscht. Je mehr prinzipielle Lösungswege gefunden

werden, desto größer ist die Wahrscheinlichkeit, wenigstens eine gute und brauchbare Idee zu finden;
- Kombinationen und Verbesserungen von Lösungswegen sind erlaubt. Verbindungen zwischen zwei oder mehreren Ideen zu einer neuen sollten hergestellt werden, und bereits vorgetragene Vorschläge können verbessert werden. Es versteht sich von selbst, daß alle generierten Lösungsideen aufgeschrieben werden müssen.

Entscheidung. „Bestimme die kurz- und langfristigen, personalen und sozialen Folgen der verschiedenen Lösungswege; bewerte die Folgen und schätze ihre Auftrittswahrscheinlichkeit; wähle die Alternative mit dem günstigsten Ergebnis!"

In einer ersten Beurteilung werden die Lösungsvorschläge ausgesondert, die offensichtlich auf keinen Fall realisierbar sind. Für alle übriggebliebenen Lösungsvorschläge sind nun die Konsequenzen zusammenzutragen. Das gilt nicht nur im Hinblick auf das unmittelbare Ziel, sondern auch längerfristige Folgen und Nebenwirkungen sollten berücksichtigt werden. Auch hier ist es wichtig, die gefundenen Konsequenzen der einzelnen Lösungsvorschläge aufzuschreiben und aufzulisten. Jede Konsequenz einer Lösungsidee wird durch die Patienten mit „sehr positiv, positiv, neutral, negativ, sehr negativ" bewertet. Ferner werden die Lösungswege bezüglich des Eintretens der Folgen mit „sehr wahrscheinlich, wahrscheinlich, unwahrscheinlich, sehr unwahrscheinlich" beurteilt. Die Schätzungen können in eine Matrix übertragen werden, um die einzelnen Lösungsalternativen besser vergleichen und sich so für eine Lösung entscheiden zu können. Meist ist es dann sinnvoll, noch einmal die beiden letzten Schritte des Problemlösungsprozesses zu durchlaufen. So lassen sich möglichst viele konkrete Maßnahmen zur Verwirklichung der gewählten Lösung überlegen (konkrete Planung).

Überprüfung. „Führe die gewählte Lösung aus, überprüfe das Ergebnis!" Entscheidend bei der Problemlösung ist, daß Patienten die gewählten Lösungsschritte tatsächlich auch ausführen. Weiterhin ist die Ausführung des gewählten Lösungswegs notwendig, um zu überprüfen, ob sich die gewählte Alternative tatsächlich als effektiv erweist. Patienten sollen idealerweise möglichst viele Informationen über die Konsequenzen des gewählten Lösungswegs sammeln, etwa Auswirkungen des neuen Verhaltens bei anderen Personen. Je nach diesen Ergebnissen sind ggf. die Vorhersagen und Bewertungen der einzelnen Alternativen zu modifizieren und andere Verhaltensweisen auszuwählen. Falls eine Umsetzung des gewählten Lösungsverhaltens zunächst zu schwierig ist, kann während der Therapiestunde die Realisierung in Form von Rollenspielen geübt werden.

> **Zusammenfassung**
>
> Das Problemlösetraining will helfen, Probleme schneller und effektiver lösen zu können. Ein solches Training wird häufig als zusätzliche therapeutische Maßnahme durchgeführt. Bei Patienten, deren Schwierigkeiten darauf beruhen, in problematischen Situationen entweder überhaupt nicht reagieren zu können oder aber unüberlegt und impulsiv zu reagieren, kann dieses Training im Vordergrund der Therapie stehen.

Kognitive Umstrukturierung

Die in diesem Abschnitt zu besprechenden Verfahren berufen sich auf Modelle des kognitiven Lernens, in denen Prozesse der Informationsaufnahme und Informationsverarbeitung als entscheidende Kerngrößen angesehen werden. Einstellungen, Erwartungen, Attribution, Selbstgespräche und andere kognitive Aktivitäten werden für die Entstehung und für die therapeutische Veränderung pathologischen Verhaltens verantwortlich gemacht. (Kendall u. Hollon 1979). Mahoney (1974) hat diese Vorstellungen, auf denen die kognitive Verhaltenstherapie basiert, folgendermaßen umrissen:
- Der menschliche Organismus reagiert v. a. auf die kognitive (innere) Repräsentation, also die Darstellung oder Abbildung seiner Umgebung und nicht auf die Umgebung selbst.

- Diese kognitiven Repräsentationen sind funktional mit den Lernprozessen verbunden.
- Menschliches Lernen ist zum Großteil kognitiv vermittelt.
- Gedanken, Gefühle und Verhalten sind interaktiv, und sie bedingen einander.

Verfahren der kognitiven Umstrukturierung beabsichtigen eine möglichst direkte Veränderung derjenigen kognitiven Komponenten (Gedanken, Einstellungen, Erwartungen, Attributionen), die als verantwortlich für die Entstehung und Aufrechterhaltung der jeweiligen Probleme angesehen werden.

Rational-emotive Therapie

> ! Nach Ellis (1962) sind emotionale Probleme und Verhaltensstörungen nicht primär das Resultat bestimmter äußerer Umstände, sondern einer verzerrten, irrationalen subjektiven Sichtweise dieser Umstände.

Grundlage solcher verzerrten Auffassungen sind allgemeine irrationale Überzeugungen, Werthaltungen und Einstellungen eines Individuums, etwa die Überzeugung, daß es unbedingt notwendig ist, von allen Menschen geliebt zu werden. In der Therapie versucht Ellis zunächst einmal, den Patienten das Erklärungsmodell („ABC“: Auslöser – Bewertung – affektive Konsequenz) zu erläutern und durch Bezug zu den persönlichen Beispielen nahezubringen. Danach versuchen Therapeut und Patient gemeinsam, Überzeugungen herauszuarbeiten. Dazu werden Wertäußerungen der Patienten überspitzt und generalisiert formuliert. Der nächste und wesentliche Schritt der Therapie besteht darin, Patienten davon zu überzeugen, daß die herausgearbeiteten Einstellungen irrational und für die psychischen Probleme verantwortlich sind. Das Therapieziel ist erreicht, wenn der Patient die Irrationalität der Überzeugungen akzeptiert und somit auch akzeptiert, daß andere, weniger extreme, weniger irrationale Einstellungen möglich sind.

Kognitive Therapie

Weitgehend unabhängig von Ellis hat Beck (1970, 1976) eine kognitive Therapie entwickelt, und zwar speziell für die Therapie affektiver Störungen. Depressionen sieht Beck als Folge einer bestimmten Art zu denken an. Sie sind Folge bestimmter, dysfunktionaler, in der Kindheit durch Traumatisierungen, Trennungen und negative Erfahrungen gelernter und durch besonders belastende Erlebnisse wieder aufgerufener Denkschemata. Diese kognitive Therapie entspricht im formalen Ablauf weitgehend dem Vorgehen von Ellis. In einem ersten Schritt werden die automatisch sich aufdrängenden Gedanken, die für das emotionale Erleben verantwortlich sind, beobachtet und die Zusammenhänge von Denken, Fühlen und Handeln erklärt. In einer zweiten Phase werden die verzerrten Wahrnehmungen, fehlerhaften Denkweisen und die zugrundeliegenden Einstellungen herausgearbeitet. Die individuellen, doch dysfunktionalen Wahrnehmungen, Schlußfolgerungen, Erklärungen, Denkweisen und Einstellungen werden mittels der „sokratischen Gesprächsführung“ (auch geleitetes Entdecken genannt) auf ihre Angemessenheit überprüft. Dies geschieht durch Prüfung der logischen Struktur (logische Analyse), durch Realitätsvergleiche (empirische Analyse) und durch Überprüfung der Konsequenzen solcher Denkgewohnheiten (pragmatische Analyse). Zur Korrektur der dysfunktionalen Kognitionen werden alternative Interpretationen und Einstellungen erarbeitet, die dann die alten Denkgewohnheiten ersetzen sollen, was Anwendung im Alltag und Training notwendig macht.

Herausarbeiten automatischer Gedanken

Die Technik des Erkennens von Kognitionen ist eine wesentliche Komponente kognitiver Therapie (Beck et al. 1992). Die als automatische Gedanken beschriebenen Kognitionen treten auf und wirken zwischen Ereignissen und den emotionalen Reaktionen des Patienten auf diese Ereignisse. Sie sind unmittelbar da, erscheinen plausibel, wiederholen sich und sind idiosynkratisch. Bei depressiven Patienten beinhalten diese automatischen Gedanken i. allg. eine negative Sicht der eigenen Person, der umgebenden Welt und der eigenen Zukunft. Beispiele für automatische Gedanken enthalten meist Äußerungen wie: „Ich bin nicht gut;" „sie denkt, ich bin dumm;" „mir gelingt nichts;" „welchen Zweck soll überhaupt das Probieren haben?;" „ich hab's wieder nicht geschafft."

BECK (1979) unterscheidet automatische Gedanken noch von „Grundannahmen". Eine Grundannahme ist ein allgemeineres, automatischen Gedanken zugrundeliegendes Denkmuster, das verschiedene automatische Gedanken untereinander verbindet. Während man Patienten darin unterrichten kann, ihre automatischen Gedanken zu beachten, sind Grundannahmen weit weniger zugänglich.

Die Auslösung und Beobachtung von Kognitionen läßt sich koppeln an:

- Stimmungsänderungen während der Therapiesitzung,
- Rollenspiel,
- Tagesprotokolle negativer Gedanken,
- Erfahrung der Bedeutung von Ereignissen,
- Imaginieren,
- Selbstbeobachtung negativer Gedanken.

Die meisten dieser Techniken beruhen darauf, zunächst eine bestimmte Situation zu identifizieren, die ein bestimmtes Gefühl (der Angst, der Traurigkeit usw.) hervorruft, und dann die dabei automatisch auftretenden Gedanken zu erinnern.

Rollenspiel. Häufig sind emotionale Belastungen eng mit zwischenmenschlichen Problemen verbunden, beispielsweise mit Partnerkonflikten, Eheproblemen, Einsamkeit, Schuldgefühlen, sozialen Ängsten, Streit mit den Eltern oder Ärger. Wenn die Probleme eines Patienten interpersonaler Natur sind, machen unerfahrene Therapeuten häufig den Fehler, die Patienten in allgemeiner Weise zu fragen, warum sie das so belastet (z.B.: „Was ist an Ihrer Ehe, das Sie depressiv macht?"). In ersten Therapiekontakten ist diese allgemeine Frageform zwar manchmal nützlich, doch sie bringt im weiteren Therapieverlauf wenig und greift zu kurz, da Patienten selten ein detailliertes Verständnis davon haben, warum bestimmte Situationen sie belasten. Ähnliches gilt, wenn der Therapeut Vermutungen darüber anstellt, was der Patient wohl denkt. Dieses Raten von Kognitionen erscheint plausibel, ist jedoch häufig inakkurat. Daher muß der Therapeut dem Patienten helfen, so spezifisch wie möglich zu sein. Er arbeitet mit konkreten Ereignissen, nicht mit allgemeinen Interpretationen oder Vermutungen. Erkennt der Patient einen zwischenmenschlichen Bereich als einen seiner Problembereiche, dann bittet der Therapeut den Patienten, ein kurz zurückliegendes, konkretes Ereignis zu beschreiben, das die Schwierigkeiten deutlich werden läßt. Zum Beispiel könnte der Patient von einer Party berichten, die ihn sehr verzweifelt und traurig gemacht hat. Der Therapeut fragt dann nach dem Punkt, an dem die Traurigkeit anfing. Der Patient könnte ein Gespräch mit seiner Ehefrau anführen. Der Therapeut sollte dann ein Rollenspiel vorschlagen, in dem sehr detailliert und realitätsnah das Gespräch nachgespielt wird (der Therapeut übernimmt die Rolle des Gesprächspartners). Im Verlauf des Rollenspiels erlebt der Patient einige der Gefühle der Originalsituation noch einmal. Der Therapeut stellt dann die Frage: „Was ging Ihnen durch den Kopf während dieses belastenden Gesprächs?" Der Patient ist meist in der Lage, die wichtigsten Gedanken in der Situation zu nennen (z.B. „Sie kümmert sich überhaupt nicht um mich, sie hält mich wohl für dumm"). Mit diesen automatischen Gedanken wird dann weitergearbeitet.

Imaginieren. Die Vorstellungsmethode ist dann angezeigt, wenn es um Situationen geht, die nicht nachgestellt werden können, v.a. dann, wenn es um belastende Erfahrungen geht, wo der Patient allein war oder andere Personen kaum Bedeutung hatten (z.B. arbeitsbezogene Probleme, phobische Stimuli).

> ! Imaginieren ist dann sinnvoll, wenn der Patient bei den alltäglichen Dingen Schwierigkeiten hat (z.B. beim Aufstehen, bei der Erledigung der Hausarbeit).

Der Therapeut bittet den Patienten, sich eine spezifische, emotional belastende Situation vorzustellen. Der Patient sollte sich ein sehr detailliertes Bild der Situation oder des Ereignisses vorstellen (einschließlich der Geräusche, Gerüche, des Blickwinkels und Standortes usw.; dabei können die Augen offen oder geschlossen sein). Der Patient sollte die Vorstellungsbilder laut beschreiben. Der Therapeut bittet dann den Patienten zu beschreiben, was er bei bestimmten Situationen empfindet und denkt. Diese Gedanken schreibt der Therapeut auf und zerteilt später den Gedankenstrom in einzelne automatische Gedanken.

Tagesprotokoll negativer Gedanken. Wenn Patienten mit den zuerst beschriebenen Verfahren zum Erkennen automatischer Gedanken vertraut sind, dann sind sie meist in der Lage, ihre Kognitionen selbständig zu erkennen.

Definition

Das Tagesprotokoll negativer Gedanken ist ein systematisches Verfahren, das dem Patienten hilft, automatische Gedanken außerhalb der Therapiesituation zu erkennen und festzuhalten.

Beispiel für ein Tagesprotokoll negativer Gedanken

Auslöser Situation	Gefühle	Automatische Gedanken
Sonntag, schon 11 Uhr, noch immer im Bett	• erschöpft, • einsam, • mies, • deprimiert	• Habe keine Lust etwas zu tun, bin kraftlos, • nichts macht mir Freude, • alle anderen sind längst auf und vergnügen sich, • ich schaffe das nie, • ich krieg nie was auf die Reihe, • ich bin ein Versager

Bedeutung von Ereignissen feststellen. Gelegentlich gelingt es Patienten nicht, sich an spezifische Kognitionen im Zusammenhang mit einer bestimmten Situation und daraus resultierenden Gefühlen zu erinnern. Es ist durchaus möglich, daß in der Situation selbst keine konkreten automatischen Gedanken auftraten. Durch Fragen kann der Therapeut versuchen, die Bedeutung eines Ereignisses herauszufiltern. Wir haben beobachtet, daß bestimmte Situationen für einen Patienten eine spezifische Bedeutung haben, obgleich keine automatischen Gedanken erkennbar waren. Diese Bedeutung hat dann denselben Effekt wie automatische Gedanken. Fragen dabei sind:

- „Was heißt das für Sie?“
- „Welche Bedeutung hat das für Sie?“
- „Welche Erwartungen verbinden Sie damit?“

Kognitives Neubenennen

Definition

„Kognitives Neubenennen“ gehört zu den kognitiven Therapieverfahren. Ausgangsmaterial dieser Veränderungsstrategie sind die identifizierten und vom Patienten als richtig akzeptierten automatischen Gedanken, Bewertungen und Wahrnehmungen.

Wie beschrieben spielen bei einer Reihe psychischer Störungen Wahrnehmungen, Interpretationen, Bewertungen und Antizipationen, die katastrophisierend, verzerrt, überinterpretierend und irrational sind und sich in einer Blockierung und Fixierung von Denkmustern niederschlagen, eine wichtige Rolle. Diese sollen durch die Technik des kognitiven Neubenennens verändert werden. Drei Aspekte sind dabei zu nennen:

- Prüfung des Realitätsgehaltes von Kognitionen;
- Disattribuieren, Reattribuieren;
- Verantwortung reduzieren, alternative Erklärungen suchen.

> ! Die Verfahren des kognitiven Neubenennens haben zum Ziel, die Aufmerksamkeit des Patienten auf mehr Aspekte der Realität zu lenken, um kognitive Verzerrungen und falsche Schlußfolgerungen korrigieren zu können.

■ **Realitätstesten.** Es geht dabei um eine genauere und korrektere Beschreibung der Realität und der eigenen Erfahrungen. Der Patient sammelt, erarbeitet, beobachtet, experimentiert und testet, um dadurch mehr Informationen über eine bestimmte Situation, eine Person, ein Ereignis oder einen Plan zu erhalten. Diese Vergrößerung der Datenbasis für Schlußfolgerungen und Annahmen sollte der Patient selbst in Form von Experimenten, Rollenspielen, Rollentausch, Beobachtungen, d.h. durch Handeln, erbringen. Darüber hinaus kann eine detaillierte Beschreibung von Ereignissen ebenfalls zur Vergrößerung der Informationsmenge beitragen. Erst aufgrund von mehr und neuerer Information werden Schlußfolgerungen zugelassen und gezogen.

Beispiel

Patient: Da denke ich, du bist schön doof für dein Alter. Und dann weiß ich, daß ich nicht intelligent bin.

Therapeut: Woher wissen sie das?

Patient: Ich weiß, daß ich nicht intelligent bin. Ich hab nicht die Allgemeinbildung.

Therapeut: Wie können Sie das überprüfen?

Patient: Das ist so, wenn ich mich mit Leuten unterhalte. Da möchte ich mich am liebsten verkriechen, weil die über etwas reden, von dem ich keine Ahnung habe. Deswegen gehe ich im Betrieb schon immer auf die Toilette.

Therapeut: Was sind das denn für Themen?

Patient: Zum Beispiel Politik. Da fallen immer Namen, die habe ich zwar schon immer mal gehört, aber aus welchem Land die kommen oder von welcher Partei die sind, das weiß ich nicht.

Therapeut: Wenn ich Ihnen jetzt aus der Tageszeitung hier alle Politikernamen auf der ersten Seite vorlese, wieviel Prozent schätzen Sie, kennen Sie davon?

Patient: Nicht mehr als 10%.

Therapeut: Lassen Sie uns das Experiment machen. (Der Therapeut liest vor und läßt sich von dem Patienten sagen, ob die Namen bekannt sind).

Therapeut: So, das waren 23 Namen von Politikern. 20 davon kannten Sie. Sie wußten das Land, wo sie herkommen oder die Partei, oder was sie machen. Das sind knapp 90%. Vorher sagten Sie, daß Sie nur 10% kennen werden und daß dies ein Zeichen dafür ist, daß sie nicht intelligent sind. Halten sie das noch für richtig?

Ausgangspunkt für das Realitätstesten ist die Schilderung einer konkreten Erfahrung oder einer Situation, die als Anlaß für eine Interpretation vom Patienten berichtet wird. Der Therapeut akzeptiert die Patientenäußerungen nicht einfach aufgrund der oberflächlich erscheinenden Validität, sondern veranlaßt den Patienten, Belege und nähere Informationen zu erbringen. Meist ist es notwendig, daß der Patient seine Gedanken in der realen Situation überprüft, bevor Veränderungen gelingen.

Beispiel

Patient: Mein Sohn hat keine Lust, mit mir ins Theater zu gehen.

Therapeut: Woher wissen Sie das?

Patient: Junge Leute mögen doch nicht mit ihren Eltern etwas unternehmen.

Therapeut: Haben Sie Ihren Sohn schon einmal danach gefragt?

Patient: Naja, so direkt nicht. Aber...

Therapeut: Sie haben ihn noch nicht gefragt?

Patient: Nee, eigentlich nicht.

Therapeut: Was könnten Sie tun, um ihre Annahme zu überprüfen?

Patient: Naja, ich müßte wohl mal fragen. Aber...

Therapeut: Lassen Sie uns zuerst dieses Experiment machen, erst dann ziehen wir Schlüsse daraus. Könnten Sie bis zur nächsten Sitzung Ihren Sohn fragen und ihn um eine ehrliche Antwort bitten?

> ! Wichtig beim kognitiven Neubenennen ist, daß für bestimmte Annahmen genügend Daten vorliegen, daß diese Daten vom Patienten erbracht werden, daß aufgrund dieser Informationen der Patient die Falschheit seiner ursprünglichen Auffassungen erkennt und dann seine Überzeugungen selbst ändert.

Patienten neigen dazu, ihre Gedanken, Bewertungen und Annahmen vorschnell als Tatsache, als unveränderliches Faktum zu betrachten. Eine relativierende Sichtweise gelingt ihnen v.a. für Äußerungen bezüglich der eigenen Person nicht. Das einmalige Aufdecken, der Nachvollzug und das Prüfen solcher realitätsinadäquater Kognitionen reicht nicht aus, um automatische Gedanken sofort und für immer zu verändern. Häufiges Realitätstesten bei anderen Themen und in anderen Situationen ist ebenso nötig wie der Einsatz weiterer kognitiver Verfahren.

■ **Reattribuierung.** Macht ein Patient immer wieder v.a. sich selbst für Fehler oder Mißerfolge verantwortlich und wertet sich selbst stark ab, dann hilft die Reattribuierungstechnik dem Patienten, Ereignisse und deren Ursachen mit mehr Objektivität zu begegnen. Patient und Therapeut fassen möglichst alle Fakten bezüglich einer konkreten Erfahrung zusammen, unterziehen diese Fakten einer logischen Analyse und erstellen daraus ein Modell der Verantwortlichkeit. Dadurch soll deutlich werden, daß der Patient für seine Ursachenzuschreibung nur sehr wenige Informationen, nur sehr einseitige, verzerrt gegen sich gerichtete Informationen und v.a. absolutistische Informationen heranzieht. Häufig verwendet der Patient unterschiedliche Kriterien, um die eigene Person und andere Personen zu beurteilen. Dieser Doppelstandard beinhaltet, daß zur Erklärung des Verhaltens anderer Personen nachsichtigere, multifaktorielle Kriterien gelten, während die Multikausalität bezüglich eigener Erfahrungen nicht gelten gelassen wird.

Beispiel

Patient: Und wenn der dann am Telefon anfängt, über Medizin zu reden, und diese lateinischen Ausdrücke gebraucht, dann fühle ich mich ganz klein und mickrig.

Therapeut: Können Sie mir dies etwas genauer schildern? Dieser Bekannte studiert Medizin und erzählt häufig von seinem Fach. Dabei gebraucht er viele lateinische Wörter.

Patient: Ja, der redet und redet dann; ich werde ganz ruhig, weil ich mal wieder nichts kapiere. Dabei geht mir dann durch den Kopf: Jetzt verstehst du schon wieder nichts, obgleich der das schon zigmal erklärt hat. Das müßtest du aber langsam wissen. Da siehst du mal wieder, du bist halt dumm und unintelligent.

Therapeut: Lassen Sie uns diese Schlußfolgerung von Ihnen einmal genauer betrachten. Allein aufgrund dessen, daß Sie dieses Latein und diese Fachausdrücke nicht verstehen, kommen Sie zu dem Schluß: Ich bin dumm! Ich bin unintelligent!

Patient: Ja, eigentlich müßte ich das verstehen. Jeder normale Mensch versteht das doch.

Therapeut: Jeder Mensch? Ist der Unterschied zwischen Ihrem Bekannten und Ihnen allein der, daß er dieses Latein versteht? Ansonsten ist da kein Unterschied?

Patient: Naja, der studiert Medizin schon seit über 4 Jahren.

Therapeut: Das heißt, er hat Abitur gemacht. Haben Sie Abitur?

Patient: Nee.

Therapeut: Haben Sie sich jemals mit Latein oder Medizin beschäftigt?

Patient: Nein. Ich lerne Englisch in der Volkshochschule.

Therapeut: Ich kann mir vorstellen, daß Ihr Bekannter bereits in der Schule Latein gehabt hat.

Patient: Ja, ja! Der hat das große Latinum, und außerdem ist sein Vater Arzt.

Therapeut: Wenn Sie diese Dinge nun betrachten, wie sehen Sie denn dann Ihr Urteil: Ich bin dumm, ich bin unintelligent?

Patient: Naja, eigentlich haben Sie recht. Ich kann das gar nicht so schnell kapieren, und das erscheint mir ziemlich unverschämt von dem, mich mit seinen Fachausdrücken vollzuquatschen.

Durch die zunehmende Objektivität der Betrachtungsweise läßt nicht nur die Selbstherabsetzung und Selbstverantwortlichkeit nach, sondern der Patient findet auch leichter Wege, Probleme und Schwierigkeiten anzugehen bzw. zu umgehen. Bei der Reattribuierung sind v. a. drei Zugänge zu unterscheiden:

- Der Patient kann dazu gebracht werden, mehr Fakten und Daten zu sammeln, die eine Neubeurteilung des in Frage kommenden Ereignisses erlauben, d. h. die es erlauben, die Verantwortung neu zu verteilen (s. Abschn. „Realitätstesten“).
- Der Therapeut kann dem Patienten durch Rollenspiel bzw. durch die Beurteilung einer anderen Person, die in der gleichen Situation wie der Patient in der gleichen Weise handelt, deutlich machen, daß er unterschiedliche Kriterien zur Beurteilung der eigenen Person und anderer Personen, bei gleichem Verhalten, benützt (sog. Doppelstandards);
- Anwendung der sokratischen Fragemethode zur Bearbeitung der Überzeugung, daß es bei Ereignissen immer einen Alleinverantwortlichen und/oder eine hundertprozentige Ursache und Erklärung für Mißerfolge geben muß und daß dies meist der Patient selbst ist.

■ **Alternative Erklärungen.** Hierbei geht es um die aktive Suche und Erforschung alternativer Erklärungen, Sichtweisen und logischer Schlußfolgerungen. Diese Methode ist ein wichtiger Aspekt des Problemlösens. Bei allen neurotischen Problemen finden wir Verzerrungen in den Erklärungen bestimmter Ereignisse. Diese Erklärungen sind einseitig und berücksichtigen nur Teile der Realität und der Vielzahl möglicher Ursachen.

Der erste technische Schritt besteht daher darin, für konkrete Ereignisse alle nur erdenklichen Erklärungshypothesen zusammenzutragen. Dies kann z.B. in Form eines „brainstorming“ geschehen. Erst in einem nächsten Schritt werden die Alternativen bewertet und hinsichtlich ihrer Gültigkeit für die Situation eingeschätzt. Dazu kann eine Skala von 0–100 Prozent verwendet werden. Sind nun dadurch mögliche alternative Erklärungen in Form prüfbarer Hypothesen gefunden, dann müssen diese in der Realität auf ihre Stichhaltigkeit hin überprüft werden, um die eigene, erste Einschätzung zu validieren. Meist bieten sich aufgrund des Erkennens weiterer möglicher Erklärungen auch weitere Handlungs- und Lösungsmöglichkeiten an, die vorher nicht vorhanden zu sein schienen.

Diese genannten Verfahren zum kognitiven Neubenennen hängen eng zusammen:

! Grundsätzlich gilt: Je größer die Diskrepanz zwischen ursprünglicher Interpretation, Erklärung und Folgerung und den tatsächlichen Erfahrungen bzw. Beobachtungen ist, desto mehr wird die ursprüngliche Auffassung des Patienten untergraben und desto eher werden die Kognitionen verändert.

Selbstverbalisierung

Diese kognitiven Methoden sind von anderen, ursprünglich eher verhaltenstherapeutisch orientierten Autoren aufgegriffen worden.

Goldfrieds (1975) Methode der kognitiven Umstrukturierung läßt sich in vier Schritte einteilen:

- Helfen, die Annahme zu akzeptieren, daß Selbstaussagen (Kognitionen) das emotionale Erleben vermitteln;
- helfen, die Irrationalität bestimmter Überzeugungen zu erkennen;
- helfen zu verstehen, daß die belastenden Emotionen durch irrationale Selbstaussagen vermittelt werden;
- helfen, die irrationalen Selbstaussagen zu verändern.

Definition: Ähnlich spricht Meichenbaum (1977) von Selbstverbalisierungen als den handlungssteuernden und Emotionen bedingenden kognitiven Größen.

Solche Selbstverbalisierungen sind prinzipiell beobachtbare, empirisch psychologische Sachverhalte. Das Fehlverhalten wird als Funktion dieser Selbstverbalisierungen aufgefaßt. Daraus folgt, daß in der Therapie die Selbstverbalisationen verändert werden müssen. In den Vordergrund tritt bei Meichenbaum daher die Entwicklung und das Training alternativer Selbstverbalisationen.

■ **Selbstinstruktionstraining.** Das sog. „Selbstinstruktionstraining" wurde zur Therapie bei hyperaktiven Kindern und schizophrenen Patienten entwickelt. Später wurde das Vorgehen u.a. auch zur Streß- und Schmerzbewältigung erfolgreich eingesetzt. Orientiert an den theoretischen Vorstellungen von LURIA zur Sprachentwicklung, postuliert MEICHENBAUM, daß (inneres) Sprechen zur Steuerung von Verhalten eingesetzt wird. Die Vermittlung aufgabenrelevanten (inneren) Sprechens soll zu einer verbesserten Problemlösung führen.

MEICHENBAUM (1977) beschreibt die Technik des Selbstinstruktionstrainings bei aufmerksamkeitsgestörten, impulsiven Kindern bei einer Aufgabenbewältigung in fünf Schritten:

Selbstinstruktionstraining

- Ein Erwachsener führt unter lautem Sprechen (Kommentierung der gezeigten Handlungen) eine Aufgabe durch (Modelldarbietung);
- das Kind versucht anschließend dieselbe Aufgabe zu lösen, indem es den lauten Instruktionen des Modells (Therapeuten) folgt;
- das Kind bewältigt die Aufgabe, indem es sich selbst die Instruktionen laut erteilt;
- das Kind führt die Aufgabe durch, wobei es sich nur noch flüsternd instruiert (Ausblendung des lauten Sprechens);
- das Kind geht die Aufgabe durch und lenkt dabei sein Verhalten durch lautlose Selbstverbalisationen (inneres Sprechen).

Das folgende Beispiel (aus MEICHENBAUM 1977) verdeutlicht das Vorgehen:

BEISPIEL

„Gut, was muß ich tun? Du willst, daß ich das Bild mit den verschiedenen Linien abzeichne. Ich muß langsam und vorsichtig sein. Gut, ich ziehe die Linien nach unten, gut, dann nach rechts, so nun noch etwas nach unten und dann nach links. Gut, bis jetzt mache ich das schon recht ordentlich. Denk daran, langsam zu zeichnen. Nun wieder nach oben. Nein, ich sollte nach unten gehen. Das ist richtig. Radiere die Linie sorgfältig aus. Gut. Auch wenn ich einen Fehler mache, kann ich langsam und sorgfältig sein. Gut, nun nach unten. Ende. Ich habe es geschafft".

■ **Streßimpfungstraining.** Unter „Streßimpfungstraining" versteht MEICHENBAUM (1977, 1985) ein Verfahren zur Bewältigung von Streßsituationen allgemeiner Art.

! Die entscheidende Methode bilden auch hier die vorausgehenden, begleitenden und nachfolgenden Selbstverbalisationen.

Der Ablauf der Therapie umfaßt mehrere Phasen:

- In der Phase des Unterrichts werden die auftretenden Probleme analysiert und Bewältigungsmöglichkeiten aufgezeigt.
- Daran schließt sich in der Übungsphase eine konkrete Erprobung unter abgeschwächten und kontrollierten Streßbedingungen an.
- In der Anwendungsphase werden die gelernten kognitiven Fertigkeiten (Selbstverbalisierungen) eingesetzt.
- Ergänzt wird das Vorgehen durch das Erlernen eines Entspannungsverfahren (z.B. Muskelentspannung nach JACOBSON, vgl. Kap. 2).

Der Prozeß der kognitiven Bewältigung läßt sich in vier zeitlich überlappende Schritte einteilen:

- Bei der Vorbereitung auf einen Stressor (z.B. ängstigende Situation, Schmerzreiz) sollen die Patienten sich orientieren, bereitlegen, was zu tun ist (z.B.: „Was ist als nächstes zu tun?", „Aufregen nützt nichts, denk nach, was du tun kannst", „Das schaffe ich schon" usw.).

- Während der Konfrontationsphase sollen sich Patienten daran erinnern, was sie angesichts einer Belastung tun wollten, z. B. sich in kleinen Schritten dem Streß aussetzen, sich entspannen, nicht in Panik verfallen (z. B.: „Ich kann mit der Herausforderung fertig werden", „Eins nach dem anderen", „Erst mal tief durchatmen, ich kann die Situation kontrollieren" usw.).
- In der Phase des Gefühls, überwältigt zu werden, wird eine Art Ernstfall und drohende Panik vorweggenommen (z. B.: „Konzentriere dich auf das Wesentliche", „Was ist als nächstes zu tun", „Die Angst ist zwar nicht abzuschalten, aber ich kann damit umgehen", „Die Angst ist ein Signal daß ich mich entspannen sollte", „Es geht gleich vorbei, es war schon schlimmer" usw.).
- Die Phase der Selbstverstärkung dient dazu, das Bewältigungsverhalten im Repertoire der Person zu stabilisieren (z. B.: „Es hat geklappt", „Ich habe es geschafft", „Jedesmal, wenn ich übe, geht es besser", „Ich kann auf meinen Fortschritt wirklich stolz sein", usw.).

Bei der Erarbeitung konkreter Selbstverbalisationen sollten Patienten angeleitet werden. Die Selbstverbalisierungen (Sätze zur Streßbewältigung) sollten nicht starr festgelegt werden. Als Hilfe in dieser Phase haben sich kleine Zettel (z. B. in der Brieftasche, auf einer Streichholzschachtel usw.) als sehr wirksam erwiesen.

> **!**
> **Zusammenfassung**
> Die verschiedenen kognitiven Methoden ähneln sich in ihrem formalen Ablauf, unterscheiden sich jedoch hinsichtlich des Verständnisses der kognitiven Variablen, die sie zu verändern trachten. Bei allen geht es um die Herausarbeitung ungeschickter automatisierter Kognitionen, die für beeinträchtigende emotionale Reaktionen verantwortlich sind. Die Korrektur dieser dysfunktionalen automatischen Gedanken wird als entscheidende therapeutische Hilfe angesehen.

> **!**
> Vor allem in Kombination mit anderen Verfahren haben sich diese kognitiven Verfahren bei der Behandlung von Depressionen, Ängsten, Persönlichkeitsstörungen, somatoformen Störungen, Hyperaktivität, Aufmerksamkeitsproblemen, Schmerzen und Streß als erfolgreich erwiesen.

Selbstkontrolle

> **Definition**
> Selbstkontrolle oder Selbstmanagement (KANFER et al. 1996) wird als planvolles, zielgerichtetes Handeln und aktives, bewußtes Problemlösen verstanden.

Selbstmanagementtherapie zielt darauf ab, den Patienten zu helfen, die Kontrolle des eigenen Verhaltens (wieder) selbst zu übernehmen, und zwar nicht nur in bezug auf momentane, sondern auch auf zukünftige Probleme.

> **Wirksame Methoden zur Selbststeuerung**
> - Selbstbeobachtung: Beobachtung und Protokollierung eines erwünschten oder unerwünschten Verhaltens ist Voraussetzung jeder Selbststeuerung. Selbstbeobachtungen sind jedoch auch Methoden mit therapeutischer Wirkung.
> - Kontrakte: Verträge mit sich selbst oder zur Unterstützung auch mit anderen sind Teil jeder Selbstmodifikation. Der systematische Einsatz fördert die Eigenverantwortung und Motivation des Patienten.
> - Stimuluskontrolle: Um ein unerwünschtes Verhalten zu reduzieren, kann man die Stimulusbedingungen, unter denen es auftreten sollte, systematisch einengen. Um ein erwünschtes Verhalten häufiger zu machen, kann man es im ersten Schritt eng an einen genauen, umschriebenen Stimulus koppeln, um in einem zweiten Schritt diese Reizbedingung allmählich auszuweiten.
> - Selbstverstärkung und -bestrafung: Ähnlich wie bei der bereits beschriebenen po-

sitiven Verstärkung oder Bestrafung, kann man das eigene Verhalten durch selbstverabreichte Verstärkung und Bestrafung steuern.
- Gedankenstop: Mit der Gedankenstoptechnik lassen sich unerwünschte Grübeleien, Katastrophenvorstellungen oder belastende Phantasien unterbrechen und letztlich ganz abbauen.
- Verdecktes Lernen: Hier wird versucht, Veränderungsprozesse auf der Vorstellungsebene einzuleiten bzw. zu übertragen, indem Patienten sich bestimmte Situations-Reaktions-Konsequenz-Abläufe ausmalen oder Modelle vorstellen.
- Selbstmanagement oder Anleitung zum „eigenen Therapeuten“: Hierunter werden Kenntnisse komplexer Selbststeuerungsprogramme verstanden, die Selbsthilfe bei unterschiedlichsten Problemen ermöglichen. Wissen und Fertigkeiten in Verhaltensanalyse, verhaltenstherapeutischen Strategien und Durchführung persönlicher Änderungsprogramme gehören in das zu vermittelnde Repertoire.

! **Zusammenfassung**

Selbstkontrolle ist als das generelle Ziel jeder Verhaltenstherapie anzusehen. Patienten sollen durch verschiedene Methoden, wie z. B. Selbstbeobachtung, Selbstverstärkung, Verhaltensverträge, Stimuluskontrolle usw. in die Lage versetzt werden, aktuelle und zukünftige Probleme selbstgesteuert zu analysieren, zu beeinflussen und dauerhaft zu ändern.

1.3.9 Behandlungsprogramme bei ausgewählten Störungsbildern

Im folgenden Abschnitt werden für ausgewählte Störungsbilder komplexe kognitiv-verhaltenstherapeutische Behandlungsprogramme dargestellt. Dabei finden die bereits beschriebenen Theorien, diagnostischen und therapeutischen Methoden und Techniken Anwendung. Die Behandlungsprogramme nehmen ferner Bezug zu den einleitend und wiederholt in diesem Kapitel dargestellten Fallbeispielen.

Kognitive Verhaltenstherapie bei Panikstörungen

In jüngster Zeit haben verschiedene Forschergruppen psychologische (psychophysiologische, kognitive) Modelle (s. Abb. 1.15) zum Verständnis von Angstanfällen (Panikstörung mit bzw. ohne Agoraphobie) entwickelt (Clark 1986, Ehlers u. Margraf 1989, Margraf u. Ehlers 1989).

! Die gemeinsame Annahme dieser Ansätze besagt, daß Angstanfälle durch positive Rückkopplung zwischen körperlichen Symptomen, deren Assoziation mit Gefahr und der daraus resultierenden Angstreaktion entstehen.

Die Panikreaktion wird in diesen Modellen als eine besonders intensive Form der Angst verstanden und unterscheidet sich nicht qualitativ von anderen Angstreaktionen.

Der Teufelskreis der Angst

Typischerweise beginnt ein Angstanfall mit einer physiologischen (z. B. Herzklopfen, Schwitzen, Schwindel) oder kognitiven (z.B. Gedankenrasen, Konzentrationsprobleme) Veränderung. Die Symptome können dabei Folge sehr unterschiedlicher Ursachen sein (z. B. Erregung, körperliche Anstrengung, Koffeineinnahme, Hitze etc.) Die körperlichen oder kognitiven Veränderungen müssen von der betreffenden Person wahrgenommen werden. Die wahrgenommenen körperlichen oder kognitiven Vorgänge werden nun mit Gefahr assoziiert. Auf die wahrgenommene Bedrohung wird mit Angst bzw. Panik reagiert, die zu weiteren physiologischen Veränderungen, körperlichen und/oder kognitiven Symptomen führt. Werden diese Symptome wiederum wahrgenommen und mit Gefahr assoziiert, kommt es zu einer Steigerung der Angst. Dieser Rück-

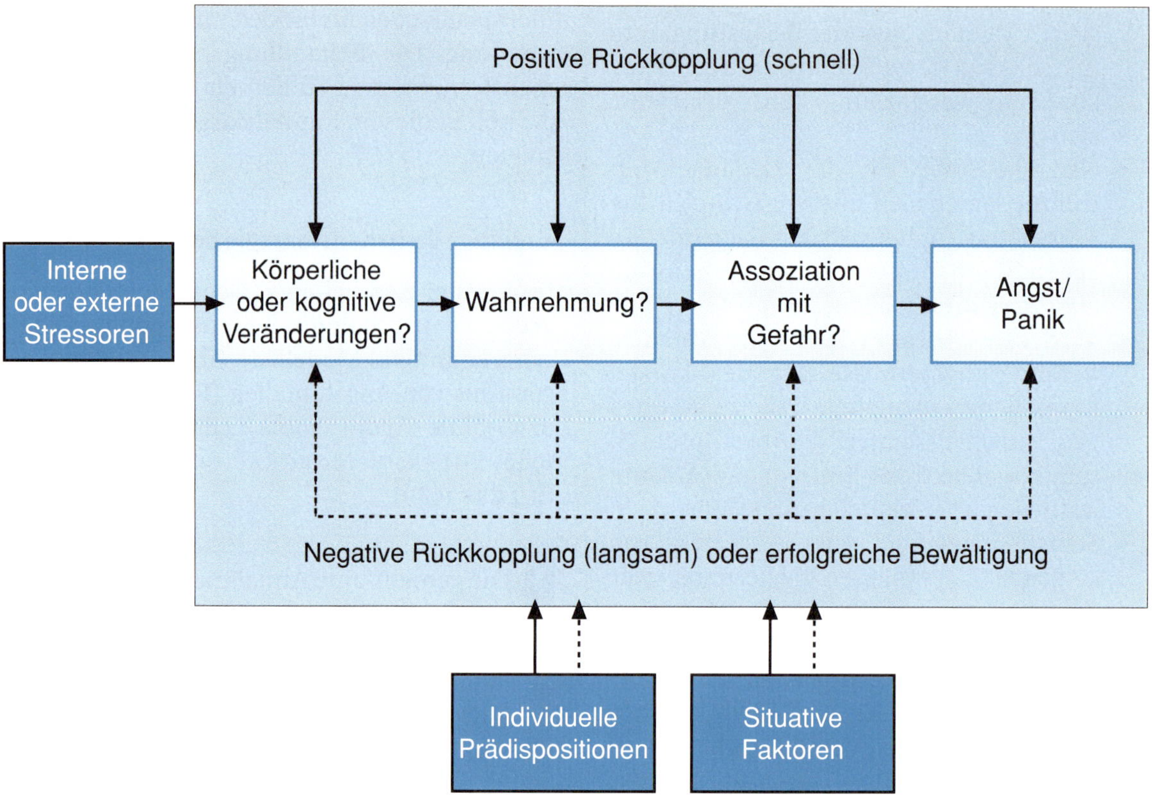

Abb. 1.15. Das psychophysiologische Modell der Panikstörungen. (Mod. nach Ehlers u. Margraf 1989)

kopplungsprozeß (Aufschaukelung s. Abb. 1.16) kann mehrmals durchlaufen werden und geschieht in der Regel sehr schnell.

Dem psychophysiologischen Verständnis nach kann die Angst auf zwei Arten beendet werden: durch die wahrgenommene Verfügbarkeit von Bewältigungsmöglichkeiten und durch automatisch einsetzende negative Rückkopplungsprozesse. Die häufigsten Bewältigungsstrategien sind Hilfesuche und Vermeidung. Aber auch Verhaltensweisen wie

- rasches, flaches Atmen und
- Ablenkung auf externe Reize

führen kurzfristig zur Angstreduktion. Da all diese Bewältigungsstrategien wenig hilfreich sind, führen sie letztlich zu einem weiteren Angstanstieg.

Einflußfaktoren auf die Angst. Auf die Rückkopplung können verschiedene Faktoren einwirken und die Angst modulieren. Momentane psychische und physiologische Zustände (z. B. generelles Angstniveau, intensive positive und negative affektive Zustände, körperliche Erschöpfung, hormonelle Schwankungen usw.) sowie momentane situative Faktoren (z. B. Hitze, körperliche Aktivität, Veränderung der Körperposition, Rauchen, Kaffee trinken, Medikamente, andere Drogen, Sicherheitssignale) wirken hierbei kurzfristig auf den Aufschaukelungsprozeß der Angst ein. Längerfristig wirken überdauernde situative Einflüsse und individuelle Eigenschaften einer Person auf den Aufschaukelungsprozeß. Beispiele für überdauernde situative Einflüsse sind chronische Lebensbelastungen. Individuelle Prädispositionen sind Neigung zur Aufmerksamkeitszuwendung auf Gefahrenreize und/oder eine sensible Interozeptionsfähigkeit (z. B. Herzwahrnehmung).

Reanalyse bisheriger Ätiologiemodelle. Die Erklärung der Agoraphobie geschieht durch

Abb. 1.16. Der Teufelskreis bei Angstanfällen. (Aus Margraf u. Schneider 1990)

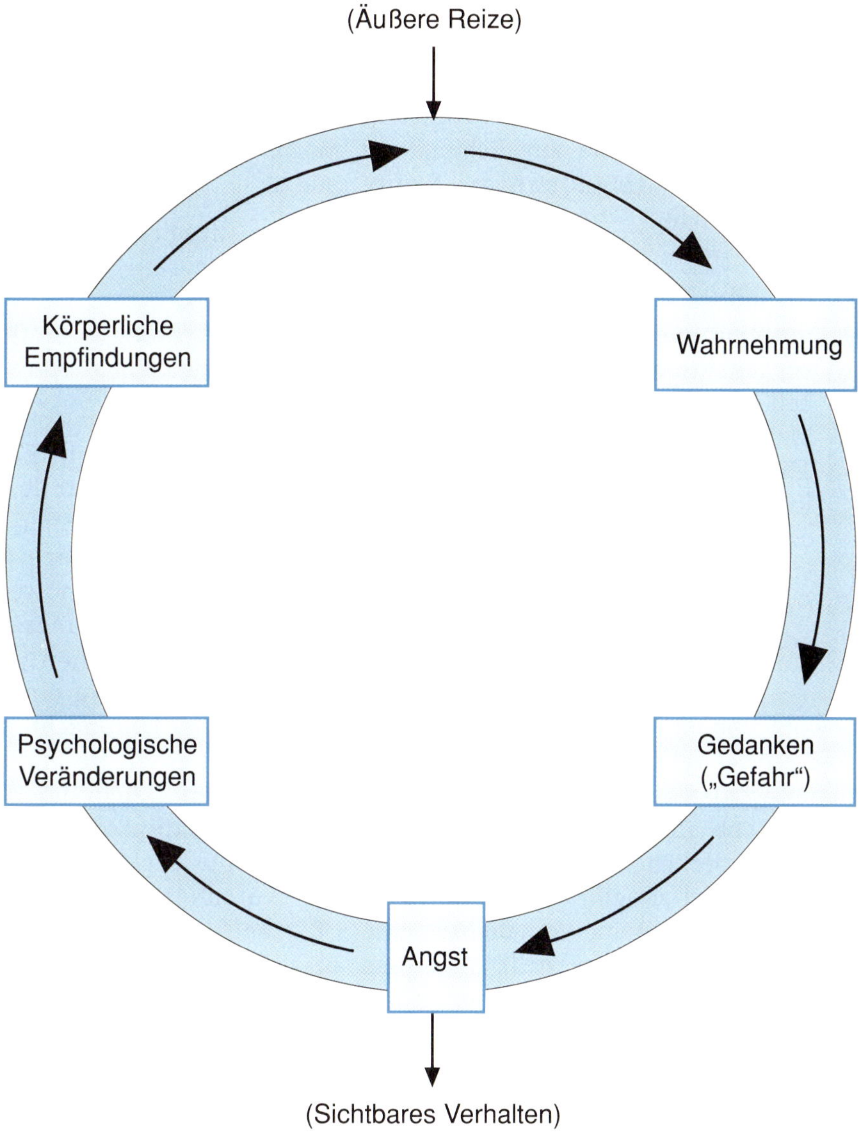

Goldsteins u. Chambless' (1978) Reanalyse bisheriger ätiologischer Modelle.

- Bei der „einfachen" Agoraphobie fürchten die Patienten die phobische Situation an sich. Als Auslöser der Phobie lassen sich bei diesen Patienten in der Regel traumatische Erfahrungen mit der gefürchteten Situation finden (Zwei-Faktoren-Theorie).
- Bei der häufigeren „komplexen" Agoraphobie hingegen fürchten die Patienten vor allem die Konsequenzen der Angst. Im Unterschied zu der ersten Gruppe zeichnen sich diese Patienten also durch die „Angst vor der Angst" aus.

Goldstein u. Chambless (1978) weisen insbesondere auch auf die Rolle interozeptiven Konditionierens hin.

! Als prädisponierend für komplexe Agoraphobien sehen Goldstein u. Chambless (1978) allgemeine Ängstlichkeit, Selbstunsicherheit, Abhängigkeit und die Unfähigkeit, unangenehme Emotionen mit auslösenden Ereignissen akkurat in Beziehung zu setzen. Ausgelöst wird die Störung vorwiegend in interpersonellen Konfliktsituationen.

Therapeutisches Vorgehen. Als Beispiel für das konkrete therapeutische Vorgehen, basierend auf oben genannten Modellvorstellungen, wird im folgenden das kognitiv-verhaltenstherapeutische Programm zur Behandlung von Panikstörungen (Margraf u. Schneider 1990) dargestellt.

> ! Grundlage der Therapie bildet die Vermittlung eines Erklärungsmodells wie zuvor beschrieben. Dies trägt zur Wirksamkeit und Akzeptanz der therapeutischen Maßnahmen, zur Generalisierung des Therapieerfolgs und zur Prophylaxe von Rückfällen bei. Das Erklärungsmodell dient außerdem dazu, die Befürchtung vieler Patienten zu korrigieren, an einer (unerkannten) schweren körperlichen oder psychischen Krankheit zu leiden.

Sowohl „spontan“ auftretende Anfälle als auch starke Angstreaktionen in phobischen Situationen werden als Ergebnis eines „Teufelskreises“ (s. Abb. 1.16) aus den individuellen relevanten körperlichen Symptomen (z. B. Herzrasen, Schwindel), Kognitionen (z. B. „Ich könnte verrückt werden“) und Verhaltensweisen (z. B. Hyperventilation) dargestellt. Aus dem Erklärungsmodell werden die weiteren Behandlungsschritte abgeleitet. Den Patienten wird mitgeteilt, daß ihre Probleme v. a. durch die Fehlinterpretation körperlicher Empfindungen und anderer Angstsymptome aufrechterhalten werden. Diese Fehlinterpretationen müssen verändert werden. Zur Veränderung der Fehlinterpretation wird ein allgemeines Korrekturschema angewendet, das – orientiert an den Vorschlägen von Beck und Ellis – aus den folgenden acht Schritten besteht:

Schema zur Veränderung von Fehlinterpretationen

- Identifikation der Fehlinterpretation,
- Einschätzung des Ausmaßes, in dem die Patienten von der Fehlinterpretation überzeugt sind („Überzeugungsrating“ auf einer Skala von 0 % bis 100 %),
- Sammeln aller Daten, die für die Fehlinterpretation sprechen,
- Sammeln aller Daten, die gegen die Fehlinterpretation sprechen,
- Erarbeiten einer alternativen Erklärung,
- Sammeln aller Daten, die für die alternative Erklärung sprechen,
- Überzeugungsrating für Fehlinterpretation,
- Überzeugungsrating für die alternative Erklärung.

Realitätstesten. Ein wichtiges Hilfsmittel bei der Korrektur der Fehlinterpretation stellen „Verhaltensexperimente“ (Realitätstesten) dar. Sie dienen dazu, die Fehlinterpretationen des Patienten und die in der Therapie erarbeiteten Erklärungsalternativen im Hinblick auf ihren Wahrheitsgehalt hin zu überprüfen. Befürchtet etwa ein Patient, in einem Kaufhaus in Ohnmacht zu fallen, so kann dies durch einen Besuch im Kaufhaus überprüft werden. Neben der Überprüfung der Fehlinterpretationen können die Verhaltensexperimente auch der Konfrontation mit den gefürchteten Symptomen dienen. Ähnlich wie bei der Konfrontationsbehandlung im Rahmen von Phobien werden die Patienten systematisch den angstauslösenden Reizen ausgesetzt.

> ! Im Unterschied zu den Phobien handelt es sich aber hier nicht um externale Reize, sondern um internale Reize wie etwa Herzklopfen, Schwindel und Atemnot.

Falls beispielsweise aus der diagnostischen Phase Hinweise auf Hyperventilation vorliegen, führen die Patienten wiederholt Hyperventilationsübungen durch und achten dabei auf die körperlichen Symptome. Besonderer Wert wird auf die Rückfallprophylaxe gelegt, da das Paniksyndrom oft einen stark fluktuierenden Verlauf zeigt, in dem Perioden sehr häufiger Anfälle mit anfallsfreien Phasen abwechseln können.

Beispiel

Anhand der Tagebuchaufzeichnungen der Patientin G. wurden die fast täglich, scheinbar ohne Grund auftretenden Panikanfälle genau besprochen und mittels des Teufelskreises analysiert bzw. erklärt. Dabei zeigte sich typischerweise, daß es ausreichte, daß die Patientin plötzlich ihr Herz spürte oder einen tiefen Atemzug tat, um verunsichert zu werden, genauer auf Atmung und Herzschlag zu achten. Rasch kamen Befürchtungen hinzu, daß es jetzt wieder losgeht, doch etwas am Herzen nicht stimme, der Großvater (fast 80jährig) ja auch an Herzversagen gestorben sei. Dadurch steigerte sich die Angst, sie atmete flacher, ein Unwohlsein kam hinzu, Beklemmungsgefühle traten auf, sie spürte ihr Herz noch mehr. War sie dann noch allein im Haus oder gar (was kaum mehr vorkam) im Ort unterwegs, dann genügte dies, um sich bereits „alleine sterbend" wahrzunehmen. Bei voller Stärke des Angstanfalls traten noch Schwindelgefühle und Brustschmerzen auf. Spätestens jetzt rief sie ihre Mutter an oder nahm eine Beruhigungstablette oder hetzte kopflos nach Hause, was den Kreislauf nur noch mehr „anfeuerte".

Die nur insgesamt 9 Sitzungen umfassende Therapie bestand darin, diese Abläufe, die Fehlwahrnehmungen, die Fehlinterpretationen und das Fehlverhalten dabei immer wieder aufzuzeigen, eine plausiblere Erklärung dagegen zu stellen, die Fehlkognitionen dadurch zu verändern. Hilfreich war außerdem, der Patientin zu zeigen, wie sie durch Hyperventilation (zwei Minuten rasches, flaches Atmen), durch körperliche Anstrengung (50 Kniebeugen, zügig in den dritten Stock laufen) oder durch schnelles Drehen (Bürostuhl) identische Symptome wie bei einem Angstanfall hervorrufen, ja sogar dadurch ihre Angst (genauer ihre Fehlkognitionen) provozieren konnte. Es war daran auch möglich, ihr zu zeigen, wie rasch die Symptome wieder abklingen, wie sie durch Ablenkung, durch Warten und durch andere Art der Beurteilung Kontrolle über die Angstspirale bekommen konnte.

Besonders beschäftigt hat die Patientin, „warum" diese Ängste bei ihr auftraten. Hierfür war es hilfreich, mit ihr die letzten zwei Jahre nachzuvollziehen. Der geliebte Großvater (für sie die zentrale Bezugsperson) war unerwartet verstorben, sie hatte das Elternhaus verlassen, um in einer fremden, großen Stadt ein ungeliebtes Ausweichstudium zu beginnen und dort mit ihrem ersten Freund zusammen zu leben, was bald schief ging. Hinzu kam, daß die Patientin von ihrer Art her (Persönlichkeit) leicht histrionisch veranlagt war und außerdem aus einem Arzthaushalt stammt. Aus dem Zusammentreffen dieser Faktoren konnte die Entstehung und die Entwicklung für die Patientin plausibel gemacht werden. Insbesondere beschäftigte („ängstigte") sie, ausgelöst durch den Tod des Großvaters, die Tatsache, daß jedes Leben, also auch ihr eigenes, begrenzt ist. Über vier Sitzungen drehte sich die Therapie u.a. auch um die Frage, welchen Sinn dann alles Streben, all die Ausbildung, die Anstrengungen und die (manchmal vergeblichen) Bemühungen haben.

Eine Nachkontrolle nach zwei Jahren zeigte, daß die junge Patientin weiterhin symptomfrei war, inzwischen Medizin studierte und zufrieden an ihrem neuen Studienort lebte.

Verhaltenstherapie bei Agoraphobien

Das Grundprinzip der heute üblichen Behandlung von phobischem Vermeidungsverhalten, die Konfrontation mit angstauslösenden Situationen („exposure"), ist schon lange bekannt. In den letzten 25 Jahren wurde die Konfrontationsbehandlung systematisiert und empirisch überprüft. Dabei erwies sich die Konfrontation in vivo bei phobischem Vermeidungsverhalten als die Methode der Wahl (Marks 1987). Während über die Grundprinzipien der Konfrontationsbehandlung weitgehend Einigkeit besteht, sind jedoch unterschiedliche Vorgehensweisen gebräuchlich (s. Abschn. „Reizüberflutung").

> ! Nach den Ergebnissen einiger Katamnesestudien ist es jedoch so, daß massierte Reizüberflutung zumindest bei schweren Phobien langfristig wirksamer ist (Fiegenbaum 1988, Marks 1987).

Die für die massierte Reizüberflutung nötige Behandlungsdauer schwankt zwischen ca. 3 und 10 Tagen, je nach Dauer der einzelnen Sitzungen. Weiterhin unterscheiden sich die einzelnen Programme nach der Häufigkeit des Therapeutenkontakts. So kann nach Instruktion durch den Therapeuten z. B. ein Großteil der Übungen allein oder mit Unterstützung des Partners durchgeführt werden.

Ganz zentral für die Durchführung einer massierten Reizkonfrontation ist wiederum die kognitive Vorbereitung der Patienten. Anhand von Beispielen aus der Anamnese wird den Patienten ein Erklärungsmodell für die Angstproblematik vermittelt, aus dem das therapeutische Vorgehen abgeleitet wird. Wichtig ist es, dem Patienten zu verdeutlichen, daß das Vermeidungsverhalten zentral für die Aufrechterhaltung seiner phobischen Ängste ist und sie dadurch sogar stabilisiert werden. Dem Patienten wird weiterhin erläutert, daß ein Dulden von Fluchtverhalten durch den Therapeuten einem Kunstfehler gleichkäme. Auch wenn Patienten sofort in die Behandlung einwilligen wollen, werden sie noch einmal gebeten, mehrere Tage lang ihre Entscheidung zu überdenken. Dieses Vorgehen erlaubt eine Maximierung der Therapiemotivation des Patienten, die für die Durchführung der eigentlichen Konfrontationsbehandlung notwendig ist. Die nun folgende massierte Reizkonfrontationsphase wird an mehreren aufeinanderfolgenden Tagen durchgeführt. Dabei werden täglich über die Dauer von 6 bis 8 Stunden angstbesetzte Situationen des Patienten aufgesucht. Die Situationen für die Konfrontation in vivo werden zuvor sehr konkret und detailliert zusammen mit den Patienten geplant. Dabei muß jeweils genügend Zeit für die einzelnen Situationen vorgesehen werden. Wenn der Therapeut sicher ist, daß der Patient kein Flucht- und Vermeidungsverhalten mehr zeigen wird, sucht der Patient in Absprache mit dem Therapeuten allein phobische Situationen auf. Zum Abschluß der Therapie wird noch einmal betont, daß es in der Therapie um die Vermittlung von Fertigkeiten geht, die selbständig auch bei wieder auftretenden Ängsten eingesetzt werden können, um Rückfällen vorzubeugen.

Behandlung sozialer Ängste

Soziale Ängste, Unsicherheiten, Verhaltensdefizite und soziale Kompetenzprobleme stellen kein einheitliches Krankheitsbild dar. Sie können bei verschiedenen Störungen auftreten und dabei auch aus unterschiedlichen Gründen behandlungsbedürftig werden. Ältere Theorie- und Therapieansätze beziehen sich v. a. auf die mangelnde Durchsetzungsfähigkeit und Selbstsicherheit von Patienten.

> Definition: Unter sozialer Kompetenz versteht man dagegen Verhaltensfertigkeiten, die zur erfolgreichen Bewältigung des zwischenmenschlichen Lebensalltags erforderlich sind.

Der aktuelle Erkenntnisstand zur Entstehung sozialer Kompetenzprobleme läßt sich anhand eines Prozeßmodells (siehe Abb. 1.17) zusammenfassen (Pfingsten u. Hinsch 1991). Das konkrete Verhalten in einer alltäglichen Interaktion ist demnach von folgenden Faktoren abhängig: der sozialen Situation, der kognitiven Verarbeitung dieser Bedingungen, der emotionalen Verarbeitung, der Motorik, dem Verhalten und den Konsequenzen.

Empirische Untersuchungen zeigen, daß sozial inkompetentes Verhalten aus Schwierigkeiten und Dysregulationen in jeder dieser Ablaufphasen resultieren kann. Soziale Kompetenztrainings kommen für viele Patienten mit Angststörungen, Depressionen, psychosomatischen Störungen und Substanzmißbrauch in Betracht, werden jedoch auch bei schizophrenen Störungen, geistiger Behinderung, Sexual- oder Partnerschaftsproblemen und verschie-

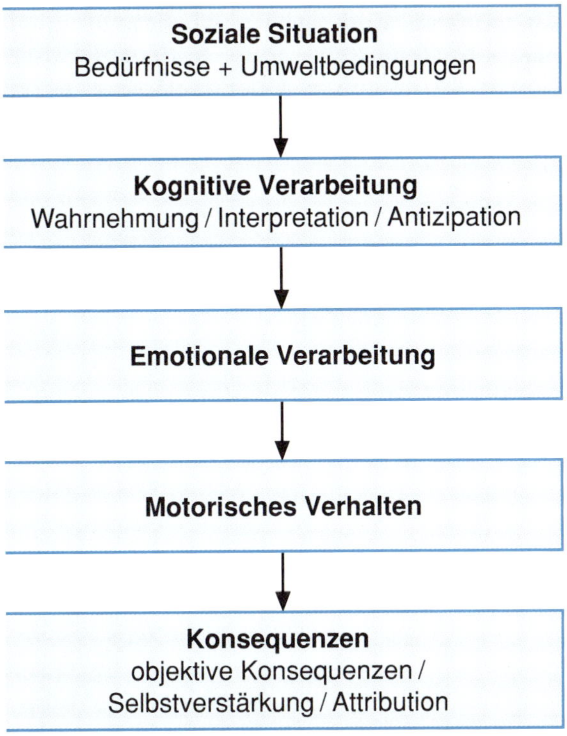

Abb. 1.17. Prozeßmodell zur Entstehung sozialer Kompetenzprobleme. (Nach PFINGSTEN u. HINSCH 1991)

denen Persönlichkeitsstörungen angewandt. Dabei ist denkbar,

- daß soziale Kompetenzprobleme alleiniger oder zentraler Bestandteil der Symptomatik sind (Beispiele: soziale Phobie, ängstlich-vermeidende Persönlichkeitsstörung),
- daß soziale Kompetenzprobleme sich als wesentliche Mitursache der Hauptstörung erweisen (Beispiele: Depressionen, psychosomatische Störungen, Substanzmißbrauch),
- daß eine Förderung der sozialen Kompetenzen die Chancen des Patienten für eine erfolgreiche Rehabilitation erhöht (Beispiele: schizophrene Störungen, Substanzmißbrauch, geistige Behinderung).

Mit der Behandlung wird das Ziel verfolgt, soziale Kompetenzen zu fördern und bestehende Kompetenzprobleme zu beseitigen. Das geschieht v.a. dadurch, daß der Patient zu einer verbesserten Selbststeuerung seiner sozialen Erfahrungen angeleitet wird. Kognitive Interventionen spielen dabei eine zentrale Rolle, zugleich sind aber auch Maßnahmen auf den anderen Ebenen der Verhaltensregulation vorgesehen. Das Vorgehen ist situationsbezogen, und Therapeuten müssen dafür sorgen, daß mit dem Patienten tatsächlich alle Situationen bearbeitet werden, die sich in der Diagnosephase als relevant erwiesen haben. Es empfehlen sich dafür aufeinanderfolgende Therapieblöcke mit jeweils drei bis sechs Sitzungen (s. folgende Übersicht).

Beispiel für eine Therapie sozialer Kompetenzprobleme. (Nach PFINGSTEN u. HINSCH 1991)

Sitzung	Inhalt
1	Einführungsgespräch
2	Vorstellung des Erklärungsmodells, Entspannungstraining, Hausaufgaben
3–5	Block zum Situationstyp „Recht durchsetzen“
3	Besprechung der Hausaufgaben, Übung „Jakubowski-Test“, Modellrollenspiel, Rollenspiele, Entspannungstraining, Hausaufgaben
4	Besprechung der Hausaufgaben, Übung „Selbstverbalisationen“, Rollenspiele, Entspannungstraining, Hausaufgaben
5	Besprechung der Hausaufgaben, Rollenspiele, Entspannungstraining, Hausaufgaben
6–8	Block zu einem zweiten Typ problematischer Situationen (z. B. „Gefühle wahrnehmen und äußern“)
9–11	Block zu einem dritten Situationstyp (z. B. „Gespräche beginnen und gestalten“)
12	Vorläufige Abschlußsitzung
13–15	„Booster“-Sitzungen (1, 3 und 6 Monate später)

Den Rollenspielen mit Videofeedback kommt besondere Bedeutung zu. Damit werden drei Ziele verfolgt:

- Erwerb konkreter Verhaltensstrategien für die als schwierig erlebten Situationen,
- Einübung günstigerer Regulationsprozesse, die in der Vergangenheit beeinträchtigend wirkten und

- Erlernen, wie soziale Erfahrungen initiiert und für die zukünftige Bewältigung ähnlicher Interaktionen genutzt werden können (selbstgesteuerte Erfahrungsbildung).

Zur Vorbereitung erhält der Patient einen Satz Karteikarten mit Rollenspielsituationen (s. folgende Übersicht), die er zu Hause nach Schwierigkeitsgrad einschätzen soll.

Rollenspielszenen des Selbstsicherheitstrainings. (Aus Pfingsten u. Hinsch 1991)

Situation: Sie wurden in eine verkehrte Lohnsteuerklasse eingestuft, ein Antrag wurde aus nichtigen Gründen abgelehnt oder ähnliches. Sie wollen den Beamten überzeugen, daß Sie im Recht sind. Hinter Ihnen bildet sich eine lange Schlange aus Wartenden, die langsam ungeduldig werden. Der Beamte wird nervös und reagiert barsch und will Sie auf einen anderen Termin vertrösten.

Instruktion: Formulieren Sie Ihr Anliegen klar und präzise und wiederholen Sie Ihre Forderung, wenn nötig. Lassen Sie sich auf keine Diskussionen ein. Reagieren Sie auch nicht auf die Bemerkungen der hinter Ihnen Wartenden. Ihre Position würde dadurch nur schwächer.

Ist der Beamte nicht bereit, auf Ihr berechtigtes Anliegen einzugehen, verlangen Sie, mit dem Vorgesetzten zu sprechen.

Situation: Sie loben in einem Lokal das Essen oder die Bedienung (bzw. in einem Geschäft das Angebot, die Preise, die Beratung) mit jeweils mindestens zwei Sätzen, z.B.: „Es hat mir sehr gut geschmeckt, besonders das Fleisch war sehr schmackhaft zubereitet" oder „Wie Sie das bloß schaffen bei dem Betrieb hier. Ich finde, es gehört allerhand dazu, dabei noch so freundlich zu sein wie Sie."

Instruktion: Vergessen Sie nie, daß das Wohlgefühl eines jeden letztlich vom Loben abhängig ist. Sie machen damit anderen eine Freude und sich Freunde.

Situation: In Ihrer Familie fällt Arbeit an. Sie haben bereits den Ihnen zustehenden Teil übernommen. Ihr Ehepartner (Sohn, Tochter) hat sich bis jetzt um die Arbeit gedrückt. Sie bitten ihn (sie), die Arbeit zu übernehmen.

Instruktion: Bringen Sie zum Ausdruck, daß Sie es nur fair finden, wenn er (sie) jetzt diese Arbeit übernimmt, und beschreiben Sie Ihre Gefühle des Ärgers im Falle, daß er (sie) die Arbeit nicht übernehmen will. Zeigen Sie ihm (ihr), daß unkooperatives Verhalten die Partnerschaft bzw. das Familienleben belastet, indem Sie das Wort „Ich" benutzen und ihre Gefühle beschreiben. Sehen Sie ihn (sie) dabei an.

Situation: Sie bitten Ihren Partner, Freund, Freundin, Ehemann oder -frau, seine/ihre Sachen immer bitte gleich aufzuräumen, statt sie unaufgeräumt in der Wohnung herumfliegen zu lassen.

Instruktion: Statt anzuklagen, machen Sie den Unterschied in Ihren Gefühlen klar, der durch Aufräumen oder Nichtaufräumen ausgelöst wird. Sehen Sie Ihren Partner an und verwenden Sie so oft wie möglich das Wörtchen „Ich".

Liegen keine ausgeprägten Verhaltensdefizite vor, dann ist der Einsatz konfrontativer Methoden gerade auch bei sozialen Ängsten sinnvoll. Das Vorgehen dabei entspricht den Prinzipien der Reizüberflutung, wobei graduiert, doch auch massiert vorgegangen werden kann. WLAZLO (1995) hat zu diesem wirksamen Prozedere ein verhaltenstherapeutisches Programm vorgestellt. Wie immer stellt das auf die Patienten passende und individuell überzeugende Erklärungsmodell den entscheidenden Schritt dar. Hilfreich dabei ist das bereits bei den Panikstörungen und der Agoraphobie vorgestellte psychophysiologische Rückkopplungs- und Aufschaukelungsmodell, wobei der fortgesetzten Vermeidung und den Katastrophisierungskognitionen für die Chronifizierung der Störung entscheidende Bedeutung zukommt. Die konfrontativen Übungen bestehen in dem direkten Aufsuchen (anfänglich meist in Begleitung des Therapeuten) gefürchteter sozialer Situationen, wie z.B. Restaurants, Ämter, Banken, Geschäfte, Kaufhäuser, Diskotheken, Seminare und Versammlungen, Vortrags- und Diskussionsveranstaltungen. Die Patienten zeigen dort das vorher festgelegte Verhalten, wie z.B. Essen bestellen bzw. reklamieren, Trinken und Essen verschütten, sich durch eine Menschenmenge drängeln, Formulare ausfüllen, Unterschriften leisten, Auskünfte einholen, Beratung verlangen, Kleidung anprobieren und doch nicht kaufen, Fragen und Diskussionsbeiträge leisten, Frauen bzw. Männer ansprechen. Die dabei auftretenden Ängste, Befürchtungen, die körperlichen Symptome (rot werden, schwitzen) und die sprachlichen Störungen (stottern, unvollständige Sätze, versprechen) werden bewußt provoziert und sollen sogar gesteigert werden. Die entsprechende soziale Situation wird erst dann verlassen bzw. beendet, wenn Habituation stattgefunden hat. Auch bei diesem Vorgehen dauern die Therapiesitzungen mehrere Stunden, am besten an mehreren Tagen aufeinander. Es werden verschiedene, gefürchtete soziale Situationen hintereinander in dieser Weise bearbeitet.

BEISPIEL

Die Bauchschmerzpatientin K. bekam v.a. in sozialen Situationen ihre Übelkeit, ihre Schmerzen und das Gefühl, sich übergeben zu müssen. Da keine Kompetenzdefizite vorlagen, standen therapeutisch ihre negativen, selbstzweiflerischen Kognitionen und konfrontative Verhaltensübungen im Mittelpunkt. Sie befürchtete v.a. Ablehnung, Kritik und sich inzwischen durch ihr „Magenproblem" zum Gespött zu machen. Biographisch waren die körperlichen Beschwerden eng an eine heftige Enttäuschung mit ihrem ersten Freund gekoppelt. Dieser hatte sie völlig überraschend sitzen lassen und sich mit einem anderen Mädchen (aus derselben Schule) abgegeben. Die Patientin war so geschockt, daß sie heulend und mit heftigen Magenkrämpfen nach Hause lief und sich dort auch 3 Tage verkroch. Die Magenbeschwerden verließen sie seitdem nicht wieder. Die Verhaltenstherapie war eine Exposition mit sozialen Situationen. Konkret wurden Situationen aufgesucht, in denen die Bauchbeschwerden heftig zunahmen, wie z.B. Auto mitfahren, Bus fahren, Essen gehen, im Kino in der Mitte der Reihe sitzen, Leute anstarren, mit erhobenen Händen durch die Fußgängerzone gehen. Ziel war zunächst, Kontrolle über die Beschwerden zu bekommen. Dazu sollte die Patientin die vorhandenen Beschwerden noch steigern. Im weiteren Verlauf fand dann Habituation und Schmerzreduktion statt. Die Situationen wurden erst verlassen, wenn die Beschwerden weitgehend reduziert waren.

Untersuchungen (ULLRICH u. ULLRICH DE MUYNCK 1982, PFINGSTEN u. HINSCH 1991, WLAZLO 1995) zufolge kommt es bei sozial ängstlichen Patienten durch die Behandlung zur Abnahme des Beschwerdedrucks, einer Verbesserung der gesamten Stimmungslage, die Kontaktangst nimmt ab, Angst vor Kritik anderer und vor Mißerfolgen in sozialen Beziehungen reduziert sich, Forderungen werden eher vorgebracht und unberechtigte Forderungen zurückgewiesen, Schuldgefühle und übertriebene Skrupel schränken nicht länger das Verhalten ein.

Verhaltenstherapie von Zwangsstörungen

Zwangsstörungen sind psychische Erkrankungen, die Theoretikern nach wie vor viele Rätsel aufgeben und Praktiker vor die schwierigsten Aufgaben ihres Berufsalltags stellen (HOFFMANN 1994).

■ **Ätiologische Vorstellungen.** Grundzüge der Entstehung einer Zwangsstörung sind: In einer bestimmten Lebensphase (meist vor dem 25. Lebensjahr) tauchen gehäuft (ausschließlich negativ bewertete) Gedanken und Vorstellungen auf, die bislang kaum eine Rolle gespielt haben, die nun aber, oft explosionsartig, eine enorme Bedeutung erlangen. Diesen Gedanken und Vorstellungen ist gemeinsam, daß sie

- eine Bedrohung (für die eigene Person oder für andere) signalisieren,
- daß es potentiell möglich ist, etwas gegen die Bedrohung zu unternehmen,
- daß man versuchen kann, das Unheil, da es noch nicht eingetreten ist, abzuwehren,
- daß der entsprechende Affekt (Sorge, Angst, Ekel) im Anschluß an die bedrohlichen Gedanken durchaus nachvollziehbar, in der Krankheit jedoch dysproportional überhöht ist,
- daß die Wahrscheinlichkeit einer Gefährdung kaum mehr einer rationalen Kontrolle unterzogen wird.

Ab diesem Zeitpunkt nimmt die innere Beschäftigung mit den kritischen Inhalten ständig zu. Aufgrund einer Aufmerksamkeitsverzerrung werden immer mehr Stimuli aus den kritischen Kategorien, z.B. Fehler, Straßenverschmutzung, Todessymbole usw. wahrgenommen. Die innere Distanz zu der entsprechenden Befürchtung bewegt sich auf einem Kontinuum zwischen „Ich weiß ja eigentlich, daß es objektiv nicht gefährlich ist" bis zu einer Art überwertigen Idee, die gelegentlich kaum noch von einem Wahn zu unterscheiden ist („Für mich ist es doch so, auch wenn alle das Gegenteil behaupten"). In allen Fällen handelt der Patient, d.h. er vermeidet kritische Anlässe oder er setzt ein zwanghaftes Abwehrverhalten (wie Waschen und Kontrollieren) ein, dessen gefahrenbeseitigende Wirkung ihm evident erscheint. In diesem ständigen Abwehrkampf wird der Kranke zunehmend unsicherer. Schließlich findet überhaupt kein Versuch der Korrektur des Zwangssystems mehr statt. Parallel zu den Notwendigkeiten des normalen Lebens (Anforderungen von Partnerschaft, Beruf usw.) gelten die Diktate des Zwangs.

> ! Psychologisch sind Zwangsgedanken konditionierte Stimuli, und zwar konditionierte Angstreize, die sich als löschungs- oder habituationsresistent erwiesen haben. Zwangsverhalten wird durch Angstreduktion verstärkt.

Meist reduzieren z.B. Kontrollier- oder Waschrituale das Unbehagen, das mit Zwangsgedanken einhergeht. So werden sie durch Spannungsreduktion verstärkt und werden dadurch immer wahrscheinlicher auf die Zwangsgedanken folgen. Daneben entstehen mit der Zeit eine Reihe von Vermeidungsreaktionen, die den Effekt haben, das Auftreten von Zwangsgedanken zu vermindern. Wird dieses Vermeidungsverhalten sehr extensiv, entsteht eine gewisse Ähnlichkeit mit dem bei Agoraphobien zu beobachtenden Verhalten.

> ! Praktisch bedeutet das, daß einerseits Vermeidungsreaktionen das Auftreten von Zwangsgedanken verhindern können, Zwangshandlungen andererseits die Spannung beenden, die mit Zwangsgedanken einhergehen. Beide Mechanismen bewirken so eine kurzfristige Angstreduktion, verhindern aber längerfristig gesehen eine ausreichend lange Konfrontation mit den Angstreizen, durch die eine Löschung der Ängste erfolgen könnte.

■ **Behandlung.** Verhaltenstherapeutisch sollte neben der systematischen Befragung und der Anleitung zur Selbstbeobachtung auch eine direkte In-vivo-Beobachtung in kritischen Situationen stattfinden. Dies liefert in vielen Fällen Informationen, die weit über das hinausgehen, was sich aus den Schilderungen des Patienten ergibt, v.a. dann, wenn er während der Beobachtung zu seinen jeweiligen Gedanken und Gefühlen befragt wird.

> **!** Das Kernstück jeder Behandlung von Zwangsstörungen ist die In-vivo-Exposition. Sie verlangt, daß Patienten sich freiwillig in eine Situation begeben, in der mit großer Wahrscheinlichkeit Zwangsgedanken und Zwangsbefürchtungen auftreten, gleichzeitig gemäß Absprache mit dem Therapeuten freiwillig auf das Ausüben ihres Zwangsverhaltens verzichten.

Somit müssen Patienten lernen, die Situation anders zu bewältigen, d.h. letzten Endes sich normal zu verhalten. Ziel ist die Einübung normalen Verhaltens in konkreten Lebenssituationen. Um wirksam zu sein, bedarf jede Exposition einer angemessenen Vorbereitung und einer Anzahl flankierender, v.a. kognitiver Maßnahmen. Die Hauptschwierigkeit besteht darin, Patienten zur notwendigen Ausdauer zu verhelfen, um sich im Alltag über einen längeren Zeitraum hinweg kontinuierlich und wie abgesprochen den irrationalen Gedanken und Ängsten zu stellen.

Zwangskranke haben nicht immer die notwendige, deutliche inhaltliche Distanz zu ihren Befürchtungen. Deshalb müssen sie lernen, auftretende Befürchtungen und ängstliche Gefühle als Symptome ihrer Zwangserkrankung zu identifizieren und als solche zu behandeln. Zwanghafte leiden meist an großer Normunsicherheit, was normales, nicht zwanghaftes Verhalten betrifft. Um die fast immer bestehende Unsicherheit, die eine In-vivo-Exposition beträchtlich erschwert, zu reduzieren, muß man Vorstellungen über normales zwangfreies Verhalten als Lernziel absprechen.

■ **Ziele der In-vivo-Exposition.** Die In-vivo-Exposition hat bei Zwangskranken folgende Zielsetzung: Sie ermöglicht den Patienten, die Beschaffenheit ihrer Reaktionen (körperliche Empfindungen, Gefühle, Kognitionen und Handlungsimpulse) auf äußere Auslösereize besser kennenzulernen. Darüber hinaus kommt es häufig auch zum Wiederbewußtwerden von früheren traumatischen Erlebnissen oder zum Auftreten anderer Gefühle (wie Depressionen, Wut usw.) an Stelle der Angst (Hand 1992).

Exposition bildet den Rahmen für den zentralen Lernschritt des Symptombewältigungstrainings. Schließlich üben Patienten den normalen, d.h. nicht zwanghaften Umgang mit realen Lebenssituationen. Die Situationen, die für die Konfrontationen ausgesucht werden, sollen möglichst aus dem natürlichen Lebensraum des Patienten stammen. Am Anfang ist die Anwesenheit der Therapeuten meist unerläßlich. Es ist dabei v.a. die Aufgabe, das oft sehr subtile Formen annehmende Vermeidungsverhalten zu unterbinden und den Patienten zu helfen, ihre inneren Reaktionen zu erforschen. Hilfreich sind dabei unterstützende Selbstinstruktionen („Ich fasse jetzt die Türklinke an, nachdem ich beobachtet habe, wie Leute sie vor mir angefaßt haben"). Es muß dafür gesorgt sein, daß Patienten die Übungen solange nicht abbrechen, bis eine deutliche Spannungsreduktion erfolgt ist. Weiter ist dafür zu sorgen, daß Patienten während der Übung von Anfang an natürliches und normales Verhalten an den Tag legen. Expositionsübungen werden am Anfang mit möglichst großer Frequenz durchgeführt, am besten täglich. Die Dauer ist dabei unterschiedlich. Sie kann bis zu mehreren Stunden betragen. In Kombination mit kognitiven Übungen (z.B. Entkatastrophisieren, Regeln erkennen, „Sollte-Tyrannei", Reattribuieren) lernen Patienten, ihren Zwängen immer besser auf die Schliche zu kommen, Reaktionen als zwanghaft zu entlarven, diesen energisch zu begegnen, um so eine immer bessere Annäherung an normales Alltagsverhalten zu erreichen.

Beispiel

(Fortsetzung Patient P., Zwangsstörung)

Die Schwierigkeiten mit dem Patienten P. bestanden nicht darin, ihn von der Richtigkeit des verhaltenstherapeutischen Ansatzes zu überzeugen, sondern vielmehr darin, ihn zu motivieren, sich nicht zwanghaft zu verhalten (kein Nachkontrollieren, nicht Zurückgehen), die Verunsicherung und Angst (in voller Stärke) kommen zu lassen und das Vertrauen aufzubringen, daß Habituation (also Abklingen der Zweifel und der Zwangsimpulse) stattfinden wird. Zur Überwindung dieser Blockierung waren viele Therapiestunden (über mehrere Monate!) mit wiederholten Analysen der zwanghaften Abläufe, der Zweifel, der Risiken beim Fahrrad- und Autofahren, beim Korrigieren von Klausuren und Hausarbeiten, beim Entlanggehen von Treppenhäusern und Fluren, beim Durchqueren von Fußgängerzonen und Menschenansammlungen, dem Betreten von gekreuzten Linien, dem Verlassen des Büros und der Wohnung erforderlich. Unvorhergesehene und überraschende Ereignisse (z.B. Telefon klingelt) oder Zeitdruck führten immer wieder dazu, daß das zwanghafte Verhalten (Zweifel, Katastrophenbefürchtungen, Langsamkeit, Nachkontrollieren, wiederholtes gedankliches Rekonstruieren) auftrat oder wieder stärker wurde. Besonders heftig waren die Zweifel, wenn es um die Korrektur von Prüfungsarbeiten und die Entscheidung für Noten ging. Dabei traten Befürchtungen auf, die soweit gingen, daß er glaubte, völlig versagt zu haben, angeklagt zu werden und schließlich seine Position zu verlieren.

In einem ersten Schritt legten wir wiederholt Kriterien (Normen) für „normales" Korrekturverhalten, übliches Verhalten im Straßenverkehr, in der Fußgängerzone, im Treppenhaus, beim Verlassen von Büro und Wohnung (normale Kontrolle der Geräte) fest. Des weiteren klärten wir mögliche „Katastrophen", wenn ein Computer oder die Kaffeemaschine über Nacht oder gar ein ganzes Wochenende eingeschaltet bleiben würden. Wir diskutierten wiederholt, ob es „unmoralisch" ist, am Sonntag, an Feiertagen, an Ostern oder an Weihnachten nicht in die Kirche zu gehen. Wir legten fest, daß seine Zweifel Ausdruck von unbegründeten Zwängen sind, die Einsicht jedoch nicht ausreicht, sondern wiederholtes anderes Verhalten, nicht zwanghaftes Handeln entscheidend ist. Es war ihm klar, daß dadurch Ängste, Verunsicherung und heftige Zweifel ausgelöst werden. Doch dies mußte sein, denn ansonsten würde keine Überwindung der Zwänge möglich sein. Dann ging es daran, die kognitiv gut vorbereiteten „risikoreichen" (in Wirklichkeit völlig risikoarmen) Situationen (s. oben) aufzusuchen und wiederholte Male ohne zwanghaftes Verhalten zu bewältigen. Es galt die Regel, daß das vorher als nicht zwanghaft festgelegte Verhalten zu verwirklichen war. Dazu wurde vor jeder Handlung nochmals besprochen, wie ein normales Verhalten aussieht und abläuft, daß Angst und Verunsicherung erwünscht sind. Die Aufgabe des Therapeuten war es, darauf zu achten, daß nicht heimlich kontrolliert, die Handlung langsamer als üblich bzw. geplant durchgeführt oder das Kontrollieren auf später aufgeschoben wurde. Es war weiterhin vereinbart, daß ein Rückfall in den Zwang und Vermeidung nicht erlaubt ist. Es ist außerdem selbstverständlich, daß alle bearbeiteten und durchgestandenen Situationen ab jetzt im Alltag in normalem Verhalten zu bewältigen sind. Dabei auftretende Verunsicherung, Zweifel und Ängste sind normal und nur ein Zeichen, daß weiter das nicht zwanghafte Verhalten geübt werden muß.

Insgesamt nahm die Therapie mehr als ein Jahr (bei insgesamt 64 Sitzungen) in Anspruch. Die wiederholten Übungsphasen (mit täglichen Übungen von etwa vier Stunden) fanden während Kurzurlauben bzw. in den Ferien des Patienten statt. Er war so ängstlich, daß er immer wieder verweigerte, in Zweifel verfiel, glaubte alles nicht aushalten zu können, wieder zwanghaft reagierte. Diese Rückschläge mußten immer wieder aufgefangen und der Patient an die letztlich hilfreiche Exposition (mit Reaktionsverhinderung) wieder herangeführt werden.

Kognitive Verhaltenstherapie unipolarer Depressionen

Definition

Das psychologische Modell unipolarer Depressionen (s. Abb. 1.18) besagt, daß diese affektiven Störungen sich in der Folge von aktuellen oder chronischen Belastungen (Auslöser) dann entwickeln, wenn realitätsfremde, verzerrte, negative kognitive Strukturen, Verhaltensdefizite und ein Mangel an positiv verstärkenden Aktivitäten bestehen.

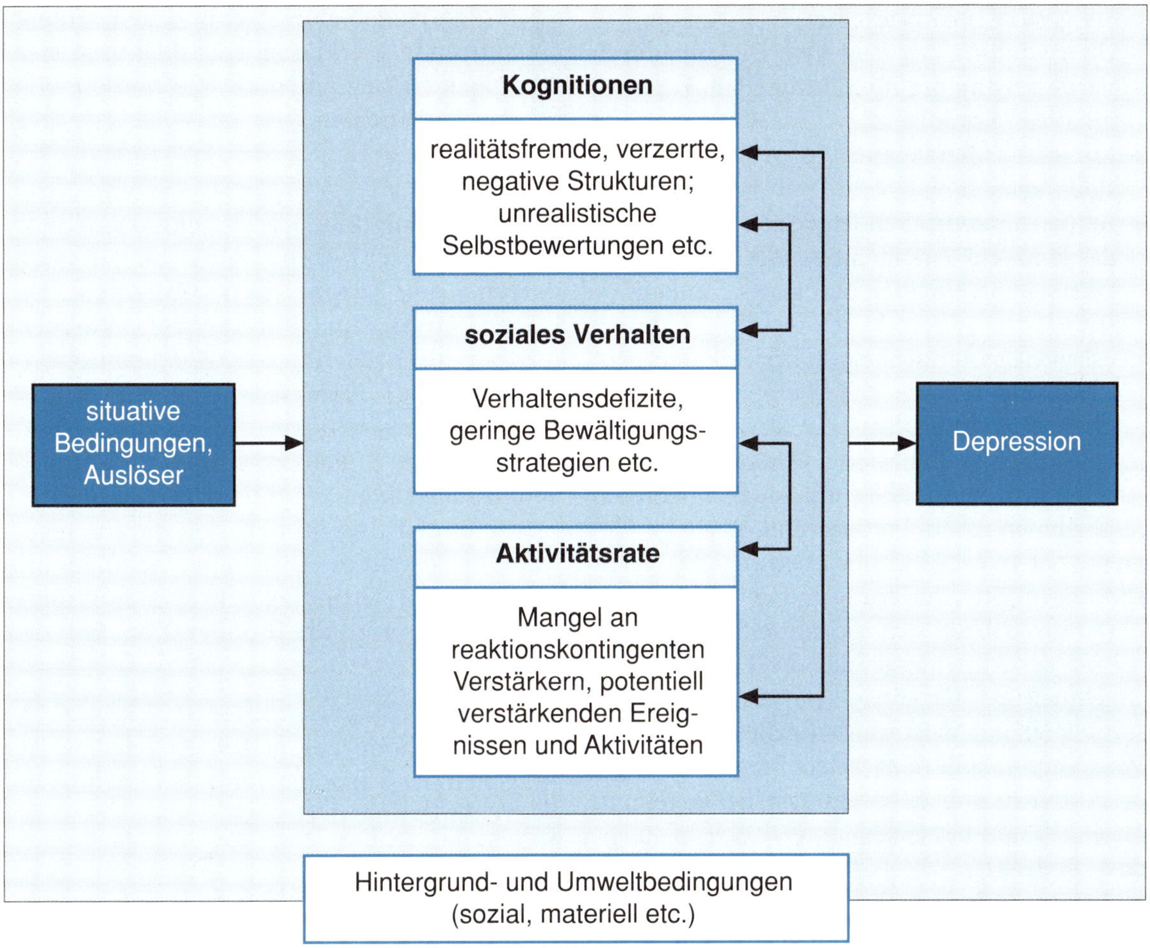

Abb. 1.18. Integrative Modellvorstellung als Heuristik kognitiv-verhaltenstherapeutischen Handelns bei Depressionen. (Aus HAUTZINGER et al. 1992)

Typische, doch von Fall zu Fall unterschiedliche Probleme depressiver Patienten sind folgende:

Typische Probleme depressiver Patienten

- Geringe Rate positiv verstärkender Aktivitäten und Erfahrungen,
- hohe Rate aversiver, belastender Ereignisse und Aktivitäten,
- Defizite bei den Sozialkontakten, im Interaktions- und Sozialverhalten,
- fehlende oder ungünstige Bewältigungsstrategien,
- zu hohe bzw. zu extreme Anspruchshaltungen, gedankliche Verzerrungen und Fehleinschätzungen bei der Wahrnehmung und Verarbeitung von Erfahrungen, absolutistische und negative selbstbezogene Überzeugungen.

Daneben können reale, objektive Schwierigkeiten (z.B. beruflicher, sozialer, materieller Art) bestehen, die Gegenstand der verhaltenstherapeutischen, problembezogenen Behandlung sein müssen (BECK et al. 1992; HAUTZINGER 1991, HAUTZINGER et al. 1992).

■ **Behandlungsziele.** Abhängig vom Einzelfall lassen sich daher als Ziele der Behandlung formulieren:

- Schaffung einer Balance zwischen angenehmen, verstärkenden Aktivitäten und Pflichten und aversiven Aktivitäten,

- Steigerung positiv erlebter Erfahrungen,
- Überwindung der sozialen Defizite durch Verbesserung der interaktionellen, kommunikativen Kompetenz,
- Korrektur überzogener Ansprüche und Einstellungen,
- Aufbau differenzierenden, relativierenden, auf das konkrete Verhalten bzw. die konkrete Erfahrung und Situation bezogenen Denkens.

■ **Behandlungsdurchführung.** In krisenhaften, akuten (Anfangs-)Phasen der Therapie stehen der rasche Beziehungsaufbau, die kurzfristige Problemlösung bzw. Entlastung, Unterstützung und Anleitung in Verbindung mit medikamentösen Maßnahmen oft im Vordergrund. Wichtige Elemente der Interaktion sind „beruhigende Versicherungen", Strukturierung und Zeitprojektion.

Daran schließt sich als mittelfristige Maßnahme der Aktivitätsaufbau, die Erhöhung angenehmer und der Abbau belastender, aversiver Aktivitäten an. Meist werden dabei Tages- oder Wochenprotokolle eingesetzt. Bereits während des Aktivitätsaufbaus kommt es in der Regel zum Erkennen und Benennen automatisch ablaufender Gedanken, die dann unmittelbar anschließend oder parallel durch systematische Erfassung, z. B. mittels des Tagesprotokolls negativer Gedanken, vertieft werden. Diese sind Voraussetzung für Maßnahmen des kognitiven Neubenennens und der Einstellungsänderung und wichtige Schritte bei der Veränderung von sog. Grundannahmen. Ein weiterer Schritt der Behandlung stellt der Aufbau sozialer Kompetenz und evtl. das Kommunikationstraining dar. Es hängt vom Einzelfall ab, ob dieser wieder stärker verhaltensbezogene Teil nach der Bearbeitung dysfunktionaler Überzeugungen folgt oder parallel bereits zu den anderen Maßnahmen eingeleitet wird.

Gegen Ende der Behandlung geht es um die Vorbereitung auf zukünftige Schwierigkeiten und Krisen, deren Vorbeugung und Bewältigung durch das in den davor liegenden Sitzungen Gelernte.

> ! Grundlage für die Anwendung dieser Behandlungselemente ist ein strukturiertes, problemzentriertes und lösungsorientiertes Vorgehen eines freundlichen, unterstützenden, erklärenden, didaktisch geschickten, bemühten, aktiven und direktiven Therapeuten.

Die Beziehung läßt sich als „aktives Arbeitsbündnis" beschreiben. Dabei geht es nicht darum, den depressiven Patienten von irgend etwas zu „überzeugen". Vielmehr müssen durch gelenktes Fragen (sog. sokratischer Dialog) Patienten selbst auf Widersprüche, ungeschicktes Verhalten, Handlungsdefizite, Fehlannahmen, voreilige Schlußfolgerungen, unberechtigt negative Erwartungen usw. stoßen. Die daraus resultierende kognitive Dissonanz ist dann die motivierende Grundlage für Veränderungsbereitschaft und die Kooperation bei den Übungen.

> ! Die Methode des gelenkten Fragens ist gleichzeitig eine der zentralen kognitiven Veränderungsstrategien.

Durch die Therapie sollen neue Erfahrungen gemacht werden und ein Lernen neuer, hilfreicher Strategien stattfinden. Die daraus resultierende vermehrte Selbstkontrolle wirkt prophylaktisch (verhindernd bzw. mildernd) bezüglich neuer depressiver Episoden und Krisen.

■ **Probleme in der Therapie.** Das größte Hindernis für eine erfolgreiche Verhaltenstherapie depressiver Patienten ist die Ungeduld der Therapeuten. Depressive Patienten sind mutlos, negativ, verlangsamt und belasten damit ihre Interaktionspartner. Motivation muß erst durch den Therapeuten aufgebaut werden und ist zunächst meist kurzlebig. Entsprechend ist das Lernen verzögert, durch vielfaches Erkennen, Erproben und Üben gekennzeichnet, Schwierigkeiten bei der Bewältigung von Übungen und Hausaufgaben sind ebenso typisch wie wiederholte Rückschläge. Unkonditionale Verstärkung, Geduld, Frustrationsbereitschaft, graduelles Vorgehen oft in kleinsten Schritten und die Anerkennung kleiner bzw. kleinster Veränderungen (trotz Negation durch die Patienten) werden hier erwartet. Häufig bieten gerade diese Negationen und Abwertungen der Patienten einen Einstieg in das Erkennen und Bearbeiten von automatischen Gedanken und Grundüberzeugungen (z.B. Selbstkritik, Selbstzweifel, Ansprüche usw.).

Eine häufige Gefahr besteht darin, daß versucht wird, mit dem depressiven Patienten seine Grundannahmen und negativen Überzeugungen zu diskutieren, um sie mit Gegenargumenten zu widerlegen und ihm auszureden. Dieser Versuch scheitert meist, führt zu einer Belastung der Beziehung und (v.a. bei wiederholtem therapeutischem Fehlverhalten) zur Verschlechterung der Symptomatik. So schwierig und langwierig es oft ist, bleibt der „sokratische Dialog" oder das gelenkte Fragen doch der einzige und richtige Weg, Patienten allmählich zu Änderungen, d.h. zu differenzierterer kognitiver Verarbeitung, in der Folge zu anderem Verhalten und Empfinden zu bringen.

Effizienzstudien. Aufgrund zahlreicher Therapievergleichsstudien wurde gezeigt (Hautzinger 1993, Hautzinger u. deJong-Meyer 1996), daß Verhaltenstherapie bei der Behandlung unipolar depressiver Patienten wirksam und bezüglich der Symptomreduktion und des Anteils damit klinisch gebesserter Patienten zumindest bewährten Antidepressiva vergleichbar ist. Berücksichtigt man die Anteile der Verweigerer und Abbrecher oder die Dauer der erreichten Effekte, dann erweist sich Verhaltenstherapie der Pharmakotherapie sogar überlegen. Dabei angelegte Kriterien sind:

- Rückfall anhand der berichteten Symptomatik,
- fortgesetzte bzw. wieder erforderliche Behandlungen,
- Klinikaufnahmen wegen Depressionen.

> ! Für die Untergruppe der schweren, endogenen Depressionen ist dieser Wirksamkeitsnachweis noch nicht zweifelsfrei erbracht. Voraussetzung für jegliche psychotherapeutische Intervention ist die Zugänglichkeit und minimale Interaktionsfähigkeit, so daß sich die Anwendung von Verhaltenstherapie bei psychotischen, stuporösen oder auch schwer suizidalen Patienten mit Depressionen verbietet. Die Kombination aus Pharmakotherapie und Verhaltenstherapie zeigt kurzfristig keine, doch längerfristig meist Vorteile gegenüber den Monotherapien. Diese Erfolgsbeurteilung gilt für ambulante und stationäre Patienten gleichermaßen.

Eine Verkürzung der Behandlung auf unter zwölf Wochen geht zu Lasten der erreichbaren Besserung. Empfohlen wird eine Dauer zwischen zwölf und zwanzig Wochen, wobei anfänglich zweimal pro Woche, später wöchentlich und dann mit größeren Abständen Therapiesitzungen durchzuführen sind.

Therapeutische Wirkfaktoren. Obgleich die Wirkmechanismen noch der weiteren Aufhellung bedürfen, scheinen folgende Merkmale eine wirksame psychotherapeutische Depressionsbehandlung zu kennzeichnen:

Wirkfaktoren der Depressionsbehandlung

- Kriseninterventionen,
- wiederholte Begründungen und Erklärungen für das Krankheitsgeschehen durch den Therapeuten;
- strukturiertes und problemlöseorientiertes Vorgehen;
- Fokus auf Übungen und Fertigkeiten zur Überwindung von Problemen;
- Kooperation des Patienten bei Übungen zwischen den Sitzungen;
- Attributionen auf eigenes Tun und Selbstwirksamkeitserfahrungen des Patienten;
- Einbezug des Lebenspartners und der Familie;
- Vorbereitung auf Krisen und Verschlechterungen.

Beispiel

Verhaltenstherapie der Depression

Anamnese. Der 41jährige Herr S. Wuchs in einem dörflichen Umfeld auf. Von früher Kindheit an arbeitete er im elterlichen Hof. Aus seiner Schulzeit erinnert er seine Angst vor dem Schreiben. Der Vater strafte ihn oft mit Prügeln. Er war auch als Kind schon zurückgezogen, gehemmt und kontaktscheu, nahm jedoch als Heranwachsender am dörflichen Vereinsleben teil. Die harte Arbeit auf dem Hof hat er als selbstverständlich empfunden und recht gern gemacht. Herr S. heiratete jung eine unternehmungslustige, sozial aufgeschlossene Frau aus dem näheren Umfeld. Das Ehepaar bekam in schneller Folge zwei Töchter und einen Sohn. Herr S. mußte mit 22 Jahren, früher als erwartet, den Hof übernehmen, nachdem seine Mutter einer Krebserkrankung erlag und kurz darauf der Vater durch einen Unfall gehbehindert wurde. Er bewirtschaftet seitdem den Hof und lebt dort mit der Familie und dem ebenfalls unter Depressionen leidenden Vater. Da der Hof keine ausreichende Existenzsicherung darstellt, arbeitet Herr S. zusätzlich und hauptberuflich in einem Transportunternehmen. Trotz der bereits vor sechs Jahren einsetzenden Depression ist es ihm bisher gelungen, seine Arbeit gewissenhaft und nach außen hin unauffällig zu leisten. Dies kostet ihn jedoch enorme Anstrengung und das Aushalten von großer Angst, so daß er seinen familiären und bäuerlichen Pflichten kaum mehr nachkommen kann. Er verkriecht sich in seiner Freizeit am liebsten in den Stall und vermeidet möglichst jeden Kontakt. Wegen dieser Zurückgezogenheit gibt es zunehmend heftigere Auseinandersetzungen mit der Ehefrau, die auch schon an Trennung gedacht hat.

Symptomatik. Herr S. wird von seinem Psychiater überwiesen, nachdem die seit sechs Jahren andauernde depressive Episode sich durch hochdosierte pharmakologische Therapie (verschiedene Antidepressiva und auch Lithium) nur unzureichend gebessert hatte. Die Medikation hatte geholfen, seine Berufsfähigkeit aufrechtzuerhalten, aber nur unter fast unerträglicher Anstrengung und mit dem Gefühl des Überfordertseins, was außerhalb der Arbeit zu totaler Desaktivität und sozialem Rückzug geführt hat. Die von der Schwere der Erkrankung her indizierte stationäre Aufnahme in eine Klinik hatte er abgelehnt, da er befürchtete, seine Krankheit dann seinem Arbeitgeber gegenüber nicht mehr verheimlichen zu können.

In den ersten Gesprächen schilderte der Patient nur unter großen Schwierigkeiten seine Beschwerden. Er betrat mit gesenktem Kopf das Behandlungszimmer, suchte mit entschuldigendem Blick um Erlaubnis, sich hinsetzen zu dürfen, nahm keinen Blickkontakt mehr auf, sondern starrte auch seine Füße oder auf einen weit entfernten Punkt im Raum und schwieg. Auf Fragen antwortete er zögernd, machte lange Pausen und bemühte sich dann mit gepreßter Stimme um eine möglichst präzise Antwort, wobei seine Stimme oft unverständlich leise wurde.

Herr S. hatte große Mühe, über seine Gefühle zu sprechen. Er beschrieb Niedergeschlagenheit, Hilflosigkeit, Hoffnungslosigkeit und ein ständiges Gefühl der Überforderung. Von seiner Familie ist er so weit entfernt und entfremdet, daß er das Gefühl hat, wie in einem Brunnen eingemauert zu sitzen, auf einem entlegenen Teil des Grundstücks. Über diese Distanz ist er besonders in der Beziehung zu den Kindern traurig, denen gegenüber er positive Gefühle wie Freude, Liebe oder Stolz nicht äußern kann. Die erkrankungsbedingte Einschränkung der Leistungsfähigkeit erlebte Herr S. als persönliches Versagen, und er litt unter den damit zusammenhängenden Schuld- und Wertlosigkeitsgefühlen. Außer diesen im engeren Sinne zum depressiven Affektspektrum zählenden Gefühlen berichtete Herr S. über starke Angst, insbesondere die Angst, Leistungsanforderungen nicht nachkommen zu können, sich zu verschulden und zu verarmen, Entscheidungen zu treffen, Auseinandersetzungen durchzustehen, von der Ehefrau verlassen zu werden, dem Schreiben unter Beobachtung sowie generell sozialen Kontakten gegenüber.

Auf der somatischen Ebene standen innere Unruhe und Schlafstörungen sowie Libidoverlust im Vordergrund. Konzentrationsschwierigkeiten und Ermüdbarkeit (zum Teil medikamentenbedingt) führten zu starker gegensteuernder Anspannung. In Angstsituationen, die er nicht vermeiden konnte, berichtete Herr S., rot zu werden und zu schwitzen. Beim Schreiben unter Beobachtung entstehen Krämpfe. Herr S. berichtet über eine beständige Antriebs- und Energielosigkeit, die Handeln nur dann zuläßt, wenn es gar nicht anders geht (z. B. Saatgutentscheidungen in letzter Minute, Durchhalten der Arbeitsphasen). Ein auf Ziele und Erfolge gerichtetes Handeln, wie z. B. den vor der Depression betriebenen Hausbau, gibt es nicht mehr. Lediglich die Vermeidung weiterer Mißerfolge bzw. befürchteter Katastrophen, wie die Kündigung im Betrieb, die Trennung der Ehefrau oder der Verfall der Landwirtschaft sind Motive für Handeln. Es besteht ein weitgehender Interessensverlust. Aus der Exploration zur Krankheitsentwicklung wird die frühere und gegenwärtige Bedeutung des Leistungsmotivs deutlich (Arbeit in der Landwirtschaft und gutes Abschneiden in der Schule als selbstverständliche Voraussetzungen elterlicher Anerkennung).

Diagnose. Bei Herrn S. sind die Kriterien einer „depressiven Episode“ (Major Depression) erfüllt. Von den für den Untertyp „Melancholie“ aufgeführten Symptomen erfüllt Herr S. die Hauptkriterien einer persistierenden Freudlosigkeit und eines Mangels an Reaktivität und außerdem besondere Qualität der depressiven Stimmung sowie psychomotorische Hemmung.

Die Ausprägung seiner Angstsymptome ist so stark, daß Herr S. außerdem an einer sozialen Phobie leidet, was v. a. über das Merkmal der Vermeidung deutlich wird. Eine gegenüber dem Aufnahmestatus abgeschwächte soziale Phobie bestand nach Angaben des Patienten bereits vor der Depression.

Fragebogenergebnisse zur Depressivität sowie zu einzelnen Anteilen des depressiven Syndroms unterstützten den beschriebenen klinischen Eindruck einer schweren Depressivität und Angstsymptomatik nachdrücklich.

Hypothetisches Bedingungsmodell. Wenn man in bezug auf die zahlreichen psychologischen Erklärungsansätze (Hautzinger 1996) depressiver Störungen zwischen Vorhersagen zu prädisponierenden, auslösenden und aufrechterhaltenden Faktoren unterscheidet, so ist Herr S. insofern ein typischer, auch das Grundlagenwissen über die Störung repräsentierender Fall, in dem mit größerer Sicherheit Aussagen zur Prädisposition und zur Aufrechterhaltung möglich sind als zur Verursachung/Auslösung der depressiven Episode.

Die wichtigsten prädisponierenden Faktoren auf psychologischer Seite lassen sich in der Introversion, Angst und sozialen Gehemmtheit und den daraus resultierenden Defiziten im sozialen Verhaltensrepertoire ansehen. Entsprechend dem Verstärkerverlustmodell der Depression stellen die Begrenztheit der Interaktionsbreite und die nicht gelernte Fähigkeit, Verstärkungen zu akzeptieren oder zu senden, Vulnerabilitätsfaktoren dar.

Kognitive prädisponierende Faktoren bei Herrn S. sind ausgeprägte negative Selbst-Schemata (insbesondere im sozialen und Leistungsbereich) bei Fehlen eines ausgleichend wirkenden Netzwerks positiver Selbst-Schemata. Typische Vulnerabilitätsfaktoren (hohe Maßstäbe in bestimmten Lebensbereichen, unklare Standardsetzungen, hohe Rate an Selbstkritik und eingeschränktes Aktivitäts- und Bewältigungsrepertoire) können aus den Äußerungen von Herrn S. zu seiner prämorbiden Entwicklung ebenfalls als gegeben angenommen werden. Inwieweit der Tod der Mutter als Trauma-Faktor (wie von Brown u. Harris 1978, Beck 1976, postuliert) eine prädisponierende Bedeutung hatte, ist dagegen aus den jetzigen Äußerungen des Patienten schwer abschätzbar.

Was genau den vor 6 Jahren datierten relativ abrupten Beginn der depressiven Erkrankung auslöste bzw. den Beginn einer als behandlungsbedürftig erkannten Episode, ist dagegen nur sehr spekulativ möglich, da nach Angaben des Patienten besonders Gravierendes aus dieser Zeit nicht berichtet wird.

Herr S. beobachtete Leistungs- und Konzentrationsschwierigkeiten bei sich und verarbeitete sie schuldhaft. Im Sinne des Modells der erlernten Hilflosigkeit attribuiert er die wahrgenommenen Mißerfolge internal, global und stabil. Da negative Selbst-Schemata vorherrschen bzw. immer leichter durch immer mehr Situationen auslösbar sind, trägt die Aufmerksamkeitsverlagerung nach innen zu einer Erregungssteigerung und einer immer stärkeren Aktivierung selektiv-negativer Informationsaufnahme und -verarbeitung bei. Der – einzige – Bewältigungsmechanismus, Aufrechterhaltung der Arbeit und Aufrechterhaltung eines „normalen" Eindrucks nach außen hin, ebenso wie die mit der Depression einhergehenden Schlafstörungen verstärken die Erschöpfungs- und Überforderungssituation.

Auf dem Boden zur Depression disponierender Faktoren laufen selektiv negative Informationsverarbeitungen, die bei fehlendem Gegengewicht (z.B. positive Selbst-Schemata oder wahrgenommene Anerkennung von außen) den depressiven Teufelskreis aufrechterhalten.

Therapieplanung und -durchführung. In der kognitiven Verhaltenstherapie erfolgreiche Interventionsprinzipien bestehen in verhaltensübenden und kognitionsverändernden Strategien. Bei schwerer Depression liegen Hinweise dafür vor, daß zunächst verhaltensübende Strategien indiziert sind. Die Therapieziele bei Herrn S. bestehen

- in einer Entlastung seiner Überforderungssituation,
- im Aufbau von als befriedigend erlebbaren Aktivitäten sowie
- in einer Verbesserung seiner kommunikativen Fähigkeiten und der Reduzierung der Angst in sozialen Interaktionen.

Diese Ziele können mit den Komponenten „Aktivitätsaufbau" und „Aufbau sozialer Kompetenz" erreicht werden.

Beziehungsaufbau. Während dieser Anfangsphase wurde versucht, Fähigkeiten sozialer Kommunikation zu fördern (Verstärken von Blickkontakt und von verbalen Äußerungen, Rückmeldung, welche Gefühle seine Gestik und Mimik auslösten). Erstes gemeinsam erarbeitetes Therapieziel war die Bewußtmachung und Kommunikation von Gedanken, Gefühlen und Handlungsimpulsen.

Schwierig war, daß der Patient zunächst Hausaufgaben aus Angst vor Fehlern nicht schriftlich machen wollte. Im mündlichen Erarbeiten der Gedanken und Gefühle zu alltäglichen Situationen zeigte sich jedoch eine erstaunliche Differenziertheit der Selbstbeobachtung, die die funktionale Analyse von Angst- und Vermeidungssitutationen sehr erleichterte.

Entlastung. Ein Ergebnis der Verhaltensanalyse bezüglich des Arbeits- und Leistungsbereichs war die totale Überforderung und Überlastung, der sich Herr S. aussetzte. Wichtig war daher zunächst, für Entlastung zu sorgen. Es bedurfte vieler Überzeugungsarbeit, Herrn S. für 3 Wochen krank zu schreiben.

Verstärkende Aktivitäten. Es wurde dann mit dem Aufbau angenehmer Aktivitäten begonnen. Entspannung, tägliches Fahrradfahren, weitere Aktivitäten wie Einkaufen und Kochen, Reparaturarbeiten, Schwimmen, ein Junikornfeld im Wind beobachten und ähnliches führten zu einer raschen und deutlichen Besserung der Stimmung und auch des Schlafes.

Kommunikation in der Ehe. Eine Verbesserung der Kommunikationsfähigkeit in der Familie war das nächste vorgesehene Therapieziel. Da die Ehefrau auf die zunehmenden Aktivitäten besonders deshalb befremdet reagierte, da ihr Mann sie – wie in der Therapie abgesprochen – allein unternahm, schien es sinnvoll, parallel zum „Aktivitätsaufbau" die Ehefrau mit in die Therapie einzubeziehen. Es fanden insgesamt 10 gemeinsame Sitzungen statt. Während der funktionalen Analyse der problemorientierten Paarsitzungen wurde deutlich, daß Frau S. allein durch ihre größere Geschwindigkeit und Lebhaftigkeit dazu neigte, Lösungsvorschläge zu machen bzw. Einwände seitens Herrn S. sehr schnell vom Tisch zu fegen, und daß Entscheidungen getroffen wurden, die letztlich nicht die Zustimmung von Herrn S. fanden. Auch wurde deutlich, daß sich das Ehepaar bei der Suche nach gemeinsamen Zielen gegenseitig schnell entmutigte, mit Äußerungen wie „Das geht doch sowieso nicht, weil...", so daß es nicht zu einer Zielklärung und noch weniger zu Absprachen über gemeinsame Wege zur Erreichung eines Zieles kam.

Problemlösetraining. Während des Problemlösetrainings konnten sich beide eindeutig auf das gemeinsame Ziel „Aufgabe des Hofes" einigen und auch Alternativziele übereinstimmend entwickeln. Es wurden erste Handlungsschritte ausgewählt, und Herr S. entschied sich, seinen Verwalter aufzusuchen, um mit ihm die Auflösung des Pachtvertrages zu besprechen. Er hatte vor diesem Gespräch große Angst, in Rollenspielen wurde deshalb die Situation geübt, und negative Erwartungen wurden diskutiert. Seine nach kurzer Zeit initiierte Verhandlung mit dem Verpächter war erfolgreich, und es entwickelten sich daraus günstige Perspektiven. Der dritte entscheidende Schritt im Therapieverlauf war der Erfolg dieses Gespräches, die Erfahrung, Probleme selbständig lösen zu können, zu handeln statt zu resignieren. Es trat im Verhalten eine deutliche Veränderung auf.

Kognitionen bearbeiten. In dieser Phase der Therapie wurde mit kognitionsverändernden Therapiestrategien begonnen. Es wurden dysfunktionale Annahmen wie „alles für den Hof", „ich bin ein totaler Versager", „nur durch Anpassung kann ich Liebe erreichen", „nur wenn ich fleißig, gefällig, unterwürfig bin, werde ich von meiner Frau akzeptiert" in der Therapie identifiziert, diskutiert und relativiert. Herr S. lernte über diese Strategien, daß es nicht schlechte und gute Verhaltensweisen gibt, sondern günstige bzw. eher ungünstige Verhaltensweisen, und daß er frei darüber entscheiden kann, welche Verhaltensweise er wählt. Er erarbeitete alternative Gedanken wie „ich möchte so sein dürfen, wie ich bin". Er lernte den Unterschied zwischen dem Bedürfnis, allein zu sein und Isolation und daß er für sich ein gesundes Maß finden muß, nein sagen zu können, sich Arbeit aufbürden zu lassen. Er konnte für sich formulieren „ich lasse zuviel laufen, nehme zu wenig selbst in die Hand", ohne dies als schuldhaft anzusehen. Er war auch zunehmend in der Lage, konkrete Schritte anzuvisieren, dabei jedoch seine immer noch bestehende Depressivität und Angst akzeptierend zu berücksichtigen.

Soziale Kompetenz. Die letzte Phase der Therapie stellte eine Verbindung zwischen kognitionsverändernden Schritten und Übungen im sozialkommunikativen Bereich dar. Herr S. hatte formuliert „Ich möchte meine unterlegene Position gegenüber meiner Ehefrau verändern, meinen Standpunkt einnehmen". Er berichtete über aggressive Impulse, wenn diesen Bedürfnissen nicht engegengekommen wurde. Er wurde ermutigt, und es wurde geübt, diese ihn verunsichernden aggressiven Gefühle sozial kompetent auszudrücken.

Ergebnis. Die Therapie wurde nach 58 Sitzungen abgeschlossen. Medikamentenfrei war der Patient etwa ab der 36. Sitzung. Zu Therapieende hatte der Patient gelernt, seine Probleme aktiv anzugehen und hatte einen Großteil von Veränderungen wie die Aufgabe des Bauernhofes erfolgreich eingeleitet. Suizidalität konnte glaubhaft verneint werden. Es blieb eine Tendenz zu einer depressiven Grundstimmung, die an manchen Tagen mehr, an anderen weniger da war. Bei diesen gelegtlichen depressiven Verstimmungen wendete Herr S. die gelernten Techniken an, nahm z.B. einen Tag Urlaub, unternahm etwas für sich und sprach aus, was ihn bedrückte. Er beschrieb dies als immer noch sehr schwer, berichtete jedoch anschließend über das Gefühl der Erleichterung. Die eheliche Situation blieb auch bis zum Ende der Therapie schwierig, es stellte sich jedoch eine deutliche Entspannung ein, der Patient konnte wieder gemeinsame Aktivitäten mit seiner Frau und seinen Kindern unternehmen, es wurden auch gemeinsame Urlaube verbracht.

Literatur

Abramson LY, Seligman MEP, Teasdale JD (1978) Learned helplessness in humans. Critique and reformulation. Abnorm Psychol 87: 49–74

Ader R (1988) The placebo effect as a conditioned response. In Ader R, Weiner J, Baum A (Eds) Experimental foundation of behavioral medicine: Conditioning approaches. Erlbaum, Hillsdale

Ayllon T, Azrin NH (1968) The token economy: A motivational system for therapy and rehabilitation. Appleton-Century, New York

Bandura A (1969) Principles of behavior modification. Holt, New York

Bandura A (1977) Self-efficacy: Toward a unifying theory of behavioral change. Psychol Rev 84: 191–215

Bandura A (1986) Social foundation of thought and action: A social cognitive theory. Prentice-Hall, Englewood Cliffs

Barnett PA, Gotlib IH (1988) Psychosocial functioning and depression: distinguishing among antecedents, concomitants, and consequences. Psychol Bull 104: 97–126

Bartling G, Echelmeyer L, Engberding M, Krause R (1994) Problemanalyse im therapeutischen Prozeß, 3. Aufl. Kohlhammer, Stuttgart

Basler HD, Otte H, Schneller T, Schwoon D (1979) Verhaltenstherapie bei psychosomatischen Erkrankungen. Kohlhammer, Stuttgart

Beck AT (1970) Cognitive therapy: Nature and relation to behavior therapy. Beh Ther 1: 184–200

Beck AT (1976) Cognitive therapy and emotional disorders. International Univ Press, New York

Beck AT (1979) Wahrnehmung der Wirklichkeit und Neurose. Pfeiffer, München

Beck, AT, Rush, AJ, Shaw BF, Emery G (1992) Kognitive Therapie der Depression. Psychologie Verlags Union, Weinheim

Bischoff C (1995) Biofeedback. Psychotherapeut 40: 179–186

Brown G, Harris T (1978) Social origin of depression. Travistock, London

Bunge M (1967) Scientific research. The search for the truth. Springer, New York

Butollo W (1979) Chronische Angst. Theorie und Praxis der Konfrontationstherapie. Urban & Schwarzenberg, München

Caspar FM (1987) Problemanalyse in der Psychotherapie. Bestandsaufnahme und Perspektiven. Deutsche Gesellschaft für Verhaltenstherapie-Verlag, Tübingen

Clarke DM (1986) A cognitive approach to panic. Beh Res Ther 24: 461–470

DeSilva P, Rachmann S, Seligman MEP (1977) Prepared phobias and obsessions. Beh Res Ther 15: 65–77

Dörner D (1976) Problemlösen als Informationsverarbeitung. Kohlhammer, Stuttgart

D'Zurilla TJ, Goldfried MR (1971) Problem solving and behavior modification. J Abnor Psychol 78: 107–126

Ehlers A, Margraf J (1989) The psychophysiological model of panic attacks. In: Emmelkamp WTM, Everaerd AM, Kraaismaat F, Van Son MJM (Eds) Fresh perspectives of anxiety disorders. Swets & Zeitlinger, Amsterdam

Ellis A (1962) Reason and emotion in psychotherapy. Lyle Stuart, New York

Emmelkamp PMG (1982) Phobic and obsessive-compulsive disorders. Theory, research, and practice. Plenum Press, New York

Eysenck HJ (1964) Experiments in behaviour therapy. Readings in modern methods of treatment of mental disorders derived from learning theory. Pergamon Press, Oxford

Eysenck HJ (1971) Behavior therapy as a scientific discipline. J Consult Clin Psychol 36: 314–319

Eysenck HJ, Beech HP (1971) Counter conditioning and related methods. In Bergin AE, Garfield SL (Eds) Handboock of psychotherapy and behavior change. Wiley, New York

Eysenck HJ, Rachmann SJ (1967) Neurosen. Ursachen und Heilmethoden. Deutscher Verlag der Wissenschaften, Berlin

Feldhege FJ, Krauthan G (1979) Verhaltenstrainingsprogramm zum Aufbau sozialer Kompetenz. Springer, Berlin Heidelberg New York

Fiegenbaum W (1988) Longterm efficacy of ungraded versus graded massed exposure in agoraphobics. In Hand I, Wittchen HU (Eds) Panic and phobias, vol 2. Springer, Berlin Heidelberg New York

Florin I, Tunner W (1975) Therapie der Angst: Systematische Desensibilisierung. Urban & Schwarzenberg, München

Franks CM (1984) New developments in behavior therapy. From research to clinical application. Haworth Press, New York

Franks CM, Wilson GT (1973) Annual review of behavior therapy. Theory and practice. Bruner/Mazel, New York

Goldfried MR (1975) Cognitive change methods. In Kanfer FH, Goldstein AP (Eds) Helping people change. Pergamon Press, New York

Goldstein AP (1973) Structured learning therapy. Toward a psychotherapy for the poor. Academic Press, New York

Goldstein AJ, Chambless DL (1978) A re-analysis of agoraphobie. Behav Ther 9 : 47 – 59
Guthrie ER (1959) Association by continguity. In: Koch S (Ed) Psychology. A study of a science. McGraw Hill, New York
Hahlweg K, Goldstein MJ (1987) Understanding major mental disorders. The contribution of family interaction research. Family Process Press, New York
Hand I (1992) Verhaltenstherapie bei Zwangsstörungen. In: Hand I, Goodman BK, Ewers U (Hrsg) Zwangsstörungen. Neue Forschungsergebnisse. Springer, Berlin Heidelberg
Hautzinger M (1991) Perspektiven für ein psychologisches Konzept der Depression. In: Mundt C, Fiedler P, Lang H, Kraus A (Hrsg) Depressionskonzepte heute. Springer, Berlin Heidelberg New York Tokyo
Hautzinger M (1993) Kognitive Verhaltenstherapie und Pharmakotherapie im Vergleich. Verhaltenstherapie 3 : 26 – 34
Hautzinger M (1996) Affektive Störungen. In: Hahlweg K, Ehlers A (Hrsg) Enzyklopädie der Psychologie: Klinische Psychologie. Verlag für Psychologie, Göttingen
Hautzinger M, deJong-Meyer R (1993) Depressionen. In: Reinecker H (Hrsg) Lehrbuch der klinischen Psychologie. Modelle psychischer Störungen. Hogrefe, Göttingen
Hautzinger M, deJong-Meyer R (1996) Themenheft „Depression". Zeitschrift für Klinische Psychologie 25, 83 – 160
Hautzinger M, Stark W, Treiber R (1992) Kognitive Verhaltenstherapie bei Depressionen, 2. Aufl. Psychologie Verlags Union, Weinheim
Hearst E (1975) The classical-instrumental distinction. Reflexes, voluntary behavior, and categories of associative learning. In Estes WK (Ed) Handbook of learning and cognitive processes (vol 2). Erlbaum, Hillsdale
Heider F (1958) The psychology of interpersonal relations. Wiley, New York
Hempel CG (1977) Aspekte wissenschaftlicher Erklärungen. DeGruyter, Berlin
Hilgard ER, Bower GH (1975) Theorien des Lernens, 4. Aufl. Klett, Stuttgart
Hilgard ER, Marquis DG (1940) Conditioning and learning. Appleton-Century-Crofts, New York
Hoffmann N (1994) Kognitive Verhaltenstherapie bei Zwangsstörungen. In: Hautzinger M (Hrsg) Kognitive Verhaltenstherapie psychischer Erkrankungen. Quintessenz, München
Hull CL (1943) Principles of behavior. An introduction to behavior theory. Appleton-Century-Crofts, New York
Jones EE, Nisbett RE (1971) The actor and the observer: Divergent perceptions of the causes of behavior. General Learning Press, New York
Kanfer FH (1970) Self-regulation: Research, issues, and speculations. In: Neuringer C, Michael JL (Eds) Behavior modification in clinical psychology. Appleton-Century-Crofts, New York
Kanfer FH (1977) Selbstregulation und Selbstkontrolle. In: Zeier H (Hrsg) Die Psychologie des 20. Jahrhunderts: Pawlow und die Folgen. Kindler, Zürich
Kanfer FH, Grimm LG (1977) Behavioral analysis. Selecting target behaviors in the interview. Behav Mod 1 : 7 – 28
Kanfer FH, Hagerman S (1981) The role of self-regulation. In: Rehm LP (Eds) Behavior therapy for depression. Present status and future directions. Academic Press, New York
Kanfer FH, Phillips JS (1975) Lerntheoretische Grundlagen der Verhaltenstherapie. Kinder, München
Kanfer FH, Saslow G (1969) Behavioral diagnosis. In: Franks CM (Eds) Behavior therapy. Appraisal and status. McGraw Hill, New York
Kanfer FH, Reinecker H, Schmelzer D (1996) Selbstmanagement-Therapie, 2. Aufl. Springer, Berlin Heidelberg New York
Kelley HH (1967) Attribution theory in social psychology. In: Levine D (Ed) Nebraska symposium on motivation. Univ of Nebraska Press, Lincoln
Kendall PC, Hollon SD (1979) Cognitive-behavioral interventions. Theory, research, and procedures. Academic Press, New York
Kitchener RF (1977) Behavior and behaviorism. Behaviorism 5 : 11 – 71
Kuhl J (1984) Motivation, Konflikt und Handlungskontrolle. Springer, Berlin Heidelberg New York
Lazarus AA (1971) Behavior therapy and beyond. McGraw Hill, New York
Lazarus AA (1976) Multimodal behavior therapy. Springer, New York
Lazarus RS (1981) Stress und Stressbewältigung. Ein Paradigma. In: Filipp S (Hrsg) Kritische Lebensereignisse. Urban & Schwarzenberg, München
Liberman RP, de Risi W-J & Mueser KT (1989) Social skills training for psychiatric patients. New York. Pergamon.
Linden M, Hautzinger M (1996) Verhaltenstherapie, 3. Aufl. Springer, Berlin Heidelberg New York
London P (1972) The end of ideology in behavior modification. Amer Psychologist 27 : 913 – 920

Mahoney MJ (1974) Cognition and behavior modification. Ballinger, Cambridge
Margraf J, Ehlers A (1989) Etiological models of panic. Psychophysiological and cognitive aspects. In: Baker R (Ed) Panic disorder. Research and therapy. Wiley, London
Margraf J, Schneider S (1990) Panik. Springer, Berlin Heidelberg New York
Marks IM (1978) Exposure treatments. Conceptual issues. In: Agras WS (Ed) Behavior modification. Principles and clinical applications. Little, Brown & Comp, Boston
Marks IM (1987) Fears, phobias, and rituals. Panic, anxiety, and their disorders. Oxford Univ Press, New York
Martin I (1985) Theoretical foundation of behavior therapy. Plenum Press, New York
Meichenbaum D (1977) Cognitive-behavior modification. An integrative approach. Plenum Press, New York
Meichenbaum D (1985) Stress-inoculation training. Pergamon Press, New York
Miller NE (1969) Learning of visceral and glandular responses. Science 163: 434-445
Miltner W, Birbaumer N, Gerber WD (1986) Verhaltensmedizin. Springer, Berlin Heidelberg New York
Mischel W (1973) Towards a cognitive social learning reconceptualization of personality. Psychol Rev 80: 252-283
Mischel W (1986) Introduction to personality. A new look. CBS College Publishers, New York
Mowrer Ott (1960) Learning theory and behavior. Wiley, New York
Neisser U (1976) Cognition and reality. Free Press, San Francisco
Paul GL, Lentz RJ (1977) Psychosocial treatment of chronic mental patients. Milieu versus learning programs. Harvard Univ Press, Cambridge
Pawlow IP (1927) Conditioned reflexes. Oxford Univ Press, Oxford
Perrez M (1982) Was nützt Psychotherapie? Psychologische Rundschau 33: 121-126
Pfingsten U (1994) Kognitive Verhaltenstherapie bei sozialen Ängsten, Unsicherheiten und Defiziten. In: Hautzinger M (Hrsg) Kognitive Verhaltenstherapie bei psychischen Erkrankungen. Quintessenz, München
Pfingsten U, Hinsch R (1991) Gruppentherapie sozialer Kompetenz. Psychologie Verlags Union, Weinheim
Pribram KH (1986) The cognitive revolution and mind/brain issues. Amer Psychol 41: 507-520
Rachman SJ (1976) The passing of the two-stage theory of fear and avoidance. Behav Res and Ther 15: 375-387
Rachman SJ, Bergold J (1976) Verhaltenstherapie bei Phobien. Urban & Schwarzenberg, München
Rachman SJ, Hodgson R (1980) Obsessions and compulsions. Prentice Hall, Englewood Cliffs
Reinecker H (1990) Grundlagen verhaltenstherapeutischer Methoden. In: Deutsche Gesellschaft für Verhaltenstherapie. Theorien und Methoden. DGVT-Verlag, Tübingen
Reinecker H (1991) Zwänge: Diagnose, Theorie und Behandlung. Huber, Bern
Reinecker H (1994) Grundlagen der Verhaltenstherapie, 2. Aufl. Psychologie Verlags Union, Weinheim
Rotter JB (1954) Social learning and clinical psychology. Prentice Hall, Englewood Cliffs
Salkovskis PM, Kirk HK, Clark DM (1989) Cognitive behaviour therapy for psychiatric problems. A practical guide. Oxford Univ Press, Oxford
Salter A (1949) Conditioned-reflex therapy. Capricorn, New York
Schachter S, Singer JE (1962) Cognitive, social, and physiological determinants of emotional states. Psychol Rev 69: 379-399
Schmelzer D (1986) Problem- und zielorientierte Verhaltenstherapie. Das Optimizing-Modell. Verhaltensmod 7: 3-1
Schulte D (1974) Diagnostik in der Verhaltenstherapie. Urban & Schwarzenberg, München
Schulte D (1986) Problemanalyse. In: Verhaltenstherapie - Theorien und Methoden. Deutsche Gesellschaft für Verhaltentherapie - Verlag, Tübingen
Schulte D (1995) Therapieplanung. Hogrefe Verlag, Göttingen
Seligman MEP (1971) Phobias and preparedness. Behavior Therapy 2: 307-320
Seligman MEP (1975) Helplessness: On depression, development, and death. Freeman, San Francisco
Skinner BF (1935) Two types of conditioned reflex and psychotype. J Gen Psychol 12: 66-77
Skinner BF (1937) Two types of conditioned reflex: A reply. J Gen Psychol 16: 272-279
Skinner BF (1938) The behavior of organisms. Appleton-Century-Crofts, New York
Skinner BF (1950) Are theories of learning necessary? Psychol Rev 57: 193-216
Stanton ME, Levine S (1988) Pavlovian conditioning of endocrine responses. In: Ader R, Weiner H, Baum A (Eds) Experimental foundations of behavioral medicine: Conditioning approaches. Erlbaum, Hillsdale

Teasdale J, Barnard AJ (1993) Cognition and Emotion. Erlbaum, Hillsdale
Tiffany ST (1990) A cognitive model of drug urges and drug-use behavior: Role of automatic and nonautomatic processes. Psychol Rev 97:147–168
Thorndike EL (1932) The fundamentals of learning. Columbia Univ Press, New York
Tolman EC (1932) Purposive behavior in animals and man. Appleton-Century-Crofts, New York
Ullman LP, Krasner L (1969) A psychological approach to abnormal behavior. Prentice-Hall, Englewood Cliffs
Ullrich de Muynck R, Foster T (1974) Selbstsicherheitstraining. In: Kraiker D (Hrsg) Handbuch der Verhaltenstherapie. Kindler, München
Ullrich R, Ullrich de Muynck R (1976) Das Assertiveness-Training-Programm (ATP) (3 Bände). Pfeiffer, München
Ullrich R, Ullrich de Muynck R (1982) Soziale Kompetenz: Ergebnisse zum ATP (Band 2). Pfeiffer, München
Wahl R, Hautzinger M (1989) Verhaltensmedizin. Deutscher Ärzteverlag, Köln
Watzl H, Cohen R (1992) Schizophrene Störungen: Interventionen. In: Perrez M, Baumann, U (Hrsg) Lehrbuch Klinische Psychologie (2. Band). Huber, Bern
Westmeyer H (1979) Die rationale Rekonstruktion einiger Aspekte psychologischer Praxis. In: Albert H, Stapf KH (Hrsg) Theorie und Erfahrung. Beiträge zur Grundlagenproblematik in den Sozialwissenschaften. Klett, Stuttgart
Westmeyer H, Hoffmann N (1977) Verhaltenstherapie: Grundlegende Texte. Hoffmann und Campe, Hamburg
Wimmer H, Perner J (1979) Kognitionspsychologie. Kohlhammer, Stuttgart
Wlazlo Z (1995) Soziale Phobie. Karger, Freiburg-Basel
Wolpe J (1958) Psychotherapy by reciprocal inhibition. Stanford Univ Press, Palo Alto
Wolpe J (1969) The practice of behavior therapy. Pergamon Press, New York
Wolpe J (1976a) Behavior therapy and its malcontents. J Behav Ther Exp Psychiat 7:109–116 und 437–446
Yates AJ (1975) Theory and practice in behavior therapy. Wiley, New York
Yates AJ (1980) Biofeedback and the modification of behavior. Plenum Press, New York

Weiterführende Literatur:

Hautzinger M (1994) Kognitive Verhaltenstherapie psychischer Erkrankungen. Quintessenz, München
(Dieses Buch präsentiert in übersichtlicher Form kognitiv-verhaltenstherapeutische Vorgehensweisen bei den häufigsten psychischen Störungen. Die 17 Kapitel sind in gleicher Weise gegliedert und legen den Schwerpunkt auf das praktische Vorgehen.)
Kanfer FH, Reinecker H, Schmelzer D (1996) Selbstmanagement-Therapie. Springer, Berlin Heidelberg New York
(Obgleich dem Selbstkontroll- bzw. Selbstmanagementansatz verpflichtet, stellt dieses Buch ein didaktisch gut gemachtes Werk zur Theorie, zur Praxis und zur Therapieplanung der modernen Verhaltenstherapie dar. Viele praktische Beispiele, besondere Kapitel zur Therapeut-Patient-Beziehung in der Verhaltenstherapie, zum Umgang mit schwierigen Therapiesituationen und Grundregeln der Psychotherapie runden dieses Lehrbuch ab.)
Linden M, Hautzinger M (1996) Verhaltenstherapie (3. Aufl.). Springer, Berlin Heidelberg New York
(Eine reichhaltige, auf das Wesentliche konzentrierte Sammlung psychotherapeutischer, kognitiver und verhaltenstherapeutischer Methoden, Techniken und Einzelverfahren. Dabei werden die einzelnen Methoden kurz theoretisch begründet, in der technischen Durchführung und Realisierung genau beschrieben, Fragen der Indikation, Kontraindikation und empirischen Bewährung diskutiert. Ein unverzichtbares Methodenhandbuch.)
Margraf J (1996) Lehrbuch der Verhaltenstherapie (2 Bände). Springer, Berlin Heidelberg New York
(Dieses voluminöse Lehrbuch enthält alles Wissenswerte über den aktuellen Stand der Verhaltenstherapie. Neben den Grundlagen, der Geschichte, den theoretischen Wurzeln werden die kognitiven und verhaltenstherapeutischen Methoden dargestellt. Im zweiten Band erfolgt dann die störungsbezogene Darstellung der Theorien, der therapeutischen Vorgehensweisen und der wissenschaftlichen Bewährung. Dieses Lehrbuch ist neben der Darstellung des gesicherten Wissens auch ein Fundus für offene, weiterhin zu untersuchende Fragen des Gesamtgebiets der Verhaltenstherapie.)

Reinecker H (1996) Grundlagen der Verhaltenstherapie (3. Aufl.). Psychologie Verlags Union, Weinheim
(Eine gut lesbare und umfassende Einführung in die historischen Wurzeln, die theoretischen und wissenschaftlichen Grundlagen der modernen Verhaltenstherapie. Angehende Verhaltenstherapeuten sollten zumindest die hier dargestellten Grundlagen beherrschen.)

Suggestive und Entspannungsverfahren 2

E. Wilke

2.1 Zum Begriff der Suggestion

Suggestion und Entspannungsanleitung zählen zu den ältesten Psychotherapieformen überhaupt. Suggestive Elemente sind auch heute in vielen psychotherapeutischen Techniken mehr oder weniger offenkundig enthalten. Der Psychotherapeut (Heiler, Arzt) nimmt als Suggerierender eine aktive Haltung ein. Er fordert zu bestimmten Übungen auf, die sich zumeist unmittelbar auf die Symptomatik oder das Verhalten des Patienten beziehen.

> **Definition**
> Nach einer Definition von Stokvis u. Pflanz (1961, S. 6) verstehen wir unter Suggestion die „affektive Beeinflussung der körperlich-seelischen Ganzheit auf der Grundlage eines zwischenmenschlichen Grundvollzuges, der affektiven Resonanzwirkung".

Beeinflußt wird hierbei das Denken, Fühlen, Wollen und Handeln eines anderen Menschen unter Umgehung seiner rationalen Persönlichkeitsanteile.

Die affektive Beziehung zwischen Patient und Therapeut ist im Verlauf einer positiven Suggestion durch Beruhigung, Entspannung, zunehmendes Vertrauen und Wohlgefühl gekennzeichnet. Ängstigende oder schmerzhafte Wahrnehmungen treten in den Hintergrund.

Nicht nur das Handeln von Psychotherapeuten, sondern auch das von somatisch orientierten Ärzten enthält mehr oder weniger larvierte suggestive Elemente.

> ! Unabhängig davon, ob ein Arzt eine pharmakologisch wirksame Substanz verabreicht oder ob er ein Leerpräparat (Placebo) verschreibt, ist die Wirksamkeit oder Unwirksamkeit des Präparates auch durch die Persönlichkeit des Arztes beeinflußt. BALINT spricht in diesem Zusammenhang von der „Droge Arzt".

Auch bei Homöopathen, die sich ihren Patienten besonders intensiv zuwenden, ist dieser Effekt bedeutsam.

„Subgerere" bedeutet eingeben, einbilden, unterschieben. Im suggestiven Prozeß wird der unterschobene Impuls bzw. Bewußtseinsinhalt nicht kritisch überprüft, sondern er wird – ursprünglich Ich-fremd – bald als eigener Wille erlebt und somit Ich-synthon. Auch Handlungen, deren Ausführung suggeriert wird und deren Impuls somit primär von außen kommt, verbinden sich im Verlauf einer Suggestion mit eigenen Vorstellungen und Gefühlen. Die Ausführung der Handlung wird dann als eigener Willensakt erlebt. Suggestive Prozesse bestimmen die Beziehungen zwischen Individuen und Gruppen. Sie sind auch für die Gesamtgesellschaft bedeutsam. Vermittelt werden sie in der Gesellschaft weniger im unmittelbaren Gegenüber von Menschen, sondern mehr und mehr durch Massenmedien. In Politik, Religion und Kultur sind Suggestionen wirksam, nicht selten im Mantel der Ratio verkleidet.

Suggestion bedeutet Interaktion, mindestens zwischen zwei Menschen. Die Suggestibilität bzw. affektive Ansprechbarkeit ist von Mensch zu Mensch verschieden. Sie ist hoch, wenn die Beziehung zwischen dem Therapeuten und seinem Patienten positiv getönt ist und wenn der Therapeut Hoffnung auf Heilung oder Linderung von Beschwerden vermitteln kann. Kinder sind in der Regel suggestibler als Erwachsene. Lehnt ein Patient den Therapeuten als Person oder den Inhalt der Suggestion bewußt oder unbewußt ab, kann der suggestive Vorgang nicht gelingen, auch wenn man sich vorher auf der rationalen Ebene auf einen Versuch geeinigt hat.

2.2 Hypnose

> **Definition**
>
> Hypnose ist ein durch Suggestion herbeigeführter Trancezustand. Er ist gekennzeichnet durch:
> - Einengung des Bewußtseins,
> - engen Rapport zum Hypnotiseur sowie
> - starke Beeinflußbarkeit der psychischen und psychophysischen Prozesse.

Im Verlauf einer Hypnose trübt das Bewußtsein ein, es breitet sich Schläfrigkeit aus (Somnolenz). Das Bewußtsein für Vorgänge in der Außenwelt tritt zurück. Die Aufmerksamkeit konzentriert sich mehr und mehr auf den Hypnotiseur und auf die von ihm angeregten Wahrnehmungen. Im Verlauf dieses Prozesses verändert sich die Körpermotorik in verschiedener Hinsicht. Zum einen nimmt die Entspannungsfähigkeit zu, zum anderen steigt auch die Fähigkeit zu einer andauernden Anspannung der Muskulatur (Katalepsie). Die Sinneswahrnehmungen verändern sich im Sinne von Überempfindlichkeit bzw. Unempfindlichkeit (Hyperästhesie, Hypästhesie). Die gesteigerte Suggestibilität wirkt über die Dauer der Hypnose hinaus weiter (sog. posthypnotische Aufträge).

2.2.1 Entwicklung des Hypnoseverfahrens

Die Bezeichnungen für Trance, Suggestion und hypnotische Zustände haben sich im Laufe der Zeit geändert. Das Phänomen war primitiven wie hoch entwickelten Kulturen bekannt. Die ersten Beschreibungen stammen aus Hochkulturen. In der griechischen Medizin war der Tempelschlaf des Asklepius bedeutsam. Das entsprechende Institut existierte noch bis ins 6. Jahrhundert n. Chr. Die Beschreibungen und Darstellungen zahlreicher Wunderheilungen des Mittelalters lassen auf Suggestion als den wichtigsten Wirkfaktor schließen.

Der Beginn der medizinischen Hypnose ist mit dem Namen FRANZ ANTON MESMER (1734–1815) verbunden. Mesmer sprach vom animalischen Magnetismus. Gesundheit war für ihn die harmonische Verteilung einer unfaßbaren ätherischen Kraft, eines „Fluidums", das das Universum durchflutet. Krankheit war Disharmonie in der Verteilung des kosmischen Fluidums im Körper. Mesmer war ein typisches Kind seiner Zeit, die an der Schwelle zur modernen Naturwissenschaft stand, beladen mit einem Ballast von Exorzismus und magischen Vorstellungen, die nun in die physikalische Sprache des 18. Jahrhunderts gezwängt wurden. Auch heute noch tauchen in der Nomenklatur psychotherapeutischer Verfahren energetische Vokabeln auf, so sprechen wir z. B. von „Psychodynamik" oder vom „Abfließen der Libido". Die angelsächsische Bezeichnung für das Hypnotisieren lautet „to mesmerize".

1878 hielt Charcot (1825–1893) in der Salpétrière Vorlesungen über Hypnose. Als Neurologe beschrieb er neurophysiologische Veränderungen und beschäftigte sich vorzugsweise mit dem Krankheitsbild der Hysterie, welches sich zu seiner Zeit anders manifestierte als heute. Sein Schüler Freud zeigte zunächst große Begeisterung für die Ergebnisse der Hypnosebehandlung. Später nahm er eine ambivalente Haltung ein, distanzierte sich schließlich von der Hypnose und entwickelte die Psychoanalyse. Er blieb aber in einem ständigen engen inneren Kontakt mit dem Phänomen der Suggestion. Freud gab die Anwendung der Suggestionstechnik und mit ihr die Hypnose auf, weil er bezweifelte, daß der suggestive Effekt so stark und haltbar sein könnte, daß er zu einer dauernden Heilung führt. Freud hat die Analytiker als legitime Nachfahren der Hypnotiseure angesehen.

Johann Heinrich Schultz beschrieb v. a. die organischen Wirkungen der Hypnose und später (seit 1920) auch die des autogenen Trainings: nämlich den unmittelbar positiven Einfluß auf zentrales Nervensystem und Vegetativum.

Eine andere aktiv autohypnoide Methode entwickelte Jacobson 1929 in Form der progressiven Relaxation (s. Abschn. 2.4). Auch die Methode der Geburtsentspannung nach Dick-Read ist hier zu nennen.

In den USA entwickelte Milton Erickson (1967) die Hypnose weiter und verhalf ihr zu weiter Verbreitung. Er verließ die direkte Form der Beeinflussung und führte indirekte Suggestionsstrategien ein.

2.2.2 Theorie der Hypnose

> **Definition**
> Der hypnotische Vorgang zeichnet sich durch eine Einengung, Fokussierung und Konzentration der Wahrnehmung aus, was zwangsläufig dazu führt, daß die Aufmerksamkeit des Hypnotisierten für Prozesse, die entfernt von ihm ablaufen, nachläßt.

Die Beobachtungen zu autosuggestiven Prozessen (autogenes Training, s. Abschn. 2.3) haben gezeigt, daß die Heterosuggestion der Hypnose letztlich auch eine Autosuggestion darstellt bzw. sie in Form einer Autosuggestion realisiert. In diesem Zusammenhang ist erwähnenswert, daß die somatische wie psychische Wirkung einer Hypnose stärker von der Hypnotisierbarkeit des Patienten abzuhängen scheint als von den Fähigkeiten des Therapeuten.

> **!** Voraussetzung für ein Gelingen der Hypnose ist eine gute Information des Patienten und ein Vertrauensverhältnis.

Die Suggestion führt nicht immer in einen Zustand tiefer Trance bzw. Hypnose, auch der Zustand einer leicht verminderten Wachheit bedeutet schon eine Einengung der Wahrnehmung, eine „Versenkung" und eine Konzentration, die äußere Stimuli verblassen läßt. Es gibt fließende Übergänge zum Phänomen der Imagination, welches durch eine erhöhte Kreativität, eine erhöhte Fähigkeit der Veränderung von Wahrnehmung, Stimmung und Erinnerungsvermögen gekennzeichnet ist (s. Abschn. 1.1.9. „Katathym-imaginative Psychotherapie"). Erickson sieht die Hypnose als einen Zustand hoher innerer Motivation, die ein aktives unbewußtes Lernen fördert.

Der hypnotische Zustand bedeutet weder Schlaf noch Wachheit. Er ist von diesen Zuständen auch elektroenzephalographisch abgrenzbar. In der hypnotischen Entspannung (Trance) kommt es zu einer Vielzahl psychischer und körperlicher Phänomene, wie z. B.:

- einer Muskelentspannung,
- einer vagotonen Balance des vegetativen Nervensystems,
- zu Veränderungen des Plasmakortisols und der Katecholamine und
- zu Veränderungen im Blutbild.

Bei entsprechenden Anweisungen kann auch eine Beschleunigung der Atmung und des Herzschlages provoziert werden. Bekannt ist die Möglichkeit, durch Hypnose körperliche Störungen, z. B. das Auftreten einer Brandblase, auszulösen ebenso wie bestimmte Affekte. Der Grundumsatz, die Körpertemperatur und die Schmerzempfindlichkeit können in der Trance verändert werden.

In der hypnotischen Entspannung empfinden die Patienten bzw. Probanden einen Zustand von Gelassenheit und Ausgewogenheit. Es kommt spontan zu imaginativen Prozessen, der Sekundärprozeß tritt gegenüber dem Primärprozeß zurück. Der Gefühlszustand ist nicht stabil, sondern spricht stark auf Suggestionen an. Die Fähigkeit zu rationalem, analytischem Denken ist entsprechend stark eingeschränkt.

2.2.3 Behandlungstechnik der Hypnose

> ! Voraussetzung jeder Form der Hypnotherapie ist eine ausführliche körperliche und psychische Untersuchung mit anschließender Diagnosestellung.

■ **Durchführung der Hypnose.** Bei der Einleitung der Hypnose liegt der Patient auf der Couch oder sitzt in einem bequemen Sessel. Zur Einleitung werden beruhigende suggestive Formeln („Sie schlafen jetzt") entweder durch die Fixationsmethode oder durch die Farbkontrastmethode unterstützt:

- Bei der Fixationsmethode wird ein kleiner glänzender Gegenstand möglichst nahe fixiert. Hierdurch ermüden die Augen, der fixierte Gegenstand wird undeutlich, es entsteht durch die begleitenden verbalen Suggestionen ein Gefühl der Ruhe, des Wohlgefühls und der Schläfrigkeit. Die Augenlider schließen sich von selbst, die Aufmerksamkeit richtet sich nach innen.
- Bei der Farbkontrastmethode wird eine Farbtafel mit blau-gelb oder rot-grün-Kontrast benutzt. Die Gegenfarbe tritt im Umkreis der fixierten Farbe auf, es können auch weitere Farbsensationen entstehen.

Die verbalen Suggestionen von Ruhe, Entspannung und schlafähnlicher Müdigkeit sind bei beiden Methoden die gleichen. Während dieses Vorgangs entspannt sich die Muskulatur, es entsteht ein Schweregefühl. Da sich die Hautgefäße erweitern, kommt es zu einer stärkeren Durchblutung der Haut und konsekutiv zu einem Wärmegefühl. Die Atmung wird nach anfänglicher Beschleunigung ruhig und regelmäßig ebenso wie der Herzschlag. Schultz (1972) hat diese regelhaft während einer Trance auftretenden Körperphänomene zum Ausgangspunkt seines autogenen Trainings gemacht (S. Abschn. 2.3). Die Hypnotherapie kann sich auf das wiederholte Herstellen eines solchen Ruhe- und Entspannungszustandes beschränken. Es können aber auch gezielte verbale Suggestionen eingesetzt werden, um z. B. die Schmerzempfindung herabzusetzen oder auch beruhigend auf Affekte wie z. B. Angst einzuwirken. Es gibt viele Beispiele für das Gelingen einer hypnotischen Analgesie, z. B. vor operativen Eingriffen, zumeist in Verbindung mit medikamentöser Analgesie. Diese zunächst heterosuggestiv induzierten Zustände wirken im Wachzustand später weiter. Es ist eindrucksvoll, daß die ursprüngliche Heterosuggestion dann als Äußerung des eigenen Willens wahrgenommen wird und innere Einstellungen und Verhaltensweisen dauerhaft verändert. Während der Hypnose suggerierte innere Haltungen und Einstellungen, die ins Wachbewußtsein hinein weiterwirken, nennt man „posthypnotische Aufträge".

Beendigung des hypnotischen Zustandes. Auch wenn es erwünscht ist, daß die in der Entspannung erzielten inneren Umstellungen weiterwirken, ist es doch notwendig, die Behandlungssitzung durch eine Desuggestion zu beenden. Das bedeutet, daß die Suggestionen behutsam wieder zurückgenommen werden, v. a. jene, die Müdigkeit, Schwere und Schläfrigkeit hervorgerufen haben.

> ! Hypnosen sollten keinesfalls die Dauer von 30 Minuten überschreiten. Für die Hypnose wird das Einzelsetting bevorzugt, während das autogene Training sehr gut auch in der Gruppe erlernt und angewandt werden kann.

2.2.4 Indikationen und Kontraindikationen

> ! Indiziert ist das Verfahren für alle Störungen, bei denen eine innere und äußere Ruhigstellung und eine affektive Resonanzdämpfung sinnvoll sind.

Gut anwendbar ist die Hypnose bei

- Angsterkrankungen,
- chronischen Schmerzzuständen,
- psychosomatischen Erkrankungen,
- Schlafstörungen und anderen vegetativen Störungen.

> ! Kontraindiziert sind Hypnosen bei Psychosen. Kritisch ist auch die Anwendung bei Patienten zu sehen, die starken Traumatisierungen ausgesetzt waren, die sie möglicherweise noch nicht ausreichend bewältigt haben.

In der Trance kann eine Selbstüberflutung mit Erinnerungen induziert werden, die vom Ich des Patienten nicht ausreichend schnell integriert werden können und die insofern eine Wiederholung der Traumatisierung bedeuten. In diesem Zusammenhang sei nochmals auf die zwingende Notwendigkeit einer genauen Anamneseerhebung und einer ausreichend zuverlässigen Beurteilung der Ich-Stärke des Patienten hingewiesen.

Effektivitätsnachweise liegen u. a. vor für

- verschiedene psychosomatische Erkrankungen,
- Schmerzzustände, Ängste, Schlafstörungen, essentielle Hypertonie (Revenstorf 1990) sowie
- Raucherentwöhnung (Zeig 1990).

Grawe et al. (1995, S. 626) bescheinigen ihr eine gute Wirksamkeit bei Schmerzen, Ängsten und Phobien sowie psychosomatischen Beschwerden wie Asthma und Bluthochdruck.

2.3 Autogenes Training

> Definition: Das autogene Training (AT) ist ein übendes, autosuggestives Entspannungsverfahren, das der Selbstentspannung, der Ruhigstellung und Entängstigung und der Selbstregulierung vegetativer Körperfunktionen dient.

2.3.1 Entwicklung des autogenen Trainings

Das autogene Training wurde auf der Grundlage von Erfahrungen hypnotisierter Versuchspersonen in den 20er Jahren von Schultz (1972) entwickelt und zu einer systematischen Selbstentspannungsmethode ausformuliert.

Schultz beschreibt das autogene Training als einen Prozeß konzentrativer Selbstentspannung mit dem Sinn, sich mit genau vorgeschriebenen Übungen innerlich zu lösen, schrittweise zu entspannen und schließlich eine von innen kommende Umschaltung zu erreichen, die v. a. das vegetative Nervensystem betrifft. Schultz hatte im Verlauf von Fremdhypnosen immer wieder die beschriebenen gleichförmigen körperlichen Veränderungen und Wahrnehmungen beobachtet und versuchte durch autohypnotische Konzentration auf eben diese Körperempfindungen im Verlauf eines übenden Vorgehens ein Autohypnoid zu erzeugen. Dieser Grundgedanke führte zur Entwicklung des autogenen Trainings.

Das Spektrum seiner Wirkung reicht heute weit über die Psychotherapie hinaus in die Psychohygiene. Es wird in Betrieben, im Leistungssport und im schulischen Bereich eingesetzt, um Streß und Daueranspannung zu reduzieren und zu regulieren.

2.3.2 Theorie des autogenen Trainings

> ! Das Verfahren ist das Modell eines psychosomatischen Behandlungsverfahrens, das allen jenen Einwirkungen auf den Organismus entgegenzuwirken vermag, die man unter dem Begriff Streß, d.h. ergotrope Dauerspannung zusammenfaßt.

Durch bestimmte physiologisch rationale Übungen kommt es zu einer organismischen Umschaltung beim Patienten. Für die Theorie des autogenen Trainings ist die ständige Suche nach der Mitte zwischen den Polen Spannung und Entspannung bedeutsam. Die in der Selbstversenkung erreichte organismische Umschaltung erlaubt es, Gesundes zu stärken, Schmerzhaftes und Ungesundes zu mindern. Gesunde und Kranke, die das autogene Training durch ständiges Üben beherrschen, verhalten sich in Situationen innerer und äußerer Reizung gelassener als Ungeübte.

■ **Effekte autogenen Trainings auf körperliche und psychische Zustände.** Im Verlauf des autogenen Trainings kommt es zu einer Selbstentspannung, die mit einer Entspannung der Muskulatur und einer Erweiterung v.a. der oberflächlichen Hautgefäße einhergeht. Affekte werden gedämpft („Resonanzdämpfung der Affekte"), Ängste können so gemindert werden, es entsteht eine Grundhaltung ruhiger Zuversicht. Die Entspannung führt indirekt zu einer Steigerung der körperlichen und auch psychischen Leistungsfähigkeit. Durch längeres Üben, v.a. in ständiger Konzentration auf die vegetativen Funktionen, kann auf die Herzfrequenz und auf die Atmung Einfluß genommen werden. Im Verlauf der Selbstsuggestion kann das Schmerzempfinden beeinflußt werden, auch bei andauernden chronischen Schmerzzuständen. Formelhafte Vorsatzbildungen können die Fähigkeit zur Selbstbestimmung des eigenen Verhaltens fördern. Sie wirken wie posthypnotische Suggestionen.

2.3.3 Methode und Technik

Die Grundstufe besteht aus zwei allgemeinen Grundübungen:

- der Schwereübung zur Entspannung der Muskulatur und
- der Wärmeübung zur Entspannung der Blutgefäße sowie
- vier Organübungen für Herz, Atmung, Bauchorgane und Kopf.

Das autogene Training kann einzeln und in der Gruppe erlernt werden. Das Gruppensetting hat den Vorteil, daß die Patienten während des Übungsprozesses miteinander in Kontakt kommen und sich gegenseitig motivieren. Es wirkt erleichternd, wenn mehrere Gruppenteilnehmer im Verlauf des Übungsprozesses ähnliche Schwierigkeiten oder Erfolgserlebnisse bei sich selbst beobachten. Es hat Vorteile, wenn der Übungsleiter in einer geschlossenen Gruppe die Übungen der Grundstufe hintereinander vermittelt.

Ähnlich wie bei der Hypnose ist die psychische Vorbereitung des Patienten wichtig, um die für den Erfolg des Übens entscheidende Motivation herzustellen. Die Wirkungsweise des vegetativen Nervensystems wird dem Patienten detailliert erläutert. Zusammenhänge zwischen emotionaler Belastung, anhaltender körperlicher Anspannung und körperlichen Reaktionen und Beschwerden sind jedem Menschen bekannt und müssen in diesem Zusammenhang in Erinnerung gebracht werden. Wichtig ist der Hinweis auf die zu erwartende „Generalisierung der Körperempfindung", nämlich das Phänomen der selbständigen Ausbreitung der Entspannung über den gesamten Körper.

Übungshaltungen. Bestimmte Übungshaltungen erleichtern – ähnlich wie beim Yoga oder anderen Meditationspraktiken – die Selbstentspannung. Das autogene Training kann in einer Liegehaltung in horizontaler Rückenlage erlernt werden. Die meisten Therapeuten und Patienten bevorzugen aber die „Droschkenkutscherhaltung", auf einem Hocker oder Stuhl ohne Seitenlehnen. In dieser Haltung ruht der Kopf leicht nach vorn geneigt auf der etwas gestreckten Wirbelsäule, zwanglos aufgestellten und etwas gespreizten Beinen, auf deren Oberschenkeln die Unterarme ruhen. Die Hände liegen im Schoß. Die Augen sind locker geschlossen, der Raum sollte leicht abgedunkelt und möglichst frei von störenden Geräuschen sein. In der Anfangsphase ist ein tägliches 2- bis 3maliges Üben erforderlich. Vorteilhaft ist es, wenn für die Übungszeiten ein Rhythmus gefunden wird. Die Übungen sollten mindestens 3, aber nicht länger als 10 Minuten dauern, da die Konzentration erfahrungsgemäß nicht länger aufrechtzuerhalten ist.

> ! Ein wesentliches Prinzip bei der Vermittlung des autogenen Trainings ist die schrittweise Einleitung der Entspannung.

Schwereübung

Der erste Schritt ist die Schwereübung des rechten Armes. Die Patienten werden angehalten, diese Vorstellung – möglichst auch bildhaft – in Gedanken 5–6mal intensiv zu realisieren. Für manche Patienten ist es leichter, dabei die Stimme des Therapeuten zu hören. Dies bedeutet jedoch im strengen Sinne eine Heterosuggestion und stellt zur Einleitung des Autohypnoids allenfalls einen ersten Schritt dar. Den meisten Patienten gelingt es, die inneren Umschaltprozesse des autogenen Trainings ausschließlich aufgrund eigener Vorstellung zu realisieren, die vorher im Gespräch mit dem Therapeuten vorbereitet werden und im Anschluß an die Übung nachbesprochen werden.

An die intensive Vorstellung der Schwere des rechten Armes schließt sich eine Ruhephase an. Anschließend wird der linke Arm geübt, später beide Beine. Mit zunehmender Übung kann die Zeitdauer auf 8–12 Minuten gesteigert werden. Jede Übung wird durch Beugen und Strecken der Arme, tiefes Atmen und ganz zuletzt durch das Öffnen der Arme zurückgenommen. Die Formel hierfür lautet: „Arme fest – tief atmen – Augen auf". Diese „Zurücknahme" darf ausbleiben, wenn das autogene Training als Hilfe zum Einschlafen benutzt wird. Nach dieser Übung werden Empfindungen und Erfahrungen in der Gruppe und mit dem Gruppenleiter ausgetauscht.

Wärmeübung

> ! Während die Anleitung für die Schwereübung lautet: „Der rechte (linke) Arm ist ganz schwer", wird die Wärmeübung durch folgende Formel induziert: „Der rechte (linke) Arm ist ganz warm".

Die Übungen wiederholen die Patienten etwa 6mal in ihrer Vorstellung, danach kann eine unspezifische Ruhesuggestion folgen, etwa in dem Sinne: „Ich bin ganz ruhig". Oftmals treten spontan schon während der Schwereübungen Wärmeempfindungen auf, da die Entspannung der Muskulatur auch die Gefäßmuskulatur im Sinne einer Generalisierung mit erfaßt. Das Einüben von Schwere und Wärme führt zumeist schon zur gewünschten Selbstentspannung und zur affektiven Resonanzdämpfung. Viele Patienten, die langjährig das autogene Training praktizieren, beschränken sich auf die Schwere- und Wärmeübung. Eine Vertiefung des Entspannungszustandes kann in vielen Fällen durch weitere Übungen erreicht werden, die sich auf bestimmte Organe beziehen.

Herzübung

Diese Übung dient zur autonomen Beeinflussung der Herztätigkeit, insbesondere des Herzrhythmus.

> ! Die Formel für diese Übung lautet: „Das Herz schlägt ruhig und regelmäßig".

Bei Herzangstpatienten kann diese Übung problematisch sein. Sie sollte dann weggelassen werden oder ganz an den Schluß des Übungsablaufes gestellt werden.

Atemübung

> ! Die Formel hierfür lautet: „Die Atmung ist ruhig und regelmäßig" oder auch „es atmet mich".

Die Wahrnehmung einer ruhig und rhythmisch fließenden Atmung kann den bis dahin erreichten Entspannungszustand erheblich vertiefen und stabilisieren. Gelegentlich führt der Prozeß der Ein- und Ausatmung zu einer leichten Modulation der Schwere- und Wärmeempfindung.

Sonnengeflechtsübung

> ! Die Formel hierfür lautet: „Das Sonnengeflecht ist ruhig und strömend warm".

Sie wird mehrfach wiederholt. Die Übung gelingt zumeist erst nach längerem Üben, sie führt zu einer vermehrten Durchblutung der Unterleibsorgane über den Plexus solaris.

Kopfübung (Stirnkühleübung)

> ! Die Formel lautet: „Die Stirn ist angenehm kühl, der Kopf ist frei und klar".

Manche Patienten haben hier Schwierigkeiten mit der Kühlesuggestion im Kontrast zu den vorangegangenen Wärmesuggestionen. In Einzelfällen kann es zu Kopfdruck und Kopfschmerz kommen, dann sollte diese Übung weggelassen werden.

Für viele Patienten ist es hilfreich, die gesamte Übung vor dem Hintergrund eines ruhigen Vorstellungsbildes ablaufen zu lassen. Dieses Bild sollte jeder Patient der Gruppe für sich selbst finden. In der Schlußphase einer solchen Entspannungsübung können formelhafte Vorsätze formuliert werden, die stets positiv formuliert werden.

2.3.4 Oberstufe des autogenen Trainings

Die beschriebenen Übungen des AT führen zu Entspannung, Regression und Intensivierung der Binnenwahrnehmung. Nachdem Schultz erfahren hatte, daß dieser Entspannungszustand spontane Visualisierungen anregte, forderte er Patienten auf, Farben vor ihrem geistigen Auge erscheinen zu lassen. Diese gewannen Formen, wurden lebendig und führten zu Imaginationen, ähnlich wie sie in Kap. 1.1.9 über die KiP beschrieben sind. Diese Imaginationen, die Symbolisierungen innerpsychischer Prozesse darstellen, werden von den Gruppenteilnehmern still in der Gruppe erlebt und am Schluß der Sitzung gemeinsam mit dem Gruppenleiter und den anderen Teilnehmern der Gruppe besprochen.

■ **Formelhafte Vorsatzbildungen.** Analog zu den posthypnotischen Aufträgen der Hypnosetherapie kennt das autogene Training formelhafte Vorsatzbildungen. Sie können der Verhaltensmodifikation dienen. Solche Formeln können z. B. lauten:

- Ich nehme mich an,
- ich achte auf Freude,
- ich bin frei,
- ich bin Teil einer Gemeinschaft.

Die Formeln sollten positiv formuliert werden und keine Verneinungen enthalten. Sie können – dauerhaft geübt – nicht nur zu Verhaltensmodifikationen, sondern auch zu Haltungsänderungen führen.

2.3.5 Indikationen und Kontraindikationen

> ! Da sich mit Hilfe des autogenen Trainings muskuläre Entspannung, vegetative Stabilisierung, Schmerzreduzierung und seelisches Wohlbefinden erreichen lassen, hat das Verfahren einen breiten Anwendungsbereich. Es hat sich v. a. in der Behandlung psychosomatischer Krankheitsbilder bewährt.

Starke neurotische Spannungszustände sind der Selbstentspannung oft hinderlich, und es gelingt erst später, wenn in einem konfliktaufdeckenden Verfahren Einsicht in die innere Konfliktdynamik gewonnen wurde, die Selbstentspannung zu realisieren.

Das autogene Training kann gut in Kombination mit einer tiefenpsychologisch fundierten Gesprächstherapie angewandt werden. Eine stärkere medikamentöse Therapie behindert die Fähigkeit zur Konzentration und somit Selbstentspannung. Das autogene Training kann der Entwicklung der freien Assoziation, also des Grundvorgangs einer tiefenpsychologisch fundierten Therapie, förderlich sein. Da es sich um ein Autohypnoid handelt, spielt der suggestive Effekt keine wesentliche Rolle.

> ! Das autogene Training ist ein hervorragendes Mittel zur Selbsthilfe und hat eine große Bedeutung in der Gesundheitsfürsorge. Es wird auch als „Basistherapeutikum" der klinischen Praxis bezeichnet.

> ! Kontraindikationen liegen bei Psychosen und schweren Borderline-Zuständen vor, also bei inneren Prozessen, bei denen die Ich-Grenzen nicht ausreichend klar definiert sind.

Aussagekräftige Therapieevaluationen des autogenen Trainings stammen v. a. aus der Verhaltenstherapie, wobei jedoch die Entspannungsverfahren immer nur einen Teil des Gesamtkonzeptes darstellten. Besonders bei psychosomatischen Erkrankungen, z. B. bei der essentiellen Hypertonie, sind gute Ergebnisse dokumentiert. Weitere Effektivitätsstudien belegen Erfolge bei Koronar-Patienten (Ohm 1988).

2.4 Progressive Relaxation nach Jacobson (PR)

> **Definition** Bei der PR handelt es sich um eine Selbstentspannungstechnik auf der Grundlage einer psychophysischen Muskelarbeit. Die progressive Relaxation (oder auch progressive Muskelentspannung) hat ähnlich wie das autogene Training das Ziel, eine körperliche und seelische Entspannung zu erreichen.

Während im autogenen Training dazu ein hypnoider Zustand angestrebt wird, wird bei der progressiven Relaxation (PR) durch den willkürlichen Wechsel von Anspannung und Entspannung der Muskulatur eine Entspannungsreaktion erlernt. Die beim AT so wichtige konzentrative Vergegenwärtigung des Versenkungszustandes (Autohypnoid) ist von geringerer Bedeutung. Die PR ist das verhaltenstherapeutische Pendant zum AT.

2.4.1 Entwicklung der progressiven Relaxation

Die progressive Muskelrelaxation wurde von Edmund Jacobson in den 20er Jahren entwickelt. Schultz hatte entdeckt, daß im Verlauf eines Hypnoids bestimmte Körperreaktionen auftauchen und entwickelte ausgehend von diesen Körperphänomenen sein autogenes Training. Jacobson (1938) stellte fest, daß Angstgefühle mit Spannungen verbunden sind, die zwangsläufig zu Muskelkontraktionen führen. Er zog daraus den Schluß, daß eine muskuläre Entspannung zur Angstminderung beitragen könne.

2.4.2 Theorie der progressiven Relaxation

Die progressive Muskelrelaxation beruht auf einer systematischen Anspannung und Entspannung bestimmter Muskelgruppen mit dem Ziel, einen Zustand tiefer körperlicher und seelischer Entspannung zu erreichen. Ähnlich wie das autogene Training wirkt sie über das vegetative Nervensystem. Die Patienten gewinnen über eine „psycho-neuro-vegetative Kopplung" die Möglichkeit, ihre sonst autonomen Organfunktionen selbst mitzubeeinflussen.

> ! Der Patient gewinnt durch das Üben, durch den Wechsel von Anspannung und Entspannung, den er selbst beeinflußt, den Eindruck, daß er selbst etwas gegen seine Störung und Krankheit tun kann. Das Verfahren fördert somit seine Autonomie.

Während Jacobson selbst annahm, daß es allein durch die Anspannungs- und Lockerungstechnik zu einer Verminderung psychischer und vegetativer Anspannung komme, ist eher wahrscheinlich, daß die Entspannung in diesem Verfahren – ähnlich wie beim autogenen Training – überwiegend auf mentale Prozesse zurückzuführen ist. Durch den Wechsel von Anspannung und Lockerung schärft der Patient seine Körperwahrnehmung, er wird sensibel für den Entspannungsvorgang. Jacobson war es wichtig, immer wieder daraufhinzuweisen, daß die im Verlauf einer PR auftauchende Entspannung nicht das Ergebnis einer Suggestion sei. Er sah sein Verfahren überwiegend als eine „Schulung in Körperwahrnehmung und Körperbinnenwahrnehmung". Da der Übungsleiter bzw. Therapeut jedoch klare Anweisungen für die Muskelanspannung bzw. Muskelentspannung gibt, ist das suggestive Element auch bei diesem Verfahren nicht zu unterschätzen.

2.4.3 Methode und Technik

Jacobson selbst hat eine sehr aufwendige und detaillierte Vorgehensweise mit Konzentration auf mehr als 10 unterschiedliche Muskelgruppen beschrieben. In der Praxis der PR werden heute zumeist Kurzfassungen angewandt. Eine dieser Fassungen beschreibt Ohm (1990, S. 84–85).

■ **Übungshaltungen.** Das Entspannungstraining sollte in einem ruhigen Raum entweder im Liegen in Rückenlage oder in einer bequemen Sitzhaltung durchgeführt werden. Die Anspannungsphase der Muskelgruppen dauert zwischen 5 und 10 Sekunden. Während dieser Zeit sollte der Atem nicht angehalten werden. Das Spannungsgefühl sollte deutlich sein, eine Verkrampfung ist jedoch zu vermeiden. Danach ist die Spannung zu lösen, hierfür ist ein Zeitraum von etwa 30 Sekunden vorgesehen. Danach werden die Patienten angehalten, auf die Gefühlsunterschiede zu achten, die mit dem Wechsel von Anspannung und Entspannung entstehen. Begleitende Ruhebilder können wie beim autogenen Training hilfreich sein. Im einzelnen werden folgende Muskelgruppen geübt:

- Unterarme durch Ballen und Loslassen der Faust,
- Oberarme durch Anspannen und Loslassen des Bizeps, anschließend des Trizeps,
- die Schulter durch Hochziehen der Schultern und Anspannen der Schultermuskulatur, anschließendes Lösen,
- der Nacken, indem der Kopf nach hinten gedrückt wird und die Nackenmuskeln angespannt und anschließend gelöst werden,
- das Gesicht durch Aufeinanderbeißen der Zähne, Zusammenkneifen der Augen und Anspannen der Gesichtsmuskulatur (Grimassieren).
- Im Anschluß daran konzentrieren sich Spannung und Entspannung auf Rückenmuskeln, Bauchmuskeln, Oberschenkel- und Gesäßmuskeln sowie die Unterschenkel und Füße.

Nach Eintritt der Entspannung und Abschluß der Übung wird diese – ähnlich wie beim autogenen Training – „zurückgenommen", indem die Arme mehrfach kräftig gebeugt werden, die Atmung kurzfristig vertieft wird und der Körper insgesamt gestreckt wird.

> **!** Entscheidend für den Übungserfolg ist nicht die intensive Anspannung der Muskulatur im Sinne einer Verkrampfung, sondern eine leichte, aber deutlich wahrgenommene Muskelanspannung (differentielle Entspannung).

2.4.4 Indikationen und Kontraindikationen

Sie sind identisch mit denen des autogenen Trainings.

2.5 Entspannungsverfahren im Vergleich

Autogenes Training und progressive Relaxation lassen sich hervorragend kombinieren. Man kann auf diese Weise den Zugang zur Entspannungsreaktion sowohl über die Willkürmuskulatur wie auch über geistig-konzentrative Prozesse nutzen. Vergleichende Untersuchungen (PROBST u. WIETERSHEIM 1996) fanden bei Eßgestörten etwa gleiche Resultate. Die progressive Relaxation erscheint besonders geeignet bei Patienten mit geringer Therapiemotivation und einer höheren Abwehr gegen Psychotherapie. Das autogene Training setzt eine stärkere Motivation und größere intellektuelle Fähigkeiten voraus. Im Verlauf des AT können sich Angstgefühle, Depersonalisations- und Derealisationssymptome verstärken, dies gilt in geringerem Maße für die progressive Muskelrelaxation. OHM (1992) beschreibt Erfolge der progressiven Relaxation bei

- Schmerzen,
- koronarer Herzkrankheit,
- arteriellem Hypertonus,
- Tumorerkrankungen,
- Schlafstörungen,
- Angsterkrankungen sowie
- multipler Sklerose.

Literatur

Erickson MH (1967) Advance technics of hypnosis and therapy. Grune & Stratton, New York

Grawe K, Donati R, Bernauer F (1995) Psychotherapie im Wandel. Von der Konfession zur Profession. Hogrefe, Göttingen

Jacobson E (1938) Progressive Relaxation. University Press, Chicago

Ohm D (1988) Entspannungstraining bei Koronar-Patienten. Eine Effektstudie an 420 Patienten. Z Allgemeinmed 64:1014–1019

Ohm D (1990) Psyche, Verhalten und Gesundheit. TRIAS Thieme, Hippokrates Enke, Stuttgart

Ohm D (1992) Progressive Relaxation. Überblick über Anwendungsbereiche, Praxiserfahrungen und neuere Forschungsergebnisse. Report Psychol 17:27–43

Probst B, Wietersheim J von (1996) Entspannungstherapie. In: Herzog W, Munz D, Kächele H (Hrsg) Analytische Psychotherapie bei Eßstörungen, Therapieführer. Schattauer, Stuttgart New York

Schultz JH (1972) Übungsheft für das Autogene Training 15. Aufl. Thieme, Stuttgart

Stokvis B, Pflanz M (1961) Suggestion in ihrer relativen Begrifflichkeit, medizinisch und sozialpsychologisch betrachtet. Hippokrates, Stuttgart

Zeig JK (1990) In: Revenstorf D (Hrsg) Klinische Hypnose. Springer, Berlin Heidelberg New York

Weiterführende Literatur

Jacobson E (1990) Entspannung als Therapie: Progressive Relaxation in Theorie und Praxis. Pfeiffer, München

Revenstorf D (Hrsg) (1990) Klinische Hypnose. Springer, Berlin Heidelberg New York

Schultz JH (1973) Das autogene Training. Thieme, Stuttgart

Körperorientierte Psychotherapie

E. WILKE

Die in diesem Lehrbuch an anderer Stelle dargestellten Therapieverfahren bedienen sich überwiegend des sprachlichen Ausdrucks. Der Patient und sein Therapeut verständigen sich über das gesprochene Wort, das durch Gestik und Mimik begleitet und akzentuiert wird. Nicht immer drückt das gesprochene Wort genau das aus, was Gestik und Haltung vermitteln. Es ist lohnend, darauf zu achten, ob körperlicher und verbaler Ausdruck kongruent sind oder ob sie diskrepant erscheinen.

In der jüdisch-christlichen Kultur wird der Körper mit seinen Ausdrucksmöglichkeiten geringer geschätzt als Geist und Verstand mit ihren Funktionen. Körperliche und sinnliche Erfahrungen werden geistigen Erfahrungen und Einsichten untergeordnet, Reifungsprozesse als Wege weg vom körperlichen Ausdruck und hin zum seelisch-geistigen Ausdruck verstanden. So spricht SCHUR von einem Desomatisierungsprozeß im Verlauf der menschlichen Entwicklung (s. Kap. 6). Die Polarisierung von Geist und Körper impliziert eine Abwertung des Körpererlebens. Die ausschließliche Kontrolle über den körperlichen Ausdruck, dessen Nichtwahrnehmung oder Unterdrückung sowie die „Sublimierung des Körpererlebens im Geistigen" hat sich unter therapeutischen Aspekten nicht als förderlich erwiesen. Im Gegenteil, es hat sich gezeigt, daß die Fokussierung der Aufmerksamkeit von Patient und Therapeut auf den Körperausdruck und auf das Körpererleben beider Personen therapeutisch ausgesprochen fruchtbar sein kann. Leider läßt sich auch hier im Dialog der verschiedenen Therapieschulen wieder eine Tendenz zur Polarisierung beobachten. Vertreter körpertherapeutischer Verfahren neigen zu einer Überbewertung der Körperarbeit im Vergleich zum Gespräch, bei den Vertretern verbaler Therapieverfahren ist es umgekehrt. Erst in letzter Zeit werden integrative Konzepte erprobt, so z. B. durch MOSER (1989, 1994), HEISTERKAMP (1993) und PETZOLD (1991).

Das Körpererleben ist ein zentraler und bedeutsamer Teil des Selbsterlebens. Viele Krankheiten und Störungen entspringen aus einer Entfremdung vom Körpererleben oder werden davon begleitet. Da die Polarisierung von Soma und Psyche in unserer weltlichen Kultur tief verwurzelt ist, fällt es schwer, eine übergreifende Begrifflichkeit für beide Dimensionen zu entwickeln. Es sei auch hier nicht verschwiegen, daß die Einbeziehung der körperlichen Dimension des Selbsterlebens z.B. in eine tiefenpsychologisch fundierte Psychotherapie über lange Zeit umstritten war und auch weiterhin umstritten ist. Das Berühren des Patienten galt lange als „Agieren", und es fanden Diskussionen darüber statt, ob es mit einem analytischen Setting vereinbar sei, einem Patienten bei der Begrüßung und zum Abschied die Hand zu geben.

3.1 Zur Geschichte körperorientierter Therapieverfahren

Ausgehend von der Ubiquität psychosomatischer Wechselwirkungen in Gesundheit und Krankheit kann eine Psychotherapie nicht umfassend sein, wenn sie körperliche Phänomene weitgehend ausspart. Grundlegendes zur Leib-Seele-Thematik findet sich in Kap. 6: „Psychotherapie bei psychosomatisch Kranken" in diesem Buch. Die Einschätzung der Bedeutung körperorientierter Verfahren ist bis heute durch Ambivalenzen und Antinomien gekennzeichnet. Ambivalenzen finden sich schon bei Freud. Sein Verständnis der Hysterie ist aufs engste an die genaue Wahrnehmung der symbolischen Ausdrucksmöglichkeiten des Körpers gebunden. Freuds Behandlung setzte jedoch gerade nicht an der Körperlichkeit und ihrer Störung an. Im Gegenteil, da er die gestörten körperlichen Prozesse, wie z.B. Lähmungen und Sensibilitätsstörungen letztlich als Ausdruck psychischer Fehlsteuerungen verstand, versuchte er sie konsequent durch ausschließlich psychische Einflußnahme zu behandeln, d.h. über die Sprache. Heute wissen wir, daß bei der Behandlung von Konversionssymptomen neben der Deutungsarbeit ein übendes, körperorientiertes Vorgehen, z.B. durch einen Krankengymnasten, bedeutsam und als Ergänzung erfolgversprechend ist.

Von der „Vegetotherapie" zur Bioenergetik. In den 20er Jahren unseres Jahrhunderts begann die (Wieder-)Einbeziehung körperlicher Prozesse in das psychotherapeutische Gesamtgeschehen, und zwar ausgehend von unterschiedlichen Beobachtungen. Reich (1933) befaßte sich mit dem Charakterwiderstand. Er verstand darunter bestimmte Muster der Abwehr von unangenehmen Affekten, von denen er annahm, daß sie tief in der Persönlichkeit verwurzelt seien. Er vermutete, daß dieser „Charakterpanzerung" ein Muskelpanzer entspreche, weil die Affektabwehr bzw. Verdrängung mit einer muskulären Daueranspannung verbunden sei, die dazu diene, unangenehme psychische Empfindungen zu vermeiden. Die Annahme einer engen Beziehung zwischen Charakter- und Muskelpanzer führte zu der Konsequenz, daß Reich versuchte, die verspannte Muskulatur unmittelbar zu lösen, so durch Massagen und aktive Lockerungsübungen der Muskulatur und des Atmens. Er nannte dieses Vorgehen „Vegetotherapie". Darüber hinaus sah Reich in einer „Befreiung" der Sexualität von Zwängen der Konvention einen therapeutischen Faktor per se. Reich wurde später zur Pflichtlektüre der 68er Generation. Sein Schüler Alexander Lowen (1986) entwickelte diese gedanklichen Ansätze zur Bioenergetik weiter. Er versteht unter „Libido" eine allgemeine psychische Energie. Die Freisetzung dieser Lebensenergie ist das Ziel der Bioenergetik bzw. Biodynamik.

Von der rhythmischen Gymnastik zur Gestalttherapie und konzentrativen Bewegungstherapie. Ein gänzlich anderer Ausgangspunkt körperbezogener Psychotherapie liegt in der Gymnastik in Form einer rhythmischen und Heilgymnastik, so die rhythmische Gymnastik, der freie Tanz (Mary Wigman) oder die Eurhythmie (Rudolf Steiner). Auch Atmung und Stimmbildung wurden therapeutisch eingesetzt. Auch die Gestalttherapie entwickelte sich aus der Reformgymnastik. Ein zentraler Faktor der Gestalttherapie liegt im bewußten Erspüren des Körpers („awareness"). Ihr Begründer F. Perls nahm an, daß sich aus der Bewegung und ihren spezifischen Mustern die psychische Eigenart eines Menschen erkennen lasse und daß auch der Kranke selbst in der Bewegung den Ausdruck seiner unbewußten Strebungen unmittelbar erleben könne. Diese ursprüngliche „Bewegungsarbeit" führte später zu bewegungsbezogenen Körperpsychotherapieformen.

> Die Gestalttherapie sieht die Persönlichkeit als ganzheitliche „Gestalt", ihre Bedürfnisse bilden „Figuren". Sie arbeitet mit dem Wahrnehmen von Kongruenz bzw. Inkongruenz zwischen verbalem und nonverbalem Ausdruck.

Weitere Verfahren im Überblick

In der Körperpsychotherapie haben sich viele unterschiedliche Schulen entwickelt, deren Vorgehen sich teilweise überschneidet. Die Bioenergetik bzw. Biodynamik berücksichtigt in zunehmendem Maße Übertragungsphänomene und versucht einen Weg hin zu einer tiefenpsychologisch fundierten Körpertherapie, indem sie traditionelle direktive Körpertechniken mit verbaler Arbeit verbindet.

In der Gestalttherapie wird zunehmend versucht, körperliche Phänomene im Gesamtausdruck der Person wahrzunehmen. PETZOLD (1977) beschrieb eine integrative Bewegungstherapie.

SIEGEL (1986) beschreibt die Tanztherapie. Leben ist Bewegung, und Bewegung führt zur Lebendigkeit, die im Tanz in mehr oder weniger ritualisierter Form zu einer starken Intensivierung des Selbsterlebens führen kann. Es kann zunächst ein Schreiten oder Gehen sein, in dem es darum geht, ein eigenes Schritt-Maß zu finden. Im Tanz ist diese Bewegung gesteigert, in seiner rhythmischen Sprache drückt sich bewegtes Leben aus. Er ist zugleich strukturiert und bietet doch „Spielräume" für eigene Impulse. Im Tanz kann sich das Selbsterleben intensivieren, er kann aber auch zu einem Erlebnis in der Gemeinschaft und in der Bezogenheit aufeinander werden. Der Tanz führt zu ritualisierten Bewegungen aufeinander zu und voneinander weg, ermöglicht Beziehungserfahrungen unter dem Schutz der vorgegebenen Form bzw. des Rituals. Seine therapeutische Wirkung ist seit langer Zeit bekannt. Der Tanz hilft, „Bewegungsangst" zu überwinden, besonders in seiner ritualisierten Form. EIBACH (1996) versteht die im Tanz auftauchenden Bilder als Ausdruck symbolisierter Erfahrungen, die sie nach dem Tanzen malen läßt und die von verdrängten Wünschen und Gefühlen, aber auch von tiefreichenden Ängsten, Zwiespältigkeiten und Möglichkeiten erzählen. Sie weist daraufhin, daß alles, was körperlich in Szene gesetzt wird, zum sprachlichen Ausdruck drängt. Sie betrachtet den Tanz als ein heilsames Medium, um Körperausdruck und Körpererleben verstehbar zu machen.

3.2 Konzentrative Bewegungstherapie

Entwicklung der konzentrativen Bewegungstherapie (KBT)

Die Gymnastik ELSA GINDLERS, auf die die KBT zurückgeht, hatte zunächst keine therapeutische Zielsetzung. GINDLERS Verständnis von Gymnastik und auch ihre Praxis wiesen aber über das bis dahin gepflegte Einüben mehr oder weniger stereotyper Bewegungsmuster hinaus. GINDLER ließ ihre Schüler selbst nach den ihnen entsprechenden körperlichen Ausdrucksmöglichkeiten suchen und entwickelte ein erweitertes Verständnis von Körperbewegung und Körperwahrnehmung, als sie entdeckte, daß in der Bewegung auch die Möglichkeit der Erinnerung früherer und die Möglichkeit der Entwicklung neuer Erlebnisse und Erfahrungen enthalten ist.

Bewegung in freier oder ritualisierter Form intensiviert inneres Erleben, verändert Stimmungen, fördert Erinnerungen und Assoziationen.

3.2.1 Methode und Behandlungstechnik der konzentrativen Bewegungstherapie

> **Definition**
> Nach einer Definition von BECKER (1988) handelt es sich bei der KBT „um ein tiefenpsychologisch fundiertes Verfahren, bei dem Wahrnehmung und Bewegung als Grundlage des Denkens, Fühlens und Handelns genutzt werden".

In einem Handlungs- bzw. Erfahrungsteil der Übungen regt der Therapeut Körpererleben, Raumerleben sowie Beziehungserfahrungen auf präverbaler und nonverbaler Ebene an. In einem dann folgenden Gesprächsteil wird das

Erlebte überdacht und in seinem jeweils individuellen Bedeutungsgehalt für den Patienten interpretiert. Die Intensivierung des Körpererlebens in der KBT geht mit einer zentralnervösen Aktivierung einher. Dies bleibt nicht ohne Auswirkungen auf die Psyche, es kommt zumeist zu einer Steigerung des Selbstwertgefühls.

In den Übungen der KBT, die zu Beginn strukturiert und insofern strukturgebend sind, konzentriert sich der Patient einerseits auf den eigenen Körper, andererseits geht es um die Erfahrung äußerer Objekte durch Ertasten, Erspüren und Bewegen. Da das Verfahren v.a. in der Gruppe angewandt wird, finden diese Erfahrungen in Gegenwart und im Austausch mit anderen statt, wodurch soziale Lernprozesse angestoßen werden. Hierzu dienen u.a. Partnerübungen. In der KBT kommt es frühzeitig – und für die Patienten durchaus unvermittelt – zu leib-seelischen Gesamterlebnissen mit Intensivierung der Emotionalität und Gefühlen von Ganzheit.

Therapeutisches Vorgehen

Meyer (1961, S. 116) beschreibt das therapeutische Vorgehen wie folgt: Ausgangspunkt ist in der Regel die Rückenlage bei geschlossenen Augen. Der Übende bemüht sich um das „Anspüren" des eigenen Körpers. Die Zuwendung zum eigenen Körper nimmt ihren Ausgang von denjenigen Wahrnehmungen, die – unmittelbar gegeben – am leichtesten registriert werden können. Dazu gehört in der Rückenlage die Wahrnehmung des Vom-Boden-getragen-Werdens. Auch bei der Konzentration auf Körperfunktionen beginnt man mit denjenigen Wahrnehmungen, die von jedem unmittelbar erfahren werden. Das sind z.B. bei der Atmung die Exkursionen des Brustkorbs, die Bewegungen der Bauchmuskulatur, das Ein- und Ausstreichen der Luft durch Mund und Nase. Später wird das Erlebnis der Atmung noch durch Summen gesteigert. Das Anspüren der Extremitäten wird durch einzelne einfache Bewegungen erleichtert. Alle Bewegungsübungen sind zweigliedrig aufgebaut, d.h. sie setzen sich aus einer willensbetonten aktiven Handlung und einer mehr passiven Rückkehr in die Ausgangs- oder Ruhelage zusammen.

Als Beispiele führt Meyer an: das Anheben des Kopfes und Zurücksinkenlassen in Rückenlage des Körpers. Das Zurücksinkenlassen erfolgt, bis der Kopf wieder auf dem Boden liegt. Eine weitere Übung besteht im maximalen Luftholen und dem intensiven Wahrnehmen des Expiriums beim Summen.

Im Verlauf mehrerer Übungen in KBT werden die Patienten vertrauter mit ihrem Körper, sie lernen ihn zu akzeptieren, sich in ihm „zu Hause" zu fühlen. Es wird aber nicht nur der eigene Körper erforscht, sondern auch der umgebende Raum. So kann man z.B. in einer Übung mit geschlossenen Augen eine Turnhalle erforschen, in der vorher verschiedene Gegenstände aufgebaut worden sind.

Therapeutenverhalten

Zu Beginn einer Therapie verhält sich der Therapeut relativ aktiv und strukturierend. Er schafft einen therapeutischen Raum, den dann der Patient mit Hilfe der schon erwähnten „Körperassoziationen" ausgestalten kann. Die strukturierende Funktion des Therapeuten gilt nur zu Beginn einer Übung, denn später kommt es darauf an, daß der Patient seinen Weg selber findet und auch spüren lernt, worauf er seine Aufmerksamkeit in dieser Stunde in besonderer Weise lenken möchte. Während der Übungsphase spricht der Patient nicht, der Therapeut hingegen gibt behutsame verbale Rückmeldungen über das Geschehen, ermutigt und hilft Hemmungen, die sich im körperlichen Ausdruck manifestieren, zu überwinden. Er sorgt gewissermaßen dafür, daß der Vorgang der körperlichen Selbstexploration nicht zu sehr ins Stocken gerät, ohne ihm dabei allerdings eine Richtung zu geben. In Gruppensettings schließt sich an die Übung ein Nachgespräch an, in dem jeder der Patienten seine Eindrücke und Wahrnehmungen zu verbalisieren versucht.

Gruppenerfahrungen

Die Beziehung der Teilnehmer einer KBT-Gruppe untereinander spielt eine wichtige Rolle, ebenso deren Beziehung zum Gruppenleiter. Hierdurch unterscheidet sich das Verfahren von den Entspannungstherapien, die an anderer Stelle dieses Buches beschrieben sind.

Es kann zu sehr raschen und intensiven Übertragungsentwicklungen kommen, die der emotionalen Intensität der präverbalen Szene entsprechen. Im psychoanalytischen Sinn werden diese Übertragungsmomente für die Therapie nutzbar. Der Gruppenleiter versucht wahrzunehmen, in welchen Szenen in der KBT möglicherweise infantile Beziehungsmuster wiedererlebt werden und muß entscheiden, ob und in welcher Weise er dies anspricht. Viele KBT-Therapeuten sind zugleich in analytischer oder tiefenpsychologisch fundierter Psychotherapie ausgebildet.

Die KBT ist gut geeignet, Angst vor Nähe und Berührung zu reduzieren. Verschiedene Materialien werden als eine Art „Übergangsobjekte" eingesetzt, so Bälle, Seile, Holzstäbe. In einer Paarübung z. B. kann versucht werden, sich mit Hilfe eines Holzstabes, den zwei Partner jeweils am Ende anfassen, Impulse zu übermitteln und subtile Botschaften zu geben, ohne daß eine direkte Berührung erforderlich ist. Einem ähnlichen Zweck kann das Seil dienen. Wichtig für den Verlauf von KBT-Übungen ist auch der Raum, in dem die Übung stattfindet. Er steht im regressiven Milieu symbolisch für den Lebensraum, den es zu entdecken und zu erforschen gibt, in dem es Hindernisse zu überwinden gilt und in dem die Auseinandersetzung mit Menschen stattfindet. Es ist erstaunlich, wieviel Emotionalität durch das Einnehmen bestimmter Körperhaltungen und das Ausführen bestimmter körperlicher Bewegungen auch bei jenen Patienten mobilisiert wird, die zuvor wenig emotional und gefühlsmäßig schwer erreichbar scheinen.

Oft werden im Verlauf einer KBT bestimmte Körperhaltungen, in denen sich psychische Blockierungen ausdrücken, erstmals bewußt. Muskuläre Dauerverspannungen finden sich im Bereich des Rückens oder des Kiefers. Eine unzweckmäßige Koordination der Atmung wird im Verlauf bestimmter Atemwahrnehmungsübungen deutlich. Der Therapeut kann die Patienten auffordern, ihre Haltung nicht zu verändern und zunächst intensiv zu spüren, welche psychischen und körperlichen Wahrnehmungen an eine bestimmte Haltung geknüpft sind, die über eine Zeitlang nicht verändert wird. Andererseits kann der Therapeut auffordern, die Haltung bewußt zu verändern, um erspüren zu lassen, wie sich diese Veränderung psychisch und körperlich auswirkt.

Erfahrungen von Emotionalität

Wie in der Körpertherapie überhaupt sind die Patienten immer wieder von der starken und plötzlich einsetzenden Emotionalität überrascht, die mit bestimmten Positionen und Bewegungen verbunden sind.

> ! Dies weist darauf hin, daß es in der KBT möglich ist, in einem vorsprachlichen Ausdrucksbereich frühkindliches Geschehen zu reinszenieren, einerseits in der Übertragung zum Mitpatienten und zum Therapeuten, andererseits aber auch in der Beziehung zum Raum und zu unbelebten Objekten, die in diesem Raum vorhanden sind.

Die differenzierte Bedeutung solch tiefer und überraschender emotionaler Vorgänge kann dann schrittweise geklärt werden, wobei die Sprache eine zunehmend wichtige Bedeutung hat. Im klinischen Setting wird in diesem Zusammenhang die KBT fast immer mit einer verbalen Therapie kombiniert. In KBT-Sitzungen kommt es vor, daß Patienten plötzlich von intensiven und weit zurückliegenden Erinnerungen überwältigt werden, die lange verdrängt bzw. abgespalten waren. Es scheint so, als seien frühe traumatische Erfahrungen im Körper dauerhafter festgeschrieben als in anderen Bereichen der Person. Traumata, die in verbalen Therapien vielleicht ausführlich besprochen, erinnert und auch scheinbar abschließend besprochen waren, tauchen in Körpertherapien manchmal mit unvermittelter Intensität wieder auf. Nachdem die bis dahin im Körperlichen gebundene und über die körperliche Wahrnehmung wiedererlebte Emotionalität für den Patienten und für die Mitglieder der Gruppe sichtbar und fühlbar geworden ist, wird es notwendig, dieses Ereignis und Erlebnis fortzuführen. Hierzu bedarf es der Sprache. Ein Teil der sprachlichen Ausformulierung erfolgt in der Regel in der KBT-Gruppe am Schluß der Stunde. Dieser Prozeß wird weitergeführt in einer begleitenden verbalen Einzel- oder Gruppenpsychotherapie. In kreativen oder imaginativen Verfahren kann dieser Prozeß weitere Umformung und Ausgestaltung erfahren. So ist es fruchtbar, innere Gestalten oder Gefühle, die im Verlauf einer KBT aufgetaucht sind, zu malen, zu gestalten oder mit Hilfe verschiedener Materialien zu konkretisieren. Letztlich muß dieser Prozeß eine sekundär-prozeßhafte Organisation in Form eines differenzierten und von adäquaten Gefühlen begleiteten sprachlichen Ausdrucks finden.

Während der KBT-Sitzungen bleiben die Augen phasenweise geschlossen. Dies dient einer intensiveren Selbstwahrnehmung. Im Nachgespräch in der Gruppe und im Gegenübersitzen in der verbalen Therapie sind sie dann geöffnet, um das Erlebte auszutauschen, im sprachlichen Prozeß umzuformen und somit zu bewältigen.

> ! Die KBT liefert aber keineswegs nur „Material“ für die dann folgende verbale Therapie, sondern führt in sich selbst zu Prozessen von Erinnern und Wiederholen, aber auch Durcharbeiten im Körpererleben. Der KBT-Therapeut muß entscheiden, welchen Anteil am therapeutischen Gesamtgeschehen er dem Körpererleben gibt und welchen Anteil die verbale Bearbeitung hat.

Settingbedingungen

Die KBT wird im stationären Bereich als Gruppensetting in Ergänzung zu verbalen und kreativen Behandlungsverfahren angewandt. Im Idealfall ist der KBT-Therapeut auch der Einzel- bzw. Gruppentherapeut im verbalen Setting. Häufiger sind zumindest 2 Therapeuten am therapeutischen Gesamtgeschehen beteiligt. In diesem Fall ist es notwendig, in regelmäßigen Teamkonferenzen die Erfahrungen mit den Patienten auszutauschen, da eine Gefahr darin liegen kann, daß bestimmte Patienten im verbalen Setting genau das vermeiden, was sie in der KBT – vielleicht schmerzhaft – berührt haben und so eine Spaltung beider therapeutischer Bereiche vollziehen.

3.2.2 Indikationen und Kontraindikationen

> ! Aus dem Gesagten geht hervor, daß ein Indikationsschwerpunkt für die KBT in der Behandlung von Patienten mit psychosomatischen und funktionellen Beschwerden liegt. Besonders Patienten mit frühen und schweren Störungen profitieren von diesem Verfahren, ebenso wie psychoneurotische Patienten mit ausgeprägter intellektualisierender Abwehr.

> ! Indiziert ist das Verfahren besonders bei Patienten, die an Körperschemastörungen leiden, wie z. B. eßgestörte und auch viele frühgestörte Patienten.

Ihr Körperbild ist oft verzerrt, sie erleben sich vom eigenen Körper als entfremdet. Die KBT fördert die Entwicklung eines der Wirklichkeit entsprechenden Körperbildes, hierbei spielt die Bewegung eine zentrale Rolle. Das Verfahren ermöglicht unmittelbare Erfahrungen mit dem Körper. Bei Magersüchtigen konfrontiert die Konzentration auf die Körperwahrnehmung, das Ertasten und Berühren des eigenen Körpers auf eine unmittelbare Art mit der bis dahin nicht wahrnehmbaren anorektischen Realität. Früher sah man eine Kontraindikation bei psychotischen Patienten und Kranken mit einer Borderline-Symptomatik. Mit zunehmender Erfahrung mit dieser Methode haben sich diese Kontraindikationen relativiert, wenn es dem Therapeuten gelingt, in der Gruppe die notwendigen Stützungen zu geben, Abgrenzungsvorgänge zu fördern, wenn sie sinnvoll sind, und die Realitätswahrnehmung der Gruppenteilnehmer zu fördern. Wenn im klinischen Setting die KBT-Gruppe und die analytische Gruppe für dieselben Patienten parallel angeboten werden, tauchen bestimmte Phänomene meist zuerst in der KBT-Gruppe und dann wenig später auch im analytischen Gruppensetting auf. Dies spricht dafür, daß bestimmte verdrängte Erfahrungen eher in einem Setting auftauchen können, das dem körperlichen Ausdruck die Hauptaufmerksamkeit widmet.

> ! An eine Grenze kommt die KBT bei Patienten mit unsicheren Ich-Grenzen und mit der Neigung zu Entfremdungserlebnissen.

3.3 Funktionelle Entspannung

Entwicklung der funktionellen Entspannung (FE)

Die Entwicklung dieses Verfahrens geht auf MARIANNE FUCHS (1985) zurück. In enger Beziehung zur internistischen Praxis entwickelte sie das Verfahren zunächst als Einzeltherapie. Sie geht im Vergleich zu anderen Körpertherapien intensiv auf gestörte vegetative Regulationen ein. Ihr Ziel ist es, den Patienten zu ermöglichen, ihre körperlichen und seelischen Blockierungen „leibhaft erspüren zu können".

3.3.1 Methode der funktionellen Entspannung

Ähnlich wie bei der KBT und bei Entspannungsverfahren spielt das Erspüren der Atmung in ihrem Rhythmus und in der mit der Atmung verbundenen Muskelkoordination eine zentrale Rolle. Durch Schließen der Augen werden die entsprechenden Wahrnehmungen intensiviert. Verglichen werden z. B. die inneren Wahrnehmungen in der Einatmungs- bzw. Ausatmungsphase. Mit dem Ausatmen verbindet sich oft die Vorstellung einer Abwärtsbewegung und auch eines Abgebens von Lasten. Die Einatmungsphase wird mit einer Bewegung nach oben assoziiert, Spannung und Energie werden in dieser Phase angereichert.

> ! Die angestrebte Grundhaltung der funktionellen Entspannung ist die des „Sich-überlassens".

Intensive Wahrnehmungen entstehen, wenn die Patienten aufgefordert werden, nichts zu tun, aber um so intensiver nachzuspüren, welche Empfindungen aus diesem Nichtstun resultieren. Immer wieder wird geübt, sich autonomen Reaktionen, u.a. der Atmung, zu überlassen, nicht aktiv zu atmen, sondern die Atmung unter der Vorstellung zu erspüren: „Es atmet mich". Hier gibt es Überschneidungen zum autogenen Training. Der Atemrhythmus und die Wahrnehmung der Atmung ist überhaupt das Bindeglied zwischen den verschiedenen Bereichen des Körpers. Hilfreich kann die Vorstellung sein, daß die Atmung bzw. die Luft alle Bereiche des Körpers erreicht und der Muskulatur zur Entspannung verhilft. Ähnlich wie bei der konzentrativen Bewegungstherapie werden auch bei der funktionellen Entspannung die Wahrnehmungen und Erlebnisse später verbalisiert, sei es im Einzel- oder Gruppensetting. Vielen Patienten fällt es sehr schwer, Verspannungen adäquat wahrzunehmen, da diese zu „Haltungen" geworden sind und insofern als der Normalzustand empfunden werden. Leichte Berührungen der verspannten Bereiche durch die Hand des Therapeuten geben Halt und Rückmeldung zugleich und intensivieren das Körpergefühl in den entsprechenden Regionen. Das Verbalisieren hilft, über die Beschreibung der – möglicherweise erstmals bewußt erlebten – Haltung Verbindungen herzustellen zu psychischen Phänomenen und Verhaltensmustern. Es ist immer wieder erstaunlich, wie stark das emotionale Erleben, von dem Patienten bis dahin abgeschnitten waren, durch Körperwahrnehmungen gefördert und oft erst ermöglicht wird. Es gibt allerdings keine festen Korrelationen zwischen psychischen und körperlichen Haltungen. Das jeweilige Geschehen kann stets nur aus dem individuellen Zusammenhang einer Lebensgeschichte verstanden werden, ähnlich wie auch das Verständnis eines Traumes nicht im Sinne einer „Übersetzung" zu vollziehen ist, sondern nur im Sinne einer individuellen Interpretation durch den Patienten selbst im Beisein eines Therapeuten. Dies erfordert viel Behutsamkeit und Geduld. Der Erfolg einer solchen Therapie mißt sich weniger an eindrucksvollen emotionalen Abreaktionen, sondern vielmehr an einer schrittweisen und behutsamen Hinwendung zum eigenen Körper, auch in seinem Schmerz und seiner Dysfunktion. Abhängig vom jeweiligen Ausbildungsstand des FE-Therapeuten in einem verbalen Therapieverfahren können die durch die Körperarbeit induzierten inneren Vorgänge im Gespräch vertieft werden, Übertragungsvorgänge können angesprochen werden. In der therapeutischen Praxis arbeiten allerdings FE-Therapeuten zumeist mit anderen Psychotherapeuten zusammen.

3.3.2 Indikationen und Kontraindikationen

> **!** Es liegt eine Vielzahl von Behandlungsberichten mit z. T. sehr guten Ergebnissen bei internistischen Erkrankungen vor wie:
>
> - Hypertonie,
> - Asthma bronchiale,
> - Obstipation,
> - Anorexia nervosa und auch
> - Migräne.
>
> Darüber hinaus empfiehlt sich das Verfahren bei Erkrankungen des Bewegungsapparates, auch bei rheumatischen Erkrankungen mit entzündlichen Veränderungen. Ein Indikationsschwerpunkt liegt bei funktionellen Störungen im Bereich des Ober- und Unterbauches, bei Schlafstörungen und Sexualstörungen.

Besonders hilfreich kann das Verfahren im Vorfeld einer verbalen Therapie sein, wenn ein Patient einer geplanten Psychotherapie noch ambivalent gegenübersteht. Die Konfrontation mit den Signalen aus dem eigenen Körper kann die Bereitschaft fördern, in einen therapeutischen Prozeß einzutreten.

Zu den Kontraindikationen gilt ähnliches wie für die konzentrative Bewegungstherapie.

3.4 Analytische Körpertherapie (AK)

Psychoanalytiker, tiefenpsychologisch fundiert arbeitende Psychotherapeuten und Verhaltenstherapeuten bemühen sich in zunehmendem Maße darum, die körperliche Dimension in ihre Arbeit miteinzubeziehen. Die grundsätzliche Problematik dieses Vorgehens ist in der Einleitung dieses Kapitels skizziert. Die Nachfolger von Reich, wie z. B. Lowen, verstehen den Körper als Organ der Abwehr von Affekten. Deshalb versuchen sie, in einem aktiven Prozeß Widerstände aufzuspüren und aufzulösen, so z. B. durch biodynamische Massagen.

Die psychoanalytische Körpertherapie geht einen anderen Weg, sie arbeitet mit der Bedeutung des Körpers in der Übertragung. Ferenczi (1928) vertrat die Ansicht – und setzte sich damit in Widerspruch zu Freud –, daß es durchaus sinnvoll sei, Patienten, die intensiven infantilen Traumatisierungen ausgesetzt waren, auch zu berühren, wenn dies Halt und Struktur gebe und somit dem therapeutischen Prozeß förderlich sei. Es gehe darum, emotionale Mangelzustände durch eine mütterlich getönte Zuwendung auszugleichen und die Patienten dadurch emotional zu stabilisieren. Dies sei eine Voraussetzung für sinnvolle Deutungsarbeit, wie sie Freud bevorzugte. Michael Balint (1970), ein Schüler Ferenczis, verfolgte diese Gedanken weiter. Auch er sah regressive Phänomene nicht nur als Widerstand, sondern als manchmal notwendige Voraussetzung einer später folgenden progressiven Entwicklung.

> **!** Vieles spricht dafür, daß frühe Affekte nur dann in ihrer ursprünglichen Dynamik wiederbelebt werden können, wenn die therapeutische Beziehung auch körperlich erfahren werden kann.

Berührung und Bewegung bedeuten einen erweiterten Dialog in der Übertragung, indem es um die Sinnfindung auch der Körpersprache geht. Balint versucht, die Symbolik der Bewegung für den therapeutischen Prozeß zu nutzen.

Im Körperausdruck und in der Körperbewegung drückt sich aus analytischer Perspektive Unbewußtes aus, welches in ähnlicher Weise genutzt werden kann wie Träume und Phantasien.

Beispiel

Balint (1970, S.176) schildert eine Episode aus der Therapie einer jungen Frau, die eine Hemmung hatte, bestimmte Aufgaben zu Ende zu bringen. Sie hatte ihr Studium praktisch abgeschlossen, scheute sich aber, sich zum Abschlußexamen anzumelden. Sie war attraktiv und begehrt, konnte jedoch Liebe nicht erwidern. In der Therapie zeigte sich, daß sie Lähmung und Unsicherheit immer dann verspürte, wenn sie ein Risiko eingehen oder eine Entscheidung fällen sollte.

Ihre Bindung an den Vater war eng, zuverlässig und positiv getönt, die Beziehung zur Mutter ambivalent, da sie sie nicht als ausreichend zuverlässig empfand. Im zweiten Jahr der Therapie gab ihr Balint die Deutung, es sei für sie sehr wichtig, immer den Kopf oben und die Füße fest auf dem Erdboden zu behalten. Darauf erwähnte sie, daß sie es seit frühester Kindheit nie fertig gebracht habe, einen Purzelbaum zu schlagen, obwohl sie es oft versucht hatte und ganz verzweifelt war, wenn es nicht ging. Balint warf ein: „Na, und jetzt?" – worauf sie von der Couch aufstand und zu ihrer eigenen größten Überraschung ohne weiteres auf dem Teppich einen tadellosen Purzelbaum schlug.

Dies erwies sich als wahrer Durchbruch. Es folgten Veränderungen in ihrem gefühlsmäßigen, sozialen und beruflichen Leben in Richtung auf größere Freiheit und Elastizität. Sie erreichte es, zu einer schwierigen Prüfung zugelassen zu werden, bestand sie, verlobte sich bald darauf und heiratete. Balint berichtet weiter, daß die Patientin „wie es damals üblich war", die Behandlung mit ihrer Eheschließung abbrach. Zwei Jahre später nahm sie die Analyse noch einmal für 14 Monate auf. Die fast 30jährige Katamnese zeigt, daß es ihr gelungen ist, das Leben zu bestehen, trotz vieler Krisen und großer äußerer Schwierigkeiten.

3.4.1 Methode der analytischen Körpertherapie

Heisterkamp (1993) führt den Begriff der „Selbstbewegung" ein, in dem sich sowohl körperliches als auch seelisches Erleben ausdrücken. Der „Selbstbewegung" beim Patienten entspricht die „verstehende Mitbewegung auf seiten des Therapeuten". Körpertherapie und tiefenpsychologisch fundierte Psychotherapie bzw. Psychoanalyse haben noch keine gemeinsame Sprache, doch es lassen sich Bewegungen aufeinander zu feststellen. Wenn Heisterkamp vom „Therapeuten als einem Resonanzkörper" spricht (S. 77), so bezieht er diese Resonanz sowohl auf die körperlichen als auch auf die psychischen Phänomene.

Dubrawa (1991) beschreibt die Möglichkeit der Integration körpertherapeutischer Methoden in die Verhaltenstherapie psychosomatischer Patienten.

Heisterkamp (1993) betont die Notwendigkeit, für die analytische Körpertherapie einen gut definierten therapeutischen Rahmen zu schaffen. Innerhalb dieses Rahmens ist ein spielerisches Erproben der leiblichen Wahrnehmungen möglich, wobei diese zugleich in den Prozeß der freien Assoziation mit einbezogen sind. Assoziationen, Einfälle und Gedanken wie auch die Körperwahrnehmungen sind in gleicher Weise bedeutsam. Das gilt für den Patienten wie auch für den Therapeuten. Wichtig ist die Wahrnehmung von Stimmungen, körperlichen Spannungszuständen wie Verkrampfungen und Schmerzen.

Therapeutisches Vorgehen

Vor einer Körperübung wird der Patient über das therapeutische Vorgehen informiert. Die Übung ist geplanter Teil eines übergreifenden Konzepts. Körpertherapie ist mehr als Trösten durch Berührung, wenn psychischer Druck zu groß wird. Die Körpertherapie kennt verschiedene Probehandlungen, die symbolisch und somit geeignet sind, Kindheitserinnerungen wachzurufen, seien sie traumatischer oder beglückender Natur. Manche Bewegungsabläufe ähneln kleinkindhaften Gesten.

So eine Übung, bei der der Patient auf dem Rücken liegt, die ausgebreiteten Arme langsam vor die Brust nimmt und sie dann wieder zu Boden sinken läßt. Die Berührungen zwischen dem Patienten und seinem Therapeuten sind symbolische Handlungen. Sie sind nicht schematisiert, sondern individuell der sich entwickelnden therapeutischen Szene angepaßt. Der Therapeut kann Impulsen der Patienten nachgeben oder diesen Impulsen Widerstand leisten; beides kann auch im Wechsel geschehen. Er kann den Kopf des Patienten mit den Händen halten oder ihn hängen lassen, ihn rhythmisch schaukeln oder still umfassen. Er kann seine Hand auf die Stirn legen, auf die Brust, auf den Bauch. Dabei versucht er, Blockierungen des Patienten im Verlauf seiner Selbstbewegung zu erspüren, mitzuschwingen und in dieser Weise mitzuerleben. Heisterkamp (1993, S. 77) spricht davon, daß sich der Therapeut in das „lebensstiltypische Bewegungsmuster" des Patienten einbeziehen läßt und ihn so auf der Körperebene zu erspüren und zu verstehen versucht. Hierzu gehört auch die Wahrnehmung der Atmung mit ihren Blockierungen und möglichen Befreiungen.

So gewinnt seelisches Geschehen in Form des Körperausdrucks Anschaulichkeit, wird zugleich Teil der Beziehung zum Therapeuten. Die sinnlich-körperlichen Ausdrucksmöglichkeiten sind zwar anders differenziert als die sprachlichen, aber sie sind dichter an die Affekte gebunden, die ja ihren Ursprung in der Körperwahrnehmung haben. Körpertherapie fördert so die Emotionalität und auch die Phantasie sowohl des Patienten als auch seines Therapeuten. Diese Phantasie bezieht sich auf Körperliches wie Psychisches in gleicher Weise.

3.4.2 Indikationen und Kontraindikationen

> ! Analytische bzw. tiefenpsychologisch fundierte Körperpsychotherapie ist besonders indiziert
>
> - bei Patienten mit intellektualisierender Abwehr, die ihre verbale Intelligenz benutzen, um sich der emotionalen Dimension der therapeutischen Begegnung zu entziehen;
> - bei Patienten, die starken Traumatisierungen ausgesetzt waren und die traumatische Erfahrungen soweit abgespalten bzw. isoliert haben, daß sie in der verbalen Szene keine Gestalt gewinnen bzw. zugänglich werden können;
> - bei emotional „sprachlosen" Patienten, die ihre Affekte in Form einer Somatisierung isolieren. Zu dieser Gruppe gehören viele psychosomatisch Erkrankte, so z.B. Patienten mit funktionellen Störungen.

Kontraindikationen liegen vor bei

- Patienten mit unsicheren Ich-Grenzen, die zu unkontrollierten emotionalen Überflutungen neigen, und Patienten mit ungenügender Affektsteuerung;
- Patienten mit unzureichender Motivation für diese Art der Psychotherapie.

Relative Kontraindikationen bestehen bei Patienten mit

- Psychosen in der Vorgeschichte und
- Gewalterfahrungen bzw. sexuellen Traumatisierungen.

Bei diesen Patienten ist die Körperarbeit besonders schwierig. Sie kann aber auch sehr fruchtbar sein, wenn es gelingt, die Erfahrungen in der Körpertherapie zu einer korrigierenden emotionalen Erfahrung werden zu lassen. Hierzu ist es notwendig, sich immer wieder von der Körperszene zu distanzieren, sie zu betrachten und ihre Emotionalität zu verstehen, um die Erfahrungen schrittweise integrieren zu können.

Zusammenfassend zeigt Tabelle 3.1 die dargestellten körperorientierten Therapieverfahren im Überblick.

Tabelle 3.1. Vergleich verschiedener körperorientierter Therapieverfahren

	KBT[a]	FE[b]	AK[c]
Therapiefokus	• Anregen von Körpererleben, Raumerleben und Beziehungserfahrungen auf der prä- und nonverbalen Ebene	• gestörte vegetative Regulationen (Atmung)	• Bedeutung des Körpers in der Übertragung • Erspüren der „Sprache" des Körpers
Therapieziele	• Reinszenierung frühkindlicher Erlebnisse durch Übertragungsentwicklung zu Mitpatienten, zum Therapeuten und zum Raum • Steigerung des Selbstwertgefühls • Ermöglichung sozialer Lernprozesse	• „Leibhaftiges Erspüren" körperlicher und seelischer Blockierungen • Förderung der Körperwahrnehmung	• Förderung der Körperwahrnehmung • Reinszenierung kindlicher Erlebnisse in der Übertragung • vertieftes Erleben und Verstehen durch Berührungsproben
Therapeutenverhalten	• aktiv, strukturierend • Verbalisieren von Haltungen	• anregend • begleitend	• „mitbewegend" • anregend • der Therapeut als Resonanzkörper
Setting	• Gruppenverfahren • Kombination mit verbaler Therapie	• Einzel- und Gruppenverfahren	• überwiegend Einzelverfahren
Indikationen	• psychosomatische und funktionelle Beschwerden • Patienten mit Körperschemastörungen (Eßgestörte)	• internistische Erkrankungen • funktionelle Störungen	• Patienten mit intellektualisierender Abwehr • früh traumatisierte Patienten
Kontraindikationen	• Patienten mit unsicheren Ich-Grenzen • Patienten mit Neigung zu Entfremdungserlebnissen	• Patienten mit unsicheren Ich-Grenzen • Patienten mit Neigung zu Entfremdungserlebnissen	• Patienten mit unsicheren Ich-Grenzen • unmotivierte Patienten

[a]: Konzentrative Bewegungstherapie.
[b]: Funktionelle Entspannung.
[c]: Analytische Körpertherapie.

Literatur

Balint M (1970) Therapeutische Aspekte der Regression, Klett, Stuttgart

Becker H (1988) Konzentrative Bewegungstherapie. In: Stolze H (Hrsg) Die Konzentrative Bewegungstherapie, 2. Aufl. Springer, Berlin Heidelberg New York Tokyo

Dubrawa R (1991) Integration körpertherapeutischer Methoden in die (stationäre) Verhaltenstherapie psychosomatischer Patienten. Prax Klin Verhaltensmed Rehabil 4:54–59

Eibach H (1996) Bewegung und Tanz. In: Buchheim P, Cierpka M, Seifert Th (Hrsg) Lindauer Texte. Springer, Berlin Heidelberg

Ferenczi S (1928) Die Elastizität der psychoanalytischen Technik. In: Schriften zur Psychoanalyse, Bd II. Fischer, Frankfurt a.M., S 237–250

Fuchs M (1985) Einführung in die Funktionelle Entspannung. In: Fuchs M (Hrsg) Funktionelle Entspannung in der Kinderpsychotherapie. Reinhardt, München Basel

Heisterkamp G (1993) Heilsame Berührungen. Praxis leibfundierter analytischer Psychotherapie. Pfeiffer, München

Lowen A (1986) Bio-Energetik. Rowohlt, Reinbek

Meyer JE (1961) Konzentrative Entspannungsübungen nach Elsa Gindler und ihre Grundlagen. Psychother Med Psychol 11:116–127

Moser T (1989) Körpertherapeutische Phantasien. Suhrkamp, Frankfurt a.M.

Moser T (1994) Ödipus in Panik und Triumph. Eine Körperpsychotherapie. Suhrkamp, Frankfurt a.M.

Petzold H (1977) Integrative Bewegungstherapie. In: Petzold H (Hrsg) Psychotherapie und Körperdynamik. Junfermann, Paderborn, S 289

Petzold H (1991) Zur Theorie und Praxis integrativer Leib- und Bewegungstherapie. Teil I. Energie Char 22:136–158

Reich W (1933, 1994) Charakteranalyse. Kiepenheuer & Witsch, Köln (1989)

Siegel EV (1986) Tanztherapie, Klett-Cotta, Stuttgart

Worm G (1990) Psychoanalyse und Körperarbeit. In: Streeck u. Werthmann HV. Herausforderungen für die Psychoanalyse. Pfeiffer, München, S 142–149

Zeig JK, Lankton SR (eds) (1988) Developing Ericksonian Therapy. Brunner/Mazel, New York/NY

Weiterführende Literatur

Becker H (1988) Konzentrative Bewegungstherapie. In: Stolze H (Hrsg) Die konzentrative Bewegungstherapie, 2. Aufl. Springer, Berlin Heidelberg New York Tokyo

Heisterkamp G (1993) Heilsame Berührungen. Praxis leibfundierter analytischer Psychotherapie. Pfeiffer, München

Müller-Braunschweig H (1996) Körperorientierte Psychotherapie. In: Uexküll T Psychosomatische Medizin, 5. Aufl. Urban & Schwarzenberg, München Wien Baltimore

Petzold H (1977) Integrative Bewegungstherapie. In: Petzold H (Hrsg) Psychotherapie und Körperdynamik. Junfermann, Paderborn, S 289

Familien- und Paartherapie

K. von Sydow

4.1 Theoretische Grundlagen

4.1.1 Historische Entwicklung

In den 30er und 40er Jahren begannen einige Psychotherapeuten und Psychotherapeutinnen – vorwiegend aus dem angloamerikanischen Raum – die Familien ihrer Patienten und Patientinnen in die Behandlung mit einzubeziehen. Die Ursprünge dafür lagen u. a. in der Erziehungsberatung, in der Praktiker gerade bei neurotischen und delinquenten Kindern und Jugendlichen oft an die Grenzen der individualtherapeutischen Möglichkeiten stießen sowie in der Schizophrenieforschung. Dort fiel auf, daß nicht nur die Schizophrenen selbst, sondern auch ihre Eltern problematisches Kommunikationsverhalten aufweisen.

> ! Mit der Integration systemtheoretischer und kommunikationswissenschaftlicher Ansätze entwickelte sich Familientherapie zu einem Verfahren, das von einem anderen Paradigma ausgeht als Einzeltherapie: Die Störung eines Familienmitglieds wird nicht als individuelles Problem, sondern als Symptom dysfunktionaler familiärer Interaktionen aufgefaßt.

Wichtige Anstöße zur Entwicklung dieses neuen Ansatzes kamen u. a. von dem britischen Biologen, Anthropologen und Psychologen Gregory Bateson (1904–1980), dem aus Argentinien stammenden amerikanischen Kinderpsychiater Salvador Minuchin (*1921), der amerikanischen Sozialarbeiterin Virginia Satir (gest. 1988), der italienischen Internistin und Psychoanalytikerin Mara Selvini-Palazzoli (*1917) und dem österreichisch-amerikanischen Psychotherapeuten und Sprachwissenschaftler Paul Watzlawick (*1921). Im deutschsprachigen Raum gewann die Familientherapie ab den 60er Jahren an Bedeutung. Wegbereiter waren u. a. die Psychoanalytiker Horst-Eberhard Richter (*1923), Helm Stierlin (*1926) und Jürg Willi (*1934). Während Paartherapie heute durchgängig als Unterform der Familientherapie eingeschätzt wird, entwickelte sie sich ursprünglich isoliert davon im Rahmen von Eheberatung und psychoanalytischer Arbeit mit Paaren (Gurman et al., 1986; Schäfer u. Wirsching, 1994; Weakland u. Herr, 1988).

Definition

Da (systemische) Familientherapeuten und Familientherapeutinnen davon ausgehen, daß nicht der einzelne Mensch, der Symptome zeigt, krank ist, sondern seine Familie und sein soziales Umfeld „gestört" ist, ist der „Patient" nicht eine Einzelperson, sondern die gesamte Familie. Der Symptomträger wird mit den Begriffen Indexpatient/Indexpatientin oder identifizierte/r Patient/in (IP) bezeichnet.

Definition

Familientherapie kann definiert werden als any psychotherapeutic endeavour that explicitly focuses on altering the interactions between or among family members and seeks to improve the functioning of the family as a unit, or its subsystems, and/or the functioning of individual members of the family (alle Formen von Psychotherapie, die explizit darauf hin orientiert sind, die Interaktionen zwischen Familienmitgliedern zu verändern und die Lebensbewältigung der gesamten Familie, ihrer Subsysteme und/oder individueller Familienmitglieder zu verbessern; GURMAN et al. 1986).

Diese Definition ist leider etwas unpräzise, was u.a. daran liegt, daß mit Familientherapie sowohl ein bestimmtes Setting als auch eine bestimmte theoretische Orientierung bezeichnet wird.

■ **Familientherapie als Setting.** Im Unterschied zu einzeltherapeutischen Verfahren werden mehrere Personen in die Therapie einbezogen, die miteinander verwandt sind und/oder eine Liebesbeziehung unterhalten, wie z.B. Paare mit oder ohne Kindern. Zum Teil wird auch die erweiterte Familie (z.B. Großeltern, Onkel und Tanten) zu einzelnen Sitzungen hinzugezogen. Dieses Setting wird inzwischen von fast allen großen Therapieschulen eingesetzt. So gibt es inzwischen z.B. systemische, strukturelle, verhaltenstherapeutische, psychoanalytische, humanistische oder Gestalt-Paar- oder Familientherapie sowie spezielle paarbezogene sexualtherapeutische Ansätze.

■ **Familientherapie als theoretische Orientierung.** Familientherapie kann auch – wie z.B. in dem Buch „Familientherapie ohne Familie" (WEISS u. HAERTEL-WEISS 1991) – als theoretischer Ansatz konzipiert werden, der sich mit systemischen Wechselwirkungen beschäftigt. Im Rahmen dieser Sichtweise wird nicht primär nach zurückliegenden Ursachen für Störungen gesucht, sondern analysiert, wie Menschen einander wechselseitig beeinflussen und wie psychische und körperliche Symptome in Zusammenhang mit dem sozialen Kontext stehen. Innerhalb dieser neuartigen theoretischen Orientierung werden systemisch orientierte Therapien in unterschiedlichen Settings durchgeführt – also auch mit Einzelpersonen (vgl. auch LUDEWIG 1993).

Thema in diesem Kapitel wird schwerpunktmäßig die Schnittmenge beider Konzeptionen sein, d.h. systemische Therapie mit Paaren und Familien – doch wird kursorisch auch auf psychoanalytische oder verhaltenstherapeutisch orientierte Familientherapie sowie systemische Einzeltherapie eingegangen werden.

Während im juristischen Sinn nur relativ wenige Lebensformen als „richtige" Familien gelten, die definiert sind durch Ehe und (biologische oder juristisch festgeschriebene) Elternschaft, werden heute sehr viel mehr Lebensformen als Familien bezeichnet – also z.B. auch kinderlose Ehepaare, nichteheliche hetero- und homosexuelle Lebensgemeinschaften mit und ohne Kindern oder Pflegefamilien.

Definition

Insofern lassen sich Familien als intime Beziehungssysteme charakterisieren, die bestimmt sind durch wechselseitige Nähe, Abgrenzung von der Umgebung sowie Dauerhaftigkeit (SCHNEEWIND 1991).

In der Folge wird der Terminus „ Familientherapie" als Oberbegriff für die therapeutische Arbeit mit Paaren oder Eltern(teilen) und Kindern sowie sonstigen Verwandten verwendet.

4.1.2 Unterschiedliche theoretische Ansätze

Anders als die Psychoanalyse, die auf die Arbeit eines einzigen Begründers zurückgeht, wurde die Familientherapie gleichzeitig von verschiedenen Pionieren initiiert, die eigene Wege gingen. Diese Vielfalt läßt sich in verschiedene Schulen gliedern, deren wichtigste, nämlich die tiefenpsychologische und die systemisch-strukturelle, näher beschrieben werden sollen (vgl. Gurman et al. 1986; v. Schlippe 1986).

Ebenfalls wichtig ist die verhaltenstherapeutische Familientherapie, deren theoretischer Hintergrund – die Lerntheorien – jedoch nicht gesondert dargestellt wird, da das bereits im Kapitel über die verhaltenstherapeutische Einzelbehandlung getan wurde (s. Kap. 1.3 in diesem Buch). Die Therapie basiert auf einer differenzierten Problem- bzw. Verhaltensanalyse, bei der familiäre Faktoren besonders berücksichtigt werden. Typische verhaltenstherapeutische Interventionen sind das Training neuer Verhaltensweisen (z. B. verbale und/oder sexuelle Kommunikation eines Paares, Erziehungsverhalten) und die Informationsübermittlung (z. B. für Angehörige von Schizophrenie-Erkrankten über den Zusammenhang zwischen Streß und schizophrenem Verhalten).

Auch die entwicklungsorientierte Familientherapie kann hier nicht gesondert dargestellt werden. Sie ist geprägt von der humanistischen Psychologie, die in den 50er Jahren als dritte Kraft gegenüber Psychoanalyse und Verhaltenstherapie entwickelt wurde und sich insbesondere mit der Arbeit der amerikanischen Therapeutin Virginia Satir (1972/1987) verbindet. Diese Schule betont, daß Menschen aktiv auf ihre Umwelt ausgerichtet sind, deren „guten Kern“ und die Eigenverantwortung für das eigene Leben.

Psychoanalytisch geprägte Familientherapie

In Hinblick auf diesen Ansatz sollen die theoretischen Beiträge von Richter, Stierlin und Willi skizziert werden.

> **Definition**
> Allgemein gehen psychoanalytisch orientierte Modelle von unbewußten Konflikten aus, die z. T. von Generation zu Generation weitergegeben werden, und versuchen die Widerstände gegen deren Aufdeckung in der Übertragungs-Gegenübertragungsbeziehung zu bearbeiten, um Einsicht zu erzielen. (s. Kap. dieses Buches/Psychoanalyse).

Dabei liegt der Fokus einerseits im innerseelischen Drama der einzelnen Familienmitglieder, andererseits auch auf den realen Beziehungen der Betroffenen (vgl. auch Möhring u. Neraal, 1991).

Typologie familialer Rollen nach Richter. Horst-Eberhard Richter entwickelte eine Typologie familialer Rollen, womit das Gesamt der bewußten und unbewußten Erwartungen an Partner/Partnerinnen oder von Eltern ihren Kindern gegenüber gemeint ist. Er wies darauf hin, daß Kinder oft zur Konfliktentlastung neurotischer Eltern eingesetzt werden, nämlich als Substitute für zentrale erwachsene Bezugspersonen (Eltern, Partner) oder Aspekte des elterlichen Selbst (Ideal-Selbst, negative Identität). Im Buch „Patient Familie“ (1970/1992) wurde eine Familientypologie entwickelt, innerhalb derer zwischen symptomneurotischen (ein Mitglied wird zum Symptomträger) und charakterneurotischen Familien (die Familie ist die Patientin) unterschieden wird. Letztere werden parallel zur psychoanalytischen Charakterlehre in drei Typen ausdifferenziert:

- angstneurotische Familien, in denen Differenzen und Unterschiede vermieden werden („Sanatorium“),
- paranoide Familien, in denen die aggressiven Impulse in die Umwelt projiziert werden („Festung“) und
- hysterische Familien, die in einer dramatischen Dauerinszenierung leben, um so ihre Leere und Beziehungslosigkeit abzuwehren („Theater“).

Die Übergänge zwischen diese Typen sind fließend.

> **Definition**
> **Bezogene Individuation nach Stierlin:** Helm Stierlins (1971, 1978, 1980) Entwicklungsziel auf individueller Ebene ist die bezogene Individuation, womit ein Gleichgewicht zwischen Abgrenzung und Individualisierung einerseits und Bezogenheit auf andere andererseits gemeint ist.

Auf der familiären Beziehungsebene unterscheidet er auf ähnliche Weise zwei entgegengesetzte Strömungen, nämlich Bindung und Ausstoßung. Probleme treten dann auf, wenn Kinder und Jugendliche zu eng an die Eltern gebunden oder aber zu früh aus der Familie ausgestoßen werden.

Definition

Mit Delegation bezeichnet Stierlin die meist unbewußten Aufträge der Eltern an die Kinder.

In diesem Sinn wird auffälliges Verhalten von Kindern und Jugendlichen nicht als Schwäche, sondern positiv als Leistung für die Eltern gesehen. Delegationen werden nicht nur von Eltern an die Kinder weitergereicht – oft prägen solche Vermächtnisse Familien über mehrere Generationen hinweg, so z.B. der Auftrag, die Familienehre zu wahren, eine Familienschande auszulöschen, sich für bestimmte – weltliche oder religiöse – Werte einzusetzen oder politische, wissenschaftliche, sportliche, sexuelle oder finanzielle Erfolge zu erringen. Delegationen können Ich-synton in die Person integriert sein, sie können jedoch auch zu großen Konflikten führen, wenn divergierende Vermächtnisse nicht nur von uneinigen Eltern, sondern auch von ausweglos zerstrittenen Familien-Clans delegiert werden. Der Selbstwert von Menschen hängt eng mit dem negativen oder positiven Verdienstkontenstand zusammen. Insofern ist es wichtig, die erweiterte Familie (z.B. Großeltern) in Therapien einzubeziehen und auch diesen gegenüber widersprüchliche Vermächtnisse und Verdienstkonten zur Sprache zu bringen.

Beispiel

Die Studienkrise einer Medizinstudentin im Physikum läßt sich auf den divergierenden sozialen Hintergrund ihrer Eltern und daraus resultierenden widersprüchlichen Delegationen zurückführen: Die Mutter, die ihrerseits aus einer Arztfamilie stammt, delegiert an die Tochter den „Auftrag“, das zu erreichen, was sie selbst u.a. aufgrund des Krieges nicht geschafft hat, nämlich Ärztin zu werden. Der Vater dagegen, ein Arbeiter, befürchtet, daß sich die Tochter durch das Studium von ihm entfremdet – ebenso wie auch die Tochter selbst (Stierlin 1980).

Das Konzept der Kollusion nach Willi. Von Stierlins Konzept der malignen Verklammerung/Clinch, das sich auf Paare bezieht, die durch einen wechselseitig eskalierenden, sehr aggressiven Austausch gekennzeichnet sind – ohne daß je ernstlich eine Trennung erwogen würde –, läßt sich überleiten zum allgemeinen Konzept der Kollusion (lat. colludere = zusammenspielen), das Jürg Willi (1975, 1978) in die deutschsprachige Literatur einführte.

Definition

Damit wird das uneingestandene, oft unbewußte Zusammenspiel von Partnern und Partnerinnen verstanden, das als Versuch interpretiert wird, miteinander geteilte Ängste und Schuldgefühle zu bewältigen.

Vermutlich läßt sich in jeder intensiven Beziehung ein solches Zusammenspiel feststellen. Eine pathologische Interaktion konstatiert Willi, wenn beide versuchen, aneinander ihre neurotischen Störungen zu bewältigen, um sich so Surrogatbefriedigungen zu verschaffen und die eigene Abwehr zu potenzieren. Er postuliert, daß Partner, die sich zusammenfinden, im gemeinsamen Grundthema ähneln, das Willi den verschiedenen Phasen der Libidoentwicklung zuordnet (z.B. „phallische Kollusion“). Trotz dieses gemeinsamen Themas wirken beide Partner oft jedoch völlig gegensätzlich, da es vielfach zu einer komplementären Rollenverteilung kommt:

> Jeder verkörpert in seinem Verhalten das, was der andere als eigene Verhaltensmöglichkeit verdrängt (S.167).

So befindet sich dann eine(r) in einer regressiven Grundhaltung, d.h. er/sie zeigt kindlich-hilfloses und abhängiges Verhalten und wirkt hilflos, während der/die andere bemüht überlegenes, „erwachsenes“ und fürsorgliches Verhalten zeigt (progressive Position). So z.B. wenn die Frau sich schwach gibt und der Mann glaubt, sich stark zeigen zu müssen. Statt der komplementären Aufteilung kann es jedoch auch zu einer symmetrischen Rollenverteilung kommen, wie z.B. bei einem Paar mit chronischem Machtkampf.

Systemische und strukturelle Familientherapie
Während es sich bei der psychoanalytisch oder verhaltenstherapeutisch geprägten Familientherapie um Adaptationen etablierter Theorien aus der Einzeltherapie handelt, werden in diesem Abschnitt Konzepte vorgestellt, die speziell für die Arbeit mit Familien entwickelt wurden, inzwischen jedoch umgekehrt auch für die Arbeit mit Einzelpersonen adaptiert wurden. Die theoretischen Grundlagen der systemischen Therapie werden im nächsten Abschnitt genauer ausgeführt. Wichtige theoretische Grundlagen liegen in der Kommunikations- und Systemtheorie sowie dem Konstruktivismus.

■ **Systemtheorie.** Im Mental Research Institute in Palo Alto, Kalifornien, arbeit(et)en eine Reihe von Forscher und Forscherinnen, die sich mit Systemtheorie beschäftigt haben, u.a. Gregory Bateson, Don Jackson, Jay Haley, Virginia Satir und Paul Watzlawick. Es handelt sich dabei nicht um eine geschlossene Theorie, sondern um lose miteinander verbundene Konzepte, die in der allgemeinen Systemtheorie und Kybernetik wurzeln. Wesentlich ist dabei, daß sich das Augenmerk mehr auf Zusammenhänge und Wechselbeziehungen richtet, als auf individuelle Merkmale. Die zentralen Gedanken dieser Theorie lassen sich folgendermaßen zusammenfassen:

Das Ganze ist größer als die Summe seiner Teile; jedes Teil ist nur im Kontext des Ganzen zu verstehen; eine Veränderung in irgendeinem Teil wirkt sich auf alle anderen Teile aus; das Ganze reguliert sich durch eine Folge von Rückkoppelungsschleifen, die kybernetischen Schaltkreise. Innerhalb dieser Rückkoppelungsschleifen wandern die Informationen hin und her und bewirken so die Stabilität bzw. Homöostase des Systems (Papp 1983/1989, S. 18).

Die Teile sind in ständiger Bewegung und halten so das System im Gleichgewicht, so wie eine Seiltänzerin ständig ihr Gewicht verlagert, um nicht die Balance zu verlieren.

Das übergreifende System wahrt seine Form, während der Zusammenhang der Teile untereinander sich ändert (Papp 1983/1989, S. 18).

Was bedeutet das nun für die Psychotherapie? – In Abgrenzung zur Psychoanalyse betonen Systemiker und Systemikerinnen die Bedeutung der aktuellen Interaktionen von Familien. Das neuentwickelte Konzept der Familienregeln verweist auf implizite Normen des Zusammenlebens, wie z.B. „Wir machen immer alles zusammen" oder „Wir streiten uns nie". Die homöostatischen Eigenheiten von Familien werden deutlich in der Beobachtung, daß sich oft andere Familienmitglieder verändern (z.B. „erkranken"), wenn durch Einzeltherapie eine Verbesserung bei der Indexpatientin oder dem Indexpatienten erreicht wurde.

■ **Kommunikationstheorie.** In dem Standardwerk von Watzlawick et al. (1982) werden die Grundlagen der Kommunikationstheorie genauer dargestellt, so z.B.

- die Unmöglichkeit *nicht* zu kommunizieren,
- die Kreisförmigkeit von Interaktionen und die Rolle der Interpunktion sowie
- die verschiedenen Formen von Kommunikation (Inhalts- und Beziehungsaspekt; digitale und analoge Kommunikation).

Besonders bekannt wurde das von Bateson (1972/1983) geprägte Konzept „double bind" (Doppelbindung). Dabei geht es darum, daß eine Person einer anderen zwei widersprüchliche Botschaften mitteilt und keine Metakommunikation möglich ist, da der Empfänger der Botschaft in einer Abhängigkeitsbeziehung zum Sender steht, z.B. wenn die Mutter dem Kind sagt „Geh' doch zu den anderen Kinder spielen" und gleichzeitig ganz traurig guckt, sobald das Kind die ersten Schritte weg von ihr macht. Solche Interaktionen treten häufiger bei Familien mit einem schizophrenen Mitglied auf, jedoch auch bei „gesunden" Familien. Entgegen der ursprünglichen Hoffnungen, die in dieses Konzept gesetzt wurden, bietet es keine ausreichende Erklärung zur Ätiologie der Schizophrenie.

Beispiel

Viele Studenten und Studentinnen kennen den Witz von der Laborratte, die einer anderen Ratte das Verhalten des Versuchsleiters mit den Worten erklärt: „Ich habe den Mann so trainiert, daß er mir jedesmal Futter gibt, wenn ich diesen Hebel drücke" (WATZLAWICK 1987, S. 72). Während Versuchsleiter und Versuchsleiterinnen in solchen Experimenten in der Regel annehmen, sie hätten die Situation unter Kontrolle, ordnet (interpunktiert) diese Ratte dieselbe Ereignisfolge genau andersherum an, so daß sie die Urheberin und nicht das dressierte Tier ist.

! **Konstruktivismus.** Der Konstruktivismus weist darauf hin, daß nicht das Objekt der Betrachtung entscheidend ist, sondern die Prozesse, die den Betrachter und die Betrachterin dazu führen, was er/sie für wahr hält.

Während die Eigenschaften rein physischer Dinge weitgehend objektiv feststellbar sind (z. B. die Temperatur einer Flüssigkeit), sind die Eigenheiten zwischenmenschlichen Verhaltens immer nur zugänglich durch Rückgriffe auf subjektive Interpretationen. Den meisten Menschen ist nicht bewußt, daß andere „dasselbe" eben nicht als dasselbe, sondern als etwas anderes erleben, und gehen selbstverständlich davon aus, allein ihre Sicht sei die „wahre" (WATZLAWICK 1987).

BEISPIEL

Ein „Latin Lover", der im Urlaub ins freizügigere Skandinavien kommt, kann in große Verwirrung geraten. Während er voraussetzt, daß seine allgegenwärtigen sexuellen Anträge Komplimente sind, die von den Frauen selbstverständlich abgelehnt werden, werden die Skandinavierinnen diese Anträge als „echte" sexuelle Annäherungsversuche deuten und womöglich darauf eingehen – womit er nicht rechnet und was er auch gar nicht beabsichtigt (WATZLAWICK 1984).

■ **Strukturelle Familientherapie.** Der Begriff strukturelle Familientherapie wurde von SALVADOR MINUCHIN geprägt.

! Diese Therapieform konzentriert sich auf aktuelle Familieninteraktionen, aus der Informationen über die Struktur der Familie abgeleitet werden. Länger zurückliegende Erfahrungen aus Kindheit oder Jugend interessieren dabei weniger. Ziel ist die Veränderung der Interaktionsmuster und damit der Struktur der Familie. Wichtig ist dabei die Arbeit an den Grenzen.

Minuchin postuliert, daß eine gesunde Familie sich durch klare Grenzen der Subsysteme auszeichnet, bestimmt durch Generation, Geschlecht und Funktionen. Als problematisch gelten „verstrickte" Familien, bei denen die Grenzen zwischen den Familienmitgliedern verwischt sind und „isolierte Familien" mit übermäßig starren Grenzen. Beachtet werden auch Fragen von Macht und Rollenverteilung, offenen, verdeckten und umgeleiteten Konflikten sowie Koalitionen. Entsprechende Daten werden in einem Strukturdiagramm grafisch dargestellt, das die Matrix bildet, anhand derer Hypothesen über die Familie aufgestellt, geprüft und ggf. revidiert werden (MINUCHIN u. FISHMAN 1985). JAY HALEY entwickelte einen verwandten Ansatz, den er strategische oder problemlösende Familientherapie nannte. Er wies auf eine Form der Familienfehlentwicklung hin, das sog. perverse Dreieck bzw. die Triangulation.

Definition

Damit wird die Einbeziehung eines Dritten in eine Zweierbeziehung bezeichnet, um diese zu entschärfen oder zu stabilisieren, z. B. wenn der Vater mit der Tochter eine heimliche Koalition gegen die Mutter bildet.

4.1.3 Gemeinsamkeiten und Unterschiede

Es kam zu z. T. aggressiven Auseinandersetzungen zwischen Systemikern und Systemikerinnen und Psychoanalytikern und Psychoanalytikerinnen, bei denen letztere den erstgenannten vorwarfen, Patienten und Patientinnen zu hilflosen Objekten therapeutischer Tricks zu machen, während umgekehrt die Systemiker/innen kritisierten, daß gerade unnötig langwierige analytische Therapien künstlich eine Abhängigkeit der Patienten/innen von ihren Behandlern „züchte". Genaugenommen verfolgen beide Orientierungen Sichtweisen, die sich nicht notwendigerweise widersprechen müssen.

■ **Unterschiede.** Die Psychoanalyse favorisiert eine vertikale Sicht, bei der – botanisch gesehen – eine einzelne Pfahlwurzel tief in den Untergrund verfolgt wird, während systemische und strukturelle Ansätze sich stärker mit der horizontalen Ebene beschäftigen – also, um im botanischen Bild zu bleiben: mit dem näher an der Oberfläche liegenden Netzwerk mehrerer flacher Wurzeln. Doch auch systemische Therapeuten/innen interessieren sich für das tieferliegende Wurzelgeflecht, wie z.B. für Familientraditionen, die sich oft über mehrere Generationen verfolgen lassen. Das Unterschiedliche der Ansätze impliziert nicht notwendigerweise einen Anspruch auf „höhere Wahrheit", sondern bedeutet, daß sich systemische Familientherapeuten/innen für den intensiveren Blick auf die leichter veränderbaren Anteile entschieden haben. Tabelle 4.1 zeigt die Unterschiede der beiden Therapierichtungen im Überblick.

■ **Gemeinsamkeiten.** Doch neben aller Unterschiedlichkeit sind die meisten familientherapeutischen Ansätze auch miteinander verwandt. Heute besteht ein zunehmender Trend zur Entwicklung integrativer familientherapeutischer Modelle (Gurman et al. 1986). Nicht zuletzt verändern sich auch die prominenten Vertreter der Familientherapie: Stierlin und seine Arbeitsgruppe z.B., die hier noch zur psychoanalytischen Familientherapie gerech-

Tabelle 4.1. Psychoanalytische vs. systemisch-strukturelle Familientherapie

Unterschiede	Psychoanalytische Familientherapie	Systemisch-strukturelle Familientherapie
Problemfokus	Fokus auf „tiefere" Störungen und ihre Wurzeln in der frühen Kindheit	Fokus auf aktuelle Probleme und ihre Vernetzung mit der (sozialen) Umwelt
Zentrale Fragen	Suche nach Ursache-Wirkungs-Zusammenhängen	Suche nach Wechselwirkungen, zirkulären Abläufen
Zeitliche Orientierung	Vergangenheitsorientierung	Gegenwartsorientierung
Bedeutung der Umwelt	geringere Beachtung der sozialen und materiellen Umwelt außerhalb der Familie	stärkere Beachtung der sozialen und materiellen Umwelt außerhalb der Familie
Therapeutische Orientierung	Betonung pathologischer Aspekte	Betonung gesunder Aspekte und Ressourcen
Therapieziele	Therapieziele werden nicht explizit vereinbart	konkrete Therapieziele
	Interesse an grundlegenden und tiefgreifendem Persönlichkeitswandel	Interesse an kleinen, strategisch wichtigen Veränderungen, die den Teufelskreis gestörter Interaktionen aufbrechen
Therapeutische Techniken	„Durcharbeiten"	Anstoßen/neue Impulse geben und auf die Selbstregulation des Systems vertrauen
	Kampf gegen den Widerstand	„Nutzung" des Widerstands
Therapiefrequenz	höherfrequent	niederfrequent

net werden, haben sich inzwischen mehr und mehr systemisch orientiert. Auch WILLI (1985) betont inzwischen stärker die gesunden Seiten neurotischer Partnerschaften. Andererseits interessieren sich systemische Arbeitsgruppen, wie z. B. die um PEGGY PAPP (1989) in New York oder die um ROSEMARIE WELTER-ENDERLIN (1993) in der Schweiz zunehmend wieder mehr für Geschichten und subjektive Konstrukte, also für biographische Daten – das, was Psychoanalytiker und Psychoanalytikerinnen bedeutsam finden.

Ein grundlegender theoretischer Konsens – der besonders die systemischen Aspekte herausstreicht – besteht in bezug auf folgende Bereiche (SCHLIPPE, 1986; WALTERS et al. 1988/1991; WEAKLAND u. HERR 1988; WEBER u. STIERLIN 1991):

Theoretischer Konsens familientherapeutischer Ansätze

- Jeder Mensch steht zu seiner Umwelt in einer Wechselwirkungsbeziehung: Er/sie wird von der Umgebung beeinflußt und ist gleichzeitig selbst aktiv darin, seine oder ihre Umgebung zu gestalten. „Gesundes“ wie auch „gestörtes“ Verhalten und Erleben ist geprägt vom sozialen Umfeld und insbesondere der aktuell stattfindenden Kommunikation und Interaktion.
- In jeder länger dauernden Beziehung entwickeln sich bestimmte dauerhafte Interaktionsmuster, die sich verfestigen durch wechselseitige Verstärkung. Diese Formen der Interaktion können in jedem Sozialsystem Bedeutsamkeit erlangen (Schule, Arbeitsgruppe, Freundeskreis usw.), doch kommt ihnen innerhalb von Paaren und Familien besondere Bedeutung zu, da diese meist die emotional bedeutsamsten, allgegenwärtigsten und langlebigsten Beziehungsformen sind und Kinder in besonderem Maße abhängig von ihrem familiären Umfeld sind. Den problematischen Fall nennt man einen Teufelskreis. Solche Muster entstehen unabsichtlich und bleiben oft bestehen, ungeachtet aller Bemühungen, sie zu beseitigen.

BEISPIEL

Herr Müller zieht sich immer zurück, wenn seine Frau an ihm herumnörgelt. Er liest dann die Zeitung, fühlt sich gekränkt und außerdem im Recht. – Schließlich hat er den ganzen Tag hart gearbeitet, da möchte er auch mal seine Ruhe haben. Frau Müller sieht die Sache ganz anders: Immer wenn ihr Mann nach Hause kommt, zieht er sich zurück, und da ist es kein Wunder, wenn sie darüber enttäuscht ist und ihrer Enttäuschung Ausdruck gibt. Schließlich ist sie den ganzen Tag allein und möchte auch mal was reden. – Der/die Therapeut/in kann nun die Ansicht A $\rightarrow$ B (Nörgeln führt zu Rückzug, Herrn Müllers Version) oder B $\rightarrow$ A (Rückzug führt zu Nörgeln, Frau Müllers Version) für „wahr“ erklären (WEISS u. HAERTEL-WEISS, 1991, S. 35). Mann und Frau werden wahrscheinlich versuchen, den/die Therapeuten/in von ihrer jeweiligen Version zu überzeugen. Geht der/die Therapeut/in darauf ein, so wird der/die andere Patient/in sich jeweils unverstanden fühlen. Ein/e Familientherapeut/in wird versuchen, statt der jeweiligen kausalen Ursache-Wirkungs-Modelle eine neue zirkuläre Sichtweise (Epistemeologie) zu verwenden – weder er noch sie ist „schuld“, sondern beide sind in einem problematischen Muster gefangen, in dem sie gleichzeitig Täter und Opfer sind.

Rückzug des Mannes ⟲ Nörgeln der Frau

- Diese wechselseitige Verflochtenheit impliziert jedoch nicht, daß Eltern und Kinder oder Männer und Frauen gleich viel Macht haben. In einer traditionellen Ehe ist die Ehefrau z. B. wirtschaftlich von ihrem Mann abhängig, was ihre Möglichkeiten zu Autonomie beschneidet. „It takes two to tango“ – beide Tanzpartner sind wechselseitig voneinander abhängig, aber beim Tango ebenso wie in der traditionellen Ehe „führt“ der Mann, und die Frau muß sich seiner Führung überlassen. Insofern müssen bei der Betrachtung immer auch das soziale und materielle Umfeld, die historische Zeit und die Kultur berücksichtigt werden (SYDOW 1993, 1994).

Am obigen Beispiel wird deutlich, daß auch scheinbar neutrale systemische Inhalte so neutral nicht sind: Das der Frau zugeschriebene „Nörgeln" klingt wesentlich abwertender als der „Rückzug" des Mannes, worin sich gesellschaftliche Klischees über Geschlechterrollen spiegeln (vgl. Welter-Enderlin 1987; 1993).

- Von einem Problem ist dann zu sprechen, wenn sich ein bestimmtes dauerhaftes Verhalten entwickelt, unter dem der/die Betreffende selbst und/oder seine/ihre Umgebung ernstlich leiden. Unter einem Symptom wird hier also eine sinnvolle und verstehbare Reaktion auf die Lebenswelt des/der Patient/in verstanden, die sich nicht anders Ausdruck verschaffen kann. In systemischer Sicht ist das Symptom ein paradoxer Lösungsversuch, der das in die Krise geratene System stabilisiert und gleichzeitig ein „Hilfeschrei" des beeinträchtigten Systems – also z. B. der Familie – ist.
- Im Hinblick auf die Beurteilung von Verhalten als problematisch oder nicht, spielt nicht nur das „objektiv" Beobachtbare eine Rolle, sondern auch die Ideen und Bedeutungen, die Handlungen zugeschrieben werden.
  Bezogen auf das obige Beispiel muß das Zeitunglesen des Mannes nicht notwendig ein Problem darstellen – wenn die Frau sich schon immer gewünscht hat, mehr von ihm in Ruhe gelassen zu werden oder wenn sie denkt, daß er das Kinoprogramm studiert, um sie zu einem gemeinsamen Filmbesuch einzuladen usw. Auch eine nörgelnde Frau muß kein Problem sein – vielleicht fühlt sich der Mann dadurch endlich wieder mehr beachtet, oder er hatte Ärger im Büro und freut sich über diesen schönen Anlaß, einen Streit anzufangen ...
- Zur Lösung des Problems ist entweder eine entsprechende Veränderung einer oder mehrerer Verhaltensweisen innerhalb des Interaktionssystems oder eine Veränderung der Bewertung des Verhaltens durch die Betreffenden notwendig.
- Aufgabe des/der Therapeut/in ist es, den Betreffenden zu solchen Veränderungen zu verhelfen, die zu erkennen und durchzuführen sie allein nicht in der Lage waren. Dabei ist der/die Therapeut/in selbst Teil des Systems, also trotz aller Bemühungen um Neutralität ist er oder sie nicht völlig neutral oder objektiv. Seine oder ihre Sichtweise ist geprägt durch Geschlecht, Kultur, Gesellschaft und die persönliche (Familien-)Geschichte (liest sie auch gerne Zeitung nach dem Nachhausekommen? Nörgelt ihr Mann dann auch?). Um so wichtiger ist die Arbeit des/der Therapeuten/in an sich selbst durch Eigentherapie, Selbsterfahrung und Supervision.

4.2 Diagnostik

Die systemisch-strukturelle Familientherapie befindet sich in Hinblick auf die Diagnose- und Indikationsstellung in einem Dilemma: Die gängigen Diagnoseschemata für psychische und psychosomatische Probleme, wie z. B. ICD-10 oder DSM-III-R, die von einem medizinischen Krankheitsmodell ausgehen, werden zumindest theoretisch abgelehnt, da diese von der Symptomatik des oder der Indexpatienten/in ausgehen und familiäre Interaktionen kaum berücksichtigen. Gleichzeitig existiert bisher keine empirisch abgesicherte Nosologie, anhand der Interaktionsstörungen von Familiensystemen klassifiziert werden könnten. Es gibt allerdings entsprechende Bemühungen zu präzisieren, welche Beziehungsprobleme z. B. „Magersuchtsfamilien" aufweisen. Diese werden als verstrickt, überfürsorglich, starr und konfliktvermeidend beschrieben (Minuchin et al. 1978/1991). Wobei bisher jedoch keine hinreichenden Belege dafür existieren, daß diese Faktoren spezifisch in Magersuchtsfamilien auftreten und nicht auch in „normalen" Familien oder solchen mit anderen psychischen oder psychosomatischen Problemen (Weber u. Stierlin 1991).

Insofern wird aus Verständigungsgründen letztlich doch meist auf die gängigen medizinischen Diagnosen zurückgegriffen (z. B. von Weber u. Stierlin 1991). Während Psychoanalytiker wie Richter oder Willi ursprünglich individumsbezogene Störungskonzepte auf die gesamte Familie („angstneurotische Familie") oder das Paar („orale Kollusion") ausdehnen, ist es im Gegensatz dazu Anliegen der Systemiker, den Begriff der Krankheit zu „verflüssigen", auch bei schwerwiegenden Störungen, die z.B. als Psychose diagnostiziert werden. Insofern bemühen sie sich, problematisches Verhalten mit möglichst neutralen Worten zu beschreiben und auf die jeweilige Familie bezogene systemische Diagnosen zu stellen. Diese sind natürlich geprägt von den impliziten und expliziten Vorstellungen der Therapeuten und Therapeutinnen darüber, was eine „gesunde Familie" ausmacht und wo die „gestörte Familie" anfängt. Strukturelle Familientherapeuten und Familientherapeutinnen betonen diesbezüglich z. B. die Wichtigkeit von deutlichen Generationsgrenzen und einer familiären Beziehungsstruktur, in der einzelne Beziehungen weder symbiotisch-verschwimmend noch sehr distanziert sind. Doch diese Fragen werden je nach Kultur- und Schichtzugehörigkeit und jeweiliger historischer Zeit unterschiedlich beantwortet.

Familiendiagnostik

Es existieren verschiedene Verfahren zur Erfassung von Familiendaten, wie Fragebogen-Tests, projektive Tests (z.B. Familie in Tieren) sowie innovative visuelle Verfahren, wie z.B. der neuentwickelte Familiensystemtest (FAST), eine Figurentechnik für die Darstellung emotionaler Bindungen und hierarchischer Strukturen in der Familie. Doch die meisten Familientherapeuten und Familientherapeutinnen sind weniger interessiert an standardisierter Diagnostik, sondern gründen ihre Einschätzung primär auf fünf Quellen, die während und nach der Erhebung der Familienanamnese erhoben werden (Cierpka 1996; Schneewind 1991; Testzentrale 1994).

Quellen der Familiendiagnostik

- Direkte Beobachtung der Interaktionen zwischen den Familienmitgliedern,
- Aussagen der Betroffenen zu ihrem aktuellen Beziehungserleben,
- Beobachtung und Analyse der Interaktionen zwischen den Familienmitgliedern und dem/der Therapeut/in (Übertragung und Gegenübertragung),
- Rekonstruktion erlebter und gemeinsam geschaffener Familiengeschichte und
- Informationen über die materielle und soziale Lebenslage der Familie.

Drei spezielle visuelle Techniken – das gemeinsame Erstellen von Genogrammen, Systemzeichnungen/Strukturdiagrammen sowie Familienskulpturen – werden in der Folge näher beschrieben. Sie dienen dazu, wichtige Familiendaten bildlich darzustellen, sowohl als diagnostisches Hilfsmittel für den/die Therapeuten/in als auch bereits als Intervention.

> ! Genogramm und Systemzeichnung werden in Familien- und systemischen Einzeltherapien eingesetzt, um die Entwicklungen, Muster und Verflechtungen der Familienmitglieder sichtbar zu machen.

Diese visuellen Techniken ermöglichen es den Therapeuten und Therapeutinnen und damit auch den Klienten und Klientinnen, die über mehrere Generationen hinweg bestehenden Beziehungsmuster zu erkennen, so daß das geschilderte Symptom in einen Kontext eingebettet werden kann (Walters et al. 1991).

Bei der Auswertung eines Familiengesprächs (das oft auf Video festgehalten wird) achten Familientherapeuten und Familientherapeutinnen auf Informationen, die dazu beitragen, eine Hypothese über die Kernfrage zu entwickeln: die nach der möglichen Funktion des Symptoms für das Familiensytem (Schlippe 1986).

Fragen zur Analyse familiärer Interaktionen

- Wiederkehrende Interaktionsmuster und ähnliche Sequenzen (z.B. daß der Mann immer wieder die Frau unterbricht).
- Zugrundeliegende Prämissen und Regeln der Familie.

- Grenzen, Koalitionen und Triangulationen (z. B. die Frau nimmt das Baby immer dann auf den Arm, wenn der Mann das Thema Sexualität anspricht).
- Stärken und Ressourcen Einzelner und der Familie insgesamt.
- Die Position des/der Therapeuten/in im System (Zuwendung/Abwendung von einzelnen Familienmitgliedern, Gegenübertragung, Erwartungen der Familie).
- Äußere Einflüsse (Mehrgenerationsperspektive, Arbeitsplatz, therapeutische Einrichtungen, Kultur und Soziales).

Im Grunde genommen sind die Übergänge zwischen Diagnostik und Intervention zumindest in der systemischen Therapie fließend.

! Diagnostische Maßnahmen, z. B. die zirkuläre Befragung (s. unten), sind gleichzeitig immer auch therapeutische Maßnahmen!

Fragen können eine neue Sicht auf die Welt eröffnen bzw. die alte Sicht umstrukturieren und werden in systemischen Therapien auch gezielt so eingesetzt. So hat das Hypothesen Bilden – Prüfen – Verwerfen/Verfeinern im Rahmen der Mailänder Schule oder der Heidelberger Arbeitsgruppe um Stierlin große Bedeutung – gerade auch als Mittel der Beeinflussung.

Methoden der Familiendiagnostik

Definition

Genogramm. Ein Genogramm ist eine graphische Darstellung der Familienstruktur. Es sieht ähnlich aus wie ein Familienstammbaum, enthält aber verschiedene Daten, die in Stammbäumen üblicherweise nicht enthalten sind. Diese Technik wurde von Murray Bowen entwickelt und dient der Visualisierung wichtiger Familienereignisse und Daten. Zu einem vollständigen Genogramm gehören Daten zu allen Familienangehörigen über mindestens drei Generationen hinweg (Heinl 1987; Walters et al. 1991):

1. Namen, Alter/Geburtsdatum, Berufe, kultureller und religiöser Hintergrund.
2. Beginn von Partnerschaften, Eheschließungen, Trennungen/Scheidungen, schwere Krankheiten und Pflegeabhängigkeiten, Todesdaten und Todesursachen.
3. Wohnorte, Umzüge und andere bedeutsame Lebensereignisse/Veränderungen.

Das Geflecht der emotionalen Beziehungen und Beziehungsstrukturen wird dann durch unterschiedlich gestaltete Striche dargestellt. Manche Therapeuten und Therapeutinnen zeichnen sie mit in das Genogramm ein, andere stellen sie in einer gesonderten Grafik dar, der Systemzeichnung bzw. dem Strukturdiagramm (nach Minuchin).

Legende zu den wichtigsten Symbolen des Genogramms:

Männlich: □ Weiblich: ○

Verstorben: ⊠ ⊗

Eheschließung/Partnerschaft:
- verheiratet: ∞
- geschieden: ∞ (durchgestrichen)

Kind(er):

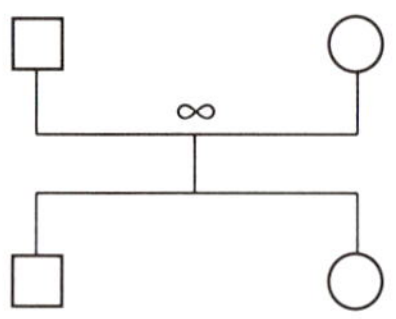

Beispiel für ein Genogramm (S. Abb. 4.1):

Dargestellt sind drei Generationen der Familie R. – Großeltern, Eltern (und deren Geschwister) und Kinder –, deren jüngstes Kind, die 10jährige Nicole, Indexpatientin ist. Sie leidet unter Trennungsangst von den Eltern, Übelkeit, Eßproblemen, Erbrechen und Bauchweh. Ähnliche Symptome traten erstmals auf, als Nicole 7 Jahre alt war, was damals mit einem stationären Aufenthalt in der Kinder- und Jugendpsychiatrie behandelt wurde, der zu einer Besserung führte. Doch nun waren die Eltern erneut besorgt, da sich seit einigen Wochen wieder Symptome in allerdings leichterer Form zeigten, und stellten sich deshalb mit ihrer Tochter in der Kinderklinik vor, die die Familie zum

Erstgespräch an die psychosomatische Poliklinik überwies.

Was fällt nun auf bei Betrachtung des Genogramms?

- Die Probleme der Tochter Nicole traten erstmals mit 7 Jahren auf, also in einem Alter, ab dem die Kindheit ihres Vaters Bernd von sehr schweren Belastungen überschattet war: Seine Mutter litt 20 Jahre lang bis zu ihrem Tod unter Brustkrebs, die Krankheit wurde 1953 diagnostiziert, als Bernd 7 Jahre alt war. Die Zweitmanifestation der Symptomatik trat kurz nach dem Tod von Nicoles Großvater auf, der mit der Familie lebte. Es stellt sich die Frage nach unverarbeiteter Trauer und evtl. bestehenden Depressionen auf seiten der Familienangehörigen und insbesondere des Vaters.
- Zum zweiten Mal bereitete die Symptomatik Besorgnis zu einem Zeitpunkt, als sich familiäre Veränderungen abzeichnen: Der ältere Sohn Jens macht gerade Abitur, Nicole ist in der 4. Klasse, so daß für sie ein Wechsel auf eine weiterführende Schule ansteht. Der Schwiegervater, den Gudrun R. gepflegt hatte, ist ca. 4 Monate vor dem Erstgespräch verstorben. Während Gudrun R. sich bisher ausschließlich ihrer Familie widmete und sich um die Erziehung der Kinder, die Pflege beider Schwiegerelternteile und den Haushalt kümmerte, sind nun zum ersten Mal in der Ehe weder pflegeabhängige Kranke noch kleine Kinder im Haus. Es stellt sich die Frage nach neuen Lebensoptionen für Frau und auch Herrn R. Hat sie Pläne in bezug auf Weiterbildung, Berufstätigkeit oder anderes? Wie denkt Herr R. darüber? Wie stellt er, wie sie sich ihre Ehe in Zukunft vor?

Insofern bietet das Genogramm erste Hinweise auf mögliche Problembereiche. Hier z.B. auf die Krankheiten und Todesfälle, evtl. noch nicht bewältigte Trauer und anstehende Veränderungen des ehelichen Rollengefüges durch die größere Unabhängigkeit der Kinder und das „Fehlen“ von schwerstpflegeabhängigen Angehörigen.

Familienskulptur. Die Familienskulptur ist eine gestalterische Technik, die durch Peggy Papp und Virginia Satir in den USA bekannt wurde.

> **Definition**
> Jeweils ein Familienmitglied wird aufgefordert, die Angehörigen und sich selbst wie ein/e Bildhauer/in räumlich so anzuordnen, daß sich eine subjektiv zum gegenwärtigen Zeitpunkt stimmige Abbildung der emotionalen Beziehungen der Familienmitglieder ergibt.

Danach wird besprochen, wie sich die Familienmitglieder dabei fühlten und wie sie diese Skulptur erleben. Das Produkt kann verglichen werden mit der Skulptur anderer Familienangehöriger oder mit dem Idealbild. In systemischen Einzeltherapien werden statt echten Menschen Figuren (z.B. Playmobil) verwendet. Vorteil dieser Methode ist ein Zugang zur Beziehungsstruktur des Paares oder der Familie, der meist direkter ist als die gesprochene Sprache, da rationalisierende Abwehrphänomene unterlaufen werden. Aus dem in einer Skulptur sichtbar werdenden Abstand zwischen den Personen, Größenverhältnissen, Körper- und Handhaltungen, Gesichtsausdruck sowie Blickkontakt lassen sich eine Vielzahl von Informationen über emotionale Nähe und Distanz, Macht und Autorität, Außenseiter usw. ableiten. Außerdem ist diese Körpersprache universell verständlich für Erwachsene und Kinder aus unterschiedlichen Kulturen und sozioökonomischen Schichten. Nicht zuletzt kann das „Bauen“ einer Familienskulptur den Beteiligten Spaß machen und zu ganz überraschenden Einsichten beitragen. Diagnostisch interessant ist die gegenwärtige und vergangene Situation der Familie aus der Sicht verschiedener Mitglieder, als Intervention interessieren auch die familiären Ideal- und Zukunftsvorstellungen. Interessant kann es auch sein, verschiedene zurückliegende (z.B. vor dem Tod des Großvaters) und zukünftige Entwicklungsstufen der Familie (z.B. nach dem Auszug der jüngsten Tochter) bauen zu lassen oder die Skulptur in Bewegung zu setzen, um so den „Tanz der Familie“ abzubilden (Schweitzer u. Weber 1982; Cierpka 1996).

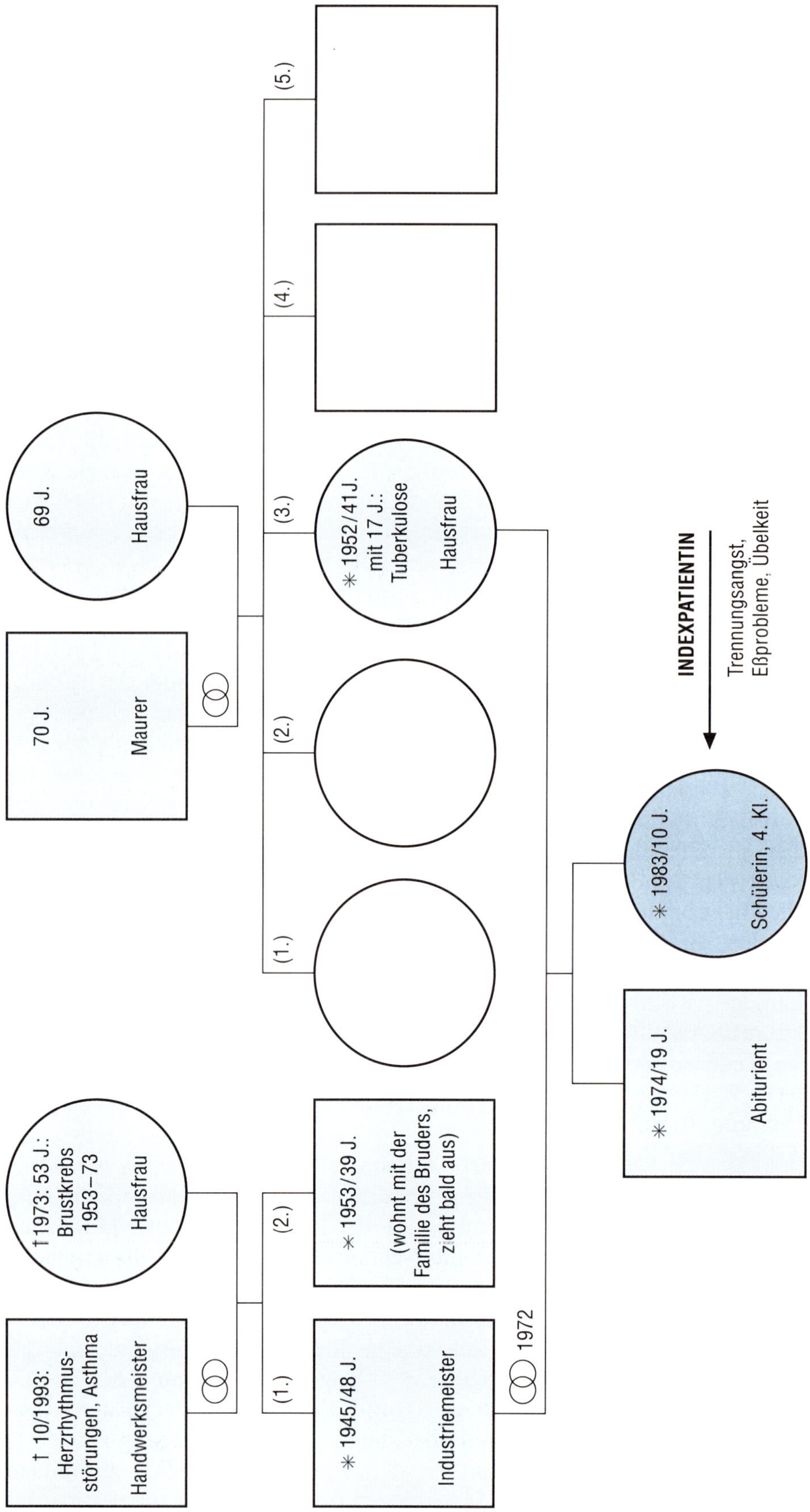

Abb. 4.1. Beispiel für ein Genogramm: Familie R.

Beispiel

für die Arbeit mit der Technik Familienskulptur

Kontext war eine systemische Kurztherapie mit einem Paar, das aus einem 27jährigen Jurastudenten und einer ebenfalls 27jährigen Sozialarbeitsstudentin bestand und seit 7 Jahren zusammen war. Therapieanlaß war, daß die Frau im nachhinein von einer zurückliegenden Außenbeziehung seinerseits erfahren hatte. Sie war sehr enttäuscht über diesen Vertrauensbruch. In der zweiten Stunde wurde beiden vorgeschlagen, je eine Paarskulptur zu „bauen". Die Frau gestaltete ihre Version der gegenwärtigen Situation des Paares folgendermaßen: Beide stehen sich – mit ca. einem halben Meter Abstand – aufrecht gegenüber, sehen sich an und halten sich an den Händen. Nach ihrer Befindlichkeit in dieser Position gefragt, sagt er „unsicher", und ihr fällt plötzlich auf, daß sie in dieser Skulptur ihren Partner mit dem einen Arm „zu sich hin zieht" – gleichzeitig jedoch mit dem anderem Arm „wegdrückt", wobei sie sich als angespannt und angestrengt erlebt. Auf diesem Hintergrund wurde ihr erstmals deutlich, daß sie nicht nur „Opfer", sondern ebenso auch „Täterin" ist, so daß in der Folge genauer besprochen werden konnte, auf welche Weise sie ihn zu sich zieht und wie sie ihn wegdrückt, welche Rolle seine Außenbeziehung und seine Neigung zu scheinbar passivem und ausweichendem Verhalten spielt und mit welchen biographischen Wurzeln diese Paar-Interaktion zusammenhängt.

4.3 Indikationen und Kontraindikationen

Indikationen

Probleme der Indikationsstellung wurden bisher in der familientherapeutischen Forschung vernachlässigt, was nicht zuletzt auch mit ideologischen Befrachtungen dieser Frage zu tun hat. Familiäre „Extremisten und Extremistinnen" gehen selbstverständlich davon aus, daß jedes Lebensproblem am besten im Kontext der Familie behandelt wird, überzeugte Einzeltherapeuten und Einzeltherapeutinnen dagegen sind davon überzeugt, daß Einzeltherapie oder -analyse der „Königsweg" ist. Und beide Seiten neigen zu wenig dazu, diese Überzeugungen empirisch zu überprüfen. Nach dem bisherigen Stand der Forschung läßt sich in bezug auf Familientherapie als Setting folgendes sagen (Alexander et al. 1994; Grawe et al., 1994; Gurman et al. 1986; Kazdin 1994; vgl. Abschn. 4.5):

Familientherapie als Setting

- Kinder und Jugendliche als Indexpatienten und Indexpatientinnen:
  Bei psychosomatischen Beschwerden (z. B. Eßstörungen, Asthma, Diabetes) und Verhaltensstörungen (z. B. antisoziales, aggressives, delinquentes Verhalten) ist Familientherapie bei Kindern und Jugendlichen einer Einzeltherapie meist überlegen. Strukturelle Familien- und psychodynamische Einzeltherapie reduzieren z. B. beide das Problemverhalten von Jugendlichen in etwa gleichem Ausmaß. Unterschiede traten erst nach Ablauf der Therapien auf: Bei den familientherapeutisch behandelten Jugendlichen verbesserten sich die Familienbeziehungen weiter, während sie sich bei der Einzeltherapiebedingung wieder verschlechterten (Szapocznik et al. 1989).
- Erwachsene Indexpatienten und Indexpatientinnen:
  Belegt sind positive und (meistens) einzeltherapeutischen Methoden überlegene Effekte bei Schizophrenie (optimal ist hier offenbar die Kombination von Familientherapie und medikamentöser Behandlung) und Drogenabhängigkeit (Heroin, Alkohol). Paartherapie scheint sich bei depressiven Frauen gleichermaßen positiv auf die Symptomatik, als auch auf die Paarbeziehung auszuwirken, während die entsprechenden Resultate bei Indexpatientinnen mit Agoraphobie weniger eindeutig sind.

- Probleme von Paaren:
  Bei Paar/Ehekonflikten und sexuellen Problemen ist eine gemeinsame Therapie eindeutig die Methode der Wahl. Das wurde bisher am besten belegt für verhaltenstherapeutische und integrative Paar-, Sexualtherapie und Scheidungsmediation.
- Probleme in der Interaktion zwischen der Eltern- und Großelterngeneration:
  Nicht nur zwischen Kindern und Eltern, sondern auch zwischen Erwachsenen und ihren alten Eltern kann es zu Problemen kommen, z. B. bei einer Pflegeabhängigkeit Älterer – insofern gewinnt auch die Familientherapie und -beratung auch bei älteren Indexpatienten und Indexpatientinnen an Bedeutung (WEAKLAND u. HERR 1988).

Es besteht kein Zweifel daran, daß Schwierigkeiten von Patienten und Patientinnen am besten in einem Setting behandelt werden können, in dem eben diese Schwierigkeiten aktualisiert werden.

> ! Familientherapie scheint v.a. dann gut wirksam zu sein, wenn die betreffende Familie überzeugt ist, daß das Problem mit der Familie zu tun hat (GRAWE et al. 1994).

Kontraindikation

Eindeutige Kontraindikation zu Paar- und Familientherapie ist nur der Wunsch der Betroffenen, die Probleme nicht mit Angehörigen zu besprechen. Einbezogen sollten jeweils nur die Personen werden, für die die jeweiligen Probleme relevant sind – bei Partnerschafts- und Sexualproblemen der Eltern z.B. sollten die Kinder zu Hause bleiben. Oft wird angenommen, bei Trennungs- oder Ablösungskonflikten von Paaren oder zwischen jungen Erwachsenen und ihren Eltern seien Paar- oder Familientherapie kontraindiziert. Anders als oft vermutet wird, ist es jedoch nicht der Sinn von Familiengesprächen, das Paar oder die Familie „zusammenzuschweißen", es kann durchaus auch Ziel einer solchen Therapie sein, einen Ablösungs- oder Trennungsprozeß zu begleiten (REICH 1994).

Eine wesentliche „Kontraindikation" für Paar- und Familientherapie betrifft den finanziellen Bereich: Solche Maßnahmen werden bisher nur eingeschränkt von den Krankenkassen finanziert, nämlich als Mitbehandlung der Eltern bei kinder- und jugendtherapeutischer Einzelbehandlung, nicht aber bei Problemen erwachsener Indexpatienten und Indexpatentinnen, die z.B. in Zusammenhang mit der Partnerschaft stehen. Aus systemischer Sicht ist jedoch die Frage nach dem Setting nicht allzu bedeutsam, da in diesem Rahmen immer das soziale Umfeld miteinbezogen wird.

Tatsächlich steht auch die Einzeltherapie immer in „unterirdischer" Verbindung mit der Familie. Wie in einem System von kommunizierenden Röhren, beeinflußt das Verhalten des einen immer auch das Verhalten des anderen. Es kommt lediglich darauf an, diese Verbindungen theoretisch zu erkennen und technisch zu berücksichtigen. (WEISS u. HAERTEL-WEISS 1991, S. 17).

4.4 Behandlungstechniken

Da das therapeutische Handeln je nach zugrundeliegender theoretischer Orientierung und der Art des Problems stark variiert, läßt sich keine einheitliche familientherapeutische Behandlungstechnik beschreiben. In der Praxis finden sich unter den Familientherapeut/innen viele Eklektiker und selbst die Teams von Therapeuten und Therapeutinnen ein und derselben theoretischen Schule (z.B. der Mailänder) sind in ihrem Vorgehen sehr flexibel (HOSEMANN et al. 1993; PAPP 1989; SCHLIPPE 1986).

In der Folge werden schwerpunktmäßig die Behandlungstechniken der systemisch-strukturellen Schule dargestellt. Die analytische Haltung ist dagegen gekennzeichnet durch das Ideal einer möglichst abstinenten Haltung des/der Therapeuten/in und eine höherfrequente Behandlung mit höherer Stundenzahl. Neben Paartherapien werden z.T. auch Paargruppentherapien oder -analysen angeboten (MOELLER u. MOELLER-GAMBAROFF 1978).

Therapeutenverhalten in der Familientherapie

In bezug auf allgemeine Eigenschaften und Verhalten von Therapeuten und Therapeutinnen sind in der systemisch-strukturellen Familientherapie die im Rahmen der Gesprächstherapie herausgearbeiteten Eigenheiten

- Kongruenz und Authentizität,
- Wärme und
- die Fähigkeit zur Verbalisierung emotionaler Inhalte wichtig

(vgl. Kap. 1.2 „Gesprächstherapie"); daneben auch Selbstkenntnis und Selbsterfahrung und schließlich Humor. Ganz wesentlich ist auch sprachliche Flexibilität, da der/die Therapeut/in seine/ihre Sprache und darüber hinaus auch den Stil seiner/ihrer Interventionen an die Sprache und den Charakter der Patientenfamilie anpassen sollte (WATZLAWICK et al. 1974/1984). Familientherapeuten und Familientherapeutinnen vermeiden Festschreibungen, da gerade die zum Problem werden können: Statt „Vater *ist* aggressiv" wird z. B. gesagt „Vater *verhält sich* aggressiv", so daß das Problemverhalten nicht zur Persönlichkeitseigenschaft des Akteurs erklärt wird, sondern stärker in den Kontext eingebunden werden kann, was Veränderungen erleichtert (z. B.: Wem gegenüber zeigt er sich am stärksten, wem am wenigsten aggressiv? In welchen Situationen? Wer reagiert darauf wie? Auf was ist das aggressive Verhalten eine Reaktion?). In der Regel bemühen sich Familien- und Paartherapeuten und -therapeutinnen um Allparteilichkeit, versuchen also eine Parteinahme für einzelne Familienmitglieder zu vermeiden und zu allen einen akzeptierenden Kontakt herzustellen. Alle Familienmitglieder werden zu den anstehenden Themen befragt und erhalten in etwa die gleiche Redezeit (PAPP 1989).

Therapeutisches Vorgehen in systemischen Paar- und Familientherapien

Das Vorgehen der Mailänder oder Heidelberger Arbeitsgruppen läßt sich durch folgende Schritte kennzeichnen:

- Hypothesen werden bereits vor Beginn der ersten Sitzung entwickelt anhand der Informationen aus der telefonischen Anmeldung und den vor der Sitzung ausgefüllten Fragebögen.
- Dann folgt das eigentliche Interview, das von den Kollegen und Kolleginnen durch die Einwegscheibe beobachtet wird.
- Während einer Unterbrechung des Interviews tauscht das Team seine Eindrücke aus, entwickelt die vorhandenen Hypothesen weiter oder ersetzt sie durch neue.
- Danach wird das Interview fortgesetzt und eine (oft paradoxe) Intervention realisiert.

Die einzelnen Sitzungen sind sehr aufwendig durch die Teamarbeit eines möglichst gemischtgeschlechtlichen Therapeutenpaares, das unterstützt wird durch ein Beobachterteam hinter der Einwegscheibe oder Videoaufzeichnung sowie die Vor- und Nachbesprechungen (SCHÄFER u. WIRSCHING 1994). Gleichzeitig wird jedoch sehr niederfrequent gearbeitet (Abstand zwischen den Sitzungen: 2–8 Wochen). Veränderungen können oft schon in wenigen Sitzungen erreicht werden, so daß erfahrene systemische Therapeuten und Therapeutinnen die Therapie von Familien mit schwerwiegenden Problemen, wie z.B. Magersucht, z. T. schon nach 10–12 Sitzungen abschließen können (PAPP, 1989; WEBER u. STIERLIN 1991).

Erstgespräch

Im Erstgespräch stellen sich den Therapeuten und Therapeutinnen drei Aufgaben, die eng miteinander verzahnt sind:

- Informationen über das Familiensystem gewinnen,
- neue Informationen in das System einführen und
- die Herstellung einer tragfähigen Beziehung mit dem System.

Besonders hilfreich dabei ist das „Mehrzweckinstrument" des zirkulären Fragens (s. unten), das während der gesamten Therapie eine wesentliche Rolle spielt. Daneben sind folgende Aspekte wichtig (WEBER u. STIERLIN 1991; WEISS u. HAERTEL-WEISS 1991):

> **Definition** Unter Joining wird die Einstimmung auf die Familie und ihre Interaktionsformen verstanden. Es geht darum, jedes einzelne Familienmitglied an seinen positiven Seiten anzusprechen.

Eine solche Bestärkung kann bereits therapeutischen Effekt haben, da sie es manchmal ermöglicht, die betreffende Person in einem neuen Licht zu sehen, das sich mit der bisherigen Abwertung nicht verträgt. Es geht hier also um die Suche nach Ressourcen der Familie sowie ihrer einzelnen Mitglieder, insbesondere auch den Stärken des/der Indexpatienten/innen, die u.a. durch Fragen nach Ausnahmen realisiert wird („Wann haben Sie das Problem nicht/weniger?").

Das Wesentliche beim Joining wird von Minuchin mit den Begriffen „in" und „up" zusammenfaßt. Mit „in" ist der gelungene Zugang zur Familie gemeint mittels angepaßter Sprache, Bestätigung und Achtung sowie der ursprünglich psychoanalytischen Technik, die eigene Gegenübertragung als Information – auch – über die Familie zu beachten. Mit „up" ist die Führungsposition gemeint, die Familientherapeutinnen sich erarbeiten sollten. Voraussetzung dazu ist u. a., daß der/die Therapeut/in sich in den Entwicklungsstand der Familie einfühlen kann, wozu eigene Erfahrungen günstig sind.

> **!** Wesentlich für das Verständnis des Problems sind Informationen über den Überweisungskontext.

Also darüber, wer der Familie geraten hat, sich an diese/n Therapeutin/en oder Institution zu wenden und welche Intentionen und Ziele der/die Überweisende damit mutmaßlich verfolgt („Was denkt Frau Dr. Maier, was das Problem ist?").

> **!** Im Erstgespräch wird angestrebt, die familiäre Einbindung des Symptoms herauszuarbeiten, so daß das ursprüngliche Problem einer Einzelperson zum familiären Problem wird.

Ausgehend von dieser systemischen Problemdefinition sollte mit jedem einzelnen und der Gesamtfamilie eine Vereinbarung (Kontrakt) über die Ziele der Therapie sowie auch die äußeren Rahmenbedingungen geschlossen werden (Zeit, Bezahlung, Stundenzahl).

■ **Ziel des Erstgespräches.** Hauptziel ist es, zunächst Informationen über Interaktionen zwischen den Familienmitgliedern zu sammeln und Hypothesen über Zusammenhänge zwischen Symptom und Interaktionsabläufen zu entwickeln und zu verifizieren oder falsifizieren. Beim Informationssammeln spielt das Aufgreifen und Verbalisieren von konkret beobachtbaren Kommunikationsabläufen sowie spezielle Fragetechniken (s. unten) eine besondere Rolle. Es werden beobachtbare verbale und nonverbale Daten angesprochen und z.T. auch direkt interveniert.

> **Beispiel**
>
> Die Mutter setzt sich auf den Stuhl, auf dem ihr 10jähriger Sohn bereits Platz genommen hat und nimmt ihn so auf den Arm, daß ihr Arm sein Gesicht verdeckt. Dabei sagt sie: „Ihm geht es ja so schlecht, er traut sich nichts zu." Hier bestehen verschiedene Möglichkeiten für „Arbeit an den Grenzen" im Sinne Minuchins: Der/die Therapeut/in kann versuchen, mögliche Bedeutungen und Konsequenzen dieses Verhaltens bewußt zu machen („Nehmen Sie einmal jeder für sich wahr, wie Sie sitzen und wie Sie sich fühlen"), kann konfrontieren („Sie scheinen sein Sprachrohr zu sein") oder handelnd eingreifen („Setze dich doch mal auf den Stuhl am anderen Ende des Tisches"; Schlippe 1986).

Fragetechniken

Verschiedene Fragetechniken, die auf den Mailänder Ansatz um Selvini-Palazzoli zurückgehen, werden speziell von systemisch-strukturellen (Familien-)Therapeuten und Therapeutinnen eingesetzt (Ludewig 1993; Weber u. Stierlin 1991; Weiss u. Haertel-Weiss 1991).

■ **Triadische oder zirkuläre Fragen.** Diese Technik dient dazu, mehr über Interaktionsabläufe zu erfahren, die zu Hause, in Abwesenheit des/der Therapeuten/in stattfinden (s. Abb. 4.2). Dabei befragt der/die Therapeut/in eine dritte Person über die Interaktionen in einer Zweierbeziehung („Tratschen in Gegenwart des Betroffenen"). Die Fragetechnik ermöglicht es, neue Informationen über die Vernetzung des Symptoms mit dem familiären System zu sammeln, und schlägt der Familie implizit eine neue Sichtweise vor, indem jede/r einzelne gezwungen wird, sich in Beziehung zu anderen zu setzen und ihre individuelle lineare Sicht in Frage zu stellen. Schließlich ermöglicht sie den Therapeuten und Therapeutinnen tendenziell neutral zu bleiben, da reihum alle ihre Aussage zu den Beziehungen der anderen machen können.

BEISPIEL

Die Therapeutin möchte die Beziehung zwischen Vater und jüngerer Tochter klären. Statt die beiden direkt zu befragen, bittet sie die ältere Tochter, ihre Sicht der Beziehung zwischen Vater und Schwester zu beschreiben. Vielleicht äußert sich die ältere Schwester kritisch über bestimmte Verhaltensweisen des Vaters in bezug auf die Schwester. Dann lassen sich weitere Informationen über das Wechselspiel zwischen dem Vater und den beiden Töchtern daraus ablesen, wie die jüngere Schwester und der Vater auf die Bemerkung der älteren Schwester reagieren: Zeigen sich beide gleichermaßen verwirrt oder aufgebracht? Oder reagiert der Vater ganz anders als die jüngere Tochter, z.B. indem er aufgebracht protestiert, während die Tochter mit unbeweglicher Miene dasitzt oder Feindseligkeit und Verachtung zeigt? Auch die Reaktion der Mutter bei einer solchen Sequenz liefert weitere Informationen (SELVINI-PALAZZOLI 1981).

■ **Hypothetische Fragen, insbesondere die „Wunder- oder Feenfrage".** Was würde passieren, wenn eine Fee ein Wunder tut und ihre Krankheit wäre über Nacht verschwunden? Was würden Sie tun?" oder „Was wäre, wenn die Beschwerden besser würden?" Solche Fragen

Abb. 4.2. Beispiel für zirkuläres Fragen: (Aus SCHLIPPE et al. 1995)

Helmut weint. Hannelore nimmt dies wahr, ***und*** *Helmut weiß, daß Hannelore dies wahrnimmt. Dieser kommunikative Aspekt wird in der üblichen Frage nicht berücksichtigt. Dafür braucht es eine andere Art von Frage:*

Und es gibt immer Dritte, die auf die Beziehungen von zwei anderen schauen:

Mit dieser Fragetechnik entsteht ***neue Information*** *im System: Helmut erhält eine Information über die mögliche Bedeutung seines Weinens für Hannelore, Hannelore erhält Information über die möglichen Intentionen von Helmut, und beide erhalten eine Rückmeldung über ihre Beziehung aus der Sicht von Stefan. Bei allen Beteiligten werden so neue Sichtweisen und Denkprozesse angeregt.*

Abb. 4.2 (Fortsetzung)

helfen Patienten und Patientinnen, psychodynamische und psychosoziale Zusammenhänge zu erkennen.

■ **Fragen zur „Verflüssigung" von Eigenschaften.** Es wird versucht, starre Eigenschaftsbegriffe durch Fragen nach ihrem Verhaltenskontext zu „verflüssigen", z. B.: „Wie muß Max sich verhalten, damit sein Vater ihn für widerspenstig hält?" oder „Was tut Ihre Frau, wenn Sie sie für depressiv halten?"

Spezielle Interventionen

Solche Fragen sind bereits Interventionen, also eine Methode, Wandlung zu erreichen. Doch darüber hinaus werden noch speziellere Interventionen angewendet, also der Familie verbal oder brieflich bestimmte Botschaften gegeben, die dazu intendiert sind, eine Veränderung herbeizuführen.

> ! Jede Intervention sollte speziell auf die Familie zugeschnitten sein und ist insofern einzigartig. Wesentlich ist, daß jeweils möglichst alle Familienmitglieder mit einbezogen werden sollten und dafür nur Informationen genutzt werden, die direkt aus dem Gespräch mit der Familie stammen (PAPP 1983/1989; WEISS u. HAERTEL-WEISS 1991).

■ **Direkte Interventionen.** Dazu zählen Vorschläge, Informationsvermittlung (z. B. über sexuelle Reaktionen bei Paaren mit sexuellen Problemen) oder „Hausaufgaben" (z. B. einen Brief an ein Elternteil zu schreiben, um diese Beziehung zu klären).

■ **Positive Konnotationen/„compliments".** Diese dienen als vertrauensbildende Maßnahme und führen zum Abbau von Angst, Scham- und Schuldgefühlen. Dadurch wird der Therapieprozeß offener, Watzlawick hat anhand des Bildes von einem halb gefüllten Glas Wasser dargestellt, daß ein solches immer sowohl als halb leer, als auch als halb voll beschrieben werden kann. Entsprechend läßt sich z. B. das, was Psychoanalytiker und Psychoanalytikerinnen als „hysterisches Agieren" bezeichnen, auch als „anregend lebendig" beschreiben. Das fällt vielen Therapeuten und Therapeutinnen nicht leicht – um so mehr, wenn sie durch Erfahrungen mit anderen Therapieeinrichtungen eine langjährige Schulung in defizitorientierter Wahrnehmung genossen haben.

> ! „Komplimente" sind jedoch ein wesentliches Element der systemischen Therapie, da es „ohne Selbstachtung keine Veränderung" gibt (Weiss u. Haertel-Weiss 1991, S. 181).

Reframing (Umdeuten). Von der positiven Rückmeldung ist der Übergang zum Reframing und von da zu den paradoxen Interventionen fließend.

> **Definition**
> Beim Reframing wird das Problemverhalten als positiv und sinnvoll gedeutet, also in einen anderen Rahmen (engl. „frame") gesetzt.

Beispiel

Ein Ehepaar kommt in die Therapie und streitet sich im Erstgespräch ebenso wie auch zu Hause ohne die kleinste Pause. Der Therapeut kann nun entweder seine Aufmerksamkeit auf die Analyse der Konflikte und ihre Entstehung in der Vergangenheit lenken (soweit das in dieser Situation überhaupt möglich ist!) oder aber die Streitereien umdeuten, indem er den Eheleuten erklärt, daß sie sich in Wirklichkeit tief lieben, denn um so intensiv zu streiten, wie sie es tun, müßten sie sehr eng und ausschließlich aufeinander bezogen sein. Die Absurdität dieser Deutung fordert die Partner dazu heraus, dem Therapeuten zu beweisen, wie wenig er sie versteht. Damit aber beziehen sie zum ersten Mal gemeinsam Stellung gegen die Umwelt – und sind sich dabei erstmals zumindest in einem Punkt einig. Darüber hinaus läßt sich der Gegenbeweis zur Deutung der Therapeuten am besten dadurch liefern, daß sie weniger streiten. Sobald sie jedoch weniger streiten, um zu belegen, daß sie sich im Sinn der Deutung nicht lieben, bemerken sie, daß sie viel besser miteinander auskommen (Watzlawick et al. 1982, S. 236).

Paradoxe Interventionen. Hier gehen Familientherapeuten und Familientherapeutinnen noch einen Schritt weiter: Das Symptom wird nicht nur positiv interpretiert, sondern der Familie sogar „verschrieben", wobei ein Bezug zwischen Symptom und allen Familienmitgliedern hergestellt wird. Es handelt sich dabei um die wohl machtvollste und gefährlichste Technik der Familientherapie, die keinesfalls leichtfertig eingesetzt werden sollte. Die Risiken dieser Intervention liegen zum einen darin, daß die Familie sich „verarscht" fühlt und das Vertrauen zur/m Therapeutin/en verliert oder sogar die Therapie abbricht. Zum anderen kann es zu Eskalationen kommen, insbesondere bei impulsiven Familien, die dazu neigen, Konflikte gewalttätig auszutragen, sowie Familien mit Mitgliedern, deren Ich-Grenzen durchlässig und bruchstückhaft sind. Eine oft geäußerte Kritik an dieser Methode ist der manipulative Charakter von paradoxen Interventionen – hier stellt sich jedoch die Frage: Gibt es so etwas wie nichtmanipulative Therapie?[3]

Beispiel

Für eine Familie, deren 10jähriger Sohn Mario nachts einnäßte, wurde im Mailänder Stil folgende paradoxe Intervention entworfen, die der gesamten Familie vorgetragen wurde. Danach wurde die Sitzung zügig beendet:

„Das Team und ich haben lange darüber nachgedacht, was wir Ihnen zu sagen ha-

[3] Watzlawick (1986) kritisiert in diesem Zusammenhang „von Pseudoehrlichkeit nur so triefende Therapieformen, ... deren gemeinsamer Nenner die Behauptung ist, frei von Manipulation zu sein" und konstatiert „Alles Heilende kann mißbraucht werden, ebenso, wie umgekehrt ein Gift auch heilen kann. ... Man kann nicht *nicht* beeinflussen. Daher ist die Frage, wie Beeinflussung und Manipulation zu vermeiden wären, absurd; übrig bleibt nur die uns somit nie erlassene Entscheidung darüber, wie dieses Grundgesetz menschlicher Kommunikation verantwortlich und in der humansten, ethischsten und wirkungsvollsten Weise anzuwenden ist" (S. 14f).

ben. Erst einmal wollten wir sagen, daß wir von dem guten Zusammenspiel beeindruckt waren, das Sie als Familie haben. Vor allem die große Offenheit fanden wir bewundernswert, wie Sie ohne Umschweife über Ihre Angelegenheiten sprechen können. Nun kommen Sie wegen des Einnässens von Mario. Wir haben uns überlegt, wie kommt es, daß so eine kompetente Familie wie Sie mit so einem Problem nicht fertig wird. Wir sind zu einem etwas überraschenden Schluß gekommen: wir glauben, daß sich Mario entschlossen hat, der Familie einen Dienst zu erweisen, ohne daß ihn jemand dazu aufgefordert hätte. Wir verstehen nämlich Marios Bettnässen als Versicherung an seine Mutter, daß er unter den jetzigen Bedingungen noch nicht auf sie verzichten kann. Er verhält sich im Moment wie ein kleines Kind, ein Baby, damit die Mutter nicht der Versuchung erliegt, wieder arbeiten zu gehen. Damit tut er der Mutter vielleicht tatsächlich auch einen Gefallen, das wissen wir nicht ganz so genau. Auch dem Vater hilft er in gewisser Art und Weise, da der Vater so Chef in der Familie bleibt. Die Schwester schließlich kann auf die Weise besser ihre eigenen Wege gehen, da Mario die gesamte Aufmerksamkeit auf sich nimmt. Weil wir das so sehen und weil wir jetzt auch keine Lösung wissen, können wir der Familie nicht empfehlen, irgend etwas vorschnell zu ändern. Zwar ist es lästig, fast täglich die Bettwäsche zu wechseln, auch ist es für einen 10jährigen Jungen sicher nicht einfach, sich dauernd wie ein 2- oder 3jähriger zu verhalten, aber alle anderen Änderungen sind noch voller Unsicherheit. Wir können Ihnen daher zur Zeit leider noch keine Alternative anbieten." (WEISS u. HAERTEL-WEISS 1991, S. 45).

■ **Offene Symptomverschreibung.** Diese ist in bezug auf den/die Patienten/in selbst nicht paradox, enthält jedoch die Aufforderung, bewußt eine unterlegene Position einzunehmen und so aus einem Machtkampf oder aus dem steten Kampf um die Vermeidung einer peinlichen Situation auszusteigen:

BEISPIEL

Einem jungen Mann, der unter mangelndem Erfolg beim anderen Geschlecht leidet, wird die „Hausaufgabe" gegeben, in die Disco zu gehen und sich dort vier „Körbe zu holen". Durch diese Aufgabe wird er sich wahrscheinlich von seiner Erwartungsangst entlastet fühlen und weniger verkrampft an Flirt-Situationen herangehen. Vielleicht sogar auf eine positive Resonanz stoßen, zumindest aber kann er mißlungene Versuche der Kontaktaufnahme dann als Lernübung sehen und nicht nur als erneutes Versagen (WEISS u. HAERTEL-WEISS 1991).

■ **Verschreibung eines Rituals.** Mit „Ritualen" sind Kommunikationsmuster gemeint, genauer: „eine Handlung oder eine Reihe von Handlungen, begleitet von sprachlichen Formeln, die unter Teilnahme der ganzen Familie stattfinden", die speziell auf die jeweilige Familie zugeschnitten sind und das gestörte familiäre Zusammenspiel schlagartig unterbrechen und zu gesünderen Interaktionsformen beitragen.

BEISPIEL

Ein bekanntes Ritual der Mailänder Schule ist z.B. das „der geraden und ungeraden Tage": Wenn das Team von Therapeuten und Therapeutinnen vermutet, kindliche Schwierigkeiten stünden in Zusammenhang mit der Uneinigkeit und Widersprüchlichkeit der elterlichen Erziehungsvorstellungen, wird z.B. das Ritual verschrieben, daß für die Tochter montags ausschließlich nur gilt, was Vater sagt, dienstags, nur was Mutter sagt, während sich der andere Elternteil jeweils so verhält, als ob er/sie nicht da sei usw. (sonntags dürfen wieder beide bestimmen). Ziel ist, die direkte Intervention „Sie dürfen sich nicht dauernd in Anwesenheit der Kinder widersprechen" zu umgehen, die beide Eltern gewiß schon oft gehört haben, ohne daß es genützt hätte, dabei aber den Eltern Gelegenheit zu geben, durch direkte Erfahrung ihre Einstellung zu ändern (WEISS u. HAERTEL-WEISS 1991).

Typische Probleme bei der Behandlungsdurchführung

Bei der therapeutischen Arbeit ist es für Therapeuten und Therapeutinnen mit systemischem Hintergrund wichtig, immer die Balance zu halten zwischen Einfühlung in die Patienten und Patientinnen und Entwicklung einer eigenen, neuen Außenperspektive. Problematisch sind die Extrempositionen des distanzierten, überlegenen „Durchblickers“, der jedoch emotional den Kontakt zu den Patienten und Patientinnen verloren hat, oder – und hier sind viele Therapeuten und Therapeutinnen stärker gefährdet – die Neigung zu totaler Einfühlung, die die Therapeuten und Therapeutinnen handlungsunfähig macht, da sie dann in der gleichen Denkfalle wie ihre Klienten und Klientinnen sitzen. Hilfen zum Abstandhalten und bei der Entwicklung einer neuen Sichtweise sind

- Teamarbeit (mit Kollegen und Kolleginnen im Raum oder hinter einem Einwegspiegel),
- Notizen, die man sich während des Gesprächs macht, sowie
- Pausen im Gespräch, in denen der/die Therapeut/in die Patienten und Patientinnen nach draußen bittet, um Zeit zum Nachdenken zu haben oder sich mit dem/der Kollegen/in zu besprechen (Weiss u. Haertel-Weiss 1991).

Ganz wesentlich ist auch die eigene Selbsterfahrung und kontinuierliche Supervision, in der ggf. auch etwaige Probleme und Konflikte zwischen den Cotherapeuten und Cotherapeutinnen bearbeitet werden sollten. Folgende Einzelprobleme können darüber hinaus in Familien- und Paartherapien auftreten (Papp 1989; Reiter 1975; Weber u. Stierlin 1991; Weiss u. Haertel-Weiss 1991).

■ **Einzelne Familienmitglieder kommen nicht.** Während früher viele Familientherapeuten und Familientherapeutinnen in solchen Fällen „streng“ waren und die Behandlung ablehnten, hat sich inzwischen meist ein flexibles Vorgehen durchgesetzt; von den meisten Familientherapeuten und Familientherapeutinnen werden auch unvollständig erschienene Familien akzeptiert. Manchmal gelingt es, fernbleibende Familienmitglieder nachträglich noch einzubeziehen oder sogar Personen, die nie erschienen sind, indirekt zu therapieren (z. B. mittels Briefen) – es kann jedoch auch Probleme verursachen, insbesondere auf die Anwesenheit von Elternteilen zu verzichten. Kommt überhaupt nur eine Person in die Therapie oder ist Einzeltherapie aufgrund der bisher gültigen Krankenkassenregelungen (keine Kostenübernahme für Paar- oder Familientherapie) notwendig, so ist systemische Einzeltherapie empfehlenswert.

■ **Einzelne Familienmitglieder sind gleichzeitig auch in Einzeltherapie.** Auch hier gilt keine generelle Regel mehr – je nach Abwägung des Einzelfalls sind manche Familientherapeuten und Familientherapeutinnen auch unter diesen Bedingungen zur Durchführung einer Familientherapie bereit. Doch die jeweiligen Bedingungen sollten sehr genau abgewogen werden, da in dieser Konstellation enorme Probleme entstehen können.

■ **Verhalten bei plötzlichen Anrufen und Koalitionsangeboten.** In Familientherapien ruft manchmal ein Familienmitglied in großer Dringlichkeit bei den Therapeuten und Therapeutinnen an, um einen Rat einzuholen oder ihnen ein Geheimnis anzuvertrauen – solche Koalitionsangebote sollten soweit wie möglich höflich, aber bestimmt ausgeschlagen werden.

■ **Unreflektierte Parteilichkeit der/des Therapeutin/en.** Ein Therapeut, der mitansehen muß, welchen Schaden die Eltern in einer dysfunktionalen Familie ihrem Kind damit antun, daß sie es aus irgendeinem Grund zum Sündenbock machen, ist vielleicht versucht, dem Kind zu helfen, indem er eine Koalition mit ihm gegen die Eltern eingeht. In aller Regel erweist sich dieses Vorgehen als abträglich für das Kind, das ja die Unterstützung des Therapeuten nicht mehr genießt, sobald es wieder zu Hause ist (Minuchin u. Fishman 1985, S. 234).

In solchen Fällen besteht die Gefahr, daß die Situation zu Hause noch stärker eskaliert. Hilfreicher ist es, wenn Therapeuten und Therapeutinnen anstreben, auch zu den Eltern einen guten Kontakt zu etablieren (was oft nicht leicht ist!). Ist ein Kind allerdings existentiell gefährdet, z. B. durch körperliche und/oder sexuelle Mißhandlung, so müssen Therapeuten und Therapeutinnen selbstverständlich eingreifen und dafür sorgen, daß die Mißhandlung beendet und notfalls das Kind aus der Familie entfernt wird. Neben dieser Gefahr der Überidentifikation mit dem am offensichtlichsten leidenden Familienmitglied, die das Risiko einer Spaltung der Familie oder des Paares und des Therapieabbruchs in sich trägt, liegen weiter Gegenübertragungsprobleme in persönlichen Aversionen gegen einzelne Familienmitglieder und der Tendenz des/der Therapeuten/in, durch die Auseinandersetzung mit der Patientenfamilie gleichsam eine nachträgliche Korrektur der eigenen Herkunftsfamilie vorzunehmen.

■ **Lebensbedrohliche Erkrankungen.** Wird z. B. die existentielle Gefährdung einer Magersüchtigen in der Familie bagatellisiert, so empfehlen Weber u. Stierlin (1991), diese Gefahr in Fragen anzusprechen, die den Tod antizipieren („Zu wieviel Prozent, meinst du, sieht deine Schwester die Gefahr, daß sie demnächst durch einen kleinen Infekt sterben kann?"). Bei akuter Lebensgefahr muß natürlich die therapeutische Neutralität aufgehoben werden und von seiten der Therapeuten und Therapeutinnen für eine stationäre Einweisung gesorgt werden. Nichtärzte und Nichtärztinnen sollten bei vital bedrohlichen Erkrankungen regelmäßige Kontrollen durch Organmediziner und Organmedizinerinnen zur Voraussetzung ihrer Gespräche machen.

■ **Suizidgefährdung einzelner Familienmitglieder.** Im Prinzip sollte hier, wie auch bei allen anderen Problemen, durch zirkuläre Fragen erforscht werden, was mögliche Suiziddrohungen und -versuche bedeuten, gegen wen sie gerichtet sein könnten, und wie die Familienmitglieder darüber denken. Weber u. Stierlin betonen ihren Patienten und Patientinnen gegenüber grundsätzlich,

> daß nach all unseren Erfahrungen kein Mensch jemand auf Dauer am Leben halten kann, wenn der sich entschieden hat, nicht mehr leben zu wollen (1991, S. 188).

■ **Therapieabbruch.** Ebenso wie in anderen Therapien treten bei Familien- und Paartherapien manchmal Therapieabbrüche auf. Eine ältere Studie belegt, daß zumindest in den 70er Jahren der Vater ausschlaggebend für Fortführung oder Abbruch war (Reiter 1975). Wesentlich ist in solchen Fällen die Analyse des Therapieverlaufs bis zum Abbruch und evtl. eigener Anteile des/der Therapeuten/in am Scheitern der Therapie.

4.5 Therapieziele und Prognose

Therapieziele

In systemischen Familien-, Paar- und Einzeltherapien werden die Ziele zusammen mit den Patienten und Patientinnen bestimmt. Die Therapeuten und Therapeutinnen akzeptieren im Prinzip jedes Ziel (abgesehen von solchen, die sie aus moralischen Gründen ablehnen) – auch solche, die den Therapeuten und Therapeutinnen als zu kleiner Schritt, Umweg oder inadäquates Ziel erscheinen. Anders als z. B. in der Psychoanalyse sind die Therapieziele eher bescheiden. Es wird darauf vertraut, daß die Klienten und Klientinnen dann von sich aus den nächsten Schritt machen werden. Das konkrete Ziel wird mit Hilfe spezieller Fragetechniken herausgearbeitet (z. B. „Woran würden Sie merken, daß Sie keine Therapie mehr brauchen?"). Die Therapeuten und Therapeutinnen bemühen sich auf diesem Weg, die behandelten Personen da „abzuholen", wo sie stehen (Weiss u. Haertel-Weiss 1991).

> ! Laut Minuchin u. Fishman (1985) ist es Therapieziel, die Familie aus der Stagnation in „ein Stadium schöpferischer Unruhe" zu führen und Flexibilität zu induzieren. „So verstanden ist Therapie eine Kunst, die das Leben nachahmt."

Therapieeffekte

Die wissenschaftliche Literatur über die Effekte von Familien- und Paartherapien läßt sich folgendermaßen zusammenfassen (s. auch Abschn. 4.3):

> ! Familientherapie ist genauso effektiv wie andere Verfahren, bei Beziehungsproblemen jedoch erfolgreicher. Veränderungen treten sowohl bezüglich der Hauptsymptomatik des/der Indexpatienten/in ein, als auch in den Interaktionen der Familienmitglieder. Auch langfristig sind anhaltende Verbesserungen nachweisbar. Es ist nicht unbedingt notwendig, daß alle Familienmitglieder bei der Therapie tatsächlich anwesend sind. Wesentlich ist jedoch, daß – wie in der systemischen Einzeltherapie – immer ein Bezug zur Familien- oder Paarsituation hergestellt wird.

Allerdings belegen manche Studien, daß bei kindlichen Indexpatienten und Indexpatientinnen die Wirksamkeit der Therapie abhängig ist von der Einbeziehung auch der Väter. Ein Vorteil der Familien- und Paartherapie ist, daß meist eine geringere Anzahl von Sitzungen ausreicht als bei Einzeltherapien und daß die Abbruchquote geringer ist (Grawe et al. 1994; Gurman et al. 1986; Kazdin 1994; Schäfer u. Wirsching 1994).

Differentielle Wirksamkeit
In Hinblick auf spezifische und differentielle Wirkungen von Familientherapien bezüglich bestimmter Störungen, Eigenheiten von Patienten und Patientinnen, Therapieschulen und Settings ist der Forschungsstand noch unbefriedigend. Entsprechende Studien werden derzeit realisiert (z.B. Schäfer u. Wirsching 1994). Familientherapie ist beispielsweise bei Frauen mit affektiven Störungen signifikant effektiver als Einzeltherapie – bei männlichen Patienten unterschieden sich die Effekte beider Ansätze jedoch nicht voneinander (vgl. Gurman et al. 1986). Für die Wirksamkeit von verhaltenstherapeutischer Paartherapie liegen (nach statistischen Kriterien) „überaus eindrucksvolle" Belege vor, deren klinische Signifikanz jedoch nicht ganz so positiv eingeschätzt wird (d.h. den behandelten Patienten und Patientinnen geht es eindeutig besser als der Kontrollgruppe, aber dennoch ist die Ehequalität nach der Therapie bei vielen deutlich eingeschränkt). Verhaltenstherapeutische oder integrative Sexualtherapie-Ansätze für Paare sind nachweislich sehr gut wirksam – auch langfristig. In bezug auf verhaltenstherapeutische Familien- sowie systemische Paar- und Familientherapie ist die Wirksamkeit ansatzweise, jedoch noch nicht hinreichend belegt. Der Forschungsstand ist bisher noch unbefriedigend bezüglich psychoanalytischer Paar- und Familientherapie. Einsichtsorientierte Paartherapie scheint positive Effekte hervorzubringen (Grawe et al. 1994; Kazdin 1994). Patientenbezogene Prädiktoren von Therapieerfolg wurden bisher kaum erforscht. Man weiß nur, daß besonders stark belastete Paarbeziehungen, bei denen schon stärker über eine Trennung nachgedacht wurde, sowie ältere Paare weniger von verhaltenstherapeutischer Paartherapie profitieren (Kazdin 1994).

Doch im Gegensatz zu den genannten statistischen Durchschnittswerten existieren bei der realen therapeutischen Arbeit mit Paaren und Familien viele Unwägbarkeiten:

> Wohl lassen sich gewisse Richtlinien für die Durchführung einer Familientherapie aufstellen, aber es gibt nun einmal keine soliden und rasch greifenden Lösungen, kein Absolutes und keine Sicherheiten. ... Es ist unmöglich, die Kontrolle über zufällige Geschehnisse zu gewinnen oder die Reaktion der Familie auf den Therapeuten, auf die therapeutischen Botschaften oder auf die Anwesenheit des beratenden Teams vorauszusagen. Eben diese Unvoraussagbarkeit ist es, die unsere Beschäftigung mit dem menschlichen Verhalten und den menschlichen Systemen zu einem so faszinierenden Unternehmen macht. (Papp 1989, S. 284).

4.6 Ausblick

Aus der Vielzahl der neueren Entwicklungen im Umfeld der Familientherapie möchte ich auf drei Bereiche hinweisen, die mir besonders wegweisend zu sein scheinen:

Neuere Entwicklungen in der Familientheorie

- Die Frage nach der Geschlechterperspektive nimmt seit den 70er Jahren in den USA und seit Mitte der 80er Jahre nun auch in Deutschland mehr Raum ein (Hosemann et al. 1993). Insbesondere Familientherapeutinnen haben angefangen, kritisch zu reflektieren, welcher Standort Frauen in der Familientherapie zugewiesen wird. Theoretisch ist z. B. im Gefolge der Psychoanalyse und allgemeiner gesellschaftlicher Klischees immer noch „motherblaming" weit verbreitet, so z. B. im Konzept der schizophrenogenen Mutter. Dabei gilt die Mutter als Schuldige für jede Fehlentwicklung ihrer Kinder, während der Vater implizit als weniger verantwortlich gilt und gesellschaftliche Rahmenbedingungen vernachlässigt werden. Im therapeutischen Alltag werden Frauen häufiger nur als Mütter angesprochen, sie erhalten oft eine geringere Redezeit als ihre Partner oder werden als Cotherapeutinnen ihres Mannes benutzt (Walters et al. 1991). Inzwischen wird in der therapeutischen Arbeit auch reflektiert, welche Rolle das Geschlecht der Therapeuten und Therapeutinnen für die Patienten und Patientinnen spielt („Wie ist es für Ihre Tochter, hier mit zwei männlichen Therapeuten zu sitzen?"; Weber u. Stierlin 1991; Welter-Enderlin 1987).
- Orientiert an der Arbeit von Milton Erickson und der des Mental Research Institute begann die Arbeitsgruppe um das Ehepaar Steve de Shazer und Insoo Kim Berg sich mit systemischer (Kurz-)Therapie zu befassen. Ziel ist dabei, eine kleine Änderung herbeizuführen, die andere Änderungen nach sich zieht. Die Arbeit ist orientiert an der Zukunft und den vorhandenen Ressourcen des/der Klienten/in. Diese Arbeitsgruppe aus Milwaukee arbeitet mit den Personen, die kommen – also gleichermaßen Familien und Einzelpersonen. Vieles deutet darauf hin, daß hier ein vierter Weg neben den derzeit dominierenden Schulen Psychoanalyse, Verhaltenstherapie und humanistische Therapie entsteht (Hosemann et al. 1993; Ludewig 1993; Shazer, 1988/1993; Weiss u. Haertel-Weiss 1991).
- In Analogie zur Seefahrt läßt sich sagen, daß „durch akkurate Navigationshilfen mehr Leben gerettet werden als durch die besten Rettungsboote und Seerettungsdienste" (Vincent, zit. n. Schneewind 1987, S. 87). Familiäre Intervention ist nicht nur Therapie, sondern auch Prävention. Entsprechende Programme, z. B. beim Übergang zur Elternschaft, bei Scheidung und Wiederverheiratung, der Betreuung älterer Angehöriger und Verwitwung gewinnen immer mehr an Bedeutung (Schneewind 1987). In einer amerikanischen Studie über Paare, die ihr erstes Kind bekamen, wird z. B. nachgewiesen, daß die Teilnahme an einem solchen Präventiv-Programm (Paargruppe) positive Effekte nicht nur auf die Befindlichkeit und Partnerschaftszufriedenheit beider Eltern, sondern auch auf die Scheidungsneigung hatte (Cowan u. Cowan 1992/1994).

Abschließend läßt sich festhalten, daß die Beziehungsperspektive generell sehr wichtig in der Psychotherapie ist (vgl. auch Bauriedl 1984). Einerseits entstehen psychische Störungen größtenteils in zwischenmenschlichen Beziehungen und wirken auf diese zurück. Andererseits sind soziale Interaktionen in der Therapie eines der wichtigsten Medien, um Veränderung herbeizuführen, was z. B. auch in der Psychoanalyse eine zentrale Rolle spielt in Form der Auseinandersetzung mit Übertragung und Gegenübertragung. Beziehungsverbesserungen lassen sich am besten in In-vivo-Settings erarbeiten, also in Paar-, Familien- und Gruppentherapien, in denen sich bedeutsame Interaktionen auch außerhalb der Therapeut-Patient-Beziehung direkt in den Therapiestunden ereignen und bearbeitet werden können. Und schließlich ist die Therapeut-Patient-Beziehung wesentlich für den Therapieerfolg, insofern ist die Beziehungskompetenz des/der Therapeuten/in in allen Therapieschulen von zentraler Bedeutung (Grawe et al. 1994).

Fort- und Weiterbildungsmöglichkeiten

Informationen über Fort- und Weiterbildungsmöglichkeiten in Paar-, Familientherapie und systemischer Therapie/Beratung sind zu erhalten bei der Geschäftsstelle der Deutschen Arbeitsgemeinschaft für Familientherapie (DAF), Hauptstr. 8, 79104 Freiburg.

Beispielhaft für die Vielzahl von Ausbildungsinstituten seien ein systemisch-integratives und ein psychoanalytisches Ausbildungsinstitut genannt:

- Institut für Familientherapie Weinheim – Ausbildung und Entwicklung e.V., Geschäftsstelle: Buchenweg 7, 69469 Weinheim, Tel. 0 62 01/6 59 52, Fax 0 62 01/18 33 78.
- Sektion „Familien- und Sozialtherapie" innerhalb des Instituts für Psychoanalyse und Psychotherapie Gießen e.V., Ludwigstr. 73, 35392 Gießen, Tel. 06 41/6 74 94, Fax 06 41/6 74 94.

Literatur

Alexander JF, Holtzworth-Munroe A, Jameson PB (1994) The process and outcome of marital and family therapy: Research review and evaluation. In: Bergin AE, Garfields SL (Eds) Handbook of psychotherapy and behavior change, 4th edn Wiley & Sons, New York, pp 595–630

Bateson G (1983) Ökologie des Geistes (Bateson G (1972) Steps to an ecology of mind. New York Ballantine). Suhrkamp, Frankfurt, Main.

Bauriedl T (1984) Beziehungsanalyse. Suhrkamp, Frankfurt/Main

Cierpka M (Hrsg) (1996) Handbuch der Familiendiagnostik. Springer, Heidelberg

Cowan CP, Cowan PA (1994) Wenn Paare Eltern werden (Cowan CP (1992) When partners become parents. New York: Basic). Piper, München

Grawe K, Donati R, Bernauer F (1994) Psychotherapie im Wandel: Von der Konfession zur Profession. Hogrefe, Göttingen

Gurman AS, Kniskern DP, Pinsof WM (1986) Research on the process and outcome of marital and family therapy. In: Garfields SL, Bergin AE (Eds) Handbook of Psychotherapy and behavior change, Vol. 13, Wiley & Sons, New York, pp 565–626

Heinl P (1987) Die Technik der visuellen Analyse von Genogrammen (Familienstammbäumen). Familiendynamik 12:118–138

Hosemann D, Kriz J Schlippe, A von (1993) Familientherapeutinnen im Gespräch. Lambertus, Freiburg

Kazdin AE (1994) Psychotherapy for children and adolescents. In AE Bergin & SL Garfields (Eds), Handbook of psychotherapy and behavior change (4th edn), Wiley & Sons, New York 543–594

Ludewig K (1993) Systemische Therapie: Grundlagen klinischer Therapie und Praxis. Klett-Cotta, Stuttgart

Minuchin S, Rosmann BL, Baker L (1991) Psychosomatische Krankheiten in der Familie (Minuchin S, Rosmann BL, Baker L (1978) Psychosomatic families: Anorexia Nervosa in context. Harvard University, Cambridge/Mass. Klett-Cotta, Stuttgart

Minuchin SM, Fishman HC (1985) Praxis der strukturellen Familientherapie. Lambertus, Freiburg

Möhring P, Neraal T (1991) Psychoanalytische Familien- und Sozialtherapie: Das Gießener Konzept in der Praxis. Westdeutscher Verlag, Opladen

Moeller ML, Moeller-Gambaroff M (1978) Veränderungen von Paarbeziehungen durch Gruppenanalyse. Familiendynamik, 1, 47–66

Napier AY, Whitacker CA (1986) Die Bergers. Beispiel einer erfolgreichen Familientherapie. Reinbek, Rowohlt

Papp P (1989) Die Veränderung des Familiensystems (Papp P (1983) The process of change. New York: Guilford) Klett-Cotta, Stuttgart

Reich G (1994) Familiendynamik und therapeutische Strategien bei Scheidungskonflikten. Psychotherapeut, 39 (4), 251–258

Reiter L (1975) Ehe- und Familientherapie. In: Stroztka H (Hrsg.) Psychotherapie: Grundlagen, Verfahren, Indikationen (S. 289–411) Urban & Schwarzenberg, München

Richter HE (1970/1992) Patient Familie. Rowohlt, Reinbek

Satir V (1987) Selbstwert und Kommunikation (Satir V (1972) Peoplemaking. Palo Alto/Calif.: Science & Behavior Books) Pfeiffer, München

Schäfer H, Wirsching M (1994) Aktuelles in der Familientherapie. Psychotherapeut 39:40–42

Schlippe A von (1986) Familientherapie im Überblick. Jungfermann, Paderborn

Schlippe A von, Molter H, Böhmer N (1995) Zugänge zu familiären Wirklichkeiten: Eine Einführung in die Welt der systemischen Familientherapie. Systhema Sonderheft 9(1):23–25

Schneewind KA (1987) Familienpsychologie: Argumente für eine neue psychologische Disziplin. Z Päd Psychol 1(2):79–90

Schneewind KA (1991) Familienpsychologie. Kohlhammer, Stuttgart

Schweitzer J, Weber G (1982) Beziehung als Metapher: Die Familienskulptur als diagnostische, therapeutische und Ausbildungstechnik. Familiendynamik 7:113–128

Selvini-Palazzoli M et al. (1981) Hypothetisieren, Zirkularität, Neutralität. Familiendynamik, 6: 123–139

Shazer S de (1993) Der Dreh: Überraschende Wendungen und Lösungen in der Kurzzeittherapie (Shazer S de (1988) Clues: Investigating solutions in brief therapy. New York: Norton & Comp.) Carl Auer, Heidelberg

Stierlin H (1971) Das Tun des Einen ist das Tun des Anderen: Eine Dynamik menschlicher Beziehungen. Suhrkamp, Frankfurt/Main

Stierlin H (1980) Eltern und Kinder: Das Drama von Trennung und Versöhnung im Jugendalter (Stierlin, H (1974) Separating parents and adolescents, Quadrangel/The New York Times Company) Suhrkamp, Frankfurt/Main

Stierlin H (1978) Delegation und Familie: Beiträge zum Heidelberger familiendynamischen Konzept. Suhrkamp, Frankfurt/Main

Sydow K von (1993) Lebenslust: Weibliche Sexualität von der frühen Kindheit bis ins hohe Alter. Huber, Bern

Sydow K von (1994) Die Lust auf Liebe bei älteren Menschen (2. Aufl.). Reinhardt, München & Basel

Szapocznik J, Perez-Vidal A, Brickman A, Foote F, Scopetta M, Rivas-Vazquez A, Hervis O, Posada V, Kurtines W (1989) Structural versus psychodynamic child therapy for problematic hispanic boys. J Consult Clin Psychol 57:571–578

Testzentrale (1994) Testkatalog 1994/95. Hogrefe, Göttingen

Walters M, Carter B, Papp P, Silverstein O (1991) Unsichtbare Schlingen: Die Bedeutung der Geschlechterrollen in der Familienperspektive (Walters M, Carter B, Papp P, Silverstein O (1988) The invisible web: Gender patterns in family relationships) Klett-Cotta, Stuttgart

Watzlawick P (1984) Anleitung zum Unglücklichsein. Piper, München, Zürich

Watzlawick P (1986) Die Möglichkeit des Andersseins: Zur Technik der therapeutischen Kommunikation. Huber, Bern

Watzlawick P (1987) Wie wirklich ist die Wirklichkeit? Piper, München

Watzlawick P, Beavin JH, Jackson DD (1982) Menschliche Kommunikation (Watzlawick P, Beavin JH, Jackson DD (1967) Pragmatics of human communication, New York: Norton & Comp.) Huber, Bern

Watzlawick P, Weakland JH, Fisch R (1984) Lösungen: Zur Theorie und Praxis menschlichen Wandels (Watzlawick P, Weakland JH, Fisch R (1974) Change: Principles of problem formation and problem resolution. New York: Norton & Comp.) Huber, Bern

Weakland JH, Herr JJ (1988) Beratung älterer Menschen und ihrer Familien (Weakland JH, Herr JJ (1979) Counseling elders and their families. New York: Springer) Huber, Bern

Weber G, Stierlin H (1991) In Liebe entzweit. Die Heidelberger Familientherapie der Magersucht. Rowohlt, Reinbek

Weiss T, Haertel-Weiss G (1991) Familientherapie ohne Familie. Kurztherapie mit Einzelpatienten. Piper, München

Welter-Enderlin R (1987) Familismus, Sexismus und Familientherapie: Heißt „systemisch" auch „politisch"? Familiendynamik, 12(3):261–281

Welter-Enderlin R (1992) Paare, Leidenschaft und lange Weile. Piper, München

Welter-Enderlin R (1993) Systemische Paartherapie. In: K Hahn, Müller FW (Hrsg.) Systemische Erziehungs- und Familienberatung (165–180) Matthias-Grünewald, Mainz

Willi J (1975) Die Zweierbeziehung. Spannungsursachen – Störungsmuster – Klärungsprozesse – Lösungsmodelle. Rowohlt, Reinbek

Willi J (1978) Therapie der Zweierbeziehung, Rowohlt, Reinbek

Willi J (1985) Koevolution. Die Kunst gemeinsamen Wachsens. Rowohlt, Reinbek

Weiterführende Literatur

Ein grundlegendes Axiom des systemischen Denkens ist der Satz, daß alles, was gesagt wird, von der Person, die es sagt, geprägt ist – objektive Aussagen gibt es demgemäß nicht. Insofern sind also auch meine Ausführungen zum Thema Familientherapie subjektiv geprägt. Zur intersubjektiven Validierung ist die weiterführende Lektüre anderer Autoren/innen empfehlenswert – dazu wird in der Folge eine (subjektive!) Auswahl von neueren Büchern dargestellt:

Hosemann D, Kriz J, Schlippe A von (1993) Familientherapeutinnen im Gespräch. Lambertus, Freiburg (In Interviews werden die Unterschiede und Gemeinsamkeiten führender systemischer und psychoanalytischer Paar- und Familientherapeutinnen aus dem deutschen Sprachraum dargestellt.)

Napier AY (1995) Ich dachte meine Ehe sei gut, bis meine Frau mir sagte, wie sie sich fühlt: Wie

Mann und Frau gemeinsam ihre Beziehung verändern können (Napier AY (1988) The fragile bond. Harper & Row, New York) München, Goldmann (Leider sind auch Familientherapeutinnen nicht gefeit gegen Partnerschaftskrisen – das läßt sich sehr anschaulich und lebendig nachlesen in dem erstaunlich offenen Buch dieses bekannten amerikanischen Therapeuten, dessen Frau ebenfalls Familientherapeutin ist.)

Napier AY, Whitacker CA (1986) Die Bergers. Beispiel einer erfolgreichen Familientherapie. Rowohlt, Reinbek (Ein klassischer, spannend zu lesender Fallbericht.)

Schlippe A von, Schweitzer J (1996) Lehrbuch der systemischen Therapie und Beratung. Vandenhoeck & Ruprecht, Göttingen (Ein neuerschienenes Lehrbuch, geschrieben von Vertretern zweier führender deutscher systemischer Ausbildungsinstitute in Weinheim bzw. Heidelberg)

Walters M, Carter B, Papp P, Silverstein O (1991) Unsichtbare Schlingen: Die Bedeutung der Geschlechterrollen in der Familientherapie – Eine feministische Perspektive. Klett-Cotta, Stuttgart (Walters M, Carter B, Papp P, Silverstein O (1988) The invisible web: Gender patterns in family relationships. Guilford, New York London) (Die Autorinnen analysieren gängige systemische Theorien und Interventionen in Bezug auf den bisher kaum beachteten Faktor „Geschlecht und Sozialisation“ und illustrieren anhand vielfältiger Fallgeschichten ihr therapeutisches Vorgehen. Daneben auch ein beeindruckendes Beispiel dafür, was Teamarbeit bedeuten kann – auch der gemeinsame Arbeitsprozess wird dargestellt.)

Weakland JH, Herr JJ (1988) Beratung älterer Menschen und ihrer Familien. Huber, Bern (Ein allgemeinverständlicher Führer, der illustriert, wie Probleme älterer Indexpatientinnen systemisch bearbeitet werden können.)

Weber G, Stierlin H (1991) In Liebe entzweit: Die Heidelberger Familientherapie der Magersucht. Rowohlt, Reinbek (Dieses Buch informiert über das therapeutische Vorgehen bei der systemischen Familientherapie mit Magersuchtsfamilien und präsentiert Befunde über die Wirksamkeit dieses Verfahrens.)

Weiss T, Haertel-Weiss G (1991) Familientherapie ohne Familie: Kurztherapie mit Einzelpatienten. Piper, München (Eine ausgezeichnete praxisorientierte Einführung in die systemische Arbeit mit Einzelpersonen.)

Welter-Enderlin R (1992) Paare, Leidenschaft und lange Weile. Piper, München (Mit Hilfe vieler Zitate wird dargestellt, wie therapieerfahrene Paare im Rückblick ihre gemeinsame Entwicklung und den Therapieprozeß reflektieren und wie diese in Zusammenhang mit gesellschaftlichen Veränderungen stehen.)

Schulenübergreifende Aspekte der Psychotherapie

J. ECKERT

5.1 Das Konzept der therapeutischen Wirkfaktoren

Das Konzept der therapeutischen Wirkfaktoren ist entstanden als der Versuch einer Antwort auf die Frage: Wodurch wirkt Psychotherapie?

Dieses Konzept wurde ursprünglich in der Gruppenpsychotherapie entwickelt.

> **Definition**
> In der Gruppenpsychotherapie sind therapeutische Faktoren definiert als Elemente der Gruppentherapie, die etwas dazu beitragen, daß sich der Patient „bessert". Sie sind eine Funktion (Auswirkung) entweder einer Handlung des Gruppentherapeuten, eines anderen Gruppenmitglieds oder des Patienten selbst (BLOCH u. CROUCH 1985, S. 4).

Vermutlich waren CORSINI u. ROSENBERG (1955) die ersten, die den Begriff Wirkfaktor im oben genannten Sinn benutzten. Sie stellten eine Liste von Veränderungsmechanismen zusammen, die in Gruppenpsychotherapien wirksam werden. Dieser Ansatz ist später von dem Gruppentherapeuten und Gruppenforscher YALOM (1970, 1974) aufgenommen und populär gemacht worden. Yalom sprach zunächst von Heilfaktoren, eine Bezeichnung, die er in den späteren Auflagen seines Standardwerks zur Gruppenpsychotherapie durch den Begriff „therapeutische Faktoren" ersetzt hat.

Die Tabelle 5.1 gibt einen Überblick über diese Wirkfaktoren, die in fast jeder Form von Gruppenpsychotherapie eine mehr oder minder große Rolle spielen.

Das Konzept der Wirkfaktoren in der Gruppentherapie

Da das Konzept der Wirkfaktoren in der Gruppentherapie elaborierter ist als in der Einzeltherapie, soll anhand der Gruppentherapie-Wirkfaktoren dargestellt werden, welche Vorteile dieses Konzept hat und welchen Einschränkungen es unterliegt.

Die einzelnen Wirkfaktoren in Tabelle 5.1 sind alphabetisch angeordnet, weil sich keine allgemeingültige Rangreihe ihrer Bedeutsamkeit aufstellen läßt. Das hat sehr unterschiedliche Gründe, die im folgenden aufgeführt sind.

Tabelle 5.1. Wirkfaktoren in der Gruppenpsychotherapie: Konzeptionen verschiedener Autoren. (Nach Tschuschke 1993)

Corsini u. Rosenberg (1955)	Bloch u. Crouch (1985)	Yalom (1970)	Allgemein meistbenutzte Bezeichnungen
Acceptance	Acceptance	Altruism	Akzeptanz/Kohäsion (Acceptance/Cohesion)
Altruism	Altruism	Catharsis	Altruismus (Altruism)
Intellectualization	Catharsis	Cohesiveness/Cohesion	Anleitung (Guidance)
Interaction	Guidance	Existential factors	Einflößen von Hoffnung (Installation of hope)
Miscellaneous	Vicarious learning	Interpersonal learning – output	Rekapitulation (Wiedererleben) der primären Familie (Family reenactment)
Reality testing	Installation of hope	Family reenactment	Einsicht (Insight/Self-understanding)
Spectator therapy	Learning from interpersonal action	Guidance	Feedback (Learning from interpersonal action)
Transference	Self-disclosure	Identification	Identifikation (Identification)
Universalization	Self-understanding	Installation of hope	Interaktion (Interpersonal learning – output)
Ventilation	Universality	Interpersonal learning – input	Katharsis (Catharsis)
		Self-understanding	Selbst-Öffnung (Self-disclosure)
		Universality	Universalität des Leidens (Universality)

Bedingungen für die Wirksamkeit therapeutischer Faktoren in der Gruppentherapie

- Die Bedeutung und Wirksamkeit der einzelnen Wirkfaktoren ist abhängig sowohl von der Art der Gruppenpsychotherapie und den damit verknüpften Zielen als auch vom Stand des Gruppenprozesses in einer Gruppe.
  Beispielsweise spielen in Gruppentherapien mit alkoholabhängigen Patienten die Wirkfaktoren „Universalität des Leidens" und „Anleitung" eine größere Rolle als in einer am klientenzentrierten Konzept orientierten Gruppentherapie mit neurotischen Patienten. Während in einer tiefenpsychologisch orientierten Gruppentherapie davon ausgegangen wird, daß dem Faktor „Rekapitulation (Wiedererleben) der Ursprungsfamilie" eine große Bedeutung zukommt, wird seine Bedeutung von Teilnehmern an Encountergruppen („Begegnungsgruppe", eine Gruppenform, bei der die Selbsterfahrung der Teilnehmer im Vordergrund steht) nur niedrig eingeschätzt.
  Die wechselnde Bedeutung der einzelnen Faktoren im Verlauf einer Gruppenbehandlung kann am Beispiel des Faktors „Anleitung" verdeutlicht werden: In fast allen Formen von Gruppenpsychotherapie hat dieser Faktor zu Beginn der Behandlung einen höheren Stellenwert als gegen Ende.
- Die Faktoren sind z.T. nicht unabhängig voneinander, sondern bedingen sich gegenseitig. Beispielsweise ist das „Wiedererleben der Ursprungsfamilie" dann, wenn es vom Patienten bewußt wahrgenommen wird, häufig mit einem Gewinn an „Einsicht" verbunden.

- Die Wirkfaktoren unterscheiden sich in der Art und Weise, in der sie wirksam werden. Sie entfalten ihre Wirksamkeit sowohl unmittelbar als auch mittelbar. „Katharsis" z. B. hat eine unmittelbare Wirkung, während das Vorliegen von „Gruppenkohäsion" eine Voraussetzung dafür ist, daß andere Faktoren ihre Wirksamkeit entfalten können, daß z. B. „Interpersonales Lernen" stattfinden kann.
- Die in einer Gruppentherapie wirksam werdenden Faktoren sind nicht alle spezifisch für das Verfahren Gruppentherapie. Das Wirksamwerden von Katharsis z. B. wird auch in den meisten Formen von Einzeltherapie angenommen.
- Die therapeutischen Gruppenwirkfaktoren unterscheiden sich im Hinblick darauf, ob sie gezielt eingesetzt werden können bzw. der Therapeut sie gezielt zu fördern in der Lage ist.
  Wieweit sich z. B. in einer Gruppe „Kohäsion" einstellt, hängt nicht nur von den Interventionen des Therapeuten ab, sondern auch von der Zusammensetzung der Gruppe. Jeder erfahrene Gruppentherapeut kennt Gruppen, die sehr rasch eine hohe „Kohäsion" entwickeln und damit zu einem therapeutisch günstigen Arbeitsstil finden, während andere Gruppen nie über das Stadium von „Kampf und Flucht" (BION 1974) hinauskommen.
- Die Wirkfaktoren unterscheiden sich auch im Hinblick auf den Grad ihrer Konzeptualisierung bzw. Operationalisierung. Beispielsweise ist „Altruismus" sicherlich nur unzureichend konzeptualisiert. YALOM (1970, 1974) erklärt die Wirksamkeit u. a. mit dem sicherlich nicht falschen, aber doch sehr unspezifischen Hinweis, daß Menschen das Gefühl brauchen, gebraucht zu werden.
  Andere Faktoren, wie „Selbstöffnung" sind im Vergleich dazu psychologisch fundierter und auch besser konzeptualisiert, z. B. durch Definition von Ratingskalen oder Fragebogen.
- Die Frage, unter welchen Umständen ein Wirkfaktor jeweils wirksam wird, ist für viele Wirkfaktoren bisher nicht ausreichend geklärt. Da eine Gruppe in mehrfacher Hinsicht einer Familie bzw. Familienkonstellation ähnelt, kann davon ausgegangen werden, daß jeder Patient in einer Gruppentherapie zwangsläufig Erfahrungen macht, die er aus seiner Herkunftsfamilie kennt. Ist das therapeutisch Wirksame nun z. B. der Umstand, daß die Gruppe mit der Situation, die mit einer bestimmten früheren Erfahrung verbunden ist, anders umgeht, z. B., daß Konflikte angesprochen und nicht vermieden bzw. ausagiert werden, oder ist das therapeutisch Wirksame, daß einem Patienten frühere Erfahrungen aus seiner Familie bewußt werden, er sie reflektieren kann?

Die oben aufgeführten Gegebenheiten tragen mehr oder weniger stark dazu bei, daß allgemeingültige Aussagen darüber, wann ein therapeutischer Wirkfaktor wie und mit welchem Gewicht in einer Gruppentherapie zum Tragen kommt oder kommen sollte, nicht möglich sind.

Dennoch ist das Wirkfaktorenkonzept nicht nur für die Psychotherapieforschung, sondern auch für die Praxis der Psychotherapie von hoher Relevanz. Bevor die Bedeutung des Wirkfaktorenkonzepts für die Praxis erläutert wird, soll dargestellt werden, welche Bedeutung das Wirkfaktorenkonzept für die Einzeltherapie hat.

Die Bedeutung des Wirkfaktorenkonzepts für die Einzeltherapie

Die Frage, wodurch Psychotherapie wirkt, spielt natürlich auch in der Einzeltherapie eine zentrale Rolle. Die Antworten auf diese Frage sind in der Einzeltherapie – erstaunlicherweise – jedoch sehr viel uneinheitlicher als für den Bereich Gruppentherapie (LANG 1990; TSCHUSCHKE u. CZOGALIK 1990). Dafür scheinen v. a. zwei Gründe verantwortlich zu sein:

- Die theoretischen Annahmen darüber, was das therapeutisch Wirksame ist, sind nicht nur zwischen den, sondern auch innerhalb der Therapieschulen z. T. sehr unterschiedlich, und

- das Wirkfaktorenkonzept selbst ist nicht ausreichend konzeptualisiert.

Ein Beispiel für Unterschiede in den Auffassungen darüber, was das therapeutisch Wirksame in einer bestimmten Form von Psychotherapie ist, ist die psychoanalytische Therapietheorie (Finger-Drescher 1991).

Lang (1990) weist darauf hin, daß es schon sehr früh innerhalb der Psychoanalyse zwei unterschiedliche Strömungen gab: Die klassische Strömung setzte auf die Prozesse von Bewußtmachen, Erinnern und Verstehen und damit auf die Deutung als wichtigen therapeutischen Faktor.

Die andere Strömung, repräsentiert von Ferenci u. Rank, sahen im Wiederholen das therapeutisch wirksame Agens. Ferenci und andere Autoren betonten die Bedeutung der emotionalen Prozesse für eine therapeutische Veränderung. Diese Position wurde auch von Franz Alexander vertreten, der in der „korrigierenden emotionalen Erfahrung" den wichtigsten therapeutischen Faktor sah. Allerdings gab es unterschiedliche Auffassungen darüber, wie diese emotionalen Prozesse anzustoßen seien. Winnicott und andere Autoren glauben, daß der Therapeut die therapeutische Beziehung wie eine „gute Mutter" zu gestalten habe. Alexander hingegen vertrat die Ansicht, dieses Ziel sei dadurch zu erreichen, daß sich der Therapeut aktiv korrigierend verhalte (vgl. Cremerius 1990). Die bisher unzureichende Konzeptualisierung des Wirkfaktorenansatzes läßt sich u. a. daran zeigen, daß ganz unterschiedliche Elemente des therapeutischen Prozesses zu Wirkfaktoren erklärt werden und dabei unberücksichtigt bleibt, daß diese Elemente Teile eines Bedingungsgefüges sind.

Das gilt sowohl für die Wirkfaktoren in der Gruppentherapie als auch in der Einzeltherapie.

Kritik am Konzept der Wirkfaktoren in der Einzeltherapie. Als Wirkfaktoren in der Einzeltherapie werden sowohl Bedingungen bzw. Prozesse auf seiten des Patienten genannt, z. B. Übertragung, Einsicht und Regression (Bräutigam et al. 1990), als auch spezifische Handlungen von Therapeuten, z. B. die „Deutung" in der psychoanalytischen Psychotherapie oder „Verbalisierung emotionaler Erlebnisinhalte" in der Gesprächspsychotherapie oder die „Setzung eines Verstärkers" in der Verhaltenstherapie.

Da diese Wirkfaktoren jedoch nicht unabhängig voneinander sind, wäre es erforderlich, die Bedingungen zu benennen, unter denen sie wirksam werden. Letztlich fehlt bisher also eine sog. Taxonomie der therapeutischen Faktoren, die es ermöglichte, die einzelnen Wirkfaktoren unter dem Gesichtspunkt der jeweiligen Bedingungen ihrer Wirksamkeit zu ordnen.

Das Konzept der allgemeinen Wirkfaktoren

Als ein Versuch in diese Richtung kann die Unterscheidung von spezifischen und allgemeinen Wirkfaktoren gesehen werden. Allgemeine Wirkfaktoren unterscheiden sich von spezifischen in zweierlei Hinsicht:

- Es wird angenommen, daß sie in jeder Form von Psychotherapie mehr oder weniger stark zum Tragen kommen.
- Sie sind nicht wie viele spezifische Wirkfaktoren beliebig variierbar, d. h. sie sind nicht Bestandteil der therapeutischen Technik, die ein Therapeut einzusetzen erlernt.

Das Konzept der allgemeinen Wirkfaktoren wurde v. a. von Frank (1961, 1971) entwickelt. Der Autor vertritt in seinem „common component model" die Auffassung, daß sich psychotherapeutische Veränderungen v. a. auf solche Wirkprinzipien zurückführen lassen, die bereits von Schamanen oder in der Frühzeit der Medizin erfolgreich eingesetzt worden sind. Dazu gehören:

Allgemeine Wirkfaktoren

- Eine intensive, emotional besetzte vertrauensvolle Beziehung zwischen Hilfesuchenden und Helfer,
- ein Erklärungsprinzip (Glaubenssystem, Mythos) bezüglich der Ursachen der Erkrankung und eine damit zusammenhängende Methode für ihre Beseitigung bzw. Behebung,
- eine Problemanalyse, die dem Patienten Möglichkeiten der Bewältigung eröffnet,

- die Vermittlung von Hoffnung mit dem Ziel, die Demoralisation des Patienten abzubauen,
- die Vermittlung von Erfolgserlebnissen, die sowohl der Hoffnung weitere Nahrung geben als auch dem Patienten zunehmend Sicherheit und Kompetenz vermitteln und
- die Förderung emotionalen Erlebens als Voraussetzung für eine Einstellungs- und Verhaltensänderung.

Die Wirksamkeit dieser allgemeinen Wirkfaktoren wird von niemandem ernsthaft bestritten, vielmehr wird immer wieder darauf hingewiesen, daß ihre Bedeutung eher unterschätzt wird (Enke u. Czogalik 1993).

Einen weiteren Schritt in Richtung einer Systematisierung des Bedingungsgefüges, innerhalb dessen die einzelnen therapeutischen Faktoren ihre Wirkung entfalten, stellt das Allgemeine Modell von Psychotherapie dar, das weiter unten beschrieben wird (s. Abschn. 5.2).

5.1.1 Zur Bedeutung des Wirkfaktorenkonzepts für die therapeutische Praxis

Der therapeutische Prozeß wird immer von Bedingungen und Faktoren beeinflußt werden, die sich nicht genau planen lassen, z.B. ein den Patienten sehr belastendes Ereignis, wie der Tod eines nahen Angehörigen, oder von solchen, auf die der Therapeut keinen Einfluß nehmen kann, z.B. wieviel Ansehen Psychotherapeuten in der Gesellschaft haben. Der Therapeut sollte diese Einfüsse reflektieren, v.a. ihre Auswirkungen im Auge haben.

Der Wert einer Reihe von Wirkfaktoren, auf die Therapeuten nicht direkt oder gezielt Einfluß nehmen können, ist für die therapeutische Praxis u.a. darin zu sehen, daß sie die Wahrnehmung und Aufmerksamkeit von Therapeuten steuern können. Das soll am Beispiel des Wirkfaktors Gruppenkohäsion in der Gruppentherapie erläutert werden.

Es gibt keine spezifische therapeutische Intervention, die unmittelbar dazu beiträgt, daß sich die Gruppenkohäsion erhöht. Hat der Gruppentherapeut jedoch die Gruppenkohäsion als wünschenswertes Phänomen für die Gruppe stets mit im Auge, so wird er sich beim Vorliegen von nur geringer Gruppenkohäsion Hypothesen bilden, welche Ursachen es dafür geben könnte. Er könnte bei dieser Analyse z.B. feststellen, daß die Gruppe aus Gründen, die bisher nicht zur Sprache gekommen sind, in zwei rivalisierende Lager gespalten ist. Oder er könnte feststellen, daß sich eine unausgesprochene (heimliche) Gruppennorm etabliert hat, daß Gefühle von Nähe und Gemeinsamkeit vermieden werden müssen, weil sie die Grundlage von Eifersucht und Aussperrung bilden.

Vor dem Hintergrund des Wissens, daß ein gewisses Ausmaß an Gruppenkohäsion eine der Voraussetzungen für eine erfolgreiche gruppentherapeutische Arbeit ist, könnte der Therapeut versuchen, die Hindernisse auf dem Weg dorthin zu beseitigen. Ein erster Schritt wäre z.B. der, daß er die Gründe, die einer Entwicklung von Gruppenkohäsion im Wege stehen, zum Thema der Gruppe macht.

Dem Gruppentherapeuten stehen auch Wege offen, die Gruppenkohäsion indirekt zu fördern, beispielsweise dadurch, daß er bei seinen therapeutischen Interventionen nicht auf das einzelne Gruppenmitglied eingeht („Einzeltherapie in der Gruppe"), sondern z.B. nur die Reaktion der Gruppe auf den einzelnen aufgreift, oder dadurch, daß er nicht auf die Gefühle eines einzelnen Patienten eingeht, sondern sich mehr um das „Klima" der gesamten Gruppe kümmert.

> ! Die Beachtung der therapeutischen Wirkfaktoren kann also das Handeln von Therapeuten in hohem Maße steuern und damit auch den gesamten Therapieprozeß in gewissem Ausmaß strukturieren.

Insofern hat das Wirkfaktorenkonzept trotz seiner aufgezeigten Schwächen auch für die Praxis eine nicht unerhebliche Relevanz.

Das Wirkfaktorenkonzept wird sicherlich niemals so weit elaboriert werden, daß es einem Therapeuten im Sinne einer Handlungsanweisung im konkreten Fall genau vorgibt, was er zu tun hat, aber es kann ihm Leitlinien bzw. Richtschnüre für sein Handeln liefern und zugleich Maßstäbe, an denen er die Qualität des therapeutischen Prozesses messen kann.

5.2 Ein Allgemeines Modell von Psychotherapie

ORLINSKY u. HOWARD haben ihr Allgemeines Modell von Psychotherapie (AMP) erstmals 1987 vorgestellt (vgl. auch ORLINSKY 1994).

Definition

Das AMP ist ein Modell, das die verschiedenen bestehenden psychotherapeutischen Behandlungsmodelle zu integrieren versucht. Das AMP ist zugleich eine wissenschaftliche Theorie, die die verschiedenen klinischen Theorien in einen begründeten Zusammenhang stellt.

Unter klinischer Theorie werden die verschiedenen psychotherapeutischen Behandlungstheorien, wie die Behandlungstheorie der Psychoanalyse, der Gesprächspsychotherapie, der Verhaltenstherapie usw. verstanden.

Das AMP stellt auch einen konzeptuellen Rahmen zur Verfügung, der einen systematischen Vergleich der verschiedenen klinischen Theorien ermöglicht. Er besteht aus „Elementen der Gattung Psychotherapie, die den unterschiedlichen Arten von Psychotherapie" gemeinsam sind (ORLINSKY u. HOWARD 1988, S. 281).

Es werden drei Gruppen von Elementen (Einflußgrößen) unterschieden:

- **„Input"-Variable**
  Sie sind Elemente des Behandelns, z. B. „Deutung" in der Psychoanalyse oder „Verstärkung" in der Verhaltenstherapie.
- **„Prozeß"-Variable**
  Sie sind Elemente des Behandlungsprozesses, die jeweils für erforderlich gehalten werden als Voraussetzung dafür, daß psychische bzw. verhaltensmäßige Veränderungen eintreten, z. B. Bewußtwerdung unbewußter Inhalte, Erhöhung der Selbstexploration, gehäuftes Auftreten erwünschter Reaktionen etc.
- **„Output"-Variable**
  Sie sind Elemente der Behandlungseffekte, in erster Linie die Veränderungen beim Patienten.

Das AMP unterscheidet innerhalb des gesamten psychotherapeutischen Prozesses sechs bedeutsame Aspekte (s. Abb. 5.1).

Der formale Aspekt: Therapievertrag
Hierbei wird vorausgesetzt, daß eine positive Indikation für Psychotherapie gestellt werden konnte. Unter den Therapievertrag fallen Vereinbarungen bezüglich der Modalitäten der Behandlung: Setting, Frequenz, Therapiedauer, Finanzierung usw.

Der technische Aspekt: Therapeutische Maßnahmen
Die therapeutischen Maßnahmen sind das Ergebnis des Erstinterviews und evtl. einer sich daran anschließenden Probetherapie. Vor dem Hintergrund des jeweiligen Behandlungsmodells wird die Störung beschrieben (Diagnose, Konflikt), werden deren vermutliche Ursachen benannt (Störungstheorie), die geeignete therapeutische Intervention festgelegt (z. B. Gesprächspsychotherapie oder Reizkonfrontationsverfahren) und geprüft, ob sich der Patient darauf einlassen kann.

Der interpersonale Aspekt: Die therapeutische Beziehung
Vor dem Hintergrund des jeweiligen Behandlungsmodells wird die Art (Qualität) der Beziehung zwischen Patient und Therapeut bzw. zwischen Patient und anderen Patienten, z. B. Gruppenmitgliedern, beschrieben. Dazu gehören z. B. Phänomene wie Übertragung/Gegenübertragung, die therapeutische Allianz, das gesprächspsychotherapeutische Beziehungsangebot usw.

Der intrapersonale Aspekt: Innere Selbstbezogenheit
Darunter wird das Selbsterleben und seine Wahrnehmung durch die Person (Patient/The-

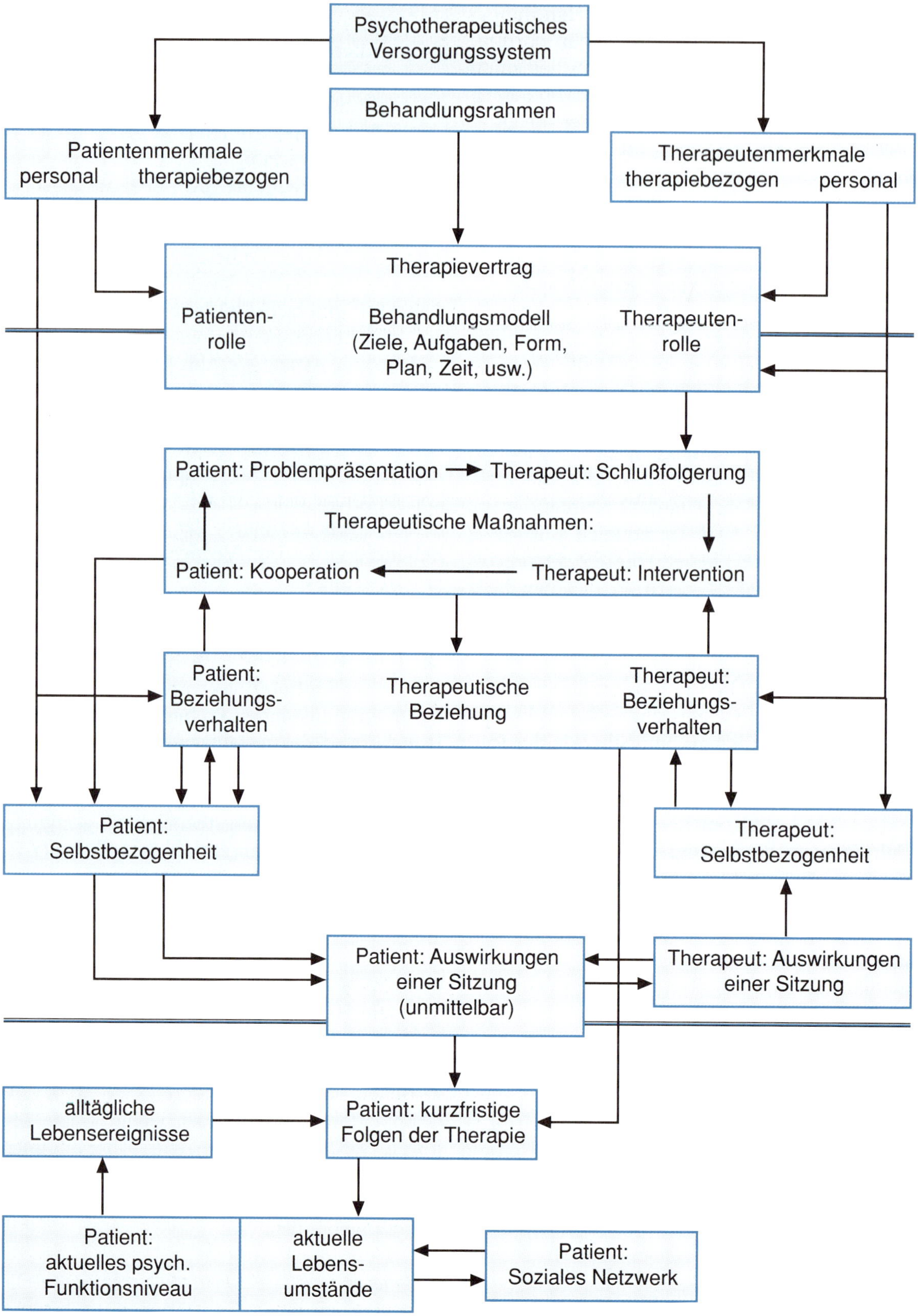

Abb. 5.1. Das Allgemeine Modell von Psychotherapie

rapeut) verstanden. Wichtige Aspekte dieses Selbsterlebens sind entsprechend dem jeweiligen Therapiemodell z.B. die Art und Stärke der Abwehr (Psychoanalyse), das Ausmaß der Selbstkontrolle (Verhaltenstherapie), das Ausmaß der Inkongruenz (Gesprächspsychotherapie).

Der klinische Aspekt: Unmittelbare Auswirkung der Therapiesitzung
Darunter werden die Reaktionen von Patient und Therapeut auf das therapeutische Geschehen selbst erfaßt, z.B. der Gewinn einer Einsicht, die Erfahrung, daß das Erleben bzw. Ausdrücken eines bestimmten bisher gefürchteten Affekts Erleichterung verschafft (Katharsis), das Erfahren von Selbstwirksamkeit usw. Unter diesen Aspekt fallen natürlich auch negative Auswirkungen einer Psychotherapie, z.B. auftauchende Suizidimpulse, der Patient verfällt in einen stuporösen Zustand, der Therapeut wird von den Affekten des Patienten „angesteckt" usw.

Der zeitliche Aspekt: Der sequentiell verlaufende Prozeß
Darunter fallen zeitlich aufeinanderfolgende Abläufe bzw. Gesetzmäßigkeiten, wie die sich zu Beginn einer Gruppenbehandlung entwickelnde Kohäsion oder die Themen in der Phase kurz vor Abschluß der Behandlung (Trennung).

Die therapeutische Beziehung, der interpersonale Aspekt, ist sowohl personabhängig als auch abhängig vom jeweiligen Therapiemodell. In der Gesprächspsychotherapie z.B. bildet die therapeutische Beziehung das „Herz" der Behandlung, in vielen verhaltenstherapeutischen Ansätzen spielt sie eine weniger explizite Rolle.

Die Abhängigkeit vom jeweiligen Therapiemodell trifft auch für die letzten drei Aspekte zu: Am deutlichsten wird das im klinischen Aspekt, der die jeweils angenommenen Wirkfaktoren im therapeutischen Prozeß zum Gegenstand hat. Hierin unterscheiden sich die verschiedenen Therapiemodelle am deutlichsten.

Das AMP bietet nicht nur ein konzeptuelles Schema mit den wichtigsten Merkmalen, die einen psychotherapeutischen Prozeß konstituieren, sondern es weist auch – dargestellt durch die „Pfeile" in Abb. 5.1 – auf die jeweiligen Zusammenhänge zwischen den einzelnen Elementen hin.

Psychotherapieforschung kann z.B. dazu dienen, diese Zusammenhänge näher zu klären. So war es ein Ergebnis der Gesprächspsychotherapieforschung, daß die Prozeßmerkmale des Patienten („Patient: Selbstbezogenheit") und die „therapeutische Beziehung" einen sehr viel stärkeren Einfluß auf die „Output-Variablen" nehmen als therapeutische Maßnahmen im engeren Sinne.

Die Abb. 5.2 schlüsselt das Behandlungsmodell des Therapeuten genauer auf und zeigt seine Funktionen. Es werden vier Bestandteile unterschieden:

- Das Behandlungsmodell des Therapeuten,
- die Erkrankung des Patienten,
- die therapierelevanten Merkmale des Therapeuten und
- die des Patienten.

Alle vier Bestandteile beeinflussen sich wechselseitig. Die besten Behandlungserfolge sind nach diesem Modell dann zu erwarten, wenn diese vier Bestandteile optimal aufeinander abgestimmt sind, d.h. die jeweiligen „Passungen" stimmen.

Die Stimmigkeit bzw. Passung drückt sich in der Qualität der therapeutischen Arbeitsbeziehung aus.

5.2.1 Diskussion des Modells

Das AMP ist ein Optimierungsmodell, d.h. es zeigt keine Grenzen auf, sondern nur die Bedingungen, die theoretisch die Voraussetzung für optimale Behandlungserfolge sind.

Das hat in der Vergangenheit, aber auch in jüngster Zeit (vgl. Abschn. 5.3), zu der Forderung an Therapeuten geführt, ihre Behandlungsmodelle zu erweitern: Therapeuten sollen sich ihre Patienten nicht unter dem Gesichtspunkt aussuchen, ob diese den Anforderungen des praktizierten Behandlungsmodells genügen (selektive Indikation), sondern Therapeuten sollen jeweils die Methode anwenden, die im Hinblick auf die Erkrankung des Patienten und seine Persönlichkeit erforderlich ist (adaptive Indikation).

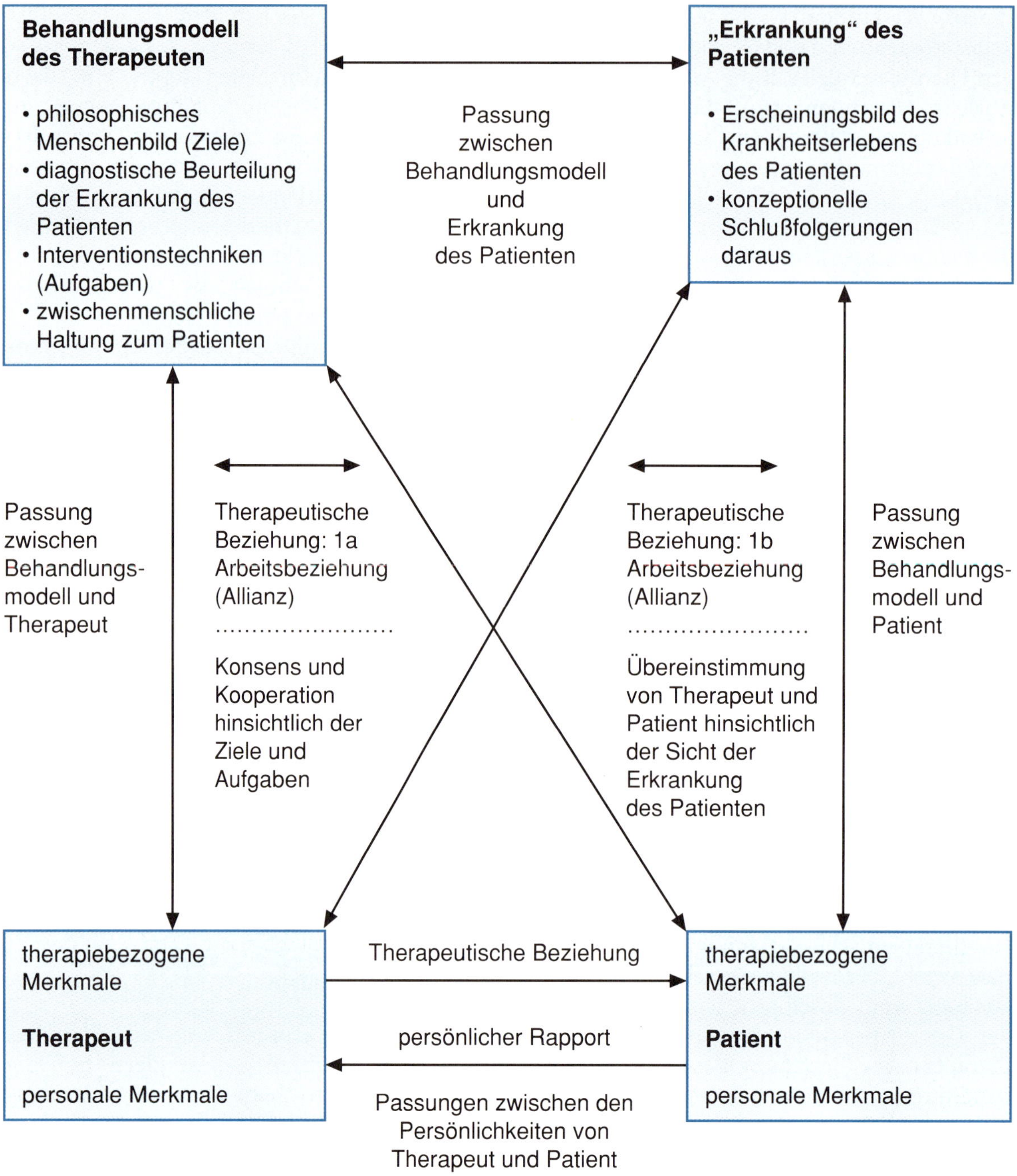

Abb. 5.2. Funktionen des Behandlungsmodells des Therapeuten

> ! Also: Statt Selektion von geeigneten Patienten, Selektion und Anwendung von geeigneten Methoden.

Das klingt zunächst bestechend und auch irgendwie moralisch. Leider bleibt bei solchen Forderungen einiges unbedacht. Es wird z.B. übersehen, daß keine Psychotherapie wie die andere verläuft. Auch ein Therapeut, der ein spezifisches nicht symptomorientiertes Therapieverfahren praktiziert, variiert sein therapeutisches Handeln innerhalb bestimmter Grenzen in Abhängigkeit vom Patienten und der Art seiner Störung.

Überlegungen zur adaptiven Indikation
Das adaptive Indikations- und Handlungsmodell impliziert, daß jeder Therapeut, wenn er nur über hinreichend viele Interventionsmethoden verfügt, jedem Patienten gerecht werden kann. Das ist eine moralische Forderung, die mit der Realität von Psychotherapie nicht viel zu tun hat. Ein „guter" Psychotherapeut zeichnet sich u.a. dadurch aus, daß er weiß, für welche Patienten er ein „guter" Therapeut sein kann und für welche nicht. Das ist manchmal von der Art der Störung abhängig, häufiger jedoch sind es bestimmte Persönlichkeitszüge oder Eigenheiten von Patienten, die eine gute therapeutische Beziehung mehr oder weniger wahrscheinlich machen.

Die Überlegungen zur adaptiven Indikation vernachlässigen auch die Tatsache, daß die Selektion nicht einseitig passiert: Auch Patienten – und das ist ihr gutes Recht – selektieren. Sie bleiben z.B. nach einem Erstinterview weg oder brechen eine Behandlung vorzeitig ab.

Die Vorstellung, daß man die Zahl der Abbrecher dadurch reduzieren bzw. die Erfolgsquote anheben kann, daß sich Therapeuten in gleich mehreren Behandlungsmodellen ausbilden lassen, ist ebenfalls eine Illusion. Therapeuten brauchen eine therapeutische Identität, und die finden sie in der von ihnen gewählten Therapieschule, bzw. sie schließen sich einer Therapieschule dann an, wenn ihre eigenen persönlichen Überzeugungen und Werthaltungen mit dem philosophischen Menschenbild, das einer Therapiemethode zugrunde liegt, übereinstimmen. Diese Tatsache wird auch im AMP berücksichtigt.

Die Menschenbilder der verschiedenen Therapieverfahren unterscheiden sich erheblich. Und da es zum Wesen einer Identität gehört, etwas Einheitliches, Unteilbares zu sein, das sich von anderen Identitäten unterscheidet, wird es auch in der Zukunft weiterhin psychoanalytische Psychotherapeuten, Verhaltenstherapeuten, Gesprächspsychotherapeuten oder etwas ähnliches geben.

> **!** Der Weg zu einer möglichst optimalen psychotherapeutischen Versorgung von möglichst vielen unterschiedlichen Patienten wird nicht über den „integrierten", d.h. möglichst viele Interventionsmethoden und Behandlungstechniken beherrschenden Therapeuten führen, sondern über mehr Wissen darüber, welcher Patient in welchem Behandlungsmodell wahrscheinlich am besten aufgehoben ist, d.h. über eine *differentielle* Therapieindikation.

Auch diese Perspektive kann mit einer ethisch-moralischen Forderung an Therapeuten verknüpft werden: Ein „guter" Therapeut verfügt nicht nur über ausreichende Kenntnisse von anderen Psychotherapieverfahren, sondern er schätzt auch die Möglichkeiten, die diese für bestimmte Patienten bereit halten.

Überlegungen zum eklektischen Vorgehen
Die Forderung nach mehr gegenseitiger Anerkennung ist keine überflüssige. Die gegenseitigen Vorbehalte sind enorm, und die Bereitschaft zur Entwertung ist hoch. Die einen halten z.B. Gesprächspsychotherapie für ein Verfahren, das für schwerer gestörte Patienten gänzlich ungeeignet ist, die anderen die Verhaltenstherapie für eine Reparaturwerkstatt, in der Ersatzteile eingesetzt werden, aber das Wesentliche übersehen wird, und wieder andere halten die psychoanalytischen Verfahren für unwissenschaftlich und wirkungslos. Solche Positionen mögen zwar die Bindung an das eigene Verfahren stärken, sie stehen aber einer Weiterentwicklung der Psychotherapie zum Wohle möglichst vieler seelisch kranker Menschen erheblich im Wege.

Kommen wir noch einmal zurück zum „integrierten" Therapeuten. Die hier dazu vertretene Auffassung bedeutet nicht, daß ein Therapeut keine Elemente aus anderen Therapietheorien übernehmen sollte. In der Darstellung der verschiedenen Therapieverfahren in diesem Buch wird immer wieder darauf hingewiesen, daß es bestimmte Behandlungssituationen gibt, die es sogar erforderlich machen, therapeutische Handlungen vorzunehmen, die die jeweils „reine Lehre" nicht vorsieht.

Die Einbeziehung von Elementen therapeutischen Handelns aus anderen Therapiemodellen wird immer nur an die Bedingung geknüpft, daß solche „Abweichungen" zu reflektieren sind und theoretisch begründbar sein sollten.

5.3 Das Modell einer Allgemeinen Psychotherapie

GRAWE (1995, s. auch GRAWE et al. 1994) hat ebenfalls ein Modell bzw. einen Grundriß einer Allgemeinen Psychotherapie (AP) vorgelegt.

Wie ORLINSKY u. HOWARD greift auch GRAWE bei der Konzeption und Begründung seines Modells auf die Ergebnisse empirischer Psychotherapiestudien zurück.

Er hebt zwei Umstände hervor, in denen sich sein Ansatz von dem von ORLINSKY u. HOWARD unterscheide:

- Er habe zahlreichere Ergebnisse kontrollierter psychotherapeutischer Wirksamkeitsstudien berücksichtigt und komme auf dieser Grundlage zu teilweise deutlich anderen Aussagen bezüglich der wichtigsten therapeutischen Wirkfaktoren, und
- er mache keine Aussagen über die Zusammenhänge der Wirkfaktoren untereinander (GRAWE 1995, S. 134).

GRAWE betont, daß seine Wirkfaktoren keinen vollständigen Entwurf einer Allgemeinen Psychotherapie, aber wichtige Bestandteile einer allgemeinen psychotherapeutischen Veränderungstheorie darstellten.

Das Fundament dieser Theorie bilden vier Wirkprinzipien bzw. Wirkfaktoren, nämlich:

Wirkfaktoren einer Allgemeinen Psychotherapie

- Ressourcenaktivierung,
- Problemaktualisierung,
- aktive Hilfe zur Problembewältigung sowie
- motivationale Klärung.

Ressourcenaktivierung

Definition

Ressourcenaktivierung bedeutet, daß der Therapeut an die „positiven Möglichkeiten, Eigenheiten, Fähigkeiten und Motivationen des Patienten anknüpft", indem er das therapeutische Vorgehen darauf ausrichtet, daß sich der Patient auch in seinen Stärken und positiven Seiten erfahren kann (GRAWE 1995, S. 135).

Dieses Prinzip findet in der Verhaltenstherapie schon immer systematische Beachtung, z. B. beim Einsatz von Behandlungsmethoden, die sich das Prinzip des Verstärkungslernens zunutze machen. Auch die Sozialpsychiatrie (z. B. DÖRNER u. PLOG 1978) betont die Wichtigkeit dieses Prinzips in Diagnostik und Therapie.

GRAWE weist darauf hin, daß die Wirksamkeit der verschiedenen Aspekte, die unter dem Wirkfaktor Ressourcenaktivierung zusammengefaßt sind, von deren Bewertung durch den Patienten abhängen. Erklärungen bezüglich der Entstehung der psychischen Störung des Patienten und ihre Behebung könnten noch so logisch und plausibel sein, entscheidend sei, daß der Patient selbst diese Erklärungen für einleuchtend und plausibel hält. Wir möchten diesen Umstand mit dem Hinweis ergänzen, daß das auch und v. a. für die Beurteilung der therapeutischen Beziehung gilt. Ein Therapeut kann sich noch so zugewandt, freundlich, bemüht, unterstützend usw. verhalten, wirksam wird dieses Beziehungsangebot erst dann, wenn der Patient es selbst genauso wahrnimmt.

Der Forderung GRAWES an den Therapeuten, er solle „für eine optimale Nutzung des Wirkfaktors der Ressourcenaktivierung" sein „therapeutisches Angebot ganz auf die Möglichkeiten und Eigenarten des Patienten" (S. 136) abstellen, kann dieser natürlich nur innerhalb der Grenzen nachkommen, die auch in jedem Therapeuten auszumachen sind (vgl. Kap. 14).

Problemaktualisierung

> **Definition**
> Der Wirkfaktor Problemaktualisierung wird von GRAWE auch das „Prinzip der realen Erfahrung" genannt bzw. so definiert.

Der Konzeption dieses Wirkfaktors liegt die therapeutische Erfahrung zugrunde, für die es auch viele empirische Belege gibt, daß die „problematischen Bedeutungen, die das Leiden des Patienten ausmachen, dann wirksam verändert werden können, wenn diese Bedeutungen in der Therapie real zum Erleben gebracht werden" (S. 136).

■ **Problemaktualisierung in der therapeutischen Praxis.** Dieses Prinzip beherzigen wohl die meisten psychotherapeutischen Verfahren, wenn auch in unterschiedlicher Weise.

Der Gesprächspsychotherapeut tut es, wenn er eine emotionale Erfahrung des Patienten in Worte faßt, die zwar offensichtlich das Erleben des Patienten bestimmt, von diesem selbst aber nicht bemerkt wird, weil ihre Wahrnehmung bedeuten würde, daß er sein Selbstkonzept in Frage stellt.

Der psychoanalytische Psychotherapeut tut es, wenn er die Entwicklung der Übertragung fördert, bis hin zur Ausbildung einer Übertragungsneurose.

Der Verhaltenstherapeut macht sich dieses Prinzip bei der Behandlung von Phobien am sichtbarsten zunutze: Er sucht mit dem Patienten zusammen die angstauslösenden Situationen auf und läßt den Patienten die Erfahrung machen, daß seine Angst ein endliches Gefühl ist, das langsam aber sicher abklingt.

Das Prinzip der Problemaktualisierung spielt in der therapeutischen Praxis eine Rolle bei der Frage, welches therapeutische Setting für einen Patienten das geeignete ist. Leitlinie für eine solche Entscheidung ist eine Antwort auf die Frage: „In welcher Situation wird der Patient am ehesten eine Konfrontation mit den eigenen Erfahrungsbereitschaften und seinen aktiven Beitrag zur Herstellung der von ihm gefürchteten Erfahrungen erleben können und gleichzeitig seinen Schemata (das sind internalisierte Abbilder früherer Wirklichkeit, die auf das Erleben neuer Wirklichkeit Einfluß nehmen) entgegengesetzte Erfahrungen machen und wiederholen können?" (BIERMANN-RATJEN u. ECKERT 1982, S. 20).

Aktive Hilfe zur Problembewältigung

Ein Teil des konkreten therapeutischen Handelns bzw. Vorgehens generiert den Wirkfaktor „aktive Hilfe zur Problembewältigung". Er führt nach Grawe zu der direkten Handlungsanweisung für das therapeutische Vorgehen, daß „der Therapeut den Patienten mit geeigneten Maßnahmen aktiv darin zu unterstützen oder ihn auch direkt anzuleiten (hat), mit einem bestimmten Problem besser fertig zu werden" (GRAWE 1995, S. 137).

■ **Anwendung des Prinzips in der Praxis.** Dieses Prinzip kommt in einer Reihe von unterschiedlichen therapeutischen Verfahren zur Anwendung, z. B. in der Sexualtherapie nach MASTERS u. JOHNSON, bei den Reizkonfrontationsverfahren mit Agoraphobikern und bei allen übenden und stützenden Therapieverfahren.

> **!** Dieses Vorgehen entfaltet offensichtlich nur dann seine therapeutische Wirksamkeit, wenn der Patient dabei die Erfahrung macht, daß er etwas bewältigen kann, von dem er bisher annahm, daß er es nicht bewältigen kann.

Die Möglichkeiten, dieses Prinzip zu realisieren, hängen natürlich vom Störungsbild des Patienten ab. Zum Beispiel wird der zurückgezogen lebende depressive Patient, der fest davon überzeugt ist, daß er es nicht wert ist, geliebt zu werden, sein Problem nicht dadurch bewältigen können, daß er vom Therapeuten ermuntert wird, Kontakte aufzunehmen und dabei zu erfahren, daß andere ihn lieben.

Vor dem Hintergrund der Erfahrungen bei der gesprächspsychotherapeutischen Behandlung von depressiven Patienten scheint es sinnvoll zu sein, dieses Prinzip nicht nur auf den Aspekt der Bewältigung zu begrenzen. Für den depressiven Patienten besteht die aktive Hilfe eines Gesprächspsychotherapeuten bei der

Problembewältigung darin, daß sich der Therapeut in das Erleben der eigenen Wertlosigkeit des Patienten einfühlt und diesen darin akzeptiert mit dem Effekt, daß der Patient erleben kann, daß er mit seinem Empfinden etwas bewirken kann, nämlich empathisches Reagieren des Therapeuten. Auch wenn der Therapeut nichts anderes tut, als die Gefühle von Ohnmacht und Wertlosigkeit seines Patienten zu „teilen" bzw. „auszuhalten" bzw. mitzutragen – ohne sich davon anstecken zu lassen – ist das therapeutisch wirksam, weil der Patient etwas bewirkt, nämlich eine emotionale Reaktion auf sich, die nicht in einer Zurückweisung oder Ignorierung besteht.

Klärungsperspektive

> **Definition**
> Unter der Klärungsperspektive versammelt GRAWE therapeutische Vorgehensweisen, bei denen der „Therapeut dem Patienten dabei hilft, sich über die Bedeutungen seines Erlebens und Verhaltens im Hinblick auf seine bewußten und seine unbewußten Ziele und Werte klarer zu werden" (GRAWE 1995, S. 138).

Es gibt therapeutische Verfahren, die diese Wirkung therapeutischen Vorgehens für die zentrale halten und ihre Therapietechnik wesentlich nach ihr ausrichten. Dazu gehörten die Psychoanalyse, die tiefenpsychologischen Therapieverfahren und die Gesprächspsychotherapie.

Unter der Klärungsperspektive würden die Symptomatik, das Verhalten und das Erleben des Patienten hauptsächlich unter motivationalen Aspekten betrachtet: Warum empfindet und verhält sich der Patient so und nicht anders?

5.3.1 Perspektiven einer Allgemeinen Psychotherapie: Das Würfelmodell

GRAWE setzt die vier Wirkprinzipien zueinander in Beziehung und fügt als weitere Dimension „intrapersonal vs. interpersonal" hinzu, so daß ein Würfel entsteht (s. Abb. 5.3). Jede Seite des Würfels entspricht einer Perspektive, unter der therapeutisches Handeln bzw. therapeutische Prozesse betrachtet werden können (GRAWE 1995, S. 141).

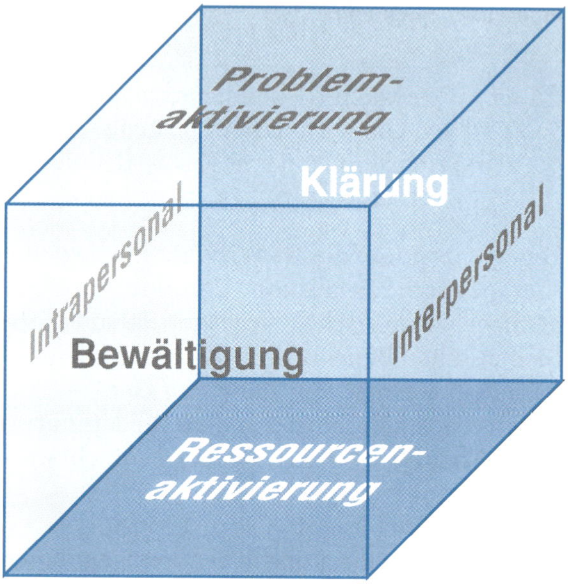

Abb. 5.3. Das Würfelmodell

Mit Hilfe dieses Würfels lasse sich zum einen beschreiben, welche der Perspektiven die einzelnen Therapieverfahren jeweils betonen bzw. vernachlässigen, und zum anderen könnten im Hinblick auf eine Therapieplanung für jede der Perspektiven Fragen formuliert werden, die bei der Therapieplanung zu berücksichtigen sind. Die Tabelle 5.2 gibt dazu ein Beispiel (nach GRAWE 1995, S. 142; verkürzt):

Die Konzeption einer Allgemeinen Psychotherapie sieht nun vor, bei der Planung einer Therapie im Individualfall alle Perspektiven ins Auge zu fassen, um dann abzuleiten, „unter welchen Gegebenheiten auf seiten des Patienten welche therapeutischen Möglichkeiten zu favorisieren sind" (GRAWE 1995, S. 142).

Dieser Forderung werden sich die meisten Psychotherapeuten anschließen können, sofern sie sich auf Überlegungen zu einer differentiellen Therapieindikation bezieht.

5.3.2 Diskussion des Modells

Der Entwurf einer Allgemeinen Psychotherapie ist nicht nur auf Zustimmung, sondern auch auf viele Einwände und Kritik gestoßen.

Tabelle 5.2. Beispiele für eine Therapieplanung im Rahmen einer Allgemeinen Psychotherapie

Unter der Perspektive der Problemaktualisierung		
	Klärung	**Bewältigung**
Intrapersonal	• Wird den intrapsychischen Bedeutungen im Hinblick auf individuelle Motive des Patienten Rechnung getragen?	• Werden Situationen hergestellt oder aufgesucht, in denen sich die Probleme/Defizite des Patienten manifestieren?
	• Wird die Aufmerksamkeit des Patienten auf sein inneres Erleben gelenkt?	• Wird versucht, die Kompetenzen des Patienten in bestimmten Defizitbereichen zu verbessern, z. B. durch Sozialtraining, Entspannungstraining, Selbstkontrolltechniken?
Interpersonal	• Wird der eventuellen zwischenmenschlichen Funktion der Probleme in realen Beziehungen des Patienten Rechnung getragen?	• Wird berücksichtigt, daß ein Problem darin bestehen kann, daß ein Paar, eine Familie, ein Teilsystem der Familie es einfach nicht schafft, sich anders zu verhalten als bisher?
	• Werden Situationen hergestellt, in denen diese Funktionen von den Beteiligten real erlebt werden können, z. B. durch Einbeziehung relevanter Bezugspersonen in die Therapie?	• Wird dem Paar, der Familie usw. aktiv geholfen, sich in der Beziehung anders zu verhalten, mit bewährten Maßnahmen, wie z. B. Kommunikationstrainings, Problemlösen, Hausaufgaben usw.?

Grawe plädiert mit seinem Modell für das adaptive Handlungsmodell und den „integrierten“ Therapeuten. Einige Einwände, die gegen dieses adaptive Indikations- und Handlungsmodell erhoben werden können, wurden bereits dargelegt (s. Abschn. 5.2.1).

Kritik am Modell der Allgemeinen Psychotherapie

Unsere Kritik an der AP besteht darin, daß der Autor aus längst bekannten Fakten einen utopischen Anspruch an Psychotherapeuten ableitet. Die vier von ihm benannten Wirkprinzipien sind seit Jahrzehnten bekannt, und es ist u. E. weder Zufall noch schulengebundene Borniertheit, daß Therapeuten in ihrer therapeutischen Arbeit nicht alle Wirkprinzipien in gleichem Ausmaß berücksichtigen. Das genau aber fordert die AP vom Therapeuten: Der optimale Therapeut ist durch eine entsprechende Ausbildung in die Lage zu versetzen, allen Perspektiven gleichermaßen gut gerecht werden zu können und sein therapeutisches Handeln entsprechend auszurichten.

Der Ansatz ist u. E. vor allem auch im Hinblick darauf zu kritisieren, daß der bedeutsamste Wirkfaktor, die Therapeut-Patient-Beziehung, im Würfel nicht konzeptualisiert ist und somit auch die persönlichen Grenzen von Psychotherapeuten (vgl. Kap. 14) unberücksichtigt bleiben. Das Modell der AP ist ähnlich wie das AMP (s. Abschn. 5.2) ein Optimierungsmodell, das z. B. weder Kontraindikationen kennt, noch alltägliche therapeutische Phänomene, die Therapien stocken oder scheitern lassen, wie Widerstand auf seiten des Patienten oder heftige Gegenübertragungsprobleme auf seiten des Therapeuten, und bei dem die Genese von Störungen keine Rolle spielt. Vielmehr wird eine umfassende Darlegung menschlichen Verhaltens und Erlebens – geordnet nach insgesamt 24 Perspektivkombinationen – angestrebt, aus der sich dann Handlungsregeln für gezieltes therapeutisches Eingreifen ableiten lassen (sollen). Der Therapeut ist in diesem Modell Anwender von geeigneten Methoden für die Bewältigung bestimmter Problemlagen. Besonders in diesem Punkt unterscheidet sich die AP fundamental von anderen Auffassungen von und Erfahrungen mit therapeutischem Handeln. Es ist nicht zufällig, sondern Ausdruck von Erfahrungen in psychotherapeutischen Prozessen, daß die Psychoanalyse im Laufe ihrer Entwicklung die Bedeutung von Übertragung und Gegenübertragung immer klarer erkannte und sie zu einem Zentrum ihrer Therapietheorie machte und daß die Gesprächspsychotherapie die Bedingungsfreie Anerkennung des Erlebens des Patienten durch den Therapeuten zum wesentlichen Bestandteil der therapeutischen Beziehung erklärte.

Das Modell der Allgemeinen Psychotherapie muß sich in der vorliegenden Form auch die Frage gefallen lassen, welches denn die Kriterien sind, nach denen ein Therapeut entscheidet, „unter welchen Gegebenheiten auf seiten des Patienten welche therapeutischen Möglichkeiten zu favorisieren sind" (Grawe 1995, S. 142). Wann ist Klärungsarbeit, wann sind Bewältigungsmaßnahmen angesagt und in welcher Reihenfolge? Funktioniert das eine ohne das andere, und wenn ja, unter welchen Bedingungen? Wie reagiert ein AP-Therapeut auf die Mitteilung seines Patienten, er habe zunehmend Angst vor der Therapiestunde? Soll er ihm anbieten, die Stunde mit einer Entspannungsübung zu beginnen (aktive Hilfe zur Problembewältigung) oder versuchen, eine motivationale Klärung herbeizuführen?

Die Indikationsfrage in der Psychotherapie. Bereits 1969 hat Kiesler die wichtigsten Faktoren benannt, die für die Erklärung des Erfolgs einer Psychotherapie zu beachten sind, und sie in der sog. Indikationsfrage zusammengefaßt: Bei welchem Patienten mit welcher psychischen Störung ist welche Behandlung durch welchen Psychotherapeuten mit welcher Zielsetzung wie wirksam? Und schon früh wurde ebenfalls erkannt, daß ein Forschungsdesign, das alle diese Faktoren berücksichtigt und deren Wechselwirkungen erfaßt, aufgrund der Vielzahl der Faktoren und der Vielzahl der zu berücksichtigenden Abstufungen auch im quantitativen Gewicht, das diese Faktoren haben können, eine Utopie bleiben wird.

Die AP vereinfacht die Indikationsfrage nicht, sondern sie erweitert sie: Bei welchem Patienten mit welcher psychischen Störung welchen Ausprägungsgrades ist welche Abfolge von welchen therapeutischen Maßnahmen in welcher Dosierung unter welcher Perspektive zu welchem Zeitpunkt durch welchen Psychotherapeuten mit welcher Zielsetzung wie wirksam?

Da absehbar ist, daß eine empirisch fundierte präzise Antwort auf diese Frage, wenn überhaupt, dann nicht in nächster Zeit, zu erwarten ist, und schon gar nicht für einen konkreten Patienten mit einem konkreten Therapeuten, werden Psychotherapeuten weiterhin auf ihre Intuition, ihre Erfahrung und ihr Können angewiesen sein.

Literatur

Biermann-Ratjen E-M, Eckert J (1982) Differentielle Indikation für Psychotherapie in der Praxis. In: Howe J (Hrsg) Therapieformen im Dialog. Anwendung und Integration von Gesprächspsychotherapie, Psychoanalyse und Verhaltenstherapie. Kösel, München, S 11

Bion WR (1974) Erfahrungen in Gruppen und andere Schriften. Klett, Stuttgart

Bloch S, Crouch E (1985) Therapeutic factors in group psychotherapy. Oxford University Press, Oxford

Bräutigam W, Senf W, Kordy H (1990) Wirkfaktoren psychoanalytischer Therapien aus der Sicht des Heidelberger Katamneseprojekts. In: Lang H (Hrsg) Wirkfaktoren in der Psychotherapie. Springer, Berlin Heidelberg New York London Paris Tokyo Hong Kong, S 189

Corsini R, Rosenberg B (1955) Mechanism of group psychotherapy: Processes and dynamics. J Abnorm Soc Psychol 51 : 406–411

Cremerius J (1990) Wodurch wirkt Psychotherapie? In: Lang H (Hrsg) Wirkfaktoren in der Psychotherapie. Springer, Berlin Heidelberg New York London Paris Tokyo Hong Kong, S 15

Dörner K, Plog U (1978) Irren ist menschlich oder Lehrbuch der Psychiatrie/Psychotherapie. Psychiatrieverlag, Wunstorf

Enke H, Czogalik D (1993) Allgemeine und spezielle Wirkfaktoren in der Psychotherapie. In: Heigl-Evers A, Heigl F, Ott J (Hrsg) Lehrbuch der Psychotherapie. Gustav Fischer, Stuttgart Jena, S 511

Finger-Drescher U (1991) Wirkfaktoren der Einzel- und Gruppenanalyse. Frommann-Holzboog, Stuttgart Bad-Cannstatt

Frank JD (1961) Persuasion and healing. Johns Hopkins, Baltimore (dtsch. Frank JD (1981) Die Heiler. Wirkungsweisen psychotherapeutischer Beeinflussung: vom Schamanismus bis zu den modernen Therapien. Klett-Cotta, Stuttgart)

Frank JD (1971) Therapeutic factors in psychotherapy. Am J Psychother 25 : 350 – 361

Grawe K, Donati R, Bernauer F (1994) Psychotherapie im Wandel. Von der Konfession zur Profession. Hogrefe, Göttingen Bern Toronto Seattle

Grawe K (1995) Grundriß einer Allgemeinen Psychotherapie. Psychotherapeut 40 : 130 – 145

Kiesler DJ (1969) A grid model for theory and research in the psychotherapies. In: Eron LD, Callahan R (eds) The relation of theory to practice in psychotherapy. Aldine, Chicago, p 115

Lang H (1990) (Hrsg) Wirkfaktoren in der Psychotherapie. Springer, Berlin Heidelberg New York London Paris Tokyo Hong Kong

Lang H (1990) Einführung. In: Lang H (Hrsg) Wirkfaktoren in der Psychotherapie. Springer, Berlin Heidelberg New York London Paris Tokyo Hong Kong, S 1

Orlinsky DE (1994) Learning from many masters. Psychotherapeut 39 : 2 – 9

Orlinsky DE, Howard KI (1987) A generic model of psychotherapy. J Integrative Eclectic Psychother 6 : 6 – 27 (dtsch. Orlinsky DE, Howard KI (1988) Ein allgemeines Psychotherapiemodell. Integrative Therapie 4 : 281 – 308)

Tschuschke V (1993) Wirkfaktoren stationärer Gruppenpsychotherapie. Vandenhoeck & Ruprecht, Göttingen

Tschuschke V, Czogalik D (1990) (Hrsg) Psychotherapie – Welche Effekte verändern? Zur Frage der Wirkmechanismen therapeutischer Prozesse. Springer, Berlin Heidelberg New York London Paris Tokyo Hong Kong Barcelona

Yalom ID (1970) The theory and practice of group psychotherapy. Basic Books, New York

Yalom ID (1974) Gruppenpsychotherapie. Grundlagen und Methoden. Ein Handbuch. Kindler, München

II
Spezielle Kapitel

Psychotherapie bei psychosomatisch Kranken 6

E. WILKE

Der Versuch, eine exakte Grenze zwischen „rein psychischen" und „psychosomatischen" Störungen zu markieren, ist nicht sinnvoll. Psychosomatisch Erkrankte sind immer auch psychisch beeinträchtigt. Andererseits leiden psychisch Erkrankte oft unter körperlichen Krankheitssymptomen. So ist z. B. die Herzphobie (Herzhypochondrie, Herzneurose) im Grenzgebiet zwischen psychischer und somatischer Krankheitsmanifestation angesiedelt. Man kann sie mit Fug und Recht zu den Angstneurosen zählen. Andererseits sind die in ihrem Verlauf auftretenden (funktionellen) körperlichen Störungen wie z. B. die Tachykardie so eindrucksvoll, daß die Behandlungskonzepte psychosomatischer Therapie angewandt werden, die einerseits die psychischen, andererseits die körperlichen Fehlfunktionen berücksichtigen.

6.1 Historischer Abriß

Die Medizin war in ihren Anfängen ganzheitlich geprägt. Es galt im Bewußtsein der Ärzte wie ihrer Patienten als selbstverständlich, daß Krankheit und Gesundheit von Wechselwirkungen zwischen körperlichen, seelischen und sozialen Faktoren geprägt sind. Man konnte von einer „psycho-sozio-somatischen Medizin" sprechen. So sehr sich heute die psychosomatische Medizin um eine integrierte Betrachtungs- und Handlungsweise bemüht, bleibt doch im Nebeneinander der Worthälften „psycho" und „somatisch" das Dilemma einer Spaltung festgeschrieben.

Nachdem zu Beginn des 19. Jahrhunderts Vertreter der romantischen Medizin den Begriff „Psychosomatik" geprägt hatten, begann diese Spaltung wenige Jahrzehnte danach mit dem

Siegeszug einer mehr und mehr naturwissenschaftlich geprägten Medizin. Nicht nur deren prominente Vertreter wie Pasteur auch Koch waren fest davon überzeugt, in naher Zukunft körperliche und seelische Erkrankungen vollständig mit Hilfe der Biochemie und Physiologie erklären und behandeln zu können. Bei der raschen Entwicklung einer ausschließlich naturwissenschaftlich-experimentell geprägten Medizin wurden psychologische Aspekte wenig berücksichtigt; im Gegenteil, es scheint so, daß gerade das Ausblenden seelischer und sozialer Aspekte Voraussetzung für ein effektives Forschen im Labor war. Diese Denkweise beherrschte auch das psychiatrische Forschen und Handeln. Sigmund Freud hat mehrfach darauf hingewiesen, daß er sein psychologisches Erklärungsmodell seelischer Erkrankungen als vorläufig und nur vorübergehend notwendig ansehe, bis es durch ein biochemisch-physikalisches Modell abgelöst werden könne. Der Begriff der Hybris ist zur Charakterisierung dieser Geisteshaltung des ausgehenden 19. Jahrhunderts sicher nicht unangemessen. Ihr politisches Pendant war der Imperialismus, der in einem beklemmenden inneren Zwang in eine umfassende kriegerische Destruktion mündete.

Nach dem ersten Weltkrieg wurden einige Ärzte auf die Grenzen der beschriebenen Entwicklung und ihre Auswirkungen auf das Schicksal des einzelnen Patienten aufmerksam. Internisten und Psychoanalytiker beschäftigten sich zunehmend als Forscher mit der seelischen Dimension körperlichen Leidens. Bekannt ist die Vorstellung eines Patienten mit Asthma bronchiale vor der Wiener psychoanalytischen Vereinigung durch Federn. Groddeck wandte die Freudsche Psychologie konsequent auch auf körperliche Krankheiten an. Viktor von Weizsäcker forderte die „Wiedereinführung des Subjekts" in die Medizin. Bestimmte Erkrankungen wurden als „psychosomatisch" bezeichnet. Dies ist problematisch, entsteht daraus doch der Eindruck, als gäbe es bestimmte körperliche Erkrankungen, deren Entstehung und Verlauf durch seelische Einflüsse bestimmt wird, und andere Krankheiten, bei denen dies nicht der Fall ist. Die psychosomatische Sichtweise kann und muß aber auf alle Erkrankungen angewandt werden, wenn wir unseren Patienten umfassend gerecht werden wollen. Im Verlauf einer Behandlung kommt es dann zu einer Abwägung, welchen Stellenwert psychische Faktoren für die Erkrankung eines bestimmten Individuums haben. Es gilt im Sinne des Sowohl-als-auch abzuwägen und die alternative Betrachtungsweise des Entweder-Oder zu vermeiden.

Im komplexen Ursachenbündel der Entstehung einer psychosomatischen Krankheit stellt nämlich der psychische Faktor immer nur eine Teilursache dar. Leider geht es im ärztlichen Alltag auch in der Vorstellung unserer Patienten oft um die kurzsichtige Alternative in Form der Frage, ob denn die Krankheit körperlich oder seelisch verursacht sei. Dies kann für einen banalen Infekt oder eine Reihe von aufeinanderfolgenden Infekten gelten wie auch für eine schwere Colitis ulcerosa oder deren Rezidiv. Der reflektierte Umgang mit der Position des Sowohl-als-auch erfordert Sensibilisierung und Schulung. Zunächst geht es für den Therapeuten darum, Zustände von Krankheit und Gesundheit in ihrer Gesamtheit weder einäugig somatisch noch einäugig psychologisch zu betrachten, sondern beide Augen offen zu halten und sein Gesichtsfeld zu erweitern. Dies kann mit eigenen emotionalen Verunsicherungen verbunden sein, die es zu verstehen und zu bearbeiten gilt, bevor damit begonnen werden kann, mit dem Patienten gemeinsam das Bedingungsgefüge seiner Erkrankung zu ergründen.

Mitscherlich (1966) spricht vom psychosomatischen Simultangeschehen. Er meint damit, daß die Frage von Ursache und Wirkung zunächst zweitrangig sei. Als Ergebnis psychophysiologischer Forschung wissen wir heute, daß jede emotionale Bewegung, jede affektive Schwingung von körperlichen Korrelaten begleitet ist. Wichtige morphologische Strukturen der Vermittlung zwischen emotionaler Bewegung und ihrem körperlichen Korrelat sind

- das vegetative Nervensystem,
- das Immunsystem und
- das Hormonsystem.

In dem Maße, in dem es möglich geworden ist, immunologische Prozesse immer genauer zu beschreiben, hat sich die Psychoimmunologie zu einem eigenen Forschungsgebiet entwickelt, was nicht verwundert, da Autoimmunerkrankungen, z. B. die Colitis ulcerosa, schon länger zu den psychosomatischen Erkrankungen im engeren Sinne gezählt werden.

Psychosomatische Wechselwirkungen in Zuständen von Gesundheit und Krankheit sind ubiquitär. Deshalb gibt es – wie schon gesagt – keine sicheren Grenzlinien zwischen „psychosomatischen", „rein somatischen" und „rein psychischen" Erkrankungen.

Diskreditierend ist die Etikettierung von Patienten als „Psychosomatiker". Dieser Begriff weckt Assoziationen zu frühen und persistierenden Störungen, zu behinderter Phantasietätigkeit und emotionaler Unreife. Er kann zu einer Voreingenommenheit führen, die es uns erschwert, einen kranken Menschen individuell und vorurteilsfrei kennenzulernen. Er kann zu einem Kommunikationsstil führen, der es uns erschwert, den Kranken in seiner Gesamtheit zunächst anzunehmen, auf ihn zu hören und mit ihm in einen emotionalen Kontakt zu treten.

Ein psychosomatisch denkender und handelnder Arzt und Therapeut sieht seinen Patienten einerseits als Objekt seiner distanziert forschenden Neugier, insofern steht er in der Tradition der naturwissenschaftlichen Medizin. Darüber hinaus bemüht er sich andererseits auch um einen gefühlshaften Kontakt und aktiviert Wahrnehmungsmechanismen (z. B. empathische Einfühlung), die der Forscher hinter dem Mikroskop vermeidet, um sich unvoreingenommen und objektiv z. B. der histologischen Differenzierung eines Lymphoms widmen zu können. Die Wahrnehmungskanäle des psychosomatisch handelnden Arztes sind vielfältiger und interagieren miteinander, sie versuchen, der Gesamtheit eines erkrankten Individuums gerecht zu werden.

■ **Bedeutung von Umweltfaktoren.** Die Ausformung psychosomatischer Erkrankungen ist stark an Lebensbedingungen und soziale Umstände gebunden. So können wir beobachten, daß Modeströmungen unser Eßverhalten in hohem Maße beeinflussen und daß eine Krankheit wie die Bulimie in Ländern, die von westlicher Zivilisation geprägt sind, häufiger auftritt als in Gesellschaften, die in relativ ungebrochenen Traditionen leben. Für ein umfassendes Verständnis einer psychosomatischen Störung oder Krankheit ist deshalb ein hohes Maß an Einfühlung auch in die soziale Situation notwendig. Ein Arzt, dem es schwerfällt, die Konfliktspannungen eines 16jährigen türkischen Mädchens zutreffend einzuschätzen, die im Spannungsfeld zwischen ihrer Schulklasse in der Großstadt und einem in der Tradition verhafteten Elternhaus steht, wird es schwer haben, ihre Bulimie erfolgreich zu behandeln.

Historische Verschiebungen gibt es, wenn es darum geht, seelische oder körperliche Faktoren im Bedingungsgefüge einer Erkrankung zutreffend zu beschreiben. Heute gilt z. B. die Anorexia nervosa als psychisch bedingte Erkrankung mit zahlreichen körperlichen Folgeerscheinungen im Bereich des Stoffwechsels und Hormonhaushaltes. So sahen es auch jene Ärzte, die sie als erste beschrieben haben (Morton 1689, Gull 1868). Zu Beginn unseres Jahrhunderts beobachtete Simmonds (1914, 1916) eine Kachexie nach Ausfall des Hypophysenvorderlappens nach einer Geburt. Nun galt die Krankheit über Jahrzehnte als Endokrinopathie, und erst später setzte sich die zutreffende Vorstellung durch, daß die endokrinologischen Veränderungen – überwiegend Streßäquivalente – Folge des Hungerns sind.

■ **Psychosomatik und Medikamente.** Therapeutische Konzepte verändern sich auch durch die Entwicklung neuer Medikamente. Nicht nur Psychopharmaka beeinflussen die therapeutischen Möglichkeiten in der psychosomatischen Medizin, sondern auch Medikamente mit hoher und zuverlässiger Wirkung auf somatische Prozesse können dazu führen, daß eine psychologische Behandlung scheinbar überflüssig wird. So zählt das Ulcus ventriculi et duodeni zu den klassischen psychosomatischen Erkrankungen. Die Entwicklung der H_2-Blocker, der Protonenpumpenhemmer und auch die Entdeckung von Krankheitserregern, die diese Ulcera unterhalten und die sich durch Antibiotika und andere Medikamente behandeln lassen, haben dazu geführt, daß es auch ohne Psychotherapie möglich ist, einen großen Teil der entsprechenden Erkrankungen zur Abheilung zu bringen und den Schmerz zu nehmen. Ohne Zweifel handelt es sich dabei um kausale Therapien, aber eben nur im Bereich der somatischen Dimension dieser komplexen Erkrankung. Unter ethischen Aspekten ist es natürlich undenkbar, einem Patienten solche hochwirksamen Medikamente vorzuenthalten, auch wenn eine ebenso kausale Behandlungsmöglichkeit darin liegt, den bewußten oder unbewußten Konflikt zu behandeln, der einen ebenso entscheidenden Faktor in der Genese der Erkrankung darstellen kann. Eine andauernde Heilung ist oft nur dadurch zu erreichen, daß beiden Behandlungswegen, dem somatischen und dem psychischen nachgegangen wird.

Nicht immer wird sorgfältig genug geprüft, ob eine psychosomatische Störung einer psychotherapeutischen oder medikamentösen Therapie zugänglich ist oder einer Kombination beider Wege. Aus vielfältigen Gründen liegt der „Griff zum Rezeptblock" oft näher als das ausführliche ärztliche Gespräch oder die Überweisung zum Psychotherapeuten. Eine mögliche Folge kann die Entwicklung einer Abhängigkeitsproblematik sein. Patienten mit Angststörungen z.B. werden oft über lange Zeit ausschließlich mit Tranquilizern behandelt. Deren Dosis muß mit zunehmender Behandlungsdauer erhöht werden bzw. wird vom Patienten in Eigenmedikation ergänzt. Zugrundeliegende Konflikte, die zu Beginn der Behandlung einer ursächlichen Psychotherapie zugänglich gewesen wären, werden immer schwerer erinnerbar; die Eigendynamik der Medikamentenabhängigkeit überformt das ursprüngliche Krankheitsbild. In solchen Fällen, die in der Praxis häufig sind, liegt eine iatrogene Schädigung und eine fehlindizierte Medikation vor, wenn nicht frühzeitig mit dem ärztlichen Gespräch bzw. einer gezielten Psychotherapie begonnen wird.

6.2 Symptomatologie psychosomatischer Erkrankungen

Wir verstehen unter psychosomatischen Erkrankungen

- somatoforme Störungen,
- psychosomatische Organerkrankungen (psychophysiologische Störungen) sowie
- Verhaltensstörungen mit somatischen Folgeerkrankungen.

6.2.1 Somatoforme Störungen

> **Definition**
> Somatoforme Störungen sind psychogene Funktionsstörungen von Organen, ohne daß diese Organe Läsionen erleiden bzw. sich in ihrer Struktur verändern.

Die Funktionsstörung, z.B. die Tachykardie bei einer Herzangstneurose, kann als äußerst unangenehm und ängstigend erlebt werden, ohne daß das Herz in seiner Funktion eingeschränkt oder bedroht ist. Chronische Schmerzen können einen Menschen in seinem Lebensgefühl tief beeinträchtigen, ohne daß sich ein morphologisches Korrelat findet. Sekundär und langfristig kann auch die Morphologie der Organe betroffen sein, wenn z.B. bei einer psychogenen Lähmung ein Muskel nur noch wenig aktiviert wird und atrophiert.

> **Definition**
> Im Hintergrund einer somatoformen Störung findet sich stets eine seelische Fehlentwicklung.

6.2.2 Psychosomatische Organerkrankungen

> **Definition**
> Von psychosomatischen Organerkrankungen (psychophysiologische Störungen) sprechen wir, wenn organische Läsionen auftreten, wenn die Morphe sich reversibel oder bleibend verändert.

Beispiele hierfür sind

- die Schleimhautläsionen bei der Colitis ulcerosa und beim Morbus Crohn,
- die Hautveränderungen bei einer Neurodermitis oder
- die pulmonalen Läsionen beim Asthma bronchiale.

In der Genese psychosomatischer Organerkrankungen stellt der seelische Faktor stets nur eine Teilursache dar, die mehr oder weniger entscheidend zur Krankheitsentstehung beiträgt. Genetische, somatische und soziale Faktoren kommen hinzu. Wir sprechen deshalb von einer multifaktoriellen Ätiologie. Um eine solche Erkrankung im Einzelfall als psychosomatisch zu klassifizieren – woraus sich Konsequenzen für die Behandlung ergeben – ist der positive Nachweis einer seelischen Fehlentwicklung zu fordern. Es ist nicht statthaft, im Sinne einer Ausschlußdiagnostik auf eine Psychogenese zu schließen, wenn sich keine schlüssige somatische Erklärungskette finden läßt. Die Diagnose einer psychosomatischen Organerkrankung schließt das Vorliegen einer Persönlichkeitsstörung nicht aus. Oft finden sich narzißtische Persönlichkeitsstrukturen oder Borderlinestrukturen.

Streng genommen ist es nicht sinnvoll, bestimmte Organerkrankungen als psychosomatisch zu klassifizieren und damit andere auszuschließen, die im Einzelfall in ähnlicher Weise durch psychische Fehlentwicklungen determiniert sind. Als Hinweis auf die Tradition in der psychosomatischen Medizin seien aber doch jene sieben Erkrankungen genannt, bei denen man schon frühzeitig auf die große Bedeutung psychischer Faktoren aufmerksam wurde („holy seven"):

Klassische psychosomatische Erkrankungen

- Ulcus ventriculi et duodeni,
- Colitis ulcerosa,
- Asthma bronchiale,
- Thyreotoxikose (Morbus Basedow),
- essentielle Hypertonie,
- rheumatoide Arthritis und
- Neurodermitis.

Von Bedeutung sind psychische Faktoren auch bei Koronarerkrankungen. Die klinische Sorgfalt gebietet es, auch bei allen anderen Organerkrankungen nach einer möglichen psychischen Teilursache zu forschen, so z.B. bei chronischen Infektionen, Autoimmunerkrankungen und hormonellen Dysfunktionen. Hieraus ergeben sich nicht selten therapeutische Ansätze.

6.2.3 Verhaltensstörungen mit somatischen Folgeerkrankungen

Definition

Verhalten kann pathologisch werden und Krankheiten determinieren, bei denen in späteren Stadien körperliche Veränderungen und Schäden hinzukommen.

Die Magersucht ist eine schwere Störung des Eßverhaltens. Sie kann als ein zunächst scheinbar spielerisches Experimentieren mit der eigenen Gestalt und ihren Veränderungsmöglichkeiten beginnen. Im Verlauf der Chronifizierung wird die Erkrankung zur Falle, aus der es ohne Hilfe von außen kein Entrinnen gibt. Körperliche Schäden, z.B. am Knochengerüst, können hinzukommen. Sie sind für eine gewisse Zeitspanne reversibel, später nicht mehr. Das gleiche gilt für die Adipositas, ebenfalls eine Verhaltensstörung. Ihre zahlreichen Folgen schränken die Lebenserwartung und Lebensqualität entscheidend ein. In der Psychotherapie von Verhaltensstörungen geht es darum, die psychischen Hintergründe gestörten Verhaltens zu analysieren und zu beeinflussen. Hierzu ist es notwendig, die engen Wechselwirkungen zwischen bewußtem und unbewußtem Erleben und dem manifesten Verhalten deutlich zu machen. Dies ist wichtig z.B. beim Suchtverhalten und bei der Neigung zu autoaggressivem, selbstschädigendem Verhalten.

6.3 Genese psychosomatischer Erkrankungen

Eine allgemein akzeptierte und umfassende Theorie zur Entstehung der unterschiedlichen psychosomatischen Erkrankungen liegt bisher nicht vor. Es gibt kein umfassendes und allgemein gültiges Erklärungsmodell. Es gibt aber etliche Modellvorstellungen, die mehr oder weniger gut geeignet sind, die beobachteten Krankheitsphänomene beim einzelnen Patienten zu erklären und die für seine Behandlung eine Hilfe bieten.

! Die wesentlichen Beiträge stammen aus der Psychoanalyse und der Verhaltenstherapie.

Die Psychoanalyse reflektiert das momentane, der Beobachtung und intuitiven Erfassung zugängliche körperliche und seelische Erleben eines Menschen auf dem Hintergrund seiner Biographie mit ihren Konflikten, Brüchen und Fixierungen. Frühkindliche Erfahrungen sind zweifellos bedeutsam für die Entstehung psychosomatischer Symptome.

Die Verhaltenstherapie faßt die psychische Störung als gelernte, fehlangepaßte Verhaltensweise auf und rekonstruiert mit einer Verhaltensanalyse die Lerngeschichte der Symptomatik. Das affektive Verhalten schließt körperliche Reaktionen, u.a. im vegetativen Nervensystem und im Endokrinium ein. Das Individuum erkrankt, wenn es einem Konflikt bzw. aversiven Reiz längere Zeit ausgesetzt ist. Lernprozesse spielen in der Entstehung und im Fortbestehen von Krankheiten eine zentrale Rolle. Trotz zahlreicher Erklärungsmodelle bleibt aber offen, weshalb bestimmte Konfliktmuster zu somatischen, andere zu neurotischen Erkrankungen führen.

Konversionsmodell nach Freud

FREUD (1894) postulierte ein „somatisches Entgegenkommen" als Voraussetzung für eine somatische Manifestation bei bestehender psychischer Fehlentwicklung. Im Konversionsmodell spricht er von einem „Sprung" aus der seelischen in die somatische Innervation. Hierbei komme es zu einem „Abfließen der Libido". Die unbewußte, verdrängte Vorstellungsenergie werde in eine somatische Innervationsenergie umgewandelt und dadurch vom Bewußtsein ferngehalten. Im körperlichen Symptom drücke sich symbolisch das aus, was in der unbewußten Phantasie enthalten sei. Der Krankheitsprozeß sei somit der Deutung zugänglich. Dieses Konversionsmodell ist gut auf Störungen der Willkürmotorik anzuwenden (Lähmungen, Sprachstörungen). Der zugrundeliegende Konflikt ist zumeist genital-sexueller (ödipaler) Natur. Es hat Versuche gegeben, das Konversionsmodell auch auf Kranke mit vegetativen Störungen und Organläsionen anzuwenden, doch wird diese Ausweitung von den meisten Autoren nicht mitvollzogen. Das Konversionsmodell ist fruchtbar für das Verständnis

- psychogener Lähmungen,
- Dysbasien,
- psychogener Sensibilitätsstörungen,
- des Globus hystericus,
- gewisser Schmerzzustände und auch
- der Scheinschwangerschaft.

> ! Es ist sinnvoll, nur dann von Konversion zu sprechen, wenn die Krankheit Ausdruckscharakter hat. Man spricht auch von „Ausdruckskrankheiten". Die körperliche Störung symbolisiert den unbewußten Konflikt des Patienten.

Interessant ist, daß am Beginn der Erforschung der Neurosen durch BREUER und FREUD die Behandlung einer Patientin stand, die unter zahlreichen Konversionssymptomen litt (Anna O.). In der somatischen Symptombildung drückt der Körper symbolhaft eine unbewußte, zumeist zensierte bzw. verpönte Vorstellung aus. Typischerweise kommt es mit dem Auftreten der körperlichen Symptomatik, z.B. der Lähmung, zu einer psychischen Entlastung im Sinne einer „belle indifférence". Man spricht nur dann von einer Konversion, wenn es sich

- um die Verarbeitung eines intrapsychischen Konflikts handelt,
- dieser Konflikt sich im Symptom symbolisch darstellt und wenn
- der Patient mit dem Auftreten des körperlichen Symptoms eine emotionale Entlastung erfährt.

Modelle der vegetativen Neurose nach Alexander

ALEXANDER (1950) hat den Begriff der vegetativen Neurose geprägt. Er nimmt an, daß unbewußte Konflikte, sofern sie sich nicht in einer Interaktion nach außen darstellen, zu einer emotionalen Anspannung führen, die von bleibenden Veränderungen im vegetativen Nervensystem begleitet werden. Er nimmt an, daß diese auch Gewebsveränderungen und möglicherweise irreversible Organläsionen nach sich ziehen könnten. In diesem Prozeß fehlt – im Gegensatz zur Konversion – der Ausdruckscharakter, wie auch die emotionale Entlastung durch die Symptombildung. Im Gegenteil, das

Erleben der körperlichen Störung stellt eine zusätzliche seelische Belastung dar.

Alexander (1950) hat in einem weiteren Schritt nach spezifischen Konflikten gesucht, die Störungen bestimmter Organe nach sich ziehen. Seine Lehre von der „Konfliktspezifität" sei hier nur aus historischen Gründen zitiert, da sie sich nicht hat aufrechterhalten lassen, aber für die Diskussion innerhalb der Psychosomatik über lange Zeit von großer Bedeutung war. Alexander nahm an, daß bei Ulcera ventriculi et duodeni spezifische orale Konflikte vorliegen und daß bei Erkrankungen des Dickdarms, wie z. B. der Colitis ulcerosa, ein spezifischer analer Konflikt zu vermuten sei. Es kann zu Recht bezweifelt werden, daß jeder emotionale Spannungszustand eine spezifische physiologische oder organpathologische Antwort findet.

> ! Vielmehr weisen Forschungen darauf hin, daß die physiologischen Antworten des vegetativen Nervensystems auf unterschiedliche emotionale Bewegungen eher gleichförmig sind.

Bei Patienten mit psychosomatischen Organerkrankungen läßt sich beobachten, daß es ihnen schwerfällt, innere Konflikte als solche wahrzunehmen, sie anzunehmen und in einer inneren und äußeren Auseinandersetzung zu verarbeiten. Die körperliche Erkrankung im Verlauf einer seelischen Fehlentwicklung weist darauf hin, daß die Affekte weitgehend in der Somatisierung gebunden bleiben und keine psychische Repräsentanz gefunden haben. Hierfür steht der Begriff „Affektsomatisierung".

Konzept der Desomatisierung nach Schur

An dieser Stelle sei auf die Gedanken von Schur (1955) zur De- und Resomatisierung hingewiesen, die bedeutsam für die analytische Psychosomatik sind. In der frühen Kindheit ist Erleben „psychophysiologisches Erleben", die Affekte sind noch stark an körperliche Prozesse gebunden. Schur beschreibt die Entwicklung des Kindes als einen Vorgang der Desomatisierung, in dem libidinöse und aggressive Energien neutralisiert werden. Hierbei spielen seelische und körperliche Reifungsprozesse eine Rolle. Das zentrale und vegetative Nervensystem differenziert sich, die Koordination der Bewegungen wird verbessert, die Wahrnehmungsfunktionen reifen, und das Kind wird mobiler. Während dieser Entwicklung treten die vegetativen Abfuhrprozesse mehr und mehr in den Hintergrund.

Schur nimmt an, daß schließlich Handlungen und Körperreaktionen durch Gedanken und Worte ersetzt werden. Weiter beschreibt er, wie sich dieser natürliche Reifungsvorgang der „Desomatisierung" unter Belastungen durch Regression im Sinne einer „Resomatisierung der Affekte" umkehren kann. In Situationen innerer oder äußerer Gefahr komme es zum Rückgriff auf schon überwundene somatische Reaktionsmuster. Schur wendet sich gegen die Ansicht Alexanders von einer Konfliktspezifität, sondern nimmt an, daß es nicht von einem spezifischen Konflikt abhängt, welches Organ erkrankt („Organwahl"), sondern vielmehr vom jeweiligen Individuum. Wir sprechen vom „somatischen Entgegenkommen" als einem individuellen Reaktionsmuster.

> ! Jeder Mensch scheint eine Bereitschaft zu spezifischen Organreaktionen mitzubringen, die durch verschiedene Reize ausgelöst werden können. Wir wissen heute, daß diese „Organwahl" – zumindest partiell – genetisch determiniert ist.

Modell des „giving up" und „given up" nach Engel u. Schmale

Engel u. Schmale (1967) haben bestehende Modelle weiterentwickelt und die Bedeutung seelischer Faktoren bei der Entstehung körperlicher Symptome genauer beschrieben. Auch sie beobachten ein somatisches Entgegenkommen, eine genetische Disposition. Sie sehen den Ort der Schädigung als symbolisch determiniert an. So kann die Haut eines Menschen mit endogenem Ekzem auf eine Kontaktstörung hinweisen. Ob sich ein Körperteil oder Organsystem für eine Affektabfuhr eigne, sei neben dem somatischen Entgegenkommen von seiner Fähigkeit abhängig, eine seelische bzw. symbolische Repräsentanz zu übernehmen.

Engel u. Schmale betonen besonders die Bedeutung der Lebenssituation zum Zeitpunkt des Ausbruchs der Erkrankung. Sie beschreiben die typischen affektiven Zustände als Verzweiflung, Depression, Aufgeben und Kummer. Ein Gefühl des unwiederbringlichen Verlustes und einer dauerhaften Entbehrung münde in einen seelischen Zustand, den sie als Hilflosigkeit und Hoffnungslosigkeit beschreiben. In der Tat beobachteten wir diesen Komplex von „giving up" und „given up" bei einer Vielzahl psychosomatisch Kranker. Die Patienten haben dann das Gefühl, der Zusammenhang zwischen Vergangenheit und Zukunft sei zerrissen, so daß sie nicht mehr in der Lage sind, sich selbst mit Hoffnung oder Vertrauen in der Zukunft zu erblicken. Diese erscheint düster und nicht mehr lebenswert. Im Vorfeld des Komplexes von „giving up" und „given up" finden sich reale, drohende oder symbolische Objektverluste. Die Autoren unterscheiden diesen Zustand von Hilflosigkeit und Hoffnungslosigkeit von der Depression, wenn auch eine depressive Grundstimmung für ihn bezeichnend ist. Wir beobachten ihn im Vorfeld sowohl psychosomatischer Syndrome als auch depressiver Erkrankungen.

Der „Kampf um den Körper" nach Kutter

Einen wichtigen Beitrag zum Verständnis der Genese psychosomatischer Symptombildungen liefert Kutter (1981).

> ! Er beschreibt eine mißlingende Kommunikation des psychosomatisch Kranken mit seinem Körper. Der Patient nimmt Signale, z. B. von Erschöpfung und innerer Resignation, nicht wahr und reagiert auch nicht angemessen, z. B. im Sinne einer sinnvollen Leistungsverweigerung, im Sinne des Ausruhens und der inneren Regeneration.

Dieses Verhalten ist bezeichnend für bestimmte Infarktpatienten. Kutter nimmt an, daß der Körper des psychosomatisch Kranken von seinem Selbst nur unzureichend libidinös besetzt wird. Jeder Mensch müsse im Verlauf seiner Individuation den eigenen Körper für sich selbst in Besitz nehmen, ihn „sich aneignen". In diesem Prozeß spiele die Mutter eine wesentliche Rolle. Sie könne den Prozeß fördern oder auch behindern. Behindert werde er von Müttern, die selbst symbiotische Bedürfnisse an das Kind haben und sich so nur schwer aus der Symbiose lösen können. Kutter beobachtet, daß eine pathologische Entwicklung dann eintritt, wenn die Mutter den Körper des Kindes unter einer zu engen Kontrolle behält. Er bleibe dann „dem Selbst enteignet". Die Beziehung des heranreifenden Menschen zu seinem eigenen Körper erfahre eine Störung, die sich auch auf Teilfunktionen beziehen könne. Dies führe zu einer Unter- bzw. Überstimulierung einzelner Körperfunktionen wie der Atmung oder der Verdauung. Um die Intensität dieser Auseinandersetzung zu kennzeichnen, spricht Kutter vom „Kampf um den Körper", wenn ein erstarkendes Selbst sich gegenüber dem mütterlichen Objekt wehrt, den nie wirklich erhaltenen eigenen Körper einfordert, um ihn selbst zu besitzen. Dabei komme es zu destruktiven Interaktionen, denn das Geschehen sei hochgradig affektiv besetzt und unterliege starken Verdrängungen. Kutter nimmt weiter an, daß in einem solchen mißlingenden Prozeß wichtige Symbolisierungs- und damit auch Desomatisierungsprozesse ausbleiben. Voraussetzung für eine lebendige Phantasietätigkeit sei die Gegenwart überwiegend gutartiger mütterlicher Objekte.

Das Alexithymiekonzept

Ruesch (1948) beschrieb bestimmte Eigenschaften, von denen er vermutete, daß sie psychosomatisch Kranken zu eigen seien. Er beobachtete eine eigenartige Phantasiearmut, ein Verhaftetbleiben im Konkretistisch-Gegenständlichen. Sifneos (1973) und die französischen Autoren Marty u. de M'uzan (1963) entwickelten das Konzept der „Alexithymie" bzw. der „pensée opératoire" weiter. Man vermutete, daß eine überfürsorgliche und reizabschirmende Mutter („mère calmante") für diese mangelhafte Phantasietätigkeit verantwortlich sei. Die Autoren fanden eine Denkweise, die im Konkreten und Aktuellen verhaftet bleibt sowie ein Unvermögen, Gefühle zutreffend zu beschreiben. Die Sprache sei entsprechend verarmt und formelhaft. Die französischen Autoren charakterisierten die Beziehungen als „relations blanches", also eigenartig leer, farblos und ohne Phantasie.

> ! „Seelenblindheit" findet sich nicht nur bei psychosomatisch Erkrankten, sie ist weder eine notwendige Voraussetzung für die Entstehung noch ein spezifisches Kennzeichen einer entsprechenden Erkrankung. Doch finden wir unter diesen Patienten immer wieder Kranke, denen es schwerfällt, Phantasien und Symbole zu entwickeln bzw. diese in eine sprachliche Form zu bringen.

Das Konzept der Grundstörung nach Balint

Balint (1970) hat den Begriff der Grundstörung geprägt. Psychosomatisch Kranke haben oft ein labiles Selbstgefühl und sind und bleiben deshalb stärker als psychisch Gesunde auf die ständige Anwesenheit einer Person angewiesen, die sie schützt und die ihre Integrität bewahrt. Dieses weitgehende Angewiesensein führt dazu, daß es ihnen schwerfällt, sich offen aggressiv zu äußern. Sie leben in einer beständigen Angst, durch Aggressivität Trennungen gerade von jenen Menschen zu provozieren, auf deren Anwesenheit und Schutz sie angewiesen sind. Im Verlauf der Individuation eines Menschen sind aggressive Auseinandersetzungen unumgänglich, sie dienen u.a. der „Nähe-Distanz-Regulierung". Phantasien psychosomatisch Kranker weisen immer wieder darauf hin, daß sie sich vom schützenden mütterlichen Objekt unzureichend getrennt erleben und deshalb eine mögliche Aggression gegen eben dieses Objekt auch Autoaggression bedeutet.

> ! Menschen mit einer Neigung zu psychosomatischen Reaktionen und Erkrankungen haben oft weniger Spielraum für Äußerungen negativer Affekte, aber auch reifer Liebesaffekte als psychisch Gesunde. Sie neigen u.a. deshalb zu körperlichen Reaktionen, weil sie sich nur unzureichend aus ihren körperlichen Erinnerungsspuren gelöst haben, sie nicht zu psychischen, symbolisch und sprachlich ausgeformten Repräsentanzen entwickeln konnten. Ihre Affekte bleiben stark an Körperreaktionen gebunden.

Wenn wir bei psychosomatisch Kranken neurotische Fühl- und Verhaltensweisen beobachten, so dienen sie zumeist der Abwehr. Entsprechend dem labilen Selbstgefühl und der persistierenden Abhängigkeit von der Anwesenheit guter Objekte beobachten wir vermehrt narzißtische Persönlichkeiten. Gehäuft finden sich auch depressive und zwanghafte Persönlichkeitsmerkmale.

6.4 Psychotherapie psychosomatisch Kranker

Aus diesen Beobachtungen zur Persönlichkeit und zur Genese ergeben sich therapeutische Konsequenzen. Verbale Interaktionen im therapeutischen Dialog reichen häufig nicht aus, um die Störungsebene, auf der die Patienten erkrankt sind, zwischen dem Patienten und seinem Therapeuten scharf genug zu fokussieren. Häufig ist es sinnvoll, auch nonverbale oder halbverbale Verfahren wie Körpertherapie, Musiktherapie und imaginative Verfahren anzuwenden, zumindest solange, bis sich in der Therapie eine Symbolisierungsfähigkeit entwickelt hat, die verbale Interaktionen therapeutisch fruchtbar werden läßt.

Ein generelles Problem liegt darin, daß das Erleben und Äußern von aggressiven Gefühlen – auch der schützenden Person oder dem Therapeuten gegenüber – für eine Entwicklung notwendig ist andererseits aber vom Patienten in hohem Maße vor dem Hintergrund seiner Objektabhängigkeit gefürchtet wird.

Beispiel

Einer meiner Patienten, der unter einer schweren Neurodermitis litt, war erst nach 6monatiger Behandlung in der Lage, sich vorsichtig kritisch zu äußern. Obwohl sich seine Hautkrankheit trotz intensiver dermatologischer Bemühungen in der ersten Phase der Psychotherapie eher verschlimmert hatte, waren ihm die regelmäßigen Gespräche wichtig geworden, ohne daß er dafür Gründe nennen konnte. Er beklagte zwar das Persistieren seiner Hautkrankheit, erlebte diese Klage aber nicht als aggressiven Affekt, geschweige denn, daß er ihn gegen mich richtete. Erst nachdem ich ihm mehrfach gesagt hatte, daß ich in dieser Klage auch eine Wut gegen mich spüre, konnte er den aggressiven Affekt vorsichtig zulassen.

Die klassische, unmodifizierte psychoanalytische Methode ist bei Patienten mit psychosomatischen Erkrankungen – zumindest in der Anfangsphase einer Therapie – nur selten indiziert. Die Kranken sind intensiv mit ihren Körpersymptomen beschäftigt. Sie symbolisieren allenfalls im Sinne der körperlichen Symptombildung und vermeiden, ihre psychischen Konflikte bewußt zu erleben. Psychischer Leidensdruck – wichtige Voraussetzung der analytischen Therapie – ist zumeist nur gering und wenn vorhanden, dann sekundär als Folge der körperlichen Krankheitserscheinungen oder der mit ihnen verbundenen reaktiven Depressivität fühlbar. Deutungen im klassischen analytischen Sinn werden nicht als Anregungen zu progressiver Veränderung, sondern als Zurückweisungen mißverstanden, sie können zu körperlichen Verschlimmerungen führen. Die notwendige analytische Abstinenz wird als mangelnde Zuwendung erlebt.

Allgemeine Richtlinien für die Therapie

Zunächst ist dafür zu sorgen, daß eine angemessene somatische Behandlung erfolgt. Leider verstehen oft nicht nur die Patienten, sondern auch Ärzte und Therapeuten die Psychotherapie nicht als sinnvolle Ergänzung, sondern als Alternative zu einer somatischen Behandlung. Bei körperlich schwer Erkrankten, wie z. B. Patienten mit chronisch entzündlichen Darmerkrankungen ist es optimal, wenn die körperliche und psychische Behandlung zunächst in der Hand einer Person liegt, z. B. eines Internisten mit psychotherapeutischer Zusatzausbildung. Diesem wird es am ehesten möglich sein, ein umfassendes Behandlungsangebot zu realisieren, bei dem vermieden wird, daß der Patient seine Übertragung aufspaltet, wie es leicht geschieht, wenn ein ausschließlich somatisch orientierter Arzt mit einem somatisch vielleicht wenig erfahrenen Psychotherapeuten zu kooperieren versucht. Der Grund für die nicht selten mangelnde Effektivität dieses Arrangements liegt darin, daß es dem Patienten leicht gemacht wird, seine positiven Übertragungsimpulse auf den Arzt zu projizieren, der „heilende Medikamente“ verabreicht und nichts Problematisches aus der Lebensgeschichte hinterfragt. Die negativen Übertragungsimpulse richten sich in diesem Fall auf den Psychotherapeuten, oft ist es auch umkehrt.

> ! Bei vielen psychosomatisch Erkrankten äußert sich nämlich die Grundstörung als Borderlinepersönlichkeit mit der ihr eigenen Dynamik, Gutes und Böses zunächst möglichst getrennt zu halten und die entsprechenden Impulse bei verschiedenen Personen unterzubringen. Borderlinepersönlichkeiten fällt es schwer, gute und böse Impulse auf einen und denselben Menschen zu übertragen.

Erfahrungen aus psychosomatischen Kliniken zeigen, daß es sehr wohl möglich ist, durch eine gute und intensive Kooperation zu vermeiden, daß dem Patienten eine solche Aufspaltung gelingt und daß es möglich ist, ihn von einer gelingenden Kooperation auch mehrerer gleichzeitig tätiger Therapeuten profitieren zu lassen.

SPITZ (1959) verweist auf die anaklitische Therapie von MARGOLIN (1953). Da die Störungen sowohl bei Kindern als auch bei Erwachsenen anscheinend an psychische Narben gebunden sind, die sich auf krankmachende frühe Objektbeziehungen zurückführen lassen, ist es folgerichtig, daß auch angemessene therapeutische Maßnahmen bis in den vorsprachlichen Bereich zurückreichen müssen. LOCH (1971) weist daraufhin, daß eine Behandlungsmethode, die sich der Deutung als wichtigstem therapeutischen Mittel bedient, nur für Patienten mit autonomem Ich geeignet sei und Reflexionsfähigkeit voraussetze. Psychosomatische Patienten seien wegen ihres mangelnden introspektiven Vermögens hierzu nur selten in der Lage, es komme zu Regressionen auf die Ebene der Grundstörung. Hier haben wir es aber weniger mit Konflikten, sondern vielmehr mit Defekten zu tun. Auch ALEXANDER (1950) beschreibt die regressive emotionale Organisation dieser Patienten und ist der Ansicht, daß die integrative Kraft eines strukturell mangelhaft ausdifferenzierten Ichs nicht ausreiche, um im Prozeß einer analytischen Therapie zu reifen. FÜRSTENAU (1979) weist darauf hin, daß die Arbeit am Widerstand bei einem Ich-strukturell gestörten Patienten nicht nur unergiebig, sondern möglicherweise schädigend sei, weil der Widerstand – ähnlich wie die Abwehr bei neurotisch Kranken – eine Schutzfunktion hat. Die Arbeit am Widerstand ist in der Psychoanalyse ein zentraler Wirkfaktor. Fürstenau meint, bei der Behandlung psychosomatisch Kranker gehe es weniger um das Aufarbeiten früher Erlebnisse durch Erinnerung, als um „Anregung und Verarbeitung neuer Beziehungserfahrungen und Einübung neuer Haltungen und Einstellungen".

■ **Einbezug supportiver Elemente.** Besonders zu Beginn einer Psychotherapie muß die Behandlung supportive Elemente enthalten. Der Therapeut antwortet auf Fragen; er versucht, die Rolle eines helfenden und unterstützenden Objekts einzunehmen. Im klassischen ärztlichen Sinne spricht er mit dem Patienten zunächst über Faktoren – auch äußerlicher Natur –, von denen Belastungen ausgehen, und steht beratend zur Seite. All dies dient dem Aufbau einer tragfähigen Beziehung und stellt die unabdingbare Voraussetzung dafür dar, daß in der Therapie später auch Verhaltensweisen hinterfragt und analysiert werden können. Kommt es in diesem Prozeß zu körperlichen Verschlimmerungen, muß das supportive Element – möglicherweise nur vorübergehend – stärker betont werden. Es gilt das „Primat des Somatischen". Diese Forderung kann mit narzißtischen Kränkungen für den Psychotherapeuten verbunden sein, da körperliche Verschlimmerungen nicht selten durch zutreffende Deutungen ausgelöst werden, die aber zu früh kommen und vom Patienten – zumindest unbewußt – als Zurückweisungen, Kränkungen und insofern als Verlust empfunden werden.

Zur Bedeutung des Symptoms

> ! Eine wichtige Bedeutung hat das Krankheitssymptom, denn es entsteht eine Art inneres Dreieck zwischen dem Krankheitssymptom, dem Patienten und dem Therapeuten. Das Symptom ist nicht nur Widerstand, sondern zugleich Angebot zur Kommunikation.

Auch wenn der Patient durch sein Agieren mit dem Symptom eine Befriedigung von Triebwünschen erreicht, sollte der Therapeut die Symptombildung darüber hinaus auch als generative Ich-Leistung seines Patienten auffassen, mit der er seine Autonomie verteidigt.

Für einen Patienten wie für seinen Therapeuten ist es entlastend, wenn parallel zur verbalen Therapie und zur somatischen Behandlung Entspannungstherapien erlernt werden, wie z.B. das autogene Training (s. Kap. 2.3) oder die progressive Muskelrelaxation (s. Kap. 2.4). Die positiven Auswirkungen hetero- und autohypnoider Entspannungen auf den Heilungsverlauf, z.B. der Colitis ulcerosa, haben CURTIUS (1962) und FEIEREIS (1962) beschrieben.

Differentielle Therapieindikation und Setting

Im Hinblick auf das Setting ist festzustellen, daß Psychotherapien körperlich Kranker in ambulanter Praxis und Klinik unterschiedlichen Bedingungen unterliegen. In der Regel ist ein „bergendes Behandlungsmilieu" in der regressionsfördernden Situation einer psychosomatisch-psychotherapeutischen Klinik leichter zu verwirklichen als unter ambulanten Bedingungen, wenn pathogene Einflüsse der Familie und des weiteren sozialen Umfeldes fortwirken und nur wenig zu beeinflussen sind. Eine Indikation zu einer stationären Psychotherapie kann darin begründet sein, daß es nur so möglich ist, pathogene Einflüsse des familiären, beruflichen und weiteren sozialen Umfelds vorübergehend zu mindern.

Ein oder mehrere Familiengespräche bzw. eine Familientherapie können – gerade in der

Anfangsphase einer Behandlung – viel dazu beitragen, sich über das Ausmaß dieser Einflüsse klar zu werden und sich der Kooperation der Familie zu versichern, sofern dies möglich ist. Der Kranke und sein Symptom stellen nicht selten innerhalb der Familie einen stabilisierenden Faktor dar. Dies gilt nicht nur für junge Anorexiepatientinnen. Bleibt dieser Faktor unberücksichtigt, kann die Einzel- oder Gruppentherapie über lange Zeit aus scheinbar unerklärlichen Gründen stagnieren.

Im Rahmen einer Familiendiagnostik, bei der möglichst viele Mitglieder der Familie zugegen sein sollten, kann geklärt werden, inwieweit die Familie zu einer Kooperation in der Lage ist bzw. in welchem Ausmaß der Patient mit seiner Krankheit von der Familie unbewußt gebraucht wird, um ihr System zu stabilisieren.

Nicht nur in der Tiefenpsychologie, sondern auch in der Verhaltenstherapie und in der Gesprächspsychotherapie wurden Behandlungskonzepte für psychosomatische Patienten entwickelt und erprobt.

Auf verhaltenstherapeutische Konzepte wird bei der folgenden Darstellung ausgewählter psychosomatischer Krankheitsbilder immer wieder kursorisch eingegangen, auf eine systematische und umfassende Abhandlung jedoch aus Platzgründen verzichtet.

Ganz verzichtet wurde auf die Darstellung der gesprächspsychotherapeutischen Behandlung von psychosomatisch Kranken. Deshalb der Hinweis, daß alle im folgenden vorgestellten Krankheitsbilder prinzipiell auch einer gesprächspsychotherapeutischen Behandlung zugänglich sind und die Patienten von ihr profitieren können. Das wurde durch empirische Forschungen nachgewiesen (z.B. MEYER 1981; REISCH 1994; SACHSE 1995a, b) oder durch Kasuistiken (z.B. ECKERT et al. 1996) belegt.

> ! Es fehlen allerdings bis heute empirisch gesicherte Kriterien für eine differentielle Therapieindikation: Wir können nicht sagen, aufgrund welcher Merkmale ein Patient von einer bestimmten Psychotherapie mehr profitieren würde als von einer anderen.

In der klinischen Praxis ist entscheidend, ob sich der Patient auf ein bestehendes Behandlungsangebot einlassen kann. Im Verlauf einer Probetherapie wird deutlich, in welcher Weise er von dem einen oder anderen Verfahren profitiert.

6.5 Ausgewählte Krankheiten

Es ist nicht beabsichtigt, im Rahmen dieses Buches einen Überblick über eine Vielzahl psychosomatischer Erkrankungen zu geben, zumal bei allen körperlichen Erkrankungen stets auch nach dem psychosomatischen Faktor zu fragen ist, wenn wir versuchen, dem Kranken in seiner Ganzheit Rechnung zu tragen. Das Kapitel beginnt mit psychosomatischen Erkrankungen, bei denen die körperliche Manifestation eine schwere, womöglich lebensbedrohliche Ausprägung erfahren kann. An diesen Erkrankungen wird am deutlichsten, wie stark das „Primat des Somatischen" die sinnvolle Gestaltung einer Psychotherapie bestimmen kann. Die Gliederung gemäß den somatischen Diagnosen entspricht einer u.a. auf ALEXANDER zurückgehenden Tradition in der psychosomatischen Medizin. Ebenso berechtigt wäre eine Klassifikation nach psychodynamischen Gesichtspunkten, die das therapeutische Vorgehen in späteren Phasen der Therapie stärker bestimmen als die ursprüngliche somatische Diagnose. Dies gilt v.a. für die Organneurosen bzw. somatoformen Störungen. Die Indikation zu einem supportiven Therapiekonzept heißt nicht, daß nicht in späteren Phasen auch Konfrontationen und Deutungen sinnvoll und notwendig sind, jedoch muß die Tragfähigkeit der therapeutischen Beziehung stets beachtet und zutreffend eingeschätzt werden.

> ! In der Regel ist die Therapie eines Kranken mit einer schweren Colitis ulcerosa stärker durch das Ausmaß der körperlichen Störung bestimmt als z.B. die Behandlung eines Kranken mit einem funktionellen kardiovaskulären Syndrom.

Diese Therapie wird – zumindest in späteren Phasen – weitgehend der Behandlung einer Angstneurose entsprechen.

6.5.1 Colitis ulcerosa

Symptomatologie

> ! Leitsymptome der Colitis ulcerosa sind durchfällige, blutig-schleimige Stühle, häufig in Verbindung mit schmerzhaften Tenesmen (beständiger schmerzhafter Stuhldrang).

Je nach Schweregrad der Erkrankung kommt es zu

- Blutungs- und Eisenmangelanämie,
- Elektrolytverschiebungen,
- Eiweißverlusten mit Verschiebungen innerhalb des Spektrums von Albuminen und Globulinen sowie zu
- allgemeinen Entzündungsreaktionen mit Fieber, Gewichtsverlust und mehr oder weniger ausgeprägtem Krankheitsgefühl.

Psychisch imponieren depressive Verstimmungen. Die Diagnose wird durch Coloskopie gesichert; dabei stellt sich das Rektum fast immer entzündlich dar, höhere Dickdarmabschnitte können in Form und Intensität unterschiedlich befallen sein. Die Röntgenuntersuchung im Colonkontrast zeigt bei leichtem Befall ein Relief mit feinster Zähnelung (spicae), bei stärkerer Entzündung Geschwüre mit Unterminierung der Schleimhaut (Kragenknopf-Ulcera). Begleitend können

- das Erythema nodosum,
- die Pyodermie,
- die rheumatoide Arthritis,
- die ankylosierende Spondylitis,
- eine Iridozyklitis sowie
- entzündliche Lebererkrankungen auftreten.

Diese Symptome können den Darmsymptomen auch vorausgehen. Gefürchtete, glücklicherweise aber seltene Komplikationen sind die unstillbare Blutung, die Durchwanderungsperitonitis sowie das toxische Megacolon. Postcolitische Karzinome sind weniger häufig als früher angenommen. Differentialdiagnostisch sind

- der Morbus Crohn,
- die ischämische Colitis,
- die Enteritis pseudomembranacea sowie
- Tumorerkrankungen zu erwägen.

Epidemiologie

> ! Die jährliche Erkrankungsziffer beträgt 5–10 auf 100 000 Einwohner, das männliche und weibliche Geschlecht sind in etwa gleich betroffen.

Die Erstmanifestation erfolgt überwiegend im 2. bis zum 4. Lebensjahrzehnt.

Ätiologie und Pathogenese

> ! Es liegt ein Ursachenbündel zugrunde, in dem immunologische, genetische und psychische Vorgänge bedeutsam sind (multifaktorielle Genese).

Auf immunologische Besonderheiten verweist die nahe Beziehung zu anderen Autoimmunerkrankungen. Für eine genetische Disposition sprechen Häufungen in bestimmten Familien sowie Zwillingsuntersuchungen, bei denen die Krankheitsverläufe von eineiigen und zweieiigen Zwillingen verglichen wurden. Eine infektiöse, z. B. virale Genese wird immer wieder vermutet, konnte bisher jedoch nicht schlüssig nachgewiesen werden. Abgesehen von einer seltenen Milcheiweißallergie lassen sich Ernährungseinflüsse auf die Pathogenese nicht nachweisen.

> ! Gut belegt ist die Bedeutung neurovegetativer Fehlsteuerungen im Hinblick auf Motilität und Sekretion des Dickdarms.

Persönlichkeitsstruktur und Psychodynamik

Die Colitis ulcerosa zählt zu den „klassischen" psychosomatischen Erkrankungen, bei denen die behandelnden Ärzte schon frühzeitig auf psychische Besonderheiten aufmerksam wurden (Murray 1930). Persönlichkeitsveränderungen im Sinne einer prägenitalen Reifungsstörung stellen sich als Teilursache in der Pathogenese der Colitis ulcerosa dar und ließen sich auch testpsychologisch nachweisen. Andererseits lassen sich psychische Befunde, z. B. die Depressivität, auch als Reaktion auf Schwere und Dauer der Erkrankung verstehen. Depressivität ist im beschwerdefreien Intervall deutlich geringer bzw. nicht mehr nachweisbar.

> ! Es besteht eine passive, zur Abhängigkeit neigende Grundhaltung, verbunden mit einem starken Bedürfnis nach Umsorgtsein und Verwöhnung.

Die Patienten wirken – zumal wenn sie akut erkrankt sind – regressiv, unselbständig, gelegentlich infantil. Zwanghafte Züge wie Gewissenhaftigkeit und Ordentlichkeit sind oft sehr ausgeprägt und lassen sich als Versuch der Krankheitsbewältigung und Depressionsabwehr verstehen. Erklärt wird das labile Selbstwertgefühl und die Neigung zu abhängigen Objektbeziehungen durch eine nicht ausreichend aufgelöste Bindung an eine dominierende, perfektionistisch-kontrollierende Mutter, die die Autonomiebestrebungen ihres Kindes wenig gefördert oder gar blockiert hat. Es gibt zahlreiche Hinweise dafür, daß die Lösung des Kindes aus der symbiotischen Beziehung nicht ausreichend gelungen ist. Manifest und imponierend sind die Aggressionsgehemmtheit, die Unterdrückung offener Aggression und die Unterdrückung von offenen Gefühlen überhaupt. Die Patienten sind wenig spontan, finden sich leicht in einer Opferhaltung wieder und zeigen kompensatorisch eine große Leistungsbereitschaft. Mit wachsender Zahl der Ich-psychologischen Befunde stellen sich die erwähnten Eigenheiten der Objektbeziehungen als Auswirkungen einer Ich-Pathologie im Sinne einer frühen Störung der Selbstentwicklung heraus. Diese narzißtische Störung zeigt sich z.B. in Verschmelzungswünschen mit einem allmächtigen Objekt. Wir beobachten Omnipotenzphantasien und eine Neigung zu Idealisierungen. Die Patienten sind höchst anfällig gegenüber Objektverlusten. Entsprechend findet sich im Vorfeld der Erkrankung fast immer ein manifester Objektverlust im Sinne eines Trennungs- und Verlassenheitserlebnisses. Auch bei geringsten Zurückweisungen und Kränkungen entsteht in dem Patienten das typische Gefühl von Hilflosigkeit, Hoffnungslosigkeit und Ohnmacht (s. S. 349 f.). Die aggressiven Impulse richten sich gegen die eigene Person, die extreme Objektabhängigkeit verhindert eine angemessene, nach außen gerichtete Aggressionsabfuhr. Die Störung des Selbstwertgefühls der Colitiskranken schränkt die Möglichkeit ein, differenzierte Objektbeziehungen aufzunehmen.

Therapie

Es ist notwendig, medikamentöse, physikalische, möglicherweise chirurgische und psychotherapeutische Maßnahmen auf jeden Kranken individuell abzustimmen. Immer wird die Psychotherapie zunächst v.a. supportive Elemente enthalten, d.h. auf die Etablierung einer tragfähigen Arzt-Patient-Beziehung ausgerichtet sein. Später und im symptomfreien Intervall können auch konfrontative Elemente hinzukommen. Sehr wesentlich ist das Erlernen einer Entspannungstechnik, z.B. in Form des autogenen Trainings. Initial können hypnoide Entspannungen als Heterosuggestion heilend wirken. Der Patient erlernt, Tonusschwankungen des Darms wahrzunehmen und autogenen Einfluß auf die entsprechenden vegetativen Funktionen zu nehmen.

> ! Die Psychotherapie muß sich an der hochgradigen narzißtischen Verletzlichkeit ausrichten und hat zum Ziel, eben diese narzißtische Kränkbarkeit langfristig zu vermindern.

Hemmend auf den Therapieerfolg wirkt sich die Schwierigkeit aus, Zugang zu Gefühlen und Phantasien zu gewinnen. Hilfreich auf dem Weg zu einer offeneren und gefühlshafteren Kommunikation sind präverbale Verfahren wie Körpertherapie, Tanztherapie, assoziative Maltherapie und imaginative Verfahren wie die katathym-imaginative Psychotherapie (KiP).

Mit dieser liegen inzwischen umfangreiche Erfahrungen gerade in der Behandlung chronisch-entzündlicher Darmerkrankungen vor (Wilke u. Leuner 1990, s. auch Kap. 1.1.9 in diesem Buch). In Imaginationen können Colitiskranke eine Möglichkeit finden, auch aggressive Impulse bildhaft zu gestalten, ohne sie unmittelbar auf den Therapeuten gerichtet zu erleben. Imaginative Verfahren wie die KiP bieten für die Entwicklung der Fähigkeit zu aggressiver Auseinandersetzung eine Erweiterung der Möglichkeiten im Vergleich zur klassischen analytischen Technik. Es kommt zu einem probeweisen Umgang mit aggressiven Impulsen auf der Bildebene unter dem Schutz des Therapeuten. Aggressive Impulse können an imaginierten Objekten spürbar werden; der Therapeut verbleibt dabei zunächst in der Rolle eines schützenden Begleiters. Das unterdrückte aggressive Potential wird erfahrbar, ohne daß die Aggression den bis dahin „überwiegend guten Therapeuten" unmittelbar trifft. Ein solcher Prozeß stellt eine Vorstufe der direkten aggressiven Auseinandersetzung mit dem Therapeuten dar, die später möglich wird, wenn sich im Rahmen der Therapie das labile Selbstgefühl gestärkt hat und die depressive Objektabhängigkeit weniger ausgeprägt ist.

> ! Im Verlauf einer gelingenden Therapie wird erreicht, daß der Patient Zusammenhänge zwischen seinem Symptom und den unbewußten inneren Konflikten nicht nur kognitiv, sondern auch gefühlshaft herstellt.

Das Gespräch über die auslösende Situation, die gelegentlich als ein spezifisches Gefühl hilfloser Ohnmacht gut erinnerbar ist, spielt dabei eine zentrale Rolle. Der Patient erlebt diese Situation gleichsam modellhaft für viele analoge Kränkungssituationen. Im Verlauf dieses Nacherlebens und mit zunehmender Einsicht in die inneren Zusammenhänge reduziert sich das Gefühl emotionaler Machtlosigkeit. Die narzißtische Kränkbarkeit wird geringer, da Zusammenhänge kognitiv und emotional erfahrbar werden. Das Wagnis aggressiver Äußerungen – möglicherweise sogar gegenüber dem Therapeuten – führt zu einer Steigerung des Selbstwertgefühls, wenn es auch eine Gratwanderung zwischen Selbstbedrohung und befreiender Aggression bleibt.

Die Beziehung zwischen dem Therapeuten und seinem Patienten

Colitiskranke haben ein starkes Bedürfnis nach ständiger Verfügbarkeit des Therapeuten. Dabei sind sie oft unterwürfig und überangepaßt bei spürbarer hintergründiger Aggressivität. Im klinischen Setting sind zu Beginn tägliche Kurzkontakte sinnvoller als längere Gespräche, in denen über kurz oder lang die Doppelbotschaft von Aggressivität und Unterwürfigkeit zur Sprache kommen müßte, was mit dem supportiven Setting schwer vereinbar ist. Die ausgeprägte psychische und auch körperliche Verletzbarkeit durch geringste Zurückweisungen werden von Therapeuten oft als belastend empfunden. Sie möchten sich einerseits intensiv um den Patienten kümmern, andererseits fühlen sie sich überfordert und möchten sich distanzieren. Der starke Idealisierungsdruck durch den Patienten und seine Familie kann schwer erträglich sein im Wissen um seine neurotischen Hintergründe und im Wissen darum, daß ständig die andere Seite in Form der Entwertung im Raum steht. Colitispatienten sind aber auch anhänglich im positiven Sinne. Wenn sie den Therapeuten einmal als stützend, belastbar und zuverlässig erfahren haben, zeigen sie eine hohe, positiv gefärbte Objektkonstanz, und es kann zu einer langsamen psychischen Reifung und auch Besserung der Konfliktfähigkeit kommen, die häufig Jahre braucht. Wie bei allen chronisch rezidivierenden Erkrankungen muß der Behandler auf körperliche Rückschläge mit den entsprechenden psychischen Begleiterscheinungen gefaßt sein, um sie nicht selbst als narzißtische Kränkungen zu verarbeiten. Wer gern langfristig arbeitet und sich von vornherein auf einen jahrelangen Verlauf einrichtet, kann in der Behandlung von Colitiskranken viel therapeutische Befriedigung finden, besonders dann, wenn es gelingt, die oft verschüttete kreative Potenz und Fähigkeit zur Phantasiebildung lebendig werden zu lassen.

> ! Forschungen haben übereinstimmend gezeigt, daß die Kombination von internistischer und ggf. chirurgischer Therapie mit Psychotherapie zu einer Abnahme der Schubhäufigkeit und der Schwere der Schübe führt im Vergleich zu einer rein internistischen und chirurgischen Therapie.

6.5.2 Morbus Crohn

> **Definition** Der Morbus Crohn (Enteritis regionalis) ist eine unspezifische, granulomatöse, entzündliche Erkrankung, die im gesamten Verdauungstrakt, also auch in Mundhöhle, Ösophagus und Magen auftreten kann.

Symptomatologie

Am häufigsten werden das terminale Ileum im Sinne einer Ileitis terminalis und das Colon befallen und zwar in segmentaler Form. Wie die Colitis ulcerosa verläuft die Erkrankung chronisch-rezidivierend. Charakteristisch für den Morbus Crohn sind krampfartige abdominelle Beschwerden, diffus oder eng umschrieben. Beschwerdefreie Intervalle sind häufig. Oft läßt sich der Beginn der Symptomatik weit zurückverfolgen, und die Sicherung der Diagnose erfolgt leider oft erst nach jahrelangem, wechselndem Symptomverlauf. Durchfälle mit Schleim- und Blutbeimengungen sind seltener als bei der Colitis ulcerosa. Phasen von Verstopfung und normaler Stuhlentleerung können sich ablösen. Oft kommen die Patienten erst dann in klinische Behandlung, wenn sich die entzündeten Darmabschnitte als tastbare Resistenzen diagnostizieren lassen und möglicherweise Konglomerattumore gebildet haben. Oft sind Analfisteln und anale Abszedierungen erste Symptome.

Endoskopisch findet sich eine diskontinuierliche segmentale Entzündung mit Aphten oder longitudinalen fissurähnlichen Ulcera, die ein kopfsteinpflasterähnliches Relief ergeben und sich im Röntgenbild als charakteristisches „Pflastersteinrelief" darstellen („Cobblestones"). Pathognomonisch für die Erkrankung ist der histologische Nachweis von epitheloidzelligen Granulomen. Im Gegensatz zur Colitis ulcerosa, bei der die Entzündung die Darmwand nur selten durchwandert, bestehen bei Morbus Crohn oft Entzündungen im umgebenden Gewebe, gedeckte Perforationen, Abszedierungen und Konglomerattumoren. Fistelbildungen zwischen einzelnen Darmabschnitten, zwischen Harnblase und Darm oder zwischen Darm und Vagina sind häufig. Im Gegensatz zur Colitis ulcerosa, die durch Colektomie in vielen Fällen heilbar ist, läßt sich der Morbus Crohn durch die Resektion befallener Darmabschnitte nicht heilen. Die Rezidivquote nach chirurgischer Intervention liegt bei 50–80 %, was zu einer berechtigten Zurückhaltung gegenüber größeren chirurgischen Eingriffen geführt hat.

■ **Diagnostische Probleme.** Manche Kranke erleben vor der Diagnosenstellung eine lange diagnostische Odyssee. Der Morbus Crohn kann viele abdominelle Erkrankungen imitieren. Tritt er an diagnostisch schwer zugänglicher Stelle auf, werden Durchfälle und Schmerzen oft im Sinne eines funktionellen Unterbauchsyndroms (Colon irritabile) gedeutet. Begleitende Schmerzen am Skelettsystem können als rheumatisches Fieber fehlgedeutet werden. Bei Gewichtsverlust aufgrund der schmerzbedingten Inappetenz wird bei jüngeren Frauen manchmal an eine Magersucht gedacht. Nicht selten beobachtet man bei Patienten mit Morbus Crohn ein Eßverhalten, welches dem der Anorexiepatienten ähnelt. Bei genauem Hinsehen stellt sich als Ursache die Angst vor dem postprandialen Schmerz heraus.

Epidemiologie

> ! Der Morbus Crohn ist in den letzten 20 Jahren häufiger geworden und hat eine Inzidenz von 4–9 Erkrankten pro 100000 Einwohnern. Er ist somit in etwa gleich häufig wie die Colitis ulcerosa.

Ätiologie und Pathogenese

Es gelten ähnliche Beobachtungen und Überlegungen wie bei der Colitis ulcerosa. Es bestehen eine genetische Disposition und krankhafte Immunreaktionen. Der in letzter Zeit vermehrt diskutierte pathogene Einfluß bestimmter Nahrungsbestandteile, insbesondere des Zuckers, bedarf weiterer Klärung. Die Bedeutung infektiöser Agenzien wird immer wieder diskutiert. Bislang ließ sich aber nicht nachweisen, daß es sich beim Morbus Crohn um eine Infektionskrankheit handelt.

Persönlichkeitsstruktur und Psychodynamik

Die Bedeutung psychischer Anteile für Ätiologie und Pathogenese der Erkrankung ist für den Morbus Crohn umstrittener als für die Colitis ulcerosa. Dies ist wohl auch darauf zurückzuführen, daß entsprechende Beobachtungen und Untersuchungen für den Morbus Crohn noch nicht im gleichen Umfang vorliegen. Darüber hinaus zeigt sich das psychische Bild bei an Morbus Crohn Erkrankten heterogener und ist in vielen Aspekten als reaktiv auf das rezidivierende Schmerzerleben zu verstehen. Als charakteristische Pesönlichkeitsmerkmale wurden beschrieben:

- betont selbstsicheres Auftreten,
- pseudounabhängiges Verhalten,
- Aggressionsgehemmtheit sowie
- Depressivität.

In bezug auf die Familie wird eine „in-between-situation" als charakteristisch beschrieben. Die Patienten stehen zwischen Familienmitgliedern, die miteinander rivalisieren oder zerstritten sind. Sie werden in dieser Zwischenposition gebraucht, um das Familiensystem zu stabilisieren und den Konflikt nicht offen zu Tage treten zu lassen. Wesentlich erscheint, daß psychische Merkmale wie Depressivität und psychische Labilität bei vielen Patienten während der Krankheitsremission nicht mehr nachweisbar sind.

Bei den engen anatomisch-pathologischen Beziehungen, die die Colitis ulcerosa und der Morbus Crohn zueinander haben, scheint es unwahrscheinlich, daß verschiedene voneinander differenzierbare Konflikte die eine oder die andere Krankheit bedingen. Näher liegt der Gedanke, daß das unterschiedliche Symptom- und Schmerzerleben – bei der Colitis mehr die Diarrhoen, bei dem Morbus Crohn mehr die Schmerzattacken – im Laufe der Krankheitsverarbeitung zu unterschiedlichen psychischen Reaktionen führt. Berücksichtigt werden muß auch – wie bei allen chronischen Erkrankungen – die psychosoziale Einschränkung bei langem Krankheitsverlauf, z. B. die Schwierigkeit, Schulabschlüsse in angemessener Zeit zu erreichen oder in konstanten Beziehungen leben zu können.

Therapie

> ! Der mehrdimensionale Therapieansatz stellt medikamentöse, diätetische, entspannungstherapeutische, operative und psychotherapeutische Verfahren nebeneinander.

Patienten mit Morbus Crohn verhalten sich oft pseudounabhängig, wobei sich hinter diesem Verhalten eine tiefe Objektabhängigkeit verbirgt, eine Sehnsucht nach einem schützenden Objekt. Sie wirken wenig kooperativ und sind noch mehr als die Colitispatienten in der Lage, ein therapeutisches Team zu „spalten" und in Unsicherheit zu versetzen. Ähnlich wie bei den Colitiskranken ist es auch beim Morbus Crohn zu Beginn vorteilhaft, wenn die medikamentöse und psychotherapeutische Behandlung in der Hand ein und desselben Arztes liegt.

> ! Der positive Einfluß einer Psychotherapie ist insgesamt weniger gut belegt als bei der Colitis ulcerosa, doch weisen neuere Befunde darauf hin, daß sich auch bei dieser Erkrankung Schubhäufigkeit und Schwere durch eine Psychotherapie mindern lassen.

Zunächst ist es wichtig, daß der Therapeut Rücksicht auf die Autonomiebestrebungen des Kranken nimmt, auch wenn sich diese Autonomie im nachhinein als Pseudoautonomie herausstellt. Wenn es den Patienten körperlich besser geht, erscheinen sie oft nicht zu verein-

barten Terminen. Es ist bezeichnend, daß die Motivation zu einer kontinuierlichen Psychotherapie oft erst nach einem längeren Prozeß mit einer gewissen Anzahl von Rezidiven entsteht. Um so wichtiger ist das frühzeitige Erlernen von Entspannungstechniken, da diese angewandt werden können, ohne daß sich der Patient auf den regressiven Prozeß einer analytisch orientierten Psychotherapie einlassen muß.
Verhaltenstherapeutische Interventionen, z.B. Übungen zum Umgang mit dem Schmerz, sind oft hilfreich und können durchaus parallel zu einer tiefenpsychologisch fundierten Psychotherapie angewandt werden.

Die Beziehung zwischen dem Therapeuten und seinem Patienten

> ! Bei der Behandlung von Patienten mit Morbus Crohn sind Gelassenheit, Beständigkeit und Zuversicht des Therapeuten in besonderer Weise gefordert und werden oft auf harte Proben gestellt.

Fast immer kommt es zu Rückschlägen und zeitweiligen Therapieabbrüchen. Wenn unerwartet Komplikationen auftreten und immer wieder Operationen notwendig werden, verlieren die Patienten schneller als die Colitiskranken das Vertrauen. Manchmal gilt es zu akzeptieren, daß sie sich vorübergehend auch obskuren Behandlungskonzepten zuwenden. Sie kommen aber in einer Art Kreisbewegung wieder zurück, v.a. wenn sich bei ihnen die Phantasie von einer möglicherweise guten therapeutischen Beziehung etabliert hat. Wenn sie dann wieder in der Praxis oder Ambulanz vorsprechen, sollte der Therapeut überprüfen, ob er den Patienten ohne Ausdruck von Gekränktheit und ohne stärkere Vorurteile wieder annehmen kann. Kränkend für den Therapeuten kann ihr demonstrativ pseudoautonomes Verhalten sein, die gelegentliche Aggressivität, v.a. aber demonstrativ gelebte Autoaggression in Form von Rauchen und gelegentlich skurilem und chaotischem Eßverhalten.

6.5.3 Funktionelle Syndrome im gastrointestinalen Bereich

Symptomatologie des funktionellen Oberbauchsyndroms sowie des funktionellen Unterbauchsyndroms
Synonyma für das funktionelle Oberbauchsyndrom (FOB) sind u.a. der „Reizmagen" sowie die „Magenneurose", das funktionelle Unterbauchsyndrom (FUB) bezeichnen wir auch als Colon irritabile bzw. Reizdarm.

> **Definition**
> Bei beiden handelt es sich um psychovegetative Syndrome (Organneurosen). Die schmerzenden Organe sind morphologisch intakt, ihre Funktionsabläufe können allerdings gestört sein im Sinne einer vegetativen Dysregulation, so daß die körperlichen Mißempfindungen keineswegs als „eingebildet" zu verstehen sind. Psychovegetative Symptome sind Ausdruck somatisierter Affekte, für die die Patienten keinen psychischen Ausdruck finden.

> ! Leitsymptome der funktionellen Oberbauchbeschwerden (FOB) sind
>
> - Schmerzen,
> - Völlegefühl,
> - Zungenbrennen,
> - Schluckbeschwerden,
> - Druckgefühl hinter dem Sternum,
> - Übelkeit,
> - Erbrechen und
> - Appetitstörungen.
>
> Die Schmerzen werden als brennend oder dumpf geschildert, sie strahlen selten aus und sind von mittlerer bis starker Intensität. Abends nehmen die Beschwerden ab, was für die differentialdiagnostische Abgrenzung vom Ulcus duodeni wichtig ist, das typischerweise einen Nachtschmerz verursacht.

Diäten haben – ebenso im Gegensatz zur Ulcuserkrankung – keinen Einfluß auf den Schmerzverlauf. Auffällig ist der aggressive Unterton, mit dem die Patienten ihre Beschwerden schildern, er verweist auf die Intensität der unbewußten affektiven Spannungen, die sich im Symptom somatisieren.

> ! Leitsymptome der funktionellen Unterbauchbeschwerden (FUB) sind abdominelle Schmerzen unterhalb des Nabels sowie Diarrhoe und Obstipation im Wechsel.

Bei Obstipation kann der Stuhl bleistiftartig oder bohnenartig geformt sein (spastische Obstipation). Zumeist bestehen die Beschwerden über Jahre; sie sind in Belastungs- und Streßsituationen deutlich verstärkt und klingen in der Nacht ab. Die Diagnose funktioneller Leibbeschwerden darf erst gestellt werden, wenn zum Ausschluß einer organischen Ursache Untersuchungen in angemessenem Umfang stattgefunden haben. Darüber hinaus ist der Nachweis einer chronischen affektiven Spannung bzw. psychischen Konfliktsituation zu erbringen, die oft über Jahre besteht und dem Patienten weitgehend unbewußt ist. Leichter zugänglich ist ihnen die Beziehung zwischen allgemein erhöhter psychischer Belastung und Zunahme funktioneller Unterbauchbeschwerden.

Epidemiologie

> ! Funktionelle Abdominalbeschwerden (FAB) sind häufig, die Betroffenen machen etwa 50% aller Patienten mit Beschwerden im gastrointestinalen Bereich aus.

Männer und Frauen sind gleichermaßen betroffen.

Ätiologie und Pathogenese

Über genetische Faktoren ist nichts Sicheres bekannt. Es ließen sich einige pathophysiologische Mechanismen identifizieren, so z.B. eine abnorme Darmmotilität infolge Veränderungen der zentralen Stimulation oder Hyperreagibilität der Darmmuskulatur. Darüber hinaus läßt sich eine Beschleunigung oder Verzögerung der Dünndarmpassage beobachten, wenn psychoneurotische oder psychosoziale Streßfaktoren vorliegen. Bedeutsam scheinen auch Ernährungsgewohnheiten, Medikamentengebrauch und Flüssigkeitsaufnahme zu sein.

Persönlichkeitsstruktur und Psychodynamik

In der Kindheit der Patienten finden sich gehäuft Störungen der zwischenmenschlichen Beziehungen, allerdings finden sich keine einheitlichen Persönlichkeitsstrukturen oder neurotischen Krankheitsbilder. Offenbar können bei entsprechenden Belastungen (Verlusterlebnisse) alle Menschen entsprechende funktionelle Syndrome entwickeln, insbesondere jene, bei denen die Affektspannungen im Körper verbleiben und nicht in eine emotionale Auseinandersetzung mit der Umgebung einmünden. Die Möglichkeit einer emotionalen Erlebnisverarbeitung ist bei Menschen mit der Neigung zu entsprechenden Beschwerden eingeschränkt. Alexander fand bei den betroffenen Patienten immer wieder den Wunsch, gefüttert zu werden, und gleichzeitig den Drang, diesen Wunsch abzuwehren. Bei Patienten mit funktionellen Oberbauchbeschwerden persistieren oft orale Triebkonflikte aggressiver Färbung. Bei Patienten mit Colon irritabile finden sich entsprechend gehäuft anale Konflikte, in denen es um Herrschaft, Rivalität, Besitz und Selbstbehauptung geht.

Therapie

Trotz einer in der Regel weit zurückreichenden Anamnese, einer Neigung zur Persistenz der Beschwerden und entsprechend vorsichtig zu stellender Prognose gibt es keinen Grund für eine therapeutische Resignation. An therapeutischen Maßnahmen sind zunächst diätetische zu nennen, insbesondere eine faserreiche Ernährung. Der Mißbrauch von Laxanzien, der bei diesen Erkrankungen oft besteht, muß reduziert und später ganz eingestellt werden. Liegen psychosoziale Streßfaktoren vor, so ist ein entsprechendes Bewältigungstraining hilfreich. Eine Biofeedbacktherapie kann die gesteigerte viszerale Reflexerregbarkeit vermindern helfen. Ergänzend hierzu kann ein Schmerzbewältigungstraining indiziert sein. Eine weitere Methode, die pathologische Hypermotilität zu hemmen, besteht im systematischen Training der Entspannung der quergestreiften Bauchmuskulatur.

> ! Es ist sinnvoll, das Therapieziel zu begrenzen und es nicht als Beschwerdefreiheit zu formulieren.

Oft sind die Patienten schon zufrieden, wenn es ihnen gelingt, selbst auf Intensität und Dauer der Schmerzattacken Einfluß nehmen zu können. In diesem Zusammenhang sind die erwähnten verhaltenstherapeutischen Interventionen und das Erlernen von Entspannungstechniken bedeutsam. Viele Kranke mit funktionellen abdominellen Beschwerden stehen unter chronischer psychosozialer Belastung. Sie hatten häufig Verlusterlebnisse zu verarbeiten, ohne die dafür nötigen psychischen Voraussetzungen in Form einer narzißtischen Stabilität mitzubringen. Es kann gelingen, in einer tiefenpsychologisch fundierten Therapie zu Erinnerungen vorzudringen, in denen die hinter den Symptomen verborgenen und in ihnen gebundenen Affekte wieder fühlbar werden. Es entstehen dann zumeist Angst, Depression oder Wut. Da die Patienten diese Affekte oft aber stärker fürchten als den ihnen gewohnten Schmerz, entwickelt sich die Therapie zumeist als ein Hin und Her zwischen körperlicher und seelischer Manifestation. Die Behandlung mit imaginativen Verfahren ist hilfreich, da sie Symbolisierungen fördern, die Brücken bilden zwischen dem Symptom und dem ihn determinierenden unbewußten Konflikt. Belastend und frustrierend kann für den Therapeuten die ständige Wiederkehr der somatischen Klage gerade dann sein, wenn sich der Patient affektiv etwas geöffnet hat, nun aber auf erneute diagnostische Maßnahmen drängt. Es ist erforderlich, vor dem Beginn einer Psychotherapie die somatische Diagnostik in einem sinnvollen Umfang abzuschließen und mit dem Patienten einen Vertrag zu schließen, zumindest in den nächsten Monaten keine Wiederholungsuntersuchung vorzunehmen. Patienten mit chronisch-rezidivierenden abdominellen Beschwerden haben oft selbst das Gefühl, Simulanten zu sein, da „man ja nichts gefunden hat". Dieser Vorstellung gilt es entgegenzutreten mit der Aussage, daß ein rezidivierendes Schmerzsyndrom eine schwerwiegende und beeinträchtigende Krankheit darstellt.

Medikamentöse Therapieansätze. Die psychotherapeutischen Bemühungen können medikamentös unterstützt werden, obwohl es Arzt und Patient klar sein muß, daß es sich um eine unterstützende Maßnahme handelt. H_2-Rezeptorenblocker sind nicht indiziert, Antazida können vorübergehend helfen. Ein Versuch mit Metoclopramid kann sinnvoll sein, auch mit Antidepressiva. Beim Colon irritabile kann faserreiche Kost Beschwerden lindern, nur bei stärksten Beschwerden sind Spasmolytika indiziert (Gefahr der Gewöhnung und Dosissteigerung). Tranquilizer sind in der Regel kontraindiziert, obwohl dies in der Praxis nicht immer berücksichtigt wird.

Die Beziehung zwischen dem Therapeuten und seinem Patienten

Leider kommt es oft vor, daß das hohe aggressive Potential, das in den funktionellen Beschwerden gebunden ist, zu einer Therapeut-Patient-Interaktion führt, die auf dem Hintergrund einer unbewußten aggressiven Gegenübertragung zu ständigen Überweisungen an Fachärzte mit möglicherweise eingreifenden und auch schmerzhaften diagnostischen Maßnahmen führt. Die narzißtische Kränkbarkeit auf beiden Seiten muß beachtet werden, eine „Aufteilung der Übertragung" kann sinnvoll sein, etwa in Form einer Biofeedbacktherapie, einer körperorientierten Therapie oder einer verhaltenstherapeutisch orientierten Gruppentherapie.

> ! Diese Kombinationen in Verbindung mit einer analytisch orientierten Einzeltherapie haben sich gegenüber der medizinischen Standardtherapie als überlegen erwiesen.

6.5.4 Ulcus ventriculi et duodeni

> Definition: Bei der Ulkuskrankheit bilden sich Geschwüre im Bereich des Magens bzw. des Zwölffingerdarms (Duodenums), die Krankheit neigt zur Chronifizierung.

Symptomatologie

Magenulzera bilden sich meist an der kleinen Kurvatur, Duodenalgeschwüre im Bulbus. Nach Gastrektomie kann es im Bereich der Anastomose zu einem Anastomosenulkus kommen. Eine Sonderform stellt das Streßulkus dar, das nach chirurgischen Eingriffen und bei Steroidtherapie auftritt, es neigt nicht zur Rezidivbildung.

> ! Leitsymptome sind krampfartige Schmerzen im epigastrischen Winkel, die v.a. nachts und im nüchternen Zustand auftreten. Typisch für das Magenulkus ist der Sofortschmerz nach der Nahrungsaufnahme, beim Duodenalulkus ein Spätschmerz.

Zusätzlich besteht die Neigung zu saurem Aufstoßen, zu Übelkeit, Erbrechen und Appetitlosigkeit. Sekundär kommt es zu Gewichtsverlust. Bei Blutungen kann eine Anämie auftreten. Die körperliche Untersuchung zeigt eine Druckempfindlichkeit im epigastrischen Winkel. Die Krankheit wird gastroskopisch, ggf. auch röntgenologisch verifiziert. Differentialdiagnostisch ist v.a. ein Karzinom auszuschließen. In jedem Fall muß eine Untersuchung auf das Vorliegen eines Helicobacter pylori erfolgen, da dieser Keim die Ulkuskrankheit hervorrufen kann und eine medikamentöse Eradikation des Keims zur Heilung beitragen kann.

Epidemiologie

> ! Männer erkranken 3mal häufiger als Frauen an Ulzera, 10% aller Männer erkranken an einem peptischen Geschwür. Die Häufigkeit des Ulcus ventriculi nimmt im Alter zu.

Ulkusbeschwerden treten gehäuft im Frühjahr und Herbst auf. In Kriegszeiten und Zeiten sozialer Unsicherheit ließ sich eine Häufung beobachten.

Zur Wandlung des Krankheitsbildes

Die Ulkuskrankheit bietet ein gutes Beispiel für eine Wandlung in der Betrachtungsweise psychosomatischer Erkrankungen. Traditionell zählt sie zu den „heiligen 7 Krankheiten“, also jenen, deren psychosomatische Dimension schon früh wahrgenommen und beschrieben worden ist. Sie ist eine „klassische“ psychosomatische Erkrankung. Dennoch tauchen Ulkuskranke immer seltener in psychosomatischen Kliniken oder Ambulanzen auf, was sicher nicht bedeutet, daß die psychosomatische Dimension geringer zu gewichten ist als früher. Die Gründe sind vielfältig: säurebindende Medikamente, Cimetidin und Ranitidin sowie Protonenpumpenhemmer wurden breit in die innere Medizin eingeführt. Sie bringen Ulzera rasch und zuverlässig zum Abheilen und nehmen den Schmerz. Sie bedingen allerdings eine Dauermedikation, und es ist strittig, ob man von einer kausalen oder symptomatischen medikamentösen Therapie sprechen kann. Darüber hinaus ist die Bedeutung des Helicobacter pylori für die Entstehung eines Ulkus, zumindest bei einem Teil der Ulkuskranken, mittlerweile gesichert. Eine medikamentöse Behandlung und Eradikation mit einer 2er oder 3er Kombination ist möglich und in vielen Fällen indiziert. Die Nebenwirkungen dieser Behandlung sind z.T. erheblich, können aber in Kauf genommen werden, zumal es sich um keine Dauermedikation handelt.

> ? Ist nun die Ulkuskrankheit keine psychosomatische Erkrankung mehr? Ist es gerechtfertigt, die psychosoziale Betrachtungsweise einer Krankheitsentstehung in den Hintergrund zu rücken, wenn wirksame medikamentöse Behandlungsmöglichkeiten bestehen?

Es bleibt nach wie vor eine Gruppe von Patienten, denen weder durch medikamentöse Therapie noch durch chirurgische Behandlung (Vagotomie) ausreichende Erleichterung verschafft werden kann. Auch bei allen anderen ist die Einbeziehung der psychosomatischen Sichtweise indiziert.

Ätiologie und Pathogenese

Neben der infektiösen Bahnung durch Helicobacter pylori gibt es weitere pathogenetische Prinzipien, die das Auftreten eines Ulkus fördern. Ulzera entstehen nur an Stellen des Magen-Darm-Traktes, die mit Salzsäure oder Pepsin in Berührung kommen. Eine Gruppe der Kranken hat einen normalen, eine andere einen erhöhten Pepsinogenspiegel. Bei einer vermehrten Sekretion von Magensäure, z.B. bei gastrinproduzierenden Tumoren des Pankreas (Zollinger-Ellison-Syndrom) treten gehäuft Geschwüre auf. Weiter vermutet man bei Trägern von Magengeschwüren eine verminderte Regenerationsfähigkeit des Schleimhautepithels bzw. eine ungenügende Schleimhautdurchblutung. Ein weiterer Faktor, der in enger Beziehung zu emotionalen Prozessen zu verstehen ist, liegt in der Beeinflussung von Sekretion und Magenmotilität durch emotionale Schwankungen. Das Auftreten von Magenerosionen in emotional belastenden Situationen ist für Einzelfälle beschrieben. ZANDER (1977) konnte in psychoanalytischen Interviews eine Beziehung zwischen Magenmotilität und der Thematisierung belastender innerer Konflikte röntgenologisch nachweisen. Diese Beziehung ließ sich v.a. bei Themen finden, in denen es um Neid und Ärger ging.

Persönlichkeitsstruktur und Psychodynamik

Es bestehen Wünsche nach Geborgenheit, Zuwendung, Gefüttertwerden und Geliebtwerden, die wir als oral-rezeptive Abhängigkeitswünsche bezeichnen. Zu diesen Wünschen, die oft unbewußt im Untergrund wirken, kontrastiert ein ödipaler Kampf um beruflichen und privaten Erfolg, der zur Unabhängigkeit führen soll. Es handelt sich also um einen klassischen Konflikt zwischen Abhängigkeit und Unabhängigkeit. Bei manchen Patienten läßt sich dieser Konflikt in Kindheitsmustern wiederfinden: sie erlebten ein Hin und Her zwischen intensivem Versorgtwerden und plötzlicher Zurückweisung, ohne daß dieser Wechsel für sie berechenbar war, also ein Erfahrungsmuster, das wir im Vorfeld psychosomatischer Erkrankungen häufig finden. Die Struktur der sog. „Ulkuspersönlichkeit" polarisiert sich einerseits in Eigenschaften von

- Passivität,
- dem intensiven Signalisieren von Versorgungswünschen,
- von realer oder demonstrierter Hilflosigkeit,
- von gehemmter Aggression und andererseits von
- Aktivität,
- Pseudounabhängigkeit und
- Aggressivität.

Wie bei anderen psychosomatischen Erkrankungen beobachten wir am Krankheitsbeginn Verlusterlebnisse und Trennungen, z.B. durch Umzüge oder durch Trennungen von vertrauten Menschen. So erkranken viele Gastarbeiter nach ihrer Ankunft im Gastland an Ulkuskrankheiten. Verlust von Geborgenheit kann auftreten, wenn mehr Verantwortung im Beruf übernommen werden muß oder wenn Ziele, mit denen sich der Erkrankte bereits identifiziert hatte, nicht erreicht werden.

Therapie

> ! Bei floridem Ulkus ist neben einer medikamentösen und diätetischen Therapie (häufige, kleine und leichte Mahlzeiten) zunächst eine körperliche und psychische Entlastung anzustreben.

Die Psychotherapie muß sich den Vorstellungen und Möglichkeiten des Kranken anpassen. Der aktive, pseudoautonome Patient wird sich nur schwer auf ein Behandlungsbündnis einlassen. Beim eher passiven Typ kann die Regressionsneigung sehr stark werden. Die enge Wechselwirkung zwischen dem Tagesablauf des Patienten und seinen Beschwerden ist der Ausgangspunkt des Gespräches, von dem aus schrittweise eine biographische Arbeit beginnen kann. In jenen Fällen, in denen es zu einer längeren tiefenpsychologisch fundierten Therapie kam, waren die Behandlungsergebnisse meist gut. Bei der Mehrzahl der Patienten ist allerdings mit einer lang andauernden Schwierigkeit zu rechnen, eine tragfähige psychotherapeutische Beziehung herzustellen.

Die Beziehung zwischen dem Therapeuten und seinem Patienten

Der Arzt oder Therapeut muß sich auf ein wechselndes Verhalten bei seinem Patienten einstellen. Im Zustand der floriden Erkrankung scheint die Compliance zunächst gut, der Patient geht willig auf die Empfehlungen des Arztes ein. Nach körperlicher Besserung und Stabilisierung der psychischen Abwehr wird die Zusammenarbeit schwieriger, das Klima konflikthafter. In dieser Phase ist es wichtig, sich nicht auf einen Machtkampf einzulassen, in dem beide Seiten nur verlieren können. Bei den offen abhängigen Patienten, die immer stärker werdende Wünsche nach Versorgtwerden äußern, muß die Gefahr einer malignen Regression gesehen werden, und es gilt, ihre Eigenständigkeit zu fördern. Dies kann z.B. durch das Erlernen von Entspannungstechniken geschehen: Dem Patienten wird ein Teil der Verantwortung für den Behandlungsverlauf übertragen.

6.5.5 Asthma bronchiale

Definition

Die Krankheit ist durch anfallsartig auftretende Atemnot mit Erschwerung v.a. der Expiration gekennzeichnet.

Die Ursache dafür ist eine Bronchialobstruktion mit Anschwellen der Schleimhaut, die zwischen den Anfällen ganz oder teilweise reversibel ist. Weiterhin kommt es zu einer vermehrten Schleimsekretion. Während eines Anfalls steigt der Atemwegswiderstand akut an (Obstruktion).

Symptomatologie

Zu Beginn bestehen funktionelle Veränderungen, die unter Therapie reversibel sind, später können irreversible Bronchialveränderungen im Rahmen einer chronisch-obstruktiven Bronchitis entstehen mit visköser Hypersekretion, respiratorischer und kardialer Insuffizienz. Oft führt der Lufthunger zu einer Beschleunigung der Atmung. Die Patienten fühlen sich ängstlich beengt und finden keine Ruhe. Das Expirium kann sich extrem verlängern, die Atemnot quälend werden, es entsteht ein pfeifendes Atemgeräusch. Hustenanfälle können den Asthmaanfall komplizieren. Im Status asthmaticus besteht eine Dauertachykardie, der Zustand kann lebensbedrohlich sein. Im Anfall besteht oft Todesangst. Nach Abklingen der Atemnot bleibt die Angst vor einem neuen Anfall, es kommt zu einem Circulus vitiosus. Primär ist der Asthmaanfall nicht mit Organläsionen verbunden, sondern es handelt sich um eine funktionelle psychovegetative Störung, doch recht bald schon entwickeln sich sekundär auch morphologische Veränderungen der Lunge und des Herzens. Zu nennen sind das Lungenemphysem und das Cor pulmonale. Funktionseinschränkungen an Herz und Lunge führen zur respiratorischen Insuffizienz.

Epidemiologie

! Das Asthma bronchiale betrifft alle Altersstufen. Bei Jungen bis zu 12 Jahren ist es am häufigsten, allerdings existiert die Neigung zu Asthmaanfällen in der Pubertät in der Hälfte der Fälle. Später sind mehr Frauen als Männer von der Krankheit betroffen. Die Häufigkeit wird mit 1–3% der Bevölkerung angegeben.

Ätiologie und Pathogenese

Bei der Entstehung des Asthma bronchiale sind genetische, infektiöse, allergische und psychosoziale Faktoren beteiligt. Vor allem der allergische Faktor scheint in letzter Zeit zuzunehmen wegen der zunehmenden Zahl von Inhalationsallergenen. Im höheren Lebensalter wirken wiederholte entzündliche Bronchitiden krankheitsauslösend. Klimatische Faktoren können verschlimmernd oder heilend wirken.

■ **Psychosoziale Faktoren.** Die Bedeutung psychosozialer Faktoren in der Pathogenese wird unterschiedlich beurteilt. In internistischen Lehrbüchern werden diese Faktoren unter der Rubrik Pulmonologie meist in wenigen Sätzen abgehandelt, in psychosomatischen Lehrbüchern dagegen wird das Asthma zu den psychosomatischen Krankheiten gerechnet. Strittig ist auch, ob primär disponierende psychische Konflikte oder Defekte vorliegen oder ob das beobachtete psychische Bild Ausdruck einer Reaktion auf die Beeinträchtigung der

Atmung ist. Untersuchungen haben gezeigt, daß eine psychische Veränderung besonders unmittelbar nach der Erstmanifestation der Krankheit meßbar ist. Bei der Entwicklung psychosomatischer Modelle zum Verständnis des Asthma bronchiale ist die psychologische und symbolische Interpretation der Symptome zeitweilig aus psychotherapeutischer Sicht überzeichnet worden („die Lunge weint"). Andererseits zeigen zahlreiche klinische Studien, daß eine Therapie, die die psychosoziale Dimension einschließt, einer rein medikamentös-physikalischen Therapie überlegen ist.

Im psychophysiologischen Experiment läßt sich beobachten, daß eine Spastik der Bronchialmuskulatur durch experimentelle psychische Reize ausgelöst werden kann; danach folgt die Schwellung und Hypersekretion der Schleimhaut. Auch die Allergie unterliegt psychischen Einflüssen. Bekannt sind Experimente, bei denen sich allein durch Imagination eines Allergens ein Asthmaanfall provozieren ließ, obwohl das Allergen substantiell nicht anwesend war. So ließ sich bei einer Patientin mit einer Heuallergie die Symptomatik im Behandlungszimmer allein durch die Vorstellung erzeugen, auf einer abgeernteten Sommerwiese zu liegen.

Persönlichkeitsstruktur und Psychodynamik

> ! Trotz umfangreicher Forschung läßt sich bislang keine Persönlichkeitsstruktur beschreiben, die für die Krankheit prädisponiert. Es gibt keine „primäre Asthmapersönlichkeit". Es findet sich aber eine spezifische Art, mit Konflikten umzugehen.

Dabei beobachtet GROEN (1982) neben einer ambivalenten Beziehung zur Mutter gehäuft Autoritätskonflikte, eine frühe Konditionierung der Selbstkontrollfunktionen und ein frühes Unterdrücken des kindlichen Schreiens und der kindlichen Aggressivität. In der Tat scheint ein Konflikt um das Weinen zu bestehen, welches einerseits unterdrückt wird aus Angst, trotz des Weinens von der Mutter zurückgewiesen zu werden, andererseits durch das Weinen immer wieder der Versuch gemacht wird, sich anzuvertrauen.

Es ist eindrucksvoll, wie stark die psychische Befindlichkeit eines Asthmapatienten im Anfall durch den Vollzug der Atemfunktionen bestimmt und eingeengt ist. Die Patienten sind schwer zugänglich und abweisend. Sie schreien nach Hilfe, gleichzeitig weisen sie sie ab. Die Atmung unterliegt einem komplizierten Regelsystem, in welchem somatische – auch humorale – und psychische Vorgänge eng ineinandergreifen. Störungen sind bei fast allen Menschen von starken Affekten begleitet, da die Möglichkeit zu atmen Leben ausdrückt und den Kontakt zur und Austausch mit der Welt symbolisiert. Das „Wegbleiben" der Luft bedeutet ein „Abgeschnittensein" von der Welt. Asthmaanfälle treten oft in Situationen auf, in denen die Gefahr von Zurückweisung und Verlassenwerden droht. Sie können aber auch durch eine zu rasch einsetzende und sich zu intensiv entwickelnde Nähe provoziert werden, womöglich eines Menschen, der zu direkt auf den Patienten zugeht. Dieses Angebot von Nähe kann – obgleich hilfreich gemeint – überwältigend und bevormundend erlebt werden, wenn entsprechende Kindheitsmuster zu solchen Erlebnisweisen prädisponieren. Der Wunsch, der versorgenden Person nah zu sein, ist oft ambivalent.

> ! Wenn auch die Frage nach einer spezifischen Persönlichkeit beim Asthma bronchiale verneint werden muß, so läßt sich doch festhalten, daß zwei Konflikte regelhaft auftauchen: nämlich ein Nähe-Distanz-Konflikt und ein Abhängigkeits-Unabhängigkeits-Konflikt.

Therapie

■ **Medikamentöse Therapie.** Die medikamentöse Therapie des Asthma bronchiale ist wenig umstritten. Der allergischen Komponente wird mit Mastzellenprotektiva sowie Antiallergika begegnet, bei Infektexazerbationen sind Mucolytika und Antibiotika indiziert. Bei schweren Verläufen werden inhalative Beta-Adrenergika bzw. Anticholinergika, inhalierbare Steroide, schließlich Theophyllin oder injizierbare Korticoide angewandt.

Psychotherapie. Das Erlernen von Entspannungstechniken und einer der Atemstörung angepaßten Atemtechnik ist von großer Bedeutung (Curtius 1965). Bei manchen Patienten gelingt es, durch Lernprozesse mit Hilfe des Biofeedback das Symptom der Atemnot zu bessern. Die Atemwegswiderstände lassen sich so vermindern. Wichtig ist es auch, auf die Angst einzugehen, die die Patienten in Verbindung mit der Atemnot verspüren und die stets im Sinne eines Circulus vitiosus die Symptomatik über das Vegetativum verstärkt. Allerdings ist bei manchen Patienten die Korrelation zwischen dem Atemwegswiderstand und der subjektiven Dyspnoe gering.

Die Indikation zu einer Psychotherapie muß individuell gestellt werden. Da bei Asthmakranken die Bronchospastik als körperliche Antwort auf einen psychischen Konflikt rasch auftritt und in Einzelfällen bedrohliche Ausmaße annimmt, gilt es, sich den Patienten behutsam zu nähern. Der Ambivalenzkonflikt mit der Mutter kann sich in sehr frühen Stadien der Therapie reinszenieren. Aufgrund ihres labilen Selbstwertgefühls sind die Patienten für Trennungssituationen besonders empfindlich. Sind Trennungen im Verlauf einer Therapie unvermeidlich, muß versucht werden, die Patienten so gut wie möglich darauf vorzubereiten, z.B. wenn der Therapeut in Urlaub geht oder wenn er die Beendigung der Therapie ins Auge faßt.

Die Beziehung zwischen dem Therapeuten und seinem Patienten

Ärzte und Psychotherapeuten sind bei Asthmatikern oft Wechselbädern ausgesetzt. Die Patienten schreien sozusagen nach sofortiger Realpräsenz des Therapeuten, sitzt dieser dann am Krankenbett, entsteht oft Schweigen, und distanzierende Signale sind unübersehbar. In Phasen stärkerer Atemnot sind konfliktzentrierte Bemerkungen kontraindiziert, verhaltenstherapeutische Interventionen und Hinweise zur Atemtechnik hingegen hilfreich. Im Intervall ist eine konfliktzentrierte Therapie durchaus indiziert. In Langzeittherapien von Asthmakranken, in denen die Behandlungsfrequenz zunächst ganz individuell gehandhabt wurde, zeigten sich in Träumen und induzierten Imaginationen intensive symbolische Darstellungen der Nähewünsche und der zugleich bestehenden Verlassenheitsängste. Der Erfolg einer Intervention hängt wesentlich davon ab, ob der Therapeut spürt, wieviel Nähe bzw. Distanz für eine bestimmte Therapiesituation optimal ist. In den Symbolisierungen von Asthmapatienten stellen sich die verschiedenen Positionen der Ambivalenz oft rasch hintereinander ein. Sie verlangen vom Therapeuten Flexibilität und rasches Reagieren, zugleich aber auch Beständigkeit bei wechselnden körperlichen Zuständen.

Menschen unterschiedlicher psychischer Struktur erkranken an Asthma bronchiale. Die prämorbide Struktur färbt entscheidend die Art des Krankheitserlebens und der Krankheitsverarbeitung.

6.5.6 Neurodermitis

Die Krankheit ist definiert als chronische oder chronisch-rezidivierende atopische Dermatitis. Sie wird auch endogenes Ekzem genannt. Als sie 1881 als juckende Hauterkrankung beschrieben wurde, wies schon damals die Bezeichnung „Neurodermitis“ auf den psychischen Anteil in der Pathogenese hin.

Symptomatologie

> **Definition**
> Es handelt sich um eine stark juckende oberflächliche Entzündung der Haut, die schon beim Säugling – v.a. als entzündliche Rötung der Wangen – auftritt und in dieser Form als Milchschorf bezeichnet wird.

Prädilektionsstellen sind weiterhin Kniekehlen, Armbeugen, Hand- und Fußgelenke und der Hals. Die Krankheit kann sich auch auf kleine Flächen im Bereich der Mundwinkel, Ohrläppchen oder Finger beschränken. Der Juckreiz ist quälend, er kommt schubweise und nimmt gegen Abend zu. Durch Kratzen kommt es zu Exkoriationen, die Haut verdickt sich im Sinne einer Lichenifizierung.

Epidemiologie
Im Kindheitsalter ist die Krankheit relativ häufig, bei mehr als 80% der Erkrankten verschwinden die Symptome spontan bis zum 20. Lebensjahr. Sie scheint in der Häufigkeit zuzunehmen.

Ätiologie und Pathogenese
Neben einer genetischen Veranlagung kann – ähnlich wie beim Asthma bronchiale – eine allergische Disposition bestehen. Es handelt sich um eine Fehlsteuerung des Immunsystems und auch vegetativer Funktionen. Aus psychologischer Sicht ist bedeutsam, daß das Hautorgan – ähnlich wie die Lunge, die über den Luftaustausch einen Kontakt zur umgebenden Welt gewährleistet – in seiner Gesamtheit ein Organ darstellt, mit dem wir in Kontakt zu Menschen treten. Für den Säugling ist es das wichtigste Kontaktorgan; taktile Erfahrungen gehören zu den frühesten, die wir machen. Es ist wahrscheinlich kein Zufall, daß sich die meisten Erkrankungen, die wir psychosomatisch nennen, an der Haut bzw. an den Schleimhäuten abspielen. Tritt hier doch unser Organismus in Berührung mit der ihn umgebenden Welt. Die Haut hat aber nicht nur die Aufgabe der Kontaktaufnahme, sie hat auch die Aufgabe der Abgrenzung. Sie begrenzt den Körper nach außen.

■ **Auslösende Faktoren.** Die Neurodermitis kann durch verschiedene Faktoren ausgelöst werden. Diese können interpersonal (zwischen Personen) und intrapersonal (Verlauf bei einer Person) unterschiedlich sein. In der Regel kann man interne wie biologische und psychologische und externe, wie klimatische, physikalische und irritative Einflüsse eingrenzen, die im Sinne einer Diathese-Streß-Interaktion zusammenwirken (s. Abb. 6.1).

Persönlichkeitsstruktur und Psychodynamik
Wie bei vielen chronischen Hauterkrankungen ist die Neurodermitis oft schambesetzt.

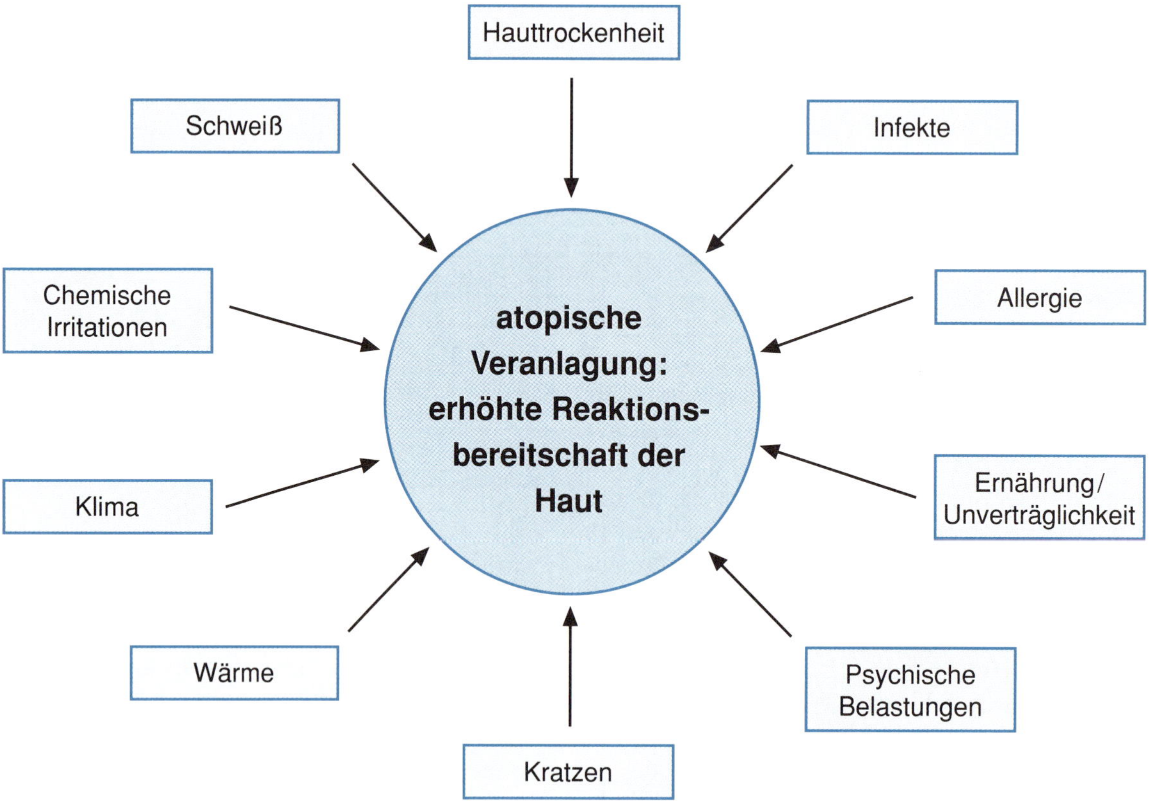

Abb. 6.1. Multifaktorielles Modell der Neurodermitis. (Nach Stangier et al. 1996)

Die Patienten haben das Gefühl, „unrein" zu sein. Ähnlich wie beim Asthma bronchiale gestaltet sich die Regulierung von Nähe und Distanz problematisch. Die Mütter sind oft primär mit ihren Kindern überfordert, um so mehr dann, wenn sich die Krankheit manifestiert hat und wenn die Kinder über die notwendige Körperpflege noch engeren Kontakt mit der Mutter haben als zuvor. ALEXANDER (1950) beobachtete bei diesen Patienten gelegentlich eine exhibitionistische Darstellung des eigenen Körpers, um auf sich aufmerksam zu machen. Eine wichtige Rolle spielt das Kratzen, das durch das Jucken bedingt ist, andererseits auch das Jucken wieder verstärkt. Im Kratzen kann viel Aggressivität gebunden sein.

Therapie

Bei der Neurodermitis haben sich verhaltenstherapeutische Strategien gut bewährt, sie seien deshalb an dieser Stelle in ausführlicher Weise exemplarisch dargestellt. Angesichts eines chronischen Verlaufs der Neurodermitis ist es erforderlich, neben der akuten Therapie auslösende und ätiologisch relevante Faktoren präventiv zu beeinflussen. Dies erfordert eine flexible Steuerung der Lebensbedingungen wie Ernährung, Entspannung und Kleidung sowie eine Kontrolle von Auslösefaktoren wie Streß, Reagibilität, Juckreiz oder Kratzen.

Wichtig ist eine dermatologische Schulung, denn viele Patienten sind entweder ungenügend informiert oder mit Informationen aus den Medien überflutet. Es bestehen meist unrealistische Erwartungen, durch „neue Medikamente" oder bestimmte Diät- und Verhaltensvorschriften eine Heilung zu erreichen. Die Therapie ist sowohl auf seiten des Patienten wie auch des Therapeuten durch Frustration über immer wiederkehrende Krankheitsschübe, Mißverständnisse und Überforderungen belastet. Die Patienten neigen dazu, verschiedene Behandlungsstrategien parallel zu verfolgen oder sich einseitig auf alternative Therapieansätze festzulegen. In der Therapie sollte die multifaktorielle Genese berücksichtigt werden (s. Abb. 6.1), und der Therapeut muß versuchen, auf jeden Patienten individuell einzugehen.

Die Verhaltenstherapie stellt verschiedene Behandlungsprogramme zur Verfügung, von denen an dieser Stelle exemplarisch ein Gruppenprogramm vorgestellt werden soll, das kurz- und langfristig gut evaluiert ist (s. Tabelle 6.1). Patienten, die an diesem Programm teilnahmen, beobachteten

- eine Besserung der Hautsymptomatik,
- weniger Juckreiz,
- verringerten Korticoidverbrauch,
- verbesserte Krankheitsbewältigung und
- mehr Lebensqualität.

Ziel dieser Gruppentherapie ist es, die Neurodermitispatienten krankheitsbezogen zu schulen, sie über die verschiedenen Aspekte ihrer Erkrankung zu informieren und so für eine nachfolgende Psychotherapie vorzubereiten. Diese Therapie hat u. a. folgende Ziele:

Ziele der verhaltenstherapeutischen Gruppentherapie

- Abbau erhöhter Streßreagibilität durch Entspannungs- und Imaginationsmethoden, Körperarbeit, Streßbewältigungstraining, kognitive Strategien,
- Verminderung der Neigung zum Kratzen durch „habit-reversal", Erlernen von Ablenkungs- und Selbstkontrolltechniken, motorische Abreaktionen, Reizkontrolle,
- Beeinflussung des Juckreizes durch den Abbau des hohen Anspannungs- und Erregungsniveaus, was wiederum den Einsatz von Entspannungsmethoden, suggestions- und körperbezogenen Verfahren erfordert,
- Aufbau sozialer Kompetenzen durch Training von sozialen und kommunikativen Fertigkeiten, Bedürfnis- und Emotionswahrnehmung, angemessenem Ausdruck von Ärger, Selbstbehauptung und Selbstsicherheit.

Eine erfolgversprechende, typische verhaltenstherapeutische Gruppentherapie folgt in etwa den in der folgenden Übersicht aufgeführten Themen (NIEBEL, 1990; MÜNZEL 1995, STANGIER et al. 1996).

Tabelle 6.1. Verhaltenstherapeutisches Gruppenprogramm bei Neurodermitis. (Nach STANGIER et al. 1996)

Tage	Verhaltenstherapeutisches Programm		
	Vorgespräch		
1	Auswertung des Kratztagebuches	Selbstsicheres Verhalten	Progressive Muskelentspannung (lange Version)
2	Auslöser für Kratzen	Selbstsicheres Verhalten	Progressive Muskelentspannung (mittlere Version)
3	Teufelskreis von Juckreiz und Kratzen	Selbstsicher über Neurodermitis informieren	Progressive Muskelentspannung (kurze Version)
4	Techniken zur Kontrolle von Kratzen	Sich selbstsicher von negativen Reaktionen auf Neurodermitis abgrenzen	Entspannung auf Hinweisreiz
5	Habit-reversal-Technik	Problemlösen	Kurzentspannung
6	Negative Selbstgespräche bezüglich Kratzen	Problemlösen	Differentielle Entspannung
7	„Automatisches" Kratzen	Positive Gefühle direkt äußern können	Wahrnehmung positiver Empfindungen an der Haut
8	Analyse von Spannungssituationen	Wünsche direkt äußern können	Wahrnehmung positiver Empfindungen an der Haut
9	Belohnung für Nichtkratzen	Wünsche direkt äußern können	Vorstellungsübung Kühle
10	Positive Einflüsse auf die Haut	Negative Gefühle direkt äußern können	Imaginationsübung gegen Juckreiz
11	Problemlösen bei Kratzen	Negative Gefühle direkt äußern können	Imaginationsübung gegen Juckreiz
12	Auslöser von „automatischem Kratzen"	Problemlösen mit Bezugspersonen	Abschlußdiskussion: Vermeidung von Rückfällen

Themen der 12 Gruppensitzungen

1. Sitzung: Neurodermitis – Definition, Ätiologie, Pathogenese
2. Sitzung: Juckreiz – Verhalten, Externa, Medikamente
3. Sitzung: Hautpflege 1 – indifferente Externa
4. Sitzung: Hautpflege 2 – Kortison, Teer, Antibiotika
5. Sitzung: Allergie
6. Sitzung: Licht und Klima
7. Sitzung: Waschen, Hautpflege, Kosmetik, Kleidung
8. Sitzung: Ernährung und Diät
9. Sitzung: Beruf, Freizeit, Hobby, Arbeitsplatzschäden
10. Sitzung: Alternative Therapien
11. Sitzung: Psyche und Haut
12. Sitzung: Offene Fragen

Die medikamentösen Behandlungsmöglichkeiten haben sich verbessert, allerdings besteht nach wie vor bei lang dauernder Korticoidgabe die Gefahr irreversibler Hautveränderungen durch das Medikament. Bei einer tiefenpsychologisch fundierten Psychotherapie ergeben sich ähnliche Probleme wie beim Asthma bronchiale. Die Patienten haben einerseits den intensiven Wunsch nach Nähe, andererseits eine große Angst, abgelehnt zu werden.

! Wenn es gelingt, eine optimale therapeutische Distanz zu finden und ein Arbeitsbündnis herzustellen, werden in der therapeutischen Regression oft frühe Störungen mit intensiven Wünschen deutlich, deren Bearbeitung lange Zeit braucht, aber zu guten Langzeitergebnissen führt.

6.5.7
Psychovegetative Störungen

> Definition
> Hierbei handelt es sich um Funktionsstörungen von Organen auf dem Hintergrund einer seelischen Fehlentwicklung. Die Organe sind morphologisch intakt; psychovegetative Störungen gehen in der Regel nicht in psychosomatische Organerkrankungen über.

Eine besondere Bedeutung bei der Entstehung psychovegetativer Symptome haben die Affekte, die sich in der psychovegetativen Symptombildung gleichsam „somatisieren".

Psychovegetative Störungen sind häufig. Entsprechend zahlreich sind synonyme Bezeichnungen. Genannt seien

- die Neurasthenie,
- die vegetative Dystonie sowie die funktionelle Störung.

Die ICD-10 spricht von einer Somatisierungsstörung bzw. einer somatoformen autonomen Funktionsstörung.

> ! Psychovegetative Störungen sind ubiquitär in Gesundheit und Krankheit. Entscheidend für den Krankheitswert ist, daß eine Störung des Allgemeinbefindens mit der Organfunktionsstörung verbunden ist und daß daneben auch affektive Störungen bestehen.

Im Gegensatz zur Konversionssymptomatik hat die Symptomatik psychovegetativer Syndrome keinen oder nur wenig symbolischen Ausdrucksgehalt. Bevor ein psychovegetatives Syndrom diagnostiziert werden kann, sind Organfunktionsstörungen aufgrund somatischer Fehlfunktionen auszuschließen.

■ **Beispiele für psychovegetative Syndrome.** Funktionelle Herz-Kreislauf-Störungen können sich im Sinne einer Herzneurose äußern (s. Abschn. „Herzneurose"), ebenso als hypotoner Symptomkomplex, verbunden mit innerer Unruhe, depressiver Verstimmung und Angst. Ein Beispiel für nervöse Atmungssyndrome ist das Hyperventilationssyndrom. Beim Auftreten von Synkopen ist besonders sorgfältig nach kardialen und pulmonalen Ursachen zu suchen. Zu den psychovegetativen Syndromen zählen weiterhin der Kopfschmerz und die Schlafstörungen.

Symptomatologie

Ähnlich wie bei den Konversionssyndromen (s. Abschn. „Konversionsneurosen") sind Symptomwandlungen häufig. Psychopathologisch besteht oft eine erhöhte Ängstlichkeit. Demonstrativ theatralisches Verhalten kann mit depressiven Verstimmungen wechseln. Der psychische Ausdruck von Patienten mit funktionellen Syndromen kann unterschiedlich sein, gemäß der Struktur reicht er von blühend-hysterischer Schilderung bis hin zu stiller pedantisch-insistierender Klage des zwanghaft-depressiven Kranken.

> ! Auffällig ist, daß psychovegetative Störungen mit zunehmendem Alter in dem Maße abnehmen, in dem Organveränderungen und Organerkrankungen häufiger werden.

Epidemiologie

> ! Der Altersgipfel liegt im 3. bis 4. Lebensjahrzehnt. Männer erkranken etwas häufiger als Frauen.

Die Häufigkeitsangaben für funktionelle Störungen in ärztlichen Praxen und Polikliniken schwanken zwischen 15 und 81%. Für Allgemeinpraxen ist ein Anteil von 30% anzunehmen, was auf die hohe sozialmedizinische Bedeutung dieses Krankheitsbildes hinweist. Es entstehen erhebliche Kosten für die Behandlung und Arbeitsunfähigkeitszeiten.

Ätiologie und Pathogenese

ERMANN (1987) fand bei vielen Patienten mit vegetativen Störungen Hinweise auf eine Ichstrukturelle Störung. CURTIUS u. FEIEREIS (1960) betonen – am Beispiel der Angina vasomotorica – den genetischen Faktor. Auch finden sich psychovegetative Symptombildungen in zeitlichem Zusammenhang mit Lebenskrisen und Konflikten. Hier bieten sich therapeutische Ansatzmöglichkeiten im Gespräch. Ätiologisch ist zu vermuten, daß bei Patienten mit vegetativen Störungen die Affekte stark an Körperfunktionen gebunden bleiben (s. Abschn. 6.3 „Konzept der Desomatisierung nach SCHUR"). Die Trennung der seelischen und körperlichen Dimensionen des Affekterlebens bleibt unzureichend. Das wird dadurch erklärt, daß an die Stelle einer seelischen Konfliktverarbeitung eine Projektion der entsprechenden Affekte auf den Körper tritt.

Persönlichkeitsstruktur, Psychodynamik und soziales Umfeld

> ! Wir finden bei vielen Kranken eine mangelnde Identitätsbildung und ein Persistieren von Abhängigkeitswünschen. Immer ist zu bedenken, daß eine Körperklage im sozialen Umfeld leichter akzeptiert wird als ein seelisches Leiden und daß in unserer Gesellschaft eine sozial bedingte „Aufforderung zur Somatisierung" besteht.

Die Patienten bewegen sich oft in einem sich selbst verstärkenden Kreis von Körpersymptomen und psychischem Leid. Emotionale Schwankungen können zu Funktionsveränderungen an verschiedenen Organsystemen führen, z.B. kann der Blutdruck ansteigen oder die Herzfrequenz zunehmen. Die veränderte Funktion wirkt wiederum zurück auf den emotionalen Zustand. So kann Angst eine Tachykardie auslösen, die – als Herzklopfen wahrgenommen – wiederum zur Angstverstärkung beiträgt, im Falle der Herzangstneurose ein zentraler und therapeutisch schwer zu beeinflussender Teufelskreis. Psychovegetative Störungen sind zu unterscheiden von funktionellen Störungen ohne primär psychischen Hintergrund. Vegetative Symptome können nach Infektionen, Vergiftungen und Traumen oder erbdispositionell verursacht auch bei Gesunden auftreten und über lange Zeit persistieren. Oft gehen der Manifestation einer psychovegetativen Symptomatik körperliche Erkrankungen voraus. In Verbindung mit der persistierenden Neigung, Affekte zu somatisieren, besteht fast immer eine narzißtische Störung. Das labile Selbstwertgefühl macht die Patienten anfällig für reale oder phantasierte Verlusterlebnisse und für Kränkungen. ERMANN formuliert die folgende Bedingungskette (1995, S. 153):

Vom Konflikt zum Symptom

Narzißtischer Konflikt
↓
Pathologischer Affekt
↓
Affektsomatisierung
↓
Psychovegetatives Symptom

> ! Wie schon im Kapitel über funktionelle Abdominalbeschwerden (FAB) ausgeführt, neigen psychovegetative Störungen zur Chronifizierung. Es kommt zu einer ängstlichen Einengung des Erlebens und Verhaltens und in der Folge entweder zu einer phobischen oder zu einer hypochondrischen Verarbeitung.

Berentungen wegen psychovegetativer Syndrome sind häufig und oft mit einem langen Hin und Her von Gutachten verbunden, da keine pathologischen Organbefunde, nur selten eine Depression gefunden werden und dennoch eine die Erwerbsfähigkeit behindernde Erkrankung vorliegt.

Therapie

Leider beginnt eine psychotherapeutische Behandlung oft erst dann, wenn die Chronifizierung bereits eingesetzt hat. Da die Patienten subjektiv stark leiden, neigen sie zum häufigen Wechsel der Ärzte und Therapeuten, was zu einer Vielzahl eingreifender und kostspieliger Untersuchungen führt.

> ! Kranke mit psychovegetativen Störungen erleben körperliche und seelische Vorgänge getrennt voneinander. Ziel einer Therapie ist deshalb zunächst, die Sensibilität für zeitliche, später auch kausale Zusammenhänge zu fördern.

Dem setzen die meisten Patienten zu Beginn Widerstände entgegen, denn Einsicht zu gewinnen in die Konfliktbedingtheit ihrer psychophysischen Störung bedeutet Konfrontation mit eben jenen Konflikten, die sie bislang mit Hilfe der Somatisierung aus ihrem Wahrnehmungsfeld fernhalten konnten. Deshalb verstärken sich zu Beginn einer Behandlung oft die Symptome. In diesem Phänomen sind zwei gegenläufige Botschaften enthalten. Einerseits verlangen die Patienten eindringlich nach Hilfe, andererseits signalisieren sie, wie bedrohlich der Versuch einer Psychotherapie für sie ist. Mit seiner Symptombildung inszeniert der psychovegetativ Erkrankte einen Dialog mit sich selbst, der den nach außen gerichteten Dialog mit anderen Menschen ersetzt. Die Kommunikation nach außen reduziert sich auf das Aussenden von Klage und die Erwartung von Hilfe. Die intensive und ausschließliche Beschäftigung mit dem eigenen Körper – quälend für alle Beteiligten bei der Hypochondrie – führt den Patienten schließlich in eine soziale Isolierung, die er mit eigener Kraft nicht auflösen kann. Wenn ein Kranker intensiv und ausschließlich mit seinen Körpersymptomen beschäftigt ist, kann sich eine therapeutische Beziehung nur gestalten, wenn der Therapeut die Klage hört und auch ernst nimmt. Das Symptom ist so bei psychovegetativ Erkrankten eine Brücke zwischen Patient und Therapeut. Es ist zunächst als Angebot zu verstehen, erst in zweiter Linie als Widerstandsphänomen. Das bedeutet, daß zu Beginn vieler Therapiestunden der Beschwerdeschilderung ein angemessener Raum gegeben werden muß, auch wenn spürbar wird, daß die eigentliche Not des Patienten sich hinter den Beschwerden verbirgt. Mit der Symptomschilderung kann sich ein Prozeß von Mitteilung und Wahrnehmung eröffnen, in dem empathisches Verstehen und kognitives Erfassen ineinander verschränkt sind. Das Wahrnehmen zeitlicher Bezüge gibt dem Patienten Anstöße, den Hintergrund der Symptome zu erkennen. Es steht am Anfang des introspektiven Prozesses.

Es ist hilfreich für den Patienten und dient der therapeutischen Beziehung, mit ihm den Verlauf der notwendigen somatischen Ausschlußdiagnostik zu besprechen und dies nicht ganz anderen zu überlassen. Diese Ausschlußdiagnostik ist zu beenden, wenn der Therapeut für sich selbst eine ausreichende Klarheit über den körperlichen Zustand gewonnen hat. Ich schließe dann meistens einen Vertrag über einige Monate, in denen keine weiteren körperlichen Untersuchungen stattfinden. Die Zeit der somatischen Diagnostik ist eine gemeinsame Wegstrecke von Patient und Therapeut, während der sich ihre Beziehung festigen kann. Diese Beziehung wird belastet, wenn dem Patienten schließlich eröffnet wird, daß keine körperliche Erkrankung vorliegt, denn dies bedeutet eine Kränkung des Selbstwertgefühls, da der Patient aufgefordert wird, einen weiten, stark narzißtisch besetzten Erlebnisbereich aufzugeben. Der Dialog mit dem Symptom bedeutet Selbststimulation und auch Spannungsabfuhr. Auf keinen Fall sollte dem Begehren des Kranken nach weitergehenden Untersuchungen, nach Alibi- oder Wiederholungsuntersuchungen (Feiereis 1985) nachgegeben werden, denn jede neue Untersuchung bestätigt den Patienten in seiner hintergründigen Angst, daß sich der Therapeut ja doch seiner Sache so sicher nicht ist. Konsequent muß man auch im Verweigern symptombezogener Medikamente sein.

Beispiel

Ein Patient mit funktionellen Herzbeschwerden kommt triumphierend mit dem Waschzettel eines Medikaments in die Therapiestunden, das ihm vom Hausarzt verschrieben wurde. Es handelt sich um ein Präparat zur Behandlung leichterer Formen von Herzinsuffizienz, und der Patient sieht sich verständlicherweise in der Vermutung einer Somatogenese seiner Herzschmerzen bestätigt.

Effektive therapeutische Verfahren. Wenn es gelingt, eine tragfähige therapeutische Beziehung herzustellen, besteht eine Indikation für eine analytisch orientierte oder analytische Psychotherapie. In Kliniken wurden gute Erfahrungen von Kombinationen dieser Therapie mit körperbezogenen Interventionen gemacht. Auch Entspannungstherapien und verhaltenstherapeutische Interventionen sind erfolgversprechend.

Die Beziehung zwischen dem Therapeuten und seinem Patienten

■ **Fallstricke in der Therapie.** Erschwert wird die Behandlung psychovegetativ Erkrankter dadurch, daß oft ein sekundärer Krankheitsgewinn vorliegt. Manchmal sind ganze Familien damit beschäftigt, die vegetativen Symptome einzelner Familienmitglieder zu pflegen. Nicht nur der Patient steht im ständigen Dialog mit seinem vermeintlich erkrankten Organ, sondern auch seine unmittelbare Umgebung. Problematisch ist auch eine Behandlungssituation, in der das Symptom einen stabilisierenden Faktor für die Partnerschaft des Symptomträgers darstellt. Wenn sich diese Zusammenhänge durch Familiengespräche nicht klären lassen, bleibt der sekundäre Krankheitsgewinn hoch, und die Prognose der Krankheit verschlechtert sich drastisch. Bei Kranken mit psychovegetativen Störungen ist es generell schwierig, ein tragfähiges psychotherapeutisches Arbeitsbündnis zu schließen. Man wird als Therapeut eine Zeitlang idealisiert und spürt schnell die verborgene drohende Entwertung. Oft sind die Patienten „geschickt" und bringen wenig eigene Motivation mit. Sie brauchen den Therapeuten als Klagemauer und möchten von ihren Symptomen befreit werden, ohne sich im Gespräch wirklich berühren zu lassen. Die offenkundige Nutzlosigkeit sich ständig wiederholender Klage führt zu Gereiztheit und aggressiver Spannung auf beiden Seiten. Therapeutisch bedeutsame Ich-Funktionen wie die Fähigkeit, psychische Spannungen auszuhalten und die Fähigkeit zu symbolisieren sind primär oft wenig entwickelt. Die Kranken externalisieren die für sie unerträgliche Affektspannung in der Somatisierung.

> ! Eine therapeutische Wirkung kann allein darin liegen, sich die Klagen der Patienten anzuhören, für sie erreichbar zu sein. Sie beginnen dann häufig nicht nur über ihre aktuellen Frustrationen, sondern auch über ihre Lebensgeschichte und Beziehungsprobleme zu sprechen.

■ **Prognose.** Positiv ist festzuhalten, daß die Behandlungsergebnisse bei stimmender Indikation günstig sind. Viele Patienten können mit guten und anhaltenden Besserungen rechnen.

6.5.8 Herzneurose

> **Definition** Die Herzneurose (Herzphobie, Herzangstneurose, Herzhypochondrie) ist keine Krankheit des Herzens, sondern eine Sonderform der Angstneurose, bei der die besonders enge Beziehung zwischen Angstneurose und psychovegetativem Syndrom deutlich wird.

Die Erkrankung ist dadurch von anderen funktionellen Herzbeschwerden abzugrenzen, daß die ängstlich-neurotische Beobachtung des Herzens im Zentrum der Aufmerksamkeit des Patienten steht und ihn mehr behindert als die funktionellen Herzbeschwerden selbst. Der „Angstpol" der Erkrankung ist dann stärker ausgeprägt als der „Somatisierungspol".

Symptomatologie

Die Krankheit beginnt mit einem von heftiger Angst begleiteten sympathikovasalen Herzanfall, mit einer paroxysmalen Tachykardie und Hypertonie. Rasch steigert sich die Angst vor der Wiederholung solcher Anfälle, es entwickelt sich die Furcht, das Herz werde nach einer Überlastung in der Tachykardie stehenbleiben. Man hat die Krankheit deswegen auch Herzstillstandsangst genannt. Sie kann sich zu einem diffusen hypochondrischen und phobischen Krankheitsbild ausweiten und führt unbehandelt nicht selten schon in jungen Jahren zum Rentenantrag. Funktionelle Atembeschwerden und andere psychovegetative Symptome können hinzutreten.

> ! Zentraler psychischer Vorgang ist die Angst um das Herz, worin sich die Angst vor dem Tod symbolisiert.

Die Patienten zeigen ein anklammerndes Verhalten, haben Angst vor dem Alleinsein, kontrollieren ängstlich ihre Körperfunktionen und suchen die Nähe des Arztes. Dabei möchten sie mit ihm keinerlei Konflikte besprechen, sondern sich nur seiner ständigen Verfügbarkeit versichern.

Beispiele

Ein 32jähriger Patient mit Herzneurose sitzt täglich mehrere Stunden im Wartezimmer und ist verlegen, wenn er ins Sprechzimmer gebeten wird. Er braucht die Nähe des Arztes, aber nicht unbedingt das Gespräch.

Ein Patient, der stationär behandelt wurde, konnte nicht ertragen, daß die Tür zum Arztzimmer geschlossen wurde. Diese Tür mußte offen sein, wie auch die Tür seines Zimmers zum gemeinsamen Flur.

Epidemiologie

Die Patienten erkranken relativ früh, und zwar in einem Lebensalter, in dem organische Herzerkrankungen extrem selten sind.

> ! 40% aller Patienten, die wegen Herzbeschwerden einen Arzt aufsuchen, leiden unter funktionellen Symptomen, insgesamt 10–15% der Patienten einer Allgemeinpraxis.

Ätiologie und Pathogenese

Psychophysiologisch findet sich eine sympathikotone Kreislaufregulation mit erhöhtem Mitteldruck, erhöhter Pulsfrequenz und einer labilen Blutdruckregulierung. Oft finden sich im Vorfeld der Erkrankung Szenen real erlebter oder phantasierter Trennung, Todesfälle im weiteren Bekanntenkreis, schwere oder auch nur leichte Erkrankungen. Ein Wechsel des Wohnortes kann auslösend sein, ein Wechsel des Arbeitsplatzes oder eine berufliche Beförderung, die mit dem Verlust von Geborgenheit einhergeht.

> ! Der Trennungskonflikt ist von hoher Ambivalenz gekennzeichnet, Impulse der Anklammerung und Autonomiewünsche sind eng ineinander verschränkt.

Die Patienten befinden sich in einer depressiven Abhängigkeit vom schützenden Objekt, aggressive Gefühle sind meistens nicht bewußtseinsfähig. Im nachhinein stellen sich die Beziehungen zu den verlorenen Objekten als symbiotisch heraus. Oft fehlen die Väter oder sie sind nicht in der Lage, eine Triangulierung, d.h. ein entwicklungsförderndes Spannungsdreieck zwischen Mutter, Vater und Kind zu unterstützen.

Therapie

> ! Es besteht die Indikation zu tiefenpsychologisch fundierter bzw. analytischer Therapie oder zu einer Gesprächs- oder Verhaltenstherapie, auch in Kombination mit körperbezogenen Therapieformen.

Da die erforderliche Desomatisierung der Affekte nur über Symbolbildungen erfolgen kann, haben sich imaginative Verfahren wie bei anderen psychovegetativen Störungen gut bewährt. Wie in allen Fällen, in denen es schwer ist, eine Behandlungsmotivation herzustellen, da primär kein psychischer Leidensdruck besteht, kann initial eine stationäre Behandlung in einer psychosomatischen Klinik indiziert sein. Im therapeutischen Umfeld einer solchen Klinik läßt sich die Motivation zu einer Psychotherapie meistens leichter herstellen als im Setting einer ambulanten Einzeltherapie.

Besonderheiten der Beziehung zwischen dem Patienten und seinem Therapeuten

Wie bei allen psychovegetativen Syndromen ist es zu Beginn schwierig, eine tragfähige therapeutische Beziehung herzustellen. Die Patienten klammern sich aufgrund ihrer symbiotischen Beziehungswünsche schnell an den Therapeuten, was aber nicht heißt, daß sie sich wirklich auf eine Psychotherapie einlassen. Viele Kranke wehren ihre Symbiosewünsche ab, weil sie sie als demütigend empfinden. Im schwer zu vereinbarenden Nebeneinander von kindlichem Hilfsappell und der Abwehr des Hilfsangebots in Form des verstehenden und auf Einsicht ausgerichteten Gesprächs kann eine frustrane Atmosphäre entstehen. Der Therapeut erlebt seinen Patienten dann als anklammernd, fordernd und zugleich schwer erreichbar. Das Erfüllen der Symbiosewünsche mildert zwar Angst und Körpersymptomatik wesentlich, bringt aber den Patienten langfristig nicht weiter, solange die unbewußten Hintergründe seiner Angst, v. a. vor der projizierten Trennungsaggression (Ermann 1987) nicht bewußt werden.

Der Therapeut bekommt zwei narzißtische Botschaften gleichzeitig:

- Wenn ich bei dir sein kann, sind Schmerzen und Angst weniger, und
- deine heilende Kraft reicht nicht über die Zimmertür hinaus.

Belastend für die Prognose kann eine Chronifizierung sein. Patienten mit Herzangstneurose sind in einem psychophysiologischen Circulus vitiosus gefangen, denn durch Angst steigen Herzfrequenz und Blutdruck, was bei einer hypochondrischen Körperfixierung wiederum ängstlich wahrgenommen wird. Wie bei der Angstneurose kann die Angst vor der Angst symptomauslösend wirken. Je länger nun dieser psychophysiologische Ablauf eingeschliffen ist, um so schwieriger wird es, den Patienten an eine psychologische Sichtweise seiner Erkrankung heranzuführen. Bei der Analyse der Übertragungsbeziehung ist zu berücksichtigen, daß die Patienten zwar Angst haben, verlassen zu werden, daß ihre zentrale Angst aber darin besteht, in sich selbst Impulse wahrzunehmen, deren Ziel die Trennung von einer geliebt-gehaßten Person ist.

6.5.9 Konversionsneurosen

Definition

Sie zählen zu den somatoformen Störungen, da sich neurotisches Erleben und Verhalten körperlich manifestiert. Man spricht deshalb auch von psychogenen Organfunktionsstörungen. Im Gegensatz zur psychovegetativen Störung handelt es sich bei der Konversion um eine Symptombildung mit symbolhafter Somatisierung. Das Symptom hat Ausdruckscharakter.

Der Ausdruck bzw. die Inszenierung kann theatralisch wirken, Konversionsneurosen treten oft bei hysterischen Persönlichkeiten auf. Seit der Beschreibung einer Konversionsneurose durch Breuer und Freud hat sich die Kenntnis dieser Störung vertieft und ihre Gestalt sich gewandelt. Es ist deutlich geworden, wieviel Depressivität und narzißtische Verletzbarkeit hinter einer hysterischen Fassade verborgen sein können.

Symptomatologie

Patienten mit Konversionssyndromen suchen häufiger den Neurologen oder Internisten als den Psychiater auf, da ihnen der psychische Hintergrund und die Konflikthaftigkeit ihrer Erkrankung nicht bewußt sind. Konversionsneurotische Symptombildungen sind weit verbreitet. Sie können differentialdiagnostische Schwierigkeiten aufwerfen, denn in ihrem Verlauf können vielfältige und wechselnde Körpersymptome auftreten. Viele Krankheiten können unbewußt imitiert werden. Störungen können im Bereich der Motorik und der Sensorik auftreten. Das klinische Bild der Konversionssyndrome hat sich gewandelt. War im „Arc de cercle" (demonstratives Vorwölben des Beckens) der sexuelle Ausdruck noch unübersehbar, überwiegen heute

- Hyperventilationssyndrome mit oder ohne Tetanie,
- Ausfälle motorischer Funktionen,
- Krämpfe,
- Gangstörungen,
- sensorische Phänomene,
- Taubheit oder Blindheit,
- Schmerzen bei Hyperästhesie oder auch Hypästhesie,
- Pruritus und
- Stimmstörungen.

Eine psychogene Schluckstörung mit Kloßgefühl im Hals nennt man Globus hystericus. In diesem Ausdruck ist noch die Nähe zur Hysterie festgeschrieben.

! Bei den psychogenen Sensibilitätsstörungen ist diagnostisch entscheidend, daß sie in ihrer Ausdehnung nicht der anatomischen Nervenversorgung entsprechen.

BEISPIEL

Eine 24jährige, auffallend hübsche junge Frau wird von zwei etwas älteren Männern auf unsere psychosomatische Station gebracht. Ihr Gangbild ist gut zu beobachten, da die drei Personen einen langen Weg vom Eingang zu meinem Behandlungszimmer zurücklegen müssen. Die Beine der jungen Frau zeigen das Bild einer schlaffen Parese. Sie wird mehr oder weniger von den beiden Männern getragen. Ihre Füße machen nur angedeutete Gehbewegungen, etwa wie bei einem kleinen Kind, das es genießt, zwischen Vater und Mutter getragen zu werden. Im Behandlungsraum angekommen, reden beide Männer auf mich ein, die Frau sitzt milde lächelnd da. Ihr Gesichtsausdruck zeigt die typische „belle indifférence", einen Ausdruck entspannter Ahnungslosigkeit. Die beiden Männer sind gut miteinander befreundet, der eine ist ihr Ehemann, der andere sein Freund. Sie hatte dem gemeinsamen Freund erzählt, daß sie in der sexuellen Beziehung zu ihrem Mann nicht befriedigt sei („möglicherweise liegt es an mir"). Der Freund hatte einen zaghaften Annäherungsversuch gemacht, dem sich die Patientin entzogen hatte. Allen drei Personen war die innere Konfliktlage unbewußt. Die beiden Männer reagierten mit hektisch-aggressiver Forderung („es muß sofort etwas passieren"). Die Frau verharrte gelähmt in entspannter Zurückgezogenheit, und alle drei wunderten sich, daß der Therapeut nicht aktiver eingriff, nachdem doch der neurologische Ordinarius gesagt hatte, dies sei „ein Fall für die Psychosomatiker". Im Gegensatz zu den beiden Männern hatte die Frau zumindest eine Ahnung, daß ihre Lähmung etwas mit einem inneren Konflikt zu tun haben könnte. Der Konflikt ließ sich bewußtmachen und die Symptome verschwanden konsekutiv, sicher auch weil der Zustand noch nicht chronifiziert war.

Im Verlauf einer Konversionsneurose werden unbewußte psychische Wünsche und Strebungen in körperlichen Ausdruck verwandelt. Ein zentraler Mechanismus ist daher die Abspaltung vom Bewußtsein, den man auch als Dissoziation bezeichnet.

Ätiologie und Pathogenese

> **!** Bei konversionsneurotischen Symptombildungen finden wir einerseits eine nicht bewältigte ödipale Problematik, andererseits manchmal auch eine strukturelle Ich-Störung und ein labiles Selbstwertgefühl, das durch überstarke Emotionalisierung und theatralisches Verhalten zu kompensieren versucht wird. Die hysterische Symptombildung kann der Abwehr tiefer Verlassenheits- und Insuffizienzgefühle dienen.

Das Ausmaß der Ich-strukturellen Störung bestimmt die Prognose stärker als die Einsichtsfähigkeit in den primär unbewußten Konflikt. Im Konversionssymptom bleibt nun der verdrängte, unbewußt gewordene psychische Impuls symbolisch verschlüsselt erhalten. Es stellt einen Kompromiß zwischen einem Wunsch dar, der nicht bewußt werden darf, und verbietenden Normen, die ebenfalls nicht bewußt wahrgenommen werden. Ist dieser Kompromiß, etwa die Lähmung eines Beines, einmal gefunden, tritt eine psychische Entlastung ein, die pathognomonisch für die Konversion ist und sie von psychovegetativen Störungen unterscheidbar macht. Nicht immer ist der ödipale Konflikt offenkundig. Bei männlichen Patienten, von denen früher angenommen wurde, daß sie weniger zu Konversionen neigen, finden sich Hypochondrie und Selbstwertkrisen.

■ **Differentialdiagnostische Aspekte.** Zur differentialdiagnostischen Abgrenzung der hysterisch-konversionsneurotischen von hypochondrisch-depressiven Entwicklungen dient auch die Wahrnehmung der Gegenübertragung. Zu hysterischen Patienten bekommen Therapeuten in der Regel schneller Kontakt als zu hypochondrisch-depressiven, die weit entfernt und schwer erreichbar hinter ihrer Symptomatik verschanzt sind. Bei genauer Beobachtung findet sich in Ausdruck und Gestik immer eine Spur des in die Körpersprache umgesetzten psychischen Impulses. Trotz spürbarer affektiver Indifferenz dem Körpergeschehen gegenüber spiegelt sich die dahinterliegende „Wahrheit" im Gesichtsausdruck. Die Konversion gelingt fast immer nur teilweise. Dann verbleibt ein Teil des unvollständig verdrängten Affekts als Stimmungskomponente im Bewußtsein erhalten. Die beschriebene Patientin z. B. äußerte im Verlauf der Therapie immer wieder Angst, daß etwas Schlimmes passieren könnte, ohne daß sie sagen konnte warum.

Therapie

> **!** Psychoanalytische oder tiefenpsychologisch fundierte Therapie bildet die klassische Behandlungsform für diese Störung.

Wenn eine frühe Reifungsstörung dominiert, verschlechtert sich die Prognose. Zur Notwendigkeit, die Familie und das soziale Umfeld in die Behandlung mit einzubeziehen, gelten vergleichbare Überlegungen wie für die Patienten mit psychovegetativen Störungen. Sofern Familiengespräche indiziert und möglich sind, sollten sie am Anfang stehen, um zu klären, inwieweit sie den therapeutischen Prozeß unterstützen können.

Bei chronifizierten Konversionssymptomen müssen sich Therapeut und Patient auf eine lange gemeinsame Strecke einstellen. Es ist wichtig, den Patienten immer wieder klarzumachen, daß sie nicht simulieren, sondern in einer für sie unbewußten Konfliktsituation stehen. Krankengymnastische Behandlung und übendes Vorgehen, auch neues Lernen in der Verhaltenstherapie sind hilfreich, weil die Patienten eine Besserung auf das Üben zurückführen können. Dies hilft, ihr labiles Selbstwertgefühl zu stabilisieren. Sie werden autonomer und sind weniger auf hysterische Inszenierungen angewiesen, in denen sie ihren Körper instrumentalisieren, um psychisches Leid auszudrücken.

6.5.10 Störungen des Verhaltens mit somatischen Folgeerkrankungen

Traditionell beschäftigt sich die psychosomatische Medizin auch mit pathologischen Verhaltensmustern, deren Auswirkungen zu psychischen oder körperlichen Krankheiten führen. Oft zeigt sich in der Behandlung, daß die Verhaltensstörung Ausdruck einer mehr oder weniger tiefen psychischen Fehlentwicklung ist und nicht selten kompensatorische Funktionen übernimmt, z. B. ein Suchtverhalten, das an die ständige Einnahme von Stoffen gebunden ist (Heroinsucht, Alkoholsucht). In einer ersten Phase von Suchttherapien ist es wichtig, Einfluß auf das Suchtverhalten zu nehmen, es primär zu verändern und nicht erst am Ende einer langen, möglicherweise jahrelangen Therapie, während derer das Suchtverhalten weiter gelebt wird. Eine Therapie von Verhaltensstörungen, in deren Verlauf tiefgehende und zutreffende Einsichten in das innere Kräftespiel und die unbewußten Motivationen gewonnen werden, ohne daß sich das krankhafte Verhalten ändert, führt sich selber ad absurdum. Andererseits ist es unrealistisch, eine tiefgreifende Verhaltensänderung zu erwarten, ohne daß der introspektive Prozeß eine gewisse Relevanz gewonnen und den Patienten auch affektiv erreicht hat. Im Verlauf einer gelingenden Therapie normalisiert sich das Verhalten analog zur psychischen Reifung – wenn auch oft mit einem gewissen zeitlichen Versatz. Plötzliche Krisen und Rückfälle auf der Verhaltensebene können durchaus Begleiterscheinungen einer positiven psychischen Entwicklung sein.

Eine Sonderstellung unter den Verhaltensstörungen haben die Eßkrankheiten, die hier wegen ihrer großen klinischen Bedeutung ausführlich dargestellt werden. Zum Suchtverhalten und zum autoaggressiven Verhalten finden sich Hinweise in den Kapiteln 1.1, 1.3, 8.2.3 und 10 in diesem Buch.

6.5.11 Eßstörungen

Eßstörungen sind Verhaltensstörungen. Verhalten manifestiert sich immer wieder neu; es besteht scheinbar stets die Möglichkeit der Änderung. In langfristiger Perspektive zeigt sich bei Eßgestörten leider, daß die Vorstellung: „Ich kann ja jeden Moment aufhören und mich ändern" unrealistisch ist. Besonders bei der

Bulimie kommt es zu Wechselbädern aus aufkeimender Hoffnung und nachfolgender Enttäuschung für die Betroffenen und ihre Therapeuten.

Wenn man eine Krankheit wie einen Film betrachtet, so kann man ihn in seiner ganzen Länge betrachten oder seine Einzelbilder als Standbilder. Die Psychoanalyse bemüht sich um die historische Perspektive. Sie versucht, den Film in seiner ganzen Länge zu betrachten und möglichst weit an seinen Anfang vorzudringen, wo die Bilder noch schwarzweiß sind und das Erinnern bruchstückhaft wird. Diese Perspektive beruht auf der Vorstellung, daß Störungen des Eßverhaltens und süchtiges Verhalten i. allg. mit ganz bestimmten Kindheitsmustern assoziiert sind. In der „klassischen" Psychoanalyse wurde früher die historische Perspektive stark betont und der augenblicklichen Realität des Patienten nicht immer genug Beachtung geschenkt. Durch Verhaltenstherapie, systemische Therapie und Erkenntnisse humanistischer Therapien wurde die Bedeutung des „Hier und Jetzt" für den therapeutischen Prozeß deutlicher. Heute weiß man, daß beide Perspektiven miteinander vereinbar sind.

Psychodynamik der Oralität

Hintergründe von Eßstörungen

Die völlige körperliche Verschränkung zwischen Mutter und Kind wird im Geburtsvorgang zwar aufgehoben, doch setzt sich die Symbiose im intensiven Hautkontakt und in der ständigen Versorgung und Stimulation des Säuglings durch die Mutter fort. Aus den neueren Ergebnissen der Säuglingsforschung geht hervor, daß der Säugling von Anbeginn an sehr aktiv in dieses Interaktionsgeschehen eingreift und daß es nicht gerechtfertigt ist, Theorien aus der Frühzeit der Psychoanalyse fortzuschreiben, die besagen, daß das Kind am Anfang seines Lebens eine „autistische" Phase durchlaufe. Bei diesen ersten Interaktionen zwischen Mutter und Kind steht die Beschäftigung mit der Nahrungsaufnahme im Mittelpunkt der Aufmerksamkeit beider. Die Mutterbrust dient nicht nur der oralen Bedürfnisbefriedigung, sie ist auch Lustobjekt des Kindes. Wenn die Mutter das Gefühl hat, daß das Verlangen des Kindes nach Nahrung gierige Ausmaße annimmt oder zu Zeitpunkten auftritt, an denen sie nicht bereit ist, es zu befriedigen, kommt es zu Grenzziehungen, die den Säugling frustrieren. Da die orale Entwicklung und die Entwicklung des Selbstwertgefühls in dieser frühen Phase noch eng ineinander verschränkt sind, erlebt das Kind die Versagung der oralen Befriedigung zugleich als Ablehnung, Kränkung oder möglicherweise gar als existentielle Bedrohung.

Wir müssen im Auge behalten, daß die Nahrungsaufnahme vielfach determiniert ist und zu einem großen Teil instinktiv triebhaft erfolgt. Wie stark sich später psychologische Einflüsse auf das Eßverhalten auswirken, wird am Beispiel der Eßstörungen deutlich. Nahrungsaufnahme und Sättigung werden durch physiologische Regelkreise gesteuert. Die Nahrungsaufnahme ist zugleich zentraler Bestandteil der Interaktion zwischen Mutter und Kind. Wir wissen heute, daß sowohl Verwöhnungen wie auch Entbehrungen die Entstehung von Eßkrankheiten fördern können.

Zwar ist die sehr frühe Phase der Entwicklung noch frei von der Zensur des Über-Ich, doch können hier die ersten Wurzeln jener Schuldgefühle zu suchen sein, die in der Psychodynamik der Eßstörungen von so großer Bedeutung sind. Haben und Sein sind im Erleben noch fast identisch („Wenn das Habenwollen verboten ist, wo ist dann mein Recht, überhaupt auf der Welt zu sein?"). Die Fastenrituale verschiedener Kulturen stehen symbolisch für den Versuch, existentielle Schuld zu mindern. Die Worte „Essen" und „Sündigen" werden oft assoziativ miteinander verknüpft. Der Sündenfall in der Genesis ist an das Essen der verbotenen Frucht gebunden, wobei es bei diesem symbolhaften Vorgang um Zuwachs von Wissen und Macht geht, um „Erkenntnis". Klessmann (1985) schreibt:

> Sie (die Eßgestörten) haben ihre Unschuld verloren und eine eigene moralische Instanz gewonnen, eine Instanz, die dem Essensvorgang bis heute den abwertenden Beigeschmack des begehrlich-triebhaften verleiht.

Magersucht

> **Definition**
> Synonym wird der Begriff Anorexia nervosa gebraucht. Im Kern der Symptomatologie steht das krankhafte Bedürfnis, das Gewicht zu vermindern.

Wir bevorzugen den Begriff Magersucht, da der innere Imperativ der Erkrankung sich hierin deutlicher ausdrückt als im Begriff Anorexie. Dieser Begriff ist weniger zutreffend als Magersucht, denn die Kranken haben durchaus ein Verlangen zu Essen (griech.: orexia: die Begierde). Die orale Störung ist dadurch gekennzeichnet, daß ein wirkliches „Satt-sein" nicht möglich ist. Ein ständiger Hunger bleibt bestehen und wird in der Krankheit abgewehrt. Magersüchtige haben oft wenig Krankheitseinsicht und geringen psychischen Leidensdruck. Allenfalls der Gewichtsverlust oder das Ausbleiben der Regelblutung führen sie zum Arzt. Trotz verbesserter Behandlungskonzepte kommt es immer wieder zu Todesfällen im Zustand fortgeschrittener Kachexie.

Symptomatologie

Es besteht eine Störung des Körperschemas und ein extremes Schlankheitsideal. Die Patientinnen fühlen sich auch dann noch dick, wenn sie unter 30 kg wiegen. Zu Beginn der Erkrankung werden Hungergefühle unterdrückt, nach einiger Zeit des Fastens verliert sich das Hungergefühl. Man kann eine passive Form der Magersucht von einer aktiven unterscheiden:

- Die passiven Magersüchtigen verweigern lediglich die Nahrung, um abzunehmen,
- die aktiven erreichen dieses Ziel zusätzlich durch Erbrechen bzw. Abusus von Laxanzien.

Im Zentrum der Magersucht steht der Wunsch, dünn zu sein und immer magerer zu werden. Bei der Bulimie (s. unten) ist die Angst beherrschend, dick zu werden (Gewichtsphobie). Spontanes und induziertes Erbrechen kommt auch bei der Magersucht vor, ist aber nicht pathognomonisch wie bei der Bulimie. Nächtliche Durchbrüche von Hyperorexie sind häufig. Da die Kranken das Bedürfnis haben, sich ständig zu entleeren, betreiben viele einen exzessiven Laxanzienabusus mit z. B. bis zu 100 Dragees (z. B. Dulcolax®) pro Tag. Der Hungerzustand und der Laxanzienabusus führen zu

- Hypokaliämie,
- Erniedrigung des Grundumsatzes,
- der Körpertemperatur,
- Bradykardie und
- Hypotonie.

Die sekundäre Amenorrhoe ist zunächst psychogen und nicht Folge des Hungerns, sie setzt bei einem Großteil der Kranken schon vor Beginn der Gewichtsabnahme ein. Magersüchtige verleugnen den schwerkranken Zustand, das Körperschema ist verzerrt. Sie fürchten das Dickwerden, v. a. im Bauchbereich, an den Oberschenkeln und im Gesicht.

Häufig besteht auch ein Medikamentenmißbrauch mit Diuretika und Analgetika. Die psychische Symptomatologie ist immer mehr dadurch gekennzeichnet, daß sich Reden und Fühlen ausschließlich ums Essen drehen. Die Patientinnen sammeln Lebensmittel und vernichten sie gleich danach. Mit großem Lustgefühl kochen sie für ihre Familie, essen aber selber nicht und triumphieren bei Tisch über die anderen, die ihren Trieben nachgeben und essen, womöglich gar mit Genuß.

■ **Differentialdiagnose.** Körperliches und psychisches Bild der Magersucht sind so typisch, daß Fehldiagnosen selten gestellt werden. Zu denken ist an eine Nebenniereninsuffizienz, eine Thyreotoxikose, ein Malabsorptionssyndrom oder an einen Hirntumor. Selten entwickeln Patienten mit stenosierenden Prozessen im Intestinaltrakt, z. B. im Verlauf eines Morbus Crohn oder einer Tuberkulose eine anorektische Symptomatik, die auch vom psychischen Bild her typisch erscheint. Spätestens der Nachweis von Entzündungsbefunden (BSG, CRP) fordert eine eingehende gastroenterologische Diagnostik, da sich eine umschriebene Ileitis nur durch subtile Röntgendiagnostik erfassen läßt.

> **!** Bei diesen Patienten dient die Nahrungsvermeidung der Schmerzvermeidung.

Es kann aber auch sein, daß neben einem Morbus Crohn die volle Ausprägung eines anorektischen Syndroms besteht.

Epidemiologie

> **!** Nach Crisp (1977) muß bei 1% der Frauen und bei 0,1% der Männer während der Adoleszenz mit magersüchtigem Verhalten gerechnet werden.

Die Erkrankung hat ihren Altersgipfel bei männlichen Erkrankten früher als bei weiblichen. Andere Autoren beobachten, daß 5% der Betroffenen Jungen sind.

Ätiologie und Pathogenese

Die Krankheit tritt als Entwicklungskrise während der Adoleszenz auf, oft auch zum Zeitpunkt des Abiturs oder des Abschlusses des Studiums, also immer dann, wenn Schwellensituationen im Leben zu bewältigen sind. Manchmal fällt der Beginn der Magersucht zeitlich zusammen mit einer Aufforderung zu mehr Selbständigkeit, verbunden mit einer Trennung aus dem bisher gewohnten Lebensmilieu. Man kann die Krankheit als Versuch verstehen, sich neuen Anforderungen zu entziehen und weitere Individuationsschritte zu vermeiden. Die Patientinnen weigern sich, sich in eine bedrohlich erlebte Erwachsenenwelt hinein zu entwickeln, diese Weigerung wird auf den Bereich der Nahrungsaufnahme verschoben, was unter psychodynamischen Gesichtspunkten als Regression aufzufassen ist.

■ **Familiäre Konstellation.** Die familiäre Konstellation in Magersuchtsfamilien ist durch eine einseitige Rollenverteilung gekennzeichnet: eine „Autoritätsballung“ (Sperling u. Massing 1972) findet sich bei einer Frau, meist der Mutter oder Großmutter. Die Mütter dominieren, sind dabei selbst noch stark von der eigenen Mutter abhängig. Sie fordern Leistung und vertreten oft lustfeindliche Ideale. Die Väter stehen im Hintergrund, lassen sich oft in oraler Weise bedienen. Auf die pathogenetische Bedeutung der Familieninteraktion verweisen die Schwierigkeiten, die in Familien entstehen, wenn Magersüchtige aus ihnen herausgenommen und in eine Klinik eingewiesen werden. Häufig wird die Klinikaufnahme von der Familie über eine lange Zeit verhindert, und es ist erstaunlich, wie lange Ärzte, die den beklagenswerten Zustand der Patientinnen kennen, dem körperlichen Verfall zusehen, ohne energisch zu intervenieren. Der tiefere Grund dafür liegt oft darin, daß Magersüchtige um Familientabus wissen (z.B. Inzesterfahrungen haben), die einem hohen Verdrängungs- und Verleugnungsdruck der gesamten Familie unterliegen. Auch Ärzte und Therapeuten unterwerfen sich diesen Tabus oft länger als es ihrer Professionalität angemessen ist, d.h. sie sprechen die tabuisierten Bereiche (z.B. Inzest) nicht aktiv und entschlossen genug an, auch wenn sich die Hinweise häufen. Gerade bei jenen Patientinnen, deren Klinikaufnahme von der Familie mehr oder weniger offen über lange Zeit boykottiert wird, zeigt sich, daß die Krankheit der Patienten zur Aufrechterhaltung des Gleichgewichts innerhalb der Familie dringend benötigt wird. Manchmal erkranken nach der Aufnahme solcher „Indexpatienten“ weitere Familienmitglieder.

■ **Familieninteraktion.** Die Interaktionen in Magersuchtsfamilien sind durch überaus enge Bindungen gekennzeichnet. Innerfamiliäre Grenzen sind schwer wahrnehmbar, um so schärfer grenzt sich die Familie nach außen von der umgebenden Welt ab. Eine Patientin beschrieb dies so: „Unsere Familie ist eine Festung mit einem Graben drumherum, in die niemand wirklich eingelassen wird. Innerhalb dieser Festung gibt es keinerlei Rückzugsmöglichkeiten, denn alle Türen stehen offen und jeder weiß, was der andere denkt, fühlt und tut“. Die Mitglieder der Familie befinden sich stets in großer Sorge um das Wohl der anderen. Oft entsprechen Magersüchtige in ganz besonderer Weise den Familienidealen (gute Schulleistungen), „sie war der Engel unserer Familie, bis sie – aus uns unerklärlichen Gründen – plötzlich krank wurde“. Auf diesem Hintergrund werden Wünsche nach Verselbständigung und Trennung ambivalent und auch schuldhaft erlebt.

Persönlichkeitsstruktur und Psychodynamik
Es besteht eine labile Persönlichkeitsorganisation, die lange unter einer überangepaßten und sehr leistungsbereiten Oberfläche verborgen bleibt. Entsprechend der skizzierten psychischen Familiendynamik dürfen diese Patientinnen nicht eigenständig werden, sie werden an die Familie gebunden, häufig durch Schuldgefühle. Diese sind oft sehr ausgeprägt und schnell zu erzeugen, denn die Über-Ich-Entwicklung erfolgt in rigider Weise. Die Erkrankung stellt auch Rache an der Familie dar, die Patienten opfern sich auf dem Altar der Familie, erzwingen aber, daß diese ständig zuschaut und selber Schuldgefühle entwickelt. In Familientherapien und Angehörigengruppen von Magersüchtigen sind dies zentrale Themen.

Neben narzißtischer Labilität bzw. Borderlinestörungen beobachten wir zwanghaft depressive Strukturen und gelegentlich auch hysterische, die eine bessere Prognose zu haben scheinen. Anorektische Reaktionen oder Magersuchtserkrankungen sind immer Ausdruck einer schwer gestörten Individuationsentwicklung bei primär gestörtem Selbstwertgefühl und einer zumeist überstarken Bereitschaft, sich den Familienregeln zu unterwerfen. In der Magersucht versuchen die Patientinnen, die mit dem Älterwerden fortschreitende körperliche und soziale Entwicklung anzuhalten. Die Magersucht tritt typischerweise an „Schwellen" des Lebens auf, bei Frauen zumeist erstmalig in der Pubertät, aber auch in späteren Phasen wie dem Abitur, dem Ende des Studiums, der (gewünschten oder drohenden) Eheschließung. Die Patientinnen haben die unbewußte Phantasie, durch die im Hungern ausgelösten körperlichen Regressionen psychische Entwicklungsschritte vermeiden zu können. Die Furcht vor der Entwicklung rundlicher, fraulicher Formen steht symbolisch für die Angst, den mit einem solchen Wachstum verbundenen Anforderungen, z. B. den sexuellen Wünschen der Männer, nicht gewachsen zu sein. Eigene sexuelle Regungen, auf das andere Geschlecht bezogene Wünsche, werden als hochgradig angstbesetzt erlebt, und die Patientinnen versuchen, im Hungern dieses wieder „wegzumachen".

> **!** Die Magersucht ist eine äußerst manipulative Erkrankung, wobei die Manipulationen direkt an sich selbst und indirekt an der Familie erfolgen. Es wird angenommen, daß in der Magersucht die Angst vor der Sexualität regressiv auf orale Prozesse verschoben wird. In der Nahrungsverweigerung erleben sich die Patienten autonom und stark.

Welche Macht mit dem Mittel der Nahrungsverweigerung ausgeübt werden kann, zeigt sich kollektiv, wenn zu Hungerstreiks aufgerufen wird.

Therapie
Im therapeutischen Konzept sind zugleich der schwere Krankheitszustand wie auch die Entstehung des krankhaften Eßverhaltens zu berücksichtigen. Beiden zugleich gerecht zu werden, ist schwierig, da die Kranken in ihrem beklagenswerten Zustand nach Zuwendung und Hilfe verlangen, andererseits aber Hilfsangebote das Autonomiebedürfnis mißachten. Lebensnotwendige Interventionen *müssen* erfolgen, auch wenn die Patientinnen einen starken Widerstand gegen sie entwickeln. Oft ist eine Klinikeinweisung als Beginn einer Therapie unvermeidbar. In der Klinik kann eine Aufteilung des therapeutischen Angebots in Form eines „unmittelbar versorgenden Therapeuten" und eines „hinterfragenden und kritisch beleuchtenden Therapeuten" förderlich sein, sofern beide in engem Kontakt miteinander stehen. KLESSMANN u. KLESSMANN (1975) haben diese Teilung der therapeutischen Funktionen auch ambulant verwirklicht, sie als Psychotherapeutin, er als Internist.

■ **Förderung der Therapiemotivation.** Bewährt hat sich eine initiale Konfrontation der Familie mit der Gefährlichkeit der Erkrankung, mit ihrer schlechten Prognose bei ausbleibender oder ungenügender Behandlung, mit den körperlichen Folgeerscheinungen, auch mit dem drohenden Schwund der körperlichen und geistigen Leistungsfähigkeit. Hierdurch sind besonders jene Patienten nachhaltig zu beeindrucken und zu mobilisieren, die bei fortgeschrittener Kachexie in ihrer Konzentrationsfähigkeit eingeschränkt sind, dies aber noch wahrnehmen können. Sie sehen sozusagen die Schaltzentrale ihrer Abwehrbastion bedroht, die auf das Funktionieren des Intellekts und der Gedanken angewiesen ist. Der Hinweis auf die Bedrohung der körperlichen Funktionsfähigkeit ist weniger wirksam, da die Patienten ihren Körper in dieser Phase der Erkrankung ablehnen. Bei manchen Kranken sind Zwangsmaßnahmen nicht zu umgehen. Man muß allerdings versuchen, die rebellierenden Elemente in den Patientinnen ernst zu nehmen und sie so früh wie möglich in den Dienst der Therapie zu stellen. Wir versuchen stets den Kranken und ihren Familien unser Konzept zu erklären, z.B. daß wir einerseits fest entschlossen seien, den Kranken nicht an seiner Hungerkrankheit sterben zu lassen, andererseits aber auch stets bereit seien, über psychische Probleme zu sprechen. Manche Behandler fordern in der ersten Phase der Behandlung – als eine Art Vorleistung – einen erheblichen Gewichtsanstieg und führen in dieser Zeit keine – zumindest tiefenpsychologisch fundierten – Gespräche.

> ! Die Magersucht ist eine Verhaltensstörung, und es ist nicht sinnvoll, über längere Zeit tiefenpsychologisch orientiert zu arbeiten, wenn sich nicht parallel dazu auch das Verhalten ändert.

Wir beginnen mit einer tiefenpsychologisch orientierten Therapie in dem Augenblick, in dem klar wird, daß – über die verbale Willenskundgebung hinaus – sich eine Gewichtszunahme abzeichnet.

■ **Zusätzliche therapeutische Angebote.** Diätberatungen können hilfreich sein, auch ein Eingehen auf Wünsche – z.B. nach vegetarischer Ernährung. Das Gespräch über diese Fragen soll ausführlich sein, dann aber symbolisch abgeschlossen werden mit einem Behandlungsvertrag, in dem ein Sollgewicht festgelegt wird.

> ! Ständiges Reden über Essen und Gewichtsfragen ist als Abwehr zu verstehen und auch dem Patienten als solche zu deuten.

Eine schriftliche Fixierung des Vertrags ist in der Regel nicht notwendig, da sich die Kranken den Inhalt meist genauer merken als die Therapeuten. Zwei wichtige Botschaften müssen in dem Vertrag enthalten sein:

- Es kann keine konsequente Psychotherapie erfolgen, solange die Kranken nicht ausreichend essen, und
- Ängste werden auftreten und diese Ängste werden Gegenstand der Gespräche sein.

Bruch (1980) schreibt: „Mit einem Patienten, der hungert, kann man keine sinnvolle therapeutische Arbeit leisten". Dies bedeutet nicht, daß mit einem Patienten, der die Nahrung verweigert, nicht gesprochen werden soll, wie es mancherorts als „Bestrafung" geschieht. Auch ein hungernder Patient braucht Zuwendung und Gespräch. Der Vorstellung allerdings, daß das Gewicht schon steigen werde – gleichsam von selbst, wenn nur ausreichend gesprochen wird – muß konsequent entgegengearbeitet werden. Diese Vorstellung teilen viele Patientinnen mit weniger erfahrenen Therapeuten.

Die Beziehung zwischen dem Therapeuten und seinem Patienten

Die Kachexie der Magersüchtigen enthält einen sprachlosen, aber dadurch um so heftigeren Appell nach rascher Zuwendung und Hilfe. Therapeuten, die mit der Krankheit nicht ausreichend vertraut sind, reagieren oft in einer ersten Behandlungsphase zu unreflektiert und spüren dann zu spät, daß sie sich in ein neurotisches Arrangement haben einbinden lassen. Wenn Hilfe im Übermaß angeboten wird, so wie die Speise, die die Kranken so dringend benötigen, wird die Macht der Ablehnung um so größer. Der Therapeut ist zunächst ungewollter und manchmal heftig abgewehrter Helfer. Sein notwendigerweise konfrontierendes Verhalten ist über die Deutung hinaus mit Handlung und Grenzziehung verbunden. Das widerspricht teilweise den Prinzipien analytischer Arbeit. Darüber hinaus ist die Wahrheit der Patienten anfangs eine andere als die der Therapeuten. Offensichtliche Lügen werden von den Kranken nicht als solche empfunden.

Sie sind Ich-synton und unterliegen keiner Über-Ich-Zensur, denn diese gilt v.a. dem Eßverhalten und seinen Verboten. Magersüchtige versuchen, ihre Therapeuten genauso zu kontrollieren wie sie ihre Familien zumeist schon über Jahre kontrollieren und wie sie selbst von der Familie kontrolliert worden sind. Deshalb bedarf es eines Blickes von außen, um wahrzunehmen, in welchem Ausmaß ein magersüchtiger Patient seinen Therapeuten oder das Behandlungsteam zu bestimmten Verhaltensweisen verführt.

Ein Arbeitsbündnis läßt sich nur mit den gesunden Anteilen der Persönlichkeit des Kranken eingehen, der andere, kranke Teil ist anfangs meistens nicht zu einer therapeutisch fruchtbaren Kooperation in der Lage. Das Wissen um dies zwangsläufig zwiespältige Angebot magersüchtiger Patienten erleichtert es dem Therapeuten, die Ambivalenz der Gegenübertragungsgefühle zu verstehen und in fruchtbare Interventionen zu verwandeln. Wird dieses nicht ausreichend reflektiert, besteht die Gefahr, daß man Patienten plötzlich ablehnt, die man zu Beginn sehr gut akzeptieren konnte.

Bulimia nervosa

> Definition
>
> Die Bulimie („Stier- oder Ochsenhunger") ist eine psychogene Eßstörung, die gekennzeichnet ist durch den unwiderstehlichen und anfallsartigen Drang, große Nahrungsmengen innerhalb kürzester Zeit in sich hineinzuschlingen und die begleitet ist von einer Angst, an Gewicht zuzunehmen. Deshalb geht sie einher mit zunächst selbst induziertem und später reflektorischem, heimlichen Erbrechen. Das durchschnittliche Körpergewicht der Bulimiepatienten liegt im Normbereich oder etwas darüber.

Symptomatologie

Die anfallsartigen Eßattacken werden als Kontrollverlust erlebt und sind von Selbstvorwürfen und einer Labilisierung des Selbstwertgefühls begleitet. Die Nahrung ist meistens hochkalorisch und leicht eßbar (Nudeln, Schokolade, Pudding, Nutella). Das selbst induzierte Erbrechen dient als Mittel zur Gewichtskontrolle. Zusätzlich versuchen die Patienten oft, durch Laxanzien und Diuretika – auch durch längere Fastenphasen – ihr Gewicht zu kontrollieren. Sie sind unfähig, regelmäßig und maßvoll zu essen und können entweder große Mengen in kurzer Zeit oder gar nicht essen.

Als Folgeerscheinungen des Erbrechens entstehen Elektrolytstörungen, v.a. Hypokaliämien mit den entsprechenden körperlichen Folgeerscheinungen wie Schwäche der Muskulatur, Obstipation, Ödemen, Hypotonie und Herzrhythmusstörungen. Durch die Einwirkungen der Magensäure im Verlauf des Erbrechens kommt es zu Zahnschäden. Viele an Bulimie Erkrankte werden erstmalig von Zahnärzten auf ihre Störung angesprochen, da die Patientinnen eine große Perfektion darin entwickeln, diese Krankheit zu verheimlichen. Nach den Eßattacken kommt es fast immer zu depressiven Einbrüchen mit Scham- und Schuldgefühlen, die sich zu tiefer Verzweiflung mit Suizidalitiät steigern können. Bei etwa einem Drittel der Patientinnen besteht eine Amenorrhoe. Im Verlauf der Erkrankung kann es aus Geldmangel zu Diebstählen von Nahrungsmitteln bzw. zu Verschuldungen kommen. Bei einem Teil der Bulimiekranken liegt eine Borderlinestörung vor. Auch selbstverletzendes Verhalten – oft Ausdruck der Borderlinestörungen – wird gehäuft beobachtet.

> ! Vor allem wegen der Scham- und Schuldgefühle besteht bei Bulimiekranken im Gegensatz zu Anorexiekranken ein deutliches Krankheitsgefühl.

Die Krankheit führt zu Konzentrations- und Arbeitsstörungen und schließlich in eine soziale Isolation. Häufig geht der Bulimie eine anorektische Phase voraus, manchmal wechseln auch anorektische und bulimische Phasen miteinander ab. Die Zeit vom ersten Auftreten der Symptome bis zur Behandlung beträgt wegen der Neigung zur Geheimhaltung oft mehrere Jahre.

Abgrenzung der Bulimie von der Magersucht
Die Abgrenzung der Bulimie von der passiven Form der Magersucht fällt leicht; schwerer ist sie von der aktiven, mit Erbrechen und Laxanzienabusus einhergehenden sog. bulimischen Form der Magersucht zu unterscheiden. Bei der Anorexia nervosa läßt die Furcht, zu dick zu sein, mit abnehmendem Gewicht nicht nach. Es bildet sich im Gegenteil mit sinkendem Gewicht oft ein noch pathologischeres Schlankheitsideal aus. Bei der Bulimie hingegen steht die Angst zuzunehmen im Vordergrund.

> ! Der Imperativ der Magersucht lautet: „Du mußt dünn sein und immer dünner werden." Der Imperativ der Bulimie: „Du darfst auf keinen Fall dicker werden."

Im Gegensatz zur Magersucht besteht bei der Bulimie ein hoher Leidensdruck, die Krankheit ist Ich-dyston. Um zu klären, ob evtl. eine Bulimie mit „anorektischer Idealbildung" besteht, kann man die Kranken nach ihrem Wunschgewicht fragen. Liegt dieses Wunschgewicht weit unter dem Idealgewicht, so spricht dies für die bulimische Form der Magersucht und weniger für eine Bulimie im engeren Sinne. Für die diagnostische Klärung ist auch die Wahrnehmung der spezifischen Art der Beziehungsaufnahme zum Therapeuten bedeutsam. Magersüchtige verteidigen ihre Autonomie und können sich zu Beginn einer Therapie nur schwer auf eine enge und relevante Beziehung zum Therapeuten einlassen. Patientinnen mit einer Bulimie hingegen begeben sich schnell in eine enge Beziehung, und manchmal entsteht beim Therapeuten das Gefühl, als eine weitere Droge in der Reihe von Süßigkeiten, Laxanzien und evtl. auch Alkohol gebraucht zu werden.

■ **Beziehung zwischen Bulimie und Sucht.** Es gibt strukturelle Ähnlichkeiten zwischen der Bulimia nervosa und den Suchtkrankheiten. Bei der Bulimie kommt es zu keiner körperlichen Sucht. Es wird kein Suchtmittel im eigentlichen Sinne, z.B. mit narkotischer Wirkung, eingenommen. Die normale Nahrungsaufnahme pervertiert allerdings in einem psychischen Prozeß zu einem Akt, der zu einer Veränderung des Ich-Zustandes führt, wie er auch bei Suchtkranken zu beobachten ist. Diese Veränderung hat hysterisch-dissoziativen Charakter. Eine Parallele zum Alkoholismus und zu anderen Suchtkrankheiten liegt darin, daß bei der Bulimie die Befindlichkeit durch die Einnahme von Substanzen reguliert wird. Allerdings ist eine Abstinenz vom Essen nicht möglich, was die Therapie schwerer macht als bei stoffgebundenen Abhängigkeiten, da bei diesen eine Phase des Entzugs der eigentlichen Entwöhnungsbehandlung voraus geht.

Epidemiologie
Die Bulimia nervosa tritt seit einem Jahrzehnt immer häufiger auf.

> ! Man kann annehmen, daß 3 bis 5% der weiblichen Bevölkerung mehr oder weniger stark betroffen sind. 95% der Erkrankten sind Frauen, das Manifestationsalter liegt zwischen 20 und 30 Jahren, in zunehmender Zahl kommt es auch zu Erstmanifestationen in höherem Lebensalter ähnlich wie bei der Anorexia nervosa (Spätanorexie, Spätbulimie).

Ätiologie und Pathogenese
Auch der Bulimia nervosa liegt ein Ursachenbündel zugrunde. Da sie in westlich geprägten Zivilisationen gehäuft auftritt, liegt der Verdacht nahe, daß soziokulturelle Einflüsse in diesem Ursachenbündel bedeutsam sind. Man könnte den Wechsel von Hunger, Erbrechen und anfallsartigem Essen als symbolhafte Reaktionen auf eine Umgebung verstehen, die den Wohlstand zum Fetisch gemacht hat und die Gefahr läuft, Maßstäbe und Gefühle für das rechte Maß zu verlieren. Sicherlich bildet das kollektive Diätverhalten von Frauen den gesellschaftlichen Hintergrund für die epidemieartige Inzidenzsteigerung der Bulimia nervosa. Als Folge eines intermittierenden Fastens kommt es zu Gewichtsschwankungen, die furchtsam und im Sinne von Kontrollverlusten erlebt werden.

> ! Eine wichtige Entstehungsbedingung für Heißhungerattacken ist das gezügelte Essen.

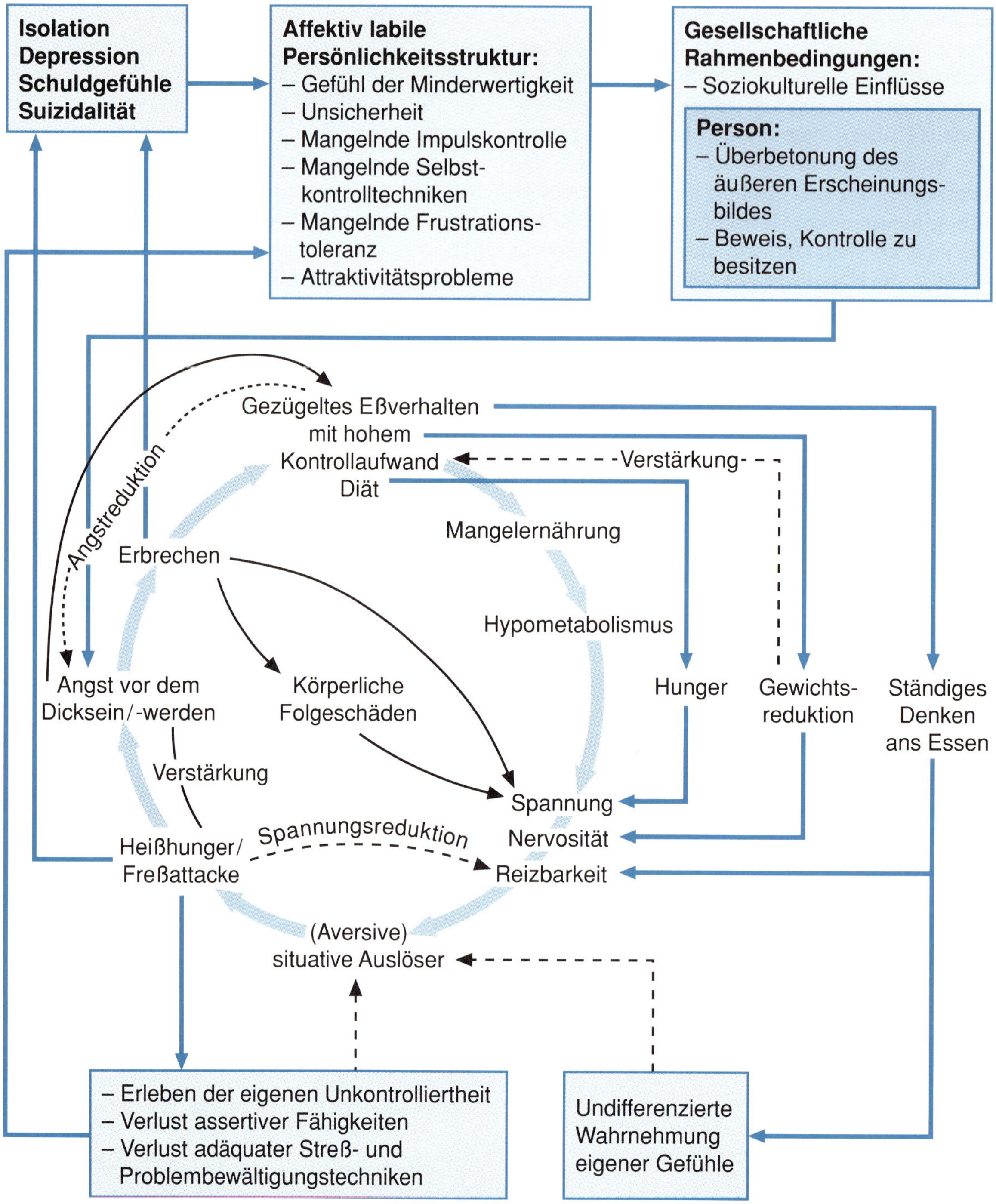

Abb. 6.2. Ein funktionales Modell der Bulimia nervosa. (Nach WESTENHÖFER u. PUDEL 1989)

Insofern sind Diäten untaugliche Versuche, das Essen maßvoll zu gestalten. Im Gegenteil, sie bahnen stets eine Verschlimmerung des Leidens. Anerkennung durch Freundinnen und soziales Prestige sind in der westlichen Zivilisation stark von der Einhaltung von Normen abhängig, wobei die Einhaltung eines Idealgewichts andere Normen, die traditionell relevant waren, zu ersetzen scheint.

> ! Bulimiepatientinnen neigen zu negativen Selbstbewertungen bei hohen Leistungsidealen. Körperliche Attraktivität, die in hohem Maße vom Gewicht abhängt, verspricht kompensatorische Befriedigung.

In Abb. 6.2 sind drei sich wechselseitig aufschaukelnde Teufelskreise für das Krankheitsgeschehen und seine langfristige Aufrechterhaltung verantwortlich zu machen. Ein erster Teufelskreis besteht in gezügeltem Essen, Freßanfällen, Erbrechen und erneutem Diäthalten.

In einem zweiten Teufelskreis dienen Freßanfälle immer mehr zur Spannungsreduktion, die Fähigkeit zu adäquater Streß- und Problemlösung geht verloren, die Selbstsicherheit schwindet. In einem weiteren Teufelskreis führt die schuldhafte Verarbeitung der Freßanfälle zu immer mehr Hilflosigkeit, zu Rückzug und zu Isolation, zu Stimmungseinbrüchen und letztlich der Ausbildung einer affektiv-labilen Persönlichkeit, die sich durch Minderwertigkeitsgefühle, Selbstzweifel und Unsicherheit, eine mangelnde Impulskontrolle und mangelnde Frustrationstoleranz auszeichnet. Vor diesem Hintergrund wird dann die Bedeutung der äußeren Erscheinung und der Wunsch, „Selbstkontrolle" zu besitzen, verfestigt.

Ansatzpunkte für eine kognitiv-verhaltenstherapeutische Behandlung sind in der folgenden Übersicht zusammengestellt.

Elemente einer Verhaltenstherapie der Bulimie

- Selbstbeobachtung des Eßverhaltens und der vorauslaufenden und nachfolgenden Bedingungen,
- Informationsvermittlung,
- Maßnahmen zur Gewichtsstabilisierung,
- Einhalten vorgeschriebener Mahlzeiten,
- Stimuluskontrolle,
- Aufbau alternativer Verhaltensweisen,
- Problemlösetechniken,
- kognitives Umstrukturieren sowie
- Rückfallprophylaxe und -analyse.

Wichtig ist zu Beginn einer Verhaltenstherapie die detaillierte Selbstbeobachtung des Ernährungsverhaltens. Im weiteren Verlauf werden gründliche Informationen über die Erkrankung vermittelt, so z.B. über die psychobiologischen Zusammenhänge von Hungern, von Diäthalten, von der Entstehung der Heißhunger bzw. Freßattacken. Es wird informiert über die physiologische Regulierung des Körpergewichts sowie über wahrscheinliche Folgeschäden einer chronifizierten Bulimie. In festen Ernährungsplänen wird ein Anti-Diät-Programm formuliert. Mit dem Einsatz kognitiver Techniken wird versucht, das Schlankheitsideal zu beeinflussen, die Einstellung zu Körper, Aussehen, Gewicht und möglichen Mißerfolgen zu verändern. Risikosituationen werden analysiert, der Patient wird auf Rückfälle vorbereitet im Sinne einer Vorbeugung vor dem erneuten Eintreten in die beschriebenen Teufelskreise.

In der folgenden Übersicht wird beispielhaft ein Therapieprogramm zur stationären Behandlung bulimischer Patienten (nach Meermann 1993) dargestellt, in dem kurz- und langfristige Ziele in der Therapie von Eßgestörten aufgeführt sind.

Beispiel für ein stationäres Behandlungsprogramm für Eßgestörte (Nach Meermann 1993)

Langfristiges Ziel: Eßgewohnheiten normalisieren
Kurzfristige Ziele:

- 3 Mahlzeiten pro Tag essen: Nahrungsaufnahme notieren.
- Vergrößere die Flexibilität durch Hinzufügen einer neuen Speise pro Tag; Protokollführen.
- Bleibe nach dem Essen für mindestens 1 Stunde mit den anderen zusammen

im Wohnraum; Erbrechen niederschreiben.
- Geh und sprich mit anderen Mitgliedern der Gruppe oder des Personals, falls bulimische Tendenzen auftauchen.

Langfristiges Ziel: Verbessere dein Körperbild
Kurzfristige Ziele:
- Jeden Tag Entspannungsübungen machen, alles notieren.
- Kleidung tragen, die meine Körperform zeigt.
- Körperwahrnehmungen mit anderen diskutieren.
- Meine eigenen Ideen darüber, was ich unter „dick fühlen" verstehe, in Frage stellen; niederschreiben.

Langfristiges Ziel: Selbstwertgefühl verbessern
Kurzfristige Ziele:
- Jeden Tag mindestens eine positive Erfahrung niederschreiben.
- Realitätstest machen, wenn ich mich hilflos oder anderen unterlegen fühle; mit den Gruppenmitgliedern und dem Personal besprechen.
- Andere fragen, was sie von mir halten; aufschreiben.

Langfristiges Ziel: Verhältnis zu den Eltern verbessern
Kurzfristige Ziele:
- Mich meinen Eltern gegenüber bei jedem Besuch durchsetzen.
- Gefühle der Schuld oder Verantwortung meinen Eltern gegenüber in Frage stellen.
- Meine Unsicherheit darüber, in der Zukunft auszuziehen, erklären.

Psychodynamik und Persönlichkeitsstruktur
Aus tiefenpsychologischer Perspektive ist die Mutter-Kind-Beziehung von Bedeutung, da in der frühen Kindheit und in der Adoleszenz dieser Patientinnen oft Störungen der Entwicklung vorliegen. Die meisten Autoren beschreiben die Mutter-Kind-Beziehung als enge Bindung der Patientinnen an eine dominierende oder überfürsorgliche Mutter, die oft selbst eine gestörte Kindheitsentwicklung hatte. Es besteht zumeist eine negative Identifizierung mit der durch die Mutter repräsentierten Weiblichkeit. Die Patientinnen neigen zur Unterdrückung ihrer Triebbedürfnisse. Sie erleben sich als gierig und fürchten, durch diese Gier Beziehungen zu zerstören. Den Eßattacken gehen oft Enttäuschungen voraus, die Patientinnen fühlen sich verlassen, gedemütigt und kompensieren dies im Eßanfall. Die Heißhungerattacke dient der narzißtischen Sicherung, sie gibt den Kranken das Gefühl, existent zu sein im Sinne einer Tröstung. Sie sagen oft: „Wenn ich die Erkrankung mit ihren Freßanfällen nicht mehr habe, was habe ich dann und bin ich dann überhaupt noch?" Oft besteht eine hohe Ambivalenz zwischen Bindungsangst und Bindungswunsch. Durch die – mißlingenden – Versuche ausgeprägter Selbstkontrolle versuchen die Patientinnen, ihr brüchiges Selbstwertgefühl zu stabilisieren.

Die Beziehung zwischen dem Therapeuten und seinem Patienten
Die Bulimia nervosa ist zwar keine Suchterkrankung im engeren Sinne, doch entstehen im Verlauf ihrer Behandlung Therapeut-Patient-Interaktionen, wie sie für Suchttherapien typisch sind. Der Therapeut gerät leicht in die Rolle eines ambivalent geliebten, überwiegend aber destruktiv erlebten mütterlichen Objekts. Die Kranken versuchen, ihn in ihr autodestruktives Agieren einzubeziehen. Diese Vorgänge bedürfen einer frühen Deutung.

> **!** Die Therapie der Bulimia nervosa ist fast immer schwierig. Oft ist deshalb eine stationäre Behandlungseinleitung sinnvoll, in der verhaltensorientierte und konfliktzentrierte, tiefenpsychologisch fundierte Ansätze verknüpft werden können. Als sehr wertvoll haben sich in stationären Behandlungssettings auch körperorientierte Verfahren erwiesen, in denen die Wahrnehmung des – zumindest in der bestehenden Form – abgelehnten Körpers im Mittelpunkt steht.

Ein Grund für die Schwierigkeit der Behandlung liegt darin, daß die Eßverhaltensstörung eine Eigendynamik entwickelt, hinter der zugrundeliegende Konflikte verblassen können. Fruchtbar sind Selbstkonfrontationen, z.B. mit Hilfe der Anwendung imaginativer Verfahren. Im Verlauf von Imaginationen stellen sich innere Szenen mit den dazugehörigen Affekten dar, die vorher im Suchtverhalten gebunden waren und dem Bewußtsein entzogen blieben.

Literatur

Alexander F (1950) Psychosomatische Medizin, 2. Aufl. de Gruyter, Berlin New York

Balint M (1970) Therapeutische Aspekte der Regression. Klett, Stuttgart

Bruch H (1980) Der goldene Käfig. Das Rätsel der Magersucht. Fischer, Frankfurt a. M.

Crisp AH (1977) The prevalence of anorexia nervosa and some of its associations in the general population. Adv Psychosom Med 9:38–47

Curtius F, Feiereis H (1960) Zwillingsuntersuchungen über die Erbveranlagung zum vegetativendokrinen Syndrom der Frau. Z Kreislaufforsch 49:44–57

Curtius F (1962) Die Colitis ulcerosa und ihre konservative Behandlung. Springer, Berlin

Curtius F (1965) Moderne Asthmabehandlung. Springer, Berlin

Eckert J, Höger D, Linster H (1996) Praxis der Gesprächspsychotherapie. Störungsbezogene Falldarstellung. Kohlhammer, Stuttgart (im Druck)

Engel GL, Schmale AH (1967) Eine psychoanalytische Theorie der somatischen Störung. Psyche 23:241–261

Ermann M (1987) Die Persönlichkeit bei psychovegetativen Störungen. Springer, Berlin Heidelberg New York

Ermann M (1995) Psychotherapeutische und Psychosomatische Medizin. Kohlhammer, Stuttgart Berlin Köln

Feiereis H, Kamrowski K, Rohrmoser HG (1962) Colitis ulcerosa und Psyche. Arch Psychiat Nervenkr 202:657–677

Feiereis H (1985) Psychosomatisch orientierte Stufendiagnostik und Stufentherapie. Internist Prax 25:321–331

Freud S (1894) Die Abwehr-Neurosenpsychosen. GW Bd 1, S 57

Fürstenau P (1979) Zur Theorie psychoanalytischer Praxis. Klett-Cotta, Stuttgart

Groen J (1982) Present status of the psychosomatic approach to bronchial asthma. Clinical Research in Psychosomatic Medicine. Van Gorcum, Assen

Gull WW (1868) The address in medicine. Lancet 1868/II:171–176

Klessmann E, Klessmann HA (1975) Ambulante psychosomatische Kombinationsbehandlung der Anorexia nervosa unter Einsatz des Katathymen Bilderlebens. Z Psychosm Med Psychoanal 21: 53–67

Klessmann E (1985) Anorexie – „das heilige Fasten". Schl-Holst Ärztebl 10:626–631

Kutter P (1981) Der Basiskonflikt der Psychosomatose und seine therapeutischen Implikationen. Jahrbuch Psychoanalyse 13:93–114

Loch W (1971) Gedanken über Gegenstand, Ziele und Methoden der Psychoanalyse. Psyche 25: 881–910

Margolin SG (1953) Genetic and dynamic psychophysiological studies of pathophysiological processes. In: Deutsch F (eds) The psychodynamic concept in psychoanalysis. Int Univ Press, New York

Marty P, de M'uzan M (1963) La pensée opératoire. Rev Franç Psychoanal 27:345–356

Meermann R (1993) Anorexie und Bulimie. In: Linden M, Hautzinger M (Hrsg) Verhaltenstherapie. Techniken und Einzelverfahren. Springer, Berlin Heidelberg

Meyer AE (1981) The Hamburg Short Psychotherapy Comparison Experiment. Psychother Psychosom 35:81–207

Mitscherlich A (1966) Krankheit als Konflikt. Studien zur psychosomatischen Medizin. Suhrkamp, Frankfurt a. M.

Morton R (1689) Phthisiologia seu exercitationes de phthisi. Smith, London

Münzel K (1995) Psychologische Interventionsansätze bei Hauterkrankungen. Verhaltensmod Verhaltensmed 16:373–388

Murray CD (1930) A brief psychological analysis of a patient with ulcerative Colitis. J N M Dis 72: 617–627

Niebel G (1990) Verhaltensmedizinisches Gruppentraining für Patienten mit atopischer Dermatitis in Ergänzung zur dermatologischen Behandlung. Verhaltensmod Verhaltensmed 1:24–44

Reisch E (1994) Verletzbare Nähe – Ein klientenzentrierter Weg zum psychosomatischen Patienten. Pfeiffer, München

Ruesch J (1948) The infantile personality. Z Psychosom Med 10:134–144

Sachse R (1995a) Zielorientierte Gesprächspsychotherapie: Effektive psychotherapeutische Strategien bei Klienten und Klientinnen mit psychosomatischen Magen-Darm-Erkrankungen. In: Eckert J (Hrsg) Forschung zur klientenzentrierten Psychotherapie. Aktuelle Ansätze und Ergebnisse. GwG-Verlag, Köln

Sachse R (1995b) Der psychosomatische Patient in der Praxis. Grundlagen einer effektiven Therapie mit „schwierigen" Klienten. Kohlhammer, Stuttgart

Schur M (1955) Comments on the metapsychology of somatization. Psychoanal Stud Child 10: 119–164

Sifneos PE (1973) The prevalence of „alexithymic" characteristics in psychosomatic patients. Z Psychother Psychosom 22:255–262

Simmonds M (1914) Über Hypophysenschwund mit tödlichem Ausgang. Dtsch Med Wochenschr 40: 322–323

Simmonds M (1916) Über Kachexie hypophysären Ursprungs. Dtsch Med Wochenschr 42:190–192

Sperling E, Massing A (1972) Besonderheiten in der Behandlung der Magersuchtfamilie. Psyche 26: 357–369

Spitz RA (1959) A genetic field theory of ego formation (with implications of pathology). Int Univ Press New York

Stangier U, Gieler U, Ehlers A (1996) Neurodermitis bewältigen. Verhaltenstherapie, dermatologische Schulung, autogenes Training. Springer, Berlin Heidelberg

Westenhöfer J, Pudel V (1989) Verhaltensmedizinische Überlegungen zur Entstehung und Behandlung von Eßstörungen. In: Wahl R, Hautzinger M (Hrsg) Verhaltensmedizin. Deutscher Ärzte Verlag, Köln

Wilke E, Leuner H (1990) Das Katathyme Bilderleben in der Psychosomatischen Medizin. Huber, Bern Stuttgart Toronto

Zander W (1977) Psychosomatische Forschungsergebnisse bei Ulcus duodeni. Vandenhoeck & Ruprecht, Göttingen

Weiterführende Literatur

Bräutigam W, Christian P (1992) Psychosomatische Medizin. Thieme, Stuttgart New York
(Ein einführendes, kurzgefaßtes Lehrbuch)

Klußmann R (1992) Psychosomatische Medizin, eine Übersicht. Springer, Berlin Heidelberg New York
(Ein komprimiert geschriebenes, umfassendes Nachschlagewerk mit zahlreichen Abbildungen und Schemata, gut geeignet für eine rasche Orientierung)

Uexküll Th von, Adler R (Hrsg) (1996) Psychosomatische Medizin. Urban & Schwarzenberg, München Wien Baltimore
(Das umfassende Standardwerk zur psychosomatischen Medizin mit Beiträgen vieler namhafter Autoren.)

Psychotherapeutischer Umgang mit körperlich Kranken 7

CH. SCHMELING-KLUDAS, J. ECKERT

7.1 Begriffsbestimmung und allgemeine Behandlungsziele

Unter psychotherapeutischem Umgang mit körperlich Kranken werden verschiedene Vorgehensweisen mit sehr unterschiedlichen Zielsetzungen verstanden. Es lassen sich fünf Ansätze voneinander unterscheiden (vgl. BECKMANN et al. 1982; KOCH 1982; QUINT u. JANSSEN 1987; KOCH et al. 1988, v. UEXKÜLL 1990), die im folgenden dargestellt werden.

7.1.1 Allgemeine psychologisch-psychotherapeutische Ansätze

> **Definition**
> Darunter können alle den psychischen Zustand von körperlich Kranken beeinflussende Interventionen gefaßt werden, also auch „normale" Maßnahmen, wie Aufklärungs- und entlastende Gespräche.

Die Interventionen können bei den Patienten selbst, aber auch bei deren Behandlern ansetzen, z.B. durch psychologisch-psychotherapeutisch orientierte Ausbildungsangebote an Ärzte und Pflegepersonal, auf Stationskonferenzen, in der Supervison, in Kursen über Gesprächsführung oder über den Umgang mit Sterbenden.

Entsprechende Interventionsvorschläge beziehen sich v.a. auf den Umgang mit schwerwiegenden Erkrankungen, z.B. Herzinfarkt, Krebs, unheilbaren Krankheiten, oder mit belastenden Settings, z.B. in der Intensivmedizin oder bei der Dialyse, d.h. auf Behandlungssituationen, die für die Patienten und ihre Behandler psychisch besonders belastend sind.

7.1.2 Spezifische psychologisch-psychotherapeutische Ansätze

Es existiert ein breites und heterogenes Spektrum unterschiedlichster Interventionen bei speziellen Problemstellungen, z. B.

- psychologische Interventionen vor chirurgischen Operationen,
- psychologische Programme zur Verbesserung der Verträglichkeit von Zytostatika-Therapien bei Krebserkrankungen,
- der Einsatz von Entspannungsverfahren (autogenes Training, progressive Muskelrelaxation, Imagination usw. s. Kap. 2 u. 3) bei Krebs- und anderen Erkrankungen.

7.1.3 Bewältigungsansätze

Hierzu rechnen gezielte Hilfen, die auf dem Coping-Konzept basieren und die der Überwindung von Bewältigungsschwierigkeiten bzw. der Verhinderung von Fehlanpassungen nach dem Auftreten einer schweren körperlichen Erkrankung dienen sollen.

Die Ausgangspunkte solcher Hilfen sind das individuelle Krankheitserleben, z. B. unrealistische Ängste von Patienten mit einem Herzinfarkt sowie die Bewältigungsbemühungen der einzelnen Kranken, etwa die Verleugnung der Realität als ein Weg, mit solchen Ängsten umzugehen.

Die wesentlichen therapeutischen Mittel sind

- emotionale Unterstützung durch einfühlendes Verstehen (Empathie),
- Aufklärung über die Krankheit und ihre Folgen und
- Gespräche mit Angehörigen mit dem Ziel, unangemessene Reaktionen, z. B. Überfürsorglichkeit, zu verhindern und angemessenes Verhalten zu fördern.

7.1.4 Psychotherapeutische Ansätze bei psychischen Krisen als Folge einer körperlichen Erkrankung

> **Definition**
> Darunter versteht man psychotherapeutische Hilfen für Menschen, bei denen durch eine körperliche Krankheit eine bereits latent vorhandene intrapsychische Problematik reaktiviert wird, so daß eine Dekompensation droht, z. B. eine narzißtische Krise, die Verstärkung einer bereits lange bestehenden Angstsymptomatik, das Aufbrechen eines Abhängigkeits- bzw. Unabhängigkeitskonfliktes oder die Flucht in ausgeprägtes Regressionsverhalten.

Im Einzelfall können sich die körperliche und die psychische Problematik wechselseitig bedingen und verstärken: Beispielsweise ereignet sich nach klinischen Beobachtungen ein Teil der Herzinfarkte in engem zeitlichen Zusammenhang mit einer narzißtischen Kränkung, z. B. wenn einem Patienten deutlich wurde, daß er bestimmte berufliche Ziele nicht mehr erreichen wird. Die durch das Hinzutreten der körperlichen Erkrankung bedingte Leistungsminderung läßt die erstrebten beruflichen Ziele endgültig unerreichbar werden, und die bereits bestehende Selbstwertproblematik verschärft sich.

7.1.5 Psychologische Hilfe in tabuisierten Lebens- und Problembereichen

Zu den mehr oder weniger tabuisierten Bereichen menschlichen Lebens gehören in unserer westlichen Zivilisation v. a. Alter, körperlicher Verfall, Berufsunfähigkeit, chronische Krankheit, unheilbare Krankheit und nahender Tod.

In diesen Problemfeldern waren es in der Vergangenheit oft einzelne Psychotherapeuten, Psychologen und Psychiater, die mit hohem Engagement erstmals auf die seelische Situation der von diesen Lebensereignissen betroffenen Menschen aufmerksam gemacht haben, z. B. Kübler-Ross (1969) zum Thema Sterben oder Köhle u. Gaus (1990) zum Thema Intensivmedizin.

Ärzte und Psychologen, die sich mit diesen Problembereichen befassen, setzen sich erfahrungsgemäß einer großen eigenen psychischen Belastung aus. Diese rührt nicht allein daher, daß ihre Erfahrungen im Kontakt mit den betroffenen Menschen v.a. durch Gefühle von Ohnmacht, Hoffnungslosigkeit, Wertlosigkeit, Trauer und Depressionen geprägt sind. Sie bekommen häufig auch zu spüren, daß sie sich mit Themen befassen bzw. diese veröffentlichen, mit denen die meisten Menschen nicht in Berührung kommen möchten.

Allgemeine Zielsetzungen

Die theoretischen Beiträge zum psychologisch-psychotherapeutischen Umgang mit körperlich Kranken, v.a. Schwerkranken, stehen meist in der Tradition der psychotherapeutischen Schule, der sich der jeweilige Autor zugehörig fühlt. Bisher haben sich hauptsächlich Psychoanalytiker, daneben auch Gesprächspsychotherapeuten und Verhaltenstherapeuten bzw. Verhaltensmediziner mit den genannten Problemkreisen beschäftigt. Die Unterschiede zwischen den verschiedenen Psychotherapieschulen werden jedoch in der Praxis erheblich durch die Art der Problemstellungen bzw. durch das jeweilige Setting nivelliert.

Über die schulenspezifischen Sichtweisen hinweg dürfte Einigkeit über folgende allgemeine Zielsetzungen einer psychologisch-psychotherapeutischen Betreuung körperlich Schwerkranker und Sterbender bestehen:

Allgemeine psychologisch-psychotherapeutische Zielsetzungen

- Es sollte ein auf Empathie beruhendes, möglichst vollständiges Verstehen der psychischen Situation des körperlich schwerkranken Patienten angestrebt werden.
- Dieses Verstehen sollte sich in erster Linie auf das aktuelle Erleben, die psychischen Bewältigungsstrategien bzw. Fehlanpassungen richten und erst in zweiter Linie auf die vermutlichen psychischen Ursachen.
- In jedem Fall sollte dieses Verstehen dazu beitragen, sich nicht von dem Kranken zurückzuziehen bzw. zurückziehen zu müssen, und es sollte eine Reflexion der psychischen Situation des Betreuers und der des Kranken ermöglichen.

Kommt man diesen Zielsetzungen nahe, so führt das auf der Handlungsebene nicht zwangsläufig zu „klassischen" psychotherapeutischen Interventionen, sondern häufiger „nur" zu zwischenmenschlichem Normalverhalten, z.B. zu einem Kontakt, der sich durch aufmerksame Zuwendung und Beachtung auszeichnet, oder zu einer adäquaten Aufklärung des unheilbar Kranken oder dazu, daß man den Sterbenden nicht allein läßt.

7.2 Anforderungen an den Psychotherapeuten

Die psychotherapeutische Behandlung körperlich Schwerkranker wird in der Regel durch Ärzte oder Psychologen geleistet. Manchen Autoren zufolge kann auch entsprechend geschultes Pflegepersonal psychotherapeutisch mit Schwerkranken umgehen. In der Praxis scheint das aber eher die Ausnahme zu sein.

Vor allem im Zusammenhang mit der Behandlung von psychosomatischen Erkrankungen wird immer wieder die Forderung nach dem „integrierten Therapeuten" erhoben, d.h. nach einem Arzt, der sowohl psycho- als auch somatotherapeutisch gleichermaßen kompetent ist und beide Behandlungszugänge zu seinem Patienten hat und auch benutzt.

Für diese Zielsetzung spricht v.a., daß körperlich Schwerkranke in der Regel „Körperärzte" bzw. entsprechende Krankenhausabteilungen aufsuchen und von ihnen alle notwendigen Behandlungsmaßnahmen erwarten. Die Empfehlung einer zusätzlichen Behandlung bei einem Psychotherapeuten löst bei diesen Patienten häufig Ängste und andere problematische Gefühle aus, z.B. das Gefühl, von ihrem Arzt „weggeschickt" zu werden. Für den „integrierten Therapeuten" spricht ferner, daß es angesichts der Ziele einer Psychotherapie bei Schwerkranken (s. unten) günstig ist, wenn der Behandler genaue Kenntnisse vom körperlichen Zustand des Kranken, der Behandlung und der Prognose des Krankheitsverlaufs hat.

Die Erfahrung lehrt jedoch, daß eine solche Integration bisher nur wenigen Ärzten gelingt. Sie wenden sich langfristig entweder wieder der rein medizinischen Behandlung, häufiger jedoch ausschließlich der Psychotherapie zu. Ferner läßt sich beobachten, daß eine Reihe von Ärzten ihre psychotherapeutischen Kenntnisse in der Form einsetzen, daß sie nach getanem Tagwerk als Psychiater oder Internist noch einen Patienten empfangen, den sie dann ausschließlich psychotherapeutisch behandeln, d.h. sie behandeln ihre Patienten entweder medizinisch-somatisch oder psychotherapeutisch. Die Gründe dafür sind vielfältig und individuell unterschiedlich. Einer der Gründe ist sicherlich darin zu sehen, daß sich v.a. bei Schwerkranken somatische und psychotherapeutische Behandlungswege und -ziele gegenseitig auszuschließen scheinen, z.B. dann, wenn der somatische Zustand eine symptomzentrierte invasive Therapie (Operation, Bestrahlung oder Medikation mit körperlich schädigenden Nebenwirkungen) erfordert und der psychische Zustand wesentlich durch eben diese Behandlung mitbestimmt wird, z.B. durch eine massive Angst vor Narkose und Operation und deren Folgen. Der Umstand, als Arzt sowohl Wohltäter als auch „Täter" zu sein und diese Realität sowohl im eigenen Erleben als auch im Erleben des Patienten als Erfahrung zuzulassen und zu integrieren, ist offensichtlich auf Dauer eine Belastung, der nicht alle standhalten.

Die Forderung nach dem „integrierten Therapeuten" wird jedoch nicht nur aus diesem Grunde in Frage gestellt. Vor allem psychoanalytisch orientierte Psychotherapeuten argumentieren, daß eine Trennung von somatischer, auch psychopharmakologischer, und psychotherapeutischer Behandlung sinnvoll bzw. auch notwendig sei. Sie schränke die Möglichkeiten des „Agierens" des Patienten ein, d.h. vor allem seine mehr oder weniger bewußte Hinwendung – im Sinne eines Widerstandes – zu seinen körperlichen Beschwerden, um damit eine Auseinandersetzung mit seinen psychischen Konflikten und Problemen zu vermeiden. Eine klare Trennung gestalte auch das Übertragungsgeschehen „übersichtlicher", und die Gefahr einer negativen Gegenübertragung sei geringer. Diese Argumente beruhen auf Erfahrungen aus der klassischen Psychotherapie von psychosomatischen Störungen. Wie noch darzustellen sein wird (s. unten), scheinen sie aber auch für diesen Bereich nicht generell zuzutreffen. Im Hinblick auf eine optimale Behandlung von körperlich Schwerkranken sprechen viele Belege dafür, daß aus der Sicht der Patienten das Modell des „integrierten Therapeuten" mehr Vor- als Nachteile aufweist, aber erhebliche Probleme bei der Verwirklichung der Integration auf seiten der Behandler entstehen. Für Psychologen ist ein solches Vorgehen von vornherein ausgeschlossen.

> **!** In der Praxis ist also in der Regel von einer Teilung von Somato- und Psychotherapie auszugehen, das Ziel einer Integration von somatischen und psychischen Sicht- und Vorgehensweisen ist dann von einer Person auf mehrere zu übertragen.

Konkret bedeutet das die Notwendigkeit des Respektierens der Tätigkeit des jeweils anderen sowie eines kontinuierlichen Austausches über erfolgte bzw. geplante Behandlungsschritte. Für diesen Austausch ist es erforderlich, hinreichende Grundkenntnisse über das Vorgehen des jeweils anderen zu haben. Beim Psychotherapeuten setzt das Kenntnisse über die somatische Störung und über die psychischen Auswirkungen von organischen Krankheiten und von Medikamenten voraus.

Neben einer grundsätzlichen Bereitschaft zur Kooperation mit allen an der Behandlung Beteiligten, d.h. mit Pflegekräften, Stationsärzten, Krankengymnasten, Psychologen usw., sind offensichtlich folgende Voraussetzungen günstig für einen psychotherapeutisch orientierten Zugang bei der Behandlung von körperlich Schwerkranken:

Voraussetzungen für die psychotherapeutische Arbeit mit körperlich Schwerkranken

- Eine Bereitschaft, sich selbstreflexiv – auch in einer Gruppe – mit den emotionalen Erfahrungen im Kontakt mit den Schwerkranken auseinanderzusetzen.
- Ein gewisses Ausmaß an Selbsterfahrung, wie sie z.B. in Balint-Gruppen oder im Rahmen von psychotherapeutischen Zusatzausbildungen vermittelt wird.
- Eine eigene Psychotherapieausbildung. Sind die beiden erstgenannten Voraussetzungen gegeben, dann scheint in manchen Bereichen der Versorgung Schwerkranker eine gezielte Anleitung im Rahmen der klinischen Tätigkeit und die Supervision dieser Tätigkeit durch einen erfahrenen Psychotherapeuten ausreichend zu sein.
- Grundkenntnisse über die körperliche Erkrankung und ihre somatische Behandlung.

7.3 Besonderheiten des Settings und der Einfluß der sog. Rahmenbedingungen

Viele der Schwerkranken, die meisten im Terminalstadium befindlichen Patienten sowie ein Teil der chronisch Kranken, sind nicht in der Lage, im Verlauf der Krankheit regelmäßig einen Psychotherapeuten aufzusuchen, d.h. die psychotherapeutische Behandlung muß dort zur Verfügung gestellt werden, wo sich diese Menschen befinden: im Krankenhaus, Senioren- bzw. Pflegeheim, in der häuslichen Umgebung.

Die eingeschränkte Mobilität auf Grund der körperlichen Krankheit bestimmt auch die Entscheidung für Einzel- oder Gruppenpsychotherapie: Für immobile Kranke kommt eine Gruppenbehandlung meist nicht in Frage, obwohl sich gruppentherapeutische Angebote für Krebspatienten, Kranke mit entzündlichen Darmerkrankungen usw. als sehr hilfreich erwiesen haben.

Die psychotherapeutische Behandlung von körperlich Schwerkranken weicht noch in weiteren wichtigen Punkten vom üblichen Psychotherapiesetting ab: Häufig ist es nicht nur günstig, sondern auch notwendig, daß der Psychotherapeut – die Zustimmung des Patienten vorausgesetzt – sich mit den anderen Behandlern und mit den Angehörigen in Verbindung setzt und Kontakt hält.

> **!** Die sonst unter Psychotherapeuten im Zusammenhang mit der Wahrung der sog. Abstinenzregel zu beobachtende Zurückhaltung, sich mit anderen Behandlern des jeweiligen Kranken auszutauschen, kann sich bei der Patientengruppe, um die es hier geht, als schädlich erweisen.

Aus Untersuchungen ist bekannt, daß knapp 20% der Patienten mit schweren lebensbedrohlichen Erkrankungen nicht alles oder so wenig wie möglich über ihren Zustand wissen wollen (Raspe 1983), d.h. der Psychotherapeut kann nicht bei jedem Patienten bzw. zu jedem Zeitpunkt aus dessen Äußerungen ein realistisches Bild über den körperlichen Zustand des Kranken, den Krankheitsverlauf oder die Prognose gewinnen. Psychotherapeut und somatisch behandelnder Arzt sollten sich deswegen darüber direkt austauschen, aber auch über Veränderungen der körperlichen Verfassung, geplante Operationen und Umstellungen der medikamentösen Behandlung.

Ähnliche Überlegungen gelten für den Kontakt mit den Angehörigen des Patienten. In bestimmten Paarkonstellationen z.B. kann die psychotherapeutische Betreuung des chronisch oder Schwerkranken beim Partner des Patienten heftige Ängste auslösen, die durch gemeinsame Gespräche oder Angehörigenberatungen deutlich reduziert werden können. Darüber hinaus kann gelegentlich ein für den Patienten schädliches Verhalten der Angehörigen verbessert werden, z. B. durch den Abbau einer überfürsorglich-entmündigenden Haltung gegenüber einem Patienten nach einem Herzinfarkt.

■ **Institutionelle Rahmenbedingungen.** Die psychotherapeutische Betreuung von körperlich Kranken findet häufig in Akutkrankenhäusern statt, die entsprechend den Erfordernissen einer ausschließlich körpermedizinischen Versorgung ausgestattet und organisiert sind. Diese sog. Rahmenbedingungen nehmen einen erheblichen Einfluß auf die Gestaltung und den Verlauf einer psychotherapeutischen Betreuung: Meist wird eine kurze Verweildauer angestrebt, es finden kurzfristig Verlegungen des Patienten statt, die ärztliche Zuständigkeit wechselt, es fehlen ruhige Räume für Einzelgespräche, so daß psychotherapeutische Gespräche auch in Mehrbettzimmern stattfinden müssen.

Die Einflüsse solcher Bedingungen des medizinischen Behandlungssettings sind nach Koch (1982) so stark, daß Unterschiede im therapeutischen Handeln der Psychotherapeuten aufgrund ihrer unterschiedlichen psychotherapeutischen Schulenzugehörigkeit kaum noch zum Tragen kommen.

Versorgungsmodelle

> ! Auf die Frage, auf welche Weise im Krankenhaus, im Heim oder in der häuslichen Umgebung psychotherapeutische Kompetenz am effizientesten für die Versorgung Schwerkranker und chronisch Kranker zur Verfügung gestellt werden kann, wurden bisher zwei Antworten gefunden bzw. zwei Versorgungsmodelle entwickelt: Zum einen das Konsiliar- und Liaisonmodell, bei dem der Psychotherapeut hinzugezogen wird, und zum anderen integrierte stationäre Behandlungsansätze, bei denen die behandelnden Stationen sowohl die somatische als auch die psychotherapeutische Versorgung gewährleisten.

Ein Nachteil des Konsiliarmodells ist es, daß die psychotherapeutischen Maßnahmen von einem somatisch ausgerichteten Arzt indiziert werden müssen, in der Regel mit der Folge, daß nur im Ausnahmefall Patienten einer psychotherapeutischen Zusatzbehandlung zugeführt werden. Häufig ist der Patient über den Sinn dieser Zuweisung nur unzureichend aufgeklärt und sein Motiv, mit einem Psychotherapeuten zu sprechen, erschöpft sich darin, daß er den Rat oder die Anweisung des ihn behandelnden Arztes befolgen möchte.

Diesen Nachteil kann ein integriertes Versorgungskonzept aufheben, wenn Einigkeit über drei strukturelle Merkmale herbeigeführt werden kann:

> **Grundbedingungen für die Behandlung von körperlich Schwerkranken im Rahmen eines „Integrierten stationären Modells"**
>
> - Der somatische und der psychotherapeutische Zugang werden von allen Mitarbeitern als gleich wichtig erachtet, auch wenn einzelne Mitarbeiter den einen oder den anderen Zugang bevorzugen bzw. vorrangig praktizieren.
> - Die Mitarbeiter sind sich einig in dem Ziel, auf der Station ein psychotherapeutisches Klima, ein „therapeutisches Milieu", herzustellen bzw. zu pflegen.
> - Die psychotherapeutische Kompetenz wird dem Stationsteam (oder der Stationskonferenz) übertragen und dort gepflegt.

Für die drei Punkte sprechen folgende Erfahrungen bei der Behandlung von körperlich Schwerkranken bzw. chronisch Kranken:

Die körperliche Krankheit stellt häufig eine unabwendbare existentielle Bedrohung dar, sie kann in Siechtum münden, oder sie bringt erhebliche und nicht wieder aufhebbare Einschränkungen in der bisherigen Lebensführung und -gestaltung mit sich. Der Kranke – wie auch der Behandler – versucht, sich vor der unmittelbaren Wahrnehmung der psychischen Auswirkungen dieser Tatsachen zu schützen, vor Gefühlen der Angst, Ohnmacht und Hoffnungslosigkeit. Beide konzentrieren sich im unmittelbaren Kontakt häufig auf das Machbare, Veränderbare, z. B. auf den ausreichenden Schlaf oder die Fieberkurve.

■ **Stationskonferenz.** Daher sollten regelmäßige Konferenzen nicht nur den Raum dafür bieten, daß diese Erfahrungen im Behandlungsteam zur Sprache kommen, sondern das Team sollte auch aktiv dafür sorgen, daß diese Erfahrungen und ihre Bedeutung für Patient und Behandler Thema werden können. Erfahrungsgemäß erleichtert eine Supervision der Teamkonferenz durch eine Person, die nicht dem Team angehört, die für ein solches Vorgehen erforderlichen interaktionellen Prozesse. Aber auch in diesem Fall scheint es günstig zu sein, wenn die Mitarbeiter eines Teams, das körperlich Schwerkranke und chronisch Kranke auch psychotherapeutisch behandeln möchte, folgende Voraussetzungen mitbringen: die Bereitschaft, das Team als Träger und Bewahrer der psychotherapeutischen Kompetenz anzuerkennen und durch kooperatives Handeln zu fördern.

> ! Das psychotherapeutische Klima einer Station („therapeutisches Milieu") kann nur so gut sein wie das Klima bei der Zusammenarbeit im Team.

Persönliche Bezugsperson. Ein weiterer wichtiger Punkt ist das Angebot einer „persönlichen Bezugsperson", d.h. ein Mitglied des Stationsteams stellt sich in dieser Funktion dem Patienten namentlich vor und informiert sich in besonderer Weise über den Patienten und seine Krankheit und steht für den Patienten auch als Ansprechpartner zur Verfügung. Vor allem im Hinblick auf die Vielzahl der Mitarbeiter in einem Krankenhaus mit ihren unterschiedlichen Funktionen und häufig auch wechselnden Dienstzeiten ist für den Patienten eine solche Bezugsperson besonders wichtig.

Die von manchen Autoren für den Umgang mit Sterbenden oder unheilbar Kranken geforderte ständige potentielle Verfügbarkeit eines Betreuers (über 24 Stunden, also auch mit dem Anspruch, nachts und im Notfall jederzeit erreichbar zu sein) ist nach unseren Erfahrungen keine notwendige Bedingung für einen psychotherapeutischen Umgang mit unheilbar Kranken. Wichtiger ist, daß der Patient und sein jeweiliger Zustand allen Teammitgliedern soweit bekannt sind, daß der Patient von den jeweils anwesenden Personen adäquat behandelt werden kann.

7.4 Inhalte und Ziele des psychotherapeutischen Umgangs mit körperlich Kranken

Die Therapieziele beim psychotherapeutischen Umgang mit körperlich Kranken – und damit z.T. auch die Inhalte – lassen sich in drei Stufen hierarchisieren:

> **Therapieziele**
>
> - Emotionale Stabilisierung des Patienten,
> - psychotherapeutische Hilfen bei spezifischen Bewältigungsproblemen sowie
> - positive Beeinflussung des Verlaufs der körperlichen Erkrankung.

Emotionale Stabilisierung (Beruhigung) des Kranken

> ! Die emotionale Stabilisierung schwer- und chronisch kranker Patienten wird oft am besten über eine adäquate medizinische Diagnostik und Behandlung sowie eine sorgfältig durchgeführte Krankenpflege erreicht.

Die Routine und die Ruhe der Behandler teilen sich meist auch hochverängstigten Patienten, z.B. solchen mit einem Asthmaanfall, mit.

Bedeutsam für eine emotionale Beruhigung ist in der Regel auch eine – im Idealfall – umfassende und für den Patienten verständliche Aufklärung über seine Erkrankung und deren vermutlichen Verlauf. Zeitpunkt und Grad der Aufklärung sind – v.a. bei unsicheren oder infausten Prognosen – in jedem Fall auf die Möglichkeiten des Patienten abzustimmen, sich der durch die Krankheit geschaffenen Realität zu stellen. Aus solchen Aufklärungsgesprächen ergeben sich häufig erste Hinweise, ob für den Patienten ein psychotherapeutisch orientiertes Gesprächsangebot indiziert ist, z.B. wenn Verleugnungstendenzen bezüglich des eigenen Zustands ein Ausmaß annehmen, daß sie den Patienten gefährden.

Eine emotionale Stabilisierung wird auch dadurch erreicht, daß sich der Patient „gut aufgehoben" fühlt, d.h. das Krankenhaus oder die

Station wie eine „gute Mutter" erlebt, die ihn auffängt und unterstützt. Ein wesentlicher Bestandteil dieser „supportiven" Therapie besteht darin, daß es dem Patienten ermöglicht wird, nicht nur über seine Ängste, sondern auch über seine depressive Verstimmung, seine Trauer und v.a. auch über seine aggressiven Affekte zu sprechen, so daß sich der Kranke in allen Aspekten seines Erlebens akzeptiert fühlen kann.

Psychotherapeutische Hilfe bei spezifischen Bewältigungsproblemen

Bei schweren und unheilbaren Krankheiten ist der Patient – und sein Therapeut – von gesellschaftlich tabuisierten bzw. problematischen Themen betroffen:

- Krankheit mit der Folge eines körperlichen Verfalls und einem Verlust körperlicher Funktionen,
- Alter mit der Abnahme der physischen und psychischen Leistungsfähigkeit,
- Sterben.

Durch Veränderungen der Familienstrukturen, z.B. Separierung der Generationen, und andere gesellschaftliche Einflüsse, z.B. durch die Medien, fehlen den meisten Menschen heutzutage Erfahrungen und Vorbilder für einen angemessenen Umgang mit Krankheit, Alter und Tod. Das gilt für die Angehörigen der Kranken ebenso wie für viele professionelle Betreuer und erschwert es dem Erkrankten, sich auf seine Krankheit einzustellen.

> **!** Bewältigungsschwierigkeiten können aber auch auf der Grundlage der persönlichen Entwicklungsgeschichte eines Patienten entstehen.

Psychotherapeuten aller Orientierungen gehen davon aus, daß schwere Erkrankungen häufig auslösende Faktoren für das Aufbrechen von z.T. über Jahrzehnte gut kompensierten Problemen sind. Wie diese Probleme beschrieben bzw. benannt werden und v.a. wie ihre Entstehung gesehen wird, wird in den verschiedenen psychotherapeutischen Modellen z.T. unterschiedlich erklärt. Vorrangig ist jedoch eine korrekte Identifizierung der Gefühle, die den Kranken aktuell beherrschen: Ist es z.B. Angst? Sind es Ohnmachtsgefühle gepaart mit einer mühsam beherrschten Wut darüber? Oder stehen im Vordergrund Gefühle des Gekränktseins?

Die wesentliche therapeutische Hilfe besteht häufig bereits darin, daß der Behandler diese Gefühle seines Patienten nicht nur korrekt identifiziert, sondern auch annehmen im Sinne von akzeptieren kann. Gelingt das, wird der Hintergrund dieser Gefühle bzw. der dafür verantwortliche Konflikt meist wie von selbst deutlich.

So könnte etwa ein Patient lernen, daß seine Angstzustände viel damit zu tun haben, daß er fürchtet, abhängig zu sein, und daß die sich aus seiner chronischen Krankheit ergebende Abhängigkeit von medizinischen Institutionen eine andere Abhängigkeit ist als die, die er fürchtet.

Fast immer gehört zu den psychischen Problemen von körperlich Schwerkranken eine Selbstwertproblematik im weiteren Sinne. Sie steht häufig im Zusammenhang mit der durch die Krankheit bedingten verstärkten realen Abhängigkeit von der Hilfe anderer Menschen. Das zeigt auch das erste der folgenden Beispiele zur Förderung der Krankheitsbewältigung und emotionalen Stabilisierung.

Zwei Beispiele:

Eine Patientin, Frau A., hat ihr bisheriges Leben ausgesprochen autonom gestaltet, u.a. Beziehungen vermieden, in denen sie sich abhängig gefühlt hätte. In der Familie ist sie als Großmutter die dominierende Person. Ihre Krankheit, eine schwere Herzinsuffizienz, die ihr nur noch leichteste körperliche Belastungen ermöglicht, macht ihr deswegen schwer zu schaffen. Es kommt immer wieder zu Komplikationen im Krankheitsverlauf, weil sie ihre bisher wahrgenommenen Aufgaben und Tätigkeiten nur wenig einschränkt.

Die behandelnden Ärzte konnten die Krankheitsbewältigung dieser Patientin dadurch fördern, daß sie auf die Bedeutung der Anpassung an das noch mögliche Belastungsniveau als autonome Eigenleistung hinwiesen. Die Patientin konnte diese Sichtweise für sich annehmen („Ich kann mich einschränken, wenn ich will!") mit dem Effekt, daß weitere überlastungsbedingte Komplikationen ausblieben.

Ein 84jähriger Patient, Herr H., wirkt nach einem Myokardinfarkt deutlich depressiv verstimmt, obwohl der körperliche Zustand bereits wieder recht gut ist. Herr H. ist ein sehr gepflegter, auf seine Würde bedachter Herr. Bei einer Besprechung seines Zustandes im Stationsteam entsteht der Eindruck, daß Herr H. sich zwar medizinisch und pflegerisch gut versorgt, jedoch in seiner Individualität nicht ausreichend wahrgenommen fühlt. Als er in der an diese Teambesprechung sich anschließenden Visite nach seiner früheren Berufstätigkeit gefragt wird, erzählt er etwa eine Viertelstunde lang sehr lebendig über seine Tätigkeit, in der er nach dem Krieg zahlreiche Telefonzentralen in Hamburg aufgebaut hat. Nach dieser Visite bildete sich die depressive Verstimmung in den folgenden Tagen für alle deutlich sichtbar zurück.

Positive Beeinflussung des körperlichen Krankheitsverlaufs

Daß Entstehung und Verlauf körperlicher Erkrankungen eng mit seelischen Prozessen zusammenhängen, steht inzwischen außer Zweifel.

So wurde z.B. nachgewiesen, daß Krebspatienten, die sich aktiv-zupackend mit ihrer Erkrankung auseinandersetzen und deren emotionale Grundhaltung von Optimismus, Auflehnung, ja Aufmüpfigkeit gekennzeichnet ist, einen günstigeren Krankheitsverlauf aufweisen als passive, depressiv verstimmte Patienten (Heim 1988). Entsprechend kann angenommen werden, daß der körperliche Krankheitsverlauf positiv beeinflußt werden kann, wenn die Eigenaktivität von Patienten gefördert oder wenn durch psychotherapeutische Hilfen eine emotionale Stabilisierung bzw. die Überwindung von Bewältigungsproblemen erreicht werden kann.

Neben klinischen Erfahrungen verweisen auch einzelne empirische Studien auf die Richtigkeit dieser Annahme: Zepf (1994, persönliche Mitteilung) berichtet z.B. aus einer Untersuchung mit chronisch entzündlichen Darmerkrankungen, daß der Verlauf umso günstiger war, je „näher" sich die Patienten ihren Behandlern fühlten, zu denen auch Psychotherapeuten gehörten.

Für Herzinfarktpatienten ist belegt, daß ein reflektierter Umgang mit ihren Ängsten und eine Förderung der Krankheitsverarbeitung zu einer Verminderung von Komplikationen in der stationären Phase im Akutkrankenhaus beitragen können (Köhle und Gaus 1990). Neben unmittelbaren Effekten der Psychotherapie sind auch indirekte Auswirkungen für den Kranken u.U. prognostisch bedeutsam, z.B. wenn – wie im obigen Beispiel der Patientin mit Herzinsuffizienz – die psychotherapeutischen Interventionen das Krankheitsverhalten verbessern.

! Zu beachten ist allerdings, daß die Kenntnisse über die Zusammenhänge zwischen körperlicher Erkrankung und seelischer Situation noch sehr lückenhaft sind und im Einzelfall kaum Aussagen zulassen. Häufig haben sie nur den Rang einer Spekulation, z.B. das Konstrukt der „Krebspersönlichkeit".

Solche Konstrukte helfen dem Patienten nicht, sondern können im Gegenteil die Krankheitsbewältigung von Patienten in ungünstiger Weise beeinflussen: „Weil ich meine Aggressionen immer falsch verarbeitet habe, habe ich Krebs bekommen."

Welche der oben genannten Therapieziele angesteuert bzw. erreicht werden können, hängt im wesentlichen vom jeweiligen Patienten ab, d.h. es ist im psychotherapeutischen Umgang mit Schwerkranken besonders wichtig, die individuellen Bewältigungsformen bzw. Abwehrleistungen des Patienten und ihre Grenzen zu erkennen und zu respektieren, d.h. der Patient selbst sollte derjenige sein, der über Umfang und Tiefe der Selbstreflexion entscheidet.

7.5 Indikationsstellung und praktisches Vorgehen

Da Schwerkranke, Patienten im Terminalstadium und chronisch Kranke meist nicht von sich aus um psychotherapeutische Hilfe ersuchen, liegt die Indikationsstellung für einen psychotherapeutischen Umgang mit diesen Patienten in der Regel bei den Behandlern, die wegen der körperlichen Erkrankung aufgesucht werden. Leitsymptome, die auf einen Bedarf an psychotherapeutischer Versorgung hinweisen können (Schmeling-Kludas u. Wedler 1993), sind:

Leitsymptome zur Indikation von Psychotherapie

- Angst,
- depressive Verstimmung,
- Verleugnung,
- inadäquate Affekte,
- Diskrepanz zwischen den objektiven Befunden und dem Beschwerdeerleben des Patienten sowie
- Suizidgedanken.

Der niedergelassene Arzt ist in der Regel darauf angewiesen, diese Symptome während der Sprechstunde wahrzunehmen. Im Krankenhaus gibt es sehr unterschiedliche Begegnungssituationen zwischen Patient und Personal, in denen die geschilderten Symptome auftreten bzw. sichtbar werden können (Krankenpflege, Visite, Aufnahmesituation, Stationsalltag usw.), d.h. es gibt mehrere diagnostische Quellen, die zusammenfließen müssen. Daher ist für die Qualität der Diagnostik im Krankenhaus die Qualität der unter psychotherapeutischen Gesichtspunkten geführten Stationskonferenz ausschlaggebend.

Ergeben sich Hinweise, daß ein psychotherapeutisches Vorgehen indiziert erscheint, so sollte mit dem Patienten ein Gespräch in der Art eines Erstinterviews unter psychotherapeutischen Gesichtspunkten geführt werden. In diesem Gespräch sollte dem Patienten ausreichend Raum für die Darstellung seiner Sicht der Probleme gegeben werden.

Der Psychotherapeut sollte sich in diesem Gespräch darauf konzentrieren, zumindest eine vorläufige Antwort auf die folgende Indikationsfragestellung (in Anlehnung an Biermann-Ratjen 1993) zu erhalten:

? Um welchen Affekt im Zusammenhang mit welchem Selbsterleben im Zusammenhang mit welcher körperlichen Situation bzw. mit welcher Krankheit in welcher aktuellen Beziehung oder Lebenssituation handelt es sich?

Gerade weil der Anstoß für psychotherapeutische Gespräche meistens nicht vom Kranken selbst kommt, ist es wichtig, daß ihm die Entscheidungsmöglichkeit offen bleibt, das Angebot für eine Fortsetzung der Gespräche bzw. Kontakte dieser Art anzunehmen oder abzulehnen.

Das weitere konkrete Vorgehen ist dann in erster Linie abhängig

- vom Patienten und seinen Möglichkeiten, sich auf das psychotherapeutische Beziehungs- bzw. Behandlungsangebot einzulassen,
- von seinem körperlichen Zustand,
- vom Psychotherapeuten und dessen psychotherapeutischer Orientierung und
- von den sog. Rahmenbedingungen.

! Unabhängig von der jeweiligen psychotherapeutischen Orientierung des Psychotherapeuten gilt generell, daß der Therapeut sein Vorgehen sehr flexibel gestalten muß. Bedingt durch Besuche am Krankenbett, Gespräche in Mehrbettzimmern, notwendige Hausbesuche usw. sind Abweichungen vom Standardsetting einer üblichen Psychotherapie nicht die Ausnahme, sondern die Regel.

Wir möchten diesen Abschnitt mit einer Erfahrung des Erstautors dieses Kapitels abschließen: Er hat beim Umgang mit terminal Kranken gelegentlich Situationen erlebt, bei denen er selbst – und für den Patienten spürbar –

emotional stark betroffen und beeinträchtigt war. Er habe jedoch den Eindruck gewonnen, daß den Patienten diese Erfahrung nicht geschadet habe.

7.6 Probleme in der Praxis

Die wichtigsten Schwierigkeiten und Probleme wurden bereits benannt:

- Rivalität bzw. mangelhafte Kooperation zwischen Psycho- und Körpertherapeuten;
- Schwierigkeiten im Setting: Mehrbettzimmer, kurze Verweildauer in der Akutklinik, schlechter körperlicher Zustand mit der Notwendigkeit von Hausbesuchen usw.

Zu erwähnen ist jedoch noch ein gravierendes generelles institutionelles Problem: Das Ausklammern des seelischen Bereichs in weiten Teilen des medizinischen Versorgungssystems ist trotz stärkerer Berücksichtigung der sog. Psychofächer im Medizinstudium nach wie vor unübersehbar.

Der psychotherapeutische Umgang mit körperlich Schwerkranken und chronisch Kranken stellt in besonderer Weise eine Herausforderung an einen Psychotherapeuten dar, da er fast bei jedem Patienten an die Grenzen der Reichweite seiner psychologischen Mittel stößt. Zwei dieser Grenzen wurden noch nicht benannt:

> !
> 1. In bestimmten Fällen, z.B. bei Patienten, die von Ängsten überflutet werden, ist der Einsatz von Psychopharmaka der alleinigen Psychotherapie vorzuziehen.
> 2. Eine Reihe von psychischen Zuständen, z.B. starke Affektschwankungen, können Ausdruck einer krankheits- und/oder altersbedingten hirnorganischen Veränderung sein. Auch sie entziehen sich meist einer Beeinflussung mit psychologischen Mitteln.

Während der Psychotherapeut bei üblichen Psychotherapien mit einem neurotischen Patienten erleben kann, wie dieser sich aus seinen Konflikten löst, eine Entwicklung im Sinne einer Befreiung erlebt, geht es bei der psychotherapeutischen Betreuung von körperlich Schwerkranken in der Terminalphase häufig „nur" um einen einigermaßen angemessenen Umgang mit diesen extremen Belastungen. Als Psychotherapeut wird man dabei nicht durch die psychische Befreiung eines anderen Menschen aus seinen neurotischen Fesseln belohnt, sondern eher durch das Gefühl: Das war in Ordnung, wie ich Herrn X oder Frau Y in ihrer letzten Lebensphase betreut habe.

Literatur

Beckmann D, Davies-Osterkamp S, Scheer JW (Hrsg) (1982) Medizinische Psychologie. Forschung für Klinik und Praxis. Springer, Berlin Heidelberg New York

Biermann-Ratjen E-M (1993) Das Modell der psychischen Entwicklung im Rahmen des Klientenzentrierten Konzepts. In: Eckert J, Höger D, Linster H (Hrsg) Die Entwicklung der Person und ihre Störung, Bd. 1, GwG, Köln

Heim E (1988) Coping und Adaptivität: Gibt es geeignetes und ungeeignetes Coping? Psychother Psychosom Med Psychol 38: 8–18

Koch U (1982) Psychotherapie im Medizinischen Bereich. In: Baumann U, Berbalk H, Seidenstücker G (Hrsg) Klinische Psychologie. Trends in Forschung und Praxis, Band V. Huber, Bern Stuttgart Wien S 188–227

Koch U, Lucius-Hoene G, Stegie R (Hrsg) (1988) Handbuch der Rehabilitationspsychologie. Springer, Berlin Heidelberg New York London Paris Tokio

Köhle K, Gaus E (1990) Psychotherapie von Herzinfarktpatienten während der stationären und poststationären Behandlungsphase. In: Uexküll Th von (Hrsg) Psychosomatische Medizin, 4. Aufl. Urban & Schwarzenberg, München Wien Baltimore

Kübler-Ross E (1969) On death and dying. Macmillan, New York

Quint H, Janssen PL (Hrsg) (1987) Psychotherapie in der Psychosomatischen Medizin. Erfahrungen, Konzepte, Ergebnisse. Springer, Berlin Heidelberg New York London Paris Tokio

Raspe HH (1983) Aufklärung und Information im Krankenhaus. Vandenhoeck & Ruprecht, Göttingen

Schmeling-Kludas C, Wedler H (1993) Psychosomatik im Allgemeinen Krankenhaus. Praktisches diagnostisches und therapeutisches Vorgehen. Medizinische Welt 44: 627–693

Uexküll Th von (Hrsg) (1990) Psychosomatische Medizin, 4. Auflage. Urban und Schwarzenberg, München Wien Baltimore

Weiterführende Literatur

Obwohl bei der psychotherapeutischen Betreuung von Schwerkranken die schulenspezifischen Ansätze keine sehr dominante Rolle spielen, haben wir bei der Auswahl von drei weiterführenden und vertiefenden Werken die drei großen Richtungen der Psychotherapie berücksichtigt. Alle drei Bücher enthalten für den Praktiker wertvolle Anregungen, aus welcher Perspektive sie auch immer verfaßt worden sind.

Psychoanalytische Ansätze:

Rechenberger HG, Werthmann HV (Hrsg) (1988) Psychotherapie und Innere Medizin. Grundlagen und Anwendungen. Pfeiffer, München

Verhaltenstherapeutische, aber auch psychoanalytische Ansätze:

Uexküll Th von (Hrsg) (1996) Psychosomatische Medizin, 5. Aufl. Urban & Schwarzenberg, München Wien Baltimore

Klientenzentrierter Ansatz:

Schmeling-Kludas Ch (1988) Die Arzt-Patient-Beziehung im Stationsalltag. Edition Medizin, Weinheim

Psychotherapie in der Psychiatrie 8

J. Eckert, M. Hautzinger, C. Reimer

8.1 Allgemeine Aspekte

Zum historischen Verhältnis von Psychiatrie und Psychotherapie

Ein Philosoph wurde nach seinem Verhältnis zu Gott befragt und soll dazu gesagt haben: Wir kennen uns, aber wir grüßen uns nicht.

Vielleicht charakterisiert dies auch zumindest das historische Verhältnis von Psychiatrie und Psychotherapie. Diese beiden Psychofächer haben sich bekanntlich in Europa und den USA ganz unterschiedlich entwickelt. In Europa wurde die Psychotherapie und insbesondere die analytische Psychotherapie innerhalb der Psychiatrie kaum rezipiert. Die offizielle Hochschulpsychiatrie, die sich dem Postulat Griesingers: „Geisteskrankheiten sind Gehirnkrankheiten" verpflichtet fühlte, lehnte die tiefenpsychologische Psychotherapie immer ab. Daran hat sich bis heute nichts substantiell geändert.

Andere Formen von Psychotherapie, v.a. die Verhaltenstherapie, konnten dagegen besser akzeptiert werden. Vielleicht gelingt biologisch orientierten, v.a. aber den psychopathologisch fixierten Psychiatern eine zumindest teilweise Identifizierung mit nicht tiefenpsychologischer Psychotherapie besser – etwa nach dem Motto: Im Grunde sind wir doch alle irgendwie Psychotherapeuten! Mit der tiefenpsychologischen Psychotherapie scheint ein ähnlicher Adaptationsprozeß aber nicht zu gelingen. Eine Ausnahme bildete wohl die Schweizer Hochschulpsychiatrie, die durch Bleuler und Jung psychoanalytisch „infiziert" war, was bis heute zu spüren ist. Auch zu Freuds Lebzeiten war die akademische Psychiatrie der analytischen Psychotherapie gegenüber immer abweisend.

In den USA konnte sich die tiefenpsychologische Psychotherapie innerhalb der Psychiatrie dagegen schon früh etablieren. Beide Fächer konnten voneinander profitieren, und viele psychiatrische Lehrstuhlinhaber und Klinikchefs waren vollausgebildete Psychoanalytiker und Lehranalytiker. Der Name von Karl Menninger und seine dynamische Psychiatrie sind exemplarisch für die fruchtbare Integration der beiden Fächer.

Der Einfluß der tiefenpsychologischen Psychotherapie verlor sich etwa in den letzten 25 Jahren in den USA zunehmend. Dieses hängt mit einer „biologischen Wende" zusammen, die die psychodynamischen Psychiater verdrängte.

Im deutschsprachigen Raum blieben beide Fächer getrennt. Dies mag u. a. damit zu tun haben, daß die psychoanalytische Bewegung durch den 2. Weltkrieg weitgehend zerstört war. An der Aufrechterhaltung dieser Trennung waren aber sicher nicht nur die Psychiater beteiligt, sondern auch die tiefenpsychologischen Psychotherapeuten, die sich für die speziellen Probleme der psychiatrischen Klientel therapeutisch niemals ernsthaft interessiert haben.

Das schlägt sich auch nieder in der spärlichen Literatur zum Verhältnis der beiden Fächer. Kisker schrieb 1980 in der ihm eigenen Lust an Sprache:

> Bemißt man das Verhalten von Psychiatrie und Psychoanalyse an der Würde, mit welcher ihrer beider Mutter, die Medizin, sich auf dem sozialen Parkett bewegt, seitdem sie ins gesellschaftliche Matronenalter eingerückt ist, so benehmen sich diese beiden Kinder bis in die jüngste Zeit hinein noch recht unreif. Anders als besser geratene jüngere Nachkömmlinge, welche, wie etwa die Anästhesiologie, die Nuklearmedizin oder die Medizinische Informatik, weniger aus der Art geschlagen sind, rempeln und rivalisieren sie einander an, seit sie mit dem Jahrhundertbeginn auf der Welt sind. Zugleich motzen sie gegen ihre ungleichen Eltern, Mutter Medizin und Vater Staat: weit vom Stamm gefallene Äpfel (S. 2).

Zum Verständnis dieses Rempelns und Rivalisierens könnte man z. B. überlegen, was sich zwischen ehemaligen Ausbildungskandidaten, die später in der Psychiatrie Karriere machten, und ihren früheren Ausbildungsinstituten abgespielt haben könnte. Reiser hat 1989 im Psychoanalytic Quarterly darauf hingewiesen, daß eine recht große Zahl akademischer Führungskräfte, v. a. Professoren, eigentlich Graduierte von anerkannten psychoanalytischen Instituten seien. Aber keiner von ihnen sei Mitglied der Amerikanischen Psychoanalytischen Gesellschaft und keiner praktiziere Psychoanalyse oder identifiziere sich mit dem Beruf des Analytikers. Noch während ihrer Ausbildung hätten ihre analytischen Lehrer vermutet, daß die Schüler eine analytische Karriere machen würden. Sie wurden aber Vorsitzende und Autoritäten in medizinischen Abteilungen und kamen nicht zu Ehren in den hierarchischen Strukturen der Psychoanalyse. Reiser meint, daß die Erlangung eines Zertifikats und einer vollen Mitgliedschaft nach der Graduierung bei einem anerkannten Institut schwer zu erreichen gewesen sei, daß einige Graduierte es deswegen schon gar nicht versucht hätten, weil sie sich nicht willkommen fühlten. Die, deren Versuch scheiterte, waren enttäuscht und fühlten sich unfair und inadäquat behandelt.

Es ist denkbar, daß Enttäuschungen und Kränkungen aus der Ausbildungszeit später als Rache gelebt werden können, indem die Psychoanalyse bzw. die tiefenpsychologische Psychotherapie bekämpft, ignoriert und lächerlich gemacht wird. Die Ausbildungsinstitute müssen sich in der Tat fragen, ob ihr Umgang mit Kandidaten adäquat ist. In den ausbildenden Institutionen wird nach Auffassung des Autors (C. R.) viel von dem emanzipatorischen, auf Veränderung und Befreiung zielenden, Potential der Psychoanalyse verraten, und zwar durch die Art und Weise, wie man miteinander umgeht und erwachsene, gestandene Kandidaten, die sich meist im Leben und im Beruf bewährt haben, wie kleine, unmündige Kinder behandelt, die abgekanzelt, gegängelt und verletzt werden können. Die kasuistischen Seminare, in denen Lehranalytiker ihre Kämpfe untereinander auf Kosten der Kandidaten austragen, sind ein vorzügliches Beobachtungsfeld dafür.

Kandidaten, die nach Abschluß ihrer psychoanalytischen Ausbildung in einer akademischen Position bleiben und dort Karriere machen, werden häufig skeptisch gesehen: Entweder bezweifelt man ihre volle analytische Identität, oder man vermutet Abhängigkeitsprobleme bei ihnen. Wie HINES (1979) zutreffend bemerkt, werde üblicherweise der Masochismus analysiert, den es brauche, um eine akademische Karriere aufzubauen. Vergessen werde dabei aber die Analyse des Masochismus, den es brauche, um eine analytische Ausbildung zu verfolgen.

Zum aktuellen Verhältnis von Psychiatrie und Psychotherapie
Durch die Literatur zum Verhältnis von Psychiatrie und Psychoanalyse bzw. tiefenpsychologischer Psychotherapie zieht sich ein sich immer wiederholender Aufruf zur Kooperation zwischen den beiden Disziplinen, die eigentlich stattfinden und gepflegt werden sollte. So begründet REISER (1989) die Notwendigkeit der Kontaktpflege damit, daß wechselseitige Vorurteile ausgeräumt und ein gegenseitiges Respektieren wiederhergestellt werden müsse. Andere Autoren wünschen sich eine vermehrte Zusammenarbeit der tiefenpsychologischen Psychotherapeuten mit den biologisch orientierten Psychiatern, und zwar mit dem Ziel der Reintegration der analytischen Psychotherapie in die Institution und in die Wissenschaft.

Die hier nur angedeuteten diskrepanten Entwicklungen beider Fächer und ihr beidseitiger Skeptizismus führten dazu, daß insbesondere die tiefenpsychologische Psychotherapieweiterbildung außerhalb psychiatrischer Institutionen stattfand – sowohl in privaten Institutionen wie auch auf überregionalen Fort- bzw. Weiterbildungsveranstaltungen. Diese Weiterbildungen wurden auch nicht von allen psychiatrischen Vorgesetzten gefördert und unterstützt. Letztlich führte diese Orientierung nach außen dazu, daß sich viele werdende Psychiater mehr für die Psychotherapie als für die psychiatrische Therapie und deren spezifische Klientel interessierten. Der psychiatrische Facharzt wurde teilweise nur noch erworben, um sich abzusichern und eine Facharztanerkennung zu haben. Nach Beendigung dieser Weiterbildung führen dann viele Kollegen überwiegend psychotherapeutische Behandlungen durch und gehen damit für die ambulante Versorgung der Psychiatriepatienten weitgehend verloren. In der Schweiz läßt sich ein ähnlicher Identitätsbildungsprozeß beobachten.

Berufspolitische Konsequenzen
Diese und weitere Gründe mögen dazu geführt haben, daß sich die weitgehend biologisch und psychopathologisch orientierten Psychiater darauf besannen, daß die Psychotherapie eigentlich zu ihnen gehöre und immer schon gehört habe. Die aus dieser „Einsicht" resultierenden und bis heute anhaltenden berufspolitischen Kämpfe zwischen Psychiatern einerseits und Psychotherapeuten/Psychosomatikern andererseits sollen hier nicht beschrieben werden. Immerhin führten die berufspolitischen Diskurse zur Erweiterung der Facharztbezeichnung für Psychiatrie auf „Facharzt für Psychiatrie und Psychotherapie". Die Psychotherapeuten/Psychosomatiker konnten eine eigene Facharztbezeichnung durchsetzen (Facharzt für Psychotherapeutische Medizin), was bis jetzt und vermutlich auch weiterhin von den psychiatrischen Berufsvertretern bekämpft und als Fehlentwicklung angesehen wird.

Manche Psychiater meinen sogar, daß sie auch die Psychosomatik noch „mitmachen" könnten. Hier wird seitens der Psychiatrie ein beachtlicher Spagat zustande gebracht: Einerseits hat man die „decade of the brain" ausgerufen (Geisteskrankheiten sind Gehirnkrankheiten!), andererseits ist man gleichzeitig kompetenter Psychotherapeut – eine groteske Entwicklung.

Die Realität an vielen psychiatrischen Weiterbildungsstätten wird so aussehen, daß der Bereich „Psychotherapie" an einen hierfür kompetenten Oberarzt oder Abteilungsleiter delegiert wird, der das entsprechende Curriculum aufbaut und dessen Durchführung gewährleistet – mit dem Vorteil, daß der Chef biologisch arbeiten kann.

Wie WEINER (1996) treffend bemerkt, werden die Vorstellungen der psychosomatischen Medizin nicht in die Psychiatrie integriert. Bemühungen um eine Integration von biologischen, psychosozialen und psychosomatischen Theorien in die Psychiatrie „wirken anrüchig" (S. 979). Nach dem Motto: Nicht Menschen, sondern Gehirne haben psychiatrische Krankheiten oder Störungen. Diese Hirnkrankheiten seien die direkte Folge aberrierender Gene.

Sieht man von den polaren Positionen der unterschiedlichen Fachgruppen und ihrem berufspolitischen Streit ab, bleibt zu begrüßen, daß sich die Psychiatrie offensichtlich weit mehr als früher um die Integration psychotherapeutischer Behandlungsansätze in die Psychiatrie bemüht.

Die an diesem Kapitel beteiligten Autoren wollen im folgenden keinen lexikalischen Überblick über generelle oder auch störungsspezifische Möglichkeiten der Psychotherapie in der Psychiatrie geben, sondern sie wollen beispielhaft darstellen, wie einzelne Störungen auf dem Hintergrund der jeweiligen „Schule" behandelt werden können.

8.2 Behandlungsbeispiele

8.2.1 Tiefenpsychologisch orientierte Depressionsbehandlung

C. Reimer

Mögliche auslösende psychologische Faktoren

Zunächst sollen psychologische Faktoren aufgeführt werden, die depressive Erkrankungen auslösen können.

> ! Dabei soll darauf hingewiesen werden, daß, wie fast überall bei psychischen Krankheiten, keine Spezifität besteht, d. h., daß man nicht sagen kann, daß ein ganz bestimmter Auslöser zu einer ganz bestimmten Depression führt.

Mögliche Auslöser depressiver Erkrankungen

Psychologische Faktoren, z. B.:

- Trennungs- und Verlusterlebnisse,
- Konflikte und Belastungen unterschiedlicher Art und Intensität,
- Einsamkeit/Vereinsamung,
- „Life events",
- Kränkungen sowie
- Entlastung nach anhaltender Belastung.

Bei den psychologischen Faktoren scheint realen oder imaginierten, also befürchteten Trennungs- und Verlusterlebnissen eine besondere Bedeutung für die Auslösung von Depressionen unterschiedlicher Schwere zuzukommen. Dies hängt vermutlich mit der besonderen Form von Abhängigkeit zusammen, die Depressive in ihrer Objektwelt leben. Entsprechend ist auch Einsamkeit bei Fehlen von Beziehungen oder auch Einsamkeit zu zweit ein häufiger Auslöser. Bei den „life events" sind es nicht nur negative Erlebnisse, die Depressionen auslösen können. Auch Heirat oder beruflicher Aufstieg können depressiv machen – zumindest vorübergehend. Kränkungen mit der Folge von depressiven Reaktionen sind häufig, besonders bei Menschen mit einer narzißtischen Störung und instabilen Objektbeziehungen. Depression und auch Suizidalität kennzeichnen hier die anhaltende Dekompensation eines ohnehin labilen narzißtischen Gleichgewichts. Im folgenden möchte ich ein Beispiel für die Auslösung einer schweren Depression geben:

Beispiel

Ein 50jähriger Mann wurde zur klinisch-psychiatrischen Behandlung eingewiesen. Er klagte über diverse Ängste, Arbeitsunfähigkeit, Schlaflosigkeit, Appetit- und Gewichtsverlust, Suizidalität und ein Gefühl totaler Sinn- und Ausweglosigkeit. Darüber hinaus bestand ein ausgeprägter Verarmungswahn. Diese Symptome hatten sich sukzessive im Lauf des letzten halben Jahres vor der Aufnahme entwickelt. Zum Symptombeginn berichtete der Patient ein auslösendes Ereignis: Er habe seit 24 Jahren eine leitende Stellung in einer Firma. Alles sei immer über ihn gelaufen, sozusagen „jeder Buchstabe", bis er eines Tages habe feststellen müssen, daß man ihn nicht nur einmal überging, indem man Offerten anderer Firmen einholte, ohne ihn zu fragen. Nachdem er die Firma mit aufgebaut und für alles geradegestanden habe, habe man ihn nun kaltgestellt, so daß letztlich 70 % seiner früheren Arbeit weggefallen sei. Zudem sei die Firma neu aufgeteilt worden, es seien junge, dynamische Leute eingestellt worden,

„Leute mit Ellbogen", die er nicht habe, und mit ihm, dem alten Abteilungsleiter, wolle man nun offensichtlich nichts mehr zu tun haben. Das könne er nicht verwinden. Nach anfänglicher Schlaflosigkeit verstärkten sich die beschriebenen Symptome bis zur völligen Dekompensation.

Über sich selbst, seine Eigenschaften und Prinzipien berichtete der Patient, daß er sehr akkurat sei. Gewissenhaftigkeit und Pflichtbewußtsein seien ihm oberste Prinzipien. Seine Treue und Arbeitswilligkeit seien früher auch immer sehr geschätzt gewesen. An die Firma habe er 20 Stunden am Tag denken müssen, und so habe er viel leisten können und wollen. Darüber hinaus pflege er sein Familienleben, hänge sehr an seiner Frau und sei mit ihr und den Kindern immer fest verbunden gewesen. Konflikte schilderte er nicht. Die Harmonie dominierte in seiner Beschreibung eindeutig. Streit habe es in all den Jahren so gut wie nie gegeben. Er gehe dem auch aus dem Weg. Die Ehefrau, mit der er immer alles besprochen habe, habe ihn stets beraten und geführt. Sie sei Mutter, Freundin und Frau für ihn. Noch kürzlich habe sie gesagt, daß eigentlich sie der Herr und Meister im Hause sei, und das stimme auch.

Der behandelnde Kollege, der sich einem biologischen Verständnisansatz von Depression verpflichtet fühlte, behandelte den Patienten nun lege artis nacheinander mit verschiedenen Antidepressiva, unter denen sich zwar der Schlaf besserte; es konnte aber lange kein entscheidender therapeutischer Durchbruch erzielt werden. Der Patient schien in seiner Depression gefangen zu sein.

Eine tiefenpsychologisch orientierte Nachexploration brachte zutage, daß weitere Auslöser für die jetzige erstmalige Depression verantwortlich, dem Patienten als solche aber nicht bewußt waren: Seine Ehefrau hatte kurz vor Ausbruch der Erkrankung einen Hörsturz, der sich nicht wieder gebessert hatte. Ein zweiter Hörsturz schloß sich wenig später an. Als sie dann noch die Kellertreppe hinunterstürzte und kurze Zeit wie tot dagelegen habe, war unser Patient nachhaltig schockiert. Dabei wurde deutlich, daß er sich nicht vorstellen konnte, jemals ohne den Halt seiner Frau weiterleben zu können. Die Dekompensation der Frau hatte symbolisch für ihn ihren Verlust thematisiert und bedrohlich vorweggenommen.

Die Frage nach seinem Chef in der Firma überraschte unseren Patienten. Ihm wurde nämlich deutlich, daß der alte Chef 9 Monate vor Symptombeginn ausgeschieden war und seinem Sohn Platz gemacht hatte, der nun die Firma rücksichtslos verjüngt habe. Unter dem Schutz des alten Chefs, der ihn immer gefördert, rückhaltlos unterstützt und den er sehr verehrt habe, sei er ein idealer zweiter Mann gewesen. Entsprechend habe er mit Herz gearbeitet, und dann sei alles auf einmal zusammengebrochen.

Wir hatten nun drei auslösende Ereignisse gefunden, die den Patienten schwer erschüttert und zu einer massiven depressiven Dekompensation gebracht hatten: Eine tiefe Kränkung am Arbeitsplatz mit Verlust der alten Sicherheit und Ordnung sowie der Arbeitsfunktion und der Wertschätzung; eine massive Beängstigung durch den imaginierten Verlust der haltgebenden Ehefrau und eine schwere Verunsicherung durch das Ausscheiden des Halt und Unterstützung gewährenden Chefs.

Die Bearbeitung der Auslöser und der Themen, die dahinter standen, also v. a. die Problematik der Abhängigkeit, führte schließlich zu einer überzeugenden therapeutischen Wende.

Psychodynamische Aspekte

Anläßlich der eben geschilderten Kasuistik soll kurz das charakterisiert werden, was TELLENBACH (1983) den Typus melancholicus genannt hat.

Das Konzept des Typus melancholicus. (Nach TELLENBACH 1983)

Prämorbide Persönlichkeitscharakteristika:

- Prononcierte, penible Ordentlichkeit,
- überdurchschnittlich hoher Leistungsanspruch.

Bedrohung durch:

- Störungen in der Ordnung der Arbeitswelt,
- Störungen in der Ordnung mitmenschlicher Bezüge sowie
- Gewissensbelastung und Gewissenskollision.

Beim Typus melancholicus handelt es sich um eine Merkmalskombination bestimmter Charaktereigenschaften oder auch struktureller Gegebenheiten, die von Tellenbach im Sinne einer phänomenologisch-deskriptiven Psychopathologie sehr differenziert beschrieben worden ist. Er fand bei Melancholikern zwei besonders ausgeprägte Eigenschaften, nämlich eine prononcierte, penible Ordentlichkeit und einen überdurchschnittlich hohen Leistungsanspruch. Die Organisation der privaten Beziehungen sowie auch der Arbeitswelt wird weitgehend durch diese Charaktereigenschaften bestimmt. Dieses war ja auch an dem oben vorgestellten Patienten zu bemerken. Solche Menschen geraten in psychische Dekompensationen, und zwar bevorzugt in schwere Depressionen, wenn sich Irritationen innerhalb ihres Ordnungs- und Leistungssystems ergeben, und zwar Störungen in der Ordnung der Arbeitswelt sowie auch Störungen in der Ordnung mitmenschlicher Bezüge oder Situationen, in denen ihr Gewissen in besonderer Weise belastet ist und sie keinen Ausweg finden können, der mit ihrer Persönlichkeit stimmig ist.

Psychoanalytische Erklärungsansätze der Depression. Erste psychoanalytische Ansätze zum Verständnis und zur Behandlung schwerer Depressionen finden sich bei Abraham (1912). Er unterschied zwischen Melancholie und Trauer und wies auf den Zusammenhang zwischen Depression und verdrängter Aggression hin. Diese unbewußte Aggression bilde den Boden für die Schuldgefühle des Melancholikers. Weiterhin fand Abraham bei den melancholischen Patienten eine zwanghafte Charakterstruktur, wie sie später differenzierter von Tellenbach (1983) im Typus melancholicus beschrieben wurde.

1917 veröffentlichte Freud seine Arbeit über „Trauer und Melancholie". Er beschrieb drei grundlegende Mechanismen, die zur Depression führen können:

- Objektverlust,
- Ambivalenz und
- Rückzug der Libido ins Ich

(gemeint ist mit dem Letzteren ein Rückzug der in die Beziehungen zu anderen investierten Gefühle auf das eigene Selbst).

Freud fand in der Kindheit späterer Depressiver eine intensive Bindung an ein Liebesobjekt, die durch Enttäuschung bedroht wird und verlorengeht. Die Folge ist ein Rückzug der objektbezogenen Libido in das Ich bzw. diejenigen Ich-Anteile, die sich mit dem verlorenen Liebesobjekt identifizieren. Für Freud ist insbesondere dieser Mechanismus spezifisch für die Melancholie.

Nach diesen beiden Ansätzen der klassischen Psychoanalyse gab es im Verlauf der Weiterentwicklung der psychoanalytischen Theorie weitere Erklärungsmodelle, so z.B. den Ich-psychologischen Ansatz, in dem Ich-Hilflosigkeit und die geringe Selbstachtung des Depressiven betont werden.

Psychodynamische Hauptfaktoren der Depression. Aus den verschiedenen historischen und neueren Theoriebildungen lassen sich nach Benedetti et al. 1983 und Benedetti 1987 drei psychodynamische Hauptfaktoren der schweren Depression herleiten:

- Abhängigkeit,
- Selbstaggressivität und
- gestörte Idealbildung.

> ! Zum ersten Punkt führt Benedetti aus, daß depressive Menschen oft unter einer Diskrepanz zwischen großen, von ihnen nicht selten verkannten affektierten Ansprüchen, die lange enttäuscht wurden, leiden und der allgemeinen Unfähigkeit, sie zu erfüllen bzw. sich durchzusetzen.

Lange vor der Erkrankung neigten diese Menschen dazu, sich an ihre Verhältnisse anzupassen. Sie seien dominiert und gebraucht und in manchen Fällen von ihren Partnern sogar ausgenutzt worden. Es fehle ihnen an aggressivem Durchsetzungsvermögen. Deshalb neigen sie dazu, sich aufzuopfern, und die Depression entwickle sich nicht selten dann, wenn die erwartete Dankbarkeit des anderen ausbleibe, wenn die innere Einsamkeit zunehme oder wenn eigene latente Aggressionen gegen den enttäuschenden Partner ein Maß erreichten, das mit dem überangepaßten Lebensstil des Patienten unverträglich sei. Viele Patienten sträubten sich aber gegen solche psychodynamischen Einsichten, weil sie unbewußt danach strebten, frühere Lebensverhältnisse der Unterwerfung so weit wie möglich wiederherzustellen. Entsprechend hätten sie Angst davor, neue Schlüsse aus ihrer Krankheit zu ziehen. In der Übertragungsbeziehung zum Psychotherapeuten bekomme dieser leicht die Rolle der dominierenden Person und werde dann zu einem Zielobjekt des depressiven Kampfes: Anpassung einerseits, geheime Rebellion andererseits.

Dieser zweite Punkt der Selbstaggressivität oder depressiven Negativität ist wohl der, der in Psychotherapien schwer depressiver Patienten die meisten Schwierigkeiten bereitet. Hier geht es nämlich darum, den Patienten dazu zu bewegen, sich von seiner Negativität zu distanzieren.

> ! Die Schwierigkeit liegt u. a. darin, daß sich Depressive nicht nur unnachgiebig selbst anklagen, sondern häufig auch jede Form gutgemeinter therapeutischer Zuwendung, jedes Verständnisangebot hartnäckig ablehnen. Benedetti weist für diesen Aspekt der Psychotherapie darauf hin, daß es besonders wichtig sei, den Patienten mit seiner Negativitätssucht zu konfrontieren, ohne jedoch Schuldgefühle und vernichtende Selbstverurteilung zu stimulieren.

Manche depressive Patienten haben schließlich Störungen in ihrer Idealbildung.

> ! Klinisch kann sich dies daran bemerkbar machen, daß sie sich z. B. unfähig fühlen, die einfachsten Aufgaben zu verrichten. Im Hintergrund stehen häufig unbewußte große bis grandiose Lebensaufgaben, die die Patienten aber nie erfüllen konnten.

Die beschriebenen drei psychodynamischen Punkte sind oft miteinander kombiniert und spielen in unterschiedlichen Gewichtungen in der Psychotherapie eine Rolle.

Diese etwas verdichteten psychodynamischen Überlegungen sollen beendet werden mit einem Hinweis auf die Ergebnisse der Forschungen von Arieti u. Bemporad (1983) über Krankheitsbild, Entstehung, Dynamik und psychotherapeutische Behandlung der Depression. Sie beschreiben in ihrem lesenswerten Buch, daß Depressive schon seit ihrer frühen Kindheit in besonderer Weise von einer signifikanten, dominanten Bezugsperson abhängig waren und es dann auch ihr ganzes weiteres Leben hindurch bleiben. Manche Menschen mit depressiver Struktur verschieben ihre Abhängigkeitsproblematik von Personen auf Ziele, z. B. den Beruf, so daß man sagen kann, daß statt einer signifikanten Bezugsperson ein signifikantes Ziel gesucht wird. Sie leben dann nur noch für dieses Ziel und ihre Selbstachtung, und der Sinn ihres Lebens steht oder fällt mit der Verwirklichung dieses Zieles.

> ! Bei dieser Festlegung auf Abhängigkeiten unterschiedlicher Art fällt natürlich auf, daß ein so strukturierter Mensch v. a. Mängel in seiner Autonomieentwicklung aufweist. Aus diesem Grunde sind die Objektbeziehungen vieler Depressiver ambivalent.

Manche von ihnen leben dann in Partnerschaften, die keineswegs befriedigend sind, sondern in einer Atmosphäre feindseliger Abhängigkeit ablaufen: Man kann nicht miteinander, aber ohne einander erst recht nicht. Aus diesen Gründen haben solche Menschen die größten Probleme mit Abschied und Trennung. Verabschieden kann man sich erst dann, wenn man sich aus den kindlichen Abhängigkeiten gelöst hat. Wir erleben als Psychotherapeuten ja häufig Beziehungen von Patienten, in denen die feindseligen Abhängigkeiten vorherrschen. In Unkenntnis dieser Dynamik sehen sich manche Therapeuten veranlaßt, Patienten, deren Partnerschaft ihnen als außerordentlich schlecht erscheint, zu Trennungen aufzufordern, weil sie sich davon versprechen, daß der Patient danach glücklicher sei. Manche erleben mit Schrecken, daß sich nach solchen „Empfehlungen“ die Therapeut-Patient-Beziehung signifikant verschlechtert. Übersehen wird dabei immer, welche enorme Bindungskraft auch eine schlechte und objektiv zerstörerische Beziehung haben kann.

Spezielle psychodynamische Konstellationen

In der Schulpsychiatrie, besonders der deutschen, wurde immer wieder darauf hingewiesen, daß ein tiefenpsychologischer Zugang zum Depressiven im Grunde nicht möglich sei. Dies entbehrt nicht einer gewissen inneren Logik, denn wenn man schwere Depressionen als alleinigen Ausdruck bestimmter biochemischer Fehlsteuerungen ansieht, liegt es auf der Hand, daß unbewußte Konflikte dort nichts zu suchen haben. Konsequenterweise wird dann auch die Frage der Auslösung affektiver Psychosen, insbesondere der Depressionen, vernachlässigt, obwohl auslösende Ereignisse, wie z.B. Trennungs- und Verlusterlebnisse, bekannt sind.

■ **Jahrestagsreaktionen.** Abgesehen davon, daß sich Auslöser nicht immer finden lassen, scheitert die Suche nach ihnen oft auch an einer unzureichenden biographischen Anamneseerhebung, die die Konfiguration und Qualität der früheren Objektbeziehungen berücksichtigen muß, und an der Vernachlässigung bestimmter Details, die Aufschluß über die Frage der Auslösung geben könnten. Zu diesen Details gehören z.B. die „anniversary reactions“. Diese Jahrestagsreaktionen, die meist unbewußt sind, können zu depressiven und suizidalen Krisen führen, und zwar dergestalt, daß um den Jahrestag eines Verlustes eines geliebten und nahestehenden Menschen herum für die Betreffenden aus scheinbar heiterem Himmel eine depressive Verstimmung einsetzt.

Definition

Man versteht unter „anniversary reactions“, „daß und wie regressive Phänomene verschiedenster Art zeitlich gesehen nicht zufällig in Erscheinung treten, sondern in einem sinnhaften Zeit- und Datumsbezug zu Geschehnissen und Erlebnissen der Vergangenheit zu stehen scheinen“ (Haesler 1985, S. 211).

Dabei kann der Eindruck entstehen, als habe eine „innere Uhr den Zeitpunkt im Leben eines Menschen bestimmt, an dem eine bis dahin stabile Abwehrstruktur zusammenbricht und den Weg in psychoneurotische, psychosomatische oder auch psychotische Symptombildung öffnet“ (S. 211).

Beispiel

In klinisch-psychiatrische Behandlung kommt ein 48jähriger Patient – ein Schrank von einem Mann, robust wirkend. Es handelt sich um einen Kollegen (Landarzt), der über eine Reihe klassisch-depressiver Symptome klagt, dabei aber ständig betonen muß, daß er nicht depressiv sei, weil er keine Depression fühle. Zur Symptomatik berichtet er, daß ihm bereits seit etwa einem halben Jahr seine Arbeit in der Praxis zuviel geworden sei. Er sei zunehmend nervös und gehetzt geworden und habe kaum noch geschlafen. Völlig gegen seinen sonstigen Charakter und sein Temperament sei er in dieser Zeit immer stiller geworden, habe Gesellschaften gemieden und sich so weit zurückgezogen, daß seine Frau von einer Persönlichkeitsveränderung gesprochen habe. Mit ihr habe er auch seit Monaten nicht mehr schlafen können. Hinzu kamen vegetative Symptome, und zwar überwiegend Schwitzen. Schließlich sei es auch in der Praxis nicht mehr gegangen. Er habe regelrecht Angst vor Patienten bekommen und fühle sich auch nach 10 bis 11 Stunden Schlaf mit Schlaftabletten nicht ausgeschlafen, sondern klagte – und das störte ihn am meisten – über ein „wahnsinniges Schlappheits- und Erschöpfungssyndrom“.

Die Überlegung, ob eine Schilddrüsen- oder Muskelerkrankung verantwortlich sein könnte für diesen Zustand, erübrigte sich nach entsprechenden Untersuchungen. Auch weitere organische Untersuchungen blieben ohne Befund. Der durch seinen Zustand äußerst beunruhigte Kollege unternahm schließlich verschiedene Selbstmedikationsversuche, u.a. mit Antidepressiva, die er bereits nach wenigen Tagen wieder wechselte, weil sie keinen schnellen Erfolg brachten. Ebenso wie die Sexualität hatte auch der Appetit abgenommen. Er hatte 14 kg an Gewicht innerhalb von 4 Monaten verloren. Auch Tagesschwankungen deuteten sich an, und zwar dergestalt, daß er sich abends besser fühlte als morgens. Zu all diesen subjektiv ihn sehr quälenden Symptomen kam noch die Angst hinzu, daß er plötzlich an einem Herzinfarkt versterben könnte und daß er dann die Praxis und die Familie – in dieser Reihenfolge – allein lassen müsse. Im Gefolge solcher Gedanken traten gelegentlich auch Suizidideen auf.

Die Behandlung von Kollegen kann, gerade wenn es um psychologische Probleme geht, nicht gerade einfach sein. Bei der Aufnahme fiel uns auf, wie schon kurz angedeutet, daß unser Patient schon die Begegnung mit einer psychiatrischen Klinik als ihm im Grunde wesensfremd erlebte. Er bat uns eindringlichst, ihm möglichst schnell zu helfen, weil seine Praxis sonst gefährdet sei – eine Befürchtung, die real nicht berechtigt war, da er einen Vertreter hatte und die Praxis nach Aussagen der Ehefrau gut und unkompliziert weiterlief.

Biographische Anamnese. Der weitere Gang der Therapie, den ich kurz darstellen möchte, ist nicht zu verstehen ohne die Biographie des Patienten: Bei der Aufnahme war zunächst zu erfahren, daß er als Sohn eines Landarztes aufgewachsen war. Er war der Älteste von 4 Geschwistern. An seine ersten Lebensjahre habe er gar keine Erinnerungen. Sein Vater sei ein sehr beliebter Arzt gewesen, den er nur selten gesehen habe, da er bis abends um 23.00 Uhr gearbeitet habe. Die Mutter war Hausfrau. Er selbst war der Lieblingssohn des Vaters, und mit ihm habe er schon als Kind hin und wieder Hausbesuche machen dürfen. Nach dem Abitur habe er dann selbst Medizin studiert und sich nach einigen Jahren Krankenhaustätigkeit in einer allgemeinmedizinischen Praxis niedergelassen. Für ihn sei immer klar gewesen, daß er Arzt werden wollte wie der Vater. Er habe immer so eine Praxis wie er haben wollen. Wie seine eigene Praxis aussah, schilderte der Patient wie folgt: Er würde vormittags etwa 120 und nachmittags 50 bis 60 Patienten sehen, zwischendurch mache er Hausbesuche, auch am Samstag und Sonntag. Pro Quartal habe er etwa 2600 Scheine von den Patienten. In seiner Gemeinde sei er sehr beliebt und habe alles – wie gesagt – immer gut geschafft bis eben zu jenem Zeitpunkt, an dem die beschriebenen Symptome auftraten und ihn zunehmend an der ihm gewohnten Erfüllung seiner Aufgaben hinderten.

Ich habe die Schilderung des Patienten hier so wiedergegeben, wie er sie uns vorgebracht hat. Dabei wird aufgefallen sein, daß viele persönliche Angaben fehlten. So haben wir von der Existenz seiner Familie erst auf Nachfrage erfahren. In der Schilderung seiner Ehefrau gewann diese auch nur dadurch Profil, daß sie in der Praxis mitarbeitete und außerordentlich „anstellig" sei, wie er es ausdrückte. Auch über der Kindheit des Patienten lag eine eigentümliche Gefühlsabwehr, wie wir u. a. an der Frage nach der Beziehung zu seinen Eltern bemerkten. Das ganze Leben dieses Mannes schien zu bestehen aus der Arbeit in seiner Praxis, die ihn tagtäglich rundum ausfüllte. Mit dem verdienten Geld konnte er aus zeitlichen Gründen so wenig anfangen, daß er seinen Sportwagen und ein großes Segelboot wieder verkaufte. Im Gespräch war ihm ein großer Stolz über diese Art von Leben und Berufstätigkeit anzumerken. Daß da irgend etwas mit ihm selbst nicht in Ordnung sein könnte, war ihm völlig fremd und entsprechend war ihm dieser Gedanke auch niemals gekommen.

Therapie. Die lege artis durchgeführte antidepressive Infusionsbehandlung brachte auch nach einer üblichen Zeit keinen bemerkenswerten Erfolg, so daß man schließlich ein weiteres Antidepressivum einsetzte, was ebenso erfolglos blieb, wenn man davon absieht, daß der Schlaf sich etwas besserte. Angesichts dieser relativen Erfolglosigkeit beschäftigten wir uns noch einmal eingehend mit der Biographie des Patienten und explorierten aktiver als bei der Aufnahme, in der ja die schon geschilderte Abwehr des Patienten ein direkteres Nachfragen meist verhindert hatte. Bei dieser Nachexploration kam u. a. folgendes heraus: Der Kollege hatte uns lediglich angegeben, daß seine Eltern irgendwann einmal verstorben seien. Es stellte sich dann aber heraus, daß der Vater im Alter von 48 Jahren plötzlich verstorben war. Er war in der Praxis tot umgefallen. Zuvor sei er bereits schwer herzkrank gewesen, habe mindestens 100 Zigaretten pro Tag geraucht und sehr viel starken Kaffee getrunken. Der Patient war bei diesem Ereignis 9 Jahre alt. Die Todesnachricht habe ihn sehr getroffen, die Beerdigung habe er als schrecklich in Erinnerung gehabt. Insgesamt wurde in dieser Nachexploration deutlich, daß der Patient sehr stark an seinem Vater gehangen hatte. Er schilderte die Beziehung zu ihm in ähnlicher Weise wie seine Beziehung zu seiner Praxis. Die Mutter schien ebenso bedeutungslos wie später die Ehefrau zu sein.

Ich möchte auf weitere Einzelheiten der Biographie hier verzichten, aber darauf hinweisen, daß es einen Punkt in der gezielten Exploration gab, nach dessen Bewußtmachung und Bearbeitung sich die Depression zum erstenmal deutlich besserte. Uns war aufgefallen, daß sie um das Todesalter des Vaters herum eingesetzt hatte. Solche Zusammenhänge sind, wie schon erwähnt, als „anniversary reactions“ beschrieben worden. Man kann sie immer wieder finden, wenn man daran denkt, danach zu fragen. Auch unser Kollege war sehr erstaunt, als wir ihm diesen Zusammenhang fragend sagten und ihm unseren Eindruck vermittelten, ob er nicht möglicherweise Angst gehabt habe, genauso plötzlich sterben zu müssen wie sein Vater und nicht älter zu werden als er. Nach anfänglicher kurzer Verwirrung setzte wenig später ein mehrere Tage lang anhaltender trauriger Gefühlsdurchbruch ein und danach – wie gesagt – eine deutliche Besserung.

Am Beispiel unseres Arzt-Patienten handelte es sich um eine sog. Anniversary-Identifizierung: Der Patient hatte sich in seiner unbewußten Phantasie mit dem Schicksal des Vaters als seiner entscheidenden Bezugsperson identifiziert und eine Depression entwickelt als Ausdruck des traumatisch erlebten Verlustes seines Vaters. Zudem wurde das Ausmaß deutlich, in dem die idealisierte Vater-Imago über die identische Gestaltung des Alltags hinaus bis zur Bestimmung des Todeszeitpunktes allmächtig wirkte.

> **!** Ich empfehle, in der Therapie depressiver Patienten sehr genau nach Konstellationen zu suchen, die zu „anniversary-reactions“ und daraus folgenden unterschiedlichen, v.a. aber auch depressiven Symptombildungen führen können. Dabei kommt traumatischen Erfahrungen von Objektverlust durch Trennung oder Tod und den sich daraus ergebenden Störungen der Trauerprozesse für das Entstehen von „anniversary reactions“ eine besondere Bedeutung zu.

Manche Kollegen geben die Suche auf, wenn sie keinen realen Verlust explorieren konnten. Der Fehler dabei ist, die ganze Bandbreite symbolischer oder auch atmosphärischer Trennungs- und Verlusterlebnisse, die traumatischer wirken können als ein einmaliger Verlust, damit zu übersehen. Ich erinnere nur an die Wirkung von langjährigen Konflikten zwischen Eltern, die viel streiten und dabei wechselseitig in Anwesenheit ihrer Kinder mit Trennung bzw. Scheidung drohen. Im späteren Leben solcher Kinder kann ein scheinbar banaler, geringfügiger Anlaß auf einem solchen Erlebnishintergrund in eine Depression hineinführen. Dem behandelnden Arzt kann der manifeste Auslöser so nichtssagend erscheinen, daß er ihn mit der Erkrankung gar nicht in Zusammenhang bringen kann. Auf die Risiken so mangelhafter Einfühlung hat auch Mattusek (1987) hingewiesen, wenn er feststellt, daß in seinen Katamnesen nicht selten eine endgültige Ablehnung aller Psychiater und Psychotherapeuten als Reaktion auf einen einzigen unempathischen Arzt erfolgte.

Affekte und Gegenübertragung

Bei der Behandlung Depressiver sollten Gegenübertragungsreaktionen besonders beachtet werden. Depressive sind für manche Kollegen schwer auszuhalten. Eine kleine Umfrage unter Assistenzärzten psychiatrischer und psychotherapeutisch-psychosomatischer Institutionen (Reimer 1991) hat gezeigt, daß depressive Patienten am unbeliebtesten sind. Die Kollegen störte am meisten

- deren Anklammerungstendenz,
- die Aggressionsvermeidung sowie

- eine Verweigerungshaltung; hiermit war vermutlich der zähe Widerstand gemeint, mit dem sich Depressive einer Besserung entgegenstellen können.

Diese Merkmale führten bei den Helfern häufig zu Gefühlen von Ärger, Ohnmacht und Hilflosigkeit. Aus diesen Gegenübertragungsgefühlen heraus kommt es dann gelegentlich zu grotesken Interaktionen: Ich habe einen Kollegen erlebt, der es bei der Vormittagsvisite nicht ertragen konnte, daß eine depressive Patientin nicht aus dem Bett kam. Er schlug die Bettdecke zurück und zog die Patientin gegen ihren Widerstand aus dem Bett mit der Bemerkung: „Ich muß morgens früh aufstehen, dann können Sie das auch!"

> ! Häufiger ist wohl eine latente Aggressivität, die sich einstellt, wenn der Depressive in dem Zirkel seiner negativen Kognitionen und Selbstentwertungen steckenzubleiben scheint.

Hier habe ich häufig eine Art Machtkampf zwischen Arzt und Patient erlebt, der dazu führte, daß der Arzt sich immer wieder darauf versteifte, dem Depressiven zu erklären, daß die Phase sicher vorübergehen werde und daß das nächste Medikament ganz sicher besser helfen werde als das jetzige, während der Depressive sich nicht darauf einlassen konnte. In solchen Interaktionen ließ sich allein am Szenischen viel von der Aggressionsproblematik des Depressiven in der Gegenübertragung des Arztes bemerken. Vielleicht ist auch das Erleben von langanhaltender Depressivität für manche Kollegen eine Bedrohung, indem eigene depressive Seiten angerührt werden, die der starke Helfer bekanntlich nicht besonders gerne sieht.

Konsequenzen für die psychotherapeutische Praxis
Tiefenpsychologische bzw. analytische Psychotherapie wurde v.a. bei Patienten mit unipolaren affektiven Störungen (Depressionen) beschrieben (Benedetti 1987). Während manischer Episoden ist diese Therapieform kaum durchführbar. Die Indikation zur tiefenpsychologischen Psychotherapie hängt von bestimmten Voraussetzungen auf seiten des Patienten, aber auch auf seiten des Psychotherapeuten ab.

> **Indikationskriterien für eine tiefenpsychologisch orientierte Psychotherapie affektiver Störungen**
>
> Beim Patienten sind es:
>
> - Motivation zur Introspektion und Hinterfragung der Erkrankung sowie
> - Vorhandensein einer gewachsenen, wichtigen Lebensproblematik.
>
> Beim Therapeuten sind es:
>
> - neben der tiefenpsychologisch fundierten Ausbildung sehr gute Kenntnisse über Psychosen und deren Verlauf sowie
> - die Bereitschaft, das klassische analytische Setting zu modifizieren, den speziellen (psychotischen) Übertragungsmustern Raum zu geben und sie aushalten zu können.

Benedetti (1987) unterscheidet fünf Phasen in tiefenpsychologischen Behandlungen affektiver Störungen:

- Die Phase der Abwehr, der Negativität, der Ablehnung von Hilfe. – Dabei handelt es sich um die Phase der eigentlichen depressiven Psychose, die nicht tiefenpsychologisch, sondern partizipativ zu behandeln ist. In dieser Phase geht es häufig um die verläßliche Anwesenheit des Therapeuten und um eine eher abwartende Haltung.
- Die Phase der beginnenden tiefenpsychologischen Psychotherapie, in der die Suche nach dem grundlegenden Konflikt beginnt. Dieser Konflikt stellt sich häufig als spezifische Objektbeziehungskonstellation heraus, etwa in dem Sinne, wie Arieti u. Bemporad (1983) ihn als Abhängigkeit des Depressiven von einer dominanten Bezugsperson beschrieben haben.
- Die dritte Phase, die Benedetti für die wesentlichste der Therapie hält, besteht darin, daß dem Patienten mit Hilfe des Therapeuten allmählich bewußt wird, daß und wie er selbst am Entstehen seiner Depression beteiligt ist.

- Die Phase der Projektion bzw. der projektiven Triangulierung des Dominanzverhältnisses. In dieser Phase spielt eine zumindest vorübergehende psychotische Übertragung durch Projektion auf den Therapeuten die entscheidende Rolle.
- Ein möglicher Umschlag in eine manische Episode, wenn die Depression noch nicht abgeklungen ist.

Eine tiefenpsychologisch fundierte Arbeit mit schwer Depressiven sollte nur von Kollegen durchgeführt werden, die entsprechend weitergebildet und erfahren sind und die sich darüber hinaus zutrauen, während einer affektiven Störungsepisode neben der pharmakopsychiatrischen Behandlung tiefenpsychologisch mit dem depressiven Patienten zu arbeiten. Für eine größere Zahl von Therapeuten wird das vermutlich nicht in Frage kommen. Hier wäre das Abklingen der depressiven Episode abzuwarten, um danach gemeinsam mit dem Patienten einen Versuch der Aufarbeitung zu unternehmen. Eine solche Aufarbeitung könnte sich z.B. auf die Analyse möglicher Auslöser, wie sie oben beschrieben worden sind, beziehen. Dabei wird der Analyse der Beziehungsstrukturen des Patienten zu einem für ihn wichtigen anderen, z.B. dem Lebenspartner als der dominanten Bezugsperson, eine besondere Bedeutung zukommen.

Es war meine Absicht, anhand einiger psychodynamischer Überlegungen und entsprechender Kasuistiken einen möglichen tiefenpsychologischen Zugang zum depressiv Kranken anzudeuten. In Kliniken und Praxen herrscht oft soviel Versorgungsdruck, daß es angesichts der Probleme zeitlicher Begrenztheit nicht möglich ist, mit Depressiven im Sinne der analytischen Psychotherapie zu arbeiten. Für mich hat es sich aber als praktisch durchführbar erwiesen, gemeinsam mit den Patienten auf die Suche nach möglichen psychodynamischen Hintergründen ihrer Erkrankung zu gehen. Dabei werden natürlich durch gewachsene Abwehrstrukturen und die schreckliche Unbewußtheit, in der viele leben, Grenzen gesetzt. Meine Suche nach solchen Hintergründen fokussiert sich meist auf einige zentrale Themen.

> **!** Die via regia zum Versuch eines Verständnisses ist für mich die genaue biographische, tiefenpsychologische Anamnese. Dabei dann besonders die Analyse von Abhängigkeiten in früheren und späteren Objektbeziehungen, da wir wissen, daß Depressive häufig eine massive Abhängigkeitsproblematik haben, die sich auch in nicht verarbeiteten Enttäuschungen ausdrückt.
>
> Weitere Themen sind: Die Analyse von Trennungs- und Verlusterlebnissen; Ereignisse, die zu „anniversary reactions" führen können sowie zu identifikatorisch bedingten Wiederholungszwängen.

Damit meine ich depressives Reagieren oder Agieren, das ein Patient bei seinen Eltern oder einem Elternteil als spezifische Antwort in Konfliktsituationen beobachtet und introjiziert hat und das im späteren Leben in vergleichbaren Situationen in ähnlicher Weise wie von den Primärobjekten eingesetzt wird.

Der Versuch, einen Zusammenhang zwischen der biographischen Anamnese und der Psychodynamik der vorliegenden Depression herzustellen, sollte nicht verkrampft vorgenommen werden. Der Therapeut, der sich selbst unter einen Zwang stellt, einzelne dynamische Parameter oder gar die Psychogenese von Depressionen beweisen zu wollen, wird oft scheitern und in Gefahr sein, sich durch Enttäuschung und Mißerfolge auf eine einseitig biologische Schiene zurückzuziehen oder aber seine Gegenübertragung gegenüber Depressiven nur eingeschränkt oder gar nicht wahrzunehmen.

Literatur

Abraham K (1912) Ansätze zur psychoanalytischen Erforschung und Behandlung des manisch-depressiven Irreseins und verwandter Zustände. Zentralbl Psychoanal 2:302–311

Arieti S, Bemporad J (1983) Depression. Krankheitsbild, Entstehung, Dynamik und psychotherapeutische Behandlung. Klett-Cotta, Stuttgart

Benedetti C, Corsi Piacentini T, D'Alfonso L, Elia C, Medri G, Saviotti M (1983) Psychosentherapie – Psychoanalytische und existentielle Grundfragen. Hippokrates, Stuttgart

Benedetti G (1987) Analytische Psychotherapie der affektiven Psychosen. In: Kisker KP, Lauter H, Meyer JE, Müller C, Strömgren E (Hrsg) Psychiatrie der Gegenwart, 3. Aufl, Bd 5. Springer, Berlin Heidelberg New York London Paris Tokyo, S 369–385

Freud S (1917) Trauer und Melancholie. In: Gesammelte Werke, Bd 10. Imago, London 1946, S 428–446

Haesler L (1985) Zur Psychodynamik der Anniversary Reactions. Jahrbuch der Psychoanalyse 17:S 211–266

Hines H (1979) The interrelationship between academic psychiatry and psychoanalysis. J Amer Psychoanal Ass 27(1):157–169

Kisker KP (1980) Psychiatrie und Psychoanalyse. Psychother Med Psychol 30:2–5

Mattusek P (1987) Risiken bei Psychotherapie von endogenen Psychosen. Schlesw Holst Ärztebl 12:778–779

Reimer C (1991) Schwierige Patienten und ihre Therapeuten. Prax Psychother Psychosom 36: 173–181

Reiser M (1989) The future of psychoanalysis in academic psychiatry: plain talk. Psychoanal Quart 58(2):185–209

Tellenbach H (1983) Melancholie, 2. Aufl. Springer, Berlin Heidelberg New York

Weiner H (1996) Anwendung psychosomatischer Konzepte in der Psychiatrie In: Uexküll T v (Hrsg) Psychosomatische Medizin, 5 Aufl. Urban & Schwarzenberg, München Wien Baltimore, S 979–1003

Weiterführende Literatur

Arieti S, Bemporad J (1983) Depression. Krankheitsbild, Entstehung, Dynamik und psychotherapeutische Behandlung. Klett-Cotta, Stuttgart (Guter Überblick über Krankheitsbild, Entstehung, Dynamik und psychotherapeutische Behandlung depressiver Erkrankungen.)

8.2.2 Gesprächspsychotherapeutische Behandlung von Patienten mit Borderline-Persönlichkeitsstörungen

J. Eckert

Die am Ende dieses Beitrags dargestellte ausführliche Kasuistik soll unterstreichen, wie notwendig eine gute Kooperation zwischen Psychotherapie und Psychiatrie ist, insbesondere dann, wenn Patienten tiefgreifender und umfassender gestört sind als neurotische Patienten, für die in der Regel eine ambulante Behandlung ausreicht. Für viele dieser schwerer gestörten Patienten beginnt der Weg in die Psychotherapie in der Psychiatrie, für andere beginnt auf der anderen Seite mit der Psychotherapie ein Prozeß, der häufig zu einer derartigen Labilisierung führt, daß zumindest kurzfristig stationäre Behandlung notwendig wird.

Das am Anfang dieses Kapitels dargestellte problematische Verhältnis zwischen Psychiatrie und Psychotherapie gerät besonders bei der Behandlung von Patienten mit einer Borderline-Persönlichkeitsstörung nicht selten zu einer Belastungsprobe. Häufig brechen Positionskämpfe zwischen Psychiatern und Psychotherapeuten bezüglich der „besseren" oder „richtigeren" Behandlung auf, wenn Borderlinepatienten, die im Verlauf der Psychotherapie bzw. in der Reaktion auf sie Selbstverletzungen und Suizidhandlungen begehen oder psychotisch dekompensieren, so daß eine stationäre Aufnahme notwendig wird. Manche Psychiater sehen auch heute noch in diesem Umstand einen schlagenden Beweis dafür, wie schädlich bzw. unangebracht Psychotherapie für bestimmte Patienten ist, und werfen den Therapeuten Kunstfehler vor: Manche Katastrophen wären vermeidbar gewesen, wenn sich die Behandlung auf Psychopharmakotherapie und begleitende *stützende* ärztliche Gespräche beschränkt hätte. Die Konflikte werden dadurch vergrößert, daß Borderlinepatienten die „Gabe" haben, Konflikte zwischen Behandlern anzufachen.

> ! Im „Diagnostischen Interview für Patienten mit einer Borderlinestörung" („DIB", Gunderson et al. 1981) lautete eines der 29 Kriterien für das Vorliegen einer Borderline-Persönlichkeitsstörung:
> „Der Patient hat Teams entzweit
> oder sich in Teamstreitigkeiten verstrickt
> oder hat eine ‚Spezialbeziehung' hergestellt
> oder hat einen Therapeuten in bemerkenswerte Gegenübertragungsprobleme gebracht."

Das Konfliktpotential zwischen Psychiatern und Psychotherapeuten, das sich auf grundsätzliche Unterschiede in der Auffassung über die Entstehung und Behandlung bestimmter psychischer Störungen zurückführen läßt, kann also noch durch Probleme angereichert werden, die Ausdruck der besonderen Psychodynamik sind, die Borderlinepatienten in ihrer sozialen Umgebung zu inszenieren in der Lage sind.

Die Zusammenarbeit zwischen Psychiatern und Psychotherapeuten sollte bezüglich der Aufnahme, der stationären Behandlung und der Entlassung erfolgen. Die Notwendigkeit einer stationären Aufnahme sollte unter dem Gesichtspunkt einer sinnvollen Krisenintervention erfolgen und nicht unter dem Gesichtspunkt, daß die Scherben einer kontraindizierten Psychotherapie zu kitten sind – was natürlich manchmal auch der Fall sein kann. Idealerweise sollte sich der behandelnde Stationsarzt als Teil eines umfassenden Behandlungskonzepts für den Patienten verstehen. So hat es sich als außerordentlich günstig erwiesen, wenn bei wiederholten Aufnahmen jeweils derselbe Arzt die Behandlung übernehmen konnte. Stationsarzt und Psychotherapeut sollten sich darüber einigen, ob es sinnvoll ist, die psychotherapeutische Behandlung während des stationären Aufenthalts des Patienten zu unterbrechen oder fortzusetzen. Solche Absprachen sollten sich auch auf folgende Maßnahmen erstrecken:

- Teilnahme des Patienten an den psychotherapeutischen Angeboten der Station,
- Medikation und
- Zeitpunkt der Entlassung.

Die Patientin der Kasuistik am Ende des Beitrags mußte mehrmals stationär psychiatrisch behandelt werden. In ihrem Fall war eine Zusammenarbeit zwischen Psychotherapeut und Klinik im eben geschilderten Sinn möglich. Das war sicherlich für den Krankheitsverlauf der Patientin günstig.

Behandlungsprinzipien im Rahmen des klientenzentrierten Konzepts

Bevor dargestellt wird, welche Prinzipien sich bei der gesprächspsychotherapeutisch orientierten Behandlung von Borderlinepatienten in der Praxis bewährt haben, ist darauf hinzuweisen, daß Behandlungsprinzipien immer in hohem Maße mit dem Entwicklungs- bzw. Störungsmodell eines therapeutischen Konzepts verwoben sind.

Es ist das Verdienst psychoanalytischer Autoren, v.a. das des amerikanischen Psychiaters und Psychoanalytikers OTTO F. KERNBERG, daß wir heute die Patienten, deren Krankheitsbild sich im Grenzbereich von Neurose, Charakterstörung und Psychose bewegt, nicht nur besser verstehen, sondern – in der Folge davon – auch psychotherapeutisch behandeln können.

> **Definition**
>
> KERNBERG (1978) beschreibt aus der Sicht der psychoanalytischen Selbst- und der Objektbeziehungstheorie die Borderline-Persönlichkeitsstörung als eine Selbst-Störung. In deren Zentrum stehe eine charakteristische Strukturschwäche, die den Patienten zu primitiven Abwehrmechanismen, insbesondere zu Spaltung und Verleugnung, nötige. Diese Strukturschwäche gehe einher mit einer Objektbeziehungsrepräsentanz, in der die Bilder des Selbst und des Objekts nach einem strikten Entweder-Oder-Prinzip als „ganz gut“ oder als „ganz böse“ gezeichnet werden, ohne die Möglichkeit von Zwischentönen.

Die zwischenmenschlichen Beziehungen von Borderlinepatienten sind vor diesem Hintergrund durch wiederkehrende Einstellungsänderungen, v.a. von der Idealisierung zur Entwertung, und durch starke Stimmungsumschwünge gekennzeichnet. Borderlinepatienten erleben vor allem zwei Gefühle: Wut und Depression.

Erklärungsansätze zur Genese der Borderlinestörung. Den Zeitpunkt der Entstehung dieses Objektbeziehungsmusters vermutet Kernberg im zweiten bis dritten Lebensjahr, wo eine exzessive und – wie er annimmt häufig konstitutionell gesteigerte – Aggression die Integration der bisher in gute und böse gespaltenen Selbst-

und Objektbilder verhindern könne. Die Spaltung werde aufrechterhalten, und zwar um das gute Selbst- und das gute Objektbild von der Berührung mit dem bösen Objektbild und dem bösen Selbst zu schützen. Borderlinepatienten erlebten ihre Aggression als so vernichtend, daß sie ihre guten, lebenserhaltenden Objekte nur dadurch meinen retten zu können, daß sie sie vor dieser Aggression abschirmen.

> ! Wut, Wuterleben und die Abwehr von Wut sind also die Themen, die v. a. Gegenstand der Behandlung von Borderlinepatienten werden.

Zur Genese dieser Wut gibt es in der Literatur allerdings höchst unterschiedliche Erklärungsansätze:

- Die eine Position, sie wird im folgenden als die triebtheoretische bezeichnet, wird auch von KERNBERG (1978) vertreten. Sie sieht die genetischen Wurzeln der Borderline-Persönlichkeitsstruktur in einer ungewöhnlich intensiven und deshalb nicht phasenadäquat zu bewältigenden prägenitalen Aggression. Unter dem Einfluß dieser Aggression komme es zu einer „vorschnellen Ödipalisierung“ (KERNBERG 1978, S. 66; ROHDE-DACHSER 1989, S. 34). Die Wut wird als Ausdruck einer nicht bewältigten prägenitalen Aggression betrachtet, d.h. die Bereitschaft des Borderlinepatienten, in Wut zu geraten, wird als das Resultat eines Entwicklungsdefizites angesehen.
- Die andere Position, sie soll als die selbsttheoretische bezeichnet werden, ist in der Literatur nicht so ausführlich wie die triebtheoretische vertreten. Zu ihr kommt man, wenn man die Entwicklung des Menschen unter dem Gesichtspunkt der Entwicklung des Selbst oder Selbstkonzeptes im Sinne von ROGERS (1987) betrachtet. Unter dieser Annahme sind Wut bzw. Aggression nicht Ausdruck eines spezifischen Aggressionstriebes, sondern eine natürliche Reaktion auf psychische Bedrohung (BIERMANN-RATJEN 1989, 1990; BIERMANN-RATJEN u. SWILDENS 1993).

> ! Für einen Borderlinepatienten ist Wut bzw. Aggression ein nicht in das Selbstkonzept integrierbarer Bestandteil seines Selbsterlebens, und Wutgefühle oder gar Haß werden als die Existenz des Selbst bedrohend erlebt.

Wütendsein ist für den Borderline-Persönlichkeitsgestörten gleichbedeutend mit Bösesein, wobei Bösesein in einem archaischen Sinne zu verstehen ist: Bösesein bedeutet im Erleben des Patienten, keine psychische Existenzberechtigung zu haben oder noch konkreter: als nichts wert verlassen zu werden.

Im Hinblick auf die Aggression und deren Abwehr ergibt sich also folgender Unterschied in den Auffassungen:

> ! Die triebtheoretische Position erklärt die Aggressionsabwehr mit der Angst vor der Vernichtung des Objekts, die selbsttheoretische Position erklärt die Aggressionsabwehr mit der Angst vor der Vernichtung des Selbst.

Behandlungsziele. Die beiden Positionen implizieren unterschiedliches therapeutisches Vorgehen und – bezogen auf den Umgang mit Aggressionen – auch unterschiedliche Zielsetzungen:

- Aus der triebtheoretischen Position ergibt sich das Ziel, die natürlich vorhandene, aber übermäßige Aggressivität zu reduzieren, zu kanalisieren, integrierbar zu machen.
- Aus der selbsttheoretischen Position ergibt sich das Ziel, das mit dem Erleben von Wut verbundene Gefühl der existentiellen Bedrohung des Selbst bewußt zu machen und das Erleben von Wut als eine (natürliche) Reaktion auf eine erfahrene (psychische) Bedrohung verstehbar zu machen.

Die triebtheoretische Auffassung hat m. E. dazu beigetragen, daß für die psychotherapeutische Behandlung von Borderlinepatienten ein sehr strenges Therapieregime empfohlen worden ist und neuerdings auch wieder empfohlen wird (ARONSON 1989): eine stützende, zeitlich limitierte Therapie, bei der v.a. dafür Sorge zu tragen ist, daß der Patient nicht zu stark regrediert. Die Liste der Auswirkungen einer starken regressiven Übertragungsreaktion wirkt in der Tat abschreckend: Übertragungspsychosen, mikropsychotische Episoden, Suizid, Mord, Verlust des Arbeitsplatzes und Hospitalisierung (ARONSON 1989, S. 514).

Die unterschiedlichen Auffassungen bezüglich der Genese der Borderlinestörung führen jedoch nicht zu Unterschieden in der Formulierung der allgemeinen Therapieziele für diese Patienten. Auch klientenzentrierte Psychotherapeuten können KERNBERG weitgehend folgen, wenn er folgende allgemeine Ziele einer Psychotherapie mit Borderlinepatienten beschreibt:

Allgemeine Ziele einer Psychotherapie bei Patienten mit Borderline-Persönlichkeitsstörungen. (Nach KERNBERG et al. 1993, S. 17)

Die Psychotherapie „soll die Fähigkeit des Borderlinepatienten steigern, sich selbst und andere als kohärente, integrierte und realistisch wahrgenommene Individuen zu erleben. Gleichzeitig soll sie die Notwendigkeit reduzieren, Abwehrmechanismen zu benutzen, die die Ich-Struktur durch eine Verringerung verfügbarer Reaktionsmöglichkeiten schwächen. Somit kann erwartet werden, daß der Patient eine gesteigerte Fähigkeit entwickelt, seine Impulse zu kontrollieren, Angst zu tolerieren, Affekte zu regulieren, Triebwünsche zu sublimieren und – bei gleichzeitiger Entwicklung stabiler und befriedigender interpersoneller Beziehungen – Intimität und Liebe zu erleben".

Es gibt aber Unterschiede in den therapeutischen Wegen, die klientenzentrierte Psychotherapeuten und Psychoanalytiker zur Erreichung dieser Ziele gehen. Das wird bei den folgenden Ausführungen deutlich werden.

Die Darstellung wichtiger Prinzipien therapeutischen Handelns bei Borderline-Persönlichkeitsstörungen stützt sich außer auf die entsprechende Fachliteratur v.a. auf Erfahrungen des Autors, die er bei der Durchführung von ambulanten und stationären Gruppentherapien mit Borderlinepatienten und einer Reihe von Einzeltherapien gemacht hat. Die Gruppenbehandlungen waren jeweils zeitlich limitiert: Fanden sie stationär statt, dann umfaßten sie jeweils rund 50 Therapiesitzungen in einem Zeitraum von drei Monaten, wurden sie ambulant durchgeführt, dann umfaßten sie rund 100 Gruppensitzungen in einem Zeitraum von etwas mehr als einem Jahr. Die Behandlungsbeispiele beziehen sich daher auf Gruppen- und Einzeltherapie.

Wie stellt sich die Borderlinepathologie im psychotherapeutischen Kontakt dar?

Die wichtigsten Kennzeichen des borderlinespezifischen zwischenmenschlichen Verhaltens im „Diagnostischen Interview für Borderliner" (DIB, GUNDERSON et al. 1981) sind:

- Der Patient neigte zu intensiven, instabilen engen Beziehungen,
- der Patient hatte in engen Beziehungen immer wieder Probleme mit Abhängigkeit und Masochismus,
- der Patient hatte in engen Beziehungen wiederkehrende Probleme mit Abwertung, Manipulation oder Sadismus,
- der Patient hatte in engen Beziehungen immer wieder Probleme mit seiner Forderungs- oder Anspruchshaltung.

Diese Art der Beziehungsgestaltung kann ein Borderlinepatient mit dem Eintritt in eine therapeutische Beziehung natürlich nicht einfach ablegen, und sie ist ein Grund dafür, daß Patienten mit einer Borderlinestörung als „schwierige" Therapiepatienten gelten.

Der „typische" Borderlinepatient

- Er idealisiert und entwertet seinen Therapeuten,
- er meidet wirklichen Kontakt aus Angst vor Nähe und den damit für ihn verbundenen Gefühlen von Ohnmacht,
- er reagiert auf die Verbalisierung seiner emotionalen Erlebnisinhalte durch den Therapeuten wie auf eine Unterstellung bzw. Aussage über seinen Charakter,

- er lähmt den Therapeuten mit seiner eigenen Leere und Gefühllosigkeit,
- er wird psychotisch,
- suizidal, oder
- er bleibt schlicht der Therapie fern.

In einer Gruppenbehandlung stellt sich z. B. die Tendenz zum Idealisieren/Entwerten wie folgt dar.

Beispiel

Herr A. bringt die Gruppenmitglieder dazu, sich eine Sitzung lang ausschließlich mit ihm und seinem Problem zu befassen: Es droht zum wiederholten Male, daß er seinen Arbeitsplatz, der ihm vom Arbeitsamt zugewiesen worden ist, nach wenigen Wochen wieder verliert. Er schafft es nicht, pünktlich zu Arbeitsbeginn zu erscheinen, geht deshalb gar nicht erst zur Arbeit und läßt sich krank schreiben. Die Gruppe reagiert verständnisvoll, solidarisiert sich mit ihm, versucht die Gründe seiner Unfähigkeit, pünktlich zu sein, herauszufinden. Herr A. fühlt sich offensichtlich gut verstanden, seine anfängliche Erregtheit und Anspannung haben sich am Ende der Sitzung gelegt. Die darauffolgende Sitzung eröffnet Herr A. mit einer totalen Entwertung der Gruppe: Hier werde doch nur rumgeredet, das Wesentliche komme nicht zur Sprache, es sei doch eine absurde Annahme der Therapeuten, daß ein Behinderter einem anderen Behinderten helfen könne. Hier säßen doch nur psychisch Behinderte zusammen. Es sei ihm nach der letzten Sitzung nur schlecht gegangen. Sein Symptom, das körperlich erlebte Gefühl, zu schrumpfen, sei wieder ganz massiv aufgetreten. Die Stunde dreht sich wieder um ihn, allerdings in der Form von gegenseitigen Vorwürfen und Abgrenzungen. Den beiden Therapeuten fällt bei der Nachbesprechung auf, daß Herr A. seine Klagen und Anklagen mit kaum verhohlenem Genuß vorgetragen hat. Dieser Ablauf, eine Sitzung, in der Herr A. sichtbar profitiert, und die darauffolgende Sitzung, in der er die Gruppe entwertet, wiederholt sich mehrfach.

Die Bedeutung der borderlinespezifischen Beziehungsgestaltung für das gesprächspsychotherapeutische Beziehungsangebot

Das gesprächspsychotherapeutische Beziehungsangebot an einen Patienten ist charakterisiert durch Empathie, Kongruenz und Bedingungsfreie Anerkennung (vgl. Kap. 1.2). Das Beispiel aus der Gruppenbehandlung hat es vermutlich schon deutlich gemacht: Bei der Behandlung von Borderlinepatienten ist v. a. die Bedingungsfreie Anerkennung des Therapeuten gefährdet. In Form einer Regel ausgedrückt heißt das:

> **!** Die vorrangige Anweisung an einen klientenzentrierten Psychotherapeuten bei der Behandlung von Patienten mit einer Borderline-Persönlichkeitsstörung lautet:
> Rette Deine Bedingungsfreie Anerkennung.

Die Bedingungsfreie Anerkennung des Therapeuten ist nicht nur durch die direkten Entwertungen bzw. Idealisierungen des Therapeuten durch den Patienten gefährdet, sondern auch dadurch, daß uns diese Patienten häufig überhaupt nicht wahrzunehmen scheinen – v. a. in Gruppentherapien – oder in einer Form, die nichts mit unserer individuellen Persönlichkeit zu tun hat. Eine „person-to-person"-Begegnung ist zumindest bei Behandlungsbeginn praktisch unmöglich: Der Patient projiziert auf den Therapeuten eine Person, die er selbst mitbringt. Das verdeutlicht das folgende Beispiel.

Beispiel

Eine meiner Patientinnen, die vor einiger Zeit eine stationäre Psychotherapie beendet hat, ruft mich an und beklagt sich darüber, daß ihre Mutter sie drängt, ihre Berufstätigkeit wieder aufzunehmen. Sie sei ganz verzweifelt, denn sie könne noch nicht arbeiten.

Ich verabrede mit der Patientin und ihrer Mutter umgehend einen Termin und spreche zunächst mit der Patientin allein. Sie ist wütend und erregt, beschimpft die Mutter und ihr mangelndes Verständnis für ihren Krankheitszustand. Ich hole die Mutter dazu und hebe an, der Mutter mitzuteilen, daß auch ich finde, daß ihre Tochter noch nicht in der Lage sei, zu arbeiten. Ich kann jedoch nicht einmal meinen ersten Satz an die Mutter beenden, weil mich die Patientin urplötzlich anschreit: Wie ich denn dazu käme, ihre Mutter so schlecht zu machen. Wenn ich ein guter Therapeut wäre, dann könnte sie schon längst wieder arbeiten. Die Mutter habe völlig recht.

Die Patientin gerät dabei so außer sich, daß sie einen Stuhl in meinem Zimmer halb zertrümmert, dann aus dem Zimmer stürzt und von einer Fensterbank im Flur sämtliche Blumentöpfe abräumt und zu Boden schmeißt.

> ! Erfahrungsgemäß gibt es zwei Zeitpunkte im Therapieverlauf, zu denen die Regel „Rette Deine Bedingungsfreie Anerkennung für den Patienten" besonders häufig angewendet werden muß. Einmal zu Behandlungsbeginn, um den Patienten in der Behandlung zu halten und eine tragfähige therapeutische Beziehung zu etablieren; zum anderen am Ende der Behandlung, wenn es um Abschied und Trennung geht. Sowohl das Sicheinlassen auf eine Beziehung als auch eine Trennung berühren borderlinespezifische Konfliktbereiche, die ihre häufig so schwer zu ertragende Abwehr mobilisiert.

Dieses Beispiel weist auf einen bedeutsamen Unterschied in der Behandlungspraxis bei Patienten mit Borderline-Persönlichkeitsstörungen im Vergleich zur Behandlungspraxis bei neurotischen Patienten hin. Der Therapeut kann in der Borderlinebehandlung häufig nicht mitteilen, was er von dessen Erleben empathisch verstanden hat. Er muß oft ausschließlich um die Rettung seiner Bedingungsfreien Anerkennung des Patienten bemüht sein.

In diesem Beispiel gab es zu verstehen: Der Patientin ist es unmöglich, die Enttäuschung über ihre Mutter in deren Gegenwart zu fühlen. Sobald die Mutter den Raum betreten hatte, war ich allein mit der Wut der Patientin auf ihre Mutter und die Patientin ging davon aus – was nicht völlig aus der Luft gegriffen war –, daß ich der Mutter Vorwürfe machen und damit etwas Böses tun wollte, nämlich die Mutter schlecht machen.

Dadurch, daß ich mir diesen Zusammenhang klarmachte, war es mir auch möglich, die borderlinespezifische innere Not der Patientin zu erahnen, aus der heraus sie so mit mir umsprang. In der Situation selbst hätte ich die Patientin auf diesen Zusammenhang nicht hinweisen können. Sie hätte einen solchen Hinweis in ihrer Erregung vermutlich gar nicht wahr- bzw. aufnehmen können oder ihn als einen weiteren Beweis dafür genommen, daß ich ein schlechter Therapeut bin, der ihr unterstellt, daß sie von ihrer Mutter enttäuscht ist.

Eine weitere Erfahrung habe ich wiederholt gemacht: Die Tendenz des Borderlinepatienten zur Entwertung des Therapeuten und zur Unterstellung von gegen den Patienten gerichteten Einstellungen oder Beurteilungen ist Ausdruck einer spezifischen und z. T. berechtigten Angst. Das folgende Beispiel soll das verdeutlichen.

Beispiel

Ich hatte, weil ich eher keine Zeit hatte, mit einer Patientin den eigentlichen Behandlungsbeginn erst in knapp einem Jahr vereinbart. Zur Überbrückung der Wartezeit verabredeten wir Termine im Abstand von ca. zwei Monaten. Nach einem dieser Termine schickte mir die Patientin ihre Aufzeichnung über dieses Gespräch, in dem sie u. a. schrieb:

„Und ich merke, daß ich selbst hohe Erwartungen an mich habe, wie ich mich ihm (gemeint bin ich, J. E., als Therapeut) zeige. Also, so unpathologisch wie möglich soll es schon sein, daß er ja nicht denkt, ich sei noch „gestörter" als ich zu sein scheine. Aber eigentlich ist das Quatsch und basiert auf der Unsicherheit, daß ich eben nicht weiß, was er von mir hält und für wie „gestört" er mich einschätzt. Ich merke, daß ich ihm da etwas beweisen will, aus Angst, daß wenn er erst einmal die „wahre, pathologisch-gestörte, bösartige B. mit ihren entsetzlichen Phantasien und Eigenarten" zu Gesicht bekäme, dann wäre es vorbei mit dem Akzeptieren und der Freundlichkeit. (...) Ich will nicht, daß sich ein Mensch so auf mich einläßt, daß er von mir verletzt werden könnte. Weil ich mein Verletztsein genau registriere und danach am meisten darunter leide, wenn ich den anderen nicht mag. Und Angst habe. Auch Angst, ich könnte einen möglichen Gegenangriff nicht überleben. Und deshalb am liebsten gar nicht erst eine solche Beziehung eingehe."

Die Ängste, die die Patientin in ihrem Brief schildert, waren in der Gesprächssituation weder für mich noch für die Patientin spürbar, zumindest nicht in dieser Bedeutung. Die Patientin berichtete, daß sie erst nach dem Gespräch von ihnen eingeholt worden sei. Ihre Annahmen, daß ich ihre „Pathologie" nicht aushalten oder einen vernichtenden Gegenangriff starten könnte, sind sicherlich v.a. Ausdruck ihrer Befürchtungen. Vermutlich hatte sie jedoch bei mir etwas wahrgenommen, was mir selbst in der Situation auch nicht gegenwärtig gewesen war, nämlich meinen Wunsch, den mit ihr vereinbarten Behandlungsbeginn am liebsten um ein paar Monate zu verschieben, weil meine Zeitplanung ins Wanken geraten war.

? Im Hinblick auf das therapeutische Handeln empfiehlt es sich also, die Vorstellungen von Patienten, die sich auf den Therapeuten richten und die im ersten Augenschein den Charakter von „reinen" Projektionen haben, unter folgenden Aspekten zu betrachten:

- Ist das diese Vorstellungen tragende Gefühl Angst?
- Auf was in mir reagiert der Patient, was könnte die Ursache seiner berechtigten Ängste sein?

Auch diese Zentrierung der Einfühlung kann der Erhaltung der Bedingungsfreien Anerkennung für den Patienten sehr dienlich sein.

■ **Nichtdirektivität.** Ein Charakteristikum der klientenzentrierten Psychotherapie kommt der spezifischen Problematik von Borderlinepatienten sehr entgegen und erleichtert die therapeutische Beziehung: die Nichtdirektivität.

Borderlinepatienten befürchten vor dem Hintergrund ihrer *realen* Erfahrungen (vgl. Rohde-Dachser 1994), manipuliert und mißbraucht zu werden. Eine von ihnen gefürchtete Form des Mißbrauchs durch den Therapeuten besteht darin, daß der Therapeut sich wünscht, ihre Symptomatik möge sich rasch mildern, damit er sich als „guter" bzw. hilfreicher Therapeut fühlen kann. Der klientenzentrierte Therapeut tut also gut daran, konzeptkonform von einem Borderlinepatienten möglichst wirklich nichts anderes zu wollen, als ihn zu verstehen. Ich habe im Zusammenhang mit entsprechenden Befürchtungen einmal zu einem Patienten gesagt: „Es geht mir wirklich nicht darum, daß es Ihnen ‚besser' geht, sondern darum, daß Sie sich besser verstehen." Der Patient reagierte darauf mit Erleichterung.

Wenn die Einfühlung versagt:
Zur Notwendigkeit, Verstehen durch Wissen zu stützen

Im Unterschied zu den meisten neurotischen Symptomen gibt es eine Reihe von Borderlinesymptomen und Verhaltenswiesen, die wir nicht dadurch verstehen können, daß wir uns an eigene ähnliche Erfahrungen erinnern. Dazu gehören z.B. Symptome, die im Zusammenhang mit dem Abwehrmechanismus des Spaltens stehen. Auch die Ängste, die den Borderlinepatienten dazu bringen, zu spalten, kennen wir Therapeuten nicht aus eigener Erfahrung, es sei denn, wir haben selbst eine psychosenahe Persönlichkeitsstruktur. Daher muß der Therapeut wissen, welche spezifische Abwehr des Borderlinepatienten welcher gefürchteten Erfahrung gilt.

Berichtet ein Patient von Erfahrungen, Gefühlen, Verhaltensweisen oder Symptomen, die der Therapeut nicht versteht, die ihn z.B. nur verwirren und ratlos machen, dann kann er in der Regel davon ausgehen, daß es seinem Patienten mit diesen Erfahrungen genauso geht. Auch wenn der Patient über seine Symptome wie von Selbstverständlichkeiten spricht, sollte der Therapeut den Patienten fragen, ob er sie vielleicht in Wahrheit nicht versteht. Zugleich sollte der Therapeut das für ihn Unverständliche unter dem Gesichtspunkt betrachten, daß es das Produkt einer dieser „frühen" Abwehrprozesse sein könnte. Handelt es sich z. B. um das Resultat einer Spaltung, dann genügt es häufig, mit dem Patienten direkt darüber zu sprechen. Man kann den Patienten z. B. darauf hinweisen, daß er gegenüber dem Menschen, über den er gerade in total entwertender und vernichtender Weise spricht, sicher auch noch andere Gefühle hegt, z. B. zärtliche, die er nur im Moment überhaupt nicht spürt, ihre Existenz vergessen zu haben scheint, obwohl er noch vor nur wenigen Stunden über sie gesprochen hat.

Zu verstehen ist häufig, daß sich die borderlinespezifische Symptomatik eines Patienten dann verstärkt oder neu einsetzt, wenn er Erfahrungen gemacht hat, auf die andere Menschen mit Enttäuschung oder Wut, meist Enttäuschungswut, reagieren würden.

Beispiel

Eine ehemalige Gruppenpatientin wird von der Polizei an der Endstation einer U-Bahn-Linie als „hilflose" Person aufgefunden und in die Klinik gebracht. Sie wußte auf dem Bahnhof zwar noch ihren Namen, nicht aber, wo sie sich befand und warum. Eigentlich war sie auf dem Wege zu ihrem Nervenarzt gewesen, dessen Praxis jedoch am anderen Ende der U-Bahn-Linie liegt. Bei der Besprechung dieses Vorfalls und ihres Zustandes stellt sich heraus, daß sie bei ihrem letzten Besuch ihren Nervenarzt gefragt hatte, ob sie nicht statt 14tägig wöchentlich einen Gesprächstermin bei ihm haben könnte. Der Nervenarzt sei darauf jedoch kaum eingegangen, sondern habe ihr statt dessen ein Verzeichnis von Selbsthilfegruppen für psychisch Kranke ausgehändigt. Die Patientin erinnerte sich auch auf gezieltes Nachfragen nicht, daß sie darüber enttäuscht gewesen sei. Vielmehr habe sie sich vorgeworfen, daß sie ihrem überlasteten Psychiater überhaupt diese Frage zugemutet hatte.

Für den therapeutischen Umgang mit den Gefühlen, die die Borderlinepatienten nicht haben dürfen, ist es wichtig, zu beachten, daß die Patienten nicht „lernen" sollen, diese Gefühle zu haben, und sie nicht ermuntert werden sollten, sie auszudrücken.

> ! Der erste und wichtigste Schritt in Richtung einer Integration dieser Gefühle in das Selbstkonzept besteht darin, daß der Therapeut den Borderlinepatienten darauf hinweist, daß die Gefühle von Enttäuschung und Wut, die oft ausgesprochen situationsadäquat wären, bei ihm nicht auftauchen, daß er vermutlich sehr viel Angst vor diesen Gefühlen hat und diese Angst vermutlich auch spürt. Der Versuch zu verstehen, was die Gründe für diese Angst sind, ist ein weiterer Schritt im therapeutischen Prozeß.

Einige borderlinespezifischen Symptome hängen damit zusammen, daß das Selbst der Borderliner bzw. ihr Selbstkonzept instabil ist. In dieser Hinsicht unterscheiden sie sich auch am klarsten von Patienten mit neurotischen Störungen.

Das Symptom, daß Borderlinepatienten es vermeiden, allein zu sein, resultiert vermutlich aus dem Umstand, daß dann, wenn sie tatsächlich allein sind, sich häufig eine tiefe Verunsicherung darüber einstellt, wer sie sind und ob das, was sie fühlen, ihre eigenen Gefühle sind.

Beispiel

Eine Patientin berichtete, daß sie dieses Gefühl der Depersonalisation dadurch mildern kann, daß sie vor einen Spiegel geht und ihr Gesicht anschaut. Andere Patienten fangen an zu telefonieren oder – das ist eher eine männliche Variante – flüchten in ihre Stammkneipe.

Einige Borderlinepatienten berichten, daß sie sich dann Selbstverletzungen zufügen, z. B. Rasierklingenschnitte am Körper, wenn sie sich nicht mehr spüren, oder nur ein grauenhaftes Gefühl von innerer Leere da ist. Der Schmerz, den sie sich selbst zufügen, gibt ihnen das Gefühl der eigenen Existenz zurück.

Selbstverletzungen, aber auch Suizidgedanken und -handlungen dienen manchmal auch dazu, ein hinter der inneren Leere lauerndes unerwünschtes Gefühl zu unterdrücken. So konnte eine stationäre Patientin ihre täglichen Selbstverletzungen mit einer Rasierklinge einstellen, als ihr in der Therapie deutlich wurde, daß sie sich in die Oberschwester der Station verliebt hatte.

> ! Allgemein läßt sich zum Verständnis vieler Borderlinesymptome folgendes annehmen:
>
> Die meisten borderlinespezifischen Symptome, v.a. aber die Art, in der Borderliner ihre Beziehungen gestalten, dienen zwei Zielen:
>
> - Selbsterleben überhaupt zu ermöglichen und
> - das vorhandene Selbsterleben frei zu halten von dem Gefühl, böse zu sein.

Interventionsregeln

An dieser Stelle soll zunächst an die Grundaufgabe des klientenzentrierten Psychotherapeuten bei der Behandlung von Borderlinepatienten erinnert werden: Der Therapeut sollte sich, bevor er sich in irgendeiner Form äußert, vergewissern, ob er das auf der Grundlage des sicheren Gefühls, den Patienten unbedingt positiv wertzuschätzen, tun kann. Ist er sich dieses Gefühls sicher, dann ist der Weg, den er wählt, dem Patienten das mitzuteilen, was er von dessen Erleben als wichtig verstanden hat, zweitrangig. Er kann es in der Form einer Konfrontation tun oder der einer Art von Aufklärung oder der eines Hinweises auf eine Fehlwahrnehmung oder der des Ansprechens eines Gefühls oder der Deutung eines psychogenetischen Zusammenhanges usw.

Als sehr hilfreich, weil den Patienten häufig entlastend, habe ich erlebt, wenn ich Borderlinepatienten in der Form einer mehr unterrichtenden Aufklärung darauf hinweise, daß Enttäuschungsgefühle, Wut bzw. Aggression sehr natürliche Reaktionen auf erlittenen Schmerz sind. Viele Borderlinepatienten sind der Überzeugung, daß Wut und Aggression der Ausdruck einer angeborenen Boshaftigkeit ist.

Auf dem Hintergrund der Selbsttheorie des klientenzentrierten Konzepts versuche ich bei gegebenem Anlaß Patienten mit Sätzen wie folgenden aufzuklären und zu entlasten:

> **Einige Interventionsregeln im Rahmen des klientenzentrierten Konzepts**
>
> - Wut ist das ursprünglichste Ich-Gefühl, das wir Menschen haben. Es ist die Reaktion auf einen Schmerz, z.B. auf eine Versagung, auf ungestillten Hunger usw.
> - Ein Schmerz, den viele Kinder erfahren, ist der, von den Eltern nicht verstanden zu werden. Viele Eltern – aus welchen Gründen auch immer – verkennen das Erleben ihrer Kinder, übersehen es oder interpretieren es um. Ganz kleine Kinder können auf diesen Schmerz, nicht oder falsch verstanden zu werden, noch nicht mit Wut reagieren. Sie erleben sich dann auch nicht als verletzt, sondern als „nicht" und später als nichts wert und dann als böse.
> - Ein kleines Kind kann nicht denken: Ich habe Eltern, die nicht wirklich an mir interessiert sind. Es kann nur die Erfahrung abspeichern: Irgend etwas an mir ist falsch, sonst würden meine Eltern liebevoller mit mir sein.

Bezüglich des richtigen Zeitpunkts für eine bestimmte Intervention gibt es keine allgemeingültigen Regeln. Nach meiner Erfahrung sorgen die Patienten dann, wenn eine tragfähige therapeutische Beziehung besteht, selbst dafür, daß das für sie relevante Thema zur Sprache kommt. Häufig geschieht das in Form eines Vorwurfs, wie z.B. von einer meiner Patientinnen, die gleichzeitig in regelmäßiger Behandlung, auch medikamentöser, bei einem Psychiater war. Sie tadelte mich mit den Worten: „Sie erkundigen sich gar nicht danach, wie viele Tabletten ich schon wieder gehortet habe!" Dieselbe Patientin eröffnete die erste Sitzung nach einem längeren Urlaub von mir in dem Moment, in dem sie das Behandlungszimmer betrat, mit den Worten: „Das machen wir (!) aber nicht noch einmal so!“ In dieser Sitzung wurde dann Thema, daß sie von mir enttäuscht war, weil sie sich von mir verlassen gefühlt hatte. Bisher hatte sie vermieden, mich in irgendeiner Form zu kritisieren. Das Vertrauen darauf, daß auch Patienten mit einer Borderlinestörung in der Regel die für sie richtigen Schritte in der Therapie tun, ist auch Ausdruck des sog. Menschenbildes, das dem klientenzentrierten Konzept zu Grunde liegt (vgl. Kap. 1.2). Manche Patienten, die entweder bestimmte Bücher über ihr Krankheitsbild gelesen haben oder in entsprechenden therapeutischen Vorbehandlungen waren, wünschen sich bestimmte Maßnahmen vom Therapeuten, die verhindern sollen, daß sie selbstschädigende Handlungen vornehmen, z.B. einen Vertrag mit dem Therapeuten darüber, daß sie nicht „schnippeln“. Sie berichten auch, daß sie mit solchen „Verträgen“ gute Erfahrungen gemacht haben. Ein Gesprächspsychotherapeut wird ein solches Angebot sicherlich nicht von sich aus machen und den entsprechenden Wunsch eines Patienten nicht unbesprochen akzeptieren. Etwas anderes ist der therapeutische Umgang mit Suizidalität. Hier empfiehlt es sich, wie bei allen suizidalen Patienten, die übliche Absprache zu treffen (vgl. Kap. 9 „Psychotherapeutischer Umgang mit suizidalen Patienten“).

Erfahrungsbereiche, die nach Möglichkeit Thema in einer Therapie mit Borderlinepatienten werden sollten
Die drei wichtigsten Erfahrungsbereiche, die in einer Borderlinetherapie zu Sprache kommen sollten, wurden bereits erwähnt.

- Das spezifische Abwehrverhalten,
  d.h. vor allem die Neigung des Patienten, das eigene Erleben und das anderer in sich ausschließenden Kategorien gut und böse wahrzunehmen.
- Die gefürchteten Affekte,
  d.h. vor allem Enttäuschungsgefühle, wie Wut bzw. aggressive Gefühle.
- Die psychotischen Erfahrungen,
  d.h. die Erfahrungen, die auf ein instabiles Selbstkonzept zurückgehen.
- Darüber hinaus habe ich es als notwendig und langfristig hilfreich erlebt, daß die Patienten in der Therapie lernen, sich ihre Eltern „anzusehen“,
  d.h. ein realistisches Bild von ihren realen Eltern zu erwerben.

Es ist selten notwendig, daß der Therapeut diese Themen von sich aus anschneidet. In der Regel genügt es, wenn er sich der Wichtigkeit dieser Erfahrungsbereiche innerlich gewahr ist und auch bereit ist, sich mit ihnen unbedingt wertschätzend zu befassen. Diese innere Bereitschaft des Therapeuten trägt offenbar dazu bei, daß Patienten diese Themen auch von sich aus anschneiden, auch dann, wenn sie z.B. von Schamgefühlen begleitet werden. Das verdeutlicht das folgende Beispiel aus einer Gruppentherapie.

Beispiel

Eine Patientin berichtet in der Therapiegruppe von ihrer gerade erfolgten stationären Wiederaufnahme. Sie sei an der Elbe gewesen. Passanten hätten die Polizei alarmiert, weil sie langsam in den Fluß gegangen sei und als die Polizei kam, bereits bis zu den Knien im Wasser gestanden hätte. Sowohl die Passanten als auch die Polizei hätten gedacht, sie wolle sich umbringen. Sie habe alle, auch den aufnehmenden Stationsarzt, in diesem Glauben gelassen. Es sei ihr aber wichtig, die Gruppe nicht zu belügen. Der wahre Grund für ihren Gang ins Wasser sei der gewesen, daß sie in dem Moment der festen Überzeugung gewesen sei, sie könne – wie Christus – über das Wasser schreiten.

Beim Thema Eltern muß der Therapeut sich und den Patienten davor schützen, die Eltern der Schuld an der Störung des Patienten überführen zu wollen. Auch wenn Eltern in gewisser Weise Schuld haben, ist das Ausmachen dieser Schuld nicht das eigentliche therapeutische Ziel. Insbesondere geht es darum, daß der Patient sich auch die Seiten seiner Eltern ansehen kann, die ihm Schmerz zugefügt haben, d.h. es geht um ein möglichst vollständiges und realistisches Bild der Eltern als realer und ganzer Personen.

Die Gestaltung des therapeutischen Rahmens

In der Gestaltung und Handhabung des therapeutischen Settings mit Borderlinepatienten würde ich aufgrund meiner Erfahrungen zunehmend deutlich weniger „streng" bzw. „abstinent" sein als mit neurotischen Patienten. Das sollen die folgenden drei Beispiele verdeutlichen.

- Ich lasse es zu, daß die Patienten neben der Therapie bei mir auch andere therapeutische Angebote wahrnehmen. Damit meine ich nicht nur eine psychiatrische Behandlung, die wegen der notwendigen Medikation meist die Regel ist, sondern auch andere psychotherapeutische Behandlungen. Der Grund dafür: Die Patienten dürfen neben der Erfahrung bei mir auch andere Erfahrungen suchen, diese sogar besser finden, ohne daß ich sie dafür verstoße. Der theoretische Hintergrund meiner Haltung ist die auf MARGRET MAHLER zurückgehende These, die ich in den Gesprächen mit den Patienten und ihren Müttern vielfach bestätigt gefunden habe, daß der Ursprung der Konflikte vieler Borderlinepatienten in der Phase der Individuation/Separation (MAHLER 1975) zu finden ist.
- Aus ähnlichen Gründen versuche ich, mich mit einem Patienten in Verbindung zu setzen, wenn er 2mal unentschuldigt der Behandlung fern bleibt. Auch wenn die Gründe für das Fernbleiben nicht in der Therapie bzw. der therapeutischen Beziehung zu finden sind, kann die „Wiederannäherung" für die Patienten zu einem Problem werden, das der Patient allein nicht lösen kann. Beispielsweise entwickeln Patienten die Angst, der Therapeut könnte durch ihr Fernbleiben so gekränkt sein, daß er nichts mehr von ihnen wissen will.
- Neurotischen Patienten kündige ich den Zeitpunkt meines Urlaubs rechtzeitig an. Borderlinepatienten erzähle ich darüber hinaus, wohin genau ich fahre und was ich dort mache, z. B. nur Urlaub oder einen Kongreßbesuch. Der Grund dafür: Ich versuche zu verhindern, daß die Patienten sich von mir verlassen fühlen und den Grund dafür schuldhaft bei sich suchen, z. B., weil sie so anstrengend sind und ich mich nun irgendwo ungestört durch sie erholen muß. Außerdem scheint es Borderlinepatienten zu beruhigen, wenn sie wissen, wo sich ihr Therapeut genau aufhält. Ich bin in den vielen Jahren noch nie von einem Patienten im Urlaub angerufen oder gar aufgesucht worden.

Wie sinnvoll es ist, daß sich Patienten während der Abwesenheit ihres Therapeuten mit diesem zumindest in der Phantasie oder in anderer Weise symbolisch verbunden fühlen können, soll das folgende Beispiel zeigen.

BEISPIEL

Eine Gruppenpatientin hatte Therapieunterbrechungen durch meine zeitweise Abwesenheit in der Vergangenheit stets schlecht verkraftet. Sie reagierte mit Symptomverstärkungen, Depressionen oder dekompensierte so, daß eine stationäre Behandlung nötig wurde. Nach Einführung der oben genannten Regel empfing mich diese Patientin nach meinem Urlaub zu meiner großen Überraschung braungebrannt und strahlend. Sie berichtete, daß sie kurzentschlossen auch Urlaub gemacht habe, zwar nicht wie ich auf einer griechischen Insel, sondern auf einer spanischen. Die allerdings liege auf demselben Breitengrad wie meine griechische Insel.

Im therapeutischen Alltag haben sich auch andere Formen bewährt, symbolische Verbindungen für die Zeit von Therapieunterbrechungen herzustellen. Manche Therapeuten lassen ihren Patienten einen kleineren Gegenstand aus dem Behandlungszimmer aussuchen, den sie mit nach Hause nehmen können, oder sie fordern ihn auf, einen eigenen Gegenstand im Behandlungszimmer zu deponieren, wenn die Patienten selbst die Therapie unterbrechen. Trennung ist Verlassenwerden für Borderlinepatienten, egal wer geht, und Verlassensein macht böse.

■ **Weitere Settingbedingungen.** Im Hinblick auf die Schwierigkeiten der Patienten, sich zu trennen, haben wir gute Erfahrungen mit der Begrenzung der Therapiedauer gemacht, besonders in Gruppen. Wir haben die Gruppen auch immer als sog. geschlossene Gruppen geführt, so daß alle Gruppenmitglieder zum selben Zeitpunkt die Behandlung beenden.

Als Therapiefrequenz reicht eine Sitzung in der Woche in der Regel nicht aus.

> ! Zwei Sitzungen pro Woche haben sich als therapeutisch sinnvoller erwiesen, sowohl bei Einzel- als auch bei Gruppenbehandlungen. Die höhere Frequenz, aber auch das Einräumen von Krisenterminen, hilft die Therapieabbruchrate zu senken, die bei Borderlinepatienten deutlich höher ist als bei neurotischen Patienten.

Man muß von einer Behandlungsdauer von 2 bis 6 Jahren ausgehen. Das bedeutet jedoch nicht, daß die Patienten im gesamten Zeitraum kontinuierlich 2 Sitzungen in der Woche brauchen. Nach einem Jahr genügt häufig eine Sitzung pro Woche oder in noch größeren Zeitabständen. Wir schließen nicht aus, daß ein Patient, der die eine Behandlung beendet, abbricht oder zu einem anderen Therapeuten wechselt, die Behandlung bei uns wieder aufnehmen kann.

Kasuistik

Die folgende Kasuistik wird zunächst aus der Sicht des Psychotherapeuten und dann aus der Sicht der Patientin dargestellt. Die einstige Patientin hat den über sie verfaßten Bericht gelesen und deutlich gemacht, daß sie sich in den geschilderten Jahren anders wahrgenommen habe als in diesem Bericht dargestellt. Wir haben beide Darstellungen aufgenommen, weil an den unterschiedlichen Akzentuierungen von Ereignissen und ihrer Bewertung deutlich wird, daß die therapeutische Aufgabe den Blick des Therapeuten doch eher auf das problematische bzw. unangepaßte Verhalten und Erleben lenkt.

Über die Entwicklung einer Patientin mit einer Borderline-Persönlichkeitsstörung in einem Zeitraum von 15 Jahren aus der Sicht des Psychotherapeuten

Beispiel

Anamnese. Die Patientin ist 27 Jahre alt, als sie sich erstmals an eine Klinik, eine psychiatrische Universitätsklinik, wendet. Sie erlebt sich als suizidgefährdet und wird deshalb auch einen Monat später – nach dem Scheitern eines ambulanten Behandlungsversuchs – stationär aufgenommen. Sie hat seit ihrem Weggang aus dem Elternhaus im Alter von 18 Jahren bereits mehrere Suizidversuche unternommen.

Sie arbeitet als Texterin in einer größeren Werbeagentur.

Sie war eineinhalb Jahre verheiratet, die Scheidung erfolgte, nachdem sie ihren jetzigen Lebensgefährten während des Studiums kennengelernt hatte. Mit ihm lebt sie jetzt, d.h. zum Zeitpunkt der ersten stationären Aufnahme, seit 3 Jahren zusammen. Sie hat keine Kinder, war aber einmal schwanger. Diese Schwangerschaft hat sie 2 Tage vor der Eheschließung abbrechen lassen.

Die stationäre Aufnahme erfolgt auf die Psychotherapiestation der Klinik. Die Patientin nimmt dort für kurze Zeit an einer Gruppenbehandlung teil, die sie aber abbricht, weil es sehr rasch zu einem unauflösbar scheinenden Konflikt mit einer anderen Gruppenpatientin kommt. Es wird mit ihr vereinbart, daß sie an einer ambulanten Gruppenbehandlung teilnehmen kann. Diese Gruppe ist speziell für die Behandlung von Borderlinepatienten eingerichtet worden und wird vom Autor (J.E.) zusammen mit einer Cotherapeutin geleitet. Sie tagt 2mal wöchentlich für 1 ½ Stunden und hat ein festgelegtes Ende nach 100 Sitzungen.

Diagnostik. Mit der Aufnahme in diese Gruppe ist eine ausführliche diagnostische Untersuchung verbunden, in deren Rahmen auch das „Diagnostische Interview für Borderlinepatienten" (DIB) von Gunderson et al. (1981) durchgeführt wird, das borderlinespezifische Symptome und Verhaltensweisen erfragt:

- In diesem Interview ist festzustellen, daß die Patientin, wie viele Borderlinepatienten, eine ausgesprochene Begabung hat: Sie gilt seit ihrer Schulzeit als ausgesprochenes Talent in der schriftlichen Darstellung. Das wird ihr auch bei ihrer jetzigen beruflichen Tätigkeit bescheinigt.
- Ihre allgemeine Leistungsfähigkeit im Beruf hingegen unterliegt großen Schwankungen. Sie kennt Phasen totaler Leistungsunfähigkeit bzw. hat in diesen Phasen tiefe Zweifel an ihren beruflichen Fähigkeiten, sie kennt aber auch Zeiten, in denen sie qualitativ und quantitativ Hochleistungen erbringt.
- Ihr Kontaktverhalten im Interview ist unauffällig, d. h. der Situation angemessen.
- Sie berichtet von mehreren Impulskontrollverlusten, v. a. von Suizidversuchen. Sie hat innerhalb der letzten 2 Jahre 4 Suizidversuche unternommen, häufiger „Freßanfälle" gehabt und Sachen zerstört: ihre Kleider zerschnitten und Photos zerrissen, die ihr lieb und teuer waren.
- Ihre Emotionalität war in den letzten Monaten fast durchgängig von depressiven Symptomen bestimmt. Sie klagt über chronische Dysphorie, Freudlosigkeit und Leere sowie über Einsamkeitsgefühle. Ihre Depression ist weniger durch Schuldgefühle geprägt als vielmehr durch das Gefühl von Einsamkeit und die Vorstellung, unfähig zu sein und zu versagen.
- Borderlinespezifische psychotische Symptome sind zum Zeitpunkt des Erstinterviews nicht eindeutig zu explorieren. Sie hat in der Vergangenheit fragliche Derealisationserlebnisse gehabt. Hingegen berichtet sie – wie viele Borderlinepatienten –, auf Psychotherapieversuche deutlich regressiv reagiert zu haben.
- Ihre zwischenmenschlichen Beziehungen sind gekennzeichnet durch aktive Kontaktsuche, d. h. sie verhindert es nach Möglichkeit, allein zu sein. In engeren Beziehungen ist sie ausgesprochen ambivalent bezüglich des sich Sorgens und Umsorgtwerdens. Ihre Zweierbeziehungen sind ausgesprochen intensiv und zugleich instabil.

Alle oben aufgeführten Symptome und Verhaltensweisen sind borderlinespezifisch. Sie sind bei der Patientin so eindeutig und ausgeprägt, daß sie bei mehreren voneinander unabhängigen Beurteilern den höchst möglichen Wert des DIB zugesprochen bekommt.

Die Patientin nimmt an der ambulanten Gruppe bis zu deren geplantem Ende teil. Noch in der Endphase der Gruppe bemüht sie sich erfolgreich um eine Einzelbehandlung bei einem niedergelassenen Psychotherapeuten, einem Arzt mit Zusatztitel analytische Psychotherapie. Sie beginnt mit dieser Behandlung unmittelbar nach der Beendigung der Gruppenbehandlung.

Weitere Entwicklung. Eineinhalb Jahre später nimmt sie erneut Kontakt zu mir auf. Ihr langjähriger Lebensgefährte hat während ihres Urlaubs eine Beziehung zu einer anderen Frau begonnen. Die endgültige Trennung vom Freund erfolgt ein halbes Jahr später. Die Patientin bezieht erstmals allein eine eigene Wohnung.

Nach wenigen Monaten kommt es zu einer Krise, die zu einem erneuten einwöchigen stationären Aufenthalt führt. Die Patientin hatte bis dahin eine „gute" Zeit gehabt und wollte eine längere Urlaubsreise nach Mittelamerika antreten. Ihr Psychotherapeut hatte ihr vorgeschlagen, den Zeitpunkt des Reiseantritts auch als Zeitpunkt der Beendigung der Behandlung festzulegen. Auf dieser Reise dekompensiert sie. Sie wähnt sich zeitweise in Indien, wo sie früher einmal zusammen mit ihrem Lebensgefährten Urlaub gemacht hatte, und riecht ständig das Rasierwasser, das ihr ehemaliger Lebensgefährte zu benutzen pflegte. Sie bricht den Urlaub vorzeitig ab und fliegt zurück nach Deutschland, kommt sofort in die Klinik und nimmt nach einer Woche, und zwar exakt zum Zeitpunkt des Endes ihres regulären Urlaubs, ihre Berufstätigkeit wieder auf.

Beruflich war sie bis dahin offenbar sehr erfolgreich gewesen. Die Firmenleitung erwägt, ihr die Prokura zu erteilen. Schon im Vorfeld dieser Beförderung überlegt die Patientin, die Firma zu wechseln, was sie dann auch unmittelbar nach der Beförderung in die Tat umsetzt. Sie meldet sich in den folgenden zwei Jahren zweimal bei mir, um mir zu berichten, wie es ihr geht.

Ihre ambulante Einzeltherapie, die sie auf meinen Rat hin wiederaufgenommen hatte, ist inzwischen endgültig beendet. Da sie sich unsicher ist, ob sie ganz ohne therapeutische Hilfe auskommen kann, vereinbart sie mit mir Gesprächstermine bei Bedarf. Sie kommt ca. alle vier bis sechs Wochen zu einem Gespräch.

Als sie diese Gespräche aufnimmt, ist sie bereits in einer neuen Firma, in der sie wieder sehr rasch aufsteigt. Sie wird in den Kreis der leitenden Angestellten aufgenommen mit eigenem Ressort und eigenem Etat. Sie ist die einzige Frau in dieser Position.

Auf einer Urlaubsreise im Spätsommer nimmt sie eine sexuelle Beziehung zu einem 21jährigen Schweden auf. Der junge Mann trennt sich am Ende des Urlaubs von ihr, ohne daß die Beziehung geklärt ist. Sie kommt nach Hamburg zurück, während ich im Urlaub bin. Sie hält es hier kaum aus, wird immer unruhiger, findet keinen Schlaf und wendet sich deshalb verabredungsgemäß an eine Ärztin der Psychiatrischen Poliklinik, um sich beraten und medikamentös behandeln zu lassen. Drei Tage später fährt sie – gegen den Rat der Poliklinik-Ärztin – mit dem Auto nach Schweden. Die Wiederbegegnung mit der Urlaubsbekanntschaft ist eine große Enttäuschung. Sie reagiert darauf mit Derealisations- und Depersonalisationssymptomen, wird suizidal. Sie ruft die Poliklinik-Ärztin von Schweden aus an und läßt sich auf deren Rat zwei Tage lang dort stationär psychiatrisch behandeln. Am Tag ihrer Entlassung fährt sie von Schweden mit dem Auto zurück direkt in die Klinik, wo sie aufgenommen wird und vier Wochen lang stationär behandelt wird.

Während dieses stationären Aufenthaltes vereinbaren wir vom Zeitpunkt ihrer Entlassung an regelmäßige Therapiesitzungen.

Aus dieser Zeit sind an äußeren Ereignissen festzuhalten:

Die Patientin schafft es, daß ihr Vater sie erstmals allein, d.h. ohne die Mutter besucht. Die Besuche bei ihren Eltern strukturiert sie, z.B. legt sie den Termin ihrer Wiederabreise von vornherein fest und plant, was sie mit ihren Eltern unternehmen will, z.B. einen Café-Besuch mit ihrer Mutter oder einen Ausflug.

Sie setzt sich zunehmend mit ihrer Mutter als Person auseinander. Bei einem ihrer Besuche nimmt sie z.B. zum ersten Mal wahr, daß ihre Mutter, die 63 Jahre alt ist, sich wie eine 35jährige Frau kleidet und auch so aussieht. Viel später setzt sie sich in ähnlicher Weise mit ihrem Vater auseinander. Sie hat zum erstenmal in ihrem Leben Krach mit ihrem Vater, der ihr fassungslos vorhält: „Ich glaube, du bist gar nicht so wie ich, du bist wie deine Mutter." Ihr wird schmerzlich bewußt, daß auch der Vater sie nicht als eigenständige Person, sondern als einen Teil von sich wahrgenommen hat. Sie entdeckt auch, wie eitel der Vater mit seinem Körper umgeht. Sie berichtet, daß er häufig nackt durch die Wohnung laufe. Sie habe auch erst jetzt registriert, wieviel Kraft sie aufbringt, sich davor nicht zu ekeln.

Sie entdeckt den Wunsch, eigene Kinder zu haben, auf sehr ungewöhnliche Weise: Sie hat ihren Golf verkauft und sich ein großes Auto („Familienkutsche") zugelegt, um dann festzustellen, daß sie überhaupt nicht weiß, warum sie das getan hat.

Sie will sich von der Firma trennen.

Diesen Plan bespricht sie ausführlich mit mir. Ich versuche, sie nicht zu beraten, sondern sie nur in ihren Überlegungen zu verstehen. Zu verstehen gibt es, daß sie Angst hat, in ihrem Job „aufzugehen": Sie müsse in ihrer Position mindestens 12 Stunden arbeiten, viel reisen und von einem Termin zum anderen hetzen. Sie habe keine Zeit für sich, sei nicht sie selbst und fürchte, unter diesen Lebensbedingungen auch keinen Partner zu finden.

Sie kündigt, nachdem sie nach langem Suchen eine sog. Kommunität gefunden hat, die ihr zusagt. Diese Kommunität ist eine evangelische Gemeinschaft von Frauen, die sich für ein Jahr als Gäste in ein Kloster begeben, um dort in einem christlichen Sinne zusammenzuleben. Sie ist zu diesem Zeitpunkt 35 Jahre alt.

Bevor sie diesen Schritt tut, hat sie noch zwei Beziehungen zu männlichen Partnern. Die erste Beziehung beendet sie nach vier Wochen, die zweite, die sie unmittelbar vor ihrer Abreise in die Kommunität aufnimmt, führt noch einmal zu einer Krise. Sie findet keinen Schlaf mehr, fürchtet durchzudrehen. Auf meinen Rat hin verbringt sie eine Nacht in der Klinik, was ausreicht, um sie wieder zu stabilisieren. Unsere letzte Therapiesitzung ist eine Woche vor ihrer Abreise. Sie vergewissert sich, daß ihr nach einem Jahr der Therapieplatz bei mir weiterhin sicher ist.

Während ihres einjährigen Aufenthaltes in der Kommunität kommt sie aus unterschiedlichen Gründen zweimal kurz nach Hamburg. Sie verbindet diese Besuche mit einem Termin bei mir. Zwei Themen stehen dabei im Vordergrund: ihre Religiösität und ihre Eltern.

Sie möchte klären, wie weit ihre mehrmals aufgetretenen Erfahrungen während der Frühbetstunde Ausdruck von Verrücktheit oder religiöse Erfahrungen sind. Sie fühlt sich Gott nahe bzw. mit ihm eins. Bei der Besprechung dieser Erfahrungen wird ihr deutlich, daß sich diese Frage für sie nicht eindeutig beantworten läßt. Ihr wird aber auch deutlich, daß ihr die Realitätskontrolle während dieser Erfahrungen nie ganz verloren geht.

Insgesamt tut ihr der Aufenthalt in der Kommunität gut, auch was ihre Selbsteinschätzung bezüglich ihrer psychischen Stabilität betrifft. Sie erlebt sich im Vergleich zu den anderen Teilnehmerinnen als stabiler bzw. „gesünder".

Am Ende der Zeit in der Kommunität hat sie den Entschluß gefaßt, sich zur Kinderpsychotherapeutin ausbilden zu lasen. Bevor sie mit mir über diesen Entschluß sprach, war sie in ihre Heimatstadt gereist und hatte dort mit der Therapeutin über ihren neuen Berufswunsch gesprochen, von der sie einmal als 12jährige im Zusammenhang mit einer psychogenen Gehstörung behandelt worden war. Die Therapeutin bestärkte sie in ihrem Entschluß.

Die Patientin organisierte sich binnen kürzester Zeit eine Hospitation in einem Kinderkrankenhaus mit einer psychosomatischen Abteilung.

Sie gab diese Hospitation nach knapp drei Wochen auf: Sie hielt die Aggressivität der Kinder nicht aus (es handelte sich um 12- bis 17jährige psychosomatisch erkrankte Kinder, darunter viele mit Eßstörungen). Ihre eigene Wut holte sie auf der längeren Rückfahrt vom Arbeitsplatz nach Hause im Auto ein: Sie habe sich noch nie in ihrem Leben so wütend und auf andere Autofahrer schimpfend erlebt.

Bei der Reflexion ihres Handelns wird ihr deutlich, daß ihre Entscheidung, dieses Berufsziel aktiv anzustreben, zu früh war, offensichtlich getragen von der inneren Verpflichtung, darzustellen, daß ihr Aufenthalt in der Kommunität zu einem sichtbaren Ergebnis geführt hat. Sie intensiviert in der Folgezeit ihre Kontakte zu katholischen Einrichtungen und freundet sich mit einer Nonne an. Sie beschließt, in eine einer evangelischen Kommunität vergleichbaren Einrichtung unter katholischer Leitung zu gehen. Dieser Entschluß ist vor dem Hintergrund zu sehen, daß sie zwar wie ihre Mutter evangelisch ist, ihr Vater jedoch praktizierender Katholik. Sie ist zu diesem Zeitpunkt 36 Jahre alt und seit 1 $^1/_2$ Jahren praktisch symptomfrei.

Resümee aus der Sicht des Psychotherapeuten

Betrachtet man die Veränderung der borderlinespezifischen Symptomatik seit Behandlungsaufnahme 9 Jahre vorher, so läßt sich zusammenfassend folgendes festhalten:

- Die Patientin stabilisierte sich zunächst im Leistungsbereich und schied aber später aus dem aktiven Erwerbsleben aus, wenn auch nicht aus akuten Krankheitsgründen.
- Ihr letzter Suizidversuch liegt 10 Jahre zurück. An die Stelle der Suizidversuche sind Suizidgedanken getreten, bei deren Auftreten sie professionelle Hilfe sucht.
- Ihre Freßattacken sind nie wieder aufgetreten.
- Psychotische Symptome traten im Zusammenhang mit Trennungen innerhalb der 9 Jahre zweimal kurzfristig auf. Seitdem enden Trennungen nicht mehr wie zwangsläufig in einer totalen Krise: Sie kann sich trennen. Früher wurde sie verlassen.
- Ihre Beziehungen haben eine neue Qualität bekommen. Sie lebt nun nicht mehr in

einer chaotischen Partnerschaft, ihre Beziehungen sind meist zwar nur kurz, aber nicht mehr so quälend und sie destabilisierend wie früher.
- Sie entdeckt bei sich den Wunsch nach eigenen Kindern, geht damit aber nicht handelnd, sondern selbstkritisch um („Ich denke, wenn ich psychisch so weit bin, Mutter sein zu können, ist es biologisch zu spät.").
- Sie nimmt ihre Eltern zunehmend genauer, d.h. vollständiger und erstmals auch kritisch wahr und gestaltet die Beziehung zu ihnen völlig neu.

Der Behandlungsaufwand in den 9 Jahren bestand in der Teilnahme an einer ambulanten Gruppenpsychotherapie (100 Sitzungen über ein gutes Jahr hinweg), einer tiefenpsychologisch orientierten Einzeltherapie über etwas mehr als 2 Jahre bei einem niedergelassenen Psychotherapeuten und einer längerfristigen (psychotherapeutischen) Begleitung durch mich, die eine zeitlang in eine reguläre Therapie überging. Krisen erforderten vier kurze stationäre Aufenthalte, die jeweils zu einer ausreichenden Stabilisierung führten.

Der hier dargestellte Beobachtungszeitraum liegt bereits einige Jahre zurück. Die Patientin hat weiterhin Kontakt zu mir, sie meldet sich zwei- bis viermal im Jahr, und zwar nicht nur dann, wenn es ihr schlecht geht.

Sie erfüllt seit Jahren nicht mehr die DIB-Kriterien einer Borderline-Persönlichkeitsstörung. 15 Jahre nach Behandlungsbeginn hat sie v.a. Probleme im beruflichen Bereich, in dem sie früher so erfolgreich war. In ihren ursprünglichen Beruf wollte sie nicht wieder zurück. Sie hat verschiedene Alternativen mit wechselndem Erfolg ausprobiert. Sie lebt seit langem allein, d.h. auch ohne feste Partnerschaft. Auf Trennungen reagiert sie weiterhin heftig. Die Patientin hatte zu Beginn der Behandlung, nachdem sie ihre Diagnose erfahren hatte, die bange Frage gestellt: Bin ich nun lebenslang eine Borderlinepatientin?

Heute würde ich ihr – nicht nur in Anbetracht ihrer eigenen Entwicklung, sondern auch im Hinblick auf inzwischen vorliegende Forschungsergebnisse – folgende Antwort geben: „Wenn Sie eine für Sie geeignete psychotherapeutische Behandlung finden, dann haben Sie sehr gute Chancen, nach vier bis sechs Jahren nicht mehr im Status einer Patientin zu sein. Mit bestimmten Lebensereignissen, v.a. Trennungen, werden Sie es voraussichtlich immer schwerer haben als die meisten anderen Menschen."

Die Entwicklung aus der Sicht der Patientin

Rückschau über mein Leben im Alter von 45 Jahren. Das erste Gefühl, an das ich mich erinnern kann, hatte ich mit 18 Jahren: Ich hatte mein Elternhaus verlassen, um in Düsseldorf zu studieren, und im Studentenwohnheim, in das ich dann eingezogen bin, hörte der Nachbar laute Musik, und ich ärgerte mich darüber. Natürlich kann ich mich an mein Leben in den ersten 18 Lebensjahren erinnern – aber nicht daran, was ich fühlte oder ob ich überhaupt etwas fühlte. Ich bin jetzt 45 Jahre, und Bekannte sagen mir, ich sehe wie Mitte 30 aus, was ja sicher ein Kompliment ist. Aber ich verstehe, warum ich nicht altersadäquat aussehe.

Ich war eine schüchterne und sehr häufig kranke Schülerin. Mit elf oder zwölf Jahren war ich zum ersten Mal bei einem Psychotherapeuten: Ich konnte nicht gehen, was keine physischen Ursachen hatte. Zu Beginn meines Studiums habe ich einen gleich alten, sehr klugen Medizinstudenten geheiratet, d.h. er hat mich geheiratet, denn es war mit Sicherheit keine Entscheidung von meiner Seite – ich habe das gemacht, was er von mir erwartete.

Richtig verliebt war ich dann mit 21 oder 22 Jahren, als ich einen Kommilitonen kennenlernte, wegen dem ich meinen Mann verlassen habe. Meine Erinnerung setzt mit dieser Liebesgeschichte, die alles in allem mehr als 15 Jahre gedauert hat, ein. Seit dieser Zeit habe ich auch Tagebuchaufzeichnungen. Natürlich gibt es auch Fotos aus meiner Kinder- und Jugendzeit von mir, aber sie sind im Fotoalbum meiner Eltern, und es ist, als ob das nicht mein Leben ist.

Nach einer ein paar Wochen dauernden Zeit intensiven Verliebtseins fingen die Probleme an, bzw. ich war überwältigt von den Problemen. Besonders in Erinnerung sind mir Freßanfälle, die mich zutiefst erschüttert hatten, weil ich mich ihnen so ausgeliefert fühlte (ich habe seit langem keine Eßprobleme mehr). Damit einhergehend kamen die ersten Suizidgedanken und verschiedene Suizidversuche. Ein erster Aufenthalt in einem psychiatrischen Krankenhaus folgte und eine daran anschließende psychoanalytische Behandlung. Auch diese Behandlung fällt in ein Erinnerungsloch. Ich erinnere mich, daß die Kasse mir Hunderte von Sitzungen bezahlte, aber außer, daß der Analytiker für mich ein Thema war, weil ich mich in ihn verliebt hatte, erinnere ich mich an keine einzige Gesprächssequenz.

Im Alter von 30 bin ich aus der gemeinsamen Wohnung ausgezogen und in meine erste eigene Wohnung eingezogen. Diese Zeit erinnere ich als meine „Hochzeit" – ich hatte nach meinem Germanistikstudium Karriere als Texterin in einer großen Werbeagentur gemacht, hatte sehr viel Geld, bin zum ersten Mal allein in den Urlaub gefahren und habe es sehr genossen, selbständig und unabhängig zu sein.

In einem der nächsten Urlaube habe ich mich in einen sehr viel jüngeren Schweden verliebt. Ich konnte mich nicht von ihm trennen, obwohl es „aus" war und es mir klar war, daß es mit ihm in gar keiner Weise auch nur irgendwie ging. Ich wollte ihn noch einmal sehen und mich dann umbringen – so hatte ich es tatsächlich geplant. Von Schweden aus habe ich dann Kontakt mit dem psychiatrischen Krankenhaus aufgenommen, bin nach Deutschland zurückgefahren, war für einige Wochen im Krankenhaus und habe dann Therapie bei Herrn E. angefangen. Es ging mir prächtig in dieser Zeit, und weil ich so ein Gefühl dafür bekommen hatte, was *leben* heißen könnte, habe ich meine Stelle als Art Directorin in der Werbeagentur gekündigt, um selbständig zu arbeiten. Ich mache mir sehr große Vorwürfe, daß ich das getan habe, denn ich bin beruflich nie mehr auf einen grünen Zweig gekommen.

Ich finde mein Leben sehr schwer und stehe fassungslos davor, daß ich mich in eine Situation hineinmanövriert habe, die ich eigentlich nicht ertragen kann: Ich habe keinen festen Rahmen, weder beruflich noch privat. Wenn es mir gut geht, und es geht mir natürlich auch oft gut, denke ich, daß mein Leben sehr spannend und „bewegt", wie Herr E. sagt, ist. Ich habe in den letzten 10 oder 15 Jahren so viel gemacht und erlebt, habe so viel ausprobiert. Erstaunlicherweise habe ich immer und immer wieder Chancen gehabt, weil ich eine ausgesprochene Begabung habe, Kontakte zu knüpfen und Menschen kennenzulernen (ich kann die Kontakte dann leider nicht halten) und weil Menschen sehr offen auf mich zugehen, aber wenn es dann darauf ankam, etwas wirklich zu wollen, zu etwas „Ja" zu sagen, bin ich gegangen, um einer nächsten Idee nachzulaufen. Das hat mich müde und hoffnungslos werden lassen, und ich fühle mich jetzt richtig alt.

Ich habe gerade wieder eine Trennung hinter mir, und wie bei allen anderen Trennungen auch, habe ich wieder sehr viel an Suizid gedacht und Suizid geplant. Etwas aber war dieses Mal daran neu: Während Suizidgedanken bislang auch immer etwas Beruhigendes und Entlastendes hatten, habe ich dieses Mal erlebt, was es eigentlich heißt, sich selbst töten zu wollen. Mir ist die ganze Ungeheuerlichkeit dieses Ansinnens bewußt geworden. Mir ist, als ob ich, dadurch, daß ich die Grausamkeit dieses meines lebenslangen Lösungsversuches gesehen habe, in das Leben hineinkatapultiert wurde. Das bietet möglicherweise Chancen.

Literatur

Aronson TA (1989) A critical review of psychotherapeutic treatments of the borderline personality. Historical trends and future directions. J Nerv Ment Disease 177:511–528

Biermann-Ratjen E-M (1989) Zur Notwendigkeit einer Entwicklungspsychologie für Gesprächspsychotherapeuten aus dem personenzentrierten Konzept für die Zukunft der klientenzentrierten Psychotherapie. In: Sachse R, Howe J (Hrsg) Zur Zukunft der klientenzentrierten Psychotherapie. Asanger, Heidelberg, S 102

Biermann-Ratjen E-M (1990) Identifizierung – Ein Beitrag zu einem Modell der Entwicklung der gesunden und kranken Persönlichkeit. GwG Zeitschrift 78:31–35

Biermann-Ratjen E-M, Swildens H (1993) Entwurf einer ätiologisch orientierten Krankheitslehre im Rahmen des klientenzentrierten Konzepts. In: Eckert J, Höger D, Linster H (Hrsg) Die Entwicklung der Person und ihre Störung. GwG-Verlag, Köln, S 55

Gunderson JG, Kolb JE, Austin V (1981) The diagnostic interview for borderline patients. Am J Psychiatry 138:896–903
Kernberg OF (1978) Borderline-Störungen und pathologischer Narzißmus. Suhrkamp, Frankfurt
Kernberg OF, Selzer MA, Koenigsberg HW, Carr AC, Appelbaum AH (1993) Psychodynamische Therapie bei Borderline-Patienten. Huber, Bern Göttingen Toronto Seattle
Mahler MS (1975) Die Bedeutung des Loslösungs- und Individuationsprozesses für die Beurteilung von Borderline-Phänomenen. Psyche 29: 1078–1095
Rogers CR (1987) Eine Theorie der Psychotherapie, der Persönlichkeit und der zwischenmenschlichen Beziehungen. Entwickelt im Rahmen des klientenzentrierten Ansatzes. GwG-Verlag, Köln
Rohde-Dachser C (1989) Das Borderline-Syndrom, 4. Aufl. Huber, Bern
Rohde-Dachser C (1994) Warum sind Borderline-Patienten meistens weiblich? – Über die Rolle des Traumas in der Borderline-Entwicklung. In: Rohde-Dachser C Im Schatten des Kirschbaums. Psychoanalytische Dialoge. Huber, Bern Göttingen Toronto Seattle, S 79

Weiterführende Literatur

Rohde-Dachser C (1995) Das Borderline-Syndrom, 5. überarb. u. ergänzte Aufl. Huber, Bern
(Das Buch gilt im deutschsprachigen Raum als Standardwerk zur Borderlinestörung. Es stellt psychoanalytische Konzepte (Struktur, Psychogenese, Therapie) der Borderline-Persönlichkeitsstörung dar sowie die vorliegenden Methoden zur Diagnostik dieser Störung.)
Swildens H (1991) Prozeßorientierte Gesprächspsychotherapie. Einführung in eine differentielle Anwendung des klientenzentrierten Ansatzes bei der Behandlung psychischer Erkrankungen. GwG-Verlag, Köln
(Das Buch des niederländischen Psychiaters und Gesprächspsychotherapeuten widmet ein Kapitel der Borderlinestörung. Darüber hinaus zeichnet sich dieses Buch dadurch aus, daß es zwei Grundpfeiler des klientenzentrierten Konzepts betont, die bei der Behandlung von Borderlinepatienten zum Tragen kommen können: Die Existenzphilosophie als Hintergrund des Rogerschen Menschenbildes und die Phänomenologie als Erkenntnismethode.)
Linehan MM (1993) Cognitive-Behavioral Treatment of Borderline Personality Disorders. Guilford, New York
(Das Buch stellt ein an der kognitiven Verhaltenstherapie orientiertes Programm für die Behandlung von Patienten mit einer Borderline-Persönlichkeitsstörung vor.)

8.2.3 Verhaltenstherapeutische Behandlung von Suchtkranken (Alkoholismus)

M. HAUTZINGER

Die Alkoholabhängigkeit stellt eine der häufigsten psychischen Erkrankungen dar. Mögliche Auffälligkeiten und Verläufe sind beispielhaft in den beiden folgenden Fallgeschichten illustriert.

BEISPIEL

Herr K., ein 40jähriger Bankangestellter, kommt nun zum zweiten Mal innerhalb von 2 Monaten zur stationären Aufnahme in die Psychiatrie. Der Grund ist Alkoholabhängigkeit. Der Patient kommt in Begleitung seiner Ehefrau. Im Gespräch wird schnell deutlich, daß v. a. die Frau auf eine stationäre Behandlung drängt. In einigen Gesprächen konnte mit Herrn K. folgender Werdegang erarbeitet werden:

Er stammt aus einer Beamtenfamilie ab, in der zwar regelmäßig, aber nie im Übermaß Wein getrunken wurde. Keiner in der Familie hat jemals Probleme mit Alkohol gehabt. In der Schule hatte er meistens gute Noten. Auch mit der mittleren Reife gab es keine Probleme. Danach hat er eine Banklehre gemacht und arbeitet seither mit großem Erfolg in dieser Bank.

Seit 2 Jahren ist er nun sogar Abteilungsleiter. Alkohol, meistens ein bis zwei Viertel Wein, hat er nur abends zum Essen, beim Fernsehen oder bei Feierlichkeiten getrunken. Einen richtigen Rausch mit Erinnerungslücken hat er nie gehabt. Seine Frau fand zwar nicht gut, daß er täglich Wein trank, aber er sagte, dies würde ihm am besten schmecken, und es schade doch nichts. Auf seine beruflichen Leistungen ist er sehr stolz. Er ist der jüngste Abteilungsleiter in seiner Bank. Er hat hart und immer mehr gearbeitet als seine Kollegen, so daß seine Vorgesetzten sehr zufrieden mit ihm waren. Seit er Abteilungsleiter ist, muß er aber noch mehr arbeiten. Oft kommt er abends erst um 20 Uhr nach Hause. Früher ist er mit seiner Frau öfter ausgegangen, 2mal in der Woche war er beim Tischtennisverein und hat gelegentlich Tennis gespielt. Dafür bleibt jetzt keine Zeit mehr. Er kommt abends erschöpft nach Hause und kann sich kaum noch entspannen. Erst nach zwei Viertel Wein wird er ruhiger und gelassener. In den letzten Monaten hat er abends mehr getrunken, manchmal bis zu 1,5 Flaschen Wein. Auch am Wochenende hat er sehr viel getrunken. Morgens fühlte er sich richtig schlapp und wackelig, so daß er vor der Arbeit noch einen Piccolo getrunken hat, um wieder fit zu werden. In den letzten Wochen ist es ihm manchmal morgens so schlecht gegangen, daß seine Frau ihn krank gemeldet hat.

Seine Frau hat mittlerweile kein Verständnis mehr für ihn. Sie beschimpft ihn, wenn er wieder trinkt und verläßt dann das Haus. Außerdem beklagt sie sich, daß mit ihm nichts mehr anzufangen ist. Erst als sie massiv mit Trennung gedroht hat, hat er sich bereit erklärt, einen Alkoholentzug zu machen. Deshalb kam er das erste Mal in die Klinik. Der Entzug war problemlos. Nur die Leberwerte seien nicht in Ordnung gewesen. Nach der Entlassung ging es ihm ganz gut, und er hat über 6 Wochen zunächst keinen Tropfen Alkohol angerührt. Nur als sein Vorgesetzter ihm bei dessen Geburtstagsfeier Sekt angeboten hat, trank er zwei Gläser. Er meinte, dies würde ihm nichts schaden. Er war der festen Überzeugung, wieder kontrolliert Wein trinken zu können. Abends hat er dann zunächst wieder ein Viertel Wein getrunken, was sich über 2 Wochen bis zu einer Flasche Wein pro Abend gesteigert hat. Seine Frau machte dann wieder großen Ärger, den er aber mit Alkohol noch ertragen konnte. Dann sprach sein Chef ihn eines Morgens auf seinen regelmäßigen Alkoholgeruch an und empfahl ihm strengstens, etwas gegen sein Alkoholproblem zu unternehmen. Er blieb daraufhin einige Tage zu Hause und versuchte, sich auszunüchtern, doch mittags sei er schon wieder deutlich alkoholisiert gewesen. Er weiß, wenn sich nichts ändert, wird seine Frau sich endgültig von ihm trennen, und es besteht auch die Gefahr, daß er seine Arbeit verliert. Deshalb kommt er nun zum zweiten Mal in die Klinik.

Beispiel

Herr H. ist 26 Jahre alt und befindet sich zum ersten Mal stationär in einem psychiatrischen Krankenhaus. Er hat keinen festen Wohnsitz und ist arbeitslos. Er wurde bewußtlos und in volltrunkenem Zustand von einem seiner Bekannten in der Nähe seiner Stammkneipe aufgefunden. Er hatte eine Platzwunde am Kopf, mehrere Schürf- und Schnittwunden am Körper. Mit dem Notarztwagen wurde er in die Klinik gebracht. Dort wurde u. a. festgestellt, daß er einen Alkoholspiegel von 3,4 Promille im Blut hatte. Als er wieder zu sich kommt, erinnert er sich nicht, was unmittelbar vor seiner Bewußtlosigkeit passiert sein könnte, außer daß er in seiner Stammkneipe mit jemandem Streit bekommen und daraufhin das Lokal verlassen habe. Auf den Rat der Ärzte hin entschließt er sich zu einer stationären Entzugsbehandlung. Anhand von Gesprächen mit seinem Therapeuten zeichnet sich folgender Werdegang ab:

Die ersten Erfahrungen mit Alkohol hat Herr H. mit etwa 11 Jahren gemacht, als sein Vater ihm anläßlich einer Feier eine Flasche Bier hinstellte und meinte „Komm, Bürschchen, trink, damit aus Dir mal ein richtiger Kerl wird.“ Wie sich herausstellt, kannte Herr H. seinen Vater fast nur in stark alkoholisiertem Zustand, was gelegentlich auch zu Wutausbrüchen führte. Oft sei es passiert, daß er und sein jüngerer Bruder dann vom Vater verprügelt worden seien oder daß der Vater nach Streitereien mit der Mutter von Herrn H. wutschnaubend aus der Wohnung abgehauen sei und erst spät nachts torkelnd aus seiner Stammkneipe zurückkam. Mit etwa 12 Jahren ist Herr H. schon oft – v. a. am Wochenende – mit seinen Kumpels durch die Gegend gezogen; sie haben sich ein paar „Six-Packs“ geholt und sich vollaufen lassen. Zu dieser Zeit fing es auch an, daß er ab und zu die Schule schwänzte, wobei er hinzufügt, daß er die Schule schon immer als ziemlich langweilig empfunden hatte. Am besten gefielen ihm spontane Aktionen wie z.B. S-Bahn-Surfen, spritzige Autotouren mit älteren Freunden. Erste ernsthafte Probleme wegen Alkohol bekam Herr H. mit 16 Jahren während seiner Lehre zum Kfz-Mechaniker, weil er oft zu spät kam oder erst gar nicht zur Arbeit erschienen ist. Da ihn die ständige Nörgelei und Bevormundung durch seinen Ausbilder genervt hätten, sei er irgendwann einfach nicht mehr zur Arbeit gegangen, worauf ihm gekündigt wurde. Herr H. berichtet, daß er diese Freiheit, tun und lassen zu können, was und wann er wolle, sehr genossen hat. In einem zweiten Anlauf schließt er mit 18 Jahren die Lehre ab, verliert aber wegen der gleichen Probleme wie zuvor und ständigen Konflikten mit seinem Chef die Arbeitsstelle wieder. Als seine damalige Freundin auch noch ein Kind von ihm bekam, wurden die finanziellen Probleme immer schlimmer, da er auch die Miete für die gemeinsame Wohnung nicht mehr zahlen konnte und die allabendlichen Sauftouren mit seinen Kumpels nur noch damit „finanzieren" konnte, indem er Schulden machte. Durch Zufall kam er über einen Bekannten an eine Stelle als LKW-Fahrer, was ihm sehr viel Spaß machte, da man nicht ständig in einer Werkstatt herumhänge, sondern immer auf Achse sei. Da ihm aber im Alter von 21 Jahren der Führerschein wegen Alkohol am Steuer entzogen wurde, verlor er auch diese Stelle wieder und schlägt sich seit diesem Zeitpunkt mit Gelegenheitsjobs durch. Was den Alkohol betrifft, erzählt Herr H., daß er ihm einfach schmecke und ein Gefühl von Stärke und Euphorie hervorrufe. Er berichtet aber auch, daß er unter Alkoholeinfluß häufig sehr leicht reizbar und aggressiv reagiere und es schon wiederholt zu Schlägereien mit anderen gekommen sei. Außerdem räumt er ein, daß er mit etwa 22 Jahren einen epileptischen Anfall bekommen hat, als es zu einem Alkoholexzeß gekommen ist.

Nach seinem derzeitigen Alkoholkonsum befragt, gibt er an, seit mehreren Jahren etwa durchschnittlich 1,5 Liter Wein und 15 Flaschen Bier pro Tag zu trinken.

Mißbrauch und Abhängigkeit

Das Bild von einem typischen Alkoholiker ist meist sehr negativ geprägt. Man denkt an einen „Penner" ohne festen Wohnsitz und ohne Arbeit, der äußerlich ungepflegt ist, oder an jemanden, der morgens bereits torkelnd, herumbrüllend und lallend durch die Gegend läuft. Dahinter steht der Wunsch, sich als vermeintlich normaler Mensch von dieser „Extremgruppe" abzugrenzen. Vom Kliniker wird oft erwartet, daß er/sie eine strikte Grenze zwischen „normal" und „abnormal/abhängig" zieht, wobei eine solche Festlegung nicht möglich ist und es „den" Alkoholabhängigen im Sinne einer einheitlichen Gruppe nicht gibt. Beispiele für die Vielfältigkeit der Abhängigkeit sind das Spiegeltrinken, das Rauschtrinken, das Konflikttrinken und das periodische Trinken.

Definition

- Spiegeltrinken bedeutet, daß die Person über den ganzen Tag hinweg Alkohol trinkt, um ein bestimmtes Niveau des Blutalkohols zu halten und möglichen Entzugserscheinungen vorzubeugen;
- Rauschtrinken als Form der Abhängigkeit bedeutet, daß Betroffene es trotz guter Vorsätze nicht schaffen, nur kleine Mengen Alkohol zu trinken, sondern es endet immer im Vollrausch;
- Konflikttrinken meint, daß immer dann Alkohol konsumiert wird, wenn es zu Problemen, Spannungen, Konflikten kommt;
- periodisches Trinken als Form der Abhängigkeit bedeutet, daß es trotz zwischenzeitlicher Abstinenz immer wieder zu Phasen eines heftigen und unkontrollierten Alkoholkonsums kommt. („Quartalsäufer").

Es gibt natürlich alle möglichen Mischformen solcher Muster. Entscheidend ist, daß Abhängigkeit keine ausschließliche Frage der Menge, der Häufigkeit oder der Regelmäßigkeit einer Suchtmitteleinnahme und schon gar nicht ihrer Auffälligkeit ist. Eine Abhängigkeit wird über ihre Folgen definiert:

> Definition
>
> Abhängig ist jeder, der die Einnahme eines Suchtmittels nicht beenden kann, ohne daß unangenehme Zustände körperlicher und/oder seelischer Art auftreten, oder der doch immer wieder so viel von dem Suchtmittel zu sich nimmt, daß er sich oder andere schädigt.

Derartige Folgen entstehen nicht von heute auf morgen. Meist sind es jahrelange Entwicklungen. Betroffene und das Umfeld sind sich oft lange Zeit gar nicht bewußt, was da vor sich geht.

Entstehungsbedingungen der Alkoholabhängigkeit

Über die Ätiologie von Alkoholabhängigkeit bestehen derzeit keine einheitlichen theoretischen Modellvorstellungen. Abgesehen von dem allgemein akzeptierten Diathese-Streß-Konzept, nach dem der Alkoholismus aus dem komplexen Wechselspiel verschiedener prädisponierender Merkmale und verschiedener umgebungsbedingter (Über-)Forderung entsteht und aufrechterhalten wird, findet man oft sehr unterschiedliche und in ihrem Geltungsbereich eingeschränkte theoretische Modellvorstellungen. Dabei wird die wissenschaftliche Diskussion durch die sich wiederholende Kontroverse zwischen Vertretern eines biologischen Krankheitskonzeptes und den Verfechtern psychosozialer Modellvorstellungen bestimmt.

> !
>
> Die biologisch orientierte Sichtweise wird derzeit v.a. durch die Neurotransmitter- und Anticravingmittelforschung angeregt, während die psychologische Modellbildung besonders durch die sozial-kognitiven Lerntheorien und den daraus resultierenden kognitiv-verhaltenstherapeutischen Behandlungsansätzen geprägt wird.

■ **Psychologische Modellvorstellungen.** Tiffany (1990) ordnet die psychologischen Modelle zum Alkoholverlangen und Alkoholkonsum in drei Gruppen, nämlich:

- Withdrawal-based-Modelle, die Gewohnheitsbildung, Abhängigkeit bzw. das Verlangen nach Alkohol als Folge von klassischer Konditionierung (Reiz-Reaktionskopplungen ansehen; in der Folge lösen die Reize Alkoholverlangen aus, als kompensatorische Reaktionsbildung (Suchtverhalten als Reaktion, um unangenehme Zustände kompensatorisch zu beenden) oder als zweistufigen Lernprozeß, indem Konditionierungsprozesse mit attributionalen Verarbeitungen gekoppelt ablaufen.
- Appetitively-based-Modelle, die sich positiver und negativer Verstärkung (Alkoholwirkung als Verstärker) sowie Erwartungseffekten (bezüglich Alkohol) als Faktoren der Gewohnheitsbildung in Form komplexer Handlungsmuster und kognitiver Netzwerke bedienen.
- Tiffany entwirft im Anschluß an die Kritik dieser Konzepte ein sog. Automatic-action-schemata-Modell, das jedoch respondentes, operantes und kognitives Lernen einschließt.

Der Ausgangspunkt für seine Überlegungen sind die wohlbekannten psychologischen Grundlagenerkenntnisse, daß wiederholte Praxis kognitiver und motorischer Abläufe unter stabilen Stimulusbedingungen zur Herausbildung von komplexen Handlungsmustern führt, die nach Etablierung qualitativ anders sind als im Prozeß des Erlernens. Diese in vielen Bereichen anzutreffenden komplexen Handlungsmuster werden zunehmend automatisiert, laufen unwillentlich, schnell, ohne Interferenz mit anderen Aktivitäten, ohne Anstrengung und mit minimalem Bedarf an kognitiver Kapazität ab und werden durch bestimmte Reize als Ganze abgerufen. Drogenkonsum bei Abhängigen stellt so eine automatisierte Handlungsfolge dar. Die Überwindung dieser Automatik, die Entwöhnung und die Abstinenzerhaltung erfordern nichtautomatisierte Prozesse. Rückfälle treten dann auf, wenn die (noch) nichtautomatisierten Abläufe zur Abstinenzerhaltung nicht ausreichend die Ausführung des automatisierten Alkoholkonsumaktionsplans unterbrechen bzw. verunmöglichen. Hinzu kommt, daß „addicts attempting abstinence not only have to learn to inhibit old responses in the presence of enabling stimuli, but they also face an additional dilemma: the reinforcement contingencies that support the old action plan are most likely still in effect“ (TIFFANY 1990, S. 157).

■ **Sozial-kognitive Lernmodelle.** Bei den sozial-kognitiven Lernmodellen des Alkoholmißbrauchs und der Alkoholabhängigkeit handelt es sich inzwischen um komplexe interaktionistische Theorien, bei denen persönliche Merkmale, Umgebungseinflüsse und das eigene Verhalten sich wechselseitig bedingen und kognitiven Einflüssen eine zentrale, vermittelnde Rolle zugeschrieben wird.

> ! Diese Theorien gehen davon aus, daß der Alkoholmißbrauch und das Suchtverhalten durch klassische Konditionierung, soziale Verstärkung, Beobachtungslernen, die erwarteten Effekte des Alkohols, die als verstärkend erlebten Alkoholwirkungen und die sich entwickelnde körperliche Abhängigkeit erworben und durch automatisierte Verarbeitungs- bzw. Handlungsschemata aufrechterhalten werden.

Die sozial-kognitiven Lerntheorien des Alkoholismus nehmen darüber hinaus Unterschiede in der individuellen Anfälligkeit bzw. Sensibilität bezüglich der Alkoholwirkung und -toleranz an. Es gibt ferner vielfältige empirische Belege, daß einer Alkoholproblematik Sozialisationsdefizite in Form von Störungen der sozialen Beziehungen, mangelnder Impulskontrolle und sozial abweichendem Verhalten zugrundeliegen. Dies äußert sich in verschiedenen Einschränkungen der Bewältigungskompetenz bezüglich der Alltagsanforderungen und Lebensbewältigung.

Neben diesen Bedingungen der sozialen Lerngeschichte sind verschiedene weitere Determinanten des Trinkverhaltens zu berücksichtigen.

Determinanten des Trinkverhaltens

- Der Einfluß des sozialen Lebensraums,
- der vorhandenen Einstellungen und Erwartungen,
- den vorhandenen Bewältigungskompetenzen,
- dem aktuellen kognitiv-emotionalen Zustand der Person und
- die kurz- und langfristig verstärkenden und bestrafenden Effekte des Alkohols.
- Ferner wirken die soziale Atmosphäre,
- das Vorhandensein von Modellpersonen und
- die Verstärkung durch die Bezugsgruppe als situative Faktoren.

Schließlich werden in den sozial-kognitiven Theorien des Alkoholismus auch der Toleranzerwerb, die Ausbildung von Entzugserscheinungen und des Alkoholverlangens (Suchtdruck, „craving“) berücksichtigt. Dabei werden diese Konstrukte jedoch nicht nur physiologisch definiert, sondern in ihrer Wechselwirkung mit kognitiven Faktoren und Sozialisationseinflüssen (Konditionierung).

Kognitive Verhaltenstherapie bei Alkoholabhängigkeit

Innerhalb der Psychotherapie abhängigen Verhaltens sind zwei Themen besonders zentral. Es handelt sich um die beiden Problembereiche der Behandlungsmotivation und Rückfallprävention. Weitere wichtige Elemente sind Kenntnisse und Wissen über Alkohol und Abhängigkeit und Reizkonfrontation („cue exposure“). Nach der Entgiftung schließt sich in der Regel (meistens) eine stationäre und/oder ambulante Entwöhnungsbehandlung an, die oft in Gruppen durchgeführt wird. Dieses Therapieangebot dauert zwischen 3 und 12 Monaten und kann um die regelmäßigen Besuche von Selbsthilfegruppen ergänzt werden bzw. dazu führen.

Behandlungsmotivation

> ! PROCHASKA u. DICLEMENTE (1982) und PROCHASKA et al. (1992) gehen davon aus, daß sich aus dem Abhängigkeitsprozeß und dem Verlauf der Alkoholerkrankung heraus die Behandlungsmotivation entwickelt.

Dabei postulieren sie, daß im Laufe einer fortschreitenden Suchtentwicklung zunehmend Kräfte entstehen, die zur Überwindung der Sucht beitragen können (s. Abb. 8.1). Die Autoren postulieren dabei spezifische Veränderungsprozesse wie Bewußtwerdung, Selbstverpflichtung, Dekonditionierung usw., denen man bestimmte kognitive (z. B. interne Umbewertungen) und verhaltensmäßige (z. B. Reizkontrolle) Bewältigungsreaktionen zuordnen kann. Dabei lassen sich auch spezielle motivationale Variablen wie suchtspezifische Selbstwirksamkeit, Anfälligkeit für Versuchungen und die Bewertung von Vor- und Nachteilen des Drogenkonsums unterscheiden.

Die Veränderungsbereitschaft und v.a. die Kraft zur Veränderung der hoch automatisierten Handlungsmuster der Alkoholabhängigkeit baut sich dabei nicht durch einen einmaligen Durchlauf durch diese Stufenabfolge auf. Vielmehr ist davon auszugehen, daß mehrfache Anläufe, Abbrüche, Rückfälle, Neueinstiege, Versuche, Teilerfolge usw. allmählich die notwendigen Kräfte für das Durchhalten und die dauerhafte Abstinenz schaffen (s. Abb. 8.2). Dabei ist es durchaus möglich und sinnvoll, den Abhängigen durch motivationsfördernde Maßnahmen zu helfen (Prochaska u. DiClemente et al. 1992).

Zum Aufbau, zur Steigerung und Verbesserung der Behandlungsmotivation bei Alkoholabhängigen hat Petry (1993, 1996) die theoretischen Positionen kritisch referiert und ein inzwischen mehrfach empirisch bewährtes Therapieprogramm für Gruppen vorgeschlagen.

Wissen über Alkohol und Abhängigkeit

Eng verbunden mit, ja eine notwendige Voraussetzung der Behandlungsmotivation ist das Behandlungselement Informationsvermittlung.

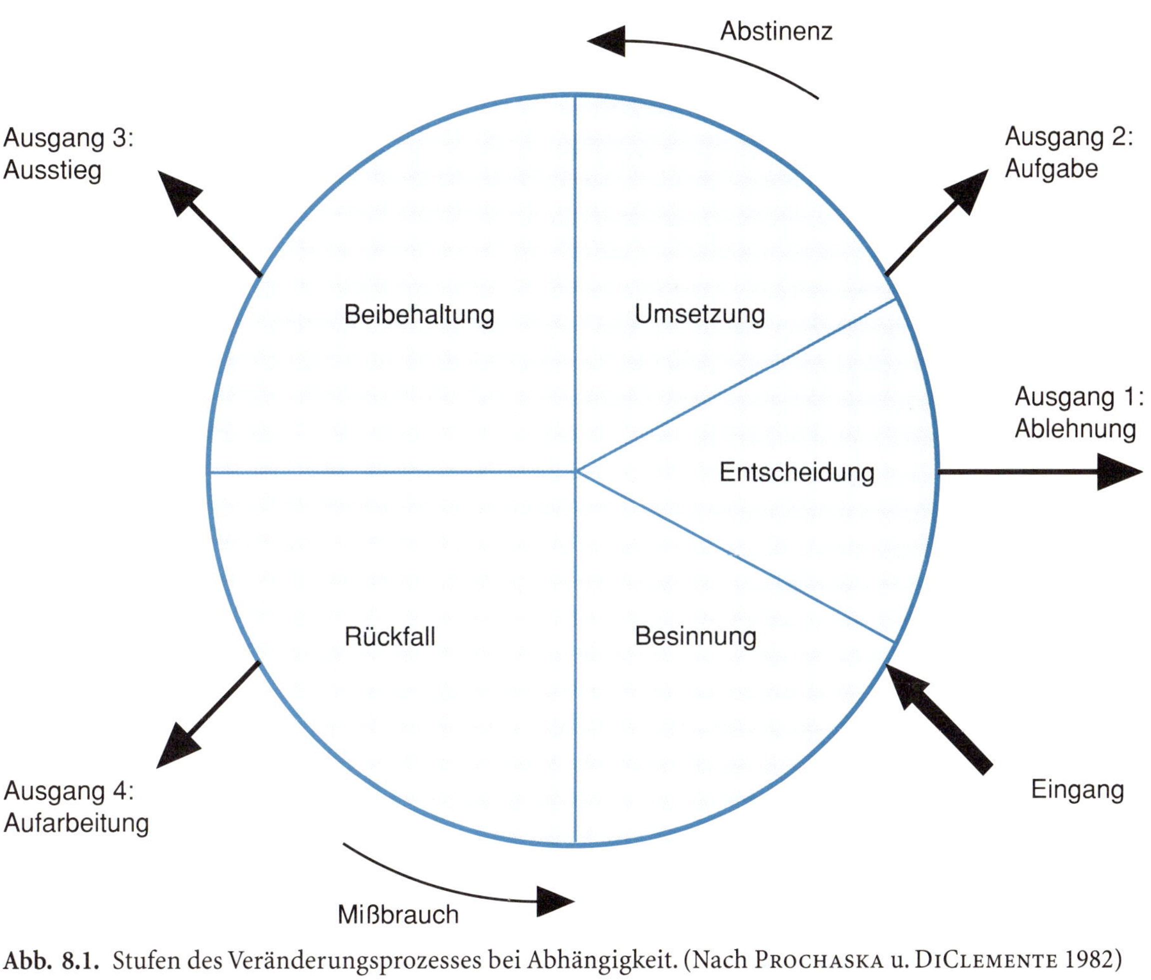

Abb. 8.1. Stufen des Veränderungsprozesses bei Abhängigkeit. (Nach Prochaska u. DiClemente 1982)

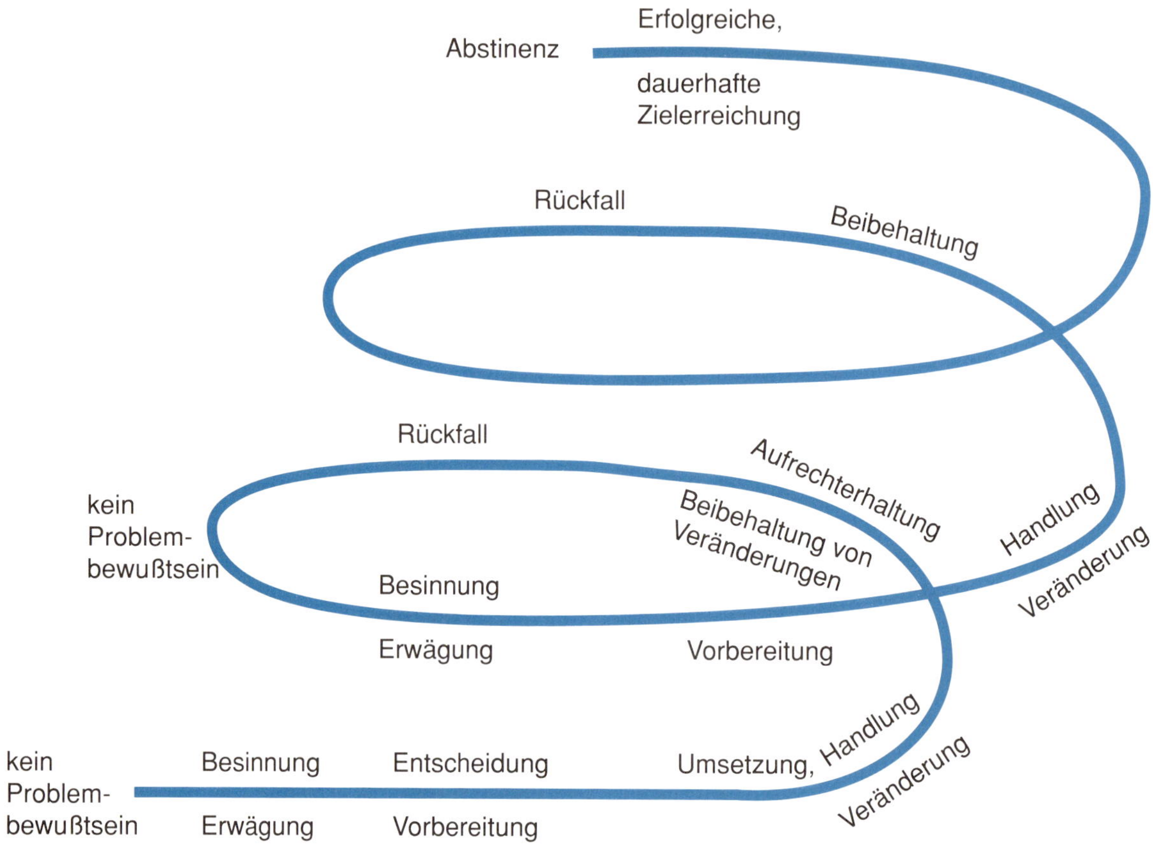

Abb. 8.2. Spiralmodell der Veränderungsstufen bei Abhängigkeit. (Nach Prochaska et al. 1992)

Es bezieht sich auf das Krankheitskonzept des Alkoholismus, die Definition von Abhängigkeit, die kurz- und langfristigen Folgen von Alkoholkonsum, das Nachvollziehen der individuellen Suchtentwicklung. Dabei wird die Bedrohung durch die bestehende Alkoholabhängigkeit erlebbar gemacht, und es werden effektive Behandlungsmöglichkeiten aufgezeigt, um so zu einer Erhöhung des Änderungswunsches und einer Verbesserung der Abstinenz zu gelangen.

Verhaltensanalyse der Abhängigkeit

Bei der Verhaltens- und Problemanalyse wird von der Abhängigkeitsentwicklung als einem Lernprozeß ausgegangen. Das Fortbestehen und die Aufrechterhaltung des Trinkverhaltens wird als das Ergebnis vorangehend-situativer, moderierend-kognitiver und nachfolgend-verstärkender Bedingungen verstanden.

> ! Wesentlich bei dieser Behandlungsphase ist das Herausarbeiten der persönlichen früheren und aktuellen Lernbedingungen, individueller Entwicklungsschritte, der Einstellungen und Erwartungen, der vorteilhaften und nachteilhaften Erfahrungen mit Alkohol.

Kognitive Umstrukturierung

> ! Kognitives Umstrukturieren basiert auf der Annahme einer suchtspezifischen Verzerrungsstruktur, die eine Verhaltensänderung durch Bagatellisierungs- und Externalisierungstendenzen sowie durch depressive Denk- und Verhaltensmuster blockiert.

Es wird angenommen, daß die wiederholte Bewußtmachung von Diskrepanzen zwischen inneren Bewertungen und der äußeren Realität sowie der Erarbeitung alternativer Denkweisen und Überzeugungen zu konstruktiven Dissonanzreduzierungs- und Reattributionsprozessen führt. Dabei ist die Therapiegruppe ebenfalls Betroffener ganz wichtig und hilfreich.

Tiffany (1990) hat durch sein Automatic-action-schemata-Modell eindrücklich gezeigt, wie stereotyp ablaufend, schwer in Teilkomponenten aufbrechbar und veränderungsresistent das konsumatorische, kognitive und motorische Handlungsmuster des Alkoholkonsums ist. Umstrukturierungen erfordern viel Kooperation, wiederholtes Training, ständige Wachheit und sind daher mühsam, bestenfalls nur allmählich erreichbar.

Rückfallprävention

Entsprechend der sozial-kognitiven Theorie des Alkoholismus wird davon ausgegangen, daß der Erwerb des Trinkverhaltens ein sozialer Lernprozeß ist, daß vorhandenen Erwartungen eine besondere Bedeutung bei der Steuerung des Trinkverhaltens zukommt und die Gefahr einer Suchtentwicklung besteht, wenn Defizite in der Bewältigung von Streßsituationen vorliegen. Daraus läßt sich ein Modell der Rückfallprävention ableiten, wie es Marlatt u. Gordon (1995) vorgeschlagen haben (s. Abb. 8.3).

Die Mehrzahl der Rückfallsituationen läßt sich auf typische Risikosituationen zurückführen:

- zwischenmenschliche Konflikte,
- sozialer Konformitätsdruck,
- negative Gefühlszustände und
- das innere Verlangen nach Alkohol.

Je nachdem, ob für solche Situationen kognitive oder verhaltensmäßige Bewältigungsreaktionen vorliegen, erhöht oder erniedrigt sich die Rückfallwahrscheinlichkeit.

Rückfallpräventive Bewältigungsstrategien

- Positives, handlungsorientiertes und flexibles Denken,
- sozial kompetentes (Ablehnungs-)Verhalten,
- Ablenkungs- und Vermeidungsreaktionen und
- Verfügbarhaben von sozialer Unterstützung.

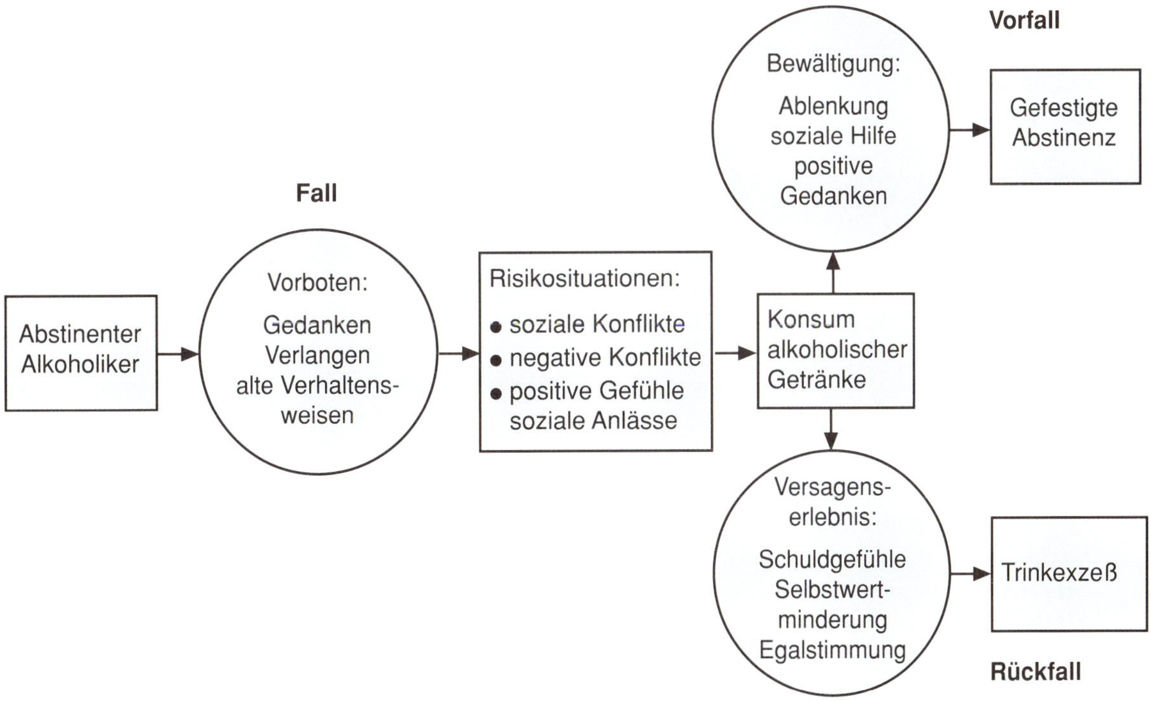

Abb. 8.3. Vereinfachtes sozial-kognitives Modell zum Rückfallprozeß

Dabei werden neben den bereits erwähnten kognitiven Umstrukturierungsmaßnahmen v.a. übende Elemente (Rollenspiele, Aufgaben für den Alltag) zum Erwerb von sozial kompetentem Verhalten in Angebots- bzw. Versuchungssituationen eingesetzt.

> ! Methoden der Stimuluskontrolle bzw. des effizienten Vermeidens risikoreicher Situationen gelten als berechtigte Mittel, um Rückfälle zu verhindern.

Dabei werden entsprechende Risikosituationen identifiziert und Verhaltensmöglichkeiten, von denen Vermeidung eine ist, besprochen, durchprobiert und oft in einem „Notfallplan" festgeschrieben.

Reizkonfrontation („cue exposure")

> ! Das Verlangen nach Alkohol („craving", Suchtdruck) wird sowohl physiologisch, als auch über wiederholte Konditionierungserfahrungen psychologisch gesteuert.

Häufig tritt das Verlangen nach Alkohol unerwartet bzw. überraschend heftig auf. Neben physiologischen Mechanismen (im Sinne eines protrahierten Entzugssyndroms) spielen dabei subtile situative, kognitive und habituative Mechanismen eine Rolle (Tiffany 1990). Die Beantwortung dieses Verlangens nach Alkohol mit dem Konsum des Suchtmittels trägt u.a. über den Mechanismus der „negativen Verstärkung" zur Stabilisierung der Gewohnheitsbildung und dem Fortbestehen der Alkoholerkrankung bei. Die Konfrontation mit konditionierten Auslösern (z.B. Lieblingsgetränk, Umgebung, Zeitdruck, Langeweile usw.) ohne Alkoholkonsum – und zwar so lange, bis Habituation eintritt – ist daher theoretisch erforderlich und klinisch sinnvoll.

> ! Ziel dieser Exposition (Auslöser für Alkoholverlangen) mit Reaktionsverhinderung (trotz Exposition kein Alkoholkonsum) ist einerseits die Löschung eingefahrener Gewohnheiten und Handlungsmuster, andererseits der Aufbau von Bewältigungssicherheit durch die Habituationserfahrungen.

Drummond u. Glautier (1994) haben dazu ein Vorgehen für die stationäre Phase vorgeschlagen. Diese Therapie sieht tägliche, ein- bis mehrstündige Expositionsübungen mit Reaktionsverhinderung über 2 Wochen vor. Begleitend werden physiologische (Puls, elektrodermale Aktivität) und subjektive (Suchtdruck, Anspannung, Nervosität) Maße bis zum Eintreten der Habituation erhoben. Die Therapie wird ambulant geplant fortgesetzt, wobei die Patienten selbständig unter realen Bedingungen üben. Dabei haben regelmäßige Einzel- oder Gruppensitzungen wichtige unterstützende, erklärende und verstärkende Funktion. Oft kommt es jetzt erst dazu, daß eingeschliffene Handlungsabläufe, Denkmuster und Affekte deutlich werden und einer Veränderung zugeführt werden können.

Beispiel

(Behandlung mit „cue-exposure":
Der inzwischen arbeitslose 34jährige Patient kann auf eine 16jährige Suchtkarriere zurückblicken. Er befindet sich zum wiederholten Male in der Klinik und hat bereits zwei vielmonatige Entwöhnungsbehandlungen absolviert. Allein in den letzten drei Monaten war der Patient zweimal zur Entgiftung stationär aufgenommen worden. Seine Bereitschaft, an der stationären Einzel- und Gruppentherapie unter Einschluß wiederholter Konfrontation mit Alkoholverlangen auslösenden Reizen teilzunehmen, ist durch diese aktuellen, recht dramatischen Erfahrungen gestiegen. Nach der Entgiftung beginnt zunächst eine vierwöchige stationäre Verhaltenstherapie, die über acht Wochen ambulant fortgeführt wird. Erst nach Abschluß dieser Behandlung soll unter Abwägung der Notwendigkeit, der Kooperation des Patienten und der bis dahin erzielten Fortschritte über eine weitergehende Therapie entschieden werden.
Die Komponenten der anfänglichen vierwöchigen Verhaltenstherapie sind:

- Motivierung: Individuelle Suchtanamnese, Analyse persönlicher Risikosituationen und der Defizite im Sozialverhalten, Verbesserung des Wissens über Alkohol, Alkoholismus und Alkoholabhängigkeit, Herausarbeiten der Vorteile von Abstinenz und der Nachteile von Weitertrinken, Erarbeitung eines Modells für die persönliche Entwicklung hin zu der heutigen Situation.
- Tägliches „cue exposure" über 14 Tage, wobei mit Anblick, Geruch und Geschmack des Lieblingsgetränks („Wodka" einer bestimmten Marke) konfrontiert wird.

Zunächst wird dazu mit dem Patienten der Sinn und Zweck der Konfrontationsübungen herausgearbeitet. Dabei werden die Anlässe und Abläufe seiner vielfältigen Rückfallerfahrungen herangezogen. Typische Auslöser für ihn sind Entzug mit beginnenden körperlichen Symptomen (bei ihm v.a. Kopfdruck, Mundtrockenheit), Langeweile, Unruhe, Niedergeschlagenheit, Werbung von Wodka, Anblick des Lieblingsgetränks, Einschenken (er liebt es dabei, große Gläser ganz voll zu füllen), doch auch Geruch und erster Schluck des hochprozentigen Alkoholgetränks. In der Regel kommt es spätestens beim Einschenken zu einem so heftigen „Suchtdruck" und psychologischem Verlangen, neben den bestehenden körperlichen Symptomen (bei Entzug), daß er keine Kontrolle mehr über den weiteren Handlungsablauf hat.

Ziel der Konfrontationsübungen ist es nun, durch Erfahrung der Habituation des Verlangens und des Nachlassens des Suchtdrucks ohne Alkoholtrinken bzw. Flucht diese automatisierten Reaktionsmuster zu löschen. Bei den anfänglichen Therapiesitzungen (die ersten 2 Tage) reagiert der Patient auf den Anblick nur mit mittlerem Verlangen und mäßigen körperlichen Symptomen. Die Habituation gelingt jedoch gut, und die Sitzungen werden mit fast völlig abgeklungenem Verlangen und keinerlei körperlichen Symptomen jeweils nach knapp zwei Stunden beendet. Das Verlangen und alle für ihn typischen Beschwerden (bis hin zu Muskelkrämpfen, heftigen Kopfschmerzen) steigen auf den höchsten Punkt (10 auf einer subjektiven Skala), als der Patient ab dem dritten Übungstag das gefüllte Glas mit Wodka zum Mund führen soll, daran riecht bzw. mit einem Finger etwas von dem Getränk in den Mund bringt. Die ersten Sitzungen können nur dadurch mit einem weitgehend verschwundenen Verlangen und einer abgeklungenen Symptomatik erfolgreich beendet werden, indem der Patient mit Muskelentspannungsübungen kurzfristig abgelenkt wird. Im weiteren Verlauf, etwa ab der fünften Expositionssitzung, gelingt die Habituation auch ohne diese Hilfe. Am Ende der zweiwöchigen täglichen Übungen kann der Patient ohne aufsteigendes Verlangen sein Lieblingsgetränk einkaufen gehen, über Stunden offen bei sich stehen haben, an seinem Wodka riechen, ein Glas vollschenken, etwas davon in den Mund nehmen, es schmecken.

Während der nun anschließenden ambulanten Therapiephase sind folgende Elemente zur Kompetenzverbesserung geplant:

- Fortgesetzte Expositionsübungen,
- Stimuluskontrolle und Vermeidung überfordernder Risikosituationen,
- Ablehnungstraining und Rollenspiele zur Selbstsicherheit,
- Aufbau von Kommunikations- und Interaktionsverhalten,
- Umgang mit Alleinsein,
- Freizeitgestaltung,
- Aufbau von Konzentrationsfähigkeit und Arbeitsverhalten sowie Tagesstrukturierung.

Im folgenden Beispiel (aus SCHNEIDER 1982) werden die Ziele und Maßnahmen einer stationären verhaltenstherapeutischen Alkoholismusbehandlung dargestellt.

BEISPIEL

Standardmaßnahmen:

- Funktionale Verhaltensanalyse: Sie soll den Patienten befähigen, seinen Suchtmittelkonsum als eine Handlung innerhalb eines komplexen Bedingungsgefüges zu verstehen, die einer fehlgeschlagenen Problemlösung gleicht, welche nun selbst das Problem darstellt. Es wird gezeigt, daß die Beseitigung der „ursächlichen" Probleme und die Aufarbeitung von Verhaltensdefiziten nicht die weitere Gefährdung durch Suchtmittel auflösen kann, so daß der Patient weiterhin abstinent leben und ein entsprechendes Selbstkonzept aufbauen muß.

- Entspannungstraining: Das Ziel ist hier die Minderung des physiologischen Anteils der Emotionen in belastenden Situationen und der Aufbau einer Alternative zur pharmakologischen Wirkung des Suchtmittels.
- Selbstkontrolltechniken/Ablehnungstraining: Aufbau von selbsterzeugtem gedanklichem Widerstand bei Wünschen und Versuchungen bezüglich Suchtmitteln (Selbstkontrolltechniken). Aufbau von effektivem Verhalten in Situationen, in denen Suchtmittel angeboten bzw. aufgedrängt werden (Ablehnungstraining).
- Einübung von Selbstsicherheit: Ein Kernpunkt der Gruppentherapie besteht in der Einübung von Selbstsicherheit, d.h. im Wissen, was Selbstsicherheit ist und welche Vorteile sie hat, im Erkennen und Wahrnehmen der persönlichen Rechte und der Einsicht, warum man so häufig anders handelt. Übungsbereiche sind dabei Situationen, die Fertigkeiten in Selbstbehauptung, Umgang mit Belastungen, Kommunikation und Kontakt verlangen. Besondere Beachtung finden dabei die auftretenden Gefühle als Indikatoren für verhaltensrelevante, irrationale Einstellungen.
- Kognitive Umstrukturierung: Im Rahmen des Belastungstrainings findet deshalb eine Einführung in die kognitive Umstrukturierung statt, die den Patienten seine Gefühle als weitgehend steuerbar erleben läßt, wobei unangenehme Gefühle größtenteils als durch negative Selbstverbalisationen und unrealistische Erwartungen hervorgerufen angesehen werden.
- Anleitung zur sinnvollen Freizeitgestaltung: Wiederherstellung körperlicher und geistiger Leistungsfähigkeit in der Sport- und Beschäftigungstherapie.
- Selbstorganisation: Der Bereich der Selbstorganisation wird in kleinen Schritten erarbeitet. Die Maßnahmen gehen von der anfänglichen Tagesplanung bis zur Zukunftsplanung in verschiedenen Lebensbereichen.
- Individuelle Maßnahmen: Je nach Indikation, z.B. Partnerschafts- oder Sexualtherapie.

Wirksamkeit verhaltenstherapeutischer Alkoholismusbehandlung

Langzeitstudien zeigen, daß Abhängigkeitskarrieren oft bis zu 20 Jahren dauern, wobei während dieser Zeit wiederholte Entgiftungen, Entwöhnungsbehandlungen und andere kurz- bzw. längerfristige therapeutische Maßnahmen nicht ungewöhnlich sind.

> ! Zusammenfassend zeigt sich, daß die Mehrzahl aller behandelten Abhängigen fünf Jahre nach Behandlungsende wieder rückfällig geworden sind (Ferstl u. Bühringer 1991).

Die Zahlen schwanken je nach Kriterium und Studienplan. Verhaltenstherapeutische Programme erreichen meist 40% bis 45% Abstinenz, 15% bis 20% deutliche Besserung bei wiederholten Rückfällen mit abstinenten Phasen, 40% bis 45% unveränderte Abhängigkeitsproblematik. Kontrolliert und sozial angemessen Alkohol zu trinken schaffen nur wenige (bestenfalls 5% bis 10%). Angesichts dieser Zahlen ist zu erwarten, daß bei einem ersten psychotherapeutischen Versuch die Wahrscheinlichkeit eines langfristigen Erfolgs eher gering ist. Mehrere therapeutische Anläufe sind typisch.

> ! Entscheidend für den erfolgreichen Verlauf ist das erste Jahr nach Behandlungsabschluß. Wird diese Zeit ohne Rückfall überstanden, sinkt die Wahrscheinlichkeit eines ernsthaften Rückschlags deutlich. Hierzu ist ambulante Psychotherapie, ergänzt durch Teilnahme an einer Selbsthilfegruppe, sinnvoll.

Literatur

Drummond DC, Glautier S (1994) A controlled trial of cue exposure treatment in alcohol dependence. J Consult Clin Psychol 62:809–871
Ferstl R, Bühringer G (1991) Störungen durch psychotrope Substanzen: Interventionen. In: Perrez M, Baumann U (Hrsg) Klinische Psychologie, Band 2, S 322–334. Huber, Bern
Marlatt GA, Gordon JR (1985) Relapse prevention: Maintenance strategies in the treatment of addictive behaviors. Guilford Press, New York
Petry J (1993) Behandlungsmotivation: Grundlagen und Anwendungen in der Suchttherapie. Psychologie Verlags Union, Weinheim
Prochaska JO, DiClemente CC (1982) Transtheoretical therapy: Toward a more integrated model of change. Psychotherapy: Theory, Research and Practice 19:2276–2288
Prochaska JO, DiClemente CC, Norcross JC (1992) In search of how people change. Application to addictive behavior. Amer Psychol 47:1102–1114
Schneider R (1982) Stationäre Behandlung von Alkoholabhängigkeit. Röttger Verlag, München
Tiffany ST (1990) A cognitive model of drug urges and drug-use behavior: Role of automatic and nonautomatic processes. Psychol Rev 97:147–168

Weiterführende Literatur

Arendt H (1994) Alkoholismus: Ambulante Therapie und Rückfallprophylaxe. Psychologie Verlags Union, Weinheim
(Eine ausführliche verhaltenstherapeutische Behandlungsanleitung. Die Elemente des Vorgehens werden genau beschrieben, durch Beispiele und mit genauen Materialien illustriert. Hilfreich auch für das Kennenlernen einzelner Therapieelemente.)
Lindenmeyer J (1993) Lieber schlau als blau. Informationen zur Alkoholabhängigkeit, 2. Aufl. Psychologie Verlags Union, Weinheim
(Entstanden aus der Notwendigkeit, selbst langjährig Abhängige über Alkohol und dessen kurz- und langfristige Wirkungen wiederholt aufklären zu müssen, liegt hier ein sehr gut lesbares, gut illustriertes Buch für Betroffene und Therapeuten vor.)
Petry J (1996) Alkoholismustherapie, 3. Aufl. Psychologie Verlags Union, Weinheim
(Orientiert an der detaillierten Analyse von Trinkverhalten und Alkoholkonsum wird vom Autor ein Gruppenprogramm mit vielen spielerischen Elementen vorgelegt, das insbesondere zur Motivationsförderung geeignet ist. Hilfreich auch zum Verständnis der Verhaltensanalyse von Abhängigkeit.)

8.2.4 Verhaltenstherapeutische Behandlung schizophrener Störungen

M. Hautzinger

Schizophrenie ist eine schwere und für alle Personen, die davon berührt werden, belastende Erkrankung. Die therapeutische Arbeit mit Menschen, die unter dieser Erkrankung leiden, ist oft schwierig und eine große Herausforderung. Es muß die bestehende, nicht veränderbare Vulnerabilität schizophrener Menschen akzeptiert werden. Dennoch sind Veränderungen des Erlebens und Verhaltens prinzipiell genauso möglich wie bei jeder Person mit einer (anderen) psychischen Störung.

Argumente für Verhaltenstherapie bei Schizophrenie

Basierend auf klinischen Erfahrungen, empirischen Befunden und theoretischen Überlegungen, lassen sich folgende Argumente für den Sinn und Nutzen verhaltenstherapeutischer Maßnahmen im Rahmen der Rehabilitation schizophrener Patienten finden (Straube u. Hahlweg, 1990; Süllwold u. Herrlich 1989; Roder et al. 1995):

- Methodisch differenzierte, langjährige Katamnesestudien zeigten, daß nur 25% bis 30% der schizophrenen Patienten ohne wesentliche Beeinträchtigungen, aber 70–75% mit mäßigen bis hin zu schweren psychischen (z. B. beeinträchtigte Kommunikations- und kognitive Fähigkeiten) und sozialen Defiziten (z.B. beeinträchtigte soziale Kontakte, Arbeitsfähigkeit) leben müssen.
- Bis zu 30% der Patienten sprechen auf neuroleptische Medikation nicht in zufriedenstellender Weise an. Dies betrifft v. a. die Minus- (oder Negativ-)Symptomatik, die sich in Antriebslosigkeit, fehlendem Interesse, Freudlosigkeit (Anhedonie), Konzentrationsschwierigkeiten u. a. äußert. Es können aber auch chronischeproduktive Symptome sein, die auf Medikation wenig Veränderung zeigen.
- Neuroleptika können extrapyramidale, motorisch stark beeinträchtigende, anticho-

linerge und auch andere Nebenwirkungen verursachen. Es gibt Hinweise dafür, daß in Verbindung mit verhaltenstherapeutischen Behandlungsverfahren zwar nicht auf Medikation verzichtet, aber eine Reduktion der Medikamentenmenge erreicht werden kann.

- Die schizophrene Erkrankung geht mit einer erheblichen Erschütterung der betroffenen Person einher. Dies betrifft das Krankheitsverhalten, das Selbstbild, das eigene Verhalten und den Umgang mit bzw. die Reaktionen der Umwelt. Medikamente helfen nicht, mit sich in neuer Weise umzugehen, die Umwelt anders zu strukturieren, sich auf Reaktionen der Angehörigen, Freunde und Kollegen einzustellen.
- Neuroleptika haben wenig Auswirkungen auf die Basisstörungen der Schizophrenie. Hierzu bedarf es Neulernen, Umlernen und Anpassungsleistungen.
- Es gibt eine Reihe von Hinweisen dafür, daß es sich bei der Schizophrenie um elementare und komplexere kognitive Störungen sowie um Störungen der psychophysiologischen Aktivierung bzw. des zentralnervösen Erregungsniveaus handelt. Verhaltenstherapeutische Verfahren berücksichtigen diese Phänomene in besonderer Weise.

BEISPIEL

Die junge, aus einem osteuropäischen Land vor fünf Jahren nach Deutschland übersiedelte Patientin wird mir während ihres ersten Aufenthalts in der psychiatrischen Klinik vorgestellt. Während der Vorbereitungsarbeiten zum Abitur, noch während der ersten Hälfte des 13. Schuljahrs, waren bei ihr heftige Ängste, Selbstzweifel, Unruhezustände, Konzentrationsprobleme, Arbeitsstörungen, Schlafprobleme mit nächtlichem Herumwandern, dann zunehmend Verfolgungsideen, Gedankenentzug und uneinfühlbares Mißtrauen gegenüber allem und jedem aufgetreten. Als die Eltern merkten, daß ihre Tochter mit nicht vorhandenen Personen diskutierte und offensichtlich diese „Personen" mit der Patientin redeten, sogar Anweisungen gaben, schalteten sie einen Psychiater ein. In der Klinik wurde deutlich, daß die Beschwerden schon seit 10 Monaten bestanden und mit zunehmendem Druck in der Schule stärker geworden waren.

Nachdem die neuroleptische Behandlung die Ängste, die Anspannung, die Schlafprobleme und die aufdringlichen psychotischen Symptome unterdrückte, wurde die junge Frau zugänglicher, und es wurde deutlich, daß ihre Verunsicherung, ihre Selbstzweifel, ihr Mißtrauen und ihre Ängste eng mit ihrer Außenseiterposition in der Klasse, den sprachlichen Schwierigkeiten (sie hatte erst nach der Übersiedlung die deutsche Sprache gelernt und hatte folglich Probleme im Fach Deutsch und mit der aktiven Beteiligung im Unterricht) zusammenhing. Hinzu kamen hohe Leistungsansprüche und oft vorwurfsvolle Kritik durch die Eltern. Diese hatten in der relativ kurzen Zeit seit der Übersiedlung bereits wieder einen Betrieb aufgebaut. Daneben hatte der Vater eine zweite Arbeitsstelle und die Mutter war ebenfalls berufstätig. Schlechte Noten und Mißerfolge, selbst Konflikte mit den Nachbarn und fremdenfeindliche Äußerungen wurden dadurch kompensiert, daß Vorwürfe und Selbstkritik geübt wurde, die eigenen Anstrengungen erhöht und der Ärger runtergeschluckt wurde. Hinzu kam, daß etwa ein Jahr vor der Klinikaufnahme der Vater einen lebensbedrohlichen Herzinfarkt erlitten hatte, der die junge Patientin heftig erschütterte. Nach nur wenig Erholung war der Vater wieder in seine Doppelbelastung eingestiegen. Über die Erkrankung, die Bedrohung, die Erschütterung bei der Tochter wurde nie gesprochen. Unmittelbar vor der Klinikaufnahme hatte die junge Patientin in einer Deutscharbeit versagt und glaubte, in der Klasse bloßgestellt worden zu sein.

Das Vulnerabilitäts-Streß-Modell der Schizophrenie

Die beiden Hauptfaktoren dieses, die verhaltenstherapeutischen Maßnahmen begründen den Entwicklungs- und Verlaufsmodells (NUECHTERLEIN et al., 1992), sind Streß und Vulnerabilität, die sowohl miteinander als auch mit psychopathologischen Symptomen (Frühwarnsymptomen oder akuten schizophrenen Symptomen) in einer systemischen Verbindung stehen (s. Abb. 8.4).

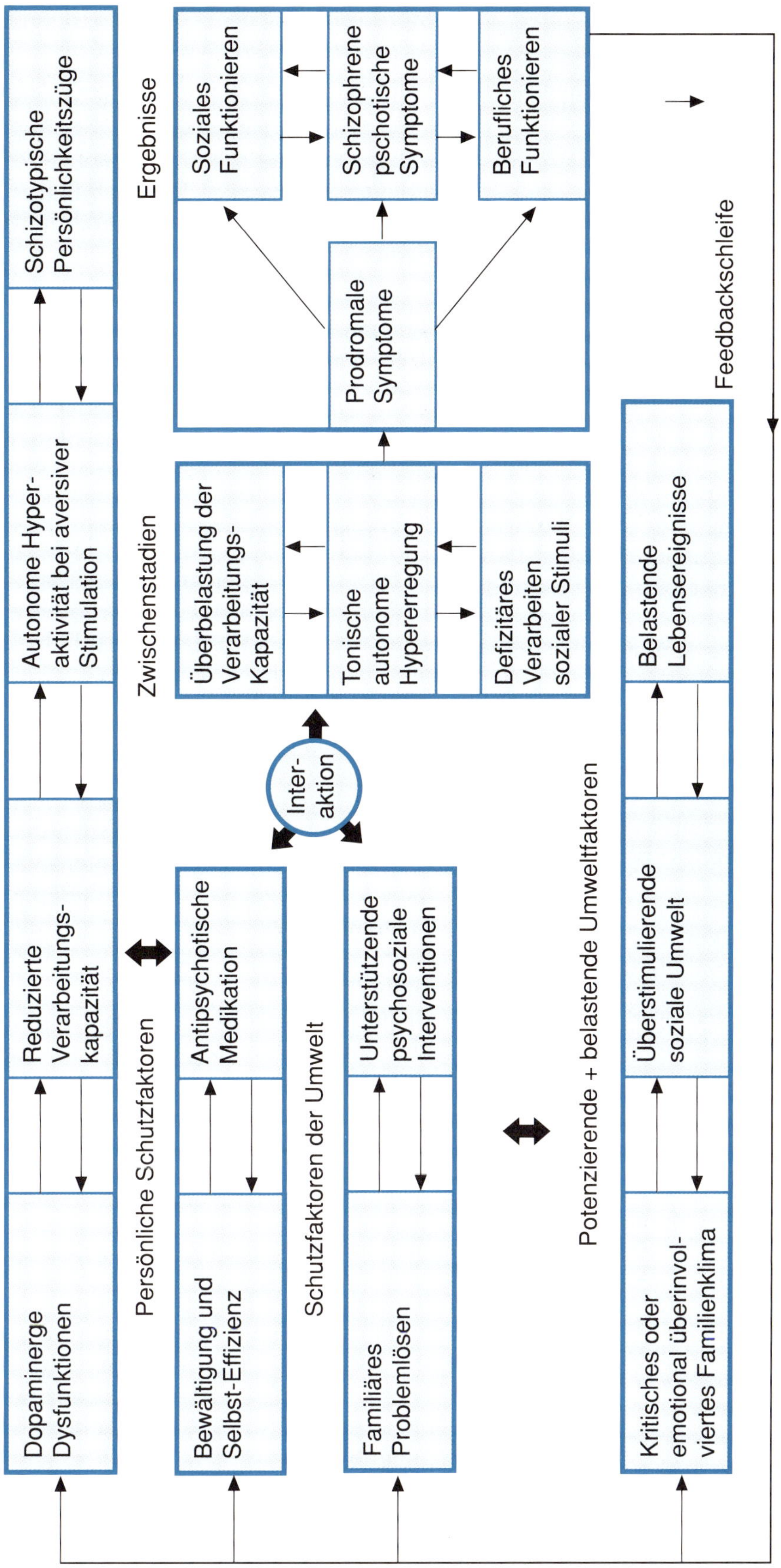

Abb. 8.4. Das Vulnerabilitäts-Streß-Modell der Schizophrenie. (Nach NUECHTERLEIN et al. 1992)

Definition

Vulnerabilität wird als eine in der Person verankerte, genetisch, biochemisch oder perinatal bedingte Disposition oder Sensibilität verstanden.

Sie kann sich in bestimmten Charakteristika äußern, die auch als Basisstörungen bezeichnet werden können. Streß wird dagegen als Umweltvariable betrachtet. Je stärker nun die Belastungen aus der Umwelt oder die Vulnerabilität innerhalb der Person oder beide Faktoren ausgeprägt sind, desto wahrscheinlicher kommt es zu Zwischenstadien (Prodromi) im Krankheitsverlauf. Erfolgt nun keine Intervention, z. B. mit einer Veränderung bzw. einem Wiederansetzen der Medikation oder der Herausnahme aus belastenden Situationen, kommt es mit hoher Wahrscheinlichkeit zu einer akuten Psychose.

Streß kann mindestens drei Quellen entstammen:

- Ungünstige Kommunikationsmuster innerhalb der Familie (im Sinne des Expressed-Emotion-Konzepts);
- Lebensereignisse;
- fehlendes oder instabiles psychosoziales Netzwerk.

Die Art der Kommunikation von Angehörigen mit dem Patienten nimmt Einfluß auf den Verlauf der Erkrankung. Wenn Angehörige sich sehr kritisch oder sogar feindselig (d. h. nicht nur in einzelnen Verhaltensweisen, sondern die gesamte Person abwertend) oder auch überbesorgt einengend verhalten (dies nennt man „high-expressed-emotion-Familien“, LEFF u. VAUGHN 1985), dann steigt das Rückfallrisiko deutlich. Als weitere Stressoren gelten Lebensereignisse, die in irgendeiner Weise in die Kontinuität des Zeitablaufs eingreifen. Sie können im Sinne einer Überforderung oder Überstimulierung eine Zustandsveränderung auslösen.

Die Vulnerabilität als interner Faktor (Basisstörungen) läßt sich nach experimentalpsychologischen Befunden in mindestens drei Bereichen nachweisen:

- Störungen in der Informationsaufnahme;
- Störungen in der Informationsverarbeitung;
- Störungen in der psychophysiologischen Aktivierung.

In diesem Vulnerabilitäts-Streß-Modell sind die motorischen, sozialen und kognitiven Basisstörungen nicht nur für die akute Psychopathologie, sondern auch für das Alltagsverhalten, wie etwa die sozialen Interaktionen der Patienten, prägend.

Bedingungen für die Psychotherapie schizophrener Patienten

Unabhängig von zugrundeliegenden theoretischen Annahmen sind für die psychotherapeutische Behandlung schizophrener Patienten folgende Bedingungen zu berücksichtigen (KRÄMER u. MÖLLER 1994):

- Nach einer Vergleichsuntersuchung unterschiedlich orientierter psychotherapeutischer Verfahren für die Behandlung schizophrener Störungen haben jene therapeutischen Strategien den sichtbarsten Erfolg, die sich mehr auf spezifische Faktoren des realen Lebens als auf allgemeine psychologische Zielvorstellungen beziehen.
- Psychotherapie kann die Medikation nicht ersetzen. Entsprechende Untersuchungen haben bestätigt, daß Psychotherapie ohne Medikation zu schlechteren Ergebnissen führt als eine medikamentöse Behandlung allein.
- Grundsätzlich gelten stark konfrontierende, überflutende, emotionsbetonte bzw. affektprovozierende oder regressionsfördernde Therapieverfahren als kontraindiziert. Schizophrene Patienten benötigen strukturierte, überschaubare und relativ direkt zu bearbeitende Ziele und Informationen (SÜLLWOLD 1986).
- Die Handlungsweisen schizophrener Patienten sollten von informativer, differenzierter und unmittelbarer Bestätigung gefolgt sein.
- Die Beziehung zwischen Patient und Therapeut sollte offen, klar und distanziert sein. Was offensichtlich ist, muß in der Therapie angesprochen werden. Der Therapeut sollte keine Angst vor Wiederholungen, Redundanz, Vereinfachungen und klaren Regeln haben.

Verhaltenstherapie mit schizophrenen Patienten

Die wesentlichen kognitiv-verhaltenstherapeutischen Behandlungskomponenten mit den schizophrenen Patienten, die sich als effektiv für eine Rückfallprophylaxe und eine Verbesserung der Anpassung in verschiedenen Lebensbereichen bestätigt haben (Straube u. Hahlweg 1990; Liberman, DeRisi u. Mueser, 1989; Falloon, Boyd u. McGill 1994) sind folgende:

Kognitiv-verhaltenstherapeutische Behandlung schizophrener Patienten

- Erklärung und Information über die Erkrankung entsprechend dem Vulnerabilitäts-Streß-Modell;
- Verständnis, Wahrnehmen und Erkennen von Frühwarnsymptomen;
- Ableitung individueller Behandlungsmaßnahmen aus dem Vulnerabilitäts-Streß-Modell;
- Kognitive Therapie, kognitives Training und komplexere kognitive Verfahren zur Veränderung beeinträchtigender Einstellungen, ungünstiger Denkmuster und zum Aufbau von Problembewältigungsfertigkeiten (Streßreduktion);
- Training sozialer Kompetenz unter Einbezug von Video und Rollenspielverfahren;
- Einbeziehen der Angehörigen mit dem Ziel der gründlichen Information über die Krankheit, das Krankheitsgeschehen und die Behandlung;
- Familienarbeit mit dem Ziel der Veränderung der Kommunikation und Interaktion in der Familie, insbesondere mit dem Patienten.

Information über die Erkrankung. Diese auf den ersten Blick vielleicht bescheiden wirkende Behandlungskomponente zielt sowohl auf Einsicht in die Erkrankung als auch auf die Selbststeuerungsfähigkeit und die Selbstwirksamkeitserwartungen ab (Bandura 1977; Kanfer et al. 1991). Einsicht in die Erkrankung setzt drei Prozesse voraus:

- das Erkennen der Patienten, daß sie in der akuten Psychose krank sind bzw. waren und vermutlich habituell eine bestimmte und individuell zu bestimmende Vulnerabilität in sich tragen;
- daß sie psychotische Symptome wie Wahn, Halluzinationen als krankhafte Zeichen bezeichnen können und
- daß sie hinsichtlich der Behandlung kooperativ sind.

> **!** Selbststeuerung – bezogen auf die Störung – beinhaltet, daß die Patienten sich selbst beobachten, z.B. frühzeitig Streßreaktionen und Frühwarnsymptome wahrnehmen und als solche erkennen, ihr Verhalten hinsichtlich seiner vorausgehenden Bedingungen und Konsequenzen beurteilen und, sofern Istzustand und Sollzustand diskrepant sind, verändern.

Als Leitfaden für die Gespräche über das Krankheitskonzept dient ein vereinfachtes Vulnerabilitäts-Streß-Modell (s. Abb. 8.4).

Erkennung von Frühwarnsymptomen. Hier werden im einzelnen die Vorläufer der psychotischen Symptome genauer betrachtet und registriert. Dabei ist darauf zu achten, daß einerseits nicht jede kurzfristige Änderung des Befindens oder Verhaltens pathologisiert wird. Andererseits sollten Patienten, die ihre Möglichkeiten eher überschätzen, zur Vorsicht und differenzierten Selbstbeobachtung hingeführt werden.

Ableitung individueller Behandlungsziele und -maßnahmen. Bei dieser Komponente geht es, je nach individueller Problemanalyse und persönlichen Bedürfnissen, um Förderung von Aktivitäten, um mehr Ruhe und Entspannung sowie Genuß, um Förderung von Kontaktmöglichkeiten, um den Umgang mit Freunden und Angehörigen, um Abgrenzung und Freiraum und um berufliche Integration.

Kognitive Verhaltenstherapie bei schizophrenen Patienten. Im Rahmen der kognitiven Verhaltenstherapie wird unterschieden zwischen kognitivem Training, kognitiver Therapie und sozialem Kompetenztraining (s. Tabelle 8.1). Ziel

Tabelle 8.1. Möglicher Behandlungsplan einer kognitiven Verhaltenstherapie. (Nach Kraemer u. Möller 1994)

Zielbereich	Therapeutische Verfahren
Kognitive Fähigkeiten	Kognitives Training
Aktivierung	Entspannungstraining
Streßverarbeitung	Kognitive Therapie: Diskussion Vulnerabilitäts-Streß-Modell; Problemlösetraining
Sozialverhalten (Kritik/Kontakt/ Kommunikation mit der Mutter)	Rollenspielgruppe; kognitive Therapie; Kommunikationstraining
Rezidivprophylaxe und Compliance	Vulnerabilitäts-Streß-Modell; Frühwarnsymptome; (Erhaltungsmedikation)

ist eine Verbesserung kognitiver und instrumenteller Bewältigungsstrategien bei dem Patienten.

■ **Kognitives Training.** Kognitives Training bezieht sich relativ eng auf die im Vulnerabilitäts-Streß-Modell angesprochenen kognitiven Störungen der Diskriminationsfähigkeit und der Begriffsbildung. In den Rahmen eines kognitiven Trainings mit Übergang zu einer kognitiven Therapie fällt das Training der sozialen Wahrnehmung (Roder et al. 1995).

Beispiel

Fortsetzung:
Die junge Patientin nahm während des stationären Aufenthalts an einer Therapiegruppe teil, in der u.a. Konzentrationsübungen anhand von Texten (aus Zeitungen, Schulmaterialien) sowie komplexen Aufgaben (aus Leistungs- und Intelligenztests) durchgeführt wurden. Dabei kamen Arbeitstechniken und Selbstinstruktion zur Anwendung. Ferner wurden anhand von Fotos, die soziale Begegnungen und Situationen darstellten, die Wahrnehmung geschult und die Befürchtungen besprochen. Kleinere Rollenspiele schlossen sich an, um die Fertigkeiten zu trainieren und das Handlungsrepertoire zu erweitern. Bei den Rollenspielen wurde zunächst auf sehr kurze Übungssequenzen geachtet, die durch viel Unterstützung und ständige positive Verstärkung durch den Therapeuten begleitet wurden. Erst allmählich wurden die Szenen ausgeweitet, der Lebenswelt angenähert und phasenweise sogar mit Video unterstützt.

■ **Kognitive Therapie.** Kognitive Therapieverfahren können verschiedene Elemente, wie etwa die Bearbeitung kognitiver Dysfunktionen (Beck et al. 1994), Selbstkontrollprozesse (Kanfer et al. 1991) sowie Problemlösestrategien beinhalten. Als allgemeine Struktur sind die Schritte der Problemerkennung und Problemlösung hilfreich:

- Problemerkennung und Problemdefinition,
- kognitives Probeagieren und kognitive Planung (Brainstorming),
- Selbstinstruktionen in Form von Selbstanleitung,
- Verhaltensmöglichkeiten bei Mißerfolgen vorplanen,
- förderliche Selbstverbalisationen formulieren,
- Selbstverstärkung.

Zentrales Problem für die meisten Patienten ist der „Umgang mit Kritik". Leicht können dazu einige typische Szenen des Kritisiertwerdens als Standardsituationen zur Anwendung des Problemlösetrainings entwickelt werden (z.B. Kritik bei der Arbeit: „Das muß schneller gehen").

Beispiel

Fortsetzung:
Noch während der achtwöchigen stationären Behandlung begann die einzeltherapeutische

Betreuung, die auf die Bearbeitung der hohen Leistungsansprüche, der Selbstabwertung und des Mißtrauens zielte. Diese Einzeltherapie wurde dann über ein Jahr ambulant fortgesetzt. Dabei kam es auch zur Einbeziehung der Eltern. Besonders hilfreich für die junge Patientin war zunächst, mit dem Therapeuten immer wieder die Abläufe, z.B. in der Klinik beim Umgang mit Mitpatienten, später dann in der Schule mit Mitschülern, Nachbarn usw., die bei ihr zu Verunsicherung, Zweifeln und Mißtrauen führten, zu analysieren, die Beurteilung des Therapeuten zu erfahren und weitere Alternativen zu überlegen. Sie lernte dabei, wie sie durch ihre überkritische, selbstabwertende Art sich selbst unter Druck setzte, sich das Leben, den Umgang mit Anforderungen und die sozialen Kontakte erschwerte. Wiederholt wurden konstruktivere, selbstwertdienlichere und ermunternde Sätze für alltägliche Situationen aufgeschrieben (sie führte dazu ein kleines Ringheft), damit so die Patientin diese ständig bei sich hatte, darauf schauen konnte und sich an die gemeinsamen Absprachen erinnerte.

Meist ist so in die Problemlösesequenz die Bearbeitung dysfunktionaler Kognitionen nach folgendem Muster eingebaut:

Die automatischen dysfunktionalen Gedanken sollen ausgehend von dem Erleben und den Emotionen auf konkrete Situationen bezogen werden und deren Bezug zum Verhalten aufgezeigt werden. Weiterhin werden diese dysfunktionalen Gedanken durch funktionalere, freundlichere und hilfreichere Kognitionen ersetzt.

Training sozialer Kompetenz. Ein Gruppentraining in sozialer Kompetenz mit Rollenspielverfahren und möglicherweise mit Videofeedback sollte nur nach sorgfältiger Indikationsstellung erfolgen. Die komplexen Anforderungen und damit die Gefahr der Reizüberflutung im Rahmen dieses Therapieverfahrens werden häufig – zumal für Patienten auf psychiatrischen Stationen – unterschätzt.

> **!** Wie im kognitiven Training und in der kognitiven Therapie wird auch im Sozialtraining abgehoben auf Diskrimination und Differenzierung.

Die Patienten lernen zu unterscheiden, welche Kriterien z.B. aggressives, sicheres und unsicheres Verhalten enthalten. Sie lernen, Verhalten differenziert zu beobachten, nach Haltung, Gestik, Tonfall, Sprachmelodie, Mimik sowie Inhalt zu beurteilen und zu kommentieren. Das soziale Kompetenztraining stärkt die kognitiven Fähigkeiten der Patienten weiterhin durch die Fokussierung der Aufmerksamkeit, durch klare Problemdefinition und durch kleine Übungseinheiten realer Situationen.

Verhaltenstherapeutische Familienarbeit. Falloon (1986) betont, daß er seinen Ansatz zur Familienbetreuung schizophrener Patienten weniger auf der Basis einer in sich geschlossenen Theorie als vielmehr aus den Befunden der empirischen Schizophrenieforschung und den Ergebnissen früherer Einzelfallstudien entwickelt hat. Im wesentlichen lassen sich drei empirisch-theoretische Wurzeln der Arbeit mit Familien schizophrener Patienten unterscheiden:

- Die Beobachtungen und Untersuchungen der frühen Theoretiker (z.B. Bateson u. Lidz) zu kommunikativen Problemen in der Familie.
- Die Expressed-Emotion-Forschung (Vaughn u. Leff 1985) und das damit gut vereinbare Vulnerabilitäts-Streß-Modell (Nuechterlein et al. 1992) der Schizophrenie. Es ergibt sich auch aus dieser Perspektive als Behandlungskomponente die Korrektur ungünstiger familiärer Interaktionsmuster in Form von Kommunikations- und Problemlösetrainings, und zwar unter Einbezug des Patienten.
- Die Erforschung der Belastungen („burden"), denen die Angehörigen durch das Zusammenleben mit einem schizophrenen Patienten ausgesetzt sind (Hahlweg et al. 1989).

Zusammengefaßt ergeben sich aus dem familientherapeutischen Ansatz folgende Ziele, die in der Arbeit mit schizophrenen Patienten und ihren Angehörigen angestrebt werden sollten (Hahlweg et al. 1995): Um die Rehabilitationschancen des Patienten zu verbessern, ist primär eine angemessene Vorbeugung gegen Krankheitsrückfälle zu gewährleisten. Zu diesem Zweck ist zum einen eine optimale neuroleptische Behandlung, zum anderen eine weitgehende Vermeidung von Streßbelastungen sicherzustellen. Dies setzt neben einer umfassenden Aufklärung der Familie über schizophrene Psychosen voraus, daß intrafamiliäre Konflikte abgebaut und kritische Lebensereignisse und krankheitsbedingte Verhaltensprobleme des Patienten konstruktiv bewältigt werden. Zu diesem Zweck sind die Kommunikationsfertigkeiten der einzelnen Familienmitglieder und die Problemlösefähigkeit der Gesamtfamilie gezielt und intensiv zu trainieren.

! Die Familienbetreuung zielt jedoch nicht allein auf die Vermeidung von Rückfällen ab, sondern versucht auch, den Patienten bei der bestmöglichen Wiedererlangung seiner früheren Fähigkeiten zu unterstützen.

In diesem Zusammenhang kommt es darauf an, bei den Angehörigen und auch bei den Patienten selbst realistische Erwartungen hinsichtlich der beruflichen und sozialen Leistungsfähigkeit zu wecken und konkrete Hilfsmaßnahmen seitens der Familie herauszuarbeiten, die sich an den Möglichkeiten aller Beteiligten orientieren müssen.

Die Familienbetreuung ist in der Regel eine ambulante Nachbetreuung und schließt sich an die stationäre Behandlung an, wobei die Diagnostikphase schon während des Klinikaufenthalts stattfinden kann.

■ **Phasen der Familienarbeit.** Die Ziele der Familienarbeit bei schizophrenen Psychosen werden schrittweise in einer sukzessiven Abfolge einzelner, sich meist überschneidender Therapiephasen angestrebt, wie in der folgenden Übersicht dargestellt ist.

Verhaltenstherapeutische Familienbetreuung

Therapiekomponenten:
- Neuroleptikamedikation,
- Verhaltensanalyse,
- Information über Schizophrenie und Medikation,
- Kommunikationstraining und
- Problemlösetraining.

- Verhaltensanalyse: In Einzelgesprächen mit den wichtigen Angehörigen und dem Patienten werden die Krankheitsentwicklung und die bestehenden familiären Probleme herausgearbeitet sowie Kommunikationsdefizite und -stärken der Beteiligten analysiert. Wichtig ist v. a., daß über das problematische Verhalten hinaus die gemeinsame Bewältigung als Ziel definiert wird.
- Informationen über Schizophrenie und Neuroleptika: Es werden Theorien zur Entstehung von Schizophrenie, zur Häufigkeit, zum Verlauf, zu Kernsymptomen und fehlerhaften Konzepten über die Krankheit besprochen. In der Beschreibung der Symptome sind die Patienten selbst die Experten, und ihre persönlichen Erlebnisse dienen als Grundlage für die gemeinsame Diskussion. Weiterhin werden die Bedeutung und die Wirkmechanismen von Neuroleptika erklärt. Ein wesentlicher Schwerpunkt liegt dabei auf den Nebenwirkungen und den Maßnahmen zu ihrer Bewältigung.
- Kommunikationstraining: In diesen Sitzungen werden Kommunikationsfertigkeiten vermittelt, die die Voraussetzung für die spätere Problemlösung schaffen. In Rollenspielen wird geübt, wie positive und negative Gefühle angemessen ausgedrückt und angenommen werden können und wie der Wunsch nach Verhaltensänderung adäquat vorgetragen werden kann. Zu jedem Übungsteil sollten Hausaufgaben gestellt und Materialien ausgegeben werden.
- Problemlösetraining: Aufbauend auf das Kommunikationstraining läßt sich ein strukturierter Problemlöseansatz vermitteln. Im einzelnen wird dabei geübt, gemein-

sam das Problem möglichst spezifisch zu definieren, Lösungsalternativen zu finden und effektive Lösungsmöglichkeiten zur Bewältigung des Problems auszuwählen. Schließlich wird festgesetzt, wie die Lösungsalternativen familiengerecht umzusetzen sind. Die Familie beginnt dabei mit einem leichten Problem und arbeitet sich sukzessive zu den schwereren durch. Zwischen den Sitzungen sollen die Beteiligten versuchen, in eigener Regie Probleme zu Hause anzugehen. Ziel ist, daß die Familie lernt, auftauchende Schwierigkeiten ohne Hilfe des Therapeuten zu lösen.

Die Sitzungen werden, soweit die institutionellen und sonstigen Umstände es zulassen, im Hause der Familie durchgeführt, um eine Übertragung der gelernten Fertigkeiten auf die Alltagssituation zu unterstützen. Der Patient wird von Anfang an in die Betreuung einbezogen. Die gesamte Dauer ist variabel und orientiert sich am Bedarf der Familie. In der Regel erstreckt sich die Betreuung auf die ersten sechs bis zwölf Monate nach Klinikentlassung.

> ! Es erweisen sich v.a. eine positive Einstellung und aktives Engagement in dem Behandlungsprozeß, ein akzeptierendes, transparentes und sicheres Therapeutenverhalten sowie die Einschätzung des Therapeuten als kompetent, glaubwürdig und vertrauenswürdig als wichtig für den Behandlungserfolg.

Die erste eigentliche therapeutische Intervention besteht darin, die Familie möglichst umfassend über schizophrene Psychosen und ihre Behandlung aufzuklären, um so eine Wissensgrundlage für die kompetente Bewältigung der Krankheit und die Vermeidung von Streßbelastungen für den Patienten zu schaffen. Die Ziele der Informationsphase sind:

- Der Familie ein Rational für das kombinierte Vorgehen aus Neuroleptikatherapie und Familienbetreuung geben.
- Die „Selbstmanagementfähigkeiten" der Familie fördern, indem den Beteiligten eine aktive Rolle in der Rehabilitation zugewiesen und dem Patienten Expertenstatus für seine Erkrankung zugebilligt wird.
- Abbau von Mißverständnissen, Vorurteilen und Schuldgefühlen in bezug auf die Erkrankung, die sonst die Therapie behindern würden.
- Die Informationsvermittlung kann die therapeutische Beziehung stärken, da der Therapeut als „ehrlicher" Experte wahrgenommen wird, der sich auch nicht scheut, Grenzen seines Wissens zuzugeben.

> ! Eine der wichtigsten Komponenten der Familiensitzung über Medikamente besteht darin, gemeinsam eine Liste patientenspezifischer Prodromalzeichen zu erstellen und festzulegen, wie der Patient und die Angehörigen reagieren müssen, um einem drohenden Rückfall rechtzeitig zu begegnen.

Es ist hilfreich, für einen Patienten vier bis fünf individuell relevante und spezifische Frühwarnzeichen zu identifizieren.

Verbesserung der familiären Kommunikation. Beim Training von Kommunikationsfertigkeiten achten Therapeuten v.a. darauf, daß die Familienmitglieder neben den verbalen auch die begleitenden nonverbalen Verhaltensaspekte (wie z.B. Mimik, Gestik, Blickkontakt, Zuhören, verstärkendes Nicken usw.) schrittweise erlernen. Auf eine Einführung mit Hilfe von Schaubildern und Informationsmaterialien folgen praktische Übungen in Form von Rollenspielen, die idealerweise aktuelle Inhalte des Familienlebens aufgreifen, indem sie z.B. destruktive Äußerungen in der Sitzung oder Situationen aus dem alltäglichen Umgang miteinander aufgreifen. Im folgenden sind einige Beispiele für das Training kommunikativer Fertigkeiten aufgeführt:

- Ausdrücken positiver Gefühle:
  Mit Hilfe kurzer, einfacher Regeln, wie z.B. den Gesprächspartner anschauen, ihm genau beschreiben, was mir gefallen hat und ihm sagen, wie ich mich dabei gefühlt habe, übt jeder Familienangehörige nacheinander

die Äußerung eines positiven Gefühls. Dabei kommt es darauf an, von der eigenen Person zu sprechen, indem das Wort „ich" gebraucht wird, das positive Gefühl möglichst klar zu benennen und sich dabei auf das konkrete Verhalten des Ansprechpartners zu beziehen. Es wird darauf geachtet, daß das nichtverbale Verhalten in Form von Blickkontakt, Tonfall und zugewandter Körperhaltung mit der Äußerung übereinstimmt.

- Mitteilen von Wünschen:
  Hier steht das Äußern von Wünschen im Mittelpunkt. Dabei geht es (gestuft) darum, den Gesprächspartner anzuschauen, ihm genau zu beschreiben, worum ich ihn bitte und ihm zu sagen, wie ich mich dann fühlen werde.
- Ausdrücken negativer Gefühle:
  Vor dem Hintergrund der häufigen „Kritik" und dem „emotionalen Überengagement" in vielen Familien mit einem schizophrenen Angehörigen, erhält der richtige Ausdruck negativer Gefühle einen besonderen Stellenwert. Die mangelnde Fähigkeit, ein im Zusammenleben entstehendes negatives Gefühl angemessen auszudrücken, führt zu spannungsreichen, feindseligen Auseinandersetzungen. Folgende Regeln haben sich als sinnvoll erwiesen: Als erstes den Gesprächspartner anschauen, dann fest und bestimmt sprechen, ihm/ihr sagen, was ich gefühlt habe und ihm/ihr einen Vorschlag machen, wie er/sie dies in Zukunft vermeiden könnte. Die Zusatzregel: „Mit fester und bestimmter Stimme sprechen" wird eingeführt, um auf die Notwendigkeit hinzuweisen, beim Ausdruck negativer Gefühle auf die Kongruenz von verbalem und nichtverbalem Verhalten zu achten.
- Aktives Zuhören:
  Hier geht es darum, auf den Gesprächspartner empathisch einzugehen und unklare oder widersprüchliche Botschaften zu klären. Die Ziele dabei sind zunächst, den Sprecher anzuschauen, ihm „aufnehmend" zuzuhören, d.h. durch nonverbale Signale wie Kopfnicken oder paraverbale Signale wie „ja", „aha", „mhm" Aufmerksamkeit zu bekunden, und weiterhin bei Unklarheiten nachzufragen sowie das Gehörte zurückzumelden.

Beispiel

Fortsetzung:
Während der einjährigen ambulanten Verhaltenstherapie gab es eine intensive, familienbezogene Phase, in der insgesamt acht gemeinsame, meist eineinhalbstündige Sitzungen, verteilt über vier Monate, stattfanden. Gegenstand war es, in Rollenspielen eine unterstützendere, freundlichere, positivere Interaktion und Kommunikation zwischen den Eltern und der jungen Patientin aufzubauen und so die kritische und überfordernde Haltung zu reduzieren. Ausgehend von typischen Alltagssituationen (z.B. Hausarbeit, Verhalten in der Familie, Schulleistungen) ging es darum, die Ansprüche an die Tochter zu reduzieren (z.B. wurden konkrete Regeln und Abmachungen getroffen und schriftlich festgehalten), mehr zu loben und anzuerkennen (z.B. war eine Aufgabe, eine Liste zu führen über Dinge, die den Eltern über den Tag positiv an der Tochter aufgefallen waren und dann jeden Abend diese positiven Beobachtungen der Tochter rückzumelden), aktives Zuhören, konstruktive Verbesserungsvorschläge machen (hierbei bestand die Aufgabe u.a. darin, immer erst zu loben und dann konkrete Änderungen als Wunsch vorzuschlagen). In einem weiteren Abschnitt wurde gemeinsam das mehrstufige Vorgehen bei der Lösung von Problemen erprobt und über Übungen etabliert (z.B. gab es die Absprache, zumindest einmal pro Woche ein Konfliktgespräch zu führen, dabei in klar festgelegten Rollen das aktive Zuhören zu verwirklichen und dann die 6 Schritte des Problemlösens durchzuarbeiten).

Empirische Bewährung

Insgesamt läßt sich festhalten (s. Hahlweg et al. 1995), daß mit Hilfe der verhaltenstherapeutischen Familienarbeit das Niveau der „expressed-emotion" in den Familien reduziert und das Rückfallrisiko schizophrener Patienten gegenüber Kontrollgruppen, in denen nur neuroleptisch und mit ärztlichen Einzelmaßnahmen behandelt wurde, von 40% bis 60% auf 8% bis 20% im ersten Jahr und von 70% auf 25% im zweiten Jahr nach Behandlungsbeginn gesenkt werden konnte (s. Abb. 8.5).

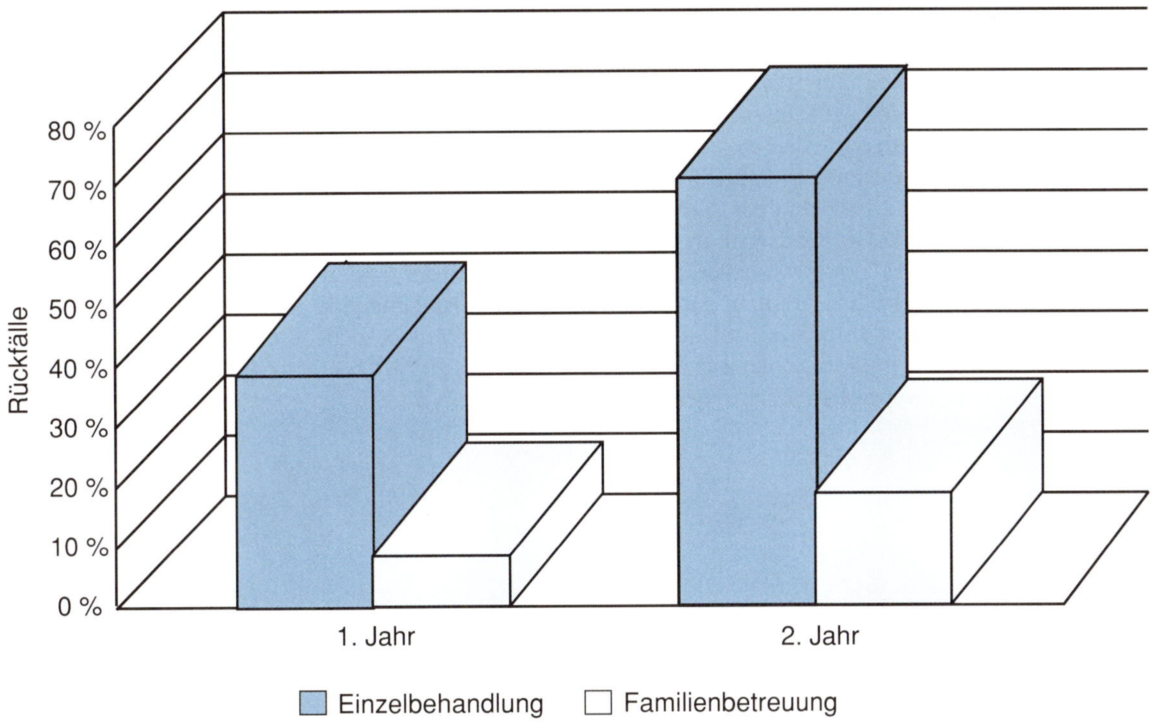

Abb. 8.5. Rückfallraten schizophrener Patienten. (Nach Hahlweg et al. 1995)

Literatur

Bandura A (1977) Self-efficacy: Toward a unifying theory of behavioral change. Psychol Rev 84:191–215

Beck AT, Rush AJ, Shaw BF, Emery G (1994) Kognitive Therapie der Depression, 4. Aufl. Psychologie Verlags Union, Weinheim

Falloon IRH, McGill CW, Boyd JL (1984) Family care of schizophrenia. Guilford, New York

Falloon IRH (1986) Behavioral family therapy for schizophrenia. In: Goldstein MJ, Hahlweg K (eds) Treatment of schizophrenia. Family assessment and intervention. Springer, Berlin Heidelberg New York, pp 171–185

Hahlweg K, Dose, M, Feinstein E, Müller U (1989) Familienbetreuung schizophrener Patienten: Rückfallprophylaxe und Änderungen der familiären Kommunikationsmuster. In: Böker W, Brenner HD (Hrsg) Schizophrenie als systemische Störung. Huber, Bern, S 243–255

Kanfer FH, Reinecker H, Schmelzer D (1991) Selbstmanagement-Therapie. Springer, Berlin Heidelberg New York

Leff JP, Vaughn CE (1985) Expressed emotion in families. Guilford Press, New York

Liberman RP, DeRisi WJ, Mueser KT (1989) Social skills training for psychiatric patients. Pergamon Press, New York

Nuechterlein KH, Dawson ME, Gitlin M, Ventura J, Goldstein MJ, Snyder K, Yee C, Mintz J (1992) Development processes on schizophrenic disorders. Schizophrenia Bulletin 18:387–435

Straube ER, Hahlweg K (1990) Schizophrenia: Concepts, vulnerability, and intervention. Springer, Berlin Heidelberg New York

Süllwold L (1986) Schizophrenie. Kohlhammer, Stuttgart

Süllwold L, Herrlich J (1989) Psychologische Behandlung schizophren Erkrankter. Kohlhammer, Stuttgart

Weiterführende Literatur

Hahlweg K, Dürr H, Miller U (1995) Familienbetreuung schizophrener Patienten. Psychologie Verlags Union, Weinheim
(Eine umfangreiche, detaillierte und konkrete Anleitung zur Durchführung verhaltenstherapeutischer Familienarbeit. Dabei werden die Elemente der Informationsvermittlung, des Prolemlösens und der Kommunikationsverände-

rung betont. Mit guten Fallbeispielen und Illustrationen.)

Kraemer S, Möller HJ (1994) Kognitive Verhaltenstherapie bei Schizophrenie. In: Hautzinger M (Hrsg) Kognitive Verhaltenstherapie bei psychischen Erkrankungen. Quintessenz Verlag, München
(Dies ist eine knappe Übersicht über die Möglichkeiten der Einzel- bzw. Gruppenarbeit mit schizophrenen Patienten. Es kommen soziales Kompetenztraining und kognitives Training zur Vorstellung. An einem ausführlichen Fall wird das durchaus komplexe, in die psychiatrische Versorgung eingebundene Vorgehen beschrieben.)

Roder V, Brenner HD, Kienzle N, Hodel B (1995) Integriertes psychologisches Therapieprogamm für schizophrene Patienten, 3. Aufl. Psychologie Verlags Union, Weinheim
(Das Berner Programm zum Training und zur Therapie kognitiver und sozialer Defizite, insbesondere bei chronisch schizophrenen Patienten, ist reich an klaren Anleitungen, konkreten Übungen und der Gestaltung stationärer Gruppen. Dabei wird einleitend ausführlich das Vulnerabilitäts-Streß-Modell beschrieben, und es werden die einzelnen Übungen daraus abgeleitet.)

Psychotherapeutischer Umgang mit suizidalen Patienten 9

C. Reimer

Suizidalität ist kein seltenes Phänomen. Suizid rangiert in den meisten europäischen Ländern und in den USA unter den zehn häufigsten Todesursachen (Kreitman 1986). In Deutschland gibt es jährlich etwa 10000 registrierte Todesfälle durch Suizid. Hinzu kommt eine Dunkelziffer durch verdeckte Suizide (z.B. Unfälle).

> ! Die Schätzungen des Verhältnisses von Suizid zu Suizidversuch sind mit vielen Ungenauigkeiten behaftet. Es scheint aber realistisch, von einem Verhältnis von mindestens 1:10 auszugehen, wobei Frauen gut doppelt so viele Versuche unternehmen wie Männer, während es beim Suizid umgekehrt ist.

Gar nicht abschätzbar ist die Anzahl von Menschen, die im Rahmen von verschiedenen Erkrankungen oder Krisen Suizidgedanken und -pläne haben, ohne daß eine suizidale Handlung daraus entstünde. Untersuchungen an einzelnen Gruppen der Normalbevölkerung haben ergeben, daß nur 10 bis maximal 25% der Befragten Suizidgedanken im Laufe ihres bisherigen Lebens angegeben hatten (u.a. Paykel et al. 1974). In einer eigenen Untersuchung an 116 Krankenhausärzten (Reimer et al. 1986) hatten dagegen 50% der Befragten über Suizidgedanken in ihrem bisherigen Leben berichtet; zwei Drittel hielten eigenes suizidales Verhalten in Zukunft für möglich!

In retrospektiven Untersuchungen ließ sich nachweisen, daß 40 bis 50% der Menschen, die sich suizidiert hatten, innerhalb des letzten Monats (20 bis 25% sogar nur eine Woche vor

Ausführung des Entschlusses) einen Arzt aufgesucht hatten. Ein Großteil der Patienten gelangt nach ihrem Suizidversuch in ärztliche, zumeist klinische Behandlung. Dies beinhaltet prinzipiell eine große therapeutische Chance, da die emotionale Abwehr des Suizidpatienten im Moment seiner suizidalen Krise schwächer als sonst ausgeprägt ist, was den psychotherapeutischen Zugang erheblich erleichtern kann.

Die Realität der ärztlichen Versorgung suizidaler Patienten muß dementgegen als unzureichend angesehen werden. Einerseits bleibt ein großer Teil depressiver Erkrankungen mit Suizidgefährdung in der ärztlichen Praxis unerkannt, bzw. es wird die kritische Verfassung des sich an den Arzt wendenden suizidalen Patienten oft nicht richtig erfaßt. Andererseits werden viele Patienten nach einem Suizidversuch nach abgeschlossener physischer Behandlung (Entgiftung bzw. Wundversorgung) in ihre ursprüngliche Umgebung entlassen, ohne daß eine psychische Hilfestellung erfolgt ist bzw. eine Nachsorge eingeleitet wurde.

Auf der Suche nach Gründen für die häufig unzureichende Versorgung führen verschiedene Autoren u.a. auch emotionale Probleme von Ärzten im Umgang mit Suizidpatienten an. Die Mehrzahl der behandelnden Ärzte in diesen Untersuchungen verspürte bei der Betreuung von Suizidanten eine persönliche Überforderung und ließ Distanzierungswünsche erkennen.

Der Umgang mit suizidalen Patienten ist auch für viele Psychotherapeuten ein Schreckgespenst. Es knüpfen sich daran vielfältige und ganz unterschiedliche Ängste, z.B. in der Behandlung solcher Patienten etwas falsch zu machen oder die Suizidalität falsch einzuschätzen, was zum Suizid führen könnte und andere Gründe. Es herrscht also gerade beim Umgang mit suizidalen Patienten vielfach ein bestimmtes emotionales Klima, das häufig durch eine latente oder auch manifeste Ablehnung gegenüber dem Patienten gekennzeichnet ist. Aus diesen Affekten resultiert nicht nur ein spezifisches Interaktionsklima zwischen Behandlern und Suizidpatienten, sondern auch eine mangelhafte psychotherapeutische Versorgung dieser Patienten. Erschwerend kommt hinzu, daß viele Therapeuten nur ein geringes Wissen über die Möglichkeiten und Chancen einer psychotherapeutischen Krisenintervention bei Patienten nach Suizidversuch haben.

■ **Differentialdiagnostik.** Das differentialdiagnostische Spektrum von Suizidalität ist groß: es reicht vom Auftreten suizidalen Erlebens und Verhaltens im Rahmen von verschiedenen Lebenskrisen, über Belastungsreaktionen, Konfliktkonstellationen, neurotische Erkrankungen, Persönlichkeitsstörungen bis hin zu Psychosen und hirnorganischen Erkrankungen. Die folgenden Ausführungen engen dieses Spektrum auf diejenigen Patienten ein, die sich üblicherweise in der Psychotherapie-Klientel finden lassen, nämlich auf Patienten mit

- Belastungsreaktionen,
- Konflikten,
- Neurosen und
- Persönlichkeitsstörungen.

9.1 Psychodynamik der Suizidalität

Die Vorstellungen mancher Kollegen über die Dynamik, die zum Suizid oder zum Suizidversuch führen kann, beschränken sich darauf, daß Suizidgefährdete eine besondere Form von Aggressionsproblematik haben, die darin besteht, daß sie bei Konflikten auf Grund einer Aggressionshemmung die Tendenz haben, diese Aggression gegen sich selbst zu wenden, was sich in der Suizidhandlung manifestiere. Diese Auffassung stellt eine verkürzte Fassung der ursprünglichen psychoanalytischen Theorie zur Suizidalität dar, die v.a. von FREUD (1917) formuliert wurde:

> Kein Neurotiker verspürt Selbstmordabsichten, der solche nicht von einem Mordimpuls gegen andere auf sich zurückwendet. (S. 438).

Kurz skizziert und schematisch vereinfacht dargestellt (s. folgende Übersicht) besagt diese Theorie folgendes: Auf einen Objektverlust, der als Aggression erlebt wird (der Begriff Objektverlust wird sehr weit gefaßt und meint nicht nur den tatsächlichen Verlust einer Beziehungsperson, sondern z.B. auch Trennungsdrohungen), reagiert ein aggressiv-gehemmter Mensch zunächst neben depressiven Gefühlen mit intensiven Haßgefühlen. Da das Objekt – also der kränkende Andere – aber als unverzichtbar erlebt wird, kann dieser Haß nicht offen geäußert werden. Die Unmöglichkeit, die Aggression zu äußern, führt zu der bei Suizidpatienten immer wieder von vielen Autoren beschriebenen Wendung der Aggression gegen die eigene Person und als ein Ausdruck dessen zum Selbstmord oder Selbstmordversuch.

Selbstmordgefährdung und Aggressionsproblematik

Streit, Trennung, Verlust
↓
Depressivität und Haß
↓
Unmöglichkeit, Haß zu äußern
↓
Wendung des Hasses gegen die eigene Person (Aggressionsumkehr)
↓
Selbstmord, Selbstmordversuch

Einen theoretisch wie v.a. auch behandlungstechnisch weiterführenden Aspekt zum Verständnis der suizidalen Psychodynamik hat Henseler (1974) erarbeitet, indem er die psychoanalytische Narzißmustheorie auf Suizidanten anwandte und damit die oft schwierige Therapie suizidaler Patienten wesentlich erleichtert hat. In Anlehnung an diese Theorie läßt sich eine Reihe von Patienten nach Suizidversuch besser verstehen und konsequenterweise dann auch empathischer behandeln.

In der folgenden Übersicht ist vereinfacht der Zusammenhang zwischen Narzißmus und Suizidalität dargestellt:

Selbstmordgefährdung und Selbstwertproblematik

Kränkung
↓
Narzißtische Persönlichkeit
↓
Dekompensation des labilen inneren Gleichgewichts
↓
Kompensationsversuche (Abwehr)
↓
Bei Mißlingen
↓
Rückzug (Sehnsucht nach Schlaf, Pause, Ruhe, Wärme, Geborgenheit)
↓
Selbstmord, Selbstmordversuch

! Narzißtisch gestörte Menschen haben besonders ausgeprägte Selbstwertprobleme und ein entsprechend labiles narzißtisches Gleichgewicht, das durch Kränkungen besonders leicht dekompensiert. Abwehrversuche der Kränkung können durch Verdrängung und Verleugnung stattfinden.

Wenn diese Abwehrmaßnahmen sich aber als unzureichend erweisen, kommt es zu einer Dekompensation des labilen narzißtischen Gleichgewichts und als ein Ausdruck dessen häufig zu Suizidhandlungen, die psychodynamisch als starker Regressionswunsch nach einem sog. harmonischen Primärzustand gesehen werden können. Damit ist ein Zustand von Ruhe, Wärme und Geborgenheit gemeint, der sich häufig in den Todesphantasien der Suizidanten findet und einer frühkindlichen Entwicklungsstufe entspricht, in der der Säugling in einer symbiotischen Einheit mit der Mutter diese noch nicht als ein von ihm getrenntes Objekt wahrnimmt – ein Zustand, der mit Sicherheit, Spannungsfreiheit, Geborgenheit und ähnlichen Gefühlen verbunden zu sein scheint.

9.1.1 Die Psychodynamik der Kränkung

Bei diesem Verständnis von Suizidalität kommt der Beachtung der Psychodynamik der Kränkung eine ganz besondere Bedeutung zu:

> ! Aus dem beschriebenen labilen Selbstwertgefühl vieler Suizidpatienten folgt eine starke Verunsicherbarkeit. Diese extreme Verletzlichkeit macht besonders anfällig für Kränkungen. Häufig stellen Trennungen oder Trennungsdrohungen innerhalb von Partnerschaften eine solche Kränkung dar. Viele Suizidversuche ereignen sich dann folgerichtig im Kontext entsprechender Trennungserlebnisse.

Die unbewußte Partnerwahl narzißtisch labiler Menschen bezieht sich häufig auf einen Partner, der ihnen die Stabilität geben soll, die sie selbst nicht haben. Versagt der Partner in dieser Funktion, indem er z. B. sein Gegenüber kränkt bzw. ihm mit Trennung droht oder auch nur mit ihm streitet, kommt es zur Dekompensation des sehr labilen narzißtischen Gleichgewichts und im Gefolge dieser Verunsicherung sehr leicht zu Regressionsphänomenen, wie es Suizidhandlungen auch sein können.

9.1.2 Konsequenzen für den Umgang mit suizidgefährdeten Patienten

> ? Welche Konsequenzen haben diese Theoriebildungen für die Therapie bzw. den tiefenpsychologisch orientierten Umgang mit suizidgefährdeten Patienten?

> ! Der Therapeut sollte davon ausgehen, daß bei vielen Suizidgefährdeten ein Zusammenhang zwischen einer Kränkungssituation und der Suizidgefährdung besteht.
>
> Dies gilt weniger oder gar nicht für suizidale Patienten mit Psychosen unterschiedlicher Ätiologie, dafür umso mehr für Patienten mit Konfliktreaktionen, diversen Belastungsreaktionen und Neurosen, bei denen der Suizidversuch dokumentiert, daß der Betreffende zumindest momentan mit eigenen Mitteln seine Kränkungskrise nicht mehr bewältigen kann (appellative Funktion suizidaler Handlungen).

Zur Exploration der Kränkung ist zu beachten, daß zwar kürzlich bzw. in engem zeitlichen Zusammenhang mit dem Suizidversuch erfolgte Kränkungen innerhalb von Partnerschaften sehr häufig sind, daß es aber auch andere, nicht selten chronische Kränkungssituationen gibt, die Suizidhandlungen auslösen können. Dazu gehören u. a.:

- Einsamkeit (ein sehr quälendes und oft nur ungenügend oder gar nicht exploriertes psychosoziales Symptom),
- schwer zu bewältigende Lebenskränkungen, wie z. B. chronische Krankheit im Alter,
- für manche schon das Älterwerden überhaupt,
- Scheitern von Idealen bzw. Lebenszielvorstellungen hinsichtlich Partnerschaft, Ansehen im Beruf und anderen Feldern von Selbsterfahrung und -verwirklichung. Für manche Menschen ist auch schon ihr Äußeres eine kontinuierliche, unversöhnliche Quelle chronischer Enttäuschung und Kränkbarkeit.

Der Therapeut, der sich auf die behutsame Exploration kränkender Lebensumstände im Gespräch mit suizidalen Patienten einlassen kann, wird vermutlich die Erfahrung machen, wie erleichtert diese Patienten sein können, wenn man diesen Zusammenhang vermutet und offen anspricht.

9.1.3 Andere Modellvorstellungen

Neben diesen aus der Psychoanalyse abgeleiteten Modellvorstellungen über psychodynamische Hintergründe von Suizidalität gibt es Modelle, die einen eher phänomenologisch-deskriptiven Wert haben und auf ihre jeweilige Weise die innere Verfassung suizidaler Menschen beschreiben. Erwähnt werden sollen hier nur die Beiträge von Feuerlein (1971) und Ringel (1953, 1961).

Feuerlein sah in jeder Suizidhandlung drei Tendenzen vereint, nämlich

- die Autoaggression,
- den Appell und
- die Zäsur, womit eine Art innerer Abstand bzw. „Verschnaufpause" gemeint ist.

■ **Das präsuizidale Syndrom.** Ringel sieht im Suizid den „Abschluß einer krankhaften psychischen Entwicklung". Der später suizidgefährdete Mensch hat in seiner Kindheit eine Broken-home-Situation erlebt, seine späteren Erfahrungen von Enttäuschung, Entmutigung, Kränkung, Kontaktstörung und Mißerfolg verstärkten die aus der Kindheit resultierende „Ich-Verunsicherung". Zur Bewältigung der „Ich-Verunsicherungen" reagiert der Suizidgefährdete mit Anklammerung an Bezugspersonen, rigiden und subjektiven Idealbildungen und schließlich mit einengenden, regressiven Verhaltensweisen. Mit einer passiv-resignativen Lebenseinstellung hält er sich an starren Wahrnehmungs- und Verhaltensmustern fest und macht permanent die Erfahrung, alleingelassen und nicht verstanden zu werden. Er beginnt, sich selbst schuldig zu sprechen und wendet die Aggression, die ursprünglich den Bezugspersonen galt, gegen sich. Bei weiteren Kränkungen und Enttäuschungen verstärkt sich der Zustand der Einengung – ein regressiver Zustand, in dem die dynamischen und situativen Entfaltungsmöglichkeiten eingeschränkt sind und sich der Suizidale unwert fühlt. Er zieht sich ganz auf sich selbst zurück und gibt sich Todesphantasien hin. So kann er sich die eigene Beerdigung und die Reaktion der Umwelt in der Phantasie ausmalen.

Ringel beschreibt diesen Zustand als „präsuizidales Syndrom". Es besteht unabhängig von der Psychopathologie oder einer somatischen Grundkrankheit und wird mit der Trias Einengung, Suizidphantasien und Aggressionsumkehr beschrieben.

Das präsuizidale Syndrom (Nach Ringel 1953)

- Einengung,
- Suizidphantasien,
- Aggressionsumkehr.

9.2 Einschätzung von Suizidaliät

Wenn ein Therapeut einen suizidalen Patienten zur Behandlung annimmt oder wenn ein Patient im Verlauf einer Psychotherapie suizidal wird, ist der psychodynamische Kontext zu beachten, in dem die momentane Suizidalität zu verstehen und zu bearbeiten ist. Daneben muß der Psychotherapeut die Suizidalität eines Patienten evtl. auch zu mehreren Zeitpunkten einschätzen können, denn durch eine falsche Einschätzung kann das Risiko im Umgang mit suizidalen Patienten eindeutig steigen.

Risikogruppen

Zur Einschätzung von Suizidalität gehört zunächst ein Basiswissen über Suizidgefährdung. Zu diesem Basiswissen gehört auch die Kenntnis der Risikogruppen.

Suizidgefährdete Risikogruppen

- Süchtige,
- psychisch Kranke,
- Alte und Vereinsamte,
- Suizidversucher,
- Kinder und Jugendliche sowie
- Helfer: besonders Ärzte und Ärztinnen.

Das höchste Suizidrisiko haben offensichtlich Süchtige und dann andere psychisch kranke Patienten, und zwar besonders Depressive aller Arten, aber auch Schizophrene. Diese Gruppen sind besonders gefährdet bezüglich eines vollendeten Suizids.

Suizidversuche werden dagegen häufig auch von Patienten anderer Risikogruppen gemacht, z.B. von Menschen mit narzißtischen Störungen – klassischer Auslöser ist eine Trennungssituation vom Partner – oder auch von alten und vereinsamten Menschen auf der einen bzw. Kindern und Jugendlichen auf der anderen Seite. Auch Patienten, die schon einmal einen Suizidversuch gemacht haben, sind häufig weiterhin gefährdet. 25 bis 30% dieser Patienten bleiben chronisch suizidal. Auch über das erhöhte Suizidrisiko von Ärzten und insbesondere von Ärztinnen gibt es inzwischen genügend wissenschaftlich gesicherte Aussagen, so daß diese als Risikogruppe gelten müssen.

Das Wissen um solche Risikogruppen muß dazu führen, daß der Therapeut sich grundsätzlich angewöhnt, Menschen, die entsprechenden Gruppen zuzuordnen sind, auch nach Suizidalität zu fragen. Dieser Punkt unterbleibt häufig aus offenbar verschiedenen Hemmungen heraus. So meinen manchmal auch Fachkollegen, daß man Suizidalität nicht offen ansprechen solle, um keine „schlafenden Hunde" zu wecken. Diese Vermutung ist falsch und kann zu einem schwerwiegenden Fehler werden. Die Erfahrung zeigt zudem, daß Patienten, die sich schon lange mit Suizidgedanken herumquälen, häufig sehr erleichtert sind, wenn sie endlich einmal mit einem Menschen darüber sprechen können. Abgesehen davon schafft das Gespräch darüber Bindung, und Bindung wirkt prinzipiell antisuizidal (Durkheim, 1973).

Suizidanamnese

Eine differenzierte Suizidanamnese ist also bei all diesen Patienten notwendig und schon deswegen hilfreich, weil sie Aufschluß darüber geben kann, an welchen Krisenpunkten – und häufig handelt es sich ja um ähnliche oder gleiche Anlässe – der Patient dazu neigt, suizidal zu werden. Kennt man diese kritischen Situationen, erleichtert das erheblich den Einstieg in die Krisenintervention und auch in die dann folgende Psychotherapie.

> ! Häufig treten solche Krisenpunkte nach Kränkungen bzw. bei ausgeprägten Selbstwertproblemen unterschiedlichster Genese auf.

Mögliche Suizidalität sollte nicht nur bei Patienten angesprochen werden, die schon wegen eines Suizidversuches gekommen sind, sondern sollte generell Bestandteil z.B. der tiefenpsychologischen Anamneseerhebung sein.

> ! Zudem ist zu bedenken, daß Suizidgefährdung von Patienten auch unbewußt bzw. maskiert angeboten wird, z.B. über verschiedene Somatisierungen, die z.B. den Charakter einer larvierten Depression haben können.

Auch hier sollte man in jedem Fall z.B. nach den wichtigsten Sozialbeziehungen des Patienten fragen, nach seiner Lebenszufriedenheit und nach dem Sinn, den er in seiner Existenz sieht. Nicht selten kommt man hier auf eine depressive Grundstörung und verbunden damit auf Suizidalität. *Dies alles muß aber aktiv exploriert werden!* Therapeuten haben manchmal hiermit große Probleme, vergleichbar etwa der Scheu vor dem Ansprechen von Sexualität.

In der folgenden tabellarischen Übersicht sollen einige direkte Fragen aufgeführt werden, die man suizidalen Patienten stellen kann.

> **Fragen an suizidale Patienten**
>
> Suizidalität: „Haben Sie schon daran gedacht, sich das Leben zu nehmen?"
>
> Vorbereitung: „Wie würden Sie es tun?" (Je konkreter die Vorstellung, desto größer das Risiko!)
>
> Suizidgedanken: „Denken Sie bewußt daran oder drängen sich derartige Gedanken, auch wenn Sie es nicht wollen, auf?" (Sich passiv aufdrängende Gedanken sind gefährlicher!)
>
> Ankündigung:" Haben Sie schon über Ihre Absichten mit jemandem gesprochen?" (Ankündigungen immer ernst nehmen!)
>
> Einengung: „Haben sich Ihre Interessen, Kontakte zu anderen etc. gegenüber früher reduziert?"

9.3 Behandlungsprobleme

Es gibt eine Reihe von Faktoren, die die Therapie suizidaler Patienten erschweren bzw. behindern können und auf die im folgenden näher eingegangen wird.

9.3.1 Das Problem der Gegenübertragung

Das affektive Klima zwischen Ärzten und Suizidpatienten ist mehrfach beschrieben worden. So hat ACHTÉ (1975) darauf hingewiesen, daß Gegenübertragungsprobleme in der Behandlung von Suizidpatienten sehr wichtig werden können, weil Suizidale von ihrem Arzt viel Energie, Geduld und Zeit fordern und auch von daher die Gefahr einer unbewußten Provokation durch den Patienten bestehe. Die Gegenreaktion des Arztes wäre, den Patienten aus einem unbewußten Strafbedürfnis heraus zu beschimpfen und es zu einem vorzeitigen Abbruch der Therapie kommen zu lassen.

SPERLING (1972) weist ebenfalls auf Probleme der Gegenübertragung hin. Er schlägt vor, daß sich der Therapeut schon zu Beginn des psychotherapeutischen Kontaktes mit einem suizidalen Patienten mit seiner Gegenübertragung auseinandersetzen soll. Die Gegenübertragung entsteht nach SPERLING u.a. aus dem Problem, eine positive Übertragung herzustellen, wenn der Therapeut halb bewußt das Gefühl verspüre, daß der Patient in seiner ausweglosen Situation eigentlich recht mit seinem Suizidwunsch habe.

In der angloamerikanischen Literatur finden sich einige Arbeiten, die sich mit dem Klima und den affektiven Spannungen befassen, die zwischen Helfern und Suizidpatienten bestehen (u.a. PATEL 1975). In diesen Untersuchungen wurden Ärzte verschiedener Fachrichtungen und z.T. auch Krankenschwestern nach ihren Gefühlen bzw. dem Grad der Sympathie gegenüber Patienten mit verschiedenen internistischen, psychosomatischen und auch psychiatrischen Erkrankungen befragt. Dabei zeigte sich insgesamt gerade gegenüber Suizidpatienten eine deutlich weniger mitfühlende und wohlwollende, vielmehr eine feindlich-ablehnende Haltung als gegenüber Patienten mit anderen Erkrankungen, wie z.B. Asthma, Herzinfarkt oder Diabetes mellitus. Die Ausprägung der ablehnenden Gefühle gegenüber Suizidpatienten war lediglich mit der vergleichbar, die Patienten mit der Diagnose „Alkoholismus" entgegengebracht wurde. Das Vorhandensein von ablehnenden Gefühlen gegenüber Suizidpatienten wurde bei Kollegen noch in größerem Ausmaß angenommen als die befragten Ärzte es für sich selbst zugaben.

> **!** Im Bemühen um eine verbesserte Suizidprävention spielt zweifellos gerade der Umgang mit Patienten nach Suizidversuch eine wesentliche Rolle.

9.3.2 Einstellungen von Therapeuten zu Suizidalität

Für eine effektive Prophylaxe ist es auch wichtig, die Einstellungen von Therapeuten zu Suizidalität und Suizidpatienten transparenter zu machen.

Häufig fließen unbewußte ethische, moralische und religiöse Einflüsse bzw. Einstellungen in den Kontakt mit suizidalen Patienten ein. Je nach Ausprägung und Richtung dieser inneren Ethik-Maßstäbe können sich folgende Haltungen ergeben:

- Es ist ein schweres Unrecht, Hand an sich zu legen. Der Mensch ist nicht eigener Herr über sein Leben und Sterben, daher sind Suizidhandlungen zu verurteilen (moralisch-verurteilende Einstellung, häufig bei Ärzten, aber auch in der Bevölkerung zu finden; Ausdruck eines vielfach verbreiteten Suizid-Tabus).
- Krankheiten zu behandeln ist die selbstverständliche Pflicht jedes Arztes; der Herzinfarktpatient z.B. hat seine Krankheit nicht verschuldet, wohl aber der Suizidpatient, der sich bewußt selbstschädigend verhalten hat. So etwas ist moralisch verwerflich und allenfalls in begründeten Ausnahmefällen (z.B. bei extrem negativer Lebensbilanz oder unheilbarer Krankheit) akzeptabel. (Ebenfalls verurteilende Einstellung; suizidales Verhalten ist unerlaubt, die Selbstbeschädigung des Patienten wird nicht als Krankheit anerkannt; auch diese Meinung findet sich immer wieder bei Ärzten).
- Wer einen Suizidversuch begeht, sollte auf das Unrecht seines Tuns aufmerksam gemacht und schon bei der Erstversorgung

entsprechend hart angefaßt werden, damit eventuelle weitere Versuche unterbleiben (verurteilende Einstellung mit Strafkonsequenzen; unbewußte sadistische Motive des Helfers drücken sich in seinen medizinischen Handlungen aus: z.B. wird der dickste Magenschlauch, der verfügbar ist, geschoben, ohne daß eine sinnvolle Begründung hierfür vorliegt. Das Erbrechen der Patienten wird mit heimlicher Genugtuung beobachtet - auch eine Form moderner medizinischer Teufelsaustreibung).

- Selbstmord ist grundsätzlich Privatangelegenheit jedes einzelnen, in die sich niemand einzumischen hat (gleichgültige und damit den Suizid fördernde Einstellung; diese Einstellung wird von vielen Befürwortern des Suizids vertreten).
- Selbstmord ist mit allen Mitteln zu unterstützen, wenn ein Mensch sich dazu entschließt und dieses unmißverständlich äußert (den Suizid offen fördernde Einstellung; wird u.a. traditionell von bestimmten philosophischen Schulen und in der Gegenwart von Gesellschaften propagiert, die sich die Förderung des Rechts auf den eigenen Tod zum Ziel gesetzt haben).

Selbst wenn man unterstellen würde, daß psychotherapeutisch Arbeitende eher „sanftere" Einstellungen zu Suizidalität haben, bleibt die Begegnung mit dem suizidalen Patienten nicht selten emotional gespannt. Stolze (1975) weist darauf hin, daß der Therapeut versucht, sich gegen die Angst, die Aggressions- und Destruktionstendenzen des Patienten in ihm wachrufen, durch manche fragwürdige Maßnahmen abzusichern.

Ein erster Schritt zur Sicherheit im Umgang mit dem suizidalen Patienten sei die Wahrnehmung eigener Unsicherheiten und Ängste. Damit werde aber die Therapie des suizidalen Patienten zu einem ständigen Balanceakt. Der Therapeut befinde sich gerade durch den Suizidpatienten in einem Spannungsfeld von Versuchung und Versagung: Versuchung sei der Hilferuf des Patienten an das „Sendungsbewußtsein des helfenden Arztes", die Versagung ergebe sich dadurch, daß der Therapeut die phantastischen Ansprüche des suizidalen Patienten an Zuwendung nicht erfüllen könne.

Jeder konsiliarisch tätige Kliniker wird das Klima der Verachtung kennen, das gegenüber Suizidpatienten v.a. auf nicht-psychiatrischen Stationen gelegentlich zu beobachten ist. Mit den Fragen nach Gründen und Ursachen für diese ablehnende Haltung haben sich einige Autoren, überwiegend aus psychoanalytischer Sicht, auseinandergesetzt. Maltsberger u. Buie (1974) beschreiben den „Gegenübertragungshaß" in der Behandlung von Suizidpatienten. Die Autoren halten diesen Gegenübertragungshaß, wie er sich z.B. im Gefühl der Abneigung äußern kann, für ein Haupthindernis bei der Behandlung suizidaler Patienten. Die verschiedenen Abwehrmechanismen des Therapeuten verstärken die Gefahr des Suizids beim Patienten.

Tabachnick (1961) faßt die Tatsache, daß Therapeuten die gerade für die Therapie suizidaler Patienten notwendige verstehende, warme und akzeptierende Haltung oft nicht aufbringen können, als das Ergebnis einer den Therapeuten unbewußten Konfliktbildung auf. Er geht hypothesenartig von typischen Problemen für Therapeuten im Umgang mit eigenen Aggressionen aus, deren Bewältigungsversuch ein mögliches Motiv für die Berufswahl darstelle. In der Begegnung mit suizidalen Patienten laufe ein so beschaffener Helfer Gefahr, daß sorgfältig in ihm unterdrückte aggressive Züge wachgerufen würden, wenn er sich mit einem Menschen konfrontiert sehe, der solche Züge, wenn auch gegen die eigene Person gerichtet, auslebe. Die Reaktion des Therapeuten, der die Behandlung des Patienten nicht ablehnen kann, bezeichnet Tabachnick als „Gegenübertragungskrise", die einen Versuch darstelle, eigene aggressiv-sadistische Impulse, die durch das verführende Beispiel des Suizidanten geweckt würden, durch Projektion auf diesen abzuwehren.

Die aufgeführten Beobachtungen und Hypothesen zur Therapeut-Suizidant-Interaktion stellen zumindest Erklärungsansätze für die häufig zu beobachtende Empathiestörung von Therapeuten in der Behandlung von suizidalen Patienten dar.

9.3.3 Mißglückte Interventionen

Sicher sind auch eigene mißglückte Interventionen bei der Behandlung von Suizidpatienten, z.B. dergestalt, daß sich an eine Behandlung ein Suizid oder Suizidversuch des Patienten anschließt, ein weiterer Faktor, der das Klima zwischen beiden Parteien erheblich emotionalisieren kann. Solche mißglückten Interventionen sind relativ häufig und werden aus Schuld- bzw. Schamgefühlen verschwiegen, was sicherlich dazu beiträgt, daß der Betreffende suizidalen Patienten mit noch mehr Abwehr, Angst und Voreingenommenheit begegnet. (Reimer u. Henseler 1981). Solche Mißerfolge im Umgang mit Suizidpatienten können zur Resignation verleiten, falls nichts Gefährlicheres geschieht, nämlich die Mißerfolge zu bagatellisieren, zu rationalisieren und/oder zu verdrängen.

Mögliche Ursachen für mißglückte Interventionen
Aus der Fülle möglicher Ursachen für solche Mißerfolge sollen hier nur einige besonders wichtige aufgeführt werden:

- Häufig wird der narzißtische Grundkonflikt des Suizidanten insofern nicht gesehen, als nur dessen Endprodukt, nämlich der Suizidversuch, betrachtet wird. Dieses geschieht oft aufgrund eines rein medizinischen Standpunktes und ohne weiteres Hinterfragen des psychologischen Kontextes. Suizidpatienten werden dementsprechend in Kliniken oft bald nach der medizinischen Primärversorgung entlassen.
- Die bei vielen Ärzten gängige Meinung, Suizidpatienten seien selbst schuld und machten unnötige Arbeit, bereitet das Mißglücken von therapeutischen Interventionen geradezu vor. Diese Art von unbewußt ablaufenden Interaktionen wird sicher auch begünstigt durch die Hektik und den enormen Arbeitsdruck in den Kliniken. Wenn der Zeitdruck für den dort tätigen Arzt schon so belastend ist, wird jeder neu ankommende Patient u.U. auch Aggressionen auslösen. Ist dieser nun seinerseits noch provokant, kann die ganze Szene eskalieren. Es entsteht dann ein Vorwurfsklima, das meist zu Lasten des Patienten ausgetragen wird und ebenfalls zu einer vorschnellen Entlassung führen kann.
- Es ist häufig eine mangelhafte kollegiale Interaktion bei der Behandlung von Suizidpatienten zu beobachten. Aufgrund der genannten Affekte kommt es dann z.B. anläßlich von Verlegungen sehr leicht zu Fehlverständigungen bzw. mangelhaftem Austausch über die Problematik des Patienten.
- In der ambulanten psychotherapeutischen Praxis kann nach Vorerfahrungen mit mißglückten Interventionen seitens des Therapeuten bei diesem Angst zurückbleiben, bei suizidalen Patienten etwas falsch zu machen bzw. diesen nicht gerecht werden zu können. Die dadurch bedingte Unsicherheit und Emotionalisierung mag ein weiterer Grund dafür sein, suizidale Patienten erst gar nicht zur Psychotherapie anzunehmen.

9.4 Häufige Fehler im Umgang mit Suizidpatienten

Die folgenden Ausführungen beziehen sich auf das Gros der Patienten, die konfliktbedingt suizidal geworden sind und nach Suizidversuchen in ärztliche bzw. psychotherapeutische oder psychiatrische Behandlung kommen. In der Supervision lassen sich immer wieder bestimmte Fehlerquellen bemerken, die die therapeutische Beziehung zu Suizidpatienten häufig belasten.

> **Häufige Fehler im Umgang mit suizidalen Patienten** (präsuizidal, häufig ambulante Patienten)
>
> - Latente Signale übersehen bzw. nicht aufgreifen,
> - Appelle verharmlosen bzw. nicht ernst nehmen und
> - direkte Fragen nach Suizidalität vermeiden.

Häufig noch vor Suizidhandlungen und meist in der Praxis von Niedergelassenen, bevorzugt wohl des Allgemeinarztes, besteht die Gefahr, latente Suizidsignale zu übersehen oder stillschweigend wahrzunehmen, aber nicht im Gespräch mit dem Patienten aufzugreifen. Ebenso gefährlich ist es, suizidale Appelle von Patienten zu verharmlosen bzw. für nicht ernst gemeint zu halten. Die Angst, Suizidalität offen anzusprechen ist schon beschrieben worden, sie ist ein sehr häufiger Fehler im Umgang mit suizidalen Patienten.

In der folgenden Übersicht sind Fehler, die sich überwiegend nach einer bereits erfolgten Suizidhandlung und häufig dann in einem stationären Rahmen beobachten lassen, beschrieben.

Häufige Fehler im Umgang mit suizidalen Patienten (postsuizidal, häufig stationäre Patienten)

- Mitmachen von Bagatellisierungstendenzen des Patienten (Abwehr),
- zu rasche Suche nach positiven Veränderungsmöglichkeiten (Abwehr),
- „internalisierte" Klassifikation von Suizidversuchen anwenden,
- Provokation persönlich nehmen (Agieren von Ablehnung),
- falsche oder einseitige theoretische Vorstellungen über die Hintergründe der Suiziddynamik,
- Trennungsängste übersehen (z. B. Urlaub, Stationswechsel, Entlassung),
- Bestrafung durch Nichtbeachtung.

■ **Bagatellisierungstendenzen.** Ein Fehler kann darin bestehen, die Bagatellisierungstendenzen von Suizidpatienten mitzumachen. Viele dieser Patienten sagen nach ihrem Suizidversuch, sie hätten eigentlich gar nicht sterben, sondern nur kurz schlafen wollen, und nun gehe es ihnen schon viel besser usw.

> ! Solche Bagatellisierungstendenzen können Ausdruck einer rasch einsetzenden Abwehr gegenüber dem auslösenden Konflikt sein und eine Scheinstabilität suggerieren, verbunden mit der Aufforderung, über Suizidalität möglichst nicht mehr zu sprechen.

■ **Abwehr durch zu rasche Suche nach Veränderung.** Ein weiterer Fehler kann darin bestehen, daß der Therapeut die Abwehr des Suizidpatienten unbewußt mitmacht und sich zu schnell auf die Suche nach positiven Veränderungsmöglichkeiten begibt.

■ **Internalisierte Klassifikation des Suizidversuchs.** Der nächste Punkt, die internalisierte Klassifikation von Suizidversuchen, ist ein gravierender Fehler im Umgang mit Suizidpatienten. Es geht um die Einteilung in sog. demonstrative und in ernst gemeinte Suizidversuche. Häufig haben nur die Suizidpatienten eine Chance, ernstgenommen zu werden, deren Suizidversuch beeindruckend eindeutig ausgefallen ist.

> ! Das Grundproblem scheint hier zu sein, daß von der klinisch imponierenden Schwere eines Suizidversuchs auf dessen Ernsthaftigkeit geschlossen wird. Dabei besteht die Gefahr, die Patienten, deren Anlage ihres Suizidversuchs nicht einer bestimmten klinischen Schwere entspricht, zu be- bzw. zu entwerten und nicht ernst zu nehmen.

■ **Provokation persönlich nehmen.** Auf die Gefahr, die möglichen unbewußten Provokationen suizidaler Patienten persönlich zu nehmen, wurde bereits oben hingewiesen. Der Testcharakter provokanten Verhaltens wird häufig von Kollegen nicht gesehen. Es kann vielmehr zu Szenen kommen, in denen die wechselseitige Provokation sich aufschaukelt und die therapeutische Beziehung folgerichtig zu Ende geht, bevor sie überhaupt aufgebaut werden konnte.

■ **Einseitige Betonung der Aggressionsproblematik.** Als weiterer Fehler im Umgang mit Suizidpatienten sind falsche oder einseitige theoretische Vorstellungen über die Hintergründe der Suiziddynamik zu nennen, und zwar insbesondere eine einseitige Betonung der Aggressionsproblematik. Eine Reihe von Kollegen, auch manche Suizidspezialisten, empfehlen, daß die wesentliche Therapie des Suizidalen in der Kanalisierung seiner Aggression nach außen bestehe. Diese therapeutische

Fokussierung auf die Aggressionsproblematik bringt aber in aller Regel für die entsprechenden Patienten selbst wenig Entlastung, sondern weckt eher zusätzliche Schuldgefühle, was die suizidale Krise noch verschärfen kann. Betrachtet man viele Suizidhandlungen als Ausdruck einer „narzißtischen Krise" (HENSELER 1974), die durch Kränkungen hervorgerufen ist, würde man theoretisch ohnehin die Aggressivität des Patienten als Reaktion auf die Kränkung verstehen und sinnvollerweise dann theoretisch zunächst einmal die Kränkung bzw. die Kränkbarkeit und erst in deren Gefolge die narzißtische Wut bearbeiten.

■ **Übersehen von Trennungsängsten.** Ein weiterer Fehler besteht darin, Trennungsängste zu übersehen. Viele Suizidpatienten sind ja nach einer passiven Trennung von ihrem Partner oder auch nur nach Trennungsdrohungen im Rahmen eines Streites suizidal geworden. In der Therapie von solchen Patienten mit Trennungsproblemen kann es immer wieder zu bestimmten emotionalen Reaktionen bei den Behandlern kommen, die als Gegenübertragungsreaktionen zu kennzeichnen sind und die oft in einem erstaunlichen Ausmaß agiert werden. So kann es z.B. vorkommen, daß die Trennungsproblematik und die Suizidalität des Patienten auf Grund eigener Traumatisierungen des Therapeuten in diesem Bereich nicht oder nur ungenügend gesehen und damit vom Therapeuten selbst ganz oder teilweise abgewehrt werden. Das kann zu einer beliebten Form der Intervention führen, die nach dem Motto des gesunden Menschenverstands: „Kopf hoch, das Leben geht weiter!" dem Patienten suggerieren will, daß doch alles gar nicht so schlimm sei, eine neue Partnerschaft sei doch sicher schon bald in Sicht usw. Diese Art der Intervention ist als ungeschminkte Aufforderung an den Patienten zu verstehen, das Thema doch lieber zu verdrängen, so wie es sich vielleicht schon bei einem selbst bewährt hat.

Es kann aber auch zu einer anderen Form der Intervention innerhalb der therapeutischen Beziehung kommen, die für diese Patienten nicht weniger gefährlich ist: Der Therapeut geht aus eigenen entsprechenden Bedürfnissen eine symbiotische Beziehung mit dem Patienten ein, in der an Trennung erst gar nicht gedacht werden muß. So wird der Komplex „Trennung und Suizidalität" von beiden umgangen, und die Therapeut-Patient-Beziehung wird dann subjektiv folgerichtig oft als gut und harmonisch erlebt, und der Therapeut wird entsprechend idealisiert, was manche offensichtlich nachhaltig benötigen. Da Idealisierungen sich aber auf Dauer nicht aufrechterhalten lassen, muß es notwendigerweise zu Enttäuschungen kommen, die für den Patienten oft den Charakter einer Wiederholung des Traumas haben.

Auch Urlaub des Therapeuten bzw. Trennung vom Therapeuten durch den Wechsel auf eine andere Station bei stationärem Aufenthalt bzw. durch Entlassung oder auch Beendigung der Therapie können bei trennungsängstlichen Patienten Suizidalität auslösen.

> ! Es ist daher ratsam, bei solchen Patienten anstehende Trennungen so früh wie möglich anzusprechen und das in den Therapiestunden darauf folgende Material immer auch unter diesem Gesichtspunkt zu reflektieren.

■ **Bestrafung durch Nichtbeachtung.** Manche meinen auch, daß man suizidalen Patienten ihre suizidalen „Unarten" dadurch abgewöhnen könne, daß man ihr Verhalten gar nicht beachtet – in der naiven Hoffnung, daß es dann nicht wieder vorkommt. Mancher agiert hier falsch verstandene verhaltenstherapeutische Vorstellungen.

9.5 Schwierigkeiten auf seiten des Patienten

Ein gravierendes Problem bei der Psychotherapie stellen aber auch die Suizidpatienten selbst dar. Dies bezieht sich auf

- die Ambivalenz vieler Patienten bezüglich ihrer Suizidalität,
- auf ihre mit zunehmendem zeitlichen Abstand vom Suizid wachsende Abwehr,
- ihre Bagatellisierungstendenz,

- ihr gelegentlich ablehnend-feindseliger Umgang mit Therapeuten und deren Gesprächs- bzw. Hilfsangeboten und
- die nicht selten mangelnde Compliance bezüglich der angebotenen Nachsorge.

> ! Helfer haben bei der Konfrontation bzw. im Kontakt mit suizidalen Patienten damit zu rechnen, daß viele dieser Patienten meist nur unmittelbar um ihre suizidale Krise herum für psychotherapeutische Interventionen zugänglich sind. Mit zunehmendem zeitlichen Abstand nehmen die schon angedeuteten Abwehrhaltungen zu.

■ **Mangelnde Motivation zur Psychotherapie.** Eine weitere Quelle für Ärgernisse bei Therapeuten ist die häufig anzutreffende mangelnde Motivation zur Psychotherapie bei suizidalen Patienten. Dieser Umstand kann neben den schon angedeuteten Faktoren (v.a. rasche Mobilisierung von Abwehrverhalten) auch mit der *appellativen Funktion* suizidaler Handlungen zusammenhängen. Als Therapeut kann man gelegentlich den Eindruck haben, daß suizidale Patienten bzw. solche nach Suizidversuch nur dieses eine Ziel zu haben scheinen, nämlich jemanden, der ihnen wichtig ist („the significant other"), mit dieser Handlung emotional erreicht zu haben und eine daraus resultierende Veränderung erhoffen zu können.

> ! Diese „strategische Funktion" suizidaler Handlungen ist also als – häufig untauglicher – Versuch zu sehen, festgefahrene Beziehungsmuster quasi zu sprengen.

Suizidpatienten haben dabei oft große Schwierigkeiten, ihre eigenen Anteile an den Beziehungsproblemen zu reflektieren; dies gilt darüber hinaus aber ohnehin für viele Patienten mit neurotischen Problemen.

Oft mißlingt aber der „cry for help", und der Appell des Suizidalen erreicht den Adressaten nicht bzw. wird von diesem abgelehnt oder noch direkter entwertet, so daß im Suizidalen neben der Enttäuschung eine tiefe Scham zurückbleibt, die sein ohnehin labiles Selbst noch weiter derangiert. Es ist verständlich, daß hier verschiedene Abwehrversuche gemacht werden müssen, um dieser „narzißtischen Katastrophe" entgegenzuwirken.

Eine Psychotherapie, die zum Ziel hat, mit dem Patienten das Bedingungsgefüge der Probleme zu klären, die zum Suizidversuch geführt haben, kann unbewußt vom Patienten als weitere Labilisierung verstanden werden, gegen die er sich aus den beschriebenen Gründen wehren muß, was sich u.a. an seiner mangelnden Motivation zur Psychotherapie bzw. auch seiner bekanntermaßen schlechten Compliance bemerkbar machen kann.

Zudem haben einige Studien (z.B. Ettlinger 1975) gezeigt, daß gezielte therapeutische Maßnahmen bei Patienten nach Suizidversuch keine wesentlich besseren Erfolge zeigen konnten gegenüber Suizidpatienten, die keine gezielte Nachbetreuung erhalten hatten. Dies soll natürlich nicht zur therapeutischen Resignation gegenüber solchen Patienten führen. Es gibt auch Hinweise dafür, daß eine strukturierte Kurzpsychotherapie unmittelbar nach dem Suizidversuch mehr Effekte, z.B. bezüglich einer Verbesserung der Compliance bzw. Motivation zur nachfolgenden Psychotherapie, erzielt als eine übliche Routinebehandlung (Reimer u. Arentewicz 1993).

9.6 Konsequenzen für die Psychotherapie bei suizidalen Patienten

Der potentielle Therapeut sollte sich v.a. über folgende Punkte Klarheit verschaffen: Auf seiten des Patienten sind

- die Akuität der momentanen Suizidalität oder ihre Chronifizierung,
- die allgemeinen Fähigkeiten des Patienten zur Psychotherapie sowie
- seine Motivation bzw. Abwehrhaltung bezüglich einer Psychotherapie zu berücksichtigen.

9.6.1 Intervention in einer akuten Krise

Ein Patient in einer akuten Krise wird andere therapeutische Strategien benötigen als ein Patient mit chronischer Suizidalität.

> ! In einer akuten suizidalen Krise ist v. a. die Krisenintervention angezeigt, die sich am Hier und Jetzt der Lebenssituation des Patienten orientiert, um ihn von der unmittelbaren Krise zu distanzieren und nach Lösungsmöglichkeiten zu suchen.

Für dieses therapeutische Prozedere gelten die allgemeinen Regeln der Krisenintervention bzw. Notfallpsychotherapie (s. Kap. 12). Je nach dem Ausmaß der suizidalen Einengung oder Gefährdung wird eine solche Krisenintervention auf mehr oder weniger freiwilliger Basis erfolgen müssen. Selbst wenn sich die Therapeut-Patient-Beziehung durch eine notwendig werdende Zwangseinweisung vorübergehend verschlechtert, ist dies zur Abwendung der Gefahr für den Patienten gelegentlich indiziert. Im nachhinein sind viele Suizidpatienten froh und erleichtert darüber, daß sie gerettet und aus der suizidalen Krise hinausbegleitet worden sind.

9.6.2 Gezieltere psychotherapeutische Maßnahmen

Sieht man die therapeutischen Empfehlungen zum Vorgehen bei der Krisenintervention mit Patienten bei Suizidversuchen durch, so fällt auf, daß eine Fülle verschiedener Anweisungen gegeben wird, die häufig mehr den Charakter von Ratschlägen als den von Konzepten haben. Diese therapeutisch eher verschwommenen Vorstellungen sind ein Charakteristikum der Literatur über Krisenintervention bei Suizidpatienten. Es ist auffällig, daß sich viele entsprechende Publikationen in der Darstellung technisch-organisatorischer Details zur Krisenintervention erschöpfen. Dieses veranlaßte Henseler (1981) zu der zutreffenden Bemerkung: „Alle reden von Krisenintervention, vom Wie aber nicht" (S. 136).

In Kenntnis dieses therapeutischen Dilemmas und als ein Resultat der Erfahrungen des Autors aus Supervisionen mit Kollegen, die suizidale Patienten behandeln, werden im folgenden gezieltere psychotherapeutische Interventionsmöglichkeiten bei Suizidpatienten innerhalb der akuten suizidalen Krise dargestellt. Dieses kann besonders für diejenigen Therapeuten hilfreich sein, die in einem institutionellen Rahmen arbeiten und innerhalb dieses Rahmens entsprechende Patienten behandeln. Die Ausführungen beziehen sich auf Patienten mit psychodynamischen Grundstörungen, wie z. B. Neurosen (insbesondere solche mit neurotischen Depressionen), aber auch auf Patienten mit Persönlichkeitsstörungen, mit psychogenen Reaktionen im Sinne von akuten Belastungsreaktionen und Anpassungsstörungen (besonders depressiven Reaktionen). Da die meisten Suizidpatienten dieses Indikationsbereichs in der Regel ein Kränkungs- oder Verlusterlebnis hinter sich haben, das schließlich auch zur suizidalen Handlung geführt hat, kann der Schwerpunkt bei dem inhaltlichen psychotherapeutischen Vorgehen auf drei Phasen gelegt werden, die im folgenden näher beschrieben werden.

Kurzpsychotherapie

> **Kurzpsychotherapie nach Suizidversuch: Phasen emotionaler Prozesse** (Nach Reimer u. Arentewicz 1993)
> - Trauer/Verzweiflung,
> - Protest/Wut,
> - Distanzierung/Neu-Orientierung.

Nach der Erhebung der Anamnese sollte zu Beginn der Intervention besonderer Wert auf die emotionalen Qualitäten Trauer und Verzweiflung gelegt werden, die selektiv herausgegriffen und vorsichtig provoziert werden können. In der Mittelphase der Therapie geht es überwiegend um die Artikulation und Bearbeitung von aggressiven bzw. wütenden Affekten und Protest, z. B. gegen den Verursacher der Kränkung. Erst nach Abschluß dieser Phase tritt erwartungsgemäß bei den Patienten eine gewisse emotionale Distanzierung gegenüber dem auslösenden Konflikt ein, so daß nun eine eher kognitiv betonte Neu-Orientierung begonnen werden kann. Dabei geht es u. a. darum, wie der Patient in späteren Krisen Signale frühzeitiger wahrnehmen und entsprechend auch eher Hilfe aufsuchen kann, ohne erneut zu dekompensieren.

> ! Da, wie schon ausgeführt, viele suizidale Patienten nur unmittelbar um ihre akute Krise herum psychotherapeutisch relativ gut erreichbar sind, müssen diese sechs vorgeschlagenen Sitzungen in einem Zeitraum von drei bis fünf Tagen durchgeführt werden, was natürlich einer nicht unerheblichen zeitlichen Belastung gleichkommt. Eine Alternative bietet sich aber hierfür nicht an, wenn man die spezifischen Abwehrvorgänge in Suizidanten berücksichtigt.

Es konnte gezeigt werden (Reimer u. Arentewicz 1993), daß eine so strukturierte Kurzpsychotherapie mit den geschilderten drei zentralen Bereichen von Emotion und Verhalten zumindest bezüglich der Compliance-Verbesserung des Suizidpatienten deutlich positive Effekte gebracht hat. Der bisherige Pessimismus in bezug auf die beklagte geringe Motivation der Patienten, nach Suizidversuch weiter Therapie in Anspruch zu nehmen, kann nach diesen Ergebnissen nicht bestätigt werden.

Psychoanalytisch orientierte Krisenintervention

Für Psychotherapeuten mit einem tiefenpsychologischen bzw. psychoanalytischen Hintergrund bietet sich noch eine andere Form von Krisenintervention an: Henseler hat 1981 ein sehr dezidiertes Konzept zur Krisenintervention bei Suizidpatienten auf dem Hintergrund einer psychoanalytischen Theoriebildung vorgelegt. Er kritisiert die von bestimmten Laienorganisationen wie z. B. den Samaritans vertretene Meinung, Mitarbeiter nicht theoretisch zu schulen, um den spontanen Prozeß des „befriending" nicht zu stören. Henseler vertritt die Meinung, daß ohne Theorie bzw. Konzeptbildung eine Arbeit mit Suizidpatienten nicht erfolgen sollte und weist noch einmal auf Gaupp (1905) hin, der auf die Unterscheidung zwischen den bewußt angegebenen Suizidmotiven und den eigentlichen Ursachen aufmerksam gemacht hatte. Auch Henseler fand in seiner Arbeit mit Suizidpatienten immer wieder bestätigt, „daß die bewußte Konfliktsituation in aller Regel einen Anlaß darstellt, an dem sich eine längst vorhandene, aber unbewußte Konfliktthematik neu entzündet". Diese unbewußte Grundproblematik gelte es nun zu erschließen, wenn die suizidale Krise verständlich werden solle.

Henseler schlägt die im folgenden aufgeführten therapeutischen Schritte vor, die sich in der psychoanalytisch orientierten Psychotherapie mit Suizidpatienten bewährt haben.

> **Analytisch-psychotherapeutische Krisenintervention bei Suizidpatienten** (Nach Henseler 1981)
>
> - Die Suche nach dem Anlaß,
> - die Suche nach dem Hauptgrund,
> - die Suche nach dem gemeinsamen Nenner.

Dazu ist zu sagen, daß es sich keineswegs um längerfristige Therapien handelt, sondern um psychotherapeutische Kriseninterventionen von meist nur wenigen Sitzungen, die auch von einem klinisch oder ambulant tätigen Psychotherapeuten durchgeführt werden können.

Die Suche nach dem kränkenden Anlaß

Der Psychotherapeut würde zunächst versuchen, einen Anlaß zu finden, der zur Kränkung des suizidalen Patienten geführt hat. Die Suche nach solchen Anlässen kann schwierig sein, weil häufig verschiedene Erklärungsmöglichkeiten angegeben werden. So kann es vorkommen, daß Suizidpatienten den eigentlichen Anlaß bewußt oder unbewußt verschweigen und daß dies bereits Ausdruck einer einsetzenden Abwehr gegenüber der Kränkung ist. Nicht selten liegt dann also eine Vielzahl von Erklärungen über die Bedingungen bzw. Gründe des Suizidversuchs vor.

Die Suche nach dem Hauptgrund

Die mitunter nicht ganz einfache Aufgabe des Psychotherapeuten würde dann darin bestehen, die verschiedenen angegebenen Faktoren bzw. Gründe zu gewichten und zu überlegen, ob es ein Hauptproblem geben könnte, hinter dem die anderen Faktoren nebensächlich würden und das für die Entstehung der akuten Suizidalität maßgeblich sei.

Die Suche nach dem gemeinsamen Nenner
Schließlich muß überlegt werden, ob es zwischen dem kränkenden Anlaß bzw. dem Hauptgrund und anderen unbewußten, z.B. aus der Lebensgeschichte des Patienten herkommenden Gründen einen gemeinsamen Nenner geben könnte, der für die psychotherapeutische Krisenintervention hilfreich ist.

Die von HENSELER beschriebenen einzelnen Schritte in der psychoanalytisch orientierten Psychotherapie mit Suizidpatienten sollen im folgenden anhand einer Kasuistik verdeutlicht werden.

BEISPIEL

Eine 43jährige Frau wurde nach einem Suizidversuch mit Psychopharmaka von der internistischen Intensivstation in die Psychiatrische Klinik verlegt. Der Ehemann hatte zuvor telefonisch mitgeteilt, seine Frau sei „neurotisch deformiert".

Im Erstgespräch sah ich eine um ihre Fassung sehr bemühte Patientin, die auf meine erste Frage nach den Gründen Probleme mit ihren Kindern angab: Ihre 16jährige Tochter sei, wie die ganze Familie ihres Mannes, laut und aggressiv und habe sie enttäuscht, weil sie trotz vorheriger Versprechungen nicht mit ihr in das Städtische Tierheim gehen wollte, um Katzen anzusehen. Sie selbst würde Wut immer schlucken und habe daraufhin Cognac getrunken. Danach sei es ihr zunächst besser gegangen, bis der 13jährige Sohn aus der Schule kam, dem sie von ihrem Ärger und anderen Tagesereignissen berichten wollte, der sie aber ebenfalls abwies, indem er kommentarlos den Fernseher anstellte. Da sei es bei ihr ausgerastet, sie habe Wut auf alle und alles bekommen und dann unter weiterem Cognactrinken versucht, sich durch Wäschezusammenlegen zu beruhigen. Bei dieser Tätigkeit fand sie die von ihr offenbar verlegte Packung mit Psychopharmaka und nahm dann in einem Gefühl von Traurigkeit und Wut nach und nach eine Reihe von Kapseln, bis sie von ihrem Sohn dabei überrascht und schließlich in die Klinik eingeliefert wurde.

Suche nach dem Hauptgrund. Interpretiert man die beschriebenen Ereignisse nach der Aggressionsumkehr-Hypothese, würde man folgern können, daß die Kränkungen durch die Abweisung ihrer Tochter und das Verhalten ihres Sohnes zu Gefühlen von Enttäuschung und v.a. Wut geführt hatten, die die Patientin bei der von ihr beschriebenen Aggressionshemmung nun im Suizidversuch gegen sich wenden mußte. Folgt man den therapeutischen Konsequenzen, die die Vertreter der Aggressionshypothese anbieten, wäre es nun richtig gewesen, der Patientin den Vorgang ihrer Aggressionsumkehr bewußt vor Augen zu führen und gemeinsam mit ihr zu überlegen, wie sie in Zukunft ihre berechtigte Wut in weniger selbstschädigender Weise äußern könnte. Diese kurzschlüssige Technik verkennt aber, daß die vom Patienten angegebenen bewußten Motive und Affekte oft bereits Ausdruck einer erfolgten Abwehr sind, so daß nach dem Hauptgrund zu suchen ist, der gelegentlich im beiläufig erwähnten Detail zu finden ist.

Ich hatte den Wunsch der Patientin genannt, im Tierheim nach Katzen Ausschau zu halten. Mir war das aufgefallen, ohne daß ich es zunächst irgendwie hätte verstehen können, und so fragte ich hier nach. Die Patientin antwortete mir betont forsch, Katzen seien halt ihre Lieblingstiere, die seien nicht zu dressieren und sehr selbständig. Parallel zu diesen Worten bekam die Patientin Tränen in die Augen, was mir die Frage nahelegte, ob sie denn wohl selbst eine Katze zu Hause habe. Daraufhin fing sie heftig an zu weinen und erzählte dann, daß ihre Katze seit mehreren Tagen vermißt und schließlich von einer Nachbarin vor deren Garage tot aufgefunden worden sei. Die Nachbarin hatte sich auf eine entsprechende Vermißtenanzeige gemeldet, die unsere Patientin in die Zeitung gesetzt hatte. Der Sohn der Nachbarin, so sei ihr gesagt worden, habe die Katze dann im Garten unter einer Birke vergraben.

Was sich daraufhin abspielte, erschien mir sehr ungewöhnlich: Die Patientin nahm nämlich einen Spaten und grub über eine Stunde lang im Garten der Nachbarin nach ihrer toten Katze. Sie war dabei sehr verzweifelt und wühlte auch teilweise mit den Händen den Boden auf, fand aber die Katze nicht. Als ich sie fragte, warum ihr denn wohl diese intensive Suche so wichtig gewesen sei, fing sie wieder an zu weinen und meinte, sie habe die Katze zum Tierarzt bringen wollen, um Gewißheit über die Todesursache zu erhalten. Wenige Stunden nach Abbruch dieser Suchaktion machte die Patientin dann ihren Suizidversuch, nachdem die vorher beschriebenen Kränkungen hinzugekommen waren und sie alkoholisiert war. Für mich stand damit der Hauptgrund fest, und ihre affektiven Reaktionen bestärkten mich auch darin: Der Tod der Katze mußte in der Patientin etwas Gravierendes ausgelöst haben. Ihre intensive Suche nach ihr war mir ebenso aufgefallen wie ihre Verzweiflung, daß sie sie nicht finden und mit eigenen Augen Gewißheit von ihrem Tod erhalten konnte.

Suche nach dem gemeinsamen Nenner. Ich überlegte nun, ob in der Biographie der Patientin evtl. ein Schlüssel zum Verständnis dieses Verhaltens gefunden werden könnte, und suchte nach dem gemeinsamen Nenner, d.h. nach einer möglichen Verbindung zwischen dem kränkenden Anlaß bzw. dem erarbeiteten Hauptgrund und anderen, der Patientin evtl. unbewußten Gründen. Dabei kam folgendes heraus:

Die Patientin war als einziges Kind eines Arztes aufgewachsen. Ihren Vater hatte sie lange sehr geliebt und idealisiert, obwohl er real eher autoritär und sehr verbietend gewesen sei. Die Mutter wurde von ihm als Haushälterin behandelt und erschien unserer Patientin unbedeutend und schwach. In diesem ödipalen Familienklima war es dazu gekommen, daß die Patientin im Dorf die Legende aufstellte, ihre leibliche Mutter sei am Kindbettfieber gestorben, was auch lange geglaubt worden sei. Am Ende der Pubertät bekam der Vater eine Trigeminusneuralgie und wurde allmählich süchtig, war zuletzt morphiumabhängig. Einmal habe sie ihn kalt und ohne Herzschlag im Bett vorgefunden, daraufhin eine Herzmassage gemacht und ihn mit kaltem Wasser übergossen. Als der Vater dann wieder zu sich gekommen sei, habe er sich bei ihr wegen der selbstverschuldeten Überdosis entschuldigt. Daraufhin versteckte sie alle ihr zugänglichen Medikamente, die von ihm benutzt wurden.

Wenige Tage später kam der Vater nicht nach Hause und blieb eine Woche lang vermißt, ähnlich wie später die Katze der Patientin, bis er schließlich am Strand gefunden wurde, Morphiumampulle und Kanüle neben sich, offensichtlich ein Suizid. Die genaue Todesursache blieb ihr aber unklar, sie wollte ihren toten Vater auch nicht mehr sehen.

Auf meine Frage, wie sie denn seinen Tod erlebt und verarbeitet habe, antwortete die Patientin, sie habe es als angenehm empfunden, daß er weg war. Mir fiel diese Verleugnung sehr auf; dazu paßte auch, daß sie sich nicht getraut hatte und es in den folgenden Jahren bis zu ihrem jetzigen Lebensalter immer vermieden hatte, zum Friedhof zu gehen, um sein Grab zu besuchen. Allerdings hatte sie seit seinem Tod in regelmäßigen Abständen einen immer wiederkehrenden Traum, dessen wesentlicher Inhalt war, daß sie den Vater wiederfand und er ganz heruntergekommen war – ein „Tippelbruder" wie sie sagte, der sich versteckt gehalten hätte.

Bei dem Wort „versteckt" stockte die Patientin und meinte: „Das ist ja wie bei meiner Katze, die auch nicht wieder aufgetaucht ist." Der Traum endete dann immer mit der Angst, der Vater könne wieder Morphium nehmen und dann wirklich sterben.

Für mich und dann auch für die Patientin war deutlich geworden, welches der gemeinsame Nenner war: Der Tod des Vaters als den wesentlich geliebten Menschen in ihrer Kindheit und Jugend war von der Patientin unbewußt verleugnet worden. Dementsprechend hatte sie keine Trauerarbeit leisten können, wie sich auch an immer wiederkehrenden Träumen zeigen ließ. Als nun ihre geliebte Katze vermißt war, fühlte sie sich unbewußt an die Ereignisse um den Tod des Vaters erinnert, den sie ebensowenig tot gesehen hatte wie die Katze. Die fieberhafte Suche nach diesem Tier zeigte mir, wie wenig die Patientin den Tod ihres Vaters gefühlsmäßig wirklich realisiert hatte. Diese möglichen Zusammenhänge waren mit der Patientin sehr gut zu besprechen und brachten ihr nach einer kurzen Phase tiefer Traurigkeit deutliche Erleichterung. Zehn Tage nach der Aufnahme konnte die Patientin wieder entlassen werden.

Die Suche nach den unbewußten Gründen von Suizidversuchen bzw. Suizidalität ist oft kompliziert, besonders ohne eine tiefenpsychologische bzw. psychoanalytische Weiterbildung. Das von HENSELER beschriebene Vorgehen empfiehlt sich daher zur Anwendung nur für diejenigen Psychotherapeuten, die über eine entsprechende Weiterbildung verfügen.

9.6.3 Therapie bei chronischer Suizidalität

Patienten mit chronischer Suizidalität im Sinne von immer wieder auftauchender Suizidalität als Ausdruck unbewältigter Lebensprobleme stellen prinzipiell eine wichtige Klientel für psychotherapeutische Maßnahmen dar.

Auf die Besonderheiten der Psychotherapie mit diesen Patienten haben u.a. BRON (1985) und HENSELER (1981) hingewiesen. BRON zeigt in einer eindrucksvollen Kasuistik das Agieren einer chronisch-suizidalen Patientin und die Schwierigkeiten, damit im Rahmen einer psychiatrischen Klinik auch gegenüber den Mitpatienten umzugehen. HENSELER weist in seiner Arbeit darauf hin, daß die Literatur zur Suizidproblematik auffallend arm an therapeutischen Konzepten sei, die über sehr allgemein gehaltene Empfehlungen hinaus gingen. Gerade die chronische Suizidalität fordere besondere therapeutische Bemühungen heraus. In der deutschen und angloamerikanischen Literatur fand HENSELER lediglich drei Arbeiten, die sich mit dem Problem der Psychotherapie chronisch-suizidaler Patienten beschäftigten, obwohl chronische Suizidalität ja kein selten vorkommendes Phänomen ist:

> ! Ca. 30% aller Menschen, die einmal einen Suizidversuch unternommen haben, bleiben danach chronisch suizidal. Fast die Hälfte dieser Patienten kommt später durch Suizid um.

HENSELER hat selbst psychotherapeutische Erfahrungen mit mehrjähriger Psychotherapie bei chronisch-suizidalen Patienten, über die er in seinem Beitrag berichtet. Er weist besonders auf die enorme Enttäuschungsanfälligkeit chronisch-suizidaler Patienten hin und beschreibt einen möglichen Umgang damit in der Therapie. Weitere Probleme mit diesen Patienten beziehen sich auf das Arbeitsbündnis, auf die idealisierende Übertragung, „besonders aber die ständige Bedrohung der therapeutischen Beziehung durch Kränkungssituationen, nicht nur auf seiten des Patienten, sondern auch auf seiten des Therapeuten" (S. 179).

9.7 Einige bewährte Regeln

Die im folgenden aufgeführten Regeln können keinen Anspruch auf Vollständigkeit erheben, haben sich aber nach Erfahrung des Autors für den Umgang mit einer großen Gruppe suizidaler Patienten bewährt und können das affektive Klima positiv beeinflussen:

Regeln für den Umgang mit suizidalen Patienten

- Die vom Patienten angegebenen bewußten Motive für seine Suizidhandlung sind häufig nicht die eigentlichen Gründe. Die Suche nach den unbewußten Gründen kann schwierig sein, sollte aber unternommen werden, um Abwehrvorgängen und Bagatellisierungstendenzen nicht Vorschub zu leisten.
- Bei vielen Suizidpatienten ist mit einer spezifischen Übertragung zu rechnen, nämlich mit einer Provokation, die auf verschiedene Weise erfolgen kann und den Charakter eines Tests hat, wie stabil sich der potentielle Therapeut erweisen werde. Ist dieser Test bestanden, findet die Krisenintervention häufig in einem wesentlich entspannteren Rahmen statt.
- Bei der Arbeit mit Suizidgefährdeten ist es für den Behandler unumgänglich, seine

eigenen Einstellungen zum Thema Suizid zu kennen. Ohne eine Kenntnis dessen und der damit verbundenen möglichen eigenen suizidalen, narzißtischen und depressiven Anteile kommt es leicht zu Gegenübertragungsreaktionen.

- Suizidalität ist bei entsprechenden Patienten häufig und offen anzusprechen. Ängste, mit einem solchen Vorgehen latente Suizidalität erst bewußt zu machen, sind unberechtigt. Die meisten Suizidpatienten sind deutlich entlastet, wenn sie mit ihren quälenden Suizidgedanken nicht allein bleiben müssen.
- Wenn in einer laufenden ambulanten oder stationären Behandlung oder auch kurz nach Beendigung einer Therapie bzw. Entlassung aus stationärer Therapie Suizide oder Suizidversuche vorkommen, sollte das nicht nur selbst reflektiert oder im Team erörtert werden, sondern auch regelhaft mit den Angehörigen besprochen werden. Hier sollte die zuletzt behandelnde Instanz nicht vornehm abwarten, ob sich vielleicht die Angehörigen melden, sondern aktiv ein Gespräch anbieten.

Natürlich bildet sich gerade am Beispiel des suizidgefährdeten Patienten das Spannungsfeld ab, in dem Therapeuten arbeiten: Die Verpflichtung einerseits zum Helfenmüssen, andererseits zum Akzeptieren des Patientenwillens kann Konflikte schaffen, die sich in Machtkämpfen oder einem bestimmten affektiven Klima manifestieren, wie es sich zwischen Helfern und Suizidpatienten oft beobachten läßt. Viele dieser Patienten verweigern die Rolle des guten, therapiewilligen Patienten, der seinem Therapeuten vertrauensvoll begegnet. Feindseligkeit, Ablehnung und latenter Haß beim Therapeuten sind häufige Folgen. Manche Szene zwischen Therapeut und Suizidpatient mutet an wie eine zwischen Mutter oder Vater und Kind, in der es darum geht, eine Unart (Suizidalität) einzugestehen und Besserung (Therapiewilligkeit) zu geloben. Psychotherapie taugt aber nicht als Mittel zur Disziplinierung.

Vielleicht kann der Therapeut gerade die Begegnung mit suizidalen Patienten als Chance begreifen, seinen eigenen Spannungsbogen zwischen Sorge um den Patienten und Anerkennung der Therapiewilligkeit bzw. -unwilligkeit des Patienten zu sehen und sich letztendlich bezüglich der Indikation zur Psychotherapie mehr an dem zu orientieren, was der Patient für sich will oder nicht will.

Im Umgang mit Suizidpatienten können nie alle Unsicherheiten beseitigt werden; ebensowenig können alle Suizide verhindert werden. Die Ablehnung von Hilfsangeboten muß ebenso respektiert werden wie die Tatsache, daß uns manche Patienten ihre Suizidabsicht auch bei gewissenhaftem Nachfragen verschweigen, um sich dann doch noch zu suizidieren. Das Gros dieser Patienten ist aber nicht nur sehr auf Hilfe angewiesen, sondern auch bereit, sie anzunehmen, wenn man sich auf ihre spezifischen Konflikte und Übertragungen einstellt.

Literatur

Achté KA (1975) Suizidalität und Suizidverhütung. MMW 117: 189–192

Bron B (1985) Therapeutische Probleme bei chronisch suizidalen Patienten. Z Psychosom Med 31: 32–47

Durkheim E (1897) Le suicide. Alcano, Paris (Deutsche Übersetzung: Der Selbstmord (1973). Luchterhand, Neuwied Berlin)

Ettlinger R (1975) Evaluation of suicide prevention after attempted suicide. Acta Psychiat Scand (Suppl) 260

Feuerlein W (1971) Selbstmordversuch oder parasuizidale Handlung? Nervenarzt 42: 127–130

Freud S (1917, 1946) Trauer und Melancholie. GW Bd. 10, Imago, London, S 427–446

Gaupp R (1905) Über den Selbstmord. Gmelin, München

Henseler H (1974) Narzißtische Krisen – Zur Psychodynamik des Selbstmords. Rowohlt, Reinbek bei Hamburg

Henseler H (1981) Krisenintervention – Vom bewußten zum unbewußten Konflikt des Suizidanten. In: Henseler H, Reimer C (1981) Selbstmordgefährdung – Zur Psychodynamik und Psychotherapie. Frommann-Holzboog, Stuttgart-Bad Cannstatt, S 136–156

Henseler H (1981) Probleme bei der Behandlung chronisch suizidaler Patienten. In: Henseler H, Reimer C (1981) Selbstmordgefährdung – Zur Psychodynamik und Psychotherapie. Frommann-Holzboog, Stuttgart-Bad Cannstatt, S 157–170
Kreitman N (1986) Die Epidemiologie des Suizids und Parasuizids. In: Kisker KP, Lauter H, Meyer JE, Müller C, Strömgren E (Hrsg) Psychiatrie der Gegenwart, Bd 2. Springer, Berlin Heidelberg, S 88–106
Maltsberger JT, Buie DH (1974) Countertransferance hate in the treatment of suicidal patients. Arch Gen Psychiat 30:625–633
Patel AR (1975) Attitudes towards self-poisoning. Br Med J II:426–430
Paykel ES, Meyers J K, Lindenthal JI, Tanner J (1974) Suicidal feelings in the general population. A prevalence study. Br J Psychiat 124:460–469
Reimer C, Henseler H (1981) Mißglückte Interventionen bei Suizidanten. In: Henseler H, Reimer C Selbstmordgefährdung – Zur Psychodynamik und Psychotherapie. Frommann-Holzboog, Stuttgart-Bad Cannstatt, S 171–187
Reimer C, Zimmermann R, Balck F (1986) Suizidalität im Urteil von klinisch tätigen Ärzten. Nervenarzt 57:100–107
Reimer C, Arentewicz G (1993) Kurzpsychotherapie nach Suizidversuch – Ein Leitfaden für die Praxis. Springer, Berlin Heidelberg New York
Ringel E (1953) Der Selbstmord – Abschluß einer krankhaften psychischen Entwicklung. Maudrich, Wien Düsseldorf
Ringel E (1961) Neue Untersuchungen zum Selbstmordproblem. Brüder Hollinek, Wien
Sperling E (1972) Das therapeutische Gespräch mit Suizidalen. Nervenarzt 43:409–411
Stolze H (1975) Sicherheit und Angst des Arztes in der Begegnung mit dem suizidalen Patienten. MMW 11:183–188
Tabachnick N (1961) Countertransferance crisis in suicidal attempts. Arch Gen Psychiat 4:572–578

Weiterführende Literatur

Henseler H, Reimer C (1981) Selbstmordgefährdung – Zur Psychodynamik und Psychotherapie. Frommann-Holzboog, Stuttgart-Bad Cannstatt (Darstellung psychodynamischer und psychotherapeutischer Gesichtspunkte bei der Behandlung suizidgefährdeter Patienten; überwiegend psychoanalytisch orientiert.)
Reimer C, Arentewicz G (1993) Kurzpsychotherapie nach Suizidversuch – Ein Leitfaden für die Praxis. Springer, Berlin Heidelberg New York (Darstellung kurztherapeutischer, nicht schulengebundener Behandlungsmöglichkeiten von Suizidpatienten in einem überwiegend stationären Setting.)
Wedler H, Wolfersdorf M, Welz R (1992) Therapie bei Suizidgefährdung – Ein Handbuch. Roderer, Regensburg
(Übersicht über Prävention und Therapie bei Suizidgefährdung; zur Einführung in die gesamte Suizidthematik besonders geeignet.)

Psychotherapeutischer Umgang mit süchtigen Patienten

C. Reimer

In diesem Kapitel wird keine systematische Übersicht über alle Psychotherapieverfahren gegeben, die bei Problemen mit Abhängigkeit und Sucht angewendet werden können. Grundlegende Informationen zum Thema finden sich u.a. bei Fengler (1994), Feuerlein (1987), Heigl-Evers et al. (1995) und Wanke (1987).

Hier sollen nur einige Aspekte erwähnt werden:

- Definitionen und Zahlen zum Handlungsbedarf,
- Einstellungen gegenüber Süchtigen,
- psychodynamische Aspekte der Sucht,
- Psychotherapiemöglichkeiten sowie ein
- Exkurs über suchtkranke Kollegen.

10.1 Begriffsbestimmung und Zahlen zum Handlungbedarf

Wegen der Unschärfe des Suchtbegriffs hat die WHO 1964 empfohlen, ihn im Bereich der Drogen durch den Begriff Abhängigkeit zu ersetzen. Unterschieden wurde dabei zwischen körperlicher und psychischer Abhängigkeit. Meist wird der Terminus „Abhängigkeit" synonym mit „Sucht" verwendet.

> Definition
>
> Mißbrauch gilt als Vorstufe von Abhängigkeit und kann definiert werden als zunächst wiederholter, dann regelmäßiger Gebrauch von schädigenden Substanzen.

Der regelmäßige Gebrauch führt zur Gewöhnung. Diese zieht häufig eine Dosissteigerung nach sich, womit das Stadium der psychischen und physischen Abhängigkeit erreicht ist (auf Unterschiede in Definitionen im Hinblick auf verschiedene Suchtmittel kann hier nicht eingegangen werden).

Einige Zahlen zur Größe des Problems
Etwa 3% der Gesamtbevölkerung sind definitiv alkoholabhängig. Das entspricht etwa dem Vorkommen von Diabetes mellitus. Hinzuzurechnen sind etwa 10% Alkoholmißbraucher mit entsprechenden körperlichen und psychischen Folgeerscheinungen und sozial-destruktiven Konsequenzen. Etwa 50000 Menschen sterben jährlich in Deutschland an den Folgen ihres Alkoholismus.

Die Zahl der Medikamentenabhängigen wird derzeit auf ca. 700000 bis 1,4 Mio. geschätzt. Das Hauptkontingent betrifft die Tranquilizerabhängigkeit.

Im Hinblick auf illegale Drogen wird die Häufigkeit auf 100 000 bis 150 000 geschätzt. Es gibt ca. 2000 Tote pro Jahr durch Politoxikomanie.

An den Folgen von Tabakkonsum versterben jährlich in Deutschland ca. 100 000 Menschen.

Von diesem Suchtverhalten sind die Menschen der unmittelbaren Umgebung mitbetroffen. Denkt man sich unter Berücksichtigung des sozialen Netzes für jeden Süchtigen fünf bis 10 Mitbetroffene dazu, werden die Größe des Problems und der Behandlungsbedarf evident. Man könnte vielleicht sagen: Wir leben im Zeitalter des Narzißmus und der Sucht.

10.2 Einstellungen gegenüber Süchtigen

Angesichts der Größe und Bedeutung des Suchtproblems wäre zu erwarten, daß auch Psychotherapeuten häufig mit dieser Klientel konfrontiert werden. RUDOLF (1993) erwähnt, daß die Hälfte aller Patienten, die ambulante oder stationäre Psychotherapie aufsuchen, Psychopharmaka, insbesondere Tranquilizer, einnehmen. Diese wurden ursprünglich und oft auch fortlaufend von Ärzten verschrieben und haben zu Abhängigkeitsentwicklungen geführt.

Trotzdem finden viele Süchtige, die Psychotherapie benötigen würden, den Weg in die Praxis des Psychotherapeuten nicht. Das mag mit einigen Charakteristika der Störungen der Patienten selbst zu tun haben (s. Abschn. „Psychodynamische Aspekte"), aber auch mit Einstellungen der Therapeuten zum Thema Sucht bzw. zur Behandelbarkeit Süchtiger.

Einstellungen der Therapeuten. Am Beispiel der Einstellungen gegenüber Alkoholkranken sollen einige Einstellungsschwerpunkte deutlich gemacht werden: Verschiedene Umfragen unter Ärzten haben gezeigt, daß Alkoholismus zu den unbeliebtesten Krankheiten zählt (REIMER u. FREISFELD 1984). „Süchtiger und Arzt gehen sich gegenseitig aus dem Weg", und Alkoholiker gelten als die „undankbarsten Patienten überhaupt"; die den Ärzten „aufgedrängte" Behandlung wird als „fruchtloses Bemühen am untauglichen Objekt" angesehen (SCHULTE 1967, S. 533f). Viele Ärzte gestehen ihren Alkoholikerpatienten nur zögernd die Rolle des Kranken zu, solange die daraus entstehenden Pflichten, wie z.B. Kooperation, von diesen nicht akzeptiert werden.

> **!** Gerade diese schlechte Kooperation wird als die Hauptschwierigkeit im Umgang mit Alkoholkranken angesehen.

Die Arzt-Alkoholiker-Beziehung ist aus diesem und anderen Gründen (z.B. hohe Erwartungen des Patienten an den Arzt bei gleichzeitiger eigener Passivität; Neigung zum Bagatellisieren oder Leugnen der Suchtrealität) besonders anfällig für Affekte, auch von seiten des Arztes. So kann z.B. die Frustration und Mißachtung der Autorität des Arztes leicht zu Kränkungen führen, die der Patient dann auch zu spüren bekommt.

Der im ärztlichen Umgang mit Alkoholabhängigen oft festzustellende „therapeutische Nihilismus" ist häufig Folge der Unkenntnis vorhandener therapeutischer Möglichkeiten und der daraus folgenden Stärkung der Ansicht, daß die Prognose als absolut ungünstig angesehen werden muß. Dieses mangelhafte Wissen führt dazu, daß Alkoholiker moralisch be- bzw. entwertet werden („schlechte Angewohnheit", „Charakterschwäche", „Halt- bzw. Willenlosigkeit", „Disziplinlosigkeit"). Die dadurch in die Arzt-Patient-Beziehung eingehenden offenen oder latenten Vorwürfe tragen der Tatsache nicht Rechnung, daß die bekannte Ich-Schwäche bei Süchtigen das führende Krankheitssymptom ist, das sich weder durch moralische Appelle noch durch Ärger oder Verachtung beeinflussen läßt.

Wie in verschiedenen Untersuchungen gezeigt werden konnte, werden die Einstellungen gegenüber Süchtigen mit Zuwachs an Wissen signifikant positiver, was in erster Linie der Therapeut-Patient-Beziehung bei der Behandlung von Suchtkrankheiten dient. Ärzte mit spezielleren Kenntnissen, z.B. über Alkoholismus, verschreiben weniger Psychopharmaka, fühlen sich weniger seelisch überfordert, behandeln Alkoholiker lieber und sehen ihr Leiden eher als chronische seelische Krankheit bzw. überhaupt als Krankheit an (Reimer u. Freisfeld 1984).

Die Einstellungen von Psychotherapeuten zu Süchtigen lassen sich teils direkt, teils indirekt beobachten. Direkt erfahrbar werden sie in Supervisionen an Ärgerreaktionen von Therapeuten süchtiger Patienten. Manche fühlen sich von ihren Patienten massiv entwertet oder idealisiert bei gleichzeitiger Abwehr und Verschleierung des Patienten in bezug auf das reale Ausmaß seiner Sucht.

Konsequenzen einer negativen Einstellung. Folge einer negativen Einstellung kann es auch sein, wenn man die Behandlung süchtiger Patienten für seine Therapieklientel erst gar nicht erwägt. So meint Ermann (1995), daß die Problematik der Suchtbehandlung in die Psychiatrie gehöre und verweist auf psychiatrische Lehrbücher. Dies mag für bestimmte Aspekte von Sucht durchaus auch zutreffend sein: z.B. für Folgekrankheiten wie hirnorganische Störungen, Psychosen und Entzugssyndrome. Die Vertreter der psychotherapeutischen Medizin müssen sich aber fragen lassen, was denn Psychiater im Hinblick auf die Behandlung Suchtkranker mehr qualifiziert als Psychotherapeuten und ob hier nicht von den Psychotherapeuten eine schwierige, unangenehme Klientel stillschweigend zur Behandlung an eine Nachbardisziplin delegiert wird, die prinzipiell auch zur Kernklientel von Psychotherapeuten gehören könnte.

Da Probleme bei der Behandlung von Suchtkranken auch in manchen umfangreichen Psychotherapie-Lehrbüchern nicht oder kaum erwähnt werden, müssen sich Psychotherapeuten die Frage stellen, ob es sein könnte, daß sie mit Suchtpatienten eigentlich auch gar nicht arbeiten möchten.

Sicher wäre es illusorisch und unangemessen, von Psychotherapeuten zu fordern, daß sie mit allen Patienten, die in ihr Fachgebiet fallen, gleichermaßen gut arbeiten können müßten. Aber zumindest sollte reflektiert werden, wenn man Patienten ablehnt und warum man dies tut.

So könnten es bestimmte psychodynamische Besonderheiten bei Süchtigen sein, die den Umgang mit ihnen für Therapeuten wenig erstrebenswert machen.

10.3 Psychodynamische Aspekte der Sucht

Eine einheitliche Psychodynamik, mit der sich alle Formen süchtiger Entwicklungen beschreiben ließen, gibt es nicht. Rudolf (1993) spricht aber von einer „identischen psychodynamischen Grundlinie" im Hinblick auf Persönlichkeitsstruktur und Objektbeziehungsmuster.

Mögliche psychodynamische Gemeinsamkeiten ließen sich wie folgt beschreiben: Das manifeste süchtige Verhalten könnte man als Spitze eines Eisberges sehen, hinter der eine schwere Persönlichkeitspathologie verborgen sein kann.

> ! Man sollte sich aber davor hüten, Suchttendenzen und Suchtverhalten generell als Ausdruck schwerer Persönlichkeitsstörungen zu sehen. Mancher Suchtgebrauch resultiert aus sozialen Zwängen und Normen, denen man sich nur schwer entziehen zu können glaubt.

Der depressive Grundkonflikt

Der Psychotherapeut sollte bedenken, daß Suchtverhalten Ausdruck bzw. Folge eines depressiven Grundkonflikts sein kann. Der Depressive leidet unter einem Bündel von Faktoren:

- Innere Leere,
- Verlustangst,
- Selbstwertprobleme (insbesondere Selbstvorwürfe, Selbstbeschuldigungen, Selbsthaß),
- übergroße Anfälligkeit für Enttäuschungen/Kränkungen und dadurch bedingte „prophylaktische" Rückzugstendenzen usw.

Ein Hauptproblem besteht darin, daß der Depressive aufgrund seiner Angewiesenheit auf andere, „signifikante" Objekte große Schwierigkeiten damit hat, Wut und Haß, also aggressive Affekte, zu äußern. Er bleibt – salopp formuliert – auf seinem Haß sitzen. Die daraus resultierende Spannung kann mit süchtigen Verhaltensweisen erträglicher gemacht werden, wobei bedacht werden muß, daß sich der Depressive aufgrund seiner Selbstentwertungstendenzen wiederum für diese Schwäche (Sucht) verurteilt und haßt. Depressive sind daher auch in besonderer Weise suizidgefährdet.

Hinzu kommt, daß depressiv strukturierte Menschen dazu neigen, sich anzupassen und benutzen bzw. ausnutzen zu lassen.

> ! Enttäuschung und Depression entwickeln sich dann, wenn die erwartete Dankbarkeit des anderen, für den man sich aufgeopfert hat, ausbleibt, die Einsamkeit zunimmt und sich dadurch auch ein Aggressionspotential aufbaut, das mit dem überangepaßten Lebensstil des Patienten nicht verträglich ist. Der Weg in eine süchtige Kompensation dieses Spannungszustandes liegt auch hier nahe.

Abhängigkeitsproblematik

Das mangelnde aggressive Durchsetzungsvermögen des Depressiven hängt aber nicht nur mit seinen Aufopferungstendenzen oder Selbstentwertungen zusammen, sondern auch mit seinem außerordentlichen Ausmaß an Abhängigkeit. ARIETI u. BEMPORAD haben in ihrem lesenswerten Buch (1983) beschrieben, daß Depressive schon seit ihrer frühen Kindheit in besonderer Weise von einer signifikanten, dominanten Bezugsperson abhängig waren und es dann auch ihr ganzes weiteres Leben hindurch bleiben. Manche Menschen mit depressiver Struktur verschieben ihre Abhängigkeitsproblematik von Personen auf Ziele – z.B. den Beruf –, so daß man sagen kann, daß statt einer signifikanten Bezugsperson ein signifikantes Ziel gesucht wird. Sie leben dann nur noch für dieses Ziel, und ihre Selbstachtung und der Sinn ihres Lebens stehen oder fallen mit der Verwirklichung dieses Zieles.

Das übergroße Ausmaß an Abhängigkeit des Depressiven macht auch seine Mängel in der Autonomieentwicklung deutlich. Manche von ihnen leben in Partnerschaften, die keineswegs befriedigend sind, sondern in einer Atmosphäre feindseliger Abhängigkeit ablaufen: Man kann nicht miteinander, aber ohne einander erst recht nicht. Aus diesen Gründen haben solche Menschen die größten Probleme mit Abschied und Trennung. Verabschieden kann man sich erst dann, wenn man sich aus den kindlichen Abhängigkeiten gelöst hat.

> ! Dieses Gefangensein in einer Atmosphäre feindseliger Abhängigkeit kann ebenfalls massive Unlustspannungen erzeugen, die mit Suchtmitteln bekämpft werden können.

Narzißtische Störungen

Bei allen psychischen Störungen ist auch das narzißtische Regulationssystem in irgendeiner Weise mitbetroffen, wie schon beim depressiven Grundkonflikt gezeigt werden konnte.

Ein möglicher weiterer psychodynamischer Hintergrund süchtigen Verhaltens liegt in ausgeprägten narzißtischen Störungen, also massiven Regulationsstörungen des Selbstwertgefühls. Die Komplexität dieser Störungen ist hier nicht zu beschreiben, aber es können einige Charakteristika genannt werden, die den Bedarf an süchtiger Kompensation verständlich machen.

> ! Narzißtisch gestörte Menschen sind sich immer unsicher über sich selbst, ihren Wert oder Unwert, ihre Großartigkeit oder absolute Unbedeutsamkeit.

Diese anhaltende Selbst-Irritation wird auch unterhalten durch Rückmeldungen aus den Beziehungen: Sind diese bestätigend oder entwertend, akzeptierend oder ablehnend?

Die Anfälligkeit narzißtisch gestörter Menschen für Enttäuschungen und Kränkungen – ähnlich wie die der Depressiven – ist bekannt (u.a. HENSELER 1981, 1984). Daraus resultieren vielfältige narzißtische Spannungszustände, die mit Gefühlen von Unlust, Wut, Depressivität verbunden und nur schwer auszuhalten sind. Im Suchtgebrauch versucht der narzißtisch Gestörte einmal, Entspannung und evtl. Euphorie herzustellen, also sein labiles inneres Gleichgewicht wiederzuerlangen. Gleichzeitig könnte man den Rückzug in die Sucht als regressives Phänomen sehen, als Rückzug in einen sog. „harmonischen Primärzustand" (Henseler 1984), der mit Gefühlen von Ruhe, Wärme, Harmonie, Geborgenheit verbunden ist und einer frühen symbiotischen Erfahrung der Mutter-Kind-Beziehung entspricht, in der beide noch als miteinander verschmolzen erlebt wurden. Diese Form von Regression hätte psychodynamisch den Sinn, die kränkende oder vermeintlich kränkende unlustvolle Außenrealität nicht mehr wahrnehmen zu müssen.

Sucht als Bewältigungsstrategie

Man könnte ein solches regressives Verhalten, wie es sich in der Sucht manifestiert, auch als Versuch des Selbstschutzes kennzeichnen. Zudem kann das Suchtmittel ein leicht erreichbares, jederzeit verfügbares, käufliches, nicht enttäuschendes bzw. kränkendes und in diesem Sinne „gutes" Objekt sein, das tröstet und entspannt und die Bedrohungen der Umwelt zu relativieren hilft.

Wie aus dem eben Beschriebenen schon abgeleitet werden kann, stellt süchtiges Verhalten auch einen Bewältigungsversuch dar und kann damit bei aller Pathologie und der immer wieder beschriebenen Ich-Schwäche bei Süchtigen auch als Ich-Leistung angesehen werden, so schwach und brüchig diese im einzelnen auch sein mag. Die „Bewältigung" mittels Sucht bezieht sich neben den schon genannten Faktoren noch auf folgende Zustände:

- quälende anhaltende Gefühle von innerer Leere,
- anhaltende Gefühle von Frustration,
- Gefühle von Versagen,
- Scham- und Schuldkomplexe,
- Bedrohung der ohnehin meist fragilen Grenzen, z. B. durch Enttäuschungen, Erkrankungen oder akute Krisen.

> ! Sucht als Coping-Strategie im Sinne eines Selbstheilungsversuches kann auch so verstanden werden, daß die Betroffenen sich damit vor massiveren Dekompensationen, z. B. im Sinne einer psychotischen Symptomatik, bewahren.

Entsprechend spielt Sucht bei vielen psychischen Krankheiten eine Rolle, so daß sie häufig auch als Zweitdiagnose genannt wird, so z. B. bei Borderline-Persönlichkeitsstörungen und bei Psychosen.

Sucht läßt sich auch als Ausdruck und Äußerung von Sehnsucht verstehen. Diese Sehnsucht ist letztlich immer die nach einer guten, verläßlichen Objektbeziehung oder, wie Bowlby es ausdrücken würde, Ausdruck der Suche nach einer verlorenen Bindungsfigur. Sehnsucht ist in einem gewissen Maße ein normalpsychologisches Phänomen, vielleicht im Sinne einer Liebessehnsucht, die wir uns aus unabgelösten Beziehungsanteilen bewahrt haben. Eine vollkommen geglückte Ablösung von primären Liebesobjekten ist ohnehin illusionär.

> ! Das Problem mit der Sehnsucht beginnt dann, wenn als ihr pathologischer Ausdruck eine Sucht entsteht, in der die real existierenden Befriedigungsmöglichkeiten von Sehnsucht in Objektbeziehungen nur rudimentär oder gar nicht mehr gelebt werden können und eine zunehmend lähmende, resignative Haltung gegenüber der Lust am wirklichen Leben entsteht.

Dies ist neben den autodestruktiven Anteilen eine zutiefst persistierende depressive Position, aus der der Süchtige häufig ähnlich schwer zu lösen ist wie der Perverse, der mit Orgasmus an seine Perversion gebunden ist.

Die hier nur grob skizzierten psychodynamischen Aspekte süchtigen Verhaltens können in der einschlägigen Literatur differenzierter nachgelesen werden (u. a. bei Heigl-Evers et al. 1995, Lürssen 1977, Wurmser 1993).

10.4 Psychotherapiemöglichkeiten

Bedenkt man den Hinweis von Rudolf (1993, s. oben) bezüglich des häufigen Vorkommens von Suchttendenzen bei Psychotherapiepatienten, so müßte daraus geschlossen werden, daß den Psychotherapeuten das Suchtpotential ihrer Klientel auch bewußt ist. Dies erscheint aber fraglich, da schon in Erstinterviewseminaren bzw. in Supervisionen deutlich werden kann, daß eine Exploration möglicher Suchttendenzen bzw. -erfahrungen in der Regel nicht erfolgt. Sucht wird nur dann als Problem erkannt, wenn sie vom äußeren Erscheinungsbild eines Patienten her naheliegt oder wenn dieser selbst darüber berichtet. Die erwähnten Einstellungen von Therapeuten gegenüber Süchtigen können dafür mitverantwortlich sein. Auch Sucht kann ein ähnlicher Tabubereich für Therapeuten sein wie Sexualität, Suizidalität oder Erfahrungen mit Gewalt.

Psychotherapeuten sollten also in der Lage sein, eine Suchtanamnese zu erheben.

Einige wichtige Aspekte zur Suchtanamnese

- Genaue Erfassung der Suchterfahrungen des Patienten im Lauf des bisherigen Lebens,
- Exploration von Suchtphänomenen in der Familie des Patienten und in seinem derzeitigen sozialen Netz,
- Einschätzung des Ausmaßes der momentanen Abhängigkeit und
- eventuelle spezielle Vorbehandlungen.

Da süchtiges Verhalten auch für die Betroffenen häufig scham- und schuldbesetzt ist und insofern auch für sie ein inneres Tabu sein kann, muß der Psychotherapeut damit rechnen, daß das wahre Ausmaß verleugnet bzw. verharmlost wird, insbesondere auch dann, wenn Patienten Angst haben, deswegen für eine Psychotherapie abgelehnt zu werden.

? Der ambulant arbeitende Psychotherapeut, der eine deutliche Suchtproblematik in der Phase von Erstgespräch und Diagnostik gefunden hat, muß für sich prüfen, ob das Ausmaß der Abhängigkeit eine Psychotherapie stören oder unmöglich machen würde und ob mit Entzugserscheinungen gerechnet werden muß.

Die klinisch arbeitenden Psychotherapeuten haben es diesbezüglich leichter, weil Entzugssyndrome meist innerhalb der Institution behandelt werden können.

Eine generell schwierig zu beantwortende Frage besteht darin, ob der niedergelassene Psychotherapeut den Patienten, wenn dieser zur Psychotherapie motiviert ist, trotz seiner Sucht annehmen soll oder ob er darauf bestehen soll, daß der Patient zunächst eine Entgiftungs- und Entwöhnungsbehandlung absolviert, um sich dann dem erfreuten Therapeuten „trocken“ bzw. „clean“ präsentieren zu können. Dies bleibt der Entscheidungstoleranz des jeweiligen Therapeuten überlassen.

! Ich würde empfehlen, Patienten, die die allgemeinen Psychotherapie-Indikationskritierien erfüllen, bei Motivation beider Seiten dann für eine ambulante Therapie anzunehmen, wenn zwar Mißbrauchstendenzen bestehen, aber keine massivere Abhängigkeit, die durch regelmäßigen Gebrauch und bereits eingetretene Schäden charakterisiert ist. Diese schwereren Formen von Abhängigkeit sollten zunächst klinisch und danach ambulant behandelt werden, wenn die Motivation des Abhängigen zu einer Psychotherapie eindeutig ist.

Behandlungsziele

Die Prüfung der Motivation zur Abstinenz ist eine der schwierigsten Aufgaben bei der Behandlung von Süchtigen. Nicht selten sind die entsprechenden Patienten nur unter dem Druck äußerer Ereignisse, z. B. bei drohendem oder eingetretenem Verlust des Arbeitsplatzes oder bei drohendem oder vollzogenem Weggang des Partners überhaupt bereit, eine Behandlung zur Abstinenz hin zuzulassen. Dies erfolgt auch dann noch häufig ambivalent. In klinischen Einrichtungen kann während der mehrwöchigen Phase der Entwöhnung eine solche Motivationsarbeit begonnen werden.

Die eigentliche Suchtbehandlung erfolgt bei den schwereren Formen ohnehin meist in auf diese Erkrankungen spezialisierten Fachkliniken oder in entsprechenden Fachabteilungen psychiatrischer Krankenhäuser. In den länger, oft mehrere Monate dauernden Behandlungen, wird nach der Phase der Entgiftung dann zu verschiedenen Themen gearbeitet:

- Motivation,
- Kontrolle der Abstinenz,
- Strukturierung der Lebensrealität und insbesondere der sozialen Situation und anderes mehr.

Daneben spielt die Angehörigenarbeit eine wichtige Rolle, da die Angehörigen häufig als Ko-Alkoholiker fungieren, indem sie z.B. zur Verschleierung der Suchttendenzen nach außen beitragen und/oder bei der Beschaffung des Suchtmittels behilflich sind.

Zu den Zielen der Behandlung gehört es auch, bei den Patienten Verständnis für die seelischen Hintergründe ihrer Sucht zu fördern und damit zu einer weitergehenden Psychotherapiemotivation beizutragen.

10.4.1 Probleme beim psychotherapeutischen Umgang mit Suchtpatienten

Die therapeutische Beziehung. Süchtige Patienten sind bei Psychotherapeuten vielleicht auch deshalb so unbeliebt, weil es schwierig ist, eine kontinuierliche, verläßliche Arbeitsbeziehung aufrechtzuerhalten. Die Einhaltung von Regeln und Terminen kann für diese Patienten ebenso problematisch sein wie die für den psychotherapeutischen Prozeß und die Beziehung zwischen den Beteiligten notwendige Offenheit. Gemeint ist damit die Neigung vieler Süchtiger zur Bagatellisierung ihres Suchtverhaltens, zu Verleugnungsstrategien gegenüber sich selbst, dem Therapeuten und anderen. Während der Therapeut z.B. idealisiert wird und eine freundlich-harmonische Beziehungsgestaltung vom Patienten initiiert wird, spaltet er negative Aspekte ab und versucht, diese aus der Beziehung herauszuhalten. Die Arbeit an der Überwindung dieser Spaltung kann sehr schwierig sein.

Hinzu kommt, daß der Psychotherapeut bei der Behandlung süchtiger Patienten in besonders hohem Ausmaß mit autodestruktiven Kräften des Patienten konfrontiert wird: Mehrfache Rückfälle in das Suchtverhalten, das Sich-selbst-Schädigen in wichtigen sozialen Beziehungen und in der Wertschätzung und Anerkennung durch andere, evtl. auch das Miterlebenmüssen von Abstieg und Vereinsamung, können den Therapeuten in seiner Gegenübertragung in einen Sog von Hilflosigkeit, Ohnmacht, Depressivität und Wut geraten lassen, aus dem er nur schwer wieder herausfindet.

Übertragungs- und Gegenübertragungsphänomene. Neben den Idealisierungstendenzen des Patienten kann die psychotherapeutische Arbeit latent auch von einer negativen Übertragung bestimmt sein, die ebenfalls schwer auszuhalten sein kann. Der Süchtige, der erleichtert ist, einen Therapeuten im Sinne eines guten, haltgebenden Objektes gefunden zu haben, agiert unbewußt seine Erfahrung mit schlechten, unzuverlässigen Objekten und führt dem Therapeuten am eigenen Verhalten vor (z.B. mittels Rückfällen, Nichterscheinen zur Stunde usw.), wie mit ihm umgegangen wurde. Die vom Therapeuten angebotene Objektkonstanz wird also so behandelt, als ob sie gar nicht da wäre und als ob der Therapeut das unzuverlässige, ablehnende, gemeine Objekt wäre, das dem Patienten schaden will. Diese sadistische Projektion kann zu Gegenübertragungsagieren des Therapeuten führen. Bei den sog. „Vorwurfspatienten" läßt sich manchmal eine ähnliche Dynamik beobachten, wie im Abschn. „Exkurs über sog. schwierige Patienten" in Kap. 1 beschrieben wurde.

Angst vor Nähe. Probleme können für den Psychotherapeuten auch durch die Näheangst von Süchtigen entstehen. Nun ist die Angst vor Nähe sicher nicht spezifisch für Süchtige, spielt aber doch eine entscheidende Rolle innerhalb der komplizierten Dynamik der Suchtproblematik. Jede Nähe zu anderen wird leicht als Einengung oder Gefangennahme erlebt und muß abgewehrt werden. Dementsprechend wird Beziehung oft mit erstickender Abhängigkeit gleichgesetzt und gemieden. Aus dieser Näheangst heraus sowie aufgrund ihrer raschen Enttäuschbarkeit weichen Süchtige dann auf nicht belebte Objekt wie die Suchtstoffe aus, die man sich stets einverleiben und damit auch entsprechend kontrollieren kann.

> ! Die Angst vor Nähe führt dazu, daß die Sehnsucht nach Liebe, Wärme und Geborgenheit dann primär über den Weg des Suchtmittels und nicht über den Weg der Beziehung, z.B. zum Therapeuten, gelebt wird. So wird in der Sucht eine Sehnsucht gelebt, die darin besteht, daß man sich nur noch sehnt, die Distanz zu den realen Objekten aber nicht mehr überbrücken kann.

Der Psychotherapeut kann sich so überflüssig vorkommen, indem das Suchtmittel symbolisch als der eigentliche Beziehungspartner angesehen wird. Nähere Ausführungen zum Problem der Näheangst finden sich auch bei Wurmser (1993).

Qualifikation der Therapeuten

> ? Welche Qualifikation sollte ein Therapeut haben, um mit Suchtpatienten verantwortlich arbeiten zu können?

Eine allgemeine Psychotherapieweiterbildung in einem oder mehreren Verfahren kann nur den tragenden Boden darstellen, sollte aber ergänzt werden durch Wissen über Suchtgefährdung und Therapiemöglichkeiten und durch klinische Erfahrungen in spezialisierten Einrichtungen und möglichst auch in der Psychiatrie.

> ! Eine Bereitschaft zur interdisziplinären Zusammenarbeit z.B. mit Suchtberatern, Sozialarbeitern, Familientherapeuten und anderen Agenturen des Versorgungsnetzes sollte ebenso vorhanden sein wie das Aufsuchen von Supervison bzw. Intervision, was angesichts einer so multipel gestörten Klientel auch eine wichtige psychohygienische Maßnahme für die Therapeuten selbst darstellt.

10.5 Exkurs: Süchtige Kollegen

Die hohe Suchtgefährdung innerhalb der helfenden Berufe ist bekannt, und besonders auf die Gefährdung durch Alkoholismus wird immer wieder hingewiesen.

> ! Es gibt eine Reihe von Untersuchungen, die deutlich machen, daß der Anteil an Alkoholikern bei sog. Medizinalpersonen (Ärzte, Apotheker, Schwestern, Pfleger usw.) deutlich höher als in der Normalbevölkerung ist (u.a. Heim 1993, Leesemann 1994, Mäulen 1993, 1995). Fachleute vermuten eine Prävalenz von ca. 2 bis 5%.

Aufgrund der besonderen Stellung des Arztes vollziehen sich Erkrankung, chronische Phase und Rehabilitation meist abgeschirmt gegenüber der Außenwelt. Wie bei anderen Berufsgruppen mit hoher Verantwortung und gehobener Position führt dies häufig zu prolongierten Krankheitsverläufen. Am Ende einer solchen Entwicklung steht nicht selten ein Suizid.

Eindeutige Hinweise auf eine besondere Suchtgefährdung einzelner Fachdisziplinen sind nicht bekannt, jedenfalls wird man nach den bisher vorliegenden Untersuchungen nicht sagen können, daß Psychotherapeuten ein besonders hohes Suchtrisiko hätten. Trotzdem muß dieser Punkt auch für diese Berufsgruppe bedacht werden.

Murray (1974) erklärte sich die hohe Alkoholmorbidität sowie auch die erhöhte Suizidgefährdung damit, daß der Arztberuf möglicherweise schon von vornherein eine Minderheit anziehe, die besonders anfällig für spätere Niederlagen sei. Andere Autoren sehen eine Ursache darin, daß der Arzt mit großen Erwartungen an erfolgreiche Hilfeleistung an seinen Beruf herangeht, auf die Dauer jedoch entmutigt und frustriert wird und besonders dann zur Sucht neigt, wenn seine Erwartungen endgültig zerstört sind. Wieder andere Autoren sehen die Ursachen eher in den Belastungen des Arztberufes, wie z.B. den drängenden Bedürfnissen des Patienten, der Aufrechterhaltung der beruflichen Fähigkeiten sowie der sozialen und privaten Pflichten.

Bedenkt man die berufliche Situation von Psychotherapeuten (u. a. Fengler 1994, Reimer 1994), so lassen sich daraus resultierende Belastungen beschreiben, wie sie in Kap. 15 „Ethische Aspekte der Psychotherapie" S. 536 ff. genannt sind.

Aufgrund dieser spezifischen Belastungen kann es sehr wohl sein, daß Therapeuten Suchtmittel in gleicher Weise zum Schutz bzw. zur Bewältigung benutzen wie andere Menschen auch.

Hilfsmöglichkeiten für abhängige Therapeuten

In den letzten Jahren ist zunehmend auch über Hilfsmöglichkeiten für abhängige Therapeuten, insbesondere Ärzte, publiziert worden (u. a. Mäulen 1995 sowie Mäulen et al. 1995). Hier wird insbesondere beschrieben, in welchem Ausmaß Ärztinnen und Ärzte durch ihre Erkrankung in berufliche Not kommen können, da ihnen bei Bekanntwerden ihrer Sucht der Entzug der KV-Zulassung und letztlich auch der Entzug ihrer Approbation drohen.

Die Ärztekammern sind sich dieses Problems zunehmend bewußt und haben teilweise Rehabilitationsprogramme entwickelt und ihre Mitglieder darauf hingewiesen, daß durch das Auftreten einer Abhängigkeit weder eine Schuld begründet werde, noch daß diese ein Hinweis auf charakterliche Zweifel erlaube. Die Kammern haben auch unter der Voraussetzung, daß die entsprechenden Kollegen sich in eine spezielle Therapie begeben haben, häufig erreichen können, daß der drohende Entzug einer Kassenzulassung ausgesetzt wurde.

> ! Nach Mäulen (1995) ist eine erfolgversprechende Behandlung abhängigkeitskranker Kollegen dann möglich, wenn für diesen Personenkreis ein spezialisiertes Behandlungssetting zur Verfügung gestellt wird.

Ein entsprechendes Programm wird von Mäulen beschrieben. Über die eigentliche stationäre Behandlung hinaus erfolgt dann eine intensive Nachbehandlung, und zwar sowohl psychotherapeutisch wie auch in Selbsthilfegruppen, und eine in bestimmten Zeitabschnitten immer wieder erfolgende ambulante Vorstellung in der Spezialklinik, wo klinische und psychodiagnostische Nachuntersuchungen einschließlich Laborerhebung erfolgen. Der danach erstellte Befundbericht wird den Betroffenen und evtl. auch der jeweiligen Instanz vorgelegt. Am Ende einer so kontrollierten poststationären Phase von einem Jahr haben nach der Erfahrung von Mäulen, wenn der Erfolg der Behandlung dokumentiert werden konnte, in der Regel alle beteiligten Stellen die Akten geschlossen.

> ! Ärzte und evtl. auch Psychotherapeuten haben ein hohes berufsspezifisches Risiko, im Laufe ihrer beruflichen Tätigkeit Mißbrauch und Abhängigkeit zu entwickeln. Problematisch ist dabei v. a. die ausgeprägte Verleugnungstendenz der Betroffenen selber bei gleichzeitig erhaltener guter sozialer Einbindung.

Mehr als in anderen Berufsgruppen lassen sich verschiedene Versuche der „Selbstbehandlung" nachweisen.

Auch in den eigenen Reihen werden Kollegen, die alkoholkrank sind, oft nicht erkannt. Die süchtigen Tendenzen der Ärzte selbst werden abgewehrt und bagatellisiert und nicht als ernstes Problem gesehen. Diese Verleugnungstendenz ist möglicherweise das größte Problem bei der Behandlung abhängiger Kollegen, weil sich in dieser Verleugnung der betroffene Süchtige selbst und seine Umgebung häufig entgegenkommen und eine Art stillschweigender Allianz miteinander eingehen, in der man zwar von der Suchtproblematik weiß, sie aber nicht offen anspricht. Die daraus resultierenden psychischen Probleme, wie z. B. Scham- und Schuldgefühle, aber auch Selbstwertprobleme, liegen auf der Hand. Diese werden sich in jedem Fall in irgendeiner Weise negativ auf die Behandlung von Patienten auswirken.

Die die Weiterbildung vermittelnden Institutionen, z. B. die psychotherapeutischen Institute, sollten die Problematik des gefährdeten und kranken Helfers in ihre Curricula aufnehmen, damit einmal über berufsspezifische Belastungen und deren mögliche Folgen, aber auch über Hilfsmöglichkeiten für Betroffene informiert und gesprochen werden kann.

Literatur

Arieti S, Bemporad J (1983) Depression – Krankheitsbild, Entstehung, Dynamik und psychotherapeutische Behandlung. Klett-Cotta, Stuttgart

Ermann M (1995) Psychotherapeutische und psychosomatische Medizin. Kohlhammer, Stuttgart Berlin Köln

Feuerlein W (1987) Definition und Diagnose der Suchtkrankheiten. In: Kisker KP, Lauter H, Meyer JE, Müller C, Strömgren E (Hrsg) (1987) Psychiatrie der Gegenwart, Bd. 3 (Abhängigkeit und Sucht). Springer, Berlin Heidelberg New York, S 3–18

Heim E (1993) Bewältigung der Berufsstressoren in den Heilberufen. PPmP 43:307–314

Henseler H (1981) Psychoanalytische Theorien zur Suizidalität. In: Henseler H, Reimer C Selbstmordgefährdung – Zur Psychodynamik und Psychotherapie. Frommann-Holzboog, Stuttgart-Bad Cannstatt, S 113–135

Henseler H (1984) Narzißtische Krisen – Zur Psychodynamik des Selbstmords, 2. Aufl. Westdeutscher Verlag, Wiesbaden

Leesemann S (1994) Sucht-Kranke Ärzte – Analyse eines bislang vernachlässigten Problems. Inaugural Diss, Köln

Lürßen E (1977) Das Suchtproblem in neuerer psychoanalytischer Sicht. In: Eicke E (Hrsg) Tiefenpsychologie, Bd 2 (Kindlers „Psychologie des 20. Jahrhunderts"). Beltz, Weinheim Basel, S 101–130

Mäulen B (1993) Sucht in den helfenden Berufen. Psychiat Prax 20:42–45

Mäulen B (1995) Abhängigkeit bei Ärzten. In: Faust V (Hrsg) Psychiatrie – Ein Lehrbuch für Klinik, Praxis und Beratung. G Fischer, Stuttgart Jena New York, S 317–320

Mäulen B, Gottschaldt M, Damm K (1995) Hilfsmöglichkeiten für abhängige Ärzte – Unterstützung durch die Ärztekammern. Deutsches Ärzteblatt 92 (H 47, A):3305–3306

Murray RM (1974) Psychiatric illness in doctors. Lancet 1:1211–1213

Reimer C (1994) Lebensqualität von Psychotherapeuten. Psychotherapeut 39:73–78

Reimer C, Freisfeld A (1984) Einstellungen und emotionale Reaktionen von Ärzten gegenüber Alkoholikern. Therapiewoche 34:3514–3520

Rudolf G (1993) Psychotherapeutische Medizin – Ein einführendes Lehrbuch auf psychodynamischer Grundlage. Enke, Stuttgart

Schulte W (1967) Über den Zugang zum Süchtigen. Schweiz Med Wschr 97:533–537

Wanke K (1987) Zur Psychologie der Sucht. In: Kisker KP, Lauter H, Meyer JE, Müller C, Strömgren E (Hrsg) (1987) Psychiatrie der Gegenwart, Bd 3 (Abhängigkeit und Sucht). Springer, Berlin Heidelberg New York, S 19–52

Wurmser L (1993) Flucht vor dem Gewissen, 2. Aufl. Springer, Berlin Heidelberg New York

Weiterführende Literatur

Fengler J (1994) Süchtige und Tüchtige – Begegnung und Arbeit mit Abhängigen. Pfeiffer, München

Heigl-Evers A, Helas I, Vollmer HC (Hrgs) (1995) Suchtkranke in ihrer inneren und äußeren Realität – Praxis der Suchttherapie im Methodenvergleich. Vandenhoeck & Ruprecht, Göttingen Zürich
(Beide Bücher sind gut geeignet für Psychotherapeuten, die sich näher mit der Suchtkrankenbehandlung befassen möchten.)

Psychotherapie alter Menschen

C. Reimer

In diesem Kapitel wird keine systematische Übersicht über alle Psychotherapieverfahren gegeben, die im Alter eingesetzt werden können. Grundlegende Informationen zum Thema „Psychotherapie im Alter" finden sich am besten bei Radebold (1992), aber auch bei Heuft u. Marschner (1994) und bei Hirsch (1990).

Hier sollen nur einige Aspekte erwähnt werden:

- Zahlen zum Psychotherapiebedarf alter Menschen,
- Krisen im Alter,
- psychodynamische Aspekte des Alterns sowie
- Psychotherapiemöglichkeiten.

11.1 Psychotherapiebedarf alter Menschen

In allen Industrienationen läßt sich ein steigender Anteil alter Menschen nachweisen. Für die über 65jährigen beträgt er derzeit in Deutschland etwa 15%. Nach verschiedenen demographischen Hochrechnungen wird die Gruppe der 70 bis 80jährigen in 40 Jahren die am stärksten repräsentierte Gruppe in der Bevölkerung der Industrienationen sein.

Bedenkt man, daß mit zunehmendem Alter nicht nur Morbidität/Multimorbidität, sondern auch psychische Erkrankungen zunehmen, wird evident, wie sich der Bedarf auch für die Psychotherapie alter Menschen entwickeln wird.

In epidemiologischen Studien wurden einige Anhaltszahlen zur Prävalenz und zum Behandlungsbedarf gemacht. So wurde bereits 1981 von Dilling der Bedarf an psycho- und soziotherapeutischen Maßnahmen in der BRD für die 50 bis 65jährigen auf 17% und für die über 65jährigen auf 9% geschätzt. Cooper u. Sosna (1983) gaben für die Stadt Mannheim 1983 eine Prävalenzrate psychisch und psychiatrisch kranker alter Menschen von 23,3% an (davon im Altenheim lebende von 42,8%).

> ! Nach Dilling et al. (1984) nehmen die neurotischen und psychosomatischen Erkrankungen mit 16,9 % den größten Anteil psychischer Erkrankungen im Alter ein.

Angesichts dieser wenigen Zahlen wäre zu erwarten, daß alte Menschen entsprechend häufig psychotherapeutisch behandelt werden. Dies ist aber nicht der Fall. So konnte Radebold (1992) zeigen, daß im Jahre 1988 in der damaligen Bundesrepublik lediglich ca. 130 über 60jährige psychotherapeutisch versorgt wurden. Auch in stationären und teilstationären Einrichtungen der Gerontopsychiatrie gehört Psychotherapie nur selten zum Behandlungsplan (Wächtler u. Block 1991). Auf die Hintergründe dieser Defizite wird im Abschn. „Psychotherapiemöglichkeiten“ kurz eingegangen.

Diese wenigen Aussagen weisen nicht nur darauf hin, daß psychische Probleme bzw. Störungen im Alter relativ häufig vorkommen, sondern daß darüber hinaus alte Menschen damit noch weitgehend allein bzw. unterversorgt bleiben müssen. Denn für diese Altersgruppe ist es bisher noch viel weniger selbstverständlich als für Jüngere, an Psychotherapie als Hilfsmöglichkeit zu denken, geschweige denn sie zu fordern. Angesichts der vielfältigen Probleme im Alter, aber auch des Alterns selbst, markiert dieser Mangel eigentlich ein Desaster.

11.2 Das Altern als Kränkung – Krisen im Alter

Für viele Menschen ist das Altern selbst eine Kränkung. Dieses sicher nicht nur aus narzißtischen Gründen, sondern weil es eine Reihe von Ereignissen im Alter gibt, die zu Krisen führen können.

Krisen im Alter

(„Das Altern als Kränkung“)

Typisch:

- Tod des Partners,
- andere Verluste innerhalb des sozialen Netzes,
- körperliche Erkrankung mit Einschränkung oder Verlust der Autonomie und Beweglichkeit (Beispiel Demenz),
- Vereinsamung (chronische Krise!) sowie
- Wohnungsverlust und Heimunterbringung.

Tod des Partners als Krise. Vorrangig ist erst einmal der Tod des Lebenspartners als die größte Krise für den alten Menschen zu betrachten. Häufig kommt es zu Suizidversuchen des Überlebenden. Nach dem Verlust des Partners stellen sich zunächst diverse somatische Symptome ein, ferner Unruhe und Schlafstörungen. Häufig führt dies zu Tranquilizergebrauch und -mißbrauch. Ein Suizidversuch geschieht meist nicht unmittelbar nach dem Todesfall, sondern im Zuge des Bewältigungsstresses nach einigen Wochen, wenn die Einsamkeit immer bewußter und immer unausweichlicher wird. Natürlich führt der Tod des Lebenspartners nicht immer zu einer schweren Krise, sondern häufig auch, gerade wenn die Beziehung sehr problematisch war, nach einiger Zeit von Unruhe und Verwirrung zu Erleichterung und Wiederaufleben des Überlebenden. Manche Witwen werden nach dem Tod ihres Gatten erstaunlich lebendig.

Andere Bedrohungen innerhalb des sozialen Netzes, wie etwa schwere Krankheit oder Tod von nahen Angehörigen, Freunden und Bekannten können weitere Krisenanlässe darstellen.

Körperliche Erkrankung als Krise. Fast regelhaft führt eigene körperliche Erkrankung mit Einschränkung der Beweglichkeit zu Krisen. Die Folge solcher Einschränkungen ist u.a., daß die gewohnten Sozialbeziehungen nicht mehr selbst gestaltet werden, sondern daß man darauf angewiesen ist, daß die anderen zu Besuch kommen.

Im Alter ist nun ein Konglomerat von psychischen und organischen Faktoren typisch. An psychischen Faktoren sind es v.a. drängende und quälende Fragen wie: Wer kümmert sich um mich? Häufig rücken Ärzte an die Stelle von Bezugspersonen. Das somatisch Anmutende wird dann häufig vorgeschoben, der Doktor soll vordergründig etwas tun gegen die somatischen Beschwerden, gemeint ist aber letztlich der Kontaktwunsch.

Vereinsamung als Krise. Vereinsamung ist für viele alte Menschen ein so gravierendes Problem, daß es in eine chronische Krise oder – wenn man so will – auch in den psychischen Tod führt. Hier ist es besonders wichtig, Beziehungsangebote zu machen, aber auch zu überlegen, wie in dem vorhandenen sozialen Netz

Beziehungen wieder aufgebaut oder gepflegt werden können. Ferner ist die Forderung der Autonomie vs. Regression ein wichtiges Prinzip beim Umgang mit Krisen im Alter.

Psychische Störungen im Alter werden in der Regel von Hausärzten behandelt, da der Widerstand gegenüber Psychiatern und Psychologen bei alten Menschen sehr groß ist. Ferner weisen sie auf Grund von Multimorbidität häufig auch diverse körperliche Störungen auf, mit deren Behandlung Psychiater und Psychotherapeuten in der Regel überfordert sind. Insofern haben die Hausärzte Kompetenz, eben auch wegen der Komplexität der Beschwerdebilder. Eine isolierte psychogene Betrachtung bei alten Menschen ist nur selten indiziert.

■ **Demenz als Krise.** Eine weitere Erkrankung, die häufig zu chronischen Krisen führt, stellt die Demenz dar. Die Krise beginnt, wenn ein Partner dementiell wird. Kommunikation und Beziehung werden durch diese Erkrankung schwer belastet. Der gesunde Partner muß zunehmend Pflegeaufgaben wahrnehmen. Der kranke Partner vegetiert häufig nur noch dahin, ist als Kommunikationspartner praktisch nicht mehr verfügbar. Auf Demenzen lagern sich bekanntermaßen häufig pseudodemente Reaktionsweisen auf: Der Demente gibt sich hilfsbedürftiger als er ist, als Ausdruck regressiver Bewegung auf die Wahrnehmung des Abbaus. Man könnte sagen, daß der Abbauprozeß psychogen beschleunigt wird, um ihn nicht mehr wahrnehmen zu müssen.

Sicherlich ist Demenz auch eine der belastenden Trennungssituationen. Man ist nicht mehr Partner, sondern es gibt einen Helfer und einen Hilfsbedürftigen. Einer ist die Last, der andere muß die Last tragen. Der nicht demente Partner verliert so erstens die Stütze durch den Partner und bekommt zweitens eine Belastung hinzu, was als doppelte Kränkung erlebt werden kann.

Neben der Krise der Angehörigen ist auch die Krise des Dementen beträchtlich. Zunächst einmal nimmt er in den Vorstadien seine Mängel wahr und erlebt dies bedrohlich, etwa nach dem Motto: „Ich verliere den Verstand!" – eine schwer angstbesetzte Wahrnehmung. Aus dieser Angst, es nicht mehr schaffen zu können, resultieren vermehrt Anklammerungstendenzen, aber auch Kompensationsversuche, indem man nur das macht, was man noch kann und das andere wegläßt. Bei Versagen auch der wenigen Bereiche, die noch funktionsfähig sind, stellt sich häufig Depressivität, aber auch Suizidalität ein. Nicht selten geht die Depression in heimliche Wut über. Der Demente versucht dem anderen zuwiderzuhandeln, den anderen mit seiner Pflegebedürftigkeit zu quälen. Hier sind – bei allem organischen Abbau – eine Fülle von unbewußten Reaktionen, die auch sehr viel mit narzißtischer Wut zu tun haben können, denkbar. Man zahlt es dem anderen heim, daß er besser dran ist. Verwirrrtheit ermöglicht auch Ausübung von Terror, weil man für nichts mehr verantwortlich ist. Die Angehörigen selber sind häufig in einer Mischung aus Wut und Scham – und Schuldgefühlen – gefangen, weil sie einerseits den Kranken entschuldigen wollen, andererseits das Gefühl haben, daß er doch noch einige seiner Verhaltensweisen steuern kann. Häufig werden auch die Patienten für dementer gehalten, als sie eigentlich sind.

> ! So wird deutlich, daß den Verlauf der Erkrankung neben rein organischen Faktoren auch viele Übertragungs- und Gegenübertragungsmechanismen beeinflussen können.

■ **Berentung als Krise.** Weitere Krisen entstehen durch Ruhestand bzw. Berentung, und zwar besonders durch die damit verbundenen Veränderungen der Partnerdynamik in dem Sinne, daß sich die über Jahre oder Jahrzehnte lang eingespielte Nähe-Distanz-Balance verändert. Nicht selten suchen deshalb offensichtlich v.a. Männer nach der Berentung oder Pensionierung neue Aufgaben, um diesen Krisen auszuweichen. Mediziner, die ihre Praxis so lange wie möglich weiterführen oder nach der Berentung als Krankenhausarzt sofort eine Praxis eröffnen, sind ein gutes Beispiel dafür.

Weitere Krisen ergeben sich nicht nur, wenn einer von zweien oder beide im Alter schwer krank werden, sondern auch durch die insgesamt reduzierte Zeitperspektive und die

Erwartung des Todes. Bekannte Verarbeitungsmuster auf diese Perspektiven sind depressive Reaktionen, aber auch Suizidversuche.

Wohnungsverlust als Krise. Ein weiterer Krisenanlaß stellt Wohnungsverlust dar. Manche alte Menschen, die sich immer mehr zurückgezogen haben, verwahrlosen in ihren Wohnungen. Eines Tages kommt der Punkt, an dem es in der Wohnung nicht mehr geht. Das Eindringen in die Privatsphäre wird dann als äußert bedrohlich erlebt. Die Patienten wollen nach Verlegung in ein Krankenhaus oder Heim zurück in ihre Wohnung. Es kommt zu aggressiven Stimmungen und Handlungen, da Autonomieverlust und Abhängigkeit als sehr bedrohlich erlebt werden. Bei Autonomieverlust nimmt die Angst immer zu. Viele und nicht nur alte Menschen sorgen ja bekanntlich für den Fall eines Autonomieverlustes vor. Die Mitgliedschaften in Freitodgesellschaften sind ein Beispiel dafür. Manche horten Tabletten. Hintergrund ist der Wunsch, bei klarem Verstand zu bleiben bzw. sterben zu wollen, wenn das nicht mehr gewährleistet ist. Autonomieverlustangst scheint auch sozialstatusabhängig zu sein: In höheren sozialen Schichten ist die Angst größer. Häufig waren Angehörige dieser Schichten lebensgeschichtlich auch autonomer als Angehörige der Unterschicht. Sozialer Makel wird von ihnen noch mehr gefürchtet, ganz besonders dann die Einweisung in eine psychiatrische Klinik.

> ! Die Kombination von Abhängigkeitserleben, Multimorbidität, Vereinsamung und fehlenden Perspektiven angesichts des zu erwartenden Todes kann sowohl zu akuten als auch zu chronischen Krisen führen, deren Bewältigung auch den Helfer hilflos machen kann, da das Aufzeigen positiv zu besetzender Möglichkeiten oder Alternativen real oft gar nicht mehr möglich ist.

So bleiben nur Trostversuche und die Beziehung zum Helfer als Brücke, um die depressive Bilanz des Alterns als Kränkung zu relativieren.

11.3 Psychodynamische Aspekte

Psychotherapeuten tun gut daran, sich über ihre Einstellungen gegenüber älteren und alten Menschen Klarheit zu verschaffen. Sie laufen sonst Gefahr, ähnlichen Stereotypen über das Altern zu unterliegen, wie sie vielfach in der Bevölkerung verbreitet sind.

Solche Stereotype im Sinne von Vorurteilen sind z. B.:

- Eine rein defizitäre Sicht von Altern und Alter;
- das Gleichsetzen von Altern mit zunehmender Regression;
- die Sicht des Alters als zweite Kindheit;
- die Überzeugung von einer Libidoinvolution (sexuelle Interessen/Triebwünsche nehmen im Alter kontinuierlich ab – das Tabu der Alterssexualität).

Eine Reihe von Untersuchungen hat sich hierzu mit der Wirklichkeit beschäftigt und viele dieser Annahmen eindeutig widerlegen können (zusammengefaßt bei Radebold 1992).

Der Psychotherapeut, der sein Indikationsspektrum und seine Klientel auf ältere und alte Menschen erweitert, sollte sich die wichtigsten psychodynamischen Prozesse vergegenwärtigen, die beim Altern eine Rolle spielen.

> **Wichtige psychodynamische Aspekte des Alterns**
>
> - Erleben und Verarbeiten von Trennungen und Verlusten,
> - Erleben und Verarbeiten von Enttäuschungen, Kränkungen, Bedrohungen sowie
> - Erleben und Verarbeiten von Alterstabus.

Erleben und Verarbeiten von Trennungen und Verlusten
Daß Trennungen und Verluste die seelische Gesundheit von Menschen, unabhängig von ihrem jeweiligen Lebensalter, beeinträchtigen können, ist durch vielerlei Forschungsergebnisse inzwischen belegt (u.a. Bowlby 1976, 1983). Verluste häufen sich im Alter bekannt-

lich: Sie beziehen sich nicht nur auf Partner, Angehörige, Freunde, sondern auch auf bestimmte Aspekte, die der Betroffene an sich selbst wahrnehmen muß: z. B. den Verlust oder drohenden Verlust von Autonomie und Sicherheit, von körperlicher Funktionsfähigkeit und von sozialer Attraktivität. Diese Verluste können zu vielerlei psychischen Reaktionen führen, besonders häufig zu Depressivität und Rückzugstendenzen. Psychodynamisch kann es dabei zu Einbußen in der libidinösen Selbstbesetzung und/oder Fremdbesetzung kommen und damit zu einer vielschichtigen Einengung.

Auch der Wegfall der Berufstätigkeit und damit der beruflichen Identität kann als Verlust erlebt werden und psychische Dekompensationen nach sich ziehen.

Beispiel

Ein 72jähriger, im Ruhestand lebender Chirurg kam depressiv und süchtig in stationäre Behandlung. Er hatte ein Leben lang an der chirurgischen Front als zweiter Mann in der Klinikhierarchie „lazarettmäßig", wie er es nannte, gearbeitet. Weitere Lebensinhalte hatte es nicht gegeben. Zwei Ehen mit Krankenschwestern waren darüber zerbrochen. Nach der Pensionierung entwickelte sich ein schweres depressives Syndrom. Die Freizeit sei für ihn eine enorme Last gewesen. Die innere Leere überbrückte er mit Alkohol, später zusätzlich auch mit Tabletten und schließlich zunehmend mit Morphium. Der Pensionierungsschock war für ihn unüberwindlich und hatte ihn schwer süchtig gemacht. Reflexionen über die Werte in seinem Leben, und eben andere als nur Arbeit, waren ihm unmöglich. Er beklagte sich bitter, daß die Pensionsgrenze für Ärzte nicht höher liege. Er hätte gern noch lange weitergearbeitet.

Erleben und Verarbeiten von Enttäuschungen, Kränkungen, Bedrohungen

Enttäuschungen, narzißtische Kränkungen und das Erleben von Bedrohungen häufen sich im Alter. Enttäuschungen und Kränkungen können einmal aus der Wahrnehmung der eigenen Person resultieren: die körperliche Attraktivität reduziert sich, man sieht sein Alter. Leistungsfähigkeit und Interessen lassen nach. Dazu kommen, wenn es zugelassen wird, Fragen im Sinne von Lebensrückblick und Lebensbilanzierung: Insbesondere nicht verwirklichte Lebenspläne, Niederlagen, unglückliche Beziehungen, eigenes Fehlmanagement/eigene Fehler können angesichts der Tatsache, daß daran in der Regel nichts oder nur wenig zu ändern ist, zu hartnäckig anhaltenden Verstimmungen und Selbstkränkungen führen.

Dazu können Kränkungs- und Bedrohungserlebnisse kommen, die dem alten Menschen von außen zugeführt werden:

- Das Spüren der Abwertung durch die jüngeren Generationen;
- die Behandlung als Oma/Opa im Sinne einer Verkleinerung, Verniedlichung, Entwertung, Infantilisierung;
- Konflikte mit den eigenen Geschwistern oder Kindern (z. B. Vorwürfe, Rivalität, Habgier, Beeinflussung, besonders hinsichtlich des Vermögens, des Testamentes, der Erbschaft etc.).

Bedrohungen können vielfältig erlebt werden: so z. B. durch verbale oder auch psychische Gewaltanwendung von Angehörigen oder anderen Personen. Angesichts verminderter körperlicher und geistiger Stärke können diese Erlebnisse besonders demütigend sein, v. a. auch im Hinblick auf das Gewahrwerden eigener (relativer) Hilflosigkeit, Ohnmacht oder Abhängigkeit.

Das Erleben und Verarbeiten von Alterstabus

Aus diesem Themenkomplex soll hier nur auf das immer noch wirksame Tabu der Alterssexualität hingewiesen werden. Die Mutmaßungen über die Sexualität alter Menschen gehen dahin, daß ihnen sexuelle Wünsche und Interessen weitgehend abgesprochen werden. Man assoziiert mit „Alter" eine progrediente Libidoinvolution, und zwar sowohl physisch wie auch psychisch. Auf die psychodynamischen Hintergründe einer solchen sexuellen Sicht der Älteren geht z. B. Radebold (1992) ein, indem er darauf hinweist, daß die Leugnung der libidinösen Bedürfnisse der Älteren durch die Jüngeren mit den Abwehrbedürfnissen zu tun hat, die Kinder und Eltern im Hinblick auf Triebwünsche gegeneinander haben:

> Die zunächst auferlegte asexuelle Sicht der Älteren (= Eltern) wird nun allmählich von den erwachsen gewordenen Jüngeren zur Revanche genutzt; auf Grund der jetzt umgekehrten Machtkonstellation gestehen sie den Älteren keine genitale Sexualität mehr zu und belegen diese mit Verbot (S. 84).

In psychiatrischen wie auch in psychosomatisch-psychotherapeutischen Krankengeschichten fehlen meist ebenso wie in Kassenanträgen für Psychotherapien anamnestische Angaben zur Sexualität, wenn Patienten ein entsprechendes Alter (etwa ab 50) überschritten haben. Diesem Themenbereich wird also auch von den die Psychotherapie beantragenden Psychotherapeuten dann offensichtlich keine Relevanz mehr beigemessen.

Man wähnt den alten Menschen bezüglich seiner Sexualität „jenseits von Gut und Böse". Auch mit diesem Vorurteil haben sich Ältere auseinanderzusetzen. Die Barrieren, über sexuelle Wünsche und Konflikte zu sprechen, werden dadurch höher.

Die verkannten, nicht zugestandenen Triebwünsche und die vermutete Libidoinvolution stimmen nicht mit der Realität im Alter überein: Trotz möglicher organischer Funktionseinbußen und anderer denkbarer Störquellen ist generell davon auszugehen, daß sowohl sexuelle Wünsche als auch sexuelle Interessen lebenslang fortbestehen. Dabei mag das Ausmaß entsprechender Aktivitäten durchaus unterschiedlich sein. Auch genitale Sexualität kann bis in das hohe Alter regelmäßig und befriedigend praktiziert werden.

Es ist denkbar, daß die neuen Alten-Generationen, die nicht viktorianisch-prüde erzogen wurden, hier auch zu anderen Einstellungen und Verhaltensweisen im Hinblick auf ihre Sexualität kommen werden. Sie werden es dann auch leichter haben, sich über Tabus hinwegzusetzen; möglicherweise werden dadurch auch die genannten Stereotype abgemildert werden können.

Die hier nur angedeuteten wichtigsten psychodynamischen Aspekte des Alterns können zur Folge haben, daß lebenslange Coping-Mechanismen und Abwehrstrukturen gefährdet werden und zusammenbrechen, da sich Unlustfaktoren im Alterungsprozeß summieren können. Neben der Konfrontation mit den beschriebenen Stereotypen und Kränkungen aus der Umwelt kann es auch der alte Mensch selbst sein, der sich als multipel defizitär erlebt und dieses, selbst nachhaltig gekränkt, nicht angemessen verarbeiten kann. Hinzu kommt, daß manche alte Menschen das Gefühl haben, daß sich alles Negative auf sie zentriert, so als müßten sie die gesamte Problematik des Alters allein tragen.

> ! Das Auftreten von Krisen, somatischen und psychosomatischen Erkrankungen, die Reaktivierung alter neurotischer Konflikte deuten dann darauf hin, daß die Ich-Funktionen im Sinne der Kontrolle und Abwehr geschwächt und daß psycho- und soziotherapeutische Hilfen indiziert sind.

11.4 Psychotherapiemöglichkeiten

Freuds apodiktische Aussagen über die psychoanalytische Unbehandelbarkeit Älterer sind bekannt (Radebold 1993) und haben lange Zeit einen nachhaltigen Einfluß u. a. auf die Indikationsstellung zur Psychotherapie mit psychodynamischen Therapieverfahren und auf die Einschätzung der Prognose bei Älteren gehabt.

Diese pessimistische Einstellung betrifft nicht nur überwiegend organmedizinisch tätige Ärzte, sondern auch Psychotherapeuten selbst.

Obwohl inzwischen in vielen Studien die Wirksamkeit von Psychotherapie bei alten Menschen gezeigt werden konnte (zusammengefaßt bei Radebold 1989, 1990 und 1992), werden auch heute noch kaum Indikationen zu einer Psychotherapie bei Älteren gestellt, so daß den Betroffenen der Weg in diese Form von psychologischer Hilfe weitgehend verbaut ist, falls sie sie nicht selbst energisch fordern oder direkt einen Psychotherapeuten aufsuchen.

Zur Begründung für die mangelnde Indikationsstellung werden u. a. immer wieder folgende Argumente genannt, die eine Psychotherapie erschweren oder unmöglich machen würden:

- Fehlende Plastizität im Alter,
- fehlende Perspektiven im Alter,
- insgesamt reduzierte Zeitperspektive bzw. die zu geringe verbleibende Lebensspanne, die das Profitieren von Psychotherapie begrenze,
- Multimorbidität im Alter, insbesondere das Auftreten hirnorganischer Veränderungen sowie
- ein zu langer zeitlicher Abstand zu den prägenden Erlebnissen und Konflikten in Kindheit und Jugend.

Ein Teil dieser Argumente ist sicher zu bedenken. So würde z.B. eine erhebliche hirnorganische Symptomatik, wenn sie persistiert, eine Kontraindikation für eine tiefenpsychologisch orientierte Psychotherapie darstellen. Aber nicht alle Älteren sind hirnorganisch verändert oder multimorbide, so daß zu fragen bleibt, warum ihnen keine Psychotherapie gegönnt werden sollte, wenn die sonst auch für Jüngere geltenden Psychotherapieindikationen gegeben sind.

■ **Vorurteile gegenüber alten Menschen.** Rationale Gründe kann es dafür kaum geben, so daß an die Wirksamkeit von Vorurteilen gegenüber alten Menschen zu denken ist. Zusammengefaßt und verdichtet ließe sich ein solches Vorurteil wie folgt beschreiben: Ältere und alte Menschen haben ihr Leben weitgehend gelebt, sind morbide oder multimorbide und hinsichtlich eventueller neurotischer oder anderer Lebenskonflikte chronifiziert mit festsitzender Abwehr und auf Grund dessen mangelnder Motivation zur Psychotherapie mit der Konsequenz einer schlechten Prognose im Hinblick auf psychotherapeutische Erfolge.

Denkt man ein solches reduktionistisch zu nennendes Vorurteil im Sinne eines Minuskonzeptes im Hinblick auf die dann verbleibenden Therapiemaßnahmen weiter, wäre eine psychopharmakologische Behandlung vorzuziehen, evtl. in Verbindung mit soziotherapeutischen Maßnahmen und allenfalls supportiven Therapieelementen. Diese „Kombination" ist auch das, was alten Menschen mit unterschiedlichsten Konflikten am häufigsten angeboten wird. Dabei haben es die betreuenden organmedizinischen Ärzte vermutlich am schwersten, Wissen über Psychotherapiemöglichkeiten im Alter zu erwerben.

Aber auch die Psychotherapeuten – Ärzte wie Psychologen – haben über Indikationen zur und Möglichkeiten der Psychotherapie bei Älteren in der Regel nichts gelernt, weil es ihnen während ihrer Psychotherapieweiterbildung erst gar nicht vermittelt wurde (ähnliche Defizite in der fachlichen Weiterbildung gibt es z.B. im Hinblick auf psychopharmakologische Kenntnisse, Krisen und Krisenintervention, ethische Aspekt bei Psychotherapie). Hier ist von den die Psychotherapieweiterbildung vermittelnden Institutionen noch viel zu tun.

11.4.1 Indikationen und Kontraindikationen zur Psychotherapie bei Älteren

Für die Indikation gilt: Psychotherapie ist auch bei Älteren generell für das gleiche Störungsspektrum wie bei Jüngeren indiziert.

Indikationsspektrum der Psychotherapie bei Älteren

- Psychosomatische Störungen,
- affektive, insbesondere depressive Störungen,
- Neurosen,
- akute Belastungssituationen/Anpassungsstörungen sowie
- Krisen.

Auch bezüglich der Kontraindikation gelten die gleichen Kriterien (s. auch Kap. 1.1 und 1.2, Abschn. „Kontraindikationen"). Darüber hinaus lassen sich im Hinblick auf das Alter noch folgende Kontraindikationen beschreiben:

Kontraindikationen für eine Psychotherapie im Alter

- Vermischung von organischen und hirnorganischen Störungen,

- persistierende regressive Zustände mit deutlichem sekundärem Krankheitsgewinn.

11.4.2 Besonderheiten bei der Psychotherapie Älterer

Bei psychotherapeutischen Behandlungen mit Älteren sollte der Psychotherapeut folgendes bedenken:

- Alte Menschen sind häufig mit Erziehungsstilen aufgewachsen, bei denen die Abwehr gegenüber dem Eingestehen und Zeigen von Konflikten und Beeinträchtigungen dominierte. Man hatte sich zusammenzureißen und klaglos zu funktionieren. Möglicherweise auftretende Konflikte hatte man selbst zu bewältigen. Die daraus resultierende Abwehr kann natürlich den psychotherapeutischen Kontakt erschweren, weil das Eingeständnis von Hilfsbedürftigkeit, von „Schwäche", von nicht selbst gelösten Problemen zu hartnäckigen Scham- und Schuldgefühlen führen kann. Der hilfsbereite, emphatische Psychotherapeut kann in der Übertragung ein Über-Ich-Repräsentant im Sinne der strengen Eltern werden, denen man „Versagen" nicht eingestehen mag.
- Angesichts einer jahrzehntelangen Lebensspanne kann die Auseinandersetzung mit problematischen Aspekten des eigenen Selbst, aber auch des Schicksals der eigenen Objektbeziehungen, ausgesprochen schmerzhaft sein. Das gleiche gilt für die Konfrontation mit nicht verwirklichten Lebensplänen, in Verbindung mit der Erkenntnis, daß manches endgültig versäumt und damit verloren ist.

> ! Der Psychotherapeut Älterer muß sich also auch auf eine häufig depressiv getönte Bilanzierung einstellen können und dabei versuchen, seinen Patienten mit den nicht oder nur unvollkommen gelebten Aspekten seines Lebens zu versöhnen – eine besonders schwierige Aufgabe bei depressiven und chronisch narzißtisch gekränkten Menschen.

- Der Psychotherapeut sollte darauf achten, daß er nicht die einzige Bezugsperson seines alten Patienten ist. Wenn das doch der Fall ist, besteht die Gefahr einer symbiotischen Anklammerung bzw. eines Partnerersatzwunsches, und Patient und Therapeut werden große Mühe damit haben, die Therapie zu beenden und eine Ablösung zu ermöglichen.
- Da Abschied und Trennung für alte Menschen ohnehin häufig traumatisch sind, sollte sich der Psychotherapeut überlegen, den Abschied aus der Psychotherapie in modifizierter Form zu ermöglichen. Dies kann z. B. dadurch geschehen, daß die letzten Stunden der Therapie in zeitlich erweiterten Abständen stattfinden (Probetrennungen) und daß ein Angebot zu Nachkontakten, z. B. bei krisenhaften Zuspitzungen von Problemen, gemacht wird. Für alte Menschen kann ein so vermitteltes Holding-Prinzip besonders hilfreich sein.
- Ein wichtiger inhaltlicher Punkt in der Psychotherapie mit älteren Menschen ist das Thema Lebensqualität. Der Psychotherapeut sollte bereit und in der Lage sein, mit seinem alten Patienten Perspektiven der verbleibenden Lebensqualität zu erarbeiten. Dabei muß er selbst reflektieren, daß er eigenen Vorurteilen (wie oben beschrieben) ausgesetzt sein kann, die diesen inhaltlichen Punkt möglicherweise einengen und begrenzen. Ohne eine evtl. kränkende, Lebensqualität mindernde äußere Realität verleugnen zu müssen, verbleiben in der Regel genügend Anknüpfungspunkte an Bereiche, die schon früher dem Patienten Lebensqualität vermittelt haben (z. B. Pflege von Interessen, Hobbys, Kontakten).
- Der Psychotherapeut muß, selbst wenn er mit nicht tiefenpsychologischen Therapieverfahren arbeitet, damit rechnen, daß bei der Psychotherapie Älterer bestimmte Übertragungs- und Gegenübertragungsmuster auftauchen, die er aus seiner sonstigen Arbeit so nicht kennt. Er muß sich nicht nur innerlich von dem auf das Alter bezogenen Defizitmodell lösen, das die Gegenübertragung beeinflussen kann, sondern er muß sich auch vergegenwärtigen, daß ihn eine – im

Gegensatz zur klassischen „üblichen" – „umgekehrte" Übertragungskonstellation erwartet, die ihm Mühe machen kann.

> ! Der in der Regel jüngere Psychotherapeut ist gegenüber seinem wesentlich älteren Patienten in der Position und Rolle eines Kindes, evtl. sogar eines Enkels, und erlebt die Wünsche und Erwartungen des Patienten (der für den Therapeuten Eltern- oder Großelternrepräsentant ist) an ihn. Dadurch können Konflikte und Rollenmuster reaktiviert werden, die der Therapeut selbst mit seinen Eltern/Großeltern hatte.

Es können dann Gegenübertragungsreaktionen im Sinne von negativen Affekten ausgelöst werden (Ablehnung, Haß, Vorwurfsklima), die die therapeutische Arbeit empfindlich stören. Allein diese „umgekehrte" Übertragungsdynamik kann ein Grund dafür sein, daß jüngere Therapeuten an eine Indikation zur Psychotherapie bei wesentlich Älteren erst gar nicht denken. Die beschriebenen Mängel in der psychotherapeutischen Weiterbildung im Hinblick auf Ältere verstärken diese Konstellation.

Hinzu kommt, daß jüngere Therapeuten durch die therapeutische Begegnung mit Älteren mit Themen konfrontiert werden, die ihrem eigenen Lebenszyklus noch nicht entsprechen:

- Die Auseinandersetzung mit dem Altwerden,
- mit der Begrenztheit des Lebens,
- mit zunehmenden Verlusten,
- mit abnehmender sozialer Attraktivität und
- mit Tod und Sterben.

Aus diesen Gründen erscheint Therapeuten eine ausschließlich psychotherapeutische Behandlung über 60jähriger kaum vorstellbar und psychisch auch nicht dauerhaft erträglich (Hinze 1987).

11.4.3 Therapieformen

Theoretische Grundlagen und Behandlungstechniken sind erst in den letzten Jahren eindeutiger beschrieben worden (vgl. dazu Radebold 1989, 1992 und Heuft und Marschner 1994).

Generell lassen sich auch bei der Behandlung Älterer die Verfahren der wesentlichen Psychotherapieschulen" einsetzen:

- Psychodynamische Psychotherapie,
- verhaltenstherapeutische/kognitive Psychotherapien und
- Gesprächspsychotherapie.

Publiziert sind allerdings Behandlungsergebnisse fast nur aus den beiden erstgenannten Therapierichtungen.

Insbesondere die Kasseler Arbeitsgruppe um Radebold hat psychoanalytische Therapieverfahren beschrieben und evaluiert, und zwar sowohl Einzel- als auch Gruppenverfahren.

> ! Demnach ist die ein bis zwei Sitzungen pro Woche umfassende analytische (bzw. tiefenpsychologisch fundierte) Einzelpsychotherapie im Sitzen über einen Zeitraum bis zu zwei Jahren für Patienten der Altersgruppe von 55 bis etwa 75 Jahren bei Vorliegen neurotischer Störungen die entscheidende Behandlungsmöglichkeit.

Darüber hinaus können Kurzzeitpsychotherapien sinnvoll eingesetzt werden. Über längere psychoanalytische Behandlungen wurde bisher nur relativ wenig berichtet. Radebold weist nach Sichtung der wissenschaftlichen Literatur darauf hin, daß die Gruppe der jüngeren Älteren offenbar bevorzugt in Psychotherapie genommen wird und daß Frauen sehr viel häufiger als Männer behandelt werden.

Im Hinblick auf die Störungsbilder wird in der Literatur meist von depressiven, aber auch von phobischen, angstneurotischen und hysterischen Erkrankungen berichtet.

Aus dem Bereich der Verhaltenstherapie liegen überwiegend Erfahrungen mit der Behandlung depressiver, aber auch demenziell erkrankter Patienten vor. Darüber hinaus wurden aber auch Störungen behandelt, die zum üblichen Indikationsspektrum verhaltenstherapeutischer/kognitiver Verfahren gehören (z.B. Angst, störende Verhaltensweisen, Schmerzzustände).

Gruppenpsychotherapeutische Verfahren
Bei Älteren werden diese Verfahren vielfach beschrieben, so daß sie als die am häufigsten angewandte Psychotherapieform bei Älteren gelten können. Als Vorteile gegenüber der Einzeltherapie werden u. a. genannt:

- Angstverminderung in der Gruppensituation;
- Aufspaltung der Übertragung auf Therapeuten und andere Gruppenmitglieder;
- Gewährung von Schutz vor dem als mächtig erlebten Therapeuten durch die Gruppe;
- Erlebnis gemeinsamer Probleme und Fragestellungen sowie ein Gefühl der Geborgenheit gegen die zunehmende Vereinsamung;
- unterschiedliche Identifizierungsmöglichkeiten mit Therapeuten und Gruppenmitgliedern (Radebold 1989).

Darüber hinaus können die nachfolgend aufgeführten Punkte hilfreich für Ältere in einer Gruppentherapie sein:

- Das Erleben anderer Lebensschicksale kann die Egozentrik und die Einengung auf sich selber vermindern;
- Bewältigungsstrategien können gemeinsam erarbeitet werden;
- Sozialverhalten und dessen mögliche Problematik im Alter kann gemeinsam erarbeitet werden;
- alte Fähigkeiten können gemeinsam reaktiviert werden;
- Probleme von Autonomie und Abhängigkeit können gemeinsam besprochen werden;
- das Ansprechen von Altern und Tod kann realitätsgerecht erfolgen.

> ! Eine Kombination von psychotherapeutischen mit soziotherapeutischen Maßnahmen kann bei Älteren hilfreich sein.

Gedacht werden kann z.B. an eine Einbeziehung der Angehörigen neben der Gruppentherapie und/oder an Kontakte zu verschiedenen sozialen Institutionen (z.B. Gemeinden, Altenclubs, Heimen etc.). Dies setzt allerdings voraus, daß der Psychotherapeut seine therapeutische „Abstinenz" etwas liberaler handhabt und nicht von vornherein alle kooperativen Maßnahmen, z.B. im Hinblick auf Soziotherapie, an einen Sozialarbeiter oder die Gemeindeschwester delegiert.

Familientherapeutische Verfahren im Alter
Über familientherapeutische Verfahren bei der psychotherapeutischen Behandlung über 60jähriger liegen bisher kaum Berichte vor. Dagegen hat sich die Einbeziehung der Familie im Bereich der Gerontopsychiatrie bzw. bei der therapeutisch-rehabilitativen Arbeit mit Älteren offensichtlich bewährt.

Paartherapie im Alter
Auch über paartherapeutische Verfahren als Element psychotherapeutischer Behandlung Älterer ist bisher kaum berichtet worden. Als Ziele einer Paartherapie im Alter können nach Radebold genannt werden:

- Stabilisierung und Wiederherstellung der gewohnten Rollenverteilung,
- Wiederherstellung der vorherigen Balance, die durch eine Krise gestört wurde und
- Bereicherung des Sexuallebens.

Resümee
Ältere und alte Menschen haben es schwer, mit Bedürfnissen nach Psychotherapie ernst genommen zu werden und letztendlich dann auch eine solche Behandlung zu erhalten. Die Hintergründe dafür wurden z.T. schon erwähnt, werden aber noch einmal kurz zusammengefaßt:

Vorurteile im Hinblick auf den Sinn einer psychotherapeutischen Behandlung im Alter dominieren. Dies hängt mit einer weitgehend reduktionistischen Sicht des Alters zusammen, die Alter ausschließlich aus einer Minus-Perspektive heraus sieht und Pessimismus im Hinblick auf Veränderbarkeit und den Neugewinn auch positiver Perspektiven vermittelt.

Obwohl für die psychischen Störungen alter Menschen im Prinzip die gleichen Psychotherapie-Indikationskriterien gelten wie für diejenigen Jüngerer, und obwohl, wie epidemiologische Daten zeigen, ein entsprechender Psychotherapiebedarf besteht, wird dieser Bedarf in der Regel nicht umgesetzt.

Dies liegt wohl weniger an Ängsten und Widerständen der psychotherapiebedürftigen Alten, als an den Widerständen und dem Nichtwissen von behandlungsvermittelnden Instanzen. Hier besteht noch viel Informations- und Wissensbedarf.

Insbesondere die psychotherapeutischen Weiterbildungsinstitutionen sollten Psychotherapiemöglichkeiten für Ältere in den Katalog ihrer Lehrangebote aufnehmen, um werdende Psychotherapeuten diesbezüglich kompetenter auszubilden. Ohnehin werden die Generationen der „neuen" Alten weniger Hemmungen haben, Psychotherapie in ähnlicher Weise für sich zu fordern, wie dies Jüngere bereits tun. Die Psychotherapeuten sollten dem wissend begegnen.

Von einer Prävention im Hinblick auf Altern und damit verbundenen möglichen Konflikten und Problemen im Sinne einer Gero-Prophylaxe sind wir ohnehin noch weit entfernt.

11.5 Fallbeispiele zur Entstehung psychischer Störungen im Alter

Beispiel

Eine 66jährige Frau wird in eine psychiatrische Klinik aufgenommen, nachdem sie ihrem Hausarzt mehrfach Gläser und Schachteln vorgezeigt hat, in denen sie (imaginäre) „kleine Tierchen" gesammelt hatte, die sich massenhaft in ihrer Wohnung verbreitet hätten und sie besonders nachts störten, wenn sie in ihr Bett kämen und ihr über die Haut liefen.

Unter der Diagnose „Dermatozoenwahn" veranlaßte der Hausarzt dann die Einweisung.

Diese, häufig auch als „taktile Halluzinose" bezeichnete Erkrankung, wird psychiatrischerseits meist im Zusammenhang mit einer hirnorganischen Grundstörung gesehen.

Bei der Patientin ließen sich weder psychopathologisch noch testpsychologisch und computertomographisch Hinweise auf psychoorganische Beeinträchtigungen finden. Die Exploration der Vorgeschichte und der momentanen Lebenssituation ergab, daß die Patientin im Alter von 61 Jahren ihren Mann durch ein Krebsleiden verloren hatte. Der einzige Sohn lebte verheiratet auf einem anderen Kontinent, so daß ein persönlicher Kontakt nur selten möglich war. Die von ihrem Mann sehr abhängige, zurückgezogen lebende Frau war nach dessen Tod zunehmend vereinsamt. Freunde hatte sie nicht, die Kontakte mit Mitbewohnern begrenzte sie auf kurze Grußformeln.

Im Anschluß an den Tod ihres Mannes entwickelte sich zunächst ein depressives Beschwerdebild mit Schlafstörungen, latenten Suizidideen und einem lang anhaltenden unerträglichen Gefühl innerer Leere, bis sich in der Wahrnehmung der Patientin die Wohnung nach und nach mit den „Tierchen" belebte, denen sie nun bei Tag und Nacht nachstellen konnte. Sie wusch jeden Tag ihre Wäsche und insbesondere die Bettwäsche, um sie von den „Verunreinigungen" der Tiere zu säubern.

Psychodynamisch füllten die Parasiten das Leben dieser vereinsamten Frau substitutiv aus. Darüber hinaus wurde deutlich, daß die Patientin ihr Leben lang Sexualität und sexuelle Wünsche schuldhaft erlebt hatte und diesen Themenkomplex so gut wie möglich abwehren mußte.

Die psychopharmakologische Behandlung verlief im Hinblick auf den Dermatozoenwahn erfolglos; lediglich der Schlaf ließ sich verbessern. Eine nachhaltige Besserung der die Patientin subjektiv sehr quälenden Symptomatik ergab sich erst, als die Einbindung der Patientin in ein Tageszentrum für nichtpsychiatrisch kranke alte Menschen gelang, in dem sie regelmäßige Kontaktmöglichkeiten hatte.

Beispiel

Ein 72jähriger Mann lebt allein in seinem großen Haus in einer schönen, touristisch beliebten Gegend. Seine Ehe war lange geschieden, die Töchter waren ihre eigenen Wege gegangen und hatten sich von ihrem als schwierig geltenden Vater weitgehend distanziert. Der Kreis der Freunde und Bekannten war kleiner geworden. Besucher kamen fast ausschließlich in den schönen Sommermonaten, blieben aber in den schneereichen langen Wintern in dem dann nur beschwerlich zu erreichenden Wohnort aus.

In den Wintermonaten „überwinterte" der Mann mit einer Katze, die er liebevoll versorgte. Darüber hinaus liefen den ganzen Tag über Radio und Fernseher als einziger Kontakt zur Welt draußen. In den letzten Jahren war der alte Herr mit Herbstbeginn zunehmend depressiv geworden, aß nicht mehr regelmäßig, trank vermehrt Alkohol und bekam vom Hausarzt eine Fülle von sedierend wirkenden Antidepressiva und stark wirksamen Tranquilizern mit langer Halbwertszeit verschrieben, die er z.T. mißbräuchlich einnahm, bis es schließlich zu verschiedenen internistischen und neurologischen Komplikationen kam, die eine Krankenhauseinweisung unumgänglich machten.

Nach Behandlung der Akutsymptomatik lebte der Patient im Kontakt mit den Mitpatienten zusehends auf. Mit Hilfe einer Sozialarbeiterin gelang es, den Patienten aus seiner Vereinsamung herauszuführen; eine Betreuerin konnte gefunden werden, und auch hier war – über eine Kirchengemeinde am Ort – ein regelmäßiger Sozialkontakt zu anderen alten Mitbürgern herstellbar.

Diese beiden Beispiele können zeigen, unter welchen Umständen es im Alter zu psychischen Störungen kommen kann und daß es dabei nicht immer gezielter psychotherapeutischer, sondern auch eher soziotherapeutischer Maßnahmen bedarf, um nachhaltige Hilfen vermitteln zu können.

In einem anderen Beispiel war eine gezieltere psychotherapeutische Maßnahme notwendig.

Beispiel

Eine 64jährige verwitwete Frau erwartete den Besuch ihres einzigen Enkels, der sich zu einem bestimmten Termin mit ihr verabredet hatte. Auf seinen Besuch hatte sie sich schon lange gefreut und viele Vorbereitungen getroffen. Einen Tag vor dem geplanten Treffen rief dann der Sohn der Frau (der Vater des Enkels) bei ihr an und sagte den Besuch mit dem Hinweis ab, daß sich der Enkel frisch verliebt habe und nun mit seiner neuen Freundin auf einem Wochenendtrip sei. Die Frau reagierte am Telefon verständnisvoll und verbarg ihrem Sohn gegenüber ihre Enttäuschung. Wenige Tage danach erhielt der Sohn den Anruf eines Krankenhausarztes mit der Mitteilung, seine Mutter habe in suizidaler Absicht Schlaftabletten eingenommen und habe beatmet werden müssen. Ob er Hintergründe dafür wisse? Der Sohn war zunächst ratlos, dann aber auch zunehmend ärgerlich auf seine Mutter. Einen Besuch bei ihr zögerte er hinaus.

Die mehrmalige konsiliarische Untersuchung durch einen Psychiater und Psychotherapeuten machte die suizidale Reaktion der Frau verständlicher: Die Patientin war in einer Familie aufgewachsen, in der der Vater die Mutter mehrfach mit anderen Frauen hintergangen hatte. Die gekränkte und gedemütigte Mutter hatte ihrer Tochter vermittelt, daß Männer unzuverlässig sind. Diese wollte sich dann, je erwachsener sie wurde und desto deutlicher ihr das Ehedrama ihrer Eltern wurde, auch ganz bewußt einen Mann suchen, bei dem sie derartigen Kränkungen nicht ausgesetzt sein müßte.

Ihre eigene Ehe verlief nach anfänglichem Gefühl von Sicherheit und Geborgenheit dann aber fast identisch wie die ihrer Eltern, indem es zu mehreren Verhältnissen seitens des Mannes kam, wobei er sie einmal mit einer aus diesen Kontakten resultierenden Geschlechtskrankheit angesteckt hatte. Die von ihrem Mann auch wirtschaftlich weitgehend abhängige Frau versuchte lange Zeit, diese immer neuen Kränkungen zu kompensieren, wurde aber zeitweise medikamentenabhängig und depressiv und mußte deshalb behandelt werden. Der Mann kam bei einem Verkehrsunfall ums Leben, als sie 58 Jahre alt war. Sie blieb danach allein und versuchte in ihrer Rolle als Oma aufzugehen, wobei sie ihren Enkel schon von Kindheit an massiv verwöhnt hatte.

In der akuten Kränkungssituation durch die abrupte Absage des Enkels waren offensichtlich die Kränkungserlebnisse durch die signifikanten Männer ihres Lebens (Vater und Ehemann) wieder aufgebrochen und konnten von der Patientin nicht mehr kompensiert werden. Der Suizidversuch war Ausdruck der Massivität des Kränkungserlebens und des Mißlingens der Bewältigungsversuche.

Der Konsiliarpsychiater stellte die Indikation zu einer ambulanten psychotherapeutischen Nachbehandlung und konnte bei der Patientin hierfür auch eine Motivation wecken. Wie katamnestisch zu erfahren war, war die Patientin dann über einen Zeitraum von anderthalb Jahren in einer tiefenpsychologisch fundierten ambulanten Psychotherapie.

Über eine längere tiefenpsychologisch orientierte Psychotherapie bei einer älteren Patientin wird im Sinne einer Kasuistik in Kap. 1.1 „Tiefenpsychologisch orientierte Psychotherapie“ berichtet.

Literatur

Bowlby J (1976) Trennung – Psychische Schäden als Folge der Trennung von Mutter und Kind. Kindler, München

Bowlby J (1983) Verlust, Trauer und Depression. Fischer, Frankfurt a.M.

Cooper B, Sosna U (1983) Psychische Erkrankungen in der Altenbevölkerung. Nervenarzt 54:239–249

Dilling H (1981) Zur Notwendigkeit psychotherapeutischer Interventionen zwischen dem 50. und 80. Lebensjahr. Vortrag Weltkongreß für Gerontologie, Hamburg

Dilling H, Weyerer S, Castell R (1984) Psychische Erkrankungen in der Bevölkerung. Enke, Stuttgart

Heuft G, Marschner C (1994) Psychotherapeutische Behandlung im Alter. Psychotherapeut 39: 205–219

Hinze H (1987) Übertragung und Gegenübertragung in der psychoanalytischen Behandlung älterer Patienten. Psyche 41:238–253

Radebold H (1989) Psychotherapie. In: Kisker KP, Lauter H, Meyer JE, Müller C, Strömgren E (Hrsg) Psychiatrie der Gegenwart, Bd. 8 (Alterspsychiatrie). Springer, Berlin Heidelberg New York, S 313–346

Radebold H (1990) Zur Indikationsstellung der Psychotherapie bei über 50- bis 60jährigen. In: Schneider W (Hrsg) Indikationen zur Psychotherapie. Beltz, Weinheim Basel, S 115–132

Radebold H (1992) Psychodynamik und Psychotherapie Älterer. Springer, Berlin Heidelberg New York

Radebold H (1993) Freuds Ansichten über die Behandelbarkeit Älterer. Z Psychoanal Theorie Praxis IX (3): 247–259

Wächtler C, Block U (Hrsg) (1991) Gerontopsychiatrische Tageskliniken in der Bundesrepublik Deutschland. Druckerei AK Ochsenzoll, Hamburg

Weiterführende Literatur

Hirsch RD (Hrsg) (1990) Psychotherapie im Alter. Huber, Bern Göttingen Toronto

Radebold H (1992) Psychodynamik und Psychotherapie Älterer. Springer, Berlin Heidelberg New York (Deutschsprachiges Hauptwerk zum Thema)

Krisen und Krisenintervention, Kurzpsychotherapie 12

C. Reimer

Jeder Mensch erlebt im Lauf seines Lebens persönliche Krisensituationen, mit denen er sich auseinandersetzen muß. Insofern gehören Krisen zum Leben und sind nicht a priori mit Krankheit verknüpft.

Der psychologische oder ärztliche Psychotherapeut sollte unterscheiden können zwischen Krisen, die Beratungen bzw. Kriseninterventionen erfordern und psychischen Zuständen, bei denen Psychotherapie als Behandlung der Wahl anzusehen ist. Ist ein psychischer Zustand akut, kann zunächst auch Krisenintervention bzw. Notfallpsychotherapie angezeigt sein.

> ! Wichtig ist generell, daß auf eine Krise nicht automatisch mit einem Psychotherapieangebot reagiert wird. Damit sollte zugewartet werden, bis die Krise abgeklungen/bewältigt ist.

Um das in einem Bild deutlich zu machen: Jemandem, der ins Wasser gefallen ist und nicht schwimmen kann, würde man in dieser Notsituation keinen Schwimmunterricht anbieten, sondern ihm eher einen Rettungsring zuwerfen.

Jeder Psychotherapeut sollte sich mit Prinzipien und Techniken der Krisenintervention vertraut machen, um angemessen helfen zu können. In diesem Kapitel wird versucht, etwas von diesem Wissen zu vermitteln.

12.1 Krisen: Definitionen, Symptomatik, Stadien, Verlauf

Caplan (1961) hat eine Definition des Begriffes „Krise" gegeben, aus der ersichtlich wird, daß der Betroffene einen Konflikt hat, der darin besteht, daß er ein wichtiges Lebensziel nicht erreichen kann und über diese Behinderung zumindest vorübergehend auch mit eigenen Lösungsmitteln nicht hinwegkommt:

> **Definition**
> Eine Krise entsteht, wenn ein Mensch sich auf dem Weg zu wichtigen Lebenszielen einem Hindernis gegenübersieht, das er im Augenblick mit seinen üblichen Problemlösungsmethoden nicht bewältigen kann.

Andere Autoren, die versucht haben zu definieren, was eine Krise ist, weisen v. a. auf akute Belastungen hin, die für den Betroffenen die Grenze seiner Belastungsfähigkeit überschreiten oder zu überschreiten drohen. Danach kommt es zur Symptombildung, wenn die verfügbaren Abwehrmechanismen nicht ausreichen. Wieder andere Autoren weisen darauf hin, daß die Entwicklung einer Krise auch im Zusammenhang mit einer psychischen Störung bzw. Krankheit stehen kann.

? Woran macht sich für den Betroffenen, aber auch für den Helfer, eine Krise bemerkbar, welche Krisensymptome gibt es?

Zunächst kommt es in Krisen zu einem Spannungsanstieg im Sinne eines zunehmenden inneren Drucks. Der Betroffene befindet sich außerdem in einem Zustand erhöhter Verletzlichkeit und Verunsicherbarkeit. Schließlich kommt es im Bild der akuten Krise zu verschiedenen Symptomen wie z. B. Angst, Unruhe, Depressivität, Suizidalität, Schlafstörungen, Trauer und verschiedenen Somatisierungen, aber auch zu Gefühlen von Ohnmacht und Überforderung.

Es ist üblich, „Lebensänderungskrisen", die durch bestimmte Ereignisse wie etwa Heirat, Berentung oder Verlassen des Elternhauses ausgelöst werden, von „traumatischen" Krisen zu unterscheiden, die durch plötzliche, einschneidende Ereignisse wie z. B. Verlust/Todesfälle, Konfrontation mit einer schweren Erkrankung oder Bedrohung der sozialen Identität und Sicherheit auftreten können.

In der folgenden Übersicht sind in Anlehnung an Cullberg (1978) die Stadien aufgeführt, in denen traumatische Krisen in der Regel ablaufen.

Krisen-Stadien (traumatische Krisen). (Nach Cullberg 1978)

- Schock
- Reaktion
- Bearbeitung
- Neuorientierung

Komplikationen:

- Krankheiten,
- Suchtverhalten,
- Suizidales Verhalten,
- Chronifizierung.

Auf das traumatische Ereignis wird zunächst schockartig reagiert, danach kommt es zu verschiedenen Reaktionen wie z.B. Angst/Panik, Flucht, Depressivität, dann nach einem nicht genau festzulegenden zeitlichen Abstand zu einem Bearbeitungsversuch, in dem der Betroffene sich mit den Krisenanlässen auseinandersetzt, und schließlich zu einer Neuorientierung und damit zu einer Distanzierung von der Krise. Komplikationen bei traumatischen Krisen können sein: Krankheiten, Suchtverhalten, Suizidalität, aber auch Chronifizierung, nämlich dann, wenn der Betroffene keine Möglichkeiten hat, die traumatische Krise zu überwinden. Dies wird besonders für Personen zu gelten haben, die keine adäquate Hilfsmöglichkeit haben und die sozial sehr vereinsamt sind.

Die Krisenstadien in den Veränderungskrisen laufen nach Caplan (1964) wie folgt ab: Es kommt zunächst zu einer Konfrontation mit der Situation der Veränderung im jeweiligen Lebensabschnitt des Betroffenen. Angesichts dieser Veränderung kann es zu Gefühlen von Versagen kommen.

Schließlich werden noch einmal alle Energien mobilisiert, um mit der Situation doch noch fertigwerden zu können, und, wenn das nicht gelingt, kommt es zum Vollbild der Krise. Auch bei den Veränderungskrisen gibt es bestimmte Ausgänge bzw. Komplikationen. Die bestmögliche Form ist die Bewältigung. Es kann aber auch zu Rückzug/Resignation und auch hier zur Chronifizierung kommen.

Krisen-Stadien (Veränderungskrisen). (Nach Caplan 1964)

- Konfrontation
- Versagen
- Mobilisierung
- Vollbild der Krise

Ausgänge:

- Bewältigung,
- Rückzug/Resignation,
- Chronifizierung.

12.2 Krisen-Typologie

Typische traumatische Krisen ergeben sich sehr häufig durch Verluste, aber auch durch Konfrontation mit schweren Erkrankungen sowohl bei dem Betroffenen als auch bei Personen seiner unmittelbaren sozialen Umgebung. Ferner auch bei Bedrohung von Existenzsicherheit und sozialer Identität und bei plötzlichen Beziehungsbedrohungen, z. B. durch Untreue oder Verlassenwerden.

Typische traumatische Krisen

- Todesfälle/Verluste,
- akute schwere Erkrankung,
- Bedrohung von
  - Existenz
  - Sicherheit
  - sozialer Identität,
- plötzliche Beziehungsbedrohungen (Untreue, Verlassenwerden).

Typische Lebensänderungskrisen können sich entwickeln beim Verlassen des Elternhauses, in der Zeit des Abschlusses einer Berufsausbildung bzw. des Berufseintritts, bei Heirat bzw. häufiger bei Trennung und Scheidung sowie Berentung und v. a. bei Vereinsamung – angesichts eines zunehmenden Anteils alter Menschen sicher ein in Zukunft noch bedeutsameres Problem, als es das jetzt bereits schon ist.

Typische Lebensänderungskrisen

- Verlassen des Elternhauses,
- Abschluß einer Berufsausbildung/Berufseintritt,
- Heirat/Scheidung,
- Berentung,
- Vereinsamung.

12.2.1 Risikogruppen

In der folgenden Übersicht ist dargestellt, welche Menschen als besonders krisenanfällig zu gelten haben. Hierzu zählen Menschen mit gravierenden psychischen Störungen wie z. B. Psychosen, aber auch Menschen mit Sucht und mit Neurosen. Ferner Menschen, die suizidgefährdet sind (aktuell oder auch schon anamnestisch), die als dissozial zu gelten haben, die Opfer von Gewalttaten sind und die arbeitslos geworden sind. Die letztere Gruppe nimmt als Krisenrisikogruppe zu.

Wer ist besonders krisenanfällig?

Risikogruppen

- Psychotiker
- Süchtige
- Neurotiker (Depressive)
- Suizidale
- Dissoziale
- Opfer
- Arbeitslose

12.2.2 Krisen bei Patienten im Krankenhaus

In der nächsten Übersicht sind einige typische Krisensituationen dargestellt, die bei Patienten im Krankenhaus auftreten können. Es finden sich immer wieder Patienten, die unangemessen erscheinende schwere Ängste vor Narkose und/oder operativen Eingriffen haben. Ferner gibt es Krisen nach verstümmelnden Operationen (z.B. Mammaablatio bei Mammakarzinom). Dann natürlich alle Patienten, die in suizidalen Krisen im Krankenhaus sind, entweder in der primärversorgenden Institution oder aber bereits in der Psychiatrischen Klinik. Am häufigsten sind sicher Krankheitsbewältigungskrisen, die um die Aufklärung oder auch um Operationen herum auftreten können und häufig eine Krisenintervention erfordern.

Mögliche Krisensituationen bei Patienten im Krankenhaus

- Schwere Ängste vor Narkose und/oder Operationen,
- Krisen nach verstümmelnden Operationen,
- Krankheitsbewältigungskrisen,
- suizidale Krisen.

12.2.3 Typische Krisen

Generell finden sich in Krisensituationen unabhängig vom Anlaß und unabhängig von der Art der Krise bestimmte Gefühle/Stimmungen wieder, wie z.B. Depressivität und Suizidalität, aber auch massivere Störungen des Selbsterlebens und des Selbstwertes (narzißtische Krisen). Schaut man mehr auf die Krisenanlässe, finden sich am häufigsten Beziehungskrisen, dann Krankheitsbewältigungskrisen und auch altersspezifische Krisen. Auch ganze Gemeinschaften (z.B. Sekten) können in bedrohliche Krisenstimmungen geraten. In der folgenden Übersicht sind einige typische Krisen aufgeführt.

Einige typische Krisen

- Depressive Krisen
- Narzißtische Krisen
- Suizidale Krisen
- Beziehungskrisen
- Krankheitsbewältigungskrisen
- Altersspezifische Krisen
- Kollektive Krisen
- Krisen bei Helfern

Auch Angehörige aller psychosozialen Berufsgruppen sind natürlich nicht unanfällig gegenüber Krisen. Die Stressoren der helfenden Berufe führen nicht nur zu genereller Arbeitsüberlastung, die häufig Bestandteil des Lebensstils wird, sondern dann auch konsekutiv zu chronischen Partnerschaftsproblemen oder auch gefährlichen Lösungsversuchen, um dem Streß zu entkommen bzw. ihn besser zu ertragen. Dazu gehört z.B. der Mißbrauch von Alkohol und/oder Medikamenten. Es sei hier nur kurz angemerkt, daß Suizidalität bei Helfern nach einer Reihe entsprechender Untersuchungen offensichtlich gegenüber vergleichbaren Berufsgruppen erhöht ist. Die psychohygienischen Probleme von Helfern sind ein Thema für sich, auf das hier nicht näher eingegangen werden kann (s. aber auch Kap. 15 „Ethische Aspekte der Psychotherapie").

Zu suizidalen Krisen sei auf das entsprechende Kap. 9 (Psychotherapeutische Umgang mit suizidalen Patienten") in diesem Buch verwiesen. Auf altersspezifische Krisen wird in Kap. 11 („Psychotherapie alter Menschen") näher eingegangen.

12.3 Hilfsmöglichkeiten

In Lebenskrisen, seien sie nun traumatisch oder durch Veränderungen bedingt, ist der Arzt/Psychologe dazu aufgerufen, Hilfestellungen zu geben. Dafür bietet sich die Krisenintervention an.

Definition

Ziel jeder Krisenintervention ist es, den Betroffenen und seine Umgebung dabei zu unterstützen, seine eigenen Fähigkeiten, die Krise zu bewältigen, zu entdecken. Dies wäre im Sinne einer Hilfe zur Selbsthilfe zu verstehen.

Wesentliches inhaltliches Charakteristikum ist das Arbeiten an der Beziehung. Dies bezieht sich auf diejenigen Krisensituationen, in denen Beziehungskonflikte maßgeblich sind für die Auslösung der Krise.

In jedem Fall, also auch unabhängig davon, ob eine Beziehung krisenauslösend war, muß der Arzt/Psychologe versuchen, dem Patienten eine Auseinandersetzung mit den Inhalten der Krise zu ermöglichen. Dazu gehört nicht nur die genaue Exploration der Umstände und des Erlebens des Patienten, sondern auch die Ermutigung, die mit der Krise und ihren Anlässen verbundenen Gefühle auszudrücken.

! Für die Krisenintervention gilt ganz allgemein, daß man sich wegen der Aktivität auf das Hier und Jetzt beschränken sollte.

Dies bedeutet, daß lediglich die aktuelle Situation und allenfalls die in diese Situation hineinführenden Faktoren im Sinne eines Fokus zentriert gesehen und bearbeitet werden. In der Regel ist es wenig hilfreich, die gesamte Lebensgeschichte in einer Krisenintervention aufarbeiten zu wollen, weil hierdurch sowohl der Therapeut wie der Patient überfordert werden. Sehr hilfreich kann es dagegen sein, die unmittelbar mitbetroffene soziale Umwelt des Patienten, so z.B. den Partner oder an der Krise beteiligte Familienmitglieder, in die Intervention mit einzubeziehen. In der folgenden Übersicht sind die wesentlichen Merkmale der Krisenintervention nochmals zusammengefaßt.

Wesentliche Charakteristika der Krisenintervention

- Arbeiten an der Beziehung,
- Auseinandersetzung mit den Inhalten der Krise,
- Konzentrierung auf aktuelle Situationen („Hier und Jetzt"),
- Einbeziehung der Umwelt („Konfliktpartner").

? Welche Kriseninterventionsstrategien stehen dem ärztlichen oder psychologischen Psychotherapeuten zur Verfügung?

Zunächst ist das Gespräch die wesentliche Basis auch in der Krisenintervention. Der Gesprächskontakt hat eine Haltefunktion („holding function") für den Krisen-Betroffenen. Daneben sind auch Elemente der supportiven Psychotherapie bedeutsam: stützen, ermutigen, beraten.

Es kann hilfreich sein, innerhalb der Krisenintervention neben den verbalen und praktischen Hilfen auch eine vorübergehende medikamentöse Stützung anzubieten (z.B. mit einem leicht sedierenden oder auch schlafanstoßenden Antidepressivum). Der psychologische Psychotherapeut sollte gerade bei Krisenpatienten die Zusammenarbeit mit einem ärztlichen Kollegen suchen, um eine angemessene medikamentöse Begleitbehandlung zu gewährleisten.

! Eine medikamentöse Unterstützung kann wesentlich dazu beitragen, einem Patienten in einer akuten Krise Spannung zu nehmen; außerdem kann sie das psychotherapeutische Gespräch erleichtern.

Schließlich ist auch die Zusammenarbeit mit anderen Helfern bzw. Institutionen der Gesundheitsversorgung gerade in Kriseninterventionen hilfreich, z.B. wenn sich doch gravierendere Familienkonflikte zeigen und die Überweisung an eine Beratungsstelle zur Familientherapie sinnvoll erscheint, oder wenn ein Suchtverhalten eines Familienmitgliedes zur Krise beim Partner geführt hat und es darum geht, eine Suchtbehandlung zu organisieren. Zusammengefaßt sind Strategien zur Krisenintervention in der folgenden Übersicht dargestellt.

Kriseninterventionsstrategien

- Das Gespräch als Basis („holding function"),
- spezielle Techniken (Krisenintervention, Kurz- bzw. Notfallpsychotherapie),
- evtl. medikamentöse Unterstützung,
- Zusammenarbeit mit anderen Helfern (ambulant/stationär).

Im folgenden sind die technischen Aspekte der Krisenintervention noch einmal zusammengefaßt (nach Strotzka 1982).

Technik der Krisenintervention.
(Nach Strotzka 1982)

- Sie muß sehr schnell erfolgen.
- Sie muß dem Patienten einsehbare Hilfe bringen, ohne ihn weiter regredieren zu lassen, d.h. mit anderen Worten, daß

- eine erhebliche Ermutigung angezeigt ist, auch in bezug auf die
- Äußerung und das Ausleben von Gefühlen.
- Das soziale Netzwerk (Verwandte, Freunde, Nachbarn, Kollegen) soll voll eingesetzt werden.
- Sie muß (poly)pragmatisch sein. Unter Umständen ist auch
- eine Konfrontation mit verdrängten und v. a. verleugneten Inhalten notwendig.
- Kurzdauernde Medikation ist unter Aufklärung über den stützenden Charakter als Hilfe legitim.
- Die Zeitbegrenzung der Intervention muß dem Patienten klar sein.

Generell gilt, daß die Hilfe bei einer akuten Krise schnell organisiert werden muß, daß sie dem Patienten einsehbare Hilfe bringen muß, daß er vom Therapeuten ermutigt werden sollte, die aktuellen Gefühle, die ihn bedrängen, zu äußern und zu erleben. Über den in der Übersicht genannten Punkt der Konfrontation mit verdrängten oder v. a. verleugneten Inhalten kann man sehr unterschiedlicher Meinung sein. Solche Konfrontationen sollten ohne psychotherapeutische Ausbildung nicht vorgenommen werden. Außerdem sollte bedacht werden, daß die Konfrontation mit unbewußten Anteilen bzw. Abwehrmechanismen eine weitere Labilisierung nach sich ziehen kann. Abgesehen davon müßte sie auch verarbeitet werden, und dafür steht in der Krisenintervention zu wenig Zeit zur Verfügung.

Die Zeitbegrenzung der Intervention sollte mit dem Patienten von vornherein verabredet werden, wobei der Therapeut flexibel sein sollte, je nach der Situation, in der ein Patient sich innerhalb der Krise befindet. Im allgemeinen reichen ein bis etwa fünf Gespräche, um Patienten aus einer akuten Krise zumindest soweit herauszuführen, daß sie, falls diese indiziert ist, einer weiterführenden psychotherapeutischen Behandlung zugeführt werden können.

Der psychotherapeutisch weitergebildete Arzt/Psychologe sollte sich darüber im klaren sein, daß Krisenintervention sehr wohl eine im weitesten Sinne auch psychotherapeutisch wirksame Methode ist, die in der Praxis bei vielen Patienten angewendet werden kann, ohne daß es notwendigerweise einer speziellen Psychotherapie bedürfte. Wenn der Therapeut sieht, daß Krisen ausgelöst wurden, weil doch grundlegendere lebensgeschichtlich gewachsene Probleme existieren, sollte natürlich an die Indikation zu einer mittel- bis längerfristigen Behandlung gedacht werden. Häufig kann es aber auch durchaus humaner sein, die lebensgeschichtlichen Traumatisierungen von Patienten nicht weiter zu hinterfragen, sondern sie mit einer Krisenintervention aus einer akuten Dekompensation hinauszubegleiten und es mit der Verwirklichung dieses Zieles dann auch gut sein zu lassen.

Beispiel

Eine 25jährige Verkäuferin, seit 2 Jahren mit einem Studenten befreundet, wird von diesem für sie völlig überraschend und in kränkender Weise verlassen. In der Zeit ihrer Beziehung hatte sie sein Studium wesentlich mitfinanziert. Unmittelbar nach der schriftlichen „Kündigung" der Beziehung durch ihn stellen sich bei ihr verschiedene Symptome ein: Schlafstörungen, Unruhe, Depressivität und schließlich auch Suizidgedanken. Über eine Freundin kam sie in die Praxis eines niedergelassenen Psychologen, der zunächst die aktuelle Situation deutlich explorierte, die Verbalisierung ihrer Gefühle förderte und ihr zu verstehen gab, daß er ihre Krise bzw. ihre Kränkung verständlich und nachvollziehbar fände. In den insgesamt 5 Kriseninterventionssitzungen wurde zunächst ganz auf das Erleben in der aktuellen Situation fokussiert. Eine begleitende medikamentöse Behandlung wurde auf Veranlassung des Psychologen von einem ärztlichen Praxispartner durchgeführt und führte zu einer raschen Entlastung der Patientin in dem Sinne, daß sie nachts wieder schlafen konnte.

Im weiteren Verlauf der Krisenintervention wurden dann zurückliegende Beziehungen zu Männern angesprochen. Dabei zeigte sich, daß die Patientin bereits mehrfach von Männern verlassen worden und als Reaktion darauf immer in ähnliche Krisensituationen gekommen war. Sie sagte ihrem Therapeuten anläßlich dieser Thematik: „Was man liebt, verliert man." Bei der Erhebung der biographischen Anamnese stellte sich heraus, daß der Vater der Patientin die Familie verlassen hatte, als diese 4 Jahre alt war. Die Mutter hatte in den Folgejahren keinen Partner wiedergefunden und sich extrem an die Tochter geklammert. Dem Therapeuten wurde angesichts dieser biographischen Details klar, daß eine weiterführende psychotherapeutische Behandlung indiziert sein könnte. Er verabredete nach Abklingen der akuten Krise mit der Patientin eine Kurzzeitpsychotherapie, in der ihre Partnerprobleme Gegenstand der gemeinsamen Beratung sein sollten.

12.4 Kurzpsychotherapie

12.4.1 Kurzzeit-Therapie

Definition

Nach den Psychotherapierichtlinien bezieht sich eine Kurzzeit-Therapie auf einen zeitlichen Rahmen bis zu 25 Sitzungen. Mit dieser Therapieform soll einmal die psychotherapeutische Intervention in einer akuten Krise ermöglicht werden. Darüber hinaus sind Psychotherapien gemeint, bei denen die Durchführung der Therapie gezielt erfolgt, z.B. unter Bearbeitung eines Fokus bzw. unter Verfolgung bestimmter Therapieziele.

Denkbar ist aber auch die Anwendung als niederfrequente Therapie im Sinne einer haltgebenden therapeutischen Beziehung bis zu maximal 50 Leistungen à 25 Minuten. Die Kurzzeit-Therapie kann als Einzel- oder Gruppentherapie zur Anwendung kommen.

12.4.2 Kurztherapie

Diese ist nicht mit einer Kurzzeit-Therapie zu verwechseln. Theoretischer Hintergrund für diese Therapieform ist die Psychoanalyse bzw. die Tiefenpsychologie.

Definition

Gegenstand der analytischen Kurztherapie – wie auch der tiefenpsychologisch fundierten Kurztherapie – ist nach Faber u. Haarstrick (1996) „ein abgrenzbarer aktueller neurotischer Konflikt mit einer definierbaren neurotischen Psychodynamik.

Das behandlungstechnische Konzept erfordert eine Vereinbarung mit dem Patienten über ein begrenztes Therapieziel und einen begrenzten Therapieumfang, die sowohl vom Patienten wie auch vom Therapeuten als verbindlich angesehen wird. Der Patient entwickelt auf diese Weise eine den kurztherapeutischen Therapieansatz fördernde Mitverantwortung für den gewählten Rahmen der in Aussicht genommenen Therapie. In der Regel ist ein Therapievolumen von 40 Sitzungen ... ausreichend" (S. 45 f).

Die klassische Form der analytischen Kurztherapie ist die Fokaltherapie (Balint et al. 1973). Voraussetzung für die Anwendung dieser Therapieform ist die vom Patienten und Therapeuten gemeinsam zu erarbeitende und zu findende Definition eines bewußtseinsfähigen „Fokus". Damit ist ein neurotischer Konfliktkern gemeint, der erkannt und gedeutet werden muß. Psychoanalytische Kurztherapie und Fokaltherapie erfordern gründliche analytische Kenntnisse und umfassende therapeutische Erfahrungen.

Hier sollen einige Konzepte und Anwendungsmöglichkeiten von kurzdauernder Psychotherapie erwähnt werden. Die Beschränkung liegt dabei auf den psychodynamischen Kurzpsychotherapien, mit denen zumindest die tiefenpsychologischen Psychotherapeuten auch überwiegend arbeiten.

Dazu eine Vorbemerkung: Freud hat selbst Kurztherapien durchgeführt und darüber berichtet. Unter seinen frühen Schülern war es v.a. STEKEL, der seine langjährigen Erfahrungen mit Kurztherapien in einem Buch publizierte (1938). 1946 veröffentlichten ALEXANDER u. FRENCH das erste systematische Buch zur psychoanalytischen Therapie, in dem auch von Experimenten mit der Sitzungsfrequenz im Sinne einer kürzeren Behandlung berichtet wird.

In den folgenden Jahrzehnten wuchs das Interesse an der Kurztherapie, was zum Teil auch mit der wissenschaftlichen und öffentlichen Kritik an der Langzeitanalyse zu tun gehabt haben mag.

So entwickelten u.a. BALINT (1975), DAVANLOO (1980), MALAN (1965), MANN (1978) und SIFNEOS (1979) Kurzpsychotherapiekonzepte. Im deutschsprachigen Raum publizierten u.a. KLÜWER (1971) LEUZINGER-BOHLEBER (1985) und MEYER (1981). 1991 erschien dann die Übersetzung des Buches von STRUPP u. BINDER („Kurzpsychotherapie").

12.4.3 Technische Aspekte und Modifikationen

Die psychodynamischen Kurztherapien lassen sich als Verfahren beschreiben, die in irgendeiner Art und Weise die psychoanalytische Theorie anwenden. Das bedeutet, daß Phänomene wie Übertragung, Gegenübertragung und Widerstand in die Arbeit einbezogen werden.

Wie dies im einzelnen umgesetzt werden soll, wird unterschiedlich beschrieben, z.B. hinsichtlich des Ansprechens von Übertragung und Widerstand.

> ! Wichtig ist aber, daß der Psychotherapeut sich auf die gegenwärtigen Probleme des Patienten und sein aktuelles Erleben konzentriert und lebensgeschichtliche Zusammenhänge nur da aufgreift, wo ein sinnvoller Bezug zum momentanen Erleben, der aktuellen Thematik hergestellt werden kann.

Unabhängig von der jeweils von einzelnen Autoren beschriebenen Form psychodynamischer Kurztherapie lassen sich einige generelle technische Problem bei Anwendung dieser Therapieform beschreiben.

Einige technische Probleme bei der Anwendung von Kurzpsychotherapie

- Die Zeitbegrenzung,
- die Aktivität des Therapeuten,
- die „Neutralität" des Therapeuten,
- die Handhabung der Übertragung,
- die Bedeutung des Hier und Jetzt sowie die
- Fokussuche und Ziele.

Angesichts der zeitlichen Begrenzung der Kurztherapie ist zumindest der tiefenspychologisch arbeitende Psychotherapeut gezwungen, seine Haltung des ruhigen, geduldigen Abwartens erheblich zu modifizieren in dem Sinne, daß er sich aktiver als in längeren Behandlungen verhält. Dieser Haltungswandel kann für Therapeuten auch deshalb schwierig sein, weil man die psychodynamische Kurztherapie als sehr anstrengend erleben kann: Der Therapeut soll alles hören, auch unbewußte Vorgänge, die sich in der Beziehung abbilden, rasch wahrnehmen, sich Hypothesen dazu bilden und verbale Interventionen geben, für die ihm normalerweise mehr Zeit zur Verfügung steht.

Durch den Zwang zu mehr Aktivität kann auch die Neutralität des Therapeuten in dem Sinne verändert werden, daß seine gewohnte, gleichmäßige Distanz zum Patienten modifiziert wird. Dies spielt insbesondere dann eine Rolle, wenn supportive, Ich-stützende Vorgehensweisen, z.B. in Krisenzeiten des Patienten, zusätzlich angezeigt sind.

Übertragungsphänomene in der Kurztherapie. Welche Bedeutung Übertragungsphänomenen in der Kurztherapie zukommt, wird unterschiedlich gesehen und diskutiert. Einigkeit besteht darüber, daß die Entwicklung einer Übertragungsneurose, wie sie z.B. in psychoanalytischen Behandlungen stattfindet, in der Kurztherapie nicht möglich ist. Trotzdem kommt es natürlich zu Übertragungsphänomenen, deren Handhabung teilweise ähnlich beschrieben wurde wie die unter tiefenpsychologischer Psychotherapie: Förderung einer eher positiven Übertragung und Ansprechen negativer Übertragungsanteile nur dann, wenn sie den therapeutischen Prozeß nachhaltig stören. Andere Autoren (z.B. Malan 1965) betonen dagegen die Bedeutung des frühzeitigen Ansprechens der negativen Übertragung.

Da sich aus der einschlägigen Literatur keine übereinstimmende Anleitung zum Umgang mit Übertragungsaspekten in der psychodynamischen Kurztherapie ableiten läßt, kann sich der Psychotherapeut, der mit Kurztherapie arbeitet, die Freiheit nehmen, selbst zu entscheiden, wie er diesbezüglich, auf den jeweiligen Patienten bezogen, therapeutisch damit umgehen will.

Folgende Möglichkeiten sind denkbar:

- Übertragung ist auch in der Kurztherapie generell bedeutsam und sollte in jedem Fall beachtet und bearbeitet werden.
- Übertragung ist generell bedeutsam und sollte beachtet werden; sie muß aber nur angesprochen und bearbeitet werden, wenn sie die therapeutische Beziehung oder das Therapieziel nachhaltig beeinträchtigt.
- Übertragungsphänomene finden in allen Therapien statt, müssen vom Therapeuten beachtet und bedacht, aber nicht angesprochen werden, da andere Ziele wichtiger sind (z.B. das Erleben einer positiven, wohlwollenden, fördernden Beziehung oder die Zentrierung auf das Erreichen des gemeinsam formulierten Therapieziels).

Der Psychotherapeut sollte auch bedenken, daß es in allen Psychotherapien sog. übertragungsfreie Räume gibt. In solchen Phasen lassen sich auch äußere Realitäten des Patienten gut ansprechen. In der Kurztherapie wäre es optimal, die inneren und äußeren Realitäten des Patienten zu sehen und anzusprechen, ohne daß alles Übertragung sein oder als solche gesehen werden muß. Die Bedeutung der Realität als Thema in der Therapie wird von manchen Therapeuten relativ gering geschätzt. Psychoanalytiker lassen sich am liebsten gar nicht darauf ein oder betrachten das Einbringen von realen Aspekten als Widerstandsphänomene.

> ! Aber in der Kurztherapie spielt – ebenso wie in der Krisenintervention – die Realität im Sinne des Hier und Jetzt eine viel größere Rolle als in längeren Therapien, in denen für die Entwicklung der Beziehung und für das Verstehen lebensgeschichtlicher Entwicklungen sowie aktueller Konflikte sehr viel mehr Zeit zur Verfügung steht.

Für einen Erfolg kurzpsychotherapeutischer Behandlung ist mitentscheidend, daß sich Therapeut und Patient zu Beginn über Therapieziele verständigen können. Hierzu müssen die Erwartungen und Vorstellungen beider Seiten genannt und ein gemeinsamer Nenner gefunden werden. Verfolgen beide Seiten unterschiedliche Ziele, ist ein Scheitern der Therapie vorprogrammiert.

Die gemeinsame Benennung eines zentralen Konfliktthemas bzw. eines Fokus zwingt den Therapeuten zu Disziplin und Konzentration. Er ist dafür verantwortlich, daß der Fokus nicht verlorengeht, z.B. durch neues Material, neue Themenbereiche des Patienten oder aber auch durch Abwehrvorgänge (Umleiten auf Nebenschauplätze). Andererseits kann ein zu rigides Festhalten am Fokus dazu führen, daß der Therapeut Material vernachlässigt, das für dessen Verständnis bedeutsam ist.

Beendigung einer Kurztherapie. Das Ende einer Kurzpsychotherapie kann dadurch erleichtert werden, daß die an der Therapie beteiligten Personen über die Ziele Konsens gefunden hatten. Trotzdem kann die Beendigung gerade dieser zeitbegrenzten Psychotherapie auch sehr problematisch sein: Man muß sich verabschieden, wenn man eigentlich gerade erst eine gute, hilfreiche Beziehung hergestellt hat. Patienten mit Trennungstraumata und frühen Störungen in der Selbst- und Objektkonstanz werden hier besonders empfindlich reagieren.

Auch für diese Therapieform möchte ich daher, wie schon bei der Beendigung der tiefenpsychologisch orientierten Psychotherapie, empfehlen, ein bis zwei Nachkontakte in zeitlich größerem Abstand anzubieten, und zwar im Sinne katamnestischer Nachgespräche. Allein schon dieses Angebot mildert bzw. relativiert oft den Trennungsschmerz.

Fokusformulierung. Die Fokussuche und -formulierung, die Benennung des Hauptthemas für die nachfolgende Therapie kann schwierig sein. Der Therapeut muß aus den vielfältigen Angeboten des Patienten einen Fokus benennen und diesen dem Patienten zur Bearbeitung vorschlagen. Dabei kann es sein, daß der Therapeut unter Berücksichtigung der Wahrnehmung unbewußten Materials und der Abwehr des Patienten zu einer Fokusformulierung kommt, die der Patient nicht nachvollziehen kann.

> ! Es empfiehlt sich daher, einen Fokus zu suchen und zu benennen, der sich aus einem dem Patienten bewußtseinsnahen, emotional fühlbaren Konflikt in der gegenwärtigen Zeit herauskristallisieren läßt und der lebensgeschichtlich relevante Vorläufer hat.

Beispiel

Mich suchte eine 26jährige Frau auf, die nach der Trennung von ihrem Mann – der Mann hatte sie in für sie sehr kränkender Weise verlassen – schwer depressiv reagierte, verzweifelt war und Suizidgedanken hatte. Während des Interviews sagte sie mir an einer Stelle, nachdem sie mir die Umstände der derzeitigen Trennung geschildert hatte, den bemerkenswerten Satz: „Liebe ist nur ein Wort." Nach dieser Äußerung fing sie an zu weinen. Ich vermutete an dieser Stelle, daß es möglicherweise darum gehen könnte, daß die Patientin eine besondere Trennungsängstlichkeit hat und explorierte dies behutsam bezüglich lebensgeschichtlicher Faktoren. Hierbei kam heraus, daß die Patientin im Alter von zwei Jahren für sechs Wochen wegen einer akuten körperlichen Erkrankung in ein Krankenhaus eingewiesen werden mußte und dort ihrer Erinnerung nach keinen Besuch von ihren Eltern empfangen durfte. Im Alter von fünf Jahren verließ der Vater die Familie, um mit einer neuen Frau weiterzuleben. Dies hatte zur Folge, daß er auch den Kontakt zu seiner Tochter ganz einstellte. Die Mutter der Patientin entwickelte auf die Scheidung hin eine herzneurotische Symptomatik, produzierte Herzanfälle und machte der Tochter immer wieder deutlich, daß es jederzeit mit ihr zu Ende gehen könne. Dies kam insbesondere in Situationen zustande, in denen sie sich über die Tochter – meine Patientin – geärgert hatte.

An dieser Thematik und der emotionalen Reaktion darauf war sehr gut der Fokus „Trennungsängstlichkeit" herauszuarbeiten. In der dann folgenden 35 Stunden umfassenden Therapie konnte u.a. mit der Patientin bearbeitet werden, nach welchen Kriterien sie sich ihre bisherigen Partner ausgesucht hatte – es handelte sich offensichtlich jeweils um Männer, die Bindungsängste hatten –, was sie selbst innerhalb solcher Beziehungen tat, um Trennungen auf Biegen und Brechen zu vermeiden und wie sie dadurch – z.B. durch starke Anklammerungstendenzen – gerade die bindungsängstlichen Männer zu Trennungen provozierte. Vor allen Dingen ihr Verhalten in Beziehungen war der Patientin zuvor völlig unbewußt gewesen. Sie konnte dann in der Kurztherapie erleben und verarbeiten, daß sie ihre gesamte frühe Lebensproblematik, insbesondere die Trennungsängstlichkeit, in die jeweils aktuellen Beziehungen so einbrachte, daß sich die ursprünglichen Traumata immer wiederholten.

Indikation

Indikationen zur Kurzpsychotherapie

- Akute Lebenskrisen,
- akute situative Krisen (z.B. Prüfung, Examen),
- akute Traumata (z.B. nach Verlusten, Vergewaltigung),
- Neurotische Störungen.

An diesem Indikationsspektrum wird deutlich, daß es insbesondere akute Störungen sind, die kurztherapeutisch behandelt werden können.

Wird während der Kurztherapie eine umfassender zu behandelnde Störung deutlich, kann eine Überführung in eine Langzeittherapie erwogen und beantragt werden. Kassentechnisch müßte dies bis zur zwanzigsten Sitzung geschehen.

Bei neurotischen Störungen ist an eine Kurzpsychotherapie dann zu denken, wenn ein momentan dominanter, abgrenzbarer Lebenskonflikt eruierbar ist und der Patient oder auch der Therapeut sich aus unterschiedlichen Gründen eine längerfristige Therapie nicht vorstellen können. Zeitbegrenzung wirkt auf manche Patienten beruhigend und entängstigend.

Kontraindikation

Kontraindikationen für Kurzpsychotherapien stellen die Störungsbilder dar, bei denen schon in der Phase von Diagnostik und Erstgespräch deutlich wird, daß eine enge Zeitbegrenzung keinen therapeutischen Erfolg bringen wird. Es kann auch sein, daß eine Fokussierung auf einen Hauptkonflikt nicht möglich ist, weil der Patient insgesamt zu krank ist.

Voraussetzungen beim Psychotherapeuten

? Welche Qualifikationen muß ein Therapeut haben, um Kurzpsychotherapien/Kriseninterventionen durchführen zu können?

Fraglos gehört die Durchführung von Kurzpsychotherapie zu den anspruchsvollsten therapeutischen Aufgaben. Dies auch deshalb, weil Kurztherapieverfahren häufig integrativ sind und dabei Anleihen aus verschiedenen Therapieschulen machen. Je kürzer die zur Verfügung stehende Zeit ist, um so höher ist das Ausmaß an Verantwortung und therapeutischer Lenkung und damit verbunden die Gefahr der Manipulation. Insgesamt laufen in kurzer Zeit eine Vielfalt hochverdichteter emotionaler und kognitiver Prozesse ab, die der Therapeut wahrnehmen und berücksichtigen muß und bei denen er ständig auswählend vorgehen muß.

Ein für Kurzpsychotherapie gut qualifizierter Therapeut sollte über folgendes Wissen und die folgenden Fähigkeiten verfügen.

Erforderliche Therapeutenqualifikationen für Kurzpsychotherapie

- Kenntnis der wichtigsten Literatur über die verschiedenen Verfahren von Krisenintervention und Kurzpsychotherapie.
- Klinische bzw. ambulante Erfahrungen mit entsprechenden Patienten und deren spezifischen Eigenheiten.
- Neben einer psychotherapeutischen Basisausbildung in einem anerkannten Psychotherapieverfahren Weiterbildung in den speziellen Techniken der Kurzpsychotherapie.
- Tiefenpsychologische Selbsterfahrung.
- Fähigkeit, sich für eine kurze, begrenzte Zeit auf einen Patienten einzulassen und ihn dann auch wieder loslassen zu können.
- Bereitschaft, schwerpunktmäßig im „Hier und Jetzt", also der unmittelbaren Gegenwart, zu arbeiten.
- Kenntnisse über benachbarte Disziplinen, z. B. Paartherapie/Familientherapie.
- Bereitschaft zur Supervision bzw. Intervision.

Widerstände des Psychotherapeuten

Psychotherapeuten, die eklektisch arbeiten und sich nicht einer bestimmten Therapieschule und deren Regularien verpflichtet fühlen, werden mit der Akzeptanz und Durchführung von Kurzpsychotherapie weniger Probleme haben als z. B. analytische bzw. tiefenpsychologisch identifizierte Kollegen, denen nicht nur der Faktor der Zeitbegrenzung, sondern auch der modifizierte Umgang mit Übertragungsphänomenen suspekt ist. Manche Psychoanalytiker haben den Eindruck, hier werde psychoanalytische Substanz einem eher behandlungspraktischen Anliegen der Versorgung geopfert. Kupfer ist eben nicht Gold.

Diejenigen Psychotherapeuten, die in Institutionen gearbeitet haben, waren immer der Tatsache ausgesetzt, daß kürzere Interventionsmethoden nötig sind, um sinnvoll arbeiten zu können und daß man dafür psychoanalytisches Gedankengut keineswegs verraten muß.

Hinzu kommt, daß diese Form zeitlich limitierter Psychotherapie in den Ausbildungsinstituten in der Regel aus den genannten und anderen Gründen auch gar nicht vermittelt wird. So bleibt es dem so einäugig ausgebildeten Therapeuten dann selbst überlassen, sich ungeschult an Kurzpsychotherapie heranzuwagen. Die Risiken für die Patienten liegen auf der Hand.

Nicht jeder Patient kann das sog. Gold der Analyse für sich nutzen, für manche ist es einfach auch nicht gut. Für die vielen anderen müssen geeignete Verfahren angeboten werden, die keineswegs als bloße Legierungen anzusehen sind. Krisenintervention und Kurzpsychotherapie sind gute Beispiele dafür.

Literatur

Alexander F, French T (1946) Psychoanalytic therapy. Ronald Press, New York

Balint M, Ornstein PH, Balin E (1973) Fokaltherapie. Suhrkamp, Frankfurt a.M.

Balint M (1975) Fünf Minuten pro Patient. Suhrkamp, Frankfurt a. M.

Caplan G (1961) An approach to community mental health. Grune & Stratton, New York

Caplan G (1964) Principles of preventive psychiatry. Basic Books, New York

Cullberg J (1978) Krisen und Krisentherapie. Psychiat Prax 5 : 25 – 34

Davanloo H (Hrsg.) (1980) Short-Term Dynamic Psychotherapy. Jason Aronson, New York

Faber FR, Haarstrick R (1996) Kommentar Psychotherapie-Richtlinien, 4. Aufl. Jungjohann, Neckarsulm Lübeck Ulm

Katschnig H, Konieczna T (1986) Notfallpsychiatrie und Krisenintervention. In: Kisker KP, Lauter H, Meyer JE, Müller C, Strömgren E (Hrsg) (1986) Psychiatrie der Gegenwart, Bd. 2. Springer, Berlin Heidelberg New York, S 3 – 43

Klüwer R (1971) Erfahrungen mit der psychoanalytischen Fokaltherapie. Psyche 25 : 932 – 947

Leuzinger-Bohleber M (Hrsg) (1985) Psychoanalytische Kurztherapie. Westdeutscher Verlag, Opladen

Malan DH (1965) Psychoanalytische Kurztherapie. Klett, Stuttgart

Mann J (1978) Psychotherapie in 12 Stunden. Walter, Olten

Meyer AE (Hrsg) (1981) The Hamburg Short Psychotherapy Comparison Experiment. Psychother Psychosom 35: 81 – 208

Schnyder U, Sauvant JD (Hrsg) (1993) Krisenintervention in der Psychiatrie. Huber, Bern Göttingen Toronto Seattle

Sifneos PE (1979) Short-Term Dynamic Psychotherapy: Evaluation and Technic. Plenum Publ, New York

Stekel W (1938) Technik der analytischen Psychotherapie. Huber, Bern

Strotzka H (1982) Psychotherapie und Tiefenpsychologie. Springer, Wien New York

Weiterführende Literatur

Bellak L, Small L (1972) Kurzpsychotherapie und Notfallpsychotherapie. Suhrkamp, Frankfurt a. M.

Strupp HH, Binder JL (1991) Kurzpsychotherapie. Klett-Cotta, Stuttgart

Psychotherapie und Psychopharmaka

C. Reimer

Für viele, v.a. tiefenpsychologisch orientierte und psychoanalytische Psychotherapeuten, ist es gar nicht oder kaum vorstellbar, Psychotherapie auch einmal mit Psychopharmakotherapie kombinieren zu können oder auch zu müssen. Sie verharren in einer Haltung, die man als „Entweder-Oder" charakterisieren könnte. Diese ablehnende Einstellung gegenüber medikamentösen Hilfen wird meist gar nicht reflektiert. Während der psychotherapeutischen Weiterbildungszeit werden in der Regel auch keine Kenntnisse über Grundlagen der Psychopharmakologie und die Indikation zum Einsatz dieser Substanzen erworben, weil die ausbildenden Institutionen kein entsprechendes Lehrangebot machen. Allenfalls denjenigen werdenden Psychotherapeuten, die innerhalb psychiatrischer Institutionen arbeiten, gelingt es im Lauf ihrer Psychiatriezeit, eine solide psychopharmakologische Kompetenz zu erwerben.

Dabei gibt es durchaus Situationen, in denen die Gabe von Psychopharmaka bei Psychotherapiepatienten nicht nur gerechtfertigt, sondern auch geboten ist (vgl. dazu Abschn. 13.3: Psychopharmaka).

13.1 Voraussetzungen zur Kombination von Psycho- und Pharmakotherapie

Wenn während psychotherapeutischer Behandlung Situationen eintreten, in denen der Behandler den Einsatz von Psychopharmaka für angebracht hält, muß dies dem Patienten begründet und erklärt werden. Dazu gehört auch die Erläuterung möglicher Nebenwirkungen. Der Patient muß nach korrekter Aufklärung mit dem in der Regel vorübergehenden kombinierten Einsatz einverstanden sein.

Der ärztliche Psychotherapeut muß über solide psychopharmakologische Kenntnisse verfügen, wenn er die Kombinationsbehandlung selbst vornehmen will. Ist dies nicht der Fall, sollte die psychopharmakologische Mitbehandlung durch einen entsprechend versierten Kollegen (z.B. einen Psychiater) vereinbart werden. Optimaler wäre es, wenn die Anwendung einer Kombination in einer Hand bleiben könnte. Vorteilhaft wäre dabei, daß sich die psychotherapeutische Beziehung nicht durch Hineinnahme einer dritten, fremden Person komplizieren müßte. Beim Patienten könnte ansonsten Unsicherheit darüber auftreten, wer ihn momentan eigentlich behandelt und was wirkt: die weitergehende Psychotherapie oder die Medikation.

Mögliche Kontraindikationen (s. Abschn. 13.3) bzw. eventuell vor dem Beginn einer Kombination notwendige Untersuchungen müssen vom Psychotherapeuten bedacht und ggf. initiiert werden. Gemeint sind z. B. Blutbildkontrollen und die Ableitung eines Elektrokardiogramms, insbesondere bei Einsatz von Antidepressiva und/oder Neuroleptika.

13.2. Mögliche Gefahren und ethische Aspekte

> ! Neben sehr guten diagnostischen und differentialdiagnostischen Kenntnissen des Psychotherapeuten im Hinblick auf die Erwägung eines kombinierten Einsatzes, muß von ihm auch bedacht werden, in welchem möglichem psychodynamischen Kontext der Behandlung er die Indikation stellt.

■ **Regression als psychodynamischer Kontext.** Es kann sein, daß das Ausmaß der Regression eines Patienten den Therapeuten zu Überlegungen veranlaßt, diese regressive Entwicklung medikamentös beeinflussen zu wollen, und zwar im Sinne einer Begrenzung bzw. Unterdrückung. Andererseits kann die massive orale Bedürftigkeit, wie sie sich gerade in ausgeprägten regressiven Zuständen manifestiert, den Therapeuten ebenfalls zum zusätzlichen Einsatz von Psychopharmaka verleiten. Ein dynamischer Beziehungshintergrund könnte sein, daß der Therapeut sich von den übergroßen Bedürfnissen des Patienten überfordert fühlt und sich hier Entspannung durch ein Medikament erhofft.

■ **Das Medikament als Symbol.** Man könnte die Einbringung von Medikamenten in die Therapeut-Patient-Beziehung in der Psychotherapie auch als die symbolische Einführung eines Dritten ansehen. Dieser „Dritte im Bunde“ kann psychodynamisch verschiedene Funktionen haben: Er soll die Dichte bzw. Enge zwischen Patient und Therapeut relativieren/abmildern, er soll ordnend/disziplinierend wirken und Distanz schaffen.

Das Medikament kann Symbol für etwas ganz anderes sein: z. B. kann der Patient die Applikation als Ausdruck der besonderen Sorge/Fürsorge des Therapeuten auffassen und seine Sehnsucht danach u. U. vom Therapeuten auf das Medikament verschieben. Dieser Mechanismus ist einer der Hintergründe für die Medikamentenfixiertheit mancher alter, vereinsamter Menschen.

■ **Gegenübertragungsreaktionen.** Es ist vorstellbar, daß es nicht nur die vermutete Objektivität der Situation angezeigt sein läßt, Psychopharmaka einzusetzen, sondern auch Affekte des Psychotherapeuten im Sinne von Gegenübertragungsreaktionen. Der Therapeut kann z. B. den ihm evtl. nicht bewußten Wunsch haben, aus Ärger und Ungeduld gegenüber dem Patienten dessen massive Abwehr pharmakologisch „brechen“ zu wollen.

Ferner kann es sein, daß der Therapeut den Patienten ruhigstellen will, weil er dessen Aggressivität/Destruktivität fürchtet.

Auch sadistische Gegenübertragungen des Therapeuten, in denen sich z. B. Feindseligkeit und Entwertungstendenzen gegenüber dem Patienten manifestieren, können zum pharmakologischen Einsatz führen. Dies alles kann vordergründig maskiert/motiviert sein von besonderer Fürsorge für den Patienten. Der Therapeut kann sich auch in den Einsatz von Psychopharmaka flüchten, um seine negative Gegenübertragung nicht weiter aushalten zu müssen.

Natürlich kann es auch Ausdruck einer sadistischen Gegenübertragung des Therapeuten sein, wenn er an die Indikation zu einer temporären Kombinationsbehandlung erst gar nicht denkt: Der Patient soll sein Leiden aushalten und durcharbeiten!

Auch narzißtische Selbstüberschätzung des Therapeuten kann ihn entsprechend „einäugig“ machen: Was ausschließlich wirkt, ist die Beziehung zu mir!

■ **Reaktionen von Patienten auf eine Kombinationsbehandlung.** Eine Medikamentenverordnung kann unbewußt vom Patienten als Kontrolle des Therapeuten über seine Gefühle verstanden werden und von diesem evtl. auch so gemeint sein (s. oben). Dies könnte ein Hintergrund bei Patienten mit Autonomie- oder Abhängigkeitsproblemen bzw. mit rigiden Erziehungserfahrungen sein.

Schließlich könnte ein Patient befürchten, daß er mit Medikamenten gefügig gemacht werden, verführt werden soll. Dies mag besonders für diejenigen Patienten zutreffen, die Mißbrauchserfahrungen haben.

Eine weitere Gefahr bei kombinierter Behandlung mit Psycho- und Pharmakotherapie kann darin gesehen werden, daß Therapeut und Patient nicht mehr klar sehen können, was eigentlich wirkt. Hier könnte ein Splitting dergestalt erfolgen, daß der Patient (z. B. unter Einwirkung einer Tranquilizers) die beruhigende, angstlösende Wirkung auf das Medikament schiebt und dieses als „gutes, hilfreiches Objekt" internalisiert, während der Therapeut zum „bösen, versagenden Objekt" gemacht wird.

Ethische Aspekte einer Kombinationsbehandlung
Bei Überlegungen zu einer Kombinationsbehandlung müssen darüber hinaus auch einige ethische Aspekte bedacht werden:

> ! Ein Therapeut, der aus falsch verstandener Abstinenz heraus seinem Patienten eine – vorübergehende – Medikation verweigert, kann diesem damit Schaden zufügen.

Beispiel

Eine Patientin geriet während einer analytischen Psychotherapie in eine massive Ehekrise und entwickelte angesichts der Trennungsdrohung ihres Mannes und der Tatsache, daß ihr ein „Seitensprung" von ihm bekannt wurde, eine akute Krise mit agitiert-depressiver Symptomatik und schweren Schlafstörungen. Der behandelnde Therapeut sah die Verstärkung des Leidensdrucks seiner Patientin als positiv an, indem er sich davon eine Lösung im Sinne einer Veränderung der Patientin versprach. An eine temporäre psychopharmakologische Mitbehandlung dachte er nicht, obwohl er sie aufgrund seiner Weiterbildung selber hätte durchführen können. Einen nicht unerheblichen Suizidversuch seiner Patientin deutete er als Agieren. Als ich als der damals behandelnde Klinikarzt eine sedierend-antidepressive Behandlung begann, warf mir der Kollege vor, das Agieren seiner Patientin mitzumachen.

> ! Umgekehrt muß gesehen werden, daß die Verweigerung psychotherapeutischer Hilfen bei einseitiger medikamentöser Therapie ethisch bedenklich sein kann.

Beispiel

Ein biologisch orientierter Psychiater vermied jegliches tiefergehende Gespräch mit Patienten, weil er es als gefährlich ansah. Durch Psychotherapie würde erst das ausgelöst, was später vorgeblich durch die Behandlung wieder beseitigt werden solle. Alle psychosozialen Faktoren seien nur Sekundärphänomene, die eine Behandlung zwar stören könnten, die aber letztlich bei einer lege artis durchgeführten pharmakologischen Behandlung sich auflösen würden.

Nicht nur die Verweigerung psychotherapeutischer Mitbehandlung bei psychopharmakologischer Grundbehandlung ist als ethisches Problem anzusehen, sondern auch eine ausschließlich medikamentöse Therapie bei Patienten mit Neurosen, psychosomatischen Erkrankungen oder sonstigen gravierenden Lebensproblemen.

Im Werbeprospekt einer Pharmafirma war von „Psychotherapie aus der Spritze" die Rede.

Der Psychotherapeut muß bedenken, daß manche Patienten, insbesondere solche mit passiv-rezeptiven Wünschen, von der Gabe eines Medikamentes die Lösung ihrer Probleme erwarten und dementsprechend durch eine Verordnung in ihrer eigenen Abwehr gegenüber einer möglichen Eigenbeteiligung an der Lösung ihrer Konflikte gestärkt werden. Das ethische Problem, das sich daraus ergibt, besteht darin, daß der Therapeut sich überlegen muß, ob er aus diesen Gründen evtl. lieber keine Psychopharmaka verschreiben sollte.

Schließlich kann der Psychotherapeut eine Überlegung zum kombinierten Einsatz anstellen, wenn er nach eigenem Empathieversagen den Patienten nicht mehr versteht und eine Unterbrechung in der therapeutischen Beziehung aufgetreten ist. So kann durch ein Medikament die aktuelle Konfliktlage zwischen Therapeut und Patient verschleiert werden.

13.3 Psychopharmaka

Im folgenden wird ein kurzer einführender Überblick über die psychopharmakologischen Substanzgruppen gegeben, die im Sinne einer Mitbehandlung bei der Psychotherapie von neurotischen und psychosomatischen Störungen und bei Dekompensationen im Rahmen dieser Störungen indiziert sein können. Dabei sollen hier nicht alle Einsatzmöglichkeiten bei den jeweiligen Störungsbildern dargestellt werden. Ein umfassender Überblick über Möglichkeiten der Pharmakotherapie bei psychischen Störungen (mit Schwerpunkt auf psychiatrischen Erkrankungen) findet sich bei BENKERT u. HIPPIUS (1996).

> ! Generell gilt, daß bestimmte Gruppen von Psychopharmaka bei der Kombination von Psycho- und Pharmakotherapie einsetzbar sind, jeweils ausgewählt nach der führenden Symptomatik.

Einteilung der Psychopharmaka

- Neuroleptika,
- Antidepressiva,
- Tranquilizer sowie
- andere Psychopharmaka.

13.3.1 Neuroleptika

> Definition
>
> Neuroleptika sind antipsychotisch wirksame Pharmaka, die überwiegend bei Störungsbildern eingesetzt werden, die durch psychomotorische Erregungszustände und/oder produktive Symptome (z.B. Halluzinationen, Wahnbildungen) gekennzeichnet sind. Sie wirken reduzierend auf affektive Spannungszustände (z.B. Aggressivität und Angst), senken das Antriebsniveau und haben eine schlafanstoßende Wirkung.

Je nach ihrer chemischen Zusammensetzung lassen sich die in der folgenden Tabelle 13.1 aufgeführten Substanzklassen unterscheiden.

Pharmakologische Wirkungen und Nebenwirkungen

Die pharmakologische Wirkung beruht auf einer Dopaminrezeptorblockade; darüber hinaus auf einer Blockade der Neurotransmitterrezeptoren Serotonin, Noradrenalin, Histamin und Acetylcholin.

Je nach Ausmaß der antipsychotischen Wirksamkeit (sog. neuroleptische Potenz) werden

- niedrigpotente
- mittelpotente und
- hochpotente Neuroleptika unterschieden.

> ! Die niedrigpotenten Neuroleptika haben eine überwiegend psychomotorisch dämpfende, aber nur geringe antipsychotische Wirkung. Vegetative Nebenwirkungen sind ausgeprägt.
>
> Die mittelpotenten Neuroleptika nehmen eine Mittelstellung zwischen den hoch- und den niedrigpotenten Neuroleptika ein.
>
> Die hochpotenten Neuroleptika wirken v.a. stark antipsychotisch (z.B. bei produktiv-psychotischen Symptomen), weniger sedierend und häufig mit extrapyramidal-motorischen Nebenwirkungen.

Tabelle 13.1. Neuroleptika: Einteilung nach der chemischen Struktur

Substanzgruppe	Substanz und Handelsname (Auswahl)	Tagesdosis [mg]
• Trizyklische Neuroleptika		
Phenothiazinderivate	Levopromazin (Neurocil)	50–400
	Promethazin (Atosil)	50–150
	Thioridazin (Melleril)	75–400
	Perazin (Taxilan)	75–600
	Fluphenazin (Dapotum, Lyogen)	0,5– 6
	Perphenazin (Decentan)	6– 20
Thioxanthenderivate	Chlorprothixen (Truxal, Taractan)	50–400
	Flupentixol (Fluanxol)	3– 15
	Clopenthixol (Ciatyl)	20– 50
Andere trizyklische Neuroleptika	Clozapin (Leponex)	50–300
	Zotepin (Nipolept)	50–300
	Prothipendyl (Dominal)	40–400
• Butyrophenone	Haloperidol (Haldol)	1– 20
	Benperidol (Glianimon)	1,5– 6
	Bromperidol (Impromen)	5– 10
	Melperon (Eunerpan)	50–300
	Pipamperon (Dipiperon)	40–400
• Benzamid	Sulpirid (Dogmatil)	100–600
• Diphenylbutylpiperidine	Fluspirilen (Imap)	2– 6
	Pimozid (Orap)	2– 8

Nebenwirkungen

Die wichtigsten Beeinträchtigungen für Patienten, die mit Neuroleptika behandelt werden, ergeben sich aus extrapyramidal-motorischen Effekten (Nebenwirkungen).

Unerwünschte Wirkungen unter neuroleptischer Therapie

- Frühdyskinesien,
- Parkinson-Syndrom (Parkinsonoid),
- Akathisie,
- Spätdyskinesien und
- malignes neuroleptisches Syndrom.

■ **Frühdyskinesie.** Diese zeichnen sich durch folgende Symptome aus:

- Blickkrämpfe,
- krampfartiges Herausstrecken der Zunge,
- Opisthotonus (extreme Körperbeugung nach hinten infolge Kontraktion der gesamten Körpermuskulatur mit Überwiegen der Strecker),
- Hyperkinesien der mimischen Muskulatur,
- Tortikollis (Schiefhals),
- Trismus (tonischer Krampf der Kaumuskulatur mit Kieferklemme) und
- Sprechstörungen.

Frühdyskinesien treten bevorzugt am Behandlungsbeginn auf, und zwar besonders bei dem Einsatz von stark wirksamen Neuroleptika.

■ **Parkinson-Syndrom.** Das neuroleptisch bedingte Parkinson-Syndrom wird auch als Parkinsonoid bezeichnet. Es lassen sich folgende Symptome nachweisen:

- kleinschrittiger Gang,
- Hypo- oder Amimie,

- Einschränkung der Feinmotorik und der allgemeinen motorischen Beweglichkeit,
- Erhöhung des Muskeltonus (Rigor),
- Tremor,
- Salbengesicht und
- Hypersalivation.

Das Parkinsonoid manifestiert sich meist erst im Verlauf der neuroleptischen Behandlung und findet sich besonders bei Therapie mit stark wirksamen Neuroleptika.

■ **Akathisie.** Eine subjektiv häufig sehr quälend empfundene extrapyramidal-motorische Nebenwirkung, die sich durch Unruhe, ständiges Bewegungsbedürfnis (Tasikinesie) und die Unmöglichkeit, sitzenzubleiben, bemerkbar macht. Auch diese Nebenwirkung tritt besonders häufig unter stark wirksamer Neuroleptikabehandlung auf.

■ **Spätdyskinesien.** Diese lassen sich als hyperkinetische Dauersymptome beschreiben, z.B. periorales „Mümmeln" (Rabbit-Syndrom), Zungenwälzbewegungen, Tortikollis etc. Diese Symptome können sich unter affektiver Belastung verstärken.

> ! Sie treten häufig Monate oder auch Jahre nach der Neuroleptikamedikation auf und nehmen im Alter sowohl von der Frequenz als auch der Intensität her zu. In vielen Fällen stellen sie eine irreversible Komplikation einer Neuroleptikamedikation dar.

■ **Malignes neuroleptisches Syndrom.** Eine seltene, aber massive Nebenwirkung von Neuroleptika. Dieses Syndrom ist sowohl durch extrapyramidale Störungen (besonders Rigor und Akinesie), als auch durch Dys- oder Hyperkinesien gekennzeichnet, verbunden mit Stupor und hohem Fieber.

Andere Nebenwirkungen der Neuroleptikabehandlung können bestehen in:

- vegetativen Symptomen (z.B. Mundtrokkenheit, Schwitzen, Tachykardie, Speichelfluß),
- Müdigkeit, Konzentrationsschwäche sowie
- endokrinen Nebenwirkungen (z.B. Prolaktinämie, Galaktorrhoe).

Komplikationen

Mögliche Komplikationen unter neuroleptischer Therapie können sein:

- Delirante Syndrome,
- pharmakogene Depression,
- Miktionsstörungen mit Harnverhaltung,
- epileptische Anfälle,
- Übelkeit,
- Erbrechen,
- Ileus,
- intrahepathische Cholestase,
- diverse kardiale Nebenwirkungen,
- Kreislaufwirkungen,
- Leukopenie,
- Agranulozystose,
- Thrombosen,
- Arzneimittelexanthem und
- Photosensibilisierung.

Bedenkt man die Fülle möglicher Nebenwirkungen und Komplikationen unter neuroleptischer Therapie, dann muß der Therapeut, der vorübergehend diese Medikamente einsetzt, beachten, daß sich die Compliance des Patienten aufgrund dieser Beeinträchtigungen möglicherweise verschlechtert oder daß der Patient die Medikation ganz ablehnt und absetzt. Aus diesem Grund ist eine Aufklärung über die möglichen Nebenwirkungen der Neuroleptika vor deren Applikation unumgänglich. Für den Psychotherapeuten gibt es ohnehin nur relativ wenige Situationen, in denen er einen Einsatz von Neuroleptika erwägen sollte.

Indikationen zum Einsatz von Neuroleptika während psychotherapeutischer Behandlung

Während psychotherapeutischer Behandlungen kann es bestimmte Situationen geben, in denen an einen vorübergehenden Einsatz von neuroleptischen Medikamenten gedacht werden muß. Solche Situationen können vorliegen, wenn es bei Patienten zu akuten Krisen kommt, die durch den therapeutischen Prozeß selbst oder auch durch Ereignisse im Außenleben des Patienten (z.B. Trennungen, Verluste) ausgelöst wurden.

> ! In solchen Krisenzeiten, die mit einem Bündel akuter Symptome verbunden sein können (z. B. Schlafstörungen, Angst, Unruhe, gesteigerte Reizbarkeit, Depressivität, Hilflosigkeit/Hoffnungslosigkeit), kann eine kurzfristige neuroleptische Mitbehandlung hilfreich sein. Hier wäre allerdings überwiegend an eine Behandlung mit schwachpotenten Neuroleptika zu denken, die eine gut sedierende, anxiolytische und schlafanstoßende Wirkung haben.

Unter der psychotherapeutischen Behandlung kann es auch zu anderen Dekompensationen kommen, bei deren Bewältigung eine neuroleptische Medikation hilfreich sein kann. Zu denken ist an vorübergehende Grenzstörungen, wie sie sich z. B. in Entfremdungserlebnissen (Depersonalisation, Derealisation) oder auch psychosenahen bzw. psychotischen Episoden manifestieren können. Hier würde der psychopharmakologische Teil der Behandlung zur Entängstigung und Restabilisierung der Ich-Funktionen führen können.

> ! Borderlinepatienten gehören z. B. zu den Patienten, bei deren psychotherapeutischer Behandlung immer wieder auch an eine temporäre Kombinationsbehandlung von Psycho- und Pharmakotherapie gedacht werden muß.

Zu den Grenzstörungen gehören auch Situationen innerhalb einer Psychotherapie, in denen Patienten massive Probleme mit ihrer Impuls- bzw. Selbstkontrolle haben, wie sie sich in autoaggressiven und/oder fremdaggressiven Handlungen ausdrücken können (z. B. in akuter Suizidalität). Auch gravierende Störungen des Realitätsgefühls und der Realitätskontrolle sind hier einzuordnen.

> ! Bei psychosomatischen Erkrankungen ist der Einsatz von Neuroleptika, wenn überhaupt indiziert, zu begrenzen auf die Mitbehandlung von Schmerzstörungen, bei denen sich eine analgetische Wirkung der Kombination von niedrigpotenten Neuroleptika in Verbindung mit Antidepressiva als wirkungsvoll erwiesen hat.

Zur Erklärung der Wirkung ist sicher auch die hohe Komorbidität von Schmerzstörungen mit depressiven Syndromen zu bedenken.

Kontraindikationen
Der Einsatz von Neuroleptika ist nicht indiziert bei:

- Glaukom,
- Harnverhalten,
- Pylorusstenose und
- Prostatahypertrophie (bei Neuroleptika mit anticholinerger Komponente).

Trizyklische Neuroleptika sollten nicht bei Patienten mit Leukopenie oder fehlerhafter Blutzusammensetzung in der Anamnese verordnet werden.

> ! Depot-Neuroleptika sollten unter psychotherapeutischer Behandlung nicht zum Einsatz kommen, weil massive Dekompensationen meist nur von kurzer Dauer sind.

13.3.2 Antidepressiva

> Definition: Antidepressiva sind antidepressiv wirksame Pharmaka, die überwiegend bei Störungsbildern eingesetzt werden, die durch erhebliche depressive Verstimmung, depressiven Antriebsmangel oder depressive Agitiertheit/Unruhe, Angst und Schlafstörung gekennzeichnet sind, häufig in Verbindung mit Suizidalität.

Je nach ihrer chemischen Zusammensetzung lassen sich die in Tabelle 13.2 aufgeführten Substanzklassen unterscheiden.

Pharmakologische Wirkungen und Nebenwirkungen
Die meisten Antidepressiva können den drei Wirkmechanismen der Serotoninwiederauf-

Tabelle 13.2. Antidepressiva: Einteilung nach der chemischen Struktur

Substanzgruppe	Substanz und Handelsname (Auswahl)	Tagesdosis [mg]
• Trizyklische Antidepressiva	Amitryptilin (Saroten)	50–225
	Amitryptilinoxid (Equilibrin)	30–180
	Imipramin (Tofranil)	50–225
	Desipramin (Pertofran)	75–150
	Clomipramin (Anafranil)	50–225
	Doxepin (Aponal)	75–225
	Dibenzepin (Noveril)	120–480
	Trimipramin (Stangyl)	75–225
	Lofepramin (Gamonil)	140–210
• Tetrazyklische Antidepressiva	Maprotilin (Ludiomil)	75–225
	Mianserin (Tolvin)	30–120
• Andere Antidepressiva	Fluvoxamin (Fevarin)	100–300
	Trazodon (Thombran)	75–300
	Viloxazin (Vivalan)	100–400
• Monoaminooxydasehemmer (MAO-Hemmer)	Trancylpromin (Jatrosom, Parnate)	5– 20
	Moclobemid (Aurorix)	300–600
• Selektive Serotonin-Rückaufnahmehemmer (SSRI)	Fluoxetin (Fluctin)	20– 60
	Fluvoxamin (Fevarin)	100–200
	Paroxitin (Seroxat, Tagonis)	20– 50

nahme-, Noradrenalinwiederaufnahme- und Monoaminooxydasehemmung zugeordnet werden. Sie erhöhen die wirksame Konzentration der Transmitter Serotonin, Noradrenalin und/oder Dopamin an zentralen Synapsen.

Je nach Wirkungsspektrum der Antidepressiva lassen sich vorwiegend

- stimmungsaufhellende,
- antriebssteigernde,
- sedierende und
- angstlösende Wirkungen beschreiben.

Nach BENKERT u. HIPPIUS (1996) sind bei der Indikation für Antidepressiva die beiden wichtigsten Zielsyndrome zu bedenken, und zwar das

- agitiert-ängstlich-depressive Syndrom und das
- gehemmt-depressive Syndrom.

> **!** Beim agitiert-ängstlich-depressiven Syndrom sind eher Antidepressiva indiziert, die auch eine sedierende und anxiolytische Komponente haben, während beim gehemmt-depressiven Syndrom eher Antidepressiva eingesetzt werden sollten, die psychomotorisch aktivierend sind.

Nebenwirkungen

Die wichtigsten Beeinträchtigungen für Patienten, die mit Antidepressiva behandelt werden, ergeben sich durch antihistaminerge und anticholinerge Eigenschaften. Solche Nebenwirkungen sind z. B.:

- Mundtrockenheit,
- Schwitzen,
- Obstipation,
- Miktionsstörungen,
- Harnverhaltung,
- Akkomodationsstörungen,
- Müdigkeit,
- kardiovaskuläre Störungen,
- orthostatische Regulationsstörungen,
- sexuelle Funktionsstörungen,

- Tremor,
- Tachykardie und
- Hautallergien.

> ! Auch hier muß daran gedacht werden, daß die Compliance von Patienten, die während psychotherapeutischer Behandlung vorübergehend antidepressiv mitbehandelt werden, verbessert werden kann, wenn sie vor der Einnahme über mögliche Nebenwirkungen aufgeklärt werden!

Komplikationen
Als Komplikationen unter antidepressiver Therapie können genannt werden:

- Paralytischer Ileus,
- Thrombosen,
- delirante Zustände,
- Augeninnendruckanstieg bei Glaukom,
- selten: zerebrale Krampfanfälle,
- Agranulozytose.

Indikationen zum Einsatz von Antidepressiva während psychotherapeutischer Behandlung
Unter den Psychopharmaka sind es besonders die Antidepressiva, die während psychotherapeutischer Behandlung begleitend eingesetzt werden können. Das hängt damit zusammen, daß viele neurotische, aber auch psychosomatische Störungen mit Depressivität verbunden sind, die zwar nicht grundsätzlich psychopharmakologisch mitbehandelt werden muß, aber doch in einigen besonderen Situationen.

Grundsätzlich ist zu sagen, daß die frühen, empirisch ausgerichteten Arbeiten zur Wirksamkeit kombinierter psychotherapeutischer und pharmakotherapeutischer Depressionsbehandlung zunächst alle eine Überlegenheit der aktiven Medikation gegenüber der Psychotherapie beschrieben hatten (Hautzinger 1995). Dieses Bild hat sich inzwischen zunehmend gewandelt:

> ! Bei leichteren Depressionen scheint eine Gleichwertigkeit von Psychotherapie und antidepressiver Behandlung vorhanden zu sein, während bei schwereren Depressionen auf eine antidepressive Psychopharmakotherapie in keinem Fall verzichtet werden sollte.

Insgesamt konnte in verschiedenen kontrollierten Studien nachgewiesen werden, daß sich die Behandlungsergebnisse bei kombinierter psychotherapeutischer und antidepressiver Behandlung deutlich gegenüber jenen Patientengruppen verbessern, die ausschließlich psychotherapeutisch behandelt werden (u.a. Horst 1990, Howland 1991, Klerman et al. 1974, Stokes 1991). In einer Studie von Frank et al. (1990) zur Wirksamkeit der interpersonalen Psychotherapie in der Langzeitbehandlung und Rezidivverhütung bei unipolaren Depressionen konnte gezeigt werden, daß Imipramin in der Rezidivprophylaxe der interpersonalen Psychotherapie überlegen war, während diese wiederum deutlich besser als Placebo abschnitt. Gegenüber einer Antidepressiva-Monotherapie mit Imipramin wies die Kombination von Imipramin mit einer niederfrequenten interpersonalen Psychotherapie deutliche Vorteile auf.

Indikation zum vorübergehenden Einsatz von Antidepressiva während psychotherapeutischer Behandlung

- Akute Krisen mit überwiegend depressiver Symptomatik, Schlafstörungen, Suizidalität.
- Dekompensationen mit führender Angstsymptomatik und/oder Panikzuständen.
- Schwere depressive Episoden im Rahmen der jeweiligen Grundstörung (z.B. bei psychosomatischen Störungen oder neurotischen Depressionen).
- Akute Belastungsreaktionen.
- Posttraumatische Belastungsstörungen.

Aber auch *vor* der Aufnahme einer psychotherapeutischen Behandlung kann es sinnvoll sein, zunächst eine psychopharmakologische Behandlung zu beginnen, um Blockaden zu beseitigen, die die Psychotherapie behindern können.

Beispiel

Als Beispiel sei ein Patient mit einer ausgeprägten depressiven Störung genannt, für deren Auslösung ein neurosenpsychologisch relevanter Hintergrund gefunden werden konnte. Der Patient leidet sehr, erscheint auch therapiemotiviert, ist aber durch seine depressive Stimmung so beeinträchtigt, daß zunächst eine medikamentöse antidepressive Therapie durchgeführt werden muß, um den Patienten besser an der Therapie teilnehmen zu lassen. So kann durch die Verordnung von Psychopharmaka die psychotherapeutische Behandelbarkeit erschlossen werden.

Kontraindikationen

Als Kontraindikationen für den Einsatz von Antidepressiva sind zu nennen:

- Prostatahyperthrophie,
- Pylorusstenose,
- Glaukom,
- Überleitungsstörungen im EKG.

! Zu beachten ist, daß stark antriebssteigernde Antidepressiva nicht bei suizidalen Patienten eingesetzt werden sollten, um das Suizidrisiko nicht zu erhöhen. Die zuerst einsetzende Antriebssteigerung kann dazu führen, daß der noch Depressive seine Suizidimpulse leichter verwirklicht.

13.3.3 Tranquilizer

Definition

Tranquilizer (Benzodiazepine) sind Pharmaka mit überwiegend angstlösenden und sedierenden Eigenschaften. Darüber hinaus haben sie auch schlafinduzierende, muskelrelaxierende und antikonvulsive Wirkungen. Sie werden bei Störungsbildern eingesetzt, bei deren Behandlung Angstlösung, Entspannung und Sedierung vorrangig sind.

Je nach ihrer chemischen Zusammensetzung lassen sich die in der Tabelle 13.3 aufgeführten Substanzklassen unterscheiden.

Tabelle 13.3. Tranquilizer: Einteilung nach der chemischen Struktur

Substanzgruppe	Substanz und Handelsname (Auswahl)	Tagesdosis [mg]
• Benzodiazepine	Alprazolam (Tafil)	0,5– 2
	Bromazepam (Lexotanil)	2– 6
	Chlordiazepoxid (Librium)	5–50
	Clobazam (Frisium)	20–30
	Clotiazepam (Trecalmo)	10–30
	Diazepam (Valium)	2–30
	Dikaliumchlorazepat (Tranxilium)	10–20
	Lorazepam (Tavor)	0,5– 5,0
	Oxazepam (Adumbran)	10–60
• Benzodiazepin-Hypnotika	Flunitrazepam (Rohypnol)	0,5– 2
	Flurazepam (Dalmadorm, Staurodorm)	15–30
	Lormetazepam (Noctamid)	0,5– 1,0
	Nitrazepam (Mogadan)	5
	Temazepam (Planum, Remestan)	10–20
	Triazolam (Halcion)	0,25– 0,5

Pharmakologische Wirkungen und Nebenwirkungen
Benzodiazepine wirken über weitgehend spezifische Benzodiazepinrezeptoren an GABAergen Synapsen. GABA (Gammaaminobuttersäure, eine neutrale Aminosäure) ist der wichtigste inhibitorische Neurotransmitter im ZNS des Menschen.

Das Wirkungsspektrum der Benzodiazepine ist

- anxiolytisch,
- sedativ-hypnotisch,
- muskelrelaxierend und
- antikonvulsiv.

Innerhalb dieses Spektrums unterscheiden sich die einzelnen Substanzen im Hinblick auf ihren Schwerpunkt (z. B. eher angstlösend oder eher antikonvulsiv) und unterschiedliche Wirkzeiten (Halbwertszeiten).

Nebenwirkungen
Folgende Nebenwirkungen lassen sich beschreiben.

- Müdigkeit,
- Aufmerksamkeits- und Konzentrationsstörungen,
- mnestische Störungen,
- Koordinationsstörungen,
- Beeinträchtigung des Reaktionsvermögens (Cave: Verkehrstauglichkeit!).

> ! Bei längerem Gebrauch muß an ein erhöhtes Abhängigkeitsrisiko gedacht werden.

Beim Absetzen von Tranquilizern kann es zu subjektiv sehr unangenehmen Zuständen kommen, die den Patienten dazu veranlassen können, das Benzodiazepin weiter einzunehmen. Solche Absetzeffekte können sein:

- Vegetative Symptome,
- Angstzustände,
- Unruhe,
- Verwirrtheit;
- evtl. auch Halluzinationen und zerebrale Krampfanfälle.

Komplikationen
Folgende Komplikationen können beschrieben werden:

- Bei Überdosierung kann es zu Abgeschlagenheit, Aufmerksamkeitsstörungen, Verlangsamung, Muskelschwäche, Doppelbildern, verwaschener Sprache, Ataxie, Schwindel, Übelkeit und Kopfschmerzen kommen.
- Bei langfristiger Medikation können Appetitlosigkeit, affektive Verstimmungen, Vergeßlichkeit und Verwirrtheitszustände auftreten.
- Bei älteren Patienten mit zerebrovaskulärer Schädigung sind paradoxe Reaktionen möglich (Erregungszustände, akute Verwirrtheitszustände).
- Potenzierung der Wirkung ist möglich bei gleichzeitiger Einnahme von Alkohol.
- Entwicklung einer psychischen und physischen Abhängigkeit von Tranquilizern, auch bei niedrig dosiertem Einsatz („low-dose-dependency").

Indikationen zum Einsatz von Tranquilizern während psychotherapeutischer Behandlung
Ähnlich wie schon bei den Antidepressiva beschrieben, gibt es auch für den Einsatz von Tranquilizern im Rahmen psychotherapeutischer Behandlungen eine Reihe von Indikationsbereichen. Das hängt damit zusammen, daß die Symptome, deren positive Beeinflussung durch Benzodiazepine möglich ist, bei der psychotherapeutischen Patientenklientel häufig anzutreffen sind.

Indikationsbereich für Tranquilizer während psychotherapeutischer Behandlung

- Angst- und Panikzustände, Phobien,
- akute Krisen/Dekompensationen unterschiedlicher Ätiologie,
- subjektiv sehr störende vegetative Syndrome, vegetative Übererregbarkeit,
- Ein- und Durchschlafstörungen,
- Unruhezustände unterschiedlicher Ätiologie sowie
- depressive Zustände.

Weitere Indikationsmöglichkeiten für den Einsatz von Benzodiazepinen ergeben sich aus einer Kombination mit Antidepressiva, so z.B. bei Depressionen, bei Angstzuständen, bei schweren Schlafstörungen, in suizidalen Krisen und bei psychotischen Episoden bzw. bei Grenzstörungen (s. oben).

Die Behandlung mit Tranquilizern hat lange Zeit auch unter Fachleuten zu kontroversen Diskussionen geführt. Während die einen ihren Einsatz (fast) unbedenklich fanden, sahen die anderen nur die Gefahr der Abhängigkeitsentwicklung und schränkten darum die Indikation extrem ein. Wie BENKERT u. HIPPIUS (1996) zutreffend bemerken, erscheint es wenig sinnvoll, „gegen den Gebrauch von Tranquilizern prinzipiell zu polemisieren" (S. 281). Sie weisen ebenso differenzierend darauf hin, daß Tranquilizer in keinem Fall die Psychotherapie ersetzen sollen!

Weder Überbewertung noch Abwertung dieser Substanzen sind angebracht. Der Psychotherapeut, der im Rahmen der oben beschriebenen Indikationsbereiche an einen Einsatz denkt, sollte aber einiges bedenken:

Die rasche beruhigende und entspannende Wirkung von Tranquzilizern kann für Patienten in ähnlicher Weise verführend sein wie die Einnahme von Alkohol. Angst und Spannung sind – vorübergehend – verschwunden oder zumindest sehr reduziert, und zwar medikamentös. Besonders Patienten mit starken Abwehrtendenzen gegenüber der eigenen Arbeit in der Psychotherapie können versucht sein, sich auch länger anhaltend Besserung ihrer Beschwerden primär durch das Benzodiazepin vorzustellen und zu wünschen.

> ! An diesem Punkt kann eine Abhängigkeitsentwicklung beginnen, die die weitere psychotherapeutische Arbeit erschweren oder unmöglich machen kann. Um dem entgegenzuwirken, sollte der Psychotherapeut den vorübergehenden Einsatz von Benzodiazepinen sorgfältig erwägen, den Patienten über mögliche Nebenwirkungen und Gefahren aufklären und auf die zeitliche Begrenzung der Medikation hinweisen (bis maximal drei Wochen). Das Absetzen sollte sukzessive unter langsamer Reduktion der Medikation erfolgen, um Absetzeffekte (s. oben) weitmöglichst zu vermeiden.

Nach Absetzen der Benzodiazepine kann es für den Patienten schwer sein, Angst und Spannung wieder mit mehr Toleranz hinsichtlich des Ertragens und Spürens akzeptieren zu müssen. Ebenso kann es sein, daß sich die Beziehung zum Therapeuten vorübergehend verschlechtert, weil der Patient das Gefühl haben kann, daß ihm etwas Wohltuendes weggenommen wurde. Dieses Erleben kommt natürlich aus anderen Schichten als der der rationalen Erklärungen des Therapeuten über die Notwendigkeit der zeitlichen Begrenzung der Medikation. Solche Spannungen in der Beziehung bieten dann aber auch psychotherapeutisch wieder viele Möglichkeiten zum Einstieg in generelle Problembereiche des Patienten (z.B. Aktivität vs. Passivität, Wünsche nach Versorgtwerden, Vermeiden von Unlustspannungen etc.).

Kontraindikationen

Kontraindikationen für den Einsatz von Tranquilizern sind:

- Myasthenie,
- akutes Engwinkelglaukom,
- Benzodiazepinüberempfindlichkeit,
- akute Intoxikationen mit Alkohol, Schlafmitteln, Analgetika oder Psychopharmaka.

Als relative Kontraindikationen können gelten:

- Alkoholmißbrauch oder -abhängigkeit,
- Suchtgefährdung,
- schwere Leber- und Nierenschäden.

13.3.4 Andere Psychopharmaka

Lithiumsalze und Carbamazepin

> Definition: Lithiumsalze eignen sich v.a. zur Phasenprophylaxe von affektiven und schizoaffektiven Störungen, sind therapeutisch aber auch besonders wirksam bei Manien.

> **Definition**
> Carbamazepin, als antikonvulsiv und bei paroxysmalen Schmerzsyndromen wirksame Substanz seit längerem bekannt, hat ebenfalls eine therapeutische Wirkung bei Manien und auch eine phasenprophylaktische Wirkung bei bipolaren Störungen. An den Einsatz von Carbamazepin ist auch zu denken, wenn Lithiumsalze nur gering oder gar nicht therapeutisch effektiv sind.

Für den Psychotherapeuten wird sich kaum je eine Indikation zum Einsatz dieser Medikamente stellen, es sei denn, daß er auch psychiatrisch tätig ist und in diesem Rahmen auch psychotherapeutisch mit Patienten arbeitet, die die beschriebenen Grundkrankheiten aufweisen. Hier wäre die Gelegenheit gegeben, kompetent beide Therapiestränge – Psychotherapie und Pharmakotherapie – zu kombinieren.

Beta-Rezeptorenblocker

> **Definition**
> Dies sind Substanzen, die die Wirkung von Beta-Sympatikomimetika, v.a. des Noradrenalins, hemmen.

In einer Reihe von Untersuchungen ließ sich zeigen, daß die Betablocker bei einigen psychischen Störungen therapeutisch hilfreich sein können. Da Suchtentwicklungen und kognitive Beeinträchtigungen bei diesen Substanzen nicht zu erwarten sind und zudem sedierende Effekte fehlen, gibt es durchaus einige wenige Indikationsbereiche auch im Rahmen psychotherapeutischer Behandlungen.

> **Indikationsbereich von Beta-Rezeptorenblockern im Rahmen psychotherapeutischer Behandlung**
>
> An einen – vorübergehenden – Einsatz im Sinne einer Kombinationsbehandlung mit Psychotherapie ist zu denken bei
>
> - Angstsyndromen mit überwiegend somatischen Symptomen (z.B. funktionelle kardiovaskuläre Symptome, Magen-Darm-Beschwerden, Schwitzen und Tremor),
> - Streß-Situationen (z.B. Examensängste, Ängste vor öffentlichen Auftritten).

Gerade im Fall von entstehenden oder bereits bestehenden kurzfristigen Streßreaktionen (gutes Beispiel: Prüfung) kann der Psychotherapeut eine kurzfristige Verordnung von Betablockern vornehmen, ohne daß die Psychotherapie Schaden nehmen muß. Der Patient erlebt eine deutliche Angstreduktion und kann nach Überstehen der akuten Streßreaktion die Hintergründe seiner Angst in Ruhe mit seinem Therapeuten bearbeiten.

■ **Kontraindikationen.** Allerdings müssen vor einer Applikation die Kontraindikationen für den Einsatz von Betablockern beachtet werden:

- Insulinpflichtiger Diabetes mellitus,
- Herzinsuffizienz,
- obstruktive Lungenerkrankungen,
- Schock,
- metabolische Azidose,
- Hypotonie,
- schwere periphere Durchblutungsstörungen und
- atrioventrikuläre Überleitungsstörungen.

Buspiron

> **Definition**
> Buspiron (Bespar) entstammt der Stoffklasse der Azapirone. Die Substanz wirkt anxiolytisch und nicht sedierend. Muskelrelaxierende und antikonvulsive Eigenschaften sind nicht bekannt. Eine Gewöhnungsgefahr kann verneint werden.

Indiziert kann dieses Präparat bei generalisierten Angstzuständen leichter bis mittelstarker Ausprägung sein. Es wirkt nicht bei Panikattacken.

Mögliche Nebenwirkungen sind:

- Magenbeschwerden,
- Übelkeit,
- Durchfall,

- Kopfschmerzen,
- Schwindel,
- Nervosität,
- Erregung,
- Schlaflosigkeit und
- Benommenheit.

■ **Kontraindikationen.** Das Präparat sollte nicht eingesetzt werden bei:

- Schweren Leber- und Nierenfunktionsstörungen,
- Myasthenie und akutem Engwinkelglaukom,
- ferner nicht bei akuten Alkohol-, Schlafmittel-, Analgetika- und Psychopharmakaintoxikationen.

Es sollte auch nicht während der Schwangerschaft und in der Stillzeit verordnet werden.

Barbiturate
Barbiturate waren vor Einführung der Benzodiazepin-Hypnotika die am häufigsten verordneten Schlafmittel. Sie sind heute aufgrund ihrer Nebenwirkungen, der Schwere der Intoxikationserscheinungen und der Toleranzentwicklung sowie des Abhängigkeitspotentials kaum noch indiziert.

Alkohol- und Aldehydderivate
Derivate von Alkoholen und Aldehyden sind seit langem wegen ihrer hypnotischen Wirkung als Schlafmittel eingesetzt worden. So kann z.B. Chloralhydrat (Chloraldurat) als Einschlafmittel gegeben werden. Es weist weniger Risiken als die Barbiturate auf, kann aber ebenso Sucht, Gewöhnung und Entzugssymptome verursachen. Als mögliche Nebenwirkungen sind Übelkeit, Verwirrtheitszustände und allergische Reaktionen bekannt geworden.

■ **Kontraindikationen.** Bei Patienten mit Magen-Darm-Erkrankungen, Leberkrankheiten, Nieren- und Herzinsuffizienz darf Chloralhydrat nicht eingesetzt werden.

Pflanzliche Präparate
Pflanzliche Präparate (z.B. Baldrian- oder Hopfenpräparate oder Extrakte aus dem Johanniskraut oder der Kava-Pflanze) werden ebenfalls als Tranquilizer, Antidepressivum oder zur Schlafanstoßung eingesetzt.

> ! Die Wirksamkeit dieser Präparate ist derzeit noch nicht wissenschaftlich exakt belegt. Ein Versuch mit pflanzlichen Präparaten ist aber, zumindest bei leichteren depressiven – und Schlafstörungen durchaus gerechtfertigt. Ein Therapierisiko fehlt – im Gegensatz zu den Psychopharmaka.

In der Praxis scheint es durchaus sinnvoll zu sein, zunächst mit einem dieser schwach wirksamen Medikamente zu beginnen. Manche Patienten scheinen damit auszukommen und davon ausreichend zu profitieren.

13.4 Psychopharmakologische Notfallbehandlung

Auch Psychotherapeuten können innerhalb ihres Arbeitsspektrums mit Notfallsituationen konfrontiert werden, die sie zumindest kennen sollten, auch wenn sie sie nicht selbst behandeln können. Darum sollen im folgenden einige typische Notfallsituationen aufgeführt werden, bei denen psychopharmakologische Interventionen notwendig sind oder zumindest hilfreich sein können.

Psychomotorische Erregungszustände

> ! Insbesondere bei psychotischen Dekompensationen im Rahmen psychotherapeutischer Behandlungen kann es z.B. zu psychomotorischen Erregungszuständen kommen, die mit hochpotenten Neuroleptika bei intramuskulärer Applikation behandelt werden müssen (z.B. mit Haloperidol oder Levopromazin).

Solche Zustände bedürfen der sofortigen Einweisung in eine psychiatrische Klinik, zumindest aber der umgehenden Hinzuziehung eines Psychiaters bzw. eines entsprechenden Notfalldienstes.

In Erregungszuständen mit deutlich ängstlicher Komponente kann ein Tranquilizer (z.B. Diazepam, orale Applikation) hilfreich sein. Die parenterale Applikation ist wegen der möglichen Atemdepression riskant.

Akute Suizidalität
Akut suizidale Patienten bedürfen ebenfalls einer umgehenden psychiatrischen Mitbehandlung (ambulant oder stationär).

> ! Psychopharmakologisch können rasch wirksame, dämpfende Substanzen eingesetzt werden (z.B. Diazepam und Levopromazin).

Bei leichteren suizidalen Krisen, die eher auch bei Patienten in der psychotherapeutischen Praxis vorkommen können, würde eine pharmakologische Mitbehandlung mit eher sedierend-antidepressiven, aber auch schwach neuroleptischen Substanzen sowie mit Benzodiazepinen erfolgen können.

Affektstörungen als Notfälle
Akut aufgetretene Angstzustände und Depressivität (evtl. mit Suizidalität) stellen Notfallsituationen dar, bei denen die Affektstörung das Leitsymptom markiert. Auch Psychotherapeuten können, z.B. während ambulanter Psychotherapie, Patienten erleben, die einen akuten Angstanfall im Sinne einer Panikattacke erleiden.

> ! Diese subjektiv dramatisch anmutenden Zustände können mit einem anxiolytisch wirksamen Benzodiazepin (z.B. Diazepam, Lorazepam) behandelt werden. Nicht selten ist es aber die Präsenz des Therapeuten und seine beruhigende Einwirkung, die einen solchen Anfall auch ohne psychopharmakologische Intervention abklingen läßt.

Depressivität (mit Suizidalität) ist ebenfalls eine affektive Reaktion bei Patienten, die auch in psychotherapeutischer Behandlung stehen. Eine akut auftretende Depressivität kann mit der Beziehung zum Psychotherapeuten und den Rahmenbedingungen zu tun haben. Sie kann z.B. ausgelöst werden durch die Ankündigung eines Urlaubs des Therapeuten oder auch durch das bevorstehende Ende der Therapie. Darüber hinaus können verschiedene Konstellationen außerhalb der therapeutischen Beziehung, also im realen Leben des Patienten, zu akuter Depressivität führen. Beispielhaft genannt seien nur massive Kränkungserlebnisse und Verluste. Der Psychotherapeut muß im Einzelfall entscheiden, ob seine üblichen therapeutischen Strategien ausreichen, um dem Patienten die akute Depressivität erträglicher zu machen oder ob er zusätzlich psychopharmakologisch intervenieren will, was sich besonders dann empfiehlt, wenn im Zuge der momentanen Depressivität auch schwere Schlafstörungen bestehen.

Letztlich muß sich die jeweils spezifische Behandlung von Depressivität und Suizidalität aber nach der zugrundeliegenden Erkrankung richten.

Anderen Notfallsituationen, so z.B. deliranten Syndromen und Bewußtseinsstörungen, wird der psychotherapeutisch Tätige eher nicht ausgesetzt sein. Ausführlichere Informationen zu pharmakotherapeutischen Möglichkeiten in psychiatrischen Akutsituationen finden sich ebenfalls bei Benkert u. Hippius (1996).

13.5 Resümee

Psychotherapeuten sollten sich von antiseptischen analytischen Attitüden („Die Kur muß in der Abstinenz durchgeführt werden“) weg – und hinbewegen zu einer sorgfältigen Abwägung verschiedener Hilfsmöglichkeiten im Verlauf einer Psychotherapie. Dazu gehört auch der im Einzelfall wohlüberlegte Einsatz von Psychopharmaka. Optimalerweise kann ein Psychotherapeut beides: die Psychotherapie und die Psychopharmakotherapie. Wenn dies nicht der Fall ist, sollte er zumindest über genügend Kenntnisse verfügen, um eine Indikation zu einer begleitenden Psychopharmakotherapie bei einem anderen Therapeuten stellen zu können. Solche Kenntnisse sollten während der psychotherapeutischen Weiterbildung innerhalb der Ausbildungsinstitutionen und insbesondere innerhalb des psychiatrischen Jahres bzw. beim Erwerb psychiatrischen Basiswissens im Rahmen von Praktika vermittelt werden.

Ein guter Therapeut sollte sich also von der „Entweder-Oder"-Haltung zu einer „Sowohl-Als auch"-Haltung entwickelt haben.

Literatur

Frank E, Kupfer DJ, Perel JM (1990) Three-year outcomes for maintenance therapies in recurrent depression. Arch Gen Psychiatry 47:1093–1099

Hautzinger M (1995) Psychotherapie und Pharmakotherapie bei Depressionen. Psychotherapeut 40:373–380

Horst WD (1990) New horizons in the psychopharmacology of anxiety and depressive disorders. Psychiatric Annals 20:634–639

Howland RH (1991) Pharmacotherapy of dysthimia – a review. J Clin Psychopharmacol 11:83–92

Klerman GL, Dimascio A, Weissman M, Prusoff B, Paykel ES (1974) Treatment of depression by drugs and psychotherapy. Am J Psychiatry 131: 186–191

Stokes PE (1991) The changing horizon in the treatment of depression – scientific/clinical publication overview. J Clin Psychiatry 52: 35–43

Weiterführende Literatur

Benkert O, Hippius H (1996) Psychiatrische Pharmakotherapie, 6. Aufl. Springer, Berlin Heidelberg New York

Grenzen der Psychotherapie

J. Eckert, M. Hautzinger, C. Reimer, E. Wilke

Vorbemerkung:
Wenn wir in diesem Kapitel über den Grenzbereich sprechen, in dem Psychotherapie eine besondere Dynamik gewinnt, so möchten wir die Ausführungen über Indikation und Kontraindikation, die in den vorangehenden Kapiteln niedergelegt sind, vertiefen und um einige ganz besondere Aspekte erweitern.

Wir bewegen uns als Psychotherapeuten bezüglich unseres Wissens über psychische Störungen und deren Behandelbarkeit in Grenzen, die durch den momentanen Wissensstand definiert sind. Untersuchungen zeigen immer wieder, daß das Ergebnis einer Psychotherapie im individuellen Fall schwer vorhersagbar ist. Objektive prognostische Kriterien, die für Gruppen von Patienten zutreffen, erweisen sich bei der Anwendung auf den einzelnen Patienten als unzureichend.

In der somatischen Medizin ist die Wirkung einer therapeutischen Intervention relativ gut prognostizierbar. Die Bedeutung subjektiver prognostischer Kriterien, die auch in der Somatik gelten, ist in der Psychotherapie ungleich größer. Krankheitsverläufe können überraschende, positive Wendungen nehmen, die aufgrund objektiver Kriterien, wie z. B. geringer Bildungsstand, lang andauernde und schwere Erkrankung, nicht vorhersehbar gewesen wären.

Andererseits neigen Psychotherapeuten zu Beginn ihrer Ausbildung manchmal dazu, die Wirksamkeit der von ihnen angewandten Psychotherapiemethode zu überschätzen. Auch die Gründergeneration der großen Therapieschulen (Freud, Rogers, Eysenck u. a.) hat dieser Neigung zur Selbstüberschätzung nicht immer widerstehen können.

> ! Die Überzeugung von der Wirksamkeit des gewählten Therapieverfahrens gehört zur Identitätsbildung eines Psychotherapeuten.

In der Ausbildung werden Stadien analog zu denen der Verliebtheit durchlaufen. Idealisierungen, die am Beginn zur Identitätsbildung beitragen, müssen überwunden werden, damit die Wirksamkeit der Methode realistisch eingeschätzt werden kann („Profession statt Konfession", Grawe et al. 1994). Wir halten es für notwendig, die Grenzen psychotherapeutischer Hilfsmöglichkeiten kritisch zu reflektieren. Kein Therapeut sollte z. B. von sich fordern, alle unterschiedlichen Störungen mit dem ihm zur Verfügung stehenden therapeutischen Repertoire behandeln zu können. So wird er kaum sinnvoll mit einem Patienten arbeiten, der häufig angetrunken oder unpünktlich zu den Terminen erscheint oder hinter dessen Therapiewunsch ein starkes, mehr oder weniger bewußtes Rentenbegehren steht.

14.1 Grenzen, die überwiegend durch den Patienten bedingt sind

Intellektuelle Voraussetzungen

> ! Grenzen psychotherapeutischer Einflußmöglichkeiten ergeben sich generell durch das Ausmaß der Differenziertheit und Strukturiertheit eines Patienten.

Manchen Psychotherapeuten fällt es z.B. schwer, zu sehen, daß auch die intellektuellen Fähigkeiten eines Menschen ein limitierender Faktor sein können. Psychotherapeuten machen sich über das intellektuelle Niveau ihrer Patienten zu wenig Gedanken. Typisch dafür ist, daß bei der Anamnese die Leistungsdaten und Lernschwierigkeiten im Rahmen der schulischen und beruflichen Karriere nicht immer ausreichend genau erfragt werden. So kann es z.B. vorkommen, daß ein Therapeut im Erstgespräch Einsilbigkeit oder Nichteingehen auf eine Frage oder Intervention vorschnell als Abwehr oder Widerstand mißdeutet, obwohl der Patient eigentlich intellektuell überfordert ist. Auch die Angst eines Studenten, sich einer Prüfung zu stellen, muß nicht immer Ausdruck einer neurotischen Arbeitsstörung bzw. eines angstassoziierten Vermeidungsverhaltens sein, sondern kann auch darauf hinweisen, daß der Stoff der Prüfung aus intellektuellen Gründen nicht bewältigt werden kann. Die Beurteilung im Querschnitt kann durch das momentane Krankheitsbild, z.B. eine manifeste Depression, geprägt sein. Deshalb ist es für die Beurteilung der intellektuellen Fähigkeiten ratsam, den schulischen und beruflichen Werdegang zu explorieren und ggf. die Angaben des Patienten fremdanamnestisch zu ergänzen bzw. testpsychologisch abzusichern.

Abwehrvorgänge

> ! Art und Stärke von Abwehrmechanismen können die therapeutische Erreichbarkeit begrenzen.

Abwehrvorgänge, die die psychotherapeutische Einflußnahme deutlich einschränken oder verhindern, werden von Psychotherapeuten meistens wie folgt beschrieben: Der Patient ist nicht ausreichend motiviert, er beharrt auf rein somatischen Ursachen oder ist nicht ausreichend selbstreflexiv bzw. selbstexplorativ, kann sich nicht auf die psychotherapeutische Beziehung einlassen.

Grenzen durch psychologische Variablen

> ! Verschiedene psychologische Parameter können Verlauf, Prognose und letztlich Begrenzung der Therapierbarkeit des Patienten bedingen.

Diese sind v.a.:

Psychologische Parameter, die die Therapierbarkeit begrenzen können

- Motivation,
- Fähigkeit zu Selbstexploration und Selbstreflexion,
- Ausmaß der sozialen Integration bzw. deren Einschränkung sowie
- Fähigkeit zur Realitätsprüfung.

Beispiele für begrenzende Variablen auf Patientenseite

Beispiel

Beispiel für unzureichende Motivation:
Ein 42jähriger Patient strapaziert die Geduld seines Hausarztes mit immer neuen Klagen über schmerzhafte Blähungen im Oberbauch, die ihn ängstigen. Er beobachtet sich in hypochondrischer Weise und ist von der organischen Genese seiner Beschwerden überzeugt. Der Hausarzt drängt auf eine Konsultation beim Psychotherapeuten, die der Patient nicht wünscht, was er dem Arzt auch sagt. Auf Drängen von Freunden kommt es dann doch zu einem Erstgespräch bei einem Psychotherapeuten, in dem von Anfang an deutlich wird, daß keinerlei Motivation besteht, über sich und mögliche psychische Ursachen der bestehenden Beschwerden zu sprechen. Er erklärt dem Psy-

chotherapeuten, daß es in seinem Leben keine Probleme gäbe und daß er auch sicher sei, daß die eigentliche organische Ursache durch weitere spezielle Untersuchungen gefunden werden könne. In diesem Zusammenhang macht er den bisher diagnostizierenden Ärzten den Vorwurf, nicht genau genug untersucht zu haben. Der Psychotherapeut versucht daraufhin, mit dem Patienten über eine möglicherweise dahinterliegende Angst zu sprechen. Da auch dieses abgewehrt wird, ist eine Psychotherapie nicht möglich.

Beispiel für unzureichende Selbstexploration und Selbstreflexion:
Eine 34jährige verheiratete Frau klagt im Erstgespräch über ihre Lebensmisere. Ihre Ehe sei schlecht, weil ihr Mann sie vernachlässige und nicht liebevoll genug sei. Auch in ihrer Kindheit sei sie oft schlecht behandelt worden, obwohl sie sicher ein freundliches und liebes Mädchen gewesen sei. Ihre 12jährige Tochter mache „gemeinsame Sache" mit dem Ehemann. Er habe sie auf seine Seite gezogen. Durch das Erstgespräch zieht sich wie ein roter Faden die massive Vorwurfshaltung der Patientin. Sie erlebt sich als unschuldig, als Opfer. Die anderen sind böse, sind Täter. Der Therapeut merkt bald, daß jeder Versuch seinerseits, selbstkritische bzw. selbstreflexive Gedanken anzuregen, von der Patientin schon im Keim erstickt wird.

Störungen der sozialen Integration sind häufig auch Ausdruck einer psychischen Störung, die sich in einem negativen Zirkel wiederum auf die sozialen Beziehungen und auf die Möglichkeit, sich in einer Psychotherapie Hilfe zu holen, negativ auswirkt.

BEISPIEL

Beispiel für unzureichende soziale Integration:
Ein alleinstehender 66jähriger pensionierter höherer Beamter vereinsamt in seinen letzten Dienstjahren zunehmend. Nach seiner Pensionierung bemerkt er vorwurfsvoll, daß sich niemand um ihn kümmert. Ein alter Schulfreund rät ihm, in dieser Lage einen Therapeuten aufzusuchen, um aus dieser Lebenskrise herauszukommen. Er lehnt den Vorschlag entrüstet mit dem Hinweis ab, daß es genügend Institutionen gebe, die verpflichtet seien, sich um Ältere zu kümmern; dies müsse auch für ihn gelten.

Man könnte diese Reaktion auch als Ausdruck von mangelnder Motivation ansehen. Wir haben das Beispiel hier dargestellt, weil sich dieser Patient aus einer realen Isolierung und Vereinsamung nicht mehr lösen konnte, in seiner Vorwurfshaltung verharrte und sich keine hilfreiche Beziehung vorstellen konnte.

BEISPIEL

Beispiel für mangelnde Realitätsprüfung:
Ein 54jähriger Mann wird vom Hausarzt zum Psychotherapeuten überwiesen, weil er seine Ehefrau mehrfach tätlich angegriffen hat. Am Telefon teilt der Arzt dem Therapeuten mit, daß der Patient offensichtlich eine starke Eifersuchtsproblematik habe. Im Gespräch beschuldigt der Patient seine 12 Jahre jüngere Ehefrau, ihn mit anderen, jüngeren Männern zu betrügen. Auf die Frage des Therapeuten, ob er Beweise für seine Befürchtungen habe, antwortet der Patient lediglich, daß er seiner Wahrnehmung sicher sei. Beim Gespräch über die Sexualität in der Ehe wird deutlich, daß der Patient bereits seit mehreren Jahren unter Potenzstörungen leidet, was auch schon zu Spannungen in der Ehe geführt hat. Die Interviewszene wird völlig von der Vorstellung des Patienten beherrscht, daß seine Eifersucht berechtigt sei. Der Therapeut schlägt vor, die Ehefrau zu einem gemeinsamen Gespräch einzuladen. Der Patient lehnt diesen Vorschlag entrüstet ab, so daß eine Prüfung der Berechtigung des Eifersuchtserlebens nicht erfolgen kann. Den Gedanken an eine eigene Psychotherapie weist der Patient ebenso weit von sich, weil er das vermeintliche Fehlverhalten seiner Ehefrau als alleinige Ursache seines Leidens ansieht.

Die Unfähigkeit zur Realitätsprüfung, d.h. zur Prüfung des Realitätsgehalts der subjektiven Wahrnehmung und des Erlebens läßt sich auch bei anderen Patienten finden, z.B. bei Patienten mit sensitiv-paranoidem Erleben oder mit unkorrigierbaren hypochondrischen Befürchtungen. Ein Teil dieser Patienten kann auch weitere gravierende psychiatrische Symptome aufweisen, wie z.B. einen Wahn oder eine Depression.

Der Psychotherapeut sollte bei der Indikationsstellung prüfen, ob das jetzige Erleben seines Patienten korrigierbar oder eher unkorrigierbar ist.

> ! Eine Grenze bezüglich psychotherapeutischer Erreichbarkeit ist häufig bei Patienten mit chronischen Leidenszuständen gegeben.

In diesen Fällen kann der Psychotherapeut sich überlegen, ob nicht die Möglichkeit besteht, mit Hilfe einer psychopharmakologischen Behandlung diese Grenze etwas durchlässiger zu machen. Ärztliche Psychotherapeuten mit guten psychopharmakologischen Kenntnissen können Medikamente selbst verordnen, sie aber als integrierten Bestandteil ihres psychotherapeutischen Behandlungsplanes auffassen.

14.2 Grenzen, die überwiegend durch den Therapeuten bedingt sind

Für Psychotherapeuten gelten prinzipiell dieselben begrenzenden Variablen, die wir für die Patienten beschrieben haben. Da Psychotherapie immer auch eine persönliche Beziehung zwischen dem Therapeuten und seinem Patienten beinhaltet, persönliche Beziehung sich aber nicht „verordnen" läßt, sind auch hierdurch Grenzen gegeben.

Grenzen durch emotionale Reaktionen des Therapeuten
Jeder Therapeut versucht, sich die Patienten auszusuchen, von denen er meint, daß sie zu ihm „passen". Hinter diesem Wort verbirgt sich ein komplexes Bündel von überwiegend emotionalen Reaktionen auf seiten der Therapeuten. Diese begründen ihr Therapieangebot an den Patienten u.a. wie folgt: „Ich fand den Patienten trotz seiner massiven Symptomatik sympathisch", „Er löste in mir den Impuls aus, ihm helfen zu wollen" oder „Irgendetwas an ihm hat mich angesprochen". Die emotionalen Reaktionen der Therapeuten auf Patienten, deren psychotherapeutische Behandlung sie ablehnen, sind häufig eindeutiger. Sie beziehen sich meist auf Gefühle von Ablehnung und Angst: „Mit dieser Problematik kann ich mich nicht befassen; ich spüre nur Ekel und Ablehnung" oder „Ich merkte, wie ich Angst bekam und die Phantasie entwickelte: Der setzt sich auf meinen Schoß, beißt in meine Brust und läßt sie nicht wieder los".

Unter therapietheoretischen Gesichtspunkten ist es im Hinblick auf eine gute Prognose offensichtlich erforderlich, daß sich bereits in den Erstgesprächen auf seiten des Psychotherapeuten zumindest zeitweise so etwas wie eine „milde, positive Gegenübertragung" bzw. ein gewisses Ausmaß an „Bedingungsfreier Anerkennung" bzw. „Sympathie" einstellt und der Therapeut die Vorstellung entwickelt, daß sich mit diesem konkreten Patienten ein therapeutisches Arbeitsbündnis herstellen lassen wird. Uns erscheint es unerläßlich, daß der Therapeut eine positive Phantasie über die Entwicklungsmöglichkeiten des Patienten bei sich erlebt.

> ! Diese Voraussetzung für eine positive Indikationsstellung markiert zugleich eine Grenze für die Anwendbarkeit von Psychotherapie. Es handelt sich dabei um eine Grenze, die in der Person eines bestimmten Therapeuten begründet ist und die bei anderen Therapeuten nicht gültig sein muß.

Dennoch gibt es Patienten, die es aufgrund der Art ihrer Störung generell schwer haben, einen Therapieplatz zu bekommen. Dazu gehören v.a.

- süchtige und chronisch suizidale Patienten,
- Patienten mit Perversionen oder mit Neigung zu Gewalttätigkeit und Delinquenz und
- sog. Ich- oder strukturschwache Patienten, die unter Belastung z.B. psychotisch dekompensieren können.

Diese Patienten können durchaus psychotherapeutisch erreichbar sein, aber nicht jeder Therapeut wird sich mit ihnen erfolgreich befassen können und wollen, weil sie die Gefühle in ihm mobilisieren, die eine Psychotherapie zum Scheitern verurteilen, nämlich anhaltende Aversion, Antipathie und Angst.

Grenzen durch persönliche Ressourcen

Ob ein Therapeut einen Patienten annimmt oder ablehnt, ist auch Ausdruck von Erfahrung. Manche Berufsanfänger muten sich sehr schwer gestörte Patienten zu oder bekommen diese von Supervisoren zugewiesen, die eigentlich wissen könnten, daß sie die Kandidaten damit überfordern. Psychotherapeutische Erfahrung führt eher dazu, daß sich ein anfänglicher Behandlungsoptimismus relativiert und daß man sich nicht mehr all das zumutet, was man am Anfang glaubte, sich zumuten zu müssen.

Erfahrung drückt sich also auch darin aus, daß ein Therapeut nur die Patienten in Behandlung nimmt, die er „verkraften" kann. Dies ist ein wichtiger Aspekt der beruflichen Psychohygiene. Es wäre falsch, diese Gründe für eine Patientenauswahl unter moralischen Gesichtspunkten zu sehen, denn sie dienen den Interessen von Patienten und Therapeuten gleichermaßen.

> **!** Jeder Therapeut hat eben nur ein begrenztes Ausmaß an persönlichen Ressourcen!

Grenzen durch berufsspezifische Belastungen

Grenzen, die in der Person des Therapeuten begründet sind, können sich auch daraus ergeben, wie diese Profession auf den Therapeuten zurückwirkt. Die ständige Konfrontation mit psychischem Leid und Elend, mit der Neigung zu Negativität und beharrlicher Klagsamkeit mancher Patienten in Verbindung mit dem „Zwang", geduldig zuzuhören und emphatisch reagieren zu müssen, stellt einen hohen Belastungsfaktor dar. Der Anfänger wird diese Belastung in der Idealisierungsphase seiner beruflichen Tätigkeit möglicherweise zu wenig bemerken. Mit zunehmender Berufserfahrung aber ist deren Wahrnehmung unvermeidbar. Die Folge dieser berufsspezifischen, anhaltenden Belastungen können z. B. inadäquate Ärgerreaktionen sein, aber auch Ermüdung, Erschöpfung und andere Phänomene, die unter dem Begriff des „Burn-out" bekanntgeworden sind (Burisch 1994, Fengler 1994).

> **!** Diese berufsspezifischen Belastungen führen zwangsläufig zu Grenzziehungen beim Therapeuten.

Auch eine abgeschlossene Psychotherapieausbildung mit einer Lehrtherapie bzw. Eigentherapie und/oder umfangreicher Selbsterfahrung führt offenbar nicht dazu, daß Therapeuten „Herren im eigenen (psychischen) Haus" (Freud) werden, d. h. in ihrer Wahrnehmung und in ihrem Handeln frei sind von sog. blinden Flecken. Diese blinden Flecken bedürfen der stetigen Beachtung und Reflexion z. B. durch Supervision, weil sie dazu beitragen können, daß der Psychotherapeut seiner Aufgabe nicht mehr gerecht wird.

Beispiele für begrenzende Variablen auf Therapeutenseite

Im folgenden Beispiel ist der Therapeut nicht mehr allein zum Wohle des Patienten tätig, sondern benutzt seine Tätigkeit dazu, sein eigenes inneres Gleichgewicht zu erhalten.

Beispiel

Beispiel für mangelnde soziale Integration eines Therapeuten:
Ein 55jähriger geschiedener, allein lebender Psychotherapeut arbeitet an sechs Tagen in der Woche von morgens 7.00 Uhr bis 20.00 Uhr in seiner Praxis mit der Ausnahme einer 30minütigen Mittagspause. Aus diesem Zeitaufwand und weiteren Hinweisen ergibt sich die berechtigte Frage, ob neben den Beziehungen zu Patienten außerhalb des Therapieraums noch ausreichende befriedigende Sozialkontakte bestehen. Die Gefahr der „Privatisierung" mit Patienten besteht offensichtlich besonders zu Zeiten, in denen sich Therapeuten selbst in einer Lebenskrise befinden und von daher bedürftig sind (s. auch Kap. 15 „Ethische Aspekte der Psychotherapie").

Beispiel

Beispiele für unzureichende Selbstreflexion/Selbstexploration:
Ein Ausbildungskandidat sucht einen Supervisionsplatz, nachdem er mit einer Patientin nach einem Vorgespräch eine psychotherapeutische Behandlung verabredet hat. In der ersten Supervisionssitzung berichtet er über die Attraktivität der Patientin und über die überaus positive Gesprächsatmosphäre. Auf Nachfrage des Supervisors nach der Symptomatik bzw. den grundlegenden Konflikten der Patientin kann er nur allgemein angeben, daß die Frau ihre Lebensunzufriedenheit dargestellt habe. Nähere Informationen zur Vorgeschichte, zum Leidensdruck und zur Therapiemotivation kann er nicht geben. Hieran wird deutlich, daß seine Verführbarkeit durch die Attraktivität der Patientin dazu geführt hat, daß er die üblichen Überlegungen zur Diagnose und Indikation nicht angestellt und trotzdem eine Therapie verabredet hatte.

Ein 35jähriger Studienrat, der bereits mehrere Therapien bei sehr bekannten Therapeuten erfolglos abgebrochen hatte, sucht einen neuen Therapeuten auf und berichtet diesem sehr offen von dem Scheitern der bisherigen Therapeuten; er bezeichnet sich selbst als „Koryphäenkiller“. Der Therapeut will ihn daraufhin spontan ablehnen, bietet ihm dann aber doch einen Platz in seiner Gruppe an, nachdem der Patient sehr überzeugend den Eindruck vermittelt hat, daß er, der Therapeut, der „Richtige“ sei. In der Tat bleibt der Patient bis zum Ende der Gruppe und bricht nicht ab. In der letzten Stunde verabschiedet er sich mit dem „Geständnis“, daß er in der kommenden Woche in ein Mittelmeerland fliegen werde, um dort bei einem „Guru“ den entscheidenden „Kick“ zu bekommen, den ihm diese Gruppe und der Therapeut letztlich nicht geben konnten.

Der Therapeut war von dieser Wendung überrascht und gekränkt, obwohl er im Verlauf der Gruppensitzungen feststellen konnte, daß der Patient zu wesentlichen Änderungen nicht fähig war. Er konnte erst im nachhinein sehen, daß er am Anfang in eine ihm nicht bewußte Rivalität mit den Vorbehandlern gekommen war. Dieser Umstand hatte ihn wähnen lassen, daß er besser sein könnte als die anderen.

Beispiel

Beispiel für fachliche Überschätzung:
Für eine 18jährige Patientin mit einer schweren, chronisch verlaufenden Colitis ulcerosa wird vom Chirurgen die Indikation zur Kolektomie gestellt. Dies löst bei der Patientin selbst, bei ihren Eltern, aber auch beim ambulant behandelnden Psychotherapeuten den Impuls aus, einen letzten konservativen (internistisch-psychotherapeutischen) „Rettungsversuch“ zu unternehmen. Die Patientin wird in einer entsprechenden psychosomatischen Fachklinik vorgestellt. Der dortige konsiliarisch gerufene Chirurg bestätigt zwar die Operationsindikation, hält es aber alternativ auch für vertretbar, einen letzten konservativen Behandlungsversuch zu machen. Unter der kombinierten internistisch-psychotherapeutischen Behandlung stabilisiert sich die Patientin für zwei Wochen sowohl psychisch wie auch körperlich. Dann kommt es nachts plötzlich zu einem dramatischen Bild einer Durchwanderungsperitonitis, die zur sofortigen Kolektomie zwingt. Die notwendig werdende Operation erweist sich als umfangreicher als jene, die notwendig gewesen wäre, wenn die Patientin zum Aufnahmezeitpunkt operiert worden wäre.

Das Beispiel illustriert, wie sich eine Reihe von Ärzten und Psychotherapeuten trotz sorgfältiger Abwägung bei der Einschätzung eines bedrohlichen somatischen Zustands zu einer Überschätzung der psychotherapeutischen Einflußmöglichkeiten auf dieses Krankheitsbild zusammenfanden.

Beispiel

Beispiel für unzureichende Motivation:
Ein Psychotherapeut stellt bei einer Patientin mit einer Eheproblematik eine für ihn schlüssige und überzeugende Therapieindikation und beginnt die Behandlung; die Patientin ist ebenfalls motiviert. Im Verlauf

der Behandlung ist der Therapeut zunehmend enttäuscht über die seiner Meinung nach unzureichende Bereitschaft der Patientin, sich kritisch mit ihren Anteilen innerhalb der Eheproblematik auseinanderzusetzen. Er bemerkt bei ihr vielmehr eine Tendenz, sich als Opfer der Machenschaften ihres Mannes zu erleben. Er hat das Gefühl, daß die Therapie stagniert und fühlt sich in seinem Bemühen, der Patientin bei Veränderungen behilflich zu sein, zurückgewiesen. Die Folge ist ein zunehmender innerer Rückzug des Therapeuten in seinem Engagement gegenüber seiner Patientin. Der weitere Gang der Psychotherapie wird dadurch begrenzt. Schließlich schlägt er der Patientin eine Paarbehandlung bei einer Therapeutin vor.

Beispiel

Beispiel für unzureichende Erfassung der Realität des Patienten durch den Therapeuten:
Ein in einer psychiatrischen Klinik arbeitender Psychotherapeut ist beeindruckt von den aktuellen Lebenskonflikten eines 45jährigen Apothekers, die er problemlos mit einem neurotischen Grundkonflikt in Zusammenhang bringen kann. Für ihn folgerichtig beginnt er eine analytisch orientierte Psychotherapie mit dem Ziel, die aktuelle Lebenssituation des Patienten verbessern zu können. Dies geschieht, obwohl der Therapeut weiß, daß gerade eben die Phase einer schweren, psychosewertigen Depression abgeklungen ist. Erst ein massiver Suizidversuch seines Patienten macht ihn darauf aufmerksam, welche Grunddiagnose den Zustand des Patienten immer noch bestimmt und daß einer analytisch orientierten Psychotherapie zumindest zum jetzigen Zeitpunkt Grenzen gesetzt sind.

Beispiele für Grenzen durch Empathiemangel des Therapeuten

Wir wollen vorausschicken, daß die Fähigkeit zur Empathie nicht als feste, unveränderliche Größe zu verstehen ist, sondern daß Psychotherapeuten in Abhängigkeit von ihrer jeweiligen Befindlichkeit hierin auch Schwankungen unterliegen.

Beispiel

Ein 28jähriger Psychotherapeut bemerkt selbst, daß er in einer für ihn sehr verletzenden Phase von Trennungsbewältigung steht und infolgedessen große Mühe hat, diejenigen seiner Patienten empathisch zu begleiten, die wegen Partnerproblemen in die Therapie gekommen sind. Eine Empathiestörung kann sich auch dann ergeben, wenn zwischen Therapeut und Patient keine Einigkeit hinsichtlich der Verfolgung von Therapiezielen besteht.

Ein Beispiel hierfür wäre, daß ein Psychotherapeut seine Empathie vorwiegend auf die von ihm erhoffte Bearbeitung der Aggressionsprobleme seines Patienten lenkt, während dieser eigentlich erhofft, daß der Therapeut ihn dabei unterstützt, selbstsicherer zu werden.

Unabhängig von diesen situativ bestimmten Empathiestörungen lassen sich manchmal bei Therapeuten Empathiemängel beobachten, die eher in ihrer Persönlichkeit begründet sind. In Ausbildungsinstituten läßt sich beobachten, daß ein Teil der Kandidaten als „problematisch in ihrer Empathiefähigkeit" erkannt werden. Das macht sich u.a. dadurch bemerkbar, daß bei ihnen Patienten gehäuft die Therapie abbrechen. Dieses wird stirnrunzelnd zur Kenntnis genommen und hat nicht immer die Konsequenzen, die eigentlich gezogen werden müßten.

Eine Empathiestörung kann sich auch dadurch ergeben, daß der Therapeut bewußt oder unbewußt meint, sich vor bestimmten Persönlichkeitsanteilen und den damit verbundenen Impulsen und möglichen Handlungen schützen zu müssen.

Beispiel

Eine 35jährige Therapeutin, die bislang ihrem 52jährigen Patienten gut empathisch folgen konnte, sucht aufgeregt ihren Supervisor auf. Der „innere Draht" sei schlagartig abgebrochen, als der Patient von sadistischen Impulsen gesprochen habe, die er früher einmal einer Frau gegenüber erlebt habe. Es sei nicht zur Handlung gekommen, aber er habe sich nur mit Mühe disziplinieren können, und die innere Erregung sei noch heute für ihn spürbar, wenn er an die damalige Situation denke. Die Therapeutin befürchtet jetzt, diese oder ähnliche Impulse könnten sich auch ihr gegenüber manifestieren.

Beispiel

Beispiel für einen Empathiemangel, der in der Persönlichkeit des Therapeuten begründet liegt:
Ein Ausbildungskandidat berichtet seinem Supervisor, daß seine Patienten immer wieder die begonnenen Behandlungen abbrächen. Er könne sich dies nicht erklären, zumal er glaube, zu diesen Patienten enge therapeutische Beziehungen zu unterhalten. Darüber hinaus ist er nicht in der Lage, diesen Vorgang selbstkritisch zu reflektieren. Er vermutet vielmehr eine besonders negative Selektion in seiner Praxis.

! Dieses Beispiel zeigt, daß nicht nur die Qualität einer Ausbildung bestimmend ist für die Qualität der späteren Psychotherapeuten, sondern daß bestimmte Fähigkeiten primär vorhanden sein müssen, zu denen entscheidend die Empathie gehört.

Analog zu den eher begrenzten Veränderungsmöglichkeiten mancher Patienten gilt auch, daß das Veränderungspotential von Ausbildungskandidaten solchen Einschränkungen unterworfen sein kann.

14.3 Grenzen, die sich aus der Interaktion zwischen Patient und Therapeut ergeben

Auch wenn wir bislang von Grenzziehungen durch den Therapeuten bzw. Grenzziehungen durch den Patienten gesprochen haben, waren wir uns bewußt, daß es sich häufig um interaktionelle Prozesse handelt. Wir haben die Einteilung aus didaktischen Gründen so vorgenommen.

Als Beispiel für Grenzen, die sich überwiegend aus der Interaktion zwischen dem Patienten und seinem Therapeuten ergeben können, nennen wir die folgende Situation.

Beispiel

Eine 34jährige Ärztin aus einer durch Inzest belasteten Familie begibt sich in analytische Psychotherapie wegen einer sexuellen Hingabestörung. Sehr bald entwickelt sich zwischen ihr und ihrem 44 Jahre alten Therapeuten eine sehr vertraute und nahe Beziehung, in der es, wie sie im nachhinein berichtet, gelegentlich auch vor Erotik „geknistert“ habe. Der Therapeut beginnt mehr und mehr, ihr auch aus seinem privaten Leben zu erzählen. Sie ist darüber erstaunt und verwirrt, versucht dies aber als zur Therapie dazugehörend zu verstehen. In einer Stunde kommt es schließlich zu einem für sie völlig überraschenden sexuellen Übergriff des Therapeuten und zum Geschlechtsverkehr. Der Therapeut beendet die Therapie nicht, sondern versucht sie fortzuführen. Er pendelt hierbei zwischen privater, distanzloser Nähe und professioneller, therapeutischer Distanz. Dieses ist für die Patientin so unerträglich, daß sie 3 Monate nach dem ersten Vorfall die Therapie abbricht.

Dieser „Therapieversuch“ wurde seitens des Therapeuten ausgesprochen unprofessionell gehandhabt, und zwar im Sinne eines sexuellen Mißbrauchs der Patientin (Näheres zu dieser Problematik im Kap. 15: „Ethische Aspekte der Psychotherapie“).

14.4 Grenzen, die in der äußeren Realität begründet sind

Psychotherapeutischen Einflußnahmen werden nicht selten Grenzen gesetzt, die mit dem Patienten selbst eher wenig zu tun haben. So kann es z. B. vorkommen, daß trotz vorhandener Therapiemotivation des Patienten die Therapie von außen boykottiert wird.

Jeder Psychotherapeut kennt Beispiele der Einflußnahme von nahestehenden Bezugspersonen auf das Therapiegeschehen.

Der Partner als limitierender Faktor

Beispiel

Eine nicht berufstätige, von ihrem Mann finanziell abhängige 46jährige Frau sucht eine psychotherapeutische Behandlung auf wegen Depressivität, Schlafstörungen und verschiedenen psychosomatischen Symptomen. Als in der Therapie zum erstenmal die Ehesituation problematisiert wird, berichtet sie dies am Abend ihrem Ehemann. In der Folgezeit versucht dieser seine Frau nachdrücklich dahingehend zu beeinflussen, daß die Therapie ihr schaden werde und daß der Therapeut offensichtlich das Ziel verfolge, die Ehe auseinanderzubringen. Ein vom Therapeuten angebotenes Paargespräch lehnt der Ehemann ab, die Frau gerät schließlich derart unter Druck, daß sie die Therapie abbricht.

Die Familie als limitierender Faktor

Beispiel

In der dritten Woche der stationären Psychotherapie einer 17jährigen Bulimiepatientin regen die Therapeuten ein Familiengespräch an. Die Familie hatte sich bis dahin – wie verabredet – ganz aus der Therapie herausgehalten. Die Terminabsprache zu diesem Familiengespräch gestaltete sich äußerst schwierig. Geschwister sagten zu und wieder ab. Am Tag des anberaumten Gesprächs erschien nur die Mutter, um mitzuteilen, daß die Familie nicht bereit sei, sich einem solchen Gespräch zu stellen, ohne dies näher begründen zu wollen. Die Patientin war danach wie verwandelt. Sie hatte bis dahin einen guten Kontakt zu ihrer Therapeutin gefunden und öffnete sich mehr und mehr. Die Therapeutin hatte nach dem „geplatzten" Familiengespräch das Gefühl, ein Tabu berührt zu haben, aber keinen Schritt weitergehen zu dürfen. Eine Woche später teilte die Patientin mit, gehen zu müssen, aber auch gehen zu wollen. Es gehe ihr besser, sie erbreche nur noch wenig und sei „einigermaßen klar". Mit sehr ambivalenten Gefühlen wurde die Patientin dann entlassen. Sechs Monate später war durch eine den Klinikbehandlern bekannte Psychotherapeutin zu erfahren, daß sie dort in ambulanter Behandlung sei und von einer über mehrere Generationen zurückreichenden Inzestproblematik erzählt habe. Sie habe die ambulante Therapeutin gebeten, auch den Klinikärzten dieses mitzuteilen.

Zeit und Verfügbarkeit des Therapeuten als limitierende Faktoren

Beispiel

Ein 39jähriger Patient mit massiven Zwangsritualen und Kontrollzwängen ist arbeitsunfähig und inzwischen berentet, weil seine Zwänge ihm nicht erlauben, morgens rechtzeitig fertig zu werden, seine Wohnung zu verlassen und am Straßenverkehr teilzunehmen. Verschiedene stationäre und pharmakologische Behandlungen wurden durchgeführt. Dabei konnten an verschiedenen Kontrollzwängen durchaus Verbesserungen erzielt werden. Das entscheidende Hindernis der Weiterbehandlung besteht darin, daß die Zwänge eng an die Wohnung, die häusliche Umgebung, das Arbeitszimmer gekoppelt sind. Um weitergehende Veränderungen zu erzielen, wären tagtägliche Übungen vor Ort über einen längeren Zeitraum erforderlich. Vereinzelte, wöchentlich 1 mal in der Ambulanz stattfindende Therapiesitzungen erbringen nur minimale Effekte. Die täglich mehrstündige, zudem mit einer umständlichen Anfahrt verbundene Behandlung kann von seiten des Therapeuten nicht geleistet werden.

Beispiel

Eine junge Patientin entwickelt ernsthafte Suizidvorstellungen. Diesen suizidalen Impulsen ist weder durch den Übergang zu 2 Therapiesitzungen pro Woche noch durch zusätzliche kürzere telefonische Kontakte beizukommen. Eine weitere Steigerung der

Kontaktdichte (z. B. auf tägliche Therapiekontakte) ist ambulant und angesichts anderer Verpflichtungen nicht möglich.

Beide Beispiele verdeutlichen, daß die erfolgversprechenden psychotherapeutischen Maßnahmen zwar prinzipiell verfügbar sind, doch aus zeitlichen Gründen nicht verwirklicht werden können.

Zeitliche und berufliche Konstellationen als limitierende Faktoren

Beispiel

Ein 44jähriger Manager, Vorgesetzter von vielen Mitarbeitern, will seine Angststörung innerhalb von maximal 10 Tagen in einer ihm empfohlenen Fachklinik behandelt wissen. Für Sitzungen am Sonntag sei er bereit, ein besonders hohes Honorar zu zahlen. Er begründet die knappe Zeit mit seiner ihm bevorstehenden Versetzung ins Ausland. Vorher müsse er es „irgendwie schaffen", seine Ängste soweit zu beherrschen, daß er nicht nur im eigenen Auto, sondern auch mit öffentlichen Verkehrsmitteln reisen könne.

Das Behandlungsergebnis war zwangsläufig unter diesen Bedingungen unbefriedigend. Ähnlich negativ werden Therapien von Patienten verlaufen müssen, die aufgrund ihrer besonderen beruflichen Situation zu einer zeitlichen Kontinuität nicht in der Lage sind (z. B. leitende Angestellte mit zahlreichen Auslandsaufenthalten). Auch Patienten, die öffentliche Ämter bekleiden und die Befürchtung haben, durch eine Psychotherapie Nachteile zu erleiden, wenn diese bekannt würde, sind u. U. psychotherapeutisch nur begrenzt erreichbar.

Die Finanzierung als limitierender Faktor

Trotz relativ sicherer Kostenübernahme von Psychotherapie durch die entsprechenden Kostenträger kommt es immer wieder vor, daß Anträge abgelehnt werden und daß Patienten, die Psychotherapie dringend benötigen, keine Zusage zur Übernahme der Kosten bekommen. Sofern sie dann nicht in der Lage sind, die Therapie selbst zu finanzieren, gibt es keine Möglichkeit einer adäquaten Behandlung. Außerdem gibt es private Krankenversicherer, zu deren Leistungsspektrum Psychotherapie nicht gehört, sofern nicht ein entsprechender Zuschlag zur Prämie gezahlt wird.

Die gegenwärtig gültigen Abrechnungsgrundsätze erlauben ferner nicht, daß z.B. im Rahmen einer Verhaltenstherapie notwendige und sehr wirksame massierte Expositionen mit einem Umfang von 6 und mehr Stunden täglich über 2 oder 3 aufeinander folgende Tage durchgeführt werden.

Schließlich führt die verhältnismäßig schlechte Bezahlung psychotherapeutischer Leistungen (gegenwärtig wird eine Psychotherapiestunde mit 1450 Punkten bewertet, wobei der Punktwert je nach Budget und Nachfrage zwischen 6 und 9 Pfennige erbringt) dazu, daß die Leistungen nicht angeboten bzw. nicht immer in qualitativ ausreichender Weise durchgeführt werden.

Kulturelle Barrieren als limitierender Faktor

Die Wirksamkeit psychotherapeutischer Einflußnahme kann begrenzt werden durch kulturelle Barrieren. Diese sind: sprachliche Verständigungsprobleme oder unterschiedliche

Beispiel

Ein 16jähriges türkisches Mädchen kommt mit ihren Eltern und ihrem älteren Bruder in die psychotherapeutische Ambulanz. Das Mädchen wirkt teils eingeschüchtert, teils untergründig ärgerlich, schweigt aber zunächst. Der Vater berichtet dem Therapeuten, daß die Tochter einen deutschen Freund habe, obwohl sie schon einem türkischen Mann versprochen worden sei. Die Familie wolle, daß sie auf den Freund verzichte und zur Heirat in die Türkei fahre. Die Tochter habe auf diesen Konflikt mit Verweigerung von Nahrung reagiert und sich überhaupt zurückgezogen. Eine Therapie kommt deswegen nicht zustande, weil die Parteien unterschiedliche Ziele verfolgen: Nach den Moralvorstellungen der Familie wird vom Therapeuten erwartet, daß er die Tochter dazu bewegt, auf den deutschen Freund zu verzichten. Das Mädchen erwartet vom Therapeuten, daß er die Familie dazu bringt, von ihrer Forderung nach Heirat Abstand zu nehmen. Der Therapeut kann sich weder mit dem einen noch mit dem anderen Therapieziel identifizieren, sie erscheinen ihm unvereinbar. Es kommt kein Therapievertrag zustande.

Norm- und Moralvorstellungen.

Schlußfolgerungen und Lösungsversuche

Wie wir bereits einleitend betont haben, sollten verantwortliche Psychotherapeuten in der Lage sein, die eigenen Grenzen zu bemerken, die limitierenden Bedingungen seitens der Patienten wahrzunehmen und die Einschränkungen, die sich aus der ganz spezifischen Interaktion bzw. Konstellation zwischen den beteiligten Personen ergeben, zu erkennen.

> ! Um diesen Prozeß der Wahrnehmung, des Erkennens von Grenzen möglich zu machen, ist aus unserer Sicht nicht nur eine gründliche Ausbildung, sondern eine kontinuierliche (kollegiale) Supervision erforderlich. Dies setzt voraus, daß
>
> - das Geschehen,
> - die Inhalte,
> - die Interaktion,
> - die Vereinbarungen und
> - besonders Ereignisse in einer Sitzung von Anfang an und fortlaufend dokumentiert werden.

Bereits während der probatorischen Sitzungen helfen genaue Beobachtungen der Interaktion, der Mitarbeit, des Verhaltens, der eigenen Empfindungen sowie eine gründliche Psychodiagnostik dabei, limitierende Bedingungen zu entdecken und vor dem Abschluß eines Behandlungsvertrags zu klären. Ideal wäre, wenn bereits am Ende dieser diagnostischen Phase die vorher geforderte Supervision stattfinden könnte.

Eine derartige kontrollierende Einbindung wird nicht völlig verhindern, daß im Verlauf einer Psychotherapie Grenzen berührt werden, die eine Fortführung, z. B. der ambulanten Therapie, unmöglich machen. Hier stehen dann meist die Möglichkeiten der stationären Versorgung und/oder psychopharmakologischen Behandlung zur Verfügung.

> ! Ganz unberührt davon definieren berufsrechtliche, berufsethische und menschenrechtliche Grundsätze Grenzen, die nicht überschritten werden dürfen. Die Formulierung derartiger Standards, verbunden mit standesrechtlichen und strafrechtlichen Konsequenzen, stellen aus unserer Sicht einen ergänzenden Schutz vor Grenzüberschreitungen dar.

Die Duldung und der Schutz von Kolleginnen und Kollegen, von denen man Grenzverletzungen erfährt, ist selbst unethisches Verhalten. Zur Regelung dieser Vorkommnisse haben die Ärzte- und Psychotherapeutenkammern sowie die Berufsverbände Ethikkommissionen eingerichtet.

Literatur

Burisch M (1994) Das Burnout-Syndrom. Theorie der inneren Erschöpfung, 2. Aufl. Springer, Berlin Heidelberg New York

Fengler J (1994) Helfen macht müde: Zur Analyse und Bewältigung von Burnout und beruflicher Deformation, 3. durchgeseh. u. erweit. Aufl. Pfeiffer, München

Grawe K, Donati R, Bernauer F (1994) Psychotherapie im Wandel. Von der Konfession zur Profession. Hogrefe, Göttingen Bern Toronto Seattle

Ethische Aspekte der Psychotherapie

C. Reimer

Die Tätigkeit des Psychotherapeuten steht, wie die jedes anderen Helfers auch, in einem Spannungsbogen, der sich an bestimmten moralisch-ethischen Grundsätzen zu orientieren hat. Diese sind nach Beauchamp u. Childress (1983) wie folgt zu benennen:

- Respekt für die Autonomie des Menschen,
- das Gebot der Schadensvermeidung,
- die Verpflichtung zur Hilfe und
- das Prinzip der Gerechtigkeit.

Daß sich aus diesen Prinzipien im Einzelfall Konflikte ergeben können, die Abwägungsentscheidungen notwendig machen, liegt auf der Hand. Man könnte das Leben eines Therapeuten so sehen, daß er immer wieder vor komplexe Abwägungsentscheidungen gestellt ist, für die er ethisch-moralische Leitlinien benötigt.

> ! Ohne hierauf jetzt näher eingehen zu können, besteht Einigkeit darin, daß das Handeln jedes Therapeuten an seinem Patienten „nach bestem Wissen und Gewissen" (Rauchfleisch 1982) erfolgen sollte. Dieses wäre als oberstes ethisch verbindliches Prinzip anzusehen.

Bei einer so formulierten Vorstellung, die man als ethisches Prinzip therapeutischen Handelns verstehen könnte, bleibt natürlich manches offen. So könnte man sich z.B. fragen:

> ?
> - Ist der Therapeut im Vollbesitz seines Wissens und Könnens, ist er auf dem aktuellen wissenschaftlichen Stand seines Fachgebietes, um optimal diagnostizieren und behandeln zu können?
> - Ist er selbst gesund und falls nicht oder nur eingeschränkt: Welche Folgen hat sein Leiden, das ihm bewußt oder unbewußt sein kann, für seine Beziehung zu seinem Patienten, für sein Handeln am Patienten? Könnte es sein, daß er selbst seine Patienten so braucht wie die Luft zum Atmen, daß er in gewisser Weise abhängig von ihnen ist?
> - Wie geht er mit der Macht um, die sein Wissen und Können mit sich bringt?

? Wie geht er mit der Abhängigkeit des Patienten von ihm um, wie mit den Wünschen und Ängsten? Wie mit Nähe und Distanz?

Diese Fragen führen direkt in den Themenbereich der Ethik hinein. Ein Patient, der psychotherapeutische Behandlung sucht, muß darauf vertrauen können, daß sein potentieller Therapeut professionell mit ihm umgeht, seine Macht und die Abhängigkeit des Patienten von ihm und seinem Hilfsangebot nicht mißbraucht und ihm die Therapieform empfiehlt, die am erfolgversprechendsten erscheint. Das setzt auf seiten des Therapeuten voraus, daß er professionell souverän und selbst in einer psychischen und physischen Verfassung ist, die eine relative Ausgewogenheit, ein sicheres Ruhen in sich selbst gewährleistet. Ein so gesunder und stabiler Psychotherapeut könnte „nach bestem Wissen und Gewissen" seinem Patienten therapeutisch begegnen.

Es zeigt sich aber immer wieder, daß auch manche Psychotherapeuten so störanfällig sind, daß die therapeutische Beziehung zu ihren Patienten dadurch belastet und bedroht werden kann. Ein Teil dieser Belastungen kann aus der Art und Weise resultieren, in der mit Patienten gearbeitet wird.

15.1 Belastungen bei der psychotherapeutischen Arbeit

Welche Probleme können im Arbeitsfeld von Psychotherapeuten, einem Dickicht komplizierter Subjektivität, auftreten? Hier seien beispielhaft nur einige wenige genannt:

?
- Die Wirkung von Einfühlung, Nähe, Konstanz auf Menschen, die in diesen Bereichen Mangelerlebnisse hatten und daraus folgend eine große Bedürftigkeit entwickelt haben. Diese Bedürftigkeit wird bestimmte Formen von Bindung und Wünschen an den Psychotherapeuten schaffen.
- Die Wirkung von Psychotherapie mit einem Patienten auf das übrige Leben des Patienten, z.B. seinen Lebenspartner.
- Was machen Deutungen, Kommentare, Stellungnahmen des Psychotherapeuten mit dem Patienten? Wie weit fühlt sich dieser verpflichtet, darauf einzugehen, danach zu handeln etc.? Wie weit greift ein Psychotherapeut damit auch in das reale Leben des Patienten ein und bereitet schicksalhafte Entscheidungen, z.B. eine Trennung, vor?

Diese und andere Fragen müssen sich dem Therapeuten ständig stellen, wenn er mit dem Hauptinstrument seiner Arbeit, der Empathie, wirkungsvoll umgehen will. Dieses setzt natürlich voraus, daß ihm seine Empathie für den Patienten auch wirklich ungestört zur Verfügung steht.

Jeder, der im Bereich der psychologischen Medizin arbeitet, weiß aus eigener Erfahrung, wie belastend die Therapeut-Patient-Beziehung hier sein kann, z.B. durch

- die ständige Bedrohung der Grenzen und Integrität des Psychotherapeuten durch grenzgestörte Patienten;
- die Verpflichtung, ein liebevolles, tragfähiges Arbeitsbündnis auch gegen innere und äußere Widerstände aufrechtzuerhalten;
- die Konfrontation mit eigenen Erinnerungen und unangenehmen biographischen Details, die durch die Auseinandersetzung mit der Biographie von Patienten ausgelöst werden können;
- dadurch auch immer wieder ein Erkennen zumindest streckenweiser Gemeinsamkeiten mit den Patienten und daraus resultierender Affekte;
- relativ wenige Erfolgserlebnisse in der Therapie, zumindest im Hinblick auf Heilung, und daraus resultierende Enttäuschungen und Kränkungen bis hin zu resignativen, pessimistischen Einstellungen und Verhaltensweisen gegenüber Patienten.

Sicher ließe sich diese Liste noch komplementtieren. Im folgenden soll darauf hingewiesen werden, welche Konsequenzen diese Belastungen für die Therapeut-Patient-Beziehung in der Psychotherapie haben können.

Konsequenzen für die Therapeut-Patient-Beziehung
Eine kurze Vorbemerkung dazu: Therapeuten machen sich zu wenig bewußt, was sie tagtäglich an negativer Energie aufnehmen und letztlich auch irgendwie verarbeiten müssen. Jeder kann für sich selbst überprüfen, wie weit er sich noch nach Dienstschluß gedanklich, in Gesprächen oder auch in Träumen mit Patienten und ihren Problemen weiterbeschäftigt. Daran muß sich die Frage anschließen, was eine solche permanente emotionale Überbeanspruchung mit dem Therapeuten selbst macht. Oft kommen ja auch Schuldgefühle dazu, möglicherweise nicht genug für die Patienten getan zu haben. Irgendwie geraten Therapeuten leicht in die Rolle von Müttern und Vätern, die in permanenter Sorge um ihre defizitären Kinder leben und nicht selten eine Art innerer Verpflichtung spüren, im Grunde rund um die Uhr verfügbar und ansprechbar sein zu müssen.

Beispiel

Ein Therapeutenkollege suchte mich auf, um sich angesichts der Trennungsdrohung seiner Partnerin mit mir zu beraten. Ich fragte ihn u.a. nach seinen Arbeitsgewohnheiten und explorierte dazu einen für ihn typischen Tagesablauf, der so aussah: 6.00 Uhr aufstehen und Frühstück, 7.00 Uhr erster Analysepatient, der angeblich nur vor Arbeitsbeginn zu ihm kommen konnte. 8.00 bis 9.00 Uhr beratende Konsiliartätigkeit in einem nahegelegenen Krankenhaus. 9.00 bis 13.00 Uhr Patienten, 13.00 bis 15.00 Uhr 3mal wöchentliche Teamsupervision in verschiedenen Institutionen inklusive An- und Abfahrzeit. 15.00 bis 18.00 Uhr Patienten. 18.00 bis 19.40 Gruppenpsychotherapie mit Patienten, 2mal wöchentlich 20.00 bis 22.00 Uhr Teilnahme an einer Balintgruppe oder Durchführung eines Seminars für Kollegen in Weiterbildung. An zwei weiteren Abenden jeweils von 20.00 bis 22.00 Uhr Gruppenpsychotherapie mit Patienten, anschließend Rückfahrt nach Hause. Dann fast regelmäßig noch Erledigung von schriftlichen Arbeiten wie z.B. Kassengutachten, Anfragen u.ä. Gegen 24.00 Uhr Nachtruhe. Für die Einnahme von Mahlzeiten gönnte sich der Kollege etwa 20 Minuten. An jedem zweiten Wochenende war er entweder auf irgendeiner Fortbildung oder leitete selbst Gruppen.

Diesen Praxisalltag empfand er erstaunlicherweise als normal. Die Trennungsdrohung seiner Partnerin hatte ihn tief gekränkt. Er empfand sie als ungerecht und die Partnerin als undankbar. Schließlich habe er alles getan, um ihr einen bestimmten Lebensstandard zu ermöglichen.

Sicherlich ist dies ein besonders krasses Beispiel. Ähnliche Mitteilungen werden aber auch von anderen Supervisoren berichtet, z.B. von Fengler (1994).

■ **Körperliche Folgen der Belastungen.** Die permanente Konfrontation mit psychisch gestörten Patienten kann für Psychotherapeuten, wenn sie selbst nicht gerade über eine sichere innere Stabilität verfügen, zu somatischen und/oder psychischen Symptomen führen, die ihrerseits die Qualität der Arbeit mit Patienten beeinträchtigen können.

Somatische Symptome können z.B. sein:

- Anspannung/Verspannungen,
- Erschöpfung,
- Müdigkeit sowie
- Schlafstörungen.

Nicht ohne Grund hat Fengler seinem Buch über die Analyse und Bewältigung von „Burn out“ und beruflicher Deformation den Titel „Helfen macht müde“ gegeben.

■ **Psychische Folgen der Belastungen.** Psychische Folgen können sich unterschiedlich manifestieren. So z.B. als aggressive Affekte gegenüber Patienten (Feindseligkeit, Wut, Desinteresse) oder auch als hilflos-depressiv-ohnmächtig-resignative Stimmungen. Viele dieser Affekte drücken sich in Gegenübertragungsreaktionen aus, die wiederum die Qualität der therapeutischen Arbeit mindern können.

Eine typische Gegenübertragungsreaktion äußert sich in unbewußter Feindschaft und Feindseligkeit, die ein führendes Motiv für einen machtorientierten, sadistischen Umgang mit Patienten sein können. Solche Affekte lassen sich häufig gegenüber solchen Patienten beobachten, die sich den Wirkmöglichkeiten des Psychotherapeuten zu entziehen scheinen und die dadurch bei ihm Gefühle von Frustration, Angst, Ablehnung u. a. provozieren. Beispielhaft dafür seien nur Sucht- und Suizidpatienten genannt, aber auch die sog. Vorwurfspatienten, deren nicht enden wollende Anklagen, Beschuldigungen und Entwertungen heftige Gegenübertragungsgefühle auslösen können, da Therapeuten häufig große Mühe damit haben, die sadistische Projektion dieser Patienten anzunehmen und zu bearbeiten.

Psychotherapeuten müssen sich also permanent mit allen Qualitäten gestörter Emotionalität und gestörten Verhaltens ihrer Patienten auseinandersetzen, häufig im Rahmen einer Übertragungsbeziehung. Es wäre einer gesonderten Darstellung wert, zu überlegen, welche Konsequenzen diese Belastungen für die therapeutische Beziehung in der Psychotherapie haben können.

Hier sei nur kurz angedeutet, daß ein Psychotherapeut angesichts der Störungsvielfalt seiner Klientel ein psychisch gesunder Mensch sein sollte, damit ihm die Balance zwischen Empathie und Nähe einerseits und Distanz und Grenzen andererseits anhaltend gelingt. Da, wo dieses nicht gelingt, kann es zu ethisch bedenklichen Interaktionen kommen, auf die im folgenden näher eingegangen werden soll.

15.2 Arbeitsstörungen von Psychotherapeuten

Psychotherapeuten, die sich in der alltäglichen Praxis und in der Weiterbildung um psychotherapeutische Effizienz bemühen, gehen – ihrer gewählten Identität folgend – immer davon aus, daß Psychotherapie generell hilfreich und gut ist. Ist sie es nicht, liegt es am Patienten und seiner Abwehr – so meinen sie.

> **?** Was aber ist, wenn man sich einmal ruhig und nüchtern die Frage stellt, ob Psychotherapie auch schaden kann und falls ja: Wer oder was ist dafür verantwortlich?

Verantwortung des Therapeuten für Therapieschäden

Aus diesem Themenkomplex soll ein Schwerpunkt herausgegriffen werden, nämlich die Verantwortung des Therapeuten für Therapieschäden. Deutlicher gesagt: Es ist davon auszugehen, daß bestimmte Störungen von Psychotherapeuten schwere Schäden bei Patienten verursachen können, die oft irreversibel oder nur schwer reparabel sind.

> **!** Bei diesen Störungen geht es um gravierende Mängel an Empathie. Damit ist besonders der Mißbrauch von Abhängigkeit des Patienten einerseits und von Macht des Therapeuten andererseits gemeint.

Dazu eine kurze Vorbemerkung: Bekanntlich wurde der Begründer der Psychoanalyse, Sigmund Freud, gegen Ende seines Lebens immer pessimistischer gegenüber seiner Arbeit mit Patienten und deren Erfolg. So bezeichnete Freud (1937) zwei Jahre vor seinem Tod das Analysieren als den dritten „jener unmöglichen Berufe, in denen man des ungenügenden Erfolges von vornherein sicher sein kann. Die beiden anderen sind das Erziehen und das Regieren" (S. 94).

Es sei ja auch „unbestreitbar, daß die Analytiker in ihrer eigenen Persönlichkeit nicht durchwegs das Maß an psychischer Normalität erreicht haben, zu dem sie ihre Patienten erziehen wollen" (S. 93).

Diese skeptische Äußerung mag auch mit Freuds Enttäuschung über einige seiner prominenten Schüler zu tun haben, die Probleme mit der Abstinenz gegenüber ihren Patientinnen hatten, was bekanntlich bis hin zu Liebesverhältnissen führte. Erwähnt sei beispielhaft nur die Affäre von C.G. Jung mit Sabina Spielrein. Aber auch Freud selbst waren diese Probleme nicht ganz fremd: Die Analyse seiner eigenen Tochter Anna mag ein Beispiel dafür sein.

Welchen Druck die Verpflichtung zur Abstinenz Freud schon früh bereitet haben mag, läßt sich einer Bemerkung entnehmen, die er als 27jähriger in einem seiner Brautbriefe gemacht hatte:

> Das Gesindel lebt sich aus, und wir entbehren ..., um unsere Integrität zu erhalten (1960, S. 48).

Wenn Psychotherapeuten also soviel entbehren müssen, ihre narzißtische Gratifikation aus der Patientenbehandlung wirklich so gering ist, müßten sie entweder stark genug sein, um in so dünner Luft arbeiten zu können, oder aber gefährdet sein in dem Sinne, daß sie ihre Bedürftigkeit irgendwie anders befriedigen müssen. Ein sehr erfahrener Hochschullehrer sagte dem Autor einmal, er habe den Eindruck, daß Weiterbildungsteilnehmer und -kandidaten besonders bedürftig seien; viele seien auch allein oder sonstwie unglücklich, und ihn wundere eigentlich nicht, daß Patienten zum Ausgleich des privaten Unglücks herangezogen würden. Ein Psychoanalytiker, der ebenfalls zur Mißbrauchsproblematik gearbeitet hat, offenbarte in einer Fernsehsendung, daß er eine Reihe von gut ausgebildeten Kollegen kenne, die ihre Freundinnen regelhaft aus ihrer Patientklientel rekrutierten.

15.2.1 Verletzung des Abstinenzgebots

Die Verletzung des Abstinenzgebots ist allzu deutlicher Ausdruck gestörter Empathie des Therapeuten. In den letzten Jahren ist diese Problematik auch aus Beschreibungen von betroffenen, verletzten Patienten sukzessive publik geworden (z.B. Anonyma 1988, Augerolles 1991, Heyne 1991).

Freud hat einmal geschrieben, die Berufsrisiken des Psychotherapeuten seien „Verleumdung und von der Liebe, mit der wir operieren, versengt zu werden“ (Freud u. Jung 1974, S. 233). Am Beispiel des sexuellen Mißbrauchs wird der aktive Beitrag des Therapeuten hieran deutlich.

Beispiel

Eine junge Psychologin – sie wird sich in ihrem Buch Anonyma nennen – möchte, nachdem sie ihr Diplom gemacht hat, Analytikerin werden. Sie beschreibt sich vor der Analyse als kontaktfreudig und gesellig, sie geht viel aus und tanzt gern. Nach der Zulassung zur psychoanalytischen Ausbildung sucht sie sich einen Lehranalytiker. Sie genießt die analytischen Flitterwochen, die Nähe und die Intimität in der Analyse und zum Analytiker. Zu dieser Zeit schreibt sie: „Er (der Analytiker) wurde für mich der wichtigste Mann auf der Welt; mir schien als wäre er es, ‚der Mann meines Lebens‘ … Und so war die Analyse zum Mittelpunkt meines Lebens geworden“.

Einen ersten Einbruch erlebt sie, als sie die Ehefrau des Analytikers sieht. Sie ist verletzt und irritiert, wünscht sich aber weiterhin Nähe und Liebe, auch Triangulierung, indem sie merkt, daß sie zu dritt sein möchte: Sie als Kind mit Vater und Mutter. Der reale Vater hatte die Familie verlassen, als sie ein Jahr alt war.

Eines Tages erzählt sie ihm einen Traum: Sie sieht seinen Wagen auf einem Parkplatz stehen, niemand ist drinnen. Durch die Scheiben sieht sie ein rosa Hemd von ihm, das ihr schon immer gut gefallen hat. Sie nimmt es an sich, vergräbt ihr Gesicht darin, atmet seinen Duft, läuft dann schnell fort, um mit ihrer Beute allein zu sei. Der Analytiker deutet: „Ich weiß, daß Sie sich schon eine ganze Weile mit meinem Penis beschäftigen.“ Sie erschrickt heftig, dreht sich um, sieht ihn an und schreibt: „Es knistert zwischen uns, eine nur schwer zu ertragende, angenehme Spannung.“ Nach jener Stunde verabschieden sich beide eher kühl und distanzierter als sonst.

In der Folgezeit phantasiert sie über eine sexuelle Beziehung mit dem Analytiker, onaniert mit Phantasien an ihn und berichtet darüber in der Analyse. Er reagiert nicht. Sie beschäftigt sich mit seiner Familie, phantasiert, ein kleines Mädchen zu sein und reist in seinen Heimatort. Gleichzeitig zieht sie sich zunehmend von ihren Bekannten und Freunden zurück. Im dritten Analysejahr, dem „Jahr der Leidenschaft“, wie sie es nennt, lauert sie auf Beweise seiner Liebe. Sie entwickelt den Plan, den Raum zwischen ihnen zu überwinden, kriecht schließlich in einer Analysestunde am Boden auf ihn zu, redet über das Näherkommen, berührt ihn kurz und geht wieder auf die Couch zurück. Der Analytiker sagt nichts, sie hat Schuldgefühle, weil sie meint, den analytischen Pakt gebrochen zu haben.

Die darauf folgende Sitzung beginnt wie gewohnt. Sie legt sich hin und versucht, sich an die vergangene Stunde zu erinnern, wird aber durch eine Frage des Analytikers unterbrochen. Er sagt: „Glauben Sie nicht, daß ich dahinkommen kann, wo Sie sind?" Sie sagt: „Nein." Er sagt: „Sie glauben das nicht?" Wieder antwortet sie: „Nein." Seine Antwort: „Aber natürlich!" Er steht auf, geht zu ihr auf die Couch, nimmt sie in die Arme, es kommt zum Geschlechtsverkehr, sie ist zunächst erstarrt und erschreckt. Man trennt sich wie immer nach genau 45 Minuten und wie gewohnt: „Au revoir Madame, au revoir Monsieur." In der folgenden Stunde will sie den Analytiker umarmen, er weist sie aber zurück und schickt sie auf die Couch.

Den Rest dieses Dramas nur in ein paar Sätzen: Die sexuellen Beziehungen gehen weiter, zuerst auf der Couch, später in einem, so glaubt sie, speziell für sie eingerichteten Nebenzimmer. Sie ist zunächst glücklich und phantasiert ein Leben mit ihm. In langen Pausen zwischen den intimen Kontakten geht die Analyse weiter, sie ist darüber verunsichert und verwirrt. Die Beziehung zu ihrem langjährigen Freund außerhalb der Analyse scheitert. Die Analyse gerät schließlich in eine Sackgasse: Sie erlebt zunehmend psychosomatische Dekompensationen z.T. mit subjektiv lebensbedrohlichem Charakter. Sie entwickelt einen Medikamentenabusus, trinkt auch vermehrt Alkohol, und so geht die Analyse langsam zu Ende. Sie wartet allerdings immer noch auf eine reale Beziehung zu ihm. Dementsprechend trifft sie ihn auch nach der Analyse immer wieder, wobei aber immer er Zeitpunkt und Ort der Treffen bestimmt. In diesen kurzen Episoden kommt es zu sexuellen Intimitäten, er bleibt jedoch unerreichbar für sie. Aus der ursprünglich lebensfrohen jungen Frau ist eine schwer ängstliche, von Panikattacken und Isolierung gequälte Frau geworden, die später in einer zweiten Therapie versucht, ihr Analyseschicksal aufzuarbeiten. Dabei hatte sie lange Zeit große Angst vor der Übertragung, und dementsprechend beherrschten Mißtrauen und Ängstlichkeit lange Zeit das Klima in dieser Zweittherapie.

Über das Problem der erotischen Intimität zwischen Therapeuten und Patienten ist schon in der Frühzeit der Psychoanalyse und später sporadisch immer wieder berichtet worden. FREUD hat z.B. die Verstrickung seines Kollegen BREUER bei der Behandlung von dessen Patientin Anna O. miterlebt, später die Übertragungsliebe beschrieben und die Abstinenzregel formuliert, deren Kernsatz lautet:

> Die Kur muß in der Abstinenz durchgeführt werden (1915a, S. 313).

Empirische Untersuchungen zum sexuellen Mißbrauch von Patienten

Empirische Untersuchungen zur Frage des sexuellen Mißbrauchs von Patienten haben ergeben, daß bis zu 10% aller befragten Therapeuten einen solchen Mißbrauch zugegeben hatten (u.a. BOUHOUTSOS et al. 1983; GARTRELL et al. 1986; HERMAN et al. 1987; POPE u. BOUHOUTSOS 1986). Die Therapeuten, die einen sexuellen Mißbrauch zugegeben hatten, waren fast ausschließlich männlichen Geschlechts.

Bei diesen quantitativen Studien zeigte sich u.a., daß der sexuelle Mißbrauch kein spezifisches Problem von Anfängern ist, sondern offensichtlich eher eines der Erfahrenen mit bereits seit längerem abgeschlossener Weiterbildung und genügend Berufserfahrung.

Es existieren auch einige Arbeiten zu qualitativen Aspekten erotischer Intimität in Psychotherapien. So haben POPE u. BOUHOUTSOS 1986 zehn typische Szenarien der sexuellen Ausbeutung durch Therapeuten vorgestellt, die in der folgenden Übersicht aufgeführt sind.

Zehn typische Szenarien der sexuellen Ausbeutung. (Nach POPE u. BOUHOUTSOS 1986)

- „Verkehrte Welt",
- „Sextherapie",
- „Als ob...",
- „Retter",
- „Drogen",
- „Vergewaltigung",
- „Wahre Liebe",
- „Ausrutscher",
- „Time-Out" und
- „Halte mich".

Im folgenden werden die zehn Szenarien erläutert:

- Mit „Verkehrte Welt" meinen die Autoren, daß sich die Therapeut-Patienten-Rolle insofern umkehrt, daß die Wünsche und Bedürfnisse des Therapeuten die Behandlungszene dominieren.
- Das mit „Sextherapie" bezeichnete Szenario meint, daß der Therapeut sexuelle Intimität als gültige Behandlung für sexuelle und andere Probleme anbietet.
- Mit „Als ob..." ist gemeint, daß der Therapeut die positive Übertragung des Patienten behandelt, als ob sie nicht Resultat der therapeutischen Situation wäre, sondern aus einer realen Beziehung stamme.
- Der „Retter"-Therapeut stellt eine übertriebene Abhängigkeit des Patienten von ihm her und beutet ihn in dieser Abhängigkeit aus.
- Mit „Drogen" als Szenario der sexuellen Ausbeutung meinen die Autoren, daß ein solcher Therapeut Drogen einsetzt, um den Patienten leichter verführen zu können.
- Im Szenario der „Vergewaltigung" setzt der Therapeut physische Gewalt, Drohungen und/oder Einschüchterung ein, um den Patienten zu verführen.
- Das Szenario „Wahre Liebe" dürfte relativ häufig sein. Hier benutzt der Therapeut sich selbst gegenüber Rationalisierungen (z.B.: Es handelt sich nicht um Übertragung, sondern ich liebe die Patientin wirklich!), um die Bedeutung seiner beruflichen Rolle und Verantwortung herunterzuspielen.
- Auch das „Ausrutscher" genannte Szenario dürfte nicht so selten sein: Die Verführung wird vom Therapeuten vor sich und vielleicht auch vor dem Patienten als einmaliger Ausrutscher abgetan und rationalisiert, etwa nach dem Motto: Schließlich bin ich doch auch nur ein Mensch, oder: Nichts Menschliches ist mir fremd.
- Mit dem „Time-Out" benannten Szenario ist gemeint, daß der Therapeut glaubt, daß die Abstinenzverpflichtung nach der Therapiestunde bzw. nach Abschluß der Therapie nicht mehr gültig sei.
- Im Szenario „Halte mich" nutzt der Therapeut die Sehnsucht seines Patienten nach Gehaltenwerden, Sicherheit, Wärme und Geborgenheit erotisch aus.

Diese vorgestellten Szenarien sind in einer so reinen Form meist nicht zu finden, sondern kombinieren sich miteinander, aber auch mit anderen wesentlichen psychodynamischen Faktoren in Therapien. Naheliegend ist z. B. die Kombination von „Wahre Liebe" und „Ausrutscher" – als wenn der Therapeut vor sich selbst rationalisierend und rechtfertigend sagen würde: Ich habe mich halt verliebt!

Gemeinsam ist diesen Szenarien ein rationalisierender und/oder verleugnender Umgang des Therapeuten mit bestimmten Aspekten von Übertragung und Abhängigkeit.

Kritisch muß angemerkt werden, daß solchen Typisierungen bzw. Szenarien eine moralisierende Qualität anhaftet, die im Therapeuten den Täter sieht, und zwar im Sinne des bewußt und aus freiem Willen handelnden Verführers. Es ist aber gut vorstellbar, daß auch unbewußte neurotische Mechanismen des Therapeuten eine Mißbrauchssituation begünstigen können (s. Abschn. „Psychodynamik").

Butler et al. (1977) berichteten aus einer Interviewstudie mit Psychiatern und Psychologen, die mit ihren Patientinnen sexuell intim gewesen waren, daß über die Hälfte von ihnen eine erotische Anziehung verspürt hatten, als die Patientinnen begannen, sich in der Therapie zu öffnen und über ihre Gefühle zu sprechen, wenn sie also über die Öffnung mehr Nähe zum Therapeuten herstellten. Fast alle Therapeuten berichteten, daß sie sich in der Zeit, in der die sexuelle Intimität passiert war, besonders verletzlich, bedürftig und/oder einsam gefühlt hatten. Die Bedürftigkeit stand im Zusammenhang mit unbefriedigenden Ehen bzw. kurz zurückliegenden Trennungen bzw. Scheidungen. Erstaunlich ist auf den ersten Blick, daß über die Hälfte dieser Therapeuten gleichzeitig über sich sagten, daß sie sich vor Intimität fürchteten.

Das weitere Schicksal der mißbrauchten Patientinnen

Schoener et al. haben 1984 typische emotionale Reaktionen von Patientinnen auf sexuellen

Kontakt mit ihren Therapeuten beschrieben und sich dabei auf 250 Beratungen entsprechender Patientinnen gestützt. In der folgenden Übersicht sind sieben Reaktionen beschrieben, die bei diesen Beratungen differenziert werden konnten.

Typische emotionale Reaktionen von Patientinnen auf sexuellen Kontakt mit Therapeuten. (Nach Schoener et al. 1984)

- Schuld und Scham,
- Trauer,
- Wut,
- Depression und Selbstentwertung,
- Ambivalenz und Konfusion,
- Furcht sowie
- Mißtrauen.

Schuld und Scham. Die meisten Patienten gerieten in eine Situation, die für Opfer typisch ist: Sei klagten sich selbst an. Schuldgefühle tauchten auf, und zwar selbst schuld an der Verführung zu sein und damit Leben und Karriere des Therapeuten ruiniert zu haben.

Trauerreaktionen. Diese Reaktionen über den Verlust einer bedeutsamen Liebesbeziehung waren relativ häufig. Die Trauer war um so stärker, je länger die intime Beziehung gedauert hatte.

Wut und Ärger. Diese konnten sich auf verschiedene Punkte beziehen:

- Die Verletzung des Vertrauens, um eine dringend nötige Therapie betrogen worden zu sein,
- ein schlechterer Zustand am Ende der Therapie gegenüber dem Beginn und
- auch Wut darüber, daß der Therapeut die Regeln aufstellte und die Patientinnen ihm darüber ausgeliefert waren.

Depression und Selbstentwertung. Wegen Depression und Verlust an Selbstwertgefühl kommen Patienten ja häufig in psychotherapeutische Behandlung. Die sexuelle Ausbeutung durch den Therapeuten verstärkt diese Probleme. Auch noch nach Abschluß der Therapie entwerten sich manche Patientinnen dadurch, daß sie nicht fähig gewesen seien, die Liebe des Therapeuten anzunehmen. Umgekehrt machen sich manche Selbstvorwürfe wegen ihrer Vertrauensseligkeit und der daraus resultierenden Hingabe. Patienten, die eine Therapie aufsuchen, sind sich in der Regel über ihre wahren Gefühle nicht ganz im klaren. Die sexuelle Beziehung mit dem Therapeuten kann diese Konfusion verstärken, ebenso auch ambivalente Einstellungen und Gefühle. Eine Patientin kann sich z. B. fragen: Nutzt er mich nur aus, oder bin ich wirklich so einzigartig für ihn?

Ähnlich wie bei Opfern von Vergewaltigung oder Inzest fürchten viele Patientinnen nach sexuellem Kontakt mit ihrem Therapeuten Ablehnung durch ihren Partner, ihre Familie und ihr gesamtes Umfeld, weil sie in eine illegitime sexuelle Beziehung involviert waren. Viele befürchten zudem ihren Ärger auszudrücken, da sie erwarten müssen, als „kastrierend", rachsüchtig oder unglaubwürdig bezeichnet zu werden. Nicht wenige Patientinnen befürchten auch, die Karriere ihres Therapeuten zu ruinieren oder haben Angst vor seiner Reaktion auf ihre Meldung des Mißbrauchs. Dahinter kann der unbewußte Wunsch stehen, sich ein Stück des Bildes des idealisierten Therapeuten aufrechtzuerhalten. An der Haltung von Sabina Spielrein in der Affäre mit C.G. Jung läßt sich dieser Aspekt zeigen, worauf Carotenuto (1986) hingewiesen hat:

> Ihr feines Gespür sagte ihr, daß sie das wunderbare Bild in sich nicht zerstören darf, den warmen Kern dessen, der einmal der geliebte Analytiker gewesen war (S. 305).

Mißtrauen. Viele Patientinnen sehen nach Sexualkontakt mit ihrem Therapeuten ihr Mißtrauen gegenüber Männern bestätigt. Das Mißtrauen kann auf Freunde oder die Familie ausgedehnt werden. Es ist wichtig, dieses Mißtrauen zu erkennen, zu identifizieren und anzunehmen sowie dessen Grenzen abzustecken und es als Leistung des Selbstschutzes zu kennzeichnen.

Auswirkungen sexueller Intimität in Therapien

In der Bouhoutsos-Studie wurden auch die Auswirkungen sexueller Intimität in Therapien auf die Patientinnen untersucht. Die Ergebnisse lassen sich so zusammenfassen:

> ! Ein negativer Effekt im Sinne erhöhter Depressivität, Motivationsverlust, beeinträchtigter sozialer Anpassung, verschiedener emotionaler Störungen, suizidalem Erleben oder Verhalten und erhöhter Drogen- oder Alkoholgebrauch ließ sich bei gut einem Drittel der Patientinnen feststellen. Negative Folgen in irgendeiner Form fand Bouhoutsos et al. bei über 90%.

Ein direkterer Zugang zum Erleben und den Auswirkungen sexueller Intimität in Psychotherapien wird von Sonne et al. (1985) beschrieben. Sie stellen Erfahrungen aus einer Gruppenpsychotherapie mit 8 Frauen vor, die mit einem früheren Psychotherapeuten sexuelle Intimität erlebt hatten. Die Autoren schildern ihre Erfahrungen unter drei Gesichtspunkten:

- Vertrauen vs. Mißtrauen,
- Selbstkonzept und
- Aggressivität.

Mißtrauen manifestierte sich in allgemeiner Weise, nämlich als generelles Mißtrauen gegen die Therapie, gegenüber den Therapeuten und anderen Gruppenmitgliedern. Die Patientinnen erlebten sich als sehr selbstunsicher und abhängig, äußerten aber gleichzeitig den Wunsch, etwas Besonderes sein zu wollen. Dieser Wunsch traf auf die idealisierenden Tendenzen der früheren Therapeuten, die den Patientinnen vermittelt hatten, daß sie die gescheitesten, intelligentesten, einsichtsvollsten oder attraktivsten Frauen seien, die sie bisher in Therapie gehabt hätten. Offenbar ist es in diesem Prozeß einer starken gegenseitigen, vielleicht auch persistierenden Idealisierung zu den Intimitäten gekommen.

Bezüglich der Aggressivität schilderten die Autoren eine weitgehende Hemmung: Die Frauen drückten Aggressionen eher nonverbal oder durch passives Verhalten aus. Sie hatten auch Phantasien über die enorme Gefährlichkeit ihrer Aggressionen für den Fall, daß sie sie offen äußern würden. Dazu passen Phantasien auch anderer in Therapien sexuell mißbrauchter Frauen, daß sie ihren Therapeuten ruinieren oder zerstören würden, wenn sie ihre Empörung über sein Verhalten veröffentlicht hätten.

Die Autoren weisen darauf hin, daß die in ihrer speziellen Gruppe beobachteten Persönlichkeitszüge wie z.B. Mißtrauen, Selbstunsicherheit und Aggressionshemmung in ähnlicher Weise in Gruppen mit Frauen beobachtet worden sind, die anderen Mißbrauchssituationen ausgesetzt waren, z.B. Inzest oder Vergewaltigung.

> ! Die Verletzung des Abstinenzgebots im Sinne des sexuellen Mißbrauchs von Patientinnen wurde hier vom Autor so ausführlich beschrieben, weil sich am Beispiel des sexuellen Mißbrauchs als einer Form des Mißbrauchs von Abhängigkeit in Psychotherapien in drastischer Weise zeigen läßt, zu welchen Verletzungen ethischer Prinzipien es im Bereich der „sprechenden Medizin" kommen kann.

Am Beispiel der Anonyma war zu sehen, daß das Prinzip des „primum non nocere" mehrfach durchbrochen wurde: Der Patientin wurde Schaden zugefügt, ihre Autonomie wurde nicht gefördert, sondern beschädigt, und auch die Beziehung zu Dritten außerhalb der Analyse wurde schwer gestört.

15.2.2 Narzißtischer Mißbrauch in der Psychotherapie

Zu diesen sozusagen lauten, lärmenden Verstößen gegen verbindliche Richtlinien psychotherapeutischen Handelns gesellen sich „leisere", unmerklichere Verstöße, die sicher häufiger sind als der sexuelle Mißbrauch und mindestens genau den gleichen Schaden anrichten können.

Gemeint ist die Problematik des narzißtischen Mißbrauchs in Psychotherapien.

Definition

Nach Dreyfus u. Haug 1992 sind unter narzißtischem Mißbrauch in der Psychotherapie alle Interaktionen und Beziehungskonstellationen zwischen Therapeut und Patient zu verstehen, die primär dem Wunsch des Therapeuten nach narzißtischer Gratifikation dienen und die die Entfaltung des „wahren Selbst" des Patienten verhindern oder zumindest erschweren.

Beispiel

Nicht selten kann die Nichtbeachtung der eigenen Grenzen des Therapeuten zu einem fragwürdigen Vorgehen im Umgang mit Patienten führen. So unternahm eine 36jährige Patientin mit einer schwer ausgeprägten, depressiven Symptomatik einen Suizidversuch und wurde im Anschluß daran von mir konsiliarisch gesehen. Der behandelnde Psychotherapeut, mit dem ich dann telefonierte, war offensichtlich zutiefst davon überzeugt, daß er die Symptomatik seiner Patientin ausschließlich mit seinen Mitteln – in diesem Fall einer tiefenpsychologisch fundierten Einzelpsychotherapie – würde bessern können. Als ich ihn vorsichtig fragte, ob nicht eine vorübergehende Mitbehandlung durch einen Psychiater und die Applikation von Antidepressiva indiziert seien, wies er dies empört zurück und meinte, ich als Analytiker müsse doch wissen, zu welchem Agieren neurotisch depressive Patienten in der Lage seien. Er sehe die Gefahr, daß ich hier mitagierte. Ich habe das anders gesehen und die Einleitung einer antidepressiven Therapie veranlaßt. Auch Heigl-Evers u. Heigl (1989) haben darauf hingewiesen, daß Psychotherapeuten aus einer Neigung zur Selbstüberschätzung gravierende Fehler machen können.

Die Literatur über narzißtischen Mißbrauch in der Psychotherapie ist äußerst spärlich. Erste Hinweise über dieses Problem liefert die Publikation von Dreyfus u. Haug (1992). Die Autoren beschreiben folgende Dynamik: Jede kollusive narzißtische Beziehung sei ein Mißbrauch der Abhängigkeit des Patienten. Mißbrauch geschehe immer dann, wenn in einer Abhängigkeitssituation Grenzen überschritten würden. Solche Grenzüberschreitungen seien immer gewalttätig. Solche Übergriffe seien um so gefährlicher, je mehr sie im Rahmen von Intimität geschehen, da bei extremer Nähe die Fähigkeit des Zumachenkönnens, des Schützens eingeschränkt sei. Psychotherapie stelle eine Abhängigkeitssituation mit extremer Nähe und Intimität her. Grenzüberschreitungen durch den Therapeuten zwängen den Patienten quasi zur Selbstaufgabe.

Kennzeichen narzißtischer Kollusionen. Als narzißtisch mißbrauchende Kollusionen nennen die Autoren z.B. grenzenlose Empathie, also eine Empathie, die nicht mit klarer Abgrenzung gepaart ist und daher nicht emanzipatorisch und heilend, sondern schädigend wirkt. Grenzenlose Empathie, also unabgegrenztes Verstehen, könne sich darin äußern, daß Sprache überflüssig werde. Und gerade für den narzißtischen Therapeuten könne „dieses süße Gift symbiotischer Sprachlosigkeit" eine gefährliche Verlockung zum Mißbrauch darstellen und magische Allmachtsbedürfnisse nähren.

Die narzißtische Kollusion, die sich durch grenzenloses gegenseitiges Verstehen auszeichne, zeige sich bei gut angepaßten und begabten Patienten oft gerade in der Tatsache, daß die Therapie scheinbar problemlos verlaufe. Symptome, die den Patienten in die Therapie geführt hätten, verschwänden, Fortschritte stellten sich ein und beide Seiten empfänden dann folgerichtig die Therapie als sehr befriedigend.

Eigene Erfahrungen des Autors und diejenigen von Kollegen aus Zweittherapien mit Patienten und Therapeuten haben gezeigt, daß der narzißtische Mißbrauch innerhalb von Psychotherapien ein höchst brisantes Problem ist.

! Ein wichtiges inhaltliches Prinzip scheint dabei zu sein, daß die Herstellung und Aufrechterhaltung von Ruhe und Frieden in solchen Therapien ein wichtiges Prinzip ist.

Man ist nett miteinander, mag und schätzt sich. Was nicht Platz hat in der Psychotherapie sind Angriffe, Wut u. ä. Die Patienten bleiben also auf ihrem Haß oft in der gleichen Weise sitzen, wie sie es schon in ihrer Kindheit erfahren haben.

Ein weiteres Kennzeichen einer narzißtischen Kollusion zum Schaden des Patienten kann sein, daß Therapien fast unendlich laufen und man sich nicht trennen kann. Separation ist also unerwünscht.

Beispiel

Eine Kollegin mußte mehrjährige, z. T. lebensgefährliche Anstrengungen unternehmen, um sich nach 14 Jahren Analyse endlich lösen zu können. Die ledige, kinderlose Analytikerin bombardierte sie auch nach dem Weggang etwa noch 1 Jahr lang mit Briefen, in denen sie sie ultimativ aufforderte, in die Analyse zurückzukommen, da noch Wesentliches unbearbeitet sei.

Aber nicht nur ein unprofessioneller Umgang mit Nähe, sondern auch ein solcher mit Distanz kann der Therapeut-Patient-Beziehung in der Psychotherapie schaden. Beispielhaft erwähnt werden soll nur der narzißtische Rückzug, also die innere Distanzierung des Therapeuten vom Patienten, mit der Konsequenz, daß dadurch auch die Empathie verlorengeht und die Fortsetzung einer wirklichen therapeutischen Arbeit weitgehend in Frage gestellt ist.

Eine spezielle Form dieses narzißtischen Rückzugs des Therapeuten ist nach Kernberg (1978) der Rückzug von der Realität, indem der Therapeut eine ganz unrealistische Gewißheit entwickelt, diesem Patienten auf jeden Fall helfen zu können. Dies kann Ausruck einer archaischen Omnipotenzphantasie sein. Das führt leicht dazu, daß der Therapeut eine Haltung masochistischer Unterwerfung auf sich nimmt – eine Haltung, die oft als therapeutische Hingabe, als totaler Einsatz für den Patienten rationalisiert wird und mit einem gewissen Maß an narzißtischer Befriedigung verbunden ist. Diese Art von „Heilbringerhaltung" ist etwas völlig anderes als eine echte Sorge um den Patienten, die in ihrer reifen Form auch die Realität mit einschließen muß.

> **!** Der narzißtische Rückzug vom Patienten in Form passiver Gleichgültigkeit oder innerer Distanzierung des Therapeuten und der narzißtische Rückzug von der äußeren Realität in eine Art komplementärer Kollusion mit dem Patienten, stellen beide Gefahrenmomente dar, mit denen besonders diejenigen Therapeuten zu rechnen haben, deren eigener Narzißmus in der Lehranalyse bzw. Lehrpsychotherapie nicht ausreichend bearbeitet wurde.

15.3 Psychodynamik und Erklärungsmöglichkeiten

Für die aufgeführten ethischen Probleme in der Psychotherapie sollen im folgenden einige Erklärungsmöglichkeiten gegeben werden. Dabei werden v. a. bestimmte Problembereiche von gestörten Psychotherapeuten angesprochen, die mit einem problematischen Erleben von Nähe bzw. Distanz und Macht bzw. Ohnmacht zu tun haben.

Erklärungsmöglichkeiten

- Der Nähe-Angst-Aspekt,
- der Aspekt von Nähe-Wunsch und narzißtischer Bedürftigkeit,
- die Bedeutung der Lebensunzufriedenheit sowie
- der Ausdruck einer perversen Grundstörung.

■ **Der Nähe-Angst-Aspekt.** In der Studie von Bouhoutsos et al. (1983) wurde deutlich, daß sexuelle Aktivitäten zwischen Therapeuten und Patienten überwiegend am Beginn von Therapien auftraten.

> **!** Diese Ereignisse häufen sich also zu einer Zeit, in der die Idealisierung des Therapeuten eine große Rolle spielt, aber der Patient auch allmählich beginnt, sich zu öffnen und Nähe herzustellen, oft mit starken symbiotischen Tendenzen.

Es ist vorstellbar, daß manche Psychotherapeuten ihren Beruf auch gewählt haben, weil sie die Distanz des therapeutischen Prozesses im Sinne eines Kompromisses zwischen Nähe und Distanz brauchen. Der Nähe-Wunsch des Patienten kann also stark irritierend wirken und dazu führen, daß der Therapeut ihn mit Aktionen zerstören muß, die auf den ersten Blick wie mehr Nähe aussehen können. Wie aber aus dem weiteren Schicksal von Psychotherapie nach sexuellen Kontakten bekannt ist, enden die meisten Therapien recht rasch danach. Das könnte man so sehen, daß die bedrohliche Nähe vom Therapeuten abgewehrt werden mußte. In diesem Sinne ist die sexuelle Nähe zumindest in ihrer Konsequenz dann ein destruktiver Akt.

■ **Der Aspekt von Nähe-Wunsch und narzißtischer Bedürftigkeit.** Die Sexualisierung einer therapeutischen Beziehung kann auch dadurch gefördert werden, daß der Therapeut aus Gründen seiner Lebensgeschichte und/oder seiner derzeitigen Lebenssituation ein großes Bedürfnis hat, rasch Nähe zur Patientin herzustellen. Die Patientin soll ihn nähren, lieben, schätzen, ihm Geborgenheit und Gebrauchtwerden vermitteln. In diesem Sinne ist die Patientin Plombe einer narzißtischen Lücke.

Auch hier läßt sich eine Rollenumkehr zeigen: Die Patientin soll mütterlich-tröstende und nährende Funktionen für ihren Therapeuten erfüllen. In der sexuellen Beziehung hat der narzißtische Aspekt ein sehr großes Gewicht: Die Patientin verschafft dem Therapeuten Lust, Bestätigung, Bewunderung, Aufwertung.

> ! Diese narzißtischen Aspekte dominieren, der narzißtisch mißbrauchende Therapeut läßt die Realität seiner Patientin außer acht und braucht sie primär zur Stabilisierung seines Selbstgefühls.

Wenn man die Hypothese bedenkt, daß die Wahl eines therapeutischen Berufes auch Symptomcharakter haben kann, dann ist die pervertierte therapeutische Beziehung im Sinne einer Sexualbeziehung Ausdruck einer Dekompensation des ursprünglich gewählten Lösungsversuches. Ein männlicher Therapeut kann z.B. unbewußt aus dem Therapeutenberuf einen Kompromiß erhoffen zwischen Machterfüllung im Rahmen einer männlichen Identität und dem Wunsch nach Versorgtwerden in einer kontrollierten Form von Nähe. Die Dekompensation offenbart die narzißtischen und destruktiven Anteile eines solchen Lösungsversuches.

■ **Lebensunzufriedenheit.** Der bedeutsamste Punkt unter den Erklärungsmöglichkeiten ist die Bedeutung der Lebensunzufriedenheit. Es ist bekannt, daß Frustrationen, Gefühle der inneren Leere und Minderwertigkeitsgefühle durch sexuelle Erlebnisse kompensiert werden können. Was den mißbrauchenden Therapeuten angeht, können zwei Quellen von Lebensunzufriedenheit eine große Rolle spielen, nämlich

- eine frühe biographische und/oder
- eine aktuelle, lebenssituationsbezogene.

Über die frühen biographischen Aspekte weiß man aus den entsprechenden Studien nichts, wohl aber etwas über die aktuellen: Die betreffenden Therapeuten befanden sich häufig in einer Situation, in der Lebensunzufriedenheit dominierte, und zwar durch fehlende oder gerade getrennte Partnerschaften – also in einem Stadium erhöhter Verletzbarkeit und mangelnder realer Befriedigungsmöglichkeiten. In einer solchen Lebenssituation kann dann der sexuelle Kontakt zum Patienten als Versuch dienen, das bedrohte Selbstgefühl zu stabilisieren.

Es ist bisher nicht ausreichend untersucht worden, inwieweit nicht schon die Wahl eines therapeutischen Berufes primär zur Stabilisierung eines bedrohten, labilen Selbst erfolgen kann und in diesem Sinne einen Reparationsversuch darstellt.

Zur Gewichtung und Bedeutung der Lebenszufriedenheit des Psychotherapeuten ist zu bedenken, daß es einen erheblichen Unterschied macht, ob der Therapeut außerhalb der therapeutischen Beziehung eine befriedigende Liebesbeziehung hat oder ob er den Wunsch hat, sich zu verlieben bzw. Liebe zu finden. Wie Carotenuto (1986) treffend bemerkt, „geschehen nämlich die wichtigsten Dinge außerhalb der Analyse“ (S. 298). Wenn also Liebe momentan nicht zum Außenleben des Psychotherapeuten gehört, steigt die Gefahr, daß er sie in der Therapie sucht.

■ **Ausdruck einer perversen Grundstörung.** Schließlich könnte man diskutieren, ob nicht die unbewußte Neigung des Therapeuten zum Mißbrauch seiner Patientin auch Ausdruck einer perversen Symptombildung sein könnte. Dabei ginge es v.a.

- um die Umkehr von Macht und Ohnmacht,
- um Aspekte einer gestörten Geschlechtsidentität und
- um Wünsche nach und Ängste vor Symbiose.

Das Spezifische einer solchen perversen Symptombildung wäre, daß etwas Destruktives sexualisiert wird: „Die erotische Form von Haß“, wie Stoller (1979) es formuliert hat. Denkt man diesen Gedanken weiter, so würde man hypothetisch annehmen können, daß ein sexuell mißbrauchender Therapeut, der seine Patientin als Opfer sieht und benutzt, in seiner Kindheit Ohnmacht und schwere Demütigungen in Abhängigkeitsbeziehungen erlebt haben kann. Solche Erlebnisse können bekanntlich starke, unbewußte Rachephantasien hervorrufen. In der Umsetzung solcher Rachebedürfnisse ist für das Verständnis der Satisfaktion entscheidend wichtig, daß sich das Täter-Opfer-Verhältnis umkehrt: Das ursprüngliche Opfer wird zum Täter, zum Rächer, zum Sieger, befreit sich aus der kindlich erstickenden Ohnmacht und triumphiert damit über die erlittene Demütigung und die Person, die diese Demütigung zugefügt hat. Die ursprünglich gefährliche Frau wird jetzt zum Opfer, der erniedrigte kleine Junge subjektiv unter der Illusion des Machtbesitzes zum Mann. Diese unbewußte Feindschaft und Feindseligkeit kann ein Motiv nicht nur für Haß und Destruktion zwischen den Geschlechtern, sondern auch für den sexuellen Mißbrauch einer Patientin darstellen.

Faßt man die in Frage kommenden Erklärungsmöglichkeiten für einen unprofessionellen, mißbrauchenden Umgang mit Patienten zusammen, so lassen sich folgende Faktoren benennen:

> **!** Die mißbrauchenden Therapeuten haben entweder bzw. und/oder
>
> - Mängel in ihrer psychotherapeutischen Ausbildung,
> - Defizite in ihrer psychischen Gesundheit bzw. Persönlichkeitsstruktur,
> - akute oder chronische Lebenskrisen.

Zur Qualität der Psychotherapieausbildung wird von Standesvertretern gern argumentiert, bei mißbrauchenden Therapeuten sei oft keine bzw. eine ganz ungenügende psychotherapeutische Qualifikation gegeben. In diesem Zusammenhang wird gern darauf hingewiesen, daß die Berufsbezeichnung „Psychotherapeut“ ja gesetzlich ungeschützt sei, so daß sich auch Scharlatane hier fast ungehindert bewegen können.

Die Ergebnisse aus verschiedenen empirischen Untersuchungen zeigen aber, daß es eher die gut ausgebildeten, berufserfahrenen Therapeuten sind, meist im Alter zwischen 40 und 50 Jahren, die zum Mißbrauch ihrer Patientinnen neigen. Hierzu schreibt Rutter (1990):

> Ich stellte fest, daß die Männer, die mit Patientinnen (...) sexuelle Beziehungen eingehen, gerade nicht die offensichtlich gestörten Persönlichkeiten sind, die bei Gelegenheit in den Schlagzeilen auftauchen. Statt dessen handelt es sich um gebildete Fachleute, bewunderte Führer von Gemeinwesen und respektable Familienväter, deren Integrität wir als garantiert anzusehen sehr geneigt sind (S. 1 f).

Hinter der Darstellung persönlicher Integrität nach außen können sich aber sehr wohl auch gestörte Persönlichkeitszüge verbergen. Therapeuten können selbst all die Störungen haben, die auch ihre Klientel aufweist; sie können z. B. depressiv, sadistisch, machtbesessen, narzißtisch gestört, mit Entwertungstendenzen versehen sein und einen latenten Haß gegenüber Frauen haben.

Hinzu kommt, daß auch Psychotherapeuten akute oder chronische Lebenskrisen haben können, die sich z. B. in einem Mangel an sozialen Kontakten, in Vereinsamung und in Zuständen erhöhter Verletzbarkeit, z. B. nach Trennungen, manifestieren.

Sieht man davon ab, daß natürlich auch Psychotherapeuten ähnliche Macho-Eigenschaften haben und leben können wie vergleichbare andere Männer – die Verführung von abhängigen Frauen würde von diesen allenfalls als Kavaliersdelikt gesehen –, bleibt festzuhalten, daß mißbrauchende Therapeuten auch gefährdete Kollegen sind, die sich oft nicht selbst zu helfen wissen und auch nicht den Mut haben, Hilfe in Anspruch zu nehmen. Auf daraus ableitbare Konsequenzen wird weiter unten eingegangen (s. Abschn. 15.5 „Konsequenzen für die psychotherapeutische Praxis").

15.4 Weitere ethische Probleme bei psychotherapeutischen Behandlungen

Manche, v.a. psychoanalytische Psychotherapeuten vermitteln ihren Patienten die vorgeschlagene Therapie gern als Bild einer großen Reise in einen dunklen, weitgehend unbekannten Kontinent, den es nun gemeinsam zu erkunden gelte. Das sei spannend, wenn man sich darauf einlassen könne.

Eine solche Vermittlung von Therapiegeschehen ist als naiv und unverantwortlich gegenüber dem Patienten zu kennzeichnen. Dies um so mehr, als die Asymmetrie bzw. das Phänomen der Ungleichheit der therapeutischen Beziehung existiert und diese mitgestaltet und prägt und weil es innerhalb dieser ungewöhnlichen Form von Beziehung Regeln gibt, die genannt und mit dem Patienten besprochen werden müssen. Einige dieser Regeln sind in den jeweiligen Hauptkapiteln aufgeführt.

Im Hinblick auf ethische Fragen bei psychotherapeutischen Behandlungen sind folgende Themen zu berücksichtigen.

Die Aufklärungspflicht des Psychotherapeuten gegenüber seinem Patienten

Wie schon im Abschn. 1.1 „Tiefenpsychologisch orientierte Psychotherapie" ausgeführt, ist der Psychotherapeut zur Aufklärung gegenüber seinem Patienten verpflichtet.

> ! Die Aufklärungspflicht bezieht sich einmal auf die Begründung der vom Therapeuten gestellten Indikation zur Psychotherapie. Dazu gehört seitens des Therapeuten die nüchterne Abwägung differentieller Indikationsaspekte, also die Frage, von welcher Therapieform der Patient aufgrund des vorliegenden evaluativen Wissens voraussichtlich am besten profitieren kann.

Ein tiefenpsychologischer Psychotherapeut sollte also in der Lage sein, einen Patienten in eine Verhaltenstherapie zu vermitteln, wenn dessen Störung damit vermutlich am sinnvollsten und erfolgversprechendsten behandelt werden kann. Umgekehrt sollte ein Verhaltenstherapeut die Indikation zu einer tiefenpsychologisch orientierten Psychotherapie dann stellen, wenn er Grund zu der Annahme hat, daß die Beziehungskonflikte eines Patienten mit dieser Form von Psychotherapie am aussichtsreichsten zu behandeln seien.

Hier gibt es natürlich für schulengebundene Psychotherapeuten eine Reihe von möglichen Konflikten, die dann zu ethischen Problemen werden können, wenn der Patient sie austragen muß. So wird ein Psychotherapeut, der nur seine Schule sieht und bevorzugt, hinsichtlich seiner Wahrnehmung differentieller Indikationsbereiche eingeengt sein. Er wird nur seine Methode anbieten und dem Patienten vermitteln, daß er von dieser am besten profitieren werde. Der Patient muß ihm das glauben, falls er nicht selbst über Kenntnisse verschiedener Psychotherapiemethoden und deren Indikationsspektrum verfügt.

Beispiel

Ein tiefenpsychologisch arbeitender Psychotherapeut sieht im Erstgespräch eine Patientin mit einer schweren Angstneurose. Die Ängste beziehen sich ausschließlich auf verschiedene soziale Situationen (Bus, U-Bahn, Kinoplätze etc.). Er stellt eine Indikation zur analytischen Psychotherapie und behandelt die Patientin fast 300 Stunden 2stündig pro

Woche. Die Patientin erfährt keine Besserung und bricht die Behandlung schließlich nach fast 2 Jahren mit einem Suizidversuch ab. In einer späteren Folgetherapie berichtet sie dem Zweittherapeuten, daß der Erstbehandler sie bevorzugt auf ihre Kindheit angesprochen habe, weil er dort die Wurzeln ihrer Krankheit vermutete. Dies habe sie aber nicht nachvollziehen können. Schließlich sei ihre Hoffnung auf Hilfe derart geschwunden, daß sich Selbsttötungsgedanken eingestellt hätte, die sie dann auch in völliger Aussichtslosigkeit hätte realisieren müssen.

! Zur Aufklärungspflicht des Psychotherapeuten gehört auch ein Erklären der für die geplante Psychotherapie wichtigen Rahmenbedingungen, und zwar sowohl der formalen wie der inhaltlichen (s. auch Abschn. 1.1).

Der Patient hat ein Recht darauf zu erfahren, welcher Mittel und Methoden sich der Therapeut bei der Arbeit mit ihm bedient. Dazu gehört auch die gemeinsame Erarbeitung von Zielvorstellungen. Ferner sollte der Therapeut den Patienten über mögliche Chancen und Risiken der Therapie, aber auch über eventuelle Belastungen während der Therapie informieren, v.a. im Hinblick auf bestehende Partnerschaften und andere soziale Beziehungen.

Restriktive finanzielle Regelungen als ethisches Problem

Auch auf dieses Problem wurde in Abschn. 1.1 schon eingegangen (s. S. 31). Manche Psychotherapeuten haben eine ganz erstaunliche Einstellung zum Geld, die durch ein Entschädigungsdenken charakterisiert werden könnte: Der Patient muß in (fast) jedem Fall zahlen (Ausnahme: der Therapeut sagt die Stunden ab). Schon zu Beginn der Therapie stellen viele Therapeuten entsprechende Regeln auf, die sie für gut begründet halten: Man geht miteinander eine Verpflichtung ein, die einzuhalten ist. Wenn der Patient sie, aus welchen Gründen auch immer, nicht einhalten kann oder will, muß er die Ausfälle selbst bezahlen; sie werden ihm privat in Rechnung gestellt.

Viele Kollegen begründen dieses mit ihrer eigenen finanziellen Realität: Ausfälle in der Praxis bedeuteten Verdienstausfälle, und die könne man sich nicht leisten, insbesondere dann nicht, wenn diese Ausfälle nicht kompensiert werden könnten, z.B. mit Erstgesprächen.

Sicher ist die finanzielle Realität des praktizierenden Psychotherapeuten ein beachtlicher und ernstzunehmender Faktor. Trotzdem handelt es sich bei diesem Finanzierungsgebaren um ein wohl überwiegend berufsspezifisches Problem. Jeder Freiberufler muß Ausfälle hinnehmen, ohne volle Kompensation dafür verlangen zu können. Die Psychotherapeuten müssen sich fragen lassen, warum diese Regeln nicht auch für sie gelten.

Ethisch besonders bedenklich wird es dann, wenn Patienten darauf verpflichtet werden, ihre Urlaubszeiten an die ihres Therapeuten anzupassen. Zeiten von Nichtübereinstimmung würden dann wieder dem Patienten privat in Rechnung gestellt. Das ist als Ausbeutung zu kennzeichnen und verstärkt zudem massiv die Abhängigkeit des Patienten von einem solchen Therapeuten.

Manche Leiter von Selbsterfahrungsgruppen für künftige Psychotherapeuten lassen sich die Gebühren für die vereinbarten Sitzungen im voraus bezahlen. So lernt der angehende Psychotherapeut schnell, wie Finanzierung zu sichern ist und internalisiert ein entsprechend restriktives Verhalten. Ärger darüber und Auflehnung dagegen sind ja auch angesichts seiner eigenen Abhängigkeit vom Lehrtherapeuten vermutlich wenig erfolgversprechend.

Wertvorstellungen und Ideologien des Psychotherapeuten als ethisches Problem

In einer Beziehung zwischen Menschen kann es nicht ausbleiben, daß Wertvorstellungen, Moralvorstellungen, Wertprobleme und -urteile und andere ideologische Aspekte in die Beziehung einfließen und sie bestenfalls nicht stören. Die Realität zeigt aber, wie häufig Störungen sind, wenn die an der Beziehung beteiligten Personen nicht übereinstimmen oder bei Divergenzen keine Übereinstimmung herstellen können.

> ! In psychotherapeutischen Behandlungen ist seitens des Therapeuten besonders darauf zu achten, daß seine Werte, Meinungen, Ideologien nicht in dem Sinne dominant werden, daß der Patient unter Anpassungsdruck gerät und Lösungen akzeptiert, die nicht eigentlich seine sind.

Beispiele

Ein 33jähriger Patient schildert seinem Therapeuten Lust und Leid in verschiedenen Beziehungen zu Frauen. Auf den Therapeuten, der dies in der Supervision äußert, wirkt er unstet und unfähig zu einer längeren, tragfähigen Beziehung. Dabei wird deutlich, daß er die Vorstellung hat, daß sein Patient erst zur Ruhe und damit auch zu sich selbst kommen werde, wenn er heirate und eine Familie gründe. Der Therapeut verfolgt das Ideal der „reifen Liebe" in der festen heterosexuellen Zweierbeziehung. Er vermittelt dieses auch seinem Patienten und bemerkt erstaunt, wie dieser dadurch unter Druck gerät. Dies könne nur Ausdruck von dessen Störung, einer massiven Angst vor verbindlicher Nähe, sein.

Ein Therapeut, der vor sich und anderen stets vertreten hat, daß man unglückliche Beziehungen beenden sollte, weil das Leben für die Aufrechterhaltung solcher Beziehungsqualitäten zu kurz sei, rät einer in ihrer Ehe unglücklich gebundenen Patientin zur Trennung vom Ehemann. Diese entschließt sich nach langen, quälenden und ängstigenden Ambivalenzen zu einem solchen Schritt und kommt mit dem Alleinsein danach überhaupt nicht zurecht; es geht ihr schlechter als vorher. Die Deutung des Therapeuten, daß ihr ein „Befreiungsschlag" gelungen sei, erreicht sie emotional nicht.

A. Dührssen soll immer einmal wieder gesagt haben, wenn man einem Patienten eine Trennung empfehle, müsse man ihm auch einen neuen Partner besorgen! (persönliche Mitteilung U. Rüger). So ist es.

An dem letzten Beispiel kann deutlich werden, daß ein Psychotherapeut ethisch zumindest mitverantwortlich ist, wenn eine Trennungsempfehlung sich derart traumatisch auswirkt.

> ! Natürlich kann es eine wertfreie Therapie nicht geben. Der Psychotherapeut muß aber darauf achten und sich diesbezüglich immer wieder neu selbst explorieren, was er als „Wahrheit" ansieht, wie seine „Wahrheit" mit der des Patienten kompatibel oder nicht kompatibel ist, was er für „richtiges" bzw. „falsches/abweichendes" Verhalten beim Patienten hält und welche eigenen inneren Normen er dafür hat.

Auch Sinnfragen bzw. Sinnfindungen spielen in psychotherapeutischen Behandlungen eine Rolle und können ein ethisches Problem werden, wenn dem Patienten ein bestimmter Sinn nahegelegt wird.

Beispiel

Ein Psychotherapeut behandelt eine Patientin, deren wichtigste Beziehungen immer mit einem hohen Ausmaß von Abhängigkeit verbunden waren. Unter diesen diversen Abhängigkeiten hat sie teilweise gelitten, sie hat bestimmte Facetten aber auch sehr genossen, so daß sie selbst abhängige Beziehungen nach wie vor sucht. Ihr Therapeut, ein großer Befürworter des Prinzips „Autonomie und Unabhängigkeit", versucht nachhaltig, die Patientin zur Lösung aus ihren Abhängigkeiten zu motivieren, indem er ihr die Unabhängigkeit als ideales Ziel vorstellt, quasi als den Sinn menschlicher Existenz. Hierüber entsteht ein anhaltender Kampf zwischen beiden, den der Therapeut verliert, als die Patientin ihm schließlich, unterstützt durch Gespräche mit ihrem Ehemann, erklärt, sie wolle so bleiben wie sie ist, und die Behandlung verläßt.

In der Supervision verteidigt der Kollege seine Autonomiestrategie und entwertet die Patientin, die sich aus ihrer Abhängigkeit nicht habe lösen können. Er kann nicht sehen, daß sein Ideal offensichtlich nicht das seiner Patientin war. Er kann auch nicht sehen, was ihm selbst am Thema „Abhängigkeit" Angst macht.

Das letztgenannte Beispiel zeigt auch, wie sich das Menschenbild des Psychotherapeuten in die Therapie einwebt und wie störend das sein kann. Je nach persönlicher Auffassung und Entwicklung kann der Psychotherapeut Gefahr laufen, seine Patienten zu Normen zu bringen, die seinem Menschenbild entsprechen. Er kann z. B. das Ziel verfolgen, seine Patienten eher zur Anpassung an gesellschaftliche Normen oder aber auch zu Nonkonformismus zu „erziehen". Auch das Signalisieren von Selbstverwirklichung als Wert um fast jeden Preis kann ethisch bedenklich sein.

> ! Der Psychotherapeut ist gut beraten, wenn er sich von dem leiten läßt, was der Patient für sich will oder nicht will. Beim Herausfinden dessen ist der Patient zu begleiten, aber nicht zu erziehen. Anpassung an die Werte und Normen eines Psychotherapeuten kann nicht Ziel einer Psychotherapie sein.

Die Wahrung der Intimität

Die subjektiven Daten von Psychotherapiepatienten sind besonders schutzwürdig. In diesem hochsensiblen Bereich kommt der eigentlich selbstverständlichen Wahrung von Intimität besondere Bedeutung zu.

Es läßt sich aber immer wieder beobachten, daß gelegentlich mit Patientendaten auch im Bereich der Psychotherapie unsensibel umgegangen wird. Manche Patienten erkennen sich in Kasuistiken wieder, die ihr Therapeut in einer Zeitschrift oder einem Buch publiziert oder in öffentlichen Vorträgen vorgestellt hat. Manche diese Kasuistiken sind kaum verschlüsselt, und es wurde vor der Veröffentlichung keine schriftliche Einverständniserklärung des Patienten eingeholt. Die dadurch entstehenden Verletzungen von Patienten sind Ausdruck unethischen Handelns und stellen einen Verstoß gegen die Schweigepflicht dar.

Die Verpflichtung zur Wahrung der Intimität gilt auch gegenüber Dritten. Die Arglosigkeit, in der in kasuistischen bzw. technischen Seminaren über Patienten berichtet wird, zeigt immer wieder, wie wenig sich auch Psychotherapeuten über die Sensibilität dieses Bereichs im klaren sind.

Auch wenn in eine Einzelpsychotherapie vorübergehend der Partner einbezogen wird, muß der Psychotherapeut darauf achten, daß er im Gespräch zu dritt keine Hinweise auf Mitteilungen einfließen läßt, die der Patient ihm in der Zweiersituation gemacht hat. Der Patient fühlt sich sonst zu Recht verraten, und die Einzeltherapie kann dadurch belastet werden.

15.5 Konsequenzen für die psychotherapeutische Praxis

Welche Konsequenzen sollten aus den in diesem Kapitel dargestellten Fakten und Überlegungen für die psychotherapeutische Praxis und für die Aus- bzw. Weiterbildung gezogen werden? Heigl-Evers u. Heigl (1989) meinen, daß es in der psychologischen Medizin selbstverständlich sein sollte, „den ‚psychischen Apparat' des Psychotherapeuten instandzuhalten und zu pflegen, um dessen therapeutische Kompetenz zu erhalten und zu verbessern" (S. 72).

> ? Wie kann man das tun?

Generell empfehlenswert wäre eine Etablierung des Faches Ethik im Rahmen psychotherapeutischer Aus- und Weiterbildung. Dies könnte durch ein Angebot spezieller Ethik-Seminare geschehen, in denen alle ethischen Probleme, die sich aus der Sache selbst (Psychotherapie) ergeben, ausführlich dargestellt und behandelt werden. Themen solcher Ethik-Seminare können z. B. sein:

- Berufliche Belastungen von Psychotherapeuten und Prävention dieser Belastungen,
- ethische Probleme des Umgangs mit schwierig erscheinenden Patienten,
- die Rahmenbedingungen psychotherapeutischer Arbeit unter ethischen Aspekten,
- Prävention von Mißbrauchstendenzen.

Es ist erstaunlich, wie wenig in psychotherapeutischen Weiterbildungsinstitutionen überhaupt über ethische Fragen diskutiert wird. Nicht selten wird darüber gar nicht gesprochen. Dabei zeigt sich gerade an der Bedeutung, die Mißbrauchsprobleme mit Patienten haben, wie dringend notwendig Ethikdiskussionen unter Psychotherapeuten sind.

Die Bedeutung der sexuellen Gegenübertragung in der Ausbildung von Psychotherapeuten

Es ist auch erstaunlich, wie sehr Fragen der sexuellen Anziehung zwischen Patient und Therapeut in den Ausbildungsinstitutionen vernachlässigt werden. Sexuelle Attraktivität von Patienten wurde auch in verschiedenen Umfragen von einer Mehrheit der befragten Psychotherapeuten bejaht (z.B. Pope et al. 1986). Die sexuelle Attraktivität scheint auf männliche Therapeuten stärker zu wirken als auf weibliche. Aber nach den Ergebnissen dieser Autoren bekannte sich auch ein sehr großer Prozentsatz von jüngeren weiblichen Psychologen dazu. Sexuelle Anziehung durch Patienten löst offensichtlich in Psychotherapeuten Schuld- und Angstgefühle aus, so daß die Diskussion darüber erschwert wird oder erst gar nicht in Gang kommt. Logischer Schluß daraus muß sein, in den Ausbildungsprogrammen Seminare über die Wertigkeit sexueller Gefühle, Phantasien und Wünsche gegenüber Patienten anzubieten. Der offene Umgang mit diesen Phänomenen wird möglicherweise die Schuldgefühle etwas verringern können.

Hilfsmöglichkeiten für Psychotherapeuten

Die Fachgesellschaften müssen sich überlegen, ob sie nicht Anlaufstellen für belastete Therapeuten anbieten sollten. Dies gilt einmal für Therapeuten, die selbst in erheblichen Lebenskrisen sind, aber auch insbesondere für solche, die Krisen mit ihren Patienten haben und in diesen Krisen evtl. zu Mißbrauch neigen oder diesen bereits durchgeführt haben. In den USA gibt es bereits Selbsthilfeorganisationen, z.B. „Psychologists helping psychologists“.

Die Qualität der Lehrpsychotherapie bzw. -analyse

Wenn man über ungelöste Belastungen bzw. Störungsanteile von Psychotherapeuten nachdenkt, stellt sich auch die Frage nach der Qualität ihrer Selbsterfahrung. Die Untersuchung der Qualität von Selbsterfahrung ist bisher auch von der Forschung vernachlässigt worden und ist möglicherweise auch nur ausgesprochen schwierig zu beforschen. Die sehr deutlichen Berichte, die wenige Mutige über Probleme ihrer Selbsterfahrung publiziert haben (z.B. Drigalski 1991), haben die psychotherapeutische Zunft offensichtlich nur wenig beeindruckt. Meist haben sie eine Pathologisierung der Verfasser nach sich gezogen. Eine unglücklich oder zumindest nicht befriedigend verlaufene Selbsterfahrung scheint nicht selten zu sein. Bei solchen Ausgängen bleibt auch ein zukünftiger Therapeut auf seinen wesentlichen Lebensproblemen sitzen und braucht sehr viel Anstrengung und Mut, es später noch ein zweites Mal in der Hoffnung auf einen besseren Ausgang zu versuchen.

Nach Abschluß der meist zeitlich, finanziell und emotional sehr aufwendigen Selbsterfahrung ist es für manche Psychotherapeuten offensichtlich schwer, regelmäßig oder zumindest zeitweise wieder Beratung, Supervision und v.a. Intervision in einer Gruppe von Vertrauten aufzusuchen. Als ob man sich damit eine Blöße gäbe, noch einmal ein Stück nachzuarbeiten.

> ! Diese Tendenz zur Vereinsamung bzw. „splendid isolation“ in der psychotherapeutischen Einzelpraxis ist sicher die größte Gefahr für den Psychotherapeuten selbst, für seine Arbeit und damit letztlich auch für sein Lebensgefühl.

Wer, wie Psychotherapeuten, professionell ständig in einem Beziehungsgeflecht komplizierter Subjektivität arbeitet, hat sich selbst und seinen Patienten gegenüber eine gewisse ethische Verpflichtung, für ein eigenes befriedigendes Privatleben Sorge zu tragen. Ein guter Therapeut kann auf Dauer nur der sein, der einen guten privaten Ausgleich hat und deshalb zur Befriedigung persönlicher Bedürfnisse nicht Patienten heranziehen muß.

Literatur

Anonyma (1988) Verführung auf der Couch. Kore, Freiburg

Augerolles, J (1991) Mein Analytiker und ich – Tagebuch einer verhängnisvollen Beziehung. Fischer, Frankfurt a. M.

Beauchamp TL, Childress JF (1983) Principles of Biomedical Ethics. Oxford Univ Press, New York Oxford

Bouhoutsos J, Holroyd J, Lerman H, Forer BR, Greenberg M (1983) Sexual intimacy between psychotherapists and patients. Professional Psychology: Research and Practice, Vol 14 (2): 185–196

Butler F, Zelen SL (1977) Sexual intimacies between therapists and patients. Psychotherapy: Theory, Research and Practice, Vol 14 (2): 139–145

Carotenuto A (1986) Tagebuch einer heimlichen Symmetrie. Kore, Freiburg

Dreyfus R, Haug H (1992) Zum narzißtischen Mißbrauch in der Therapie. In: Hoffmann-Axthelm D (Hrsg) Verführung in Kindheit und Psychotherapie. Transform, Oldenburg, S 90–108

Drigalski D v (1991) Blumen auf Granit, 5. Aufl. Ullstein, Frankfurt a. M.

Fengler J (1994) Helfen macht müde. Zur Analyse und Bewältigung von Burnout und beruflicher Deformation, 3. Aufl. Pfeiffer, München

Freud S (1915a) Bemerkungen über die Übertragungsliebe. GW Bd 10. Image, London S 305–321 (1946)

Freud S (1937) Die endliche und die unendliche Analyse. GW Bd 16. Imago, London S 57–59 (1950)

Freud S (1960) In: Freud EL (Hrsg) Briefe 1873–1939. Fischer, Frankfurt a.M.

Freud S, Jung CG (1974) Briefwechsel. Fischer, Frankfurt a. M.

Gartrell N, Herman J, Olarte S, Feldstein M, Localio R (1986) Psychiatrist – Patient sexual contact: Results of a national survey, I: Prevalence. Am J Psychiatry 143 (9): 1126–1131

Heigl-Evers A, Heigl F (1989) Ethik in der Psychotherapie. Psychother Med Psychol 39: 68–74

Herman J, Gartrell N, Olarte S, Feldstein M, Localio R (1987) Psychiatrist-patient sexual contact: Results of a national survey, II: Psychiatrists attitudes. Am J Psychiatry 144 (29): 164–169

Heyne C (1991) Tatort Couch. Sexueller Mißbrauch in der Therapie – Ursachen, Fakten, Folgen und Möglichkeiten der Verarbeitung. Kreuz, Zürich

Kernberg O (1978) Borderline-Störungen und pathologischer Narzißmus. Suhrkamp, Frankfurt a. M.

Pope K, Bouhoutsos J (1986) Sexual intimacy between therapists and patients. Praeger, New York (Deutsche Ausgabe (1992) Als hätte ich mit einem Gott geschlafen – Sexuelle Beziehungen zwischen Therapeuten und Patienten. Hoffmann & Campe, Hamburg)

Pope K, Keith-Spiegel PC, Tabachnick BG (1986) Sexual attraction to clients: The human therapist and the (sometimes) inhuman training system. Amer Ps 41: 147–158

Rutter P (1990) Verbotener Sex. Wenn Therapeuten und Helfer das Abstinenz-Gebot mißachten. Psychologie Heute, Mai 1990: 44–47

Schoener G, Milgrom JH, Gonsiorek J (1984) Sexual exploitation of clients by therapists. Women & Therapy 3 (3–4): 63–69

Sonne J, Meyer CB, Borys D, Marshall V (1985) Clients' reactions to sexual intimacy in therapy. Am J Orthopsychiat 55 (2): 183–189

Stoller RJ (1979) Perversion – Die erotische Form von Haß. Rowohlt, Reinbek bei Hamburg

Weiterführende Literatur

Guggenbühl-Craig A (1987) Macht als Gefahr beim Helfer, 5. Aufl. Karger, Basel
(Gelungene Darstellung der Machtprobleme und deren Überwindung bei den helfenden Berufen, besonders bei psychotherapeutisch Tätigen.)

Heyne C (1991) Tatort Couch. Sexueller Mißbrauch in der Therapie – Ursachen, Fakten, Folgen und Möglichkeiten der Verarbeitung. Kreuz, Zürich
(Gut lesbarer Reader zur Einführung in die Problematik des sexuellen Mißbrauchs in Psychotherapien.)

Rauchfleisch U (1982) Nach bestem Wissen und Gewissen. Die ethische Verantwortung in Psychologie und Psychotherapie. Vandenhoeck & Ruprecht, Göttingen
(Umfassende Darstellung ethischer Fragestellungen im Bereich von Psychologie und Psychotherapie.)

Weiter- und Fortbildung in der Psychotherapie 16

M. Hautzinger, E. Wilke, J. Eckert, C. Reimer

Eine psychotherapeutische Identität kann nicht im Rahmen eines Universitätsstudiums entwickelt werden. Das Studium der Medizin bzw. der Psychologie stellt lediglich die Grundlage für weitergehende Studien und praktische Erfahrungen dar, die berufsbegleitend erworben werden müssen. Die historische Entwicklung, v.a. die „Medizinalisierung“ der Psychotherapie hat dazu geführt, daß in Deutschland und anderen europäischen Ländern nur diese beiden Berufsgruppen für die Weiterbildung zum Psychotherapeuten zugelassen sind. Freud und seine Schüler hatten auch Angehörige anderer Berufsgruppen zu Psychoanalytikern ausgebildet, so z.B. Pädagogen, Theologen und Wissenschaftler unterschiedlicher Provenienz. Die Psychoanalyse hat davon in ihrem ersten stürmischen Entwicklungsjahren sehr profitiert, da die im analytischen Prozeß sichtbar werdenden psychischen und körperlichen Phänomene aus der Perspektive verschiedener Wissenschaften interpretiert wurden. Im Zuge der „Medizinalisierung“ konzentrierte sich die Psychotherapie auf das Heilen von psychischen und körperlichen Krankheiten. Der gesellschaftskritische Aspekt, der der Psychotherapie von Anbeginn an innewohnt, ist heute weniger spürbar, wenn auch nach wie vor latent vorhanden.

> **!** Das Studium von Medizin bzw. Psychologie vermittelt nur die Grundlagen für eine psychotherapeutische Arbeit.

Die Berufsbilder des ärztlichen und psychologischen Psychotherapeuten werden sich erst nach Verabschiedung eines Psychotherapeutengesetzes weiter aneinander annähern, je nachdem, wie die Ausbildung gestaltet sein wird.

Im folgenden Kapitel werden die aktuell gültigen Rahmenbedingungen für eine Aus- und Weiterbildung in Psychotherapie für Ärzte bzw. für Psychologen dargestellt.

16.1 Weiterbildung für Ärzte

Die Einführung des Facharztes für psychotherapeutische Medizin wurde u.a. notwendig, weil eine wachsende Zahl von Ärzten mit der Zusatzbezeichnung „Psychotherapie" ausschließlich psychotherapeutisch arbeitet, was dem Sinn einer Zusatzbezeichnung nicht entspricht. Die Weiterbildung zum Facharzt ist durch Aus- und Weiterbildungsordnungen der Bundesländer geregelt. Die Weiterbildungskompetenz, die früher überwiegend bei den entsprechenden Ausbildungsinstituten lag, ist nunmehr stärker in Fachkliniken etabliert. Die Weiterbildung erfolgt überwiegend im Verbund, in dem sich Kliniken, Weiterbildungsinstitute und niedergelassene, weiterbildungsberechtigte Psychotherapeuten zusammengeschlossen haben, um vollständige Curricula zum Erwerb von Selbsterfahrung, Theorie und praktischen Fertigkeiten anzubieten.

Das Wort „Psychotherapie" findet sich inzwischen in 3 Facharztbezeichnungen wieder:

- im Facharzt für psychotherapeutische Medizin,
- im Facharzt für Psychiatrie und Psychotherapie sowie
- im Facharzt für Kinder- und Jugendpsychiatrie und Psychotherapie.

Daneben gibt es weiterhin die Zusatzbezeichnungen Psychotherapie und Psychoanalyse.

> ! Hinzugekommen sind Curricula für die psychosomatische Grundversorgung. Diese soll von Ärzten geleistet werden, die entweder Fachärzte für Allgemeinmedizin oder anderer Fachrichtungen sind und die sich über das übliche Maß hinaus für die psychosoziale Betreuung ihrer Patienten engagieren, ohne daß dies als Psychotherapie im engeren Sinne zu bezeichnen wäre.

Um deren Leistungen abrechnungsfähig zu machen, wurden bestimmte Ziffern eingeführt die sie abrechnen können, wenn sie das Curriculum zur psychosomatischen Grundversorgung absolviert haben.

Der Facharzt für psychotherapeutische Medizin hat in der Regel einen Identitätswechsel vollzogen, z.B. vom Internisten zum Psychotherapeuten oder vom Hausarzt zum Psychotherapeuten. Auch der Weg vom „klassischen" Psychiater zum Psychotherapeuten bedeutet in der Regel einen Identitätswechsel, wenn er auch in diesem Falle weniger spürbar ist als bei den vorher erwähnten Fachärzten.

Diese Schwerpunktsetzung der Identität im Bereich der Psychotherapie gilt für die drei oben erwähnten Fachärzte. Die Musterweiterbildungsordnungen (nach dem Beschluß des Vorstandes der Bundesärztekammer von 7.4.1994) sind im folgenden dargestellt. Die einzelnen Bundesländer haben die hier abgedruckten Anforderungsprofile teilweise erweitert, so daß die jeweils gültigen und im Landesrecht der einzelnen Bundesländer festgeschriebenen Weiterbildungsordnungen letztlich für die Anerkennung durch die Landesärztekammern maßgeblich sind. Es gibt allerdings eine Verabredung zwischen den Bundesländern, daß die in einem Bundesland erworbenen Zertifikate auf ein anderes Bundesland übertragbar sind. Voraussetzung ist, daß die Scheine bei einem zur Weiterbildung ermächtigten Psychotherapeuten erworben wurden. Darüber hinaus haben sich die einzelnen Bundesländer Prüfungsordnungen für den jeweiligen Facharzt gegeben, die ebenfalls nicht für alle Bundesländer identisch sind.

16.1.1 Psychiatrie und Psychotherapie

Für den Erwerb der in der Weiterbildungsordnung aufgeführten Weiterbildungsinhalte sind nachfolgende Richtzahlen und Weiterbildungsinhalte nachzuweisen.

Erforderliche Untersuchungsverfahren und Behandlungsverfahren aus dem Bereich Psychiatrie und Psychotherapie

- Theorie und Technik der Anamnese- und Befunderhebung unter Einbeziehung biologisch-somatischer, psychopathologischer, psychologischer, psychodynamischer und sozialer Gesichtspunkte; dazu gehören 60 selbständig durchgeführte, supervidierte und dokumentierte Erstuntersuchungen.

- Allgemeine und spezielle Psychopathologie; dazu gehört die fallbezogene Weiterbildung bei akuten wie chronischen Krankheitsbildern mit der regelmäßigen Teilnahme an 60 Fallseminaren einschließlich der Vorstellung von 10 Patienten.
- Diagnostische Methoden des Gebietes einschließlich der standardisierten Befunderhebung unter Anwendung von Fremd- und Selbstbeurteilungsskalen, dazu gehören die Teilnahme an einem 10stündigen Seminar zur methodischen Auswertung standardisierter erhobener Befunde einschließlich deren kritischer Analyse und Bewertung sowie die Teilnahme an einem Fremdrater-Seminar, z.B. dem AMDP-Training.
- Psychodiagnostische Testverfahren; dazu gehört die selbständige Durchführung, Befundung und Dokumentation von 5 Testuntersuchungen einschließlich neuropsychologischer Untersuchungsmethoden.
- Behandlung psychischer Krankheiten und Störungen mit der Definition von Behandlungszielen, der Festlegung eines Therapieplanes, der Indikationsstellung für verschiedene Therapieverfahren einschließlich Anwendungstechnik und Erfolgskontrolle; dazu gehören insbesondere somato-, sozio- und psychotherapeutische Verfahren sowie die selbständige Durchführung, Befundung und Dokumentation 40 abgeschlossener Therapien einschließlich psycho- und familientherapeutischer Elemente unter kontinuierlicher Supervision, davon jeweils 3 Therapien aus:
  - dem Bereich der Persönlichkeitsstörungen,
  - dem Bereich der neurotischen Störungen,
  - dem Bereich der schizophrenen Psychosen,
  - dem Bereich der affektiven Psychosen,
  - dem Bereich der organisch-psychischen Störungen sowie
  - dem Bereich der Suchterkrankungen.
- Pharmakologie der im Gebiet gebräuchlichen Pharmaka (Pharmakokinetik, Pharmakodynamik, Wechsel- und Nebenwirkungen) einschließlich ihres therapeutischen Nutzens (auch Kosten/Nutzenrelation), Risiken des Arzneimittelmißbrauchs, gesetzliche Auflagen bei der Arzneimittelverschreibung und Arzneimittelprüfung sowie der hierbei zu beachtenden ethischen Grundsätze, dazu gehört die Teilnahme an einem 40stündigen Seminar über die pharmakologischen und anderen somatischen Therapieverfahren einschließlich der Wechselwirkung mit der Psycho- und Soziotherapie.
- Sozialpsychiatrische Behandlung und Rehabilitation einschließlich extramuraler, komplementärer Versorgungsstrukturen, Ergotherapie sowie multidisziplinärer Teamarbeit und Gruppenarbeit mit Patienten, Angehörigen und Laienhelfern, dazu gehören
  - Teilnahme an einer 2monatigen Angehörigengruppe unter Supervision,
  - Teilnahme an einem 40stündigen Seminar über Sozialpsychiatrie einschließlich somatischer, pharmakologischer und psychotherapeutischer Verfahren.
- Theoretische Grundlagen der Psychotherapie, insbesondere allgemeine und spezielle Neurosenlehre, Entwicklungs- und Persönlichkeitspsychologie, Lernpsychologie und Tiefenpsychologie, Dynamik der Gruppe und Familie, Psychosomatik, entwicklungsgeschichtliche, lerngeschichtliche und psychodynamische Aspekte von Persönlichkeitsstörungen, Psychosen, Süchten und Alterserkrankungen, dazu gehört die Teilnahme an Seminaren, Kursen oder Praktika über 100 Stunden.
- Therapeutische Anwendung der Grundorientierungen Tiefenpsychologie oder Verhaltens- und kognitiver Therapie (Einzel-, Paar-, Gruppen- und Familientherapie), mit dem Schwerpunkt auf einem der beiden Hauptverfahren, dazu gehören im Erstverfahren insgesamt 120 Stunden dokumentierter und abgeschlossener tiefen-

psychologischer oder kognitiv-verhaltenstherapeutischer Einzel- und Gruppenbehandlung psychiatrischer Krankheiten unter kontinuierlicher Supervision. Bei tiefenpsychologischem Schwerpunkt müssen 2 Fälle mit 20 Stunden und ein Fall mit 40 Stunden, bei kognitiv-verhaltenstherapeutischem Schwerpunkt müssen 4 Fälle mit 10 Stunden und ein Fall mit 40 Stunden nachgewiesen werden. Mindestens eine Therapie muß ambulant erfolgen.
- Praktische Anwendung eines weiteren Psychotherapieverfahrens, dazu gehören eine erfahrungsgeleitete Weiterbildung durch Teilnahme an einem Fallseminar von 50 Doppelstunden oder durch Cotherapie in Einzel- oder Gruppentherapie in 80 Stunden im Zweitverfahren. Das Zweitverfahren sollte das andere Hauptverfahren sein oder ein anderes wissenschaftlich anerkanntes Verfahren.
- Praktische Anwendung von Entspannungsverfahren, dazu gehört die Teilnahme an 2 Kursen in einem erprobten Entspannungsverfahren, z.B. autogenes Training oder progressive Muskelrelaxation von je 8 Doppelstunden.
- Krisenintervention, supportive Verfahren und Beratung, dazu gehört die Teilnahme an einem 20stündigen Seminar.
- Psychiatrisch-psychotherapeutische Konsil- und Liaisonarbeit, dazu gehört die Teilnahme an einem 10stündigen Seminar.
- Balint-Gruppenarbeit, dazu gehört die Teilnahme an einer kontinuierlichen Balint-Gruppe oder einer kognitiv-verhaltenstherapeutischen Gruppe mit interaktionsbezogener Fallarbeit über 35 Doppelstunden.
- Selbsterfahrung in der Tiefenpsychologie oder Verhaltens- und kognitiven Therapie; dazu gehören 70 Doppelstunden in einer Selbsterfahrungsgruppe oder 150 Stunden Einzelselbsterfahrung.
- Indikationsstellung und Bewertung der Elektroenzephalographie bei 150 Patienten.
- Psychiatrische Begutachtung bei üblichen und typischen Fragestellungen in der Straf-, Zivil-, Sozial- und freiwilligen Gerichtsbarkeit einschließlich Personenrechtsfragen; dazu gehören 15 wissenschaftlich begründete Gutachten und die Teilnahme an einem 15stündigen forensisch-psychiatrischen Seminar.

Zusätzlich gehören in der Psychiatrie und Psychotherapie aus dem Gebiet der Neurologie folgende Weiterbildungsinhalte:

- Methodik und Technik der neurologischen Untersuchungen, soweit dies für die Differentialdiagnose psychiatrischer Erkrankungen erforderlich ist; dazu gehören die selbständige Durchführung und Befundung von 10 Punktionen des Liquorraums.
- Methodik und Durchführung des Grundleistungslabors des Gebietes sowie der Bewertung der Befunde, hierzu gehören:
  - Orientierende Untersuchung in einem Körpermaterial durch visuellen Farbvergleich mittels vorgefertigter Reagenzträger oder Reagenzzubereitungen, auch bei apparativer Auswertung oder Verwendung von Mehrfachreagenzträgern,
  - Bestimmung in einem Körpermaterial mit quantitativer physikalischer oder chemischer Messung oder Zellzählung die Erythrozytenzählung, die Leukozytenzählung, die Thrombozytenzählung, die Bestimmung von Hämoglobin und Hämatokrit sowie die
- Bestimmung der Blutkörperchensenkungsgeschwindigkeit.
- Indikationsstellung, Probenentnahme, sachgerechte Probenbehandlung und Einordnung der Befunde in das Krankheitsbild für die der Fachkunde in Laboruntersuchungen des Gebietes zugeordneten Laboratoriumsuntersuchungen (allgemeines Labor des Gebietes).

16.1.2 Psychotherapeutische Medizin

Für den Erwerb der in der Weiterbildungsordnung aufgeführten Weiterbildungsinhalte für die psychotherapeutische Medizin sind nachfolgende Richtzahlen oder Weiterbildungsinhalte nachzuweisen.

Erforderliche Untersuchungs- und Behandlungsverfahren in der psychotherapeutischen Medizin

- In den theoretischen Grundlagen der Psychobiologie, Ethnologie, Psychophysiologie, Entwicklungspsychologie, Persönlichkeitslehre, allgemeiner und spezieller Psychopathologie, psychiatrischer Nosologie einschließlich Klassifikation, allgemeiner und spezieller Neurosenlehre und Psychosomatik einschließlich der Diagnose, Differentialdiagnose, Pathogenese, Psychodynamik und des Verlaufes der Erkrankungen des Gebietes sind Weiterbildungsnachweise zu erbringen.
- Ebenso verhält es sich in den theoretischen Grundlagen in der Sozial- und Lernpsychologie und allgemeiner und spezieller Verhaltenslehre zur Pathogenese und Verlauf von Erkrankungen des Gebietes, psychodiagnostischen Testverfahren und der Verhaltensdiagnostik, Dynamik der Paarbeziehungen, der Familie und Gruppe und
- in den theoretischen Grundlagen der psychoanalytisch begründeten und kognitiv-behavioralen Psychotherapiemethoden einschließlich der Indikation für spezielle Therapieverfahren, Prävention, Rehabilitation, Krisenintervention, Suizid- und Suchtprophylaxe, Organisationspsychologie und Familienberatung; dazu gehört die Teilnahme an Seminaren, Kursen und Praktika von insgesamt 240 Stunden.
- Psychoanalytisch begründete oder verhaltenstherapeutische Diagnostik: hierzu gehört eine Minderzahl selbständig durchgeführter Untersuchungen (analytisches Erstinterview, tiefenpsychologische, biographische Anamnese bzw. Verhaltensanalyse) einschließlich supervidierten Untersuchungen, es sollen 60 diagnostische Untersuchungen unter qualifizierter Supervision durchgeführt und dokumentiert werden. Die Untersuchungen müssen auch Überlegungen zur Indikation und Differentialindikation hinsichtlich psychoanalytisch begründeter Psychotherapie und Verhaltenstherapie ebenso umfassen wie zur somatischen Diagnostik, Differentialdiagnostik und somatotherapeutischen Behandlung, zur psychiatrischen Diagnostik und Differentialdiagnostik und Behandlung, soweit dies für psychosomatische Erkrankungen erforderlich ist.
- Durchführung tiefenpsychologischer Psychotherapie oder kognitiv-behavioraler Therapie; dazu gehört eine Minderzahl selbständig durchgeführter Behandlungen einschließlich supervidierter Behandlungen (Einzel-, Paar-, Familien- und Gruppentherapie), insgesamt sind in der tiefenpsychologischen Psychotherapie bzw. in der kognitiv-behavioralen Therapie (Verhaltenstherapie) 1500 dokumentierte Behandlungsstunden nachzuweisen und 300 Stunden qualifizierter Supervision und fallzentrierter Besprechung; in der tiefenpsychologischen Psychotherapie oder Verhaltenstherapie sollen 40 Patienten aus dem gesamten Spektrum der psychotherapeutischen Medizin, funktionelle und psychosomatische Erkrankungen, Neurosen, Persönlichkeitsstörungen, ggf. auch Abhängigkeitserkrankungen behandelt werden.
  Bei 20 dieser 40 Patienten müssen psychosomatische Erkrankungen vorliegen, z.B. Herz- und Kreislaufsyndrome, gastrointestinale Syndrome, Schmerzsyndrome, Erkrankungen des Bewegungsapparates.
- Durchführung tiefenpsychologischer Psychotherapie.
  Die tiefenpsychologische Psychotherapie umfaßt alle wissenschaftlich anerkannten tiefenpsychologischen Psychotherapieverfahren mit Ausnahme der analytischen Psychotherapie, dazu gehören:
  - 6 Einzeltherapien über 50 bis 120 Stunden pro Behandlungsfall,
  - 6 Einzeltherapien über 25 bis 50 Stunden pro Behandlungsfall,
  - 4 Kurzzeittherapien über 5 bis 25 Stunden pro Behandlungsfall,
  - 2 Paartherapien über 10 bis 40 Stunden,

  - 2 Familientherapien über 5 bis 25 Doppelstunden sowie
  - Gruppenpsychotherapien mit 6 bis 9 Patienten über insgesamt 100 Sitzungen, davon ein Drittel auch als Cotherapie.
- Durchführung von kognitiv-behavioralen Therapien (Verhaltenstherapien); dazu gehören
- 10 Langzeitverhaltenstherapien mit je 50 Stunden,
  - 10 Kurzzeitverhaltenstherapien mit insgesamt 200 Stunden, mindestens die Hälfte dieser Therapien sollen im stationären Setting durchgeführt werden,
  - 4 Paar- oder Familientherapien sowie
  - 6 Gruppentherapien (differente Gruppen wie indikative Gruppe oder Problemlösegruppen), davon ein Drittel auch als Cotherapie.

  Paar-, Familien- und Gruppentherapie müssen in der Verhaltenstherapie zusammen 300 Stunden umfassen.
  Im jeweils anderen Hauptverfahren soll erfahrungsgeleitete Weiterbildung durch Teilnahme an einem Fallseminar von 50 Doppelstunden oder durch Cotherapie in Einzel- oder Gruppentherapie von 80 Stunden erworben werden.
- Durchführung von suggestiven und entspannenden Verfahren, dazu gehören anwendungsorientierte Kurse von je 8 Doppelstunden (Selbsterfahrung, Reflexion und Anwendung) in:
  - Autogenem Training,
  - progressiver Muskelentspannung oder
  - konzentrativer Entspannung.
- Durchführung der supportiven Psychotherapie und Notfallpsychotherapie, dazu gehören niederfrequente, auch längerfristige, haltgewährende und unterstützende therapeutische Beziehungen zur Stabilisierung eines psychischen Zustandes bei schweren psychischen Erkrankungen und bei somatischen Erkrankungen als begleitende Psychotherapie; dazu gehören 6 Behandlungen unter kontinuierlicher Supervision.
- Psychotherapeutische Intervention bei akuten psychisch bedingten Krisen, dazu gehören 10 Interventionen unter Supervision.
- Psychosomatisch-psychotherapeutischer Konsiliar- und Liaisondienst; dazu gehören die Durchführung von:
  - 20 konsiliarischen Untersuchungen zur Diagnostik und Indikationsstellung zur Psychotherapie oder
  - 20 fallbezogene sowie teambezogene psychotherapeutische Beratungen auf den Stationen somatischer Kliniken, besonders bei der Krankheitsbewältigung schwer körperlich Kranker.
- Balint-Gruppenarbeit; dazu gehören 50 Doppelstunden in einer kontinuierlichen Balint-Gruppe. In der Verhaltenstherapie ist der Balint-Gruppenarbeit die interaktionsbezogene Fallarbeit von 50 Doppelstunden gleichzusetzen.
- Einzelselbsterfahrung und Gruppenselbsterfahrung, ständig begleitend während der gesamten Weiterbildungszeit.
  Die Einzelselbsterfahrung und die Gruppenselbsterfahrung ist je nach gewähltem Behandlungsschwerpunkt entweder tiefenpsychologisch/psychoanalytisch oder verhaltenstherapeutisch (kognitiv-behavioral), hierzu gehören in der Tiefenpsychologie 150 Stunden Einzelselbsterfahrung und 70 Doppelstunden Gruppenselbsterfahrung, in der Verhaltenstherapie 70 Doppelstunden Selbsterfahrung einzeln und in der Gruppe.
- Psychosomatische Begutachtung bei fachspezifischen und typischen Fragestellungen in der Straf-, Zivil-, Sozial- und freiwilligen Gerichtsbarkeit; hierzu gehören 5 wissenschaftlich begründete Gutachten.

16.1.3 Psychoanalyse (Zusatzbezeichnung)

Für den Erwerb der in der Weiterbildungsordnung aufgeführten Weiterbildungsinhalte sind nachfolgende Richtzahlen oder Weiterbildungsinhalte nachzuweisen.

- Grundlagen der Psychoanalyse; hierzu gehört die Teilnahme an Kursen und Seminaren von 240 Stunden über:
  - psychoanalytische Entwicklungstheorie,
  - psychoanalytische Persönlichkeitslehre,
  - allgemeine und spezielle psychoanalytische Krankheitslehre einschließlich psychiatrischer und psychosomatischer Krankheitsbilder,
  - Traumlehre,
  - Kulturtheorie und analytische Sozialpsychologie,
  - Theorie der psychoanalytischen Untersuchungs- und Behandlungstechnik,
  - Indikationsstellung und prognostische Gesichtspunkte verschiedener Behandlungsverfahren einschließlich präventiver und rehabilitativer Aspekte,
- Verfahren der Psychoanalyse; dazu gehören:
  - psychoanalytisches Erstinterview und tiefenpsychologische biographische Anamnese,
  - analytische Psychotherapie (Analyse von Übertragung, Gegenübertragung und des Widerstandes unter Nutzung regressiver Prozesse).
- Psychiatrische Diagnostik; dazu gehören:
  - psychiatrische Anamnese und Befunderhebung sowie Klassifikation psychiatrischer Erkrankungen bei 60 Patienten,
  - Diagnostik und Differentialdiagnostik zur Abgrenzung von Psychosen, Neurosen und körperlich begründbaren Psychosen,
  - allgemeine und spezielle Psychopathologie.
- Weitere Verfahren der Psychoanalyse; dazu gehören:
  - psychoanalytische Kurz- und Fokaltherapie,
  - psychoanalytische Gruppen-, Paar- und Familientherapie.
- Selbsterfahrung in einer Lehranalyse über 250 Stunden kontinuierlich weiterbildungsbegleitend mit drei Einzelsitzungen pro Woche.
- Psychoanalytische Behandlung; dazu gehören:
  - 20 kontinuierlich supervidierte und dokumentierte Untersuchungen mit nachfolgenden Sitzungen zur Beratung oder zur Einleitung der Behandlung sowie der Teilname an einem Fallseminar zur Untersuchungstechnik.
  - 600 kontinuierlich supervidierte und dokumentierte Behandlungsstunden, davon 2 psychoanalytische Behandlungen von 250 Stunden einschließlich der Teilnahme an einem begleitenden Fallseminar. Eine Behandlung muß abgeschlossen sein.

16.1.4 Psychotherapie (Zusatzbezeichnung)

Für den Erwerb der in der Weiterbildungsordnung aufgeführten Weiterbildungsinhalte sind nachfolgende Richtzahlen oder Weiterbildungsinhalte nachzuweisen:

- Grundlagen der Psychotherapie; hierzu gehört die Teilnahme an Kursen und Seminaren von

140 Stunden über:

  - Entwicklungspsychologie und Persönlichkeitslehre,
  - allgemeine und spezielle Neurosenlehre,
  - Tiefenpsychologie,
  - Lernpsychologie,
  - Psychodynamik der Familie und der Gruppe,
  - Psychopathologie,
  - Psychosomatik,
  - Technik der Erstuntersuchung,
  - Indikation und Methodik der psychotherapeutischen Verfahren einschließlich Prävention und Rehabilitation.
- Verfahren der Psychotherapie; dazu gehören:
  - tiefenpsychologisch fundierte Psychotherapie einzeln, bei Paaren und Familien sowie in der Gruppe oder Verhaltenstherapie einzeln, bei Paaren und Familien sowie in der Gruppe,
  - ein Entspannungsverfahren, autogenes Training oder progressive Muskelentspannung oder konzentrative Entspannung, jeweils acht Doppelstunden,
  - ein weiteres wissenschaftlich anerkanntes Verfahren (vorzugsweise im anderen Hauptverfahren); hierzu gehört die Teil-

nahme an einem anwendungsorientierten Kurs über 50 Stunden.

- Psychiatrische Diagnostik; dazu gehören:
  - psychiatrische Anamnese und Befunderhebung sowie Klassifikation psychiatrischer Erkrankungen bei 60 Patienten,
  - Diagnostik und Differentialdiagnostik zur Abgrenzung von Psychosen, Neurosen und körperlich begründbaren Psychosen,
  - allgemeine und spezielle Psychopathologie.
- Teilnahme an einer kontinuierlichen Balint-Gruppe über 35 Doppelstunden. In der Verhaltenstherapie ist die Balint-Gruppe der verhaltenstherapeutischen Fallbesprechungsgruppe gleichgestellt.
- Selbsterfahrung über 150 Stunden in der tiefenpsychologischen Einzelselbsterfahrung oder 70 Doppelstunden in der tiefenpsychologischen Gruppenselbsterfahrung oder 60 Doppelstunden in der verhaltenstherapeutischen Gruppenselbsterfahrung, davon kann ein Drittel der Stundenzahl auch in Einzelsitzungen absolviert werden.
  Die Einzelselbsterfahrung oder Gruppenselbsterfahrung ist je nach Behandlungsschwerpunkt tiefenpsychologisch oder verhaltenstherapeutisch orientiert.
- Psychotherapeutische Behandlung; dazu gehören:
  - 10 dokumentierte tiefenpsychologische, biographische Anamnesen oder diagnostische Verhaltensanalysen,
  - abgeschlossene, kontinuierlich supervidierte und dokumentierte tiefenpsychologische Einzelbehandlungen von insgesamt 150 Stunden oder
  - 6 abgeschlossene kontinuierlich supervidierte und dokumentierte verhaltenstherapeutische Behandlungen von insgesamt 150 Stunden.

16.1.5 Kinder- und Jugendpsychiatrie und Psychotherapie

Für den Erwerb der in der Weiterbildungsordnung aufgeführten Weiterbildungsinhalte sind nachfolgende Richtzahlen oder Weiterbildungsinhalte nachzuweisen.

Untersuchungsverfahren und Behandlungsverfahren in der Kinder- und Jugendpsychiatrie und Psychotherapie

- Allgemeine und spezielle Psychopathologie einschließlich der biographischen Anamneseerhebung, Verhaltensbeobachtung und Explorationstechnik, dazu gehören 60 supervidierte und dokumentierte Erstuntersuchungen unter Einbeziehung biologisch-somatischer, psychologischer, psychodynamischer und sozialer Gesichtspunkte und unter Einbeziehung der beschriebenen und operationalisierten Klassifikation, Diagnose und Differentialdiagnose psychischer Krankheiten und Störungen unter Berücksichtigung ihrer Häufigkeit und Erscheinungsformen.
- Teilnahme an einem 10stündigen Seminar zur standardisierten Diagnostik.
- Entwicklungspsychologie, Psychosomatik und Neurosenlehre einschließlich der Psychodynamik, der Paarbeziehung, der Familie, der Bezugspersonen und der Gruppe.
- Methodik der psychologischen Testverfahren und der Beurteilung psychologischer Befunderhebung, dazu gehört die selbständige Durchführung, Befundung und Dokumentation von jeweils 10 Testdurchführungen in der Entwicklungs-, Leistungs- und Persönlichkeitsdiagnostik einschließlich psychopathologischer und neurophysiologischer Verfahren sowie Fremd- und Selbstbeurteilungsskalen.
- Indikationsstellung und Technik der Psychotherapie einschließlich der psychotherapeutischen Verfahren sowie der Teilnahme an Balint-Gruppen, Selbsterfahrung und tiefenpsychologischen Behandlungen mit Supervision; dazu gehören:
  - Indikationsstellung und Technik der Psychotherapie als Einzel-, Gruppen- und Familientherapie sowie die Teilnahme an einem 100stündigen Theorieseminar,
  - Teilnahme an einer kontinuierlichen Balint-Gruppe oder einer kognitiv-ver-

haltenstherapeutischen Gruppe mit interaktionsbezogener Fallarbeit über 35 Doppelstunden,
- 70 Doppelstunden in einer Selbsterfahrungsgruppe (tiefenpsychologisch/psychoanalytisch-kognitiv), kontinuierlich oder in Blockform oder 150 Stunden in einer Einzelselbsterfahrung (Lehrpsychotherapie).
- 3 abgeschlossene und dokumentierte tiefenpsychologische Behandlungen unter Einbeziehung der erwachsenen Bezugspersonen und unter kontinuierlicher Supervision oder 6 abgeschlossene und dokumentierte verhaltenstherapeutische Behandlungen unter Einbeziehung der erwachsenen Bezugspersonen und unter kontinuierlicher Supervision. Nachzuweisen sind insgesamt 120 Therapiestunden im Erstverfahren und eine erfahrungsgeleitete Weiterbildung durch Teilnahme an einem Fallseminar von 50 Doppelstunden oder durch Cotherapie in Einzel- oder Gruppentherapie in 80 Stunden im Zweitverfahren. Das Zweitverfahren sollte das andere Hauptverfahren sein oder ein anderes wissenschaftliches Verfahren, z. B. klientzentrierte Spieltherapie oder familientherapeutische Verfahren,
- selbständige Durchführung, Befundung und Dokumentation von 2 dokumentierten und supervidierten gruppentherapeutischen Behandlungen entweder tiefenpsychologisch fundiert oder verhaltenstherapeutisch,
- kinderpsychiatrisch- psychotherapeutische Konsil- und Liasionarbeit,
- Krisenintervention, supportive Verfahren und Beratungen
- kontinuierliche Teilnahme an Psychotherapie-Fallseminaren.

- Indikationsstellung und Technik der Übungsbehandlung sowie in der indirekten kinder- und jugendpsychiatrischen Behandlung durch Verhaltensmodifikationen von Bezugspersonen, dazu gehört die praktische Anwendung von Entspannungsverfahren einschließlich der Teilnahme an 2 Kursen in einem erprobten Entspannungsverfahren, z.B. autogenes Training oder progressive Muskelrelaxation von 8 Doppelstunden.
- Somato- und Pharmakotherapie psychiatrischer und neurologischer Erkrankungen, dazu gehören:
  - Teilnahme an einem 40stündigen Seminar über die pharmakologischen und anderen somatischen Therapien unter Einbeziehung ihrer Wechselwirkung mit der Psycho- und Soziotherapie,
  - Teilnahme an Fallseminaren von 20 Stunden pro Jahr sowie selbständige Durchführung und Dokumentation von 10 Fallvorstellungen sowie 40 kontinuierlich supervidierte und dokumentierte Therapien, davon jeweils 3 Patienten mit Angststörungen, expansiven Störungen, Eßstörungen, Psychosen, hirnorganischen Psychosyndromen, Persönlichkeitsstörungen auch unter Einbeziehung der Familie und psychotherapeutischer Aspekte,
  - Diagnostik und Therapie psychischer Fehlentwicklungen und Bewältigungsstrategien chronischer Erkrankungen und Behinderungen; dazu gehört die Teilnahme an einem 10stündigen Seminar,
  - Diagnostik und Therapie bei geistigen Behinderungen und anderen Entwicklungsverzögerungen; dazu gehört die Teilnahme an einem 10-stündigen Seminar.
- Indikationsstellung und Methodik neuroradiologischer und elektrophysiologischer Verfahren einschließlich der Beurteilung und der Einordnung in das Krankheitsbild; dazu gehören Auswertung der Elektroenzephalographie bei 100 Patienten.
- Begutachtung; dazu gehören 10 ausführlich begründete Gutachten oder gutachterliche Stellungnahmen.

16.1.6 Fortbildungsmöglichkeiten für Ärzte

Auch nach Abschluß der jeweiligen psychotherapeutischen Weiterbildung ist eine kontinuierliche Fortbildung unerläßlich. Früher als in den anderen Bereichen der Medizin wurde die Notwendigkeit kontinuierlicher Fortbildung für Psychotherapeuten festgeschrieben. Zur Qualitätssicherung dienen Supervisionsgruppen und Balint-Gruppen, sei es unter fachkundiger Leitung oder auch als kollegiale Intervision. Diese Art der Fortbildung ist von den jeweiligen psychotherapeutischen Fachverbänden und auch von den Ärztekammern vorgeschrieben.

> **!** Sinn und Wert solcher Supervisonsgruppen sind darin zusehen, daß der Psychotherapeut immer wieder angehalten ist, mögliche blinde Flecken und Fallstricke in Therapien im Kreis von Kollegen zu sehen und gemeinsam Lösungsmöglichkeiten zu erarbeiten.

Zugleich ist die Teilnahme an einer kontinuierlichen Supervision – sei es im Einzel- oder Gruppensetting – eine wichtige psychohygienische Maßnahme für die Psychotherapeuten selbst. In das Dickicht komplizierter Intersubjektivität, in dem sich Psychotherapien bekanntlich abspielen, sollte immer wieder Licht von außen gebracht werden. Zugleich dient die kollegiale Beratung der Entlastung von Anspannungen, die sich aus dem Kontakt mit psychisch gestörten Menschen zwangsläufig ergeben.

16.2 Weiterbildung für Diplom-Psychologen (und Ärzte)

Die curricular geordnete Weiter- bzw. Ausbildung in Psychotherapie für Diplom-Psychologen kann bei von der Kassenärztlichen Bundesvereinigung anerkannten Instituten, bei Berufs- bzw. Fachverbänden und bei universitätsangebundenen Studiengängen durchlaufen werden. Der Umfang und die grobe inhaltliche Struktur der Ausbildung in Psychotherapie für Diplom-Psychologen ist in der Tabelle 16.1 zusammenfaßt.

16.2.1 Tiefenpsychologisch begründete Psychotherapie

Die Ausbildung in tiefenpsychologisch fundierter, (psycho-)analytischer Psychotherapie für Psychologen umfaßt 600 Theoriestunden, 700 supervidierte Behandlungsstunden sowie 250 Selbsterfahrungsstunden (Lehranalyse). Diese Struktur und die Inhalte sind in den Psychotherapievereinbarungen der Kassenärztlichen Bundesvereinigung wie folgt festgelegt:

Struktur und Inhalte der Ausbildung in tiefenpsychologisch fundierter Psychotherapie für Diplom-Psychologen

- Psychoanalytische Entwicklungslehre,
- psychoanalytische Persönlichkeitslehre,
- allgemeine und spezielle Neurosenlehre,
- Psychodynamik der Familie und der Gruppe,
- Psychopathologie und dynamische Psychiatrie,
- Psychosomatik,
- Einführung in die Psychiatrie und psychiatrische Krankenvorstellung,
- eingehende Kenntnisse in der Abgrenzung von Psychosen und Neurosen von den körperlich begründbaren psychischen Störungen,
- Theorie des psychoanalytischen Behandlungsprozesses,
- Einführung in die Theorie und die Methoden der Kurzpsychotherapie,
- Kenntnisse und Erfahrungen mit psychoanalytischen Testverfahren,
- Technik der psychoanalytischen Erstuntersuchung, mindestens 20 dokumentierte Erstuntersuchungen,
- Indikation und Methodik der psychoanalytisch begründeten Verfahren einschließlich Prävention und Rehabilitation,

Tabelle 16.1. Umfang und Inhalte der Ausbildung in Psychotherapie für Diplom-Psychologen

Inhalte	KV-Regeln[a]		AGPT[d]	Rhein-Main-Verbund[e]
	VT[b]	PA[c]		
Theorie, Methoden, Diagnostik	600 Std.	600 Std.	600 Std.	600 Std.
Behandlungs-stunden	400 Std.	700 Std.	600 Std.	600 Std.
Supervision	100 Std.	120 Std.	100 Std.	100 Std.
Selbsterfahrung	100 Std.	250 Std.	100–250 Std.	100 Std.
Fallberichte	20	6	30	10
Eigenstudium	–	–	1200 Std.	600 Std.
Klinik/stationäre Erfahrung	1 Jahr	–	1 Jahr	1 (+$^1/_2$) Jahr

[a] KV = Kassenärztliche Bundesvereinigung.
[b] VT = Verhaltenstherapie.
[c] PA = tiefenpsychologische/analytische Psychotherapie.
[d] AGPT = Arbeitsgemeinschaft Psychotherapie.
[e] Rhein-Main-Verbund = staatlich anerkannter, akkreditierter Ausbildungsverbund Psychotherapie der Universitäten Mainz, Frankfurt, Darmstadt.

- Dynamik der Therapeut-Patient-Beziehung und des psycho-analytischen Prozesses,
- Indikation und Methodik der Verhaltenstherapie sowie
- Kooperation von Ärzten und Diplom-Psychologen im Rahmen der kassenärztlichen und vertragsärztlichen Versorgung einschließlich Antragstellung, Gutachterverfahren und Abrechnung.

Die theoretische Grundinformation soll durch Vorlesungen und/oder Seminare erfolgen. Die Ausbildung muß mindestens 600 Stunden umfassen.

Vor Beginn der praktischen Zusatzausbildung findet eine Prüfung über die bis dahin erworbenen Kenntnisse nach den Lehrinhalten der oben angeführten Punkte statt. Wenigstens 300 Ausbildungsstunden sind bis zu diesem Zeitpunkt nachzuweisen.

Festgelegt ist auch eine obligate Zusatzausbildung: Die Durchführung tiefenpsychologisch fundierter und analytischer Psychotherapie (psychoanalytisch begründete Verfahren) einschließlich Kurztherapie unter Kontrolle ist nachzuweisen.

Bis zum Ausbildungsabschluß sind vom Ausbildungsteilnehmer mindestens sechs psychoanalytisch begründete Psychotherapien – davon mindestens eine mit tiefenpsychologisch fundierter Psychotherapie und die eine Kurzpsychotherapie – mit einer Gesamtzahl von mindestens 700 Behandlungsstunden durchzuführen.

Wenigstens zwei der durchgeführten Behandlungen müssen einen kontinuierlichen analytisch-psychotherapeutischen Prozeß von mindestens jeweils 250 Stunden umfassen. Die vom Ausbildungsteilnehmer durchgeführten Behandlungen werden regelmäßig kontrolliert. Dabei fällt auf vier bis sechs Behandlungsstunden je eine Kontrollstunde (insgesamt mindestens 120 Stunden).

Die Lehranalyse findet in mehreren Einzelsitzungen pro Woche statt. Sie soll in der Regel die gesamte Zusatzausbildung begleiten und muß mindestens 250 Stunden umfassen. Zwischen dem Lehranalytiker und dem Analysanden dürfen keine verwandtschaftlichen Beziehungen und keine wirtschaftlichen und dienstlichen Abhängigkeiten bestehen.

> ! Die Zusatzausbildung kann in einer Ganztagsweiterbildung oder berufsbegleitend erfolgen. Dabei gelten folgende Regelausbildungszeiten:
>
> - bei Ganztagszusatzausbildung: mindestens 3 Jahre,
> - bei berufsbegleitender Zusatzausbildung: mindestens 5 Jahre.

16.2.2 Tiefenpsychologisch begründete Psychotherapie bei Kindern und Jugendlichen

Diese Ausbildung umfaßt 600 Theoriestunden, 600 supervidierte Behandlungsstunden und 250 Selbsterfahrungsstunden. Bei den Behandlungsstunden wird verlangt, daß zumindest sechs Fälle unter Einbeziehung der Eltern bzw. der versorgenden Familie behandelt werden. Ferner werden Kurz- und Langzeittherapien (mindestens 90 bzw. 120 Stunden) verlangt. Die Inhalte dieser Ausbildung sind durch die Kassenärztliche Bundesvereinigung wie folgt festgelegt:

Inhalte der tiefenpsychologisch orientierten Psychotherapieausbildung bei Kindern und Jugendlichen

- Psychoanalytische Entwicklungspsychologie,
- allgemeine Neurosenlehre,
- spezielle Neurosenlehre und Psychosomatik,
- psychoanalytische und tiefenpsychologisch fundierte Standardwerke und Literatur,
- Kasuistik neurotisch gestörter Kinder und Jugendlicher,
- Einführung in die Kinder- und Jugendpsychiatrie, Psychiatrie und Pädiatrie,
- Kinder- und jugendpsychiatrische Krankenvorstellungen,
- Bedeutung von Traum, Märchen und Phantasie für Praxis der Kinder- und Jugendlichenbehandlung,
- Technik der Anamneseerhebung und der Interviews,
- Kenntnisse und Erfahrungen in psychologischen Testverfahren,
- Spiele, bildnerisches Gestalten und szenische Geschehen in Diagnostik und Therapie,
- Technik zur Behandlung von Kindern und Jugendlichen,
- tiefenpsychologische Gesprächsführung mit Eltern und anderen Bezugspersonen (Einzelberatung und begleitende Psychotherapie),
- Einführung in Modelle und Technik der Gruppenpsychotherapie, der Kurzpsychotherapie sowie der Balint-Gruppenarbeit,
- Psychodynamik der Familie und der Gruppe,
- tiefenpsychologische Anamneseerhebungen und Untersuchungen (mindestens 30),
- Kooperation von Ärzten und analytischen Kindertherapeuten (früher Psychagogen) im Rahmen der kassenärztlichen und vertragsärztlichen Versorgung einschließlich Antragstellung, Gutachterverfahren und Abrechnung.

Die theoretische Grundinformation soll in Vorlesungen und/oder Seminaren erfolgen. Die Ausbildung muß mindestens 600 Stunden umfassen.

Vor Beginn der praktischen Zusatzausbildung findet eine Prüfung über die bis dahin erworbenen Kenntnisse nach den Lehrinhalten der oben ausgeführten Punkte statt. Wenigstens 300 Ausbildungsstunden sind bis zu diesem Zeitpunkt nachzuweisen.

Ebenso ist die Durchführung tiefenpsychologisch fundierter und analytischer Psychotherapie (psychoanalytisch begründete Psychotherapie) bei Kindern und Jugendlichen unter Kontrolle nachzuweisen.

Bis zum Ausbildungsabschluß sind vom Ausbildungsteilnehmer mindestens 6 analytische Kinder- bzw. Jugendlichen-Psychotherapien mit einer Gesamtzahl von mindestens 600 Behandlungsstunden durchzuführen – davon mindestens eine als tiefenpsychologisch fundierte Kurzpsychotherapie bzw. Krisenintervention bei Jugendlichen. Die dazugehörende begleitende Psychotherapie der Bezugspersonen muß wenigstens für insgesamt 80 Stunden nachgewiesen werden. Wenigstens 2 der durchgeführten Behandlungen müssen einen kontinuierlichen analytisch-psychotherapeutischen Prozeß von mindestens jeweils 90 Stunden umfassen. Wenigstens eine Behandlung muß eine analytische Psychotherapie eines Jugendlichen von mindestens 120 Stunden darstellen. Dabei fällt auf 4 bis 6 Behandlungsstunden jeweils eine Kontrollstunde (insgesamt ca. 150 Stunden).

Die Lehranalyse in Form einer Einzelanalyse muß einen kontinuierlichen Prozeß von mindestens 250 Stunden umfassen (mehrere Stunden pro Woche) und sollte die gesamte Weiterbildung begleiten. Zwischen dem Lehranalytiker und dem Analysanden dürfen keine verwandtschaftlichen Beziehungen und keine wirtschaftlichen und dienstlichen Abhängigkeiten bestehen.

> ! Die Zusatzausbildung kann in einer Ganztagsweiterbildung oder berufsbegleitend erfolgen. Dabei gelten folgende Regelausbildungszeiten:
>
> - Ganztagszusatzausbildung: mindestens drei Jahre,
> - Berufsbegleitende Zusatzausbildung: mindestens fünf Jahre.

16.2.3 Verhaltenstherapie

Die über lange Jahre vorherrschenden Divergenzen bezüglich Art, Dauer, Form und Inhalt verhaltenstherapeutischer Ausbildung für Psychologen sind heute zugunsten einer von allen geteilten Professionalität überwunden. Die durch die Psychotherapievereinbarung der Kassenärztlichen Bundesvereinigung geregelte Ausbildung legt eine curricular geordnete, entweder 3jährige Vollzeit- oder eine 5jährige Teilzeitausbildung fest, die 600 Stunden therapiebezogene Theorie, Diagnostik und therapeutische Methoden, 400 Behandlungsstunden unter regelmäßiger Supervision (Umfang 100 Stunden), 100 Stunden Selbsterfahrung sowie die zumindest 1jährige Tätigkeit in einer psychiatrischen Klinik umfaßt.

Inhalte der verhaltenstherapeutischen Ausbildung für Diplom-Psychologen

- Psychologische Grundlagen des Verhaltens und des abweichenden Verhaltens,
- Lern- und sozialpsychologische Entwicklungsmodelle sowie Konzepte zur Prävention und zur Rehabilitation,
- allgemeine und spezielle Psychopathologie einschließlich differential-diagnostischer Abgrenzung psychotischer, psychoneurotischer und somatogen-psychischer Störungen, Erhebung und Dokumentation psychopathologischer Befunde,
- Grundkenntnisse einer psychiatrischen Krankheitslehre,
- psychosomatische Krankheitslehre sowie Orientierung über „spezifische Behandlungsmethoden im Rahmen einer übergreifenden Theorie" im Sinne der Psychotherapierichtlinien,
- allgemeine und spezielle Neurosenlehre,
- Abgrenzung seelischer Krankheiten mit pathologischen Beziehungsstörungen von psychosozialen Störungen ohne Nachweis einer krankhaften Veränderung des seelischen oder körperlichen Zustandes eines Menschen,
- Einführung in die Verhaltenstherapie als Gruppenbehandlung,
- Einführung in die Verhaltenstherapie bei Kindern und Jugendlichen,
- Verhaltensdiagnostik einschließlich psychodiagnostischer Testverfahren,
- Erhebung der Krankheitsanamnese und der Lerngeschichte pathologischen Verhaltens,
- Grundkenntnisse der Methodik und Indikation aller psychotherapeutischer Verfahren und Techniken, die nach den Psy-

chotherapierichtlinien des Bundesausschusses der Ärzte und Krankenkassen als Bestandteil der kassenärztlichen Versorgung zugelassen sind sowie die jeweilige indikatorische Abgrenzung zur Verhaltenstherapie,
- Strategie, Verfahren und spezielle Indikation der Verhaltenstherapie,
- Therapeut-Patient-Interaktion im verhaltenstherapeutischen Prozeß,
- Verhaltenstherapie unter dem Gesichtspunkt systemischer Beziehungselemente bei Partnern, in der Familie und in der Gruppe sowie
- Durchführung der Verhaltenstherapie als Einzeltherapie unter Supervision.

Die theoretische Ausbildung muß mindestens 600 Stunden mit mindestens 400 Stunden therapiebezogener Theorie und bis zu 200 Stunden theoretischer Grundinformation umfassen.

Praktische Erfahrungen bei:

- Psychoneurotischen Erkrankungen im Sinne der Psychotherapierichtlinien,
- vegetativ funktionellen und psychosomatischen Erkrankungen,
- seelischen Behinderungen bei organischen Erkrankungen oder Defekten oder im Zusammenhang mit frühkindlichen emotionalen Mangelzuständen,
- stoffgebundenen Abhängigkeiten, auch Alkohol-, Drogen- oder Medikamentenmißbrauch,
- psychotischen Erkrankungen,
- psychischen Erkrankungen bei Kindern und Jugendlichen und
- Alterskrankheiten.

Die Behandlungsdauer muß mindestens 400 Behandlungsstunden umfassen.

■ **Supervision in der verhaltenstherapeutischen Ausbildung.** Nach jeder dritten bis vierten Behandlungsstunde ist mindestens eine Stunde Supervision durchzuführen und zu dokumentieren. Die Hälfte dieser Supervisionsstunden ist in Einzelsupervision durchzuführen.

Zusätzlich dazu hat der Supervisor in 10% der Behandlungsstunden die Durchführung der Therapie am Patienten persönlich oder durch Video- oder Tonbandaufzeichnungen zu überwachen.

An einer Gruppensupervision können sich höchstens 4 Ausbildungsteilnehmer beteiligen.

Die Supervision der Behandlungsfälle hat durch mindestens 2 qualifizierte Supervisoren zu etwa gleichen Teilen der Fallzahl zu erfolgen. Mindestens 4 Fälle müssen von einem ärztlichen Supervisior supervidiert werden.

■ **Selbsterfahrung.** Verhaltenstherapeutische Selbsterfahrung soll mindestens 100 Stunden umfassen, die kontinuierlich auf den gesamten Ausbildungsgang entfallen sollen. Sie sollte in einer möglichst geschlossenen, sich regelmäßig treffenden Gruppe (bis maximal 8 Teilnehmer) sowie auch einzeln erfolgen. Zur verhaltenstherapeutischen Selbsterfahrung gehört auch die Durchführung eines eigenen Selbstmodifikationsprogrammes unter der Leitung eines vom Institut beauftragten qualifizierten Supervisors.

! Bis zum Ausbildungsabschluß sind vom Ausbildungsteilnehmer mindestens 20 Verhaltenstherapien (möglichst im Verhältnis von 10 Kurzzeit- zu 10 Langzeittherapien), die sich bezüglich Diagnose, Therapieverfahren und Alter des Patienten unterscheiden müssen, durchzuführen und zu dokumentieren.

Davon können 6 Therapien stationär erfolgen. Von den geforderten Behandlungen muß mindestens je eine bei folgenden Erkrankungen erfolgt sein:

- Psychoneurosen,
- psychosomatische und funktionelle Erkrankungen,
- seelische Behinderungen,
- Abhängigkeiten sowie
- Psychosen.

16.2.4 Zusatzausbildung „Verhaltenstherapie in Gruppen"

Zur Qualifizierung als Gruppenpsychotherapeut werden zusätzlich zu der verhaltenstherapeutischen Ausbildung eingehende Kenntnisse und praktische Erfahrungen in der Gruppenpsychotherapie der Verhaltenstherapie verlangt.

Dabei ist nachzuweisen, daß in mindestens 40 Doppelstunden verhaltenstherapeutische Selbsterfahrung in der Gruppe, in mindestens 24 Doppelstunden eingehende Kenntnisse in der Theorie der Gruppenpsychotherapie und Gruppendynamik erworben wurden und mindestens 60 Doppelstunden kontinuierliche Gruppenbehandlung – auch in mehreren Gruppen – unter Supervision von mindestens 40 Stunden mit Verhaltenstherapie durchgeführt wurden.

Diese Inhalte sind in die Abschlußprüfung einzubeziehen und im Prüfungszertifikat zu bewerten.

16.2.5 Zusatzausbildung „Verhaltenstherapie bei Kindern und Jugendlichen"

Eine zusätzliche Qualifikation zur Behandlung von Verhaltensauffälligkeiten und psychischen Störungen im Kindes- und Jugendalter erfordert eine weitergehende Ausbildung und somit eingehende Kenntnisse und Erfahrungen in der speziellen Neurosenlehre sowie der Psychodiagnostik bei Kindern und Jugendlichen.

Darüber hinaus ein Nachweis, daß mindestens 4 Fälle Verhaltenstherapie selbständig unter Supervision – möglichst nach jeder dritten Behandlungsstunde – bei Kindern und Jugendlichen durchgeführt und abgeschlossen wurden.

Diese Inhalte sind in die Abschlußprüfung einzubeziehen und im Prüfungszertifikat zu bewerten.

16.2.6 Gesprächspsychotherapie

Die Ausbildung in Gesprächspsychotherapie für Psychologen und Ärzte befindet sich derzeit – Frühjahr 1996 – im Umbruch.

Sie wurde bisher von den vom Fachverband der Gesprächspsychotherapeuten, der Gesellschaft für wissenschaftliche Gesprächspsychotherapie (GwG) e.V., anerkannten Ausbildern getragen. Über die Ausbildungsrichtlinien entschied in letzter Instanz die Mitgliederversammlung der Gesellschaft. Träger der Ausbildung sind (noch) die von der GwG anerkannten Ausbilder, die regional in sog. Ausbilder Plena (RAPs) organisiert sind, aber bisher nicht an Institute gebunden sind bzw. waren.

Die durch das Psychotherapeutengesetz (PTG) zu erwartende Regelung der Ausbildung im Bereich psychologischer Psychotherapie sowie der Antrag der GwG und anderer auf Anerkennung der Gesprächspsychotherapie durch den Bundesausschuß Ärzte und Krankenkassen der KBV als sog. Richtlinienverfahren haben dazu geführt, daß an vielen Orten in der Bundesrepublik Ausbildungsinstitute gegründet worden sind, zum größten Teil auf privatwirtschaftlicher Basis. Die GwG hat in Köln inzwischen eine Akademie für Aus-, Fort- und Weiterbildung in Psychotherapie und Beratung eingerichtet. Weiterhin werden an Universitäten, z. B. im Verbund mit anderen Ausbildungsträgern, wie dem BDP (Berufsverband Deutscher Psychologen), Ausbildungen in Gesprächspsychotherapie angeboten, z. B. an der Humboldt-Universität Berlin, oder sind in Planung, z. B. an der Universität Hamburg.

Alle derzeit bestehenden Ausbildungsangebote für Gesprächspsychotherapie orientieren sich in Struktur, Inhalten und Ausbildungsumfang an den Richtlinien der KBV (s. Abschn. „Weiterbildung für Psychologen und Ärzte") bzw. an den Entwürfen für Ausbildungsordnung im Rahmen des PTG (s. Abschn. „Zukünftige Ausbildungsordnung für psychologische Psychotherapeuten").

Wegen der derzeit noch nicht abgeschlossenen Veränderungen der Regelungen der Ausbildung in Gesprächspsychotherapie wird an dieser Stelle darauf verzichtet, eine solche vorläufige Ordnung detailliert darzustellen.

Interessenten werden deshalb gebeten, sich über Ausbildungsmöglichkeiten und den jeweils gültigen Stand der Ausbildungsregelungen bei der Bundesgeschäftsstelle der GwG zu erkundigen: Bundesgeschäftsstelle der GwG, Postfach 27 01 65, 50508 Köln; Tel. 02 21-92 59 08-0; Fax: 02 21-25 12 76.

Der durch diesen Verzicht entstandene Raum soll für die Darstellung einiger traditioneller Elemente der Ausbildung in Gesprächspsychotherapie genutzt werden, in denen sich das Verfahren auch von anderen Therapieausbildungen unterscheidet. Diese Ausbildungselemente werden an dieser Stelle erwähnt, weil sie es wert sind, Bestandteile zukünftiger Ausbildungen zu bleiben.

Ausbildungselemente der Gesprächspsychotherapie

■ **Das Tonband in Ausbildung und Supervision:** Schon der Begründer der Gesprächspsychotherapie, Carl Rogers, hat in den 40er Jahren Tonaufnahmen von Psychotherapien für Ausbildungs- und Forschungszwecke eingesetzt. Diese Tradition hat sich erhalten: Gesprächspsychotherapeuten pflegen – die Zustimmung der Patienten und die Wahrung der Datenschutzgesetze vorausgesetzt – ihre Therapiegespräche auf Tonband aufzunehmen.

Zum Erwerb eines vom Fachverband anerkannten Zertifikats „Gesprächspsychotherapeut" gehört (heute noch) die Dokumentation von 5 erfolgreich abgeschlossenen und dokumentierten Gesprächspsychotherapien. Die Ausbildungsrichtlinien schreiben vor, daß jede dieser Therapien mit den Tonaufnahmen von mindestens 3 Therapiesitzungen (Anfang, Mitte und Ende der Therapie) dokumentiert sein müssen. Diese Tonbanddokumente – im Rahmen der Kinder- und Jugendlichentherapieausbildung Videoaufzeichnungen – dienen dazu, sowohl die Angemessenheit des Therapeutenverhaltens beurteilen zu können als auch die Veränderungen des Patienten im Therapieverlauf sichtbar werden zu lassen.

Auch nach Abschluß der Ausbildung werden weiterhin Tonbandaufnahmen hergestellt. Sie bilden einen wichtigen Bestandteil der Supervisionsarbeit in der Gesprächspsychotherapie (s. unten).

■ **Die Dokumentation und Kontrolle des Therapieprozesses und des Behandlungsergebnisses.** Die Gesprächspsychotherapie ist ein überwiegend von Psychologen entwickeltes Therapieverfahren. Darin wird ein wesentlicher Grund dafür liegen, daß Gesprächspsychotherapeuten zur Erfassung des Therapieverlaufs und des Therapieerfolgs (Prä-Post-Messungen) auch geeignete – und den üblichen Testgütekriterien genügende – psychologische Tests einsetzen.

Die bisher gültige Ausbildungsordnung der GwG sieht die Anwendung von mindestens einem Persönlichkeitstest in Vor- und Nachuntersuchung vor sowie den Einsatz von sog. Klienten- bzw. Therapeutenbegleitbögen oder anderer Verfahren zur Erfassung des Therapieprozesses. Auch diese Tradition sollte nicht aufgegeben werden, wobei der Beibehaltung vor dem Hintergrund der Forderung nach Qualitätssicherungsmaßnahmen auch für ambulante Psychotherapie und den entsprechenden Gesetzen eigentlich nichts im Wege stehen sollte.

■ **Berufsbegleitende („lebenslange") Supervision.** Die dem Fachverband GwG angehörenden Gesprächspsychotherapeuten sind durch entsprechende Regelungen verpflichtet, ihre Psychotherapien auch nach Abschluß ihrer Ausbildung regelmäßig supervidieren zu lassen. Die Supervision erfolgt auf kollegialer Basis oder mit Supervisor (Ausbilder) in festen (bei der GwG registrierten) Arbeitsgruppen, denen nicht mehr als 8 Personen angehören dürfen, meist in einer 4tägigen Frequenz.

Auch diese Regel dient der Qualitätssicherung psychotherapeutischer Arbeit und sollte in zukünftige Ausbildungsordnungen übernommen werden.

16.2.7 Zukünftige Ausbildungsordnung für psychologische Psychotherapeuten

Die Arbeitsgemeinschaft Psychotherapie (AGPT) der größten Berufs- und Fachverbände unter Einschluß der universitären Weiterbildungsgänge[4] legte am 31.10.1995 eine Ausbil-

[4] Folgende Fach- und Berufsverbände sind in der AGPT vertreten:
- Arbeitsgemeinschaft Psychotherapeutischer Fachverbände (AGPF),
- Berufsverband Deutscher Psychologen (Präsidium und Verband Psychologischer Psychotherapeutinnen und Psychotherapeuten) (BDP, VPP),
- Deutsche Gesellschaft für Psychologie (DGPs),
- Deutscher Fachverband für Verhaltenstherapie (DVT),
- Deutsche Gesellschaft für Verhaltenstherapie (DGVT),
- Deutscher Psychotherapeutenverband (DPTV),
- Gesellschaft für wissenschaftliche Gesprächspsychotherapie (GwG),
- Gesellschaft für Psychotherapie, Psychosomatik und Medizinische Psychologie (GPPMP).

dungs- und Prüfungsordnung für psychologische Psychotherapeuten vor, die nicht nur für die beteiligten Verbände verbindlich ist, sondern dem Gesetzgeber als Vorlage zur Erstellung einer Ausbildungsordnung für die Umsetzung des Psychotherapeutengesetzes dienen soll.

> **!** Die AGPT fordert für psychologische Psychotherapeuten
>
> - 600 Stunden theoretische und praktische Ausbildung,
> - 1200 Stunden ergänzendes Selbststudium,
> - 100 bis 250 Stunden Selbsterfahrung,
> - 600 Behandlungsstunden von mindestens 30 ambulant bzw. stationär versorgten Patienten mit unterschiedlichen Störungsbildern.
> - Die Behandlungen müssen unter regelmäßiger, mindestens 100 Stunden umfassender Supervision stattfinden.

Ziele und Gliederung der Ausbildung

Ziel der Ausbildung ist die zusätzliche wissenschaftliche und berufliche Qualifikation von Diplom-Psychologinnen und Diplom-Psychologen für eine diagnostische und psychotherapeutische Tätigkeit, insbesondere im Rahmen der Vorbeugung, Behandlung und Rehabilitation von psychischen und körperlichen Leiden, Störungen, Behinderungen und Krankheiten.

Die Ausbildung umfaßt eine Zwischenprüfung und eine Abschlußprüfung. Durch die Zwischenprüfung soll festgestellt werden, ob der Kandidat über die grundlegenden Kenntnisse und Fähigkeiten verfügt. Durch die Abschlußprüfung soll festgestellt werden, ob der Kandidat psychodiagnostisch und psychotherapeutisch bei Patienten mit psychischen und psychosomatischen Erkrankungen sowie bei psychischen Faktoren somatischer Erkrankungen und Behinderungen selbständig und eigenverantwortlich tätig werden kann und dafür das notwendige Wissen sowie die notwendigen praktischen Kompetenzen erworben hat.

Die Ausbildung umfaßt sowohl eine allgemeine als auch eine vertiefte Ausbildung mit Schwerpunkt auf mindestens einem wissenschaftlich begründeten und anerkannten psychotherapeutischen Verfahren.

Die Ausbildung erfolgt auf curricularer Grundlage und ist gegliedert in die vier Bereiche:

- Theoretisch-methodischer Unterricht für die allgemeine Ausbildung und die vertiefte Ausbildung,
- praktische Ausbildung für die vertiefte Ausbildung,
- Selbsterfahrung (z.B. Lehrtherapie, Lehranalyse, Selbstmodifikation),
- Eigenstudium.

Inhalte und Ausbildung

Der theoretisch-methodische Unterricht dient der Erweiterung und Vertiefung klinisch-psychologischen, einschließlich psychotherapeutischen und psychodiagnostischen Wissens im präventiven, kurativen und rehabilitativen Bereich und dem Üben diagnostischer und therapeutischer Fertigkeiten.

Der theoretisch-methodische Unterricht der allgemeinen Ausbildung erstreckt sich v.a. auf folgende Inhalte:

- Psychologie abweichenden Verhaltens/Pathopsychologie, einschließlich der Abgrenzung von körperlich begründbaren psychischen Störungen sowie psychologische und biopsychologische Faktoren bei körperlichen Erkrankungen und Behinderungen;
- Psychodiagnostik einschließlich teildiagnostischer Kenntnisse und Fertigkeiten, insbesondere Differential- und Verlaufsdiagnostik, differentielle Indikation und Evaluation;
- theoretische und empirische Grundlagen mehrerer wissenschaftlich anerkannter psychotherapeutischer Verfahren einschließlich integrativer Ansätze:
- ethische Grundlagen psychotherapeutischen Handelns und für die therapeutische Beziehung wichtige Rechtsnormen; Berufsfeld und institutionelle Rahmenbedingungen einschließlich medizinischer und psychosozialer Versorgungssysteme, einschlägiger Bestimmungen der Sozial- und Berufsgesetzgebung, Kooperation mit Ärzten und anderen Berufsgruppen;

- Vertiefung der Kenntnisse von theoretischen Grundlagen und empirischen Befunden aus Nachbardisziplinen, die für die psychotherapeutische Tätigkeit bedeutsam sind, v. a. aus dem biologisch-medizinischen und dem sozialwissenschaftlichen Bereich.

Dauer und Umfang der Ausbildung
Die Ausbildung kann in Form einer Vollzeitausbildung über mindestens 3 Jahre (6 Semester) oder einer berufsbegleitenden Ausbildung über mindestens 5 Jahre (10 Semester) durchgeführt werden.

Die praktische Ausbildung umfaßt mindestens 600 Behandlungsstunden eigener therapeutischer Tätigkeit unter Supervision. Davon muß bei vorwiegend ambulant durchgeführten Behandlungsstunden mindestens ein Drittel stationär durchgeführt werden. Dies sollte in Form einer 1jährigen klinisch-psychologischen psychotherapeutischen Tätigkeit in stationären oder teilstationären Einrichtungen der psychiatrischen Versorgung erfolgen. Bei vorwiegend stationär durchgeführten Behandlungsstunden muß mindestens ein Drittel ambulant durchgeführt worden sein. Wird die klinisch-psychologische/psychotherapeutische Tätigkeit in Form einer Hospitation abgeleistet, muß dies in einem zeitlich äquivalenten Umfang erfolgen. Der Ausbildungsteilnehmer muß nachweisen, daß er während dieser Tätigkeit an der Diagnostik und Behandlung von mindestens 30 Patienten beteiligt gewesen ist.

Die Supervision umfaßt mindestens 100 Stunden, wobei mindestens 25 Stunden als Einzelsupervision und mindestens 25 Stunden als Gruppensupervision erfolgen müssen.

Der theoretisch-methodische Unterricht umfaßt mindestens 600 Unterrichtsstunden.

Das Eigenstudium umfaßt mindestens 1200 Stunden.

Die Selbsterfahrung (z. B. Lehrtherapie, Lehranalyse, Selbstmodifikation) erfolgt begleitend zur Ausbildung und umfaßt je nach Verfahren mindestens 100 bzw. mindestens 250 Stunden. Sie findet bei einem anerkannten Therapeuten statt, zu dem keine privaten Beziehungen und keine wirtschaftlichen oder dienstlichen Abhängigkeiten bestehen dürfen.

16.2.8 Fortbildungsmöglichkeiten für Diplom-Psychologen

Fortbildungsangebote machen die in Freiburg (September), Dresden (Juni) und Kiel (Mai) stattfindenden Verhaltenstherapiewochen bzw. auch die Psychotherapiewochen in Lindau und Lübeck. Ferner bieten verschiedene Berufsverbände (z.B. Ausbildungsakademie des BdP) und Fachgesellschaften (z. B. die DVT oder die DGVT) regelmäßig Seminare, Kurse, Aufbaucurricula und Sonderprogramme an. Darüber hinaus machen die Ausbildungsinstitute regional unterschiedlich Fortbildungsangebote für Psychotherapeuten.

Wege zu einer psychotherapeutischen Identität

J. Eckert, M. Hautzinger, C. Reimer, E. Wilke

J. Eckert, Psychologe und Gesprächspsychotherapeut

Meine Wahl des Studiums der Psychologie hatte viel damit zu tun, daß ich mich in einer Lebenssituation befand, in der ich mich nicht auf einen etablierten Beruf wie Arzt festlegen wollte. Außerdem hatte ich bereits einen: ich war technischer Zeichner und hatte ein Diplom als Maschinenbautechniker. In diesem Beruf kam ich auch mit der Psychologie in Berührung, und zwar fühlte ich mich – und stand damit überhaupt nicht allein – als ein Opfer der Psychologen. Die hatten uns nämlich zur Steigerung unseres Wohlbefindens und unserer Produktivität in ein farbenfrohes Großraumbüro verpflanzt. Unsere Produktivität wurde vermutlich gesteigert – das Experiment wurde beibehalten –, aber nach unserem Wohlbefinden hat uns nie jemand gefragt.

Daß ich nun letztlich klinischer Psychologe und nicht Arbeits- und Betriebspsychologe geworden bin, der solche krassen Fehler natürlich vermieden hätte, hing mit einem Praktikum in einer psychiatrischen Klinik zusammen. Ich hatte wenig Mühe, Patienten zu verstehen und in Kontakt mit ihnen zu kommen.

Für einen „politisch fortschrittlichen" Psychologiestudenten war es in den Jahren 1965 bis 1970 undenkbar, der herkömmlichen Psychoanalyse etwas abzugewinnen. Außerdem galt sie nach den Kriterien des Wissenschaftsverständnisses der Psychologie zu dieser Zeit in Hamburg als eine unwissenschaftliche Methode und als ein Auslaufmodell. Vor diesem Hintergrund lernte ich als Student die Grundlagen der Gesprächspsychotherapie (bei Herrn Dr. Freise aus Hannover, dem Herr Prof. Tausch einen Lehrauftrag übertragen hatte) und die der Verhaltenstherapie, obwohl mein Lieblingsprüfungsfach in der Vordiplomprüfung „Tiefenpsychologie" hieß. In dem Bewußtsein, daß die neuen psychologischen Psychotherapiemethoden die Psychoanalyse bald der Überflüssigkeit überführen würden, trat ich meine erste Stelle als klinischer Psychologe in einer Psychiatrischen Universitätsklinik an. Im Kontakt mit Patienten machte ich sehr rasch die Erfahrung, daß es mir nicht möglich ist, zwei therapeutische Prinzipien mit derselben inneren Überzeugung zu vertreten: Ich erlebte häufig, daß es für psychiatrische Patienten ausreichend ist, wenn sie sich verstanden fühlen (ein Prinzip der Gesprächspsychotherapie) und sie und ich Mühe hatten, wenn wir konkrete Schritte der Verhaltensänderung planten (ein Prinzip der Verhaltenstherapie).

Meine Entscheidung für die Gesprächspsychotherapie als „meine" Therapiemethode gründete sich eindeutig darauf, daß ich als Person damit besser zurechtkam, und nicht, weil ich sie für effizienter als die Verhaltenstherapie ansah. Gegen solche Überlegenheitsphantasien schützten mich die Erfahrungen in der täglichen und engen Zusammenarbeit mit ärztlichen und psychologischen Kollegen, die in anderen Therapiemethoden beheimatet waren. Ich lernte aus dieser Zusammenarbeit viel:

- von den Psychoanalytikern z. B. die Bedeutung der Genese psychischer Störungen für ein besseres Verstehen von Patienten oder die Beachtung bestimmter Phänomene, wie den Wiederholungszwang;
- von den Verhaltenstherapeuten z. B. die Konzentration auf beobachtbares und beschreibbares Verhalten oder die systematische Einbeziehung der „gesunden" Ressourcen von Patienten.

Daß ich im Laufe der Jahre ein immer „überzeugterer" Gesprächspsychotherapeut wurde, hat weniger mit meinen Erfahrungen zu tun, daß ich vielen Patienten damit auch ausreichend helfen konnte und kann und die anderen auch nur „mit Wasser kochen", sondern damit, daß ich mich mit der Methode Gesprächspsychotherapie und dem damit verbundenen Menschenbild gut identifizieren konnte.

Nicht zuletzt bin ich heute davon überzeugt, daß es für einen Teil der Patienten im Hinblick auf eine Milderung ihres Leidens nicht ausschlaggebend ist, welche Art von Psychotherapie sie machen. Aber bei vielen Patienten ist eine erfolgreiche Behandlung offenbar nur dann gewährleistet, wenn sie von einem bestimmten Psychotherapeuten in einer bestimmten Form behandelt werden, d.h. wenn die Passung „Patient-Problem-Therapiemethode-Therapeut" stimmig ist.

M. Hautzinger, Psychologe und Verhaltenstherapeut

Wie wurde ich Verhaltenstherapeut? Es fällt mir schwer, dies an einem oder gar wenigen Ereignissen festzumachen. Von meiner Herkunft her komme ich aus einem Gaststätten- und Hotelhaushalt. Ab meinem 14. Lebensjahr hatte ich feste Pflichten und Aufgaben in diesem Milieu, meist in hektischer, geschäftiger Atmosphäre. Neben der Schule mußte ich so etwa fünf bis sechs Stunden täglich (an sechs Tagen in der Woche) arbeiten. In den wenigen freien Stunden versuchte ich mich dann noch kulturell, politisch, literarisch und musisch zu informieren. Meine Eltern erlebte ich als „ungebildet", die mir weder in der Schule noch für das bevorstehende Leben behilflich sein konnten. Also mußte ich es irgendwie allein hinkriegen. Bald störte mich der immer gleiche Ablauf, die perfekte Organisation und die ewig Freundlichkeit verlangende Haltung des Hotel- und Gaststättenbetriebs. Es stand für mich fest: da muß ich raus. Der einzige Weg war Wissen und Erfolg, nicht nur in der Schule. Da ich durch meine schlechten Leistungen den Sprung aufs Gymnasium nicht geschafft hatte, mußte ich mir andere Wege zum Abitur suchen. Der einzige war schließlich durch die Handelsschule und das Wirtschaftsgymnasium. Wieder eine Welt mit Struktur, Rationalität, viel Ordnung und scheinbar klaren Regeln.

Ganz geprägt von meinem Buch- und Zeitungswissen und gespeist aus der Abgrenzung zu meiner Schul- und Alterserfahrung, plante ich eine Karriere als Journalist, am besten im Feuilleton einer überregionalen, großen Zeitung. Bestenfalls konnte ich mir Theaterregisseur als Alternative vorstellen. Denn ich hatte angefangen, für die Schülerzeitung zu arbeiten und Theaterstücke (sogar prämierte) zu verfassen. Später wirkte ich zeitweilig an einer Studentenbühne und im Stadttheater (Kindertheatergruppe) als Schauspieler mit.

Nach dem Abitur mußte ich dann jedoch zunächst und gegen meinen Willen zum Militär. In der Langeweile der dortigen Bürostube und dem Austausch mit anderen auf ein Studium wartenden jungen Leuten, verblaßte jedoch rasch der Reiz von Germanistik, Publizistik, Theaterwissenschaften. Es wollten so viele diesen Weg gehen, und diejenigen, die das bereits studierten oder damit arbeiteten, schienen mir irgendwie „wenig fertig". Ich suchte eine neue Herausforderung. Da weder ein wirtschafts- oder rechtswissenschaftliches Studium bzw. ein naturwissenschaftliches, technisches Studium in Frage kam, blieben aus meiner Sicht nur noch die Numerus clausus Fächer (Medizin oder Psychologie) übrig. Da ich bis dahin fast nichts über Psychologie gehört, geschweige denn die Klassiker gelesen hatte, reizte mich dieses „unbekannte, geheimnisvolle", offensichtlich so schwer zu erreichende „Fach". Ich bekam zu meiner Überraschung gleich einen Studienplatz und startete psychologisch ungebildet mein Studium der Psychologie (mit Philosophie – wohl eine Reminiszenz an meine geisteswissenschaftliche Ader – als zweitem Hauptfach) in Bochum. Ganz im Gegensatz zu vielen meiner Kommilitonen störten mich die „langweiligen" Kurse zur Wahrnehmungs- und Denkpsychologie, zur allgemeinen Psychologie, zur Motivation, zur Statistik und zur experimentellen Psychologie überhaupt nicht. Ich hatte ja auch keinen Vergleich, da ich Freuds „Traumdeutung" nicht gelesen hatte. Ganz pragmatisch ging ich die Angebote, die Literaturempfehlungen und die Prüfungen an. Schon in meinem dritten Semester bekam ich eine Tutorenstelle angeboten.

Ich sollte einer Gruppe Anfangssemester helfen, ihren Weg in die allgemeine Psychologie zu finden. Daneben schrieb ich mit einem Kommilitonen an einem Statistikskript (was noch viele Jahre durch die Fachschaft vertrieben wurde), um den Anfängern zu helfen, in dieses viele abschreckende Gebiet hineinzukommen.

Bereits nach vier Semestern schloß ich das Grundstudium ab und wechselte nach Berlin, um an einer experimentell, empirisch, lerntheoretisch ausgerichteten Abteilung für klinische Psychologie mein weiteres Tätigkeitsfeld zu finden. Da die anderen Gebiete der Psychologie dort damals nicht oder schlecht vertreten waren, blieb die klinische Psychologie die einzige attraktive Abteilung. Durch die glückliche Situation, daß von Anfang an dort nicht nur theoretisch, sondern auch praktisch gearbeitet wurde, stand ich vor der Herausforderung, ohne viele Kenntnisse (wenn auch mit fast individueller Betreuung) gleich mit einer Angstpatientin arbeiten zu müssen. An dem Fall, von Sitzung zu Sitzung, erarbeitete ich mir die Literatur, die nötigen diagnostischen Kenntnisse, die Therapieempfehlungen und setzte dies dann gleich unter Anleitung – mit Erfolg – um. Es war klar, daß ich Verhaltenstherapie machte, da die Betreuerin nur das beherrschte, alle Dozenten behavioristisch dachten und dieses Vorgehen nur als wissenschaftlich akzeptiert galt. Prägend war auch, daß die „kritischen, (in Berlin) als fortschrittlich geltenden Psychologen" die Verhaltenstherapie heftig ablehnten.

Dieses Interesse an oder die Identifikation mit einer Sache dadurch, daß viele sie ablehnten oder (meist ohne Wissen) für falsch hielten, habe ich bei mir in vielen Situationen festgestellt. Ich wurde ein guter Schüler bei einem Lehrer, den alle anderen unmöglich fanden, ich wählte Psychologie, weil es so unerreichbar erschien, ich wechselte an ein Institut, das von allen als „bürgerlich, konservativ" abgewertet wurde, ich interessierte mich für Methoden und Verfahren (z.B. die Statistik, die Verhaltenstherapie), gerade weil viele sie kritisierten, ich versuchte später Karriere zu machen, gerade weil ein Kollege versuchte, mir Steine in den Weg zu legen.

Entscheidend war dann weiter, daß es an meinem Institut eine Gruppe von Leuten gab, die sich als kognitive (offene, flexible) Verhaltenstherapeuten – eine Abgrenzung zu den Puristen, den Skinnerianern am Institut – verstanden und mich einluden, an Projekten und an Publikationsvorhaben mitzuarbeiten. Insbesondere unser „Berliner Arbeitskreis Depression", wir sprachen immer nur vom BAD, um Nicolas Hoffmann war eine entscheidende Weichenstellung. Regelmäßige Treffen, um Neuerscheinungen zu besprechen, Vorhaben zu planen, Bücher und Artikel zu verfassen und uns heftig über die langweiligen, unproduktiven Kolleginnen und Kollegen auszulassen, verbunden mit bis tief in die Nacht gehenden Diskussionen und Kneipentouren, waren höchst verstärkend. Da es in dieser Gruppe keinen „Leitwolf" gab, konnten die gemeinsamen Dinge nur gelingen, wenn jeder recht selbständig arbeitete und daran interessiert war, die gemeinsame Sache voranzubringen. Hier kam mir meine früh gelernte Selbständigkeit, Strukturiertheit, meine Organisationsfähigkeit, meine Zielstrebigkeit zugute.

Die Verhaltenstherapie war (und ist immer noch) gut zu mir. Ich erfuhr Verstärkung, hatte Erfolge (bei Patienten, bei Studenten, bei Kollegen, in der Karriere), bekam Anerkennung. Spätestens jetzt (wir schreiben das Jahr 1977) war die Einbindung in die Verhaltenstherapie zum Selbstläufer geworden. Natürlich habe ich auch in andere Richtungen der klinischen Psychologie und Psychotherapie reingeschnuppert, doch weder die Gesprächspsychotherapie – obgleich ich da eine fertige Ausbildung habe – noch Gruppendynamik, Gestalttherapie oder Psychoanalyse konnten mich überzeugen. Alles schien mir so vage, beliebig, oft rigide, orthodox, unwissenschaftlich, daher ohne Zukunft. Ich hatte mich festgebissen, es gab noch viel zu entdecken und zu tun. Wozu also noch zaudern.

C. Reimer, Psychiater, Psychoanalytiker und tiefenpsychologischer Psychotherapeut

Die vielen biographischen Details, die letztlich dazu geführt haben, Psychotherapeut – in meinem Fall analytischer Psychotherapeut – zu werden, sind zu persönlich, um hier genannt zu werden. Einige von ihnen möchte ich aber aufführen.

Es war die moralische Enge einer niedersächsischen Kleinstadt in den 50er Jahren, die mich, einen damals heftig pubertierenden Gymnasiasten, begierig nach „befreiender" Literatur suchen ließ. In einer Buchhandlung fand ich zunächst Freuds Schrift „Zur Psychopathologie des Alltagslebens", später die „Drei Abhandlungen zur Sexualtheorie", die ich verschlang, die mich ansprachen und zum erstenmal den Wunsch in mir weckten, Psychoanalytiker zu werden. Dieser Wunsch persistierte. Ich informierte mich noch als Schüler, wie man das werden könnte und entschied mich dann – nach einem kurzen Umweg über Philosophie und Psychologie – für den Weg über die Medizin, was ich heute übrigens wieder machen würde.

Noch als Student bewarb ich mich in einer psychoanalytischen Vereinigung und wurde zur Ausbildung zugelassen, als ich das dritte klinische Semester begann; ich war damals 26. Die dann folgenden Jahre der pschoanalytischen Ausbildung – quasi in der 68er Zeit – waren spannend, intensiv und für mich von einer Leichtigkeit, die mich heute manchmal nachträglich wundert. Meine Identität war damals rein analytisch, und so sah ich auch das Leben, meine Beziehungen und meine Arbeit in der Medizin.

Die zunehmende Erfahrung in der Psychiatrie (von 1972 bis 1989) führte dann allerdings dazu, daß sich meine analytische Identität veränderte. Die Konfrontation mit schwer und oft chronisch gestörten Menschen ließ mich weiterdenken, transparenter werden auch für andere, begrenztere und nicht so tiefgehende Therapieverfahren. Mein therapeutischer Alltag war lange Jahre bestimmt von der Anwendung sehr differenter Therapiemöglichkeiten: z. B. Psychopharmakotherapie, Krisenintervention, Beratungen, supportive Psychotherapien, Kurzpsychotherapien, verhaltenstherapeutisch orientierte Sexualtherapien, aber auch tiefenpsychologisch fundierte Psychotherapien und – am Abend – Psychoanalysen. Ich fühlte mich mit diesem Spektrum durchaus wohl und fand die Begegnung mit den ganz unterschiedlichen Patienten anregend.

Heute fühle ich mich in meiner Identität zwar auf festem tiefenpsychologisch-analytischem Boden stehend, aber mit vielen Modifizierungen und Eklektizismen arbeitend, um meiner unterschiedlichen Patientenklientel gerecht werden zu können. Mit einer so modifizierten analytischen Identität fühle ich mich am wohlsten. Natürlich zweifeln nun viele meiner analytischen Kollegen an meiner Identität, nur weil ich nicht auf eine, eben die psychoanalytische Schule begrenzt denke und handele. Aber das stört mich nicht; es amüsiert mich eher. Toleranz ist eben auch unter Psychoanalytikern eine schwierige Sache.

E. Wilke, Internist und tiefenpsychologischer Psychotherapeut

Meine Beschäftigung mit Psychotherapie begann spät, als sich nämlich während meiner internistischen Facharztausbildung an der Universitätsklinik Lübeck meine ärztliche Identität zu festigen begann und vielleicht – mir damals unbewußt – zu einseitig zu werden drohte. Ich arbeitete dort auf einer Station, in der viele Kranke mit Colitis ulcerosa, Morbus Crohn und Eßstörungen behandelt wurden. Wir versuchten, der somatischen und psychischen Dimension dieser Erkrankungen in gleicher Weise Rechnung zu tragen. In Zusammenarbeit mit psychotherapeutisch ausgebildeten Kollegen begann ich zu überlegen, in welcher Weise ich durch eine psychotherapeutische Zusatzausbildung meine ärztliche Identität erweitern könnte.

Gegen Ende der 70er Jahre beschäftigten sich viele Forscher mit dem Phänomen der sog. „Alexithymie". Diese angebliche Unfähigkeit psychosomatisch Kranker, Gefühle adäquat wahrzunehmen, reizte mich zu Untersuchungen, weil ich das Phänomen – wenn überhaupt – nur bei einem Teil meiner Colitispatienten wahrnehmen konnte. Um Aussagen zur sog. „Phantasiearmut" machen zu können, begann ich, bei diesen Kranken Imaginationsübungen anzuregen. Dies führte mich zum Katathymen Bilderleben, einem tiefenpsychologischen Verfahren, bei dem die Betrachtung und das Erleben von Phantasien in Gegenwart des Therapeuten einen zentralen Wirkfaktor darstellt. Ich glaube, daß bei der Auswahl „meines" Therapieverfahrens die Einsicht entscheidend war, daß das Verfahren zu mir paßte und daß ich einen Teil meiner tiefgehenden persönlichen Erfahrungen in diesem Setting machen konnte. Die Arbeit mit körperlich Kranken, zum großen Teil schwer und chronisch Erkrankten, blieb mein Schwerpunkt. Um mein therapeutisches Repertoire der unterschiedlichen Belastbarkeit dieser Patienten anpassen zu können, habe ich mich auch mit anderen Verfahren beschäftigt, wie Familientherapie, Entspannungsverfahren, Verhaltenstherapie, Gesprächstherapie und Psychodrama. Psychoanalyse in „Reinform" habe ich vorwiegend im Selbsterfahrungssetting kennengelernt.

Ich habe versucht, meine internistische Identität und meine psychotherapeutische Identität parallel weiter zu entwickeln. Psychosomatische Therapie bedeutet für mich ein beidäugiges Hinschauen auf somatische und psychische Manifestation von Krankheit und Gesundheit, wobei wir für die soziale Dimension ein drittes Auge gut gebrauchen könnten. Neben der Tätigkeit als Oberarzt einer Universitätsklinik und später Leiter einer Klinik für Psychosomatik und Psychotherapie habe ich mich stark in die Fort- und Weiterbildung für Ärzte und am Institut für Katathym-imaginative Psychotherapie auch für Psychologen engagiert.

Ich halte nach wie vor wenig von einer psychotherapeutischen Identität, die in einer überstarken Identifizierung mit einem bestimmten Verfahren wurzelt und die nicht weitere Haupt- und Nebenwurzeln in fundierten Kenntnissen und andere Zugangswege zu dem Phänomen menschlicher Krankheit und Gesundheit besitzt.

Den derzeitigen Stand meiner Identität möchte ich als weitere Suche nach einem Weg zwischen der Scylla therapeutischer Einäugigkeit und überstarker Identifizierung mit „meinem" Verfahren und der Charybdis therapeutischer Beliebigkeit und Auswechselbarkeit von Verfahren bezeichnen, wobei ich als psychosomatisch denkender Arzt die körperliche Dimension – auch in ihrer symbolischen Bedeutung – für ungemein wichtig halte.

Ich glaube, daß ein psychosomatisch Kranker sich nur dann verstanden fühlt, wenn er spürt, daß sein Arzt/Psychologe oder Therapeut in der Lage ist, die psychische, somatische und soziale Dimension seines Leidens in aller Komplexität einigermaßen zu erfassen. Er kann sich dabei – als Psychologe z.B. von einem Arzt, der Arzt von einem Psychologen – beraten lassen. Diese Aufgabenverteilung im Behandlungsteam muß dem Patienten transparent sein, weil es ihm – besonders wenn er schwer krank ist – schwer fällt, seine Übertragung aufzuteilen an einen Therapeuten für den Körper, an einen Therapeuten für seine Psyche und möglicherweise noch an einen Fachmann für seine sozialen Beziehungen.

Sachverzeichnis

F

T

U

V

Wie können wir unsere Bücher noch besser machen?

Diese Frage können wir nur mit Ihrer Hilfe beantworten: Welche Erwartungen hatten Sie an das Buch? Hat es diese erfüllen können? Was hat Ihnen im Hinblick auf die didaktische Aufbereitung geholfen, was war von Nutzen – und – was war aus Ihrer Sicht weniger gelungen?
Was können wir besser machen? Natürlich sind wir auch für weitergehende Kommentare und Anregungen dankbar. Unter allen Einsendern der ausgefüllten Karten aus Büchern unseres Psychotherapie-Fachbuchprogramms verlosen wir jeweils zu Jahresbeginn 10 (für 1 Jahr geltende) Freiabonnements der Zeitschrift „Psychotherapeut"!

(Der Rechtsweg ist ausgeschlossen)

Springer-Verlag

Was war im Hinblick auf die didaktische Aufbereitung von Nutzen?

- Hervorhebung von Kernaussagen, Merksätzen
  - ☐ ja, weil
  - ☐ nein, weil
  - ☐ bedingt, weil
- Veranschaulichung durch Fallbeispiele
  - ☐ ja, weil
  - ☐ nein, weil
  - ☐ bedingt, weil
- Sonstiges

Welche Kapitel haben Ihnen besonders gefallen? Warum?

Was fehlt Ihrer Ansicht nach inhaltlich?

Was sollten wir bei einer Neuauflage verändern?

Welche Erwartungen hatten Sie an das Buch?

Hat das Buch Ihren Erwartungen entsprochen?

- ☐ ja, vollkommen
- ☐ nein, weil
- ☐ bedingt, weil

Springer ≠ Springer

Kennen Sie den Unterschied?

Der Springer-Verlag mit dem Schachpferd als Markenzeichen wurde 1842 von Julius Springer gegründet. Seine wissenschaftlichen Bücher und Zeitschriften haben ihn international bekannt gemacht.

Er veröffentlicht weder Illustrierte noch Tageszeitungen.

Der andere heißt Axel Springer AG und besteht seit 1947. Zwischen beiden Verlagen gibt es weder verwandtschaftliche noch wirtschaftliche Verbindungen.

REIMER et al., Psychotherapie

Absender:

Ich bin:

- ☐ Ärztin/Arzt ☐ Psychologin/Psychologe } in psychotherapeutischer Weiterbildung
- ☐ Ärztin/Arzt ☐ Psychologin/Psychologe } mit abgeschlossener Weiterbildung Schulrichtung:
- ☐ Studentin/Student im Fachbereich:
- ☐

Gebühr bezahlt Empfänger

An
Springer-Verlag
Frau Dr. Heike Berger
Tiergartenstraße 17

69121 Heidelberg